北京教育年鉴编纂委员会

《北京教育年鉴》2013卷工作人员名录

编 辑 说 明

一、《北京教育年鉴》是一部大型专业性资料工具书。在中共北京市委教育工委、北京市教委领导下，由北京教育年鉴编纂委员会（北京教育年鉴编辑部）主持编纂。

二、本年鉴以文章和条目为基本体裁，条目为主，使用规范的语体文、记述体，直陈其事，文字力求言简意赅。文前配有彩色图片，文内配有彩色随文图片，文后附有主题词索引、单位名称索引和人名索引。

三、本年鉴从1997年开始逐年编纂。当年出版的年鉴，记述上一年内北京教育事业各个方面发生的新情况，为领导决策提供依据，为教育规划发展提供资料，为国内外各方面人士了解、研究北京教育事业提供最新的信息。

四、本年鉴除记述北京市属教育部门情况外，对北京行政区划内中央部委所属各级各类教育单位的情况也全面记述，力求反映北京教育事业的全貌。

五、2013卷年鉴按教育管理、教育教学、教育服务支撑三大系统布局结构，采用分类编纂法，设文献、专文与纪实、调研与报告、北京教育总述、综合管理、教育督导、学前教育、基础教育、普通高等教育、职业与成人教育、民办教育、德育体育美育、科学研究、师资建设、学生管理、招生与考试、交流与合作、区县教育、社会团体、市教委直属单位、统计表、附录22个类目，各类目下的条目以事件发生时间为序排列。

六、文献收录市委、市政府和市教委等政府机关有关教育的重大战略决策和方针、政策的公文。本卷收录《北京市“十二五”时期教育改革和发展规划》和《北京市中小学建设三年行动计划（2012～2014年）》。

七、调研与报告收录北京教育典型情况、重大问题和热点社会现象的调查研究报告，综合反映调查事实并归纳出观点和结论。

八、专文与纪实收录专论文章、特稿和专题报道，以及市领导和市教委领导关于上年度教育的重要讲话。本卷收录郭金龙在北京市庆祝教师节大会上的讲话和纪念原北京医科大学成立100周年的特稿文章《百年北医》。

九、北京教育总述由北京教育简况和北京教育大事记组成。

十、本年鉴附录部分，通过图表记述北京行政区划内教育事业发展基本情况，便于读者查询相关信息。

十一、本年鉴收录单位在收录时限内更名的，以原名称为正名，新名称用括号附在正名后。由于版面限制，年鉴中党政机关单位名称原则上使用规范简称，具体见附录《部分党政机关全称简称对照表》。

十二、本年鉴收录北京各级教育行政部门主要负责人名录，所列均以2012年内任职为限，其中任免情况分别予以注明。

十三、本年鉴收录的文章和条目均由各级教育行政部门和各级各类教育单位专人提供，并经部门和单位主要负责人审核。北京市教育事业统计资料由市教委发展规划处提供。

十四、本年鉴记述货币名称中，人民币直书“元”，其他货币采用通用名称。

十五、本年鉴涉及各项年度数据以2012年12月31日为统计口径，其他非年度数据以统计部门或业务主管部门的统计口径为准。

十六、本年鉴反映2012年1月1日至12月31日期间情况（部分内容依据实际情况时限向前略有延伸）。

Editor's Remarks

1. Beijing Education Yearbook is a large – scale specialized reference book. Under the instructions of Education Commission of Beijing Municipal Committee of CPC and Beijing Municipal Education Committee, it is Compiling Committee of Beijing Education Yearbook (Beijing Education Yearbook Editorial Office) who is responsible for compiling this book.

2. With articles and entries as the basic literature type, this yearbook is mainly consists of entries. It uses narratives, making efforts to be brief and to the point. There are color pictures before and in the articles. There are index at the back of the article.

3. This Yearbook has been keeping published annually since 1997. Each yearbook records previous year's new incidents and events happened in Beijing educational system, which offers both references for decision – making and information for educational planning and development. In addition, it also helps people from both home and abroad to understand and doing research about the status quo of Beijing education.

4. This Yearbook embodies the panorama of Beijing education situation, including not only those educational departments directly under Beijing Municipal, but also all – level all kinds of educational sections of different districts under central education ministry.

5. The 2013 Education Yearbook was compiled by categories, which has Education Management, Education Schooling and Education Support three major sections. Specifically, this yearbook contains 22 categories, chronologically including bibliography, special articles and on – the – spot reports, research and report, generality of Beijing education, comprehensive administration, education supervision, preschool education, basic education, higher education, vocational and adult education, private education, moral physical and aesthetic education, scientific research, teachers development, student management, enrolling and testing, exchange and communication, district and county education, social groups, units under municipal education committee, statistics and appendix.

6. The yearbook records significant official documents on educational policies and strategies of Beijing Municipal Committee, Municipal Government and Municipal Education Committee, etc. It includes Outline for Beijing education reform and development during the 'twelfth five – year' period and Beijing Three – Year Action Plan for Primary and Secondary schools' construction(2012～2014).

7. The Research and Report Section records analyzed reports on recent typical education situations, problems and social phenomena and it gives conclusion after carefully studying the facts.

8. The Special Articles and On – spot Reports section records monographs, special articles, features and

important addresses given by municipal officials and education committee officials on education last year. It includes Address given by Guo Jinlong in Beijing Teacher's Day Celebration Meeting and Centennial PUHSC - memorial special article on Peking University Health Science Center's centennial anniversary.

9. Generality of Beijing Education Section is consists of Brief Introduction of Beijing education and Chronicles of Beijing education in 2012.

10. The Appendix Section uses chart to indicate the basic educational development of Beijing different districts for the readers' convenience.

11. In this Yearbook, those working units included which have changed their names during the editing period would still be referred to as their primitive names with the new names in the following brackets. Due to layout limitations, abbreviations are used in referring to party and government institutions in the yearbook. Details could be found in the Appendix Full name & Abbreviation table of contributing units.

12. This Yearbook contains a name - list of chief leaders of Beijing Educational Administrative sections at various levels, all of whom held office in 2012 and the appointment and dismissal are noted separately.

13. All the articles and entries in this yearbook are provided by specialized staff from all types of educational administrative sections and examined carefully by their managers and people in charge. The Statistical Materials of Beijing Education is provided by Development Planning Department of Beijing Municipal Education Committee.

14. In terms of the currency in this yearbook, RMB is referred to as Yuan and the common names are used in referring to other currencies.

15. Every annual statistic involved in this yearbook takes the statistical criteria of 31st December 2012 as standard and other non - annual statistics take the ones from statistical or operating departments as standard.

16. This Yearbook describes educational happenings between 1st January 2012 and 31st December 2012. Some of its content may dated back a minor deal according to its practical circumstance.

领导关怀

5月31日，胡锦涛考察东城区少年宫并参加少年儿童书法活动

（体美处　提供）

9月14日，温家宝在清华大学演讲后与学生们一起交谈

（清华大学　提供）

1月17日，刘延东看望中国人民大学庄福龄教授

（人民大学 提供）

11月26日，郭金龙视察西城区宣武回民幼儿园

（丁柏明 摄）

6月1日，赵凤桐到朝阳区春宇凤凰苑幼儿园看望孩子们并送上节日礼物　　（丁柏明　摄）

7月22日，洪峰为2012国际学生北京夏令营营员赠送夏令营服　　（国际交流处　提供）

5月24日，姜沛民到大兴区第一幼儿园慰问儿童　　（学前处　提供）

改革创新

① 6 月 20 日，北京市昌平职业学校举行“3+2”中高职衔接合作办学签字仪式　（吕巍　摄）

② 3 月，海淀区教委采取 4 项措施缓解小学入学压力，将东升教辅中心改为北京市石油学院附属第二小学　（海淀教委　提供）

③ 10 月 20 日，对外经济贸易大学统计学院成立　（对外经贸大　提供）

④ 4 月 26 日，袁贵仁、盛光祖、郭金龙分别代表教育部、铁道部、北京市签署共建北京交通大学协议　（北交大　提供）

①

②

③

④

① 4月27日，东城区西总布小学学生走进24中学校园尝试中小衔接体育课　　（周良　摄）

② 4月11日，北京市第十九中学召开“多元智能”课题现场会，师生共同讨论数学归纳法　　（海淀教委　提供）

③ 6月14日，北京陈经纶中学举办“尝试教育”总结会　　（朝阳教委　提供）

④ 9月，北京市第五十中学开设自主选课平台　　（东城教委　提供）

⑤ 9月17日至12月24日，北京理工大学附属中学理工实验班开设大学课程讲座，学生与周立伟院士交流光学技术　　（海淀教委　提供）

⑤

① 4 月 18 日，北京工业大学“一种纳米钴粉的制备方法”项目在第 40 届日内瓦国际发明展上获得大会组委会金奖，“智能购物车”项目获得大会组委会银奖和罗马尼亚代表团特别奖　　　（北工大　提供）
② 6 月 23 日，北京信息科技大学“Water”队夺得世界机器人足球锦标赛（Robcup 公开赛）“世界杯”季军　　　（信息科技大学　提供）
③ 12 月 19 日，北京科技大学吴顺川教授“地下工程开挖诱发灾害防控关键技术开发及应用”获得 2012 年度国家科技进步二等奖　　　（北科大　提供）
④ 7 月 19 日，北京农学院应用体细胞克隆技术，首批两头含有脂肪性脂肪连接蛋白基因（FABP）的秦川牛犊诞生　　　（农学院　提供）

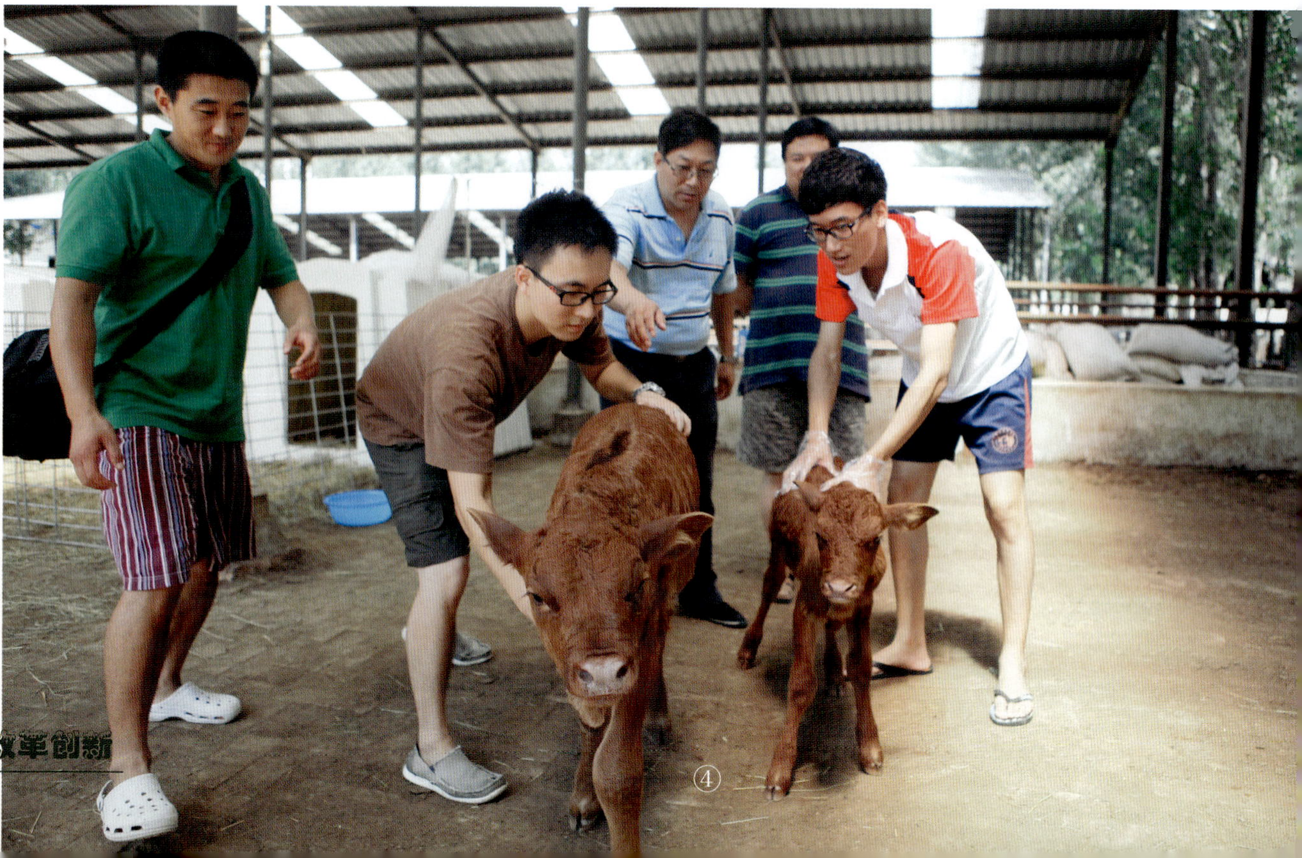

①10月23日，北京市西藏中学举行“关注青少年视力健康”公益捐赠活动（西藏中学　提供）

②3月4日，北京徐悲鸿中学学生志愿者在虎坊桥公交站开展为民服务，宣传北京精神的社会公益活动（丁柏明　摄）

③12月4日，中国政法大学师生在北京举行志愿普法活动（政法大学　提供）

④12月19至20日，海淀区教委召开小学工作总结暨“四个十工程”表彰会，向东小学入选校本项目先进校。图为该校红领巾志愿者在北京海洋馆为游客讲解海洋知识（海淀教委　提供）

⑤4月26日，北京金隅科技学校青年志愿者做公益活动（金隅科技学校　提供）

人才培养

——学前教育

①

②

③

④

① 9月28日，昌平区滨河幼儿园教师指导幼儿制作美味月饼　　（王洪艳　摄）

② 12月10日，大兴区安定镇中心幼儿园幼儿在科学实验室学习　　（大兴教委　提供）

③ 9至12月，延庆县第三幼儿园创设“三位一体”游戏场　　（延庆教委　提供）

④ 12月18日，丰台区第一幼儿园组织“棉花糖挑战赛”　　（丰台教委　提供）

⑤ 5月30日，北京市第一幼儿园举办儿童趣味运动会　　（东城教委　提供）

⑤

中小学教育

德育

①1月10日，东城区北新桥少年之家组织少先队员走进北京武警总队天安门国旗卫队，开展向国旗卫士学习主题教育活动 （丁柏明 摄）

②5月31日，东城区景泰小学举行“弘扬北京精神 唱响幸福童年”主题教育活动 （丁柏明 摄）

③2月13日，东城区织染局小学“善行文化柱”揭幕 （周良 摄）

④4月1日，东城区中学生缅怀革命前辈，弘扬爱国爱校情怀 （周良 摄）

⑤4月26日，丰台区教委举行小学国学经典诵读展示活动 （丰台教委 提供）

①7月11日，朝阳区教委举行“中学生生物模型设计与制作”学生作品展示评比活动　（丁柏明　摄）
②3月26日，北京市第二十中学举办校园气象日科普活动　（海淀教委　提供）
③4月7日，石景山区举行第四届中学生模拟联合国活动　（石景山教委　提供）

4月8日，东城区小学生在博士生指导下研究古建筑中的科学　（周良　摄）

① 10月31日，燕山教委举办“我们让城市更美好”模型构建创意比赛　　（燕山教委　提供）
② 11月19日，北京理工大学附属中学理工实验班参观振动测试实验室　　（海淀教委　提供）
③ 10月16日，海淀区教委举办“探索拔尖创新人才培养模式”之走进大学、科研院所活动　　（海淀教委　提供）

1月，在北京市教育学会国际理解教育研究分会举办的教科研年会上，教师张龙做公开课《老人与海鸥》　　（教育学会　提供）

体育

①2月27日，大兴区亦庄镇第一中心小学开展“阳光体育”大课间活动（程文 摄）

②4月13日，北京市中关村第一小学举办首届篮球技巧大赛（海淀教委 提供）

③4月26至28日，大兴区举行中小学生《国家学生体质健康标准》测试（大兴教委 提供）

④9月29日，延庆县第三小学召开秋季趣味运动会“羊角球”接力（延庆教委 提供）

6月5日，北京市燕山前进第二小学教师指导学生足球队（燕山教委 提供）

9月25日，在第一届通州区阳光体育中小学生体育节上学生展示跆拳道（通州教委 提供）

美育

① 12 月 8 日，北京市中关村第二小学乐团与小提琴演奏家吕思清同台演出（海淀教委　提供）

② 9 月 8 日，北京市第二中学金帆管乐团在国家大剧院音乐厅举行专场音乐会（东城教委　提供）

③ 11 月 21 至 22 日，北京市第一六六中学金帆话剧团在首都剧场举办庆祝“北京市学生金帆艺术团成立 25 周年”演出（东城教委　提供）

④ 12 月 2 日，北京市中关村第一小学学生参加第三届“国戏杯”学生戏曲大赛,《梨园戏鼓》获得一等奖（海淀教委　提供）

10 月 14 日，北京市海淀区教师进修学校附属实验学校举办话剧专场演出，图为《三块钱国币》剧照（海淀教委　提供）

2 月 22 日，东城区黑芝麻胡同小学教师走上国家大剧院舞台表演话剧《茶馆》（周良　摄）

①

②

③

④

劳

① 3月，顺义区李各庄学校开展“情系雷锋月 爱洒三月天”主题系列活动
（顺义教委　提供）

② 4月20日，东城区小学生展示自己设计环保风筝，宣传应对气候变化　（周良　摄）

③ 5月8日，全国红十字模范校海淀区六一小学开展“自救互助，珍爱生命”——红十字青少年救护包扎演练　（红十字会　提供）

④ 5月31日，顺义区中小学生参加“999安全课堂”揭牌仪式并进行自救练习
（顺义教委　提供）

⑤ 5月6日，北京市教学植物园开展植物大课堂活动　（教学植物园　提供）

⑤

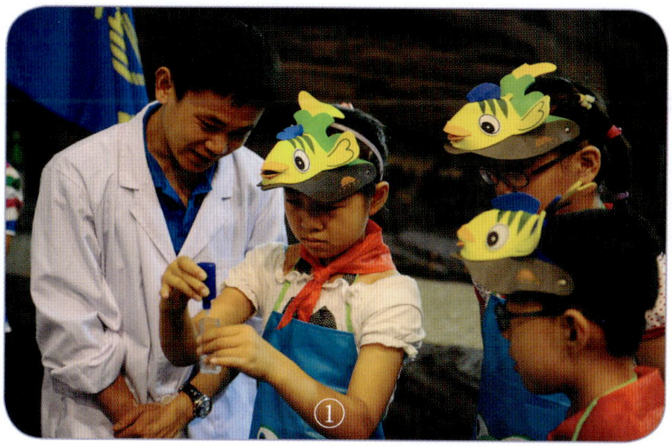

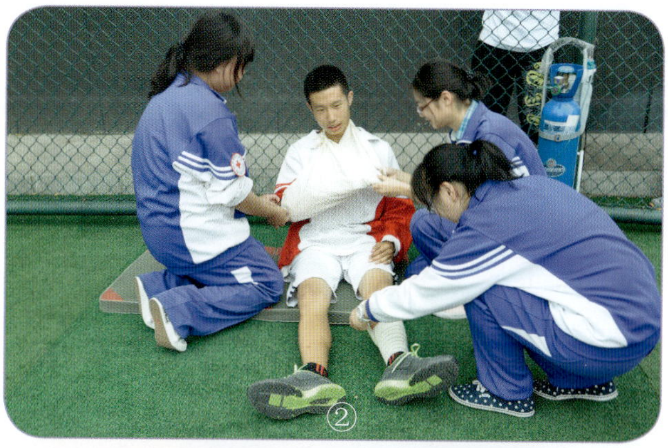

技

① 6月27日，向东小学海洋科普小组参加北京海洋馆“海洋大厨”活动
（海淀教委　提供）

② 6月20日，北京交通大学附属中学举办校园突发事件疏散演练，红十字医护人员对伤员进行包扎处理　（海淀教委　提供）

③ 5月4日，石景山远洋学校开展急救疏散演练　（红十字会　提供）

④ 5月7至11日，北京市八一中学举办首届青少年书市分享交流活动（海淀教委　提供）

⑤ 9月21日，东城区史家胡同小学学生在学校楼顶上“农识课”　（周良　摄）

—民族教育

4月28日，门头沟大峪第二小学学生在体育文化节上展现民族文化

（门头沟教委　提供）

9月28日，东城区开展第六届民族团结教育周活动

（东城教委　提供）

6月21日，东城回民实验小学举行“民族校庆民族节亲子互动过端午”的诗韵校本课程活动

（东城教委　提供）

10月30日，昌平区西贯市回民小学召开《我们都是一家人》主题班会

（包雪莲　摄）

特殊教育

11月16日，门头沟特殊教育学校开展“电与生活”主题教育活动
（门头沟教委　提供）

6月7日，北京市盲人学校举行盲人按摩比赛
（盲校　提供）

10月30日，平谷区特殊教育中心学校进行体能测试
（平谷教委　提供）

10月8日，东城区培智中心学校与北京阳光少年实践基地共同进行秋季实践活动——教师和学生共同绘制彩蛋　（东城教委　提供）

11月23日，延庆县特殊教育中心学校教师带领学生到农业银行参加社会实践活动
（延庆教委　提供）

职业教育

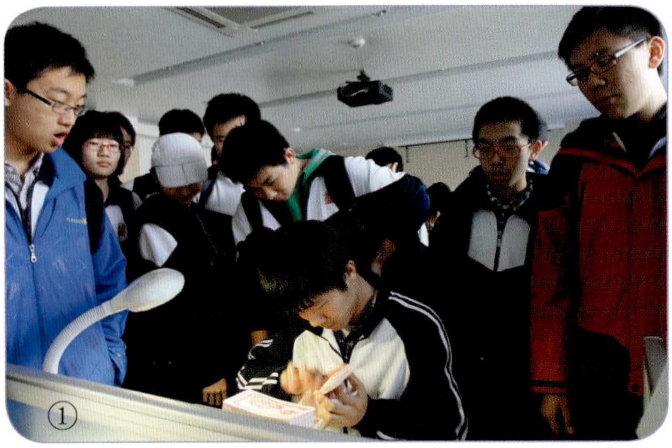

① 3 月 30 日，北京国际职业教育学校金融专业学生展示点钞技能　（王蔓莉 摄）

② 4 月 1 日，北京水利水电学校学生在第二课堂进行电子元件制作　（水利水电学校　提供）

③ 12 月 25 日，北京农业职业学院开设学生社会融入与发展培训项目课堂　（农业职业学院　提供）

④ 4 月 28 至 30 日，北京金隅科技学校承办北京市数控技能大赛　（金隅科技学校　提供）

①5月10日，大兴庞各庄成人学校举办叉车班培训（大兴教委　提供）
②9月19日，北京市怀柔区职业学校组织技能大赛复赛（怀柔职校　提供）
③5月22日，北京市大兴区第一职业学校组织机械系专业技能大赛（大兴一职　提供）
④4月27日，北京市电气工程学校承办北京市中等职业学校技能比赛（电气工程学校　提供）

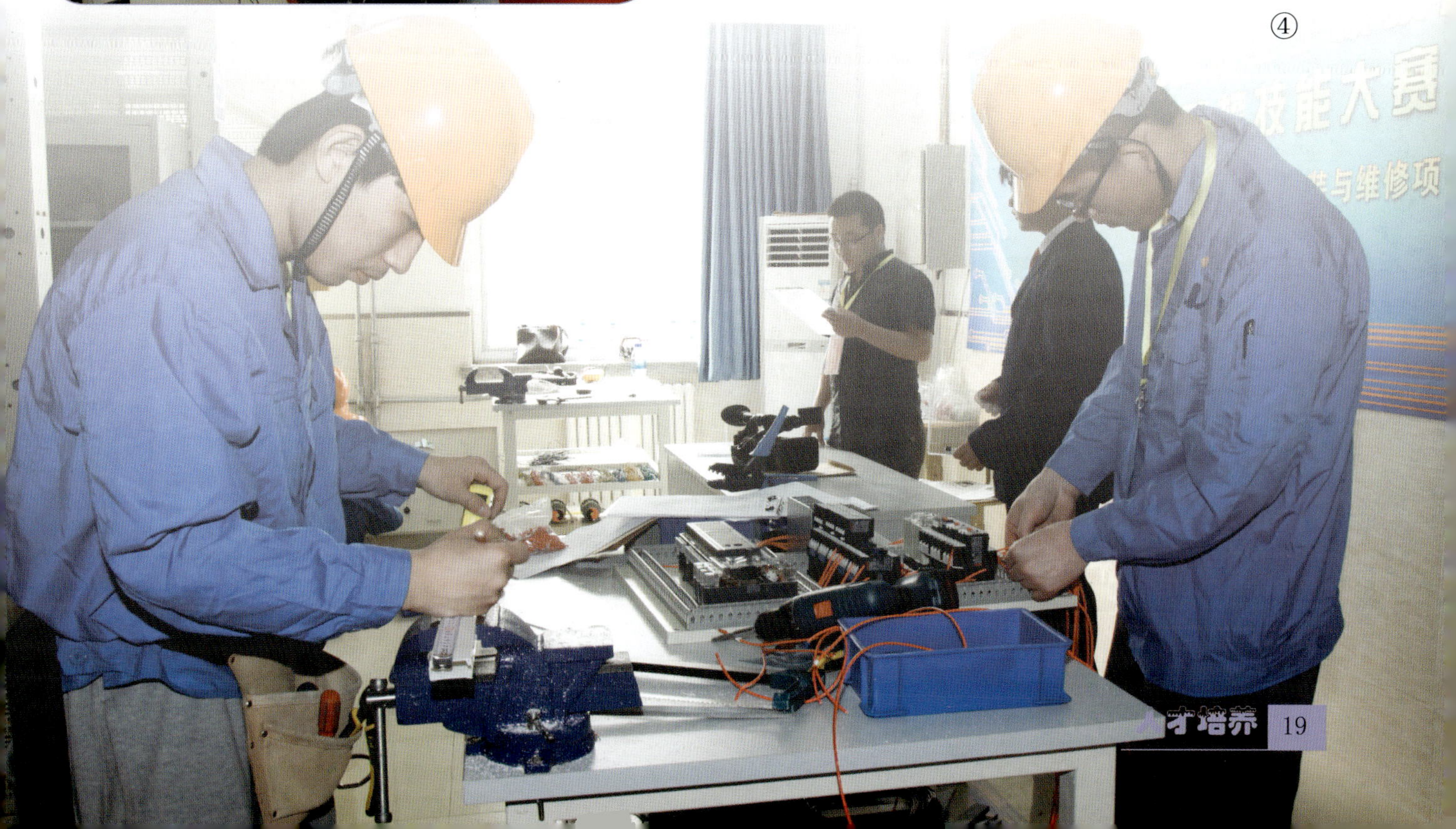

—— 高等教育

11月24日，中国农业大学召开第五届全国大学生创新创业年会　　　　（农大　提供）

6月4日，中国政法大学举行2012届博士研究生毕业主题活动

（政法大学　提供）

4月14日，北京建筑工程学院举办北京地区首场全国高校招生联合咨询会　　　　（建工学院　提供）

11月1日，陕北公学旧址暨中国人民大学延安教育基地在延安揭牌　（人民大学　提供）

2月15日，北京工业大学舞蹈团在第三届全国大学生艺术展演上获一等奖　（北工大　提供）

1月16日，北京农学院教师带领学生进行果树专业冬剪实习 （农学院 提供）

清华大学汽车工程系学生正在进行整车拆装实习

（清华大学 提供）

9月15日，北京建筑工程学院举办首届北京大学生建筑结构设计大赛

（建工学院 提供）

7月9日，中国科学院研究生院举行学位授予仪式

（中科院研究生院 提供）

中央戏剧学院

音乐剧《为你疯狂》掠影

人才强教

12 月 14 日，北京青年政治学院附属中学举办朝阳区美术教研活动 （朝阳教委 提供）

10 月 11 日，北京市第八十中学教师在“全国中学同课异构高效课堂现场研讨会”上进行课堂教学展示

（朝阳教委 提供）

4 月 9 日，北京市第二中学亦庄学校承办市级骨干教师高研班交流课活动 （侯萱 摄）

4 月 27 日，海淀区举办中国人民大学附属中学历史教师李晓风教育教学思想研讨会，图为李晓风和学生在一起交谈 （海淀教委 提供）

3月9日，北京市昌平职业学校开展教师专项技能系列培训　　（昌平职业学校　提供）

5月30日，北京教育学院召开新疆干部教师培训汇报座谈会，全国人大常委会副委员长司马义·铁力瓦尔地出席座谈会　　（丁柏明　摄）

6月2日，北京财贸职业学院举行青年教师教学基本功比赛　　（财贸职业学院　提供）

3月24日，北京市总工会职工大学农民工大学生与教师课上交流　　（王晶晶　摄）

8月13日，北京科技大学化学与生物工程学院院长、中共十八大代表张学记进行实验教学　　　　（北科大　提供）

2月29日，中国人民大学召开郑杭生教授从教50周年学术研讨会　　（人民大学　提供）

10月28日，中央财经大学召开“姜维壮教授九十寿辰暨财政改革与发展学术研讨会”　　（中央财大　提供）

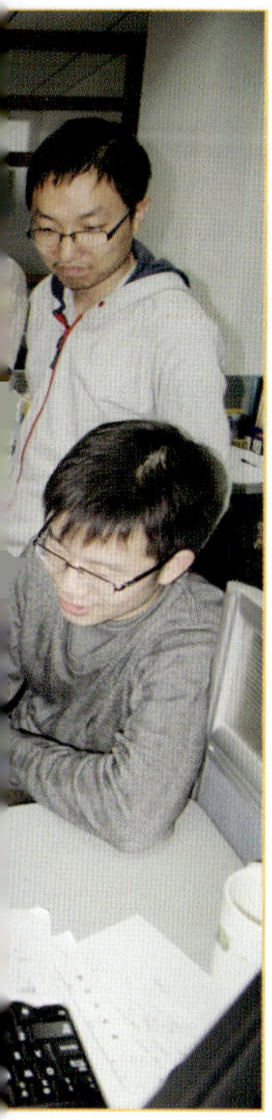

北京市高校教学名师获得者、清华大学计算机系教师杨士强与学生研讨问题　　（清华　提供）

12 月 8 日，华北电力大学李美成教授向学生介绍仪器设备的使用方法　　（华北电力　提供）

10 月 29 日，北京建筑工程学院解国珍教授在实验室指导学生做纳米溴化锂溶液物性机理研究　　（建工学院　提供）

学校建设

①

②

③

④

①9月，顺义区宏城幼儿园完成修建工程
（顺义教委　提供）

②9月1日，北京市顺义区港馨东区幼儿园正式开园
（顺义教委　提供）

③5月28日，大兴区采育镇第二中心幼儿园完成室外活动场地改造
（刘梓漪 摄）

④2月20日，通州区台湖镇中心小学西校区正式启用
（通州教委　提供）

⑤9月，北京市顺义牛栏山第一中学体育馆落成
（顺义教委　提供）

⑤

①8月31日，北京市燕山前进第二小学新教学楼落成
（燕山教委　提供）
②9月3日，北京市第二实验小学（通州分校）投入使用
（通州教委　提供）
③8月15日，顺义区杨镇第一中学学生宿舍楼落成
（顺义教委　提供）
④8月31日，延庆县第二小学综合教学楼落成
（延庆教委　提供）
⑤9月30日，顺义区天竺中心小学翠竹校区投入使用
（顺义教委　提供）

①10月21日，中央戏剧学院昌平校区投入使用（戏剧学院　提供）

②8月，北京水利水电学校女生宿舍楼完成抗震加固（水利水电学校　提供）

③11月13日，中国政法大学学院路校区“综合科研楼工程”竣工（政法大学　提供）

④10月15日，北京建筑工程学院自主设计的大兴校区“日月同辉”景观工程完工（建工学院　提供）

④

交流合作

①8月19日，德国总理默克尔到朝阳区和平街第一中学参观 （朝阳教委 提供）

②9月17日，首届海外大学博览会在北京市第八十中学召开 （朝阳教委 提供）

③5月15日至24日，北京金隅科技学校17人赴意大利(Marconi)工业技术高中交流学习 （金隅科技学校 提供）

④9月13日，北京国际职业教育学校学生向韩国军浦电子商务高中学生传授书法 （杜福良 摄）

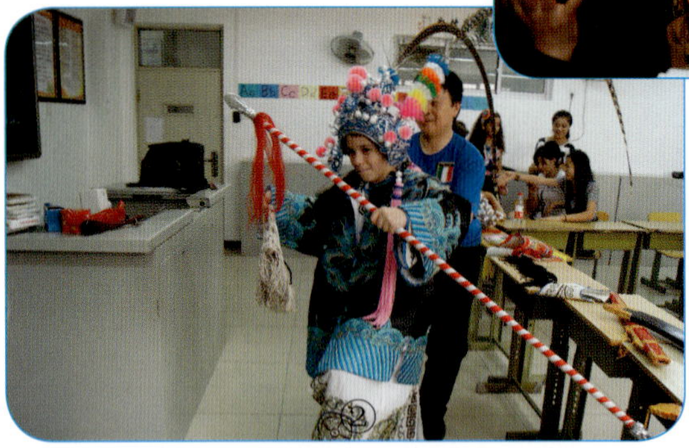

① 11 月，清华大学主办第三届艺术与科学国际作品展　（清华大学　提供）
② 7 月 19 日，北京国际教育交流中心举办北京家庭寄宿文化体验营活动　（国际教育交流中心　提供）
③ 5 月 16 日，墨西哥前总统比森特・福克斯・克萨到清华大学访问并发表演讲　（清华大学　提供）
④ 3 月 28 日，爱尔兰总理恩达・肯尼到清华大学访问并发表演讲　（清华大学　提供）
⑤ 5 月 21 日，乌干达铁路工程师到北京铁路电气化学校学习交流　（铁路电气化学校　提供）

目　录

编辑说明

政策法规

组织干部工作

宣传与思想教育

统一战线与群众工作

纪检·监察

发展规划

财　务

审　计

基本建设

后勤管理

·学校后勤·

·学生营养餐工作·

教育督导

学前教育

基础教育

中学教育

中　学

普通高等教育

民办教育

民办高等学校

民办中小学幼儿园

德育体育美育

科研成果

教育科学研究

教育教学研究

师资建设

学生管理

交流与合作

西城区

朝阳区

石景山区

海淀区

房山区

通州区

平谷区

燕山地区

社会团体

学术团体

群众团体

市教委直属单位

统计表

附 录

学前教育

CONTENTS

EDUCATION SUPERVISION

PRESCHOOL EDUCATION

BASIC EDUCATION

HIGHER EDUCATION

VOCATIONAL AND ADULT EDUCATION

PRIVATE EDUCATION

MORAL PHYSICAL AND AESTHETIC EDUCATION

SCIENTIFIC RESEARCH

TEACHERS DEVELOPMENT

STUDENT MANAGEMENT

ENROLLING AND TESTING

EXCHANGE AND COOPERATION

DISTRICT AND COUNTY EDUCATION

文献

北京市“十二五”时期教育改革和发展规划

前言

规划性质：“十二五”时期是实现首都教育科学发展的关键时期。面对全力推动“人文北京、科技北京、绿色北京”战略，努力建设中国特色世界城市的首都发展形势，教育的基础性、先导性、全局性地位更加突出。为切实落实《北京市中长期教育改革和发展规划纲要（2010～2020年）》，进一步明确2011～2015年首都教育改革和发展的主要目标和重点任务，根据市委市政府的统一部署，特制定本规划。

本规划作为北京市国民经济和社会发展第十二个五年规划体系的重要组成部分，是指导“十二五”时期本市教育事业发展的主要文件，是本市各级政府和部门依法履行教育管理职责，编制年度教育工作计划，规划、评审教育改革与发展重大项目，制定实施各项教育政策措施的主要依据。

规划依据：《国家中长期教育改革与发展规划纲要（2010～2020年）》、《国家教育事业发展“十二五”规划》、《北京市国民经济和社会发展第十二个五年规划纲要》、《北京市中长期教育改革和发展规划纲要（2010～2020年）》。

规划期限：2011～2015年

第一部分　发展基础与面临的形势

一、“十一五”期间首都教育实现了新跨越

“十一五”时期，在市委市政府正确领导下，在全社会的大力支持下，首都教育系统以邓小平理论和“三个代表”重要思想为指导，切实落实科学发展观，全面实施首都教育发展战略，坚持内涵发展、人才强教、资源统筹、开放创新的战略方针，着力提升教育质量，努力促进教育公平，持续推进教育开放，首都教育继续保持了健康稳定发展的势头，完成了“十一五”规划制定的主要目标和任务，在全国率先基本实现了教育现代化。

“十一五”期间，我市各级各类教育入学率进一步提高，0～3岁婴幼儿接受早期教育率达到90%，学前三年毛入园率达到90%以上，义务教育毛入学率和高中阶段教育毛入学率继续保持在100%和98%以上，高等教育毛入学率达到60%，教育普及水平已超过中等发达国家同期平均水平。素质教育持续推进，形成了“社会大课堂”、“蓝天工程”等一系列首都品牌，学生的思想道德素质、创新精神和实践能力得到全面提升。公共教育服务体系不断完善，教育结构持续优化，义务教育均衡发展水平不断提高，普通高中优质资源覆盖范围显著扩大，职业教育服务能力显著增强，高等教育普及水平继续保持全国领先地位。教育公平迈出新的步伐，市级财政每年新增教育经费主要用于农村教育，农村学校办学条件得到明显改善；残疾儿童少年和家庭经济困难学生受教育的资助政策逐步完善；来京务工人员随迁子女接受义务教育的权利得到基本保障。教育改革继续深化，普通高中新课程改革稳步推进，人才培养模式改革取得积极成效，依法治教、依法治校工作取得积极进展。教育开放程度持续扩大，中外合作办学机构已达117个，招收留学生28万人次，在各级各类教育机构任教的外籍教师达到4000多人，首都院校在境外承办的孔子学院（课堂）已达102个，教育国际交流和合作日趋深入。教育投入显著增长，“十一五”期间国家财政性教育经费比“十五”期间增长了1.42倍，占GDP比重提高了0.64个百分点。各级各类学校的办学条件不断改善。教育信息化水平保持全国领先水平。教师队伍建设得到加强，涌现出一大批师德高尚、业务精湛的优秀教师，适应教育现代化要求的高素质教师队伍正在逐步形成。教育功能不断拓展，学习型城市建设稳步推进，学习资源与载体不断丰富。

“十一五”期间首都教育改革与发展取得的重大进展，为全面实现“新北京、新奥运”战略构想做出了重大贡献，为推动首都科学发展、促进社会和谐、繁荣城市文化、提升城市影响力奠定了坚实的基础，首都教育现代化建设站在历史的新起点上。

二、首都教育改革和发展面临新形势

“十二五”期间，是北京加快转变经济发展方式，以更高标准建设“人文北京、科技北京、绿色北京”，向中国特色世界城市目标不断迈进的重要时期。新的历史阶段首都经济社会发展的新目标对首都教育发展提出了更高的要求。

——经济发展方式转变对首都教育的要求日益提高。“十二五”时期首都仍然处于大有可为的重要战略机遇期，以加快转变经济发展方式为主线，充分发挥首都科技智力优势，提高自主创新能力，推进经济结构的战略性调整，率先形成创新驱动的发展格局已成为首都现代化建设的新使命，这就要求首都教育以服务求支持、以贡献求发展，紧紧围绕首都产业结构调整和优化升级，加快人才培养体制改革，全面提升教育现代化水平，为首都转变经济发展方式提供更有力的人才保障和知识贡献。

——人民群众对接受良好教育的期待更加迫切。随

着经济社会的快速发展，人民群众对教育的需求呈现更加鲜明的时代特点。面对人民群众对教育质量的要求越来越高、对特色教育的需求日益增强、对教育公平的程度备加关注的新形势，首都必须以改革创新的精神推进教育发展，瞄准世界先进水平，加快现代化公共教育服务体系建设，推进教育的优质化、多样化和均衡化，推动基本公共教育服务由户籍人口向常驻人口拓展，由义务教育向其他教育领域延伸，让市民感受到首都教育的新变化，促进首都的和谐稳定。

——城市化进程加快对首都教育发展的压力持续增大。随着城市化进程的加快，我市市区和城乡结合部人口规模迅速增加给首都基本公共教育服务供给水平带来了巨大压力。“十二五”期间，学龄儿童少年数量呈现快速增长态势，学前教育和义务教育将面临新的需求高峰。中心城区人口疏散、城市功能拓展区和城市发展新区建设也对加快教育资源空间布局调整提出新的更高的要求。妥善解决来京务工人员随迁子女在京接受教育需求的任务更加艰巨。这都要求首都加快完善现代化公共教育服务体系建设，提高优质公共教育资源供给能力。

——人才竞争对构筑首都教育新优势的需求进一步增强。当前，科技、教育、人才已经成为增强城市竞争力和影响力的核心要素，因此要求北京更加积极、有力、创造性地落实教育优先发展的战略地位，突出首都教育特色，构筑首都教育发展新优势，在拔尖创新人才、专门人才和高素质劳动者培养上取得新的进展，继续发挥首都教育对全国教育发展的引领作用，成为展示中国教育发展与改革最新成果的示范窗口。

面对新的发展形势，必须清醒地认识到首都教育还存在着诸多不适应，包括：教育体制机制亟待进一步完善，教育发展的创新能力不足；人才培养模式需要不断创新，学生的综合素质有待全面提升；教育协调发展的局面尚未完全形成，教育公共服务能力需要进一步增强；教育资源布局还不适应城市空间结构、产业发展和人口分布变化的新需要，城乡教育一体化建设长效机制亟待确立。

第二部分 指导思想和主要目标

一、指导思想

以邓小平理论和“三个代表”重要思想为指导，深入贯彻落实科学发展观，按照“人文北京、科技北京、绿色北京”的战略和建设中国特色世界城市的要求，切实落实全国和北京教育工作会议精神并按照《北京市中长期教育改革和发展规划纲要（2010～2020年）》的部署，坚持育人为本、改革创新、促进公平、提高质量的原则，全面推进首都教育事业科学发展，全面提升教育现代化水平，努力办好人民满意的教育，为实现北京市国民经济和社会发展第十二个五年规划总体目标提供人才支撑和智力支持。

二、主要目标

到2015年，首都教育改革与发展的主要目标是：全面实现《北京市中长期教育改革和发展规划纲要（2010～2020年）》确定的阶段性发展目标，基本形成推进教育事业持续健康发展的长效机制，基本形成适应首都现代化建设要求的教育资源布局，创新型人才培养能力显著提升，学习型城市建设取得重大进展，教育现代化水平全面提高。

——保持市民受教育程度在全国的领先地位。0～3岁婴幼儿家庭教育指导网络进一步健全，学前三年毛入园率达到95%以上。义务教育毛入学率保持在100%以上。高中阶段教育毛入学率达到99%以上。主要劳动年龄人口受过高等教育的比例达到40%，新增劳动力平均受教育年限达到15年。显著提升职业教育支撑经济发展方式转变和产业结构调整的能力。从业人员的继续教育普遍开展，学习型组织创建活动覆盖面达到80%以上。市民终身学习的条件更加便捷。

——健全更加公平的教育公共服务体系。建成普惠便利的教育基本公共服务体系，保障市民依法享有受教育的权利，强化各级政府的教育公共服务职能，公平配置公共教育资源，推进区域教育基本公共服务均衡化。按期实现北京市义务教育均衡发展备忘录提出的各项目标。加快推进城乡教育一体化机制建设，进一步增强保障来京务工人员随迁子女接受义务教育的能力，完善家庭经济困难学生群体的教育资助制度，不断提高民族教育和特殊教育水平。不断健全更加完备、开放灵活的终身教育体系。

——提供更加优质而富有特色的教育质量。注重培养学生良好的行为习惯、深厚的文化底蕴、强烈的社会责任感和开阔的国际视野，不断提升学生的综合素质。不断扩大优质教育资源的覆盖率，提升人才培养质量。更加重视教师队伍建设，不断提高教师的思想道德素质和专业素质。建立和完善符合北京实际的质量保障体系和监测评估机制，形成具有首都特色的教育质量。加强科技创新，提升服务社会能力。

——构建充满创新活力的教育体制。全面实施列入国家教育体制改革的试点项目，教育现代化试验城市建设更加深入，试验内容进一步丰富。积极推进教育发展方式转变，着力转变教育发展观念，着力提高人才培养水平，着力解决首都教育发展中存在的一些人民群众反映强烈的问题。尊重群众的首创精神，充分发挥区县和学校在教育改革中的积极性、主动性和创造性。

——完善与城市区域功能相配套的教育布局。加快布局结构调整，优先加强教育基础设施规划和建设，尽快形成与城市空间结构、产业发展和人口分布相协调的教育资源空间布局。依法保证新城、新建小区和危改拆迁地区配套教育设施的建设；实现中小学校办学条件主要项目达标；实施职业教育空间布局规划；市属高校基础设施条件明显改善，完成良乡、沙河高教园区建设。

——建立高层次全方位的教育开放新格局。培养国际化人才的能力显著提升。外国留学生规模进一步扩大，在京外国留学生数量达到12万人次。华北五省区教育合作取得新的进展，京港澳台教育合作更加深入。

——提升信息化对教育现代化的保障能力。教育信息化水平持续提高，信息化基础环境持续改善，管理和运行机制更加健全；中小学建网学校比例达到95%以上，运用信息通讯技术实现教育教学模式的变革和学习方式的个性化和便捷化，建成与“数字北京”相适应的功能齐全、服务高效的数字化教育服务体系，充分发挥教育信息化在教育改革中的作用，促进优质教育资源共享。

“十二五”教育事业发展与人力资源开发主要指标

指标	2010年	2015年
学前三年毛入园率（%）	>90	>95
义务教育毛入学率（%）	105	100以上
高中阶段教育毛入学率（%）	98	>99
每10万人口在校大学生数（人）	6369	6700
中小学建网学校比例（%）	90.8	>95
外国留学生规模（万人次）	7.1	12
新增劳动力平均受教育年限（年）	14	15
从业人员继续教育年参与率（%）	50	60以上
主要劳动年龄人口受过高等教育的比例（%）	35	40

第三部分　重点工作

一、基础教育：奠定学生全面发展的教育基础

（一）全面推进素质教育

切实提高德育工作实效性。以社会主义核心价值体系为重点，完善中小学德育体系，培养和弘扬“北京精神”，制定并实施《北京市中小学德育指导纲要》，增强德育工作的针对性、实效性和主动性。搭大社会实践育人平台，研究探索社会大课堂等北京特色德育品牌活动的常态应用机制，创新德育活动新途径和新方法，推出不同学段、不同学科中小学生社会实践系列活动。加强心理健康教育、法制教育、国防教育，全面提高学生的健康素质、人文素质、科学素质、公民素质、国际视野，养成良好的行为习惯，提升学生的幸福感。落实全员育人，总结和推出一批教书育人的典型经验。

提高教学工作有效性。严格落实新课程计划，保证课堂教学质量，提高教学水平，激发学生学习兴趣，有效缓解学生的学习压力。科学合理安排作息时间，为学生提供更多的校外活动机会。深化课程教材改革。建设具有首都特色的现代化基础教育课程体系，修订和颁布基础教育各学科课程指导意见。全面修订教科书，以人类文明优秀遗产和科学技术最新成果进一步丰富和充实课程内容。建立各级课程改革资源库。

加强体育、美育工作。建立健全学校体育工作机制，充分保证学校体育课和学生体育活动，确保学生每天锻炼不少于1小时。有效控制中小学生近视新发率的上升趋势，降低中小学生的肥胖率，提高学生的体质健康水平。以音乐、美术等课程教学为突破点，健全艺术教育教学体系，提高艺术课教学质量，培养学生艺术欣赏能力。继续加强金帆艺术团等高水平艺术社团建设。

健全学业质量监测评估机制。构建义务教育学校学生综合素质评价指标体系和评价机制，逐步建立对学生个体、学校、区县不同层次的评价反馈机制。完善义务教育学生课堂教学质量、学业质量标准，建立各个学段的学业水平考试制度和质量评价体系及教学反馈系统，促进教育教学质量不断提高。

形成中小学校办学特色。开展育人模式、课程设置、教育方法改革试验，为每一个学生的全面发展创造条件。实施拔尖创新人才培养模式试验，建立一批优秀拔尖创新人才培养实验基地和实验班。深化办学体制和管理机制改革，进一步激发学校自主发展活力。加强校园文化建设，评选500个中小学校园文化建设示范校。

（二）加快发展学前教育

提升学前教育供给能力。落实“学前教育保障项目”，实施《北京市学前教育三年行动计划》。完成幼儿园新建改扩建工程、幼儿园条件达标工程和幼儿教师培养培训工程。通过规划建设并改扩建769所幼儿园，使全市幼儿园总数达到1530所左右，其中公办性质幼儿园占幼儿园总数的比例达到65%以上，有效缓解“入园难”状况。

健全学前教育管理体制。落实区县政府发展学前教育的责任，加强监督管理。统筹制定行政区域内学前教育事业的发展规划和管理办法。各相关部门分工负责，采取有效措施，多种形式扩大公办学前教育资源。进一步鼓励规范民办幼儿园。实施奖励补贴政策，加大对部门办园的支持力度。完善幼儿园收费管理机制，形成幼儿园安全监管机制。

保证学前教育质量。遵循幼儿身心发展规律，坚持科学保教方法，进一步落实《幼儿园教育指导纲要（试行）》。加强学前教育课程建设，完善学前教育质量管理体系与标准，引导幼儿养成良好的生活行为习惯，保障每个幼儿富有个性快乐健康成长。

（三）促进义务教育均衡发展

实施“北京市中小学建设三年行动计划”，完成全市中小学办学条件达标建设任务，完成中小学校舍安全工程。创新资源整合方式，推进义务教育阶段学校均衡发展，扩大优质教育资源辐射面。加大财政投入向农村和城市发展新区教育倾斜的力度，促进义务教育城乡一体化发展。办好民族教育学校和民族班。加强特殊教育学

校建设，制定北京市特殊教育学校办学条件标准，提高特殊教育保障水平。坚持以公办学校为主，规范、扶持民办学校，切实保障来京务工人员随迁子女接受义务教育的权利。完善义务教育均衡发展督导、考核和评估机制。

完善义务教育入学办法。坚持免试就近入学，完善公平入学规则，实现辖区内符合规定的适龄学生学有其位，确保每一个适龄儿童少年机会公平，全面促进每一个学生的健康成长。实施推优派位、特长生录取和大派位全面网上录取制度。落实公示制度，实现学生报名、推荐过程、录取到位全程的公开透明。

（四）推进普通高中特色发展

实施“特色高中建设计划”，建设一批文化特征鲜明、教育风格独特、学生素质多样，充满活力、富有特色的高中学校。按照“上下结合，重心下移，区域推进，学校为主”的原则，引导学校提升自主发展能力，将扩大学校依法办学自主权与承担相应责任、义务有机统一。坚持鼓励学校找准定位，特色办学，多样发展。鼓励学校开设丰富多彩的选修课程，开发特色课程，提高课程的选择性和多样性。坚持试点先行，以试点和试验带动整体改革和发展，继续探索新型综合高中试验，推动普通教育与职业教育融通。

二、职业教育：提高学生就业创业的职业技能

（一）完善现代职业教育体系结构

适应首都产业结构优化升级、高端产业发展和世界城市建设的需要，整合职业教育资源，优化职业教育结构，组建现代制造、电子信息、金融商贸、都市农业等职业教育集团。促进职业教育校企深度合作。实施职业教育服务“北京创造”、助力“北京服务”，服务战略性新兴产业发展、都市型现代农业发展、创新型企业发展和重点区域发展专项行动。针对首都经济社会发展涌现的新产业、新业态、新职业，不断加大职业教育新专业开发与建设力度。实施高技能人才培养工程，开展中高职衔接和本专科一体化培养试验、职业教育分级制度改革试验，拓展职业院校服务功能。深化职业教育国际合作，打造高水平、国际化、现代化的首都职业教育。

（二）加强职业教育基础能力建设

实施示范性职业院校建设工程。开展国家级高等职业教育示范校和骨干校建设以及市级高等职业教育示范校建设。开展国家级中等职业教育改革发展示范学校建设和优质特色学校评选与建设工作，建设20所国家级示范性中等职业学校和15所左右新的现代化标志性中等职业学校。

重点建设一批高等职业教育实训基地和市级中等职业教育实训基地。创新实训基地运行管理模式，开展共享性实训基地建设试点，形成开放、共享、产学研一体化的运行机制，提高实验实训设备使用效率。开展职业院校专业评估，重点建设50个高等职业教育骨干特色专业、60个中等职业教育示范专业，在资源保障和经费投入方面向示范专业、骨干特色专业倾斜。

（三）深化职业教育课程体系改革

继续实施职业教育课程体系改革。构建有利于提高学生学习能力和就业选择的职业教育课程体系，校企合作共同开发专业课程，探索专业设置与职业岗位（群）相对应，专业教学标准与职业标准相衔接，教学内容与工作任务相融合，学习过程与工作过程相联系，理论与实践一体化教学的职业教育课程体系。选择部分专业探索建立中高职课程衔接体系。在部分职业院校开展“小班化”教学，探索职业教育精品化教学模式。

实施职业学校德育创新行动计划。继续推进职业学校德育课课程改革，加强职业道德养成。注重培养职业学校学生的综合素质。加强学校班主任和辅导员工作，发挥班主任在班级日常管理和学生思想道德教育中的组织、指导和引导作用。

（四）增强职业教育吸引力

逐步降低高等职业教育学费，逐步实行中等职业教育免费制度，完善家庭经济困难学生资助政策，加大对优秀学生的奖励力度。建立和完善职业学校学生进一步学习深造的渠道。继续在职业教育中推行“双证书”制度。

树立人人皆可成才的观念，促进技能人才评价多元化，让各类人才都拥有广阔的创业平台和发展空间。定期开展全市性的职业院校学生技能竞赛活动，对优胜者给予表彰奖励。广泛宣传优秀技能人才和高素质劳动者在社会主义现代化建设中的重要贡献，进一步提高高技能人才的经济待遇和社会地位。

三、高等教育：培养学生的实践能力和创新精神

（一）提升整体办学水平

建立高等学校分类指导体系，推动高校进一步科学定位，凝聚优势，特色发展，不断提高办学水平。支持世界一流大学建设，培养一批具有国际视野的拔尖创新人才和引领时代发展的学术大师，涌现一批前沿性成果，增强文化底蕴，提升学校国际影响力和竞争力。支持高水平大学建设，实现高校教育教学、科学研究、科技成果转化与产业化、文化传承与创新、对外交流与合作等领域全面发展。支持地方特色型高校建设，充分挖掘高校潜能，突出优势特色，培养应用型、技能型行业领军人才。

实施“北京高等教育资源统筹计划”，逐步推进区域内高校间、优势互补高校间和办学方向相近高校间的资源整合。支持高校优化空间布局，调整学科专业设置。加快高等教育公共资源体系建设，推动优质资源校际共享。进一步加强以学院路教学共同体为代表的地区内教学科研合作联盟建设。深入开展在京中央高校与市属高校共建工作。

巩固“高等学校本科教学质量与教学改革工程”和“科学技术与研究生教育创新工程”建设成果，进一步加大投入，提高效率，创新高校人才培养模式，完善高校

科技创新机制，提升社会服务与文化传承能力，着力增强高等教育核心竞争力。

（二）提高人才培养质量

优化学科专业结构。实施“学科建设工程”，建设一流重点学科，培育新的学科生长点，逐步形成结构合理、优势明显的北京高校重点学科体系。实施“专业和专业群建设计划”，建设与经济社会发展紧密联系的高校专业体系，推动同类专业合作建设高校专业群，继续完善专业预警机制。

创新人才培养模式。加强本科生课程体系改革，推动专业核心课程建设，加大选修课程比重，重点建设100个左右本科人才培养模式创新试验项目，拓展学生知识背景，促进文理交融，提升综合素质。实施“本科生实践能力与创新精神培养计划”，提高实践类、应用类课程比例；加强实验教学示范中心建设，整合校内实践教学资源，建设100个左右北京市级校内创新实践基地；鼓励高校与企事业单位、科研院所合作，建设100个左右北京市级校外人才培养基地；支持20%左右在校本科生参与科学研究项目，广泛开展本科生科技竞赛活动。创新研究生培养模式，探索学术型和专业学位研究生培养新机制，支持250项左右研究生培养模式改革与课程体系建设项目；推动国内外研究生联合培养基地建设。开展“研究生创新活动计划”和“优博评促计划”，提升研究生科研创新能力。支持高校逐步完善学分制和弹性学制，鼓励高校建立学分互认机制，试点跨专业、跨学科、跨学校选课制度。

加强创新创业教育和就业指导服务。完善创业教育课程体系；积极推动大学生自主创新项目，提高学生竞争意识和能力，加强学生职业规划教育与就业服务。加大对家庭经济困难等特殊群体毕业生的帮扶，支持30项左右毕业生就业、创业指导特色工作项目。

（三）增强科技创新能力

加强高校科技创新体系建设。实施“科研基地建设工程”，重点建设100个左右北京市重点实验室和30个左右北京市高校工程研究中心，大力支持基础性理论研究和原始性科技研发，完善科技成果工程化研究开发平台。加强高校科研管理和服务，探索有利于提高科研能力和促进科研成果转化的科研评价制度、教师考核制度和项目管理制度。重点建设一批科研创新团队，加强对中青年学术骨干教师原创性研究的支持，实施“新起点计划”，提升青年教师科技创新能力。

（四）扩大社会服务功能

积极参加中关村国家自主创新示范区和人才特区建设。围绕中关村科学城、未来科技城建设，在战略性新兴产业领域建设新型产业技术研究院和技术转移中心，与企业共建实验室、研发机构、高层次人才联合培养基地。

引导高校教师和科研人员围绕国家和首都发展重大需求开展科研创新和产业化研发活动。健全政府、产业、学校、研究机构及用户协同创新的合作机制，加快科技成果转化和产业化。针对战略性新兴产业发展需要，调整人才培养结构和学科专业结构，培育相关的专业和紧缺人才。

实现高等教育优质资源社会共享。开展科学普及工作，提高公众科学素质。推动图书馆、实验室、博物馆、网络平台等资源逐步向社会开放，提升高校对区域发展的贡献力。

（五）发挥文化传承职能

推动大学文化建设，发挥文化育人作用。积极参与首都文化中心建设，加强中华优秀传统文化研究，加大对文史哲等传统学科的支持力度，使学校成为先进文化的传承者和创新者。加强高校哲学社会科学研究基地建设，鼓励高等学校发挥思想库智囊团作用，为国家和北京经济社会发展提供决策参考和咨询服务。探索文化创新激励新机制，使高校成为先进文化策源地。

四、终身教育：搭建便利市民学习的网络平台

（一）健全市民终身学习服务体系

完善社区教育办学网络。加大投入，加强区（县）、街道（乡镇）、居（村）三级社区教育办学实体建设，制定三级社区教育办学点标准。

建设市民终身学习服务基地。推动图书馆、博物馆等社会文化机构和各类学校拓展教育服务功能。利用社会资源建设200个市民终身学习服务基地，培育100个首都市民学习品牌，加强学习型城市研究基地建设，推进学习型组织和学习型城市示范区建设。

建设北京开放大学。集合各类学习资源，为学习者提供方便、灵活、个性化的学习服务，构建终身学习“立交桥”。探索建立开放大学与普通高等教育、成人高等教育和高等教育自学考试对接机制，推动课程学分互认，建立学分银行和学习成果认证机制。

加强语言文化建设。完成中国语言资源数据库北京建库任务；设立语言文字应用研究项目，力争将语言文化建设研究中心和语言产业研究中心建设成为国家语委科研基地。到2015年，新增100所语言文字应用规范化示范校并建立相应的激励措施，普通话水平测试人数达到10万人次以上。

（二）广泛开展各类继续教育

依托高等院校、职业学校、成人学校和社区教育三级办学网络，实施首都市民素质提升工程、农村成人教育及企业职工培训工程、专业技术人员继续教育工程，普遍提升各类专业技术人员、企业职工和广大市民的思想道德素质、科学文化素质、知识水平、职业素养和技术水平。

五、深化教育体制改革

（一）深入开展人才培养体制改革

开展特色高中建设试点，探索分层教学、走班制、学分制等教学管理制度改革。变革职业教育教学内容和方法，支持行业企业参与制定职业教育人才培养标准和课程教材体系，实施校企合作人才培养模式。探索建立科学素养和人文素养融合发展的高等学校人才培养模式，增强学生的实践能力、创新能力和学习能力。改革研究生培养模式，探索和完善科研院所与高等学校联合培养、国内外联合培养、产学研联合培养的“双导师制”，分类推进学术学位研究生和专业学位研究生培养模式改革。探索拔尖创新人才培养模式，改革教育质量和人才评价制度，为人才培养创造良好环境。

（二）推进管理体制改革

以转变政府职能为重点，深化教育管理体制改革，提高公共服务水平。开展市级政府教育统筹综合改革，通过加大政府统筹力度，推动办学体制、人才培养体制、教育交流与合作等方面的探索创新。建立健全公共教育服务体系，逐步实现基本公共教育服务均等化。改变直接管理学校的单一方式，综合运用法律法规、方针政策、标准、公共财政等手段引导和支持学校发展。加强对学校的监督检查和评估。完善社会参与机制，鼓励学生、家长、社会监督学校管理。全面推进政务公开，健全教育信息公开制度，保障公众对教育的知情权、参与权和监督权。

（三）加快办学体制改革

深化公办学校办学体制改革，开展公办学校联合办学、委托管理等试验，增强教育发展活力。改进非义务教育公共服务提供方式，引导社会资金以多种方式进入教育领域，鼓励举办学前教育和职业培训。开展市属高校发展机制改革试验，促进市属高水平大学及一流学科、专业建设。开展高等学校资源融通、合作办学试验，探索在京中央高校与市属高校共建新模式，进一步推动北京高校在学科建设、科研创新、人才培养方面的资源共享与合作发展。开展区县政府促进高等职业教育发展综合改革试点，实现高等职业教育办学体制、育人机制和社会服务机制创新。

（四）促进民办教育健康发展

加强统筹规划，重点发展面向社区服务的民办学前教育，鼓励民办中小学办出特色，推进民办高等职业教育与经济社会发展的紧密结合，大力提高民办高等教育的办学质量，积极发展教育培训产业。加大对民办教育的分类指导和分类管理力度，引导民办学校公益办学、规范办学、优质办学和特色办学。按照“扶需扶特，促优促强”的原则，落实民办教育平等优惠政策，建立民办教育表彰奖励制度，重点扶持、培育一批适应社会发展需要的高水平、高质量、有特色的品牌学校。加强对民办教育的规范管理和监督，探索建立各类民办学校的退出机制，进一步完善民办学校法人治理结构，推动民办学校党团组织和工会组织建设。完善民办教育服务体系，建立民办教育信息服务平台和民办学校预警机制，加强行业协会建设。

（五）建设现代学校制度

进一步明确政府对学校管理的权限和职责，明确各级各类学校办学权利和责任。探索适应不同类型教育和人才成长的学校管理体制和办学模式。落实和扩大学校办学自主权，逐步减少和规范政府对学校的审批事项。完善中国特色现代大学制度，探索现代学校治理结构，加强学校章程建设，扩大社会合作，推进专业评价。选择有条件的高校探索试行自主办学。扩大普通高中及中等职业学校在办学模式、育人方式、资源配置、人事管理、合作办学、社区服务等方面的自主权。完善中小学学校管理制度和校长负责制，加强学校民主管理制度和社会参与的监督制度建设。

（六）实施教育综合改革试验

以建设教育现代化试验城市为平台，统筹首都教育资源，重点推进20项国家教育体制改革试点项目。即探索城乡教育一体化发展的有效途径，推进城区义务教育学校均衡发展，深化基础教育学校办学体制改革，开展基础教育课程教材改革试验，推进中小学德育内容、方法和机制创新，探索建立拔尖创新人才培养基地，开展普通高中特色发展试验，研究制定义务教育质量督导评价标准，探索有效履行教育督导职能体制机制，探索职业教育集团化办学模式，开展地方政府促进高等职业教育发展综合改革试点，探索建立职业人才成长立交桥，探索和完善科研院所与高等学校联合培养研究生的体制机制，探索开放大学建设模式，改革成人高等教育招生考试制度，探索在京中央高校与市属高校共建新模式，探索高水平中外合作办学模式，制定优秀教师到农村地区从教的具体办法，完善普通师范生资助政策以及省级政府教育统筹综合改革。鼓励有条件的区县就教育现代化中的重大问题进行探索和试验，积累经验。力争在首都教育发展的重点领域和关键环节取得一批突破性改革成果。

六、改革考试招生制度

（一）完善中等学校考试招生制度

推进中考考试内容改革，探索体育、外语等科目的考试内容及形式改革。加快中考招生制度改革，进一步合理分配优质普通高中和优质中等职业学校招生名额，探索中等职业学校入学方式改革。以考试内容改革为重点，建立会考考试标准，使不同层次教学水平的中学能有符合各自实际的教学目标。

（二）完善普通高等学校考试招生制度

积极组建北京市高考命题研究中心，加强命题研究，组建题库，使高考命题及相关研究工作步入科学化、专业化、系统化轨道。持续深入地推进考试内容改革。加快推进高考英语口语考试改革试点。切实推动高考报名社会化，规范高考加分项目及其评定过程。探索市属重点高校的特色学科单独选拔学生的招生办法。全面推进高职招生的进一步改革。推进高考录取制度改革，加强综合素质评价和高中会考在录取中的作用。

（三）改革成人高等学校考试招生制度

探索建立以统一招生考试为主，水平考试和职业能力考核相结合的成人高等学校录取办法，逐步实现不同类型学习成果的互认和衔接。逐步扩大高校的招生自主权、考试内容选择权，并与多元化考试评价和多样化选拔录取相结合，形成学校自主招生、自我约束，教育行政部门宏观调控，社会有效监督的成人高等学校入学制度。充分发挥成人高等学历教育的特点和优势，为在职在岗人员提升文化素养和职业技能服务。

（四）创新高等教育自学考试制度

进一步加强管理，提升高等教育自学考试质量。依托不同类型高等学校，合理设置和调整自考专业。继续尝试与行业合作，开展“双证书”教育。积极拓展自学考试服务功能，探索开展学习状态或学习结果的诊断性评价。

七、提升首都教育的国际竞争力

（一）全面推进教育对外开放与合作交流

支持各级各类学校积极参与国际教育合作，重点加强与友好城市和世界城市政府间的教育合作。鼓励开展教育区域和校际联盟合作，深化与港澳台地区学校的交流与合作。鼓励有条件的普通高中与国外知名高中交流与合作。鼓励和支持高等学校与世界一流大学和跨国企业共建实验室，开展深入的科研合作。吸引世界知名学者、优秀教育管理专家到高校任职，推进高水平中外合作办学。建立高校之间外教资源的共享机制。加强对出国留学人员的引导和服务。加大教师、管理干部境外培训力度。适度扩大孔子学院和孔子课堂建设规模，扩大汉语教师和志愿者境外任教的规模。加强教材和网络教学课程开发及平台建设，积极稳妥推进高水平教育机构境外办学。

（二）增强学生国际交往和竞争能力

实施“北京高校优秀学生留学奖励计划”，每年资助1500名市属高校优秀本科生和研究生赴境外高校交流学习，提高学生赴境外学习、交流、研修的规模和质量。推进国际理解教育和校园多元文化建设，营造有利于创新人才培养的国际化氛围，积极拓展学生的国际视野和国际交往能力。

（三）大力发展外国留学生教育

实施“留学北京行动计划”。到2015年在京外国留学生规模达到12万人次，提高学历生和研究生比例。建设外国学生中华文化大课堂，提高外语授课学科专业比例，构建从幼儿园、小学、中学到大学完整的留学人员教育服务体系，完善留学生教育管理服务体系和质量评价体系，提升来京留学的吸引力。

（四）开创良好的教育外事服务局面

加强外语人才培养，提高师生的跨文化沟通能力。建立涉外教育协作沟通机制和留学生服务平台，加强外事干部队伍建设和培训。建立完善的教育国际交流管理和服务工作体系，加大对首都教育的宣传推介力度，优化首都教育国际化发展软环境，为驻京外籍人士子女和海外归国人才子女提供高质量的教育服务。

八、提升教育信息化水平

（一）优化教育信息化基础环境

实施教育信息化基础环境优化工程。升级优化基础网络，实现北京教育信息网延伸至家庭。建成支持多种接入，服务各类应用，保障信息安全的立体型城市学习网络。完成信息终端设施的配备与普及。建成100所数字校园示范校。建成教育电子认证系统。建成分层次的数据存储和容灾备份中心。建立科学有效的教育信息化运维保障机制，确保全市教育信息化工作的可持续发展。

实施信息化能力提升工程。建立首都教育信息化标准研制、培训、推广、测试、认证的长效机制，推动教育信息化标准的应用实施。开展教育信息化管理与应用效能评估试点。全面提升信息化领导力，提高师生信息技术能力与水平，增强教育信息化人才队伍的专业性与稳定性。

（二）促进信息技术与教育教学的深层次融合

实施基础教育信息化智慧校园课程资源建设工程。整合现有教研网、课程网等资源，建立覆盖中小学全部课程的数字化名师授课资源库，全市优秀教材和特级教师优质课程资源超市，形成覆盖基础教育阶段全学科主要知识点与能力点的综合辅助性课程。完成覆盖小学至高中全学科的市级骨干教师和学科带头人同步课程资源建设和平台搭建，为教师的相互交流提供服务。建设网络虚拟学习环境，实现无处不在的学习。

（三）推进教育管理信息化

实施教育政务管理与服务优化工程。优化政府门户网站，加大网上政务公开力度，提升信息服务的广度与效率。整合教育电子政务（电子校务）系统，实现教育系统内部协同办公，创新政务和校务管理模式。建成首都教育基础数据管理与支撑平台，实现教育数据的有机整合、科学管理与动态监测，为教育决策及危机处理提供有效数据。

九、加快调整学校空间布局结构

（一）合理调整基础教育空间布局

结合首都城市总体规划、人口迁移聚集分布趋势和学龄人口变化趋势，统筹规划学校布局，制定未来5年各区（县）幼儿园、中小学校空间布局规划，做好应对入学入园高峰预案。做好居住区配套幼儿园、中小学的规划、建设、接收、使用和管理。通过联办、合作办学以及举办分校等形式，推动中心城区优质教育资源的布局调整。实施校园品质提升工程。

（二）加快调整职业教育空间布局

依据首都产业发展规划，实施职业教育空间布局规划，推动职业院校向产业集中区聚集。突破学校隶属关系和类别界限，通过资产置换、内部挖潜、合并调整等多种形式，组建若干支撑本市重点产业和区域发展的职业教育集团。推进职业学校与行业、产业、企业合作，加强职业教育实训基地建设。重点推进亦庄职教园区、高等职业教育综合改革试验区建设。

（三）优化高等教育空间布局

按照《北京城市总体规划（2004～2020年）》要求，结合区县功能定位和产业结构调整，优化完善“一心三区”首都高等教育空间布局。推动中关村大学聚集核心区和中关村国家自主创新示范区建设发展的高度融合，共建产学研一体化的人才培养基地。结合中关村科学城、未来科技城建设和城南行动计划的实施，完成沙河和良乡高教园区及相关高校新校区建设。结合CBD东扩和通州国际新城建设，发挥东部高校聚集区学科专业优势，为发展高端商务、现代物流和文化创意产业提供人才和智力支撑。

（四）加大空间布局规划的实施力度

建立健全北京市教育资源空间布局调整工作协调机制，明确市、区（县）两级政府职责，加强统筹规划和实施指导。出台教育设施专项规划，制订实施方案。加强区（县）结合部和城乡结合部幼儿园、中小学校专项规划建设，优先保障学校建设用地，完善居住区配套学校建设和使用机制。

第四部分　保障措施

一、全面加强党的建设

（一）加强思想理论建设

坚持用中国特色社会主义理论体系武装头脑、指导实践、推动工作。全面贯彻党的基本路线和教育方针，坚持社会主义办学方向，牢牢把握党对学校意识形态工作的主导权。深入推进学习型党组织建设，完善学习制度，形成长效机制。加强党委理论中心组学习，不断创新党员、师生理论学习的形式与载体，提高学习质量和效果，在真学、真懂、真信、真用上取得新成效。发挥高校优势，广泛开展理论研究与宣传，形成一批有价值、高水平的理论成果。

（二）加强领导班子和干部队伍建设

深入贯彻《中国共产党普通高等学校基层组织工作条例》，坚持党委领导下的校长负责制，健全完善科学有效的高校领导体制、高校院（系）级单位党组织工作体制和运行机制。按照社会主义政治家、教育家的目标要求，加强高校领导班子和干部队伍的思想政治建设、能力建设和作风建设。按照德才兼备、以德为先的用人标准，以及政治上靠得住、工作上有本事、作风上过得硬、人民群众信得过的要求，配齐配强高校和直属直管单位领导班子。深化干部人事制度改革，健全选拔任用机制，加大竞争性选拔干部力度，完善差额选拔干部办法，提高选人用人公信度和组织工作满意度。加强学校党委对统战工作的统一领导，完善制度、创新机制，努力形成科学的统战工作格局。深入实施“高校领导干部能力建设工程”，健全教育培养机制。完善考核评价机制，加强干部监督管理。加强后备干部和人才队伍建设。实施“党务工作人才培养工程”，开展中小学党支部书记培训。

（三）加强基层党组织建设

深入开展创先争优活动，扎实推进基层党建工作创新，充分发挥基层党组织政治核心、战斗堡垒作用和党员先锋模范作用。修订《中国共产党普通高等学校基层组织工作条例》实施办法，完善工作体制和运行机制。优化基层党组织设置，实施党支部建设工程，创新活动方式，丰富活动内容，不断增强党支部活力。加强党员队伍建设，加大在学科带头人、青年教师和优秀学生中发展党员工作力度。加强党内民主建设，保障党员主体地位，完善党代表大会制度和党内选举制度，积极推进党务公开。继续实施《北京高校2009～2013年党员教育培训工作规划》，加强对党员的教育、管理和服务，不断提高党员素质。加强对全市基础教育、职业教育与成人教育、民办教育党建工作的规划与指导。

（四）加强大学生思想政治教育工作

深入贯彻落实中央加强和改进大学生思想政治教育工作的精神，推动首都大学生思想政治教育工作不断创新，取得实效，并形成长效机制。深入开展理想信念教育和社会主义核心价值体系学习教育活动，充分发挥离退休老干部的作用，引导大学生树立正确的世界观、人生观和价值观。加强高校思想政治理论课建设和思想政治理论课教师队伍建设，全面推进中国特色社会主义理论体系进课堂、进教材、进学生头脑工作。加强高校辅导员队伍建设和高校班集体建设。推进大学生思想政治教育工作科学化精细化建设，落实“每个学生每年一次有针对性的深度辅导”要求。加强大学生心理素质教育工作，提高专业化规范化水平。创新思想政治教育工作模式，大力推进“学在北京”网站建设，在全国教育网站中打造具有强大影响力的首都大学生信息资源港。

（五）加强党风廉政建设

不断完善党风廉政建设领导体制与工作机制，切实贯彻党风廉政建设责任制，构建权责清晰、逐级负责、层层落实的反腐倡廉建设责任体系。深化惩治和预防腐败体系建设，广泛开展党风廉政宣传教育，扎实推进廉政风险防控，健全决策权、执行权、监督权相互制约、相互协调的权力运行机制。加强教育系统政风行风建设，深化党务公开、政务公开、校务公开，严肃查办违纪违法案件，认真解决群众反映突出的问题。

（六）加强平安和谐校园建设

深入开展“平安校园”创建活动，落实“六大”体系建设，推动教育系统维护安全稳定工作规范、创新、科学发展。健全完善有效工作机制，不断强化安全稳定工作的组织领导与统筹协调。建立完善重大事项社会稳定风险评估机制和矛盾纠纷排查化解机制。推进校园安全管理与防范方式方法的创新，加大人防、物防、技防建设，提升校园安全管理与防范水平。完善学校及周边治安综合治理工作机制，统筹推进校园及周边环境与秩序整治，营造良好育人环境。加强安全教育和消防工作，加大应急演练和技能培训力度，增强师生安全防范意识与实践能力。加强校园网络管理，规范学术讲座、论坛和社团活动，切实维护教育系统安全稳定，着力构建和谐校园。

二、全面提高教师队伍建设水平

（一）大力加强师德建设

坚持以德为先的基本导向，加强政治理论学习，研究制定《首都教师职业道德标准》，规范教师教育教学行为。多渠道、多层次、多形式地开展全员性师德教育，全面提升各级各类学校干部教师队伍的整体素质。完善教师职业道德教育、考评和监督机制，大力宣传师德高尚、行为示范的教师典型，着力打造一支师德高尚、品行优秀、业务精湛的干部教师队伍，为全面提升首都教育现代化水平提供有力的人才支撑。

（二）加强高素质专业化师资队伍建设

建立首都师范大学学前教育学院，扩大幼儿教师的培养规模，加大幼儿教师的培训力度，普遍提升幼儿教师素质。成立北京市基础教育教师队伍建设专家指导委员会和北京市中小学干部教师培训专家委员会，研究制定中小学教师专业发展标准，为干部教师培训提供业务指导与政策咨询。建立和完善义务教育阶段学校干部、教师流动制度，促进优秀教师在区域范围内合理流动。实施北京市“十二五”时期中小学干部培训9项工程和教师培训7项计划，针对各级各类学校及校外教育机构的干部、教师、培训者及少先队辅导员开展培训，完善培训激励机制和经费保障机制。实施“首都名师、名校长、教育家培养工程”和“农村教师素质提升计划”，加大对农村教师、中青年骨干教师、特级教师、市级学科教学带头人和基础教育名师名校长及教育家培养的力度，全面提升教师专业发展水平，促进首都教育质量的全面提升。

继续实施“职业院校教师素质提高工程”。开展专业创新团队、名师、专业带头人和骨干教师选拔、培养工作，继续选派专业教师到国外培训和交流，提高教师的职业素养和专业教学能力。采取多种形式支持教师到企业生产、建设、管理和服务一线进行实践活动，完善从行业、企业引进或聘请优秀专业技术人员、高水平技术人才到校任教的机制，密切学校专业教学与行业企业的联系，加快“双师型”教师队伍建设，全面提高职业院校教师的专业教学能力和实践能力。

实施首都高校“长城学者计划”，培养和资助一批勇于实践、敢于探索、富有创新精神的优秀青年人才，服务首都教育现代化战略。实施“教师职业发展计划”，大力推动“教师教学发展中心”建设，发挥名师、团队示范带动作用，提升中青年教师教学能力。深入推进市属高校“人才强教计划”，加大对高层次人才培养、引进的资助力度，加强对创新人才和创新团队的建设力度。加强高校教师以教书育人为核心的综合能力建设。增加教师培训经费，继续开展多方位的培训，支持更多人才参与国际交流，建设适应教育国际化要求的高水平教师队伍。建立学习型城市建设专家库和市民终身学习指导教师库。

（三）建立保障教师地位和待遇的长效机制

提高教师的社会地位，不断改善教师的工作、学习和生活条件。落实好义务教育阶段绩效工资，完善农村教师工资、职务聘任等倾斜政策和津贴补贴制度。建立教育人才生活需求调查制度，采取综合措施，以医疗和住房条件保障为重点，优化教育人才发展的生活环境。研究制定教师住房保障政策，加快推进专家公寓和青年教师公寓建设，优先解决青年教师、农村教师的住房问题。

（四）健全和完善教育人事管理制度

完善并严格实施教师资格准入制度，探索建立“国标、市考、区聘、校用”的中小学教师职业准入制度和教师资格定期注册制度。优化教育人才遴选聘用机制，完善教师公开招聘制度和聘用合同管理制度，完善教师的考评体系和退出机制，增强教师队伍活力。积极推进区域中小学教师交流，促进义务教育均衡发展。探索名校长培养机制，完善校长选拔任用制度和任期目标责任制度。推进教育系统职称制度改革，强化岗位聘任，探索灵活多样的弹性用人机制和管理人员职员制，发挥薪酬的激励作用，探索符合学校特点的薪酬分配方式，充分调动广大教师的工作积极性和创造性。

三、完善教育投入长效机制

（一）完善投入稳定增长机制

进一步完善以政府投入为主，多渠道筹集教育经费的体制。严格按照教育经费依法增长的法律法规要求，保证教育财政拨款增长高于财政经常性收入增长，提高财政教育支出占公共财政支出的比重，确保2012年完成全市财政教育支出占财政支出比例实现国家分解任务目标。拓宽经费来源渠道，落实统一内外资企业和个人教育费附加及全面开征地方教育附加费制度。从土地出让净收益中按10%比例计提教育资金。完善社会捐赠教育和学校筹款的激励机制，落实个人教育捐赠支出在所得税税前全额扣除政策。逐步健全来京务工人员随迁子女义务教育公共财政保障机制。完善非义务教育阶段培养成本合理分担机制和经费投入机制，根据经济发展状况、培养成本和居民可承受能力适时调整学费标准。健全公共财政对民办教育的扶持政策。

（二）优化投入分配结构

完善以办学成本为基础、与物价水平相一致的各级各类教育生均定额标准动态调整机制。建立市属公办高等学校生均综合定额与事业发展需求及物价增长水平联动的拨款制度和正常增长机制。增强经费统筹能力，重点加大对农村教师队伍建设、农村幼儿园、农村寄宿制学校、城镇薄弱学校和城市发展新区的投入。健全家庭经济困难学生资助政策体系，完善师范生、教育硕士和外国留学生北京市政府奖学金资助政策。提高预算内基建投资用于教育的比重，加大市属高校基本建设投入力度，改善市属高校办学条件。市、区（县）两级政府采取按比例分担的经费保障机制，投入资金50亿元，用于幼儿园新建、改、扩建工程，幼儿园办园条件标准化工程及师资培养、培训工程。

（三）提高经费使用效益

建立科学化、精细化的预算管理机制，实施将预算执行与绩效目标纳入考核内容的新型预算管理方式。加强绩效评价结果应用，逐步建立绩效导向的教育经费投入预算管理制度。健全完善教育财政咨询、项目申报、事前评估、财政投资评审、立项论证制度，增强经费分配的科学性。完善市属高等学校财政支出绩效评价体系。在市属高等学校试行设立总会计师职务。健全经费管理监督机制，完善内部审计制度，加强预算执行审计，强化重大项目建设和经费使用全过程审计，将审计结果及整改情况纳入单位综合绩效指导评价指标体系。健全学校财务会计和资产制度，规范学校经济行为，防范学校财务风险。积极探索民办学校财务监管措施，依法规范民办学校资产和财务管理，推动落实民办学校法人财产权。

四、推进依法治教和科学管理

（一）提高制度建设水平

推进学前教育、职业教育等地方法规和北京市实施《国家通用语言文字法》办法的修订工作，加快教育督导、终身教育等地方法规、规章的立法进度。完善部门协调、公众参与的教育立法机制，健全专家咨询论证制度。开展教育立法风险评估、实施情况后评估工作，努力提高制度建设质量。健全教育规范性文件制定程序，制定对于人民群众权利义务产生直接重大影响的规范性文件，必须经过公开征求意见、合法性审查和集体讨论决定。定期清理、修订地方教育规章和规范性文件，增强制度体系的一致性和规范性。

（二）全面推进依法行政

完善重大教育决策制度，把公众参与、专家论证、风险评估、合法性审查和集体讨论决定作为重大决策的必经程序。完善重大决策听证制度，把听证意见作为决策的重要参考。建立首都教育决策咨询委员会，为教育改革和发展提供咨询论证。完善行政决策风险评估机制，把风险评估结果作为决策的重要依据。加强重大决策跟踪反馈和责任追究，根据对决策执行的评估结果，及时调整决策执行，不断提高教育执法水平。认真执行行政许可法，深化教育行政审批制度改革，进一步规范和减少行政审批，推进政府职能转变和管理方式创新。严格规范教育执法行为，完善行政执法协调、行政执法裁量权基准和执法责任追究等执法责任制配套制度。加强教育行政执法队伍建设。探索教育纠纷预防机制，建立完善行政指导制度和行政争议听证制度，健全矛盾纠纷调解机制，加强行政复议和行政应诉工作。大力提高教育行政机关人员特别是领导干部依法行政的意识和能力。

（三）大力推进依法治校

学校依法履行教育教学和管理职责，依法建立完善体现自身特色的学校章程和制度体系，依照章程规范管理学校。完善依法治校工作评价指标体系和监督检查机制，健全依法治校长效机制。学校要依法尊重和保障师生权利，完善相应的管理制度，健全救济渠道。实施北京市教育系统“六五”普法规划，加强干部教师的法制培训，切实增强青少年法制教育工作的针对性和实效性，提高广大师生法治素养和公民意识。拓展大学生法律志愿服务领域和水平。

（四）加强教育科学研究

重视教育科学研究，牢固树立“教育发展，科研先行”的思想观念。加强教育科研队伍建设，重视并支持建成素质高、能力强、数量充足的科研队伍，充分发挥科研队伍对提高教育教学质量的服务作用。努力创造良好的教育科研环境，保证科研经费，大力推广教育科研成果，完善科研机制，对于教育科研取得突出成绩的单位和个人给予奖励。

五、健全和完善现代教育督导体系

（一）健全教育督导体制和机制

推动教育督导立法，制定《北京市教育督导条例》。探索建立行政监督、科学评价、民主管理相结合的教育督导评估体制，构建以提高教育质量为导向、政府督导评价为主导、学校自评为基础、社会广泛参与的教育督导工作机制。完善并落实教育督导结果的公报、公示、限期整改和回访制度。开展影响首都教育改革与发展重点问题和人民群众关心的重点、难点、热点问题的督导调研。探索同级督政、购买专业评价服务、开展社情民意调查、跨地区督导合作等工作模式。

（二）依法强化教育督导机构的工作职能

进一步完善教育法律法规执行情况督导检查工作，有效推进依法行政、依法治教、依法办学。完善政府、教育行政部门、学校“三位一体”全面实施素质教育的综合督导工作。开展学前教育三年行动计划落实情况的专项督导工作。开展北京市现代化中小学建设三年行动计划落实情况的专项督导工作。依法加强义务教育督导，进一步完善全市义务教育实施情况和均衡发展状况的督导监测工作机制，完成小学规范化建设工程的专项督导工作。依法加强义务教育阶段教育质量监测与评估工作，开展中小学生综合素质监测评估，探索建立科学的教育质量督导监测机制。适时推进普通高中教育督导工作，依法加强和改进职业教育的督导工作。进一步探索推进民办高等学校办学状况的督导与评估工作。拓展校外教育、社区教育、特殊教育、教师继续教育等方面的督导工作。进一步完善教育满意度入户调查工作，完善教育的社会评价机制。将语言文字工作纳入教育督导体系之中。

（三）完善教育督导保障措施

建立对区（县）教育督导工作督导评价制度，建立健全责任追究制度、激励机制，加强市区两级教育督导机构建设。加强督学队伍建设，建立教育督导评估专业机构，推行督学任职资格制度、督学委派制度，完善督学选拔聘任制度、督学责任区制度；进一步加强督学专业培训工作，加快北京市督学研修中心的建设，完善北京市督学研训体系，加大研训力度，不断提升教育督导专业化水平。加强北京市教育督导与教育质量评价研究中心的建设，进一步加强教育督导科研工作，提升教育督导理论水平，加快教育督导评价信息技术平台建设，建立完善各级各类教育督导数据库，积极研发教育督导评价工具，提高督导评价的科学化水平。大力推进教育督导的国内外交流与合作，不断提升北京教育督导影响力。

规划实施

《北京市“十二五”时期教育改革与发展规划》是指导全市教育改革与发展的纲领性文件，必须周密部署、精心组织、落实责任、强化监督，确保规划内容落到实处。

落实《北京市“十二五”时期教育改革与发展规划》各项任务，是各级党委和政府的重要职责。各区县、各部门要在市委、市政府的统一领导下，在市教委的组织协调下，对规划任务进行分解，明确责任分工。

各区县、各部门、各级各类学校要从实际出发，制订本区县、本部门、本学校实施规划的具体方案、年度计划和政策措施，分阶段、分步骤组织实施。各区县、各部门要把规划作为项目审批和安排资金的重要依据。

《北京市“十二五”时期教育改革与发展规划》确定的各项指标要纳入市政府和各部门、各区县和教育行政部门综合评价和绩效考核体系。市教委对《北京市“十二五”时期教育改革与发展规划》实施年度监测，发布年度监测报告。市政府教育督导部门定期开展《北京市“十二五”时期教育改革与发展规划》实施情况的专项督导工作并向社会公布督导检查报告。市和区县各级人大、政协要定期开展《北京市“十二五”时期教育改革与发展规划》实施情况的监督检查。要建立法定程序和渠道使社会公众能够有效参与对《北京市“十二五”时期教育改革与发展规划》实施情况的监督。

北京市中小学建设三年行动计划（2012～2014年）

为适应首都经济社会发展的新要求，满足未来三年本市适龄儿童人口高峰的入学需求，进一步优化中小学教育资源配置和学校布局，全面提升中小学办学条件和现代化水平，依据《北京市中长期教育改革和发展规划纲要（2010～2020年）》，制定本行动计划。

一、制定背景

（一）发展现状。

本市于1993年在全国率先普及九年义务教育之后，始终坚持把发展义务教育作为教育工作的重中之重，经过“巩固提高”和“双高普九”发展阶段，开展了薄弱学校改造、山区学校建设等一系列重点工作，教育普及水平始终保持在全国领先地位。

“十一五”时期以来，本市中小学教育水平进一步提高。特别是通过紧紧围绕率先基本实现教育现代化的目标，持续增加教育投入，不断完善公共教育服务体系，集中力量组织实施了小学规范化和初中建设工程、中小学校舍安全工程、农村义务教育工程等一系列重大工程，教育公平迈出重要步伐。中小学生均预算内教育事业费和生均公用经费水平均位居全国前列，城乡之间办学条件差距明显缩小，农村学校面貌焕然一新；资助困难学生政策体系进一步完善，来京务工人员随迁子女接受义务教育的权利得到有效保障；各级各类教育入学率、巩固率和升学率进一步提高。截至2011年底，全市共有小学1090所，在校生68.05万人；初中342所，在校生30.23万人；普通高中290所，在校生19.51万人。

（二）面临的问题。

随着首都经济社会的快速发展，本市中小学教育将面临新的问题：一是随着城市规模及人口的不断扩大和人口增长的周期性变化，未来三年小学学龄人口将进入新的高峰期，现有中小学资源总量明显不足；二是随着城市化进程的加快和全市人口分布的变化，原有中小学的布局已不能适应新的教育需求，呈现出结构性失衡；三是随着人民群众对优质教育的需求不断增长，部分中小学特别是一些农村中小学的办学条件还不能完全适应教育现代化的要求，学校达标建设、配套基础设施以及特殊教育和民族教育等方面还存在一些薄弱环节亟待加强；四是来京务工人员随迁子女接受义务教育仍存在一些亟待解决的问题。

（三）政策依据。

《北京市中长期教育改革和发展规划纲要（2010～2020年）》明确提出启动“现代化中小学建设项目，实施新城配套学校建设工程，结合新城建设、中心城区人口疏解、城乡结合部重点村改造，新建一批优质中小学。继续推进中小学达标工程建设，全面执行本市中小学办学条件标准，优先支持农村学校办学条件达标，确保新建小区配套学校达标。”

国务院《关于进一步加大财政教育投入的意见》和财政部、教育部《关于从土地出让收益中计提教育资金有关事项的通知》，进一步明确了新形势下继续增加财政教育投入，实现国家财政性教育经费支出占国内生产总值比例达到4%目标的意义和要求，提出拓宽经费来源渠道，多方筹集财政性教育经费，统一内外资企业和个人教育费附加制度，全面开征地方教育附加，从土地出让收益中按比例计提教育资金。

二、工作原则和建设目标

（一）工作原则。

深入贯彻落实科学发展观，把握“十二五”时期教育发展趋势，进一步解放思想，科学分析并妥善应对城市布局和人口迁移，认真制定建设规划，按照短期计划与中长期规划相结合，城乡统筹与重点布局相结合，义务教育与非义务教育相结合，市级统筹、区县为主，公办与民办并举，软硬件结合的原则，抓好行动计划的实施。

1. 提前应对、及早规划。以区县为单位，加强学龄人口预测。将常住人口全部纳入区域教育发展规划，将随迁子女全部纳入财政保障范围。实行短期计划和中长期规划相结合，提前做好学校建设规划，及早落实学校建设项目，从现在起着手做好三年后入学高峰的应对准备工作。

2. 市级统筹、区县为主。坚持区县保基本、促发展，市级抓重点、促均衡。积极推动学校代建制度改革，明确政府在中小学建设中的主体地位，确保新建小区配套学校达标。区县政府负责整体规划、全面部署，合理分配辖区内中小学各类教育资源；结合全市规划，在市级层面对全市基础教育发展具有基础性、全局性、先导性影响的内容、资源建设等予以重点支持。

3. 增加总量、优化布局。以建设促发展，以发展促均衡，着眼于城市发展，立足于适度增加公共教育资源总量，并在增加总量过程中，针对城市布局和人口迁移趋势，同时调整和优化中小学布局，重点在城市发展新区、功能区等学位紧缺地区增加教育设施。

4. 城乡一体、改革创新。创新体制机制，坚持均衡教育理念，依托信息技术，推进优质教育资源数字化建设，促进优质教育资源共享，从软件和硬件两个方面实现教育资源均衡化配置。开展多种形式的综合改革试验，全面提高教育质量和办学水平。积极稳妥推进九年一贯制学校建设。坚持公办与民办并举，鼓励、支持和正确引导民办教育发展。

5. 项目带动、分步实施。制定明确目标，抓住重点和关键环节，以项目为引领，分年度实施，集中财力精力办大事，在困扰基础教育发展关键问题和群众关心的热点问题上取得突破性进展。

（二）建设目标。

到2014年，实现以下目标：

1. 适应首都经济社会发展新要求，满足未来三年本市适龄儿童人口高峰的入学需求。全市建设中小学200余所，新增学位不少于16万个。依法保障来京务工人员随迁子女接受义务教育的权利，使随迁子女在公办学校接受义务教育的比例进一步提高。

2. 进一步优化中小学教育资源配置和学校布局。应对城市化进程加快和全市人口分布变化趋势，重点在城乡结合部、城市发展新区等学位紧缺地区增加教育资源，缓解局部地区入学压力突出的矛盾。

3. 基本消除薄弱环节，全面提升中小学办学条件和现代化水平。办学条件达标比例、配套基础设施水平、校园环境和育人功能进一步提升；特教学校、民族学校办学条件进一步改善；优质教育资源辐射带动和共享机制进一步完善。

三、重点工作

（一）加大教育资源扩充建设力度。

1. 城乡新区中小学建设工程。

工作目标：全市建设中小学200余所。其中，新征占地项目学校70所左右，现址改扩建项目学校100所左右，接收小区配套项目学校30所左右。

主要内容：

各区县切实履行依法保障学龄人口接受义务教育的责任，尝试开展实施学龄人口信息采集工作，科学预测本区县学龄人口入学需求，加快制定并组织实施基础教育设施专项规划，加大中小学建设力度，避免出现中小学“入学难”的问题。2012年至2014年，通过新建、改扩建、接收居住区配套学校等方式，按照本市中小学校办学条件标准，完成建设200余所现代化中小学的分解目标。

市政府加大对教育薄弱区县、资源紧缺地区的投入支持和政策倾斜力度，支持区县集中财力和精力加快推进小学建设，优先保障小学学位扩充。调整教育经费转移支付结构，对小学建设任务繁重的区县加大支持力度。建立对新建小学的财政专项补贴制度，加快充实设施设备。2012年至2014年，利用市级土地出让收益计提教育资金、地方教育费附加等，在城市功能拓展区和城市发展新区每年重点支持15所学校的基本建设。同时，再重点支持15所学校补充设施设备，实行“一个法人、一体化管理”改革试点，建立对优质资源输出校的奖励和补充机制，资源输入区县对名校办学给予适当支持。研究制定面向重点支持学校的教师编制倾斜政策。

2. 中小学数字化教育资源共享工程。

工作目标：依托信息技术，组建名师队伍，推进优质教育资源数字化建设，创新优质教育资源均等化配置，形成覆盖小学、初中、高中的名师同步课程资源，通过多种传输途径和应用模式，促进优质教育资源共享。

主要内容：

各区县有效组织，充分利用中小学数字化教育资源，鼓励名师参与数字化教育资源建设和教学研讨活动，实行管理体制机制创新，突破学校、区域界限，促进优质教育资源在本区县乃至更大范围内共享。

市教育部门为全市中小学提供数字化名师同步课程资源，开展100所左右优质同步课程资源应用学校试点。2012年重点在义务教育阶段提供21个学科、9500节同步课程资源，并排出课表供学校和学生以及家长选用。2012年至2014年通过教育信息网、数字电视、光盘、报纸等多种形式，传播名师同步课程，支持在线学习和泛在学习，分享优质教育资源。推进数字校园建设，为教师培训和学生学习搭建信息化平台。加强优质教育资源系统维护和课程更新，逐步形成优质教育数字化资源开发、共享、传播的长效机制。

（二）促进中小学办学条件和服务水平提升。

1. 农村学校办学条件提升工程。

工作目标：支持农村义务教育发展，对在农村中小学布局调整中确定保留的学校，要基本消除土操场和旱厕，使办学条件主要项目达到新颁标准，满足农村地区义务教育阶段常住适龄人口的入学需求。

主要内容：

各区县要高度重视辖区内农村学校发展，在学校建设方面向农村地区实行政策倾斜，以保障农村教育发展需求，优先支持农村学校办学条件达标。教育增量经费主要向农村、财力薄弱地区及城市发展新区倾斜，积极扶持农村义务教育、特殊教育，重点加大对农村寄宿制学校和城镇薄弱学校建设的投入。

市级层面重点在两个方面对各区县农村学校建设予以支持。一是对列入改造计划的农村地区学校土操场、旱厕等基础设施进行彻底改造；二是加强对郊区学校体育场馆等设施的建设和改造，提升学校办学条件。

2. 校园基础设施改善工程。

工作目标：基本完成对水、电、气、热等基础设施薄弱学校的改造，实现操场、食堂、浴室等设施水平全面提升，校园环境进一步优化美化。

主要内容：

各区县依据中小学办学条件标准，结合各自实际和学校需求，对教学设施、生活设施、活动场地、校园绿化美化、校园文化以及校内市政设施进行修复和改造，进一步改善学校教育教学和育人环境。加强校园安全建设，尤其是远程监控系统等技术安全防范设备设施的建设，建成全方位、立体化的技术安全防范网络体系，保证学校安全。

2012年至2014年，市有关部门支持区县新建、改扩建345所学校食堂。推进学校节能减排设施建设，支持90所左右的“金太阳”市级试点学校和90所“人文校园、科技校园、绿色校园”试点学校建设。

3. 来京务工人员随迁子女接受义务教育保障工程。工作目标：坚持以公办学校为主，随迁子女就读公办学校的比例保持在70%以上；完善对已审批的民办学校扶持政策；出台解决目前79所未经审批学校的工作方案，确保不再新增，有效解决随迁子女接受义务教育问题。

主要内容：

各区县加大财政投入，通过扩大总量、优化存量的方式，提高公办学校接收能力。通过专项补贴、派驻公办教师、配备教育教学设备设施等多种途径，支持民办学校改善办学条件，提高教育质量。对具备基本条件的未经审批自办学校，引导办学者规范办学，尽快达到审批标准。对存在严重安全隐患、无法达到基本办学条件的自办学校，制定妥善安置学生的方案予以分流。

对接收随迁子女数超过在校生总数50%的680所公办学校，市级财政每年给予经费支持；在来京务工人员随迁子女较多的区县，市级财政支持区县改扩建校舍。

（三）提高高中教育、特殊教育、民族教育现代化水平。

1. 高中创新教育支撑条件建设工程。

工作目标：建设市级高中开放式重点实验室，支持特色高中学校建设，整体提升全市高中办学条件和水平。

主要内容：

各区县要重视高中多样化发展，整体推进高中建设，按照课程改革的要求提高辖区内高中学校办学条件的达标水平，通过三年建设使本区域内高中主要教育教学设施水平大幅度提升。

2012年至2014年，结合拔尖创新人才培养改革试验、翱翔基地学校建设和开设大学先修课程等工作，遴选50所优质高中，依托学校建成一批市级高中开放式重点实验室，形成具有北京特点的开放式重点实验室建设和运行模式。重点支持70所左右特色高中学校建设，着重培养学生的实践能力和创新能力，加强对开设自主研修课程、选修课程等工作的支持。

2. 特殊教育、民族教育学校建设工程。

工作目标：通过三年时间，使全市特殊教育学校主要设备设施项目达到新颁特教学校办学标准，满足残疾适龄人口入学需求。以内地民族班工作为重点，加大民族团结教育力度，提高首都民族教育水平。

主要内容：

全面提升特殊教育办学条件现代化水平，制定实施特殊教育学校办学条件标准，到2014年实现全市22所特教学校主要项目全部达标。加大对残疾学生享受良好义务教育的保障力度，完善随班就读支持保障体系，重点支持100所随班就读学校建设资源教室。进一步改善开设内地民族班学校的办学条件，重点加强操场整修和专业教室建设，配齐配好教育教学设施设备。在普通中小学广泛开展民族团结教育。

四、保障措施

（一）落实政府责任。市政府将加强对全市中小学建设的统筹规划，加大对教育薄弱区县的投入支持和政策倾斜力度，大力促进义务教育优质均衡发展。区县政府是中小学建设的责任主体，要充分认识实施本行动计划的重要意义，加强对中小学建设的统筹协调，负责组织实施本行动计划的分解任务，确保辖区内适龄儿童接受义务教育。一是切实履行依法保障学龄人口接受义务教育的责任，尝试开展实施学龄人口信息采集工作，科学预测本地区学龄人口入学需求，加快制定并组织实施基础教育设施专项规划，建立完善项目库。二是保障学校建设用地，确保经费投入，完善配套政策，加快学校建设和师资配备，加大中小学建设力度。三是整合利用教育资源，充分挖掘潜力，提高资源使用效益，重点保障小学入学需求。四是结合落实首都中长期教育人才发展规划纲要，加强中小学教师队伍建设，优化中小学教师遴选聘用制度，积极推进区域中小学教师交流，增强教师队伍活力。

（二）明确部门职责。建立市级领导小组，由主管市领导任领导小组组长，市教委、市发展改革委、市财政局、市人力社保局、市编办、市规划委、市国土局、市住房城乡建设委等部门为成员单位，充分研究、沟通和落实建设目标。各相关部门要认真落实中小学建设目标、任务和要求，认真履行职责，创造性地开展工作，确保行动计划按期完成。领导小组办公室设在市教委。

教育部门要会同有关部门共同制定行动计划的实施方案、年度工作计划和项目库，加强对项目实施的管理。机构编制部门要研究行动计划相关的人员编制政策，为实施行动计划提供支持。发展改革部门要按照政府固定资产投资项目管理程序，加快审批，并根据工程进度足额安排下达建设资金。财政部门要加大投入，制定投入保障政策，确保行动计划中提出的经费投入到位。规划、国土、住房城乡建设和教育等部门要研究制定完善居住区配套教育设施建设和管理的意见，确保配套学校按照办学条件标准同步设计、同步建设、同步交付使用，对新建学校建设布局和时序进行详细规划。人力社保部门要指导完善绩效工资、职称评定等相关政策。公安、住房城乡建设部门要对租赁房屋用于义务教育办学的情况进行严格审查和监管，从源头上杜绝非法办学。审计、监察部门要切实履行监督职责，对行动计划中涉及到的重大项目和专项资金依法进行审计监督，实行全过程审计，对工程中负有监督管理职能的部门及其工作人员履职情况实施监察。

（三）加大经费投入。各区县政府要优化财政支出结构，对行动计划所需经费予以优先保障。加大全市统筹和引导力度，保证新增教育经费主要用于支持农村、财力薄弱区县及资源紧缺地区学校建设。新建、改扩建学校所需资金根据项目分工，分别纳入市区两级固定资产投资计划予以优先安排。土地出让收益计提教育资金应主要用于基础教育学校基本建设。市各有关部门和区县要切实加强资金管理，保障资金安全，提高使用效益。

（四）创新体制机制。积极探索城乡学校“一个法人、一体化管理”，扩大优质教育资源增量，促进资源共享。积极推进信息化教育资源建设，提高优质教育资源使用效率和共享程度，实现对现实学校教育教学的有效补充及对学生个性化学习的服务保障。所有涉及市级层面支持建设的学校均列为市级改革试点校，开展多种形式的综合改革试验，全面提高教育质量和办学水平。积极稳妥推进九年一贯制学校建设，促进义务教育阶段学校均衡发展。坚持“积极鼓励、大力支持、正确引导、依法管理”的方针，支持民办教育发展。

（五）强化考评检查。将中小学布局规划和建设重点工作列入政府实事项目。教育督导机构要督促政府及其工作部门履行相关职责，并对重点项目进展情况、相关政策落实情况开展专项督导。发展改革、规划、国土和住房城乡建设等部门要认真履行职责，依法加快项目审批手续，加强对中小学建设项目的监督管理。要建立信息报送制度，及时反馈工作情况、通报重要事项、介绍工作经验、反映建设成果。

（本栏责任编校　张晓兰　邱小培）

专文与纪实

在北京市庆祝教师节大会上的讲话

郭金龙

在全国第28个教师节来临前夕，市委、市政府召开全市庆祝大会，认真学习贯彻胡锦涛总书记在省部级主要领导干部专题研讨班上的重要讲话和对首都工作的重要指示精神，贯彻落实市第十一次党代会提出的目标任务，隆重表彰“北京市人民教师”“北京市人民教师提名奖”获奖教师以及教育系统师德标兵和师德先进个人。首先，我代表市委、市政府，向受到表彰的各位教师表示热烈的祝贺！向辛勤耕耘在首都教育战线上的广大教育工作者致以节日的问候！向为首都教育事业付出心血、做出贡献的广大离退休教育工作者表示衷心的感谢！

刚才听了四位优秀教师代表的发言，很受感动。今天受到表彰的同志，是首都广大教师中的杰出代表。在他们身上集中体现了人民教师献身教育、甘为人梯的崇高境界，凝结了人民教师任劳任怨、呕心育人的可贵品质，展示了人民教师为人师表、无私奉献的可敬风范。全市广大教育工作者都要以他们为楷模，自觉学习他们崇高的人生追求、高尚的师德情操、无私的奉献精神，不断提高自身的思想政治素质和业务能力，把对教育事业、对学生的爱心与责任落实到教书育人的实践之中，使每一个学生都能健康成长，为办好让人民满意的首都教育做出新的更大贡献。

刚才，鲁昕副部长作了重要讲话，我们要认真落实。下面，我讲几点意见。

一、充分发挥教育在首都工作中的重要作用

中央高度重视教育工作，在全国教育工作大会之后，胡锦涛总书记分别在清华大学百年校庆活动和全国科技创新大会上对教育工作提出了新的要求，我们一定要深入学习领会，认真贯彻落实。当前，首都已经进入了一个新的发展阶段，推动首都经济又好又快发展，促进社会和谐稳定，教育必须充分发挥全局性、基础性、先导性作用，提供强大的人才支持和智力保障。

一是教育要在建立首都创新驱动格局方面发挥更大作用。落实中央提出的推动首都科学发展，建立创新驱动格局的要求，着力提高自主创新能力，抢占世界科技创新的制高点，服务国家科技创新战略需求，对首都教育战线提出了新的更高要求。首都广大教育工作者要牢记使命，不负重托，积极为提高首都的科技创新能力做出应有的贡献，特别是首都高校要充分发挥自身优势，在积极创办世界一流大学和高水平大学的同时，加强资源整合，着力提高服务首都创新发展的能力、科技创新的能力，积极发挥政产学研用一体化机制的作用，加大协同创新和科技成果转化力度，使教育在建设创新型城市中发挥更加重要的基础性作用。

二是教育要在推动首都文化大发展大繁荣方面发挥更大作用。首都教育要

紧紧围绕落实中央提出的发挥北京全国文化中心示范作用的要求，积极推进社会主义核心价值体系建设，建立公共文化服务体系，发展文化创意产业，创造更多文化精品，更好地满足人民群众精神文化需求。要充分发挥首都教育资源优势，结合加快推进学习型城市建设，大力传承优秀传统文化，创造时代精品，全面提升市民的科学文化素质和城市文明程度，提升城市文化软实力，努力把首都建设成为实践社会主义核心价值体系的首善之区、文化大发展大繁荣的标志性城市，更好的服务国家文化强国战略。

三是教育要在促进首都社会和谐方面发挥更大作用。当前我们正处于一个新的发展阶段，协调社会关系，规范社会行为，解决社会问题，化解社会矛盾，促进社会和谐，应对社会风险，保持社会稳定，加强社会服务管理的任务非常艰巨。我们既要顺应广大群众对教育事业发展的新期盼，通过全面提升学前教育、基础教育、职业教育、高等教育的办学质量和水平，进一步推动首都教育事业的科学发展，办好人民满意的教育，促进教育公平，保障广大群众依法享有受教育的权利；又要充分发挥教育在推进学习型城市建设、促进人的全面发展中的重要作用，在全社会普及科技知识，普及文化知识，普及法律知识，形成共同的理想信念和道德规范，打牢团结奋斗的思想道德基础，以教育促进首都社会和谐发展。

四是教育要在实施首都人才战略方面发挥更大作用。人才资源是第一资源，人才问题是关系党和国家事业发展的关键问题。在新的发展阶段，做好首都工作，迫切需要一大批各行各业的优秀人才。教育是培养和开发人力资源的重要途径，也是人才聚集的重要场所，在推动首都人才发展战略上应当有更大作为。要通过大力发展教育事业，培养更多高素质劳动者、各类专业人才和拔尖创新人才，为推动首都的创新发展，加快转变经济发展方式提供更加坚实的人才支持。

二、努力建设一支与首都教育现代化相适应的高素质专业化教师队伍

教育大计，教师为本，教育事业发展的关键在教师。全面实现首都教育现代化，要牢固树立教育改革发展必须紧紧依靠广大教师的指导思想，始终把教师队伍建设作为一项最基本的工作抓实抓好。

近年来，市委市政府坚持人才强教战略，大力加强教师队伍建设，取得了显著成绩。教师数量不断增加，队伍结构更趋优化，培养培训力度明显加大，职业道德素养稳步提升，教学科研能力大大增强，适应教育现代化要求的高素质教师和高层次人才队伍正在逐步形成。国务院已经下发了加强教师队伍建设的文件，近期还将召开全国教师工作会议，我们一定要认真学习贯彻和落实中央的要求，并以此为契机，进一步加强首都教师队伍建设。

一是要切实加强师德师风建设。教育是心灵与心灵的沟通，灵魂与灵魂的交融，人格与人格的对话，教师不仅是教育智慧的学者，更是人格修养的楷模。很多老师能够成为学生一生都难以忘怀的指导者和引路人，正是因为他们真正做到了用品德魅力去熏陶学生，用情感魅力去感染学生，用行为魅力去影响学生，可见，师德是教师队伍的灵魂和基础。今天受表彰的优秀教师的共同特点就是崇高的师德。要充分发挥这些优秀教师的模范带动作用，大力弘扬兢兢业业，默默耕耘，不计名利，甘为人梯的精神，加强校园文化建设，引导广大教师带头践行“北京精神”和社会主义核心价值体系，自觉加强师德修养，践行师德规范，全面提升思想政治素质和职业道德水平，努力做受学生爱戴、让人民满意的教师。

二是要不断提高教书育人的能力。要把能力建设作为教师队伍建设的重要任务，积极创新培训培养机制，加快完善培训体系，加大培训投入，整合培训资源，加强教师培训基地建设，促进教师培训的规范化、制度化。积极引导教师树立现代教育理念，自觉实施素质教育，提高教育教学改革创新能力。积极推动“教师职业发展计划”，加快“教师教学发展中心”建设，发挥名师、团队示范带动作用，提升中青年教师专业能力。积极促进职业教育、高等教育教师与企业、科研院所的人才交流，提高教师的创新精神、实践能力和科研水平。同时，加大选派教师到国外培训和交流的力度，努力为教师发展成长创造更多的机会。

三是要统筹推进各级各类教师队伍建设。各级党委和政府要把教师队伍建设作为首都人才战略和全面推进教育现代化的关键环节，深入实施人才强教战略，全面贯彻落实教育人才规划纲要，努力造就一支师德高尚、业务精湛、结构优化、充满活力的高素质、创新型、国

际化的首都教师队伍。加强教师队伍建设要抓住薄弱环节，分类推进、全面提高教师队伍整体素质。要加快学前教育师资培养，推动普及学前教育，多渠道扩充农村优质师资来源，促进义务教育均衡发展和普通高中多样化发展，积极推进职业院校教师素质提高工程，加强特殊教育师资队伍建设，大力提高高素质劳动者和技能型人才的培养水平。要深入推进人才强教深化计划，加强中青年教师和创新团队建设，全面提高高等教育质量和科研创新水平。要建立完善各类学校管理制度，加强绩效考核，发扬良好的校风、教风、学风，努力形成全面提高教育质量的环境，增强教师以校为家的职业归属感。

三、着力构建关心支持首都教育事业科学发展的良好格局

教育资源是首都最宝贵的资源，人才优势是首都最突出的优势，尊师重教是首都的优良传统。我们一定要更加充分地认识教育在首都发展中的重要地位和作用，动员全社会的力量促进首都教育改革和发展。

一是要深入推进首都教育优先发展、科学发展。各级党委和政府要把推动教育事业优先发展作为维护人民利益和促进城市发展的重大战略任务，切实加强对教育工作的领导，认真落实“三个优先”，统筹推进教育事业科学发展，积极支持教育改革创新。各级教育部门和各相关部门要认真履行职责，深化对教育发展特点和规律的认识，加强协作，积极落实好《教育规划纲要》和“十二五”规划中提出的各项任务。要切实加强和改进教育系统党的建设，加强在优秀青年教师、优秀学生中发展党员工作，重视学校共青团、少先队工作，充分发挥党组织在教育改革发展中的重要作用。深入开展平安校园、和谐校园建设，加强校园网络管理，为教育事业科学发展创造和谐稳定的环境。

二是要更加关心首都教师的工作和生活。各级党委和政府要满腔热情地关心教师的工作和生活，千方百计帮助教师排忧解难，多为教师谋实事、办好事、解难事，积极为教师解决后顾之忧。要不断完善教师权益保障制度，采取更加有力的措施，健全教职工代表大会制度，创新教师工资保障机制。完善教师社会保障，推进教师医疗养老制度改革，建立完善教师定期体检、重大疾病救助制度，研究解决教师住房问题，不断改善教师的工作、学习和生活条件。要依法保障民办学校教师与公办学校教师享有同等权利，将民办学校校长和教师统筹纳入教师培训。要充分发挥教师荣誉制度激励作用，加大对教书育人楷模的表彰、奖励和宣传力度，在全社会广泛宣传教师工作的重要性和特殊性，使尊师重教蔚然成风。

三是要大力营造全社会关心支持首都教育的良好氛围。大力宣传优先发展教育的重大意义，宣传现代教育核心理念，宣传首都教育改革发展成果，动员全社会关心、支持、参与首都教育改革和发展。切实保障人民群众对教育的知情权、参与权、表达权和监督权，建立群众表达利益诉求的渠道和平台。鼓励社会力量支持教育、投入教育、兴办教育，进一步调动社会各界参与教育事业的积极性，为首都教育事业发展建言献策、贡献力量。

推动教育事业科学发展，办好人民满意的教育，关键在于广大教育工作者的不懈努力和辛勤奉献。希望大家继续保持昂扬向上、奋发有为的精神状态，立足本职，扎实工作，奋勇拼搏，开拓创新，不断开创首都教育改革发展的新局面，以优异成绩迎接党的十八大胜利召开。

（本文为北京市委书记郭金龙在9月6日北京市庆祝教师节大会上的讲话）

百 年 北 医

柯 杨

2012年10月26日，北京大学医学部隆重举办了北医百年庆典，共庆北医百年华诞。中共中央政治局常委、全国人大常委会委员长吴邦国，中共中央政治局常委、国务院副总理李克强等党和国家领导人发来贺信。吴邦国在贺信中称赞北医“培养出一大批品德高尚、学术一流、医术精湛的优秀人才，为保障人民群众健康，为我国医药卫生事业发展做出了重要贡献”。李克强在贺信中强调指出：“北医是我国第一所依靠自己力量开办的现代医学学府。在百年风雨洗礼的历程中，始终秉承‘勤奋、严谨、求实、创新’的学风，培养出一代代优秀人才，科研、医疗等各方面不断取得新成就，广大北医人践行‘健康所系、性命相托’的誓言，在各自领域为我国医药卫生事业发展作出了重要贡献。”在一个世纪发展历程中，北医一直锐意进取，开拓创新，形成了优良的办学传统和鲜明的办学特色，在人才培养、科学研究和医疗服务等方面取得了丰硕的成果，做出了卓越的贡献，在中国医药卫生史和医学教育史上谱写了光辉篇章。

北京大学医学部的前身是国立北京医学专门学校，创建于1912年10月26日，是中国政府依靠自己的力量开办的第一所专门传授西方医学的国立医学校。1922年

10月，国立北京医学专门学校呈文当时教育部，力陈医学为文明之母，科学之源，且欧美的发达国家的大学均以医学为必要之学科。况且建校已10年，从内容和社会期望均有改设大学之必要，请求改设医科大学。1923年9月，国立北京医学专门学校奉命改建为国立北京医科大学校。学制分预科、本科两级。预科2年、本科4年，成为我国最早改为6年制的医学院校。1927年，出于节省教育经费以及政治因素等考虑，当局合并国立九校（国立北京大学、国立北京政法大学、国立北京工业大学、国立北京医科大学、国立北京农业大学、国立天津北洋工业大学、国立北京女子师范大学、国立北京师范大学、国立北京女子大学）为京师大学校，国立北京医科大学校改称国立京师大学校医科。1928年11月，京师大学校改组为国立北平大学，医科改为医学院，成为国立北平大学医学院。1937年7月，全国抗战爆发，国民政府教育部令国立北平大学、国立北平师范大学和国立北洋工学院西迁西安，成立西安临时大学，部分师生在西安组建西安临时大学医学院。1939年8月，国民政府教育部令国立西北联合大学改为国立西北大学。医学院独立设置，改称国立西北医学院。1938年，日本在华傀儡政权利用原北京大学和北平大学等学校的办学条件办起“国立北京大学”，部分留在北平的北平大学医学院师生加入“国立北京大学医学院”。1945年，抗日战争胜利后，伪“北京大学”被改组为北平临时大学补习班，医学院被改组为第六分班。1946年7月，北京大学在北平复员，北平临时大学补习班第六分班并入北大，成为北京大学医学院。1950年，中华人民共和国教育部发布指令，自当年2月1日起，北京大学医学院改由中央卫生部领导。1952年全国进行院系调整，医学院脱离北京大学，独立建院，正式成为由国家主办、隶属中央卫生部的高等医学院。1953年2月，中央人民政府高等教育部正式颁发印信“北京医学院印”。1954年12月，教育部在《关于重点高等学校和专家工作范围的决议》中，北京医学院被指定为6所全国性重点大学之一。1959年3月，中共中央发出《关于在高等学校中指定一批重点学校的决定》，指定包括北京医学院在内的16所高校为全国重点大学。1984年，北京医学院被国务院批准为全国重点建设的十所大学之一。1985年5月，卫生部下发文件批准“北京医学院”改名为“北京医科大学”，并于6月5日启用新印章。1996年，北京医科大学正式通过了国家首批“211工程”建设项目的论证，再次成为国家重点支持的医科大学。2000年4月，北京医科大学与北京大学合并组建新北京大学。2000年5月4日，北京大学医学部正式成立，负责原北京医科大学所属学院、附属医院、科研机构和直属单位的管理工作。

全国人大常委会副委员长、北京大学医学部主任韩启德在北医百年庆典大会的讲话中对百年北医进行了高度概括：“百年沧桑，筚路蓝缕，北医从72名学生、9名教员的微型学校，发展到拥有近8000名全日制在校生和4000余专任教师队伍的现代化高等医学院校，成为中国高等医学教育的领头雁。北医百年，与祖国共存亡，与民族同兴衰，与现代医学在中国的发展紧密相连，与人民的生命健康息息相关。回顾和总结北医的百年历史，一条主线贯穿始终，那就是北医对社会责任的担当。”

“北医对社会责任的担当，体现在探索和发展符合中国国情的医学教育上。中国不同历史时期医学教育的体制、学制、教学内容和方法，很多是在北医先行的。在过去的百年中从北医走出6万多名高素质医药卫生人才，包括众多大家、名家，北医毕业生享誉全社会，他们成

为中国医药卫生事业的骨干力量。”进入新世纪，北医更加执着地为我国医学教育改革进行尝试。2001 年起，北医率先开始长学制医学教育，探讨长学制医学生培养模式，并逐步深化医学教育教学改革。2004 年以来，北医先后在基础阶段实施 PBL 教学模式，用 30%学时进行 PBL 教学，临床阶段先后成立 19 个学系，以整合临床资源。在此基础上，2008 年，北医以八年制临床医学、基础医学为突破口，试点实施以全人教育思想为指导的“新途径”教学改革方案。“新途径”教学改革以“仁智兼养，德理双修，为人为学相统一”为理念，注重教育教学一体化模式，提出以器官系统为中心，构建新的核心课程和核心内容，实施小组讨论式教学。2009 年以来，该方案在临床及基础医学专业中推行，受到师生的好评。

“北医对社会责任的担当，体现在不断推动中国医学进步上。100 年前，现代医学在中国刚刚起步，北医从成立起就引领现代医学在中国的传播和发展。”中国大陆首例试管婴儿、中国第一支乙肝疫苗、异体同基因骨髓移植、肾移植、人工晶体植入术、冠心病介入性治疗、体外震波碎石等，一百年来创造出许多惠及百姓的中国第一，众多学科始终保持全国领先地位，直到今天，北医的学术研究仍然代表着中国先进水平。

“北医对社会责任的担当，体现在对全民健康水平提高所发挥的重要作用上。北医为社会提供高质量的医疗服务，多年来，各附属医院医疗工作量逐年上升。”以 2012 年为例，北医 6 家附属医院期末实有病床 5572 张，门诊 938.83 万人次，急诊 67.40 万人次，出院 23.02 万人次，为首都以及全国各地乃至世界各国患者提供了优良的医疗服务。此外，“北医还对国家卫生方针、政策的制定产生重要影响，以及在公共卫生工作中为国家做出了重要贡献。”

“北医对社会责任的担当，还体现在她在中国政治与社会发展进程中的态度和作为上。在中国的传统中，医学与社会、政治有着紧密的联系，而北医地处北京，政治中心的地理位置决定了她必然承担更多的政治责任。百年来，每当国家和民族有难时，北医人总是挺身而出，代表先进的政治力量推动社会发展。在北洋军阀时期的民主运动中，在抗日战争中，在争取建立新中国的斗争中，在抗美援朝中，在历次抢险救灾中，在支援边疆、服务农村中，都有北医人活跃的身影和不可磨灭的贡献。”

“总结北医百年历史，我们可以看到，融入社会、服务社会是北医文化的精髓，医者的苍生大爱融入‘以天下为己任’的济世情怀，成为北医持久的精神动力。北医精神铸就了北医的百年辉煌，同时也造就了北医人独特而富有魅力的品格：实事求是、认真执着，包容豁达、尊才尚能，厚学厚德、追求卓越。”

今日的北医集教学、科研、医疗为一体，以本科教育、研究生教育为主，学科覆盖基础医学、临床医学、口腔医学、药学、预防医学、护理学六大门类、基础医学、临床医学、口腔医学、药学、预防医学、护理学、英语（生物医学英语方向）、医学实验学、医学检验学、口腔医学技术十个专业齐全，其中，基础医学、临床医学和口腔医学实行八年制。现有 64 个博士学位授权点，71 个硕士学位授权点，6 个博士后流动站。

北医现设有基础医学院、药学院、公共卫生学院、护理学院、公共教学部/医学人文研究院等五个学院（部）。北京大学第一医院、北京大学人民医院、北京大学第三医院、北京大学口腔医院、北京大学肿瘤医院、北京大学第六医院及北京大学深圳医院、北京大学首钢医院八家附属医院，连同十三家临床教学医院承担临床医学的教学、实习任务和向社会提供医疗保健服务。

北医拥有大批国际、国内知名的医学教育、研究、临床方面的专家，两院（中国科学院、中国工程院）院士 11 人，入选国家“千人计划”4 人，“青年千人计划”3 人，“973”计划和重大科学研究计划项目首席科学家 15 人，“长江学者奖励计划”特聘教授 12 人、讲座教授 3 人，博士生导师 487 人，入选人力资源社会保障部“新世纪百千万人才工程”国家级人选 6 人，入选教育部“新世纪人才支持计划”71 人。北医目前拥有 3 个国家一级重点学科，12 个国家二级重点学科，1 个国家重点实验室，1 个国家工程实验室，29 个省部级重点实验室和研究中心。2012 年，医学部承担各类纵向科研课题 489 项，批准经费（部分为预算额）4.035 亿元。一批高水平的论文和综述在《新英格兰医学杂志》（New England Journal of

Medicine)、《柳叶刀》(Lancet) 及其子刊、《自然·遗传》(Nature Genetics)、《细胞》(Cell)、《科学》(Science) 等国际顶尖杂志发表。医学部作为第一完成单位获得各类科技奖励共计 185 项，其中国家级奖 47 项，省部级奖 118 项。共申请专利 399 项，获得授权 275 项，其中国内专利 262 项，国际专利 13 项。是我国最重要的医学创新研究基地和高级医药卫生人才的培养基地之一。

2000 年与北京大学合校后，北医本着“实事求是”与“发展是硬道理”的原则，采取条块结合，以块为主的管理模式，利用合校后的学科综合优势，不断发展学科建设，推动医学教育改革与科学研究，努力改善基础设施条件。启动并不断探索医学、药学与预防医学学生长学制的培养模式，大力推进医学学科与理科、人文社会学科的交叉，学科建设得到有力加强，学科布局进一步优化，促进了基础医学与临床医学、医学和药学、预防和治疗的结合，促进了生物医学与数学、物理、化学、力学、电子学等多学科的交叉，形成了人体干细胞工程研究与应用、人类功能基因和疾病基因研究和循证医学等若干个新兴的交叉学科群。在此基础上，医学部完善和建立了一批科研和技术平台，同时根据学科发展和重大疾病防治研究的需要，利用北京大学学科齐全的综合优势，成立了糖尿病研究中心、医学遗传学中心、衰老研究中心、感染病研究中心、系统生物医学研究所等研究机构。北京大学生物医学跨学科研究中心得到进一步发展，临床研究所、医学信息学中心、中国卫生发展研究中心等相继成立，为开展多学科或跨学科合作研究、面向国家重大需求与承担国家重大任务创造了更加有利的条件。

“回顾历史，正是要启示未来。当前，世界格局剧烈动荡，中国社会正处于伟大但仍充满艰辛的转型之中。对于北医而言，面对诸多挑战，历史把北医人推到了新的重大关头，需要再一次勇于担当责任，引领中国卫生事业和医学教育的改革，探索以提高群体健康水平为目标的医学卫生发展之路，并为提升我国医学研究水平和建立富有中国特色的医学教育体系做出新的贡献”。

今天的北京大学医学部正在飞速发展，这所由中国政府于 1912 年创立的第一所国立医学院校，在国家的大力支持下，秉承“勤奋，严谨，求实，创新”的学风和“坚定正确的政治方向，严谨求实的治学态度，热忱服务的献身精神”的校风，以更坚实有力的步伐，在创建世界一流大学的进程中再创辉煌，实现她自己的最高目标：尽其所能，为了人类健康事业的发展，创造世界一流的医学教育事业。

（本文作者为北京大学常务副校长、
医学部常务副主任）

（本栏责任编校　张晓兰　邱小培）

调研与报告

北京市2012年基础教育法律法规执行情况督导检查报告

依据《北京市实施〈中华人民共和国义务教育法〉办法》第五十二、五十三条的规定，北京市人民政府教育督导室于2012年，对全市各区县贯彻执行《中华人民共和国义务教育法》第三十七条和《北京市实施〈中华人民共和国义务教育法〉办法》第四十三条中有关学校要积极组织学生开展体育、文艺、科技和其他社会实践活动，社会公共文化体育设施要为学校开展这些活动提供条件和便利的情况，进行了督导检查。

督导检查主要采取区县政府自查与市教育执法检查组实地抽查相结合的方式进行。2012年10月至12月督导检查组分别对西城区、燕山地区、东城区进行了实地检查。检查组审阅了区县自评报告、听取主管领导汇报、查阅相关资料、召开相关部门座谈会，深入部分学校和教育资源单位了解社会大课堂建设、运行情况和学生体育锻炼情况。现将督导检查总体情况报告如下。

一、总体评价

各区县政府对教育法律法规执行情况督导检查高度重视，成立了以主管区长为组长，相关委办局为成员单位的自查工作领导小组，制定自查工作方案，明确工作任务和部门职责，召开专门会议，研究部署自查工作，16个区县及燕山地区全部按时上交了自查报告。

各区县政府均较好贯彻落实了《中华人民共和国义务教育法》第三十七条和《北京市实施〈中华人民共和国义务教育法〉办法》第四十三条的法律规定，坚持依法行政，建立起了相关制度和有效运行机制，社会公共文化体育设施主动为中小学生开展课外活动提供条件和便利，区县相关部门与教育行政部门共同配合，通过多种方式和途径，确保学校社会大课堂和体育、艺术、科技等教育活动的开展，学校有计划组织学生社会实践活动，学生体育、艺术、科技活动丰富多彩，成果显著。认真落实体育活动一小时规定，全面提高学生身体素质和健康水平，形成了不同的区域特色。

二、主要成绩

（一）区县政府高度重视中小学生校外教育工作，建立有效运行机制，确保社会大课堂和校外、科技、艺术等教育活动的开展

各区县将社会大课堂建设、校外教育工作纳入中小学生综合素质提升工程，建立区内各相关部门参加的社会大课堂联席会议制度，成立领导小组，明确各成员单位的职责任务，初步建立起区县政府统筹、相关部门联动、社会资源单位与学校共同实施的运行机制。各区县结合区域实际，制定社会大课堂实施方案和指导意见，确定了市、区县级社会大课堂资源单位。区县教委每年制定具体实施计划，依托社会大课堂资源，指导学校认真开展丰富多彩的社会实践活动。区政府教育督导室将学校开展体育、艺术、科技和社会实践活动的情况纳入素质教育评价范畴，促进了学校体育、艺术、科技和社会实践活动的开展。东城区成立了区青少年课外活动指导服务中心，依托“蓝天工程”、“社会大课堂”平台，深入拓展学生活动空间，开展各种学生实践活动。西城区成立了由“社会协调、学校组织、信息支撑、社会实践研究”四个运行团队组成的领导小组，为学生校外教育和参加社会实践活动提供了有力保证。

（二）建立相对稳定的经费投入保障机制，初步建立激励评价机制、交流反馈机制和活动安全保障机制

各区县认真落实市教委相关文件精神，在确保市级学生社会实践经费足额拨付、充分使用的前提下，努力自筹资金，用于中小学生社会大课堂建设，用于学校组织学生开展社会实践活动、科技活动和艺术教育活动。各区县初步建立起激励评价机制和活动保障机制，积极支持和鼓励资源单位和学校努力开展好学生活动，一些区县定期表彰奖励在社会大课堂、学生艺术教育和科技活动中成绩突出的资源单位和学校，及时总结先进经验，树立典型，推进工作。定期召开教育部门与资源单位交流沟通研讨会议，初步建立起相关部门、区教委、资源单位与学校间合作沟通、交流反馈的机制。探索建立安全保障机制，明确安全责任，制定安全预案，确保学生活动安全顺利实施。丰台区专门制定了《丰台区中小学社会大课堂管理与评价方案》和《社会大课堂资源信息指南平台管理办法》，每年评选社会大课堂平台建设优秀学校和先进个人。延庆县由县委宣传部统筹管理社会大课堂建设工作，充分发挥统筹管理和评价的职能，每年评选表彰先进资源单位和先进学校，切实调动资源单位和学校的工作积极性。通州区制定《通州区校外教育工作督导评价实施计划》。顺义区每年投入专项资金用于组织学生实践活动，由相关部门统一组织统一安排，确立了区级统筹管理、学校自主运作的管理方式，保证学生定期参加实践活动。平谷区积极实施“让农村孩子眼珠转起来”工程，投入专项经费组织开展青少年科技、艺术活动，取得良好效果。

（三）各级社会资源单位积极面向学生，组织开展学生实践活动，信息管理平台建设、课程资源开发等基础工作成效显现

市、区级社会大课堂资源单位，充分发挥自身教育资源优势，积极与学校配合，面对区域内中小学生开展了各种丰富多彩的教育实践活动，使学生能够走出课堂，

亲身体验亲身感受，在社会实践中深受教育，为促进全市中小学生综合素质提高起到了积极的推动作用。各区县教育行政部门积极主动与社会部门合作，与教育资源单位和学校共同研究课程开发，积极推动实施学生教育计划，并充分利用现代化信息技术手段，建立信息管理平台，开设门户网站，为学生走进社会大课堂提供服务与指导，积极探索社会大课堂的现代化管理方式，取得初步成效。东城区积极推进地方课程——“蓝天工程”博览课开发工作，编辑《“蓝天工程”博览课教材》。燕山地区有92%的学校开发了科技制作、无线电测向、纸雕、管乐、舞蹈等校本课程，编辑印制了《燕山地区中小学生社会大课堂课程化研究案例研究集》。怀柔区结合地区特点，建立“怀柔区中小学环保教育示范基地”，并将社会大课堂课程建设纳入新课程改革，使社会资源有效的为基础教育课程改革服务。石景山教委为促进社会大课堂工作队伍建设，举办以“基于社会大课堂资源的课程开发”为主题的中小学综合实践活动教师说课比赛。昌平区编辑出版了《昌平区中小学社会大课堂课例集》，指导学校进行社会大课堂课程开发。

（四）各区县教育行政部门和学校积极组织学生文艺、科技、社会实践活动，保证学生课外活动时间，学生课外活动丰富多彩，中小学生综合素质得到进一步提升

各区县依据相关法律法规，认真落实市教委工作要求，确保学生课外活动时间，能够做到小学生和初中生每学年参加社会实践活动的时间分别不少于10天和20天。坚持以全面实施素质教育为目标，坚持将艺术、科技活动的普及与提高紧密结合，将全面提高学生素质和培养学生兴趣、爱好、特长紧密结合，为学生搭建参与和展示艺术、科技才能的平台。使每个学生在全面发展的基础上，参与一项科技活动、掌握一项艺术技能。通过举办艺术节、科技节，建立各类学生艺术社团、科技社团，广泛开展艺术、科技教育活动，普及艺术、科技教育知识，提高学生的艺术修养。近年来，全市涌现出一大批高水平学生艺术、科技社团，涌现出一大批在艺术、科技方面成绩突出的优秀学生。艺术、科技教育的广泛开展，也为学生终身发展奠定了坚实的基础。

（五）落实国家相关规定，认真落实体育活动一小时，积极开展体育锻炼，全面提高学生身体素质和健康水平

各区县认真贯彻执行《中共北京市委、北京市人民政府关于加强青少年体育增强青少年体质的实施意见》精神，积极实施中小学生每天体育锻炼一小时规定。明确校长为第一责任人，实行学生每天一小时体育活动层级负责制。区教委成立访查组，对学校每天体育锻炼一小时的情况进行专项督导访查，确保了中小学生每天一小时体育活动的时间。开展“阳光体育运动”，通过组织学生体育锻炼、体育比赛，增强学生对体育运动的兴趣，形成良好的运动习惯。朝阳区将学生体质健康促进工程纳入素质教育八项工程之中，在开齐开足课程的基础上，要求学校在课堂质量上下工夫，建立体育课堂教学视导队伍，形成监控机制。密云县在全县所有中小学推行每天半小时集体跑步活动，并根据季节变换科学安排学生锻炼时间，取得良好效果，在北京市《国家学生体质健康标准》测试赛中连续五年获团体总分第一。门头沟区统一部署“全员跳绳”计划，并在此基础上，开展阳光体育活动“特色”项目，将体育活动情况与学校年度考核挂钩，实行“一票否决”制。

三、问题和建议

积极创造条件，开展学生体育、艺术、科技和社会实践活动，既是法律法规的明确规定，也是进一步推进素质教育的要求，是惠及广大中小学生切身利益并深受学生欢迎的实事工程，是建设全社会共同育人机制的创新实践。为更好贯彻落实国家和北京市法律法规相关规定，现就督导检查中存在的问题提出如下工作建议。

（一）区县关于政府统筹、部门联动、区域管理的运行和应用机制尚未完全形成，对社会资源单位存在管理力度不够和多头管理现象，一些部门和资源单位对社会公共设施应当为学校开展课外活动提供便利的重要性认识还不到位。

建议：各级政府要进一步加大对社会教育资源统筹的力度，充分发挥主管部门与学校、社会资源单位的协调和桥梁作用，尽快完善政府统筹、部门联动、区域管理、社会资源和中小学校共同实施的社会大课堂建设，形成相对稳定的经费投入、激励评价、活动安全等方面的保障机制。

（二）各级各类社会公共文化体育设施尤其是公益性文化设施和爱国主义教育基地向中小学生免费或优惠开放的数量不多，服务教育的内容和方式还不丰富，为中小学生提供教育服务的积极性、主动性存在差异。

建议：各级政府要进一步加强对《义务教育法》和《北京市实施〈义务教育法〉办法》相关内容的宣传和落实情况的监督检查，加大对资源单位开展教育服务先进经验的宣传推广，建立定期表彰奖励机制，加大资金支持，充分调动社会资源单位提供教育服务的积极性，使社会资源单位在为学生提供服务的同时自身也得到建设和发展，真正实现互赢共赢。

（三）社会资源单位结合自身实际和中小学生的需求，制订和实施“学生教育计划”方面尚存在一些问题，教育行政部门和学校制定并实施社会实践活动年度计划的规范性、完整性方面存在差距。

建议：进一步加强对社会资源单位制订实施学生教育计划的指导，由教育行政部门牵头，结合目前课程改革和学生教育实际需要，与教育资源单位和学校共同制定社会实践活动年度计划，共同研究课程开发，积极实施学生教育计划。在利用现代信息技术加强学生社会大课堂实践活动双向监测的基础上，做好各项活动的统计监控和信息反馈工作。借鉴社会大课堂先进典型单位的经验，指导社会资源单位进一步规范和完善学生教育计划，推动学生社会实践活动扎实深入开展。同时教育督导部门应对学校执行教育计划情况定期进行监督、检查和指导，使计划具有可行性，并能落实到位。

北京市人民政府教育督导室

关于北京市普通高中布局现状的研究

北京市自1999年启动示范性普通高中建设工作以来，市、区县政府和教育行政部门及有关学校切实加强示范高中建设工作，有力地推动了普通高中教育改革和发展。2007年9月，北京市普通高中整体进入高中新课程实验，相继推出一系列依托普通高中新课程实验促进普通高中多样化有特色发展的改革试点项目，由此带来普通高中发展的新格局。

一、学校空间布局与分析

（一）学校数量分布与分析

本市目前有普通高中252所，其中公办高中212所，民办高中40所。在公办高中学校中，纯高中27所，完全中学173所，十二年制学校12所。现有高中规模5411个班，在校高中生194490人。从全市来看，校均高中学生数为772人，平均每校拥有高中班21个，平均班额36人。

从区县来看，校均高中学生数最高的为顺义区，平均每校高中学生数为2081人；最低的为丰台区，平均每校仅508人。校均高中学生数位居全市前四名的区县分别为顺义、怀柔、平谷和密云，其校均高中学生数约为全市校均高中学生数的两倍甚至更高。这四个区县存在高中学校规模过大的现象。平均班额最小的为西城区，平均班额为29人；最高的为顺义区，平均班额为45人。平均班额超过42人的区县除了顺义以外还有平谷（44人）、密云（44人）和怀柔（43人）。可见，顺义、怀柔、平谷、密云四区县的普通高中学校具有规模大、班额大的特点，反映出这四区县普通高中学校数量相对不足。具体情况见表1。

表1　各区县普通高中教育概况

序号	区县	高中学校总数	公办高中			民办高中	在校高中生数	占全市高中在校生比例(%)	高中班数	校均高中学生人数	校均高中班数量	高中学段平均班额
			纯高中	完全中学	十二年制学校							
1	东城	31	2	27	0	2	19531	10.04	562	630	18	35
2	西城	42	2	38	1	1	24939	12.82	868	594	21	29
3	海淀	58	1	40	3	14	41918	21.55	1174	728	20	36
4	朝阳	19	0	13	0	6	15232	7.83	427	802	22	36
5	丰台	19	0	10	2	7	9658	4.97	307	508	16	31
6	石景山	8	3	1	2	2	5030	2.59	133	629	17	38
7	门头沟	3	2	1	0	0	2556	1.31	66	852	22	39
8	通州	14	0	8	1	5	12059	6.2	317	862	22	38
9	平谷	4	1	2	0	1	6602	3.39	149	1651	37	44
10	顺义	6	4	2	0	0	12488	6.42	279	2081	47	45
11	大兴	13	0	11	1	1	10307	5.3	255	793	20	40
12	怀柔	3	3	0	0	0	5593	2.88	130	1864	43	43
13	昌平	8	0	6	2	0	6853	3.52	190	857	24	36
14	密云	5	2	3	0	0	7142	3.67	163	1428	33	44
15	延庆	5	2	3	0	0	4742	2.44	117	948	23	41
16	房山	13	4	8	0	1	8851	4.55	247	681	19	36
17	燕山	1	1	0	0	0	990	0.51	27	990	27	37
18	总计	252	27	173	12	40	194490	100	5411	772	21	36

如果把比较的视野从区县放大到城市功能区，从学校数量来看，首都功能核心区中的东城和西城及城市功能拓展区的海淀区三区普通高中学校总数为131所，约占全市普通高中学校总数52%。首都功能核心区的东城、西城和城市功能拓展区的朝阳、海淀、丰台、石景山的普通高中学校数分别约占全市普通高中学校总数的1/3，城市发展新区的通州、大兴、顺义、昌平和生态涵养区的门头沟、房山、平谷、怀柔、密云、延庆及燕山的普通高中学校数约占全市普通高中学校总数的1/3。远郊区县除了房山外，门头沟、平谷、怀柔、密云、延庆县普通高

中学校总数均不超过5所。从校均高中生人数来看，首都功能核心区和城市功能拓展区的校均高中生人数只有609人和691人，而城市发展新区的校均高中生人数为1017人，生态涵养区的校均高中生人数为1072人。二者之间的差距比较大。从平均班额来看，首都功能核心区和城市功能拓展区的平均班额分别为31人和35人，也明显低于城市发展新区40人和生态涵养区41人的平均班额。详见表2。可见，北京市普通高中学校的空间分布明显聚集于首都功能核心区和城市功能拓展区，且其平均班额明显低于城市发展新区和生态涵养区。

表2　不同城市功能区的普通高中教育比较

功能区	区县	高中学校数	高中学校总数	占全市高中校比例(%)	在校高中生数	在校高中生总数	高中班数	校均高中生人数	平均班额
首都功能核心区	东城	31	73	28.97	19531	44470	1430	609	31
	西城	42			24939				
城市功能拓展区	朝阳	19	104	41.27	15232	71838	2041	691	35
	海淀	58			41918				
	丰台	19			9658				
	石景山	8			5030				
城市发展新区	通州	14	41	16.27	12059	41707	1041	1017	40
	大兴	13			10307				
	顺义	6			12488				
	昌平	8			6853				
生态涵养区	门头沟	3	34	13.49	2555	36475	899	1072	41
	房山燕山	14			9841				
	平谷	4			6602				
	怀柔	3			5593				
	密云	5			7142				
	延庆	5			4742				

（二）示范性普通高中区县分布与分析

为进一步加强我市普通高中建设工作，提高全市普通高中整体办学质量和效益，市教委于1999年3月2日印发了《关于示范性普通高中建设工作的若干意见》，启动了示范性普通高中建设工作。2002～2005年间，市教委先后认定了四批共68所市级示范性普通高中。它们在各区县的分布情况详见表3。

表3　市级示范性普通高中区县分布情况

区县	普通高中学校总数	市级示范高中学校数量	市级示范高中占普通高中学校的比例(%)
房山区	13	1	7.7
石景山区	8	1	12.5
大兴区	13	2	15.4
海淀区	58	11	19
密云县	5	1	20

续表

区县	普通高中学校总数	市级示范高中学校数量	市级示范高中占普通高中学校的比例(%)
延庆县	5	1	20
丰台区	19	4	21.1
通州区	14	3	21.4
昌平区	8	2	25
门头沟区	3	1	33.3
怀柔区	3	1	33.3
西城区	42	15	35.7
朝阳区	19	7	36.8
东城区	31	12	38.7
顺义区	6	3	50
平谷区	4	2	50
燕山	1	1	100

市级示范性普通高中办学条件好、教育教学质量高，成为学生接受优质教育的首选。市级示范性普通高中占本区县普通高中学校的比例在某种程度上反映了区县优质普通高中教育资源的丰富程度和供给能力。

近几年来，随着城镇化推进步伐的加快，各区县加大了普通高中学校布局调整的力度，撤并了一批农村高中和办学条件相对薄弱的城镇高中。从目前各区县示范性普通高中数量占本区县所有普通高中学校的比例来看，房山区处于最低水平，仅为 1/13（7.7%），其次是石景山区和大兴区，分别为 1/8（12.5%）和 2/13（15.4%）。顺义区和平谷区处于最高水平，均为 1/2。海淀、密云、延庆、丰台、通州四区县接近 1/5，处于较低水平。门头沟、怀柔、西城、朝阳、东城五区接近 1/3，处于中等水平。燕山的情况较为特殊，另当别论。

由于学校规模不等甚至相差悬殊，各区县示范性普通高中学校所占比例并不代表就学于示范性普通高中学校的学生占本区县所有普通高中学生的比例。尽管如此，该比例过低在一定程度上反映了区域内优质教育资源分布不均衡，比如房山区、石景山区和大兴区。

（三）改革试点项目校布局与分析

北京市自 2007 年秋季高一年级整体进入普通高中新课程实验至今，先后启动或设立了 23 所高中自主排课实验校、29 所“翱翔计划”基地学校、70 所高中特色发展项目学校、2 所拔尖创新人才早期培养基地实验学校和 29 所拥有特色实验班的学校。此外，市教委还批准了 19 个普通高中中外合作办学项目和 5 所普通高中中外合作办学机构。其中的中外合作办学机构均为民办高中，自主排课实验校中包含 1 所民办高中和 1 所特教学校。

这里，本文将获得“市级示范性普通高中”“自主排课实验学校”“‘翱翔计划’基地学校”“高中特色发展项目学校”（包括国家级和市级）“举办特色实验班学校”“中外合作办学项目学校”“拔尖创新人才早期培养基地实验学校”这种由市教委认定的、能够标识学校特殊身份的荣誉称号和授权统一称之为学校获得的名号。将民办高中和特教学校排除在外，对各区县公办普通高中学校获得上述 7 种名号的情况进行统计，结果见表 4。

表 4 各区县公办普通高中学校获得名号统计表

区县	学校	名号	区县学校名号总计
东城			45
	北京汇文中学	S_1 Z_2 A_3 T_{42}	
	北京市第二中学	S_1 Z_2 A_3 Z_6	
	北京景山学校	S_1 Z_2 A_3	
	北京市第五中学	S_1 A_3	
	北京市第五十五中学	S_1 T_{41}	
	北京市第一六六中学	S_1 A_3 T_{41} T_5	
	北京市第一七一中学	S_1 A_3 T_{41}	

续表 1

区县	学校	名号	区县学校名号总计
	北京市东直门中学	S_1 A_3 T_5	
	北京市广渠门中学	S_1 Z_2 A_3 T_{41}	
	北京市第十一中学	S_1	
	北京市第五十中学	S_1	
	北京市第一零九中学	S_1 T_{41} T_5	
	北京市第二十二中学	A_3	
	北京市第二十五中学	T_{41} Z_6	
	北京市第六十五中学	T_{41}	
	北京市第一六五中学	T_{41}	
	北京市宏志中学（一四二中学）	T_{41} T_5	
	北京市崇文门中学	T_{41}	
	中央工艺美术学院附属中学	T_{41}	
	北京市第九十六中学	T_{42}	
西城			61
	北京市第四中学	S_1 Z_2 A_3 T_{41} T_5 Z_6	
	北京师范大学附属实验中学	S_1 Z_2 A_3 T_{41} T_5 Z_6	
	北京师范大学附属第二中学	S_1 Z_2 A_3 T_{41} $T_{5(2)}$ Z_6	
	北京市第十五中学	S_1 A_3 T_5	
	北京师范大学附属中学	S_1 Z_2 A_3 T_{41} T_5 Z_6	
	北京市第八中学	S_1 Z_2 A_3 T_5 B_7	
	北京市回民学校	S_1 T_{41}	
	北京市育才学校	S_1 Z_2 A_3 T_{42}	
	北京市第十三中学	S_1 T_{42} T_5	
	北京市第三十五中	S_1 Z_2 A_3 T_5 Z_6	
	北京市第一六一中学	S_1 T_5	
	北京市铁路二中	S_1	
	北京市西城区外国语学校	S_1 T_{41}	
	北京市第十四中学	S_1 Z_2 A_3	
	北京市第六十六中学	S_1	
	北京市徐悲鸿中学	T_{41}	
	北京市鲁迅中学	T_{41}	
	北京市月坛中学	T_{41}	
	北京教育学院附属中学	T_{42}	
	北京市华夏女子中学	T_{42}	
朝阳			22
	北京市陈经纶中学	S_1 A_3 T_5	
	北京市第八十中学	S_1 Z_2 A_3 T_5 $Z_{6(2)}$	
	北京工业大学附属中学	S_1 T_{42}	
	北京市第十七中学	S_1 T_{41} T_5	
	北京市第九十四中学	S_1	
	北京市和平街第一中学	S_1	
	北京市日坛中学	S_1	
	北京市第一一九中学	T_{41}	

续表 2

区县	学校	名号	区县学校名号总计
	清华大学附属中学朝阳学校	T_{41}	
	北京市三里屯一中	T_{42}	
	北京第二外国语大学附属中学	T_{42} T_5	
海淀			50
	中国人民大学附属中学	S_1 Z_2 A_3 T_{41} $Z_{6(2)}$ B_7	
	首都师范大学附属中学	S_1 Z_2 T_5 Z_6	
	清华大学附属中学	S_1 Z_2 A_3	
	北京市第一零一中学	S_1 Z_2 A_3 T_{41} T_5 Z_6	
	北京大学附属中学	S_1 T_{41} Z_6	
	北京市八一中学	S_1	
	北京理工大学附属中学	S_1 T_5	
	北方交通大学附属中学	S_1 A_3	
	北京十一学校	S_1 A_3 T_5 $Z_{6(2)}$	
	北京市第二十中学	S_1 A_3 T_{42}	
	北京市中关村中学	S_1 T_{41}	
	中央民族大学附属中学	Z_2 T_{41}	
	北京市第十九中学	T_{41}	
	北京市北外附属外国语学校	T_{41}	
	海淀教师进修学校附属实验学校	T_{41}	
	北京市海淀外国语实验学校	T_{41}	
	北京市知春里中学	T_{42}	
	中国地质大学附属中学	T_{42}	
	中国石油学院附属中学	T_{42}	
	北京市玉渊潭中学	T_{42}	
	北京市第五十七中学	T_5	
	北京航空航天大学附属中学	T_5	
丰台			13
	北京市第十二中学	S_1 Z_2 A_3 T_5 Z_6	
	北京市第十中学	S_1	
	北京市第十八中学	S_1	
	北京市丰台区第二中学	S_1 T_5	
	北京市大成学校	T_{41}	
	首都师范大学附属丽泽中学	T_{41}	
	北京市第十八中学	T_{42}	
	北京市航天中学	T_{42}	
石景山			5
	北京市第九中学	S_1 T_{42}	
	北京市京源学校	A_3 T_{41}	
	北京市古城中学	T_5	

续表 3

区县	学校	名号	区县学校名号总计
门头沟			2
	北京市大峪中学	S_1	
	北京市育园中学	T_{41}	
房山			3
	北京师范大学良乡附属中学	S_1 T_{41}	
	北京市房山区周口店中学	T_{42}	
大兴			4
	北京市大兴区第一中学	S_1 T_{41}	
	北京市大兴区兴华中学	S_1	
	大兴区第五中学	T_{42}	
通州			8
	北京市潞河中学	S_1 Z_2 A_3 T_{41} Z_6	
	北京市通州区运河中学	S_1	
	北京市通州区永乐店中学	S_1	
	北京二中通州分校	T_{42}	
顺义			7
	北京市顺义牛栏山第一中学	S_1 Z_2	
	北京市顺义区杨镇一中	S_1	
	北京市顺义区第一中学	S_1	
	北京市顺义区第九中学	T_{41}	
	北京市顺义区第二中学	T_{42}	
	北京四中分校	T_{42}	
昌平			4
	北京市昌平区第一中学	S_1	
	北京市昌平区第二中学	S_1	
	北京市昌平实验中学	T_{41}	
	昌平区前锋学校	T_{42}	
平谷			4
	北京市平谷中学	S_1	
	北京师范大学平谷附属中学	S_1 T_{41}	
	平谷区第六中学	T_{42}	
密云			2
	北京市密云县第二中学	S_1 T_{41}	
怀柔			2
	北京市怀柔区第一中学	S_1	
	怀柔区红螺寺中学	T_{41}	
延庆			3
	北京市延庆县第一中学	S_1 T_{41}	

续表 4

区县	学校	名号	区县学校名号总计
	北京市延庆县第五中学	T_{42}	
燕山	北京师范大学燕化附属中学	S_1 T_5	2

注：学校各种名号分别用以下代码表示：S_1—市级示范性普通高中；Z_2—自主排课实验学校；A_3—"翱翔计划"基地学校；T_{41}—国家级特色发展项目学校，T_{42}—市级特色发展项目学校；T_5—拥有特色实验班学校；Z_6—中外合作办学项目学校；B_7—拔尖创新人才早期培养基地实验学校。

从表 4 可见，就单个学校而言，全市各区县不同学校获得的名号的数量很不均衡，少的仅 1 项，多的达 6～7 项之多，反映出不同学校参与或承担的改革探索试验项目多寡严重不均衡。众多试验项目集聚在同一所学校的现象表现得最为突出的是西城区，有 6 所学校拥有不少于 5 个名号。从全市范围来看，拥有不少于 4 个名号的学校有 18 所。其中东城区有 4 所，西城区有 7 所，朝阳区有 1 所，海淀区有 4 所，丰台区有 1 所，通州区有 1 所。这 18 所学校中的绝大多数是历史上的重点高中，是当下示范高中学校中的佼佼者。这说明市教委发起的几种重点改革探索试验项目在这 18 所学校身上呈现出明显的集聚现象。

如果把表 4 与各区县普通高中学校总数关联起来，可以计算出拥有名号的学校占本区县高中学校的比例，该比例可以称之为市教委改革探索试验项目对区县学校的覆盖率，见表 5。它是一个反映区域内学校对市教委改革探索试验项目参与广度的指标。覆盖率越低，反映出市、区教育行政部门在项目学校布局上没能让更多的学校参与进来。这一方面可能是区县学校参与试验的机会总量少，另一方面，也可能是区县获得的试验机会集中分布在少数甚至个别学校身上。

从表 5 可见，拥有名号的学校占本区县高中学校的比例最低的是房山区，仅为 15.4%，最高的为顺义区，为 100%（燕山为特例，不予讨论，下同）。其中，该比例低于 1/3 的有房山、密云、大兴和通州。该比例超过 1/2 的有昌平、朝阳、东城、门头沟、怀柔、平谷、顺义 7 个区。这说明，在房山、密云、大兴和通州这 4 个区县，区域内参与市级改革探索试验项目的学校偏低，多数学校与各种改革探索试验项目无缘，成为改革探索项目的"旁观者"或"局外人"。

表 5 区域内学校名号分布情况统计表

区县	高中学校总数	拥有 7 种名号中的任何一种名号的学校数量	拥有名号的学校占本区县高中学校的比例（参与广度指标）	拥有的名号总量
房山	13	2	15.40%	3
密云	5	1	20%	2
大兴	13	3	23.10%	4
通州	14	4	28.60%	8
石景山	8	3	37.50%	5
海淀	58	22	37.90%	50
延庆	5	2	40%	3
丰台	19	8	42.10%	13
西城	42	20	47.60%	61
昌平	8	4	50%	4
朝阳	19	11	57.90%	22
东城	31	20	64.50%	45
门头沟	3	2	66.70%	2
怀柔	3	2	66.70%	2
平谷	4	3	75%	4
顺义	6	6	100%	7
燕山	1	1	100%	1
总计	252	142	—	208

本文用区县校均拥有的名号数量反映区县对市教委改革探索试验项目参与的深度。区县校均拥有的名号数量可以称之为区县学校对市教委发起的改革探索试验项目的参与系数。该值越大，表明该区县对市教委发起的改革探索试验项目的参与深度越大，反之，则越显被边缘化。具体情况见表 6。

表 6 区县参与市级改革探索试验项目表

区县	高中学校总数	拥有的名号总量	校均拥有名号数量即参与系数（参与深度指标）
房山	13	3	0.23
大兴	13	4	0.31
密云	5	2	0.40
昌平	8	4	0.50
通州	14	8	0.57
延庆	5	3	0.60
石景山	8	5	0.63
门头沟	3	2	0.67
怀柔	3	2	0.67
丰台	19	13	0.68
海淀	58	50	0.86
平谷	4	4	1
燕山	1	1	1
朝阳	19	22	1.16
顺义	6	7	1.17
西城	42	61	1.45
东城	31	45	1.45

从表 6 可见，东城、西城的参与系数最高，为 1.45；房山的参与系数最低，仅为 0.23。总体来看，西城、东城、顺义、朝阳、平谷、海淀六区参与系数比较高，房

山、大兴、密云、昌平四区县的参与系数比较低，其余六区县处于中间水平。总的来说，由于东城和西城的整体教育质量高、优质教育资源相对丰富，无论从参与改革探索试验的学校数量还是承担的项目数量来看，都远远高于其他区县的平均水平。而像房山、大兴、密云、昌平、通州等远郊区县则正好相反，无论是参与广度还是参与深度都比较低，存在被边缘化的趋势。

二、北京市普通高中及项目布局的特征

通过以上分析可以发现，北京市普通高中学校及项目布局存在以下明显特征：

一是在学校数量分布上，普通高中学校明显聚集于首都功能核心区和城市功能拓展区。

二是在市级示范性普通高中学校分布上存在明显的不均衡现象，其中房山、石景山、大兴处于较低水平。

三是在学校规模和平均班额上，首都功能核心区和城市功能拓展区的校均高中生人数明显低于城市发展新区和生态涵养区。顺义、怀柔、平谷、密云四区县的普通高中校均规模大、班额大，反映出这四个区县普通高中学校数量相对不足。

四是从区域内学校对市教委改革探索试验项目参与广度来看，存在明显的不均衡现象。其中，房山、密云、大兴和通州这4个区县区域内参与市级改革探索试验项目的学校偏低，多数学校没有参与任何一项改革项目。

五是从区县对市教委改革探索试验项目参与的深度来看，同样存在明显的不均衡现象。其中，西城、东城、顺义、朝阳、平谷、海淀六区参与深度比较大；房山、大兴、密云、昌平、通州四区县参与深度比较浅，存在被边缘化的趋势。

六是从学校层面来看，多个改革探索实验项目扎堆集聚在18所学校身上。众多试验项目集聚在同一所学校的现象在西城区表现得最为突出。

三、各区县“十二五”期间新建、改扩建普通高中学校计划及分析

（一）各区县“十二五”期间新建、改扩建普通高中学校计划

调查发现，在城市核心区的东城、西城，高中学校布局基本合理。由于空间狭小、新增用地建设学校的可能性不大，未来一个时期暂无新建学校的计划。

在城市功能拓展区，各区县均有在重点地区新建学校的计划。其中，朝阳将根据区域规划布局情况，结合“北京市中小学建设三年行动计划”在未来三年内拟建设2所完全中学，以满足地区对高中教育的需求。海淀将在北部地区建设清华附中永丰嘉园校区、一零一中学温泉校区两所带高中的学校。丰台拟新建人大附中丰台分校，该校是十二年一贯制学校；改扩建学校三所，分别是北京十二中东校区改建工程、丰台二中改扩建工程、首医附中改扩建工程。石景山计划将一所中学改造成远洋分校高中部，在西黄村地区建设九中分校，在五里坨地区建设十一学校分校。

在城市发展新区，随着城市化进程的加快，各区县面临着既要扩大高中规模，又要扩大优质教育资源的双重压力。通州将根据国际新城的发展需要，在通州新城核心区梨园镇西部新建运河中学高中部，在通州核心区北部建设北京五中通州校区，大力引进市区优质的高中教育资源为新城建设服务；在通州南部永乐店镇改扩建永乐店中学，提升农村高中办学条件，提高农村高中教育质量。大兴在未来三年内将与北京十一学校和首师大合作，在大兴建立2所分校，并新建兴涛学校。顺义计划扩建牛栏山一中西校区、南校区，引进北京师范大学附属实验中学在后沙峪地区开办顺义分校。同时将农村高中进行撤并，改扩建顺义二中、九中、十中3所高中，从而整合优质高中教育资源，形成1所市级重点、2所区级重点、3所城区高中的高中布局，使农村学生都到城镇上高中，满足顺义老百姓对于优质高中教育资源的需求。昌平区重点在回龙观、天通苑、沙河高教园区、昌平新城东区、未来科技城等新的居民区和发展新区组团引进市区名校，走合作办学之路。2012年初，该区与北京师范大学签订合作办学协议，在未来科技城范围内设立北京师范大学第二附属中学分校。

在生态涵养区，各区县高中学校数量基本满足入学需求。布局调整的主要任务是撤并薄弱学校，形成适度规模的高中，着力解决大班额问题。门头沟计划在南城地区建立“北京八中门头沟校区”。房山计划2014年在良乡高教园区配套建设十二年一贯制学校1所（北京理工大学附中房山分校），在中粮万科长阳半岛小区配套建设中学1所（北京四中长阳校区）。怀柔正筹备新建北京十三中怀柔校区和怀柔区第一中学分校2所高中校。密云拟结合“北京市中小学建设三年行动计划”，将新农村中学与北京一六一中学合作，将新农村中学改扩建成完中校，将密云六中改扩建成密云二中寄宿部，为完中校，规模为24个高中教学班。平谷、延庆没有新建校计划。

表7 各区县“十二五”期间新建、改扩建普通高中学校计划

功能区	区县	新建学校（含普通高中）数量	改扩建学校数量
首都功能核心区	东城	0	0
	西城	0	0
城市功能拓展区	朝阳	2	0
	海淀	2	0
	丰台	1	3
	石景山	2	1
城市发展新区	通州	2	1
	大兴	3	0
	顺义	1	4
	昌平	1	0
生态涵养区	门头沟	1	0
	房山	2	0
	平谷	0	0
	怀柔	2	0

续表

功能区	区县	新建学校（含普通高中）数量	改扩建学校数量
生态涵养区	密云	0	2
	延庆	0	0
合计		19	11

（二）对各区县未来学校建设计划的分析

区县新建、改扩建普通高中学校的主要目的在于满足区域内学生接受普通高中教育的需求，形成适度的普通高中办学规模和适度的班额，撤并薄弱学校，引进和扩大优质教育资源。上述各区县新建、改扩建普通高中学校的计划如能如期实现，将对全市普通高中布局的进一步优化起到积极作用。

如前文所述，顺义、怀柔、平谷、密云四区县普通高中校均规模大、班额大的特征比较明显。除了平谷外，其他三区县均有新建、改扩建普通高中学校的计划。随着新建、改扩建普通高中学校计划的逐步落实，这三区县存在普通高中办学规模和班额优化的可能。

四、调整普通高中学校及改革试点项目布局的建议

（一）学校布局调整的主要任务是控制和保持适度的学校办学规模和班额，逐步缩小远郊区县学校和城区学校的班额差距

由于历史和经济社会发展现实等原因，首都功能核心区和城市功能拓展区普通高中学校密集、优质教育资源聚集的现象短时间内无法改变。地处上述两个城市功能区的普通高中学校校均高中生人数少、平均班额小，这是优质高中教育的重要指标，应该坚持并保持下去。

地处城市发展新区特别是生态涵养区的学校校均高中生人数和平均班额已经明显高于地处首都功能核心区和城市功能拓展区的普通高中学校。地处上述地区的学校的首要任务是控制和保持适度的学校办学规模和班额。对于那些办学规模过大、班额过大的学校，应随着新建和改扩建学校计划的落实，努力实现逐步缩小学校办学规模、适当降低班额。应防止因为要扩大优质教育资源而出现学校办学规模过度膨胀的现象。

（二）改革探索试验项目在项目布局上应重点考虑各区县学校的覆盖面，减少多个项目同时叠加于同一所学校的现象

近几年来，市教委启动的改革探索试验项目比较多，涉及到 122 所（142—20）公办学校，约占全市普通高中学校的一半。实施这些改革探索试验项目大多需要给承担任务的项目学校提供经费、招生、会考、师训等配套政策，不同程度地促进了项目学校的发展。

而那些没有参与任何改革探索试验项目的学校则被排除在外。它们既没有改革探索试验的压力，有时也缺少改革探索的自觉和动力，不利于学校的发展。

建议市区教育行政部门在项目学校布局上既要考虑区县的覆盖面，更要考虑区域内参与各类项目的学校覆盖面，让更多的学校参与到各种项目中来，增大学校与外界接触的机会，拓展学校与兄弟区县同类学校交流的空间，激发学校办学活力，促进学校发展。

（执笔人：张瑞海　徐建姝　王雪青）

北京市小学学校文化发展现状与对策研究

党的十七届六中全会提出：要充分认识推进文化改革发展的重要性和紧迫性，更加自觉、更加主动地推动社会主义文化大发展、大繁荣。对于教育而言，其重要任务之一就是要大力推进学校文化建设，进而达到教育改革与发展的高度自觉。为贯彻落实十七届六中全会文化大发展大繁荣精神，市教委基础教育一处对北京市小学学校文化发展现状进行了深入调研，旨在全面了解北京市小学学校文化发展现状，进一步推动小学学校文化建设，促进北京市小学教育内涵发展。

一、调查概述

（一）调研背景、目的

2010 年，《教育部关于贯彻落实科学发展观进一步推进义务教育均衡发展的意见》提出，建立和完善现代学校管理机制。大力加强学校文化建设，推进学校特色发展。2011 年，《教育部基础教育一司 2011 年工作要点》提出，开展中小学校园文化建设巡礼，重点展示校风、教风、学风建设取得的成果。2012 年，《教育部 2012 年工作要点》强调要深入贯彻落实党的十七届六中全会精神，将社会主义核心价值体系融入国民教育全过程，发挥国民教育在文化传承创新中的基础性作用，加强学校文化建设与实践育人。

北京市中长期教育改革与发展规划纲要提出把社会主义核心价值体系融入国民教育全过程。加强公民意识教育、中华民族优秀传统文化教育和革命传统教育。夯实学校教育主渠道，把德育渗透到教学实践的各个环节，融入校园文化的各个方面。市教委明确提出深化办学体制和管理机制改革，加强学校校园文化建设，进一步激发学校自主发展活力。

本课题旨在通过对北京市小学学校文化发展现状全面调研，对北京市小学学校文化发展的现状进行全景式描述和重点问题分析，为市教委推动学校文化建设，提供数据参考和政策建议。

北京市小学学校文化发展总体来说已经取得历史性的成就，形成既具有厚重历史底蕴的首都特质文化，又呈现出现代化的开放性、多元性、民主性、动态性、生成性学校文化发展态势。但距《北京市中长期教育改革

和发展规划纲要（2010～2020年）》提出的“到2020年实现教育现代化，建成公平、优质、创新、开放的首都教育和先进的学习型城市”的战略目标要求的实现尚有差距。

（二）调研方法

本课题以质性访谈与问卷调查相结合的实证研究路径为主，通过比较分析的视角，运用文献分析法、问卷法、访谈法等综合研究方法进行研究。

1. 文献分析法：借助北京市各区县官方网站电子文献资料、区县提供文化建设工作文献、面向学校征集文化建设个案文献，课题组获取采集北京市小学学校办学目标、办学理念、学校文化建设等方面的相关信息。

2. 问卷法：设计了面向区县、学校校长、学校教师3类问卷。

区县问卷：面向全市16个区县，对北京市所有小学文化建设基本情况进行摸底调研，掌握学校历史沿革、学校办学规模、学校文化建设投入、学校文化建设水平等面上数据。

校长问卷：选取10所区县，依据区县小学分布数量及办学水平进行分层取样，共选取120所学校校长发放120份调研问卷，回收102份，回收率85%。有效问卷98份，有效率96.1%。学校校长问卷主要获得学校文化建设水平、学校文化建设思路及策略、学校文化发展制约因素等信息。

教师问卷：选取10所区县，对30余所小学教师进行随机抽样，共发放教师问卷300份，回收232份，回收率77.3%，有效问卷219份，有效率为94.4%。教师问卷以教师视角谈学校文化建设感受，对学校文化建设工作的评价，主要获得学校文化认同度、满意度等信息。

3. 访谈法：课题组对7个区县52所小学的校长、教师、学校管理人员、学生等进行了专题访谈。选取80名教师分8组进行文化建设下校访谈。选取7个区县12所学校的共计150名学生进行团体焦点访谈，访谈对象选取标准，每所学校选取10～15人左右，选取4～6年级每班固定学号的学生参与。

（三）调研过程

市教委基础教育一处在问卷设计之初，就问卷设计、调研工作等召开专家座谈会，征询专家意见，不断完善调研问卷、研究确定调研学校，以确保调研结果真实、客观、科学、有效。在调研过程中，争取相关区县教育行政部门的配合，提前对调研对象下发调研通知和访谈提纲，调查人员现场进行问卷的发放和回收，保证调研有组织、有准备地规范进行，提高调研质量。

二、北京市小学学校文化发展现状与特征分析

北京市小学学校文化发展现状主要从学校文化发展历史沿革、学校文化发展形态、学校文化发展水平三方面进行调研，基于学校文化发展现状进行学校文化特征分析。

（一）北京市小学学校文化发展现状

1. 学校历史发展体现城市变迁、时代变化

课题组对北京市独立建制的公立小学办学历史进行了调研（如表1所示）。总体来看，北京市小学教育发展历史悠久，全市100年以上历史的小学达63所，这与首都古都文化相关。

表1　北京市独立建制公立小学年代分布表

建校时间	10年以下	10～29年	30～59年	60～99年	100年以上
数量（所）	77	187	398	330	63

图1　北京市独立建制公立小学分布图

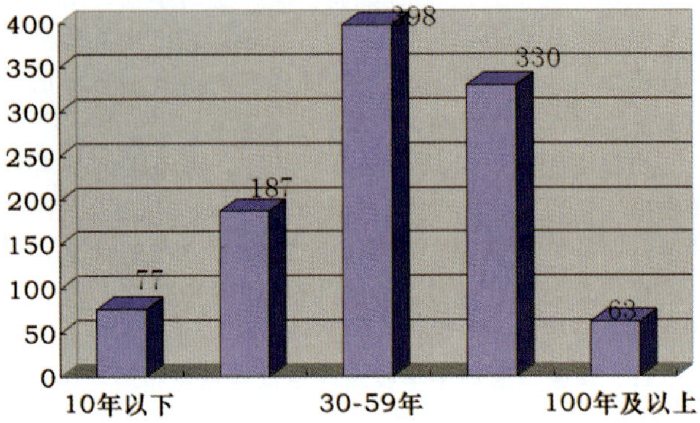

如表1所示，办学60～99年有330所。1914～1953年学校数量众多，这一时期学校数量增加原因主要有：1915年北京作为新文化运动的主阵地，营造民主、科学文化氛围，为进一步启迪民智，新兴一批现代学堂；北京作为东西文化交流重要阵地，举办了大量教会学校；1952年，新中国实行国有化教育办学体制，这一时期集中改造教会学校，大量兴办各级各类学校。

办学30～59年有398所。1953～1982年这一时期学校数量增长集中在70年代后期，这与满足骤增的中国人口教育需求相关。建国30年，百业待兴，中国人口增加，中国劳动力素质提高对小学教育需求增加，北京小学数量增加。

办学10～29年有187所。1982～2001年这一时期，小学数量缓步增长，总量下降，学校出现合并撤销现象。这与国家实行计划生育政策，人口出生率下降有关。自2001年后，北京市随着新的生育高峰到来及随迁子女入学问题，北京市小学新兴学校近百所，集中分布在郊区县，这与城市发展布局、区域职能定位相关。

北京市小学发展史，不同年代学校发展与北京市城市发展变迁相关，伴随着城市发展，体现政策变迁、体现时代背景。未来小学发展也将与城市发展更为密切，与城市区域发展定位相关。

2. 学校文化发展呈现多形态

北京市小学学校文化呈现多形态发展。学校文化发展形态主要有理念文化、学校特色文化建设、学校环境物质文化、学校主题特色文化、学校制度文化、学校校本特色课程文化、学校标识行为文化等，如图2所示。北京市有1080所小学，其中904所，占83.7%的学校校

训、校歌、校徽齐备；889 所，占 82.3%的学校有较完整的规范校章、学校文化建设发展方案；681 所，占 63%的学校有传统文化校本课程 ；579 所，占 53.6%的学校在学校特色文化建设方面比较突出；860 所，占 79.6%的学校，着重开展特色主题活动文化；759 所，占 70.3%学校重视开展并形成学生文化；值得关注的是，只有 123 所，占 11.4%的学校形成理念文化，实现文化内涵发展；只有 158 所学校，占 14.6%的学校重视学校发展历史，有校史展。

图 2　北京市小学学校文化发展形态

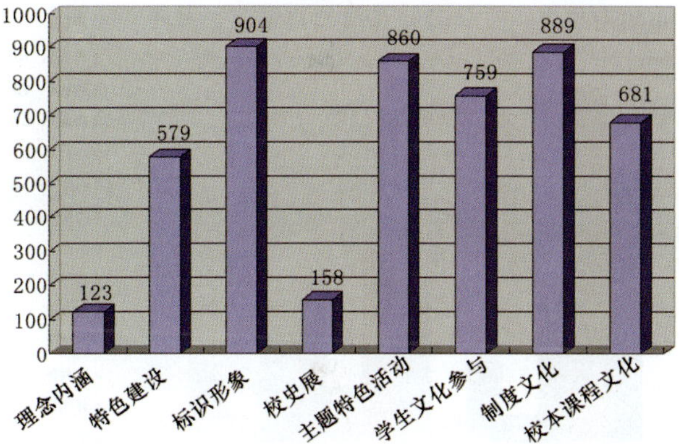

3. 学校文化建设水平不同

北京市小学学校文化建设水平不同，主要体现为学校文化建设认识、学校文化建设投入、文化建设队伍专业性及文化建设育人效果不同。

北京市小学学校文化发展水平存在差距。如图 3 所示。12.3%的学校文化建设卓有成效，形成体系，有效发挥文化育人效能；33.6%的学校有自己的文化特色，但需要提炼和梳理；34.5%的学校重视文化建设，但学校文化仍处在物质文化建设层面，缺少理念文化建设；19.6%的学校对文化建设不太重视，处在思考并着手建立学校文化阶段。

图 3　北京市小学学校文化发展水平

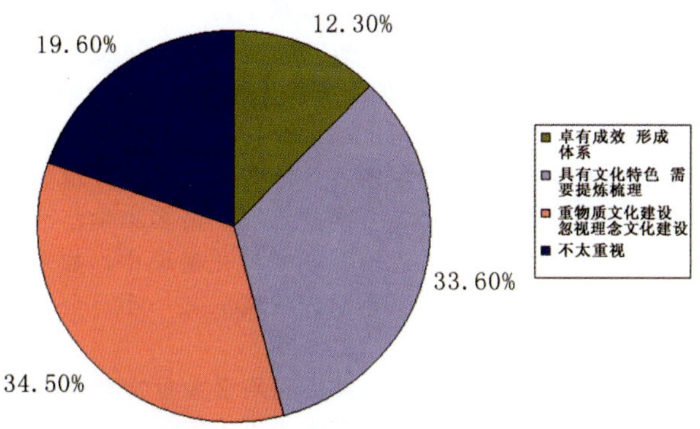

学校文化发展关键问题认识不同。从校长访谈反馈信息来看，校长认为影响学校文化建设主要因素有：学校文化传承与创新发展、学校文化理念体系构建、学校文化自觉意识、文化情感培育、树立行为规范、文化环境优化、学校文化建设策略等。

针对学校校长调研问卷数据分析，20.5%的校长认为学校文化建设亟需理念转变；20.5%的校长认为要更关注学校文化诊断与策划；17.9%的校长认为需要明确学校文化建设内容与掌握文化建设方法；24.4%的校长认为学校文化建设最重要的是厘清思路与找准策略；16.7%的校长认为学校文化建设亟需掌握实操与需求培训指导。（见图 4 所示）

图 4　校长对学校文化建设关键问题认识

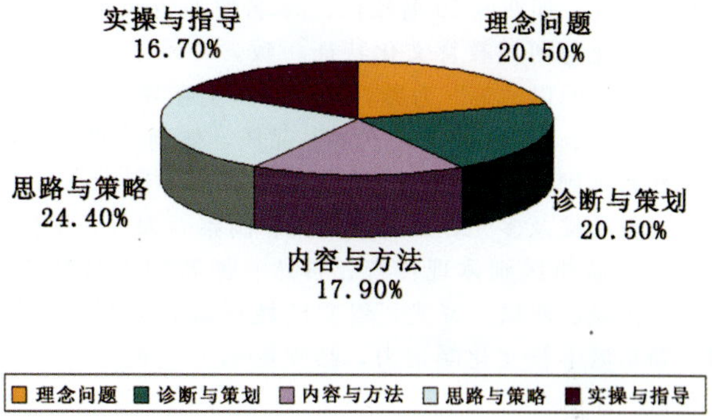

（二）北京市小学学校文化建设的特征分析

1. 学校文化建设具有现代性特征

北京市小学学校文化建设与时俱进，具有现代性。现代性主要表现为开放性、人本性、民主性、科学性、多样性、动态性与生成性。校长和教师在学校文化建设中，能以学生发展为本，78.3%的学校在文化建设中尊重民主意见，能以座谈会、教师、学生、家长调研问卷、学生作品征集、专家意见征询等方式进行文化建设调研。人本、民主既是现代学校文化建设的手段和途径，也是学校文化建设的目标之一。在学校文化建设中，要通过多种有效形式充分发挥学校群体成员的主体作用，充分发扬民主，尊重学校教师和学生，倾听他们的意见，创造和谐融洽的工作和学习环境，最大限度地发挥每个成员内在的潜力和创造力。

学校文化建设凸显开放性。学校文化建设开放性体现在积极挖掘利用社会资源、学校周边社区资源、家长资源参与学校文化建设。如海淀区万泉小学积极发挥家长委员会这一群体效能，邀请家长以主题讲座、参观校园等形式了解学校文化；西城实验小学、黄城根小学借助社区资源开展社会实践活动。

学校文化建设凸显多样性。主要表征一是内容的多样性，二是形式的多样性。在对学生座谈中，学生认同学生文化，喜欢学校楼道文化为学生提供的作品展示区、创设的活动空间。喜欢学校组织的科技节、文化节、人才才艺展示节等丰富多彩文化活动。形式多样主要体现在多种规模、时间灵活，既重视国家、学校传统的庆典仪式文化，还因地制宜开设丰富多彩活动。如上庄中心小学开设少年驾校、开设温泉中心小学，昌平城关中心小学开设以种植农作物为特色的乡村教育校本课程活动。学校文化发展呈现动态性、生成性。学校文化建设一定处于不断选择、转化和更新的动态发展之中。学校文化建设要与时俱进，对其实行动态管理。

2. 学校文化发展具有地域性特征

学校文化发展深受行政区域文化影响，北京市小学学校文化总体发展水平较高，具有首都城市的共性。北京文化历史底蕴深厚，有优良的教育传统，这些都在学校文化中得到不同的呈现。北京地域文化三大主要特征是首都性、融合性及辐射性，在这样的地域文化影响下，学校文化也具有地域特征。

访谈中，不同区县校长和教师认为学校文化与区域文化能有机结合，认为学校文化与所在区县教育文化是一脉相承的，如西城 19 名校长、21 名教师访谈共提及西城学校文化与西城教育文化特征一致，传承了西城悠久的历史，他们以“美”为题，认为西城美在厚重、大气、悠久、积淀、内敛、优雅、包容、品质、低调；朝阳区的校长和教师则认为朝阳朝气、创新、多元、国际。海淀校长与教师提及多元、开放、自觉、儒雅、大气、个性、创新等。通州区则体现传统、自然、创新的地域特性。北京市东城、西城、宣武、崇文区域行政合并后，新西城、新东城学校文化凝聚力，品牌影响力也正在与区域文化进一步融合。

3. 学校文化发展具有多元化特征

在日益重视校本特色，学校多元创新发展的时代背景下，北京市各小学能立足于以人为本的核心文化发展价值观，建设学校文化。不同学校由于学校发展历史不同，办学基础不同，办学理念不同，在文化建设中采取的文化建设路径与策略也不同，形成“校校不同，人人精彩”的文化建设局面。

调查显示，依据学校建制、隶属关系不同，高校附属小学这一类型学校文化建设与高校文化一脉相承，如清华大学附属小学、北京大学附属小学在学校育人理念、环境文化、课程文化方面，具有高校独特资源优势。一些优质名校在形成自己文化理念传承创新发展同时，更多地承担社会责任，将优质资源辐射社会。随着教育均衡发展，优质学校分别在不同区县举办分校，优质资源得以辐射，也逐步形成多校区学校发展模式。多数学校，以点带面，以主题特色活动为切入点建设学校文化，如民族文化、志愿者文化等，以特色活动促进学校全面发展，也取得了较为明显的文化建设成效。

4. 学校文化建设具有个性化特征

北京市小学对文化建设都有独特的文化思想和建构策略，学校文化发展具有个性化特征。学校在文化建设和发展中，都立足自己学校历史、办学传统及文化传承，打造具有个性化的学校文化。很多学校已经对学校文化进行概括与提炼，并提出了具有本校特色的文化理念。如花园村二小多彩人生教育、朝阳望京南湖东园小学“融”文化、燕山前进一小幸福人生教育、史家小学和谐教育、西师附小“让每一天都有意义”、宣武区师范附属第一小学“尊重”文化等。

在不同办学文化理念引领下，学校着手建立先进的管理文化，育人环境文化，制度文化和规范教师、学生的行为文化。并且很多小学已经以课程建设、主题特色活动，课题研究等方式与途径深化学校文化建设。学校文化发展特色化、多元化是学校文化发展的显著特征，很多学校已经形成特色文化理念，形成文化体系，在教育教学中取得良好的文化育人效果。

三、北京市小学学校文化发展优势与不足

（一）北京市小学学校文化发展优势

1. 学校文化具有深厚的历史积淀

古老的北京城本身就是独一无二的文化精品，北京市小学发展处处体现着北京古老的城市文化气息，学校发展历史悠久，具有深厚的历史积淀。北京市小学学校文化传承与发展基础良好，学校文化有根有脉。北京市小学具有百年历史的“百年老校”就多达 60 多所，区县分布较为集中，主要分布在西城、东城、海淀、通州。

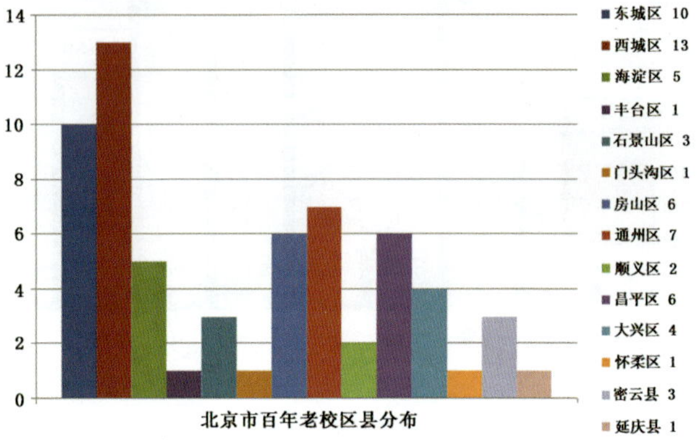

调研显示，百年老校中学校历史大多完整，大多数学校意识到学校历史发展厚重，在学校发展中重视历史文化传承与挖掘，非常珍惜百年老校品牌。如北京第一实验小学、实验二小、北京东城区汇文一小都建立了专门的校史馆，专门进行学校文化发展史的研究。百年老校中，47%的学校有专门校史馆，但是具有教育意义的历史物件较少；35%的学校了解学校是百年老校，但是对百年历史发展不太清楚，并没有意识到品牌价值；18%的学校不重视学校文化建设，没举办过百年校庆，也没宣传和关注过。

2. 学校文化发展建设能充分利用首都资源优势

北京作为历史文化资源古都名城，有文物、博物馆等得天独厚的文化资源优势，蕴藏丰富。北京地区现有世界文化遗产 6 处，全国重点文物保护单位 98 处，各类博物馆 159 座，这些丰厚的历史文化遗产可以成为学校文化发展的巨大资源，为北京市学校文化发展提供天然土壤。在学校文化建设过程中，首都文化资源优势也成为推进北京市学校文化建设不竭的动力。很多小学已经将北京历史文化资源优势运用在学校文化建设中，如东城区府学胡同小学、琉璃厂小学、东城汇文一小、金台书院小学、通州贡院小学等。

北京作为文化之都，还聚集和培育大量文化名人和教育专家。北京各行各业优质人力专家资源都成为学校文化发展中的顾问，成为学生身边的指导者，成为学生成长的榜样。各区县还开展专门的“专家进校园”“我身边的科学家”“大手牵小手”等活动，为孩子们健康成长搭建平台，开拓学生们的视野；学校也积极通过专家引领，指导中青年教师专业发展。

学校文化历史悠久，加之可利用文化资源优势，使得北京市小学学校文化传承与发展基础良好，北京市小学学校文化现状发展态势多样，既具有与生俱来的地域性特征，又具有开放性、人本性、民主性、多样性、动态性与生成性等现代特征。但同时，如何处理好学校文化现代化建设与学校历史文化的保护是我们在学校文化建设中要给予重点关注的问题。学校悠久历史文化如何推动学校文化现代化发展，如何实现文化育人也是我们值得思考的问题。

3. 教育行政管理部门重视学校文化建设与内涵发展

北京市教委、各区县行政管理部门重视小学学校文化建设与内涵发展。北京市设立校园文化建设专项资金，出台了《校园文化建设项目管理暂行办法》。学校文化建设资金支持力度较大，北京市和各区县政府联合出资为每所学校投入 25 万元专项资金用于各个学校校园文化建设。

市、区县教委以项目委托推进方式，整合北京高校专家资源，以学会团体建立、专家科研引领方式推进北京市小学学校文化内涵发展。2011 年 10 月 12 日，在市教委罗洁副主任建议下，市教委基础教育一处联合北京教育学院和首都有影响力的优质小学共同成立北京市教育学会小学教育研究分会。研究分会成立之初就以学校内涵发展、学校文化建设、关注每位学生健康成长、学校特色建设为主题开展丰富多彩的学术交流活动，理事单位覆盖北京市各区县，共有理事单位会员 359 名。2012 年，市教委委托各高校、各区县承担中国传统文化教育、小学规范化建设、小学教学管理文化建设等凸显内涵文化发展的项目研究与实施工作。

各区县行政管理部门对区域学校文化发展有整体设计。自“十五”以来，区县一直都重视学校文化建设工作，对区域学校文化发展有明确规划。各区县行政部门采取项目、工程等方式，推进学校文化发展与繁荣。区县在规划学校文化发展中利用区位优势，整合专家资源，重视学校文化建设资金投入，重视学校文化建设和内涵发展。

海淀区以项目引领助推学校发展。2008 年，海淀区教委小教科组织 9 所小学与北京师范大学原教育学院合作，启动为期三年的文化战略——助推学校发展的学校文化创建项目。大学与小学牵手同行，学校文化创建项目三年时间确定了三个符合学校需求、递进发展的主题：学校文化发展状态评估与办学理念梳理；协助推进学校文化建设；学校文化建设总结。2012 年，海淀区延续以项目模式开展“绽放计划在行动”，重点以环境文化、理念文化开展推进区域学校文化建设工作。

朝阳实行“三步走”文化建设实施战略。朝阳区从 2007 年开始，朝阳区教委以学校文化建设作为引领朝阳教育发展的主旋律，号召全区各小学深入挖掘学校的文化内涵，以文化提升质量，以文化引领发展，为朝阳区教育全面、健康、可持续地发展找准了方向。确定以“文化建设”为核心的学校发展战略，学校文化建设分 2007～2009 年“三步走”实施战略。2007 年是校园环境建设年，要通过加强校园物质环境和人文环境建设，进一步优化学校的教育教学环境，创设良好的育人氛围；2008 年是人文文化建设年，主要通过加强对师生进行道德教育和文明礼仪规范教育，围绕学校的教育理念，进一步规范学校的校训、校歌、校徽、校旗等教育载体，达到构建和谐校园的目的；2009 年是学校文化特色年，要在上述两方面建设的基础上，逐步形成文化底蕴较深厚、教育理念较突出、办学特色鲜明的品牌学校。朝阳区开展校园文化建设取得的成果：学校环境得到进一步优化；学校主流文化逐步形成；校园氛围日益和谐；学校文化建设正成为现代学校管理的重要载体。从文化的高度审视学校，朝阳区找到了新的突破点。

西城区用学校文化建设统摄现代学校制度的方向。在“十一五”期间，西城区从“人”“文化”“环境”三方面着手，以现代学校文化建设为导引和基础，重点构建学校的外在和谐环境，在内部推进现代评价制度的建设，以提升教师素质为根本，促进现代学校制度整体的建设。用学校文化建设统摄现代学校制度包括从学校的整体形象、学校以人为本的管理方式，以及学校文化的内涵，体现学校文化的制度设计等进行研究，从多维认知层次对学校文化建设进行设计和实践。

通州区开展“彰显传统文化特色，促学校文化内涵发展”活动。市教委十几年来，以“加强领导、重在实践；搭建平台，树立典型；逐年推进，彰显特色”为工作思路，坚持在小学生中开展中华传统文化教育，学校文化建设彰显传统文化特色，促进了学校文化内涵发展。为了推进中华传统文化教育深入开展，在全面规划的基础上，要求各小学结合多年实践形成的教育优势以及地区实际、学校和学生实际，挖掘多种教育资源，促进课堂教学实施传统文化教育、学校文化体现传统文化教育、课内与课外贯穿传统文化教育、学校与家庭和社区共同开展传统文化教育、学生与教师和家长践行传统文化等多种教育资源的良性互动。通州区各小学依据区教委总体部署，在学校文化建设中都依据各校办学定位，确定了实施中华优秀传统文化教育的多种途径及策略。如通州西集中心小学的“分层施教传承中华美德”、于家务民族小学的“充分利用校园景观，进行中华传统文化教育”，北关小学的“家校互动构建以家训为特色的传统美德校园文化”，永顺镇中心小学开展以地域文化传承为特色，以挖掘运河文化资源，传承运河文化精神的活动，通过寻运河源、夯实中华传统文化根基；传运河艺、承接中华传统文化精髓；做运河人、践行中华传统美德、培育中华民族精神三个层面进行研究和实践，将运河文化融入到学校文化建设发展中。

4. 学校文化建设整体水平较高

北京市小学学校文化建设整体水平较高。校长具有很强的文化发展自觉意识，接受过校长文化建设领导力专项培训，对文化建设认识到位、思考深入，对学校文化建设有自己独到的理解，能有效开展学校文化建设。学校校长一直以科学发展观为指导，结合首都推进人文北京、科技北京、绿色北京发展战略和建设中国特色世界城市目标，在推进小学文化建设进程中，不断提高学校文化自觉意识，创造性地开展学校文化建设工作。

很多学校形成自己独有的文化理念，并努力构建形成特色文化建设体系。如北京实验二小“以爱育爱”的文化理念，北京育才学校“红色文化”特色文化、育鸿学校的“蓝天文化”等。中关村二小不仅形成“儒雅教育”理念体系，还细化到教育教学行为，对学校各年级教师和学生行为都做了较为细致的调研，分别以学生、教师视角进行行为规范，将儒雅教育理念细化内化为教师和学生良好的儒雅行为。

（二）北京市小学学校文化发展不足

在调研中，我们也发现，北京市小学在学校文化建设过程中，学校文化体系构建有待加强，如办学理念与核心价值观契合度不高，制度建设不完善，行为文化落实不到位，忽视教师行为文化建设等。

1. 学校文化的体系构建和制度建设亟待进一步完善

学校制度文化作为学校文化的重要组成部分，它是在学校教育教学实践过程中逐步形成的各种规章制度和行为准则等规范体系。调研中，校长对学校制度文化满意度较低。64.5％的校长认为学校文化理念有制度文化与之衔接，19.6％的校长认为学校文化建设中正在思考或者着手建立与之配套的制度文化。但是在教师对学校制度文化的满意度调研中，74.5％的教师认为，能感受到制度影响与规范，但是制度建设约束性强，引领性弱，以制度、以文化引领学校教师行为自觉方面效果一般，制度还需要完善。

在学校文化构建中，要进一步加强文化体系构建，梳理好学校文化建设中各要素之间关系，正确理解文化要素内涵，明晰学校文化建设体系的逻辑层级关系。提升学校理念文化体系构建团队能力，重视文化体系建设，重视学校文化品牌塑造。

2. 学校文化核心价值观与办学理念尚需有机结合

学校文化核心价值观是学校发展的内在精神和生命之魂，它决定着学校文化发展模式、制度建构和目标任务，决定着学校文化建设方向，决定着学校文化建设质量。学校核心价值观主要体现在办学理念、办学特色和办学定位上。也就是说，学校有什么样的核心价值观，就有什么样的办学理念、办学特色、办学定位。目前，北京市小学学校文化核心价值观与办学理念契合度不高是最为突出问题。调研中，近83.7％校长表示学校文化核心价值观如何与办学理念结合并发挥文化育人作用是最为困难的事情。校长对学校文化建设领导还存在一些误区。比如，有的校长重视可视的物质文化建设，而忽视学校精神文化建设；有的学校在文化建设中，各个领域都很出色，但是缺少把这些散杂点连接起来形成主线，缺少目标性，其原因是校长还没有形成明确的学校文化发展价值观。

建构最适合师生发展的，凸显以人为本应是学校文化发展最核心的内涵。不同群体，校长、教师和学生对学校文化价值观期待和关注不同。在调研中，校长认为理想的学校文化应具有统领学校发展，提升学校品位，促进教育教学质量提升的功能；教师认为理想的学校文化应是尊重的、和谐的，使教师和学生感受到幸福。孩子对学校文化理解最期待丰富多彩的特色活动。调研问卷中，教师和学生都了解学校办学理念、培养目标等，但具体办学理念、培养目标的内涵并不清楚。这充分说明学校文化核心价值观与办学理念尚需进一步结合。

3. 学校文化理念需要进一步转化为行为规范

学校文化理念没有很好转化为学校行为文化，是北京市小学文化建设中普遍存在问题。学校文化建设效果，最终要体现为文化育人，以及文化能否有效转化为学校校长、教师与学生行为规范。调研中，很多教师和学生群体对文化理念理解不深入，这样就很难落实到教师和学生的行为规范。调研中，51.2％的教师提出学校没有结合学校文化理念，来规范教师教育教学行为。只有19.5％的教师认为学校有着与学校文化理念相符合的教师特定行为规范。

学校文化建设有效落实与学校管理干部团队学校文化建设执行能力息息相关。调研中，很多校长和教师都认为学校文化建设执行能力亟需提高。学校理念文化、制度文化、行为文化三者层层衔接和落实是学校未来文化发展中重点解决问题，需要引导校长将文化理念、办学理念落实到制度建设中来，以规范化、科学可行制度建设引领学校文化内涵发展。

4. 学校文化品牌建设缺少顶层设计和系统实施

北京市小学拥有首都文化资源优势，在学校文化建设中应起到全国领先示范的作用。一直以来，北京市教委、各区县教育行政管理部门为小学学校文化建设做了很多的努力，出台扶持鼓励性的校园文化建设专项管理办法，尽管取得了很多成绩，但是离北京市城市发展战略目标还有一定的差距。主要表现为学校文化建设影响还不够深入人心，学校文化建设成果宣传展示不够，学校文化创新能力和文化示范能力有限。学校文化建设品牌塑造意识不强，缺乏一批具有北京特色的学校文化品牌。导致这些问题出现最主要原因是小学学校文化品牌建设缺少顶层设计和系统实施。

调研访谈中，很多校长提出缺乏学校设计团队，对于学校文化品牌建设认识到重要性，但缺乏顶层思考，有校长提及借助文化策划和设计公司力量，但是设计公司缺乏对教育规律的基本把握，缺乏教育品位。海淀区实验二小尝试以美术教师团队为基础，以教师承诺自行设计组建文化建设团队，在学校文化建设中不断研究学习，创设适合学生快乐成长的学校文化。

在学校文化顶层设计上，要关注到以下几方面：北京市小学既秉承传统文化又体现现代特征的学校精神尚需进一步凝练和提升；学校文化元素和文化氛围中的开放性、人本性、多样性、创新性尚需进一步增强；学校文化特色、文化品牌尚需打造和生成；文化示范校建设和文化品牌塑造亟待加强；学校的整体文化品位和影响力尚需进一步提高。

5. 教师、学生、家长、社区对学校文化参与度和认同度有待提高

学校文化是学校内涵发展的重要组成部分，理解和把握学校文化的基本内涵和取向是文化发展与建设的重要前提。学校文化的发展不仅仅是校长及行政管理者的任务，学校文

化发展更有赖于教师、学生、社区的积极参与。

对教师调研数据进行分析发现，占54%的教师认为学校在文化发展与建设中，忽视教师这一主体需求，对学校的环境硬件建设，如学校教学设备、办公室环境感到不满意，58%的教师对学校办学理念文化理解比较深刻，但35%的教师不太认同学校办学理念。在教师对学校组织归属感调研中，只有53.2%的教师认为学校有效实现自我价值，在学校工作感觉到幸福，有63.2%的教师认为工作压力大，事情繁琐，缺乏安全感。

学校文化建设中，学生的参与度不高。在学生座谈中，学生最喜欢地方是环境文化中的学生书屋、学生文化墙、创意活动空间等学生参与度比较高的文体场所。当问及学生在学校环境文化建设中，学校是否征求过学生意见时，多数学生表示参与度不高。学生最期待改善的是学校作业量减少、学校操场活动空间增加、广泛增加学生课外阅读书籍、增加春秋游外出拓展活动、多开展文艺体育主题活动。

四、思考与建议

学校精神，系于文化；文化发展，贵在建设。在学校事业发展的战略全局中，必须把文化建设置于更加重要的位置，并借此来不断提升学校的软实力和核心竞争力。在学校文化建设中，要以科学发展观为指导，坚持育人为本，加强投入，积极指导，大力提高学校文化建设水平，促进学校内涵发展。

（一）引领全市小学学校文化建设方向，评选学校文化示范校

面对建设美丽北京的新要求，必须把握北京市小学学校文化建设现代化发展方向，引领学校文化健康可持续发展。要立足于学校文化现状，遵循学校文化建设规律，深入推动学校文化建设。

建议市教委启动实施学校文化建设研究项目，出台制定北京市小学学校文化发展指导性意见。研究制定文化示范校评估指标体系，有计划、分批次地开展学校文化示范校评选工作；树立政策引导，以评促建，开展学校文化建设工作思路。组织实施北京市小学学校文化建设专项项目。开展学校校史文化传承项目、学校文化绽放项目、学校特色文化构建项目、学校文化成果交流展示项目。努力打造一批精品文化学校，提升学校文化建设水平，提高首都小学文化建设的影响力和核心竞争力。

（二）弘扬学校悠久历史文化，做好学校文化保护工作

党的十七届六中全会作出了“关于深化文化体制改革推动社会主义文化大发展大繁荣若干重大问题的决定”。学校作为文化教育和传承的主阵地，我们应该抓住历史机遇，大力推动学校文化建设，为首都文化事业大发展大繁荣做出贡献。但是，在社会发展过程中，我们的学校文化由于种种原因没有得到很好的继承和发扬，特别是历史悠久的学校文化急需重点保护。建议市区教委对百年历史小学进行建库备案，并与有关部门一起制订“一校一案”的具体保护措施，防止在城市改造过程中被拆迁或破坏；同时，制定相关政策或提出具体要求，在学校校长更迭过程中，不能因为学校管理者的变化，而随意破坏学校已有的学校文化，要在继承的基础上做好创新发展。

（三）建立学校文化建设工作保障机制，推动学校文化建设深入发展

学校文化建设不是一时之功，是一项系统工程，学校文化的品牌建设和可持续发展，必须要通过建立强有力的工作保障机制来建设和推动。建议市区两级教育行政部门建立物质保障和人力支撑两大工作机制。一是设立专项资金，加大学校文化建设扶植力度，可制定理念文化、环境文化、课程文化等专项扶持政策。二是开展文化建设师资专项培训，提升校长文化建设视野和水平，提高校长文化建设领导力，提高学校中层干部队伍文化建设的执行力。

（四）营造学校文化发展的良好氛围

大力营造学校文化发展的良好氛围，搭建学校文化宣传展示平台。加强引导和支持，鼓励学校在校园文化建设中注重育人环境建设；鼓励区县和学校开展文化特色建设，进一步加强学校品牌建设，搭建交流展示平台，组织主题讲坛和现场展示活动，宣传推广典型经验，扩大学校文化的影响力和感召力，积极营造全社会共同关注和支持学校文化建设的良好氛围。

结语

总体来讲，北京市小学学校文化发展历史悠久，我们要立足于学校文化发展现状，不断夯实文化发展基础，要正确把握北京市小学学校文化建设现代化方向，努力塑造北京市小学文化内涵发展品牌，努力发挥文化育人的功能。

（执笔人：张凤华　张祥兰）

北京市残疾儿童少年义务教育阶段随班就读现状与对策研究报告

一、研究背景与研究意义

（一）研究背景

“十一五”以来，首都特殊教育事业快速发展，整体水平显著提高，特殊教育类别不断增加，学校特色日益凸显，残疾儿童少年入学率始终保持全国领先水平，残疾儿童少年受教育权益得到较好保障。根据2012年的统计数据，全市基础教育阶段共有在校残疾学生8670名，其中2988名（占34.5%）在22所特殊教育学校就学（其中285名重度和多重残疾学生接受送教上门服务），5682名残疾学生（约占65.5%）在1093所普通中小学随班就

读。全市基本形成以特殊教育学校为骨干，以随班就读为主体、以送教上门为补充的特殊教育办学体系，随班就读已经成为残疾儿童少年接受基础教育的主要形式。

残疾儿童少年接受随班就读教育，其受教育权受到法律和教育政策的明确保障。《中华人民共和国义务教育法》明确提出：普通学校应当接收具有接受普通教育能力的残疾适龄儿童、少年随班就读，并为其学习、康复提供帮助。《国家中长期教育改革和发展规划纲要（2010～2020年）》提出：关心和支持特殊教育，完善特殊教育体系，健全特殊教育保障机制。国务院《关于深入推进义务教育均衡发展的意见》要求：重视发展义务教育阶段特殊教育。《北京市实施〈中华人民共和国残疾人保障法〉办法》明确规定：市和区、县人民政府应当将残疾人教育作为本市教育事业的组成部分，统一规划，采取措施，完善残疾人教育体系，加强残疾人学前教育、高级中等以上教育机构建设，开展教育督导和评估，保障残疾人享有平等接受教育的权利。在各项政策文件中，都对残疾学生接受随班就读工作提出了要求和规定。

（二）研究意义

随班就读成为残疾儿童少年接受义务教育的主要形式，以随班就读为主体的特殊教育构成了首都基础教育的重要组成部分。近年来，随着首都教育改革与发展，越来越多的残疾儿童少年进入到普通学校随班就读，享受到适合的、高质量的义务教育，有力地推动了首都特殊教育事业又好又快的发展，为更新教育理念、深化教育改革、维护教育公平、推进教育现代化做出了积极贡献，成为首都社会文明程度的重要标志。做好残疾儿童少年义务教育、加强随班就读工作，是提升首都社会文明程度、建设中国特色世界城市的重要内容。

随班就读是发展残疾儿童少年个性和潜能、提高其社会适应能力、充分平等地融入社会和参与公共生活的重要途径和保障，也是推进首都基本公共服务均等化，提高国民整体素质的重要举措。

随着经济社会的发展，北京市的随班就读工作面临着新的形势要求，残疾儿童少年随班就读的状况、存在的问题、面临的困难、需求，等等，是进一步制定相关政策、推进相关工作的重要基础。在新的形势下，进一步加强首都残疾儿童少年随班就读工作，办人民满意教育，具有重要而深远的意义。

二、研究目标与主要研究问题

（一）研究目标

全面了解北京市当前义务教育阶段残疾儿童少年随班就读的基本情况，深入把握当前全市随班就读工作中存在的不足和问题，努力总结随班就读工作开展多年以来的基本经验，探讨推进随班就读工作、提高随班就读教育质量的有效策略，为推进首都特殊教育发展、保障残疾儿童少年教育权利做出贡献。

（二）主要研究问题

根据研究要求，本课题着力研究以下问题：

1. 北京市当前义务教育阶段残疾儿童少年随班就读的区县分布、年级分布、残疾类型分布等基本情况；

2. 北京市当前随班就读工作学校的学段分布、接纳残疾儿童少年的数量比例、经费投入、人员配备、硬件建设、制度建设等基本情况；

3. 北京市当前开展随班就读教育教学任课教师的学历构成、职称分布、专业发展、教师待遇等方面的基本情况，以及随班就读任课教师对随班就读工作的态度、教育教学策略与方法的掌握、教研科研等情况；

4. 北京市资源教室建设及运行情况、资源教师的教育教学情况；

5. 总结经验，梳理问题，提出政策建议。

三、研究方法与研究过程

（一）研究方法

1. 访谈

编制半结构式访谈提纲，就随班就读工作开展的状况进行访谈。主要访谈对象包括：区县教委相关科室机构的管理人员、区县特殊教育机构人员，开展随班就读工作学校的管理人员以及随班就读班级的任课教师、资源教师、随班就读学生等。主要访谈形式包括个别访谈和集体座谈。

2. 问卷调查

编制“北京市随班就读班级任课教师调查问卷”，对随班就读班级任课教师进行抽样问卷调查，主要调查随班就读班级任课教师的基本情况、对开展随班就读工作的态度、特殊教育知识与技能、专业发展和业务培训、教研科研及薪酬待遇等情况，较为全面地了解随班就读开展的情况。

本次调查，选取北京市东城、西城、海淀、石景山、大兴、昌平、密云、房山和延庆9个区县的部分随班就读学校进行，发放调查问卷1400份，回收1349份，问卷回收率96%；有效问卷1333份，有效问卷率98.8%。

3. 实地调研

课题组在全市范围选取32所建设有资源教室的学校进行实地调研，通过校长座谈、实地听课、查看资料、教师和学生访谈等工作，对随班就读学校的办学条件、政策支持、教育教学的开展、教研科研、资源教室的运作等诸多方面进行了调查了解，掌握了丰富的一手资料。

4. 案例研究

对实地调研中的典型案例进行深入个案研究，以分析内在运行机制，剖析影响要素，更加深入地发现问题，探求教育规律。

（二）研究过程

1. 扩充研究队伍

根据研究的需要，邀请北京市部分区县的教育行政部门、特教中心、随班就读学校校长及教师等参加课题研究，增强了研究的针对性和实效性。

2. 收集和分析相关研究文献

在初期研究基础上，进一步收集和分析了随班就读的相关材料，收集了其他同类研究的相关资料，分析其研究方法、经验、做法，为本研究的顺利开展提供参考。

3. 举行多次研讨，编制和修订调查问卷和访谈提纲

项目举行多次研讨，共同编制调研问卷、访谈提纲，

并与拟调研学校联系，确定调研安排等。问卷调查对象主要定为随班就读班级的任课教师，访谈对象包括各区县教育主管部门中的特殊教育管理干部、随班就读学校的校长、任课教师、资源教师及随班就读学生等。

初步编制的问卷和访谈提纲包括：《随班就读班级任课教师调查问卷》《资源教师访谈提纲》《随班就读班级任课教师访谈提纲》《随班就读学生访谈提纲》《资源教室建设基本情况统计表》等。编制后举行研讨，对各调研工具进行了细致的打磨和修订。

4. 进行多项调查研究

一是选择部分区县的随班就读学校进行问卷调查。2012年下半年，通过样本地区教育主管部门相关科室或者特教中心，将问卷下发到各随班就读学校进行调查。

二是实地调研32所随班就读学校，对随班就读工作开展情况、课堂教学、资源教室运行情况、档案资料的管理等方面进行了调查了解。

5. 对相关资料、材料、数据进行分析，撰写研究报告

通过问卷调查和实地调研，课题组收集了大量的数据和一手资料。课题组认真、细致地对资料、材料和数据进行了整理和分析。问卷数据录入后采用SPSS17.0进行分析。在对数据和材料分析的基础上，撰写了研究报告。

四、基本情况与存在问题

（一）北京市残疾儿童少年义务教育阶段随班就读的基本情况

1. 总体情况

根据数据统计，2012年，北京市随班就读学生所在学校总数为：小学717所，中学376所，共计1093所。其中包含数量较少的高中。

全市共有各类随班就读学生5682名，其中小学段3382名，约占59.52%；中学段2300名，约占40.48%，小学段人数多于中学段人数。随班就读任课教师总数为：小学10570名，中学10379名，共计20949名。具体数据如表1所示。

表1 随班就读情况表

统计项目	小学	中学	合计
随班就读学生所在学校总数	717所	376所	1093所
在校各类随班就读学生总数	3382名	2300名	5682名
随班就读任课教师数	10570名	10379名	20949名

2. 各区县随班就读残疾儿童少年数量情况

各区县随班就读残疾儿童少年的数量不等，其中朝阳区数量最多：小学段在校随班就读学生为1027人，中学段为670人，共有1697人，占全市随班就读学生的29.87%；其次为海淀：小学段随班就读学生408名，中学段277名，共有685名，约占全市的12.06%。另外，东城区、丰台区、大兴区、昌平区和密云县随班就读学生数量也比较多，都超过300余人。具体数量如表2所示。

表2 各区县不同学段随班就读学生数量分布表

区县名称	小学段在校各类随班就读学生总数	中学段在校各类随班就读学生总数
东城区	202	176
西城区	187	137
朝阳区	1027	670
海淀区	408	277
丰台区	242	89
石景山区	95	44
房山区	178	93
燕山地区	11	14
通州区	92	117
顺义区	105	73
大兴区	226	87
昌平区	201	128
平谷区	105	119
怀柔区	0	19
门头沟区	46	65
延庆县	102	40
密云县	155	152
合计	3382	2300
总计	5682	

3. 各学段随班就读学生的分布情况

小学段，从一年级至六年级，随班就读学生分别有185人、356人、485人、634人、771人和951人，六年级随班就读学生数量最多，占到28.12%；其次为五年级和四年级，分别占到22.80%和18.75%。三个年级占到小学段随班就读学生总数的69.66%。具体数据请见表3所示。

表3 各区县小学段各年级随班就读学生分布情况一览表

区县名称	在校各类随班就读学生总数	小学段在校随班就读学生年级分布情况						随班就读学生所在学校总数
		一年级	二年级	三年级	四年级	五年级	六年级	
东城区	202	13	25	17	41	48	58	52
西城区	187	16	21	28	37	37	48	49
朝阳区	1027	41	79	149	211	242	305	125

续表

区县名称	在校各类随班就读学生总数	小学段在校随班就读学生年级分布情况						随班就读学生所在学校总数
		一年级	二年级	三年级	四年级	五年级	六年级	
海淀区	408	30	56	67	58	83	114	92
丰台区	242	16	25	54	37	53	57	71
石景山区	95	10	12	14	13	23	23	23
房山区	178	12	23	26	44	40	33	37
燕山地区	11	1	1	2	4	3	0	5
通州区	92	3	5	7	20	29	28	19
顺义区	105	6	4	6	25	25	39	34
大兴区	226	4	53	46	41	39	43	42
昌平区	201	26	23	27	32	38	55	42
平谷区	105	1	15	22	19	18	30	43
怀柔区	0	0	0	0	0	0	0	0
门头沟区	46	1	1	0	4	18	22	18
延庆县	102	4	10	14	18	23	33	29
密云县	155	1	3	6	30	52	63	36
合计	3382	185	356	485	634	771	951	717

中学段，初中随班就读学生数量远远超过高中随班就读学生数量：初中三个年级均超过 600 人，总计有 2198 人，占中学段全部随班就读学生数量的 95.57%；高中阶段共有 102 名随班就读学生，约占 4.43%。具体数据见表 4 所示。

表 4　各区县中学段各年级随班就读学生分布情况一览表

区县名称	中学段在校随班就读学生年级分布情况					
	初中			高中		
	一年级	二年级	三年级	一年级	二年级	三年级
东城区	53	73	50	0	0	0
西城区	26	53	53	1	3	1
朝阳区	201	247	222	0	0	0
海淀区	78	81	91	7	13	7
丰台区	16	0	29	43	0	1
石景山区	12	18	14	0	0	0
房山区	29	27	30	2	5	0
燕山地区	3	5	4	2	0	0
通州区	19	40	58	0	0	0

续表

区县名称	中学段在校随班就读学生年级分布情况					
	初中			高中		
	一年级	二年级	三年级	一年级	二年级	三年级
顺义区	16	29	23	2	1	2
大兴区	18	36	33	0	0	0
昌平区	34	40	52	2	0	0
平谷区	29	34	56	0	0	0
怀柔区	6	8	5	0	0	0
门头沟区	25	22	18	0	0	0
延庆县	8	14	8	5	5	0
密云县	54	54	44	0	0	0
合计	627	781	790	64	27	11

4. 各区县在校随班就读学生障碍类型的分布情况

在各种残疾类型中，智力残疾学生最多——小学段有 2616 名，中学段有 1871 名，共有 4487 名，占全部随班就读学生数量的 78.97%。其次是听力残疾学生，两个学段分别有 218 名和 111 名，共有 329 名，约占全市随班就读学生的 5.79%。两类残疾学生比例超过 84.76%，是随班就读学生中的主体。具体数据见表 5 和表 6 所示。

表 5　小学段学生残疾类型的分布情况一览表

区县	在校各类随班就读学生总数	在校随班就读学生残疾类别												
		视障学生			听障学生			智障学生			自闭症学生	脑瘫学生	多重残疾学生	其他残疾学生
		总数	盲生	低视力生	总数	聋生	重听生	总数	轻度生	中度生				
东城区	202	4	0	4	14	1	13	165	146	19	2	2	6	9
西城区	187	3	0	3	24	15	9	130	112	18	13	2	2	13
朝阳区	10	14	4	10	45	3	0	872	821	51	26	15	1	54

续表

区县	在校各类随班就读学生总数	在校随班就读学生残疾类别												
		视障学生			听障学生			智障学生			自闭症学生	脑瘫学生	多重残疾学生	其他残疾学生
		总数	盲生	低视力生	总数	聋生	重听生	总数	轻度生	中度生				
海淀区	408	14	0	14	27	2	25	299	199	100	26	3	28	11
丰台区	242	7	4	3	21	8	13	151	102	49	10	11	3	39
石景山区	95	6	0	6	6	4	2	66	56	10	2	6	2	7
房山区	178	8	0	8	11	0	11	123	69	54	7	3	7	19
燕山地区	11	0	0	0	2	0	1	6	6	0	0	0	0	3
通州区	92	0	0	0	6	0	6	75	61	14	0	0	0	11
顺义区	105	4	0	4	17	3	14	66	49	17	1	12	0	5
大兴区	226	7	0	7	10	4	6	171	122	49	1	0	1	36
昌平区	201	9	1	8	18	10	8	137	113	24	1	5	3	28
平谷区	105	3	0	3	6	0	6	85	70	15		1	4	6
怀柔区	0	0	0	0	0	0	0	0	0	0	0	0	0	0
门头沟区	46	1	0	1	2	0	2	39	26	13	2	0	0	2
延庆县	102	2	0	2	6	0	6	83	65	18	1	0	1	9
密云县	155	1	0	1	3	1	2	148	108	40	0	1	0	2
合计	3382	83	9	74	218	51	124	2616	2125	491	92	61	58	254

表 6 中学段各种残疾类型的分布情况一览表

区县名称	在校随班就读学生残疾类别												
	视障学生			听障学生			智障学生			自闭症学生	脑瘫学生	多重残疾学生	其他残疾学生
	总数	盲生	低视力生	总数	聋生	重听生	总数	轻度生	中度生				
东城区	1	0	1	10	6	4	155	145	10	2	0	2	6
西城区	3	0	3	11	9	2	103	83	20	3	0	0	17
朝阳区	2	0	2	17	0	8	612	547	65	15	2	4	18
海淀区	3	0	3	21	21	0	198	144	54	9	6	5	35
丰台区	0	0	0	5	4	1	73	51	22	1	1	0	9
石景山区	0	0	0	0	0	0	37	36	1	0	2	1	4
房山区	5	0	5	4	0	4	48	33	15	0	1	3	32
燕山地区	0	0	0	1	1	0	12	9	3	0	1	0	0
通州区	12	0	12	5	0	5	86	45	41	2	0	0	12
顺义区	3	0	3	8	2	6	48	32	16	0	11	0	3
大兴区	1	0	1	2	1	1	77	51	26	0	0	1	6
昌平区	1	1	0	10	4	6	99	79	20	0	6	2	10
平谷区	2	0	2	3	0	3	109	109	0	0	0	2	3
怀柔区	0	0	0	4	0	4	8	6	1	0	0	2	5
门头沟区	0	0	0	3	0	3	52	31	21	0	0	3	7
延庆县	3	1	2	5	3	2	6	0	6	0	0	1	25
密云县	1	0	1	2	0	2	148	105	43	0	1	0	0
合计	37	2	35	111	60	51	1871	1506	364	32	31	26	192

5. 各学段随班就读学校教师情况

小学段随班就读任课教师 10626 人，随班就读班主任 2736 人；中学段随班就读任课教师 9711 人，随班就读班主任 1708 名。语文、数学、外语等学科教师数量居多。具体数据请见表 7 和表 8 所示。

表 7 小学段随班就读工作教师学科分布基本情况一览表

区县	随班就读学生所在学校总数	随班就读任课教师数	随班就读班主任数	教师任课学科分布情况			
				语文	数学	外语	其他科目
东城区	52	728	177	150	139	104	335
西城区	49	828	219	140	129	102	457
朝阳区	125	1876	690	454	401	325	696
海淀区	92	1633	380	316	262	215	840
丰台区	71	1050	207	174	158	148	570
石景山区	23	271	75	67	42	81	81
房山区	37	601	147	98	74	97	332
燕山地区	5	64	8	8	8	8	40
通州区	19	220	80	63	34	53	70
顺义区	34	516	88	69	61	72	314
大兴区	42	539	169	109	105	90	235
昌平区	42	964	173	147	118	138	561
平谷区	43	388	95	73	68	63	184
怀柔区	0	0	0	0	0	0	0
门头沟区	18	231	38	36	33	28	134
延庆县	29	346	89	61	53	53	179
密云县	36	371	101	82	66	55	168
合计	717	10626	2736	2047	1751	1632	5196

表 8 中学段随班就读教师学科分布情况一览表

区县	随班就读学生所在学校总数	随班就读任课教师数	随班就读班主任数	教师任课学科分布情况			
				语文	数学	外语	其他科目
东城区	23	755	132	111	104	100	440
西城区	28	777	143	89	90	89	509
朝阳区	54	1764	392	287	286	284	912
海淀区	43	1166	190	149	150	148	719
丰台区	25	428	73	66	66	67	229
石景山区	12	180	28	23	22	22	113
房山区	28	602	83	76	74	73	379
燕山地区	4	81	14	11	12	10	48
通州区	25	537	94	76	97	76	288
顺义区	22	379	65	53	51	60	215
大兴区	16	344	63	51	53	52	188
昌平区	31	740	107	90	92	91	467
平谷区	15	553	109	72	72	69	340
怀柔区	6	157	18	16	16	16	109
门头沟区	12	338	48	42	43	43	210
延庆县	14	284	35	30	30	27	197
密云县	18	621	114	86	85	90	360
合计	376	9711	1708	1328	1343	1317	5723

从教师职称和学历来看，小学段随班就读教师职称以小学高级为最多，占59.69%；学历方面以本科居多，占87.70%；中学段随班就读教师职称以中学一级为最多，占43.78%；学历方面以本科居多，占93.18%。具体数据请见表9和表10所示。

表9 小学段随班就读教师职称、学历情况

区县名称	教师职称情况			教师学历情况	
	总数	中学高级	小学高级	硕士	本科
东城区	728	4	487	4	656
西城区	828	5	585	7	740
朝阳区	1876	1	913	21	1741
海淀区	1633	5	1112	32	1492
丰台区	1050	3	586	3	848
石景山区	271	0	161	1	245
房山区	601	5	382	0	536
燕山地区	64	0	46	0	63
通州区	220	11	107	10	184
顺义区	516	0	308	1	448
大兴区	539	8	332	2	428
昌平区	964	5	526	11	782
平谷区	388	2	265	0	347
怀柔区	0	0	0	0	0
门头沟区	231	0	117	2	171
延庆县	346	0	199	0	297
密云县	371	0	217	1	341
合计	10626	49	6343	95	9319

表10 中学段随班就读教师职称、学历分布情况一览表

区县名称	教师职称情况			教师学历情况	
	总数	中学高级	小学高级	硕士	本科
东城区	755	136	294	57	679
西城区	777	203	342	50	714
朝阳区	1769	277	762	128	1624
海淀区	1166	217	543	106	1040
丰台区	428	79	224	35	422
石景山区	180	39	60	19	149
房山区	602	78	222	20	578
燕山地区	81	8	62	4	70
通州区	537	72	209	26	502
顺义区	379	63	173	10	365
大兴区	344	43	139	18	321
昌平区	740	96	268	26	690
平谷区	553	106	326	3	537
怀柔区	157	20	72	1	156
门头沟区	338	50	180	11	321
延庆县	284	58	108	8	275
密云县	621	119	267	11	606
合计	9711	1664	4251	533	9049

6. 资源教室建设和资源教师基本情况

资源教室作为对随班就读提供特殊教育服务与支持的重要条件，其建设对提高随班就读教育质量非常关键。全市小学段共建有资源教室85个，中学段建有资源教室43个，共128个，各区县分布非常不均衡。其中市教委投资58个，占全部资源教室数量的45.31%。

资源教师共218人，其中专职52人，约占23.85%；兼职166人，约占76.15%。从数据来看，资源教师以兼职为主。具体数据如表11和表12所示。

表11 小学段资源教室建设及资源教师数量一览表

区县名称	资源教室和资源教师情况						
	建有资源教室的学校数量	资源教室个数	市教委投资个数	区教委投资个数	学校投资个数	专职资源教师数	兼职资源教师数
东城区	7	7	6	0	1	1	23
西城区	8	14	7	8	2	4	7
朝阳区	18	18	11	7	0	9	8
海淀区	22	22	8	12	2	7	15
丰台区	1	1	0	1	0	0	1
石景山区	3	4	2	2	0	0	3
房山区	1	1	1	0	0	1	0
燕山地区	1	1	1	0	0	1	1
通州区	1	1	1	0	0	0	1
顺义区	4	4	3	1	0	0	4
大兴区	2	2	1	0	1	1	1
昌平区	2	2	2	2	2	1	2
平谷区	6	6	6	0	0	0	6
怀柔区	0	0	0	0	0	0	0
门头沟区	0	0	0	0	0	0	5
延庆县	1	1	1	0	0	0	1
密云县	2	2	2	0	0	0	2
合计	79	86	52	33	8	25	80

表12 中学段资源教室建设及资源教师数量一览表

区县名称	资源教室和资源教师情况						
	建有资源教室的学校数量	资源教室个数	市教委投资个数	区教委投资个数	学校投资个数	专职资源教师数	兼职资源教师数
东城区	3	3	3	0	0	1	4
西城区	3	3	2	2	1	1	64
朝阳区	0	0	0	0	0	0	0
海淀区	28	28	1	23	4	24	10
丰台区	1	1	0	0	1	1	1
石景山区	1	2	0	1	0	0	1
房山区	1	1	0	1	0	0	1
燕山地区	1	2	0	0	0	0	1

续表

区县名称	资源教室和资源教师情况						
	建有资源教室的学校数量	资源教室个数	市教委投资个数	区教委投资个数	学校投资个数	专职资源教师数	兼职资源教师数
通州区	0	0	0	0	0	0	0
顺义区	2	2	1	1	0	0	2
大兴区	1	1	0	0	1	0	1
昌平区	0	0	0	0	0	0	0
平谷区	0	0	0	0	0	0	0
怀柔区	0	0	0	0	0	0	0
门头沟区	0	0	0	0	0	0	1
延庆县	0	0	0	0	0	0	0
密云县	0	0	0	0	0	0	0
合计	41	43	7	28	7	27	86

7. 区县特殊教育中心的建设情况

特殊教育中心是特殊教育业务开展的重要指导机构及事务处理和协调的重要机构。根据调查，到2012年还有4个区县未建立区（县）级的特殊教育中心。已建立特殊教育中心的区县共配备编制175人，有些区县尚未配备专门工作或研究人员。具体数据见表13所示。

表13　区县特教中心建设情况一览表

区县名称	是否建立特教中心	特教中心人员编制总数
东城区	是	6
西城区	是	2
朝阳区	是	5
海淀区	是	9
丰台区	否	无
石景山区	是	0
房山区	是	5
燕山地区	否	无
通州区	是	3
顺义区	是	3
大兴区	是	29
昌平区	否	无
平谷区	是	70
怀柔区	是	0
门头沟区	是	13
延庆县	是	30
密云县	否	无
合计	4个区县未建立特教中心	175

（二）随班就读教师态度及业务素养基本情况

本研究自编调查问卷，在全市的7个区县进行了抽样调查。各区县回收问卷数量及所占比例如表14所示：城区每个区县发放问卷在200～240份之间，郊区每个区县发放问卷在160～200份之间，共收回有效问卷1333份。

表14　问卷抽样调查区县分布情况表

		问卷数量	百分比
有效	西城区	240	18
	海淀区	201	15.1
	石景山区	176	13.2
	大兴区	197	14.8
	昌平区	198	14.9
	房山区	160	12
	延庆县	161	12.1
	合计	1333	100

1. 随班就读教师中特殊教育专业教师比例偏低

在被调查的随班就读教师中，无论初始学历专业还是最高学历专业，主要以普通师范类专业为主，特殊教育专业所占比例非常小：在样本中仅有6人初始学历专业为特殊教育，有4人最高学历为特殊教育，所占比例均不足1%。如表15所示。

表15　随班就读教师学历构成情况一览表

		初始学历专业		最高学历专业	
		频率	百分比	频率	百分比
有效	特殊教育	6	0.45	4	0.3
	普通师范	1094	82.07	1027	77.04
	非师范类	179	13.43	259	19.43
	合计	1279	95.95	1290	96.77
缺失	系统	54	4.05	43	3.23
合计		1333	100	1333	100

2. 大部分教师从事随班就读时间不长

从调查数据看，大部分从事随班就读工作的教师，从事这项工作时间都还不长：1～3年的人数最多，共有584人，占43.81%；其次是4～6年的，有244人，占18.30%。两类教师合计占62.12%。具体数据如表16所示。

表16　从事随班就读工作的时间

	年限	频率	百分比
有效	刚入职	176	13.2
	1～3年	584	43.81
	4～6年	244	18.3
	7～10年	139	10.42
	11～15年	84	6.3
	16～20年	46	3.45
	21～30年	39	2.93
	30年以上	4	0.3
	合计	1316	98.72
缺失	系统	17	1.28
合计		1333	100

3. 随班就读教师对残疾学生总体上呈正向、接纳态度

在样本中，对于是否愿意接纳一名残疾学生到自己所在的班级中，有 247 人（占 18.53%）表示"非常愿意"，有 786 人（占 58.96%）表示"可以接纳"。两类总数约占到了 77.49%。在调查对象中，表示"坚决反对"的仅有 24 人，占 1.80%。如表 17 所示。

表 17 随班就读教师对残疾学生的接纳态度

	接纳态度	频率	百分比
有效	非常愿意	247	18.53
	可以接纳	786	58.96
	说不清楚	94	7.05
	不太乐意	165	12.37
	坚决反对	24	1.8
	合计	1316	98.72
缺失	系统	17	1.28
合计		1333	100

对于随班就读这种接纳残疾儿童到普校上学的教育方式，持正向、积极认识的比例，要高于持负向、消极认识的比例：有 43.50%的人认为"对残疾学生成长有益"，有 21.16%的教师认为随班就读教育形式"对普通儿童成长有益"，有 24.76%的教师认为"对双方成长都大为有益"。而对此持负向看法的，要大大低于这些比例。具体数据如表 18 所示。

表 18 随班就读教师对随班就读工作作用的认识

		频率（人）	百分比
有效	对残疾学生成长有益	580	43.5
	对普通儿童成长有益	282	21.16
	对双方成长都大为有益	330	24.76
	说不清楚	215	16.13
	对残疾学生成长不利	280	21.01
	对普通儿童成长不利	74	5.55
	对双方成长都不好	107	8.03

对于随班就读发展的趋势——以后残疾学生中会有越来越高的比例在普通学校就读，随班就读教师多数表示认同：非常认同的占 16.80%，"有些认同"的占 36.31%，两类合计占 53.11%。而"有些怀疑"和"不认同"的分别占 14.55%和 14.25%，合计约为 28.81%，值得重视。具体数据如表 19 所示。

表 19 随班就读教师对随班就读发展趋势的认同情况一览表

续表

		频率	百分比
有效	非常认同	224	16.8
	有些认同	484	36.31
	说不清楚	228	17.1
	有些怀疑	194	14.55
	不认同	190	14.25
	合计	1320	99.02
缺失	系统	13	0.98
合计		1333	100

总体上看，随班就读教师对于随班就读已经基本持正向、积极的态度和认识，大多数的教师理解和认可这种教育形式。但值得注意的是，还有一定比例的教师认识不到位，对随班就读存在消极态度和看法。

4. 随班就读教师特殊教育知识与技能相对较为缺乏

随班就读教师特殊教育知识与技能相对缺乏，其一个重要的表现是，大部分教师对于诊断残疾儿童的残疾类型和残疾程度"只能依靠经验模糊地作出判断"，比例分别占 43.66%和 44.86%；"了解相关程度和评价工具"的约占到五分之一；而"能熟练应用多种量表、指标体系等评价工具进行评价"的，只占到 6.75%和 4.27%，这一比例还要低于"不去诊断和评价"的比例（7.35%和 9.98%）。这集中体现出广大随班就读教师对残疾类型和程度的把握与认识还比较缺乏。具体数据见表 20 所示。

表 20 随班就读教师对于残疾类别及程度的诊断能力的自评表

		对于诊断残疾儿童的残疾类型		对于诊断残疾儿童的残疾程度	
		频率	百分比	频率	百分比
有效	能熟练应用多种量表、指标体系等评价工具进行评价	90	6.75	57	4.27
	了解相关程序和评价工具的情况	319	23.93	243	18.23
	只能依靠经验模糊地做出判断	582	43.66	598	44.86
	不去诊断和评价	98	7.35	133	9.98
	说不清楚	230	17.25	292	21.91
	合计	1319	98.95	1323	99.25
缺失	系统	14	1.05	10	0.75
合计		1333	100	1333	100

IEP（个别教育计划）是为残疾学生提供有针对性教育教学的重要基础和重要保障。调研发现，随班就读教师表现最多的是"不知道什么是 IEP"，分别占到了 61.07%和 61.74%。而可以制定和勉励开展 IEP 的，为 20.93%和 17.03%，可以制定有针对性的 IEP 的和执行得很轻松的，分别为 3.45%和 5.25%，比例非常低。具体数据见表 21 所示。

表 21　随班就读教师对 IEP 的掌握程度状况表

	对于制定 IEP，您认为自己			对于执行 IEP，您认为自己		
		频率	百分比		频率	百分比
有效	可以制定非常有针对性的 IEP	46	3.45	执行得很轻松	70	5.25
	可以制定基本的 IEP	279	20.93	勉强开展，有些费力	227	17.03
	只能在教案中有所体现	174	13.05	只能偶尔关注到	194	14.55
	不知道什么是 IEP	814	61.07	不知道什么是 IEP	823	61.74
	合计	1313	98.5	合计	1314	98.57
缺失	系统	20	1.5	系统	19	1.43
合计		1333	100		1333	100

调查发现，随班就读教师对特殊教育课程的学习情况不容乐观：明确表示在就学期间和参加工作之后“没有学过”的分别有 742 人和 643 人，分别占到样本调查人数的 55.66%和 48.24%。这对师资培训提出了很大的挑战。如表 22 所示。

表 22　随班就读教师特殊教育课程的学习情况

		在求学期间，您学习特殊教育课程的情况		成为教师后，您在继续教育中学习特殊教育课程的情况	
		频率	百分比	频率	百分比
有效	未选择	580	43.51	679	50.94
	没有学过	742	55.66	643	48.24
	合计	1322	99.17	1322	99.17
缺失	系统	11	0.83	11	0.83
合计		1333	100	1333	100

5. 随班就读教师外出交流与培训机会较少

如表 23 所示，随班就读教师外出交流与培训学习的机会较少，约有 63.99%的教师表示“没有”这样的机会。有外出交流机会的，其频率也多为每学年 1～2 次。

表 23　随班就读教师外出交流情况表

	外出交流与培训次数	频率	百分比
	每学年 1～2 次	215	16.13
	每学期 1～2 次	177	13.28
	每个月 1～2 次	49	3.68
	每个月 3 次（含）以上	23	1.73
	没有	853	63.99
	合计	1317	98.80
缺失	系统	16	1.20
合计		1333	100

（三）随班就读工作面临的问题

北京市随班就读工作近几年有了很大的发展，在办学条件、教师素质和教育观念、教育政策和社会舆论环境等方面，都有了很大的发展和改善。但调研发现，在一些深层次的问题上以及教育教学运行过程中还存在很多需要重视和需要解决的问题，如：部分教师和教育行政人员对随班就读工作的意义认识不够，还停留在照顾残疾儿童上学层面，未能充分尊重他们的受教育权；教师的特殊教育专业知识和技能有待进一步提高，教育理念需要更新，深化对这项工作的认识；资源教室建设还很不够，缺少较高水平的专职资源教师，在职称系列和岗位评定等方面还需要给予政策上的保障；随班就读教育教学还缺少研究，缺少相应的考核评估，不利于随班就读教育教学质量的提高；各区县发展水平很不均衡，区域之间差距很大；教师的全员培训面临很大的压力，区县特教中心尚不健全，不能很好地承担和开展教师的全员培训和专项培训等等。

五、对策与建议

（一）进一步提高认识，加强组织领导，健全管理体制，加大对随班就读工作的政策支持力度

对包括残疾儿童少年在内的适龄人口实施义务教育，是政府的法定职责，随班就读是特殊教育的主体，是义务教育的重要组成部分。政府要充分认识加强随班就读工作的重要性和艰巨性，增强责任感、使命感和紧迫感，切实加强组织领导，全面落实责任，切实加大投入，完善政策措施，加大对随班就读工作的统筹管理、规划和指导，制定相关政策和标准，深入推进随班就读工作，保障适龄残疾儿童少年接受良好义务教育。各区县教育行政部门要依法做好本区域内随班就读工作，将随班就读工作纳入区域教育发展整体规划，健全制度，明确职责，完善随班就读支持保障体系。

加强随班就读工作的经费保障，建立随班就读工作经费保障制度。随班就读学生生均公用经费按特殊教育学校生均公用经费标准拨付。增加特殊教育专项资金中对随班就读学校的投入比例，用于解决随班就读支持保障体系的健全与完善（特殊教育支持中心、资源教室等），随班就读教具、学具等配备，随班就读教师培训，特教补助等。使用残疾人就业保障金，对普通学校无障碍改造和随班就读学生辅助器具适配给予支持。

（二）完善随班就读对象的确认、入学等管理机制

随班就读对象的确认应严格执行《残疾人残疾分类和分级》国家标准。经确认的随班就读学生，学校应根据残疾儿童少年的能力和障碍现状给予适宜的教育安排。随班就读儿童少年，应当与普通儿童少年一样免试就近入学。提高教师对残疾类型和程度的诊断能力和水平，健全诊断机制和实施办法。

（三）加强教育行政干部和教师的全员培训，提高认识水平和专业水平

应进一步完善随班就读教师专业发展标准体系，健全随班就读师资培训长效机制，提高教师培养质量。要重视随班就读师资队伍建设，把随班就读教师的培训纳入教师培训总

体规划，实施市、区县分层培训制度，采取多种形式，将特殊教育专业知识培训纳入新教师培训和教师继续教育培训工作计划，培养造就一批具有创新教育思想、教育模式和教育方法的高水平特殊教育师资队伍。

（四）加强特教中心建设，为残疾儿童少年随班就读提供专业服务和支持

进一步加强北京市特殊教育中心的建设，根据有关编制标准和岗位要求配足配齐高素质教科研人员，确保充分发挥其特殊教育教研、科研、师资培训和资源开发的功能和对区域特殊教育的辐射和带动作用。各区县要设立有单独编制和管理人员的特殊教育支持中心，加强对本区域随班就读工作的管理、研究、指导。健全以特殊教育中心为核心的随班就读管理体系和服务机制，建立巡回指导教师制度，有条件的区县教育行政部门应为特殊教育中心配备专职或兼职特殊教育教科研人员，完善特殊教育中心的教研、科研、资源开发和教师培训体系，配备高素质教科研人员，确保各项职能的发挥。

（五）加强资源教室建设，根据需要配备巡回指导教师和资源教师

增建资源教室或建立区域资源中心，安排专职或兼职资源教师，配备适当的教具、学具、康复训练设备、器材和图书资料等，为随班就读学生得到有针对性的辅导和训练创设必要的条件。建立资源教室的长效服务机制，保障资源教室的功能发挥。

（六）加大随班就读的科学研究力度

进一步加强对随班就读工作的科学研究，借助高校与科研机构的优势，有计划有步骤地组织前瞻性研究，解决随班就读工作发展的深层次问题。设立研究专题，加大调研力度，与随班就读学校密切合作，使教科研成果真正得到推广和应用。各区县要从政策导向、经费投入、专家聘请等方面为开展随班就读科研提供保障。

（七）加强宣传，营造残疾儿童少年随班就读的良好社会舆论氛围

进一步加强宣传舆论引导，充分利用电视、广播、报刊、网络、公共宣传栏等传播媒介，引导全社会进一步增强对随班就读工作重要性的认识，加大支持力度，为发展随班就读工作创造良好的舆论环境，形成全社会关心、重视和支持随班就读工作的良好氛围。

（执笔人：徐建姝　陆小红　孙颖）

北京市中等职业学校顶岗实习状况调查报告

顶岗实习是中职学校“工学结合”培养计划中一个重要的教学环节，是培养学生职业素质和职业能力的重要教学方式。2011年12月，为贯彻落实全国职业教育实习管理工作视频会议精神和鲁昕副部长讲话要求，全面了解北京市中等职业学校顶岗实习教学管理现状及存在的问题，进一步加强顶岗实习管理工作，市教委在中等职业学校中开展顶岗实习调查，本次调查主要面向中专和职高两类学校共发放问卷100份。回收有效问卷60份（中专22份，职高38份），有效回收率为60%。未提交问卷的学校主要是高职学校中专部、体育类、艺术类及民办中职学校。60所中专学校目前平均在校生人数为1847人；平均招生专业数为9.5个。

一、调查结果

（一）顶岗实习组织与管理

调查表明在顶岗实习的组织方面，各校十分重视此项工作，大多数学校设立顶岗实习专门工作机构，对实习企业的审核严格，且校外实习基地有一定的稳定性，平均专业对口率较高。

在顶岗实习的管理方面，各校建立了相关管理制度，大多数学校对学生的顶岗实习能够做到有计划、有安排、责任分工落实，建立实习档案，进行跟踪反馈，有超过60%的学校顶岗实习的长度为一年。

数据显示在96.7%的学校设立顶岗实习的统筹与协调管理工作机构。多数学校顶岗实习的主责部门为招生就业部门占65%，其余为教务科（处）8.3%，学生科（处）6.7%，其他（职教科、信息处、外联部、专业组）6.7%，教务科（处）、招生就业部门共同负责3.4%，教务科（处）、学生科（处）共同负责1.7%，招生就业部门、外联部共同负责1.7%。

在对实习企业的资质审核方面100%的学校关注企业安全生产是否有保障，98.3%的学校关注企业依法经营和管理规范，95%的学校关注企业是否具有独立法人资格及专业对口和接近。

在校外顶岗实习基地的数量上，各中职学校具有稳定的校外实习基地平均为33个，每个专业最少平均为4.8个，最多为13.6个，平均专业对口率为86.6%。

在对顶岗实习的管理上，100%的学校有顶岗实习管理制度，64.9%的学校有课程标准或实习大纲，64.9%的学校有指导手册，82.4%的学校有实习计划（人员分配、时间分配等），82.4%的学校能够明确指导教师职责，96.5%的学校对学生进行安全教育，73.9%的学校制定了突发事件应急预案。

在学生顶岗实习期间，96.5%的实习单位（企业）安排有经验的技术或管理人员做实习指导教师，33.3%的学校将企业指导教师纳入兼职教师管理，不纳入兼职教师管理的学校中有22.8%的学校会对实习单位（企业）实习指导教师给予一定的补贴。

在顶岗实习时间长度方面，进行一年实习的最多达65.5%，之后依次是连续实习半年17.2%，工学交替（多学期阶段性实习）15.5%，其他1.8%。

（二）顶岗实习过程管理

调查表明在顶岗实习过程管理方面，超过95%的学校签署实习协议，为学生投保实习责任险和意外伤害保险，超过90%的实习单位支付学生实习报酬，100%的学校执行教育部对顶岗实习的五不准要求。

在学生顶岗实习细节管理方面我市中职学校做到四个100%，即100%在学生顶岗实习期间进行巡查；100%通过电话、走访面谈、网络等多种方式进行跟踪；100%建立学生顶岗实习档案或跟踪记录；100%建立校企信息沟通渠道。

在学生的顶岗实习考核方面，各校主要采取校企共同评价的方式，并开始有意识利用现代信息技术构建管理平台。

数据显示96.6%的学校签署实习协议，在签约主体上47.5%采取的是学校、实习单位、家长（或监护人）三方签约的方式，39%是学校分别与实习单位及家长（或监护人）签约，13.6%是学校与实习单位签约。

关于学生实习期间的保险，实习责任险费用有55%的学校是学校承担，18.3%的学校是企业承担，13.3%的学校是学校和企业共同承担，13.3%的学校未投保。

有94.9%的学校参投意外伤害保险，其中50%的学校费用由学生个人承担，17.9%的学校由学校承担，8.9%是企业承担，12.5%的学校是企业和学生个人共同承担，3.5%的学校是学校、企业、学生三方共同承担，5.4%的学校是学校、企业共同承担，1.8%的学校是学校、学生共同承担。

对于在特殊岗位实习的学生是否投工伤保险这一问题上，有43.3%的学校投保，其中投保费用由学校承担的有11.5%，由企业承担的有57.7%，由学生个人承担的有11.5%，由学校、企业、学生三方承担的有11.5%，由学校和学生承担的有3.9%，由企业和学生承担的有3.9%。

有91.4%的实习单位支付学生实习报酬，其中72%能达到北京市劳动力最低工资标准，100%的学校执行教育部对顶岗实习的五不准要求。

100%的学校在学生顶岗实习期间进行巡查、指导，37.5%间隔一般为一个月，33.9%间隔一般为两周，28.6%间隔一般为一周，如出现由于企业或学生个人的问题需要调换实习地点，100%的学校进行调换，允许调换的次数最多平均为2.9次。

100%的学校在学生顶岗实习期间进行跟踪，58.3%的学校采取电话、走访面谈和网络的方式，33.3%的学校采取电话、走访面谈的方式，6.7%的学校采取走访面谈的方式，1.7%的学校采取电话和网络的方式。

在学生顶岗实习期间有80%的学校同时配有实习辅导员（思想政治及职业道德教育）和实习指导教师（专业知识及专业技能），16.7%的学校仅配有实习指导教师，3.3%的学校仅配有实习辅导员。89.7%的学校对辅导员、指导教师的工作情况进行考核。

100%的学校建立学生顶岗实习档案或跟踪记录，实习档案或跟踪记录包括：巡查记录81.7%，实习日志（周志）73.3%，实习报告63.3%，校企共同制定的阶段性评价40%，实习鉴定（评估、评价）90%，总结68.3%，其它如教师指导手册、实习生成绩手册、毕业生跟踪调查表等。100%的学校建立校企信息沟通渠道，87.5%的学校与企业之间有定期信息通报制度。

在学生的顶岗实习考核方面，86.7%的学校主要采取校企共同评价的方式，13.3%的学校主要采取企业主导的方式。评价内容包括：职业道德96.7%，职业技能96.7%，人文素养73.3%，其它包括完成任务情况、考勤、团队精神、劳动纪律等。

81.6%的学校在顶岗实习方面有意识利用现代信息技术构建管理平台，其中学校的管理平台能够实现宏观管理的有60%，远程指导的有50%，信息服务的有73.3%。

二、加强和改进顶岗实习工作的思考与建议

本次调查数据在一定程度上反映了我市中职学校在顶岗实习管理方面的现状，也引发了我们的思考，如何定位顶岗实习，构建可持续发展的管理机制，提高顶岗实习质量，需要我们不断探索和创新。

（一）进一步准确把握实习定位

顶岗实习是职业学校教学过程的重要环节，学生顶岗实习的过程就是理论运用于实践的过程，是教学过程“对接”工作过程的有效载体。作为一个重要的教学环节是否设立了教学目标，以及如何检验是否达到了目标？教学管理中如何才能体现顶岗实习的重要地位？本次调查中64.9%的学校有课程标准或实习大纲，64.9%的学校有指导手册，说明还有超过三分之一的学校没有顶岗实习课程标准或大纲以及指导手册。造成以上现象的根本原因就是，学校过多地关注“顶岗”，把目光更多地投在了学生的就业上，认为学生安排到实习单位就完事大吉，从而忽略了“实习”，即顶岗实习的教学功能的发挥——将专业知识融入顶岗实习项目、专业技能融入现场操作。长期以来，传统的课程体系设计偏重于理论课程和校内实习实训，对校外实习的设计与管理则远远弱于前者，既没有明确的人才培养目标，也没有具体的顶岗方案，更缺乏评价标准，因而导致实习效果不理想。课程体系的不完整，造成管理中存在一定的漏洞。实习的最终目的是为了学生的就业，但实习并不等于就业。如果混为一谈，就有可能违背人才培养的基本规律。

针对这一问题，我们从17个“以工作过程为导向”的课程改革专业入手，进一步明确顶岗实习定位，确立目标导向，系统设计教学指导方案，将顶岗实习纳入专业核心课程管理，制定有专业教学要求和职业道德规范的顶岗实习课程标准，在课程标准中明确职业能力目标、指导教师配备、管理方式和考核标准等要求。这样指导教师（包括企业指导教师）才能依据课程标准来关注学生在实习过程中是否实现了顶岗实习的教学目标，其技能水平和职业素养是否得到提升。一些课改的实验学校在发挥顶岗实习的教学功能上做了许多有益的探索。如房山区第二职业高中在该校工民建专业2009级课改实验班探索按照“工作过程为导向”课改课程标准和教学设计的要求，以施工实际岗位为主线，确定顶岗实习的目标、内容，制定《测量员》《试验员》《施工员》等按照“工作任务”体例编写工作任务单，使学生实习目标、任务、评价标准更加明确，顶岗实习更有针对性和实效性，且效果可测量、可控制，体现了顶岗实习是课堂教学延伸的要求。

（二）深化校企合作，完善管理机制

校企合作是顶岗实习得以顺利推行的制度保障。现阶段实习制度的缺失，成为职业学校发挥顶岗实习在育人中巨大作用的制约因素，只有制定和推出强有力的顶岗实习制度，才能让企业受益、让学生得到锻炼、让学校完成培养任务，最终形成校、企、生三赢的局面。现行教育管理体制造成企业与学校的合作处于民间状态，加之学校自身实力不足的原因，影响了校企合作的展开，目前国家缺少鼓励企业和社会各界支持学生顶岗实习的法规。因此，企业对接收学生顶岗实习认识不一，加之企业在规模、文化等诸多方面存在差异，因此，建立顶岗实习、实训企业遴选和共建机制，以互惠双赢为原则，制定和执行“实训基地型合作企业遴选与建设办法”，让学生在企业文化优良、专业对口、岗位技术含量较高的企业实习，提高职业意识和职业素养，为顶岗实习提供了有力保障。推动校企之间的深度合作，必须寻找相互合作的基础，要让企业在合作中能获得预期的利益，包括毕业生的优先挑选权，学校资源的利用以及依法享有的补贴或税费减免等优惠财税政策。要充分借助政策杠杆的功能，通过情感投入、规范约束、法律保障等措施建立紧密型的校企合作关系。

顶岗实习不同于一般意义上的实习实验和校内生产性实训，对一个学校而言，它具有时间跨度长，涉及学生和企业数量多，岗位类型多、刚性任务强，实习地点分散且远离学校等特点，因此，顶岗实习质量高低很大程度上依赖于校企合作的深度和广度。学生顶岗实习的过程，也是学生在企业学习的过程。在这一过程中，企业是育人的主体之一，也是学生实习质量的重要评估者。要发挥好这个主体的作用，就要发挥其能动性。本次调查中我们看到33.3%的学校将企业指导教师纳入兼职教师管理，86.7%的学校主要采取校企共同评价的方式，13.3%的学校主要采取企业主导的方式，校企共同制定的阶段性评价40%。这说明有相当一部分学校已经意识到企业在顶岗实习中的作用，但是缺乏相关机制的及时跟进。结合北京市中职学校教育教学管理现状，要实现教学模式改革，提高顶岗实习的实效性，加强校企深度合作，提高合作水平，建立相对稳定、技术先进、管理水平高的校外实习基地，以评估顶岗实习质量为基点，完善和构建校企合作管理机制。即在顶岗实习过程中，方案共订，实现育人与生产的融合；过程共管，实施校企合作立体监控；质量共测，实现多元考评机制等等。通过这些举措，校企合作有平台、有制度、有方案、有内容，形成了完整的机制。在调研中我们发现校企合作好的学校，顶岗实习的管理与指导就非常到位。如北京市园林学校利用自身的资源优势在长期的实践过程中，摸索出了一套校企结合双轨并行的顶岗实习管理模式。

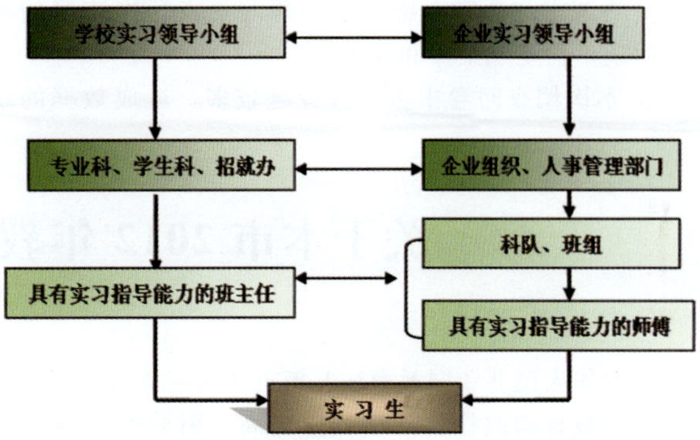

双轨指学校企业共同管理，三级机构是学校和企业分别成立实习领导小组指导顶岗实习工作；专业科室和企业人力资源部门负责策划组织落实；学校班主任和企业科队、班组负责执行实习计划。

（三）推进精细化管理，提升工作成效

调查中可以看到各校对顶岗实习的管理工作很重视，对顶岗实习的组织保障、实习企业的遴选、任务落实、人员安排、制度建设等都处于探索完善中。这在一定程度上解决了过去顶岗实习“放羊”式粗放管理的问题。但是实习过程中日常管理学校一般是通过不定期巡访和电话、网络联系的方式来进行。实习辅导员（思想政治及职业道德教育）和实习指导教师（专业知识及专业技能）的指导能否及时到位是薄弱环节。为此我们建议：

一是各校制定与顶岗实习相配合的教师下企业实践制度，使教师借此机会有计划、带任务地在生产第一线能够了解到新信息、新动态，掌握新技术、新工艺，从而熟悉生产过程、提高实操能力、完善知识结构，使教师的指导更加到位，而不是简单巡视、走马观花。

二是实行“双学籍制”。学生进入实习岗位后，具有双重身份，既是学校的学生，又是企业的“准员工”，因此日常管理也应接受双重管理，仅仅按企业的管理模式对学生不合适，对其在思想品德、实习纪律、实习态度、技能操作各企业的标准不一。为有效加强学生在企业实习期间的教育与管理，从校、企两方面考虑，制定统一的管理制度，按制度严格对实习进行过程管理和适时监控，建议为学生在企业顶岗实训和就业实习期间再建立一份企业学籍，即双学籍制，以提高顶岗实习质量。

三是开展实习过程指导和心理辅导。通过实习动员和教育，引导学生正确对待自己的双重身份，扮演好“学生”和“准员工”的角色，一方面接受学校的教育和管理，另一方面接受企业的管理和约束，尤其要习惯企业的高标准和严要求，对企业专家给予的意见和建议要虚心接受；要正确看待实习的报酬问题，充分认识顶岗实习的目的和意义，正确摆正自己的位置，学会站在他人和企业的位置思考问题，正确对待实习中遇到的挫折和失败，胜不骄、败不馁，以奉献的精神对待工作，以健康的心态完成实习任务。

三、本次调查的反思

1. 本次调查问卷的调查主体是学校，使得调查角度和覆盖面有一定的局限性，如果加入学生和企业方面实习感受的调查，从三个维度来了解北京市顶岗实习的现状和问题，会更加全面和深入。

2. 本次调查问卷中多项选择题较多，造成数据的统计量过大，且在一定程度上存在数据交叉。

（执笔人：荣燕宁）

关于本市2012年教育经费执行情况的公告

《中华人民共和国教育法》第五十五条规定："各级人民政府教育财政拨款的增长应当高于财政经常性收入的增长，并使按在校学生人数平均的教育费用逐步增长，保证教师工资和学生人均公用经费逐步增长。"根据北京市教育经费执行情况监测制度（试行）的规定，现将2012年北京市教育事业费执行情况公告如下：

一、教育经费执行总体情况

2012年，本市地方国家财政性教育经费（包括：公共财政预算教育经费、各级政府征收的用于教育的税费、企业办学中的企业拨款、校办产业和社会服务收入用于教育的经费等）752.32亿元，占全市国内生产总值17801亿元的4.23%，比上年增长0.31个百分点。

本市地方各级政府公共财政预算教育拨款（包括教育事业费投入、基建投入、科研投入及其他投入，不含教育费附加）639.02亿元，比上年增长14.57%。财政部于2004年1月印发了《关于统一界定地方经常性收入口径的意见》，对财政经常性收入口径做出了界定，按此口径调整2012年财政经常性收入2793.69亿元，比上年增长14.28%，公共财政预算教育拨款增长比例高于财政经常性收入增长比例0.29个百分点。

2012年财政支出3685.31亿元，公共财政预算教育经费707.91亿元（含教育费附加），占财政支出的比例为19.21%，比上年增长0.58个百分点。

二、各级教育生均公共财政预算教育事业费支出增长情况

（一）普通小学：生均公共财政预算教育事业费支出20407.62元，比上年的18494.11元增长10.35%。

（二）普通初中：生均公共财政预算教育事业费支出28822.01元，比上年的25828.16元增长11.59%。

（三）普通高中：生均公共财政预算教育事业费支出31883.79元，比上年的28533.85元增长11.74%。

（四）职业高中：生均公共财政预算教育事业费支出18981.26元，比上年的16020.01元增长18.48%。

（五）普通高等学校：生均公共财政预算教育事业费支出47623.53元，比上年的44073.80元增长8.05%。

（六）中等职业学校：生均公共财政预算教育事业费支出21700.90元，比上年的18673.53元增长16.21 %。

三、各级教育生均公共财政预算公用经费支出增长情况

（一）普通小学：生均公共财政预算公用经费支出8731.79元，比上年的8719.44元增长0.14%。

（二）普通初中：生均公共财政预算公用经费支出11268.46元，比上年的11241.78元增长0.24%。

（三）普通高中：生均公共财政预算公用经费支出13660.11元，比上年的13612.11元增长0.35%。

（四）职业高中：生均公共财政预算公用经费支出6247.56元，比上年的6234.00元增长0.22%。

（五）普通高等学校：生均公共财政预算公用经费支出26618.30元，比上年的26465.43元增长0.58%。

（六）中等职业学校：生均公共财政预算公用经费支出9149.75元，比上年的9096.94元增长0.58%。

特此公告。

北京市教育委员会
北京市财政局
北京市统计局
北京市发展和改革委员会
北京市科学技术委员会

（本栏责任编校　张晓兰　邱小培）

北京教育总述

2012年北京教育简况

一、基本情况

（一）基础教育

北京市共有普通中学630所，比上年减少2所，其中，高中289所（其中示范性普通高中68所），比上年减少1所，初中341所，比上年减少1所；小学1081所，比上年减少9所。

基础教育在校学生121.77万人，其中，普通高中19.35万人（其中示范性普通高中在校生8.20万人），普通高中在校生中北京市户籍17.41万人，非北京市户籍1.94万人；初中30.55万人，初中在校生中北京市户籍21.24万人，非北京市户籍9.31万人；小学71.87万人，小学在校生中北京市户籍39.45万人，非北京市户籍32.42万人。

北京市有幼儿园1266所，比上年减少39所；特殊教育学校22所；工读学校6所。

幼儿园在园幼儿33.15万人，特殊教育学校在校生8118人，工读学校在校生728人。

（二）中等职业教育

北京市共有中等职业学校130所，其中，中等专业学校31所，成人中专11所，职业高中54所，技工学校34所。

中等职业学校在校学生23.32万人，比上年增加1.94万人。其中：中等专业学校5.99万人，比上年减少0.32万人；成人中专学校6.49万人，比上年增加2.31万人；职业高中在校生6.50万人，比上年增加0.09万人；技工学校4.35万人，比上年减少0.13万人。

（三）研究生教育

北京市有56所普通高校和79个科研机构培养研究生，共有在学研究生25.22万人，比上年增加1.15万人。其中博士生6.87万人，比上年增加0.35万人；硕士生18.35万人，比上年增加0.8万人。招收研究生8.70万人，比上年增加0.40万人。在56所普通高校中21所市属高校，研究生在校生2.73万人；招生0.97万人。中央部委所属高校35所，研究生在校生20.97万人；招生7.19万人。

（四）普通本专科教育

北京市共有普通高等学校91所，普通本专科在校生58.18万人；其中市属普通高校54所（含民办高校），普通本专科在校生28.21万人。全市普通高校本专科招生16.20万人。

（五）成人教育

北京市共有独立设置成人高校19所，成人高等学历教育在校生26.5万人（含普通高校举办的函授、夜大学、成人脱产班的学生24.04万人），招生10.71万人（含普通高校举办的函授、夜大学、成人脱产班招生9.71万人）。

培训机构3711所，注册学生254.35万人。

（六）民办教育情况

北京市有民办普通高校15所，民办高等教育机构69所，民办中学72所，民办中等职业学校22所，民办小学40所，民办幼儿园451所。

二、教育资源状况

（一）北京市高等教育设施情况

单位：万平方米

		学校产权占地面积	学校产权校舍面积	学校产权教室	学校产权图书馆面积
普通高校	计	4108	3284	326	133
	市属	1502	992	170	47
成人高校		152	87	25	5
民办高等教育机构		105	42	13	2

		学校产权实验实习场地面积	学校产权学生宿舍面积	学校产权在建校舍面积	非学校产权独立使用占地面积	非学校产权独立使用校舍
普通高校	计	497	747	219	656	223
	市属	143	246	73	562	189
成人高校		6	12	4	8	1
民办高等教育机构		1	15	0	328	167

（二）北京市高等教育设备情况（学校产权）

		固定资产（万元）	教科仪器（万元）	图书（万册）
普通高校	计	11025690	3693362	10347
	市属	3248550	1128743	3720
成人高校		274509	27759	217
民办高等教育机构		190412	21444	259

		电子图书（GB）	教学用计算机（台）	语音室座位数（个）	多媒体教室座位数（个）
普通高校	计	610923	372272	46009	953056
	市属	183753	182653	23567	459249
成人高校		22934	9410	1226	29390
民办高等教育机构		22953	16445	3467	42624

注：表（一）、表（二）中市属普通高校办学条件包含民办普通高校数据。

（三）北京市基础教育设施情况

单位：万平方米

	占地面积	校舍建筑面积	教室面积	实验室面积	图书室面积
普通中学	2199	1151	240	73	31
小学	1367	589	219	20	13

（四）北京市基础教育设备情况

	固定资产（万元）	仪器设备（万元）	计算机（台）	图书（万册）	电子图书（GB）
普通中学	2046251	464333	223413	2661	156804
小学	1083194	343087	178776	2560	116473

（五）师资队伍状况

北京市小学教职工 5.57 万人，其中专任教师 4.68 万人，生师比为 13.7∶1；普通中学教职工 7.87 万人，其中专任教师 5.74 万人，生师比 9.7∶1。普通高校教职工 13.73 万人，其中专任教师 6.00 万人，生师比 17.01∶1（按当量折算）。

（孙运科）

2012 年北京教育大事记

1 月

6 日 市教委、市语委办公布第三批国家级语言文字规范化示范校名单，北京市 7 所学校入选。该评选由教育部、国家语委举办。

7 至 8 日 北京地区 2012 年全国硕士研究生统一入学考试举行。应试考生 108034 人，比上年增加 4286 人。除军队院校以外，北京 141 个高等学校、科研机构共招收硕士生 70115 人，比上年增加 3904 人。

12 日 市教委、市卫生局联合印发《关于本市中小学校教室及黑板照明标准化改造的通知》，全面启动中小学教室及黑板照明标准化改造工作。

△ 市教委公布北京市立项示范性高等职业院校建设工作验收结论，8 所院校通过验收，分别是北京信息职业技术学院、北京劳动保障职业学院、北京青年政治学院、北京政法职业学院、北京北大方正软件职业技术学院、北京汇佳职业学院、北京戏曲艺术职业学院和北京京北职业技术学院。

△ 刘延东看望北京大学化学与分子工程学院教授徐光宪、原北京大学校长吴树青、清华大学教授吴良镛。

17 日 北京高校两项目入选 2011 年度中国科学十大进展。两项目分别是清华大学“设计出兼具低场高灵敏和高场大磁电阻的硅基磁电阻器件”项目和北京大学“实现碳纳米管的高效光伏倍增效应”项目。该评选由科技部主办。

18 日和 19 日 李长春看望清华大学教授常沙娜和中国人民大学教授罗国杰。

20 日 北京 36 所高校获批 2012 年度本科教学质量与教学改革工程建设项目。该审批由教育部主办。

21 日 4 时 37 分 北京大学资深教授赵宝煦因病医治无效在北京逝世，享年 90 岁。赵宝煦为当代中国政治学主要奠基人之一。

2 月

6 日 经市政府批准，市教委会同市发展改革委联合颁布《北京市“十二五”时期教育改革和发展规划》。“十二五”规划明确提出到 2015 年，首都教育改革与发展的主要目标。

△ 清华大学教授顾夏声在京逝世，享年 94 岁。顾夏声为中国工程院资深院士，是中国市政工程与环境工程教育事业的主要开创者和奠基人、环境工程与市政工程科学家和教育家。

7 日 市教委印发《关于确定参与国家教育体制改革基础教育试验项目学校的通知》，参与“基础教育课程教材改革试验项目学校”170 个，其中，门头沟区作为课程教材改革项目试验区整体进入试验；“开展高中特色发展试验项目学校”45 个；“探索拔尖创新人才培养模式试验项目基地”31 个；“深化基础教育学校办学体制改革试验项目学校”4 个。

10 日 北京高校 75 个项目获得教育部 2011 年度高等学校科学研究优秀成果奖（科学技术）。其中，获得自然科学奖一等奖 14 项、二等奖 12 项，技术发明奖一等奖 5 项、二等奖 5 项，科技进步奖一等奖 13 项、二等奖 26 项。该评选由教育部主办。

14 日 清华大学教授吴良镛获得 2011 年度国家最高科学技术奖。

△ 北京高校 54 个项目获得 2011 年度国家科学技术奖励。其中，国家自然科学奖二等奖 10 项，包括第一完成单位（人）8 项；国家技术发明奖（通用项目）一等奖 1 项，为第一完成单位（人），二等奖 6 项，包括第一完成单位（人）3 项；国家科学技术进步奖（通用项目）特等奖 1 项，二等奖 36 项，包括第一完成单位（人）17 项。

△ 北京 7 所高校 18 个本科专业入选教育部第二批卓越工程师教育培养计划高校学科专业。该评选由教育部主办，全国共有 362 个本科专业或专业类和 95 个研究生层次学科领域入选。

15 日 市教委印发《北京市民办学校退费指导意见》，适用于北京市各级各类民办学校和教育机构。

16 日 市教委公布全国第 11 届“明天小小科学家”北京学生获奖名单，35 名学生获奖，其中，一等奖 6 人、二等奖 13 人、三等奖 14 人，北京师范大学附属实验中学姜江、清华大学附属中学唐岱维获得“明天小小科学家”称号。

23 日 市委教育工委、市教委召开寒假北京高校领导干部会暨北京高校党建工作会。

24日 北京高校新增本科专业46个。新增专业评审由教育部审批。

3月

2日 北京地区获批44个国家大学生校外实践教育基地建设项目。该项目由教育部、财政部和地方政府主持评审。实践基地建设项目由中央财政、地方财政和高校自筹经费共同建设。

3日 市委宣传部、首都精神文明办、团市委、市委教育工委、市教委共同举办北京市中小学生“学习雷锋、践行北京精神”主题教育活动。

19日 教育部公布全国第三届大学生艺术展演活动评选结果，北京代表队14个节目获得一等奖。

22至25日 市科协、市教委、市科委、市知识产权局、西城区政府联合主办第32届安捷伦北京青少年科技创新大赛。比赛评出小学生科技创新项目一等奖25项、二等奖54项、三等奖71项，中学生科技创新项目一等奖88项、二等奖188项、三等奖245项。在科技创新大赛开幕式上，洪峰为获得第十届“北京青少年科技创新市长奖”和市长奖提名奖的学生颁奖。5人获得市长奖、5人获得提名奖。

23日 清华大学授予印度尼西亚总统苏西洛·班邦·尤多约诺（Susilo Bambang Yudhoyono）名誉博士学位。

23日和4月18日 市教委公布2011～2012学年民办高等教育机构办学状况评估合格学校名单。5所举办非学历教育的民办普通高校及3所独立学院均达到专项检查合格标准；61所民办非学历高等教育机构评估合格。

26日 北京14所高校国家科技园通过绩效评价，其中，A类（优秀）国家大学科技园4家、B类（良好）6家、C类（合格）4家。该工作由科技部、教育部评审，面向全国86家国家大学科技园。

28日 清华大学接待爱尔兰总理恩达·肯尼（Enda Kenny）访问。

是月 经市政府批准、教育部备案，北京市设立北京卫生职业学院，同时撤销北京卫生学校、北京护士学校和北京市中医学校建制。北京卫生职业学院由市卫生局举办，属专科层次普通高校，主要开展高等职业教育。

3至12月 市教委举办高雅艺术进校园活动，共组织26场高雅艺术进校园演出，组织北京人民艺术剧院、解放军军乐团等专业院团下校演出13场。

△ 市委宣传部、市文化局、市教委举办北京市民族艺术进校园活动。

4月

6日 市教委开展“3＋2”中高等职业教育衔接办学试验及相关招生考试试点。17所中高等职业院校（包括高等职业学校8所、中等职业学校9所）10个专业开展衔接办学试点，探索构建现代职业教育体系。

△ 市教委公布北京市现代化标志性中等职业学校建设计划第三批项目建设学校，北京市黄庄职业高中、延庆县第一职业学校、北京市求实职业学校、丰台区职业教育中心学校、大兴区第一职业学校5所学校入选。

10日 北京高校博物馆联盟成立。博物馆联盟在市教委倡导和支持下，由18所北京高校的19个博物馆自发组织成立。

16日 市教委、市体育局、市卫生局、团市委和市关工委共同发出《关于举办第四届“关爱眼部健康减缓近视发展”青少年用眼卫生系列公益活动的通知》。

17日 市教委认定12名学生为2011～2012年度北京市优秀学生。

18日 清华大学教授方崇智在京逝世，享年93岁。方崇智为自动控制工程学家、中国生产过程控制教育的开拓者之一。

24日 教育部、财政部、市政府签署协议共建中央财经大学。

24日至12月13日 市教委、市青少年学生校外教育联席会议办公室、北京校外教育协会联合主办第七届（2012）北京阳光少年活动。

26日 北京8所高校14门课程入选教育部首批精品视频公开课。该评选由教育部主办，全国43门课程入选。

△ 教育部、铁道部和市政府签订共建北京交通大学协议。

△ 市教委启动实施北京市中小学生综合素质提升工程。该项工程鼓励和支持中小学生在课堂学习的基础上，走出校园，拓宽综合素质。

是月 北京市完成选拔高等职业教育（专科层次）优秀应届毕业生进入本科阶段继续学习的试点工作。42所高校推荐5410名专科毕业生参加“高职升本科”考试。13所高校参加招生，录取3149人。

△ 北京市完成2012年度高职自主招生考试试点工作。17所高职院校参加试点工作，录取4333人，比计划增加308人。

5月

2日 团市委、市人力社保局表彰第26届“北京青年五四奖章”获得者，教育系统6名教师、2名学生入选。

10至13日 市教委、市体育局联合举办首都高等学校第50届学生田径运动会。

11日 市教委公布幼儿教师“半日评优”活动结果，10人获得特等奖、21人获得一等奖、29人获得二等奖、41人获得三等奖。

18日 市教委、市卫生局、市红十字会联合公布2011年度北京市健康促进学校验收结果。275所中小学校通过验收。至此，北京市共有健康促进学校1184所。

△ 建材行业北京职业教育集团成立。该集团由北京金隅科技学校牵头组建，全国建材行业职业院校和知名企业共40个单位为常务理事单位。

23日 市科委完成2011年度北京市重点实验室和北

京市工程技术研究中心认定，共认定重点实验室69个、工程技术研究中心58个，其中，北京高校重点实验室34个、工程技术研究中心15个。

24日　市教委、市纠风办、市监察局、市发展改革委、市财政局、市审计局、市新闻出版局联合印发《关于治理义务教育阶段乱收费问题的意见》。

31日　胡锦涛考察东城区少年宫，看望参加活动的少年儿童，代表党中央，向全国各族少年儿童表示节日的祝贺，向全国广大少儿工作者表示崇高的敬意。

6月

5日　市教委印发《北京市初中学生综合素质评价方案（修订）》。

6日　外交学院举办阿富汗总统哈米德·卡尔扎伊（Hamid Karzai）专题演讲。

7至8日　2012年北京市普通高等学校招生考试举行。7万余名考生参加考试。23日，市招生考试委员会第二次全体会议确定北京市普通高校招生各批次录取最低控制分数线，本科一批录取最低控制分数线：文科495分、理科477分；本科二批录取最低控制分数线：文科446分、理科433分；本科三批录取最低控制分数线：文科416分、理科402分。艺术类本科录取最低控制分数线：文科290分、理科281分。专科批次录取最低控制分数线（三科总分）：文科150分、理科150分。体育教育、社会体育、休闲体育专业（体育成绩70分）文科320分、理科300分。高职单招分数线150分，艺术高职分数线105分。7月5日至8月6日，北京市完成高招录取工作，其中，统考统招部分录取57797人，比计划增加3014人；高职单独考试招生部分录取2015人，比计划减少230人。高考升学率达到84.56%。

19至20日　习近平先后到北京大学、中国人民大学、清华大学就加强和改进高校党建工作进行调研。

23日13时28分　中国农业大学教授曾德超因病医治无效在北京逝世，享年94岁。曾德超为中国工程院资深院士，是中国农业机械和农业工程学科的奠基人。

24至26日　2012年北京市高级中等学校招生文化课考试举行。参加统一招生的学校358所，考生62443人，其中，普通高中录取51846人、职技类学校和五年高职学校录取10597人。

27日　北京市义务教育阶段名师同步课程资源暨北京数字学校建设试播启动会在北京景山学校远洋分校召开。“北京市义务教育阶段名师同步课程资源暨北京数字学校建设工程”是市政府实事工程之一，于1月6日启动，至年底，上线课程共11254节。

7月

4日　市委教育工委、市教委召开暑期北京高校领导干部会议。

5日　教育部和团中央签订共建中国青年政治学院协议。根据协议，共建实行团中央主管、教育部重点支持模式。

7日4时45分　首都医科大学教授翁心植因病医治无效在北京逝世，享年93岁。翁心植为中国工程院院士，是医学家、医学教育家、内科学与呼吸病学家。他发现和诊断国内首例高雪病，在世界上首次报道白塞病并发心脏瓣膜损害。

20日　市委教育工委、市教委、市教育督导室召开北京市中小学德育工作会暨2012年暑期基础教育领导干部工作会。会议表彰75个北京市中小学德育工作优秀案例，并为新增的16家社会大课堂市级资源单位授牌。

31日　国家开放大学和北京开放大学在人民大会堂正式揭牌成立。刘延东揭牌并发表题为《努力办好中国特色开放大学》讲话。国家开放大学在中央广播电视大学基础上建立，为教育部直属单位；北京开放大学在北京广播电视大学基础上成立，为市教委直属单位。会议同时宣布上海电视大学更名为上海开放大学。

是月　北京市成立教育体制改革领导小组。赵凤桐、洪峰担任组长，姜沛民、刘建、线联平担任副组长，成员包括市发展改革委、市财政局、市人力社保局、市规划委、市住房城乡建设委主管领导。领导小组下设办公室，设在市教委。

△　北京市13个中等职业学校实训基地建设项目（含技工学校5个）获得2012年度中央财政支持。该评选由教育部、财政部举办。

△　市教委会同市体育局、市民委、市公安局、市科协制定新的高考照顾加分政策。调整原则是逐步减少加分项目，降低加分分值。少数民族考生由增加10分投档调整为增加5分投档；市优秀学生干部由增加20分投档调整为增加10分投档；获奥赛省赛区一等奖毕业生不再加分投档，调整为同等条件下优先录取。新政策2014年开始实施。

8月

6至11日　北京代表队参加2012年全国中学生田径锦标赛，获19金、22银、26铜，获团体总分第一名。

9至12日　市教委、市科委、市体育局、市科协共同举办北京学生科技文化节暨第30届北京学生科技节。

17日　北京31所高校34个实验教学中心被评为教育部“十二五”国家级实验教学示范中心。

△　市政府颁发《北京市中小学建设三年行动计划（2012～2014年）》。

21日　市教委公布第八批北京市社区儿童早期教育示范基地名单，29所幼儿园入选。

△　市发展改革委发布《北京市幼儿园收费管理实施细则（试行）》，明确北京市幼儿园收费项目。细则自9月1日起执行。

29日　首批北京市“百年学校”授牌仪式在北京第二实验小学举行，洪峰为首批“百年学校”颁牌并讲话。33所学校入选首批“百年学校”。

9月

1日　北京市各级各类学校平稳顺利开学。郭金龙、杜德印、王安顺等市领导参加部分灾后重建学校、数字化校园学校、优质学校和城乡一体化学校开学典礼。7月21日，特大暴雨灾害造成区县教育系统646处各类房屋受损，初步财产损失9015万元。灾害发生后，市教委采取多项措施保证各级各类学校顺利开学。

△　北京市初中学生综合素质评价电子平台投入使用。该平台主要用于初中学生评价信息采集、存储、管理与监控，具有市、区、校三级监控功能。

5日　顺义区入选全国"两基"工作先进地区；朝阳教委、海淀区红英小学、通州区漷县镇人民政府、延庆县教委4个单位入选全国"两基"工作先进单位；7人入选全国"两基"工作先进个人。该评选由国务院举办。

6日　市委、市政府召开庆祝教师节大会，会议表彰北京市人民教师奖10人、北京市人民教师奖提名奖10人，北京市师德标兵20人和北京市师德先进个人241人。

△　市教委、市科委、市农委、市园林绿化局、市农业局签订《关于合作共建北京农学院的协议》。

△　中国科学院研究生院更名为中国科学院大学，简称国科大。

10日　中国科学院大学接待丹麦首相赫勒·托宁-施密特（Helle Thorning - Schmidt）女士访问。

13日14时40分　中国人民大学荣誉一级教授王传纶因病医治无效在北京逝世，享年91岁。王传纶为经济学家、教育家，是新中国财政金融学科的重要奠基人。

14日　温家宝应邀到清华大学看望师生。

21日　北京7所中等职业学校入选"国家中等职业教育改革发展示范学校建设计划"第三批立项建设学校。

25日　北京—和田学校对口支援与合作项目启动签字仪式举行。

27日　北京3所高校入选教育部对口支援西部高校项目，分别为中国人民大学对口支援延安大学、中央民族大学对口支援呼和浩特民族学院、中国矿业大学（北京）对口支援毕节学院。

30日16时8分　首都医科大学教授王忠诚因病医治无效在北京逝世，享年87岁。王忠诚为中国工程院院士，神经外科专家，中国神经外科的开拓者和创始人之一。

至9月　74.7%的随迁子女在公办学校就读，全市562所公办中小学在校随迁子女人数占在校生总数超过50%。同时，通过政府委托办学、购买服务两种方式分别解决8773名和906名学生入学问题。

10月

9日　市教委与北京广播电视台签署战略合作协议，双方在落实建设"北京数字学校"基础上，合作探索具有首都特色的现代化终身教育服务体系。

16日　市教委正式实施北京市高校学生境外学习奖学金项目。市教委投入专项资金1500万元，资助20所高校1000名学生赴境外进行课程学习、课题研究以及参加国际竞赛、学术及文化交流活动。

16至19日　市教委主办第四届北京青少年翱翔科学论坛。

19日　市教委表彰第25届北京市中小学"紫禁杯"优秀班主任，400名中小学教师入选。

△　北京现代制造业职业教育集团成立。职教集团在市教委指导下，由北京电子科技职业学院牵头，联合相关行业协会、企业和职业院校组建而成。

19至21日　市教委、市体育局主办第50届北京市中学生田径运动会。

29日　北京高校7人获得2012何梁何利奖。

31日　教育部公布"国培计划"专家库第二批入选名单，北京学校及教育单位70人入选。

是月　北京教育系统175项成果获得北京市第12届哲学社会科学优秀成果奖。该奖项由市委、市政府设立。

11月

3至4日　市教委举办第六届北京市中小学生国家学生体质健康标准测试赛。参赛学校数量由上年48所增至144所，测试人数由上年1440人增至2880人。

7至16日　市台办和市教委评选北京市涉台教育基地校，15所学校入选。

9日　市教委命名47个北京市乡镇校外活动站。

△　北京4所高校6个项目入选第一批卓越医生教育培养计划。该计划由教育部和卫生部负责。

10日　中国传媒大学教授张颂在北京逝世，享年77岁。张颂是著名播音主持艺术教育家，是中国播音学理论奠基人、中国播音主持艺术教育重要创始人之一。

15日　教育部公布第一批教育信息化试点单位名单，北京27个单位入选。

23日　教育部与市政府签署协议，继续重点共建北京大学、中国人民大学、清华大学、北京师范大学和中国农业大学。

△　北京13所高校入选首批教育部、中央政法委卓越法律人才教育培养基地。

△　市委宣传部、市委教育工委、首都精神文明办、团市委、市教委和市学联表彰在2012年首都大学生暑期社会实践活动中表现突出的集体和个人，表彰先进单位68个、先进工作者314人、先进个人342人、优秀团队553个、优秀成果725项。

24日　北京市第八届全民终身学习活动周开幕。活动表彰首都市民学习品牌20个、首都市民学习之星100人和学习型社区建设先进街道、乡镇19个。活动正式开通"首都市民终身学习平台"。

12月

1至2日　市教委举办首届北京学生机器人智能大赛。

2日　教育部公布2012年度“新世纪优秀人才支持计划”入选人员名单，北京高校252人当选。

4日　北京市青少年法制教育资源网开通。

6日　市教委印发《关于进一步提高北京高等学校科技创新能力的意见》。

7日　市教委承办“少年强则国强——2012年全国亿万学生阳光体育展示活动”。第六届全国亿万学生阳光体育运动冬季长跑启动仪式同期举行。该活动由教育部主办。

12日　市教委、市校外教育工作联席会议办公室、市人力社保局召开2012年北京市校外教育先进集体、先进个人表彰大会暨北京市中小学生金银帆奖颁奖典礼。会议为校外活动基地、乡镇校外活动站授牌。本届金帆奖获得者16人、银帆奖获得者132人；2012年度北京市校外教育先进集体50个和先进个人80人；第七届（2012）“北京阳光少年活动”优秀组织奖47个。

△　29个高校团队入选2013年度北京市属高等学校“创新团队建设提升计划”。

△　276人入选2013年度北京市属高等学校高层次人才引进与培养计划资助名单，其中，高层次人才引进计划4人、特聘教授计划30人、“长城学者”培养计划42人、青年拔尖人才培育计划200人。

14日　在全国中小学心理健康教育工作会议上，海淀区入选首批全国中小学心理健康教育示范区。

16日　市教委举办第四届北京市中小学生科学建议论坛暨颁奖仪式，表彰科学建议奖10人、科学建议提名奖10人。

△　北京电子信息职业教育集团成立。电子职教集团经市教委、市国资委、市经信委联合发文批复，由北京信息职业学院牵头组建，由60家具有独立法人的单位组成。

17日　教育部公布2012年度“创新团队发展计划”入选名单，北京高校17个团队入选。

△　中央民族大学教授耿世民在京逝世，享年83岁。耿世民为中国古代突厥语文学学科创始人、国际知名古代突厥语文学家和突厥语言学大师。

20日　市教委认定第二批北京市中等职业学校示范专业，14所学校17个专业入选。

21日　首届京津沪渝促进义务教育学校均衡发展论坛在北京师范大学举行。

22日　北京商贸职业教育集团成立大会在北京财贸职业学院举行。该集团有成员单位57个。

28日　北京高校两项目入选2012年度中国高校十大科技进展，分别是北京大学主持的“强激光场下原子分子隧道电离研究”和清华大学主持的“脑起搏器研究”。该评选由教育部举办。

30日　北京市制定进城务工人员随迁子女在京参加升学考试工作方案。

31日　市教委与市财政局联合印发《北京市基础教育阶段创新人才培养项目管理办法（试行）》。

△　市委教育工委、市教委、市教育督导室印发《北京市属高等学校章程建设工作实施方案》，启动市属高校章程建设工作。

是月　北京市修订中等职业教育免学费及国家助学金政策。自9月，全日制中职学校（含公办中等职业学校，政府教育、人力社保行政管理部门依法批准的民办中等职业学校）就读的具有正式学籍的城乡低保家庭（含生活困难补助家庭）学生、城乡低收入家庭学生、享受抚恤补助的优抚对象及其子女、孤儿（含福利机构供养和社会散居）、残疾人子女、残疾学生、农村学生和涉农专业学生免除学费。

本年

是年　市教委完成15所城乡新区一体化学校建设。其中，新建校6所、改扩建学校9所。重点建设完成后，可新增学位9012个，总学位22810个。

△　市级专项资金投入5.4亿元用于接收来京务工人员随迁子女学校改善办学条件。

△　市教委先后投入9.08亿元扩大幼儿园容量。通过教育系统办园、驻京中央单位、部队办园、企事业单位和街道办园的新建改扩建和改造达标项目，使334所公办性质幼儿园的办园条件明显改善，240所公办性质幼儿园每所增容1～3个班不等。共计增加学位2.4万个，完成《学前教育三年行动计划》的年度学位增长目标。

△　市教委新认定5所学校接收外国学生，分别是北京市第八中学、北京市第三十五中学、丰台区职业教育中心学校和昌平区第一中学4所学校招收境外外国学生；认定北京美国英语语言学院接收来华留学生。

（华蕾）

（本栏责任编校　林业　华蕾）

综合管理

综　　述

2012年，北京市教育系统深入贯彻科学发展观，认真落实国家和北京市中长期教育规划纲要、“十二五”教育发展规划，着力改善办学条件，着力提高教育教学质量，着力攻坚社会关注问题，在重点领域和关键环节加强顶层设计，加大统筹力度，努力办好人民满意的教育，形成有序推进、狠抓落实、开拓创新的工作格局，首都教育改革发展取得新成绩。

一、坚持突出重点，三个“三年计划”进一步推进

（一）中小学建设三年行动计划启动实施。针对新一轮入学高峰，以市政府名义出台中小学建设三年行动计划，实施七项工程，计划三年建设200所中小学，增加学位16万个以上，整体提升中小学办学条件现代化水平。2012年，重点支持中小学建设项目34个，在城乡结合部和郊区支持建设15所“一个法人、一体化管理”中小学，进一步扩大优质教育资源。采取补贴措施，鼓励各区县加快中小学建设和布局调整。同时，中小学校舍安全工程全面完成，经受住7·21暴雨灾害的考验，受灾最严重的房山区中小学无一所校舍倒塌，校内无一人伤亡。

（二）学前教育三年行动计划深入推进。通过加大学前教育投入和改革措施，新增入园名额2.4万个。为142所新建改扩建公办园配置设施设备，达标改造191所公办园，支持105所村办园建设。实施幼儿园奖励补贴政策，非教育部门公办园生均补贴由1200元提高至3600元，通过以奖代补等办法鼓励普惠性民办园发展。对无法覆盖的人群采取多种方式提供早期教育的指导和服务。群众反映强烈的入园难、入公办园难问题得到明显缓解。

（三）市属高校三年基本建设计划稳步推进。重点建设的180万平方米教学科研用房和59万平方米大学生公寓，已全部完成前期论证，超过50%的项目已开工建设，市属高校办学条件得到切实改善。继续推进“三个园区”建设，良乡高教园区已累计完成66.8万平方米的校舍建设任务，入驻院校6所，在园学生2.6万人；沙河高教园区累计开复工面积176万平方米，入驻院校5所，入住学生1.2万人；亦庄职教园区建设项目已经全部完成立项批复，整个园区预计2014年底全面竣工投入使用。

二、坚持科学发展，各级各类教育水平和办学特色进一步显现

（一）促进义务教育优质均衡发展和高中多样化发展。进一步完善基础教育教学质量监控体系，义务教育质量监测体系在16个区县实现全覆盖，完成全市11个区县开展义务教育基本均衡督导检查。积极探索义务教育阶段学生减负的途径和方式。

继续开展高中特色发展试验，鼓励学校探索学生培养模式。面向高中学生创新人才培养开展的“翱翔计划”“雏鹰计划”成效显著。

（二）增强高等教育人才培养和科技创新活力。制定实施进一步提高高等学校人才培养质量和科技创新能力两个工作意见，紧密围绕国家和首都经济社会发展的重大需求，加强科研条件平台建设，增补72个北京市重点学科，支持建设北京实验室4个、北京市重点实验室86个、北京高等学校工程研究中心26个、科技创新平台173个。在25所高校中建立产学研联合、国内外联合研究生培养基地。

大力推动协同创新，结合北京经济建设发展需要和自身特点，由4所中央高校牵头，联合市属高校建立4家“北京实验室”。由9所市属院校牵头组建或联合组建了15个协同创新中心。支持16所高校组成卓越工程师教育联盟，在实验室开放、实践基地共享、教师交流互访等方面开展深入合作。

（三）鼓励和支持职业教育创新发展。组建现代制造、商贸、电子信息等3个职教集团，开展职业教育分级制、“3＋2”中高职衔接试验，突破中高职的学历层次体系，建立一套新的职业教育制度。在全国职业技能大赛中，获得20个中职一等奖、15个高职一等奖。

（四）积极引导民办教育规范发展。提出鼓励和引导民间资金进入教育领域促进民办教育健康发展的总体思路，资助民办高等学校项目金额比2011年增长一倍多。深入开展民办高校违法违规行为清理整顿，引导学校建立机制，规范办学，优化环境，成效明显。

（五）深入推进学习型城市建设。经教育部批准成立北京开放大学。依托社区学院、社区教育中心、各级各类院校重点建设100个市民终身学习服务基地。启动全市建设学习型城市工作示范区评估，西城区作为首个申报区县通过专家组评审。开展首届“社区教育名师”评选认定。在全市树立一批主动服务于居民终身学习的典型。举办第八届全民终身学习活动周，成功召开首届全球学习型城市大会筹备会。

三、坚持育人为本，师生综合素质和能力进一步提升

（一）利用多种载体培育和弘扬北京精神。在全市中小学校开展用行动续写雷锋日记，践行“北京精神”主题教育实践活动。分学段编写小学、初中、高中《北京精神》地方教材，以践行北京精神为主题组织全市中小学生网上夏令营。制定《中小学生综合素质提升工程实施意见》，保证全市中小学生每人每学年至少两次走进社会大课堂参加社会实践活动。深化社会大课堂建设，在已有的545家基础上，增加认定16家市级资源单位。

（二）广泛深入开展大中小学阳光体育运动。以庆祝学生金帆艺术团建团25周年为契机，开展学生艺术节、高雅艺术进校园、民族艺术进校园等系列活动，在全市100所中学建

立艺术实践基地。市级投入专项经费修缮全市414所中小学体育场地，积极推进全市中小学校照明度不合格教室及黑板标准化改造工程，完成1278所中小学校3.5万间教室及黑板照明标准化改造。

（三）重视加强教师师德和思想政治建设。研究起草《北京市中小学教师职业道德规范》，以市政府名义开展“北京市人民教师奖”评选活动。实施高校哲学社会科学繁荣计划、青年马克思主义者培养计划、“铸魂工程”和思想政治理论课“名师工程”。启动高校思想政治理论课名师工程，评选表彰年度优秀辅导员和十佳辅导员，启动青年英才资助计划和青年教师社会实践市级示范项目，青年教师思想水平和业务能力不断提升。

（四）启动实施首都教育人才发展专项计划。加大中青年学术骨干的支持和培养力度，在北京大学、清华大学等中央高校建设一批市属高校青年教师发展基地。进一步加强职业院校专业教师教学技能培训。启动中小学教师带薪脱产培训等29个中小学教师培训项目，加强首都名校长队伍建设，组织实施第二期市级名校长工作室建设。制定政策引导义务教育教师和校长合理流动，研究制定《关于进一步推进义务教育优质学校干部教师向普通学校流动的意见》。

（五）大力推进语言文字工作。建成语言文字工作网站群，75家单位通过第二批语言文字规范化示范街道、乡镇和第六批示范学校创建评估，普通话水平测试总量突破7万人，筹备举办第一届“中国语言产业论坛”，出版国内第一部语言产业研究专著《语言产业导论》。

四、坚持改革创新，教育发展活力进一步激发

（一）稳步推进20项国家教育体制改革试点。进一步细化分解重点改革任务，各项任务进展顺利。多渠道扩大学前教育资源、开展城乡教育一体化发展试验、完善随迁子女接受义务教育保障机制、深化普通高中特色发展试验、在京中央高校与市属高校共建合作、教育督导评估体制探索试点项目推进效果明显。

（二）集中突破随迁子女升学考试方案等涉及教育难点问题。在政策研究过程中，结合北京教育工作实际，加强部门合作，展开深入调查，多方论证策划，广泛听取意见，提出具体操作方案。5月18日发布军人子女教育优待实施细则，9月1日发布幼儿园收费管理实施细则，12月30日发布随迁子女升学考试方案，各方反应趋于客观理性，舆情反应平稳。

（三）积极探索与中央在京高校的共建模式。进一步加大中央在京高校共建支持力度，继续共建5所“985工程”高校，共建中央财政大学和北京交通大学。在以往通过教育事业经费对中央在京高校给予支持的基础上，突破现有模式，对重点共建的中央高校在学校建设征地、新校区规划建设等方面给予政策资金支持，帮助学校改善办学条件。

（四）不断深化教育对外交流与合作。全面实施“留学北京行动计划”，全年吸引来京留学生10.8万人次，其中，学历生比例33%。设立北京市高等学校学生公派境外学习奖学金项目，资助1000名高校学生赴境外交流学习，选派500名中小学生作为中华文化小使者赴国外交流。进一步优化孔子学院建设布局，全市学校累计在43个国家地区举办200个孔子学校和孔子课堂。推动实施北京工业大学北京—都柏林国际学校等一批高水平中外合作项目，成功完成京交会的教育任务，并促进一批教育合作项目签署协议。成功举办国际学生北京夏令营等系列活动，1600余名国内外中小学生参与。

（五）大力扩展教育对口支援广度和深度。按照首善标准和全面援助、科学援助、真情援助要求，完成对新疆和田、西藏拉萨、青海玉树等地30余个援助项目，为受援地区培训校长和骨干教师3343人。市教委被授予“全国对口支援三峡工程移民工作先进集体”称号，被市委、市政府授予“对口支援工作组织奖”。

五、坚持促进公平，热点难点问题进一步化解

（一）努力推进基本教育公共服务均等化。建设开通“北京数字学校”，探索实践义务教育均衡发展新模式。对家庭经济困难儿童以及革命烈士子女、孤儿和残疾儿童入幼儿园给予专项资助。努力保障随迁子女在京接受义务教育。加快特殊教育学校基本公共服务标准建设，制定特殊教育学校办学条件标准。制定中小学融合教育行动计划，就进一步加强残障儿童随班就读工作提出工作意见。

（二）继续做好大学毕业生就业工作。鼓励32所高校建立就业特色项目，启动大学生自主创新推进项目，推进高校创业教育和创业实践。对6000名家庭经济困难、就业困难、残疾学生和部分少数民族毕业生开展免费就业培训。

（三）进一步明确规范办学行为具体要求。研究制定治理义务教育阶段择校乱收费问题意见，从落实招生入学政策、规范招生入学秩序方面提出明确要求。组织教育收费检查，督促区县和高校清退违规收费58万余元。查禁奥数培训竞赛与入学挂钩，进一步规范义务教育阶段入学程序。

（四）不断加强学校服务保障能力建设。积极推进“农校对接”，制定中小学生在校集体就餐管理办法，改善中小学生在校就餐质量，确保就餐安全。依据新颁布的《校车管理条例》，开展中小学校校车试点调研，对中小学生开展交通安全教育，年内为农村寄宿制中小学校更换生活用车134辆。

（五）着力提高教育公共服务水平。顺利完成20项政府实事、折子工程等市政府重大决策任务，主动公开政府信息393条，受理群众来信来访2232件。按时保质完成227件人大建议和政协提案办理工作，市教委被评为2008～2012年办理人大代表建议政协提案工作先进单位。

六、坚持服务导向，教育管理和督导水平进一步提高

（一）教育督导工作走在全国前列。在全国率先建立学前教育督导监测制度，在全国率先建立校外教育督导和特殊教育督导评价制度，首次试用《北京市区县政府社区教育工作督导评价指标体系》，在全国率先建立对区县教育督导工作的督导评价制度。完成11个区县义务教育均衡发展督导评估验收和小学规范化建设工程专项督导检查，促进义务教育均衡发展。继续深入11600户学生家庭开

展2012年北京市区县教育工作满意度调查，为教育全面发展提供有效信息。成立北京市督学研修中心，促进教育督导队伍专业化发展。

（二）深入推进科学研究和依法治教。组织开展114项课题调研和机关“好建议”征集评选，市委教育工委、市教委被市委市政府评为“全市调研工作先进单位”。全面启动教育系统“六五”普法工作，组织开展中小学生模拟法庭活动，加强领导干部和公务员依法行政能力培训。政策法规处获评市政府法制工作先进单位。

（三）强化经费保障和管理机制。进一步加大教育投入，保证教育重点项目资金需求。进一步完善市属高校定额正常增长和绩效激励机制，调整基础教育公用经费定额标准，完善市财政对区县财政转移支付体系，形成比较完善的覆盖各个教育类别的学生资助体系。

（四）完善廉政风险防控体系。在强化重点领域风险防控的同时，继续拓展廉政风险防控领域，建立完善科研经费课题项目负责人制度和责任追究制度，进一步完善校办企业的决策和运行机制。继续完善教检合作、校检合作机制，加强职务犯罪警示教育，严肃查处违纪违法案件。

七、坚持整体推进，教育系统党建工作进一步加强

以学习宣传党的十八大精神为重点，推进思想理论建设。开展“学理论、铸信念”党的十八大精神主题宣传教育活动，开通“首都百万师生微党课”微博平台，探索运用新媒体形式学习宣传党的理论，取得良好效果。

加强领导班子和干部队伍建设。深入推进“高校领导干部能力建设工程”和“高层次教育党政人才培养计划”，切实改进领导干部工作作风，完善领导干部考核评价机制、激励约束机制，为首都教育科学发展提供坚强有力的组织保障。

深入推进创先争优活动和基层组织建设年工作。继续开展以“提高办学质量促发展、服务人民群众树形象”为主题的为民服务创先争优活动，建立健全创先争优长效机制。以党支部建设为重点，扎实推进基层组织建设年工作，进一步提高教育系统党建工作科学化水平。26所中小学被命名为首批党建示范点，78所民办高职院校和其他民办高等教育机构全部派驻“督导专员兼党建工作联络员”，民办高校党建工作实现100%全覆盖。

全力做好维护安全稳定工作。积极推进“平安校园”创建工作。全年先后7次启动维稳战时工作机制，圆满完成十八大安保维稳专项任务。校园及周边治安综合治理工作迈上新台阶，有效维护教育系统的持续稳定。

（聂荣）

总　类

【刘延东看望高校教授】 1月12日和17日，刘延东分别看望北京高校4名教授。12日，刘延东看望北京大学化学与分子工程学院教授、中国科学院院士徐光宪，原北京大学校长、经济学家吴树青教授，看望清华大学吴良镛教授。17日，刘延东看望中国人民大学马克思主义学院教授庄福龄，看望北京师范大学教授黄祖洽。在看望过程中，刘延东对教授们在科学研究、人才培养、社会服务等方面做出的贡献表示敬意。

（鞠晓　段蕾　戴军）

【李长春看望高校教授】 1月18日和19日，李长春看望北京高校两名教授。18日，李长春看望清华大学教授常沙娜。李长春高度肯定常沙娜及其父亲常书鸿为中国文化艺术事业做出的贡献，希望常沙娜等老一代艺术家继续关心国家文化事业发展，在社会主义文化大发展、大繁荣中不断取得新成就，做出新贡献。常沙娜，该校美术学院教授、原中央工艺美术学院院长。19日，李长春看望中国人民大学哲学院教授罗国杰。李长春希望罗国杰教授保重身体，进一步发挥“传帮带”的作用，带动年轻一代学者，共同为推动文化大繁荣大发展做出贡献。他同时指出，中国人民大学是中国重要的马克思主义理论阵地，希望该校继续在建设具有中国特色、中国风格、中国气派的哲学社会科学，推进哲学社会科学理论创新进程中走在全国前列。

（许亮　段蕾）

【颁布“十二五”教育改革和发展规划】 2月6日，经市政府批准，市教委会同市发展改革委联合颁布《北京市“十二五”时期教育改革和发展规划》（简称“十二五”规划）。“十二五”规划明确提出到2015年，首都教育改革与发展的主要目标是：全面实现《北京市中长期教育改革和发展规划纲要（2010～2020年）》确定的阶段性发展目标，基本形成推进教育事业持续健康发展长效机制，基本形成适应首都现代化建设要求的教育资源布局，创新型人才培养能力显著提升，学习型城市建设取得重大进展，教育现代化水平全面提高。“十二五”规划作为北京市国民经济和社会发展第十二个五年规划体系的重要组成部分，是指导“十二五”时期北京市教育事业发展的主要文件，是各级政府和部门依法履行教育管理职责，编制年度教育工作计划，规划、评审教育改革与发展重大项目，制定实施各项教育政策措施的主要依据。

（姚转珍）

【洪峰调研二外】 2月8日，洪峰调研北京第二外国语学院。洪峰一行听取学校概况、办学特色、人才培养、科研成果、社会服务工作以及未来发展六个方面工作汇报以及“十二五”规划。洪峰赞同学校“十二五”期间的奋斗目标和发展思路，强调二外作为有历史传承的高校，在新形势下要有更明确发展定位，立足北京、面向全国、办出特色、突显个性；希望学校在增强传统优势的同时，抓住国家将旅游产业作为重要支柱产业的新契

机，形成学校发展的新增长点。最后，洪峰表示市政府将全力支持二外未来发展。

（王薇）

【习近平出席北工大与都柏林大学合作协议签署仪式】 2月18日，北京工业大

学和爱尔兰国立都柏林大学在爱尔兰都柏林签署合作办学协议。习近平和爱尔兰共和国总理恩达·肯尼出席仪式。此次签约活动是习近平出访期间签署的四项两国间友好合作协议之一，是唯一一个涉及教育领域的高水平合作与交流协议。依据协议，北工大设立非独立法人地位的合作办学机构北京工业大学北京—都柏林国际学院。

（吴洁　刘玮）

【召开寒假高校领导干部会】 2月23

日，市委教育工委、市教委召开寒假北京高校领导干部会暨北京高校党建工作会。会议主要内容是不断提高北京高校文化传承创新能力，总结2011年北京高等教育工作，研究部署2012年高等教育工作。会议印发两委一室2012年工作要点和《北京市“十二五”时期教育改革和发展规划》。吕锡文、赵凤桐、鲁炜、洪峰参加会议并讲话。北京各高校党委书记、校长，主管党建工作领导，主管宣传工作领导，部分民办高等教育机构党建负责人等350人参加会议。

（吴洁　熊洪帅）

【举办践行北京精神主题教育活动】 3月3日，市委宣传部、首都精神文明

办、团市委、市委教育工委、市教委共同举办北京市中小学生“学习雷锋、践行北京精神”主题教育活动。活动结合深入学习雷锋先进事迹的契机，以“爱撒大地、情满人间、薪火相传”三个篇章，通过访谈、视频、歌舞、朗诵，诠释“学习雷锋、践行北京精神”的主题。中央有关部委、北京市相关委办局、市委教育工委、市教委、市教育督导室，区县委教育工委、区县教委单位领导，中小学及校外教育机构学生代表700人参加活动。

（徐春生　熊洪帅）

【市领导调研4所艺术院校】 3月，赵凤桐、鲁炜到中国戏曲学院、北京电影学院、中国音乐学院、中央美术学院调研，了解艺术院校落实十七届六中全会精神，推动北京文化大发展大繁荣情况。市领导表示，市委、市政府将在政策、资金、舆论宣传等方面支持艺术院校的改革、建设和发展。市委宣传部、市委教育工委领导一同调研。

（陈晓莉）

【刘淇出席清华北大党代会】 4月10日和6月12日，刘淇分别出席清华大学第13次党代会和北京大学第12次党代会开幕式。刘淇代表中共北京市委对大会召开表示祝贺。刘淇表示，清华大学、北京大学既是国家的宝贵财富，也是首都推动科学发展的重要战略资源。市委市政府将一如既往地大力支持学校发展，积极协调解决学校发展中的难题，努力为学校创造更好的发展环境和条件。

（吴洁）

【周永康看望中国政法大学师生】 5月9日，周永康到中国政法大学，代表党中央、国务院和胡锦涛总书记，向中国政法大学建校60周年表示祝贺，向全校师生员工和广大校友表示问候。在政法大学昌平校区，周永康首先参观校史展，了解学校发展历程。在政法干警招录培养体制改革第二学位班，周永康观摩课堂教学，与学生交谈。周永康与学校负责人和师生代表座谈。在认真听取大家发言后，周永康说，60年来，中国政法大学恪守“厚德、明法、格物、致公”校训，各项事业取得显著成绩，为促进法治建设、服务经济社会发展做出突出贡献，发展成为国内著名、国际知名的法学教育高等学府。

（吴洁）

【中山街小学举办百年校庆】 5月15日，通州区中山街小学举办建校100周年校庆活动。活动以办学特色展示为主线进行，参会人员听取校长“发展艺术教育开启美好人生”工作汇报，观摩课堂教学展示，参观校园环境，欣赏师生艺术活动。该校最初是建于1912年的京兆师范学校附属小学，初期位于宛平县卢沟桥。1920年随京兆师范学校迁入通县，1961年改为北京市通县师范第一附属小学。1969年改为通县中山街小学，1997年9月28日更现名。

（勾庆祥）

【胡锦涛考察东城区少年宫】 5月31日，胡锦涛考察北京市东城区少年宫，看望在这里参加活动的小朋友们，代表党中央，向全国各族少年儿童表示节日的祝贺，向全国广大少儿工作者表示崇高的敬意。东城区少年宫是北京市开办较早的一家校外教育机构，“六一”期间，少年宫开展“阳光下我们共同成长”主题系列活动。胡锦涛参观“奇妙梦工坊”“蓓蕾小梨园”“运动嘉年华”等活动室，与小朋友互动游戏，并看望少数民族贫困家庭先天性心脏病儿童救助行动救助的儿童。在多功能厅，胡锦涛面对簇拥在身边的孩子们说，明天是“六一”国际儿童节，这是小朋友们的节日。我们今天特地来参加你们的活动，向你们表示节日的祝贺。少年儿童是国家的小主人，长大以后要承担建设祖国的重任。希望你们从小树立远大志向，学好文化知识，培养高尚品德，锻炼强健体魄，在祖国阳光哺育下快乐生活、健康成长。刘淇、刘延东、令计划等一同考察看望。

（林业）

【袁贵仁检查高考准备情况】 6月4日，袁贵仁到北京检查高考准备工作。袁贵仁检查北京教育考试院答题卡扫描室、试卷保密室，听取市教委关于北京市高考准备工作情况汇报，市公安交管局关于高考期间交通管理保障情况汇报，并通过远程电子巡查系统巡视北京市各考区高考试卷保密室及部分考点考务室和考场，与朝阳、平谷两个考区负责人视频通话。

（卢杰　熊洪帅）

【郭金龙检查全市高考工作】 6月7日，郭金龙到北京教育考试院和北京宏志中学，从信息化建设、服务保障等方面检查高考工作。在北京教育考试院，郭金龙听取全市高考有关工作汇报。全市共设18个考区，106个考点，2392个考场，有近万名考务人员为考生应考提供服务保障。在宏志中学时，500多名考生正在应考。郭金龙走进教学楼，在考生服务站、考务办公室、监控室和医务室，仔细察看各项考务工作。郭金龙强调，要以自善标准，精益求精地做好工作，确保高考圆满顺利。赵凤桐、洪峰、孙康林一同检查。

（吴洁）

【赵凤桐调研物资学院】 6月7日，赵凤桐调研北京物资学院。赵凤桐在听取学院汇报后指出，该院要着力提升科研创新水平，努力争取国家和北京市重点科研项目；要加大基本建设工作力度，保证基建项目的顺利开展和高质量完成；要高度重视人才引进工作，充分利用北京市相关政策吸引高端人才；要积极拓展留学生教育市场，加大留学生培养规模；要立足通州，服务社会，切实加强与通州区的务实合作，为通州经济社会发展实实在在地做贡献；要加大宣传工作力度，努力提升学校社会形象与知名度。

（徐锋利）

【习近平调研北京高校党建工作】 6月19至20日，习近平先后到北京大学、中国人民大学、清华大学就加强和改进高校党建工作调研。在清华大学，习近平主持召开高校党建工作座谈会，在听取教育部负责人和北京大学等5所高校党委书记的发言后发表讲话。他强调，高校党组织要牢牢把握社会主义大学的办学方向，切实加强和改进思想政治工作，加强党员队伍建设，坚持党建带团建，不断提高高校党建工作科学化水平。刘淇、刘延东等领导，在京部分高校党委书记和部分高校院系党组织负责人、优秀共产党员、青年教师、辅导员、班主任、学生代表70余人参加座谈会。

（吴洁）

【刘延东看望杨振宁教授】 6月26日，刘延东专程看望著名物理学家、诺贝尔物理学奖获得者杨振宁教授。刘延东向杨振宁90寿辰表示祝贺，赞扬他为高等教育事业发展和促进中美学术交流合作做出的重要贡献。刘延东充分肯定1997年杨振宁创办的清华大学高等研究院所取得的成绩。她说，15年来，在杨振宁带领下，高等研究院在人才培养、科学研究特别是科研体制改革等方面做出很多探索，对国家高层次创新人才培养具有重要启示意义。在认真听取杨振宁关于加大科研投入、引进高端人才、加强国际学术交流等意见后，刘延东希望他继续关心年轻创新人才的培养和成长，为中国的科教事业、中外人文交流和人类科技进步做出更大贡献。袁贵仁和有关部门负责人陪同看望。

（吴洁）

【召开暑期高校领导干部会议】 7月4日，市委教育工委、市教委召开暑期北京高校领导干部会议。会议的主要内容是落实国家《关于全面提高高等教育质量的若干意见》和《关于实施高等学校创新能力提升计划的意见》，充分发挥高校人才培养、科学研究、社会服务和文化传承创新作用，全面提高北京高等教育质量，大力提升北京高等学校创新能力，为建设创新型国家和人力资源强国提供有力支撑，以优异的工作业绩迎接党的十八大胜利召开。赵凤桐、洪峰参加会议并讲话。会议颁发2010至2011年北京高校党的建设和思想政治工作优秀成果奖、创新成果奖。市委组织部、市委宣传部、市人大常委会教科文卫体办公室等有关部门负责人，北京各高校党委书记、校长，直属单位负责人共230人参加会议。

（吴洁　熊洪帅）

【实施中小学建设三年行动计划】 8月17日，市政府印发《北京市中小学建设三年行动计划（2012～2014年）》。该计划建设目标是，适应首都经济社会发展新要求，满足未来3年北京市适龄儿童人口高峰的入学需求。到2014年，全市建设中小学200余所，新增学位不少于16万个。依法保障来京务工人员随迁子女接受义务教育的权利。进一步优化中小学教育资源配置和学校布局，重点在城乡结合部、城市发展新区等学位紧缺地区增加教育资源，缓解局部地区入学压力突出的矛盾。基本消除薄弱环节，全面提升中小学办学条件和现代化水平。该项计划包括7项工程：城乡新区中小学建设工程，全市建设中小学200余所；中小学数字化教育资源共享工程，通过多种传输途径和应用模式，促进优质教育资源共享；农村学校办学条件提升工程，满足农村地区义务教育阶段常住适龄人口的入学需求；校园基础设施改善工程，2012年至2014年，市有关部门支持区县新建、改扩建345所学校食堂，支持90所左右的“金太阳”市级试

点学校和90所“人文校园、科技校园、绿色校园”试点学校建设；来京务工人员随迁子女接受义务教育保障工程，有效解决随迁子女接受义务教育问题；高中创新教育支撑条件建设工程，支持特色高中学校建设，整体提升全市高中办学条件和水平；特殊教育、民族教育学校建设工程。

（林业　周晓宇　熊洪帅）

【评选首批“百年学校”】 8月29日，首

批北京市“百年学校”授牌仪式在北京第二实验小学举行。洪峰为首批“百年学校”颁牌并讲话。洪峰提出，总结提炼“百年学校”的优秀教育思想和文化，把“百年学校”打造成首都教育的“名片”和“品牌”。全市各区县教委领导、中小学代表500人参加会议。“百年学校”遴选挂牌工作由市教委主办，北京教育志编纂委员会办公室承办，3月启动。遴选标准包括：学校具有百年历史，发展脉络清晰可考，办学具有传承性；重视校史资料整理和研究，积极开展校志、年鉴、大事记的编写工作；学校传承优良办学传统，有独特的办学特色，获得同行认可；获得社会认同和好评，具有示范和引领作用，具有可持续发展能力。全市各区县推荐47所学校申报评选，经专家论证、主办单位审查、市教委批准，最终，33所学校入选首批“百年学校”。

（王永刚　林业　汪玥）

首批北京市“百年学校”

东城区

北京市东城区府学胡同小学
北京市东城区灯市口小学
北京市汇文第一小学
北京市东城区回民实验小学
北京市东城区前门小学
北京市东城区金台书院小学
北京市第一中学
北京市第二中学
北京市第二十五中学
北京市第一六六中学
北京汇文中学

西城区

北京第一实验小学
北京市宣武师范学校附属第一小学
北京市西城区顺城街第一小学
北京市西城区黄城根小学
北京市西城区宏庙小学
北京市西城区西四北四条小学
北京第二实验小学
北京市第三中学
北京市第四中学
北京市第十四中
北京市第三十一中学
北京市鲁迅中学
北京师范大学附属中学

海淀区

北京市海淀区香山小学
北京市盲人学校

通州区

北京市通州区潞河中学

顺义区

北京市顺义区仁和中心小学

昌平区

北京市昌平区西贯市回民小学

大兴区

北京市大兴区第一小学

怀柔区

北京市怀柔区第一小学

密云县

北京市密云县第二小学

延庆县

北京市延庆县第一小学

（王永刚　林业）

【规范幼儿园收费管理工作】 9月1日，经市政府批准，北京市实施新的幼儿园收费标准。在深入调研、摸底测算和成本监审的基础上，市发展改革委调整保教费、住宿费收费标准，规范代办服务性收费行为。具体为：公办幼儿园保教费上限标准每生每月一级园750元（其中市级示范园可在一级园收费标准基础上上浮20%）、二级园600元、三级园450元、无级类园250元。住宿费标准每生每月不超过300元。各级各类公办幼儿园保育教育费、住宿费收费标准执行全市统一规定，幼儿园可按不高于政府规定的标准制定具体收费标准。民办幼儿园收费标准由幼儿园按照国家有关规定，根据保育教育及住宿成本自行制定，报所在区县价格主管部门和教育行政部门备案后执行；享受政府财政补助的民办幼儿园收费标准，报所在区县价格主管部门、教育行政部门、财政部门备案后执行。民办幼儿园收费标准应保持合理和相对稳定，不得随意涨价、搭车涨价和任何形式的变相涨价。

（陈晓莉　郭春彦）

【组织“7·21”灾后恢复重建工作】 9月1日，北京市各级各类学校平稳顺利开学。7月21日，特大暴雨灾害造成区县教育系统646处各类房屋受损，其中，幼儿园93所、小学273所、中学174所、职业学校23所、其他类型学校83所。房山区共有121所学校（含完小、分园、职业学校和成人学校）受灾，初步财产损失9015万元。灾害发生后，市教委立即启动相应防汛预案，畅通信息渠道，现场开展防汛指挥和调度工作，及时排查并处置受损情况，及时、妥善开展各项工作。各区县利用暑假重点维护受灾的教学楼、实验楼、图书馆等教育教学设施。对于损毁严重的校舍，各区县暂停使用，由区县教委统筹资源保证受灾师生正常上课。同时，市教委全面落实受损教科书补订和运送工作，缺口教科书与未配送的高中教科书开学前配送到位。市教委组织区县教委对受灾学校按照“保开学、重教学”的原则，分轻重缓急进行重建恢复工作，共下达专项资金2.9亿元用于学校灾后恢复及重建工作。

（陈晓莉　马骏）

【市领导参加中小学开学典礼】 9月

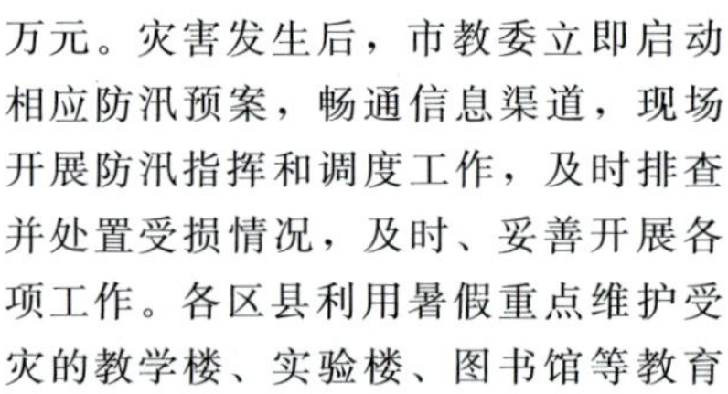

1日，郭金龙、杜德印、王安顺等市领导参加部分灾后重建学校、数字化

校园学校、优质学校和城乡一体化学校开学典礼。开学典礼上，各校开展丰富多彩的主题和特色教育活动。市领导慰问全市中小学生和广大教职员工，与师生共同上好开学第一课。市委教育工委、市教委和市政府教育督导室领导也分别参加开学典礼。

（吴洁　陈晓莉）

【召开庆祝教师节大会】 9月6日，市委、市政府在北京会议中心召开庆祝教师节大会。会议宣布关于表彰"北京市人民教师""北京市人民教师提名奖"和"北京市师德标兵""北京市师德先进个人"的决定，市领导为获奖者颁奖。郭金龙讲话说，推动首都经济又好又快发展，促进社会和谐稳定，教育必须充分发挥全局性、基础性、先导性作用，提供强大人才支持和智力保障。首都教育要积极为提高首都科技创新能力做出应有贡献，在建立首都创新驱动格局方面发挥更大作用。郭金龙、王安顺、鲁昕等领导，首都高校、中小学和幼儿园教师代表1300人参加会议。

（吴洁　熊洪帅）

【刘延东视察北京高校】 9月10日和10月18日，刘延东视察北京3所高校。9月10日，刘延东考察北京师范大学，祝贺北师大建校110周年，并向全国广大教师和教育工作者致以教师节问候。刘延东指出，北师大作为教师教育的排头兵，建校110年来培养一大批杰出的教育家、科学家和各类优秀人才，取得一批国际领先的原创性研究成果，为党和人民的事业做出重要贡献。刘延东上午还看望"最美女教师"张丽莉和北京市小学数学特级教师马芯兰。10月18日，刘延东视察北京中医药大学和北京化工大学。在北京中医药大学，刘延东参观逸夫科研楼、中医药博物馆，现场考察中医教改实验班的实践教学，看望老中医、教师和学生。在北京化工大学，刘延东参观国家碳纤维工程技术研究中心和"危险化学品生产系统故障预防及监控"安监局基础实验室，观看化工大学发展成就展，并与师生交谈。刘延东指出，两所高校建校50多年来，全面贯彻党的教育方针，培养大批优秀人才，形成优良办学传统，为行业发展和国家建设做出重要贡献。国务院有关部门、教育部和北京市有关负责人陪同视察。

（吴洁）

【温家宝看望清华师生】 9月14日，温家宝应邀到清华大学看望师生。温家宝首先参观机械工程学院精密仪器系和清华大学校史展。在大礼堂，温家宝发表演讲。温家宝说，清华大学建立以来，为共和国培养一代又一代优秀的专家学者。今天我们要培养和重塑民族的道德理性，就必须汲取传统文化的精神营养，倡导心存敬畏、行己知耻、诚实守信的社会道德观，对社会要有奉献精神，对他人要有责任感，对弱者要有同情心，养成情操高尚的人格。新一代清华人一定会牢记"自强不息，厚德载物"的校训，努力学习，勤奋成才，将来为祖国现代化建设做出更大的贡献，谱写清华大学更加辉煌的篇章。演讲持续近1个小时，1000余名学生听取演讲。

（吴洁）

【长辛店铁路小学建校百年】 9月27日，长辛店铁路小学举办庆祝建校百年庆典活动。活动中，丰台区领导为"扶轮百年纪念石"揭幕，敲响"扶轮古钟"，师生代表朗诵《少年中国说》。长辛店铁路小学始建于1912年，前身为1912年交通部在长辛店设立的扶轮小学，1937年迁至长辛店自来水胡同，1946年第二次迁址至崔村，并最终定址。1948年改为长辛店铁路职工子弟学校，1969年改为北京市长辛店二七小学，1980年改为北京市长辛店铁路小学。

（王沁艳）

【召开高校公文处理培训会】 10月19至20日，市委教育工委、市教委召开北京高校公文处理及信息工作培训会。会议邀请市委办公厅秘书处、信息处负责人分别就《党政机关公文处理工作条例》《关于加强和改进党委信息工作的意见》作专题讲解。与会人员结合中央文件精神和自身工作实际，就进一步加强和改进公文处理及信息工作进行深入研讨。市委教育工委、市教委领导和60所高校办公室主任及公文处理、信息工作负责人200人参加会议。年内，市委教育工委以公文改版为契机，以"规章制度完善、公文质量提高、队伍素质增强"为目标，以各校自主开展活动为主要形式，组织"北京高校公文质量年"活动。市委教育工委还开展办公室业务征文活动，共收到各类论文80篇，涉及高校办公室120人。部分优秀文章推荐《办公室业务》杂志社发表。

（吴洁）

【27个单位入选教育部首批教育信息化试点单位】 11月15日，教育部公布第一批教育信息化试点单位名单，北京27个单位入选。其中，区域信息化试点单位2个、中小学信息化试点单位16个、职业院校信息化试点单位5个、本科院校信息化试点单位2个、专项试点信息化试点单位和国家数字教育资源公共服务平台规模化应用专项试点各1个。该评选旨在加快推进全国教育信息化工作进程，按照信息技术与教育教学深度融合、应用驱动、机制创新、模式探索、与教育信息化"十二五"时期重点工作相结合的试点方向规范试点单位重点工作内容，经专家评审，确定入选单位。

（华蕾　张驰）

教育部第一批教育信息化试点单位和试点工作内容（北京）

区域信息化试点单位

东城区教委

网络环境下的教师专业发展模式探索

海淀区教委

教育信息化促进区域教育均衡发展模式探索

中小学信息化试点单位

北京景山学校

智慧校园建设机制与应用模式探索

东城区府学胡同小学

区域网络协作教研模式探索

北京师范大学第二附属中学

智慧校园促进师生发展模式探索

朝阳区芳草地国际学校

数字化校园建设机制与教学模式创新探索

中国人民大学附属中学

智慧校园建设机制与应用模式探索

北京理工大学附属中学

智慧校园建设机制与应用模式探索

海淀区七一小学

数字化校园建设机制与教学模式创新探索

石景山区实验小学

绿色数字校园建设与可持续发展机制探索

门头沟区大峪第二小学

信息技术与教育教学深度融合模式探索

房山区良乡小学

信息技术与教育教学深度融合及优质资源区域共享模式探索

通州区潞河中学

数字化校园建设机制与教学模式创新探索

顺义牛栏山第一中学

资源共享与教学模式创新探索

昌平区二毛学校

数字化校园建设机制与学生学习方式变革探索

平谷区第六中学

数字化校园建设机制与应用模式探索

延庆县十一学校

信息化助力素质教育途径探索

燕山前进第二小学

基于网络的学生探究性学习方式探索

职业院校信息化试点单位

北京电子科技职业学院

信息化环境下校企合作新型教学模式探索

北京铁路电气化学校

数字化校园建设机制和应用模式探索

北京市商业学校

基于网络学习空间的虚拟仿真实训系统建设与应用模式探索

北京市劲松职业高中

中职精品课程资源建设与共享机制探索

北京市信息管理学校

与企业合作共建优质数字教育资源的机制和模式探索

本科院校信息化试点单位

北京大学

智慧校园

北京工商大学

信息化条件下创新人才培养模式探索

专项试点信息化试点单位

北京市教委

高等学校特色专业优质资源共建共享机制探索

国家数字教育资源公共服务平台规模化应用专项试点

通州区教育信息中心

（张驰）

【继续重点共建“958工程”高校】 11月23日，教育部与北京市签署协议，继续重点共建北京大学、中国人民大学、清华大学、北京师范大学、中国农业大学。王安顺致辞说，共建“985工程”高校是贯彻落实科学发展观的重要举措，是深化部市合作长效机制，推动高等教育内涵式发展的具体行动。真诚希望中央在京高校充分发挥示范带动作用，继续加强与市属院校的合作，提升首都高等教育事业整体发展水平，为首都经济发展方式转变提供更强有力的支撑。袁贵仁希望共建高校始终把服务首都经济社会发展作为重要职责和光荣使命，充分发挥学科专业和人才优势，为北京建设提供更有力支撑，做出更大贡献。郭金龙、袁贵仁等教育部、北京市领导，相关高校领导参加签字仪式。

（吴洁）

【制定随迁子女在京升学考试工作方案】 12月30日，北京市制定进城务工人员随迁子女在京参加升学考试工作方案。明确积极稳妥推进进城务工人员随迁子女接受义务教育后在京参加升学考试工作，近期实行过渡期升学考试措施，千方百计为随迁子女在京升学考试提供多样化服务。一是自2013年起，凡进城务工人员持有有效北京市居住证明，有合法稳定的住所，合法稳定职业已满3年，在京连续缴纳社会保险已满3年，其随迁子女具有北京市学籍且已在京连续就读初中3年学习年限的，可以参加北京市中等职业学校的考试录取。二是自2014年起，凡进城务工人员持有有效北京市居住证明，有合法稳定的住所，合法稳定职业已满6年，在京连续缴纳社会保险已满6年，其随迁子女具有本市学籍且已在京连续就读高中阶段教育3年学习年限的，可以在北京参加高等职业学校的考试录取。三是自2014年起，凡进城务工人员持有有效北京市居住证明，具有合法稳定职业及合法稳定住所，其随迁子女具有本市学籍且已在京连续就读高中阶段教育3年学习年限的，可选在京借考，北京市按教育部相关文件规定、经学生户籍所在省同意后为学生提供高考文化课在京借考服务，学生回户籍所在省参加高校招生录取。四是凡进城务工人员持有有效北京市居住证明，其随迁子女均可按照有关规定，和户籍学生同等待遇报名北京市成人高等教育、高等教育自学考试、网络高等教育、开放大学的考试录取。

（林业）

【评选教育系统档案工作先进】 12月，市教委完成教育系统档案工作先进集体、个人民主推荐工作和实地考察工作。经市档案系统评选表彰工作领导小组审核确定，授予北京工业大学档案馆“2009～2012年度北京市档案系统先进集体”称号，授予市教委机关、首都体育学院、北京联合大学、北京农业职业学院办公室4名工作人员“2009～2012年度北京市档案系统先进个人”称号。

（王薇）

【入选全国档案示范工程】 12月，北京工业大学体育馆项目档案被国家档案局评为“全国建设项目档案管理示范工程”。全国共91个项目入选，全国高校只有北工大1个项目入选。

（王薇）

【督促落实市委市政府重大决策任务】 至年底，市教委督促落实市委市政府有关重大决策任务。全年共承办20项市政府实事、折子工程等重大决策任务。其中，承担市政府实事2项，包括：第11项新增入园名额2万个，完成新建改扩建公办幼儿园50所以上；第12项启动中小学三年行动计划，为义务教育阶段中小学校学生和家长提供全科（21个学科、9500节）数字化名师授课资源，支持在城乡结合部和郊区建设15所中小学校。为督促重大决策任务有效落实，市教委严格工作责任制，制定年度落实预案，分季度报送进展情况，全过程跟踪督办，确保政府重大决策任务平稳有序实施。

（刘转林）

【幼儿园新增 2.4 万个学位】 至年底，市教委先后投入 9.08 亿元扩大幼儿园容量。通过教育系统办园、驻京中央单位、部队办园、企事业单位和街道办园的新建改扩建和改造达标项目，334 所公办性质幼儿园的办园条件明显改善，240 所公办性质幼儿园增容 1～3 个班不等。全年共计增加学位 2.4 万个，完成“学前教育三年行动计划”的年度学位目标。

（孙艳云）

【建设 15 所城乡新区一体化学校】 至年底，市教委完成 15 所城乡新区一体化学校建设。15 所（对）学校中，除东城、西城外，每个区县 1 所，包括小学建制的学校 5 所、初中 2 所、完中 4 所、12 年一贯制学校 2 所，9 年一贯制学校 1 所，纯高中 1 所。其中，新建校 6 所，改扩建学校 9 所。重点建设完成后，可新增学位 9012 个，总学位 22810 个。15 所（对）城乡一体建设项目学校均签署一体化管理协议，坚持“一个法人，一体化管理”的原则。工程总投入 2.4 亿元。

（王雪青）

15 所城乡一体化学校建设名单

北京第二实验小学朝阳学校
（北京第二实验小学）
北京市十一学校亦庄校区小学部
（北京市十一学校）
北京市第二中学通州分校
（北京市第二中学）
首都师范大学育新学校回龙观校区
（首都师范大学育新学校）
东城区东交民巷小学马房分校
（东城区东交民巷小学）
北京光明小学怀柔校区
（北京光明小学）
首都师范大学附属中学永定分校
（首都师范大学）
北京市第四中学顺义分校
（北京市第四中学）
中国人民大学附属中学永宁分校
（中国人民大学附属中学）
北京小学万年花城分校
（北京小学）
北京市铁路第二中学长阳校区
（北京市铁路第二中学）
北方交通大学附属中学密云分校
（北方交通大学）
北京景山学校远洋分校义教部
（北京景山学校）
中国人民大学附属中学二分校
（中国人民大学）
北京师范大学燕化附属中学

（王雪青）

【召开办公室工作研讨会】 至年底，市委教育工委召开 8 次办公室主任工作研讨会。研讨会根据高校学科和分布情况，分批召开。会议研讨创先争优、工作创新等问题，并征集基层对市委教育工委的工作意见和建议。全市各高校代表 100 人次参加研讨会。

（吴洁）

【进一步畅通咨询和信访渠道】 至年底，市教委进一步畅通公众咨询和教育信访渠道。全年受理群众来信来访 2232 件，接待来访 436 批次 1157 人次。群众来访中集体访 56 批次 738 人次，反映随迁子女升学考试问题占集体访总量近一半。妥善处置和化解原中小学代课人员要求解决待遇问题、昌平瑞旗家园业主反映子女入学问题，有效化解矛盾纠纷。“96391”首都教育咨询热线解答群众来电近 6.5 万件，与上年相比接听电话总量上升 10%。其中，群众电话反映诉求类问题 871 件，主要集中在反映学生课业负担重，学前教育入园难，收费调整后的收退费问题等方面。此外，办理政风行风热线转办件 58 件，群众满意率 98%。

（聂荣）

【按期办结人大建议和政协提案】 至年底，市教委全部按期办结市委市政府交办的建议和提案共 227 件。其中，人大代表建议 113 件，政协提案 114 件。意见建议主要集中在教师队伍建设、学前教育发展、义务教育阶段入学及均衡发展、建立中小学校车制度、加强传统文化和品德礼仪教育、学校文化体育设施向社会开放。市教委被评为 2008 至 2012 年办理人大代表建议政协提案工作先进单位。

（付浩奎）

【推进政府信息公开工作】 至年底，市教委积极稳妥推进政府信息公开工作。全年主动公开公文类政府信息 408 条（其中行政规范性文件 18 条），全文电子化率 100%，及时公开社会普遍关注的“三公经费”、预算和决算等信息。市教委网站政府信息公开页面访问量 22396 人次。受理政府信息公开申请 22 件，并按规定予以答复。

（钱进军）

【受理全程办事代理制事项 7923 项】 至年底，市教委受理“行政许可”类全程办事代理制事项 7923 件。受理事项主要集中在中外合作办学、民办学校核准、中小学地方课程审定等方面。市教委行政审批工作突出实用便民，受理事项全部按规定程序办理。

（钱进军）

【市教委网站日访问2万人次】 至年

底，市教委网站继续改进实用栏目数据，方便用户查阅各类教育资源。高峰时网站的日点击量 9 万次，日访问人数 2 万人次。年内，网站重点加强政务公开、网上办事服务、政民互动频道建设和服务，新增教育资源频道和教育电子地图的学校信息概览功能。网站已开设教育信息、政务公开、教育服务、政民互动、教育资源、数字地图和教育之窗共七大频道。市教委网站自建站以来，访问量逐年增长。

（姜振泉　汪玥）

【市教委机关档案实现全程管理】 至年底，市教委机关档案提供档案利用 415 人次，全面满足机关利用档案需求。推进档案资源建设、档案安全管理、档案利用服务等业务工作，全年接收纸质档案 1642 件，重要活动照片 56 张。完成到期档案销毁和纸质档案数字化 1891 件。新增 2371 份电子原文数据上线资源，实物档案实现数字化。

（王薇）

政策法规

【概　况】　2012年，市委教育工委、市教委围绕教育中心工作加强和改进政策研究工作，大力推进依法行政、依法治校。继续推进《北京市学前教育条例》等教育法规性文件的立法调研。完成2011年34项委托课题结题验收，组织开展2012年委托调研课题41项、机关调研课题71项，申报北京市教育科学“十二五”规划课题1项。制定《北京市教育委员会行政调解工作制度（试行）》《北京市教育行政处罚裁量基准适用办法（试行）》《北京市教育行政处罚裁量基准（试行）》等依法行政规范性文件。加大对行政规范性文件的合法性审查力度，全年共报送规范性文件备案18件。全年办理学生教师申诉案件6件，考试处理复核案件1件，行政复议案件4件，行政诉讼案件4件，协助办理信访件8件，参与办理政府信息公开疑难案件6件。年内，市委教育工委、市教委被市委市政府评为“北京市调查研究工作先进单位”“北京市政府法制工作先进单位”。

（黄灵燕）

【印发两委一室工作要点】　1月1日，市委教育工委、市教委、市政府教育督导室印发2012年工作要点。文件明确2012年全市教育工作的总体要求，从八个方面部署全年重点工作。即：培育和弘扬“北京精神”，全面提升学生综合素质；落实重点任务，全面提高公共教育服务能力；加大改革创新力度，进一步增强教育发展活力；努力促进教育公平，积极化解热点难点问题；大力加强学校建设，不断提升办学条件现代化水平；启动实施教育人才规划纲要，努力打造高素质教师队伍；加强教育管理和督导，进一步提高教育管理水平；加强教育系统党的建设，为各项工作提供坚强保障。

（安晶晶）

【加强法制宣传教育】　3月9日，市委教育工委、市教委、市教育督导室印发2012年法制宣传教育工作要点。文件提出法制宣传教育工作的总体要求是坚持领导干部和青少年法制教育“重中之重”的地位，坚持法制教育与思想道德教育、培育弘扬北京精神、依法治教实践相结合，完善体制机制，强化关键环节，创新途径方法，进一步提高法制宣传教育工作的吸引力、感染力、影响力，积极培育蓬勃向上的教育法治文化氛围。文件明确法制宣传教育要点包括围绕中心、全面落实教育系统“六五”普法规划，注重实效、全力推进“法律进校园”工作，普治并举、加强教育工作者能力建设，突出特色、建立健全法制宣传教育保障机制4个方面15项工作要点。

（朱迎）

【印发法治工作要点】　4月5日，市教委印发2012年法治工作要点。全市教育法治工作总体要求是以增强领导干部依法行政意识和能力、提高制度建设质量、规范行政权力运行为着力点，深入推进依法行政、依法治校工作，全面落实教育系统“六五”普法规划，进一步提升教育工作法治化水平。工作要点涉及加强学习培训和宣传教育、进一步提高依法行政意识和能力，加强和改进制度建设、提高制度建设质量和决策水平，积极推进依法行政、提高行政效率和服务水平，扎实推进依法治校、提升教育管理规范化水平，开展青少年法制教育、增强法制宣传工作针对性实效性5个方面，共17项工作内容。

（薛闻喆）

【制定行政调解工作制度】　4月23日，市教委印发《北京市教育委员会行政调解工作制度（试行）》。文件明确规定行政调解的概念、原则、范围、工作程序和责任追究办法。该制度6月1日起施行。

（马乐）

【专项清理歧视艾滋病毒感染者规定】　4月，市教委开展涉及艾滋病毒感染者规定的专项清理工作。经清理，市教委共有8项地方性法规、3项政府规章和42项市政府文件涉及艾滋病毒感染者，均不存在歧视性规定。

（李群伟）

【制定行政处罚裁量基准制度】　5月3日，市教委印发《北京市教育行政处罚裁量基准适用办法（试行）》《北京市教育行政处罚裁量基准（试行）》。文件在梳理教育行政部门行政执法依据和职权基础上，进一步科学合理细化、量化行政裁量权，完善适用规则。文件逐项量化46项行政处罚的裁量权，严格规范裁量权行使，避免执法随意性。

（马乐）

【入选北京市调查研究工作先进单位】　5月9日，在北京市调查研究工作会上，市委教育工委、市教委被评为北京市调查研究工作先进单位。该评选由市委市政府主办，全市25个先进单位获奖。市委教育工委、市教委高度重视调查研究工作。领导坚持以调研推动工作，坚持身体力行，带头搞调研，形成重视调研和善于调研的风气。机关各处室每年开展3项以上调研工作，干部队伍理论水平和政策水平有较大幅度的提高。为确保调研工作开展，两委创新调研管理制度，建立健全调研工作机制，相继制定“调查研究工作制度”“调查研究工作管理办法”，修订“委托课题管理办法”。同时，建立机关、科研院所、高校、学术团体互相配合、互相支持的调研工作网络，搭建平台共同推进调研工作。近两年来，两委机关完成调研课题近700项，有力地推动首都教育发展。

（安晶晶）

【交流青少年法制宣传工作经验】　5月25日，市法宣办、市教委、市司法局、团市委召开全市“青春船长，法治启航”青少年法制宣传教育工作经验交流会。会上，大学生普法志愿者代表讲授“青春船长”示范课。通州区教委、房山区司法局、东城区宏志中学等单位从不同角度介绍开展主

题宣传活动成功做法和先进经验。与会领导为14所高校大学生法制宣传志愿服务团授牌。首都高校代表与北京市中小学代表签署“青春船长”法制教育合作协议。市法制宣传教育领导小组办公室、市教委、市司法局，各区县教委、中小学师生、“青春船长”普法志愿者等500人参加会议。

（朱迎）

【开展“好建议”征集评审活动】 6月11日，市委教育工委、市教委、市教育督导室表彰2011年机关干部“好建议”。该活动面向两委一室机关干部征集“好建议”95项。按照选题、内容、文字表述等方面评价要素，共评出“好建议”48项，其中一等奖5项，二等奖10项，三等奖14项，鼓励奖19项。获奖建议中，《关于加强城乡新区优质学校建设的建议》等11条建议得到落实，推动相关工作的改进和加强。

（安晶晶）

【举办教育系统法制培训班】 6月11至12日，市委教育工委、市教委、市教育督导室举办北京教育系统法制培训班。培训班呈现四个特点：一是教育形式新，首次选用模拟法庭、播放卡通法制宣传片等新形式；二是师资力量强，邀请教育法、行政法领域权威专家举办讲座，结构脉络清晰，事例鲜活典型；三是工作实用性强，将法治观念培养和法律知识认知，与解决机关日常涉法问题和困惑紧密相连，对实际工作具有较强指导性；四是培训效果好，授课选取教育机关工作人员身边案例，促进学员间课上课下的学习交流和讨论。培训班共举办4次专题讲座。两委一室领导干部及区县教育机关分管领导、相关工作负责人近70人参加培训。本次培训标志着教育系统“六五”法制培训工作正式启动。

（朱迎）

【举办中小学模拟法庭展示】 6至12月，市委教育工委、市教委、市司法局、市教育督导室联合举办全市中小学模拟法庭展示活动。活动旨在总结、推广优秀中小学模拟法庭教育成果，引导学生积极学法、用法，自觉遵法、尚法，全面提升全市中小学生法治意识和公民意识。展示活动首先由区县组织中小学模拟法庭评选，然后推荐至少3所学校参加市级评审。最终，全市评出小学组、初中组、高中组一、二、三等奖，以及“优秀小法官”“优秀小律师”“优秀小检察官”“优秀表演奖”。

（朱迎）

【印发领导干部学法制度】 7月12日，市委教育工委、市教委、市教育督导室印发“领导干部学法制度”。该制度适用于两委一室领导班子全体成员及各处正、副处长。明确领导干部学法目标、学习内容和学习形式。该制度通过有计划、有步骤开展法制教育和法治实践，进一步提高两委一室领导干部的法律素质和法治素养。

（朱迎）

【召开机关调研工作会议】 7月26日，市委教育工委、市教委、市教育督导室召开机关调研工作会。会议学习贯彻全市调研工作会议精神，总结部署调研工作，表彰获奖“好建议”。会议作调研工作报告，总结两委一室调研工作，宣读机关“好建议”获奖名单，交流相关处室开展调研工作主要做法和经验。两委一室有关领导，机关各处室负责人、处室工作人员代表参加会议。

（安晶晶）

【举办“法庭开放日”活动】 10月15日，市教委、市二中院少年庭联合举办“法庭开放日”暨校园安全事故防范交流座谈会。会议组织校园安全案件庭审观摩、参观少年法庭、校园安全事故防范座谈交流等活动。市教委、区县教委青少年法制教育负责人、中小学校校长、幼儿园园长代表40人参加会议。开放日活动后，市教委、市二中院还合作举办中小学模拟法庭展示、中小学法制教育骨干教师培训等工作。

（朱迎）

【理论中心组学习社会主义法治理念】 10月29日，市委教育工委、市教委、市教育督导室理论中心组组织集体学习，邀请中共中央党校研究生院院长、博士生导师卓泽渊教授就“确立社会主义法治理念”作专题辅导报告。两委一室领导、各处室处长和直属直管单位负责人80人参加学习。

（朱迎）

【为随迁子女发放法律教育宣传手册】

11月30日，市委教育工委、市教委在北苑中学举办“讲法制，守纪律”主题现场会，为来京务工人员随迁子女发放《北京市中小学生法律教育宣传手册》。宣传手册依照国家《关于中小学法制教育指导纲要》要求，从快乐学习、健康成长、幸福生活三个维度，以法律小故事、普法漫画、法律童谣等，讲解涉及学生法定权益、城市生活规则等方面的法律法规。宣传手册包括法律常识、普法歌谣、典型案例、守法感言四部分。

（朱迎）

【青少年法制教育资源网开通】 12月4日，北京市青少年法制教育资源网开通。该网站是以“崇尚法治精神，建设和谐校园”为宗旨，立足于校园生活、结合社会实际，服务青少年健康成长的普法网站，域名由“法治与

校园”的5个首写字母组成（www.fzyxy.cn）。网站包括模拟法庭、法治与校园、青春船长、学生作品、名师讲法、案例警示、法治进行时、互动专区栏目。设有互动专区，其中，威威在线、法律知识竞赛、微博在线等栏目提供专家、师生互动功能。资源网是“北京教育系统法制宣传教育第六个五年规划（2011～2015年）”的重点工作之一。

（朱迎）

【启动市属高校章程建设工作】　12月31日，市委教育工委、市教委、市教育督导室印发《北京市属高等学校章程建设工作实施方案》，启动市属高校章程建设工作。该工作坚持统筹安排、分类指导，坚持试点先行、稳妥推进，坚持改革创新、突出特色的原则，到2015年，市属公办高等学校完成“一校一章程”，明确学校的基本定位、服务方向、治理结构、基本管理制度，形成依法办学、依章治校的工作格局。北京第二外国语学院、北京信息科技大学、北京工业大学、首都经济贸易大学、北京农业职业学院5所高校作为章程建设试点高校，先行开展章程试点。同时，两委一室成立北京市属高等学校章程建设领导小组，负责市属高校章程制定的组织、协调、指导和审定工作。

（马乐）

【完成法规规章草案意见征询】　至年底，市教委就法规草案中涉及教育的重要内容认真研究，及时向教育部、市政府法制办等相关单位反馈修改意见。全年共完成《残疾人教育条例》《教育法律一揽子修订建议》《预算法修正案》和市政府法制办审查的《专利保护和促进条例》《北京市食品卫生条例》等35项法律法规规章草案的意见征询工作。

（李群伟）

组 织 干 部 工 作

【概　况】　2012年，党的关系隶属于中共北京市委、归口市委教育工委管理的高等院校和事业单位共有61个，校级党委61个，院（系）级党委442个、党总支679个，党支部14142个（其中直属党支部331个）。高校系统共有共产党员275181人，占高校系统总人数的29.2%，大学生党员158565人，占大学生总人数的22.1%（其中研究生党员102822人，占研究生总人数的48.9%，本科生党员54710人，占本科生总人数的12.1%）。全年发展党员35751人，其中，发展大学生党员34720人。年内，市委教育工委以加强领导班子思想政治建设为核心，以提高办学治校能力为重点，扎实推进干部人事制度改革，不断优化干部队伍结构。调配北京高校校级领导干部124人次，其中，双管高校干部88人次，市属高校36人次；调配党政正职领导干部26人，其中，双管高校16人，市属高校10人。完成12人次领导干部试用期满考察或跟踪考察工作。加大竞争性选拔干部力度，在北京工业大学、首都师范大学、中国音乐学院组织开展5个副校级职位的竞聘上岗工作。完成北京大学、北京印刷学院等9所学校的行政班子换届和党代会换届考察工作。完成两委机关、直属单位11个处级领导职位的竞争上岗工作、4个处级非领导职务的推荐考察工作、机关8人次试用期满考察工作，以及直属单位、中专学校9人次的干部任免工作、4人次试用期满考察工作。完成北京教育网络中心副主任职位的公开选拔工作。

（窦海超　张波）

【召开高校组织部长会议】　3月1至2日，市委教育工委召开北京高校组织部长会议。会议全面总结2011年高校组织工作，分析高校组织工作面临的新形势、新任务，就做好高校组织工作进行总体部署。会议印发《2012年北京高校组织工作要点》。市委教育工委领导和北京63所高校主

管书记、组织部长120人参加会议。

（窦海超）

【启动北京高校基层组织建设年工作】　3月21日，北京高校基层组织建设年工作部署会在北京航空航天大学召开。会议强调以基层组织建设年为契机，集中力量全面加强高校基层党支部建设。会议印发《中共北京市委教育工作委员会关于深化创先争优活动开展基层组织建设年工作方案》。基层组织建设年按照抓落实、全覆盖、求实效、受欢迎的总体要求，以调查摸底分类定级、对标整改创先争优、总结深化晋位升级的形式，开展进一步优化党支部设置、加强党支部书记队伍建设、完善和落实党支部工作制度、健全党支部发挥作用和支部建设的良好机制、强化党支部工作保障五项工作，完成提升党支部书记素质、提升党员队伍生机活力、提升党支部工作保障水平、提升党支部工作科学化水

平、提升党支部战斗力任务目标。

（窦海超）

【交流高校党建研究成果】 3月21日，市委教育工委、北京高校党建研究会在北京航空航天大学召开北京高校党建研究成果交流研讨会。会议听取研究会2011年度工作报告，表彰优秀党建研究课题成果，交流高校院系管理体制及运行机制研究、提升高校组织工作满意度研究、教师党支部建设研究3个课题组研究情况。市委教育工委、北京市党建研究会等领导，北京高校党委书记、组织部部长共180人参加会议。

（窦海超）

【北京高校选举北京市第11次党代会代表】 3月29日至4月19日，在市委教育工委指导下，北京高校完成北京市第11次党代会代表选举工作。共产生83名党代会代表，其中，党员领导干部52人，一线代表31人。代表中，女代表42人，少数民族代表8人，50岁以下47人，代表结构符合市委要求。6月25日，市委教育工委为83名代表举办集中培训，要求代表扎实履职尽责、充分发挥作用、树立高校形象，完成好全部会议任务。

（窦海超）

【做好人才工作规划和专项工作】 3月，市委教育工委进一步细化《首都教育人才发展中长期规划纲要（2011～2020）》，研究落实有关工作。牵头完成第11批“北京市有突出贡献的科学、技术、管理人才”评选工作，完成两名“西部之光”学者安置工作、第13批博士服务团两名成员和第五批人才京郊行6名成员选派工作。完成高校、两委机关2012年度政工职评工作。

（张波）

【评选高校领导干部优秀理论文章】 3月，市委教育工委评选高校领导干部优秀理论学习文章。高校校级干部共上交理论学习体会文章489篇，评出一等奖10篇，二等奖20篇，三等奖40篇，优秀组织奖6个。从文章整体质量看，高校领导干部的政治理论水平有新的提高。

（张波）

【举办优秀党支部书记示范培训班】 5月23至25日和11月20至22日，市委教育工委先后举办第六期、第七期北京高校优秀党支部书记示范培训班。培训班邀请中组部、教育部和市委组织部领导和有关专家学者举办专题辅导报告，并安排交流座谈、参观考察等培训内容。500名高校基层党组织书记参加培训。

（窦海超）

【加强后备干部队伍建设】 5至9月，市委教育工委完成后备干部队伍建设相关工作。参与全市公开选拔“80后”干部工作，组织协调市属高校提供20个处级岗位，8所高校通过公开选拔选聘干部。协助市委组织部完成教育系统选调生选拔工作，经过笔试、面试等环节，向系统外推荐优秀选调生13人。

（张波）

【表彰创先争优先进】 6月2日，市委教育工委印发《关于表彰北京高校2010～2012年创先争优先进基层党组织和优秀共产党员的决定》。授予100个基层党组织为创先争优先进基层党组织，授予100名共产党员为创先争优优秀共产党员，追授陆明心为创先争优优秀共产党员。市委教育工委编印《北京高校创先争优活动先进基层党组织和优秀共产党员事迹册》，包括先进基层党组织和优秀共产党员的导语格言、主要事迹和图片，展现创先争优活动成果。

（窦海超　熊洪帅）

【编印党建工作创新项目汇编】 6月21日，市委教育工委编印完成《北京高校优秀基层党建工作创新项目汇编》。该书收录2010年市委教育工委确定的30个北京高校优秀基层党建工作创新项目两年来推进实施的情况、主要做法和工作成效。全书共9.5万字。

（窦海超）

【录制创先争优活动电视专题片】 6月24日，市委教育工委录制完成电视专题片《百舸争流千帆竞——北京高校创科学发展之先争校园和谐之优谱新篇》。电视片时长21分钟，制作历时4个月。电视片全景式展现北京高校把创先争优活动与党的建设相结合、与事业发展相结合、与社会服务相结合所取得的成果和经验。

（窦海超）

【推荐十八大代表候选人初步人选】 6月，市委教育工委完成党的十八大代表候选人初步人选推荐工作。北京高校系统60个选举单位共推荐67名代表候选人初步人选，经市委教育工委研究，确定8人构成的《北京高校系统出席党的十八大代表候选人初步人选考察对象建议名单》。此后，根据市委组织部要求，高校系统增加2名十八大代表候选人初步人选考察对象建议人选。最终，经中共北京市第十一次党代会选举，朱善璐、胡和平、张雪、胡鞍钢、于丹、张学记、刘林7人为北京高校系统参加党的十八大代表。

（窦海超）

【开展献爱心集中捐款】 7月，北京高校开展“共产党员献爱心”集中捐献活动。各高校党委高度重视、精心组织、周密安排，积极做好集中捐献活动，7.84万名党员群众参与捐款，活动募集捐款334.4万元。捐款由各高校分别交至北京市慈善协会。

（窦海超）

【召开创先争优活动总结会】 9月13日，市委教育工委召开北京高校创先争优活动总结会。会议系统总结北京高校创先争优活动的主要做法、成效和取得的经验，并对推进北京高校创先争优常态化、长效化提出明确要求。会上，清华大学、北京航空航天大学、北京工业大学和北京建筑工程学院分别介绍学校创先争优活动主要做法和经验。北京教育系统深入开展创先争优活动领导小组成员、各高校党委主管书记、组织部长、宣传部长共计180人参加会议。

（窦海超）

【集中检查党建工作基本标准】 12月5日，市委教育工委在北京化工大学召开《北京普通高等学校党建和思想政治工作基本标准》集中检查工作总结会。会议总结“基本标准”入校检查工作，并下发检查组书面反馈意见，5所高校结合推进专项工作交流工作经验。各高校主管领导及市委教育工委相关部门负责人130人参加会议。集中检查工作2月启动，上半年学校完成自查，下半年市委教育工委组织专家到校检查。检查项目包括校院两级决策机制建立及落实情况、新一轮大规模培训干部落实情况、党支部建设情况等10项重点工作。检查发现各高校重视基层组织建设年工作，工作落实到位。

（窦海超）

【纪念党校协作组成立20年】 12月13日，北京高校党校协作组成立20周年纪念大会暨2012年年会在北京科技大学召开。会议播放《北京高校党校协作组成立20周年发展纪实》专题片。专题片用珍贵的历史镜头和采访，全方位展示协作组工作和取得的成绩。3所大学进行大会交流发言，从不同侧面介绍加强党员教育培训，提高干部教育培训科学化水平的经验和做法。会议就进一步提高党校工作科学化水平提出具体意见和建议。市委教育工委领导，历届北京高校党校协作组组长单位、原党委主管副书记、原党校副校长，各高校党校校长共110人参加会议。

（窦海超）

【8所高校完成党委纪委换届】 至年底，北京8所高校完成党委纪委换届工作，选举产生新一届党的委员会和纪律检查委员会。8所高校是：北京大学（6月完成换届）、清华大学（4月完成换届）、北京师范大学（9月完成换届）、北京交通大学（4月完成换届）、中央音乐学院（7月完成换届）、北京印刷学院（6月完成换届）、北京联合大学（12月完成换届）、北京电子科技职业学院（8月完成换届）。

（窦海超）

【完成上级干部调训任务】 至年底，市委教育工委完成高校干部、机关干部参加中央党校、市委党校、市人力社保局、国家教育行政学院门组织的脱产学习任务。选调3名校级领导干部参加境外培训和挂职，选调10名市属高校校级干部和后备干部参加国际化人才外语考试（BFT）高级、中级英语培训班。截至年底，市属高校校级领导干部基本上完成5年内参加一次主体班次培训的任务。在各高校自查的基础上，配合市委组织部完成6所高校干部教育培训工作检查。

（张波）

【举办各类干部专题培训】 至年底，

市委教育工委举办各类干部专题培训。依据《2011～2015年北京高校干部教育培训规划》，先后举办新任校级干部培训班、高校领导干部赴英教育管理研修班、高校主管党建工作副书记和组织部长培训班、两委机关直属单位处级干部学习十八大精神轮训班，直接培训干部410人次。协助市委组织部、8所高校干部培训基地完成北京市干部自主选学12个班次。举办政工职评、信息化建设、档案等干部业务培训班。组织市委教育工委、市教委机关全体干部和直属单位处级干部参加中国教育干部培训网在线学习。

（张波）

【开展干部实践锻炼工作】 至年底，市委教育工委开展各类干部实践锻炼工作。协助市委组织部开展“三个一百”工程，选派各高校提出的交流任职人选19人，挂职锻炼人选30人，轮岗正处级干部人选18人。组织召开两委机关挂职干部座谈会，做好第六批机关挂职干部工作总结，选调第七批18名高校、市委办局处级干部，第四批9名高校辅导员、博士、博士后到两委机关挂职。选派11名干部到街道、高校挂职锻炼。

（张波）

【落实干部监督管理措施】 至年底，市委教育工委干部部门落实中央和北京市有关精神，做好干部监督管理工作。按照中央规定，完成市属高校局级干部255人、两委机关处级干部105人、直属单位处级干部81人2011年度个人收入申报和配偶、子女均已移居国外情况申报工作。配合市审计局、委托市教委审计处完成3名高校领导干部离任经济审计工作。

（张波）

宣传与思想教育

【概　况】 2012年，北京高校宣传教育工作以迎接和学习宣传党的十八大精神为主线，以社会主义核心价值体系为引领，着力加强师生思想政治工作，着力加强工作队伍建设，着力加强舆情监测和舆论引导。全市教育系统宣传与思想教育工作者科学谋划、狠抓落实，搭建平台、健全机制，创新形式、增强实效，圆满完成各项工作任务，为首都高等教育人才培养与改革发展稳定提供有力支持。

（刘娟）

【召开高校宣传教育工作会议】 2月

9至10日，市委教育工委召开2012年北京高校宣传教育工作会。会议全面总结2011年北京高校宣传教育工作，表彰2011年第二届首都大学生思想

政治教育工作实效奖、北京高校红色“1+1”示范活动、“我的班级我的家”优秀班集体创建活动等获奖单位和个人，清华大学、北京工业大学、北京外国语大学、首都师范大学分别交流学业辅导、新生教育等工作经验。会议还邀请有关专家作国际形势专题报告。教育部、市委教育工委领导，全市60余所高校的主管校领导、党委宣传部长、学工部长和研工部长240人参加会议。

（杜建峰）

【组织首都教育改革发展专题宣传】 2月，市委教育工委、市教委启动首都教育改革发展专题宣传活动。活动分别围绕“城区义务教育均衡发展”“走进京郊学校——首都农村义务教育面面观”等主题，组织中央及市属重要新闻单位实地采访区县和学校，对推进首都义务教育改革发展过程中的好政策、好方法、好效果进行全面深度报道。

（赵国伟）

【北京高校开展学雷锋活动】 3月2

日，市委教育工委在北京交通大学举办北京高校学雷锋行动启动仪式。会上发布北京高校学雷锋行动宣传语、宣传画和LOGO。大学生代表宣读学雷锋倡议书，号召首都百万大学生积极行动起来，学习和践行雷锋精神。会上，全国道德模范、阜外医院门诊部主任周宪梁等6人被聘为“北京高校学雷锋行动特邀辅导员”，北京大学爱心社等6个长期致力于志愿服务的高校社团被授予“首都大学生学雷锋团队”。会议要求，各高校要认真贯彻落实《北京高校学雷锋行动计划》，努力走在全市学雷锋活动的前列，推进学雷锋活动的常态化。赵凤桐等领导和北京高校师生代表200人参加会议。

（于海）

【与主流媒体合作开办宣传专栏】 3月，市委教育工委、市教委与3家媒体合作开办首都教育宣传专栏。与《京华时报》合作推出“我们身边的好老师”，每周介绍1名教学成绩突出、师德师风优秀的首都基础教育优秀教师；与《北京晚报》合作推出“走进特色校”，每周介绍一所教学质量好、办学有特色且尚未广为人知的首都基础教育优质特色校；与《中国青年报》合作推出“寻找青春榜样”，每周介绍1名品学兼优、成长成材经历示范引领意义突出的首都高校优秀大学生。

（赵国伟）

【举办哲学社会科学教研骨干班】 3至12月，市委组织部、市委宣传部、市委教育工委、市教委、市财政局、市委党校联合举办2012年北京市哲学社会科学教学科研骨干研修班。研修班采取专家报告、分组研讨、学员论坛、社会考察、撰写论文方式，帮助学员掌握党的十六大以来中央和北京市关于经济建设、政治建设、文化建设、社会建设以及生态文明建设的重要精神和决策部署，培养造就高素质哲学社会科学教学科研骨干，推动北京市哲学社会科学事业繁荣发展。研修班首次举办专题班，共分大学生思想政治教育、宗教问题、宣传思想、研究生思想政治理论课、哲学社会科学骨干教帅、思想政治理论课负责人、研究生思想政治教育、大学生心理健康、形势政策和基层宣传思想工作干部12个专题。每个专题一期，全脱产集中研修28天。全市1206名哲学社科教学科研骨干参加学习。

（张华溢）

【召开教育新闻宣传工作会】 4月20

日，市委教育工委、市教委召开北京教育新闻宣传工作会。会议印发《关于进一步加强和改进北京教育新闻宣传工作的意见》，提出加强对教育新闻宣传工作的领导，形成推进教育新闻宣传工作合力，实现教育新闻宣传工作规范管理，积极主动做好教育新闻宣传工作，努力提升教育新闻宣传工作实际效果。会上，市委教育工委、市教委首次对北京市教育系统优秀新闻宣传工作者进行表彰，69名优秀新闻宣传工作者获奖。会议还通报2012年两委一室新闻宣传工作要点。市委教育工委、市教委机关处室，各区县、各普通高等学校、各直管单位新闻宣传负责人参加会议。

（赵国伟）

【举办首都大学生心理健康节】 4至5月，市委教育工委、市教委举办首都大学生心理健康节。心理健康节以“微爱、微笑、微成功”为主题，旨在引导大学生用微笑面对人生，关注点滴，感受微小成功，提升自我，传递爱心，成就幸福人生。活动包括心理健康知识宣讲、校园心理情景剧展演、心理素质拓展定向越野赛、心理骨干教师和学生骨干培训，并组织专家和学生走出学校，向社会和家长宣传心理健康知识。其间，13所高校承办11项专场活动。

（于海）

【开展心理素质工作督导评估】 4至6月，市委教育工委开展心理素质工作督导评估。评估工作采取听取学校汇报、考察工作场所、座谈、问卷调查形式，检查中国地质大学（北京）等19所高校心理素质健康教育工作。评估结果：90%以上达到建设标准。至此，完成北京55所高校心理素质健康教育督导评估工作。

（于海）

【评选高校优秀辅导员和十佳辅导员】

4至12月，市委教育工委、市教委评选2011至2012年度北京高校优秀辅导员和十佳辅导员。经过学校评选、

推荐，市委教育工委、市教委审核、公示，354名辅导员被评为“2011至2012年度北京高校优秀辅导员”。通过网络展示、专家评审等环节，市委教育工委确定北京高校十佳辅导员候选人。经专家评审会评审，最终10名辅导员入选“2011至2012年度北京高校十佳辅导员”。

（丁贞栋）

【举办全国道德模范巡讲活动】 5月17日，“全国道德模范首都高校巡讲活动”在北京化工大学举办启动仪式暨首场讲演会。500余名师生代表听取全国道德模范周宪梁、厉莉和全国道德模范提名奖孙茂芳演讲。巡讲活动由市委宣传部、首都文明办、市委教育工委、团市委、市文联联合举办，年内在35所高校巡讲。

（于海）

【举办首都大学生创意文化节】 5月

31日，第七届首都大学生创意文化节在北京服装学院开幕。创意文化节由市委教育工委、市教委联合市委宣传部、首都文明办共同举办。活动内容包括校园主题日活动、创意集市、平面创意大赛、服装设计大赛、工业设计大赛、首都大学生创意文化展。11月，文化节优秀活动成果集中参加北京国际文化创意产业博览会。

（于海　汪玥）

【制定辅导员队伍建设规划】 5月，市委教育工委制定《北京高校辅导员队伍建设规划（2013～2015年）》。该规划明确北京高校辅导员队伍建设指导思想、建设目标、主要举措和保障措施。提出在全面推进辅导员队伍建设的基础上，重点推进立德铸魂工程、结构优化工程、专业提升工程、职业发展工程、文化聚力工程五大工程。11月，该规划由市委组织部、市委教育工委、市人力社保局印发。

（于海）

【举办思想政治理论课教学基本功比赛】 5至7月，市委教育工委举办第六届北京高校思想政治理论课“精彩一刻”教学基本功比赛。全市50余所高校组织100名教师报名参赛。经过初赛、决赛和专家评议，6人获一等奖，11人获二等奖，13人获优秀奖，10所高校分获大赛优秀组织。市委教育工委将以专项课题形式支持一等奖、二等奖获奖教师。

（杜建峰）

【编印宣传和思想政治教育简报】 6月5日，《北京高校宣传和思想政治教育工作简报》创刊。该简报由市委教育工委不定期编印，分为《舆情通报》和《工作动态》两种专刊，主要选刊舆情动态、各高校宣传和思想政治教育工作方面的经验介绍。简报报送市有关领导，市委教育工委、市教委主管领导，发各高校党委以及宣传部、学工部、研工部、思想政治理论课教学科研部门。

（杜建峰）

【设立思想政治理论课名师工作室】 6月25日，市委教育工委设立第一批北京高校思想政治理论课“名师工作室”。全市30所高校31名思想政治理论课教师提交申报材料，经过专家评审委员会初审和复审，最终决定设立8个“名师工作室”。分别是：孙熙国马克思主义基本原理热点难点工作室（主持人：孙熙国，依托学校：北京大学），艾四林青年教师研修工作室（主持人：艾四林，依托学校：清华大学），王易大学生思想理论热点难点问题工作室（主持人：王易，依托学校：中国人民大学），熊晓琳新上岗教师培训研修工作室（主持人：熊晓琳，依托学校：北京师范大学），姚小玲教学技能与方法工作室（主持人：姚小玲，依托学校：北京航空航天大学），崔建霞案例教学工作室（主持人：崔建霞，依托学校：北京理工大学），左鹏马克思主义宗教观教育教学工作室（主持人：左鹏，依托学校：北京科技大学），冯秀军主题教学工作室（主持人：冯秀军，依托学校：中央财经大学）。“名师工作室”是在市委教育工委指导下，集教学、科研、培训等职能于一体的工作机构。旨在促进思想政治理论课教学科研发展，提升思政课教师队伍总体素质，集中培养一批有影响、有水平教学名师。

（杜建峰）

【组织博士生和辅导员北京市挂职】 6至7月，市委组织部、市委教育工委、市教委联合启动2012年首都高校博士生、博士后、高校青年教师和高校辅导员到北京市挂职锻炼工作。经选拔，272人到北京市党政机关和国有企事业单位挂职锻炼。其中，博士生194人，博士后34人；高校青年教师38人，辅导员8人。挂职职务一般为正处级单位一把手助理。

（于海）

【开展高校教师暑期社会实践】 7月

15至21日，8月14至21日，市委教育工委分两批组织300名高校青年教师赴延安和井冈山开展学习实践活动。其间，通过专题讲座、现场教学、情景教学、互动课堂、分组讨论、征文比赛，引导教师重温党的历史，传承革命精神，增强素质能力。

（赵国伟　熊洪帅）

【开展首都大学生记者团社会实践】 7月24至30日，市委教育工委组织首都大学生记者团暑期社会实践“内蒙古行”采访活动。活动以“践行北京精神，寻访时代榜样”为主题，寻访到内蒙古扎根基层，献身西部建设的首都高校优秀毕业生。活动在社会上引起广泛关注，北京电视台科教频道进行跟踪采访并连续4天报道，学生电视作品在北京电视台《北京青年》栏目播出，首都教育新闻网搭建大学生暑期社会实践活动专题。来自20余所首都高校36名大学生记者参加采访活动。

（赵国伟　于海）

【召开严肃游戏应用培训交流会】 8月23日，市委教育工委在北京理工大学召开“严肃游戏在思政课教育教学中的应用培训交流会”。会议围绕新媒体环境下思想政治理论课教育教学方法创新，以及新媒体发展现状与前景进行交流，报告国内第一款基于严肃游戏的思想政治理论课辅助教学软件“情商加油站”研发过程，介绍其课堂应用经验，举办“情商加油站”现场体验和培训。“情商加油站”2011年下半年在北京大学、北京理工大学、中国人民大学等10所高校进行课堂测试。初步测试结果显示，教学吸引力明显增强，收到理想教学效果，为思想政治理论课建设提供有益的经验。教育部、市委教育工委领导，30所高校思想政治理论课教师、媒体记者等60余人参加会议。

（杜建峰）

【开展高校新生引航工程】 9月5日，

市委宣传部、市委教育工委在中国农业大学举办北京高校新生引航工程暨“党在我心中”主旋律电影进校园启动仪式。会议部署北京高校新生引航工程有关工作，为新生代表发放学习资料。该工程旨在开展新生思想政治教育，为新生的学习生活提供及时有效的指导与服务，重点工作在于加强新生的思想道德和政治文化素养、帮助新生适应大学生活、加强新生班集体建设、树立良好班风学风。启动仪式结束后，与会代表统一观看影片《第一书记》。影片讲述小岗村第一书记沈浩工作事迹。市委宣传部、市委教育工委领导，北京各高校学生工作部门负责人和新生代表共400人参加会议。

（于海）

【举办形势政策报告会】 9月7日，市委教育工委在清华大学举行“部长进校园：首都大学生形势政策报告会”首场报告会，卫生部部长陈竺为大学生作报告。陈竺以《深化医药卫生体制改革的进展与展望》为题，阐述医药卫生体制改革背景、面临的形势和机遇，介绍医药卫生体制改革成就，展望医药卫生体制改革趋势与重点任务。来自清华大学、北京大学、北京中医药大学等高校1000余名大学生听讲。至年底，“部长进校园”共举办8场，国家新闻出版总署署长柳斌杰、民政部部长李立国、工业和信息化部部长苗圩等作报告。

（赵国伟）

【创建优秀示范班集体】 9至11月，市委教育工委在北京高校开展“我的班级我的家”优秀班集体创建活动。通过网络展示、专家评审和答辩评审，10个班级被评选为“十佳示范班集体”，50个班级被评为示范班集体，12个单位获得优秀组织奖。

（丁贞栋）

【召开高校辅导员工作座谈会】 10月

17日，市委教育工委召开北京高校辅导员工作座谈会。会议围绕北京交通大学辅导员工作具体做法开展研讨。会议强调，要结合形势发展与学校实际，在人员编制、职称评定、职务晋升、表彰激励、学习培训方面，加强全市统筹与支持力度，努力解决工作难点与瓶颈问题，推动北京高校辅导员队伍建设取得新进展。赵凤桐以及首都十余所高校领导参加会议。

（于海）

【参观“科学发展成就辉煌”图片展】 10月26日至11月14日，首都20万名高校师生参观由中共中央宣传部、国家发展改革委、解放军总政治部、中共北京市委共同主办的“科学发展成就辉煌”大型图片展览。各高校将此作为迎接党的十八大宣传教育活动的重要内容，高度重视，周密部署，通过组织师生参观展览、主题研讨、座谈交流等形式，深入开展爱国主义、社会主义教育，在校园中营造喜迎党的十八大的良好氛围。

（林林）

【万名高校教师进基层体验】 11月21日，市委教育工委在花园路社区举行“学报告、看成就、助发展”北京高校教师学习宣传贯彻党的十八大精神首都社会体验日活动启动仪式。仪式上，海淀区社区卫生服务管理中心负责人、教师代表分别发言，发放《北京高校教师党的十八大精神学习读本》，为教师实践团授旗。启动仪式后，与会高校教师分别到花园路社区卫生服务中心、北太平庄社区卫生服务中心、海淀区上地医院学习体验。市委教育工委领导和高校100余名教师参加活动。以体验日活动为契机，市委教育工委通过学习考察、课题研究、挂职锻炼等实践形式，陆续组织万名高校教师深入基层学习、宣传、贯彻党的十八大精神。

（于海）

【开通首都百万师生微党课微博】 11月，市委教育工委开通首都百万师生微党课微博。微博设有“书记校长心声”“声音”“观点”等栏目，胡和平、朱善璐、胡鞍钢等十八大代表纷纷在微博上发言。开通1个月，粉丝5万人，转发30万次。中央办公厅《工作情况交流》、新华社内参及光明日报、中国教育报、北京日报等媒体进行报道。

（丁贞栋）

【全面推进十八大精神主题宣教活动】

11月，市委教育工委全面推进十八大精神主题宣教活动。一是领导专家作报告。开展“部长进校园”形势报告会，深入解读十八大报告。二是网络平台学理论。与新浪网合作开通首都百万师生微党课。三是党员骨干读经典。组织学生理论社团、党员骨干学习研读马克思主义理论经典著作。四是学习实践砺师魂。以“学报告、看成就、助发展”为主题，开展北京高校青年教师首都社会体验日活动，举办宣传干部和哲学社会科学骨干教师培训班。五是学生宣讲下基层。开展“党在百姓心中”群众宣讲活动。各高校成立学生宣讲团，深入班级、公寓及社会开展宣讲。六是深学践行铸信念。在教师中开展“爱岗敬业、教书育人”实践教育，在学生中开展“让青春在奉献中闪光”实践活动。

（于海）

【举办新上岗辅导员培训班】 12月19至22日，市委教育工委在北京师范大学举办2012年北京高校新上岗辅导员培训班。培训班邀请北师大、教育部、市委教育工委等领导以及10余名专家学者和实务工作者举办专题讲座，内容涉及社会思潮、生涯发展规划、心理健康教育等。培训班还邀请全国辅导员年度人物和北京高校十佳辅导员，与学员进行面对面交流。40余所高校136名新上岗辅导员参加培训。

（于海）

【评审红色“1＋1”活动】 12月26

日，市委教育工委召开北京高校红色“1＋1”示范活动评审会。市委组织部、市委农村工委、市委教育工委等领导参加评审会。经评审，252个党支部获得2012年北京高校红色“1＋1”示范活动奖励，16个学校获得北京高校红色“1＋1”活动优秀组织单位称号。3至11月，市委教育工委组织选拔765个学生党支部与农村、社区、部队等党支部开展红色“1＋1”共建活动。

（丁贞栋）

【评选学生社会实践优秀论文】 12月，市委教育工委评选学生社会实践优秀论文。27所高校114个团队或个人共提交114篇社会实践论文。经评审，6篇论文获得特等奖，11篇论文获得一等奖，18篇论文获得二等奖，11名教师获得优秀指导教师奖，8所高校获得优秀组织奖。

（杜建峰）

统一战线与群众工作

【概　况】 2012年，北京高校统战工作以邓小平理论、“三个代表”重要思想和科学发展观为指导，围绕中心，服务大局，为实现“十二五”发展目标服务，为推进首都教育科学发展服务，为促进“三个北京”和世界城市建设服务。统战工作得到市委统战部肯定，市委教育工委被授予2012年度北京市统一战线理论研究和调查研究优秀组织单位，“加强高校党外代表人士队伍建设”有关经验入选《北京市统战工作创新成果汇编》，《北京高校党外高级知识分子思想状况调研》获得北京市统一战线理论研究和调查研究优秀成果一等奖。

（钱卫）

【召开民盟民进对口联系新春座谈会】 2月2日，市委教育工委、市教委在北京师范大学召开民盟、民进市委对口联系座谈会。会议介绍市教委2011年工作情况和2012年工作要点。民盟、民进市委肯定近年来首都教育事业改革发展成绩，同时围绕“产学研协同创新”“大学科技园定位”“远郊

区县高中教师培训”等问题发表意见和建议。赵凤桐、刘建、姜沛民，以及民盟北京市委、民进北京市委领导参加会议。

（相京）

【召开高校统战部长会议】 2月22日，

市委教育工委召开北京高校统战部长会议。会议听取北京高校统战工作报告，交流3所高校统战工作经验，授予8所高校“2011年度北京高校统一战线创新工作先进单位”称号。会议印发《北京高校2012年统战工作要点》，以及北京高校统战创新工作先进材料汇编和统战工作总结汇编等材料。市委统战部、市委教育工委等领导，全市高校统战部代表200人参加会议。

（相京　熊洪帅）

【座谈党外代表人士队伍建设】 3月8

日，市委统战部、市委教育工委在北京林业大学召开14所高校统战部长座谈会。会议专题学习《中共中央关于加强新形势下党外代表人士队伍建设的意见》。各高校一致认为，文件是新中国成立以来第一次以中共中央名义出台的关于党外代表人士队伍建设的专门文件，对加强党外代表人士队伍建设、促进多党合作事业发展、坚持社会主义政治制度的特点和优势具有非常重要意义。市委统战部、市

委教育工委领导和 14 所高校党委、统战部代表参加会议。

（相京）

【为社会发展建言献策】 3 月，北京高校党外全国人大代表、全国政协委员 100 人参加全国人大和全国政协会议。党外人大代表和政协委员认真履行职责，积极参政议政，围绕国家经济社会发展的热点难点问题积极建言献策，提交一批高质量的建议、提案。代表委员围绕“关于转变经济增长方式、实现经济可持续发展”“推进教育体制改革”“医疗卫生体制改革、社会保障制度建设”以及对外关系、法治建设等，积极建言献策，切实履行人大代表、政协委员职责。

（相京）

【举办宗教政策主讲教师培训班】 4 月 16 至 27 日，市委教育工委举办北京高校第三期宗教政策选修课主讲教师培训班。培训对象是各高校思想政治理论课骨干教师，宣传、统战、保卫部门工作者以及院系党总支书记、辅导员，共计 102 人。培训以邓小平理论和“三个代表”重要思想为指导，深入贯彻落实科学发展观，了解当前高校宗教工作新形势，认真学习党的宗教政策和国家法律法规，着力加强马克思主义宗教观教育，进一步做好高校涉及宗教因素的相关工作。

（相京）

【承办宗教问题报告会】 5 月 23 日，市委教育工委、清华大学承办“正确认识和对待宗教问题报告会”。会议由中央统战部、教育部主办。报告会介绍宗教的基本情况和特点，分析中国宗教信仰多元特征。强调党在宗教事务方面坚持依法管理、独立自主自办，积极引导宗教与社会主义社会相适应。北京高校党委领导和高校师生代表共 650 人参加报告会。

（王朋信）

【举办教育系统教职工运动会】 5 月

26 日，2012 年首都教育系统教职工运动会在奥体中心体育场举行。中国教科文卫体工会、市总工会、市委教育工委、市教委领导，以及首都高校、各区县教育系统代表和教职工代表 8000 人参加运动会。运动会举办舞狮舞龙、腰鼓表演、九宫格等展示，以及田径项目决赛等。运动会闭幕式颁发体育道德风尚奖、优秀组织奖和各单项奖等。运动会设田径、篮球、羽毛球、乒乓球、游泳、围棋、象棋、桥牌 8 个竞赛项目和第九套广播体操、太极拳等 2 个表演赛项目。65 所高校、16 个区县（含燕山）12000 人次报名参加比赛。3 至 5 月，比赛分别在首都体育学院、北京职工体育服务中心、北京大学等校举办。

（相京　熊洪帅）

【举办高校党外代表人士培训班】 6 月 26 至 28 日，市委统战部、市委教育工委、市高校干部培训中心联合举办 2012 年北京高校党外代表人士培训班。培训班主题是深入学习贯彻《中共中央关于加强新形势下党外代表人士队伍建设的意见》精神，进一步加强北京高校党外代表人士队伍建设。来自 50 所高校党外人士 60 人参加学习。

（相京）

【发放“爱心成就未来”助学款】 10 月 19 日，市委教工委、市教委与北京市慈善协会联合举办 2012 年“爱心成就未来”助学款发放仪式。仪式上，现场发放助学款，部分高校受助生代表为答谢社会各界的关爱表演文艺节目。市领导与市慈善协会领导鼓励大学生以健康、阳光的心态，正确选择人生之路和人生价值，努力使自己成为有益于社会的人，并将爱心传递下去。北京市慈善协会、市委组织部、市社工委等领导，22 所高校领导、受助生代表及部分爱心企业人士参加仪式。2012 年，“爱心成就未来”项目资助首都 23 所高校 2300 名贫困学子。资金主要来源于“共产党员献爱心”捐款以及部分爱心企业定向捐款。“爱心成就未来”项目 1997 年开始实施，累计资助首都两万名贫困学生。

（相京）

纪检 · 监察

【概　况】 2012 年，北京高校纪检监察机构共有 63 个。纪检监察专兼职干部 373 人，其中，大学及以上学历 355 人，占 95.2%；35 岁及以下和 56 岁以上干部分别占 17.7% 和 18.0%；妇女干部占 45.3%；少数民族干部占 7.8%。获得过省部级奖的人员 5 人。北京高校纪检监察部门新立案 10 件，结案 13 件，共处分 14 人。全年，教育系统纪检监察机构受理群众信访举报 948 件次，其中，市教育纪工委受理 204 件次，比上年的 290 件减少 29.7%。

（郑立波）

【加强艺术类专业招生监察工作】 1 月16日，市教委印发《关于做好2012

年北京普通高校艺术类专业招生监察工作的通知》。通知从四个方面就做好 2012 年北京高校艺术类专业招生监察工作提出要求。一是各高校要高度重视艺术类专业招生考试管理和监督工作，加强组织领导，加大信息公开力度，落实招生工作责任制和责任追究制。二是要完善制度，强化自我约束和监督制约，严格按照教育部有关文件规定的要求、程序、办法开展招生考试及监察工作。三是监察部门实行全过程参与和对重点环节监督检查，做到人员到位、职责到位、监督到位；对反映招生考试违规问题的来信来访，要认真核实、及时处理。四是监察部门要结合形势发展和艺术类专业招生实际，不断探索创新监察工作模式。市教委组成艺术类专业招生考试巡视组，巡视检查部分高校专业考试以及招生监察工作。

（张华　王海伟）

【召开党风廉政建设工作会议】 2月21日，北京教育系统召开党风廉政建设工作会议。会议学习贯彻十七届中纪委七次全会以及市纪委十届八次全会精神，总结2011年系统党风廉政建设和反腐败工作，部署2012年主要任务。会议听取《加强反腐倡廉建设为推进首都教育事业改革发展提供有力保证》报告，清华大学、北京师范大学、首都师范大学和首都经贸大学与市教委签订“高校党风廉政建设责任书”。会上，赵凤桐强调，教育系统要着力提高教育系统反腐倡廉建设的科学化水平，努力加强廉政风险防控管理的体系化建设，积极推进惩治和预防腐败体系的深入化发展。同时，要切实加强对党风廉政建设和反腐败工作的组织领导，深入推进反腐倡廉建设理论研究，从组织、队伍、理论三方面加强保障工作，确保各项任务落到实处。市委教育工委、市教委、市教育督导室领导，各高校、各区县、各直属单位党政负责人等300人参加会议。

（钟巍盛）

【召开纪检监察工作会议】 3月6日，北京教育系统纪检监察工作会在中国戏曲学院召开。会议贯彻落实十七届中纪委七次全会、十届市纪委八次全会以及教育部党风廉政建设会议精神，总结2011年教育系统纪检监察工作，部署2012年工作任务。市委教育工委、市教委领导和北京高校、区县、直属单位负责人300人参加会议。

（钟巍盛）

【开展教育系统春季收费检查】 3月21日，北京市治理教育乱收费联席会议办公室印发《关于认真做好2012年春季教育收费检查工作的通知》。文件要求各区县及高校治理教育乱收费办公室要高度重视春季收费检查工作，协调相关部门，抓住春季开学收费的关口，有组织有计划地开展收费自查和检查工作，对发现的问题积极整改。全市普教系统组织1670所中小学进行教育收费自查工作，自查率100%。在自查基础上，各区县组织检查组69个，参检人员291人，抽查411所中小学，其中，高中58所、初中140所、小学213所，抽查率24.6%。查出违规收费问题14个，清退违规收费金额1.92万元。各高校组织1673个部门进行自查，在自查的基础上，全市高校组织检查组109个，参检人员873人，对909个部门收费情况进行检查。

（张华　王海伟）

【加强高校招生监察工作】 4月1日，市教育纪工委在北京市2012年普通高等学校招生工作会上就高校招生录取监察工作提出具体要求。一是要充分认识高校考试招生工作的重要意义，增强政治责任感和工作紧迫感。二是要深入推进高校招生阳光工程，确保考试招生工作公平公正。要加强招生考试管理，进一步清理规范高考加分项目，加强对自主招生、研究生和艺术类、体育类及保送生等特殊类型招生工作监管，进一步完善、公开特殊类型招生政策，严格规范招生程序，严密组织招生考试。三是要严肃考试招生工作纪律，严格执行责任追究制。对考试招生工作中出现的各种弄虚作假、违纪违规、舞弊事件和乱收费行为，做到有诉必应、有案必查、有责必问、有错必纠。一经查实将按照有关规定严肃处理当事人，决不手软，并且要按照党风廉政建设责任制规定和“谁主管、谁负责”的原则，追究有关领导责任。各区县考试中心主任、高招办主任及相关工作人员，各招生院校主管院（校）长、招生办主任参加会议。

（张华　王海伟）

【参加“政风行风热线”直播节目】

4月12日，市教委新闻发言人线联平参加市纠风办在“首都之窗”网站开设的“政风行风热线直播间”栏目。交流活动以“规范基础教育办学行为”为主题，分别回答群众关心的推进义务教育均衡发展、义务教育阶段择校乱收费、来京务工人员随迁子女入学等。该活动加强市教委与市民的沟通，有利于接受群众监督，宣传政策，不断提高服务水平。市教委有关处室负责人5人参加直播节目。

（张华　王海伟）

【进一步规范教育收费工作】 5月4日，市教委、市纠正行业不正之风办公室、市监察局等七部门联合制定《关于2012年北京市进一步规范教育收费工作的意见》。文件明确2012年北京市规范教育收费总体要求是：坚持“谁主管、谁负责”和“管行业必须管行风”的原则，加强组织领导，全面实施教育收费治理工作责任制。主要任务共7项：严格落实各项教育收费政策和管理措施，深入治理义务教育阶段择校乱收费行为，严禁公办中小学违规办班补课收费行为，严格执行公办高中招收择校生的“三限”政策，进一步规范高校收费行为，加强对中小学教辅材料的管理，加强幼儿园收费行为监管。

（张华　王海伟）

【召开规范教育收费工作会】 5月11日，市教委召开北京市2012年规范教育收费工作会议。会议听取《明确目标，狠抓落实，深入推进治理教育乱收费工作》工作报告，回顾2011年工作，部署2012年主要工作任务。会议强调，各级领导要深刻认识规范教育收费工作的形势任务，切实增强责任感、紧迫感；在工作中要突出重点，破解难题，狠抓各项规范收费措

施的落实。严查违规行为，坚持从严治教，确保规范教育收费各项工作取得实效，确保在重点任务上取得明显突破，开创治理教育乱收费工作新局面。会上，西城区、朝阳区、海淀区交流经验，市教委主任与各区县教委主任签署“教育收费治理工作责任书”。市治理教育乱收费局际联席会成员单位领导，市治理办成员，各区县主管教育区县长、教委主任、治理教育乱收费联席会议成员单位领导、治理办主任，高校、中专校、中小学校长代表约400人参加会议。

（张华　王海伟）

【发放廉洁教育读本】　6月6日，北京高校廉政文化进校园暨廉洁教育读本发放仪式在中国政法大学举行。市委教育工委领导、60所高校教师和学生代表150人参加仪式。会议发放《高等学校教职工廉洁教育知识读本》和《大学生廉洁知识读本》。会议肯定两个读本的编写成果，要求各高校要进一步提高认识，以读本发放为契机，进一步推进高校廉政文化建设。会议发放的两个读本由市纪委、市教育纪工委、北京市新闻出版局联合组织编写。读本采取理论与实践相结合、正面引导与反面警示相结合等方式，将传统美德、法律法规、廉洁文化与学校教育有机融合，系统梳理挖掘廉洁教育知识。读本选取具有代表性的案例，配以漫画、人物故事、格言警句等，图文并茂。

（钟巍盛）

【召开廉政风险防控管理工作部署会】　6月18日，市教育纪工委召开2012年北京高校廉政风险防控管理工作部署会暨经验交流会。会议观看西城区委权力公开透明运行试点工作纪实及西城区电子监察系统建设成果展示宣传片。听取中国石油大学（北京）、首都医科大学、协和医学院等单位加强高校廉政风险防控管理工作经验。会议要求通过梳理权力事项、规范权力运行流程、科学配置各类职权、分解落实防控责任推进权力结构科学化配置体系建设。通过加大信息公开、项目化管理、跟踪记录等方法推进权力运行规范化监督体系建设。通过权力网上运行、建设廉政风险防控管理信息系统、健全预防腐败预警处置机制等手段来推进廉政风险信息化防控体系建设。会议明确廉政风险防控管理工作的工作步骤，要求进一步加强组织领导、落实责任，做好计划制定、统筹协调、检查考核和理论研究工作。市教育纪工委、市预防腐败局领导，北京高校、市教委直管直属单位负责人等150人参加会议。

（钟巍盛）

【巡视检查高校招生工作】　7月10至28日，9月5至10日，市教委组织高校纪检监察干部巡视检查高校招生工作。高校纪检监察干部45人组成10个检查组，由高校纪委书记带队，巡视检查48所高校招生工作。检查通过听取工作汇报、进行交流提问、巡视录取现场和查阅相关材料，全面了解招生管理及招生监督情况，提炼各学校的亮点、特色，找出存在问题，提出具体工作意见和建议。检查以特殊类型招生为重点，关注统招中的计划调整、退档等关键环节。

（张华　王海伟）

【召开民主评议督导见面会】　7月13日，市教委召开“2012年北京教育系统民主评议督导见面会暨动员部署会”。会议总结一年来市教委和教育系统政风行风建设情况，东城区教委交流推进政风行风建设经验。会上，市民主评议督导组、市纠风办充分肯定市教委政风行风建设工作，认为市教委工作具有三个特点：一是高度重视，认识到位，行动及时；二是方案可行，承诺推进，重在建设；三是督促引导，达成共识，形成合力。会议对各区县教委、市教委机关处室和各直属单位开展好民主评议基层站所工作，加强教育系统政风行风建设提出要求。市纪委监察局、市民主评议督导组，市委教育工委、市教委领导，各区县教委政风行风建设工作领导，市教委机关、各直属单位负责人参加会议。

（张华　王海伟）

【市纪委检查高招工作】　7月18日，市纪委、市监察局、市教育纪工委到北京第二外国语学院检查高招工作。检查组听取学校相关负责人具体汇报，询问保送生考试、小语种招生、考生退档情况等问题。检查组检查学校高招录取现场。检查组对学校近年来的招生及其监察工作，特别是校纪委在教育部“六不准”“十条禁令”基础上制定的“五不得”、24小时接受举报，以及不断完善招生工作廉政风险防控措施做法给予肯定。

（钟巍盛）

【巡视检查本科招生录取工作】　8月，高校招生第五巡视检查组分别检查北京化工大学、北京中医药大学、北京服装学院、中央戏剧学院、北京协和医学院五所高校的2012年本科招生情况。检查组围绕学校招生录取工作中执行国家政策，加强权力运行监管，开展招生“阳光工程”等情况进行重点检查，分别听取各学校招生负责人关于招生及招生监察工作情况汇报，查阅各校招生工作基础材料，并巡视部分学校录取现场。高校招生第五巡视检查组由北京航空航天大学、中国政法大学、北京理工大学、北京体育大学领导组成。

（钟巍盛）

【全国高校廉政文化作品赛获奖】　9月，北京高校12项作品参加教育部举办的全国高校廉政文化作品大赛获奖。其中，获得表演艺术类二等奖2项，获得表演艺术类三等奖3项，获得书画摄影类二等奖2项，获得艺术设计类二等奖1项，获得艺术设计类三等奖2项，获得网络新媒体类三等奖2项，北京市委教育工委获得优秀组织奖。全市23所高校共选送作品97件参赛。

（钟巍盛）

【督查秋季规范教育收费情况】　10月13至31日，市治理教育乱收费联席会议办公室开展秋季规范教育收费情况督查工作。市教委、市纠风办、市监察局等部门抽调52人组成5个督查组，检查全市16个区县40所中小学校、32所幼儿园，以及中国劳动关系

学院、中华女子学院、北京电影学院、首都经济贸易大学、北京工业大学耿丹学院5所高校。督查重点是学校贯彻落实《关于2012年北京市进一步规范教育收费工作的意见》情况、新调整的收费政策、秋季收费自查自纠工作情况等。督查主要采取听取汇报、查看材料，查看账目、收费票据、记账凭证，召开部分学生、家长、教师座谈会，以及个别访谈的形式进行。督查组对发现的不规范收费和违规收费问题及时督促区县、学校进行核查和整改。

（张华　王海伟）

【召开“检校合作”专题座谈会】 11月16日，市教育纪工委、朝阳区检察院联合召开朝阳区“检校合作及片组”高校财务管理领域职务犯罪预防工作专题座谈会。会议交流各高校财务管理领域廉政风险防控及职务犯罪预防工作，第一片组组长介绍片组及“检校合作”联席会的活动情况。朝阳区检察院肯定“检校合作”取得的成绩和意义，通报近期北京市高校出现的财务领域职务犯罪情况。会后，与会人员参观北京电子科技职业学院亦庄校区和部分实训基地。市教育纪工委、朝阳区检察院领导和16所高校纪委书记、纪检监察办公室主任及财务处处长参加会议。

（钟巍盛）

【交流廉政风险防控经验】 11月23日，市教育纪工委在北京工业大学召开北京高校廉政风险防控管理“三个体系”建设试点单位工作交流会。会上9所试点高校负责人交流“三个体系”建设工作进展情况及存在的问题。会议指出，“三个体系”建设作为北京市纪委推进的一项重要举措，不是反腐倡廉工作的新增内容，而是廉政风险防控管理工作的进一步深化；各试点高校要切实领会上级文件精神，结合各自工作实际，深刻理解“三个体系”建设的内涵，发挥典范作用，扎实推进工作。廉政风险防控管理“三个体系”一是权力结构科学化配置体系，二是权力运行规范化监督体系，三是廉政风险信息化防控体系。市教育纪工委和北京高校代表21人参加会议。

（钟巍盛）

【七部委专项督查教育收费工作】

11月25至30日，国家发展改革委、国务院纠风办、教育部等七部委教育收费专项督查组检查北京市规范教育收费工作。督查组由10人组成。督查组听取市教委工作汇报，实地检查7所高校、7所中小学校、2所幼儿园，通过查阅收费文件、资料，检查财务账目、票据，随机走访学生等方式，检查北京市规范教育收费工作。督查组认为，北京市对治理教育乱收费工作高度重视，坚持标本兼治、综合治理，采取有力措施，坚决查处乱收费行为，不断加大财政投入和源头防治力度，教育收费行为得到进一步规范，有效遏制教育乱收费的蔓延，家长、学生不合理负担进一步减轻，治理教育乱收费工作取得明显成效。但一些地方和学校仍然存在违反国家政策规定的乱收费行为，治理教育乱收费工作仍需常抓不懈。检查的16个单位中13个单位存在问题，累计48项。主要表现在学历教育新增专业、各类学校中外合作办学的学费项目和标准、高校各类培训服务培训费，未按规定履行报批手续等。督查组从五个方面提出建议。一是进一步加强对教育收费的管理；二是进一步加强对学校收费公示监管；三是高度重视、认真整改检查中发现的问题；四是继续加大对教育乱收费的治理查处力度；五是进一步加强对教育收费政策的学习培训，切实提高对政策的理解力和执行力，防止因不了解政策规定发生乱收费行为。洪峰参加反馈会，代表市政府表态，对督查组发现的问题，将认真进行整改，严肃处理违规乱收费行为。市教委、市监察局领导等陪同检查组检查。

（张华　王海伟）

【总结民主评议基层站所工作】 12月

13日，市教委召开区县教育系统民主评议基层站所工作总结暨经验交流会。会上，朝阳区、丰台区、石景山区和延庆县4个区县教育纪工委书记交流工作经验，介绍民主评议工作开展情况，其他12个区县和燕山教委作书面交流。市教委总结2012年解决人民群众关注的教育热点和难点问题方面主要工作，重点涉及4个领域：加大学前教育投入力度，严格规范幼儿园收费行为；统筹城乡发展，均衡优质教育资源，加快均衡发展进程；不断规范公办学校办学行为，坚决制止公办中小学乱收费行为；积极推进教育系统行风建设，深化治理教育乱收费工作。市民主评议督导组领导参加会议，对教育系统民主评议基层站所工作给予肯定，并提出意见和建议。市教委、市教育纪工委领导，市民主评议督导组成员、市教委职能处室负责人，各区县教委政风行风建设工作主管领导参加会议。年内，市教委将民主评议基层站所工作与秋季教育收费督查工作结合，邀请市行风热线督查评议员、市民主评议督导评议员参加检查。通过教育收费专项督查，评议督导组成员切实感受到区县教委及学校在解决群众关心的热点难点问题和促进教育系统政风行风建设所做的努力。

（张华　王海伟）

发　展　规　划

【概　况】　2012 年，市教委发展规划方面重点完成四方面工作。一是规划工作。经市政府批准，会同市发展改革委联合印发《北京市“十二五”时期教育改革和发展规划》，并要求各单位结合本地区、本部门实际，认真贯彻落实“十二五”规划，积极主动开展工作，全面提高首都教育现代化水平。会同相关处室和科研部门研究今后一段时期内市属高等学校发展和建设的重大问题，提出“十二五”时期市属高校发展和建设意见。完成教育事业中长期纲要及“十二五”规划资料汇编，收录国家、北京市及各区县相关规划纲要，为各级教育行政部门和各类学校实施规划提供依据和参考。开展市属本科院校“十二五”发展规划审核工作，牵头组织论证各高校“十二五”发展规划。成立北京市教育体制改革领导小组，积极推进国家教育体制改革试点项目。二是统计工作。完成 2011 学年度北京市教育事业统计信息编辑和发布工作，编印《北京市教育事业统计资料（2011～2012 学年度）》，公布 2011～2012 学年度北京市教育事业统计数据。全面开展质量评估，表彰 2011 年在教育事业统计工作中表现突出、成绩显著的集体和个人。高质量完成《北京市宏观经济与社会发展基础数据库》维护和数据提供工作，为全市宏观管理和决策提供数据支撑。加强教育事业统计队伍建设，认真做好 2012 学年度教育事业统计工作培训及报表布置工作。三是院校设置工作。制定“十二五”时期北京市高校设置规划，优化首都高等教育布局，推进高等教育全面协调可持续发展。组织北京建筑工程学院更名申报工作，组织北京吉利大学举办本科教育申报工作，完成北京卫生职业学院设置相关工作，协助北京警察学院办理恢复办学工作。四是招生计划管理工作。完成研究生教育招生计划、普通高等教育招生计划、成人高等教育招生计划、中等教育招生计划的编制和执行。完成高考照顾加分政策调整工作，制定新的高考照顾加分政策。牵头研究来京务工人员随迁子女升学考试问题，制定随迁子女在京参加升学考试方案，按照国务院要求如期发布。

（周彤）

【批准设立1所高等职业学院】　3月，

经市政府批准、教育部备案，北京市设立北京卫生职业学院，同时撤销北京卫生学校、北京护士学校和北京市中医学校建制。北京卫生职业学院由北京市卫生局举办，属专科层次普通高校，主要开展高等职业教育。

（丁建）

【批准北京广播电视大学更名】　6月，经教育部批准，北京广播电视大学更名为北京开放大学，同时撤销北京广播电视大学建制。该校是以现代信息技术为支撑，面向成人开展远程开放教育的新型高等学校。主要开展非学历继续教育和学历继续教育，经市学位委员会批准可授予学士学位。

（丁建）

【表彰教育事业统计工作先进】　7月27日，市教委通报表彰 2010 至 2011 学年度教育事业统计工作优秀集体和优秀个人，50 个优秀集体和 50 名优秀个人获得奖励。该表彰依据 2011 至 2012 学年度教育事业统计工作质量评估结果评选。评估范围包括 2011 年从事教育事业统计工作的区县教育行政部门、普通高等学校、成人高等学校、普通中等专业学校以及上述单位的统计人员。评估重点是积极推进教育事业统计工作制度化建设，不断提高教育事业统计能力，为办好人民满意的教育提供科学管理和宏观决策支持。

（赵琦　孙运科）

【成立教育体制改革领导小组】　7月，北京市成立教育体制改革领导小组。赵凤桐、洪峰担任组长，姜沛民、刘建、线联平担任副组长，成员包括市发展改革委、市财政局、市人力社保局、市规划委、市城乡建设委主管领导。领导小组下设办公室，办公室设在市教委。办公室以市教委发展规划处为主，政策法规处、办公室、督导室综合处和北京教科院教育发展研究中心相关人员为成员。教育体制改革领导小组按照国家教育体制改革领导小组办公室要求，牵头组织推进全市 20 项体制改革试点。

（周彤）

【制定“十二五”时期高校设置规划】　7月，市教委根据国家和北京市中长期教育发展规划，编制“十二五”时期北京市高校设置规划。该规划确定北京市高校设置工作的指导思想是：以基本稳定首都高等教育发展总体规模为出发点，重在提高办学质量，严格控制新增学校数量；以适应首都经济产业结构调整为目标，高校设置与调整要突出体现强化办学特色，强化区域服务功能；进一步加强统筹规划，优化首都高等教育布局，推进高等教育全面协调可持续发展。

（丁建）

【调整高考照顾加分政策】　7月，市教委会同市体育局、市民委、市公安局、市科协制定新的高考照顾加分政策。调整原则是逐步减少加分项目，降低加分分值。根据新的加分政策，少数民族考生由现在增加 10 分投档调整为增加 5 分投档；市优秀学生干部由现在的增加 20 分投档调整为增加 10 分投档；获奥赛省赛区一等奖毕业生不再加分投档，调整为同等条件下优先录取。新的政策 2014 年开始实施，即从 2011 年秋季进入高中阶段一年级的学生开始，2010 年（含）以前已进入高中阶段学习的学生，仍适用调整前的相关政策。

（姚林修）

【编印规划资料汇编】 7 月，市教委编印教育事业中长期纲要及“十二五”规划资料汇编。汇编收录国家、北京市及各区县相关规划纲要和“十二五”规划，为各级教育行政部门和各类学校实施规划提供依据和参考。汇编收录资料 22 份，共 50 万字。

（张晓玲）

【市属高校稳定招生规模】 至 9 月，北京市属高校普通高等教育稳定招生规模。招生计划 83000 人，实际招生 83667 人，比上年增长 3.2%。其中，本科招生 49192 人，比上年增长 2.5%，高职招生 34475 人，比上年增长 4%。

（姚林修）

【高考录取比例继续超过 80%】 至 9 月，全国高校统一招生考试在京计划招生 57078 人，实际录取 59862 人，升学率继续保持在 80%以上。北京地区参加统考人数 6.8 万人，比上年减少 0.3 万人。

（姚林修）

【继续开展高职自主招生试点工作】 至 9 月，北京市按照“高端多元，中间稳定，低端放开”高考改革总体思路，稳步推进高等职业教育自主招生试点工作。参加试点的招生院校增加到 17 所，分别是首钢工学院、北京电子科技职业学院、北京劳动保障职业学院、北京信息职业技术学院、北京工业职业技术学院、北京农业职业学院、北京财贸职业学院、北京经济管理职业学院、北京政法职业学院、北京体育职业学院、北京北大方正软件职业技术学院、北京汇佳职业学院、北京培黎职业学院、北京京北职业技术学院、北京交通运输职业学院、北京交通职业技术学院、北京现代职业技术学院。招生计划 4025 人，其中农村户籍考生招生计划 1939 人。

（姚林修）

【高级中等学校招生 119411 人】 至 9 月，北京市各类高级中等学校招生 119411 人。其中，普通高中招生 63533 人，普通中专招生 14753 人，职业高中招生 21925 人，技工学校招生 19200 人。

（姚林修）

【市属高校研究生招生保持适度增长】 至 9 月，北京市属高校实际录取研究生 9806 人，比上年增长 8.7%。其中，博士生 716 人，比上年增长 5.3%，硕士生 9090 人，比上年增长 8.9%。对比显示，市属高校研究生招生增长速度继续稳步增长。按照教育部安排，市属高校研究生招生计划 9597 人，其中，国家计划 8209 人，委托培养和自筹经费招生计划 1388 人。招生规模中，博士生招生计划 707 人，硕士生招生计划 8890 人。根据教育部进一步扩大专业学位研究生培养规模要求，市属高校承担全日制专业学位硕士招生任务 3281 人。同时，市属高校承担“少数民族高层次骨干人才”研究生培养任务，招生规模 128 人，其中，博士研究生 8 人、硕士研究生 120 人。北京石油化工学院和北京城市学院作为“服务国家特殊需求人才培养项目”试点高校，2012 年开始招收专业学位硕士研究生。

（卜薇）

【市属成人高等教育招生规模稳定】 至 9 月，市属成人高等教育实际招生 32417 人，比上年增长 0.4%。其中本科（含高中起点本科和专科起点本科）实际招生 13641 人，比上年增长 8%，专科（高职）实际招生 18776 人，比上年减少 4.5%。市属成人高等教育招生规模基本保持稳定。

（卜薇）

【研究解决随迁子女升学考试问题】 9 至 12 月，市教委研究制定随迁子女接受义务教育后在京参加升学考试工作方案。根据国务院办公厅关于进城务工人员随迁子女升学考试意见，市教委相关处室、北京教科院、北京教育考试院协同配合，先后设计几十套实施方案。经不断论证、听取意见、与外省对照，明确提出北京市做好随迁子女升学考试工作的时间表、路线图和近期措施，最终市教委、市发展改革委、市人力社保局、市公安局制定《进城务工人员随迁子女接受义务教育后在京参加升学考试工作方案》，明确近期实行过渡期升学考试的具体措施。12 月底，文件由市政府办公厅正式发布。

（周彤）

【审核市属本科院校“十二五”规划】 至年底，市教委组织各高校研究编制本校“十二五”发展规划，并牵头组织论证。论证重点是各校办学定位、发展目标、重点学科、保障措施，尤其是在校生规模提出意见。意见既要符合市委、市政府对市属高校发展的要求，又要符合经济社会发展对高等教育人才的需求，还要符合高校自身发展诉求。既要顺应发展的趋势，又要具有可行性。至年底，市教委共完成 21 所市属本科院校“十二五”规划审核论证。

（张晓玲）

财　务

【概　况】 2012 年，市教委财务工作按照市委、市政府确定的教育重点投入方向，继续加大教育投入，完善经费分配机制，确保政府实事及重点工程的投入，保障重点项目资金需求，各类生均教育经费全国领先。进一步完善基本经费分配政策，促进学校内涵发展。优化各级各类教育投入，在保证高等教育投入实现依法增长的前提下，向基础教育倾斜，向农村地区和薄弱学校倾斜。努力促进教育公平，积极化解热点难点问题。完善和落实各项教育资助体系，形成比较完善的涵盖学前教育、义务教育、普通高中教育、中等职业教育、高等教育各教育类别的学生资助政策。加强管理，提高经费使用效益，加强项目管理制度建设，规范预算管理；进一步完善联合评审，强化预算编制管理；创新预算评审制度，建立同步评价审计制度，推动政府实事工程顺利开展。开展绩效评价工作，追踪经费使用效益，加强财务环境治理，化解市属高校债务，防范财务风险。加强收费管理，完善制度建设，创和谐教育环境。完成2011年全国教育经费统计汇总工作。年内，市教委本级及所属预算单位60个，其中行政单位1个（市教委本级），事业单位59个。事业单位包括24所市属高等院校（新增北京经济管理干部职业学院），12所中等专业学校（新增首都体育学院附属竞技体校），23个直属单位。

（孔凡娟）

【完成决算工作】 1至2月，市教委完成市属预算单位2011年部门决算数据审核、汇总、上报工作。决算数据包括市教委机关事业及所属58个事业单位（含23所市属高等院校、12所中等专业学校、23个直属单位）。数据表明，2011年决算全年收入2098673.05万元，其中财政拨款1761943.39万元；全年支出2150357.46万元。12月，市教委印发关于2011年度部门决算的批复，批复各预算单位2011年度部门决算。

（刘伟　熊洪帅）

【实行预算公开】 3至9月，市教委完成相关财务预算公开工作。3月市教委公开2012年市教委部门预算，8月公开市教委预算执行和其他财政收支审计结果，9月公开市教委2011年度部门决算和“三公经费”2011年决算及2011年预算财政拨款情况。市教委制定相关公开文件，严格把关，加强数据材料审核，确保公开数据真实可靠。

（陶春梅）

【完成教育项目绩效评价工作】 4至7月，市教委完成83个教育项目绩效评价工作。评价工作包括财政评价和市教委部门自评两部分。其中，纳入市财政评价范围项目2个，市教委评价项目81个。京郊教师“绿色耕耘”培训项目纳入2012年度市级财政支出绩效评价试点范围。财政评价项目评价结果全部为优秀，再评价项目评价结果为优秀。市教委部门评价结果为优秀的占45.12%，良好的占48.78%，一般的占4.88%，较差的占1.22%。

（时阳）

【完善和落实各项教育资助体系】 4月和8月，市教委完善各项教育资助体系。4月，提高义务教育阶段四类寄宿学生及特教学校高中阶段寄宿学生伙食补助标准，由原每人每月160元提高到240元；8月，会同市财政局、市民政局印发北京市学前教育资助管理办法，进一步完善本市教育资助体系，使家庭经济困难的儿童能够接受普惠性学前教育，减轻家庭经济压力。其中，甲等资助标准为入园后免交保教费，乙等资助标准为入园后免交50%的保教费。

（徐达）

【市级预算项目实施同步评价审计】 8月，市教委印发《市级教育预算项目同步评价审计管理办法》。文件明确，同步评价审计适用于市教委、市财政局根据工作重点确定的预算项目。市级教育预算项目同步评价审计（以下简称“同步评价审计”）作为现行财政预算评审制度的补充，是指对未经评审的市级教育预算项目在执行过程中同步开展预算编制合理性评审，对其执行的合规性和绩效进行审计监督，及时发现项目预算执行中存在问题，并在执行过程中予以纠正。同步评价审计结果作为预算执行的依据。年内，市教委对市政府实事项目城乡一体化学校建设以及名师同步课程项目实施同步评价审计。

（徐达）

【调整高等学校预算定额标准】 9月，北京市调整市属高等学校基本支出预算定额标准。主要内容包括：完善市属高校定额标准正常增长机制，新增自筹经费学术型学位研究生、国家任务与自筹经费专业学位研究生定额标准，调整国家任务学术型博士研究生定额差异系数，提高教学质量和科研水平提高经费定额。修订后市属高校学科定额，一般院校财政拨款额度平均增加2600元左右，艺术类院校增加4400元，独立设置高职院校增加2300元；教学水平和科研质量提高经费定额分别增加100元和200元；新增自筹经费学术型学位硕士研究生、国家任务与自筹经费专业学位硕士研究生定额标准为22000元/生、年；新增自筹经费学术型学位博士研究生、国家任务与自筹经费专业学位博士研究生定额标准为40000元/生、年；退休人员定额人均增加9980元。修订后财政负担比例平均为82%，比原80%的负担比例提高2个百分点。本次调整内容自2013财年起实行。

（陶春梅）

【调整中职及中小学预算定额标准】 9月，北京市调整市属中等职业学校及中小学基本支出预算定额标准。各类学校人员经费定额增加在职人员政策性增资、医疗保险、生育保险缴费，以及增资引起的医疗保险、生育保险和公积金增长等内容，完善中等职业学校的定额标准正常增长机制，扩大中小学（含西藏中学）及特殊教育学校定额内涵。中小学（不含西藏中学）和特殊教育学校增加在职人员实行绩效工资内容，增加财政负担比例。修订后市属中等职业学校工科、文科和艺术、医科、体育类新定额比原定额平均增加1000元至1800元，独立设置艺术类学校增加1790元；西藏中学增加3080元；重点中学增加13140元，一般中学增加7070元，一般小学增加5890元；盲人学校增加17210元；退休人员定额人均增加8900元。修订后财政负担比例平均为79%，比原有的75%的负担比例平均提高4个百分点。调整内容自2013财年起实行。

（孔凡娟）

【调整基础教育公用经费预算定额标准】 10月，市教委完善义务教育经费保障机制，提高基础教育公用经费定额标准。调整主要内容是提高教师培训、学生培养保障水平，保证学校基本运行。将原有的日常定额内容

（如会议费、教学业务费、办公费）进行整合，在整合的基础上整体提高标准。同时，增加中小学素质提升、校园文化建设、国际合作与交流三项市级定额内容。新的定额标准自2013财年起实行。

（徐达）

【组织预算项目评审工作】 11月，市教委开展2013年预算项目评审工作。评审共涉及24类3144个项目，评审金额46.87亿元。项目评审分为市财政局投资评审中心评审和市教委、市财政局教育处委托的部门评审两类。市财政投资评审中心分为评审中心直接评审、集中评审及联合评审。评审过程中，成立评审会务组，优化流程、加强管理，设立"日联席会"制度，累计形成书面会议纪要96篇。2013年2月，预算项目评审工作全部完成。

（陶春梅）

【保障随迁子女接受义务教育】 至年底，市级专项资金投入5.4亿元用于接收来京务工人员随迁子女学校改善办学条件。项目主要用于接收来京务工人员随迁子女较多的公办学校改善办学条件、民办学校提升校园安全水平等硬件建设。

（徐达）

【加大学前教育投入】 至年底，继续实施学前教育三年行动计划，完善基本标准、收费、非教育部门补贴等各项保障政策，确保幼儿园合理、有序完成招生，并落实新增2万个学位。全年投入专项15.7亿元，主要用于新建改扩建及办园条件达标9.12亿元，农村园建设2.3亿元、非教育部门幼儿园经费补助4.28亿元。

（徐达）

【更换校车130辆】 至年底，市教委投入0.4亿元为农村寄宿制中小学校更换生活用车130辆。新校车全部按新国标采购。2005年前后，北京市给各区县配备部分校车，总数在100至200辆之间，主要对象是远郊区县寄宿制的农村中小学校。该批车辆已经使用5年，需要更换。

（徐达）

【制定6项经费管理办法】 至年底，市教委分别制定6项经费（项目）管理办法。分别是：《北京市基础教育阶段创新人才培养项目管理办法（试行）》《北京市中小学数字校园实验项目管理办法（暂行）》《市对区县教育引导性资金管理暂行办法》《校园文化建设项目管理暂行办法》《"十二五"时期北京市职业院校教师素质提高工程项目管理办法（试行）》《北京市中小学综合素质提升工程项目管理办法（暂行）》。

（徐达）

【升级市属高校资产动态管理系统】 至年底，市属高校资产动态管理系统完成升级工作。系统强化资产从"入口"到"出口"过程监管，实现资产监控预警、资产与预算、决算的有效结合、信息共享，满足市教委及教育部、市财政局资产监管及数据统计需要。2010年3月，市教委启动北京市教委高校资产动态管理系统建设工作。系统旨在实现市教委—市属高校—院系三个应用层面资产管理网络化、动态化、协同化，满足24所高校不同应用层次资产业务管理需求。

（时阳）

审　计

【概　况】 2012年，北京市教育系统内部审计机构73个，其中，独立设置机构27个；内部审计人员501人，其中，专职审计人员130人。全年完成审计项目4524项，其中，财务收支审计430项，预算执行与决算审计139项，基本建设项目审计79项，修缮项目审计1536项，经济责任审计380项，经济效益审计11项，专项资金审计529项，其他项目审计1440项。审计资金共计438.8亿元。查出有问题资金42478万元，其中，财务处理不当资金24567万元，损失浪费资金80.49万元，违纪违规资金17830.59万元。促进增收节支约50459.74万元。构成移送纪检部门的经济案件1件，涉案金额22万元。完成审计调查项目176项，提交审计调查报告64篇。完成科研立项5个，撰写论文38篇，公开发表7篇。市教委审计部门完成《关于北京市教委直管直属单位内部审计工作的调研》《关于高校领导干部经济责任审计的研究》《关于修缮工程项目审计的调研》3篇调研报告。

（李新影）

【公开招标受托会计师事务所】 2至3月，市教委审计部门委托中介公司针对"北京市教育委员会内部审计项目委托会计师事务所服务采购"项目进行公开招标。据评审委员会综合评审结果，市教委认可8家会计师事务所入围。会计师事务所接受委托承担市教委组织的市属高校、直属单位预算执行审计、经济责任审计、专项审计调查，以及区县教委市拨教育专项经费管理与使用情况的审计或审计调查等内部审计任务。

（李新影）

【召开审计工作会议】 3月5日，市教

委召开北京市教育系统审计工作会。会议主要任务是着力推进2012年首都教育系统内部审计，强化职能、提高水平，更好地为实现首都教育科学发展服务。会议听取《强化职能，提高水平，进一步加强教育系统内部审计》主报告，西城区教委、首都经济贸易大学、北京教工休养院交流2011年内部审计工作经验。会议同时通报

2011年市教育系统受表彰的全国和市级内部审计先进集体和先进工作者。各区县教委、市属市管高校和市教委直属单位主要负责人，以及各单位审计、财务、基建部门负责人240人参加会议。

（李新影）

【完成市级单位基础设施改造审计】 4至6月，市教委完成北京教育学院等13家单位2011年基础设施改造项目预算执行情况审计。审计资金12862万元，审计子项目61项。该项工作重点检查各单位2011年基础设施改造项目预算执行过程和结果及有关资料，同时审核北京市自动化工程学校“校舍加固工程”等5个项目工程结算情况。针对少数单位个别项目自行调整未取得上级批复、合同管理不规范、竣工结算审核不严、工程进度缓慢问题，提出审计建议7条，审计意见4条。

（李新影）

【完成4所市属中专校预算执行审计】 4至6月，市教委完成4所市属中专学校2011年度预算执行情况审计。审计资金63300万元，包括审计子项目128项，所属独立核算经济实体13家，单独核算单位5家。共提出审计建议18条，审计意见11条。内容主要包括部分单位项目管理制度不完善，个别项目支出明细未经报批自行调整或改变资金用途；合同执行不严格；固定资产账实不符，未做动态管理；会计核算主题界限不清，对所属单位监管不到位；会计基础工作不够规范、严谨。

（李新影）

【完成4项市属高校预算执行审计】 4至7月，市教委完成市属高校科研计划、设备购置、专业建设、图书馆建设4个项目2011年预算执行情况审计。审计范围涉及23所市属高校及2所附属中学的431个子项目，审计资金总额1.97亿元。其中，科研计划项目审计5所高校299个子项目，设备购置项目审计8家单位63个子项目，专业建设项目审计6所高校38个子项目，图书馆建设项目审计6所高校31个子项目。针对部分单位在预算执行、会计核算、固定资产管理等方面存在的问题，提出审计建议36条。

（张未）

【举办审计机构负责人学习班】 6月25至26日，市教委召开2012年北京市教育系统内部审计机构负责人学习班。学习班主要任务是学习和掌握财政部修订印发的《事业单位财务规则》和市本级教育项目支出管理与绩效考评办法，研讨项目支出预算执行审计，提升实际工作能力，更好地推动各单位内部审计工作全面展开。各区县教委、市属市管高校和市教委直属单位主要负责人80人参加学习。

（李新影）

【完成城六区市拨教育专项审计调查】 至年底，市教委完成东城、西城、朝阳、海淀、丰台、石景山6个城区教委2011年度市拨教育专项经费的管理使用情况审计调查，审计金额总计41.78亿元。审计调查在全面了解市拨专项经费管理、使用和结余情况基础上，抽取6个城区207家单位，对办学条件达标、学前教育、来京务工人员随迁子女接受义务教育市级补助和市级各项学生政策补贴4个项目的实施及绩效情况进行重点检查。抽查结果表明，已实施项目的预算执行总体情况较好，基本实现改善幼儿园办园条件、扩大入园幼儿数量、减轻经济困难学生家庭负担、改善办学条件、提升教师队伍素质和学校教育教学质量，提高办学效益，促进教育均衡化发展既定目标。市教委同时针对审计调查反映出来的专项经费结存较大等突出问题进行客观细致分析，提出审计建议5条。

（穆鑫然）

【继续实施项目过程审计】 至年底，市教委在上年工作的基础上，继续委托社会中介机构对市教委新建教育系统综合服务中心等项目实施过程审计。先后完成59个审计事项，内容涉及合同、工程进度款、监理费、招标代理费等，出具审计意见咨询或审计意见书，提出审计意见和建议89条。审计金额3342万元，工程洽商审减46万元。

（李新影）

【完成8家市级教育单位后续审计】 至年底，市教委完成5所市属高校和3家直属直管单位本级2011年经济责任审计项目的后续审计。该项工作涉及46家独立核算单位，重点跟踪检查被审计单位采纳审计建议、落实审计意见、进行审计整改情况。后续审计涉及资金1.53亿元，提出审计建议31条。

（张未）

【完成基建修缮工程审计1595项】 至年底，北京市教育系统完成基建修缮项目审计1595项，送审金额总计291916.02万元，审减金额17023.63万元，审计率5.83%。其中，自审项目送审金额17309.01万元，审减金额685.29万元，审减率3.96%。委托中介机构审计送审金额274607.01万元，审减金额16338.34万元，审减率5.95%。

（李新影）

基　本　建　设

【概　况】 2012年，北京市各级各类学校基本建设完成投资611663.5万元。其中，国家投资515295.4万元（中央安排740万元、北京市地方安排256237.5万元、区县安排258317.9万元）、自筹资金96368.1万元。在施建筑面积2374864平方米，其中，新开工面积950377平方米。竣工建筑面积1467200平方米，其中，教学及辅助用房1074927平方米，行政办公用房98787平方米，生活服务用房277203平方米，其他用房16283平方米。2012年新增固定资产80025.3万元。

（黄莹莹）

【落实中小学建设三年行动计划】 8月，市政府印发《北京市中小学建设三年行动计划（2012～2014年）》，市级相关部门积极筹措资金，大力推进落实。市政府确定固定资产投资支持5个项目，总建筑面积95189平方米，总投资44127万元，其中，安排市级投资24560万元、区县自筹19567万元，至年底，5个项目全部开工。确定使用地方教育费附加支持29个项目，总建筑面积665146平方米，安排市级投资242160.7万元。至年底，共下达市教育费附加资金175964.2万元，29个项目全部完成建设任务审批，并全部取得规划意见书，其中9个项目开工。此外，市教委与市发展改革委、市财政局等部门研究，使用地方教育费附加支持各区县在建工程49个项目，总建筑面积582241平方米，共计下达资金582241万元。为加强项目工作，经市政府召开专题会研究，城乡中小学建设工程列入2013年市级重点工程。

（黄莹莹）

【支持5所中央在京高校新校区建设】 11月，市教委在市政府专题会上汇报中国人民大学、北京师范大学、北京交通大学、北京化工大学和北京中医药大学5所在京高校新校区建设有关情况。年内，市教委会同市财政局研究市、区两级对中央在京高校新校区建设给予支持的政策机制，在2012年度教育事业费中安排专项资金支持中央高校新校区建设。5所学校将进一步加强与地方合作，为所在区域提供智力支持和人才保障。教育部将进一步统筹在京高校发展规划，提高合作效益和质量。

（王虹）

【加快推进学前教育三年行动计划】 至年底，市教委加快推进学前教育三年行动计划建设任务。其中，市级投入资金5.15亿元推进实施全市公办幼儿园办园条件达标工程，投入2.39亿元重点支持105所村办园建设项目。加快实施118所幼儿园改造工程，完成75所幼儿园建设审批工作，建筑面积28.9万平方米，计划总投资12.4亿元。至年底，7所幼儿园竣工交付使用。

（张逊　熊洪帅）

【继续实施市属高校三年建设规划】

至年底，市教委继续实施市属高校2010至2012年三年建设实施规划。三年建设规划中44个项目取得立项批复，其中，28个项目开工建设，开复工总面积62万平方米，6个项目竣工投入使用，竣工面积9万平方米，16个项目取得立项批复，12个项目正在进行立项前期准备工作。建设规划共涉及60个建设项目，估算总投资约110亿元，其中，市政府投入资金60亿元。

（王虹　熊洪帅）

【全面完成全市中小学校舍安全工程】 至年底，北京市中小学校舍安全工程全面完成改造任务。全市累计改造学校1290所，单体4374栋，改造面积685万平方米，其中，加固522万平方米、翻新建163万平方米。投入资金154亿元，其中，市级投资58亿元、区县投资96亿元。经改造中小学校舍综合防灾能力全面提高，办学条件显著改善，校舍信息化管理水平显著增强。

（张逊）

【完成市本级基建投资14亿元】 至年底，市本级学校和单位共完成基本建设投资14亿元。其中，市政府固定资产投资3.7亿元、市财政教育经费安排10.3亿元。市教委所属高校和单位共有33个在建项目，总建筑面积770152平方米。33个在建项目中，竣工验收项目8项，总建筑面积247406平方米。续建项目14项，总建筑面积269730平方米。本年度新开工项目11项，总建筑面积253016平方米。

（王虹）

【继续开展工程建设领域专项治理】 至年底，市教委继续开展教育系统工程建设领域专项治理工作。通过项目申报、自查自纠、排查、整改，市教委严格摸查系统内全部工程项目。经全方面跟踪项目，市教委系统内项目都能按照国家及本市基本建设管理法律、法规，依法依规、按时保质完成项目，没有涉及专项治理工作规定的漏洞及问题。

（戴慧凯）

后　勤　管　理

学校后勤

【召开伙食联合采购招标会】 4月13日，市教委在北京建筑工程学院大兴校区召开第14届北京高校“农校对接”直供基地暨伙食联合采购招标大会。招标采购形式分为“农校对接”直供基地采购、招标采购和招商采购三种。严格实行“一次性”报价，企业报价上交会务组，由学生监督员在

大会开始后统一开标，企业不得另行修改，不得与学校现场议价。各校根据中标情况在今后的采购中执行中标价格。来自全市70余所高校的后勤主管领导、纪检部门负责人、采购人

员及学生代表和188家企业代表共600人参加会议。

（常勇）

【展示学生公寓用品】 4月25日，市教委在北京航空航天大学沙河校区举办北京高校2012年学生公寓用品展示活动。参展企业34家，参展产品分学生公寓节能科技产品和学生公寓床上用品两个系列。其中，学生公寓节能科技产品涵盖门禁系统、信息化管理系统、消防安全设置、节能设备、饮水设备、自助洗衣机、公寓传媒宣传、灭蟑消杀药品。50所高校400名代表参观展示活动。该展示活动已经连续举办11年。

（常勇）

【举办高校后勤体育节】 5月20日，市教委在北京建筑工程学院大兴校区举办北京高校后勤第二届体育节运动会开幕式和田径趣味运动会。开幕式上7个运动员方阵参加入场式，560人表演第九套广播体操，北京体育大学表演舞龙舞狮，北京建筑工程学院表演啦啦操。开幕式还为前一阶段产生的篮球、乒乓球和羽毛球前三名运动员颁奖。田径趣味运动会设集体跳绳、拎灭火器迎面接力、“袋鼠跳”等27个项目，共产生68块金牌。运动会评出最佳贡献奖、最佳组织奖、最佳宣传奖和最佳支持单位，以及体育节优秀支持企业。市教委、中国高等教育学会后勤分会等领导和北京50所高校1400名后勤干部职工参加运动会。

（常勇 熊洪帅）

【与二商集团签署战略合作协议】 9月14日，市教委参加北京市国资委企业联盟2012年度企业产品推介会——北京二商品牌产品推介活动。活动中，市教委作为战略合作伙伴与二商集团签署合作协议。依据协议，二商集团将为首都高校师生直供食品原材料。此前，二商集团下属的北京市第五肉类联合加工厂、北京二商希杰食品有限责任公司和北京二商王致和食品有限公司入选北京高校“农校对接”直供基地。

（常勇）

【召开高校后勤工作会议】 9月29日，市教委在北京工业大学召开北京高校后勤工作会议。会议听取高校后勤工作报告，宣读北京“农校对接”第二、三批共25家直供基地名单，并为直供基地授牌。会议印发《关于进一步加强北京高校后勤工作的意见》。洪峰参加会议并讲话。他强调，在重视后勤工作方面，要切实做好、做实三项工作：一是重视对后勤的规划和投入，二是加强后勤队伍建设，三是确保后勤安全稳定。教育部、市发展改革委、市财政局等领导，以及全市高校和部分高校食堂直供基地负责人300人参加会议。

（常勇）

【加强高校后勤工作】 9月，市教委印发《关于进一步加强北京高校后勤工作的意见》。文件提出进一步加强后勤工作，实现后勤科学可持续发展的工作意见。文件着重对加强后勤基础地位、建立食堂长效运行机制、加强后勤队伍建设、加大后勤投入、提高后勤保障能力和齐抓共管实现后勤安全运行提出新要求。

（常勇）

【建立学生食堂价格平抑资金】 9月，市级财政和高校共同建立学生食堂价格平抑资金。市级财政自2012至2013学年起，按在校本专科生、研究生每生每学年150元标准对学校予以补助。其中，政府部分1.18亿元平抑资金11月拨付到位。学校统筹财政拨款、学费及其他收入等资金，按每生每学年不低于150元计提作为平抑资金中的学校部分。市级财政和学校两部分合计，补贴数额最低为每生每学年300元。政府和学校两方面“平抑资金”补贴到学生食堂“基本伙”，稳定食堂饭菜价格、质量，保证食品安全。

（常勇）

【四家高校超市通过标准店验收】 12月12至14日，北京高校后勤研究会商贸管理专业委员会组成专家组验收校园超市“标准店”。专家组检查北京农业职业学院“益民硕达超市”、首都经济贸易大学“经贸超市”、北京信息科技大学“化大烛光超市”、北方工业大学“校园超市”。经评估，专家组认定4家超市通过“全国教育超市标准店”验收。这是北京高校第三批校园超市“标准店”评估验收工作。至此，北京16所高校拥有5家“全国教育超市样板店”，15家“全国教育超市标准店”。

（常勇）

【开展标准化物业评估验收】 至年底，市教委依据北京高校标准化物业服务标准，开展标准化物业管理评估验收工作。“标准化物业标准”包括教室（学）楼标准、校园环境标准、设施设备运行标准、节能工作标准和住宅小区标准五项。学校在申报时根据实际情况，可以五项标准同时申报验收，也可以申报其中一项或几项标准验收。年内，全市18所高校申报42项标准化物业服务项目验收，其中，14所高校22个项目通过达标验收。2009年11月，市教委印发《北京高校标准化物业服务标准（试行）》，对学校后勤物业管理服务工作制定具体标准，要求各校按照标准提高管理水平。

（常勇）

【“农校对接”工作取得新进展】 至年底，北京高校共拥有“农校对接”直供基地39家，全年高校食堂供应米、面、油、肉、蛋、菜1.6亿元。其中，米、面、油三种主要原材料供给量占到全市高校需求量的80%，比上年提高12个百分点。全市93所高校中，参加“农校对接”学校从上年的64家增加到78家，占学校总数84%，节约食堂采购资金4500万元。“农校对接”最大限度地减少采购环节，节约采购经费，降低采购价格，提高食品安全系数，也降低学校食堂的廉政风险。

（常　勇）

【蔬菜“农校对接”直供基地全面启动】　至年底，市教委指导北京高校食

堂联合采购中心组织土豆、大白菜、圆白菜、萝卜、洋葱、黄瓜、番茄、辣椒、甜椒、胡萝卜10种蔬菜产品在直供基地采购，这标志着蔬菜“农校对接”直供基地全面启动。蔬菜“农校对接”直供克服蔬菜储存难，损耗大，价格不稳定等困难，研究解决各种蔬菜储存的技术难题。土豆、白菜、圆白菜实现全年稳定供应，价格低于新发地农产品批发市场20%左右。

（常　勇）

学生营养餐工作

【加强中小学生营养餐质量监管】　4至11月，市学生营养餐工作办公室组织3次学生营养餐定点生产单位满意度测评。测评以问卷调查形式进行，旨在加强学生营养餐定点生产单位管理和监督。每次从各公司送餐学校中抽取一所学校的两到三个班级至少50名学生问卷调查，测评结果全部向营养餐企业通报。3次测评结果显示，学生满意度逐步提高。

（杨　晖）

【加强中小学就餐管理】　5月30日，市教委与市卫生局、市政府食品安全办、市教育督导室联合印发关于进一步加强北京市中小学生在校集体就餐管理的通知。文件提出要加强领导，进一步明确市和区县教育、卫生、食品安全等部门在中小学生在校集体就餐管理的各方责任，按照各自职能建立联动机制，发挥整体合力，加强监督检查，统筹协调学生在校集体就餐工作。加强管理，完善学生餐管理机制，保证学生就餐质量，各区县要统筹规划本区县中小学生在校集体就餐工作，依法依规加强对学校食堂和送餐企业管理。加快学校食堂建设，规范营养餐送餐工作，改善学生在校集体用餐条件，保证学生就餐质量。为保证中小学生就餐安全、卫生和营养，维护学生切身利益，严禁学校和教职工个人以任何形式获取不正当利益，以任何名目要求供餐单位为学校提供无偿服务等损害学生利益、败坏学校风气、影响教育形象的行为。

（杨　晖）

【招标确定新学年营养餐定点单位】　6月，市学生营养餐工作办公室组织2012至2013年度学生营养餐定点生产企业招标。该招标工作进一步完善招标程序和评标标准，较以往增加学生满意度调查的评分项目。最终从48家投标企业中确定42家企业为年度定点生产单位，结果在市教委官网公示。

（杨　晖）

【检查食堂和营养餐生产单位卫生】　9月，市教委和市卫生局联合召开秋季学校卫生和餐饮安全工作约见会，部署秋季学校卫生工作。结合约见会议精神，全市学校食堂和营养餐生产单位开展卫生工作自查自评。自查自评工作涉及食堂食品安全、生活饮用水卫生、传染病防控和学校教学生活环境质量。在自查自评基础上，市教委与市卫生监督所抽查部分区县学校和营养餐定点生产单位。抽查结果显示，营养餐公司重视食品安全风险点管理，在食品原料、加工温度、餐用具消毒、出餐时限和人员健康管理方面，建立起一整套的安全保障机制，但落实措施有待进一步完善。

（杨　晖）

【召开供餐管理及食品安全现场会】　12月19日，市教委在海淀区召开北京中小学校在校供餐管理及食品安全工作现场会。会议总结全市中小学生在校就餐管理工作，就进一步做好中小学生在校就餐管理，义务教育学生营养改善工作，淘汰综合评估低的企业提升送餐企业整体水平作出部署。朝阳区、海淀区和密云县教委分别交流区县学校食堂建设、学校食品安全及营养餐管理、山区寄宿制学校食堂管理工作经验。实地考察海淀区七一小学和海淀实验中学西校区学校食堂。各区县教委主管领导及主管科室负责人40人参加会议。

（杨　晖）

节能减排工作

【征集“阳光校园”建设方案】　4月19

日，2012年北京市中小学“阳光校园”建设方案及创意征集活动启动仪式在北方交大附属中学举行。该活动由市教委、市发展改革委主办，北京教科院、北京源深节能技术有限责任公司承办。市发展改革委、市教委、北京教科院等领导，全市16个区县教委负责人、中小学校代表共200人参加启动仪式。市教委号召全市所有中小学校围绕创建“阳光校园”这一主题，以教师为主导，以学生为主体，撰写学校“阳光校园”建设集体方案及“阳光校园”建设创意设计金点子，使学校领导、教职员工与学生都能为创建“阳光校园”奉献力量。活动历时4个月，全市上百所学校参加，近200名师生提交创意方案。最终36个集体方案和56个人设计被评为优秀方案。

（李华勇　熊洪帅）

【举办“节能减排”千人培训】　6月6日、10月23至24日、11月26日，市教委分别举办三期节约型学校建设工作专题培训会。培训先后邀请国家应对气候变化战略研究和国际合作中心、北京节能环保中心、住房和城乡建设部等领导和专家举办节能减排专题培训。培训内容涉及节能减排热点问题，包括可持续发展40年的历程与道路、气候变化与低碳发展、北京市资源能源面临严峻形势等。全市各高

校、各区县教委领导以及幼儿园、中小学、中等职业学校校长等1000人参加学习。为进一步在全市教育系统推进节能减排工作，市教委计划“十二五”期间每年举办节能减排千人培训。

（李华勇　王鹏）

【“阳光校园”创意大赛颁奖】 9月14日，北京市2012年“阳光校园”建设方案及创意大赛颁奖仪式、百兆瓦阳光校园金太阳光伏屋顶工程开工仪式在北京市八一中学举行。会议宣读2012年中小学“阳光校园”建设方案及创意大赛活动获奖名单，宣布启动北京市百兆瓦阳光校园金太阳光伏屋顶工程。该项目在全市具备安装条件的大、中、小学校及相关教育设施建筑物上建设屋顶太阳能光伏发电用户侧并网系统，总装机容量为100兆瓦，每年可为首都200万师生带来约1.2亿度的绿色电力。洪峰以及市教委、市发展改革委等领导，各区县代表和师生代表800人参加会议。

（李华勇　王鹏）

【举办教育系统节水知识大赛】 10月11至12日，“2012年北京市教育系统节水知识大赛（团体赛）”在北京师范大学英东学术会堂举行。活动由市教委、市水务局主办。该活动是北京市开展的“做文明有礼的北京人　节水护水我先行”系列主题活动的重要组成部分，比赛分为大学组、中学组和小学组，全市23所高等院校以及22所中小学校代表约600人参加比赛。比赛最终评出小学组、中学组、大学组一、二、三等奖。

（李华勇）

【颁发首批节能环保小卫士徽章】 10月25日，市教委、市发展改革委在首都师范大学附属小学举办首批节能环保小卫士徽章授予仪式。活动中，有关领导为首批节能环保小卫士代表授予节能环保小卫士徽章。北京市中小学节能环保小卫士争创活动由市教委、市发展改革委联合主办。经过区县推选与市教委审核，共有近5万人被推选为首批北京市中小学节能环保小卫士。市教委、市发展改革委领导、首师大附小师生参加活动。

（李华勇　王巧玲）

【评选百所节约型示范学校】 12月13日，市教委公布节约型中小学示范学校评选结果，评选出第三批100所北京市节约型示范学校。评选依据学校自评、区县推荐、市级专家评审程序进行。市教委为100所学校颁发“北京市节约型示范学校”标牌，要求节约型示范学校再接再厉，为绿色北京建设和“十二五”期间的节能减排工作做出贡献。从2010年起，市教委每年评选百所节约型示范学校，包括幼儿园、小学、中学、中等职业学校。

（李华勇）

【召开节能减排总结会】 12月24日，市教委召开北京市教育系统节约型学校建设工作总结与表彰会。会议总结北京市教育系统节约型学校建设工作，提出加强对生态文明理念的学习，努力构建节约管理运行机制，建立节约资源管理模式，围绕绿色北京折子工程开展相关工作，力争在新的一年取得新的成绩与新的突破。会议还表彰2012年北京市节约型示范学校、2012年北京市中小学节能环保小卫士、北京市教育系统节水护水先进单位。市教委、市发展改革委、市水务局等单位领导，各区县教委领导及学校代表200人参加会议。

（李华勇　王鹏）

安全稳定工作

校园安全

【承办安全教育日主题活动】 3月26

日，教育部、公安部、北京市政府等13个部门在北京市回民学校举办第17个全国中小学生安全教育日启动仪式。活动以“普及安全知识，提高避险能力”为主题。启动仪式上，与会领导启动全国中小学安全教育网，向全国中小学生赠送图书、光盘、画册等安全教育资源。“平安中国”活动形象大使乐乐熊向全国中小学生发出“人人懂安全、人人讲安全、人人会安全、人人能安全”倡议。教育部、公安部、北京市政府等13个部门代表和回民学校师生参加启动仪式。

（战先政）

【配发小学生交通安全帽】 9月，市教委为全市新入学一年级小学生配发小学生夜光型交通安全帽（小黄帽）15.6万套。同时，市教委以小黄帽路队制工作为载体，广泛开展多种形式的交通安全教育，保障小学生道路交通安全。

（战先政）

【检查高校校园安全】 10月23日至11月2日，市委教育工委、市教委联合市公安局消防局、市公安局文保总队，开展高校校园安全检查。该检查工作分5个组入校检查34所高校。检查重点为“十八大”期间学校安全稳定工作部署情况、校园防火治安工作和学生公寓安全工作。检查发现，各校技防硬件水平普遍有所提高，但民办高校安全管理和基础设施参差不齐，部分学校基层人员安全技能不高，学生安全宣传教育有待加强。检查后，市教委复查薄弱学校，督促整改，并开展学校保卫和后勤部门管理人员培训、交流工作。

（常勇　熊洪帅）

【做好校园消防工作】 至年底，市教委继续开展防火墙建设。2010年起，市教委利用三年时间，全面推进教育系统消防安全管理创新，组织实施构筑教育系统消防安全“防火墙”工程。年内，顺义牛栏山第一中学、北京市第一五九中学、朝阳区骆房营小学等15所学校被公安部、教育部评为2012年度“全国消防安全教育示范学校”，市教委被授予2012年度“全国消防安全教育示范学校”创建活动先进单位。

（战先政）

【164万人投保校方责任保险】　至年底，本市164万名在校学生投保校方责任保险。其中，公办中小学学生、幼儿园幼儿130万人。投保范围覆盖幼儿园、中小学、中等专业学校。每人每年最高赔偿限额100万元。

（战先政）

校园稳定

【概　况】　2012年，市委教育工委、市教委和各高校围绕全市工作大局和首都教育改革发展稳定中心任务，认真贯彻落实中央和市委、市政府有关部署要求，以创造良好环境迎接党的十八大胜利召开为目标，以深入推进“平安校园”创建工作为抓手，完善体系，健全机制，创新管理，强化建设，扎实推进安全稳定各项工作，妥善应对各类突发事件和不安定事端，有效维护首都高校持续和谐稳定。

（杨俊义）

【召开年度安全稳定工作会议】　2月27至28日，市委教育工委、市教委召开2012年首都高校维护安全稳定工作会议。会议总结2011年高校安全稳定工作，部署2012年工作任务。教育部思想政治工作司、市委教育工委、市教委等有关领导作工作报告。北京大学、中国政法大学、首都师范大学交流工作经验。各高校主管安全稳定工作领导、保卫部门和学生工作部门负责人等近300人参加会议。

（杨俊义　熊洪帅）

【完成十八大安保维稳专项任务】　3至11月，市委教育工委、市教委将做好党的十八大安保维稳专项工作作为全年第一位的政治任务。3月和9月，针对校园安全隐患、涉校矛盾纠纷、校园周边治安秩序问题等组织开展两轮排查整治专项行动。9月14日，召开首都高校推进“平安校园”创建暨十八大安保维稳工作部署会议，成立“两委一室”十八大安保维稳工作指挥协调领导小组，制定《首都高校十八大安保维稳工作实施方案》，按照动员部署、排查整治、战时严控三个阶段有序深入开展专项工作。10月22日，召开首都教育系统十八大安保维稳战时工作动员部署会议。10月25日至11月16日，教育系统启动校园等级防控机制，实施每日信息“零报告”，组织19个督查组多次深入基层督导检查。最终，北京教育系统十八大安保维稳专项任务实现中央和市委提出的“大事不出，小事也不出”的工作目标。

（杨俊义）

【召开校园周边综合治理专项会议】　4月26日，首都综治委校园及周边治安综合治理专项组2012年第一次全体（扩大）会议召开。专项组组长、副市长洪峰参加会议并讲话。会议宣布专项组及办公室职责任务和组成人员名单，部署校园周边治安综合治理工作。会议要求各单位加强统筹协调，着力解决影响校园安全稳定的突出问题。会上，市公安局、海淀区政府、北京航空航天大学交流工作经验。专项组各成员单位主管领导，专项组办公室成员，各区（县）专项组组长及教育、综治部门负责人，以及89所高校主管领导和保卫部门负责人等240人参加会议。

（杨俊义）

【举办反邪教警示教育报告会】　5月21日，市委教育工委举办首都高校2012届艺术类专业毕业生反邪教警示教育报告会。报告会围绕“崇尚科学，反对邪教”主题，分析“法轮功”邪教组织的本质和危害，对如何有效识别和防范“法轮功”邪教组织欺骗拉拢活动进行指导。市委教育工委有关领导，中央音乐学院等8所高校就业、学生工作部门负责人和艺术类专业毕业生等600人参加报告会。

（杨俊义）

【“平安校园”创建取得重要进展】　至年底，北京高校“平安校园”创建工作成效明显。一是抓好创建试点，强化示范引领。指导北京大学、北京林业大学、北京工业大学、首都师范大学4所首批创建试点学校先期开展创建，探索经验。二是加强培训指导，深化思想认识。工委领导深入高校作专题辅导报告，进行工作指导。三是把握工作全局，整体推进落实。9月召开专题会议总结创建工作阶段工作，10月通过《北京普通高等学校党建和思想政治工作基本标准》入校检查，调查高校“平安校园”创建推进情况，掌握整体工作进度。12月完成北京航空航天大学、北京青年政治学院、北京工业职业技术学院3所高校“平安校园”检查验收工作。

（杨俊义）

离退休干部与关心下一代工作

【概　况】　2012年，北京市属高校，市委教育工委、市教委机关及直属单位共有离休干部1236人，平均年龄83.7岁。其中，中共党员1043人；第二次国内革命战争时期参加革命工作的5人，抗战时期参加革命工作的226人，解放战争时期参加革命工作的1005人。退休干部16496人，其中，中共党员9255人。离退休干部分党委3个，离退休干部党总支28个，离退休干部党支部433个。全年，教育系统共举办离退休老同志学习班、读书班257期，8600人次参加；举办报告会541场，近4.5万人次参加；组织外出参观229批，共1.2万人次参加。年内，各高校共走访慰问老同志3.4万人次，发放慰问金 2000 万元；为近 900 名离休干部和近 4000 名退休干部发放困难补助共计 930 万元。

（杨旭）

【召开第 23 次老干部座谈会】 1 月 10 日，市委教育工委、市教委召开北京教育系统第 23 次老干部座谈会。会上，赵凤桐向老同志通报首都教育概况和重点工作情况，并对做好教育系统离退休干部工作提出明确要求。座谈会上，北京大学外国语学院、北京科技大学和首都经济贸易大学代表交流老干部工作经验。会议传达北京市第 25 次老干部座谈会精神，部署 2012 年教育系统离退休干部工作。北京教育系统离退休干部代表，高校离退休干部工作主管领导和部门负责人 100 人参加会议。

（杨旭）

【召开关心下一代工作会议】 3 月 16 日，市委教育工委、市教委召开 2012 年北京教育系统关心下一代工作会议。会议总结关工委 2011 年工作，部署 2012 年工作，表彰“关心下一代优秀调查研究成果”。中国农业大学党委、房山区教育系统关工委、北京铁路电气化学校关工委作经验交流发言。赵凤桐等领导，各区县、高校、中等职业学校主管领导及关工委负责人 270 人参加会议。

（张兴华）

【调研高校离退休干部工作】 4 至 12 月，《北京高校离退休干部工作 30 年实践与探索》课题组调研北京高校离退休干部工作 30 年开展情况。课题组由市委教育工委、市教委、北京教育老干部党校、首都师范大学相关人员组成，通过召开座谈会、发放调查问卷、数据统计分析等方式，总结北京高校离退休干部工作 30 年发展历程，梳理北京高校离退休干部工作发展的三个阶段和七条基本经验。在分析存在主要问题的基础上，提出下一步加强北京高校离退休干部工作的对策建议。

（杨旭）

【聘请老同志担任党员培训班导师】 5 月 18 日，北京市研究生党员骨干培训学校第五期培训班开学。经北京教育系统关工委推荐，市委教育工委继续聘请张再兴、孙道祥、顾正平、刘木春、朱常宝 5 名老领导、老专家担任培训班班级导师。他们将在为期一年的培训中，对学生进行深度辅导，促进青年学生成长成才。

（张兴华）

【慰问跟踪教育小组老同志】 6 月 5 日，北京教育系统关工委到石景山区慰问“红蜡烛”特殊家庭子女跟踪教育小组老同志。教育小组的 10 名退休老教师，11 年来义务帮教社区弱势家庭的孩子，先后使 70 余名中小学生在思想道德、学习成绩等方面取得较大进步。关工委主任范伯元向老同志们致以亲切慰问，对她们心系下一代无私奉献的精神给予高度评价，并希望在职领导宣传老同志的先进事迹，为老同志开展工作创造条件。北京教育系统关工委、石景山区委、区政府领导等参加慰问活动。

（张兴华）

【举办主题教育读书演讲比赛】 6 月

28 日，由北京教育系统关工委主办，大兴区教育系统关工委承办的“文明美德伴我成长”主题教育读书活动演讲比赛举行。北京市有 20 余万中小学生参加主题教育读书活动。经学校、区县层层选拔推荐，16 名中小学生参加演讲比赛，中学组、小学组分别评选出一等奖 1 人，二等奖 1 人，三等奖 6 人。教育部关工委、北京市关工委、北京教育系统关工委领导和中小学生代表 300 人观摩比赛。

（张兴华）

【召开老有所为推进会】 6 月 28 日，市委教育工委召开“北京高校离退休干部创先争优表彰大会暨老有所为推进会”。会议表彰北京高校 60 个“离退休干部先进党支部”、60 名“离退休干部优秀共产党员”、30 个“老有所为先进集体”和 72 名“老有所为先进个人”。各高校主管离退休工作的校领导、离退休干部处处长，离退休干部分党委（党总支）书记，以及受表彰代表 150 人参加会议。

（杨旭）

【纪念关工委成立 20 周年】 9 月 24 日，北京教育系统关工委召开成立 20 周年纪念大会。会议作《继往开来，求真务实，开创北京教育系统关心下一代工作新局面》工作报告，全面回顾总结 20 年来北京教育系统关工委工作和基本经验，并提出今后的发展思路。会议肯定关工委为促进青少年健康成长做出突出贡献，要求各级党政领导加强领导，重视支持关工委工作，希望各级关工委主动作为，务求实效，开创工作新局面。教育部关工委、市委教育工委、北京教育系统关工委领导，北京教育系统老同志代表和高校、区县、高职中专院校关工委负责人 200 人参加会议。

（张兴华）

【举办高校离退休工作人员运动会】 9 月 28 日，市委教育工委、北京教育老干部活动中心在北京工商大学举办第四届北京高校离退休工作人员运动会。运动会设跳绳、托球跑等比赛。来自北京 40 余所高校 300 名离退休工作者参加比赛。

（杨旭）

【举办老同志摄影作品展】 10月15日

至 11 月 15 日，市委教育工委在北京教育老干部活动中心举办“美丽新北京、喜迎十八大”北京教育系统老同志摄影作品展。57 个单位千余名老同志选送 2000 幅作品参展。作品展示首都老教育工作者融入社会、服务社会、弘扬践行“北京精神”的精神风貌和幸福生活。市委教育工委、市老干部局领导，以及教育系统老领导等参加开幕式。

（杨旭）

【纪念离退休制度建立 30 周年】 11 月 6 日，市委教育工委召开北京高校纪念干部离退休制度建立 30 周年座谈会。会议指出，30 年来，北京高校老干部工作经历初创探索、规范建设和全面创新发展三个阶段，高校老干部工作在开拓中前进、在创新中发展，积累宝贵经验。会上还向从事离退休工作20周年的北京高校老干部工作者代表颁发纪念奖牌，为“纪念离退休制度建立30周年征文比赛”优秀组织奖单位颁发奖状。北京高校离退休工作部门负责人和高校老同志代表共140人参加会议。

（杨旭）

【落实离退休干部工作责任制】　12月20至21日，市委教育工委检查北京农学院、首都经济贸易大学贯彻落实离退休工作领导责任制情况。检查组听取学校党委工作汇报，召开老干部座谈会，实地了解老干部活动站。检查情况表明，高校党委高度重视责任制落实工作，制度健全、措施得力，老干部普遍感到满意。

（杨旭）

语言文字工作

【概　况】　2012年，北京市语言文字工作以科学研究推动语言事业繁荣和语言产业发展，着力提升语言文字社会应用的管理、服务能力，促进社会语言生活和谐。年内，市语委、市语委办被评为中华诵系列活动最佳组织单位，先后获得全国优秀语文教师暨语文教改示范校评选活动优秀组织奖、全国推广普通话宣传素材征集活动组织奖。语言文字测试工作取得新进展，“机辅测试”全面展开、测试规模“增量推进”、测试科研成果丰富、宣传工作成效显著。全年普通话水平测试65000人，创历史新高。汉字应用水平测试实现考点数、考生数、到考率全面增长。测试科研工作成果不断丰富，“‘语言生态’视野下的普通话教学与测试研究”和“信息化背景下的普通话培训测试工作研究”通过验收。参与第五届全国普通话培训测试论坛，获得优秀论文奖5篇，市测试中心以提交论文总数第一、获奖论文总数第二的成绩，获得最佳组织奖，创历届最好成绩。

（邓鸿）

【召开区县语委办工作会议】　1月9至10日，市语委召开2012年度全市语委办工作会暨语言文字测试工作会。会上，市语委办从应用科研工作、创建工作、测试工作、宣传教育工作等四个方面总结2011年语言文字工作，对2012年工作要点进行部署，强调坚持实施“一体两翼、增量推进”战略，完成“五项任务”。一是开展宣传教育活动，二是加强专兼职队伍建设，三是推进语言文字应用规范化建设，四是加强语言文字测试工作，五是推进语言文字应用科研。会议总结2011年度语言文字测试工作，安排2012年工作，重点说明计算机辅助普通话水平测试工作有关情况。市语委领导和16个区县语委办负责同志、33个测试分中心负责人参加会议。

（邓鸿）

【出版《汉字应用水平测试应试指南》】　1月，《汉字应用水平测试应试指南》由首都师范大学出版社出版发行。应试指南由市语言文字测试中心编写，市语委办审定。全书内容包括汉字应用水平测试解说、汉字的字音、汉字的字形、汉字的字义、附录五个部分。汉字的字音、汉字的字形、汉字的字义三部分是全书进行应试指导的主体，每部分均分为三节，第一节概说，第二节真题解读，第三节为知识点的详解与辨析。

（邓鸿）

【7校入选第三批国家级示范校】　1月，市教委公布第三批国家级语言文字规范化示范校名单，7所学校入选。7所学校是：朝阳区芳草地国际学校、首都师范大学第二附属中学、北京第一实验小学、昌平区第二实验小学、怀柔区第一实验小学、顺义区后沙峪中心小学、北京市京源学校。国家级语言文字规范化示范校由教育部、国家语委评选，从各省市2011年4月30日前认定命名的省级语言文字规范化示范校中产生，第三批全国共评选506所。

（邓鸿）

【举办语言文化智力竞赛】　2月19日，

市语委示范校语言文化智力竞赛决赛暨颁奖仪式在东城区崇文小学举行。经过角逐，东城区代表队获得竞赛冠军，海淀区、门头沟区代表队获得亚军，大兴区、通州区、昌平区代表队获得三等奖。竞赛活动历时半年多，从学校、区县预赛到市级半决赛、决赛，覆盖面广，参与学生多，社会影响大。活动以成语为载体，寓教于乐，并融入诵讲成语故事、书写成语等才艺表演。洪峰、姜沛民等领导和市语委示范校代表观摩比赛。

（邓鸿）

【召开语言文字工作会议】　3月9日，市语委在市政府召开2012年度北京市语言文字工作会议。会议作市语委工作报告，总结2011年工作，部署2012年工作。会议为第一批北京市语言文字规范化示范街道和示范乡镇、第三批国家级语言文字规范化示范校，以及2011年创建工作优良单位颁发标牌和锦旗。洪峰、线联平以及市语委各委员单位负责人和联络员参加会议。

（邓鸿）

【《语言产业导论》出版】　3月，语言产业研究专著《语言产业导论》由首都师范大学出版社出版发行。这部著作是北京语言产业研究中心的首项成果，也是国内第一部语言产业研究专著，主编贺宏志，副主编陈鹏。著作由语言资源分析、语言产业概述、语言产业经济学分析等内容组成，共25.7万字。

（邓鸿）

【新增3个测试分支机构】 4月和5月，市语委批复成立3个语言文字测试分中心。4月10日，市语委办批复中国传媒大学、北京华文学院，同意成立中国传媒大学语言文字测试分中心、北京华文学院语言文字测试分中心。5月15日，市语委办批复北京京北职业技术学院，同意成立北京京北职业技术学院语言文字测试分中心。至此，全市语言文字测试分支机构共35家。

（邓鸿）

【创建语言文字规范化示范单位】 5月23日至6月21日，市语委在全市范围内集中开展第二批市级语言文字规范化示范街道、示范乡镇和第六批语言文字规范化示范学校创建评估检查工作。市语委评估检查工作组由市教委、市语委领导带队，成员来自市委宣传部、市政府办公厅、市外办等市语委成员单位。通过评估，认定29个街道（乡镇）为第二批北京市语言文字规范化示范街道（乡镇），16个单位为第八批北京市语言文字规范化达标单位，30所学校为北京市市级语言文字规范化示范校。

（邓鸿）

【公布首批规范汉字书写教育特色校】 6月26日，市语委办公布首批国家级规范汉字书写教育特色校名单。该评审由教育部语用司主办。经各区县语委办申报，市语委办遴选45所学校参与评审。最终，16所学校获评国家级规范汉字书写教育特色学校，29所学校为北京市规范汉字书写教育特色学校。

（邓鸿）

【全国推广普通话宣传周开幕】 9月15日，第15届全国推广普通话宣传周开幕式在中华世纪坛举行。开幕式由教育部、国家语委、北京市政府主办，市教委、市语委承办。推普周9月14至20日举行，宣传主题是“大力推广和规范使用国家通用语言文字”。开幕式上，北京市领导总结近年来北京市语言文字工作主要成绩和做法，提出将语言文化建设作为首都文化建设重要内容，不断提升北京市语言文字工作水平，努力构建和谐社会语言生活，服务首都经济社会发展。开幕式还举办师生诗歌诵读节目和软笔书法表演。袁贵仁、程红等领导，全国推普周领导小组各成员单位相关负责人、北京市各区县语言文字工作部门负责人，以及北京市师生代表500人参加开幕式。

（邓鸿）

【测试中心聘任新一届专家委员】 10月11至12日，市语言文字测试中心召开第五次专家委员会暨第二届专家委员聘任会。会议聘任第二届专家委员会，为专家颁发聘书。委员会由11人组成，其中3人为新增委员。会议还组织普通话水平测试指导教材改版工作研讨，交流兄弟省市普通话水平测试指导用书编写特色。新版教材预计2013年7月启用。市语委办和市语言文字测试中心领导，市语言文字测试专家委员会成员参加会议。

（邓鸿）

【遴选地道北京话发音人】 11月28

日，“寻找正宗老北京保护地道北京话”发音人面试在西城区教委举行。该活动旨在招募、遴选“中国语言资源有声数据库北京库”方言发音人。93名“老北京”参加面试，其中，年龄最小的28岁，最大的76岁。经过自我介绍、北京城区方言语音测试（朗读规定文本）和即兴说话（主题为北京本地的民间故事、童谣、歌谣或俗语），面试专家根据自身条件和临场表现，最终确定4名方言发音人和3名地方普通话发音人。中国语言资源有声数据库北京库建设项目通过对北京各区县方言发音人进行纸笔记录、录音、摄像，全面调查采集北京话原始数据，并进行科学整理、开发和展示。建设项目在北京市共设11个采录点。西城区、平谷区作为先期试点，年内完成采录工作。门头沟区、房山区、通州区、顺义区、昌平区、大兴区、怀柔区、密云县、延庆县9个采录点工作2013年启动。

（邓鸿）

【出版语言文字研究论丛】 11月，《北京市语言文字工作研究论丛》由首都师范大学出版社出版发行。这是继《北京市语言文字培训测试研究文集》之后，市测试中心组织编写、市语委办审定的第二本科研论文集。论丛征集文稿40篇，经市测试中心编选修订，最终25篇文章结集出版。内容涉及语言文字政策理论研究、教学实践研究、管理实践研究、本体研究、应用研究诸多方面，展示近年来语言文字工作者和相关专家学者对语言文字工作的深入思考。

（邓鸿）

【举办第一届中国语言产业论坛】 12

月1日，市语委、首都师范大学、北京语言产业研究中心联合举办第一届中国语言产业论坛（北京）。论坛活动围绕语言产业发展趋势、语言产业的基本理论问题、中国语言产业的现状与发展战略、语言产业与语言经济、语言产业与语言文化、语言产业产业结构、语音技术开展研讨。李卫红、洪峰参加论坛开幕式并讲话。来自国内相关领域领导、专家学者和语言企业代表100人参加论坛活动。

（邓鸿）

【完成汉字应用水平测试年度工作】 12月1日，汉字应用水平测试在京津沪三地同期开考。这是自2009年开始试点以来的第四期考试。北京市试点工作稳中求进，增量明显。全市设16个考点，8823人报名参加测试，比上年增加3300人。最终，全市1107人测试成绩一级，4200人二级，2552人三级。

（邓鸿）

【全国普通话培训测试研讨会获奖】 12月6至7日，在第五届全国普通话培训测试学术研讨会上，市语言文字测试中心获得“优秀论文组织奖”。研讨会由国家语委培训测试中心和普通话水平测试研究会联合主办。市语言文字测试中心在论文报送量、获奖数量方面均获得历史最好成绩，选送的5篇学术论文获得“优秀论文奖”。

（邓鸿）

【举办骨干测试员培训班】 12月8至9日，12月15日，市语言文字测试中心举办第五期、第六期普通话水平测试骨干测试员培训班。培训班学员由各测试分中心选送，均为具有多年一线测试经验测试员。培训重点为计算机辅助普通话水平测试背景下的评分操作与测试管理等内容。培训邀请有关专家讲解普通话培训中的发声及吐字归音问题，讲解机辅测试说话项目打分问题，结合实例讲解机辅测试管理操作流程。通过培训，74名参训学员全部取得骨干测试员聘任证书。

（邓鸿）

【初步建成语言文字工作网站群】 至年底，北京市各区县全部开通语言文字网站（网页），在全国率先建成覆盖区县级语言文字工作的网站群。年内，市语委办印发通知，督促、指导各区县语委办开展信息化建设，促进区县语言文字网站建设。同时，开展语言文字工作网站建设评比，根据《北京市语言文字网站建设评比标准》，对各区县网站建设情况进行评审并排出名次。北京市语言文字网、北京市语言文字测试中心网也开展新一期改版升级，“语言文字知识在线测试系统”扩大容量，方便和满足公众需求。

（邓鸿）

中共北京市委教育工作委员会
书记、副书记、委员

书　　记　赵凤桐
常务副书记　刘　建
副 书 记　姜沛民　线联平　王民忠（2月免）　唐立军
委　　员　罗洁　郑萼　何劲松　周燕（8月免）　刘勇　李中水　王文生（9月任）

北京市教育委员会
主任、副主任、委员

主　任　姜沛民
副主任　罗洁　郑萼　付志峰　何劲松
委　员　王定东（5月任）　周燕（9月免）　孙善学（2月免）　郑登文　曹秀云　叶茂林　李奕（6月任）

中共北京市委教育工作委员会
北京市教育委员会
处室负责人

市委教育工委（市教委）办公室主任　葛巨众
市教委（市委教育工委）办公室主任　张永凯
政策研究与法制工作处处长　熊红
机关党委办公室主任　王栋
机关工会专职副主席　刘晓明（12月任）
离退休工作处处长　张健
组织处处长　陈江华
干部处处长　刘勇（兼）
宣教处处长　王达品
统一战线与群众工作处处长　钱卫
基层联络处处长　解江凌
安全稳定工作处处长　卢向红
发展规划处处长　周彤
人事处处长　吴武
财务处处长　李艳春
基本建设处处长　刘占军
学前教育处处长　张小红
基础教育一处处长　杨志成（12月免）　张凤华（12月任）
基础教育二处处长　李奕（兼）
职业教育与成人教育处处长　邵和平
高等教育处处长　黄侃
学生处处长　沈聪伟
科学技术与研究生工作处处长　赵清
体育卫生与艺术教育处处长　王东江
国际合作与交流处处长　邱晓平
学校后勤处处长　张龙
审计处处长　曹永模
民办教育处处长　李开发
语言文字工作处处长　贺宏志
北京市监察局驻北京市教育委员会监察处处长　白保平（12月免）

（本栏责任编校　林业）

教育督导

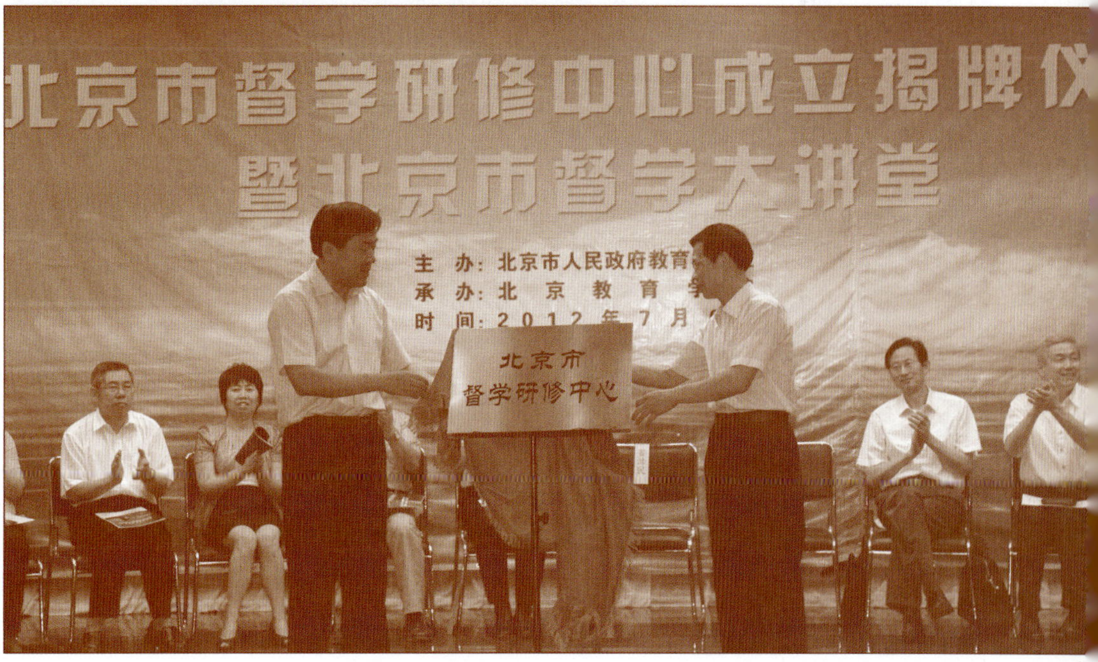
北京市督学研修中心成立揭牌仪
暨北京市督学大讲堂
主 办：北京市人民政府教育
承 办：北 京 教 育 学
时 间：2 0 1 2 年 7 月
北京市
督学研修中心

综　　述

2012年，市教育督导室认真学习贯彻《国家中长期教育改革与发展规划纲要》《北京中长期教育改革与发展规划纲要》，按照年初制定的《北京市人民政府教育督导室2012年工作要点》，全面推进各项教育督导工作的开展，取得显著成效。

一、明确思路，统筹全市教育督导工作

市教育督导室认真学习、贯彻国家和北京市两个教育规划纲要，准确把握教育督导发展面临的新形势、新任务和新要求，全面部署教育督导工作。2月，召开2012年寒假北京市教育督导领导干部工作会，总结2011年全市教育督导工作，部署2012年全市教育督导工作。各区县教育督导室负责人结合基础教育发展形势、发展特点和思路，围绕重点工作交流教育督导工作经验、亮点和思路。

二、继续开展教育法律法规执行情况督导检查

印发《北京市人民政府教育督导室关于开展2012年教育法律法规执行情况督导检查的通知》，明确检查工作重点内容和时间安排，提出督导检查工作要求。下半年，督导检查东城区、西城区、燕山地区以及北京市地铁运营公司、北京市工艺美术集团公司全面贯彻党的教育方针和贯彻执行教育法律法规情况，促进各项教育法律法规、方针政策落实。

三、以义务教育督导为重点，促进义务教育均衡发展

开展义务教育均衡发展状况督导评估，完成9个区县义务教育均衡发展督导评估验收工作和小学规范化建设工程专项督导检查。督导检查结果表明，各级政府坚持教育优先发展战略，始终把促进区域义务教育均衡发展作为政府义不容辞责任；各区县政府高度重视义务教育均衡发展工作，认真贯彻、落实相关法律法规要求，有效推动义务教育均衡发展。各区县均成立由政府主管领导牵头、相关委办局主要领导参加的推进义务教育均衡发展领导小组，确定因地因校制宜、注重内涵发展、软件硬件并举、统筹配置资源、促进均衡发展原则，制定实施方案和年度工作目标，积极推进义务教育优质均衡发展。

推进义务教育中小学生综合素质测量工具研制，明确“德智体美”学生综合素质评价领域和标准，基本搭建北京市义务教育质量督导评价测量标准框架体系，初步搭建义务教育质量监测评价信息技术平台。完成教育部基础教育质量监测中心对北京市6个区义务教育阶段数学和科学两个学科的监测。

四、以提升职业教育质量为核心，加强和改进职业与成人教育督导工作

统筹部署全市职业教育督导工作。召开职成教督学工作研讨会和职业教育督导工作会议。完成技工学校首轮综合督导工作。督导工作促进学校不断深化教育教学改革，推动学校内部管理体制改革与发展，取得明显成效。联合区县开展专项督导工作，提升工作水平，年内分别联合房山区和门头沟区教育督导室完成职业学校德育和实训基地使用绩效专项督导。尝试开展行业企业督导回访工作，探索完善职业教育和继续教育督导工作的长效机制。

试行《北京市区（县）政府社区教育工作督导评价指标体系》，社区教育随访督导工作更加科学规范。年内完成对密云县、延庆县两个县社区教育工作情况实地随访督导工作。

五、开展专项督导，不断拓展督导工作领域

一是开展学前教育专项督导。在东城区学前教育工作专项督导试点基础上，完成丰台、石景山、昌平和大兴4个区学前教育专项督导，完成《北京市区县学前教育工作专项督导报告》《北京市区县学前教育发展状况督导监测报告》《北京市区县学前教育教师队伍建设情况的督导调研报告》《北京市区县0～3岁婴幼儿早期教育情况的督导调研报告》，在全国率先建立北京市区县学前教育督导和监测制度。

二是开展校外教育专项督导，进一步完善北京市区县校外教育督导评价的文件、指标体系和工具，建立北京市校外教育督导评价制度。年内，完成对门头沟、房山、怀柔3个区校外教育工作督导评价，形成《北京市校外教育督导报告》，为促进校外教育发展提供有效信息。

三是开展特殊教育专项督导评价试点，进一步完善特殊教育工作督导评价相关文件、指标体系和工具。市教委、市教育督导室联合组建督导组，选择密云县开展特殊教育工作专项督导评价试点，为全面开展特殊教育督导工作奠定基础。

四是深入开展普通高中教师队伍建设督导调研。10至11月，组织开展平谷区、顺义区和石景山区高中教育专项督导调研工作，通过开展专家咨询、群体座谈、专家访谈等具体方式，初步形成关于普通高中学校督导观测要素框架征求意见稿和《促进普通高中多样化发展教育督导观测要素研究报告》。

五是开展教育督导工作专项督导评价试点。组织相关专家深入研究，完善北京市区县教育督导工作督导评价文件、指标体系和工具，选择朝阳区开展区县教育督导工作专项督导评价试点。

六是继续开展北京市区县教育工作满意度调查。综合分析近四年的满意度调查结果可以看出：学生家长对各区县教育工作持比较满意的态度，且逐年提高。各区县教育工作满意度的综合得分均在86.6分至79.2分之间，全部达到75分以上，其中，延庆县连续四年满意度均超过85分，四年排名第一。

六、大力推进教育督导区域交流合作，不断提升北京教育督导影响力

举办北京2012教育督导与评价

研讨会，增进区域交流与合作。研讨会对北京的教育改革与发展，尤其是对进一步完善义务教育督导评价机制，推进义务教育优质均衡发展，起到有力的促进作用。加强与相关国家及兄弟省市教育督导工作经验分享。市教育督导室分别赴广西、贵州、上海、浙江、广东、内蒙古和海南学习考察，交流学习教育督导工作经验，并就开展合作达成共识。

七、立足基础建设，继续加强教育督导基础工作与调研工作

一是进一步加强督学队伍专业化建设。经北京市机构编制委员会办公室审批设立北京市督学研修中心；依托北京教育学院，研发督学研修课程和教材，举办“北京督学大讲堂”，组织专职督学轮训。

二是启动督导评价方案修订工作。组建6个项目组，分别完成区县政府、教委和学校的6个评价方案修订稿研制工作。2014年将对各区县政府素质教育工作进行第四轮综合督导评价。

三是建立和完善督学责任区制度。全面听取五个试点区工作汇报，就《北京市关于建立和完善督学责任区制度的意见（征求意见稿）》全面征求意见。

四是稳步推进两个国家教育体制改革试点项目实施。组织力量认真开展《研究制定北京市义务教育阶段中小学生综合素质督导评价方案》和《探索有效履行教育督导职能的体制机制》试点工作，依据项目实施方案完成试点任务。

五是继续研制北京市教育督导工作规程。成立北京市教育督导工作手册研制小组，正式启动督导规程研制工作，完成《北京市教育督导工作规程（征求意见稿）》。

六是继续加强教育督导科研工作。开展“民办高等学校规范化办学监督机制研究”“北京市特殊教育督导评价方案研究”“北京市0～3岁婴幼儿早期教育督导调查研究”等专项课题研究，强化教育督导的理论研究，提高教育督导评价科学性。

七是积极做好教育督导室日常政务工作。做好发文管理、预算管理、政务信息公开、会务管理、督导网站维护、督导信息宣传等各项工作，确保机关政务工作运行。

（杨江林　王家兵）

总　类

【召开寒假教育督导领导干部会】 2月16至17日，市教育督导室召开2012年寒假北京市教育督导领导干部工作会。会议总结部署全市教育督导工作，交流各区县教育督导工作经验。会议作《把握机遇，大力推进基础教育督导工作机制创新》报告。会议强调督导工作要超前思维，增强前瞻性才能保持引领地位；督导工作要紧贴实际，增强实效性才能发挥监督、促进的作用；督导工作要立足服务，以促进学校的发展和学生的成长为目的才能争取支持和理解；督导工作要重视科研，增强理论性才能保持持久的生命力。市教育督导室领导、专兼职督学和各区县教育督导室领导60人参加会议。

（王家兵）

【入选全国教育督导先进】 2月18至19日，在全国教育督导工作研讨会上，北京市政府教育督导室入选全国教育督导先进集体。同时，朝阳区、顺义区、海淀区教育督导室也入选全国教育督导先进集体，市教育督

导室线联平、李壑，西城区教育督导室牟东棋，延庆县教育督导室王书忠、丰台区教育督导室王永维被评为全国教育督导先进个人。会上，线联平代表市教育督导室交流《落实教育规划纲要精神推进首都教育督导工作创新》经验。全国教育督导战线先进集体和先进个人由教育部教育督导团办公室评选，全国评选43个先进集体和194名先进个人。

（王家兵　汪玥）

【座谈督学责任区制度建设】 3月2日，市教育督导室召开督学责任区制度建设工作座谈会。会议听取督学责任区制度建设工作建议，明确下一步工作要求。一是进一步研究和强化督学责任区的作用，健全和完善教育督导手段和方法体系；二是要从全市角度进行顶层设计，进一步规范督学责任区管理；三是在试点的基础上快速推广，在“十二五”时期的前三年实现全覆盖，进一步完善教育督导工作体系。市教育督导室领导，东城、西城、朝阳、海淀和顺义5个试点区教育督导室负责人以及督学责任区研究小组全体成员参加会议。

（杨江林）

【通报教育工作满意度调查结果】 3

月23日，市教育督导室召开2011年北京市教育工作满意度入户调查情况通报会。会议通报北京市区县教育工作满意度2011年入户调查结果。2011年11至12月，市教育督导室委托社会专业机构派出400名专业调查员调查16个区县及燕山地区的11600户家庭。结果表明2011年全市区县教育工作满意度的平均得分81.3分，

达到“比较满意”程度。这是北京市第三次对区县教育工作满意度开展入户调查，三年数据纵向分析表明市民对区县教育工作的满意度逐年提高。会议要求各区县充分利用3年的数据，寻找数据变化与采取措施的相关性，印证政府政策设计的实际效果。市教育督导室领导，区县教委、教育督导室领导参加会议。

（王家兵）

【举办督学大讲堂】 3月29日，市教育督导室与北京教育学院联合举办2012年北京市督学大讲堂第一次讲课活动。大讲堂邀请市委副秘书长傅华作《北京精神与北京文化》专题报告。报告从北京精神的“四个统一”重点解读北京精神核心内容和丰富内涵。“四个统一”是指：城市精神与核心价值的高度统一，城市共性与北京个性的高度统一，城市特质与市民气质的高度统一，历史底蕴与未来愿景的高度统一。市、区（县）专兼职督学，中小学校党支部书记高研班学员、北京教育学院教职工600人听讲。至年底，北京市督学大讲堂共举办讲座5次。

（高传霞）

【召开国家教育体制改革试点项目研讨会】 5月22日，市教育督导室召开国家教育体制改革试点项目“探索有效履行教育督导职能的体制机制”研讨会。会议汇报项目研究方案，重点讲解研究背景、研究目的与意义、核心概念界定等内容。依据研究方案，项目将使用文献研究法、调查研究法及案例研究法，梳理北京市近十年的教育督导历程，探索有效履行教育督导职能的体制机制建设。会议指出，要重点关注督导专业化、督学职业化、评价标准科学化、监测常态化，力求通过全面、深入的研究，切实推动首都教育事业发展。市教育督导室领导和项目组成员参加会议。

（杨江林）

【修订素质教育综合督导评价方案】 5月23日，市教育督导室召开素质教育综合督导评价方案修订工作座谈会。会议面向区县教育督导室征集修订意见，听取区县“十二五”教育发展规划，以及区县政府在依法履行教育职责、落实教育优先发展战略、全面实施素质教育等方面的新目标和新举措。会议指出，修订小组要根据今后一个时期基础教育和职业教育发展重点选准督导评价重点，确定评价指标，促进一些问题逐步解决。同时，改进素质教育综合督导评价方式，尝试在听取区县政府汇报时引入质询和答疑环节。市教育督导室领导和12个区县教委主任或教育督导室主任参加会议。北京市1997年制定区县政府素质教育综合督导评价工作方案并启动第一轮综合督导评价，2002年、2008年先后两次修订督导评价方案。年内，市教育督导室开展第三次修订工作。

（杨江林）

【开展学前教育专项督导检查】 5月24至25日，市教育督导室专项督导检查东城区学前教育。学前教育督导检查以督促、指导区县政府全面落实学前教育三年行动计划的职责和任务为重点，包括6项内容：落实政府责任和部门职责，完善管理体制，健全工作机制，建立督促检查、考核奖惩和问责机制的情况；加大学前教育经费投入，落实发展学前教育财政投入相关政策的情况；多种形式扩大学前教育资源，提供“广覆盖、保基本、多形式”学前教育公共服务的情况；加强干部和教师队伍建设，加大培养和培训力度，确保师资需求的情况；建立健全各类园所的监管制度和机制，规范学前教育管理，提高学前教育质量等方面的情况；检查学前教育实际发展效果，“入园难”问题有效缓解程度及社会满意度情况。东城区学前教育督导检查工作标志北京市学前教育专项督导正式启动。这也是国内省级政府教育督导室首次建立学前教育督导制度。

（李强　杨江林）

【召开教育督导与评价研讨会】 6月14日，市教育督导室召开北京2012教育督导与评价研讨会。会议以“公平、优质、创新——义务教育均衡发展与督导评价”为主题，交流各地推进义务教育均衡发展经验。会上，洪峰介绍北京市建立健全义务教育均衡发展保障机制，尤其是实施中小学的办学条件、学科质量和学科教师基本功三个标准化建设，有效促进首都义

务教育优质均衡发展的经验。会上，中国教科院、重庆教育评估院、北京大学教育学院等专家学者报告义务教育均衡发展督导与监测评估的研究成果。全国20余个省市的教育督导工作者与专家学者200人参加会议。

（杨江林　熊洪帅）

【成立督学研修中心】 7月6日，北

京市督学研修中心正式成立。该中心设立在北京教育学院，业务接受市教委和市教育督导室领导。中心职能是受市教委和市教育督导室委托，面向督学和学校教育评价相关人员开展专业培训和高级研修；开展督学专业发展和督学资格认定研究，开发督学培训课程；建设和维护北京市督学专业发展数据库、培训课程库、案例库等。中心设培训部、研究部、办公室，办公地点在北京教育学院中轴路校区。北京市督学研修中心是全国首家设立的专门从事督学培训与督学专业发展研究的专业机构，该中心的成立也标志着北京在全国率先完善校长培训、教师培训和督学培训全覆盖的专业发展体系。10月31日至11月2日，中心举办北京市专职督学第四期轮训和2012年新任督学培训，共52名专职督导人员参加培训。

（高传霞　刘琳　董丽）

督　导　检　查

【召开职成教育督导工作会】　2月29日，市教育督导室召开2012年北京市职成教育督导工作会议。会议总结2011年职业与成人教育督导工作，部署2012年全年工作。会议还邀请市教委、市人力社保局介绍相关工作思路，交流2011年督导评估工作经验。会议肯定全市职业教育与成人教育督导工作成绩，表扬督导过程中经验特色突出的学校，就大力提升职业教育与成人教育发展水平和育人质量、继续发挥各级教育督导机构和学校教育教学质量监控机构的作用，对区县政府和教委、市政府相关部门、行业企业、相关院校提出要求。全市各区县教育督导室负责人、督学，高职学院、中等专业学校、技工学校、职业高中校长，以及教学督导人员200人参加会议。

（龙梅）

【召开学前教育监测统计工作培训会】

5月4日，市教育督导室召开北京市区县学前教育发展状况监测统计工作培训会。会议讲解监测的内容、程序、要求，解释有关的统计表格、关键指标，听取相关工作建议。会议明确，监测统计的对象为各区县政府和燕山办事处。主要内容包括：学前教育三年行动计划基本情况，幼儿园结构、分布、建设、分级分类情况，适龄儿童入园情况等。市教育督导室建立北京市区县学前教育发展状况督导监测台账。综合分析各区县学前教育发展状况监测统计数据，结合北京市区县教育工作满意度入户调查数据，撰写北京市区县学前教育发展状况监测报告，跟踪监测各区县学前教育发展状况。市教育督导室、市教委相关处室以及各区县政府办公室、区县教育督导室相关负责人70人参加会议。

（李强）

【召开特殊教育专项督导工作座谈会】

5月10日，市教育督导室召开区县特殊教育专项督导调研工作座谈会。座谈会分别邀请区县教委分管领导、教育督导室主任和特殊教育学校校长等，了解区县特殊教育发展的状况和困难，征询特殊教育专项督导工作建议。调研内容主要包括三方面：一是区县特殊教育发展状况（包括基本情况、组织领导、经费保障、改善办学条件、加强教师队伍建设和工作管理）、特殊教育发展存在的困难以及需要市级层面推动解决的问题等；二是对开展特殊教育专项督导工作的意见和建议；三是对《北京市区县特殊教育工作督导评价指标体系》和《北京市区县特殊教育发展状况监测统计表》的修改意见和建议。市教育督导室领导和专兼职督学，以及各区县代表参加会议。

（杨江林）

【开展校外教育专项督导】　5月16至17日，北京市校外教育工作督导评价组专项督导通州区校外教育工作。督导重点是校外教育工作的组织领导、场所建设与管理、队伍建设、行政管理、发展绩效，督导对象是区县政府。校外教育督导评价坚持依法督导、实事求是、促进发展和因地制宜四个基本原则，通过自评和督评，查找工作中存在的困难和问题，及时调整和改进工作方法，肯定和发扬工作中的优秀经验和典型，达到以评促建、以评促改、以评促发展的目的。通州区校外教育专项督导评价工作标志北京市正式开展校外教育专项督导评价。这也是全国省级政府首次开展校外教育专项督导评价。年内，市教育督导室完成通州区、门头沟区、房山区、怀柔区校外教育工作督导评价。上年，完成昌平区和平谷区校外教育督导评价工作试点。

（高传霞）

【完成国家基础教育质量监测任务】

5月，教育部基础教育质量监测中心对北京市西城、朝阳、海淀、大兴、怀柔、平谷6个区义务教育阶段数学和科学两个学科进行质量监测。每个区抽样12所小学、6所初中，部分区增加6所学校。每所小学抽取样本学生32人，初中抽取样本学生64人，相关年级所有班主任教师、数学教师、科学教师（八年级物理、生物、地理教师）和学校校长均参加问卷填答。市教育督导室成立监测工作领导小组，配合教育部基础教育质量监测中心开展抽样、培训及数据采集等协调工作，完成监测任务。

（魏旭斌）

【督导评估义务教育均衡发展状况】

6至10月，市教育督导室完成区县义务教育均衡发展督导评估。督导涉及11个区县，评估主要内容包括区县政府推进义务教育均衡发展工作情况，区域内义务教育阶段中小学达到北京市办学条件基本标准情况，中小学教育资源均衡配置情况，以及公众对义务教育均衡发展满意度情况。督导检查显示，各区县强化政府职责，实行目标责任制，建立推进义务教育均衡发展监督保障机制；加大财政投入，确保教育经费“三个增长”，推进学校教育教学设施配置均衡；加强干部教师队伍建设，创新培养模式，全面提高教师队伍的整体素质，推进师资配备均衡，夯实均衡发展基础；创新办学模式，探索发展机制，促进学校共同发展；坚持依法治教，实施有效管理，全面提高教育质量。

（魏旭斌）

【督导检查中等职业学校素质教育】 7至10月，市教育督导室联合市人力社保局组成督导评估组，综合督导评估北京市公共交通高级技工学校、北京市新媒体技师学院、北京市实验技工学校、北京二七机车厂技工学校4所中职学校。督导工作本着以评促建、以评促改、以评促发展原则，指导学校认真开展自查、自纠、自评工作，不断深化学校的教育教学改革，推动学校内部管理体制改革与发展。检查发现，相关学校将综合督导评估作为学校建设、改革和发展良好机遇，进行认真细致、客观全面自评。至此，经过四年时间，北京市完成技工学校首轮综合督导工作。

（马千里）

【督导检查职业教育执法情况】 10至12月，市教育督导室完成全市各区县职业教育法规情况督导检查。督导检查涉及东城区、西城区、燕山地区3个区政府和北京市地铁运营公司、北京市工艺美术集团公司2个企业部门。督导检查促进各区县政府重视职业教育发展工作，保证经费投入，全面提升教师的职业素养和专业水平。同时关注企业自身发展，既检查依法履行实施职业教育义务情况，又促进企业职业教育发展。

（马千里）

【专项督导中职学校德育工作】 11月27日和12月10日，市教育督导室联合房山区和门头沟区教育督导室专项督导两区职业学校德育和实训基地工作。督导组听取区教委职业教育工作汇报，听取中等职业学校德育工作汇报，观摩教师德育课、专业课，巡视校园育人环境，召开座谈会，开展问卷调查，全面了解房山区和门头沟区中职学校德育工作。督导组认为，房山区和门头沟区德育工作体系完善，德育工作特点突出。市、区两级督导部门联合专项督导，加强市区交流与合作，在保证督导工作顺利实施基础上，有效促进专项督导工作水平提升。

（马千里）

【开展教育督导工作评价试点】 12月19至20日，市教育督导室试点督导评价朝阳区教育督导工作。督导组听取朝阳区工作报告，分别召开委办局及街乡、学校、督学3个座谈会，实地考察4所学校（幼儿园）、2个街乡。督导组与朝阳区平等合作，共同研究，全面总结朝阳区教育督导工作成绩、经验和特色，研究分析促进朝阳区教育督导全面发展的增长点，促进朝阳区政府进一步重视教育督导工作。督导组认为朝阳区教育督导工作在全面、规范和专业化发展的基础上，创新教育督导模式，走在北京市乃至全国的前列。

（王家兵）

【尝试开展行业企业督导回访】 12月，市教育督导室回访北京电子控股有限责任公司执行教育法律法规情况。该工作旨在总结督导工作成功经验和不足，总结企业落实督导意见改进工作的典型经验。回访中，市教育督导室了解企业针对督导意见作出的改进，同时也请企业对督导检查工作提出意见和建议，共同探讨如何完善督导检查的长效机制。市教育督导室领导和专兼职督学7人参加回访工作。

（马千里）

【督导检查教育法规执行情况】 至年底，市教育督导室完成教育法律法规执行情况督导检查工作。督导检查主要采取区县政府自查与市教育执法检查组实地抽查相结合方式进行。在全市普遍开展执法情况自查基础上，11至12月，市教育督导室组成3个督导检查组，实地督导检查东城区、西城区和燕山地区。检查显示，各区县政府贯彻落实《中华人民共和国义务教育法》第三十七条和《北京市实施〈中华人民共和国义务教育法〉办法》第四十三条的法律规定，坚持依法行政，建立相关制度和有效运行机制，社会公共文化体育设施主动为中小学生开展课外活动提供条件和便利。区县相关部门与教育行政部门共同配合，通过多种方式和途径，确保学校社会大课堂和体育、艺术、科技等教育活动开展，学校有计划组织学生社会实践活动，学生体育、艺术、科技活动成果显著。各学校认真落实体育活动一小时规定，全面提高学生身体素质和健康水平，形成不同的区域特色，社会大课堂建设效果显著。

（魏旭斌）

【研制中小学生综合素质测量工具】 至年底，市教育督导室依托北京市教育督导和教育质量评价研究中心，开展质量标准和质量测评研究与实施工作。明确“德智体美”学生综合素质评价领域和标准，搭建义务教育质量督导评价测量标准框架体系，完成测评的双向细目，确定利用信息通讯网络技术进行抽测的工作方式。监测评价基于课程标准，在以往的三年级、五年级、八年级中小学生学科学业质量测评的基础上，增加对德育、艺术、体育等多方面素质、能力的测评。最终，市教育督导室制定《北京市关于实施义务教育阶段学生综合素质督导监测的意见（试行）》。

（魏旭斌）

督　导　调　研

【调研首师大育新学校】 3月15日，市教育督导室调研首师大附属育新学校。调研组与学校领导班子座谈，听取学校办学思想、教育理念、经验和特色介绍，听取学校对教育督导工作的认识和建议。调研组认为学校办学理念先进，办学目标明确，办学思路清晰，严格依法依规，将督导评价的46条指标作为办学应遵循的规范，发展成效显著。市教育督导室领导和专兼职督学参加调研。年初，市教育督导室决定分阶段访谈部分中小学，了解校长对教育督导工作的意见和建议。

（魏旭斌）

【赴广西交流考察】 4月9日，市教育督导室赴广西考察职业教育和教育督导工作。考察组先后走访桂林市职业教育中心学校、桂林市旅游职业中等专业学校，了解广西职业教育攻坚工作有关情况，并就职业教育督导工作进行交流。广西壮族自治区2007年以来，集中力量启动职业教育攻坚计划，明确政府、教育机构和企业的责任，制定职业教育攻坚措施，教育行政和教育督导部门形成合力，促进广西职业教育迅速发展。市教育督导室一行9人参加考察。

（龙梅）

【完成普通高中教师队伍专项督导调研】 11月，市教育督导室完成石景山、顺义、平谷3个区高中教师队伍建设专项督导调研。调研涉及普通高中教育发展规划，区县和学校促进高中多样化发展、特色建设规划和举措，高中教师队伍现状和发展规划。先后组织21个教育行政部门、校长和教师代表参加的座谈会，参与人员近200人；听常态课50节，涉及语文、数学、英语、物理、化学、生物、历史、地理、政治、通用技术、美术、音乐学科；发放教师和学生问卷1500份。调研全面了解普通高中多样化发展与课程改革实践给教师队伍建设带来的新情况新问题，实践过程中取得的成功经验和在制度与机制建设方面的建议。最终，调研组形成督导调研报告，为下一步在全市全面开展高中专项督导奠定基础。

（魏旭斌）

【举办职业教育督学培训】 12月14日，市教育督导室举办职业教育督学培训。培训邀请北京师范大学专家主讲。培训内容涉及职业教育教学理论基础、职业教育教学质量监控、教育督导评测手段等。全市职业教育督学，区县教育督导室相关负责人，中专、技校、高职学校督导员或教育质量监控人员170人参加培训。

（龙梅）

【调研普通高中多样化发展】 至年底，市教育督导室继续开展普通高中教育多样化发展与督导制度建设调研。调研工作以“促进普通高中多样化发展与督导制度建设”课题研究为依托，坚持督导“服务发展”理念，突出“多样化发展和特色办学”，探索高中教育专题督导经验。分别召开高中教育督导工作专家咨询会、市教委相关处室座谈会和高中教育督导研究专题会，并采取专家咨询、专家访谈等方式，先后进行5轮80余人次调查咨询，初步形成《普通高中学校督导观测要素框架（征求意见稿）》和《促进普通高中多样化发展教育督导观测要素研究报告》，确定督导观测要点。课题6个试点区县进一步明确课题研究的政策法规依据、确立督导指标体系、研制督导工具、开展专题督导试点，为开展专项督导积累工作经验、探索工作模式。

（魏旭斌）

【修订中职校评价标准】 至年底，市教育督导室完成中等职业学校全面实施素质教育综合督导评价指标体系修订工作。结合第三轮职业教育综合督导工作经验和存在问题，市教育督导室广泛征求区县、职业学校意见，组建课题组修订全面实施素质教育评价指标体系，其中，重点调整二级指标和三级指标。修订后的评价指标体系包括三级40项指标。该评价指标体系待批准后施行。

（龙梅）

【完成职成教调研课题】 至年底，市教育督导室完成职业教育与成人教育调研课题9项。同时，借助课题研究方式，推进职成教督导工具研发工作，取得多项研究成果。课题研究涉及中等职业学校综合督导评价、中等职业学校实训基地管理使用绩效、中等职业学校德育督导评价、中等职业学校教育质量评价、中等职业学校督导评价信息化建设应用、社区教育工作督导评价及行业委办局教育职责执法检查评价，形成中等职业学校教育质量评价方案等7个督导评价工具。

（陈琦璐）

北京市人民政府教育督导室主任、副主任

主　　任　线联平

副 主 任　刘莉　李壑（10月免）　关国珍

北京市人民政府教育督导室处室负责人

综合处处长　杨江林

督导一处处长　张士佐

督导二处处长　龙梅

（本栏责任编校　林业）

学前教育

综　　述

2012 年，北京市有各类幼儿园（所）1266 所，另外，经过 2012 年幼儿园新建、改扩建工程建设增加 383 个分园，同比上年增加 344 所；在园儿童总数 331524 人，同比增加 20107 人，增长 6.45%。

全市各类幼儿园共有教职工 48080 人，比上年增加 3622 人，同比增长 8.15%。其中，专任教师 26330 人，比上年增加 2260 人，同比增长 8.97%。

2012 年，北京市学前教育工作认真贯彻落实《国务院关于当前发展学前教育的若干意见》和《北京市学前教育三年行动计划》，坚持“政府主导、社会参与，保证基本、广泛覆盖，公益普惠、优质多样，保教结合、科学育儿，依托社区、就近就便”的原则，促进学前教育的发展与提高，基本满足学前儿童入园需求，以及人民群众对学前教育高质量、多样化的需求。

落实政府实事和折子工程，不断扩大学前教育资源。一是加大公办性质幼儿园建设力度，实施幼儿园的新建、改扩建和办园条件达标改造工程。全年累计投入 9.08 亿元，对在京的中央机关、部队、企事业单位、各区县教育系统以及街道等单位所属的 240 所幼儿园进行新建、改扩建，对 334 所幼儿园进行办园条件达标改造，完成当年增加 2.40 万个学位的目标任务。二是加强村办园建设，逐步构建县、乡、村三级学前教育服务网络。为进一步落实“保基本、广覆盖”的学前教育发展目标，市教委经多次调研、走访，以及领导和专家反复论证后，明确在入园需求较大的城乡结合部地区，加强村办幼儿园建设，村办园建设经费由市、区两级政府共同承担。本年市级财政将 2.30 亿元村办园建设经费拨付到位，大兴、房山、昌平等 11 个区县的 105 所村办园建设陆续开工，预计 2013 年上半年建成并招生。

采取多种举措加强师资队伍建设，实施幼儿教师培养培训工程。一是针对各区县新招聘非学前教育专业教师较多的情况，启动新任教师培训项目，对全市 3000 名即将到幼儿园工作的新教师进行岗前培训。北京教育学院东、西城教育分院承担新任教师培训任务。按照培训计划，西城区教育分院完成对海淀、丰台等 9 个区县 1300 名新任教师的培训，东城区教育分院完成对朝阳、通州、燕山等 8 个区县（地区）1700 名新任教师的培训任务。二是加强民办幼儿园管理，举办民办园管理者和骨干教师培训。委托北京汇佳职业学院，对 500 所注册民办幼儿园的 500 名园长和 1000 名骨干教师进行为期一周的集中封闭式培训，内容包括依法办园、质量管理标准、教育理论与实践、教育技能、卫生保健和幼儿膳食管理等。三是开展专项教育技能培训，提高教师教育水平。为促进幼儿语言发展，市教委以绘本图书为载体在幼儿园开展绘本教育研究培训项目，100 所幼儿园的园长、保教主任、骨干教师等共计 600 人参加培训，投入经费 88 万元。市教委为 51 所幼儿园组配备“玩具图书馆”学具，同时，投入 40 万元对 80 余名幼儿教师分批进行“玩具图书馆”学具应用实操培训。四是举办示范幼儿园园长高级研修班，进一步提高其引领全市学前教育发展的能力和动力。

强化质量管理，提升幼儿园办园质量。一是委托北京教育科学研究院开展幼儿园半日活动评优活动，评选出特等奖 10 名、一等奖 21 名、二等奖 29 名、三等奖 41 名；召开总结表彰会，制作发放优秀教育活动光盘，交流优秀教育经验。二是坚持开展幼儿园分级分类验收工作，组织有关专家深入郊区县对 14 所幼儿园的办园条件、行政管理、教育教学和卫生保健工作进行多次指导；对 76 所幼儿园进行分级分类验收，其中，达到一级办园条件标准的幼儿园 48 所。至此，全市一级幼儿园达到 477 所（包括市级示范幼儿园 89 所、一级一类幼儿园 376 所），比上年度增加 53 所；同时还对 6 个区县申报的 16 个社区儿童早期教育示范基地进行验收。三是开展示范园与农村乡镇中心园“手拉手”活动，提升农村幼儿教师的教育教学能力与水平，促进农村学前教育质量的提高。四是加强幼儿园安全工作质量管理，组织编写《幼儿园安全》二册，全书约 36 万字，配有有声安全教育活动挂图，供幼儿园参考。

加大政府投入，全面实施幼儿园奖励补贴政策。继续对公办幼儿园进行生均定额补贴政策，同时对民办幼儿园实施以奖代补政策，配合民政、财政部门研究制定家庭困难儿童的补贴政策。本年投入 5 亿元用于各部门办园生均补贴，覆盖 367 所幼儿园的 10 万余名儿童。投入 1300 万奖补 101 所普惠性民办幼儿园。

配合市发展改革委规范幼儿园收费，研究制定幼儿园收费管理办法。通过公办幼儿园收支调查、幼儿园成本调查、幼儿园问卷调查、召开不同群体的座谈会等形式，配合市发展改革委制定《北京市幼儿园收费管理实施细则（试行）》。配合相关部门做好舆论导向和舆情监测工作以及幼儿园收费监察工作，并积极做好家长来访来电的解释工作。

开展 0～6 岁儿童社区早期教育服务与指导项目。为实现《北京市学前教育三年行动计划》中提出的为适龄儿童及家庭提供多种形式的学前教育指导服务的发展目标，9 月委托北京市教育学会启动北京市 0～6 岁儿童社区早期教育服务与指导项目，先期在朝阳区试点。项目组通过信息平台为 6 万名 0～6 岁儿童家长提供“每周一信”服务，深入 623 个社区和 198 个学前教育机构开展公益培训，向 6000 个家庭发放指导手册和专刊。

（张小红）

总 类

【开展绘本教育研究培训】 4至6月，市教委举办绘本教育研究培训。培训分4期举行，100所幼儿园园长、保教主任、骨干教师600人参加学习，同时还组织100人分别到3所幼儿园观摩幼儿早期阅读活动，组织70人到上海、杭州的幼儿园参观学习。该项培训经费88万元。绘本教育主要利用绘本材料，用讲故事的方式完成教学目标，通过互动交流促进幼儿语言发展。

（张竹青）

【完成学前教育项目绩效考评】 4至8月，市教委配合市财政局完成学前教育项目绩效考评。14个区县422所幼儿园的乡镇及街道幼儿园达标工程、部门办园达标工程、新建改扩建设施设备配备、幼儿园扩班等近4.80亿资金的项目落实情况参加考评。通过查阅资料、项目单位访谈、现场考查等多种方式的检查，项目完成情况良好，最终考评结果为优秀。

（彭兴蕊）

【开展半日评优活动】 5月11日，市教委公布幼儿教师“半日评优”活动结果。10人获得特等奖、21人获得一等奖、29人获得二等奖、41人获得三等奖。市教委将优秀活动案例编辑成书《北京市幼儿教师优秀半日活动集萃》，21名获得一等奖教师的优秀半日活动案例编集成光盘发至幼儿园。12月27日，市教委召开北京市幼儿教师“半日评优”活动总结表彰会。

（孙艳云）

北京市幼儿教师“半日评优”
活动特等奖

昌平区机关幼儿园　徐颖
海淀区恩济里幼儿园　郑涛
北京市第一幼儿园　蔡涛
北京市第五幼儿园　石利颖
朝阳区劲松第一幼儿园　陈超
西城区宣武回民幼儿园　张慧姿
怀柔区第二幼儿园　陈素娟
丰台区蒲黄榆第一幼儿园　张悦
西城区北海幼儿园　褚潇
延庆县第二幼儿园　安辛

（华蕾）

【开展“玩具图书馆”应用培训】 5至6月，市教委开展“玩具图书馆”教学学具应用培训。80余名幼儿园教师参加学习，内容涉及如何通过“玩具图书馆”学具开展教学活动，培训经费40万元。玩具图书馆主要通过丰富的玩具材料，提高幼儿观察、思维、计算、语言等能力，有助于培养幼儿自主学习能力。本年市教委为51所幼儿园组配备“玩具图书馆”学具。

（孙艳云）

【开展示范园与乡镇园“手拉手”工作】

7月2日，市教委举办的北京市示范幼儿园与农村乡镇中心园“手拉手”总结交流会在空军直属机关蓝天幼儿园召开。会议围绕“城乡手拉手，和谐促发展”主题，总结示范幼儿园与农村乡镇中心园“手拉手”的工作。会议认为这是一项造福农村学前教育的“智力支援工程”，是促进教育公平，缩小城乡差距、园际差距的重要举措，是提高农村学前教育质量、实现优质教育资源共享的有效途径与方法。各区县教委主管学前教育工作的领导及相关部门负责人，相关幼儿园负责人以及部分优秀支教工作者共计200人参加会议。2005年，市教委为落实北京市教育大会提出的“开展城区学校与农村学校对口支援活动”的工作要求，启动并拉开示范幼儿园与农村乡镇中心园“手拉手”活动的序幕，7年来，共有89所示范幼儿园与近百所农村乡镇中心园结为“手拉手”姊妹园。

（彭兴蕊）

【启动新任教师培训】 7至12月，市教委开展北京市幼儿园新教师岗前培训。该培训委托北京教育学院东城分院和西城分院完成，其中，西城分院承担对海淀、丰台等9个区县1300名新任教师的培训任务；东城分院完成朝阳、通州等8个区县1700名新任教师的培训任务。

（彭兴蕊）

【验收早教示范基地】 8月21日，市教委公布第八批北京市社区儿童早期教育示范基地名单。6个区县申报的16个社区儿童早期教育示范基地参加评审，通过听取汇报、查阅资料等程序，29所幼儿园入选。

（王洪兰）

第八批北京市社区儿童
早期教育示范基地名单

密云县第六幼儿园
密云县信远幼儿园
密云县世纪英才幼儿园
东城区大方家回民幼儿园
东城区崇文幼儿园
延庆县大榆树镇中心园
延庆县旧县镇中心园
房山区琉璃河镇中心园
房山区张坊镇中心园
房山区河北镇中心园
房山区石楼镇中心园
房山区良乡第二幼儿园
房山区长阳镇中心园
房山区昊天幼儿园
房山区长沟镇中心园
房山区西潞街道办事处中心园
房山区城关镇街道办事处中心园
中国原子能科学研究院幼儿园门
北京邦本物业管理有限公司幼儿园
头沟区智慧摇篮幼儿园
朝阳区向日葵幼儿园
朝阳区启明双语幼儿园
北京师范大学大西洋新城幼儿园
密云县第八幼儿园
密云县太师屯中心园
昌平区马池口中心园

昌平区回龙观幼儿园
丰台区大红门东楼幼儿园
东城崇文回民幼儿园

（王洪兰）

【开展儿童社区早期教育服务与指导】 9月，市教委启动北京市0～6岁儿童社区早期教育服务与指导项目。该项目委托北京市教育学会承担，朝阳区列为先期项目试点单位。项目组通过信息平台为6万名0～6岁儿童家长提供“每周一信”服务，深入到623个社区和198个学前教育机构进行公益培训，向6000个家庭发放指导手册和专刊。

（郭春彦）

【启用学前教育管理信息系统】 9月，市教委启用学前教育管理信息系统。该系统为教育部全国学前教育管理信息系统，建成后将基本覆盖各级教育行政部门和学前教育机构，实现学前教育业务管理信息化。市教委开展逐级培训，并以各区县为单位完成数据采集工作。

（张竹青）

【举办示范园园长高级研修班】 10月10至12日，市教委举办北京市示范幼儿园园长高级研修班。该班会同清华大学继续教育学院共同举办，通过讲座、研讨和外出考察等方式，学习学前教育理论、课程设置与研发、幼儿园的品牌建设与营销、运营管理等内容。89所示范园园长、各区县学前科科长和教研室主任36人参加学习。

（孙艳云）

【编印《幼儿园安全》】 11月，市教委编印《幼儿园安全》用书。该书记录幼儿园安全工作管理制度、安全预案、安全教育活动案例及幼儿常见病预防与处置等内容，配有有声安全教育活动挂图，提高幼儿安全教育的有效性、情趣性。该书共二册约36万字，供幼儿园参考。

（王洪兰）

【加强村办园建设】 至年底，市教委加强村办幼儿园建设。市教委在入园需求较大的城乡结合部地区，加强村办幼儿园建设，逐步构建县、乡、村三级学前教育服务网络。经过调研、论证，市财政投入建设资金2.39亿元，在大兴、房山等11个区县建设105所村办幼儿园，预计2013年上半年建成并投入使用。

（彭兴蕊）

【实施奖励补贴政策】 至年底，市教委加大政府投入，实施奖励补贴政策。市教委采取措施促进不同类型幼儿园发展，继续对公办幼儿园实施生均定额补贴政策，同时对考核合格的普惠性民办幼儿园采取以奖代补方式予以鼓励和支持。其中，投入近5亿元用于各部门办园生均补贴，覆盖367所幼儿园的10万余名儿童；投入近1300万元奖补101所普惠性民办幼儿园。

（孙艳云）

【开展一级幼儿园验收】 至年底，市教委开展一级幼儿园验收工作。76所幼儿园参加验收，经过专家组入园实地检查、查阅资料和座谈等程序，达到一级办园条件标准的幼儿园48所。至此，全市共有一级幼儿园477所，包括示范园89所、一级一类园376所。

（王洪兰）

幼　儿　园

北京市第一幼儿园

【概　况】 2012年，北京市第一幼儿园为教育部门办园类别，寄宿和日托制兼收。占地面积5584平方米，建筑面积6000平方米。固定资产总值1735万元。全年教育经费投入2082万元，其中，国家拨款1524万元、自筹经费558万元。教学班内有电子白板、投影机、钢琴等教学设备，拥有点点游戏屋、体能训练室、多功能厅、美术教室、幼儿阅览室等专用教室，幼儿活动室13个。教职工69人，其中，专任教师51人。教职工中研究生学历2人、本科学历38人、专科学历24人、中学高级职称2人、幼儿园高级职称25人、北京市特级教师1人、市级骨干教师3人，设有名园长工作室；保育员6人；旁系列工作人员6人。开设教学班13个，其中，小班4个、中班5个、大班4个。幼儿入园126人、离园122人、在园404人。

（杨丽娟）

【举办园本课程现场会】 5月18日，一幼举办“深化课程建设、提升办园品质”园本课程实践现场研讨会。会议听取“综合艺术教育”“双语整合”和“多元文化启蒙教育”园本课程经验介绍，观摩综合艺术活动、多元文化、双语教学等教学活动，参观班级环境创设、幼儿美术教室等专用教室及幼儿区域游戏活动。市、区教委领导和专家，北师大硕士、博士生团队，东城区幼儿园代表及媒体记者200人参与活动。

（刘金玉　杨丽娟）

【举办“六一”运动会】 5月27日，一幼在地坛体育馆举办“六一”幼儿运动会。运动会以“阳光运动、七彩童年”为主题，幼儿表演团体操及体育项目，教师表演“百人功夫扇”，景山社区老人表演抖空竹、活力球，东城区和平北路小学表演体操。该园幼儿及家长1000人参加活动。

（刘金玉　杨丽娟）

【受托承办魏家分园】 9月3日，一幼魏家分园开园。为促进东城区学前教育的均衡、优质发展，东城区教委和

东城区政府景山街道办事处决定将北京市东城区魏家幼儿园委托给一幼承办，形成“1+1 托管”的新型办园模式，以提高该园的办园质量。该分园为日托制，占地面积 835 平方米、建筑面积 507 平方米。开设 5 个教学班，其中，小班 3 个、中班 1 个、大班 1 个，在园幼儿 108 人。一幼为其输送教职工 28 人，其中，专任教师 16 人，包括本科学历 8 人、专科学历 8 人、幼儿园高级职称 6 人。

（王岩　杨丽娟）

【举办班组长管理沙龙】　至年底，一幼举办“班组长管理沙龙”活动。该活动每月举办一次，班组长、各年级主管及园领导参加，通过现场答疑、经验分享等形式，让参与者在接招、拆招、支招中提升管理艺术与管理水平。

（刘金玉　杨丽娟）

北京市第五幼儿园

【概　况】　2012 年，北京市第五幼儿园为教育部门办园类别，为寄宿制和日托制兼收。占地面积 8024 平方米，校舍建筑面积 6987 平方米。固定资产总值 887 万元，全年教育经费投入 1347 万元，其中，国家拨款 1231 万元、自筹经费 116 万元。拥有多功能游戏室、宝宝书吧、创意美劳坊、哆来咪音乐室、多媒体视听室、疯狂科学宫、玩具图书馆等专用教室 7 个，普通教室 16 个。教室内设有视频一体机、互动电子白板、钢琴等教学设施。教职工 117 人，其中，教师 81 人，包括中学高级教师 1 人、小学高级教师 37 人、特级教师 1 人、市级骨干教师 2 人、专科及以上学历 79 人（含研究生 3 人）；保育员 6 人，均为中级及以上职称，包括专科及以上学历 4 人。开设教学班 16 个，其中，小班 6 个、中班 5 个、大班 5 个。幼儿入园 180 人、离园 167 人、在园幼儿 572 人。

（张艳）

【接受公安部安全检查】　2 月 22 日，五幼接受公安部全国中小学、幼儿园安全工作交叉检查。检查组听取五幼在人防、技防、物防、心防等方面的安全工作汇报，实地检查幼儿教室、特色室、中控室的安全情况，随机检查保安对视频监控系统的现场操作。检查组肯定五幼安全防范工作。该园代表北京市中小学、幼儿园接受检查。

（张艳）

【获得半日评优特等奖】　5月11日，

市教委公布北京市幼儿教师“半日评优”活动获奖名单，五幼教师石利颖获得特等奖。该评选开始于 2011 年 6 月，10 人获特等奖、21 人获一等奖。石利颖于 6 月 20 日作为教书育人楷模先进事迹报告团成员受到李长春、刘延东接见，随基础教育分团到五个省市进行 10 场题为《和孩子一起成长》的先进事迹宣讲。

（张艳）

【接待台湾考察交流团】　8 月 28 日，五幼接待“海峡两岸幼儿教师风采交流活动”考察团。该活动由中国宋庆龄基金会事业发展中心组织。考察团听取五幼基本情况、园本文化和教育理念特色介绍；参观班级环境、幼儿游戏活动与特色室活动；与幼儿一起游戏，切身体会五幼“让幼儿自主探索学习”“寓教育于生活游戏之中”的教育理念。

（张艳）

北京市东城区东华门幼儿园

【概　况】　2012 年，北京市东城区东华门幼儿园为教育部门办园类别，为日托制，分为本部和小班部两地办学。本部占地面积 2210 平方米、校舍建筑面积 3383 平方米，小班部占地面积 782 平方米、校舍建筑面积 804.74 平方米。固定资产总值 772.74 万元。全年教育经费投入 879 万元，其中，国家拨款 572 万元、自筹经费 307 万元。本部拥有幼儿多功能厅、幼儿图书馆、幼儿艺术教室等专用教室 3 个，普通教室 8 个；小班部普通教室 5 个。教室内设有液晶电视、多媒体设备、DVD 机等教学设施。教职工 57 人，其中，教师 48 人，均为专科及以上学历，包括中级及以上职称 28 人；保育员 4 人，其中，专科及以上学历 3 人、中级及以上职称 3 人。开设教学班 12 个，其中，小班 5 个、中班 4 个、大班 3 个。幼儿入园 130 人、离园 110 人、在园 384 人。网址：58.134.1.40/dcjy/dhmyey/Index.asp。

（刘悦）

【设立新教师专职视导员岗位】　3 月，东华门幼儿园设立新教师专职视导员岗位。专职视导员每日进班指导新教师工作，包括环境创设、活动区教育活动等内容，分计划、教具、教育理念、技能技巧等方面进行指导，以“推门课”的形式强化向课堂要质量理念，实现发现新人、培养骨干，提高质量的目标。本年，该园重视新教师培养，携手东城区教师学前研修部共同开展培训，采取情景表演和研讨的方式，以家长工作为重点内容进行培训。

（刘悦　吴超）

【携手举办艺术节】　5月31日，东华门幼儿园携手北京市第三幼儿园在北京中山音乐堂举办“快乐六一、绚丽童年”——东幼第四届、三幼第一届艺术节。幼儿与教师着节日盛装，载歌载舞，同庆“六一”儿童节。东幼参加演出幼儿 372 人，教师 42 人；三幼参加演出幼儿130人，教师25人。

两园幼儿家长500人观看演出。本次活动是在实施“一长两园”管理改革的背景下共同组织实施的。自2011年起，两园园长由同一人担任。

（刘悦）

【开展教师户外拓展训练】 9月8日，

东华门幼儿园、北京市第三幼儿园开展教职工一日户外拓展训练。训练中，教职工被分为10个组，以团队为单位完成任务。队员间相互配合，相互交流学习，增加彼此的了解和工作配合的默契度，增强团队合作的凝聚力。

（刘悦）

北京市东城区 崇文回民幼儿园

【概　况】 2012年，北京市东城区崇文回民幼儿园为教育部门办园类别，寄宿制和日托制兼收。占地面积2073.06平方米、校舍建筑面积1473.06平方米。固定资产总值399万元。全年教育经费投入613.30万元，其中，国家拨款544.80万元、自筹经费68.50万元。拥有多功能厅1个，普通教室9个。教室内设有多媒体网络、电子白板和投影仪等教学设备。教职工45人，其中，教师34人，包括专科及以上学历32人、中级职称8人；保育员2人，均为中级职称。开设教学班9个，其中，小班4个、中班3个、大班2个。幼儿入园60人、离园80人、在园275人。

（梁艳）

【参加蟠桃宫庙会演出】 3月23日，崇文回幼部分教师和幼儿参加“三月三蟠桃宫庙会”活动。幼儿表演庙会开场舞蹈“龙舞”，教师表演藏族舞蹈“唐古拉风”。在教师带领下，幼儿参加民俗艺术表演和工艺品展卖。该庙会由东花市街道主办。

（梁艳　张佳峰）

【与通州民族幼儿园结为姊妹园】 5

月22日，崇文回幼与通州民族幼儿园签订“手拉手”协议。协议规定，双方以注重实效为原则，以相互促进、共同提高为目的，共同携手，最大限度地实现资源共享、优势互补，切实推进学前教育的均衡协调发展。两园合作是为进一步发挥优质幼儿园的示范辐射指导作用。

（梁艳　张佳峰）

【举办亲子运动会】 11月16日，崇文回幼举办亲子运动会。各年龄班幼儿分别开展动画主题游戏、自制玩具主题游戏和民族民间主题游戏。在家长配合下，幼儿顺利完成各种挑战性运动项目。

（梁艳　张佳峰）

北京市东城区 崇文第三幼儿园

【概　况】 2012年，北京市东城区崇文第三幼儿园为教育部门办园类别，为日托制。占地面积3988平方米、校舍建筑面积3216平方米。固定资产总值760万元。全年教育经费投入1325万元，其中，国家拨款1220万元、自筹经费105万元。拥有幼儿电脑室、特殊资源教室、幼儿棋类教室和感觉统合教室等专用教室4个，普通教室13个。教室内设有电子白板、液晶电视和实物投影仪、幼儿玩教具柜等教学设施。教职工77人，其中，教师46人，包括专科及以上学历40人、中级及以上职称19人；保育员9人，包括专科及以上学历3人、中级及以上职称9人。开设教学班13个，其中，小班5个、中班4个、大班4个。幼儿入园71人、离园124人、在园412人。

（李晶）

【开展小树认养活动】 4月14日，崇

文三幼开展“爱绿、护绿，小树认养”活动。教师和家长带领幼儿到玉渊潭公园，用幼儿节省的零花钱以班级为单位认养小树，给小树起名字、挂牌、浇水，将自己与家长的寄语做成心愿卡挂在认养的小树上，用实际行动参与倡导爱绿、护绿环保活动。该园师生、家长200人参加活动。

（李晶）

【举办六一游园会】 6月1日，崇文三幼举办“读童话书、品中华文化”主题“六一”游园会。活动以中国童话故事为载体，通过读书、演书、做书等方式，开展“穿越童话世界”“故事拼拼乐”“走进故事迷宫”和“童话大转盘”等系列游艺活动。让幼儿在亲身参与游戏的过程中，阅读中国经典童话，品味中国传统文化。该园幼儿及家长840余人参加活动。

（李晶）

【组织幼儿体验民俗文化】 9月27日，崇文三幼组织幼儿体验民俗文化。幼儿在教师带领下至“百工坊”参观，与民间艺人一起画兔爷儿、剪窗花、做泥塑，感受传统民俗文化，并表演园歌园舞。“百工坊”有近百个艺术门类，百余名工艺美术大师在此设立特色工坊及大师工作室。

（李晶）

北京市北海幼儿园

【概　况】　2012年，北京市北海幼儿园为教育部门办园类别，为寄宿制。幼儿园总占地面积（包括托儿部）2.53万平方米、总建筑面积（包括托儿部）1万平方米。图书馆藏2.33万册，报刊杂志20种。固定资产总值3262.35万元。全年教育经费投入3855.68万元，其中，国家拨款3755.96万元、自筹经费99.72万元。学校信息化经费投入116.34万元，拥有计算机216台，多媒体教室座位40个，校园网出口总带宽1024Mbps（共享），数字资源量468GB，“信息技术”课程12课时/周。幼儿园设有儿童资源库、玩具图书馆和益智玩具屋等专用教室8个，普通教室25个。园内设有体育走廊、儿童游泳馆、礼堂等设施。有教职工136人，其中，专任教师103人，包括全日制硕士研究生2人、本科学历72人、专科学历31人、中级及以上职称48人；保健员4人，均为专科及以上学历、中级及以上职称。开设教学班23个，其中，托班3个、小班7个、中班7个、大班6个。幼儿入园147人、离园166人、在园619人。网址：www.bhbaby.org。

（吕小烨）

【举办阳光体育展示活动】　4月26日，北海幼儿园举办阳光体育展示活动。活动以“我运动、我健康、我快乐、我成长”为主题，分体育活动和游戏大会两部分内容。体育活动以大班的“小运动员一物多玩”和小班的“小花猫本领大”展示为主，游戏大会以多层次的户外游戏材料展现幼儿自主游戏过程。来自西城区各相关单位的领导、专家和教师200人参与活动。

（吕小烨）

【召开第五届科研年会】　8月29日，北海幼儿园召开第五届科研年会。会议以“倾听教师需求、加强队伍建设、实现质量提升”为主题，以“满足教师发展需求、支持团队健康成长、提升日常工作实效”为目标，分成《3～6岁儿童发展指南》学习、教师礼仪培训、教师心理健康、师德教育四个内容；以知识讲座、教育情景剧、集体心理游戏、互动交流等多种方式开展，有效调动教师学习积极性。

（吕小烨）

【深化园本课程建设】　至年底，北海幼儿园深化园本课程建设。该园以“实施主体性教育、人人在快乐发展中做最好的自己”为目标，实践并改进现有的《幼儿园自主发展课程》，在日常活动中引导幼儿做生活的主人、游戏的主人、学习的主人和环境的主人。该园举办系列园本课程建设实践活动：5月30日举行第二届快乐节暨“六一”儿童节庆祝活动、12月15日组织大班组“跳蚤市场”旧物交换活动、12月28日举办“快乐中国行”活动，让幼儿成为活动的主人，鼓励幼儿自己发现问题、解决问题。

（杨颖）

北京市西城区
棉花胡同幼儿园

【概　况】　2012年，北京市西城区棉花胡同幼儿园为教育部门办园类别，为寄宿和日托兼收制。三址办园（棉花胡同78号、育德胡同5号、西四北七条20号），总占地面积6242平方米、总建筑面积6044平方米。藏书7810册，杂志38种，报纸12种。固定资产总值870.08万元。全年教育经费投入2766.71万元。拥有计算机116台，多媒体教室座位30个，校园网出口总带宽20Mbps。普通教室20个，设有小礼堂、计算机教室、音乐室等7个专业教室。教职工107人，其中，高级职称2人、中级职称32人；专任教师84人，包括市级骨干教师1人、博士学历1人、本科学历42人、专科学历23人；技工16人；保健医6人；会计1人。开设教学班23个，其中，托班6个、小班7个、中班6个、大班4个。幼儿入园167人、离园88人、在园657人。网址：www.bjxchmy.org。

（刘峰峰）

【与胜利油田幼儿园开展交流活动】　3月19日至4月12日，棉幼接待山东胜利油田幼儿园代表团来访。代表团由园长、教师及保健医一行16人组成，双方开展学习交流活动，内容包括听取棉幼园所文化建设报告、与干部及教师座谈、观摩教学活动等，并实际参与棉幼的各方面工作，就档案资料管理、园所环境创设、教师培训和管理、课题研究等活动进行交流。

（谢鸥　刘峰峰）

【园所文化和课程建设书籍出版】　9月和11月，棉幼园所文化建设和课程建设成果出版。《爱在品性 健在发展——棉幼园所文化建设的思考与探索》一书由中国工人出版社出版，为16开本，全书21万字，为棉幼园所文化建设的经验和成果，主要阐述棉幼在管理文化、教师文化、教研文化和课程文化等方面的思考和经验探索。《让教育之爱绵延不断——棉幼社会性教育优秀教案选编》一书由北京燕山出版社出版，为16开本，全书42万字，为棉幼社会领域特色课程建设的经验总结，包括主题活动、角色区活动、一日生活中渗透社会领域教育三方面内容，共计251篇社会领域活动教案。

（刘峰峰）

【庆祝建园55周年】　12月6日，棉幼举办“让爱飞扬、快乐成长”建园55周年庆典活动。庆典活动分成播放棉幼55周年庆典纪录片、领导致辞、文艺演出等环节。文艺演出节目均由棉幼教师、幼儿和家长精心设计和准备，反映棉幼的办园特色和教育水平。西城区委教育工委、西城区政府教育督导室、什刹海街道办事处等单位领导，西城区各幼儿园园长，棉幼退休老园长、家长代表和幼儿等180人参加活动。

（刘峰峰）

北京市西城区
马连道幼儿园

【概　况】　2012年，北京市西城区马连道幼儿园为教育部门办园类别，为日托制。园所占地面积2100平方米，建筑面积1350平方米，操场面积726平方米。图书室藏书1400余册，订阅杂志9种、报纸5种。固定资产总值202.31万元。全年教育经费投入721.11万元，其中，国家拨款715.94万元、自筹经费5.17万元。学校信息化经费投入11.78万元，拥有计算机29台，多媒体教室座位231个，校园网出口总带宽100Mbps，数字资源量500GB。普通教室7个，活动室7个，资料室和图书阅览室各1个。教职工33人，其中，中级职称10人。专任教师27人，包括区级骨干教师3人、本科及以上学历14人。开设教学班7个，其中，小班2个、中班3个、大班2个。幼儿入园83人、离园69人、在园231人。网址：www.mldyey.com。

（王友菊）

【与怀柔三幼结对帮扶】 6月7日，马

连道幼儿园与怀柔区第三幼儿园签署帮带协议书。协议规定，马连道幼儿园负责培训怀柔三幼年轻教师。至年底，马连道幼儿园6名市区两级骨干教师成为怀柔三幼12名年轻教师的指导教师；两园每月定期互访，怀柔三幼来该园参观环境、观摩教学和半日活动等，该园骨干教师去怀柔三幼指导主题教育、环境布置等。

（王友菊）

【完成园所改造工程】 6至9月，马连道幼儿园完成园所改造工程。该工程共投资52.24万元，其中，多功能厅顶层改造为阳台投资28.24万元，亲子班装修改造投资24万元。

（穆永红）

【庆祝建园30周年】 12月28日，马连道幼儿园举办30周年园庆暨新年开放式游戏活动。该园在日常室内区域游戏经验的基础上，借鉴“比如世界”模式，打破班级、年级界限，整合资源，开设19个活动体验区，幼儿自由选择游戏区域活动并获得相应的奖励“基金”，在“小超市”购买物品。活动过程中，该园利用展板和视频形式，向师生和家长集中展示幼儿园30年来的发展历程和教科研成果。

（王友菊）

北京市西城区 小百合幼儿园

【概　况】 2012年，北京市西城区小百合幼儿园为教育部门办园类别，为日托制。占地面积1502平方米、建筑面积1458平方米。固定资产总值136万元，全年教育经费投入381万元。教职工27人，其中，专任教师19人，包括中学高级教师1人、小学高级教师10人、区级骨干教师2人；保育员4人，均为高级保育员。开设教学班6个。幼儿入园64人、离园51人、在园186人。网址：598.tuxing2010.com。

（蒋俊华　李静）

【开通幼儿园网站】 3月，小百合幼儿园开通幼儿园网站。网站栏目包括教师风采、班级活动、家园互动、幼儿教育资源库等，教师随时可以与家长进行网上交流，上传幼儿在园活动视频、照片，增强家园联系。

（蒋俊华　李静）

【调整室外活动场地】 7月，小百合幼

儿园调整室外活动场。园中铺设塑胶地，增添2组多功能大型玩具，重新划分户外活动场地。将原废弃平台开发为训练幼儿平衡、钻爬专用区域；将办公区前小空地画上行车线，方便幼儿骑三轮车，开展“我是小司机”角色游戏。

（蒋俊华　李静）

【接收随班就读幼儿】 9月1日，小百合幼儿园接收随班就读幼儿1人。该幼儿就读小班，由于先天听力障碍导致发音不清，教师对其进行发音训练，生活游戏中给予特殊关照，鼓励其大胆参与集体活动，并教育全班幼儿要互相关爱。

（蒋俊华　李静）

【开展情景模拟式园本教研活动】 至年底，小百合幼儿园开展“好玩的建筑区”情景模拟式园本教研活动。教研活动教师自行备课改成教师将自己当成幼儿，和幼儿一起搭积木，遇到问题与幼儿共同商量解决。该教研活动开阔教师思路，使教研活动“活起来”，改变以往传统的教研方式，注重教师的亲身实践。

（蒋俊华　李静）

北京市朝阳区 惠新里幼儿园

【概　况】 2012年，北京市朝阳区惠新里幼儿园为教育部门办园类别，为日托制。幼儿园分惠新部和北苑部两址办学，惠新部占地面积4062.82平方米、校舍建筑面积2905平方米，北苑部占地面积9403.20平方米、校舍建筑面积4743平方米。固定资产总值1468.52万元。全年教育经费投入1485.07万元，其中，国家拨款1158.85万元、自筹经费326.22万元。拥有幼儿专用音体室、幼儿图书馆、生日小屋、国际象棋教室等专用教室。各班级配有数码照相机、大屏幕投影机、多媒体教学一体机等各类教学设备。教职工80人，其中，教师71人，包括专科及以上学历66人；保健员4人；专职保育员2人。开设教学班21个，其中，小班8个、中班8个、大班5个。幼儿入园652人、离园78人、在园650人。网址：www.hxlchild.com.cn。

（梁蕊　蒋鸿鹰）

【举办社会实践系列活动】 5至12月，惠新里幼儿园举办文明天使社会实践系列活动。该园举办“我们都是好朋友”主题春游活动，中大班幼儿在教师帮助下带领小班幼儿在植物园观赏植物，参与“找朋友”游戏；举办秋游活动，幼儿在“比如世界”通过角色扮演的方式体验真实专业的职业体系；举办幼儿讲礼仪故事比赛，19人参赛，评出一等奖2人、二等奖

6人。该园师幼及家长共800人次参加活动。

（梁蕊）

【举办尊老敬老社区实践活动】 10月

31日，惠新里幼儿园组织幼儿参加尊老敬老社会实践活动。该园幼儿60人为干休所的老人表演《我爱洗澡》《快乐星猫》和《快乐的一天开始了》等11个节目，并送出自制礼物。

（梁蕊）

【举办国际象棋开放日活动】 11月7日，惠新里幼儿园北苑部举办国际象棋开放日活动。活动展示该园国际象棋阶段学习成果，教师通过儿歌、图片、书籍以及大棋盘体验游戏的方式展现学习过程。该园师幼、家长及国际象棋教练共656人参加活动。国际象棋是惠新里幼儿园北苑部的特色活动。

（蒋鸿鹰）

【举办幼儿礼仪绘画展】 11月20日，

惠新里幼儿园惠新部举办幼儿礼仪绘画展。展览共展出幼儿绘制的《花儿好，我不摘》《妈妈回来啦》《自己的事情自己做》和《交通规则要遵守》等306幅作品。

（梁蕊）

北京师范大学实验幼儿园

【概　况】 2012年，北京师范大学实验幼儿园为教育部门办园类别，日托制和寄宿制兼收。设有4个分园，分五址办学。总占地面积2.74万平方米，其中，本园8595平方米、牡丹分园5250平方米、望京分园3461平方米、奥林分园3010平方米、西苑分园7127平方米；建筑总面积2.21万平方米，其中，本园6613平方米、牡丹分园3560平方米、望京分园3880平方米、奥林分园3583平方米、西苑分园4510平方米。藏书2.90万册。固定资产总值1707万元，其中，新增234万元。全年教育经费投入2219万元，其中，国家拨款585万元、自筹经费1634万元。园内设有多功能厅、音乐教室、美术教室等专业教室，设有幼儿图书阅览室、教师借阅室，各班配备先进电教设备。教职工448人，其中，专任教师258人，高级保育员4人、保健员21人。教师中包括硕士学历26人、本科学历106人、专科学历126人、高级职称35人。共开设教学班75个，其中，婴班4个、小班21个、中班12个、大班12个、混龄班26个（包括全托班15个）。幼儿入园599人、离园606人、在园2262人。中文网址：child.bnu.edu.cn，英文网址：bnuk.english.bnu.edu.cn。

（丁乐）

【签署两所新园合作办学协议】 3月20日和6月17日，北师大实验幼儿园签署两所新园办学协议。3月与海淀区教委签署北师大实验幼儿园明光分部合作办学协议，协议规定：海淀区教委将明光村小区内今典小学明光校区的校舍和场地提供给北京师范大学实验幼儿园举办学前教育，使用期为自幼儿园正式开园之日起10年，北京师范大学负责校舍修缮，自行解决办学经费，北京师范大学实验幼儿园负责招生、教育教学等管理事务，优先满足海淀区适龄幼儿入园；6月与北京城建兴华地产有限公司签署北师大实验幼儿园龙樾分园合作办学协议，协议规定：北京城建兴华地产有限公司负责校舍建设，北京师范大学实验幼儿园负责幼儿园招生、教育教学等一切管理事务。两所分园计划在2015年投入使用，届时提供适龄儿童学位1000个。

（丁乐）

【望京分园接受早教示范基地验收】 4月20日，北师大实验幼儿园望京分园接受北京市早教示范基地验收。验收工作由市教委组织，听取执行园长题为《稳步开展早教工作、服务形式多元》工作汇报，查阅早教制度及资料，观摩社区早教站活动。专家组肯定该园早教工作以及幼儿园面向社区的早教服务工作。8月21日，市教委公布北京市早教基地验收结果，该园通过验收。

（徐春燕）

【举办3次社区早教活动】 5月19日、22日和11月25日，北师大实验幼儿园举办3次社区早教活动。5月，奥林分园举办“开展亲子教育，创建和谐家庭”社区早教开放活动，来自东坝地区70个家庭参加活动；西苑分园举办水磨社区早教活动站开放活动，8名教师面向水磨社区0～3岁儿童及其家长组织亲子活动“宝宝爬爬”，介绍宝宝爬行小技巧，并作题为《让宝宝自信地成长》讲座；11月，牡丹园分园在华盛小区早教固定活动站开展宣传活动，组织亲子游戏、发放宣传资料、体检、早教咨询，20个家庭参加活动。

（郭美娟　李琳　熊庆华）

【举办儿童跳蚤市场】 5月24至25日，

北师大实验幼儿园牡丹园分园举办儿童用品跳蚤市场体验活动。活动设在幼儿园操场，分两场设置摊位200个，通过模拟商品购买交易，幼儿切身实践和体验，增强环保意识，锻炼主动表达、与人交往能力。该园幼儿400人参加活动。

（熊庆华）

【开展西部支教及代培教师工作】 6

至7月，北师大实验幼儿开展两次西部支教及代培教师工作。西部支教活动分赴陕西和新疆支教，6人支教新疆阿勒泰地区幼儿园、4人支教陕西延安保育院。支教形式包括组织教学活动展示及点评、专题讲座、参与式教研等，内容涉及教室管理、幼儿园半日活动组织、主题活动开展等。来自阿勒泰地区各县、乡镇幼儿园园长和教师100人、延安当地幼儿教师130人参加学习。至年底，该园接收来自全国各地代培教师26人，其中，新疆阿勒泰地区教师7人、四川教师8人、云南教师6人、山东教师1人、北京教师4人。培训形式为全程跟随参与幼儿园教学、园本教研、教师培训等活动，阅读各项文字材料，与幼儿园领导班子座谈等。

（丁乐）

【举办多种幼儿体能活动】 至年底，北师大实验幼儿园举办多种幼儿体能活动。望京分园举办"我运动我健康体能游戏大会"，以幼儿体能测试为主题，幼儿展示器械操，自主参与体育游戏，达到合格运动指标幼儿可获得"勇士能量块"，幼儿300人参加活动。奥林分园举办"大家一起来运动"幼儿春季运动会，设置跳跃、攀爬、平衡、投掷等运动和游戏项目，幼儿315人参加活动。奥林分园举办幼儿冬季体能展示活动，包括户外区域体育游戏、间操展示、中班拍球和大班跳绳展示，幼儿290人参加活动。

（丁乐　徐春燕　郭美娟）

北京市六一幼儿院

【概　况】 2012年，北京市六一幼儿院为教育部门办园类别，一院两址办学，本院寄宿制，占地面积69660.70平方米，建筑面积16932.21平方米。分园全日制，占地面积927.05平方米，建筑面积2497.28平方米。图书5500册，其中，幼儿图书4500册、教师用书1000册。各类玩具200余种，固定资产总值3520万元。全年教育经费投入2363万元，其中，国家拨款2263万元、自筹经费100万元。园内建有幼儿体操房、音乐教室和雅各布教室等专用教室，配有多媒体、投影、音像等电教设备。教职工115人，其中，专任教师62人，均具有专科及以上学历，包括中学高级教师2人、小学高级教师33人、小学一级教师26人、北京市骨干教师1人。本院开设教学班21个，在园幼儿613人；分园开设教学班7个，在园幼儿169人。全年幼儿入园289人、离园221人、在园782人。网址：www.bj61.cn。

（王秋萍）

【评选"读书大王"】 4月23日，六一幼儿院开展"读书大王"评选活动。结合幼儿在图书区阅读情况、家长问卷反馈情况，每班评选8名"读书大王"，每人奖励1本经典绘本。该院幼儿160人参加活动。

（王秋萍）

【举办系列安全教育活动】 4月和10

月，六一幼儿院举办系列安全教育活动。4月24日，组织"地球姐姐"安全教育活动，幼儿与教师扮演"地球姐姐"，共同回顾中国重大地震灾难，演示正确保护自救方法，幼儿700人参加活动。10月18日，六一幼儿院举行地震疏散演习，幼儿听到第一声哨响，在教师指导下，就近藏到墙角、桌子旁等易形成三角的地方；半分钟后第二声哨响，由教师带领幼儿从安全通道有序撤离到安全地带，师生700人参加演习。10月30日，举办安全主题升旗仪式，大班幼儿在升旗仪式上听取地震逃生自救知识介绍，幼儿200人参加活动。

（王秋萍）

【监控设备升级改造工程竣工】 10月，六一幼儿院视频监控系统升级改造工程竣工。该工程共新增32个视频监控点，更换15台摄像机，改造后视频监控系统有64个监控探头，覆盖六一幼儿院各个重要位置，总投资47万元，由区教委出资。

（王秋萍）

【开展冬季体育锻炼】 11月，六一幼儿院组织幼儿冬季体育锻炼活动。大班举行跳绳比赛，设置单人跳、双人跳、表演项目，幼儿200人参加比赛。中班开展火炬接力赛，小班举办森林运动会，幼儿400人参加活动。

（王秋萍）

北京市海淀区四季青镇常青幼儿园

【概　况】 2012年，北京市海淀区四季青镇常青幼儿园为教育部门办园类别，为全日制。占地7500平方米，建筑面积6400平方米。图书室藏书19318册，各类玩具12800件，大型户外玩具爬龙、荡桥、攀岩及组合玩具4件。固定资产总值2317.93万元，全年教育经费投入424.19万元。园内建有亲子园、亲子讲堂，拥有形体室、科学室和小提琴室等专用教室6个，配有演出厅和投影仪等教学设施。教职工96人，其中，专任教师48人、保育员15人。专任教师中，大专以上学历43人，小教高级专业技术职务1人；获得中级职称保育员10人。开设教学班15个，其中，托班1个、小班6个、中班5个、大班3个。幼儿入园176人、离园180人、在园489人。

（韩玉兰）

【园报《收获》改版】 1月，常青幼儿园园报《收获》改版。改版后的园报由双月刊改为月刊，增设"管理者风采""教育心得"两个新栏目，2版8开，彩色印刷，每期印数200份，面向该园教师发放，年底制作合订本。

《收获》园报于 2004 年创办，由园长及宣传员负责，设有园长的话、园内信息、交流与分享栏目，双月出版，彩色印刷，每期印数 150 份，2011 年增加“教研与我相伴同行”栏目。

（韩玉兰）

【开展安全自查工作】 2 月，常青幼儿园开展安全自查工作。该园利用开学初 2 周时间进行安全检查，包括查找班级安全隐患、制定安全教育目标、园内安全自查汇总、制定安全整改措施等环节，重点清理食堂烟道，整修盥洗间洗手池、活动室地板等，并与全园教职工签订安全责任书、“两会”安全责任书、住宿教职工安全协议。

（韩玉兰）

【开展大班幼儿值周活动】 3月，常

青幼儿园开展大班幼儿值周活动。该园大一班幼儿 36 人轮流上岗，开展“践行我是文明小主人”值周活动。每天幼儿 4 人，佩戴红绶带，早上 7：30 上岗，迎接幼儿和家长来园。

（韩玉兰）

【做好幼小衔接工作】 3 月，常青幼儿园做好幼小衔接工作。该园把培养幼儿综合能力作为教育重点，通过家园共育等途径，以“我要上学啦”“幼儿园里的小学生”为主题，与幼儿探讨入学前共同关注的问题；组织幼儿到首都师范大学附属小学参观，感受小学生活与幼儿园生活异同，为即将步入小学做足心理准备；邀请部分小学生解答幼儿最关注和担心的问题，了解小学生一天生活，通过想一想、看一看、听一听、画一画、讲一讲等方式加强对小学生活的印象。该园大班幼儿及家长 300 人参加学习。

（韩玉兰）

北京明天幼稚集团

【概　况】 2012 年，北京明天幼稚集团为教育部门办园类别，为寄宿与日托兼收制。占地面积 65740 平方米，校舍建筑面积 56737 平方米，固定资产总值 10818.58 万元。全年教育经费投入 14799.50 万元。拥有互动教室、视频会议室和特色教室等专用教室 41 个，普通教室 158 个。教室内设有电子白板、计算机和电视等教学设施。教职工 551 人，其中，教师 384 人，包括研究生学历 5 人、本科学历 258 人、专科学历 111 人、中学高级职称 3 人、小学高级职称 156 人；保育员 61 人；保健医 22 人。开设教学班 158 个，其中，小班 66 个、中班 50 个、大班 42 个。幼儿入园 1500 人、离园 911 人、在园 5043 人。网址：www.mtyzjt.com.cn。

（杨吉　宋琦）

【职工书屋投入使用】 2 月 20 日，明天幼稚集团职工书屋正式启用。该书屋位于集团总部，建筑面积 180 平方米，共投资 30 万元，拥有管理、艺术、健康、教育类别纸质图书 600 册，电子图书 1000 册，可同时容纳 50 人阅读，每周定期开放 2 次。

（刘娟　张军）

【成立立美教研组】 3 月 9 日，明天幼稚集团成立立美教育教研组。教研组成立旨在推动集团立美教育思想研究与实践，促进立美教育成果转化，其成员由 136 人组成，围绕艺术立美、活动立美、环境立美、生活立美四条主线成立教研小组。首次教研活动结合《幼儿园教育指导纲要》（试行），整合教育目标和内容，推动领域教学与立美教育的有效融合，在一日保教生活中研究和实践立美教育。集团保教部主任、各园副园长和骨干教师 50 人参加活动。

（刘光洪）

【举办保育员综合技能比赛】 3月31

日，明天幼稚集团举办保育员综合技能比赛。比赛分预赛、决赛两个阶段，集团总院长等领导担任评委，经过单项技能考察，各分园推选 22 人参加决赛，项目包括床物整理和“我心中的保育故事”主题演讲，最终评出一等奖 4 人、二等奖 6 人、三等奖 12 人。集团各园保育员 150 人参加比赛。

（卢红　田吉梅）

【成为耶鲁大学实验幼儿园】 8 月 10 日，明天幼稚集团成为耶鲁大学中国首家示范实验幼儿园。双方签订合作意向书，就教育科研合作达成初步意向。集团总院长、各园园长、各部门主任，耶鲁大学医学院儿童研究中心相关人员参加签约仪式。

（郑永爱）

【组织卫生安全联查】 9 月 17 至 21 日，明天幼稚集团组织卫生安全联查。联合检查组由集团党政办公室、健康管理部、综合管理部等部门人员 8 人组成，检查范围为集团所属 20 所幼儿园，时间为 1 周，检查内容包括安全和卫生各项工作情况。本次检查有效促进各园加强安全意识，提升卫生安全工作水平。

（卢红）

北京市丰台区第一幼儿园

【概　况】 2012 年，北京市丰台区第一幼儿园为教育部门办园类别，为

日托制，设有4个分园，分别是丰益分园、民族分园、草桥分园和顺八分园。占地面积16248平方米、校舍建筑面积9866平方米。固定资产总值920万元。全年教育经费投入1803万元，其中，国家拨款1291万元、自筹经费512万元。拥有美术创意教室、音乐室、绘本图书馆等专用教室14个，普通教室31个。教室内设有电视、钢琴、电子白板等教学设施。教职工96人，其中，教师65人，包括专科及以上学历57人、中级及以上职称17人；保健员5人，均为专科及以上学历、中级及以上职称。开设教学班31个，其中，小班12个、中班10个、大班9个。幼儿入园390人、离园290人、在园1024人。网址：www.ft1y.cn。

（赵秀敏）

【开展国际交流合作】 3月26日，丰台

一幼接待挪威奥斯陆大学教育学院3人参观访问。双方就教育理念、教育环境、教育课程等进行交流与分享。客人参观幼儿园环保教育环境，参与传统户外体育游戏，互换礼物。该园上半年接待挪威奥斯陆大学教育学院学生6人实习，为期2个月。

（赵秀敏）

【接待“国培班”学员】 12月4至6日，丰台一幼接待北京师范大学幼儿教师“国培计划”青海幼儿园教师来园观摩实践。培训班学员53人观摩教师现场教研和教师优秀课例说课展示，旁听现场家长会，参加瓶子创意专题讲座，亲手制作瓶子创意作品。

（赵秀敏）

【分园开园】 12月10日，丰台一幼第四分园开园。分园位于丰台区宋家庄顺八条一区5号楼，占地面积3250平方米、建筑面积1500平方米，拥有专用教室1个，普通教室8个。可容纳260名幼儿就读，开设教学班8个，其中，小班3个、中班3个、大班2个。首批招生26人。

（赵秀敏）

中国人民解放军总后勤部六一幼儿园

【概　况】 2012年，中国人民解放军总后勤部六一幼儿园为一级一类示范园，为日托制。占地面积24000平方米，建筑面积11000万平方米。拥有幼儿图书15100册，教师用书5000册，固定资产总值1043.58万元。全年教育经费投入986.20万元，其中，国家拨款877.60万元、自筹经费108.60万元。园内建有幼儿礼堂、幼儿活动室和音体室等配套用房。教室内设有钢琴、电视、移动黑板等教学设施。教职工107人，其中，专任教师44人，均为大专及以上学历，包括中学高级教师2人、幼儿园高级教师24人；保育员19人，包括高级保育员5人。开设教学班19个，其中，小班9个、中班5个、大班5个。幼儿入园180人、离园142人、在园635人。

（范茜）

【开展优质服务年活动】 3至12月，

总后六一幼儿园开展优质服务年活动。活动以“服务于部队、服务于幼儿、服务于家长”为宗旨，主要内容包括：3月，该园召开全园大会，启动优质服务年活动，保教干事、食堂管理员等8名中层管理干部宣读优质服务计划及措施，提出小班18项、中班14项、大班20项服务目标；6月，该园组织服务计划落实情况中期检查，分析问题，查找原因，调整措施；12月，该园检查优质服务计划落实情况，各项计划均得到很好落实，家长对该园服务满意率97%。

（范茜）

【开展目标化区域活动】 9月，总后六一幼儿园开展目标化区域活动。该园举办《幼儿园开展活动区目标设定及材料投放》园本专题讲座，组织“根据目标投放活动区材料”主题教研活动。19个班级依照“区域目标是集体教育活动目标的延伸”原则，制定班级区域活动目标，设立7个以上活动区域：语言区、音乐区、建构区、美工区、自然角、科学区、计算区，为不同水平层次幼儿投放材料。其中，小中班区域活动重点是美工、角色及建筑区，大班区域活动重点是美工、建筑及益智区，每天8：30后开展区域活动。该园每两周抽查1次活动区活动，组织区域活动教育笔记交流，17篇教育笔记受到好评。该园教师41人参加活动。

（范茜）

【举办户外体育活动】 9至12月，总后

六一幼儿园举办户外集体体育活动。大班组织跳绳比赛、中班组织拍球比赛、小班组织抛接球游戏。大班评出跳绳冠军3人和跳绳能手20人，中班评出拍球高手3人和班级拍球小能手10人，获集体奖班级18个。该园幼儿600人参与活动。

（范茜）

北京市石景山区第三幼儿园

【概　况】 2012年，北京市石景山区第三幼儿园为教育部门办园类别，为日托制。占地面积4230平方米、建筑面积2634平方米，固定资产总值509万元，藏书1080册。全年教

育经费投入374万元，其中，国家拨款292万元、自筹经费82万元。设有局域网络与监控系统，拥有音乐教室、美术教室和玩具图书馆（CPM）等专用教室4个，普通教室11个。教室内配有计算机、智能触屏电视和摄录像机等教学设备。教职工44人，其中，专任教师34人，包括研究生学历1人、本科学历11人、专科学历22人、中学高级教师1人、小学高级教师15人、幼教一级教师11人、幼教二级教师7人；保育员2人。开设教学班11个，其中，小班5个、中班4个、大班2个。幼儿入园109人、离园70人、在园339人。网址：3y. sjsedu. cn。

（向导）

【举办系列家长育儿知识讲座】 1月9日至5月11日，石景山三幼举办5次育儿讲座。该园邀请幼儿教育专家、儿科医生、首都师范大学教授等，讲解养成教育、思维训练、育儿保健、亲子沟通等育儿理念和方法，并开展现场互动。家长600人次参加讲座。

（向导）

【考评教师技能技巧】 2月17日，石景山三幼开展教师技能技巧考核。考核内容有边弹边唱、讲故事、手工、绘画、说课、计算机六项。园务会成立5人考评小组，教师26人参加考核，评出一等奖3人、二等奖5人。

（向导）

【迁回海特花园原址】 8月28日，石景山三幼由苹中分校暂住地迁回海特花园原址。该园自2011年8月开始改扩建工程，由石景山区教委投入1800万元，2012年8月竣工。改扩建后，使用面积增加1237.16平方米，增设教学班2个、音乐教室1个、美术教室1个、资料室1个、行政办公室3个及教师备课室3个，各班增置触控教学设备、小厨宝、直饮机等设施。

（向导）

【举办自制玩教具比赛】 10月12日，石景山三幼举办教师自制玩教具比赛。29名教师提交参赛作品33件。通过教师互评、无记名评分，“多功能布书”获一等奖、“分解组合操作盒”和“布艺鱼”获二等奖、“生日蛋糕”“毛毛虫”“电力玩具算一算”获三等奖。

（向导）

北京市石景山区实验幼儿园

【概　况】 2012年，北京市石景山区实验幼儿园为教育部门办园类别，为日托制。占地面积8184平方米，建筑面积5734平方米。固定资产总值1136万元，藏书3306册，全年国家拨款777万元。拥有普通教室12个，教室内设有电子白板、计算机和钢琴等教学设施。教职工59人，其中，教师49人，包括专科及以上学历26人、中级及以上职称18人、市级骨干教师1人；保健员2人，包括中级职称1人。开设教学班12个，其中，小班5个、中班4个、大班3个。幼儿入园164人、离园75人、在园401人。网址：syy. sjsedu. cn。

（李徽）

【展示幼儿集体操】 5月24日，石景山实验幼儿园举办幼儿集体操展示活动。展示内容为模仿操、徒手操、器械操、武术操，操节由该园教师借鉴筷子、竹竿等民间体育游戏元素集体创作而成。幼儿操节动作规范有力，情绪饱满愉悦，充分展示体能发展状态。

（李徽）

【“手拉手”活动获奖】 6月，石景山实验幼儿园获北京市示范园与农村乡镇中心园“手拉手”活动突出贡献奖。该园与良乡镇中心幼儿园为“手拉手”园，通过教研、教学和户外区域游戏等教学活动的观摩和指导，帮助良乡镇中心幼儿园提高管理水平和保育水平。该奖项由市教委颁发。

（李徽）

【参加全国信息技术应用作品评比获奖】 12月，石景山实验幼儿园参加全国信息技术应用作品评比获奖。教师制作的班级博客《最珍贵的角落》和《共同成长》、语言教学课件《小雨点》获一等奖。该评比由中央电教馆指导，中国教育技术协会中小学专业委员会幼儿教育协作研究会组织。

（李徽）

北京市门头沟区中心幼儿园

【概　况】 2012年，北京市门头沟区中心幼儿园为教育部门办园类别，为日托制。园所占地面积6340平方米，校舍建筑面积3780平方米，体育场地面积1600平方米。固定资产总值855.99万元，全年教育经费投入842.75万元，均为国家拨款。拥有多媒体教室、音体厅、图书室等专用教室4个，普通教室13个。教室内设有电子白板、投影机和实物投影仪等教学设施。教职工60人，其中，专任教师44人，均具有专科及以上学历，包括研究生学历1人、本科学历19人、中学高级教师1人、小学高级教师28人。保育员13人，均具有专科及以上学历，包括本科学历5人、小学高级职称8人。开设教学班13个，其中，小班6个、中班6个、大班1个。幼儿入园198人、离园164人、在园398人。

（贺援凯）

【校园文化建设工程竣工】 7月，门头沟中心幼儿园校园文化建设工程竣工。该园投入财政拨款114.47万元，新建幼儿嬉水、玩沙的小花园水景，文化长廊和田园风格欧式小木屋场景，供幼儿休息和玩耍的格栅；楼道内新建大量展示幼儿活动和教师风采的展示墙。

（贺援凯）

【扩招1个教学班】 9月，门头沟中心幼儿园扩招1个教学班。该园为缓解入园难问题，取消9个亲子班，扩招1个小班，增加学位36个。

（贺援凯）

【举办教育教学评比】 12月，门头沟

中心幼儿园举办教育教学评比。评比内容为优秀教育活动和优秀教育故

事，教师分年龄组进行理论考试和教学实践。该园13个教学班26名教师参与评比，最终评出优秀教育活动一等奖2个、二等奖2个；教育故事一等奖2个、二等奖7个、三等奖1个。

（贺援凯）

北京市门头沟区
城子幼儿园

【概　况】 2012年，北京市门头沟区城子幼儿园为教育部门办园类别，为日托制。占地面积2300平方米、校舍建筑面积1171平方米。全年教育经费投入619.63万元，均为国家拨款。拥有音体室、美劳室等专用教室2个，普通教室7个。教室内设有电子白板、电视和投影机等教学设施。有大中型玩具100余种、小型玩具300种，藏书4000册。教职工38人，其中，教师22人，包括本科学历8人、专科学历13人、小学高级教师16人、区级骨干教师3人。开设教学班7个，其中，小班3个、中班4个。幼儿入园125人、离园100人、在园245人。

（贾文红）

【开展好课展示活动】 11至12月，城子幼儿园开展“一节好课”展示活动。该活动旨在搭建教师成长与展示平台，发挥骨干教师的引领作用，分层次开展，设有新教师的“入职展示”“徒弟”的“汇报展示”“师傅”的“示范展示”和区级骨干教师的“精品展示”。园领导和教研组长组成评审小组，评出一等奖2人、二等奖4人、三等奖6人。该园教师24人参加展示活动。

（岳春清）

【举办教师专业标准知识竞赛】 12月14日，城子幼儿园开展“幼儿园教师专业标准”知识竞赛。竞赛内容为《幼儿园教师专业标准》，以班组为单位，分必答题、抢答题和现场表演3个部分。经过评比，评出一等奖3人、二等奖6人、三等奖9人。

（曹洁）

【举办故事表演展示活动】 12月26日，城子幼儿园举办“师幼故事表演”展示活动。活动以班级为单位，教

师和幼儿共同表演《狼和小羊》《小兔乖乖》和《小马过河》等经典故事。该园师生223人参加活动。

（谭霄羽）

北京市房山区
良乡第二幼儿园

【概　况】 2012年，北京市房山区良乡第二幼儿园为教育部门办园类别，为全日制。园所占地面积5602平方米、建筑面积3902平方米。拥有图书3132册、玩教具280种，固定资产总值131.20万元。全年教育经费投入576.80万元，均为国家拨款。设有局域网络与电子监控系统，有亲子活动室、多功能厅等专业教室，设有家长氧吧（家长阅览室），配有幼儿活动室12个、睡眠室12个。活动室内配有计算机、电子白板和投影仪等设备，室外设有大、中、小型活动器械112种。教职工57人，其中，专任教师53人、保健医2人。全园大专及以上学历教师52人，其中，大学本科学历26人、中学高级教师1人、幼儿园高级教师15人。开设教学班12个，其中，小班6个、中班4个、大班2个。幼儿入园137人、离园90人、在园410人。网址：liangxiangeryou2011.ankang06.org。

（史玉臣）

【开展主题活动培训】 3月2日，良乡二幼举办主题活动专业培训。培训采取交流、讨论、观看演示文稿等形式，从教师在主题活动中的疑问出发，帮助教师梳理选择主题名称应注意的问题，主题活动的含义、教育内容的选择原则；强调主题活动选择应与本班实际结合，要把握主题的核心价值，在实施主题过程中要注意调整。

（史玉臣）

【举办图书推荐活动】 11月8日，良乡二幼举办“一路书香伴我行”图书推介会。该园领导结合“学习提升能力、读书成就自我”活动，针对不同层次的教师，有针对性推荐图书，帮助教师通过读书快速提升理论水平，并要求做好读书笔记、撰写心得体会，于学期末开展读书论坛。

（史玉臣）

【开展保育工作培训】 11月，良乡二幼开展保育工作培训。该园引领保育员学习《幼儿园教育指导纲要》健康领域内容，通过日常记录的形式找出幼儿的年龄特点、活动目标，并结合实际选择适宜的游戏活动内容；举办《如何科学开展幼儿体格锻炼》培训，讲解体格锻炼对幼儿身体各器官的重要作用，以及在锻炼中要遵循的原则和注意的问题；通过《户外体育活动的设计与指导》专题培训让保育员掌握幼儿体育游戏的特点，了解选择和创编体育游戏的基本要求。通过学习与培训，保育员均能制作幼儿户外活动玩具，设计户外体育游戏教案。

（史玉臣）

【开展戏剧表演教育】 至年底，良乡

二幼开展戏剧表演教育。该园发挥戏剧表演的特色，通过教科研普及戏剧表演的理论知识；在工会音乐组活动中开展背景音乐设置学习，通过手工坊制作戏剧表演道具；开展中大班幼儿“双月戏剧周展演”，并通过国旗下教育、武术操、故事绘本与表演相结合的方式开展戏剧表演实践，让师幼从语言、动作、形象塑造等方面感受戏剧创作的过程，体验戏剧表演的内涵与乐趣，将“戏剧表演特色”贯穿到幼儿一日生活中。

（史玉臣）

北京市通州区新城东里幼儿园

【概　况】　2012年，北京市通州区新城东里幼儿园为教育部门办园类别，为全日制。园所占地4712平方米（包括分园1919平方米）、建筑面积3213.02平方米（包括分园1361.02平方米）。全年教育经费投入771.40万元，其中，国家拨款750.90万元、自筹经费20.50万元。园内设有幼儿活动室、盥洗室、睡眠室、资料室、音体室，拥有多媒体教学系统、视频会议系统、户外攀岩和科技安防等设施。图书1896册，玩教具1000余种，固定资产总值353.79万元。教职工46人，包括专任教师34人，其中，专科及以上学历33人。开设教学班11个，其中，小班4个、中班4个、大班3个。幼儿入园155人、离园90人、在园460人。

（李新波）

【组织自制教具展评】　2月28日，新

城东里幼儿园组织自制玩教具展评。由园领导班子、骨干教师7人组成评议领导小组，按照集中自制教具、全园教职工打分、领导小组评议办法进行。教职工52人参与玩教具制作，提交玩教具100余种、400余个，58种玩教具和游戏材料获好评并投入使用。

（李新波）

【培训实习教师20人】　3至5月，新城东里幼儿园培训新设区级大方居幼儿园教师20人。该园发挥示范园作用，采取定帮带教师、定职责任务、定时间要求的方式，培训实习教师如何制定计划、活动安排要领、玩教具制作、教育学心理学等内容。

（李新波）

【推行教研组六步走创建机制】　10月，新城东里幼儿园推行教研组六步走创建机制。该园从教研组是“基本的团队学习组织”认识出发，探索、归纳出“发现问题—确定重点—文件学习—研讨交流—反思调整—深入实践”六步走创建机制，增强教研活动的实效性。该机制获得通州区创建学习型新城区领导小组办公室好评。

（李新波）

【组织示范与模仿课】　11月7至9日，新城东里幼儿园组织开展“骨干教师上示范课、青年教师上模仿课”活动。园内区级骨干教师5人、区级青年骨干教师3人，围绕班级组织活动相继做自荐课，12名新教师做模仿课，并安排相互研讨学习，促进青年教师教学组织活动水平的提高。

（李新波）

北京市顺义区宏城幼儿园

【概　况】　2012年，北京市顺义区宏城幼儿园为教育部门办园类别，为日托制。占地面积4726平方米、校舍建筑面积3687平方米。固定资产1875.80万元。全年教育经费投入801万元，均为国家拨款。拥有创意坊、书吧和舞蹈厅等专用教室4个，普通教室12个。设有幼儿图书室、图书资料室和家长阅览室，配有计算机、摄录像机等现代化教学设备，教室内设有电子琴、录音机和图书架等教学设施。室外设有攀岩墙，大、中、小型活动器械。教职工53人，其中，教师46人，包括大学本科学历33人、大学专科学历13人、中级职务22人；保健员3人，均为大学本科学历，中级职务2人。开设教学班16个，其中，亲子班4个、小班3个、中班5个、大班4个。幼儿入园120人、离园160人、在园500人。

（李金平）

【组织教师舞蹈培训】　3月20至30日，宏城幼儿园组织教师舞蹈培训。由该园区级骨干教师担任教练，分两组交替进行，培训重点是规范舞蹈基本动作，学习《小小手》《好妈妈》和《小星星》等11支幼儿成品舞和《小鱼游》《小花猫》创编舞，巩固舞蹈基本功，引导教师抓住幼儿舞蹈游戏性、教师示范性和多种感官参与性、创造性、展示性的特点。该园教职工48人经培训均通过考核。

（李金平）

【举办保育员综合技能考核】　5月18

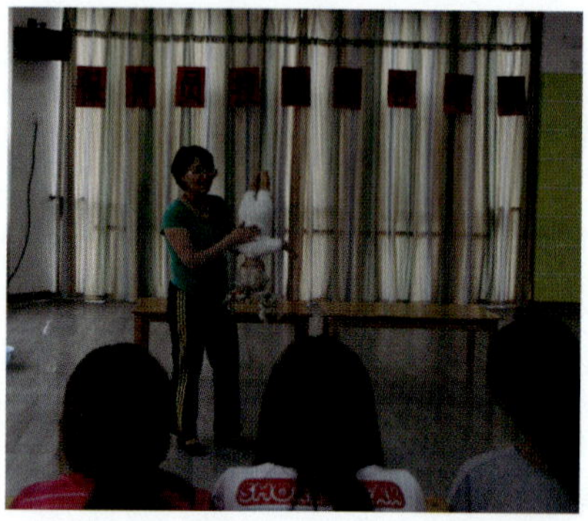

日，宏城幼儿园举办保育员综合技能考核。考核采取抽题笔试、实际操作和案例分析方式，内容涉及应急处理突发事件、外伤包扎、日常消毒、用品分类及摆放、幼儿五官保健及肥胖儿管理等。根据保育员工作年限分为一年以内新教师和一年以上教师两组考核，保育员14人全部参加考核，均达到“优秀”等级。

（李金平）

【举办主题环保教育活动】　6月，宏城幼儿园开展“保护环境、低碳生活”主题教育活动。宣传环境保护知识，开展“我的低碳生活”讨论与实践活动，各班内增设小督察员，检查班级、幼儿园各室灯、电脑开关情况和幼儿洗手、如厕用水等，引导幼儿规范自身行为。该园幼儿350人参与活动。

（李金平）

【开展教师技能达标活动】　9月21日，宏城幼儿园开展教师弹唱、绘画技能达标检测活动。弹唱要求教师掌握本年级歌曲，熟练弹奏，音调准确，和弦协调，乐曲完整。绘画要求教师能根据题目进行构思，线条流畅，色彩协调，内容充实，充满童趣。该园教师29人参加达标考核，合格率100%，优秀率69%。

（李金平）

【修建工程竣工】　9月，宏城幼儿园修建工程竣工。12间盥洗室拆除重装总面积154平方米，拆换围栏并在底座镶贴外墙砖总长度200米，总投资

79 万元；食堂安装食梯，解决保育员每日提饭菜上楼问题，投资 4 万元；重新粉刷、装饰门厅，安装壁挂式电视一台，投资 3 万元。修建工程均在暑期开工，资金均为区教委拨款。

（李明伟　李金平）

北京市顺义区
仁和中心幼儿园

【概　况】 2012 年，北京市顺义区仁和中心幼儿园为教育部门办园类别，为日托制。占地面积 3989 平方米，校舍建筑面积 3852 平方米。固定资产总值 29 万元。全年教育经费投入 518 万元，均为国家拨款。拥有音体室和教科研室专用教室 2 个，普通教室 8 个。教室内设有交互式电子白板、电视和收录一体机等教学设施。教职工 37 人，其中，专科及以上学历 37 人、中级及以上职称 16 人。开设教学班 9 个，其中，亲子班 1 个、小班 3 个、中班 3 个、大班 2 个。幼儿入园 111 人、离园 85 人、在园 376 人。网址：shunyirenheyey. ankang06. org。

（屈依蕾）

【开展德育活动】 4 月 28 日，仁和中心幼儿园以国旗下讲话形式开展德育活动。该园每月制定不同德育活动主题，包括三月为雷锋精神月、四月为安全或法制教育月、五月为爱的教育月等，每周国旗下讲话内容根据月主题制定，以诗歌、歌曲、故事等多种形式开展。

（屈依蕾）

【举办师幼同台幼儿操比赛】 9月26

日，仁和中心幼儿园举办首届师幼同台幼儿操比赛。比赛分小、中、大班三个组别，小班韵律操“泼水歌”、中班动物模拟操“12 生肖”、大班广播体操“世界真美好”获得好评。比赛以整体效果、动作、出操率、创新等标准，评出最佳团队奖 1 名、最佳组织奖 3 名、最佳风采奖 6 名。

（屈依蕾）

【举办语言特色教学阶段展示演出】 12 月 29 日，仁和幼儿园举办新年联欢会暨“成长在阳光下”语言特色教学阶段展示演出。演出围绕“快乐发展”理念，设童心、快乐、感恩三个篇章，包括诗歌朗诵、三句半和童话剧等节目，幼儿均参加表演。相关领导、该园师幼及家长 600 人参加活动。该园自 7 月联合《当代家庭教育报》，从听、说、读、写四个方面促进幼儿语言发展及个性发展，使语言特色成为该园品牌。

（屈依蕾）

北京市顺义区
尹家府中心幼儿园

【概　况】 2012 年，北京市顺义区尹家府中心幼儿园为教育部门办园类别，为日托制。占地面积 14966 平方米，校舍建筑面积 5425 平方米。固定资产总值 456 万元。全年教育经费投入 538.50 万元，均为国家拨款。拥有社区亲子活动室、音体活动室和幼儿日托室等专用教室 14 个，普通教室 12 个。教室内设有各种桌面玩具、计算机和钢琴等教学设施。教职工 62 人，其中，教师 47 人，包括专科及以上学历 33 人、中级及以上职称 19 人；保健员 2 人，包括专科学历 1 人、中级职称 1 人。开设教学班 14 个，其中，亲子班 2 个、小班 4 个、中班 4 个、大班 4 个。幼儿入园 156 人、离园 130 人、在园 427 人。

（李艳）

【开展生态区域活动】 4 月 19 日，尹家府中心幼儿园开展生态区域活动。结合张雪门行为课程研究，该园秉承“生活即教育”理念，遵循对幼儿的教育“从生活中来，再回归生活”宗旨，创设“苗苗超市”“苗苗休闲水吧”和“豆丁衣饰坊”等生态活动区供幼儿社会实践，感知生活中的人与事，体验交往互助乐趣。

（李艳）

【考核教师基本功】 7 月 11 日，尹家府中心幼儿园考核教师基本功。教师按工作岗位分成新教师组、班组长组、老教师组、保育员组，每组均根据从教年限分两个层次设定考试内容：从教 3 年以下新教师考核讲故事、边弹边唱、舞蹈、美工制作和答辩等五项内容；从教 3 年以上教师考核边弹边唱、答辩两项内容。园领导任评委，全体教师均通过考核。

（李艳）

【评比班级环境创设】 10月10日，尹

家府中心幼儿园评比班级环境创设。评比内容分成两部分，一是班级主题环境创设，评比指标为主题板块布局、主题板内容开展情况、直观板面呈现方式及为主题服务相关环境设计等四方面；二是班级区域环境创设，评比指标为材料投放、近期区域活动目标等。经各班组间研讨，评出班级主题、区域环境创设一、二、三等奖各 1 名。

（李艳）

【开展感恩教育活动】 12 月 22 日，尹家府中心幼儿园开展感恩教育活动。在幼儿中开展“我长大了”主题教育活动，开展新年环境自主创设和幼儿互助活动，引导幼儿帮助父母做

事，并让家长填写意见反馈单。在教职工中开展“快乐尹幼人”活动，教职工共同创设园所新年环境。

（李艳）

北京市昌平区教工幼儿园

【概　况】　2012年，北京市昌平区教工幼儿园为教育部门办园类别，为日托制。占地面积4525平方米，校舍建筑面积3060平方米。固定资产总值866万元。全年教育经费投入904万元，均为国家拨款。普通教室14个，教室内设有计算机、液晶电视、电子琴等教学设施。教职工80人，其中，教师64人，包括专科及以上学历57人、中级及以上职称29人；保健员3人，包括专科及以上学历3人、中级及以上职称3人。北京市骨干教师2人，区骨干教师8人，区学科带头人2人。开设教学班14个，其中，小班7个、中班4个、大班3个。幼儿入园115人、离园132人、在园154人。网址：www.cpjgyey.com。

（褚小芹）

【举办教师常规工作细则测试】　3月2日，教工幼儿园举办教师常规工作细则测试。参加测试的教师分带班教师和保育员两组，带班教师测试《教工幼儿园教师常规工作细则》，保育员测试《教工幼儿园保育员常规工作细则》。测试采取笔试形式，内容全面，针对性强，包括填空、选择、问答和案例分析四种题型，考试时间为1小时。本次测试目的是检验上学期教师业务学习的效果，46名教师参加考试，40名教师考试结果为优秀，6名教师为合格。

（褚小芹）

【举办联片教研活动】　3月7日，教工幼儿园举办联片教研活动。联片教研组成员就区域自制游戏玩具的设计与开展进行互动交流。活动从《幼儿园活动区域玩具配备实用手册》一书入手，集体研讨、学习区域活动空间位置的定位、环境设置、区域材料的配备原则、区域游戏的设计、教师同幼儿区域游戏自制玩具的投放、教师指导幼儿区域活动的方法等。每名教师

谈自己开展自制玩具区域活动的情况及学习体会，教工幼儿园教师结合实例制作“有趣的手偶”介绍自制玩教具的设计思路、玩教具的特点，并展示制作的过程、需要的材料、制作的方法。沙河中心幼儿园等7所幼儿园的教师14人参加活动。

（褚小芹）

【召开幼儿伙食质量研讨会】　6月8日，教工幼儿园召开幼儿伙食质量研讨会。会议公布幼儿园食堂环境卫生要求、食品原料的采购渠道和加工卫生要求、餐具用具消毒制度、食品留样制度、伙食收支等相关情况；听取保健医生介绍食谱制订、执行情况；幼儿园各部门负责人及班级家长代表反馈交流幼儿饮食特点、饭菜粗细搭配等情况。家长代表、幼儿园干部教师15人参加会议。

（褚小芹）

【召开教研活动总结会】　6月27至28日，教工幼儿园召开教研活动总结会。会议以案例展示和演示文稿的形式，总结“开发主题活动，培养幼儿良好习惯的实践研究”课题一学期研究成果。大班教研组作《培养大班幼儿良好学习习惯的实践研究》汇报，总结在开展“我会听、我会说”集体教学活动中培养幼儿良好学习习惯的方法和策略。中班教研组作《培养中班幼儿良好道德习惯的实践研究》汇报，总结在开展“区域活动我遵守、我是班级小主人”活动中培养幼儿良好行为习惯的方法和策略。小班教研组作《培养小班幼儿良好生活习惯的实践研究》汇报，总结在开展“我会洗手、我爱喝水”活动中培养幼儿良好生活习惯的方法和策略。最后，各组之间提问答疑，并由专家点评。该园教师29人参加活动。3至4月，该园围绕该课题举办特级教师工作室活动，明确课题意义和研究计划。

（褚小芹）

【开展班级环境创设观摩活动】　11月

13日，教工幼儿园开展班级环境创设观摩活动。各班教师从主题墙的设计、活动区域的创设、幼儿参与环境创设的情况等各个方面向观摩人员进行解说。有的班级结合园本课题，在自然角的创设中更多地体现了幼儿的主动参与；有的班级提供的区角材料层次性强、多样化，有利于不同幼儿探索；有的班级创设的主题环境呈现出季节的特点等。活动集观摩、展示、评析、交流为一体，通过互相观摩学习，有效促进班级环境、区域角创设的整体水平再上新台阶，使区域角成为集中教学活动的补充形式，成为促进幼儿身心和谐发展的有效途径。教师17人参加活动。

（褚小芹）

北京市昌平区机关幼儿园

【概　况】　2012年，北京市昌平区机关幼儿园为教育部门办园类别，为日托制。占地面积8472平方米、校舍建筑面积7543平方米。固定资产总值1005.70万元。全年教育经费投入2659.96万元，其中，国家拨款2622.88万元、自筹经费37.08万元。拥有玩具图书馆、美术教室和电脑教室等专用教室6个，普通教室20个。教室内设有计算机、一体机和录音机等教学设施。教职工122人，其中，教师102人，包括专科及以上学历92人、中级及以上职称52人；保健员3人，包括专科及以上学历3人、中级及以上职称1人。开设教学班21个，其中，小班8个、中班7个、大班6个。幼儿入

园 271 人、离园 213 人、在园 698 人。网址：bjcpjgyey. ankang06. org。

（董文秀）

【开展幼儿园半日展示活动】 4 月 17 日，昌平机关幼儿园举办昌平区幼儿园半日活动展示——走进机关幼儿园现场会。该园从幼儿的区域活动指导、户外活动和教学活动三方面展示 3 个年龄段 6 个班级的半日活动。现场会听取该园题为《规范管理，扎实研究，有效提高教师一日活动的组织能力》的汇报，阐述“建章立制，明确教师日常工作的自我管理”“引领规划，提高教师时间的自我管理”“园本培训，促进教师课程的自我管理”“园本激励，提高教师情绪管理”四个方面内容。北京教育科学研究院教研员从教师怎样从幼儿的年龄特点来思考问题、关注幼儿的游戏状态来调整材料和教学行为两方面点评，并作题为《符合幼儿的年龄特点和心理特点的半日活动》专题讲座，强调教师要从幼儿的年龄特点来思考问题，从关注幼儿的游戏状态来调整材料和教学行为。北京教科院，区教委、区学前教研室领导和昌平区 54 所幼儿园的教师 80 人参加活动。

（董文秀）

【举办小鬼当家主题游戏活动】 9 至 12 月，昌平机关幼儿园每周二定期开展小鬼当家主题游戏活动。活动引导幼儿进入生活，接触生活，体现“来源生活，回归生活”的教育理念，为幼儿创设一个模仿生活、充分自由的游戏空间。游戏内容分为服务类、创作类、消费类、表演类、藏画阁，幼儿通过剥豆子、当小小送货员、当场创作美术品并出售等方式挣钱，幼儿挣到钱后可到小超市、电影院、照相馆等幼儿喜欢的消费区进行消费。幼儿自己充当收银员、检票员、照相师等职业，通过设定特定环境，让幼儿以游戏的方式体验生活中遵守规则、与人交往、动手做事、消费交易等行为。共举办活动 20 次，幼儿 700 人次参加活动。

（董文秀）

【开展家长评教活动】 12 月 20 至 23 日，昌平机关幼儿园开展家长评教活动。活动以不记名发放问卷的形式开展，评价内容包括：主动热情服务家长，听取家长的意见和建议，能满足家长的合理要求；教师与幼儿的感情融洽，幼儿喜欢班上的教师；教师能尊重幼儿，幼儿经常能得到表扬和鼓励；热爱幼儿，对幼儿亲切耐心，不体罚、变相体罚；细心照顾幼儿，做好对幼儿的生活护理；幼儿的成长与进步；对幼儿园环境满意度；对幼儿园每日伙食满意度；对幼儿园安全措施满意度；喜欢教师以什么方式与家长交流；对园务工作满意内容和不足。活动共发放问卷 753 份，回收 753 份，家长满意率 97%，其中，15 名教师的满意率 100%。

（董文秀）

【举办猜灯谜活动】 12月25至28日，

昌平机关幼儿园举办第一届庆新年有奖猜灯谜活动。活动展出由家长与幼儿手工制作的灯笼 320 个，带有不同种类的灯谜 200 条。活动在幼儿早晨来园和晚上离园时间在校园内的灯笼展区进行，由家长陪同幼儿共同参与活动。奖励内容分三个等次，答对 10 道灯谜为一等奖，奖品为玩具汽车；答对 5 道灯谜为二等奖，奖品为玩具小人；答对 3 道灯谜为三等奖，奖品为气球。活动中，284 人获一等奖、254 人获二等奖、12 人获三等奖。

（王俊岭）

北京市大兴区第一幼儿园

【概　况】 2012 年，北京市大兴区第一幼儿园为教育部门办园类别，为日托制。占地面积 12713 平方米，建筑面积 8663 平方米。藏书 7800 册，固定资产总值 364.71 万元。全年教育经费投入 1002 万元，均为国家拨款。拥有计算机、美术和舞蹈等专用教室 5 个，普通教室 20 个，计算机 78 台，多媒体设备 4 套，照相机 8 架，摄像机 7 架，投影仪 4 台，电视机 28 台，电子白板 5 块。教职工 77 人，其中，教师 72 人，包括专科及以上学历 57 人、中级及以上职称 24 人、区级学科带头人 3 人、区级骨干教师 6 人；保健员 2 人，其中，大专及以上学历 2 人、执业医师助师资格 2 人。开设教学班 20 个，其中，大班 6 个、中班 8 个、小班 6 个。幼儿入园 195 人、离园 120 人、在园 713 人。网址：yiyou. dxschools. cn。

（吴红艳）

【举办安全知识培训】 1 月 6 日，大兴一幼邀请大兴区公安局内保处警官来园举办安全知识培训。培训以《安全的钥匙握在自己手中》为题，从为什么要讲安全工作、内部安全的薄弱环节和如何开展防恐防暴工作等三方面展开，结合实际案例，重点讲解幼儿园的安全管理工作。该园教师 70 人参加培训。

（吴红艳　安娜）

【开展师德建设活动】 3 至 9 月，大兴一幼开展师德建设活动。3 月 7 日，大兴一幼组织教师观看石利颖事迹视频录像，要求全体教职工把石利颖无私奉献、勇于钻研的精神，践行在自己的工作当中，并上交学习体会，参加师德征文活动。在上交的 90 篇征文中，12 篇征文获得一等奖，从中选出 6 名教师参加 9 月 7 日举行的师德演讲活动，分享他们的教育故事、工作体会和内心感悟。

（王占丽　吴红艳）

【开展教研活动观摩】 6 月 20 至 25 日，大兴一幼开展教研观摩活动。该活动围绕《幼儿园教育指导纲要》精神，准确分析归纳各年龄班的优点和不足，提高归纳、总结、整理等方面的能力。大班组以“调动大班幼儿自主性”、中班组以“各活动区间的相互合作”、小班组以“培养幼儿自我保护意识”为专题进行展示、交流与研讨。

（朱鸿雁）

【举办队列体操比赛】 10月24日，大兴一幼举办队列体操比赛。比赛分 5 组进行，其中，小班 2 组、中大班 3 组。小班幼儿展示“牛奶操”和“小动

物操”，中大班幼儿展示“世界真美好”和“武术操”。最终评选出健康宝宝奖6人、力量宝宝奖8人、最佳风采宝宝奖6人。该园幼儿680人参加比赛。

（王占丽）

【开展消防安全疏散演习】 11月9日，大兴一幼开展消防安全疏散演习。警报声响后，幼儿在教师的带领下用小毛巾捂着口鼻，弯腰，快速通过楼道，跑向预定的集结地点。集合到位后，老师清点人数，帮幼儿穿外套。整个演习用时3分10秒。该园幼儿506人、教师80人参与演习活动。

（王占丽）

【举办学习笔记和教案展评】 12月25日，大兴一幼举办读书笔记、教案、观察记录展示评比。共展出小、中、大班20个班的领域活动册和主题活动册40本、教师观察记录60本、教师读书笔记99本。75名教师分两批参观，按照教育内容符合实际且反思深刻、案例突出且分析到位、读书笔记字迹工整并受到积极鼓舞等标准打分，分别评出教案、观察记录、读书笔记优秀奖各5名。

（苏凯毓）

北京市大兴区第二幼儿园

【概　况】 2012年，北京市大兴区第二幼儿园为教育部门办园类别，为日托制。占地面积11690平方米，校舍建筑面积6752平方米。固定资产总值860万元。全年教育经费投入1300万元，均为国家拨款。拥有计算机教室、玩具图书馆（CPM），普通教室25个。教室内设有电子白板、计算机等教学设施。教职工125人，其中，教师85人，包括专科及以上学历78人、小学高级教师27人、小学一级教师34名；保健医3人。开设教学班25个，其中，小班8个、中班9个、大班8个。幼儿入园279人、离园263人、在园760人。网址：www.bjdxey.com.cn

（于艳辉）

【举办首届教育教学评优比赛】 3月16日至5月10日，大兴二幼举办首届“励耘杯”教育教学评优比赛。比赛旨在促进教师有效地开展课堂教学研究，将科学的教育观念转换为教育教学实践，53名教师按照青年组、成熟组和骨干组参加初赛，经过由业务干部和年级组长组成的评委，按照《大兴二幼“励耘杯”教育教学评优标准》评定，19人进入决赛。经过现场评课，最终评出一等奖5人、二等奖6人、三等奖8人。

（于艳辉）

【完成岗位竞聘工作】 6月25日至7月1日，大兴二幼完成职工岗位聘任工作。该园公布《大兴二幼岗位聘任方案》，本着双向选择、平等竞争、公开公正的原则，组建由党、政、工、团组成的竞聘领导小组，通过竞聘演讲、答辩，确定主任2人、年级组长6人和不同岗位的班组长。

（于艳辉）

【举办首届体育节】 11月28至30日，

大兴二幼举办“快乐运动、健康你我”首届体育节。该园按照小、中、大三个年龄班分别设置集体操、拍皮球、跳绳等必选项目，以及“小袋鼠摘果子”“套圈游戏”和“托球跑”等各项亲子游戏，评出运动宝宝奖、快乐宝宝奖、健康宝宝奖各若干人。该园幼儿及家长747人参加活动。

（于艳辉）

北京市大兴区黄村镇第二中心幼儿园

【概　况】 2012年，北京市大兴区黄村镇第二中心幼儿园为一级一类公办日托制幼儿园。占地面积11507平方米，建筑面积6227平方米，固定资产总值94.48万元，全年教育经费投入1733.84万元，其中，国家拨款1726.24万元、自筹经费7.60万元。普通教室30个，专用教室4个，拥有玩具图书馆和多功能教室。教室内设有多媒体、摄像机、投影仪等教学设备，配备适合不同年龄幼儿的运动器械。教职工140人，包括专任教师70人、保育员30人；中级职称5人。开设教学班30个，其中，小班10个、中班10个、大班10个。幼儿入园300人、离园250人、在园939人。

（孟祥玲）

【开展教育活动评优】 3至4月，黄村二幼开展教育活动评优。该园成立听评课小组，对园内所有教师分层次听评课，包括新教师的数学活动、青年教师的看图讲述活动、骨干教师的节奏类活动，了解教师教育教学水平并提出指导性意见和建议，帮助教师提高专业能力。在汇总听评课整体情况的基础上，开展教育活动评优。在公平、公正的原则下，推选出园内各层次教师的优秀教育活动，并将优秀活动与区内姐妹园所交流、分享。

（朱小靖）

【开展“北京精神”进校园活动】 4月，黄村二幼开展“北京精神”进校园活动。该园分批组织一线教师和后勤人员参加“北京精神”知识宣讲活动；制作宣传橱窗向家长介绍和宣传“北京精神”；要求教师以教育活动的形式向幼儿介绍和讲解“北京精神”。

（孟祥玲）

【组织幼儿春季体检】 6月14至18日，黄村二幼开展全园幼儿体检。体检结果显示：幼儿体格发育均达到中上级水平，无体弱及营养不良的幼儿，幼儿身高体重均增长率97.80%，增长合格率77.20%，达到托幼园所的合格要求。对体检中发现贫血、龋齿及视力等问题的儿童，该园及时反馈和指导，协助家长带领幼儿及时就医。该园幼儿 803 人参加体检。

（李伟）

【测试幼儿体能】 6月25至29日，黄村

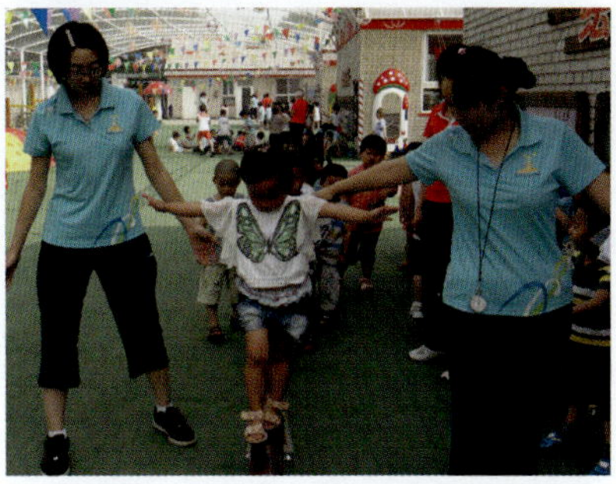

二幼测试全园幼儿体能。与以往不同，此次测试将体能测试项目与日常户外活动相结合，丰富幼儿户外活动，保证体能测试达标率和合格率。在体能测试的若干检测项目中，幼儿测试率 96.70%，合格率 100%，优秀率 65.80%。

（李伟）

北京市平谷区第一幼儿园

【概　况】 2012 年，北京市平谷区第一幼儿园为教育部门办园类别，为日托制。园所占地面积 5155 平方米，建筑面积 5335 平方米，藏书 1.15 万册，固定资产总值 403.53 万元。全年教育经费投入 1145.84 万元，均为国家拨款。拥有图书阅览室、工会之家活动室等专用室 6 个，普通教室 15 个，教室内设有多媒体教学设施。教职工 73 人，其中，专任教师 69 人，包括幼儿园高级职称 37 人、中级职称 28 人、市级骨干教师 1 人。开设教学班 15 个，其中，小班 5 个、中班 5 个、大班 5 个。幼儿入园 189 人、离园 167 人、在园 619 人。网址：www.bjpgyy.com。

（于海清）

【开展新教师培训】 2 至 4 月，平谷一幼开展新教师培训。培训内容涉及剪纸技能技巧，讲解基本轴对称、中心对称、套色染色等剪纸技巧；泥塑技能技巧，讲解泥塑的搓、团、捏、立体成型技巧。该园新教师参加培训后，通过 1 小时的剪纸和泥塑技巧考核，评出一等奖 1 人、二等奖 2 人、三等奖 4 人。

（于海清）

【举办幼儿器械操展示】 3月31日，平

谷一幼举办幼儿器械操展示活动。展示的器械操均由各年级教师根据幼儿特点自编自创，大班幼儿的旗操轻快明朗、中班幼儿的棍操动作整齐、小班幼儿的瓶操动作简洁。园领导与教师交流研讨，找出操节问题，商讨改进措施。该园幼儿 600 人参加活动。

（于海清）

【组织教育理论考核】 12 月 4 日，平谷一幼组织“幸福杯”教育理论考核。考核内容为《3～6 儿童学习与发展指南》和《国家中长期教育改革和发展规划纲要（2010～2020 年）》。该园 35 岁以下教师 34 人参加考核，满分 100 分 9 人，其他教师均在 88 分以上。

（于海清）

【实行推门听课制度】 至年底，平谷一幼实行“推门听课”制度。听课组成员由园长、业务园长、教研组长组成，随机到各班听课、看幼儿游戏，填写推门听课评价情况记录表，纳入班级评价考核内容。同时，听课后要与授课教师共同探讨，剖析课堂教学的优缺点。

（于海清）

北京市平谷区第二幼儿园

【概　况】 2012 年，北京市平谷区第二幼儿园为教育部门办园类别，为日托制。园所占地面积 3981 平方米、建筑面积 3567 平方米，体育场面积 1200 平方米。图书 1.58 万册。固定资产总值 453.97 万元。全年教育经费投入 1773 万元，均为国家拨款。设有奥夫音乐室、美术室等专用教室 5 个，普通教室 19 个，教室内配有计算机、电子白板、钢琴等教学设施。教职工 85 人，其中，专任教师 57 人，包括本科及以上学历 49 人、中学高级教师 1 人、幼儿园高级教师 38 人。开设教学班 19 个，其中，小班 6 个、中班 7 个、大班 6 个。幼儿入园 180 人、离园 213 人、在园 610 人。

（李晓燕）

【开展音乐特色教学活动】 3 至 7 月，平谷二幼开展“快乐体验、体验快乐”奥夫音乐特色教育活动。该教学活动让幼儿“动”起来，动脑、动手、动脚，全身心感受和表现音乐；教师引导幼儿用身体做乐器，进行简单、有趣的节奏训练，并鼓励幼儿主动参与活动，从游戏玩耍中发现音乐的乐趣，成为活动的主人。该教学方法从音乐内容选取、教学过程快乐化、评价整体化出发，旨在让幼儿在音乐活动中得到更好更健康的发展。该园师幼 660 人参加活动。

（李晓燕）

【开展幼小衔接系列活动】 5 至 6 月，平谷二幼开展幼小衔接系列活动。该园遵照小学作息时间，适当调整大班幼儿日常活动安排，教师每天适量布置小制作、书写数字等课后任务，培养幼儿的作业意识；组织幼儿参观平谷三小，参观小学校园环境、参加升国旗仪式、与一年级小学生一起上课；开展“学做一名小学生”活动，幼儿背起小书包走进校园，体验一次“半日小学生活”；举办幼小衔接家长讲座，介绍小学学习生活基本情况，解答家长困惑，分享培养幼儿良好学习能力、行为习惯、生活自理能力的经验。该园大班幼儿 200 人参加活动。

（李晓燕）

【创设幸福课堂】 至 12 月，平谷二幼创设幸福课堂。该园在创设班级和楼道环境时，将社会生活教育、习惯养成和安全教育融入环境布置中，发挥环境育人作用；组织教师学习《教师适宜语言与行为》一书，对照《二园教师一日生活行为规范》反思并改进一日活动各环节中不适宜的行为；着力营造良好的教学氛围，加强对教师的激励，制定幸福课堂评价标准；创编不同年龄组幼儿徒手操、器械操及律动，召开亲子运动会，组织幼儿远足，丰富幼儿户外体育活动。该园

幼儿 600 人参加活动。

（李晓燕）

北京市平谷区第三幼儿园

【概　况】 2012 年，北京市平谷区第三幼儿园为教育部门办园类别，为日托制。园所占地面积 6317 平方米，建筑面积 3675 平方米。图书 6000 册，固定资产总值 387 万元。全年教育经费投入 843 万元。设有美术创意室、有氧书吧阅读室，普通教室 13 个。教室内配有钢琴、多功能一体触摸机等教学设施。教职工 59 人，其中，教师 58 人。教职工中本科学历 22 人、大专学历 37 人、区级骨干教师 4 人。开设教学班 13 个，其中，小班 5 个、中班 4 个、大班 4 个。幼儿入园135人、离园145人、在园450人。网址：www. bjpgsy. com。

（崔书义）

【开展娃娃兵活动】 3月6日至4月26

日，平谷三幼开展幼儿园里的“娃娃兵”活动。该园组织幼儿到兵营参观营房，观看士兵训练，体验多种训练器械；邀请教官来园开展幼儿队列训练、搏击操练习、拉歌比赛。该园幼儿 160 人参加活动。

（崔书义）

【加强语言特色文化建设】 3 月，平谷三幼加强语言特色文化建设。该园倡导教师从读一篇文章开始，撰写读书笔记，丰富文学知识，在教学活动中运用精炼的语言；在走廊、大厅开辟亲子有氧书吧，向幼儿和家长提供报纸、杂志、图书，创设文化氛围；设立“天天故事汇”演讲台，激发幼儿讲述兴趣，提高幼儿口语表达能力。

（崔书义）

【开展一物多玩体验式教研活动】 4 月 13 日，平谷三幼组织“一物多玩体验式教研”活动。以班级为单位，每班选择一件玩具，深入挖掘玩具材料的多样性功能，训练走、跑、跳、钻、平衡等多种技能，每种玩具创编出 5～10 种玩法，而且难易程度不同，既有独立玩法，又有合作玩法，促进幼儿户外活动的开展。该园教师 26 人参加活动。

（崔书义）

北京市怀柔区第二幼儿园

【概　况】 2012 年，北京市怀柔区第二幼儿园为教育部门办园类别，非寄宿制。园所占地面积 4140 平方米，校舍建筑面积 2755 平方米，藏书 15000 册，大小玩教具 11000 件，固定资产总值 705.50 万元。全年教育经费投入 1093 万元，均为国家拨款。园内设有教师电子备课室 1 个，多功能活动教室 1 个，幼儿美术活动教室 1 个。班内配有计算机、钢琴和照相机等多媒体教学设备。教职工 68 人，其中，专任教师 58 人，包括高级职称 2 人、中级职称 31 人、市级骨干教师 1 人；保健医 1 人，保健员 2 人。开设教学班 15 个，其中，小班 6 个、中班 5 个、大班 4 个。幼儿入园 126 人、离园156人、在园588人。网址：www. hreryou. com。

（田晓银）

【举办教师创意表演】 3 月 8 日，怀柔二幼组织“三八”节创意表演活动。活动以“做健康、快乐、美丽女人”为主题，为年满 30 周岁的教师赠言，鼓励她们蓄势待发，树立人生的目标和发展的方向；向工作满 20 年的教师表示祝福和感谢。活动中，该园组织音乐故事创意表演，全体教师通过抽签分为 5 个小组，在规定的曲目中现场自选音乐，自创表演形式，利用现场材料装扮，准备时间为 20 分钟。该园教师 60 人参加活动。

（田晓银）

【举办防火疏散演习】 5 月 8 日，怀柔二幼举办防火疏散演习。各班幼儿听到警报后在教师带领下，用湿毛巾捂住口鼻，弯腰伏身，按疏散路线撤离到操场上，用时近 4 分钟。同时，园内消防安全小组成员在楼道内巡视，保证不遗落一名幼儿。全园教职工分工明确，各行其责，整个演习井然有序。

（田晓银）

【完成平房改造工程】 10 月 8 日，怀柔二幼平房改造工程竣工。该园将原平房改扩建为二层综合校舍，建筑面积 450 平方米，增加园所建筑面积 250 平方米，新增 3 个教学班和 4 个办公室，扩招幼儿 100 人。该工程于 2012 年 6 月启动，总投资 146 万元。

（田晓银）

北京市怀柔区第三幼儿园

【概　况】 2012 年，北京市怀柔区第三幼儿园为教育部门办园类别，为日托制。园所占地面积 16800 平方米，建筑面积 9500 平方米。固定资产总值 36323 万元。全年教育经费投入 1323 万元，均为国家拨款。拥有早教、美术和玩具图书馆（CPM）专用教室 3 个，音乐多功能教室 1 个，普通教室 24 个；配有大中型玩具、钢琴、多媒体、计算机和数字白板等教学设施。教职工 95 人，包括专科及以上学历 77 人；专任教师 68 人，包括高级职称 2 人、中级职称 35 人；保健员 4 人，包括专科及以上学历 3 人。开设教学班 22 个，其中，小班 8 个、中班 8 个、大班 6 个。幼儿入园 251 人、离园 210 人、在园 753 人。

（柏静宇）

【举办青年教师讲故事比赛】 3 月 29 日，怀柔三幼举办青年教师讲故事比赛。教师自选故事内容，按抽签顺序比赛。经幼儿园党政工团领导、年级组长和教师代表现场打分，评出一等奖 10 人、二等奖 20 人、三等奖 33 人。该园青年教师 63 人参加比赛。

（柏静宇）

【举办园本教研交流会】 5月22日，怀柔三幼举办园本教研交流会。会议以“常态教研解决真问题，开放合作求得共发展”为主题，观摩该园美术活动“我和我的好朋友”，围绕“美术教

学活动中教师提问的有效性”专题并依据《怀柔区园本教研工作评价细则》进行研讨交流。会议认为在真实的教学情境中，只有宽松的教研氛围、多变的教研形式、随机的组织引领，才能促进幼儿的成长、教师的提高、园所的发展。怀柔区各幼儿园园长、保教主任及该园教师80人参加会议。

（柏静宇）

【举办秋季亲子运动会】 10月23至26日，怀柔三幼举办“健康运动、快乐成长”秋季亲子运动会。大、中、小三个年龄班分三天举办活动，在前、中、后三个户外游戏场地，设“企鹅运蛋”“抢阵地”和“车轮滚滚”等22个运动项目。该园师幼及家长1380余人参加活动。

（柏静宇）

【开展社会实践活动】 10月，怀柔三幼开展“体验丰收、爱我家乡”主题社会实践活动。该园组织幼儿与家长到菜园、板栗园、枣园采摘果实，体验丰收的快乐；组织幼儿到红螺寺、红螺湖鸟岛、红庙灯笼村参观，感受家乡的美和民俗文化。该园师幼及家长600人参加活动。

（柏静宇）

北京市密云县第三幼儿园

【概　况】 2012年，北京市密云县第三幼儿园为教育部门办园类别，为日托制。占地面积2711平方米，建筑面积2701平方米。固定资产总值582.58万元，全年教育经费投入404.28万元，均为国家拨款。拥有舞蹈和美术等专用教室3个，普通教室11个。教室内设有计算机、电视和钢琴等教学设备。教职工56人，其中，教师38人。教职工中大学本科学历19人、大学专科学历24人、副高级职称1人、中级职称7人。开设教学班11个，其中，小班4个、中班4个、大班3个。幼儿入园131人、离园118人、在园371人。网址：my3y.miyunedu.net。

（李云霞）

【举办教师弹唱基本功展示活动】 1月5日，密云三幼举办“展示自我、秀出风采”教师弹唱基本功考核与展示活动。该园根据教师不同弹唱水平安排“快乐与发展”课程音乐曲目练习，月底考核，学期末开展展示活动。活动本着“交流、共促、提升”的原则，33名教师展示一学期的弹唱学习成果。

（李云霞）

【举办安全主题亲子绘画活动】 5月21至25日，密云三幼举办“珍爱生命、安全大家行”亲子绘画活动。幼儿和家长共同绘制安全体裁图画，感受安全的重要性，共收到作品212幅。

（李云霞）

【举办伙食花样展示会】 12月14日，密云三幼举办伙食花样展示会。展示会听取园长介绍幼儿园膳食管理举措，保健医生介绍幼儿园肥胖儿现状，妇幼保健院大夫作题为《肥胖儿危害与干预》讲座。食堂工作人员准备220种主副食花样食品。该园向与会家长发放幼儿膳食调查问卷和《一切为了幼儿发展》园本教育丛书。该园幼儿家长130人参加活动。

（李云霞）

北京市密云县第六幼儿园

【概　况】 2012年，北京市密云县第六幼儿园为教育部门办园类别，为日托制。占地面积4311平方米，建筑面积3031平方米。固定资产总值316.50万元，全年教育经费投入606.53万元。拥有玩具图书馆和舞蹈教室，普通教室12个。教室内设有计算机、电视和电子琴等教学设备。教职工66人，其中，教师55人，包括大学本科学历36人、中级专业技术职务18人、市级骨干教师1人。开设教学班12个，其中，小班4个、中班4个、大班4个。幼儿入园70人、离园122人、在园361人。网址：myly.miyunedu.net。

（刘茜）

【密切与家长联系】 9月，密云六幼密切与家长联系。该园邀请家长走进课堂，参与半日开放活动，感受幼儿成长。建立家园联系表、网络交流平台等家园沟通的纽带，充分发挥家长委员会职能，使家园相互接纳与配合、形成教育合力。

（刘茜）

【《半日文化探索与实践》出版】 11月，密云六幼《半日文化探索与实践》出版。该书由北京出版社出版，132千字，记录该园探索半日活动文化成果，从解读半日文化、打造半日文化、初见成效的半日文化、追求极致的半日文化四个方面阐述该园的办园历程、办园理念和办园思想。

（刘茜）

【举办3次家教讲座】 至年底，密云六幼举办3次家庭育儿讲座。该园分别举办《原生态家庭与个性化成长》《入学早知道》和《悦享阅读》讲座，讲解家庭育儿知识、入园准备、培养幼儿良好阅读习惯。家长698人次参加活动。

（刘茜）

北京市延庆县第一幼儿园

【概　况】 2012年，北京市延庆县第一幼儿园为教育部门办园类别，为日托制。园所占地面积3453平方米，校舍建筑面积4884平方米。固定资产总值335.81万元。全年教育经费投入774.52万元，均为国家拨款。拥有幼儿阅览室、音体室、“宝贝当家”体验馆等专用教室3个，普通教室12个。教室内设有计算机、电子多媒体互动一体机、投影仪等教学设施。教职工58人，其中，专任教师46人，具有专科及以上学历44人、副高级专业技术职务2人、中级专业技术职务13人、市级骨干教师1人；

保健员 2 人，均为专科及以上学历。开设教学班 12 个，其中，小班 4 个、中班 4 个、大班 4 个。幼儿入园 150 人、离园 101 人、在园 450 人。网址：yqyy.yqedu.com.cn。

（吴连柱）

【解春荣名师工作室成立】 10 月 14 日，延庆一幼解春荣名师工作室成立。该工作室以该园北京市骨干教师解春荣名字命名，并由解春荣支持，主要开展幼儿园班长团队的培养工作。工作室由该园 12 名青年班长教师组成。

（吴连柱）

【改扩建工程竣工】 10 月 30 日，延庆一幼园舍改扩建工程竣工。该工程将原有校舍全部拆除，在原址新建综合教学楼，建筑面积 4244 平方米、户外活动场地 2000 平方米、绿化面积 1200 平方米，可容纳 12 个教学班 360 名幼儿入托，同时建有音体教室、"宝贝当家"体验馆、幼儿阅览室及办公用房。2010 年该园被列入北京市发改委第一批新建改扩建工程幼儿园，2011 年 9 月开工建设，共投资 2213 万元，包括市发改委投资 1831 万元、县政府投资 382 万元。

（吴连柱）

【园本课程专辑出版】 10 月，延庆一幼课程专辑《体验让发展更快乐》出版。该书由北京出版集团公司北京少年儿童出版社出版，为 16 开本，全书 194 千字，是该园在开展体验式主题课程研究与实践历程中的阶段性成果，被列入《北京市园本课程理论与实践探索丛书》（第 3 辑）。

（吴连柱）

北京市延庆县第三幼儿园

【概　况】 2012 年，北京市延庆县第三幼儿园为教育部门办园类别，为日托制。园所占地面积 5189 平方米、建筑面积 5364 平方米。固定资产总值 382.82 万元。全年教育经费投入 951.57 万元，其中，国家拨款 883.54 万元、自筹经费 68.03 万元。拥有阅读、绘画和舞蹈等专用教室 3 个，普通教室 15 个。教室内设有多媒体、投影仪、计算机等教学设施。教职工 68 人，其中，专任教师 53 人，包括副高级专业技术职务 1 人、中级专业技术职务 26 人；保健员 2 人，均为专科以上学历，包括中级专业技术职务 1 人。市级骨干教师 2 人。开设教学班 14 个，其中，小班 6 个、中班 4 个、大班 4 个。幼儿入园 204 人、离园 167 人、在园 512 人。网址：yq3y.yqedu.com.cn。

（韩淑香）

【开展教师科学领域培训】 2 月 22 日，延庆三幼开展教师科学领域培训活动。培训通过讲解、操作、分析等环节，使教师了解科学动手做学具内容的科学现象、原理、操作流程，掌握声、光、电、力等在教学中的运用。该培训是该园教师"玩"中成长培训项目之一。该园教师 30 人参加学习。

（韩淑香）

【改扩建工程竣工】 5 月 30 日，延庆三幼改扩建工程竣工。该园将原平房全部拆除，在原址改扩建综合教学

楼。改扩建后，新增占地面积 749.46 平方米、建筑面积 2279 平方米，增设多媒体、计算机、打印机等设施，可扩招教学班 15 个、学位 576 个。该工程于 2011 年 3 月开工，基建投资 1900 万元、设备投资 300 万元。

（韩淑香）

【三幼小小电视台开播】 9 月，延庆三幼"小小电视台"开播。该电视台播放教师制作的专题短片，内容为幼儿快乐的幼儿园生活和教师成长风采，师幼通过教室内电视收看。至年底，共播放电视节目 9 期。

（韩淑香）

【创设三位一体游戏场】 至年底，延庆三幼创设"三位一体"游戏场。游戏场包括室内游戏场、户外游戏场、专室特色游戏场。室内游戏场为在楼层通道创设的"小班快乐天地、中班游戏天地、大班探索天地"；户外游戏场将场地划为游乐场、探险区、交通站、沙水区、开心农场、快乐水吧等区域，形成幼儿自主游戏、自主管理的游戏格局；专室特色游戏场利用专室创设"悦读屋"、手工坊、舞蹈室，是培养幼儿兴趣特长的场地。

（韩淑香）

（本栏责任编校　王永刚）

基础教育

综 述

2012年，首都基础教育系统认真学习党的第十八次全国代表大会和北京市第十一次党代会精神，贯彻落实科学发展观，深入推进教育发展和改革规划纲要及“十二五”教育规划的实施。

深化综合改革，激发创新活力，积极探索首都基础教育发展新模式

2012年，基础教育领域综合改革进一步深化，涉及基础教育的七项国家教育体制改革项目稳步推进，取得阶段性成果。市教委会同有关部门，制定“北京市随迁子女升学考试方案”、完成高考加分政策调整工作、制定《2012年北京市军人子女教育优待实施细则》。新建15所城乡一体化学校，并实行一个法人、一体化管理模式，通过城乡新区中小学建设，引导中心城区优质教育资源的布局调整，远郊区县引入城区优质资源学校的师资和管理经验，进一步提升远郊区县教育水平。开启首都基础教育云建设，建设北京数字学校，提供义务教育阶段全科数字化名师授课资源，成为创新首都教育公共服务方式的新举措，数字学校以优质教育资源为核心，打造供全市中小学师生和市民共享、共用的基础教育信息化综合服务平台。在义务教育阶段，市教委以提高质量、促进公平、办学多样化为主题，分别组织初中、小学走进区县和学校系列展示活动，开展16个区县及燕山地区、上千所学校参与的大规模展示交流活动。

加强制度建设，推动科学决策，持续提高首都基础教育管理水平

市教委制定中小学建设、德育工作、融合教育、体育卫生多个行动计划；进一步加强预算管理和项目审计，加强各类工作项目和研究项目的统筹管理，完善重大工程专项管理办法；建立重大决策风险评估和舆情监测制度，建立学生思想道德发展状况监测、学生减负监测、学业水平监测、教育工作满意度多项监测机制；开展义务教育均衡发展、特殊教育等专项督导以及教育执法检查，开展高中教育督导调研，首次启动校外教育专项督导。

注重内涵发展，提升育人质量

2012年，北京基础教育更加关注学校内涵发展，拓宽学生发展平台，促进基础教育阶段学生德智体美全面发展。

一是积极落实育人为本的理念。召开全市中小学德育工作会议，颁布中小学德育工作行动计划，实施八大工程。大力弘扬和培育北京精神，学雷锋主题活动贯穿全年，深入推进社会主义核心价值体系教育，着力培养体现北京精神的首都青少年。

二是更加注重内涵发展、质量提升。北京市成立的小学、初中、高中教育研究会，有力推动各区县和学校教育教学质量全面提升。同时大力推动各区县、中小学主动减负、科学减负、创新减负和系统减负。

三是扩宽学生发展平台。目前，全市不仅形成翱翔计划、雏鹰计划等创新人才培养平台，还有金帆艺术团、金鹏科技团等艺术科技发展平台，更有普惠所有学生的社会大课堂。2012年，“学生教育计划书”的制定、资源联盟的建设和2亿元经费的投入有力推动学生走进社会大课堂。体育艺术“2＋1”工程大力推进，阳光体育活动深入开展。国际学生北京夏令营等数个国际交流平台，发挥重要作用。

推动均衡发展，促进教育公平，提升首都基本公共教育服务质量

2012年，加快推进义务教育均衡发展，完成东城等首批11个区县义务教育均衡发展的督导评估，研究制定推进首都基本公共教育服务均等化的意见，在推进首都基本公共教育服务水平上又上新台阶。

保障经费投入进一步向农村地区、薄弱学校和弱势群体倾斜。2012年，投入4000万元为农村寄宿制中小学校更换生活用车130辆。义务教育阶段四类寄宿学生伙食补助由每人每月160元提高到240元。市级投入5.2亿元保障来京务工人员随迁子女接受义务教育。

保障随迁子女以公办学校为主接受义务教育。2012年公办中小学接收随迁子女36.6万人，占比达74.7%，比上年提高3.8%。

保障特殊教育、民族教育、专门教育健康发展。加快特殊教育学校基本公共服务标准建设，制定《中小学融合教育行动计划》。全力做好内高班管理工作，保障5000名民族学生在京的学习生活，13个接收内高班学生的区县为促进民族团结、维护稳定做出重要贡献。开展专门学校调研，研制专门学校语数英等8个学科教学指导意见。

增加教育投入，加快资源建设

2012年，国家和北京市加快落实教育经费4%目标，新增从土地出让收益中计提教育资金和地方教育附加两项教育经费来源，全市生均教育经费继续在全国领先，有效保障基础教育设施专项规划、城乡一体化学校建设等一批基础教育重大工程的顺利启动和实施。

基础教育学校办学条件大为改善。特别是城市薄弱学校、农村学校、特殊教育学校办学条件得到大幅改善。小学规范化建设工程全面收官，全市义务教育学校办学条件在主要项目上实现全部达标。完成新的北京市少年宫和新盲人学校建设，推动7所学校利用中央彩票公益金建设乡村学校少年宫。

基础教育教师队伍建设力度持续加大。继续实施春风化雨、绿色耕耘等工程，实施北京市特设岗位计划，实施“名师名校长教育家工程”和“农村教师素质提升工程”。推动国内访学计划，开展多层面的干部教师培训，涉及学前教育、民办教育、民族教育、特殊教育和专门教育等北京市各类教育。

（周晓宇）

总　类

【“翱翔计划”第五批学员开课】　1月12日，“翱翔计划”第五批学员开课仪式和第四届高中课程改革学生论坛在北京钢铁学院附属中学举行。会议宣布“翱翔计划”第五批学员开课；为2010级学员颁发“翱翔计划”结业证书；参会学生介绍对“翱翔计划”、高中课程改革感悟、体会。市教委、北京教科院、各区县教委、参与“翱翔计划”的高校等单位负责人及指导教师代表、基地学校校长、学员代表共350人参加大会。“翱翔计划”利用北京丰富的教育、文化与科技资源，创设学生“在科学家身边成长”的环境，通过实践和参与“微科研”等过程，激发高中学生创新潜能，逐步建立高中阶段创新人才的培养机制。计划采用“政府主导、学校实施、社会参与”的推进机制，建立生源学校、基地学校、高校和科研院所实验室共同承担学员培养任务的“三校”管理体系，其中，生源学校提供基础性课程、基地学校提供过渡性课程、高校和科研院所实验室提供熏陶体验性课程。计划设置数学与信息科学、物理与地球科学等培养领域，确立北京市第二中学、北京市第四中学等为基地学校。至年底，“翱翔计划”共培养5批800名学员。

（张强）

【确定教育体制改革基础教育试验项目学校】　2月7日，市教委印发《关于确定参与国家教育体制改革基础教育试验项目学校的通知》，公布参与国家教育体制改革试验项目学校名单。经过申请、申报试验方案，区县审核、推荐，市级专家组评审等程序，市教委确定参与“基础教育课程教材改革试验项目学校”170个，其中，门头沟区作为课程教材改革项目试验区整体进入试验；“开展高中特色发展试验项目学校”45个；“探索拔尖创新人才培养模式试验项目基地”31个；“深化基础教育学校办学体制改革试验项目学校”4个。根据规定，项目校按照全市统一要求，制定各项目试验方案。

（张晓兰）

【印发义务教育入学工作意见】　5月2日，市教委印发《关于2012年义务教育阶段入学工作的意见》。意见提出，2012年入学工作要“着力完善义务教育入学规则，保持政策的连续性和稳定性，促进教育公平，维护首都社会安定”，要以“坚持义务教育阶段免试和就近入学，坚持以区县为主组织实施本区县义务教育阶段入学工作，坚持公正、公平、公开”为工作原则。规定凡年满6周岁（2006年8月31日以前出生）、且具有本市常住户口的适龄儿童均须就近登记入学。完成小学教育的学生，应当进入初中继续接受并完成义务教育。非本市户籍适龄儿童、少年，经居住地所在街道办事处或者乡镇人民政府审核确认后，到居住地所在区县教委确定的学校联系就读。意见同时对其他特殊情况学生入学做出规定，明确市教委及区县教委工作职责，印发《2012年义务教育阶段入学工作时间表》。

（周晓宇）

【召开随迁子女教育工作交流会】　5

月10日，市教委举办“走进新发地小学——北京市随迁子女教育工作专题交流会”。会议以“平等全纳、共享阳光”为主题，观摩新发地小学阳光体育活动以及剪纸、书法、国画等校本课程；听取学校及丰台区教委开展随迁子女融入教育的有效经验和做法。其中，丰台区教委总结随迁子女教育工作五个方面的经验。一是通过分类管理，依法保证随迁子女接受义务教育；二是开发教育资源，为随迁子女提供适合的学习服务；三是坚持同等待遇，加强心理健康教育，促进随迁子女身心健康成长；四是加强家校合作，形成对随迁子女教育的合力；五是以课题研究提升随迁子女教育工作水平。会议对全市随迁子女融入教育提出三点意见：一是要以包容和创新精神做好随迁子女教育管理工作；二是要强化对随迁子女进行爱党爱祖国的感恩教育和爱北京、爱家乡教育；三是要注重培养学生良好的学习和生活习惯。市公安局、市教委、丰台区政府领导，各区县教委相关负责人及随迁子女就读学生超过50%的学校代表200人参加会议。

（向婷婷　乔力）

【印发治理义务教育乱收费问题意见】　5月24日，市教委、市纠风办、市监察局等部门联合印发《关于治理义务教育阶段乱收费问题的意见》。意见从“禁止选拔学生和举办以选拔生源为目的的各类培训班”“规范特长生招生”“严禁收取与入学挂钩的捐资助学款”“加强对民办学校收费的管理”“促进义务教育均衡发展”“实施中小学建设三年行动计划”等11个方面提出工作要求。要求坚决禁止“公办学校单独或和社会培训机构联合或委托举办以选拔生源为目的的各类培训班”，禁止各“区县政府、有关部门和学校违规收取与入学升学挂钩的各种费用”。该意见5月25日起施行。

（周晓宇）

【召开义务教育减负工作经验交流会】

5月25日，市教委召开“北京市义务教育阶段减轻学生过重课业负担全面提高教育质量工作经验交流会”。会议明确义务教育阶段减轻学生过重课业负担的指导思想和工作原则，要求坚持“育人为本，科学减负，促进每位学生快乐健康成长”，本着“标本兼治、疏堵结合、内外联动、整体推进、重点突破”的原则，遵循教育规律，把握关键环节，加强正确引导，着力推进课程教学改革和考试评价改革，积极探索建立健全减负提质的制度机制。会议提出四点工作意见：一是要统一思想，提高认识，增强紧迫感和责任感，倡导科学的教育理念，引导区县和学校主动减负；二是要抓住关键，重点突破，把握减负内涵和实质，采取有效的推进策略，促进区县和学校科学减负；三是要深化改革，大胆探索，开拓减负工作新思路，鼓励出实招见成效，推动区县和学校创新减负；四是要着眼长远，健全机制，规范学校办学行为，保障减负工作落到实处，实现区县和学校系统减负。会议听取海淀区教委、顺义区教委、大兴区教委、北京市第二中学分校、北京小学、朝阳实验小学经验发言，印发《北京市义务教育阶段减轻学生过重课业负担全面提高质量经验材料汇编》。市教委、市教育督导室领导，各区县教委负责人及部分中小学校长300人参加会议。

（冯雪）

【召开北京数字学校建设启动会】 6

月27日，北京市义务教育阶段名师同步课程资源暨北京数字学校建设试播启动会在北京景山学校远洋分校召开。教育部相关部门、中央电教馆负责人，洪峰、姜沛民参加会议并讲话。领导与学生、家长和教师代表共同启动名师同步课程的试播，参观名师同步课程录制现场、应用模式研究展示、家庭应用环境展示和备课现场。来自市财政局、市广电局、市经信委等单位负责人，市人大代表、政协委员代表，区县教委主任和部分中小学校长，以及学生、教师、家长代表参加活动。“北京市义务教育阶段名师同步课程资源暨北京数字学校建设工程”是政府实事工程之一，目的是为满足市民对优质教育资源的需求，促进基础教育优质均衡发展。工程以优质教育资源为核心，打造供全市中小学师生和市民共享、共用的基础教育信息化综合服务平台，包括课程直播、资源中心、学习中心等内容，计划为义务教育阶段中小学校学生和家长提供全科数字化名师授课资源。工程1月6日启动，至年底，经过课程录制、技术审核、教育审核、政治审核和20%综合抽检，同时盘活优质资源存量，上线课程共11254节。

（詹伟华　周凯　赵澜波）

【召开“雏鹰建言行动”现场会】 7月12日，市教委、市科委召开“雏鹰建言行动”现场会。会议表彰在参与“雏鹰建言行动”中表现突出的学生、教师及学校。会上，学生代表现场呈现涉及教育均衡、关爱他人、水资源等方面各自的“建言”。会议由北京教育科学研究院和东城区教委、东城区曙光小学、东城区史家胡同小学承办，有关区县教委负责人、中小学生、指导教师、学生家长及部分市人大代表、政协委员共200人参加会议。“雏鹰建言行动”依托“翱翔计划”“雏鹰计划”“青少年创新能力建设工程”，目的是推进北京市基础教育阶段创新人才培养，活动2011年12月启动。

（张强）

【9校组建教育家成长工程基地联盟校】 7月30日，9所学校组成首都优质示范高中教育家成长工程基地联盟。该联盟由《中国教师报》教育家成长工程办公室发起，主要是发挥优质学校示范带动作用，分享教育家智慧、呼唤教育家成长、推进教育家办学。根据协议，基地联盟校共同搭建首都学校高端交流平台，实现优质学校之间资源共享、捆绑式发展。联盟首批成员校包括清华大学附属中学、中国人民大学附属中学、北京十一学校、北京市第八十中学、北京市第十二中学、北京市昌平区第一中学、北京市日坛中学、北京市八一中学、顺义区杨镇第一中学。

（吴丽梅）

【13所中学实施高中自主排课】 8月，市教委批准13所中学实施高中自主排课。学校可在新教学大纲框架内，保证教材、总课时不变前提下，自主安排课程、课时、教学模式、学分认定和考核方式。在考核方式中，要求学校自主确定高中生各学科毕业考核合格标准并自行组织高中会考，可自行安排考试时间、考试科目顺序以及考试内容。13所学校分别是北京景山学校、北京汇文中学、北京市广渠门中学、清华大学附属中学、中央民族大学附属中学、首都师范大学附属中学、北京市第三十五中学、北京市第十四中学、北京市育才学校、北京市第八中学、北京市第八十中学、北京市第十二中学、顺义牛栏山一中。

（张剑　张晓兰）

【获得全国“两基”工作先进】 9月5日，国务院分别印发《关于表彰全国“两基”工作先进单位和先进个人的决定》和《关于表扬全国“两基”工作先进地区的通报》，公布全国“两基”工作先进名单。北京市五个单位及地区、7名个人入选。其中，北京市顺义区作为全国“两基”工作先进地区获得表扬。朝阳区教委、海淀区红英小学、通州区漷县镇人民政府、延庆县教委4个单位获得“全国‘两基’工作先进单位”称号；徐万厚等7人获得“全国‘两基’工作先进个人”称号。此次国务院共表扬“两基”工作先进地区80个，表彰先进单位300个、先进个人500人。

（向姣姣）

全国“两基”工作先进个人
（北京）

徐万厚	北京市农业广播电视学校昌平分校
吴正宪	北京教育科学研究院
郭志族	房山区教育委员会
李达	大兴区教育委员会
韩宝芳	平谷区老教师协会

王笑怡　密云县社区教育中心
左玉霞　燕山前进第二小学

（张晓兰）

【召开创新人才培养工作推进会】 9月11日，市教委召开市基础教育阶段创新人才培养工作推进大会。会议总结已有工作，说明市教委整体推动基础教育阶段创新人才培养工作的规划部署，布置近期工作任务，分别以“不同视角下的课程设计”“翱翔课程的多种开发模式”“教师专业成长方式”“现代科技对创新人才培养工作的有效支撑”为主题开展分会场讨论。会议由北京教育科学研究院承办，西城区教委及北京市育才学校协办，来自市教委、北京教科院、各区县教委主管领导，“翱翔计划”基地学校领导、工作负责人、指导教师代表，“雏鹰计划”资源单位负责人、项目团队成员等300人参加会议。

（张强）

【与北京广播电视台签订战略合作框架协议】 10月9日，市教委与北京广

播电视台签署战略合作协议。根据协议，双方在落实2012年市政府实事、建设“北京数字学校”基础上，通过优势互补、共同合作，探索具有首都特色的现代化终身教育服务体系。依托歌华有线电视网络，通过高清交互数字电视平台和歌华飞视平台，面向电视机、个人计算机、手机等多种终端，提供基础教育以及其他领域的全面教育服务。市教委、北京广播电视台、北京教育科学院等单位及部分区县教委负责人参加签约仪式。

（詹伟华）

【举办第四届青少年翱翔科学论坛】 10月16至19日，市教委举办第四届北京青少年翱翔科学论坛。论坛分别在北京市第二中学、北京市第十二中学、清华大学附属中学和北京市第十四中学举办化学与生命科学、物理与地球科学、数学与信息技术、人文与社会科学4个领域分论坛。16个区县及燕山的165名第四批翱翔学员经过自评、同伴互评、导师评价、基地评价、网上资格审查、专家网上评审等环节，汇报147项学习探究成果，同时现场接受专家指导，并与到场师生互动交流。论坛由北京教育科学研究院、北京青少年科技创新学院承办，来自教育部、中国科学院、中国社会科学院等有关单位的领导、专家，“翱翔计划”参与单位负责人、教师、学员及家长代表2000人次参加论坛。

（任虹）

【西城区与延庆县签订教育合作意向书】 10月23日，西城区教委与延庆县教委签订《教育合作项目意向书》。该合作计划通过优质教育资源的辐射带动作用，提升延庆县整体办学水平，促进区域教育优质均衡发展。意向书明确，西城区开展对延庆县教研引领及对中高考备考策略指导工作；北京市第四中学、北京师范大学第二附属中学对延庆县第一中学带动引领；西城区学校与延庆县学校开展“手拉手”活动；西城区艺术教育优质资源辐射带动延庆县开展艺术教育特色活动。延庆县为西城区学校开展社会实践活动搭建平台，延庆县区域内的综合实践资源对西城区学生优惠开放，延庆县教委利用本县生态环保资源优势为西城区开展其它教育活动提供服务。合作期限3年，至2015年12月结束。

（李晶华）

【中小学校长大会召开】 10月24日，

北京市中小学校长大会在北京展览馆剧场召开。会议主题是贯彻落实全国教师工作暨“两基”工作总结表彰大会精神，推进首都基本公共教育服务均等化。会议强调要把基础教育的重点放到提高质量、促进均衡上，努力实现基本公共教育服务均等化。不仅要解决好人民群众“有学上”的问题，还要解决好“上好学”的问题。会议认为解决“上好学”，首要的是发展，关键在于改革。会议指出推进首都基本公共教育服务均等化，要通过发展来建设更多优质学校，增加政府提供的教育资源，丰富教育资源供给类型。各区县主管教育区县长、教育工委书记、教委主任、教育督导室主任，北京教育学院、教育考试院、教育科学研究院领导，全市中小学校长共1800人参加会议。

（张晓兰）

【6所学校入选数字校园示范校建设项目】 10月30日，中央电化教育馆公布首批“百所数字校园示范校建设项目学校”名单，北京地区6所学校入选。经学校申请、省级电教机构推荐、中央电化教育馆审核，确定191所学校为“首批百所数字校园示范校建设项目学校”。北京地区入选学校分别是北京景山学校、北京市陈经纶中学分校、北京市第四中学、延庆县第一中学、大兴区枣园小学、石景山区实验小学。该项目计划用4年时间，在全国范围内遴选一批学校信息化基础环境建设和应用效果好的学校，通过实验探索，形成百所国际领先、应用创新成效显著的数字校园示范校，引领数字校园的建设与发展。

（潘东庭　张晓兰）

【96册京版义务教育教材修订稿送审】 11月，京版96册义务教育教材修订完成并送教育部审查。送审教材包括小学阶段5科54册（数学12册、英语12册、体育与健康6册、音乐12册、美术12册）、初中阶段9科42册（数学6册、英语5册、体育与健康3册、音乐6册、美术6册、物理2册、化学2册、生物4册、地理4册、地理图册4册）。此次教材修订工作由市教委牵头、北京教育科学研究院组织，要求按照教育部《义务教育课程标准（2011年版）》要求，修订小学阶段的数学、音乐、美术、英语、体育（教师用书）、劳技、信息技术7个学科，初中阶段的数学、物理、化学、生物、地理、英语、音乐、美术、体育与健康9个学科，共计116册教材。相关

单位 676 名教材专家参与工作。

（任虹）

【举办全国中小学校长论坛】 12 月 15 至 16 日，全国第三届中小学校长论坛在门头沟区举行。论坛以“让每个孩子都能成为有用之才——不拘一格育人才”为主题，门头沟区教委全方位展示教育科学发展、创新发展、快速发展的态势，向全国中小学校长介绍促进学生多样化和个性化发展、不拘一格育人才的经验和做法。论坛在门头沟区大峪中学、新桥路中学，北京第二实验小学永定分校设立分论坛。论坛由中国教育学会等单位主办，国内知名专家和来自全国各地的校长共 300 余人参加会议。

（陈文）

【成立京源雏鹰校际联盟】 12 月 28 日，北京市京源学校联合 13 所中小学成立“北京市基础教育阶段创新人才培养项目京源基地雏鹰校际联盟”。联盟校通过《北京市基础教育阶段创新人才培养项目京源基地雏鹰校际联盟章程》，产生第一届理事和机构负责人，签署《“雏鹰校际联盟”理事单位确认书》。根据规定，联盟联合开展基础教育阶段创新人才培养项目，建立创新人才培养长效机制，为创新人才提供成长条件，实现创新人才校际联合培养和教育资源共享。

（徐继伟）

【制定创新人才培养项目管理办法】 12 月 31 日，市教委与市财政局联合印发《北京市基础教育阶段创新人才培养项目管理办法（试行）》。办法明确项目管理以“政府主导、整体规划、分级管理、协同实施”为原则，对项目内容、项目组织、立项管理、实施管理、验收管理、项目经费管理及监督检查做出规定及要求。办法适用于参与“创新人才培养项目”的北京教育科学研究院、北京青少年科技创新学院办公室、区县教委，承担“创新人才培养项目”任务的中小学校和区县教研部门，参与“创新人才培养项目”工作的高等院校等单位。该办法 2013 年 2 月 1 日起施行。

（任虹）

【保障随迁子女接受义务教育】 至年底，市教委保障随迁子女接受义务教育。市财政投入专项资金 5.5 亿元保障随迁子女接受义务教育，主要用于提高义务教育阶段公办中小学接收随迁子女就读能力和改善已审批自办学校办学条件。至 9 月，74.7%的随迁子女在公办学校就读，全市 562 所公办中小学在校随迁子女人数占在校生总数超过 50%。同时，通过政府委托办学、购买服务两种方式分别解决 8773 名和 906 名学生入学问题。

（向姣姣）

【编制《北京市中小学图书馆（室）基本藏书推荐目录》】 至年底，北京市教育技术设备中心编制完成《北京市中小学图书馆（室）基本藏书推荐目录》。经过前期调研、中小学校图书馆书目征集、目录整理筛选、专家论证评审，该目录确定小学版入选图书 18000 种（必备图书 4000 种），中学版 20000 种（必备图书 5000 种）。目录规范馆藏结构和图书质量，要求中小学校图书馆（室）书籍中目录藏书占 70%。

（王玉清）

【完善办学条件标准细则】 至年底，市教委修订完善《北京市中小学校办学条件标准细则》。该细则为中小学校实验室标准化建设提供建设依据，从源头上解决实验教学仪器配置的适切性和实用性问题；尝试改变高中校办学条件标准细则的配置模式，更好地适应课程改革、满足高中学校多样化发展。

（周凯）

小　学　教　育

【概　况】 2012 年，北京市共有小学 1081 所，比上年减少 9 所；拥有教职工 55710 人，包括专任教师 46783 人；在校生 718655 人，其中，北京市户籍学生 394472 人，非北京市户籍学生 324183 人；毕业生 101678 人，招生 132719 人。学校占地面积 1367.06 万平方米，校舍建筑面积 589 万平方米；固定资产总值共计 108.32 亿元，其中，教学仪器设备资产总值 34.31 亿元；拥有计算机 158553 台，图书馆（室）藏书 2429 万册。

（冯雪）

【举办小学规范化建设工程系列展示活动】 4至10月，市教委组织开展“北京

市小学规范化建设工程系列展示——走进区县活动”。活动分别走进昌平区城北中心小学、石景山区六一小学、通州区史家小学分校、西城区北京第二实验小学和大兴区北京小学翡翠城分校。活动围绕养成教育、课程建设、特色发展等主题，由各区县及学校总结展示小学规范化建设成果。

（冯雪）

【组织小学百年老校文化传承与创新论坛】 10月25日，“北京市小学百

年老校文化传承与创新论坛”在北京第一实验小学召开。论坛以“文化育人、文化立校、促进小学教育内涵发

展”为主题，听取北京市东城区府学胡同小学、北京第一实验小学、北京市通州区贡院小学校长阐述学校对百年老校文化传承与创新的深度思考与创新实践体会，向百年老校赠送《百年传承、文化育人——北京市小学百年老校巡礼》画册。大会对小学百年老校文化建设提出三点意见：一是希望百年老校进一步从学校历史中寻找文化发展轨迹，挖掘学校精神，准确、深刻地提炼出学校传统文化的核心价值。二是希望所有小学在学校文化积淀的过程中，通过准确定位、科学谋划来提升学校文化品质，让其闪耀出理性的、时代的光芒。三是希望以本次论坛为契机，把学校文化建设活动引向深入，增强学校文化传承与创新的使命感和责任感，努力实现文化育人、文化立校的目标，提升学校品牌的影响力和辐射力，促进全市小学教育健康可持续发展。市教委、北京教育学院、教育学会领导，区县教委有关人员及部分小学校长 300 人参加论坛。至年底，市教委组织开展小学“百年老校”专题调研，建立“百年老校”资源库。

（冯雪）

【召开小学规范化特色建设主管主任论坛】　10 月 30 日，市教委召开“北京市小学规范化建设工程——特色建设主管主任论坛”。会上，丰台区、门头沟区、平谷区、怀柔区、延庆县、密云县及燕山 7 名区县教委主管主任围绕“政策引导、机制创新、内涵发展、质量提升”作主题发言，交流区县在特色建设方面理念认识和经验做法。会议认为，小学规范化建设工程要进一步明确目的，促进学校特色发展；要找准定位，适应师生发展需求；要围绕核心，构建学校育人体系；要进一步提升水平，铸就教育特色品牌。同时在小学规范化建设进入收尾的重要阶段，要特别注意处理硬件达标和软件提升、规范建设和特色发展、促进公平与提高质量的关系。市教委领导，各区县教委相关负责人及部分小学校长 300 人参加会议。

（冯雪）

【开展“十二五”生源变化及资源配置调查研究】　至年底，市教委开展“十二五”期间小学生生源变化及教育资源配置调查研究。市教委组织项目专家对海淀、朝阳、大兴等 9 个生源增长显著、学位紧张的区县实地调研，了解各区县在缓解招生压力方面存在的困难。通过对调研数据统计和因素分析，市教委形成《“十二五”期间小学生生源变化及教育资源配置调查研究报告》，认为北京市“十二五”期间，小学入学人数总数呈现明显上升趋势，部分区县小学入学工作面临较大压力，全市将面临小学教育资源不足的挑战。报告建议，要科学统筹规划小学教育资源，提前应对小学生源高峰的到来。

（冯雪）

小　学

北京市东城区府学胡同小学

【概　况】　2012 年，北京市东城区府学胡同小学占地面积 1.97 万平方米、校舍建筑面积 1.34 万平方米，运动场地面积 5353 平方米。全年教育经费投入 4436 万元，全部由国家拨款。固定资产总值 5442.58 万元，包括教学仪器资产值 5.51 万元。图书馆藏书 10.1 万册。普通教室 66 个、专用教室 18 个。拥有计算机 759 台。多媒体教室座位 152 个。学校信息化经费投入 200 万元，校园网出口总带宽 10Mbps，数字资源量 50GB，“信息技术”课程 0.5 课时/周。教职工 203 人，其中，副高级职称 11 人、中级职称 121 人。专任教师 167 人，包括特级教师 1 人、北京市骨干教师 5 人、北京市学科教学带头人 1 人。开设教学班 66 个。毕业 521 人、招生 511 人、在校生 2948 人。网址：www.fuxue.com.cn。

（许银平）

【签订两项境外校际协议】　3月12日

和 7 月 11 日，府学小学分别与美国牛津社区学校和台湾南投县东光国民小学签署校际交流合作协议。与美方协议规定，双方开展师生交换项目、虚拟交流项目、商业实习和语言营等方面的合作。协议期为 2012～2013 学年。与台湾协议规定，双方加强沟通，开展互访联谊活动。

（许银萍）

【管乐团获国际青少年艺术节铜奖】

8 月 6 日，府学小学金帆行进管乐团参加维也纳国际青少年艺术节，获管乐组铜奖。乐团在奥地利维也纳金色大厅演奏《纯洁的舞蹈》《红旗颂》《五声神韵》等中外名曲。艺术节由维也纳市政府、奥地利国际艺术联合会、奥地利奥中教育文化交流协会、别特利国际文化交流中心、维也纳音乐学院、中国驻奥地利大使馆、维也纳金色大厅联合举办，分比赛组和表演组，来自德国、荷兰、美国、新西兰、澳大利亚等多个国家、不同类别的青少年艺术团体参加比赛。

（刘岩）

【国学校本教材首发】　9月1日，府学小学国学校本教材首发。该套教材由学校教师将国学经典与学校文化有机结合，凸显府学特色，突出“崇礼、博学”的文化要素。教材共分三册，由学苑出版社出版发行，共计37.3万字，为16开本。

（许银萍）

北京市东城区史家胡同小学

【概　况】　2012年，北京市东城区史家胡同小学占地面积2.40万平方米、校舍建筑面积3.97万平方米，运动场地面积4812平方米。全年教育经费投入5844.29万元，其中，国家拨款5810万元、自筹经费34.29万元。固定资产总值1.90万元，包括教学仪器资产值182万元。图书室藏书6万册，包括电子图书500册。拥有计算机827台。多媒体教室座位3780个。学校信息化经费投入210万元，校园网出口总带宽120Mbps，数字资源量9200GB，“信息技术”课程0.5课时/周。普通教室84个、专用教室24个。教职工275人，其中，副高级职称26人、中级职称155人。专任教师241人，包括特级教师2人、北京市骨干教师10人、北京市学科教学带头人2人。开设教学班84个。毕业526人、招生606人、在校生3587人，其中寄宿生212人。网址：www.shijia.org。

（全强　李雪）

【与以色列小学签署校际协议】　2月

13日，史家小学与以色列耶路撒冷的亚努什科泽克小学正式签署友好校协议。根据协议，双方开展文化交流合作，其中，中方负责组织学生进行视频交流；以方负责收集以色列传统文化并开展交流。两校协议是中以建交20周年系列活动之一。两校于2007年结为北京奥运“同心结”友好校，双方开展一系列友好交流活动。

（李雪）

【举办“史家讲坛”】　3月13日，史家小学举办第11期“史家讲坛”。活动听取著名作家苏叔阳以亲身经历讲述跨度达半个多世纪的社会文化现象。学生和教师现场吟诵课文《理想的风筝》，与苏叔阳互动。全体教职工及150名学生家长参加学习。

（李雪）

【阳光公益社志愿讲解团成立】　5月6日，史家小学阳光公益社志愿讲解团正式成立。首批志愿者由14名三至六年级学生组成，利用周末时间在中国美术馆“大器‘玩’成——中国美术馆藏民间玩具精品陈列”展厅义务讲解。至年底，义务讲解4次。

（李雪）

【举办童声合唱专场音乐会】　6月6

日，史家小学金帆合唱团在中山音乐堂举办“跟着太阳一路来——史家小学中外名曲童声合唱音乐会”。合唱团演唱《跟着太阳一路来》《石榴》《美妙的远方》等16首中外名曲，低年级部“娃娃剧团”演出豫剧《谁说女子不如男》。130名合唱团成员参加演出。该校合唱团于7月19至22日参加2012斯洛伐克国际民族音乐节，获得12岁以下合唱组大赛金奖。共有来自十几个国家和地区的20余支音乐表演团体参加音乐节。该校合唱团于2003年成立，有成员150人。

（李雪）

【获“千优带队”争创工程标兵学校称号】　9月19日，史家小学少先队大队获北京市首批“千优带队”争创工程标兵学校称号。该活动由团市委、市委教育工委、市教委共同举办，共有550所学校参选。通过5大项、26小项的严格考核，最终36所学校获北京市首批“标兵学校”称号。

（李雪）

【举办和谐教育实施20年纪念活动】　10月12日，史家小学举办“卓行教育、立新和谐——史家小学和谐教育实施20年暨卓立校长从教50年庆典”活动。在庆典活动中，学生、教师、家长和校友以集体诗朗诵形式发布“史家精神”表述语——“一切为了孩子，一切为了明天”；举行《和谐教育丛书》发布仪式，以及“教育家卓立奖”设立仪式。《和谐教育丛书》是史家小学着力打造的“史家文库”中的一个重要系列，全面地总结学校和谐发展的实践经验，展现素质教育的内涵。“教育家卓立奖”基于进一步弘扬卓立校长的教育家风范、鼓励对该校有突出贡献的教师而设立，起步资金为本年分别获得“东城区教育系统杰出校长”“东城区教育系统杰出教师”和“东城区教育系统人民教师”称号的校长、教师捐给学校的全部奖金。卓立是“教育家卓立奖”的第一位获奖者。市教委、区教委领导，北京教育学院领导，以及该校师生500人参加活动。

（李雪）

【启动顺义“名校·深度”培训】　11月2日，史家小学与顺义教委联合启动“名校·深度”培训。培训项目规定，2012年11月至2013年6月，顺义区10所小学的干部、教师在史家小学开展挂职岗位培训，了解史家小学的办学思想和教育理念，观摩学校管理团队的工作状态，感受学校的团队精神和团队文化，探究学校管理模式和管理方法。

（李雪）

北京市崇文小学

【概　况】　2012年，北京市崇文小学占地面积1.50万平方米、校舍建筑面积1.45万平方米，运动场地面积846平方米。全年教育经费投入

2167万元，全部由国家拨款。固定资产总值3086万元，包括教学仪器资产值31.59万元。图书馆藏书2.78万册。普通教室28个、专用教室6个。拥有计算机190台。多媒体教室座位40个。学校信息化经费投入90万元，校园网出口总带宽20Mbps，数字资源量500GB。教职工99人，其中，高级职称3人、副高级和中级职称45人。专任教师72人。开设教学班28个。毕业154人、招生249人、在校生1143人，其中寄宿生1061人。网址：www.cwxx.com.cn。

（张智）

【举办亲情体育节运动会】 5月30日，

崇文小学举办亲情体育节运动会。开幕式上，学生表演乒乓球操、自编操、展示球类技巧，教师展示第九套广播体操。比赛设立定跳远、50米跑、踢毽、投掷和一带一短跳绳等5项个人项目；跳绳类、拔河类、接力跑类3个班级团体项目，决出一等奖18个，最佳组织奖6个。全校师生及家长1600人参加活动。

（张智）

【创编"小马跳"广播操】 10月，崇文小学创编"小马跳"广播操。该广播操根据韩国歌曲《江南Style》的骑马舞创编而成，保留其中"小马跳"和"挥鞭"两个动作，再配以适合少年儿童的广播操动作，伴随《江南Style》的音乐，动感十足。经调查，学生在做队列操之后心率是102次/分钟；做七彩阳光广播体操后心率为115次/分钟；跳"小马操"之后的心率可以达到130次/分钟。

（张智）

【展示期中乐考作业】 11月8日，崇文小学展示期中乐考作业。展示内容包括拼音王国、日积月累、小小书法家。该校一年级取消具体的分数，

采用等级制"乐考"评价体系，用做游戏的形式完成期末考试。"乐考"从语文、数学、英语三个学科入手，其中，语文分为汉语拼音的应用、口语交际和看图表述；数学有图形摆放、口算比拼、运用交流三部分；英语分成我会读、我会表达、我能行三个板块进行考查。"乐考"当天，当学生按要求完成每个项目后，教师根据学生的表现给出"你很棒"或"加油"等的评价。

（张智）

北京光明小学

【概　况】 2012年，北京光明小学占地面积1.64万平方米，校舍建筑面积1.18万平方米，运动场地面积5800平方米。全年教育经费投入2662.42万元，其中，国家拨款2603.28万元、自筹经费59.14万元。固定资产总值1113万元，包括教学仪器资产值129万元。图书馆藏书8.15万册。普通教室55个、专用教室16个。拥有计算机468台。多媒体教室座位1882个。学校信息化经费投入55.15万元，校园网出口总带宽9Mbps，数字资源量160GB，"信息技术"课程1课时/周。教职工163人，其中，副高级职称6人、中级职称93人。专任教师140人，包括特级教师1人、北京市骨干教师4人，本科以上学历99人。开设教学班52个。毕业293人、招生334人、在校生1882人，包括寄宿生232人，外省市借读生283人，另有外籍学生7人。网址：www.bjgmxx.com。

（卢凤霞）

【举办首届家长沙龙活动】 1月10日，光明小学举办首届家长沙龙活动。活动围绕"家庭教育中如何关注学生健康"主题，通过"破冰热身""沙龙风暴"和对话交流等环节，让家长分组交流、讨论，并将讨论观点以思维导图的形式展示，不同组的家长就感兴趣的话题进行分享。24名学生家长，以及学校领导、青年教师100人参加活动。

（卢凤霞）

【南楼落成投入使用】 2月28日，光

明小学南楼正式落成投入使用。南楼占地面积800平方米，主要用于课程展示及师生集会，内设400个座位的可伸缩座椅、高清发光二极管（LED）显示屏、先进的音响设备及半圆形舞台。该楼由爱国华侨李文忠捐资200万元以及部分政府投入资金建设，于2011年9月建成。李文忠出生并就读于原崇文区，现为阿根廷李丰药业集团董事长、阿根廷华人华侨联合总会顾问、中国侨联海外委员、李文忠慈善基金会会长。

（卢凤霞）

【怀柔分校成立】 9月1日，光明小学怀柔分校举行挂牌仪式暨新学期开学典礼。怀柔分校秉承光明小学"光明·我能行；我能行·光明"办学理念，共同培养健康、智慧、充满希望的学生。分校师生1500人参加活动。怀柔分校原为怀柔区第二小学，经怀柔区教委与东城区教委和光明小学研究决定，更名为光明小学分校。此举是怀柔区引名校建分校的重要工程。

（卢凤霞）

【举办快乐学科学演讲活动】 9月21日，光明小学举办科学演讲。学校邀请美国少儿科学教育工作者作科学演讲，通过可乐瓶、纸张、胶带等简单器具，采取寓教于乐的方式讲解科学知识，提供学生快乐的学习体验，激发学生的好奇心和学习兴趣。该校

三、四年级的学生参加学习。

（卢凤霞）

北京市西城区康乐里小学

【概　况】 2012年，北京市西城区康乐里小学占地面积8370平方米、校舍建筑面积1.35万平方米，运动场地面积2984平方米。全年教育经费投入2736.60万元，其中，国家拨款2735.72万元、自筹经费0.88万元。固定资产总值3043.99万元，包括教学仪器资产值690.24万元。图书馆藏书5.62万册，包括电子图书2300册。普通教室34个、专用教室14个。拥有计算机301台。多媒体教室座位1900个。学校信息化经费投入123.60万元，校园网出口总带宽50Mbps，数字资源量208GB，“信息技术”课程1课时/周。教职工109人，其中，高级职称5人、中级职称70人。专任教师80人，包括北京市骨干教师2人，本科以上学历78人。开设教学班34个。毕业240人、招生242人、在校生1233人，包括寄宿学生518人。网址：www.kllxx.com。

（殷向宇）

【开展校内教学视导】 3月和10月，康乐里小学集中视导课堂教学情况。由校长、教学干部、外请专家组成视导小组，32名数学和语文学科四、五、六年级教师接受视导，通过听课环节，依据课堂教学评价标准进行量化评价。视导小组对课堂教学视导情况进行讨论、分析，并在教师中进行总结、反馈，肯定优势、找到问题、提出建议。

（殷向宇）

【召开教学工作研讨会】 4月13至14日，康乐里小学召开2012年教学工作研讨会。研讨会围绕“理解教材、活用教材，提高课堂教学实效性”主题，分为工作经验介绍和学科教学汇报交流两部分。会议听取数学组介绍“小学数学教材课后习题的有效利用与合理开发”的校本教研活动，以及参加校本教研活动的收获和体会。学科教学汇报交流听取三年级语文教研组、英语教研组、音乐教研组从不同侧面诠释会议对“理解教材、活用教材”的理解与实践。会议认为，学科教师应该通过对教材的钻研实现“为学生服务”的目标。80名教师参加会议。

（殷向宇）

【循环使用教科书】 4月22日，康乐里小学启动征集循环使用教科书提示语活动。各中队、小队创编循环使用教科书提示语，大队评选出最佳提示语，将提示语制成提示卡，粘贴到循环使用的教科书上。少先队员和团员教师共同发出倡议，“希望同学们从一点一滴的小事做起，共同珍惜资源，善待地球”。该校只订购部分科任学科的教科书，大部分科任学科教科书使用学生已使用过的退役教科书。

（殷向宇）

【举办校本课程成果展示活动】 11月28日，康乐里小学举办“实施校本课程、提升师生文化品位”专场展示活动。校长以《实施校本课程、提升师生文化品位》为题，介绍开发、实施“走进博物馆”“走进剧场”校本课程的情况；教师、毕业生、在校生、学生家长、合唱团师生代表进行专题汇报；北京师范大学教师进行点评。西城区教委和区内各小学的领导及学校的家长代表95人参加活动。该校将校本课程作为文化建设的重要组成部分和新亮点，并在校内建设小型博物馆，学生随时可以走进身边的博物馆。

（殷向宇）

北京小学

【概　况】 2012年，北京小学占地面积2.86万平方米、校舍建筑面积5.30万平方米，运动场地面积6500平方米。全年教育经费投入4618万元，全部由国家拨款。固定资产总值10600万元，包括教学仪器资产值1721万元。图书馆藏书5万册。普通教室58个、专用教室11个。拥有计算机436台。多媒体教室座位88个。学校信息化经费投入21万元，校园网出口总带宽480Mbps，数字资源量500GB，“信息技术”课程1课时/周。教职工188人，其中，高级职称12人、中级职称77人。专任教师153人，包括特级教师4人、北京市骨干教师8人，本科以上学历142人。开设教学班58个（含广外分校22个班）。毕业417人、招生371人、在校生2000人。网址：www.bjxx.org.cn。

（张明雪）

【颁发师生年度荣誉奖】 3月29日和9月7日，北京小学分别举办学生和教师荣誉颁奖活动。3月，举办“做最好的自己”——第二届学生年度荣誉奖颁奖典礼活动。活动为2011年度里在文学艺术、体育竞赛、科学创造、自主钻研、社会公益等领域取得突出成绩的39名学生个人及团队颁奖。9月，举办“一支好团队，凝聚一方好文化”——北京小学教师荣誉奖颁奖典礼活动，为获得“我心中的好老师”奖励的21名教师颁奖。

（张明雪）

【启动校园节水减排行动】 5月14日，北京小学启动“做文明有礼的北京人，节水护水我先行”校园节水减排行动。节水办相关领导为各中队发放节水桶，市节水管理中心负责人为节水志愿服务中队授旗。志愿者代表进行国旗下主题演讲，向北京小学全体师生发出倡议：从我做起，从点滴做起，用自己的实际行动节约每一滴水，做到“惜水如金”；做一个节水宣传志愿者，营造人人爱水，人人节水的良好氛围。倡导低碳绿色生活，珍惜水资源。全校师生参加活动。

（张明雪）

【启动“四季课程”项目】 10月22日，北京小学正式启动深化课程改革项目“2—1—2—1”式课程。“2—1—2—1”课程模式就是把每学期4个半月的课程学习，调整为2个月左右的学科学习加1周左右的综合实践课程，再继续2个月左右的学科学习加1周左右的假期综合实践的方式。课程按秋、冬、春、夏四季分别设立“科技创意周”“传统文化周”“律动健身周”和“读书实践周”。有效整合科技、美育、体育、德育等综合实践内容，改变现有综合实践课程零散的现状。

（张明雪）

北京市西城区奋斗小学

【概　况】　2012年，北京市西城区奋斗小学占地面积16736.50平方米，校舍建筑面积24943.68平方米。其中，东址占地面积5536.50平方米，建筑面积8491.68平方米，西址占地面积11200平方米，建筑面积16452平方米。运动场地面积4775.86平方米。全年教育经费投入2275.63万元，其中，国家拨款1924.52万元、自筹经费351.11万元。固定资产总值2675.35万元，包括教学仪器资产值853.36万元。图书馆藏书5.37万册。普通教室36个、专用教室11个。拥有计算机325台。多媒体教室座位2085个。学校信息化经费投入135.73万元，校园网出口总带宽1000Mbps，数字资源量60GB，“信息技术”课程1课时/周。教职工104人，其中，副高级职称6人、中级职称64人。专任教师96人，包括北京市骨干教师2人，本科以上学历89人。开设教学班41个。毕业253人、招生372人、在校生1686人，包括寄宿学生681人。网址：www.xjfdxx.org。

（马立梅）

【开展城乡“手拉手”系列活动】　4至12月，奋斗小学与延庆县沈家营中心小学开展系列“手拉手”教学活动。两校低年级数学教研组联合开展“解决问题”教研活动，针对数量关系与解题策略问题，解决教师教学中的困惑。该校教师赴延庆开展“深度教研，促进专业发展”教学交流活动；举办“统计”单元集体备课、上课与听课、评课与反思系列教研活动。两校教师60人次参加交流。

（刘俊英）

【开设3门校本综合实践课】　9月，奋斗小学开设3门校本综合实践课程。3门课程为“艺术综合课程”“科学综合课程”和德育综合实践课程“悦动”，艺术综合主要把音乐、美术、形体内容相融合，每周2课时；科学综合以科学课内容为主，融入部分数学、英语知识，每周2课时；悦动课综合品德与社会、心理健康、校史知识及部分学校特色活动。课程主要面对中低年级开设，纳入正常教学计划，由该校教师授课。

（郑新）

【开设远程视频公开课】　10月23日，奋斗小学在西城区远程教学系统开通仪式上，开设远程视频公开课。现场连线护国寺小学、延庆沈家营小学、海口市第二十五小学，四校同时上数学视频公开课“一亿有多大”。远程视频教学有即时性、现场感，较强的参与性，适合小学生的认识特点和教学规律。

（李立雪）

【展示“自悦”育人理念特点】　11月27日，奋斗小学在西城区教育科研月主场展示学校育人理念的特点。该校以“基于‘自悦’育人理念·探索提高德育实效性的途径”为主题，在活动中梳理出“自悦”育人的特点：课程化——以学生发展为本的德育课改教材的编写；活动化——汇报“特色班级”建设过程中对学生发展、教师发展的促进作用及成果展示；常态化——展示“班主任工作站”如何落实“自悦”育人理念。“自悦”育人理念以学生积极参与活动时所带来内心愉悦感受为中心，培养学生良好行为为习惯的教育。

（李立雪）

北京市西城区三里河第三小学

【概　况】　2012年，北京市西城区三里河第三小学占地面积1.28万平方米、校舍建筑面积1.27万平方米，运动场地面积5074平方米。全年教育经费投入3072.74万元，其中，国家拨款3068.74万元，自筹经费4万元。固定资产总值1861.33万元，包括教学仪器资产值316万元。图书馆藏书2.90万册，包括电子图书101册。普通教室41个、专用教室16个。多媒体教室座位44个。学校信息化经费投入300万元，校园网出口总带宽100Mbps，数字资源量120GB，“信息技术”课程1课时/周。教职工97人，其中，高级职称4人、中级职称78人。专任教师93人，包括北京市骨干教师1人，本科以上学历83人。开设教学班41个。毕业181人、招生249人、在校生1296人。网址：www.slhsx.cn。

（邢晓琰）

【举办博物馆月活动】　6月，三里河三小举办“见识之道”博物馆月活动。活动围绕“hua我爱之物”和“纹饰的魅力”主题，通过感知—走进—实践—拓展四个环节，走进首都博物馆学习和实践研究。“hua我爱之物”活动中，学生完成拓版年画制作和创意涂色，举办全校展览。“纹饰的魅力”活动中学生绘制传统纹饰并用来装饰日常用品。全校师生参加活动。该项活动自2011年开始，在每学期的其中一个月举办。

（蒋艳洁）

【开设选修课程】　9月17日，三里河三小启动选修课程选课活动。本学年共开设三类17门课程，内容包括常见的数学思维、开心习作和中英文演讲等，还开设十字绣、趣味纸工、科幻画等动手动脑课程。课程针对全体学生开设，实行小班制教学，将原来的41个教学班分为82个选修课教学班，每名学生在自主选择课程后采用大学才有的走班制进班学习。

（李彬）

【调整骨干教师教学展示活动】　9月，三里河三小调整骨干教师教学展示活动。活动首先在形式上不再统一要求三课两反思，将骨干教师分为两组：一组语、数、英三个学科以“让课例研修更精彩”为主题开展活动，展示市、区骨干教师教学风采，引领教师开展教学研究，提高教学研究整体水平；另一组组织其他科任学科开展以“关注教学目标的达成，提高课堂教学实效性”为主题的学科带头人授课活动。其次，活动制定详细活动方案，安排专门的组长负责本小组的活动组织和活动积累。

（牟屹方）

北京市西城区中古友谊小学

【概　况】 2012年，北京市西城区中古友谊小学占地面积1.37万平方米、校舍建筑面积1.33万平方米，运动场地面积1.04万平方米。全年教育经费投入2361.3万元，全部由国家拨款。固定资产总值17550万元，包括教学仪器资产值1300万元。图书馆藏书2.58万册，包括电子图书280册。普通教室40个、专用教室20个。拥有计算机445台。多媒体教室座位100个。学校信息化经费投入113万元，校园网出口总带宽10Mbps，数字资源量30GB，“信息技术”课程1课时/周。教职工102人，其中，副高级职称3人、中级职称62人。专任教师99人，包括北京市骨干教师1人，本科以上学历90人。开设教学班40个。毕业203人、招生304人、在校生1466人。网址：www.xjzhgyyxx.org。

（董姣）

【开展平板式电脑走进课堂研究活动】 3至6月，中古小学开展平板式电脑（iPad）走进课堂研究活动。该校确定以人民教育出版社版四年级语文下册《普罗米修斯》、四年级品德与社会《我学政区图》，以及国家知识版图相关知识为内容开展此项教学技术的研究。经历备课、试讲、研磨课件、实践操作训练，展示研究成果，增强学生参与性。平板电脑的交互性、即时性、反馈功能、会话功能在课堂上发挥重要的作用。

（刘佳）

【举办科技节】 11至12月，中古小学举办第九届科技节。科技节与国家发展改革委环资司共同主办，围绕“限塑令”主题，由学生亲手制作科技作品。学校选送优秀作品参加中国少年科学院“小院士”课题研究、“电子技术竞赛”等活动，76人次获奖。活动节还为6月举办的“小手拉大手、限塑齐步走”——“限塑令”宣传活动先进颁奖。6月活动中，学生调研超市、集贸市场塑料购物袋使用情况，结合亲身经历以作文、手抄报、调研论文等多种形式写出对“限塑令”的体会和建议，评选出一等奖10人、二等奖20人、三等奖34人。

（陈杰　牛平）

【展示课题研究课】 11至12月，中古小学展示课题研究课。语文、数学、英语、体育、音乐、美术、社会、科学8个学科18节课题研究课参加展示。参展课程由各教科研组根据本学科、本年段、真问题制订课题，围绕一节课进行教研，并在展示课上展示教研成果。课后互相交流，梳理思路、方法和成果。

（刘佳）

【举办科研月活动】 12月3日，中古小学举办“以学生为本，凸显英语特色，促进和美发展”科研月活动。活动分为现场授课、学生才艺展示、核心成员汇报等环节。现场授课由三名教师展示低中高年级的三节不同的课型，包括综合英语课、视听说课、阅读课，展示平时英语授课的过程。学生才艺展示英语导游、歌舞、辩论、配音等才艺。学校自2003年开始英语实验研究的探索。

（邢艳丽）

北京市朝阳区白家庄小学

【概　况】 2012年，北京市朝阳区白家庄小学占地面积2.99万平方米、校舍建筑面积2.24万平方米，运动场地面积2.29万平方米。全年教育经费投入3892万元，其中，国家拨款3440万元、自筹经费452万元。固定资产总值6506万元，包括教学仪器资产值129万元。图书馆藏书8.1万册。普通教室81个、专用教室31个。拥有计算机1183台。多媒体教室座位2870个。学校信息化经费投入350万元，校园网出口总带宽4Mbps，数字资源量2000GB，“信息技术”课程0.5课时/周。教职工221人，其中，高级职称4人、中级职称131人。专任教师214人，包括北京市骨干教师9人，本科以上学历212人。开设教学班82个。毕业517人、招生488人、在校生2590人。网址：www.tfbx.net。

（张国徽　李瑞霞）

【成立班主任工作研究室】 1月19日，白家庄小学成立班主任工作研究室。该研究室与班主任杂志社签署协议联合举办，协议规定双方通过自主研修和培训指导相结合的方式，指导班主任成长，提高班主任队伍的整体素质，梳理并定期输出优秀班主任工作经验。协议有效期3年。在首次工作室研讨会上，班主任杂志社主编以《如何撰写教育故事》为题做专题培训与指导。全校162名班主任参加活动。

（张国徽　李瑞霞）

【与澳大利亚车士活小学签署合作协议】 2月24日，白家庄小学与澳大利亚车士活小学签署友好合作协议。协议规定，双方在孔子课堂、校本课程、学校文化等方面开展为期3年的交流与合作。10至11月，双方开展师生互访和文化交流，60余人参加互访。这是与该校正式签约的第三所国际姊妹校（英国圣保罗小学、新加坡弥陀小学）。

（张国徽　李瑞霞）

【举办两场艺术专场演出】 5月19日

和11月19日，白家庄小学分别举办舞蹈和管乐专场演出。舞蹈专场演出为“2011朝阳区学生演出季白家庄小学‘鹤之舞’舞蹈团专场展演”，演出分为北京情、中国心、世界人三个篇章，210名师生参演《流动的四合院》《剪纸姑娘》《扎西德勒》等14部舞蹈作品，全部由学校舞蹈教师创编而成。1700人观看演出。管乐专场演出在中山音乐堂举办，主题为“群星璀璨，让希望生辉”，由学校“云鹤之声”管乐队演出，分为A1、A2、B团、C团4个团，演奏校歌《慕云鹤飞翔》《草原上升起不落的太阳》《匈牙利小狂想曲》等10首中外名曲。中国人民解放军军乐团次中音号演奏家担任指挥，200 名学生参加演出。市教委、区教委领导，师生、家长及媒体单位等 2000 人观看演出。

（张国徽 李瑞霞）

【举办科普教育系列活动】 6 月 3 日，白家庄小学启动“放飞梦想——波音航空科普教育系列活动”。首节航空科普大讲堂课程由市少年宫特级教师讲述世界航空工业的发展史，介绍其设计的“B&W－C”型水上飞机的构造，现场解析飞机的设计要点和模型制作过程，并进行仿真遥控飞机的试飞表演。来自该校不同年级的 100 名学生参加学习。该活动是波音公司发起的 2011 “放飞梦想”系列活动之一，白家庄小学师生自 2009 年起参加该项活动，3 年来，学校利用波音公司免费提供的 50 多套书和活动专用教材，组织学生建立航模飞机活动小组，开设航模飞机校本课程，还将《模型与飞机》《飞行的奥秘》两本教材作为校本教材使用。

（李瑞霞）

【举办社会大课堂研究展示活动】 11 月 23 日，白家庄小学举办北京市中小学社会大课堂课程开发与实施实践研究展示活动。学校围绕尊重文化的差异性与多样性、尊重环境与资源两个主题，将四校区分成三条线索，开展社会资源的发掘与联动，由两组教师展示三级课程联动说课，现场展示学校社会大课堂的实践成果。其中，本部南校、北校重点突显“北京情”，探究了解北京文化。社会大课堂资源单位主要是中轴线上的北京名胜古迹，形成社会大课堂资源的“北京线”；望京科技园校区重点突显“中国心”，探究品味民族文化，社会大课堂资源单位主要是中央民族大学、北京服装学院等具有民族风情和文化的社会单位，形成社会大课堂资源的“民族线”；望京新城校区重点突显“世界人”，以科技创新和国际交流为特色，社会大课堂资源单位主要是中国科技馆等科技创新与体验单位，形成社会大课堂资源的“科技线”。来自北京教育科学研究院及各区县的 120 名领导和教师参加活动。

（张国徽 李瑞霞）

北京市朝阳区实验小学

【概　况】 2012 年，北京市朝阳区实验小学总占地面积 2.47 万平方米，其中，校本部 1.49 万平方米、润泽分校 0.98 万平方米，总建筑面积 2.88 万平方米，其中，校本部 1.59 万平方米、润泽分校 1.29 万平方米，运动场地总面积 9614 平方米，其中，校本部 6323 平方米、润泽分校 3291 平方米。全年教育经费投入 2892.99 万元，其中，国家拨款 2777.78 万元、自筹经费 115.21 万元。固定资产总值 13324.13 万元，包括教学仪器资产值 83.76 万元。图书馆藏书 5 万册，其中，校本部 4.5 万册、润泽分校 5000 册，电子图书 9100 册。普通教室 83 个，其中，校本部 63 个、润泽分校 20 个，专用教室 41 个，其中，校本部 28 个、润泽分校 13 个。拥有计算机 731 台，其中，校本部 686 台、润泽分校 45 台。多媒体教室座位 160 个。学校信息化经费投入 367.25 万元，校园网出口总带宽 100Mbps，数字资源量 500GB，“信息技术”课程 1 课时/周。教职工 141 人，其中，副高级职称 6 人、中级职称 64 人。专任教师 135 人，包括北京市骨干教师 14 人、北京市学科教学带头人 2 人，本科以上学历 136 人。开设教学班 49 个，其中，校本部 44 个、润泽分校 5 个。毕业 262 人、招生 348 人、在校生 1511 人，其中，校本部 1361、润泽分校 150 人。网址：www.cysy.bjedu.cn。

（潘丽媛）

【举办社团汇报演出】 6月9日，朝阳

实验小学举办庆祝艺术社团成立一周年汇报演出。演出围绕“扬艺术之帆，乘能力远航”主题，演出话剧《茶馆》的第一幕等 9 个节目，涉及管乐、舞蹈、歌舞剧、话剧等表演形式。全校师生 1700 人参加活动。

（潘丽媛）

【举办首届学生身体素质展示赛】 9

月 29 日，朝阳实验小学举办首届学生身体素质展示赛。比赛根据不同年龄的特点，结合学生体质健康标准和体育与健康课程项目标准，进行立定跳远、仰卧起坐、台阶试验、团队配合接力等各项目的测试与展示。1500 名学生参加测试，测试结果显示：学生身体素质中的弹跳能力、腰腹力量、肺活量方面有所提高，并且在动作技能上有明显进步。

（潘丽媛）

【开展安全急救培训】 11 月 7 日和 8 日，朝阳实验小学开展学生自救知识培训。培训以“人人学急救、急救为人人”为主题，利用中午时间，邀请朝阳区红十字会人员讲解自救知识，并现场演示。该校四至六年级学生参加学习。

（潘丽媛）

北京市丰台区翠林小学

【概　况】 2012 年，北京市丰台区翠林小学占地面积 9510 平方米、校舍建筑面积 5270 平方米，运动场地面积 420 平方米。全年教育经费投入 669.3 万元，全部由国家拨款。固定资产总值 818.6 万元，包括教学仪器资产值 186.24 万元。图书馆藏书 1 万册。普通教室 18 个、专用教室 6 个。拥有计算机 89 台。多媒体教室座位 26 个。学校信息化经费投入 8.64 万元，校园网出口总带宽 100Mbps，数字资源量 200GB，“信息技术”课程 1 课时/周。教职工 39 人，其中，高级职称 1 人、中级职称 23

人。专任教师 15 人，本科以上学历 35 人。开设教学班 16 个。毕业 55 人、招生 90 人、在校生 372 人。

（胡春凝）

【开展北京精神主题教育活动】 2 月 13 日，翠林小学启动“小手拉大手，激扬北京情”主题教育活动。该校学生代表到翠林小区街头，向社区居民以及送学生到校的家长发放倡议书，倡议小区居民及学生家长主动、积极的践行北京精神，为北京精神的宣传和实施贡献力量。该校师生 100 人参加活动。

（胡春凝）

【举办“立美课堂”研讨活动】 5 月 24 日，翠林小学举办“立美课堂”教学研讨活动。活动以“在课题研究中成长、在教学实践中历练”为主题，展示体现“立美课堂”理念的两节文化课，及语文教研组“互动、联动，在探索中行动”的主题教研活动和数学教研组“思维体操，舞动数学美的旋律”的主题发言。北京教育学院丰台分院领导及兄弟学校部分教学干部和该校干部教师共计 50 人参加活动。“立美课堂”为通过美体、美教、美德、美心、美化的形式，体现儿童就是美，儿童能创造美的教育理念。

（胡春凝）

【举办首届读书节活动】 10 月 9 日，翠林小学首届读书节闭幕。闭幕式上，学校举办“旧物换新书”主题义卖活动。学生将看过的书、玩过的玩具等物品义卖，换回的资金由家长志愿者为学生选购优秀书籍，为每个班级的图书角添置新书。通过义卖，全校共筹得读书基金 3000 元。同时，教职工将自己的书和文具等物品参加义卖，所筹 320 元平均分到各班级，与班级义卖基金共同购置班级图书。读书节历时 1 个月，以“书声满校园”为主题，开展与好书做朋友、好书推荐、班级图书共赏等读书活动。

（胡春凝）

北京市丰台区
丰台第一小学

【概　况】 2012 年，北京市丰台区丰台第一小学占地面积 3.19 万平方米、校舍建筑面积 1.77 万平方米，运动场地面积 8798 平方米。全年教育经费投入 3144 万元，全部由国家拨款。固定资产总值 2833 万元，包括教学仪器资产值 875.24 万元。图书馆藏书 10.81 万册，包括电子图书 6GB。普通教室 78 个、专用教室 11 个。拥有计算机 342 台。多媒体教室座位 2903 个。学校信息化经费投入 25.6 万元，校园网出口总带宽 10Mbps，数字资源量 550GB，“信息技术”课程 0.5 课时/周。教职工 198 人，包括高级职称 1 人、中级职称 116 人。专任教师 193 人，包括北京市骨干教师 6 人，本科以上学历 169 人。开设教学班 78 个。毕业 509 人、招生 475 人、在校生 2903 人。网址：www.ft1x.ftedu.gov.cn。

（陈力强）

【创新升旗仪式】 2 月，丰台一小创新升旗仪式。该校将升旗活动的承办权交给各年级、各中队，开展“升旗仪式我承办”活动。学校依据学期教育主题，确定每周的分主题，形成系列教育一条线。各中队根据自身特点、兴趣自主选择，可以承办一期，也可以申请多期；可以由中队独立承办，也可以由年级联合承办。至年底，共有 28 个中队选择独立承办；一二年级依据学生年龄特点，选择年级联合举办。

（陈力强）

【开展隐性课程建设】 3 至 6 月，丰台

一小开展隐性课程的建设与实践。隐性课堂通过主题活动，为具有不同特长的学生搭建自主参与、展示自我的平台。该校每月由一个学科组举办一项主题节活动，3 月快乐歌唱节、4 月实践活动节、5 月文化交流节、6 月缤纷成长节。该校师生 3000 人参加活动。

（陈力强）

【召开互动课堂研讨会】 5 月 18 日，丰台一小召开《创互动课堂，展师生风采》教学研讨会。研讨会以“创互动课堂，展师生精彩，育六小公民”为主题，通过做研讨课、互动交流、专家点评、学校表彰 4 个部分，展示与总结一学期以来“互动课堂”研究成果。来自周边学校领导和教师，该校全体教师参加活动。“互动课堂”的研究为该校的课堂教学带来新的活力。

（陈力强）

【举办金帆管乐团成立20周年专场音乐会】 5 月 30 日，丰台一小金帆管

乐团举办成立 20 周年专场音乐会。音乐会在北京音乐厅举行，在著名指挥家及该校教师指挥下，乐团演奏《芭蕾音乐集锦》《可爱的一朵玫瑰花》等 13 首中外名曲，最后在管乐团的伴奏下，学校合唱团演唱校歌《可爱的学校，幸福的摇篮》。来自市教委、丰台区委、区教委领导，兄弟单位代表，以及该校全体教职工及学生家长 1000 人参加活动。丰台一小金帆管乐团创建于 1992 年，利用每周二、周五下午活动，曾多次获得北京市艺术节管乐比赛一等奖，拥有团员 200 人。

（陈力强）

北京市石景山区实验小学

【概　况】 2012 年，北京市石景山区实验小学一校两址，总占地面积 1.59 万平方米、总建筑面积 9545 平方米，运动场地总面积 6894 平方米。全年教育经费投入 1539.41 万元，全部由国家拨款。固定资产总值 3429.7 万元，包括教学仪器资产值 790.3 万元。图书馆藏书 5 万册。普通教室 36 个、

专用教室20个。拥有计算机381台。多媒体教室座位2160个。学校信息化经费投入276.7万元，校园网出口总带宽10Mbps，数字资源量1TB，“信息技术”课程1课时/周。教职工105人，其中，副高级职称2人、中级职称72人。专任教师96人，包括北京市骨干教师2人，本科以上学历92人。开设教学班35个。毕业232人、招生242人、在校生1303人。网址：syx.sjsedu.cn。

（栾永宏）

【与社区签订合作协议】 1月4日，实验小学与八角北路社区签订科普合作共享协议。协议确定，学校发挥教师资源优势，为社区活动提供辅导与培训；社区发挥青少年教育基地优势，积极开展科教知识、文化活动、体育健身活动，协助学校开展校外教育。协议有效期3年。

（栾永宏）

【完成农村教师培训】 5月21日，实验小学完成第八期农村教师工作站培训工作。5名来自大兴、顺义、通州、门头沟边远山区农村教师，完成为期1年的学习，接受教学理论、国家课程标准、教学研究和观摩、课堂实践等内容和形式的学习。结业考核提交录像课、图片及计划总结等文本资料，全体合格通过。6至9月，学校对第七期8名结业农村教师实施跟踪培训。

（班世伟）

【改革期中考试形式】 5至6月，实验小学形成“立体考查”期中考试模式。该校根据各科目特色，增加语、数、英口语测试，以扬长教育评价手册记录学生成长足迹，用“优点+特长+鼓励”的方式，将评价纳入学生期末综合考核中。学校通过监控教学效果、跟进查漏补缺，及时向家长反馈学习情况等多种手段，提高教学质量。在区教育质量检测中语、数、英均达到优秀成绩。

（杨红）

【举办第六届创新科技节】 11月，实验小学举办第六届“想象、创新、成长”创新科技节。学生制作水火箭12架、叶画350幅、橡筋动力飞机模型400架。举行车辆模型DI创新思维竞赛：奥迪四驱车竞赛、“隐形访客”“变相怪杰”“真实的T”竞赛。收到288份以低碳环保为内容的手抄报，撰写百字小文读后感360份，各班级召开主题为“科学的学习方法”“学科学的重要性”的科技班会。该校师生1303人参加活动。

（吴　萍）

北京市石景山区六一小学

【概　况】 2012年，北京市石景山区六一小学占地面积2.20万平方米、校舍建筑面积1.18万平方米，运动场地面积6926平方米。全年教育经费投入25126万元，其中，国家拨款16353万元、自筹8773万元。固定资产总值2466.2万元，包括教学仪器资产值522.1万元。图书馆藏书3.10万册，包括电子图书2023册。普通教室32个、专用教室10个。拥有计算机332台。多媒体教室座位40个。学校信息化经费投入56万元，校园网出口总带宽20Mbps，数字资源量2023GB，“信息技术”课程1课时/周。教职工97人，其中，高级职称1人、中级职称54人。专任教师71人，包括北京市骨干教师1人，本科以上学历61人。开设教学班33个。招生171人、毕业173人、在校生1128人。网址：lyx.sjsedu.cn。

（王京兰）

【举办儿童文学系列讲座】 3月5日至4月9日，六一小学举办儿童文学系列讲座。学校先后邀请北京大学中文系教授、当代著名作家以及儿童文学作家等多人，作主题为“走进文学，遨游书海”的讲座。南京琅琊路小学教师以《开开的门》一书为例，为学生上公开课。

（焦倩）

【展示规范化建设成果】 6月13日，六一小学举办“北京市小学规范化建设工程系列展示活动——走进石景山”活动。活动围绕“坚持育人为本，提升课程内涵，六年奠基一生”主题，听取石景山区教委介绍区域小学规范化建设工程的经验做法和成效，该校介绍围绕育人目标进行课程改革的实践与探索，展示高效自主课堂及自主开发的校本课程。北京教育科学研究院教研员做点评。小学规范化建设工程于2007年启动。各区县教委主管主任、小教科长、部分小学校长，共200人参加展示交流活动。

（焦倩）

【探索高效课堂】 12月12日，六一小学举办可持续发展教育课堂教学推进研讨会。会议以“高效课堂”为中心，展示语文、数学、英语、科学4节研究课，来自北京教育科学研究院的各学科教研员做点评指导。北京教科院、北京可持续发展教育协会的专家，石景山区部分中小学教学干部，以及该校教师共计60人参加会议。会议是该校开展可持续教学模式研究的中期诊断阶段指引今后研究方向，同时也对全区可持续发展教育理念在课堂中的运用起推动作用。

（焦倩）

北京市海淀区中关村第二小学

【概　况】 2012年，北京市海淀区中关村第二小学占地面积5.11万平方米、校舍建筑面积5.17万平方米，运动场地面积1.83万平方米。全年教育经费投入8662万元，全部由国家拨款。固定资产总值12671万元，包括教学专用设备资产总值2701万元（其中含教学仪器资产值73万元）。图书馆藏书9.25万册，电子图书47万册。普通教室154个、专用教室42个。拥有计算机879台。多媒体教室座位5510个。学校信息化经费投入894万元，校园网出口总带宽30Mbps，数字资源量4000GB，“信息技术”课程1课时/周。教职工243人，其中，高级职称5人、中级职称110人。专任教师234人，包括北京市骨干教师5人、北京市学科教学带头人2人，本科以上学历208人。开设教学班106个。毕业569人、招生792人、在校生4392人。网址：www.zgcerxiao.com。

（路红芳）

【开展“教师健康工程”系列活动】 2至12月，中关村二小开展“教师健康工程”系列活动。活动以“快乐工作、健康生活”为主题，举办“轻松有我、阔步前行”公园长走活动、“拥抱大自然、登山赏红叶”登山活动、“我运动、我健康、我快乐”趣味运动会、“慧眼识秋色、慧心健体魄”摄影大赛、“浓浓宴香、融融团情、共聚一桌商团事”——暨第三届金秋采摘节活动、成立流行舞及羽毛球等多个教师社团、定期开展教师职业心理辅导及讲座、教师体质健康监测及大病预警等。全校教职工 243 人参加活动。

（路红芳）

【承办可持续发展教育现场会】 6月

21 日，中关村二小承办可持续发展教育国家实验学校建设现场会。会议以“把‘二小教育’提升到优质、可持续发展的更高境界——中关村第二小学可持续发展教育实践探索”为主题，听取学校开展可持续发展教育的实践探索及成果汇报，观摩 15 节不同学科教学研究课，涉及节能减排、低碳生活方式养成教育等内容。会议由中国可持续发展教育全国工作委员会秘书处、北京教育科学研究院可持续发展教育研究中心、海淀区教委等单位主办，来自全市各区县中小学共计 368 人参加活动。12 月，学校被联合国教科文组织中国可持续发展教育项目全国工作委员会授予“联合国教科文组织中国可持续发展教育项目国家实验学校”。

（路红芳）

【两学生获市科学建议奖】 12 月 16 日，在第四届北京市中小学生科学建议论坛暨颁奖仪式上，中关村二小两名学生获得科学建议奖。两名学生分别为六年级（10）班的学生和六年级（11）班的学生，分别撰写《关于利用手机短信平台和 GPS 定位技术实现拼车调度的建议》《关于在北京新建城区道路推广大叶椴与皂荚作为行道树的建议》获奖。该评选由市教委举办，全市共有 10 名学生获奖。

（路红芳）

北京大学附属小学

【概　况】 2012 年，北京大学附属小学占地面积 2.71 万平方米、校舍建筑面积 2.17 万平方米，运动场地面积 6120 平方米。全年教育经费投入 4915 万元，其中，国家拨款 4225 万元、自筹经费 690 万元。固定资产总值 2652 万元。图书馆藏书 7.2 万册。普通教室 63 个、专用教室 22 个。拥有计算机 466 台。多媒体教室座位 356 个。学校信息化经费投入 1214 万元，校园网出口总带宽 100Mbps，数字资源量 350GB，“信息技术”课程 1 课时/周。教职工 169 人，其中，高级职称 7 人、中级职称 134 人。专任教师 139 人，包括北京市骨干教师 8 人、北京市学科教学带头人 3 人，本科以上学历 134 人。开设教学班 63 个。毕业 592 人、招生 309 人、在校生 2505 人。网址：www.bdfx.net.cn。

（孙江红）

【纪念校园变迁 60 周年】 6 月 21 日，北大附小举办纪念校园变迁 60 周年活动。活动举办校园音乐舞蹈诗“五色沃土”演出，包括序、快乐篇、进取篇、儒雅篇、大气篇及尾声，以合唱、舞蹈为主，融合朗诵、演奏、表演等形式，学校艺术团学生 800 人参加演出。全体师生 3000 人观看演出活动。北大附小始建于 1906 年，前身是京师大学堂附属高等小学堂，1923 年更名为燕京大学附小，1952 年更名为北大附小，1959 年迁入现校址燕东园内王家花园。

（庄严）

【开设机器人校本课程】 9 月 1 日，北大附小开设机器人校本课程。课程面向学校三、四年级学生，采用学校自编教材，结合信息技术课程，讲解机器人原理、机器人构造、机器人与无线电等内容，每周 2 节连排课时，学习时间2年。学校三、四年级学生共

800 人参加学习。

（何立新）

【完成信息化工程改造】 至年底，北

大附小完成信息化工程改造。工程包括数字校园与数字图书馆建设，累计投资 2100 万元，建设校园信息中心、3 个台式计算机机房、1 个便携式计算机机房、2 个智能机器人实验室、教学观摩室、电教录课室、演播室、互动教室、视频会议室和小礼堂音视频改造、闭路系统改造以及信号放大系统、集中打印系统、信息发布系统等多个专用教室和音视频及网络系统，并将全校教室改造为装备触控电视和吸顶展台多媒体教室。学校实现校园网万兆主干、千兆到桌面，全校无线网覆盖，校园录像系统全高清，校园办公网络化，远程会议视频化信息化。

（何立新）

清华大学附属小学

【概　况】 2012 年，清华大学附属小学占地面积 3.30 万平方米、校舍建筑面积 1.21 万平方米，运动场地面积 1.8 万平方米。全年教育经费投入 4687 万元，其中，国家拨款 3333 万元、自筹经费 1354 万元。固定资产总

值1655万元，包括教学仪器资产值1354万元。图书馆藏书12万册，包括电子图书10万册。普通教室38个、专用教室19个。拥有计算机300台。多媒体教室座位50个。学校信息化经费投入431万元，校园网出口总带宽100Mbps，数字资源量103GB，"信息技术"课程1课时/周。教职工115人，其中，高级职称4人、中级职称69人。专任教师103人，包括特级教师3人、北京市骨干教师2人，本科以上学历113人。开设教学班38个。毕业238人、招生299人、在校生1523人。网址：www.qhfx.edu.cn。

（屈海曼）

【启动生态园种植活动】 3月19日，清华附小启动乐学生态园种植活动。启动仪式以"育乐学之种，做责任之人"为主题，学校领导、家长顾问团赠送所需种子、肥料及土壤，并与种植小组学生共同翻土播种。学校师生及家长740人参加活动。生态园位于学校福寿之园，面积60平方米，每年种植应季植被与农产品。本年度首次由学生承包，以班为单位成立12个种植小组，由六年级225名学生组成；学习小组16个，由四五年级466名学生组成，种植小组制定并执行种植计划，学习小组向种植小组学生学习，第二年接力种植。

（屈海曼）

【获市轮滑团体赛七连冠】 6月4日，清华附小学生参加北京市第四届体育大会轮滑比赛获团体冠军七连冠。该校轮滑社团选手70人参赛，获得团体总分第一名。58人分获各单项冠、亚、季军，其中，单项冠军12项。比赛由市体育局、市体育总会主办，北京锋尚体育发展中心、清华附小承办，参赛运动员500人，比赛项目29个，男、女共分组别18个。

（屈海曼）

【培训新生家长】 7月14至15日，清华附小举办新生家长培训会。会议听取校长题为《带着使命、带着爱，出发》的报告，介绍学校历史、"建设中国最美的小学校园"举措等内容；听取3名教师介绍学校"1＋X课程"体系、"健康与生活""艺术与审美""语言与阅读""科学与技术"课程内容和教育理念，沟通新生入学学习心理准备和行为习惯问题。校本部及CBD分校新生家长500人参加学习。该校重视家校工作。10月29至31日，学校举办家长开放日。面向全体学生家长，与学生共同上课、听讲座、参观校园、参加主题中队会。该校学生家长1600人参加活动。

（屈海曼）

【开展小课题系列研究】 12月11至22

日，清华附小开展"1＋X课程"小课题系列研究活动。其中，11日，开展"略读课文"乐学单设计及课堂教学研究活动。推出1节四年级语文课"谁说没有规则"，听取任课教师围绕《乐学手册》及课堂操作等内容展开说课，研讨"略读课文"乐学单设计、略读课的课堂操作问题。12日，开展质疑探索课展示活动。听取二年级两名教师展示"苹果落地""风"两节课，并就课上的质疑进行主题研讨。青年共同体系列活动以"青年共同体"形式开展，该共同体由28名青年教师组成，采取师徒结对方式开展研究活动。"1＋X课程"是该校独特的课程体系，主要以整合的方式，落实国家课程的校本化及设置适应学生个性化发展的拓展性课程。

（屈海曼）

北京师范大学实验小学

【概　况】 2012年，北京师范大学实验小学占地面积1.38万平方米、校舍建筑面积1.22万平方米，运动场地面积8050平方米。全年教育经费投入3264万元，其中，国家拨款3193万元、自筹经费71万元。固定资产总值4337万元，包括教学仪器资产值296.75万元。图书馆藏书9.5万册，包括电子图书7260册。普通教室43个、专用教室13个。拥有计算机251台。多媒体教室座位2489个。学校信息化经费投入82.2万元，校园网出口总带宽1024Mbps，数字资源量8957GB，"信息技术"课程1课时/周。教职工123人，其中，高级职称7人、中级职称75人。专任教师108人，包括特级教师1人、北京市骨干教师4人、北京市学科教学带头人1人，本科以上学历113人。开设教学班42个。毕业347人、招生290人、在校生1759人。网址：www.eps.bnu.edu.cn。

（高春芳）

【召开中日学校管理研讨会】 3月18日，北师大实验小学召开中日学校管理研讨会。研讨会与日本新潟市教育委员会联合举办，围绕"中日小学学校管理"主题，听取日方两名代表主题发言，介绍新潟市小学通过与社会、家庭等合作形式进行学校管理和学生教育等经验，并就师资培训、促进学生学习能力提升等内容演讲；中方两名代表分别以《构建"五色花"的育人文化》《学校文化管理视域下，教师专业发展》为题发言。中日双方有关人员40人参加会议。

（刘莹）

【开展支教系列活动】 6至7月，北师

大实验小学开展系列支教活动。6月2至5日，学校应甘肃省兰州市城关区教育局邀请，联合中国人民解放军军乐团赴兰州市第二十七中学开展管乐支教、交流及乐器捐赠活动。23至26日，学校领导、教师4人赴延安支教，推出语文"感受母爱"、数学"字母表示数"两节公开课，作《立足校本关注教师成长，规范管理促进教学发展》报告。7月11至18日，该校教师赴贵州省贵阳市北京师范大

学贵阳附属小学支教，开展主题为“京筑相泽”活动，两名教师作落实学生课外阅读讲座，两校达成定期交流机制。

（胡斌斌　王崇娥　贯红斌）

【开通家长学校热线】　10月30日，北师大实验小学开通家长学校热线。学校联合豆豆妈妈小学生训练中心开通家长学校热线，热线电话为62243710，3名教师主动申请成为家长学校志愿者，学校为3人颁发志愿者证书。同时针对一年级家长不同需求举办2场讲座，由豆豆妈妈小学生训练中心教师作《与老师携手，培养孩子好习惯》《孩子不听讲，家长怎么办?》主题报告，介绍小学生训练目标，包括时间管理小工具及行为规范表的制定等技巧。

（王崇娥）

中国人民大学附属小学

【概　况】　2012年，中国人民大学附属小学占地面积3.17万平方米、校舍建筑面积3.10万平方米，运动场地面积1.72万平方米。全年教育经费投入12778万元，全部由国家拨款。固定资产总值3009.03万元，包括教学仪器资产值951.69万元。图书馆藏书5.56万册。普通教室106个、专用教室31个。拥有计算机815台。多媒体教室座位6040个。学校信息化经费投入951.69万元，校园网出口总带宽30Mbps，数字资源量2200GB，“信息技术”课程1课时/周。教职工290人，其中，高级职称6人、中级职称139人。专任教师262人，包括特级教师1人、北京市骨干教师3人、北京市学科教学带头人1人，本科以上学历225人。开设教学班106个。毕业791人、招生787人、在校生4197人。网址：www.rdfx.net。

（刘畅）

【开发毕业特色课程】　2至6月，人大附小开发毕业年级特色课程。由学校课程研发部组织，结合学生需求，研发“学业水平课程”“中学生活体验课程”和“毕业旅行课程”等5门系列特色课程；六年级学生自发组织拍摄电影，并创立附小“奥斯卡”首届“霓之星”电影节，开辟七彩小菜地劳动场所，建立探究数学问题、探索中小衔接新方法等研究小组。该校六年级学生791人参加学习。

（刘畅）

【设立七彩小银行】　3月15日，人大附小设立七彩小银行。七彩小银行由学生自主管理，行长由学生自荐产生，行长自主组建服务团队。银行运营模式由行长、员工自行制定，以模拟货币“七彩附小币”结算。银行货币由172名学生自主参与设计，学校每学期根据学生表现，统一奖励附小币，学生可用所得附小币在奖品大超市兑换物品。七彩小银行每周二、四中午进行储蓄和兑换。

（刘畅）

【承办银燕小学】　5月11日，人大附

小承办银燕小学。人大附小与海淀区教委签署委托协议20年，由人大附小承办银燕小学，承办后银燕小学区属公办小学性质不变，为区教委所属独立核算全额拨款单位；原银燕小学教职工人事关系仍隶属区教委。银燕小学前身是1959年原空军学院（现空军指挥学院）创建的子弟学校，为全日制完全小学。1968年迁至现址，占地面积5016平方米，有教学班18个，教师42名，在校学生639名，75%为进京务工人员子女。

（刘畅）

【调整至四季青学区】　6月21日，人大附小调整至四季青学区。学校原属海淀学区，本年度调整至四季青学区，带动四季青地区小学教育发展，促进地区间教育发展相对均衡。海淀区教委为均衡区域教育，调整辖内学区设置，将海淀学区中的人大附小、海淀外国语实验学校调整至四季青学区。调整后，今年两校的划片招生范围不变。

（刘畅）

【毛毛虫乒乓球馆落成】　9月1日，人大附小毛毛虫乒乓球馆落成。乒乓球馆位于学校学术苑三层，为充气式建筑，因其造型神似毛毛虫而命名，面积1200平方米，可安放30张乒乓球台，同时容纳100名学生训练，每天下午15：30至17：00开放。

（刘畅）

北京市门头沟区大台中心小学

【概　况】　2012年，北京市门头沟区大台中心小学占地面积21312平方米，包括中心校3730平方米、附属幼儿园1509平方米、唐家坟小学1855平方米、灰地小学12200平方米、千军台小学2018平方米。总建筑面积6625平方米，包括中心校2208平方米、附属幼儿园1396平方米、唐家坟小学974平方米、灰地小学1166平方米、千军台小学881平方米。运动场地总面积2893平方米，包括中心校270平方米、附属幼儿园600平方米、唐家坟小学410平方米、灰地小学1053平方米、千军台小学560平方米。全年教育经费投入1508万元，全部由国家拨款。固定资产总值878.06万元，包括教学仪器资产值538.2万元，图书馆藏书1.5万册。普通教室38个、专用教室8个。拥有计算机337台。多媒体教室座位801个。学校信息化经费投入45万元，校园网出口总带宽100Mbps，“信息技术”课程2课时/周。教职工107人，其中，中级职称40人。专任教师89人，本科以上学历51人。开设教学班38个。毕业106人、招生113人、在校生601人。网址：www.mtgdtxx.bjedu.cn。

（郝玉全）

【附属幼儿园通过二级二类园验收】

1月9日，大台中心小学附属幼儿园接受二级二类园验收工作。验收工作组听取园长的工作汇报，参观幼儿园外部环境、班级环境，观摩幼儿的集体活动和户外体育活动，查阅幼儿园档案材料。2月，幼儿园被批准为二级二类园。

（邓颖楠）

【中心各校抗震加固平房翻新】 6至8月，大台中心小学开展抗震加固平房翻新工程。中心校小院、唐家坟小学、灰地小学、千军台小学平房进行翻新重建，新增教学多媒体、计算机、黑板、桌椅等设施，工程总投资585万元。

（郝玉金）

【督导检查完小整体工作情况】 11月27至30日，大台中心小学督导检查完小整体工作。督导组由校领导及三所完小唐家坟小学、灰地小学、千军台小学干部组成，按照语数教研组和科任教研组分别听课，查看校园和教室内环境，从校园安全、计划管理、班级管理、课程管理、德育作业及教案撰写等方面查看专项档案材料，并对考核结果做详细反馈。通过检查，主要问题反映在完小的档案管理欠规范，对教师的日常检查指导缺乏专业性等方面。

（高增满）

【吴正宪工作站开展活动】 12月10日，大台中心小学举办吴正宪小学数学教师工作站活动。活动以“基于学生研究”为主题，听取大台中心小学数学教师讲授五年级《组合图形的面积》课程，东城区史家小学教师讲授六年级《扇形的认识》，城子小学教师讲授六年级《圆的认识》。吴正宪工作站专家进行现场互动点评。该校市级教师、区教研室主任、教研员以及城子小学、东辛房小学、西辛房小学、军庄小学、王平村中心小学的数学教师近60人参加活动。

（杨艳）

北京第二实验小学永定分校

【概　况】 2012年，北京第二实验小学永定分校占地面积2.73万平方米、校舍建筑面积1.30万平方米，体育场地面积800平方米。全年教育经费投入3278万元，全部由国家拨款。固定资产总值2013.4万元，包括教学仪器资产值142万元。图书馆藏书14.61万册，包括电子图书10万册。普通教室26个、专用教室10个。拥有计算机398台。多媒体教室座位90个。学校信息化经费投入43.10万元，校园网出口总带宽10Mbps，数字资源量300GB，“信息技术”课程2课时/周。教职工223人，其中，高级职称3人、中级职称113人。专任教师200人，包括北京市骨干教师1人，本科以上学历161人。开设教学班49个。毕业259人、招生310人、在校生1521人。网址：58.117.151.8/shiyan _ new。

（宋茂盛）

【开设体质健康特需班】 2月21日，实验二小永定分校学生体质健康特需班正式开班。该班学生来自1至5年级中体重超重、身体肥胖的学生。学校通过前期调查分析每名学生肥胖原因，组织学生集中学习相关知识，了解自身问题，并设计周密的训练计划进行体质健康干预。特需班学生在保证每天课外体育活动质量和时间的基础上，利用早上7：20～7：50的时间，由专业体育教师带领，开展有针对性的有氧运动。至年底，这些学生的体重得到有效控制，每日锻炼已成为他们的好习惯。

（杜海燕）

【举办中美教育交流活动】 4月12日，

实验二小永定分校举办中美教育交流活动。活动以“有效课堂管理”为主题，围绕1节四年级英语课，双方开展课堂教学对比交流。美国加利福尼亚州教师依据教学实例，示范词汇教学法、游戏教学法等教学方法。美方教师还为该校教师及门头沟区各校的小学校长及英语教师代表作精彩讲座。

（杜海燕）

【特级教师走进学校】 12月7日，实验二小永定分校接待两名北京市特级教师来校交流。语文特级教师听取该校两名语文教师分别讲授二年级语文课《太空生活趣事多》和四年级语文课《搭石》，并与该校语文教师交流研讨；还与该校教师同课异构同上六年级语文课《一个这样的老师》。

（杜海燕）

北京市门头沟区大峪第二小学

【概　况】 2012年，北京市门头沟区大峪第二小学占地面积9591平方米、校舍建筑面积2580平方米，运动场地面积6075平方米。全年教育经费投入125.49万元，全部由国家拨款。固定资产总值1514.91万元。图书室藏书3.67万册。普通教室28个、专用教室5个。拥有计算机291台。多媒体教室座位12个。学校信息化经费投入55.5万元，校园网出口总带宽4Mbps，数字资源量1000GB，“信息技术”课程1课时/周。教职工97人，其中，高级职称5人、中级职称68人。专任教师83人，包括特级教师1人、北京市骨干教师5人，本科以上学历75人。开设教学班28个。毕业201人、招生225人、在校生1216人。网址：www.mtgdyex.bjedu.cn。

（吕雅丽）

【举办语文教学研讨活动】 10月18日，大峪二小举办“落实语文课标，构建高效课堂”活动。活动与区进修学校联合举办，邀请北京教育科学研究院语文教研员进行指导。该校教师现场讲授五年级语文《“精彩极了”和“糟糕透了”》课程，大胆取舍课文内容，根据“抓住人物的语言、动作、神态体会人物的思想感情”教学目标，找准读写结合点，并进行读写结合训练。北京教科院教研员进行点评，并结合具体课例围绕“阅读教学的取舍之道”进行专题讲座。该校教师及区教师进修学校小学语文教研组教研员等共100人参加学习。

（杜瑞敏）

【开展爱心主题教育活动】　11月15至26日，大峪二小开展“心系雪域高原小伙伴”主题教育活动。各班开展公益活动大讨论，制定行动计划，学校共收到学生回收的可乐瓶2910个、废报纸等253公斤，换得钱款555元。该校师生捐款2030元，捐赠棉毛衣裤181件、图书2038本、学习用品2200余件。所捐款物均捐赠给西藏贫困学校。

（宋福燕）

【借助优质资源开展教研活动】　12月7日，大峪二小与北京小学联合开展“借助名校优质资源，提升学校教学水平”教研活动。北京小学语文特级教师和北京市数学骨干教师分别现场授课，语文特级教师讲授二年级语文《假如》和四年级语文《金蝉脱壳》，并结合两个课例进行《合理制定教学目标，提高课堂教学实效》专题讲座。该校教师80人参加学习。

（杜瑞敏）

北京市房山区良乡第三小学

【概　况】　2012年，北京市房山区良乡第三小学占地面积1.06万平方米、校舍建筑面积6806平方米，运动场地面积4115平方米。全年教育经费投入1423万元，全部由国家拨款。固定资产总值1352万元，包括教学仪器资产值8.09万元。图书室藏书3.5万册，包括电子图书1200册。普通教室30个、专用教室2个。拥有计算机300台。多媒体教室座位1410个。学校信息化经费投入211万元，校园网出口总带宽32Mbps，数字资源量500GB，“信息技术”课程1课时/周。教职工103人，其中，副高级职称1人、中级职称66人。专任教师79人，包括北京市骨干教师2人，本科以上学历72人。开设教学班30个。毕业245人、招生212人、在校生1292人。网址：www.lx3x.com。

（周春英）

【成立兴趣小组】　2月20日，良乡三小兴趣小组启动。每年级为满足资质不一、能力倾向相异学生的不同学习要求，在充分发挥学生主体性和创造性的基础上，成立思维训练、阅读与写作、文体活动、创意剧表演、英语剧等5至7个兴趣小组。每周二第七节课，全校学生打破班级或年级界限，进入各兴趣小组开展系列活动。

（周春英）

【开展师徒结对教学研究活动】　6月6日，良乡三小与霞云岭中心校举行“互学互助共成长”师徒结对教学研究活动。霞云岭中心校6名教师用生动准确并富有导向的评价语言为学生创造乐学氛围，使课堂成为和谐的课堂；把尊重学生的理念深入到教学的每个环节；用扎实的训练环节培养学生学习习惯，践行为学生的可持续发展奠基的目标。课后的交流中，良乡三小教师依托构建服务型课堂的理念，重点从课堂的三个支撑即和谐、质疑、探究三个层面，与霞云岭中心校教师交流课堂教学策略。

（周春英）

【成立教师研修站】　9月4日，良乡三小教师研修站正式启动。研修站面向全区小学教师开展培训，由该校教学经验丰富的教师作为指导教师，学习为期1年。首批来自房山第三小学和窦店中心校的两名教师参加学习。

（周春英）

【开展系列体验活动】　9至12月，良

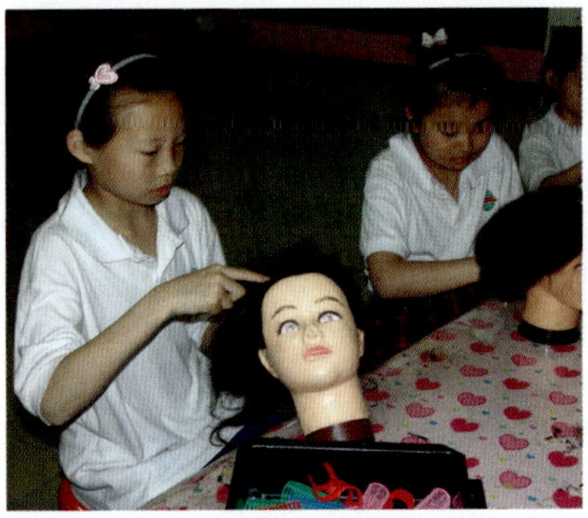

乡三小开展系列体验活动。该校根据学生年龄特点和各年级培养目标，分四次组织学生走出校园。一至三年级走进欢乐之都职业体验馆，体验各岗位的劳动快乐，增强服务意识。四年级走进华冠商厦，体验为他人服务的光荣与艰辛，并学习绿色消费，增强社会责任感。五年级走进档案馆，感受家乡的巨变，学习制作电子档案。六年级走进科技馆和植物园，感受科技、自然带给人类的文明与进步，从小立志创新实践服务社会。活动结束后，各年级各班，分别组织学生撰写体验收获，召开主题交流活动，并择优在《心语》校刊上刊登交流。

（周春英）

北京市房山区良乡第四小学

【概　况】　2012年，北京市房山区良乡第四小学占地面积1.10万平方米、校舍建筑面积5555平方米，运动场地面积3010平方米。全年教育经费投入379万元，全部由国家拨款。固定资产总值273万元，包括教学仪器资产值176.43万元。图书馆藏书1.5万册，包括电子图书100册。普通教室12个、专用教室8个。拥有计算机72台。多媒体教室座位632个。学校信息化经费投入5万元，校园网出口总带宽20Mbs，数字资源100GB，“信息技术”课程0.5课时/周。教职工28人，其中，中级职称17人。专任教师25人，本科以上学历27人。开设教学班10个。招生126人、在校生240人，2011年招收五年级学生，未有毕业生。网址：www.lxdsxx.com。

（齐利敏）

【图书室建成投入使用】　3月26日，

良乡四小图书室建成并投入使用。图书室建筑面积189平方米，藏有图书1.54万册，使用现代化的图书管理系统，方便师生的借阅。学校为每名教师建立书架，存放教师的自选书，有优先阅读权，其他教师也可借阅。7月22日和8月5日，学校为学生安排两个暑假借书日。借书日当天图书室向学生及家长开放，共50人参加活动。

（齐利敏）

【举办信息技术与学科整合教学设计评比】 4月13日，良乡四小举办信息技术与学科整合的教学设计评比活动。该活动结合学校全程评价课进行，根据信息技术与学科整合教学设计评比的要求，教师通过准备材料、设计课程、制作课件、上录像课、编辑上课视频等过程，共上交录像课11节。22名教师参加比赛，评出一等奖8个、二等奖3个。

（齐利敏）

【举行新生开笔礼】 9月5日，良乡四小举行2012级新生开笔礼。该项礼仪包括正衣冠、朱砂启智、启蒙描红、茶敬师长、启蒙教育、寄存愿景、击鼓明志7个环节。该校一年级学生共105人参加开笔礼。开笔礼是中国古代一种启蒙学习仪式。该校举办开笔礼，通过仪式，融入知聪识明、感恩立志、尊师重礼、爱国明孝、敬畏生命的儒家思想，懂得担当家庭责任和社会责任。

（齐利敏）

【成立教师愿景组】 11月5日，良乡四小成立教师愿景组。愿景组主要职能包括月星评选、承办教职工活动、愿景组自主活动。教师以自愿结合方式，成立4个愿景组，通过组员集体讨论形式确定各组的名称、口号、目标、愿景和会徽，由各组组员阐明其内涵。该校教师29人参加活动。

（齐利敏）

北京教育科学研究院通州区第一实验小学

【概　况】 2012年，北京教育科学研究院通州区第一实验小学占地面积1.58万平方米、校舍建筑面积6681平方米，运动场地面积1.01万平方米。全年教育经费1592.8万元，其中，国家拨款1591.8万元、自筹经费1万元。固定资产总值1257.58万元，包括教学仪器资产值598万元。图书馆藏书1.72万册，包括电子图书60GB。普通教室32个、专用教室10个。拥有计算机212台。多媒体教室座位1533个。学校信息化经费投入96.15万元，校园网出口总带宽200Mbps，数字资源量225GB，“信息技术”课程1课时/周。教职工96人，其中，副高级职称1人、中级职称63人。专任教师88人，包括北京市骨干教师3人，本科以上学历85人。开设教学班32个。毕业218人、招生288人、在校生1532人。网址：tzsyxx.3xy.com.cn。

（张如燕）

【接受《漫话通州》赠书】 1月13日，

通州实验一小举行接受《漫话通州》赠书仪式。通州区政协向学校赠书120册。该校200名师生参加活动。《漫话通州》由通州区政协文史组编写，于2010年出版，内容详细记录历史上通州的人和事以及名胜古迹，适合小学高年级以上学生阅读。学校将该书作为寒假必读课外书，采取一人读后传递下一名学生的学习方法，并作为“知通州、爱通州”系列教育的一部分。

（张如燕）

【组织中高年级学生读美德书】 2至3月，通州实验一小组织3至6年级学生开展“传承文明美德、阅读伴我成长”的读书活动。该活动围绕《文明美德伴我成长》一书，要求学生在阅读中记名言佳句，背诵3首以上书中诗歌，写出心得体会。活动举办以班为单位的个人交流并选出3至5人参加校级演讲比赛，经过现场角逐，15人分别获得演讲比赛一、二、三等奖。该校21个班共计1000名学生参加活动。

（张如燕）

【开展校本课程教学展示】 5月14日，通州实验一小开展校本课程教学展示活动。活动围绕校本课程“中国象棋”，展示象棋学习的魅力。活动以《舞动象棋阵》命名，五年级师生展示三个阵型，前半场展现一群快乐的小棋童，用优美的舞姿表达对象棋文化的热爱与思考；后半场为左右两个方阵，学生手托32枚直径为1.5米的棋子，依象棋对阵走法，分别展现棋谱《适情雅趣》中的“选将练兵”“国庶民强”两大著名残局。学生在象棋名家的排兵布阵中，感知在步步为营的对峙中的创新与挑战；位于残局中间的学生展现与伙伴和对手切磋技艺，共同进步的象棋比赛场景。该校226名学生参加活动。

（张如燕）

【开展教育特色展示】 5月30日，通州实验一小开展“实施发现教育、培育多元之才”特色展示活动。活动分为三部分：课程展示，安排国家、地方、校本课程中有效实施发现教育理念的10节课；师生活动展示，依发现之源，到发现之旅，发现之光的历程，通过大型团体项目展现37门发现教育校本课程的内涵；校长、学生、家长进行特色汇报。该校1500名师生参加活动。

（张如燕）

北京市史家胡同小学通州分校

【概　况】 2012年，北京市史家胡同小学通州分校占地面积6.10万平方米、校舍建筑面积3万平方米，运动场地面积1.16万平方米。全年教育经费1704万元，其中，国家拨款1702.8万元、自筹经费1.2万元。固定资产总值1143.03万元，包括教学仪器资产值781.77万元。图书馆藏书1.89万册。普通教室48个、专用教室28个。拥有计算机208台。多媒体教室座位40个。学校信息化经费投入12.10万元，校园网出口总带宽2Mbps，数字资源量800GB，“信息技术”课程1课时/周。教职工115人，其中，副高级职称1人、中级职称51人。专任教师113人，包括北京市骨干教师6人，本科以上学历113人。开设教学班37个。招生1439人、在校生1439人，2009年建校，未有毕业生。网址：school.3xy.com.cn/School/100587。

（张艳英）

【开发校本课程32门】 3月22日，史家小学通州分校举办校本课程选课活动。共有37门校本课程参加选课，采取教师介绍课程，学生自主选课的形式，重新组班授课。共有1400名学生参加选课。37门课程中，32门课程为本年新开发课程，包括魅力皮影、跆拳道、英语童话剧等。校本课程开发围绕“欣赏教育”思想，以“主题引领—专题实施—多元发展”为思路，遵循发展性、协调性、灵活性、开放性、合作性原则，开发并实施“文化欣赏”校本课程建设。课程的开发采取“师生入学（校）调研—课程开发培训—教师申请—学校审批”的形式确定课程。

（张艳英）

【举行诗歌朗诵比赛】 3月26日，史家小学通州分校举办“我爱新通州”诗歌朗诵比赛。比赛以“写通州、颂通州、爱通州”为主题，师生共同创作以通州为主题的诗歌310首，评选出优秀诗歌32首。以优秀诗歌为朗诵内容，学校评出一等奖4人、二等奖4人、三等奖6人。该校274名学生参加活动。

（张艳英）

【举办开放式课堂活动】 4月11至12日，史家小学通州分校举办“开放式课堂”活动。学校统一安排多媒体数学课，家长自由入班听课，近距离感受学校课堂教学。此次家长入班听课，采取课前向家长介绍教学内容、教学目的与方法，课后收集家长建议与希望的程序进行。活动共有69名家长参加。

（张艳英）

北京小学通州分校

【概　况】 2012年，北京小学通州分校占地面积2.23万平方米、校舍建筑面积1.95万平方米，运动场地面积991平方米。全年教育经费948.7万元，其中，国家拨款948.1万元、自筹经费0.6万元。固定资产总值837.03万元，包括教学仪器资产值278.7万元。图书馆藏书1.52万册。普通教室20个、专用教室7个。拥有计算机162台。多媒体教室座位1550个。学校信息化经费投入56.85万元，校园网出口总带宽5Mbps，数字资源量212GB，“信息技术”课程1课时/周。教职工69人，其中，副高级职称1人、中级职称20人。专任教师61人，包括北京市骨干教师2人，本科以上学历66人。开设一、二、三年级，教学班20个。招生311人、在校生715人，未有毕业生。网址：bjxx-tzfx.gotoip55.com/index.php。

（王超　周敏）

【自创环保宣传画】 5月16日，北京小学通州分校组织二年级全体学生参与环保建设的公益活动。活动围绕“环保·信仰·爱”的教育主题，在教师的引导下，现场自创157幅儿童环保画。通过评比36人获奖。

（王超　周敏）

【举办教师主题交流活动】 5月25日，北京小学通州分校启动“活力教育”我践行——“融通斋，智慧坊”教师主题交流活动。该活动听取题为《活力评价——保持学生英语学习兴趣的维生素》和《打造活力向上的班级》的教师交流报告。全校51名教职工参加活动。该活动以“融通斋，智慧坊”为主题，每月组织一次，旨在深化“活力教育”办学理念，强化成长中的教师团队建设，提升全体教师的教育、教学综合能力，在学习交流和思想碰撞中促进教师个体和群体的共同进步，推动教师素质提高和学校健康、快速发展。

（王超　周敏）

【开展社会大课堂系列实践活动】

10至11月，北京小学通州分校开展社会大课堂系列实践活动。该校组织师生“走进北京动物园”，要求学生记住一种喜欢的动物并画出来，撰写一篇观后感。学校组织学生开展“科普大篷车里学天文”活动，北京天文馆的科普大篷车开进校园，学生观看《神奇的星空》，了解四季的主要星座及著名的亮星、星云与星团、北极星的知识等。

（王超　周敏）

【签订专业成长研究与实践校合约】 11月20日，北京小学通州分校与首都师范大学、区研修中心签订“通州区教师专业成长研究与实践校”合约。学校17名工作年限在3年以内的青年教师做现场课堂教学展示交流。参会的骨干教师一对一的进行评课、交流。该校根据市、区“十二五”时期教师培训意见，促进全区新教师有效培训，推进全区在教师发展专业化培训方面的新教师特色培训，相互启迪、相互借鉴，为共享经验搭建平台。

（王超　周敏）

北京市通州区张家湾镇中心小学

【概　况】 2012年，北京市通州区张家湾镇中心小学下辖5所完全小学，中心校占地面积2万平方米、校舍建筑面积6451平方米，运动场地面积9338平方米。全年教育经费投入3607.9万元，其中，国家拨款3604.8万元、自筹经费3.1万元。固定资产总值1811.39万元，包括教学仪器资产值899.1万元。图书馆藏书2.70万册。普通教室28个、专用教室12个。拥有计算机141台。多媒体教室座位30个。学校信息化经费投入141万元，校园网出口总带宽10Mbps，数字资源量100GB，“信息技术”课程1课时/周。教职工178人，其中，中级职称108人。专任教师161人，包括北京市骨干教师1人，本科以上学历82人。开设教学班66个。毕业286人、招生520人、在校生2332人。网址：58.131.233.75。

（张立娜）

【5项措施提升办学品质】 2至12月，张家湾镇中心小学采取5项措施提升办学品质。分别是打造和谐向上的教师团队、开展“主体体验型”德育活动、探索践行“主体型课堂教学体系”、研发“做主人”教育校本课程、构建“主体参与、主动创建”的

校园环境。

（张立娜）

【编唱学校小主人之歌】 3月8日，张家湾镇中心小学结合学校德育体系“做主人”框架，编辑校歌《小主人之歌》。歌曲由学校教师作词、作曲。在音乐课和少先队队日活动中教唱。升旗仪式上，全体学生齐唱《小主人之歌》。

（张立娜）

【开展中华文化教育活动】 3月30日，张家湾镇中心小学开展中华文化教育活动。学校按民间花会、民族工艺、民族体育、民族舞蹈4类内容，组建秧歌、剪纸、小车会、民乐、抖空竹、舞蹈、小高跷等17支校园文化团队。800名学生参加活动。

（张立娜）

【建成民族团结教育展厅】 9月，张家湾镇中心小学建成民族团结教育展厅。学校投资两万元，建成面积80平方米的民族团结教育展厅。展厅分为民族政策法规、少数民族文化介绍、家乡民族文化、民族团结教育4大板块。全天候向学生开放，每月安排两次社会家长集中参观。

（张立娜）

【加强课堂教学研究】 9至12月，张家湾镇中心小学举办系列活动，加强课堂教学研究，提高教学质量。举办以“素质教育的主渠道在课堂”“课堂主体是学生”“利用现代化教学手段”为主题的骨干教师课堂教学授课示范引领活动；践行“主体型”课堂教学工作效果，举办“主人杯”语文课堂教学评优活动，活动评出一等奖2人、二等奖5人、三等奖5人；开展《我的课堂》教学征文活动，共收集稿件59篇，评出35篇获奖文章并召开表彰大会。

（张立娜）

北京市顺义区石园小学

【概　况】 2012年，北京市顺义区石园小学占地面积1.82万平方米、校舍建筑面积8073.6平方米，运动场地面积9674平方米。全年教育经费投入1851万元，全部由国家拨款。固定资产总值1298万元。图书馆藏书3.1万册，包括电子图书230册。普通教室48个、专用教室10个。拥有计算机300多台。多媒体教室座位160个。学校信息化经费投入2万元，校园网出口总带宽1Mbps，数字资源量380GB，“信息技术”课程1课时/周。教职工155人，其中，副高级职称1人、中级职称101人。专任教师136人，包括北京市骨干教师18人、北京市学科教学带头人2人，本科以上学历127人。开设教学班48个。毕业411人、招生416人、在校生2244人。网址：www.syxx.shy.bjedu.cn。

（朱凤齐）

【举办读书系列活动】 3至12月，石园小学采取5项措施深化彩虹读书行动。一是创建书香班级，确定班级文化主题；二是班级读书角每周更换学生推荐的新阅读书目，板报壁报上更新读书格言；三是收集学生优秀作品，制定成读后感文集进行展示；四是利用小百灵广播播放学生优秀的读后感，增强学生的情感体验。五是召开“童年有书香、智慧伴成长”讲故事大赛，低年级以“我是故事大王”为主题，内容紧扣《三字经》《弟子规》里的典故；中年级以“名人读书故事”为主题；高年级则围绕“我的读书故事”开展。96名选手经过角逐，评选出一等奖20人、二等奖30人、三等奖46人。

（朱凤齐　邵明珠　张梅）

【系列措施培养新教师】 3至12月，石园小学实施“青蓝工程”培养新教师。该工程通过新老教师结对，采取“青蓝结对—名师诊脉—中期交流—学期末汇报—新学期提升”五项措施完成新教师培养。新教师拜教学经验丰富的教师为指导教师，并签署协议，协议规定师傅要传授自己的教学经验，为徒弟创设良好的学习机会；一学期师傅指导课不少于4节，听徒弟的课不少于4节；不定期检查徒弟的教案和作业批改等情况，及时给予指导和改进意见。徒弟要不断从师傅和其他教师中汲取知识和经验，让自己的班级管理、授课水平早日达到规范；每上一节新课都要准备详细的上课教案，提前和师傅商量，虚心听取师傅的意见。新教师通过指导教师以及学校领导、骨干教师对其“诊断课”的研讨，指出教学优势与不足，提出指导性意见；通过新教师汇报展示、交流学习，锻炼驾驭课堂能力，通过听评课，把握努力方向。至年底，共有6名新教师参加学习。

（张梅）

【开展法制宣传教育活动】 5至6月，石园小学开展法制宣传教育活动。学校邀请顺义区城管大队人员采取演示、讲解、有奖提问及发放宣传资料等形式，宣讲学生应如何主动学习，自觉遵规守纪，从小树立保护公共环境、维护城市秩序的意识等内容；邀请区法院宣讲团讲师作《远离犯罪、健康成长》法律知识讲座，讲解青少年违法犯罪的现象、成因及如何做一名学法、懂法、守法的学生等内容。该校师生2399人参加学习。

（张梅）

【举办有效教学系列活动】 6至12月，

石园小学举办有效教学系列活动。学校邀请北京师范大学“有效教学与干

部教师能力提升”项目组专家围绕“有效教学与教研文化提升”，阐述有效教学面临的挑战、知识基础以及提升有效教学教研文化途径，并强调学校要做好四方面工作，即将教研组日常工作上升到文化层面、强化文化育人观念、处理好学校文化与教研组文化的关系、提升教研组长的文化领导力。区有效教学项目小学组研究员从教师反馈情况、学生学习投入状态、教师语言流动和巡回路线、课堂教学关键事件观察与分析等情况制定六种课堂教学反馈量表，指导教师运用量化表对现场研究课进行教学行为量化。

（张梅）

北京市顺义区东风小学

【概　况】 2012年，北京市顺义区东风小学一校四址，总占地面积6.01万平方米、校舍总建筑面积2.35万平方米，运动场地面积2.80万平方米。全年教育经费投入5773万元，全部由国家拨款。固定资产总值2768.69万元。图书馆藏书1.18万册。普通教室115个、专用教室27个。拥有计算机530台。多媒体教室座位4991个。学校信息化经费投入14万元，校园网出口总带宽100Mbps，数字资源量10GB，“信息技术”课程1课时/周。教职工357人，其中，副高级职称2人、中级职称199人。专任教师356人，包括北京市学科教学带头人7人，本科以上学历249人。开设教学班115个。毕业723人、招生990人、在校生4991人。网址：www.dfxx.shyedu.cn。

（刘长荣）

【举办校本教研展示活动】 2月27

日，东风小学举办校本教研展示活动。活动围绕“规范教研行为、促进师生发展”主题，分听课、评课、校本教研活动展示、教师座谈和查阅资料共五部分。活动观摩数学和英语课堂展示，两个学科校本教研员分别作点评，组内教师进行研讨细节处理建议；观摩该校“佟红新数学工作室”题为《从心中有“数”到心中有“术”》的校本教研活动展示，围绕高年级第一单元“图形与几何部分”教学开展系列研究；听取该校干部教师分别作题为《“五化”教研规范研究行为、借势造势促进师生发展》《让语文课堂成为孩子们快乐的园地》《树立学生主体意识、提高校本教研实效》的专题发言。区教研中心领导及教研员、该校干部教师共60人参加展示活动。

（史淑惠　于有民）

【举办教学基本功比赛】 9至11月，东风小学举办首届“体验杯”课堂教学基本功比赛。比赛内容包括理论考核、试卷设计、案例评析、课堂教学比武、教学模式建构五项内容。每项比赛遵循规划在前、指导到位、活动有效、反思跟进原则。课堂教学比武分两轮举行，第一轮比赛各学科组内选拔，将目标制定与落实作为研究点，人人参与共同备课、上课；第二轮比赛校级评选，以学生参与体验活动为研究点，以体验模式构建为主线，举办33节评优展示。经过市区教研员以及学校领导组成的评委审定，评出全能奖5人。该校全体干部教师、区内18所学校90名教师参与活动。

（顾雪莲）

【举办用数字说话质量分析会】 11月28日，东风小学召开“用数字说话”期中教学质量分析会。会议听取四校区领导分析语文、数学、英语、音乐、美术、品社（生）、科学7个学科期中考试成绩，按照平均分、优秀率、及格率、标准差、各题失分率等统计数据说明问题，并制成折线统计图；主管领导分别从年级成绩、学科成绩、个别题目失分率、班级自身成绩等角度进行对比、分析，从数字中找寻问题、诊断问题，并针对问题反思自身的管理工作。该校领导、教师30人参加会议。

（郑新颖）

【开展班歌创作与演唱活动】 11至12月，东风小学开展班歌创作比赛与演唱活动。活动分为组建班级领导小组、学校层面的创作培训、创作歌词并组稿、谱曲、把最喜欢的音调唱出来、班歌的修改、录制小样和班歌推广八部分。创作要求能反映班级精神面貌、能够朗朗上口、能鼓舞班级士气。学校将该活动作为班级文化建设一项重要内容。全校师生参加活动。

（单文松　于有民）

【举办校园人物评选活动】 12月，东风小学召开首届“感动东风校园人物”表彰大会。会议为感动校园人物获奖学生4人颁发证书，同时在学校网站、宣传窗、荣誉册上宣传其事迹。该评选活动自9月开始，以“关爱学生，修身立德，做人民满意教师”为主题，遵照“发现—表达与传递—共享与弘扬”原则，通过广泛征集“我的教育故事”及师德格言，审核筛选候选人，录制典型事迹。评选以班级为单位进行初评，每班推荐一名候选人参加校级竞选，经学校评委会民主评议产生获奖人选。

（单文松　于有民）

北京市顺义区天竺中心小学校

【概　况】 2012年，北京市顺义区天竺中心小学校一校三址，分别为天竺中心小学校本部、翠竹校区和裕达隆小学校区。三址总占地面积5.79万平方米、校舍总建筑面积2.5万平方米，运动场地面积2.69万平方米。全年教育经费投入2148万元，全部由国家拨款。固定资产总值1847.74万元，包括教学仪器资产值12.46万元。图书馆藏书4.33万册，包括电子图书3086册。普通教室54个、专用教室29个。拥有计算机228台。多媒体教室座位2275个。学校信息化经费投入172万元，校园网出口总带宽100Mbps，数字资源量500GB，“信息技术”课程2课时/周。教职工109人，其中，副高级职称2人、中级职称86人。专任教师98人，包括北京市骨干教师1人，本科以上学历95人。开设教学班36个。毕业184人、招生239人、在校生 1225 人。网址：tzxx.shy.bjedu.cn。

（霍仲英）

【翠竹校区正式投入使用】 9月30日，

天竺中小翠竹校区正式投入使用。该校区位于翠竹新村小区东侧，占地面积 2.25 万平方米、建筑面积 1.38 万平方米，运动场地面积 8500 平方米，可容纳 27 个教学班。校区有教职工 16 人，包括中级职称 15 人；专任教师 15 人，全部为本科以上学历。开设教学班 6 个，学生 153 人。该校区于 2009 年 11 月动工，2010 年 10 月竣工，工程总投资 3435 万元。翠竹新村是原天竺镇薛大人庄村和花梨坎村拆迁安置居民小区。

（李银霞）

【召开减负增效案例研讨会】 10 月 12 日，天竺中小召开减负增效案例研讨会。会议听取两名区学科带头人结合教学实践，分别就数学、语文学科的作业设计问题交流经验；听取该校题为《减负增效、提高质量》的讲座。会议提出减负不减质、减负不减要求、减负不减责任要求，作业质量上下功夫，做到“四个结合”，即巩固性作业与探究性作业相结合，书面作业与实践活动相结合，统一要求与分层要求相结合，必做与选做相结合。该校全体教师参加会议。

（李冬青）

【裕达隆完小独立成为小学】 10月19

日，天竺中小裕达隆完小独立设置为顺义区裕达隆小学。该完小经顺义区教委批准，由天竺中小分离出来，设置独立建制，成为裕达隆小学。裕达隆小学原是天竺中小下属的一所五村联办完小，1994 年由香港裕达隆有限公司捐资兴建。2001 年，空港工业区投资 600 万元对学校进行重建。2010 年 8 月 29 日，裕达隆完小楼房抗震加固校安工程完工。学校占地面积 1.17 万平方米、建筑面积 4000 平方米。教职工 29 人，包括小学高级教师 15 人。专任教师 28 人，本科学历 21 人。开设教学班 12 个，学生 352 人。

（张宏军）

北京市昌平区城关小学

【概 况】 2012 年，北京市昌平区城关小学占地面积 9795.62 平方米、校舍建筑面积 9594.4 平方米，运动场地面积 3062 平方米。全年教育经费投入 2215 万元，其中，国家拨款 2162 万元、自筹经费 53 万元。固定资产总值 4394 万元，包括教学仪器资产值 8.25 万元。图书馆藏书 3 万册。普通教室 31 个、专用教室 4 个。拥有计算机 361 台。多媒体教室座位 82 个。学校信息化经费投入 102 万元，校园网出口总带宽 10Mbps，数字资源量 160GB，“信息技术”课程 1 课时/周。教职工 104 人，其中，高级职称 3 人、中级职称 61 人。专任教师 89 人，包括特级教师 1 人、北京市骨干教师 3 人、北京市学科教学带头人 2 人，本科以上学历 69 人。开设教学班 31 个。毕业 206 人、招生 237 人、在校生 1176 人。

（丰金娜）

【举办首届课堂教学比赛】 3 月 26 至 30 日，城关小学举办第一届“远航杯”课堂教学比赛。比赛分报名、初评、展示、表彰四个阶段。评委由校领导、教导处主任及各学科教研组长组成。各学科共 9 节课参评，展示学科特点，体现新课程标准。评出一等奖 4 人、二等奖 5 人。32 人参加听课。

（张芳）

【召开体育艺术成果展示会】 5 月 24 日，城关小学召开“减轻学生课业负担、全面提高学生素质”——走进

城关小学暨体育艺术成果展示会。会议分“阳光下成长”文体表演、教学展示、校长汇报三部分。文体表演展示由三个不同主题的三场大型文体表演“沐浴阳光”“快乐成长”“放飞希望”体现学生的才艺；教学展示成果通过甬路和教学楼各层楼道展示体育艺术教学情况和学生艺术作品；校长作题为《减轻学生课业负担、全面提高学生素质——走进城关小学暨体育艺术成果展示会》的报告，汇报学校体育艺术工作情况及成果。来自市教委基础教育一处处长、区委教育工委书记、教委主任等领导，相关媒体记者 230 人及学校师生 650 人参加活动。

（邵红英）

【举办青春期心理健康专题讲座】 9 月 24 日，城关小学举办主题为《花季少年——青春期健康心理》的专题讲座。讲座听取学校德育教师的讲解，通过列举生活中不健康心态造成的伤害事例、过早成熟的表现，并以历年学校六年级学生调查问卷为依据，通过详实的数字，告诉学生什么才是生活中的好、坏、对、错，过早成熟造成的危害。向学生提出四点建议：做一个发育正常的人；全身心投入学习；主动帮助他人；不贪占小便宜。该校六年级学生 179 人参加学习活动。

（杨景岚）

【启动晨读、午写、晚积累工程】 10 月 8 日，城关小学启动学生晨读、午写、晚积累工程。晨读要求周一读语文课本、周二诵读诗词、周四汇报阅读积累；午写要求周一、三、五的中午练字，低年级用铅笔，中高年级用钢笔；晚积累要求晚上回家把阅读所得的词句段分门别类写到积累本上，一周最少两次。学校要求每项工作有指导、有评价。31 个班级 1176

人参加活动。

（刘宏梅）

【举办法制辩论赛活动】　12月4日，城关小学举办“青春船长”普法志愿校园行法制辩论赛。辩论赛题为“在公共区域随地吐痰是否应以法律的形式予以禁止”，正方论点在公共区域随地吐痰应以法律的形式予以禁止，反方论点在公共区域随地吐痰不应以法律的形式予以禁止。辩论过程中双方辩手各持开场陈词，阐述自己的观点。根据团队精神面貌、辩论内容的完整、观点的准确、语言表达流畅、应变机敏等要求，评出最佳辩手2人、最佳辩论团队2个、优秀辩论团队2个。五、六年级学生参加比赛。该校聘请中国政法大学法制志愿者对部分学生进行法制辩论培训。

（邵红英）

北京市昌平区城北中心小学

【概　况】　2012年，北京市昌平区城北中心小学下辖4所小学：中心校六街小学、完小三街小学、东关小学和西关小学，总占地面积2.99万平方米、建筑面积1.80万平方米，运动场地面积1.33万平方米。全年教育经费投入4779.3万元，其中，国家拨款4773.8万元、自筹经费5.5万元。固定资产总值3557万元，包括教学仪器资产值2251万元。图书馆藏书7.52万册，电子图书100册。普通教室104个、专用教室31个。拥有计算机604台。多媒体教室座位4140个。学校信息化经费投入55.7万元，校园网出口总带宽100Mbps，数字资源量570GB，“信息技术”课程1课时/周。教职工293人，其中，高级职称3人、中级职称167人。专任教师274人，包括北京市骨干教师5人，本科以上学历214人。开设教学班104个。毕业647人、招生731人、在校生4028人。网址：www.cbzxedu.bj.cn。

（王英）

【举办师德巡讲活动】　2月29日，城北中心小学举办“做学生喜爱的教师”师德巡讲活动。学校选择4名优秀教师分别作题为《好习惯是教育的根》《有滋有味的班主任生活》《践行真教育，育人天地宽》《在研究中幸福成长》演讲，介绍一线教师如何进行家庭教育个案研究，以生动的事例讲述与家长沟通的技巧和方法。该校全体专任教师274人参加学习。

（胡长红）

【展示小学规范化建设工程】　4月19日，城北中心小学承办北京市小学规范化建设工程系列展示活动——走进昌平现场会。活动围绕“育人为本，注重养成，为学生幸福人生奠基”主题，展示学校18节课，包括国家级课程、地方课程、校本课程，通过课堂重点体现不同年级、不同学科习惯训练点如何体现、如何有效落实；听取校长作成果汇报展示。来自全市各区县的校长、德育干部共计320人参加活动。

（胡长红）

【举办学生讲堂活动】　11月19日，城北中心三街小学举办学生讲堂活动。讲堂第一课由六（2）班学生主讲，利用视频、图片、模型等形式介绍中国“辽宁号”航空母舰的各方面技术、设备。本次学生讲堂由2至6年级共选派6名代表主讲。全体师生1650人参加活动。今后，学校将该项活动作为传统系列活动，每月利用周一班会时间开展2次活动，学生可以用不同的题材、内容来呈现。

（王颖）

【举办德育论坛】　12月19日，城北中心小学举办“好习惯好人生”德育论坛。论坛分学生、家长、教师三场，围绕“中国式过马路”“乱丢纸屑，垃圾围城”“尊重他人，以礼为行”三个论题展开研讨。教师、学生、家长从自身角色出发阐述观点，从学校日常生活中的教育养成方面，阐述如何培养学生的规则意识、自觉行为，引导学生能够处理好人与自然和谐相处的问题，人与人之间相互尊重问题，以及人与社会规范之间的问题。该校师生及家长300人参加活动。

（胡长红）

北京市昌平区南口镇小学

【概　况】　2012年，北京市昌平区南口镇小学占地面积1.33万平方米、校舍建筑面积3548平方米，运动场地面积6011平方米。全年教育经费投入1209万元，其中，国家拨款1188万元、自筹经费21万元。固定资产总值707万元，包括教学仪器资产值7.22万元。图书室藏书2.55万册，包括电子图书83册。普通教室21个、专用教室6个。拥有计算机187台。多媒体教室座位1000个。学校信息化经费投入30万元，校园网出口总带宽100Mbps，数字资源量2GB，“信息技术”课程1课时/周。教职工71人，其中，中级职称41人。专任教师58人，本科以上学历43人。开设教学班21个。毕业104人、招生116人、在校生649人。网址：www.nkzxx.net。

（李荣会）

【改革信息技术教学】　9月，南口镇小学改革信息技术课堂教学。学校将单纯的信息技术教学改为整合多种教学资源，通过开展学生间写信和互传信息活动，从稿纸的选择、字体的设计、信件格式等方面做明确的要求，达到学以致用；开展多主题的电子报纸制作活动，制作《低碳生活电子报纸》《语文课本中好段欣赏》《班级周记》《交通安全》《全校板报欣赏》等，达到与学科整合的目的。

（崔文霞）

【举办“创新杯”教学评优活动】

10至11月，南口镇小学举办第五届“创新杯”教学评优活动。活动以“体现新课标精神，关注学生发展，提高课堂实效”为主题，分中青年教师和老年教师两组，涉及语文、数学、英语、体育、音乐、美术、科学、品德与社会8个学科。由教学干部和区校级骨干教师组成评委，按照教育观念新、教学目标准、教学方法明、教学效果显、教学反思深几方面进行量化打分，评出一等奖 4 人、二等奖 35 人。49 名教师参加活动。

（李荣会）

【召开审题习惯培养交流会】 12 月 18 日，南口镇小学召开审题习惯培养交流会。教师结合自身对学生审题习惯的培养，利用幻灯片的形式进行交流，并结合交流成果研讨学生审题习惯的培养。会议总结出一读、二画、三想、四说、五做、六核的六步审题法，一读，就是读出声、读完整；二画，就是动笔把题目中的关键词用符号画出来；三想，就是想题目表达的意思；四说，是在理解的基础上，把自己理解和想法说出来；五做，是在弄清题意的基础上做题；六核，指核对结果、核对要求、核对过程。语文、数学学科教师 32 人参加会议。

（李荣会）

北京市昌平第二实验小学

【概　况】 2012 年，北京市昌平第二实验小学占地面积 1.50 万平方米、校舍建筑面积 8808 平方米，运动场地面积 7000 平方米。全年教育经费投入 1157.55 万元，全部由国家拨款。固定资产 2324.5 万元，包括教学仪器资产值 80 万元。图书馆藏书 1.82 万册，包括电子图书 265 册。普通教室 28 个、专用教室 12 个。拥有计算机 170 台。多媒体教室座位 43 个。学校信息化经费投入 140 万元，校园网出口总带宽 100Mbps，数字资源量 2.56GB，“信息技术”课程 1 课时/周。教职工 84 人，其中，高级职称 1 人、中级职称 35 人。专任教师 78 人，包括北京市骨干教师 1 人，本科及以上学历 76 人。开设教学班 28 个。毕业 177 人、招生195人、在校生939人。网址：www.cpshyex.com/cpsyex。

（张彤）

【举办年度航模比赛】 4 月 22 日，昌平实验二小举办 2012 年航模比赛。比赛分成海鸥电动和天施橡筋两种机型，采用航模飞机在空中飞行时间判定成绩。比赛评委由 4 名科技教师担任，评出一等奖 25 人、二等奖 35 人、三等奖 50 人。学校 185 名学生参加比赛。

（柳东红）

【承办区课程建设现场会】 9月26日，

昌平实验二小承办昌平区课程建设现场会。该会议由昌平区教委主办，围绕“构筑理想课程体系，提升学校文化品质”主题，观摩 10 名教师不同科目的课堂教学，听取校长题为《以课程建设为路径，做润泽生命的教育》的报告，解读“润泽生命”的教育与理想的课程体系、课程建设历程、课程文化建设展望。会议听取学生和家长代表从不同的角度谈对学校实施“润泽生命”教育的感受。区教工委书记、主任以及教委科级以上干部和各中小学校长 230 人参加会议，还有来自海淀、密云等兄弟区县的 35 名教育工作者共同参加活动。“润泽生命”教育理念是用友善科学的管理，丰富多彩的活动，多样化的课程，以及生动有活力的课堂，滋养教师、学生的生命，使其活得有滋有味，有声有色，有情有义，引领师生过一种幸福而完整的教育生活，让每一个生命都精彩。

（高海燕）

【举办课本剧展演】 12 月 17 至 21 日，昌平实验二小学举办课本剧展演。展演围绕“走进故事、绚烂童心”主题，观看全校 28 个班级分别表演的《草房子》《了不起的狐狸爸爸》等 28 个课本剧。该活动由学校领导、年级组长组成评委，按照主题突出、形式新颖、自然健康和富有艺术感染力等标准进行打分，评出一等奖 18 个、最佳道具奖 14 个，最佳个人表演奖 32 人。该活动为学校读书系列活动的延续。

（李小平）

北京师范大学大兴附属小学

【概　况】 2012 年，北京师范大学大兴附属小学占地面积 1.57 万平方米、校舍建筑面积 9520 平方米，运动场地面积 9671 平方米。全年教育经费投入 967.2 万元，全部由国家拨款。固定资产总值 789.71 万元，包括教学仪器资产值 64.85 万元。图书室藏书 1.19 万册。普通教室 24 个、专用教室 10 个。拥有计算机 258 台。多媒体教室座位 178 个。学校信息化经费投入 224.93 万元，校园网出口总带宽 1G，数字资源量 4T，“信息技术”课程 1 课时/周。教职工 62 人，其中，中级职称 28 人。专任教师 62 人，包括北京市骨干教师 1 人，本科以上学历 59 人。开设教学班 18 个（包括附属园 2 个班）。招生 252 人，在校生 633 人，2009 年 8 月 28日招生，未有毕业生。网址：www.bsddxfx.com。

（方亮）

【举办“学校课改实施路径”讲座】 2 月 19 日，北师大大兴附小举办“全接纳、多欣赏、巧引导、慢等待”教育理念研究推进培训活动。该校邀请中国特色品牌学校共同体副秘书长作主题为《学校课程实施路径》的讲座，从幸福生活从选准方向开始、为什么进行课改、课改如何进行三个方面进行讲解，提出七点建议：一个文化、二个核心、三个带动、四个要素、五个抓手、六大关系、七个步骤，并通过典型案例说明解释。该校教师 63 人参加学习。

（方亮）

【举办环保主题演讲比赛】 2 月 23 日，北师大大兴附小举办“我爱地球妈妈”演讲比赛。学生在演讲中对当前破坏环境的行为感到惋惜，提出保护地球的小窍门。16 人参加比赛，评出特等奖 2 人、一等奖 3 人、二等奖 5 人、三等奖 6 人。学生将演讲内容整理后在校园广播中播出，积极宣传环保知识。

（许会妍）

【举办“木铎杯”课堂教学比赛】 4 月 5 至 16 日，北师大大兴附小举办“木铎杯”课堂教学比赛。比赛由参赛教师自主设计安排教学内容，评比重点在于如何教给学生学习方法、如何调动学生积极性、如何把课堂还给学生，体现以学生为主体，教师为主导的教学理念，课堂模式是否符合本班实际、适合学生发展。全体任课教师 33 人参加比赛，通过录像课形式开展初赛，20 人进入决赛。评委由学校领导班子成员及各教研组长担任，经过现场说课，最终评出一等奖 8 人、二等奖 12 人、三等奖 13 人。

（王娜）

【举办两次应急安全疏散演练】 12 月 18 日，北师大大兴附小举办地震、消防应急疏散逃生演练。9 时 30 分演练开始，楼内 18 个班 635 名学生在教师的指挥下猫腰弓步，快速有序地从三个楼梯口向楼下操场空地疏散，用时 4 分 30 秒。3 月演练中，1 至 3 年级及附属园 495 名学生参加演练，按照既定路线，从教室安全撤离到操场用时 3 分 40 秒，确保整个疏散活动安全、有序、快速。

（张会林）

北京市大兴区黄村镇第一中心小学

【概　况】 2012 年，北京市大兴区黄村镇第一中心小学由 1 所中心校、5 所完小组成，总占地面积 7.23 万平方米、校舍建筑面积 2.08 万平方米，运动场地面积 4.10 万平方米。全年教育经费投入 4726 万元，全部由国家拨款。固定资产总值 3531.87 万元。图书馆藏书 7.9 万册，包括电子图书 250 册。普通教室 87 个、专用教室 30 个。拥有计算机 567 台。多媒体教室座位 2963 个。学校信息化经费投入 317.60 万元，校园网出口总带宽 6Mbps，数字资源量 12695GB，“信息技术”课程 1 课时/周。教职工 253 人，其中，副高级职称 2 人、中级职称 166 人。专任教师 240 人，包括特级教师 1 人、北京市骨干教师 8 人、北京市学科教学带头人 1 人，本科以上学历 177 人。开设教学班 82 个。毕业 497 人、招生 398 人、在校生 2790 人。网址：www.hczedu.dxschools.cn。

（吴立燕）

【举办航天知识科普讲座】 4月1日，

黄村中心一小举办航空航天知识科普讲座。该讲座听取北京航空航天大学研究生，关于载人航天梦想的实现、什么是航空器、“神州”系列载人飞船发射成功的历史意义等内容的讲解。讲座结束后，学生在心愿卡上写下对祖国的祝福和航天心愿，贴在心愿墙上；在操场上观看航模展示。该校三、四年级 300 名师生参加活动。

（吴立燕）

【举办民族团结手抄报设计比赛】 4

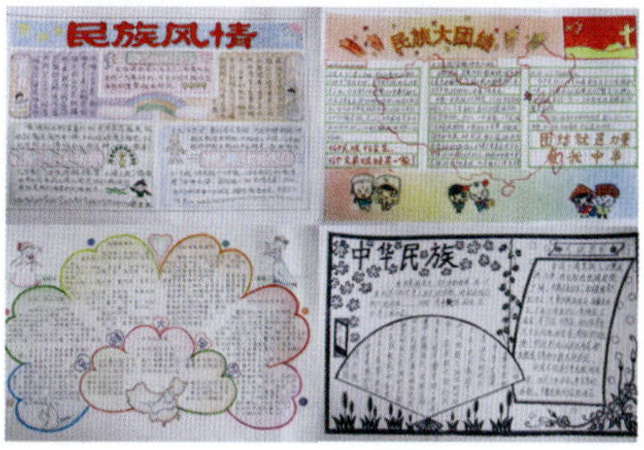

月 3 至 24 日，黄村中心一小举办“民族团结教育”手抄报设计比赛。3 至 6 年级师生参与活动，在班级评比基础上，择优选择 365 份作品参加校级比赛，评选出一等奖 164 个、二等奖 201 个、优秀指导教师 38 人。该活动主要通过民族常识教育，提高学生对民族团结、维护国家统一、反对民族分裂必要性的认识；丰富学生的校园文化生活，营造浓厚的民族团结教育学习气氛，培养学生动手、动脑能力，激发学生学习兴趣及创新能力。

（吴立燕）

【管乐团获市学生艺术节一等奖】 4 月 19 日，黄村中心一小管乐团参加北京市第 15 届学生艺术节行进管乐展演活动。演出《舰队进行曲》和《奥林匹克进行曲》等曲目，团队准确吹奏、团结协作，队形整齐变化多样，最终获得行进管乐一等奖。该校

85 名学生参加演出。该比赛由市教委举办，小学组全市共有 52 个代表队参加比赛，评出一等奖 18 个。该校管乐队于 8 月 7 至 14 日参加由中国少先队事业发展中心举办的“2012 伦敦奥运巡礼——中国青少年赴英文艺交流活动”，演出打击乐《伦巴达》。

（吴立燕）

【举办“说教材”系列活动】 9 月 3 至 5 日，黄村中心一小举办“说教材”比赛。比赛分初赛和决赛展示两个阶段，初赛按学科分 4 个组，参赛教师经过对理解课标、把握教材等方面的评比，181 人进入决赛。决赛展示分青年教师组、骨干教师组、普通教师组，各校主任既是评委又是指导教师，针对教师说教材过程中出现的问题及时提出修改意见，最终 56 人获一等奖、125 人获二等奖。该项活动主要通过说教材打造高效课堂、提升课堂教学质量，促进教师专业成长。

（吴立燕）

北京市怀柔区第一小学

【概　况】 2012 年，北京市怀柔区第一小学占地面积 15.33 万平方米、校舍建筑面积 1.02 万平方米，运动场地面积 8231.82 平方米。全年教育经费投入 2253.06 万元，全部由国家拨款。固定资产总值 2209.6 万元，包括教学仪器资产值 559.47 万元。图书室藏书 3.9 万册。普通教室 38 个、专用教室 13 个。拥有计算机 327 台。多媒体教室座位 2313 个。学校信息化经费投入 109.99 万元，校园网出口总带宽 100Mbps，数字资源量 800GB，“信息技术”课程 1 课时/周。教职工 167 人，其中，高级职称 3 人、中级职称

106 人。专任教师 123 人，本科以上学历 133 人。开设教学班 38 个。毕业 367 人、招生 320 人、在校生 1663 人。网址：www.bjhryx.com。

（刘瑞峰）

【举办首届高效课堂教学比赛】 3月

12 至 22 日，怀柔一小举办首届“百年辉煌杯”高效课堂教学比赛。经初赛，各学科 19 名教师参加现场比赛。大赛评委为校委会成员和学科主任、教研员，参赛内容为课堂教学（70 分）和教学设计（30 分）两部分，共八个方面，其中，教学目标 15 分、教学过程 15 分、教学方法 10 分、基本素质 10 分、学习态度 15 分、目标达成 15 分、师生关系 10 分、思维状态 10 分，比赛结果为 3 人获得一等奖、5 人获得二等奖、11 人获得三等奖。

（刘瑞峰）

【与北京小学研讨课堂教学】 4 月 13 日，怀柔一小与北京小学研讨低年级课堂教学方法。北京小学教师展示《最大的书》和《小数的初步认识》两节课；怀柔一小教师作《加法和减法》课堂教学展示。课后，两校分学科研讨交流。北京小学特级教师做点评，并就怀柔一小倡导的“实”与“活”的课堂教学理念结合研讨交流做培训。两校作为合作校，于 2 月 7 日确定在干部队伍建设、教师队伍培训、教育教研和学生交流等方面开展交流合作。150 余名教师参加活动。

（刘瑞峰）

【开展社会实践活动】 4 月 17 至 25 日，怀柔一小开展“践行北京精神，我爱首都”主题社会实践大课堂活动。学生走进首都博物馆、自然博物馆、航空博物馆、电影博物馆、野生动物园等教育基地。参观同时，学校要求学生做到：环保实践讲“三不”，即不损坏花草树木、不乱动设备设施，不乱扔废弃物品；自理自护讲智慧，即自带物品会管理，合理消费不受骗，坐车参观懂安全，集体行动不失散；团结友爱讲“四互”，即互相关心，互相帮助，互相礼让，互相尊敬。学校一至六年级 1700 余名学生参加活动。

（刘瑞峰）

【举办教研沙龙】 9 至 12 月，怀柔一小举办“同分享，共收获”暨我的成长分享教研沙龙。教师观看史家小学品德学科特级教师的成长分享录像，研究“道德发展六个阶段”教育教学理念和实践，从听课与学科教学、学会点滴积累、科研与教研、建个人档案和兴趣爱好五方面，结合自身教学实践作深入交流。作为研究成果，教师通过表演、演讲、朗诵等形式分别从“理念理解、阳光心态、阳光德育、阳光教学、特色绽放”等不同视角，围绕“培养阳光少年”主题进行汇报展示。区教委领导担任评委，采用现场打分的形式，评选出一等奖 7 个、二等奖 10 个。156 名教师参加活动。

（刘瑞峰）

北京市怀柔区第三小学

【概　况】 2012 年，北京市怀柔区第三小学占地面积 8086 平方米、校舍建筑面积 6021 平方米，运动场地面积 3490 平方米。全年教育经费投入 2030 万元，全部由国家拨款。固定资产总值 1272 万元，包括教学仪器资产值 560 万元。图书室藏书 3.33 万册。普通教室 32 个、专用教室 6 个。拥有计算机 326 台。多媒体教室座位 1880 个。学校信息化经费投入 400 万元，校园网出口总带宽 10Mbps，数字资源量 200GB，“信息技术”课程 1 课时/周。教职工 133 人，其中，副高级职称 4 人、中级职称 84 人。专任教师 99 人，包括北京市骨干教师 2 人，本科以上学历 118 人。开设教学班 32 个。毕业 263 人、招生 273 人、在校生 1438 人，其中外省市借读生 76 人。网址：hrsx.bjedu.cn。

（邢桂伶）

【与实验二小签署战略合作协议】 1 月 5 日，怀柔三小与北京第二实验小学签署缔结教育全面战略合作友好学校协议。依据协议，实验二小为怀柔三小干部在办学思想和管理能力等方面提供培训机会，指定名师带教，实施师徒结对工程；指导怀柔三小的教科研、教学工作，扩展为怀柔区的教研活动，发挥辐射作用；怀柔三小每学期选派干部、骨干教师到实验二小参加挂职培训，并组织师生参与其教育教学活动；通过网络视频进行互动交流，分享优质教育资源；怀柔三小为实验二小师生提供社会实践基地。合作协议期两年。

（彭淑英）

【与内蒙古学校签署合作协议】 10 月 15 日，怀柔三小与内蒙古四子王旗乌兰花镇四小签署合作协议。签约仪式在乌兰花四小举行。根据协议，双方在教育教学工作中共同发展，其中，怀柔三小负责提供成功的学校管理经验和做法，以及先进的教学理念、教学方法。为对方教师来校听课、学习搭建好平台。乌兰花四小负责定期组织双方教师共同开展多种形式的教学观摩、交流、研讨活动。双方参加对方学校开展的业务培训、教研活动、学术会议、科研课题研究等，互相开放包括网络课程在内的优质课程，实现课程资源共享。合作协议期 5 年。

（于艳华）

【举办“笑脸”摄影展示】 至年底，怀

柔三小举办“笑脸墙”摄影作品展示活动。每个班设有“笑脸墙”，展示全部师生的笑脸。同时，学校利用电子屏幕对外展示师生笑脸，每月更换一次。

（钟红英）

北京市平谷区第一小学

【概　况】　2012年，北京市平谷区第一小学占地面积2.48万平方米、校舍建筑面积1.27万平方米，运动场地面积6847平方米。全年教育经费投入2026万元，全部由国家拨款。固定资产总值1308万元。图书室藏书5万册。普通教室40个、专用教室12个。拥有计算机470台。多媒体教室座位100个。学校信息化经费投入25万元，校园网出口总带宽10Mbps，数字资源量55GB，“信息技术”课程1课时/周。教职工145人，其中，副高级职称3人、中级职称106人。专任教师114人，包括北京市骨干教师2人，本科以上学历114人。开设教学班40个。毕业303人、招生295人、在校生1600人。

（景国莲）

【举办爱家乡主题活动】　2月28日，平谷一小红通社的记者参加“走进新城、爱我新城”主题活动。记者由10名学生组成，赴夏各庄新城参观夏各庄夏兴小区，观看新城楼房模型及整个新城的鸟瞰图，参观绿化、雨水收集系统等，对比与旧城的不同。记者通过学校红领巾广播站，介绍自身感受以及家乡的变化。主题活动由平谷团区委、区少工委举办。

（景国莲）

【举办古诗文诵读比赛】　2月29日，平谷一小举办古诗文诵读比赛。该活动分为低、中、高三个年级段举行，由校级领导和德育处、教务处教师担任评委，按照背诵数量和抽查背诵情况计分。经过角逐，每个年级评出前三名，并为获奖选手颁发奖状。该校1600名学生参加活动。

（景国莲）

【开展幸福教育系列活动】　5月3日，平谷一小举办“践行幸福、高效课堂教学模式”展示交流暨市级骨干教师示范课活动。该活动研讨“深入研究幸福、高效课堂教学模式”，研究重点转向关注学生的学习是否是幸福的、自主的，引导教师钻研教材、学生、学法。活动观摩2名市级和1名区级教师骨干共3节展示课。全校110名任课教师参加活动。该活动为学校“幸福教育”系列活动之一。该系列活动自3月开始，召开动员会、举办教师幸福教育论坛、举办“践行北京精神建设幸福平谷”大家谈语录征集等活动。该校师生1700人参加活动。

（景国莲）

【开展警校共建社会大课堂活动】　9月12日，平谷一小部分师生到平谷区武警中队参加警营生活训练。该活动作为学校社会大课堂活动之一，参观军营官兵内务、观看军事动作表演，师生接受军训、学唱革命歌曲。17日，学校利用“传承北京精神，践行文明言行，争做知书达理一小学子”主题活动，举行“警营一日生活”训练展示，参加军训的学生和武警战士分别展示军训成果。作为警校共建社会大课堂活动的延续，该校利用班队会时间，围绕活动展开讨论，同时学校每月开展评礼仪标兵班。30名武警官兵和1740名师生参加活动。

（景国莲）

北京市平谷区第八小学

【概　况】　2012年，北京市平谷区第八小学占地面积2.35万平方米、校舍建筑面积9907平方米，运动场地面积5292平方米。全年教育经费投入1082.5万元，全部由国家拨款。固定资产总值415.6万元。图书馆藏书3.5万册。普通教室26个、专用教室8个。拥有计算机83台。多媒体教室座位36个。学校信息化经费投入45.8万元，校园网出口总带宽500Mbps，数字资源量80GB，“信息技术”课程1课时/周。教职工84人，其中，高级职称1人、中级职称54人。专任教师73人，包括北京市骨干教师1人，本科以上学历55人。开设教学班26个。毕业122人、招生159、在校生771人。

（赵海艳）

【突出诚信特色教育】　3至4月，平谷八小深化学校“诚信特色”教育。该校编写《平谷八小课堂教学诚信教育渗透纲要》，找准各学科诚信教育渗透点，让诚信教育进课堂；开设“诚信故事课堂”校本课程，编写系列校本教材，以故事为切入点将诚信教育变为学生愉悦参与的过程；开展以“践行感悟回归生活”为目标的各类校内外诚信实践活动，唤醒学生社会责任感；建立起规范的自我监督、班级评议、校级评价三个层次的诚信奖惩机制，有效引领学生正确的行为方向；建设诚信超市、诚信少年广播站、诚信活动季展示、诚信作业展评、诚信少年评比、诚信班级认定、社会大课堂诚信检验等体验活动，不断强化学生“言必信、行必果”的品格。学校还利用诚信教育搭建管理教育平台，建立以“诚信承诺”为载体的自主管理方式。管理分为三个层次：学生每月一项个人承诺；班级每季一项集体承诺；学校每学期一项全校承诺。学校将承诺落实到细节，并制定孩子践行承诺的标准。

（赵海艳）

【开展社会实践大课堂活动】　4月22

日和11月30日，平谷八小分别组织学生开展社会大课堂活动。4月，组织全体学生赴北京神笛陶艺村，通过工作人员讲解，观看图片、影像、实物，了解陶艺知识及发展历史，并开展泥塑、彩绘、拉坯实践，参与陶艺制作。11月，学校组织高年级学生走进东升制药厂，听取中药历史常识及企业文化介绍，观摩中药生产线，参观中药制作、生产、包装全过程。

（赵海艳）

【改革期末复习方式】　6月，平谷八小在期末复习阶段实施“激趣复习”策略。该方式通过有效措施提升学生的学习和复习兴趣，具体措施为举办计算、朗诵、作文比赛等单项比赛，鼓励学生竞赛达标，并发放喜报，激发学生复习兴趣；邀请优秀学生利用校会与红领巾广播时间，介绍学习经验，树立榜样，带动学生改善学习、复习方法，提高绩效意识；与“诚信少年文化季”系列展示活动相结合，利用广播、升旗、集会等机会，以说、诵、展等形式，展示、推广每名学生复习成果；有效利用班级文化阵地，每周展示一名学生的特色成果，并坚持开齐27门校本课程，全员参与，满足复习阶段学生兴趣需求。

（赵海艳）

【开展教学改革】　至年底，平谷八小教学改革中提出“五个转变”策略。“五个转变”为帮向学转变：教师间成立二人同伴互助组，四人学习组，针对特长与优势自由结合，互学促进；教案向学案转变：备课突出学法指导，培养学生的自主学习能力；“考试”向“堂清”（“堂清”即每堂课进行5～10分钟的当堂检测，教师及时掌握学生课堂学习状况，随时查漏补缺，将学生一堂课的知识“清理”完毕，不形成知识的负积累。）转变：以读、写、说等多种形式，丰富“堂清”检测形式，并以“基础我行”“闯关我来”“拓展不怕”三个类型题实现检测分层，兴趣实效并重；“说教”向“践行”转变：编写学生“学习习惯”三字歌，从养成良好基本学习习惯抓起，学校统一布置、统一要求、统一反馈，从上课、活动等多方面进行考核；“模糊”向“规范”转变：制定《平谷八小高效课堂评价标准》，为教师明确高效课标准，汇诊课、推门课、评优课等严格执行此标准，规范教师教学行为，提高课堂实效。年内，该校创新教学常规检查模式，改变原有的被动检查形式，采用“走动式评价”“对话式反馈”形式，即期初、期中、期末分三次，接受教师邀请在教师空余时间走进班级查看备课、作业、评价手册使用等情况，此方式真实有效的了解教师们常规工作的状态，同时完成与教师个人的“对话式”反馈，将问题与教师面对面交流，共同思考解决办法。

（赵海艳）

北京市平谷区第六小学

【概　况】　2012年，北京市平谷区第六小学占地面积1.30万平方米、校舍建筑面积6000平方米，运动场地面积4000平方米。全年教育经费投入1509万元，全部由国家拨款。固定资产总值1045万元。图书馆藏书5万册。普通教室32个、专用教室10个。拥有计算机284台。多媒体教室座位1300个。学校信息化经费投入15.1万元，校园网出口总带宽10Mbps，数字资源量10GB，“信息技术”课程1课时/周。教职工124人，其中，高级职称1人、中级职称61人。专任教师90人，本科以上学历62人。开设教学班32个。毕业263人、招生237人、在校生1168人。

（谭彩芝）

【确定“明礼教育”为办学特色】　3月，平谷六小确立“明礼教育”为办学特色。该校力求给学生一种规范、引领，使学生明自然之礼、行社会之礼、守做人之礼，为学生打下厚德的人生基础。至年底，学校采取多项措施落实“明礼教育”。通过校园广播、展示屏、升旗讲话等宣传中华传统礼仪的演变及进化历程，学习礼仪的重要意义；通过设立文明礼仪监督岗，开展“学雷锋倡雅行”“文明礼仪之星”评选等活动，使学生养成文明礼仪之风；编印《平谷六小学生礼仪手册》，发至每名师生，从日常行为入手，分重点、分专题对学生进行礼仪教育，训练学生的礼仪行为。

（谭彩芝）

【六个原则促进“阳光体育大课间”活动】　3至12月，平谷六小坚持六个原

则促进“阳光体育大课间”活动开展。教育性原则：利用大课间活动对学生开展“德育、智育、体育、美育和劳动技术教育”五育教育。全员参与原则：师生全员参加，达到全体健身的目的。安全第一原则：严密场地、器材管理，落实行政值周、班主任、体育教师职责，强化活动过程管理，制订安全预案。因地制宜原则：根据学校场地小、学生多，人均占地面积不足的特点，采取以年级为单位，室内、室外分组活动的形式，室外以学校快乐体育训练为主，群体竞赛为辅；室内以班级特色创建为主，室内游戏、室内体育活动为辅。科学性原则：遵循学生身心发展的规律，以全面落实教学计划，不增加学业负担为前提，合理安排大课间的课程计划和内容，将艺术、体育、特色创建融为一体。创新型原则：大课间活动适宜开展有利于健康的游戏，跳皮筋、踢毽子、摇呼啦圈，室内开展棋类游戏、编花绳等特色游戏活动。

（谭彩芝）

【落实学生自主管理】　5月29日，平谷六小落实学生自主管理。学生填写《学生自我发展达标卡》和《班级自主管理岗位申报表》，内容涉及学

生自我发展目标、班级管理责任到人等内容。学生每周填写一次，班主任、任课教师及班级自主管理监督岗的学生根据学生填写内容进行监督评价，每周评选班级自主管理小标兵；德育处、执勤教师、学生干部、大型活动情况多层检查评价，每月评选出自主管理优秀班级、学校组织管理标兵，并进行公开展示；期末评选自主管理免检班级。

（谭彩芝）

【5项措施减轻学生课业负担】 5至12月，平谷六小通过5项措施减轻学生课业负担。具体措施为：加强非考试科目及专题教育课程的监控力度，通过听课、检查教师备课等手段保证课堂教学的时间和质量；严格控制考试学科教辅资料的数量，禁止题海战术；每月检查一次作业，关注课堂作业、家庭作业的数量及形式；开展《减负问卷》调查，听取家长对教师布置作业情况的反馈意见；举办文体活动，丰富学生的学习生活。

（谭彩芝）

【确定校本课程体系】 9月12日，平谷六小确定校本课程体系。校本课程包括12个门类32种课程，根据学生年龄特点，分设低中高三个阶段，采取学生自愿申报的形式，实行走班上课，学生的成绩计入《小学生综合素质评价手册》，期末进行总结表彰。学校根据教师特长，选派32名教师授课。

（谭彩芝）

【五个变化确保课堂改革实效】 10月

16日，平谷六小决定采取五个变化确保课堂改革实效。五个变化分别为变桌椅摆放形式：课桌摆放由秧田式变为小组合作式，组成两人师友组、四人合作组，便于组内交流，即学科教师通过沟通将班级学生按两人一组分组，结成师友小组，按四人组桌，结成合作小组，推动“同伴互助，小组合作”教学模式；变课堂主体：教师授课时间不超过课堂的三分之一，将课堂还给学生，让学生成为课堂的主人；变重点推动为全员参与：通过教研组长引路、骨干教师示范、青年教师赛课等活动，逐层带动，全员铺开；变教学方式：从“讲授—接受”式到“自主、合作、探究”式，促进学生主动学习，自主发展；变课堂教学模式：实现“以教定学”到“以学定教”的转变，选择适合的教学方法和教学手段，真正提高学生的学习能力。全体任课教师参加改革，15名骨干教师做示范课。本年，该校重视提高课堂教学改革实效，并通过多点监控措施确保课堂教学改革稳步推进。即监控时间：课堂上有专人负责统计教师讲授时间，确保课上总讲授时间不超过15分钟；监控学生活动：听课过程中关注学生的学友交流过程、回答问题等环节，监控合作效果；监控参与率：有专人负责记录课堂教学过程中班级学生的参与情况，确保学生能全员参与课堂；监控质量：将即墨二十八中与洋思中学的经验相结合，既体现学友互助同时还要堂清、周清，加强学困生辅导，确保教学质量稳步提升。

（谭彩芝）

【5项措施保障学生安全】 至12月，平谷六小采取5项措施加强学生安全管理。学校印发《致学生家长的一封信》，告知学生上放学时间及安排，要求家长计算好学生上下学途中所需时间，不要过早离家到校；延长护导时间，护导教师提前40分钟到岗，安置早到校学生，保证路队秩序；实行封闭式校园管理；除上下学时间段，学校校门一律关闭，陌生人来访，由被访者到校门口将来访人领进学校；加强在小饭桌就餐学生管理，指定学生作为路队长负责管理，书面告知小饭桌负责人到校门口接送。

（谭彩芝）

北京市密云县第三小学

【概　况】 2012年，北京市密云县第三小学占地面积8533平方米、校舍建筑面积5570平方米，运动场地面积400平方米。全年教育经费投入183.94万元，全部由国家拨款。固定资产总值930.41万元，包括教学仪器资产值383万元。图书馆藏书3万册。普通教室30个、专用教室8个。拥有计算机110台。多媒体教室座位50个。学校信息化经费投入10万元，校园网出口总带宽200Mbps，数字资源量120GB，“信息技术”课程1课时/周。教职工86名，其中，高级职称3人、中级职称56人。专任教师65人，包括北京市骨干教师2人，本科以上学历68人。开设教学班29个。毕业219人、招生223人、在校生1142人。网址：117.115.20.16。

（聂明勇）

【举办法制讲座】 5月25日，密云三小举办法制讲座。该校邀请密云县检察院检察官结合学生身边的具体案例，讲述青少年预防犯罪、自我保护等知识，接受学生咨询，并解答学生在日常生活中的法制问题。作为活动的延续，12月27日，学校开展“模拟法庭”活动。由学生扮演审判员、公诉人和辩护人、法警、被告人等。通过现场举证、质证和辩论，模拟庭审情景。

（聂明勇）

【成立安利阳光红领巾小社团】 6月12日，密云三小与南菜园小学共同组织成立“安利阳光红领巾小社团”。两校学生通过社团活动交流学习，增进两校办学经验交流与合作。社团入选全国少先队工作委员会首批“城乡少年手拉手安利阳光成长计划”示范项目。

（聂明勇）

【成立名师导航团】 8月，密云三小成立名师导航团。导航团下设两个工作室：项连弟工作室、郑素文工作室，工作室成员包括指导教师和教学一线的青年教师。两名指导教师从备课、上课及班级管理等方面对青年教师进行有针对性的指导。

（聂明勇）

【成立学生体育俱乐部】 9月，密云三小成立学生体育俱乐部。俱乐部开设轮滑初级班、轮滑高级班、篮球初级班、健美操班、象棋班、健身班各1个；开设乒乓球班2个，成立篮球男队和篮球女队。俱乐部利用放学后的时间上课。

（聂明勇）

北京市密云县高岭镇中心小学

【概　况】　2012年，北京市密云县高岭镇中心小学下辖2所完全小学、4所独立幼儿园。占地面积3.21万平方米、校舍建筑面积1.10万平方米，运动场地面积8540平方米。全年教育经费投入173万元，全部由国家拨款。固定资产总额1046万元，包括教学仪器资产值508.17万元。图书馆藏书2.7万册，包括电子图书32GB。普通教室17个、专用教室13个。拥有计算机252台。多媒体教室座位680个。学校信息化经费投入6.49万元，校园网出口总带宽100Mbps，数字资源量140GB，“信息技术”课程1课时/周。教职工122人，其中，中级职称73人。专任教师93人，本科以上学历104人。开设教学班17个。毕业99人、招生68人、在校生435人。

（郭爱兰）

【举办气象日社会实践活动】　3月23日，高岭中心小学举办气象日实践活动。该活动与北京市气象局和密云县气象局联合在上甸子大气本地观测站举办，学生观看宣传片、听取气象讲座，观摩气象仪器和设备的使用。3月23日是国际气象日。

（赵恩国）

【构建七彩校园校本课程】　9月7日，高岭镇中心小学举办七彩校园校本课程选课活动。教师以现场才艺展示、游戏引入、成品推荐等方式推荐自己的课程，学生根据需求进行理性选择，填报申请志愿。共有435名学生参加选课。该校七彩校园校本课程依据课程内容标准，分为“赤、橙、黄、绿、青、蓝、紫”七个领域，涉及艺术、科技和语言等23门课程。

（郭爱兰）

【开展有声课外阅读活动】　9至12月，高岭中心小学开展“有声阅读”活动。该活动结合学校住宿生较多的特点，抓住住宿区可以室内统一广播的有利条件，每晚睡前统一播放30分钟。内容选取《弟子规》《童话故事》《窗边的小豆豆》等作为“有声阅读”内容。这是自3月1日读书节后，学校规范常态阅读，推进特色阅读的活动之一。

（郭爱兰）

【形成学生评价体系】　12月4日，高岭镇中心小学形成系统的学生评价体系。经过对两次常规检查、两次检测的分析，形成“多方协同、分层评价——让每个学生得到更好的发展”学生评价体系，建立学困生、优秀生档案；形成教学干部“扁平化管理”机制，加强对学生基础学习的指导与评价；采取“争章当连冠”活动激发学生的学习热情；并通过召开“家长恳谈会”提高家长的赏识教育意识。

（郭爱兰）

北京市延庆县第一小学

【概　况】　2012年，北京市延庆县第一小学占地面积7700平方米、校舍建筑面积8302.22平方米，运动场地面积3000平方米。全年教育经费投入1772.13万元，全部由国家拨款。固定资产总值1585.58万元，包括教学仪器资产值100.24万元。图书室藏书4.44万册。普通教室34个、专用教室10个。拥有计算机326台。多媒体教室座位1694个。学校信息化经费投入123.32万元，校园网出口总带宽为全县78个教育单位共享370Mbps，数字资源量890GB，“信息技术”课程三至五年级1课时/周。教职工103人，其中，副高级职称2人、中级职称66人。专任教师89人，包括北京市骨干教师3人，北京市学科教学带头人2人，本科以上学历93人。开设教学班34个。毕业240人、招生214人、在校生1263人。网址：www.yqxdyxx.cn。

（王建茹）

【举办特级教师讲座】　2月11日，延庆一小举办特级教师专题讲座。北京教育科学研究院特级教师以《创建儿童喜爱的数学课堂》为题，阐述儿童数学教育观、儿童该学什么样的数学、数学新课程标准的变化和教师专业发展四要素及其互动关系等内容。县教科研中心小学数学教研员及来自大庄科、民族、旧县等6所第一课改协作区的干部教师216人参加学习。

（王建茹）

【展示办学特色】　5月17日，延庆一小举办“依托课程文化体系建设，推进冠山教育有效落实”展示活动。活动展示11个学科24节课，“利用交互白板转变教与学的方式”和“读懂学生数学学习过程”2个专题教研活动，校本课程成果汇报演出，校园文化建设与教学研讨会专题片，冠山教育理论研究、校本课程、校本教研、质量标准等档案材料。活动听取校长题为《行走在冠山教育品牌学校建设之路上》的汇报。县教委、县教科研中心领导，内蒙古兴和县的青年骨干教师团队、县小学校长、幼儿园园长及教学干部146人参加活动。

（王建茹）

【完成操场改造】　7月15日至9月25日，延庆一小完成操场软化工程。操场软化面积2150平方米，包括东西向50米直跑道6条，一个标准篮球场和两个标准羽毛球场。工程由市财政总投资90.65万元。

（王建茹）

【完成学前班到幼儿园转化】　8月28日，延庆一小学前教育完成从学前班到附属幼儿园转化。学校附属幼儿园为二级三类园，招收5周岁以上的大班幼儿。幼儿园3个班，学生82人，幼儿教师6人；课程设置包括健康、语言、社会、科学、艺术五个领域。

（王建茹）

【电子白板融入课堂教学】　至10月，延庆一小开展系列促进电子白板融入课堂教学活动。该校“手拉手”学校东城区和平里第一小学为该校教师开设示范课、讲座、教研组专题展示课、专题课堂教学评优课等，两校联合开展教学研究、开办专家讲座等，共推出课例42节。两校共423人次参与活动。

（王建茹）

北京市延庆县第二小学

【概　况】　2012年，北京市延庆县第二小学占地面积2.53万平方米、校舍建筑面积1.82万平方米，运动场地面积6863平方米。全年教育经费投入3804.55万元，全部由国家拨款。固定资产总值1628万元，包括教学仪器资产值470.3万元。图书室藏书3.60万册。普通教室45个、专用教室10个。拥有计算机326台。多媒体教室座位1170个。学校信息化经费投入156.22万元，校园网出口总带宽为全县78所教育单位共享370Mbps，数字资源量600GB，“信息技术”课程三至五年级1课时/周。教职工138人，其中，副高级职称2人、中级职称88人。专任教师114人，包括北京市骨干教师2人，本科以上学历103人。开设教学班42个。毕业336人、招生258人、在校生1703人。网址：www.yqex.com.cn。

（吴秋菊）

【开展系列作文教学研究】　5月21日至12月3日，延庆二小开展系列作文教学研究活动。学校教师进行两节作文教学指导课展示，全国小语协会副理事长针对两节作文课进行评议，指出不足，解答作文教学中的困惑与问题，传达作文教学指导新理念，对今后的作文教学工作提出重点和方向，并作题为《作文是生命的精彩体验》的专题讲座。该校212人参加活动。

（吴秋菊）

【综合教学楼落成】　8月31日，延庆二小综合教学楼校安工程竣工。综合楼为框架结构，建筑总面积17880.35平方米；其中，地上4层，16499.95平方米；地下1层，1380平方米。该楼由A区（专室区）、B区（教学区）、C区（办公区）、D区

（教学区）、E区（生活区）五部分组成，A区设有校园电视台，以及信息技术、科学、音乐等专用教室10个；B区设有24个教室，可容纳1032人上课；C区除设有教师办公室外，还有6个教室，可容纳258人上课；D区设有16个教室，可容纳688人上课；E区设有教师餐厅1个、学生餐厅3个、会议室2个。该楼2011年开始建设，总投资6600万元。

（吴秋菊）

【实施课堂习惯检测量化制度】　9月10日，延庆二小开始实施课堂习惯量化制度。该制度要求：行政干部每周听课时要对各班级实际情况进行课堂习惯检测量化打分，内容包括：举手参与度、回答问题次数、回答问题覆盖面、没有倾听的学生数、语言表达的学生数、读写姿势不正确的学生数等，在量化打分后进行评议，了解各班班级具体情况。

（吴秋菊）

【国旗教育课程化】　10月8日起，延庆二小改革升旗仪式。该校将国旗教育课程化，制定升降国旗制度，成立国旗班，规范升旗程序，规范爱国主义教育课程，丰富国旗下讲话内容：讲身边的榜样；学生自主教育，倡文明礼仪；承诺呼号（践行北京精神，做二小新主人等），引导学生学会做人、求知、健体、健心、实践、创新、审美、生活。

（吴秋菊）

【开展走进一年级活动】　12月21日，延庆二小开展走进一年级活动。活动围绕“落实在课堂中注重学生习惯的培养，学会管理学生和学会欣赏学生，打造优秀团队意识”为主题，走进一年级（3）班听音乐校本哑鼓课程《有趣的节奏》，走进一年级（6）班听语文课《雪地里的小画家》，参

观、查看学生作业和学生评价手册，交流和研讨习惯培养，形成教育的系统性。一年级年级组长介绍学生习惯培养的经验，参加活动的教师结合自己年级实际谈习惯落实。全校40名教师参加活动。

（吴秋菊）

北京市延庆县第四小学

【概　况】　2012年，北京市延庆县第四小学占地面积23657.7平方米、校舍建筑面积3633.6平方米，运动场地面积16647.4平方米。全年教育经费投入2999.9万元，其中，国家拨款2999.8万元，自筹0.1万元。固定资产总值2026.7万元，包括教学仪器资产值103.4万元。图书馆藏书3.3万册，包括电子图书1万册。普通教室30个、专用教室10个。拥有计算机273台。多媒体教室座位1880个。学校信息化经费投入129万元，校园网出口总带宽300Mbps，数字资源量670GB，“信息技术”课程三、四年级1课时/周。教职工121人，其中，副高级职称1人、中级职称84人。专任教师102人，包括北京市骨干教师1人，本科以上学历94人。开设教学班36个。毕业249人、招生250人、在校生1291人。网址：www.yqd4xx.cn。

（段金星　于明红）

【举办捆绑校校本培训活动】　2月10日，延庆四小举办主题为“三校联动智慧共享”的“1+2”捆绑学校校本培训活动。培训包括班主任工作和教学两方面。在“德育管理一招鲜”评选中获得优秀的6名教师作学生管理班主任工作经验介绍；德育研究室

专家作题为《做个快乐的班主任》的讲座；语文、数学、英语、科学、品德与社会分别以《提高读写教学实效性的思考》《如何让计算教学扎实有效》和《有效落实英语学科检查目标》等为题对教研员进行业务培训。二道河小学、南张庄小学教师151人参加培训。

（段金星　于明红）

【校园生态八景落成】 8月，延庆四小生态校园八景建设落成。八景包括奇运当头、奇光异彩、争奇斗艳、奇思妙想、无奇不有、啧啧称奇、何足为奇、平淡无奇，每一景观都富有深刻的教育意义。校园生态八景从生态教育角度出发，由校长和行政领导共同设计，北京市林润通达园林绿化工程有限公司施工，共投入50万元，由市财政拨付校园文化建设专款。

（段金星　于明红）

【实施细节管理】 9至12月，延庆四小实施细节管理。细节管理分别包括干部、教师和学生细节管理十做到，涵盖干部管理工作细节、教师工作及管理细节、学生在校行为细节。十做到内容涉及干部、教师、学生。该校于9月21日举行“细节决定成败特殊畅享和谐”细节管理誓师会，学校按细节十做到要求干部教师自查、互查、期末评价总结。本学期学校管理思路是重细节、抓质量、显内涵，并进行实施。

（段金星　于明红）

【抗击60年一遇暴雪】 11月4至8日，延庆四小教师到学校连续扫雪。此次降雪是延庆有记录以来60年一遇暴雪，积雪厚度50厘米。120名教师参加扫雪，学生在家休息。8日，东杏园93605部队60名战士协助学校清扫积雪；延庆县园林局6名人员为学校修剪危险树杈。9号复课，利用周六日补课两天。

（段金星　于明红）

【开展科技节活动】 11月14日至12月10日，延庆四小举行科技节活动。活动以“科技与文化融合，快乐与成长同行”为主题，开展科学家科普讲座走进山区校园、电影科普进山区公益科普活动；征集公益活动照片、征文、绘画、科技制作作品；开展科学考察、主题报告征集活动；组织学生参加科技英语、科技征文、科技绘画、科技知识竞赛等辅导。1200名学生参加活动，征集作品720份，获奖300人次。该校是县科技示范校，每年举办一次科技节。

（段金星　于明红）

【市规划课题结题】 12月，延庆四小承担的“基于学校和谐发展的生态教育体系研究”课题通过北京市教育科学规划办公室鉴定结题。该课题是北京市规划“十一五”2011年校本课题，在分析学校不和谐因素的基础上，从生态课堂、生态管理、生态环境、生态德育、生态课间五方面构建生态教育体系，在教育上提出新的观点。课题于2011年5月立项，自筹经费3万元完成研究工作。

（段金星　于明红）

北京市燕山前进第二小学

【概　况】 2012年，北京市燕山前进第二小学占地面积1.13万平方米、校舍建筑面积7152.75平方米，运动场地面积6550平方米。全年教育经费投入935万元，全部由国家拨款。固定资产总值1462万元。图书馆藏书3万册，包括电子图书500册。普通教室24个、专用教室9个。拥有计算机300台。多媒体教室座位30个。学校信息化经费投入100万元，校园网出口总带宽15Mbps，数字资源量30GB，“信息技术”课程1课时/周。教职工62人，包括副高级职称1人、中级职称40人。专任教师59人，包括特级教师1人、北京市骨干教师1人，本科以上学历47人。开设教学班20个。毕业177人、招生131人、在校生625人。网址：www.ysqjex.com。

（韩亚芹）

【举办高效课堂教学研讨活动】 2月23至24日，前进二小举办“打造生命灵动的高效课堂”教学研讨活动。该活动观摩1节语文、2节数学课，在教学中体现高效课堂的“主动性、生动性、生成性”。通过评课、集体研讨交流，共同探讨如何“去无效”的高效课堂。该校以有效教学为抓手，深化教师基本功，充分发挥骨干教师作用，开展切实有效的校本教学研究，真正落实“提质减负，打造高效课堂”，全面推进素质教育。

（刘冬梅）

【举办两次社团活动】 4月1日和5月18日，前进二小分别举办两次社团活动。4月举办“科技之火、魅力燎原”主题社团展示活动，“未来工程师”社团学生展示科技小制作，包括依据气体的性质制作温度计、依据磁铁同极相斥的性质设计的磁悬浮演示仪、可以直接观察到静电情况的静电演示器等。5月举办与美国锡尔弗矿小学（Silermine Elementary School）口语交流活动。国际直通车社团通过视频音频同步传播的形式，与美国学生交流各自国家传统节日春节、圣诞节的相关信息。该社团40人参加活动。

（韩亚芹　张燕）

【3项措施减轻学生课业负担】 至12月，前进二小采取三项措施减轻学生课业负担。三项措施分别是努力构筑教师研修的动力场，着力打造生命课堂；多彩社团活动，搭建放松心境的舞台；有效减压，构建学生心灵健康场。减负措施是学校在生命价值教育理念的引领下，执着于“有效减轻学生课业负担”课题研究的成果。

（韩亚芹）

中 学 教 育

【概　况】 2012年，北京市普通中学630所，比上年减少2所。其中，高级中学289所，比上年减少1所；完全中学199所，比上年减少4所；初级中学341所，比上年减少1所；九年一贯制学校84所，比上年增加9所。初中毕业9.58万人、招生10.81万人、在校生30.55万人。在校生中，本市户籍学生21.24万人，比上年减少0.91万人。高中毕业5.57万人、招生6.34万人、在校生19.35万人。在校生中，本市户籍学生17.41万人，比上年减少0.38万人。中学教职工7.87万人，比上年增加0.15万人。专任教师5.74万人，比上年增加0.14万人。专任教师中，研究生学历6004人、本科学历44613人。初中专任教师31067人，比上年增加528人，学历合格率97.1%，初中生师比9.8∶1；高中专任教师20623人，比上年增加306人，学历合格率99.2%，高中生师比9.4∶1。普通中学占地面积2198.5万平方米，校舍建筑面积1151.3万平方米，固定资产总值204.6亿元，包括教学仪器设备总值46.4亿元。

（王雪青）

【举办初中教育现场研讨活动】 4月6日，“做精品初中教育，促优质均衡发展——走进东城”现场研讨活动在北京市第二中学分校举行。活动中，东城区教委作“做精品初中教育，促优质均衡发展”主题报告，二中分校、北京市前门外国语学校、北京市国子监中学分别作主题汇报和教学展示。活动由市教委、北京市教育学会主办，东城区教委承办，来自教育部、市教委、市教育学会、首都师范大学领导及专家，各区县中学代表参加活动。

（杨学银　李银娅）

【修订初中学生综合素质评价方案】 6月5日，市教委印发《北京市初中学生综合素质评价方案（修订）》。新修订的方案包括指导思想、评价目的、基本原则、初中学生综合素质评价指标体系、组织与实施、评价结果的呈现与应用六部分内容，其中，初中学生综合素质评价指标体系明确素质评价包括思想道德、学业成就、合作与交流、运动与健康、审美与表现、个性发展6项一级指标，下涵16项二级指标、36项三级指标。新方案在2006年颁发的《北京市初中学生综合素质评价方案（试行）》基础上，结合工作实际修订完成，于9月1日在全市初一年级试行。

（韩景毅）

【完成示范高中指标分配招生工作】 7月，北京市完成市级示范高中指标分配招生工作。全市市级示范高中68所，本年部分招生计划分配到初中学校名额2445人，实际录取2330人，完成比例占全市招生总数10.1%。2011年，教委印发《关于进一步做好将示范高中部分招生计划分配到初中学校工作的通知》，计划2012年示范高中招生指标分配政策从原来的5%～10%提高到10%～12%。

（任虹）

【初中生综合素质评价平台投入使用】 9月1日，北京市初中学生综合素质评价电子平台投入使用。该平台主要用于初中学生评价信息采集、存储、管理与监控，具有市、区、校三级监控功能。平台设有北京市中小学管理信息系统（CMIS）数据接口，包括网络版和学生单机版两个版本。网络版网址为bjxspj.bjedu.cn。平台首先在全市初一年级综合素质评价工作中试运行。

（韩景毅）

【加强中学教育集团建设】 9月10日和12月2日，“北京市第八中学教育集团”“北京市第四中学教育集团导师团”分别成立。9月，八中教育集团成立。集团成员校包括八中、北京市第四十四中学、北京市鲁迅中学、八中分校、北京市第七中学5所学校。各校以“法人独立、理念共识、资源共享、优势互补、品牌共建、实验先行”为宗旨，开展初中学生联合培养、教师队伍建设、特色课程建设等方面合作研究，发挥八中引领带动作用，促进共同发展。12月，四中举办教育集团导师团成立大会。大会为来自四中及北京市第一五六中学、北京市第三十九中学、北京市第五十六中学、延庆县第一中学、北京市第四中学顺义分校6所中学的60名学科教学带头人、骨干教师颁发导师聘书。四中校长作题为《分享教育故事与智慧》的导师团首场讲座。四中教育集团导师团职责是帮助和指导集团内青年教师发展，青年教师可通过集团网上“名师超市”自选导师指导其学习。四中教育集团鼓励导师跨校开设讲座、选修课，西城区政府拨付专项经费给予支持。西城区政府领导及教育集团各成员校书记、校长、教师200余人参加成立大会。

（吴晋　郭琪）

【完成国家级高中特色发展试验项目中期评估】 10月31日，市教委完成45所学校国家级高中特色发展试验项目中期评估工作。专家组通过听取学校汇报、现场交流、进校考察指导等形式，综合评价各学校项目进展情况。专家认为，各学校对试验项目采取重点发展策略，把特色建设工作纳入学校整体工作，集中力量，开拓资源，通过优化课程结构、丰富活动平台、创设多种社团等途径，为学校特色建设提供课程支撑、活动载体和实践平台。多数项目学校特色定位稳定，特色内涵明确、清晰，但存在改革创新力度欠缺、忽视试验过程自我监控、忽视项目试验成效证据收集等问题。国家级高中特色发展试验项目2010年启动，项目建设期3年。

（王雪青）

【举办首届高中校长香山论坛】 12月21日，市教委、北京市教育学会共同举办首届北京市高中校长“香山论坛”。论坛以“论学校文化和学校精神”为主题，分别听取北京市第四中学、清华大学附属中学、北京景山学校等学校校长的主题发言，听取中国教育科学研究院副院长、北京大学中文系教授的专题报告。市教委、市政府教育督导室领导，所有示范高中校长及部分普通中学校长代表参加论坛。“香山论坛”每年举办一次。

（王雪青）

【举办初中内涵发展走进区县系列活动】 至年底，市教委举办“内涵发展提升质量——走进区县系列”活动4次。市教委组织区县教委主管业务行政人员、初中校长走进东城、顺义、房山、海淀等区县，通过现场教研、专家点评等方式，挖掘区县初级中学内涵发展经验和优势，研究提升初中教育质量策略。各区县教委相关人员及全市各中学校长2000人次参加活动。

（韩景毅）

中　学

北京市第二中学

【概　况】 2012年，北京市第二中学占地面积4.26万平方米、建筑面积3.84万平方米，体育场馆面积8296平方米。全年教育经费投入7124.31万元，其中，国家拨款5590.88万元、自筹经费1533.43万元。固定资产总值6204.08万元。图书馆藏书9.83万册，包括电子图书474册。普通教室54个、专用教室21个、实验室31个。拥有计算机500台，多媒体教室座位3358个。学校信息化经费投入150万元，校园网出口总带宽20Mbps，数字资源量100GB，“信息技术”课程2课时/周。教职工223人，包括高级职称77人、中级职称44人。专任教师162人，包括特级教师5人、市骨干教师6人、市学科教学带头人2人；本科及以上学历161人。开设高中教学班42个。毕业362人、招生471人、在校生1274人。在校生中，外省市借读生30人。高中录取分数线529分（东城区），应届高考本科上线率100%。网址：www.bjn2ms.net。

（李震）

【开展学生职业见习活动】 4月11至12日，二中开展高一、高二年级全体学生职业见习日活动。该校学生到现代汽车公司、中国原子能研究所、法制晚报社等20余家单位参观，听取行业精英授课、与各单位员工交流，参与职场体验、公益活动。活动得到

《法制晚报》社会实践项目组和部分学生家长支持。该校学生912人参加活动。

（李震）

【新鲜小学挂牌】 8月31日，北京市第二中学新鲜小学挂牌。挂牌后，新鲜胡同小学更名为北京市第二中学新鲜小学，继续保留独立小学编制。根据协议，两校合作开展跨学段衔接，二中选派教师到新鲜小学五六年级开展语文、数学、英语教学；两校在课程管理、文化建设、资源共享等领域开展合作；二中选修课和实验室资源与新鲜小学共享。

（李震）

【《北京二中史略》出版】 9月16日，二中举办《北京二中史略》新书发布暨学术研讨活动。活动中，主编阐释该书编写体系、指导思想及意义，与会人员交流探讨书籍传达的二中精神。北京教育学院、东城区委教育工委及离退休人员参加活动。《北京二中史略》由中国文史出版社出版，主要记述1910至1966年学校教育教学工作及学校发展情况，全书设四编，包含28张图片，黑白双色印刷，16开本，共计25万字。

（李震）

【学生参加比赛获奖】 至年底，二中

学生参加比赛获奖。8月15日，该校高一年级学生刘旺参加第27届全国青少年科技创新大赛，获环境科学一等奖和“高士奇科普专项奖”。获奖作品为《长白山火山碎屑流的调查研究》。比赛由中国科协、教育部、科技部等部门联合主办，评出一等奖64项、二等奖140项、三等奖182项。11月22日，二中学生李博文参加第12届全国“明天小小科学家”奖励活动获二等奖，获奖作品为“微型可抛掷变形侦察球”。该作品集球型机器人与轮式机器人的优点，搭载蓝牙装置实时传回隐蔽焦炉视频图像，可用于复杂条件下的侦查工作。该奖励活动由教育部、中国科协、香港周凯旋基金会共同举办，来自全国的600名中小学生参加比赛。12月2日，二中机器人社团参加首届北京市学生机器人智能大赛FIRST科技挑战赛，获得联盟队冠军，被授予“科技启迪奖”。该比赛由市教委主办，来自13个区县120所中小学和校外机构200支队伍的1200名师生参加比赛。

（李震）

北京市第一六六中学

【概　况】 2012年，北京市第一六六中学占地面积1.98万平方米、建

筑面积 2.40 万平方米，运动场地面积 6422 平方米。全年教育经费投入 3633.97 万元，其中，国家拨款 3463.50 万元、自筹经费 170.47 万元。固定资产总值 4488.06 万元，包括教学仪器资产值 440.34 万元。图书馆（室）藏书 10.33 万册。普通教室 53 个、专用教室 20 个、实验室 32 个。拥有计算机 720 台，多媒体教室座位 2550 个。学校信息化经费投入 165.03 万元，校园网出口总带宽 50Mbps，数字资源量 20480GB。教职工 244 人，包括高级职称 61 人、中级职称 61 人。专任教师 179 人，包括特级教师 1 人、市骨干教师 1 人、市学科教学带头人 2 人；本科及以上学历 176 人。开设教学班 50 个，其中，初中 28 个、高中 22 个。毕业 643 人，其中，初中 347 人、高中 296 人；招生 559 人，其中，初中 343 人、高中 216 人；在校生 1722 人，其中，初中 1009 人、高中 713 人。在校生中，外省市借读生 175 人，其中，初中 162 人、高中 13 人。高中录取分数线 503 分（东城区），应届高考本科上线率100%。网址：www.bj166z.cn。

（王蕾）

【与清华签署合作协议】 3月24日，一

六六中与清华大学生命科学学院、医学院签署合作协议。根据协议，一六六中成为“清华大学生命科学后备人才培养基地”，清华成为一六六中学生命科学后备人才实践基地。协议规定，清华生命科学学院、医学院帮助该校开办选修课程、举办专家讲座、开展科技社团辅导，为该校教职工每年举办科学教育专题报告 1 至 2 次；一六六中生命科学创新人才培养实验班、青少年科技俱乐部为清华学生提供教育实习、社会实践机会。该校生命科学创新人才培养实验班由市教委 2011 年批准设立，招生对象为对生命科学及医学有兴趣应届初三毕业生。

（荣志宇）

【入选首批百年学校】 8 月 29 日，一六六中入选北京市首批“百年学校”。该校前身为 1864 年在灯市口大鹁鸽市胡同建立的“贝满女子小学”；1895 发展为“贝满女子中学”；1926 年，高中部迁入灯市口大街北侧的同福夹道（佟王府），初中部仍在原址办学；1952 年，更名为“北京市女子第十二中学”；1971 年学校改为现名。该评选由市教委举办，面向北京全部中小学，经过学校报名、区县教委推荐、专家评审论证等程序，首批共 33 所学校入选，其中，中学 12 所、小学 20 所、特殊教育学校 1 所。

（毛学慧　朱竹）

【参加金帆艺术团演出】 10月14日和

11 月 21 至 22 日，一六六中金帆管乐团和话剧团分别参加“北京市学生金帆艺术团成立 25 周年”两场专题演出。10 月，该校管乐团与北京府学胡同小学管乐团联合举办金帆艺术团建团 25 周年金帆口专场演出，表演《五湖四海来相聚》《红旗颂》《祈祷与托卡塔》等节目。两校师生 500 人观看演出。11 月，话剧团参加金帆艺术团成立 25 周年戏剧专场演出《这里的黎明静悄悄》，4 所联盟校学生 42 人参加表演，包括该校学生 36 人。演出由一六六中协办，东城区分司厅小学、地坛小学、革新里小学联合参演，北京人民艺术剧院支持。市教委、东城区委等单位领导和东城区中小学师生 2000 人观看演出。

（荣志宇　朱竹）

北京市广渠门中学

【概　况】 2012 年，北京市广渠门中学占地面积 2 万平方米、建筑面积 2.78 万平方米，体育场馆面积 9600 平方米。全年教育经费投入 6030 万元，其中，国家拨款 5838 万元、自筹经费 192 万元。固定资产总值 8702.46 万元。图书馆（室）藏有纸质图书 9.22 万册。普通教室 51 个、专用教室 13 个、实验室 11 个。拥有计算机 636 台，多媒体教室座位 2487 个。学校信息化经费投入 184.90 万元，校园网出口总带宽 10Mbps，“信息技术”课程 2 课时/周。教职工 227 人，包括高级职称 53 人、中级职称 75 人。专任教师 165 人，包括特级教师 2 人、市骨干教师 3 人、市学科教学带头人 1 人；本科及以上学历 162 人。开设教学班 51 个，其中，初中 25 个、高中 26 个。毕业 647 人，其中，初中 348 人、高中 299 人；招生 599 人，其中，初中 341 人、高中 258 人；在校生 1744 人，其中，初中 957 人、高中 787 人。在校生中，寄宿生 282 人；外省市借读生 198 人，其中，初中 161 人、高中 37 人。高中录取分数线 509 分（东城区），应届高考本科上线率100%。网址：www.gqmms.com。

（吴臻　彭雪兰）

【举办青春期教育活动】 3月12日，广

渠门中学举办青春期教育活动。该活动面向初二年级学生，包括女生集体专场讲座和男生分班教育。其中，以“将友情进行到底”为主题的女生专场讲座通过语言和游戏说明青春期应该如何与男生相处，初二年级 160 名女生参加讲座；男生分班教育活动由各班班主任分别讲授，主要讲解如何加强个人修养，提高男生对青春期如何与女生相处的认知。

（周欢　吴臻）

【分子生物实验室落成】 3 月 27 日，广渠门中学分子生物学实验室落成。

实验室使用面积 100 平方米，包括 PCR 仪、光谱仪等设备 50 台，可同时容纳 50 个学生完成蛋白质、核酸、糖类等大分子物质分离提取鉴定实验和部分基因工程等生物技术实验。实验室用于常规生物实验教学、课外兴趣实验，同时为“翱翔计划”学生培养提供支持。实验室总投资 100 万元。

（殷跃　吴臻）

【举办生命课程建设现场会】 4 月 23 日，广渠门中学举办“生命影响生命、课程促进成长——北京市广渠门中学生命课程建设现场会”。该校展示生涯引领、潜能挖掘、生命塑造三个模块 6 节研究课，汇报学校生命教育课程体系实践、宏志生的生涯规划教育探索、生命教育理念下的英语课程建设和教学实践等生命课程建设情况。首都师范大学初等教育学院专家点评。会议由北京教育科学研究院主办，东城区教育研修学院和广渠门中学联合承办，来自各区县的中学教师 200 人参加活动。

（殷惠婷　吴臻）

【成立学情指导中心】 9 月 21 日，广渠门中学成立学情指导中心。该中心设学业导师团、家长委员会和学委沙龙 3 个机构，主要职能是监测和辅导学生学习习惯、筛查和培养学生学习能力、指导和追踪学生学习方法、支持和关注学生情绪、协调和改善学生人际关系。中心采用个体帮助和团体指导相结合的工作方式，同时创办期刊《三叶草》为家长和学生提供指导。中心有专职工作人员 2 人，服务时间为周一至周五早上 8：30 至下午 6：30。至年底，中心共接待学生 42 人次，举办沙龙 8 次。

（闫娜　吴臻）

【举办科普专题讲座】 12月5日，广渠

门中学举办“膜分离技术及其应用”专题讲座。该校邀请北京林业大学教授，面向高一年级学生及“翱翔计划”学员，讲解饮用水、PM2.5、药物提纯等方面膜技术的应用，并结合工业废水处理、城市废水资源化、除尘等方面实例，现场向学生展示实物平面膜和管状膜的区别及运用。该校师生 300 人参加学习。

（李永峰　吴臻）

北京市第五十中学

【概　况】 2012 年，北京市第五十中学占地面积 2.79 万平方米、建筑面积 2.44 万平方米，体育场馆面积 1.01 万平方米。全年教育经费投入 4593.45 万元，全部为国家拨款。固定资产总值 5160 万元。图书馆（室）藏有纸质图书 9.72 万册。普通教室 48 个、专用教室 11 个、实验室 8 个。拥有计算机 841 台，多媒体教室座位 2083 个。学校信息化经费投入 1000 万元，校园网出口总带宽 100Mbps，数字资源量 2611.2GB，“信息技术”课程 2 课时/周。教职工 219 人，包括高级职称 75 人、中级职称 62 人。专任教师 149 人，包括市骨干教师 3 人、市学科教学带头人 1 人；本科及以上学历 147 人。开设教学班 48 个，其中，初中 24 个、高中 24 个。毕业 612 人，其中，初中 323 人、高中 289 人；招生 500 人，其中，初中 267 人、高中 233 人；在校生 1657 人，其中，初中 877 人、高中 780 人。在校生中，寄宿生 144 人；外省市借读生 193 人，其中，初中 146 人、高中 47 人。高中录取分数线 501 分（东城区），应届高考本科上线率 100%。网址：www.bj50.com。

（庄丽）

【评选首届教学常规工作优秀教师】 3 月，五十中举行第一届教学常规工作优秀教师评选。学校通过个人自荐、学校审核方式，评选出在教学常规工作方面表现优秀教师 38 人。该校教师 219 人参加评选。根据规定，优秀教师享受一年教学常规免检待遇。

（孙喆）

【学生自主选课】 9 月，五十中举办学生自主选课活动。活动以“热爱生活”为主题，让学生通过自主选课方式确定新学期选修课。该校设计 10 余张展板，包括“热爱历史”“热爱科学”“热爱文学”“热爱艺术”“热爱运动”五个板块，罗列“图说历史”“镜花水月看林夕”等 40 门选修课。任课教师与学生现场互动并发放收徒卡，学生可通过当场选择和事后补选的方式选择课程。

（曹天骄）

【开展校际合作】 至年底，五十中与

五十中分校、云南昆明市官渡区第五中学开展校际合作。8 月，该校与五十中分校建立校际联盟。联盟校共同开展专题教师学习培训和干部培训。12 月 27 日，该校与云南昆明市官渡区第五中学签订合作协议。根据协议，两校在校园文化、校本课程建设、德育团队活动等方面开展合作。

（肖红）

北京汇文中学

【概　况】 2012 年，北京汇文中学占地面积 5.21 万平方米、建筑面积 5.75 万平方米，体育场馆面积 2.85 万平方米。全年教育经费投入 5225 万元，其中，国家拨款 4541 万元、自筹经费 684 万元。固定资产总值 4808 万元。图书馆（室）藏书 12 万册，包括电子图书 723 册。普通教室 63 个、专用教室 19 个、实验室 12 个。拥有计算机 662 台，多媒体教室座位 1800 个。学校信息化经费投入 145 万元，校园网出口总带宽 110Mbps，数字资源量 3000GB，“信息技术”课程 1 课时/周。教职工 197 人，包括高级职称 69 人、中级职称 68 人。专任教师 146 人，包括特级教师 3 人、市骨干教师 5

人；本科及以上学历 173 人，包括硕士 58 人、博士 4 人。开设教学班 45 个，其中，初中 18 个、高中 27 个。毕业 477 人，其中，初中 164 人、高中 313 人；招生 532 人，其中，初中 249 人、高中 283 人；在校生 1575 人，其中，初中 703 人、高中 872 人。在校生中，寄宿生 250 人；外省市借读生 179 人，其中，初中 64 人、高中 115 人。高中录取分数线 517 分（东城区），应届高考本科上线率 100%。网址：www.huiwen.edu.cn。

（陈维嘉　祖茹）

【访问法国尤尼斯库中学】　1 月 30 日至 2 月 7 日，汇文中学师生访问法国巴黎伊西市尤尼斯库中学。访问期间，该校学生入住法国家庭，与尤尼斯库中学学生一起学习生物、中文、经济、哲学等课程，参加联欢活动，参观卢浮宫、巴黎圣母院、埃菲尔铁塔等景点。该校高二年级教师 2 人、学生 18 人参加访问。汇文中学与巴黎尤尼斯库中学 1998 年结成友好学校，2001 至 2012 年，共开展互访交流活动 6 次。

（祖茹）

【入选首批百年学校】　8 月 29 日，汇文中学入选北京市首批“百年学校”。该校前身为 1871 年创立的蒙学馆，校址崇文门内；1904 年改为汇文大学堂；1912 年更名北京汇文大学校；1952 年，改名为北京市第二十六中学；1959 年，学校迁至崇文区培新街 6 号；1989 年 4 月，学校更名为北京汇文中学并沿用至今。该评选由市教委举办，面向北京全部中小学，经过学校报名、区县教委推荐、专家评审论证等程序，首批共 33 所学校入选，其中，中学 12 所、小学 20 所、特殊教育学校 1 所。

（祖茹）

【与彭水一中签订交流协定】　10月7

日，汇文中学与重庆市彭水县第一中学签订友好交流协议。该校受民盟中央社会服务部邀请，与彭水一中就交流内容及方式进行磋商并签订协议。根据协议，两校在教育教学科研、干部教师队伍建设、现代教育技术应用以及学校管理方面开展交流。汇文中学响应国家西部大开发战略，积极支持西部教育发展，1991 年在民盟中央社会服务部邀请下与贵州毕节地区签订教育交流协议，2007 年在东城区政府主持下与青海省黄南藏族自治州教育局合作设立黄南高中班。

（祖茹）

北京市第一六一中学

【概　况】　2012 年，北京市第一六一中学占地面积 4.54 万平方米、建筑面积 3.22 万平方米，体育场馆面积 1.21 万平方米。全年教育经费投入 7967 万元，其中，国家拨款 7954 万元、自筹经费 13 万元。固定资产总值 8684 万元。图书馆藏书 15.08 万册。普通教室 51 个、专用教室 11 个、实验室 21 个。拥有计算机 522 台，多媒体教室座位 288 个。年度信息化经费投入 207.8 万元，校园网出口总带宽 100Mbps，数字资源量 2500GB，“信息技术”课程 1 课时/周。教职工 251 人，包括高级职称 94 人、中级职称 76 人。专任教师 192 人，包括特级教师 1 人、市骨干教师 3 人。开设教学班 49 个，其中，初中 24 个、高中 25 个。毕业 662 人，其中，初中 370 人、高中 292 人；招生 599 人，其中，初中 320 人、高中 279 人；在校生 1880 人，其中，初中 1043 人、高中 837 人。在校生中，外省市借读生 94 人。高中录取分数线 525 分（西城区），应届高考本科上线率 100%。网址：www.bj161zhx.org。

（赵丹）

【举办两场专题报告会】　5月10日和 8 月 25 日，一六一中分别举办两场专题报告会。5 月邀请国际象棋特级大师、首都体育学院副院长谢军以《做最好的自己》为题，结合个人学习经历、参赛历程和人生感悟，从高三意味着什么、如何调整心态、如何抗拒压力等方面，勉励学生相信自己、战胜困难、积极迎战高考。该校高二年级学生 296 人听取报告。8 月邀请航天员景海鹏为高三年级作《感悟飞天壮举、助力圆梦青春》主题报告。景海鹏结合自身经历诠释对该校校训“诚真”、学校精神“站出来，让祖国挑选”的理解。该校高三学生 290 人参加报告会。

（刘羊羽　张志强）

【理科特色班招生】　7 月，一六一中高一年级理科学科思想方法培养特色班首次招生。特色班以“科学学习，自主发展；方法培养，持续发展；乐于探究，终身发展”为原则，注重培养学生自主学习能力。经市教委批准，该班面向东城、西城、朝阳、丰台、石景山、海淀六个区统一招生，首批招生 30 人，录取分数线 529 分，学制 3 年。

（王玲）

【举办青少年“补天”行动启动仪式】　9 月 16 日，一六一中举办“中国青少年‘补天’行动启动仪式暨 2012 年‘9·16’国际保护臭氧层日纪念活动”。活动旨在纪念第 18 个国际保护臭氧层日和《关于消耗臭氧层物质的蒙特利尔议定书》缔结 25 周年。活动表彰“全球青少年保护臭氧层视频短篇”中获奖个人和集体，接受雕塑家袁熙坤《女娲补天》雕塑作品捐赠，演唱环保歌曲《女娲补天》。环保部、联合国环境规划署臭氧秘书处领导，西城区人大、政府及该校师生 260 人参加仪式。

（王晨）

【校区门前安装红绿灯】　9 月，一六一中北校区校门北长街路安装红绿灯。为保障学校学生中午到校区对面食堂用餐安全，该校与六部口交通队联系，在学校北校区校门北长街路安装红绿灯，交通队委派交警于 12：00 至 12：30 在校门口执勤。《法制晚报》对该事做相关报道。

（赵丹）

北京市第四中学

【概　况】　2012 年，北京市第四中学占地面积 7.87 万平方米、建筑面积 8.54 万平方米，体育场（馆）面积 3.16 万平方米。全年教育经费投入 11723 万元，其中，国家拨款 7656 万元、自筹经费 4067 万元。固定资产总值 19432.05 万元。图书馆藏有纸质图书 17.54 万册，电子图书 12058GB。普通教室 81 个、专用教室 40 个、实验室 37 个。拥有计算机 967 台，多媒体教室座位 3420 个。学校信息化经费投入 85 万元，校园网出口总带宽 1100Mbps，数字资源量 12058GB，“信息技术”课程 2 课时/周。教职工 334 人，包括高级职称 116 人、中级职称 91 人。专任教师 235 人，包括特级教师 4 人、市骨干教师 4 人、市学科教学带头人 3 人。开设教学班 72 个，其中，初中 30 个、高中 42 个。毕业 820 人，其中，初中 320 人、高中 500 人；招生 899 人，其中，初中 400 人、高中 499 人；在校生 2585 人，其中，初中 1120 人、高中 1465 人。在校生中，寄宿生 350 人，外省市借读生 45 人。高中录取分数线 540 分（西城区），应届高考本科上线率100%。网址：www.bhsf.cn。

（郭琪）

【呼和浩特分校落成】　9 月 15 日，四中呼和浩特分校在内蒙古赛罕区落成。该校由内蒙古呼和浩特市赛罕区政府主办、北京西城区教委支持，为全日制公办完全中学，目的是满足少数民族地区群众对优质教育资源的需求。分校占地面积 10.2 万平方米，拥有教职工 67 人，首批招生初中 4 个班 180 人、高中 6 个班 270 人。根据规定，四中选派干部担任分校校长，不定期派专家到分校讲学；分校教师定期在四中培训，可共享四中网校资源。分校 2010 年 8 月开工建设，总投资 3 亿元。

（皮拥军）

【举办建校105周年校友论坛】　9月

29 日，四中举办建校 105 周年校友论坛。论坛以“中学时代与人生”为主题，邀请该校五十年代至八十年代杰出校友代表分别回顾自己在四中的学习经历，并结合中学时代生活，阐述中学教育对人生的重要作用。该校向演讲嘉宾颁发校庆演讲纪念证书。该校教师 400 余人参加论坛。

（李建华）

【举办国培计划培训班】　10月10日，

“国培计划（2012）”中小学骨干教师研修项目北京四中高中通用技术班开班。该班为期 10 天，由四中教师李雪梅等 5 名教师讲授通用技术课程，主要内容包括结构知识与结构设计操作、悬臂梁设计方案确定等，并针对通用技术教学、学科发展等问题交流探讨。来自各省中小学通用技术课程教师 89 人参加培训。四中是全国承担“国培计划”任务的三所中学之一，10 月 16 日，该校另举办“‘国培计划（2012）’中小学骨干教师研修项目人大附中高中语文班”四中专场活动。语文组教师与该班学员交流近几年四中语文教学和人文教育实践及收获。

（黄春　李雪梅）

【师生科技作品获国际奖】　至年底，四中学生在国际科技竞赛中获奖。4 月 18 至 25 日，在第 40 届日内瓦国际发明展中，该校高二年级学生赵元钊发明作品“新型无轨电车分线器”获金奖。该作品通过可控旋转舵机原理分离滑块实现重新并线。该校教师高增发明作品“后仰式办公座椅”同获金奖。来自 40 多个国家 800 名发明者参加展览。4 月 26 日至 5 月 2 日，在 2012 年丹麦青少年科学家竞赛（Young Scientist - Denmark）中，经过现场展示和论文答辩，该校高二年级学生李江获三等奖，同时获奖金 600 元。比赛由丹麦青年科学家组织（Young Scientists - Denmark）主办，面向 21 岁以下学生，来自世界各地百余名学生参赛。5 月 14 至 18 日，在 2012 加拿大计算机竞赛（Canadian Computing Competition，简称 CCC）中，该校高二年级学生孙炜岳代表中国赛区参赛，以第五名的成绩获得金牌。比赛由加拿大滑铁卢大学主办，来自 10 个国家 60 人参加比赛。

（秦波　赵元钊　李江）

北京市第十三中学

【概　况】　2012 年，北京市第十三中学占地面积 2.82 万平方米、建筑面积 2.60 万平方米，体育场馆面积 8360 平方米。全年教育经费投入 4734 万元，全部为国家拨款。固定资产总值 3531.80 万元。图书馆（室）藏书 10.58 万册。普通教室 46 个、专用教室 14 个、实验室 15 个。拥有计算机 459 台，多媒体教室座位 1107 个。学校信息化经费投入 19.19 万元，校园网出口总带宽 1000Mbps，数字资源量 2757.34GB，“信息技术”课程 2 课时/周。教职工 169 人，包括高级职称 40 人、中级职称 39 人。专任教师 118 人，本科及以上学历 116 人。开设教学班 36 个，其中，初中 12 个、高中 24 个。毕业生 401 人，其中，初中 140 人、高中 261 人；招生 364 人，其中，初中 124 人、高中 240 人；在校生 1107 人，其中，初中 395 人、高中 712 人。高中录取分数线 517 分（西城区）。应届高考本科上线率 99%。网址：www.bj13zhx.com。

（付斌霞）

【举办教学研讨会】 3月和6月，十三中分别举办题为“专题式读写结合教学模式初探”的语文教学研讨会和题为“新课程理念下的中学数学学习策略探究——重难点剖析”的数学教学研讨会。其中，语文教学研讨会听取《北京十三中语文教师教学及专业发展调查问卷分析》和《开展校本研修，促进专业发展》专题报告，指出“专题式读写结合教学模式初探”项目是通过教师合作，探究解决语文教学中阅读和写作不能有效结合的问题。会上，各备课组代表分别汇报本专题研究成果，认为各年级都应该在每一学期进行某一专题的深度单元教学探讨，以使学生获得人文情怀与读写水平方面的纵深发展。该校语文教师19人参加会议。数学教学研讨会听取各备课组重难点剖析专题汇报，包括“几何证明中的教学策略”“树立信心，改进方法，提高解综合题的能力”“高中阶段提升学生运算能力的教学方法初探”等内容。该校数学教师20人参加活动。

（聂勇 秦胜）

【举办首届班主任节】 10月23日，十三中举办首届班主任节。本届班主任节以“播洒爱的阳光”为主题举办庆祝大会。大会中，校长致辞肯定班主任在工作中发挥的作用；学生代表讲话感谢班主任并献上祝福。与会师生观看视频短片《班主任的幸福》，听取班主任代表《坚守责任、享受平凡中的幸福》主题发言。校领导向班主任代表颁发《播洒爱的阳光——班主任风采录》及“致班主任家属信”，为获得优秀班主任的教师颁奖。该校师生1300人参加活动。

（刘宏菲）

【一人获中小学生科学建议奖】 12月16日，十三中高三年级学生陈彦竹获北京市中小学生科学建议奖。该生参评建议报告《北京公交车站遮雨棚改进的建议》认为，乘客雨天在公交车站遮雨棚等候公交离开上车时，棚顶滴下的水线会将乘客衣服打湿，原因是遮雨棚顶边沿设计不合理。针对此，该生提出对公交站遮雨棚顶加一套引流装置，让落下的雨滴按“规定路线”流到地面。该评选由市教委主办，经学校上报、专家初审复议、终审答辩等程序，共有来自海淀区育鹰小学张久柏等10名学生获奖。

（许铭昭）

北京市第八中学

【概　况】 2012年，北京市第八中学占地面积4.26万平方米、建筑面积6.41万平方米，体育场（馆）面积4.22万平方米。全年教育经费投入7576.21万元，其中，国家拨款148.27万元、自筹经费7427.94万元。固定资产总值5428万元。图书馆藏有纸质图书15.32万册，电子图书20GB。普通教室67个、专用教室24个、实验室17个。拥有计算机725台，多媒体教室座位4705个。学校信息化经费投入448.23万元，校园网出口总带宽1000Mbps，数字资源量500GB，“信息技术”课程3课时/周。教职工319人，包括高级职称111人、中级职称102人。专任教师247人，包括特级教师1人、市骨干教师5人；本科学历236人。开设教学班59个，其中，初中27个、高中32个。毕业651人，其中，初中317人、高中334人；招生715人，其中，初中366人、高中349人；在校生2044人，其中，初中1046人、高中998人。在校生中，住宿生240人，外省市借读生16人。高中录取分数线531分（西城区），应届高考本科上线率100%。网址：www.no8ms.bj.cn。

（吴晋）

【举办经济专题报告会】 2月28日，八中举办经济专题报告会。报告会邀请国家统计局新闻发言人、国民经济综合统计司司长围绕“关于当前宏观经济中几个热点问题”作主题报告，详细讲解中国宏观经济形势走势、物价问题、房地产调控、欧美债务危机对中国影响和为什么中国要加快改革和转型等问题。该校教师、学生380人听取报告。

（吴晋）

【成立学术指导委员会】 3月6日，八中学术指导委员会成立。委员会职责是对学校名师培养和青年教师业务提高提供学术支持、为教育教学提供智力支持、对重大学术问题开展评价并把关指导。委员会共17人，其中，校内特级教师、市学科教学带头人7人，外聘学科专家10人。

（吴晋）

【广西北海分校成立】 9月15日，八中北海分校揭牌并举行签字仪式。根据协议，广西壮族自治区北海市第二中学增挂“北京八中北海分校”校牌，八中与北海分校实现优质普通高中教育资源共享，并开展学生培养、教师培训等方面教育交流合作。广西北海市、西城区政府相关人员及两校教师、学生、家长共1200人参加签字仪式。

（吴晋）

【成立少年科学院】 10月26日，八中少年科学院成立。该组织由学生倡议成立，属于教师指导、学生自主管理的学生社团。“科学院”面向学校高中生，通过自主选择、选拔面试方式录取首批“小院士”289人。中国少年科学院、中国科学出版社等单位代表，西城区教委相关人员及该校师生332人参加成立大会。

（吴晋）

北京市西城外国语学校

【概　况】 2012年，北京市西城外国语学校占地面积3.97万平方米、建筑面积1.35万平方米，体育场馆面积1.75万平方米。全年教育经费投入7174万元，其中，国家拨款7129万元、自筹经费45万元。固定资产总值4832万元。图书馆（室）藏书12万册。普通教室68个、专用教室43个、实验室20个。拥有计算机289台，多媒体教室座位204个。教职工279人，包括高级职称71人、中级职称109人。专任教师208人，包括特级教师1人、市骨干教师2人、市学科教学带头人1人。开设教学班60个，其中，初中36个、高中24个。毕业585人，其中，初中374人、高中211人；招生591人，其中，初中411人、高中180人；在校生1918人，其中，初中1205人、高中713人。在校生中，寄宿生428人，外省市借读生266人。

应届高考本科上线率 99.3%。网址：www.xjfls.org。

（林华）

【电子白板教学获奖】 4月，西城外国

语学校 3 名教师获“第五届全国中小学新媒体新技术教学应用研讨会暨基于交互式电子白板学科教学评比”活动一等奖。该校数学、生物、化学学科 3 名教师在递交的参赛视频教学实录课中，诠释高中新课程标准理念、表述教学目标、解析教材内容和要求，突出基于交互式电子白板教学环境下的教学策略及教法设计。活动由中央电化教育馆、中国教育学会中小学信息技术教育专业委员会联合主办，全国中小学教师 864 节课参加评比，共评出一等奖 113 个、二等奖 338 个、三等奖 413 个。

（林华）

【接待校长团来访】 11 月 16 日，西城外国语学校接待国家行政学校第 14 期校长班成员来访。访问团一行 90 人，听取西外校长阐述该校以“爱·阳光·幸福”为核心价值观的学校文化内涵及校园精彩事例，听取该校特色发展以及加强文化建设、以文化引领发展、以发展构筑名校的成功经验。访问团分别参观学校校史展览、新能源工作室和地理专业教室。该校教职工 8 人参加接待。

（林华）

【举办国际文化节】 12 月 17 日，西城外国语学校国际文化节开幕。文化节以“走进多元文化，拓宽国际视野”为主题，分别举办英语戏剧表演、音乐剧展演，开展为国外经典动画片配音和外国优秀电影欣赏活动，同时分年级举办英语百词竞赛、“多元文化”主题班会活动。文化节共举办主题活动 9 场，该校师生 1954 人次参加活动。

（林华）

北京师范大学第二附属中学

【概　况】 2012 年，北京师范大学第二附属中学占地面积 6.54 万平方米、建筑面积 9.74 万平方米。图书馆藏有纸图书 10 万册。普通教室 40 个、专用教室 10 个、实验室 20 个。拥有计算机 800 台。校园网出口总带宽 100Mbps，数字资源量 30GB。教职工 190 人。专任教师 156 人，包括特级教师 6 人、市骨干教师 8 人、市学科教学带头人 1 人；本科及以上学历 156 人。开设教学班 67 个，其中，初中 18 个、高中 49 个。毕业 461 人，其中，初中 241 人、高中 420 人；招生 546 人，其中，初中 213 人、高中 333 人；在校生 1777 人，其中，初中 672 人、高中 1105 人。在校生中，寄宿生 237 人，外省市借读生 215 人。高中录取分数线 537 分（西城区），应届高考本科上线率 100%。网址：www.shsbnu.net。

（姚雪莹）

【IPv6 技术升级项目通过验收】 7 月 9 日，北师大二附中顺利通过“教育科研基础设施 IPv6 技术升级和应用示范”国家示范项目专家验收。该校向专家组介绍项目执行过程，汇报项目测试、经费使用、财务审计、用户反馈以及项目管理等情况。专家组审阅项目实施各阶段文档、测试报告、财务决算报告和审计报告，实地察看网络机房和设备运行状况，肯定项目组的工作，认为项目按照合同要求完成全部建设内容，达到预期目标，一致同意该项目通过验收。“教育科研基础设施 IPv6 技术升级和应用示范”项目 2008 年启动，是由教育部主管，清华大学、北京大学等 100 所学校共同实施的国家重大示范项目，主要是对 100 所学校校园网实现下一代互联网技术升级改造。

（姚雪莹）

【新开设两类实验班】 9 月，北师大二附中首次开设数字化特色实验班和社科实验班。其中，数字化特色实验班 3 个，面向全市统考招生，首批招生 105 人。该班旨在通过引入数字化手段改善和丰富教与学的形式，提升学生数字化素养，增强学生沟通与协作能力，引导学生个性化学习。社科实验班 1 个，面向全市统考招生，首批招生约 30 人。该班旨在通过加强文科科目的学习，增加社科特选课程和艺术特色课程，激发学生学习积极性，增强学生学习的自主性和自我导向能力。

（姚雪莹）

【编订文科实验班语文教科书】 9 月，《北师大二附中文科实验班语文教科书》投入使用。该书共 9 册，包括必修 5 册、选修 5 册。专供北师大二附中高中文科实验班使用，共收录 160 篇经典篇目。该书综合人教版、开明版、苏教版等教材特色，根据文科实验班学生实际情况，采用专题组元的形式，在单元导引中融入学生解读和创作，并用活页教材形式呈现。该教材邀请校外语文教学专家与该校语文教师共同编写，是国家课程校本化的新尝试，注重发挥教师自主性和学生主动性，提升语文教学实效性。年内，北师大二附中总结国家课程校本化研究，在“第三届全国高中语文模块课程专题教学研讨会”中，该校语文组教师代表作《国家课程校本化教材编写》的工作汇报和题为《从〈祝福〉到〈彷徨〉中的女性诉求》的观摩展示课。

（姚雪莹）

【举办班主任工作研讨会】 10 月 30 日，北师大二附中举办何杰班主任工作理念和实践研讨会。研讨会上，何杰以《用健康班级文化促进学生生命状态提升》为题作班主任工作理念总结报告。参会教师代表作《感悟生命的升华》《仰望教育的星空》主题交流发言。该活动是学校“德育名师工程”系列活动首场研讨会。该校教师 150 人参加活动。

（姚雪莹）

【举办舞蹈教学现场会】 12 月 13 日，北师大二附中举办“北京市中小学素质教育——舞蹈教学现场会”。该校校长介绍学校目前教育教学改革情况与特色，强调艺术教育对于学生综合素质和终身发展的重要意义，重点介绍学校“舞蹈特色课程”实施概况。与会人员分组观摩小学、初中、高中舞蹈教学课例和教学成果展示，观看该校教师的高三舞蹈课展示。活动由市教委和西城区教委主办，北京舞蹈学院、中国歌剧舞剧院专家，市教委、区教委领导及各区县教委相关人员，该校师生200人参加现场会。

（姚雪莹）

北京市育才学校

【概　况】 2012年，北京市育才学校占地面积7.22万平方米、建筑面积4.81万平方米，体育场馆面积2.04万平方米。全年教育经费投入8026.90万元，其中，国家拨款7329.50万元、自筹经费697.40万元。固定资产总值6017.40万元。图书室藏有纸质图书11.50万册，电子图书2232册。普通教室89个、专用教室47个、实验室13个。拥有计算机810台，多媒体教室座位310个。学校信息化经费投入247.27万元。校园网出口总带宽30Mbps，数字资源量360GB，“信息技术”课程1课时/周。教职工436人，包括高级职称91人、中级职称167人。专任教师317人，包括特级教师1人、市骨干教师9人；本科及以上学历315人。开设教学班87个，其中，小学40个、初中23个、高中24个。毕业783人，其中，小学224人、初中298人、高中261人；招生858人，其中，小学319人、初中299人、高中240人；在校生3186人，其中，小学1590人、初中844人、高中752人。在校生中，寄宿生424人，外省市借读生208人。高中录取分数线494分（西城区），应届高考本科上线率100%。网址：www.bjyucai.com。

（马卫庆）

【设立育才奖学金】 1月7日，育才学校召开“育才奖学金”首届颁奖大会。会议为获奖学生颁发证书和奖金，其中，一等奖空置，获得二等奖12人、每人奖金1000元，获得三等奖20人、每人奖金500元。奖学金由学校每年出资2至3万元设立，主要表彰在高考、北京市金帆奖评选、期末考试中表现优秀或在学校和社会做出积极正面影响力事情的学生，每年评选一次。该校师生600人参加颁奖大会。

（马卫庆）

【师生遭遇暴雨安全返校】 7月22日，育才学校师生房山遭遇特大暴雨后成功转移并安全返校。该校小学部104名学生、9名教师在房山区青龙湖镇参加体育集训。21日，在持续降雨7小时后，因积水漫至宿舍楼，教师每人负责一组学生，并由高年级学生协助，整体转移到地势较高另一座三层楼内避险；后因山洪暴发冲塌基地院墙，洪水冲向师生避险所在楼墙，为避免洪水正面冲击，教师保护并带领学生转移至另一栋楼避险。安顿后，教师对学生进行心理安抚，并为可能出现的第三次转移寻找路线。至22日2时，该校师生全部在武警官兵营救下脱险并安全返校，部分教师受轻伤。“北京7·21特大暴雨”全市平均降雨量170毫米，房山为重灾区，平均降雨量483.1毫米；全市经济损失116.4亿元，因灾死亡79人。

（马卫庆）

【庆祝建校75周年】 10月28日，育才学校建校75周年。该校以举办大型文艺庆典、由校友会主持编写《育才校史》《领导题词集》《校友风采录》《教师风采录》等纪念书刊、教师创作《育才赋》、谱写《育才颂歌》方式庆祝建校。其中，文艺庆典以第一篇章《圣地红烛，薪火传邦》、第二篇章《皇苑建校，鹏翼初翔》、第三篇章《启智扬长，桃李芬芳》为线索，以艺术表演方式回顾学校成长历程。中国社科院、全国妇联、市教委、北京教育科学研究院等单位领导及该校校友、教师、学生4000人参加活动。育才学校1937年创办于延安，由徐特立担任首任校长，1949年迁至北京先农坛。至2012年，学校累计培养毕业生3.3万人。

（马卫庆）

【签订合作办学协议】 12月26日，育才学校与北京住总万科房地产开发有限公司、西城区育学教育服务中心三方签订合作办学框架协议。根据协议，三方合作推进育才分校建设。育才学校负责指导管理培训、教育教学，使优质教育资源向大兴分校输入；万科公司负责大兴分校基础设施配套投资及建设，提供大兴分校职工培训经费及教育教学交流经费；教育服务中心受万科公司委托方，具体负责分校教职工培训及育才学校相关教育教学交流培训事宜。

（马卫庆）

北京师范大学附属中学

【概　况】 2012年，北京师范大学附属中学占地面积4.39万平方米、建筑面积4.80万平方米，体育场馆面积9400平方米。全年教育经费投入5085万元，其中，国家拨款4773万元、自筹经费312万元。固定资产总值12409万元。图书馆藏有纸质图书17.83万册，电子图书644册。普通教室72个、专用教室33个、实验室22个。拥有计算机600台，多媒体教室座位150个。学校信息化经费投入873万元，校园网出口总带宽10Mbps，数字资源量2000GB，“信息技术”课程2课时/周。教职工251人，包括高级职称104人、中级职称106人。专任教师199人，包括特级教师5人、市骨干教师8人；本科及以上学历195人。开设教学班59个，其中，初中25个、高中34个。毕业611人，其中，初中255人、高中356人；招生679人，其中，初中306人、高中373人；在校生2026人，其中，初中926人、高中1100人。在校生中，寄宿生201人，外省市借读生68人。高中录取分数线528分（西城区），应届高考本科上线率100%。网址：www.bjsdfz.com。

（朱静静）

【举办创新发明指导讲座】 7月5日，师大附中举办创新发明指导讲座。讲座邀请中学特级教师、电视台《我爱发明》节目主持人孙心若以“创造思维的非常规性方形车轮”为题，讲解发明创新需要的创造性思维和发明创造基本步骤。他认为创造性思维应具有非常规性和积极主动性，需要逆向思维、颠倒思维、侧向思维等模式。该校初一、初二年级学生300人听取讲座。

（赵昕）

【与内蒙经棚二中结成联谊校】 8月29日，师大附中与内蒙古赤峰市克什克腾旗经棚二中签订《“手拉手”联谊校交流协议》。根据协议，双方通过学科示范课、学术讲座、远程教学等方式，在新课程实施、学校管理、师资培训和校园文化建设等方面开展合作交流。协议期3年。两校代表15人参加签字仪式。

（冯希奇）

【入选首批百年学校】 8月29日，师大附中入选北京市首批“百年学校”。师大附中创建于1901年（清光绪二十七年由顺天府尹堂和五城察院经清政府批准创办），始称五城学堂，1902年更名为五城中学堂，1912年（民国元年）奉南京临时政府教育部令改名为国立北京高等师范学校附属中学校，1923年更名为国立北京师范大学附属中学，1937年卢沟桥事件后部分师生随北师大西迁，抗日战争胜利后随北师大迁回北平，1949年北平解放后校名定为国立北平师范大学附属中学，1953年正式更名为北京师范大学附属中学。该校是中国成立最早的公立中学之一。该评选由市教委举办，面向北京全部中小学，经过学校报名、区县教委推荐、专家评审论证等程序，首批共33所学校入选，其中，中学12所、小学20所、特殊教育学校1所。

（梁原草）

北京市第十五中学

【概　况】 2012年，北京市第十五中学两址办学，占地面积3.31万平方米、建筑面积2.45万平方米，体育场馆面积1060平方米。全年教育经费投入6590.44万元，其中，国家拨款6365.97万元、自筹经费224.47万元。固定资产总值2630.30万元。图书室藏书12.80万册。普通教室66个、专用教室19个、实验室14个。拥有计算机693台，多媒体教室座位1704个。学校信息化经费投入20万元，校园网出口总带宽20Mbps，“信息技术”课程初中1课时/周、高中2课时/周。教职工264人，包括高级职称79人、中级职称87人。专任教师171人，包括市骨干教师4人。开设教学班50个，其中，初中24个、高中26个。毕业654人，其中，初中351人、高中303人；招生541人，其中，初中313人、高中228人；在校生1703人，其中，初中997人、高中706人。在校生中，寄宿生124人。高中录取分数线512分（西城区），应届高考本科上线率100%。网址：www.bj15.cn。

（莫晓红）

【成立教代会常委会】 5月，十五中成立教代会常委会。常委会通过无记名投票方式选举产生，共11人，是教代会的常设机构，负责教代会闭会期间收集、审议代表提案，并向领导质询，督办落实。该校常委会于7月2日召开首次通报和质询交流会，全体常委委员、学校副校级以上领导参会。该校校长通报近期学校重大事件，包括经费使用、初中招生、教职工招聘，并就部分代表提案做相关答复。会上，常委会委员还就提案中未提到问题向参会领导提出质询，并通过辩论，提出双方认可解决方案。

（莫晓红）

【开设“走进西城”地方课程】 9月，十五中开设“走进西城”校本课程。该课程面向高一年级学生，由学校教学处、科研室、历史、地理、科技等学科教师和高一年级班主任组建课程教师团队，通过专家讲座、手工实践、戏曲欣赏等方式，让学生了解北京历史及西城文化。该校学生260人选修该课程。至年底，该课程共开课32学时，分别举办“走出课堂，走进西城”“皇都遗韵”主题讲座、“非物质文化遗产入校园”主题手工实践和“昆曲进校园艺术赏析”“我眼中的西城”等主题活动5场。

（莫晓红）

【庆祝建校60周年】 10月12至13日，十五中举办“记忆繁华——建校60周年庆典仪式”。仪式上，该校校长致辞，邀请莱百公司总经理为该校金镶木演讲台揭幕。该讲台红木材质，中间镌刻“学术论坛”金色文字。市委教育工委、北京教育学院、西城区人大等单位代表及该校校友、师生共3000人参加活动。十五中于1952年建立，1978年成为市属重点中学，1994年成为全国中小学整体改革实验学校，2001年成为首批示范性高中校。至2012年，共培养毕业生4万人。

（莫晓红）

【举办钓鱼岛事件专题讲座】 10月29日，十五中举办“触摸真实、理性爱国——关于钓鱼岛事件”专题讲座。该校史地政组3名教师主讲，回顾钓鱼岛事件，并结合世界地理和钓鱼岛历史，明确钓鱼岛自古以来就是中国领土这一事实，号召学生首先要立场坚定，理性爱国，同时要从身边事做起，把学习生活安排好，反对暴力和莽撞行为。该校教师学生750人听取讲座。

（丁倩倩）

北京市第十四中学

【概　况】 2012年，北京市第十四中学占地面积7.14万平方米、建筑面积6.85万平方米，体育场馆面积2.76万平方米。全年教育经费投入8660.05万元，其中，国家拨款8446.29万元、自筹经费213.76万元。固定资产总值7229.15万元。图书馆藏书11.73万册。普通教室67个、专用教室21个、实验室16个。拥有计算机911台，多媒体教室座位1972个。学校信息化经费投入102.48万元，校园网出口总带宽450Mbps，数字资源量305.18GB，“信息技术”课程4课时/周。教职工313人，包括高级职称82人、中级职称119人。专任教师214人，包括特级教师2人、市骨干教师6人；本科及以上学历213人。开设教学班55个，其中，初中31个、高中24个。毕业767人，其中，初中486人、高中281人；招生581人，其中，初中341人、高中240人；在校生1927人，其中，初中1140人、高中787人。在校生中，寄宿生294人，外省市借读生180人。高中录取分数线501分(西城区)，应届高考本科上线率100%。网址：www.bj14.com.cn。

（尹峥）

【赴北川中学参观交流】　4月17至23日，十四中组织教师赴四川省北川羌族自治县北川中学参观交流。该校教研组长、骨干教师18人参观北川中学地震展厅，观看课间操，分别按语文、物理、学校行政管理等小组与北川中学的教师交流。十四中代表团邀请北川中学师生到该校交流访问。

（尹峥）

【学生营养配餐研究课题结题】　5月14日，十四中“学生健康第一实践与研究——学生营养配餐研究”课题结题。该课题是市教育科学“十一五”规划重点课题，主要研究学生饮食结构及营养健康教育的现状，提出对学生进行营养健康知识的教育。项目组通过调研、实践等方式，了解学生现有饮食结构、学生对营养健康知识的认识和需求、配餐公司配餐情况及其科学依据、学校食堂配餐情况及其合理性。课题组认为不合理的饮食习惯及结构在学生中大量存在，学生、家长、配餐公司及学校有必要进行营养健康知识的学习。该课题历时3年，开展实践活动48次，组织营养知识教育讲座14次，开展问卷调查6次。出版学生营养健康研究课校本教材《饮食万花筒》，出版研究成果《学生营养配餐研究汇编》《学生营养健康教育及学生营养餐从业人员培训大纲》等，开发“学生营养配餐软件(新编版)”一套。

（董向玮　张练）

【召开自主排课研讨会】　8月24至26日，十四中召开自主排课研讨会。该校校长作“推进自主排课实验，促进教师专业发展的基本思想”主题发言，解读《十四中自主安排新课程实施方案》，与会教师分别围绕“按新课程理念，如何落实好本学科自主排课方案”“认真修订学科课程计划，具体落实到每一课时”“结合学校课程方案，讨论本学科期中、期末考试相关内容”等主题分6组讨论交流。该校教师90人参加研讨会。

（张练）

北京市第六十六中学

【概　况】　2012年，北京市第六十六中学占地面积3.16万平方米、建筑面积2.45万平方米，体育场（馆）面积1078平方米。全年教育经费投入5367万元，其中，国家拨款5199万元、自筹经费168万元。固定资产总值2721.63万元。图书馆（室）藏书8.62万册。普通教室53个、专用教室23个、实验室9个。拥有计算机665台，多媒体教室座位2760个。学校信息化经费投入384.66万元，校园网出口总带宽450Mbps，数字资源量1000GB，“信息技术”课程2课时/周。教职工223人，包括高级职称58人、中级职称78人。专任教师168人，包括市骨干教师2人；本科及以上学历162人。开设教学班46个，其中，初中22个、高中24个。毕业466人，其中，初中197人、高中269人；招生591人，其中，初中315人、高中276人；在校生1638人，其中，初中800人、高中838人。在校生中，寄宿生56人，外省市借读生240人。高中录取分数线481分（西城区），应届高考本科录取率96%。网址：www.bj66zx.com。

（陶晓燕）

【理科探究实验班开班】　9月，六十六中首届“林学甫理科探究实验班”开班。该班采用高中教育和高中理科实验应用相结合的教育模式，要求学生在完成高中三年教育目标同时，把高中课程实验做深做透，并探索其在现实中的应用。课程设置增加理化生实验课程。该实验班设两个班，采用定向选拔和全市中考相结合选拔模式，首批招生73人。

（陶晓燕）

【开展主题校园展示活动】　11月1日，六十六中开展走进百姓身边的学校主题校园展示活动。活动以“分享育人成果、共谋教育大计”为主题，旨在向社会、周边社区、学生家长展现学校近几年来义务教育成果。该校邀请区领导、社区代表、家长代表60余人走进学校，参观学生作品展览，观看学生课间操活动，到班级观摩课堂教学。与会嘉宾与该校领导、教师座谈并就学校建设、特色发展、校本课程等方面提出意见和建议。

（陶晓燕）

【开展教学视导活动】　至年底，六十六中开展教学视导活动。活动涉及初一、初二和高一、高二四个年级，旨在了解并督查学校有效教学常规管理工作，促进教育教学质量提高。活动期间，学校领导、区教研员及教研组教师按计划听课，课后分组评课。活动中，共听评课132节，涉及科目12个。

（陶晓燕）

北京市润丰学校

【概　况】　2012年，北京市润丰学校占地面积2.18万平方米、建筑面积3.02万平方米，体育场馆面积1.63万平方米。全年教育经费投入1006.27万元，其中，国家拨款798.67万元、自筹经费207.60万元。学校固定资产总值6340.38万元。图书馆藏书1.10万册。普通教室36个、专用教室36个、实验室6个。拥有计算机210台，多媒体教室座位80个。学校信息化经费投入329.06万元，校园网出口总带宽10Mbps，数字资源量907GB，“信息技术”课程1课时/周。教职工79人，包括高级职称6人、中级职称18人。专任教师71人。开设教学班19个，其中，小学13个、初中6个。招生269人，其中，小学159人、初中110人；在校生635人，其中，小学448人、初中187人。网址：www.bjrfxx.com。

（刘曦）

【新校园落成】　9月29日，润丰学校举办校园文化展示暨新校园落成典礼。典礼包括“拥抱未来”“七彩少年”和“和谐家园”三个章节，通过视频介绍、案例访谈、经典节目及专家点评，展示该校教育理念和新校园的教学环境。市教委、朝阳区教委相关人

员及区中小学书记、校长，该校教师学生 800 人参加典礼。新校园位于朝阳区青年路西里 6 号院，占地面积 2.18 万平方米、建筑面积 3.02 万平方米，体育场馆面积 1.63 万平方米，可同时容纳 1440 名学生在校学习。新校园 2009 年 5 月开工建设，2011 年 10 月建成。

（刘煜）

【接待德国美术教育专家代表团】 10 月 30 至 31 日，润丰学校接待德国美术教育专家代表团。该代表团包括全德美术教育工作者联合总会、全德青少年艺术学校及比较艺术教育机构联合会、全德艺术教育专业总会专家学者共 11 人。代表团参观校园及教育教学设施，为该校七年级学生举办题为《德国美术教育》的讲座，为该校教师作两节美术创作课，并就美术教育中经验和方法与该校教师互动。学校师生 200 人参加接待活动。该校是 2012 年德国美术教育专家代表团访华交流最后一站。

（李汶姗）

【建立学生社团体系】 至年底，润丰

学校建立“七彩阳光学生社团”体系。该体系以七彩阳光育人理念为指导，以“七星少年”评价体系为框架，以学生兴趣爱好及全面发展需要为根本出发点，面向全体学生开设。七彩阳光学生社团体系设校级、普通两个层级，由多元文化、文艺、科技、运动、礼仪、劳动、公益 7 类 39 个社团组成。至年底，该校学生共 635 人次加入不同社团，670 人次参加社团活动。

（刘曦）

北京市和平街第一中学

【概　况】 2012 年，北京市和平街第一中学为 12 年一贯制学校，设小学教育、初中教育和高中教育。学校占地面积 6.20 万平方米、建筑面积 4.88 万平方米，体育场（馆）面积 3.08 万平方米。全年教育经费投入 7109.75 万元，其中，国家拨款 6725.93 万元、自筹经费 383.82 万元。固定资产总值 9508.91 万元。图书馆（室）藏书 11.91 万册。普通教室 93 个、专用教室 70 个、实验室 19 个。拥有计算机 300 台，多媒体教室座位 100 个。学校信息化经费投入 169.79 万元，校园网出口总带宽 100Mbps，数字资源量 4GB，“信息技术”课程 4 课时/周。教职工 352 人，包括高级职称 86 人、中级职称 84 人。专任教师 291 人，包括特级教师 10 人、市骨干教师 2 人、市学科教学带头人 1 人；本科及以上学历 238 人。开设教学班 90 个，其中，小学 28 个、初中 23 个、高中 39 个。毕业 685 人，其中，小学 116 人、初中 217 人、高中 352 人；招生 874 人，其中，小学 250 人、初中 285 人、高中 339 人；在校生 2941 人，其中，小学 979 人、初中 782 人、高中 1180 人。在校生中，寄宿生 441 人；外省市借读生 660 人，其中，初中 293 人、高中 367 人。高中录取分数线 485（朝阳区），应届高考本科上线率 50%。网址：www.phs.bj.cn。

（邱颖）

【成立小学部家长委员会】 4 月 17 日，和平街一中小学部召开第一届家长委员会成立大会。会议以“学校、家庭、社会三位一体合力育人，共塑学生美好未来”为主题，宣读第一届家长委员会名单，并为家长颁发聘书。家长委员会通过班级推荐方式产生，首届家长委员会成员共 24 人，设主任委员 1 人，委员 23 人。该校教职工、学生家长及和平街居委会负责人 40 余人参加大会。

（李凯）

【组织内高班毕业生外出观海】 4 月 29 日，和平街一中组织内地新疆高中班高三学生到北戴河游览。活动以“放飞理想，迎接挑战”为主题，帮助高三学生调整心态，以平和、积极的心态迎接高考。活动中，学校教师鼓励内高班学生在高考即将来临之际，持之以恒，以最佳的状态迎接人生的第一次重要磨炼。学生游览黄金海岸，体验滑沙和高空速降游戏。至年底，该校还组织内高班预科年级师生到中国科技馆参观；组织高一年级和预科年级师生到天安门广场观看升旗仪式。另有两名高二学生在“全国内高班‘做学法、懂法、守法公民’演讲比赛”中获得一等奖，全国 31 人参加比赛。

（祁珂）

【成立城乡学校发展共同体】 5 月 16 日，和平街一中与北京市北苑中学、北京市金盏学校成立城乡学校发展共同体。根据共同签订的《城乡学校发展共同体工作方案》，三校通过建构管理一体化工作模式，在教师管理、教育教学交流、学生活动交流及绩效考评等方面开展合作。8 月，三校召开共同体德育研讨会，邀请班主任杂志社社长做专题报告、邀请优秀班主任分享班主任工作经验。三校德育处负责人、年级组长以及班主任、青年教师 200 人参加研讨会。

（陈晓曦）

【举办心育教师专业发展研讨会】 11

月 22 日，和平街一中举办年度北京市中小学心理健康教育观摩交流周活动之“心育教师专业发展交流研讨

会”。研讨会以“关爱学生、服务成长”为主题，邀请和平街一中、北京市第八十中学、北京市陈经纶中学等7所学校7名心理教师作积极心理品质心理健康教育观摩课，与会教师现场交流讨论。来自各区县心理学教师共230人参加会议。

（张晓红）

北京市陈经纶中学

【概　况】 2012年，北京市陈经纶中学占地面积9.19万平方米、建筑面积9.89万平方米，体育场（馆）面积3.82万平方米。全年教育经费投入9431万元，其中，国家拨款8678万元、自筹经费753万元。固定资产总值24562万元。图书馆藏书16万册，包括电子图书393册。普通教室149个、专用教室68个、实验室24个。拥有计算机839台，多媒体教室座位2500个。学校信息化经费投入503万元，校园网出口总带宽300Mbps，数字资源量2800GB，“信息技术”课程2课时/周。教职工441人，包括高级职称121人、中级职称137人。专任教师402人，包括特级教师8人、市骨干教师16人、市学科教学带头人3人。开设教学班121个，其中，小学42个、初中35个、高中34个。毕业993人，其中，小学141人、初中431人、高中421人；招生1222人，其中，小学265人、初中620人、高中337人；在校生4211人，其中，小学1401人、初中1704人、高中1106人。在校生中，寄宿生160人；外省市借读生1083人，其中，小学614人、初中435人、高中34人。高中录取分数线509分（朝阳区），应届高考本科上线率100%。网址：www.bjcjl.com。

（黄杰）

【举办“尝试教育”总结大会】 6月14日，陈经纶中学举办“尝试教育”总结大会。会议听取帝景分校、嘉铭分校校长阐释对尝试教育的理解、教育教学研究的有效对接及取得的阶段成果；观摩两名教师中学数学尝试教育研究课。会议邀请尝试教学创始人邱学华点评研究课并进行指导。朝阳区、顺义区尝试教育实验校，陈经纶中学素质教育联合体校、城乡教育均衡一体化校等共30所学校代表与该校师生代表300人参加会议。

（程木昌）

【接收5名农村骨干教师进站研修】 9月6日，陈经纶中学北京市中小学教师研修工作站接收5名农村骨干教师进站研修。5名教师分别来自密云县、大兴区、门头沟区和通州区，其中，政治教师3人、物理教师2人。该校指派优秀学科教师，通过导师带教方式，对进站研修学员进行实践环节指导；学员通过随堂听课、参与教研、设计教学、上研究课等方式，完善教学实践知识，提高实际教学能力。此次研修是农村中小学骨干教师研修陈经纶中学站点第八期培训工作，为期1年。至9月，该校站点共完成7期研修培训工作，培训学员共计57人。

（黄杰）

【首届科技英才班开班】 9月28日，陈

经纶中学科技英才班正式开班。该班以朝阳区基础教育综合改革试验“高中拔尖创新人才培养”课题项目为依托，与中国科学院科普传播办公室合作共建，遵循“科技课程分阶段实施、国家课程深度落实”原则，探索“双目标、双轨制、双基地、双导师”人才培养模式。该班部分课程单元由中科院专家直接授课，同时整合学科内部和学科间知识，缩短学习基本知识、基本技能时间，增加特色课程，加强学生自主研修课程。学生定期进入中科院国家重点实验室参观，并参加科研课题研究、开展科学实践活动。该班面向全市统一招生，首批招收学生37人。

（黄臣）

【一教师获人民教师奖】 9月，陈经纶中学教师王苹获北京市人民教师奖。该奖由市委教育工委、市教委、市人力社保局、市财政局、中国教育工会北京市委员会评选，是北京市教师最高荣誉奖，每4年评选一次，此次共10人入选。王苹，特级教师，政治教研组组长，北京市第11次党代会党代表。曾获全国先进工作者、全国优秀中小学德育课教师、全国优秀教师、北京市先进工作者、北京市师德标兵、北京市巾帼之星、北京金牌教师、北京市中学学科教学带头人、北京市“紫禁杯”特级奖。

（邵剑华）

【举办同课异构研讨会】 10月27日，

陈经纶中学举办第二届四校区“同课异构、高效课堂”研讨会。会议设中学、小学两个会场。在中学会场，该校本部和保利、帝景、嘉铭分校的4名教师分别讲授初二语文说明文《苏州园林》，在小学会场，两名教师讲授三年级数学第九单元数学广角《搭配中的学问》，两名教师讲授五年级数学第四单元应用题《列方程解决加减计算问题》。该校领导、四校区教学干部和任课教师200人参加研讨会。

（高殿君）

【3人获金帆奖】 12月12日，陈经纶

中学3名学生获金帆奖。高二年级学生徐永皓，高三年级学生周尚、刘子

豪获金帆奖，高三年级学生董珮璠、刘绿筱获银帆奖，校长张德庆获金帆25周年特殊贡献奖。北京市中小学生金帆奖、银帆奖是市教委为表彰在思想品德方面表现突出，以及在国际和全国学科、科技、体育、艺术活动中取得优异成绩的中小学生而设立的荣誉奖，本年共表彰金帆奖获得者11人、银帆奖获得者132人。

（刘忠毅）

清华大学附属中学朝阳学校

【概　况】　2012年，清华大学附属中学朝阳学校占地面积5.56万平方米、建筑面积3.84万平方米，体育场（馆）面积2.11万平方米。全年教育经费投入6611万元，其中，国家拨款6451万元、自筹经费160万元。固定资产总值9878.69万元。图书馆（室）藏书19万册，包括电子图书1万册。普通教室50个、专用教室19个、实验室15个。拥有计算机500台，多媒体教室座位280个。学校信息化经费投入800万元，校园网出口总带宽10Mbps，数字资源量2000GB，“信息技术”课程2课时/周。教职工237人，包括高级职称59人、中级职称73人。专任教师207人，包括特级教师2人、市骨干教师1人、市学科教学带头人1人；本科以上学历22人。开设教学班50个，其中，初中32个、高中18个。毕业386人，其中，初中161人、高中225人；招生575人，其中，初中378人、高中197人；在校生1623人，其中，初中989人、高中634人。在校生中，寄宿生48人；外省市借读生133人，其中，初中83人、高中50人。高中录取分数线466分（朝阳区），应届高考本科上线率64.5%。网址：www.qhfzcyxx.com。

（王建平）

【举办“读书与做人”主题报告】　2月28日，清华附中朝阳学校举办“读书与做人”主题报告。该校邀请中国科学院外籍院士丘成桐主讲。报告比较东西方教育、分析中学教育现状，讲解培养学习兴趣、掌握学习方法以及跨领域学习等问题，认为在全球化竞争背景下，学习者要有适应能力，需要德智体群训练。丘成桐鼓励学生养浩然之气、保持赤子之心，求知向学，成为有学问的人。该校教师学生400人听取报告。丘成桐，1949年4月出生，广东蕉岭人，著名华人数学家，清华大学数学科学中心主任，哈佛大学终身教授、美国科学院院士，曾获菲尔兹奖、沃尔夫奖、克拉福德奖三个世界顶级数学大奖。

（管钰）

【举办美术特色学校成果展示会】　4

月20日，清华附中朝阳学校举办“以美育为先导，创建全面育人的美术特色学校”项目阶段成果展示会。会议设“美术特长生培养”“高中美术工艺模块教学”“初中美术社团建设与培养”及“学生优秀美术作品参观”4个成果展示模块。该校美术教师汇报特长生教学工作情况及成效，作题为《高中“工艺”模块剪纸教学中培养学生创新能力的实践与反思》主题发言，介绍该校水彩画美术社团的组织、运作及教学管理实践中所取得的成果。会议展出学生美术作品90件。朝阳区各高中及该校美术教师50人参加展示会。“以美育为先导，创建全面育人的美术特色学校”项目是该校市级课改实验项目，2011年立项，项目期3年，项目以美术特色教育为基础，在课程、活动、环境方面开展实验，建设美术特色校园文化体系，开展系列美术教育学生活动。

（王宏）

【举办高中生成人仪式】　6月16日，清华附中朝阳学校举办高中生成人仪式。成人仪式以“感恩、责任”为主题。高三毕业生代表宣读致父母、老师的信，感恩父母和老师的教育和培养；家长代表、教师代表和学校校长分别寄语学生；市领导向学生赠送《宪法》读本；232名成人学生集体宣誓。市委宣传部、首都文明办、市委教育工委、市教委领导及该校高三学生、家长及教师共500人参加仪式。

（王建平））

北京市朝阳外国语学校

【概　况】　2012年，北京市朝阳外国语学校占地面积4.44万平方米、建筑面积3.22万平方米，体育场（馆）面积2.42万平方米。全年教育经费投入5454万元，全部为国家拨款。固定资产总值6996万元。图书馆藏有纸质图书4.72万册。普通教室106个、专用教室39个、实验室12个。拥有计算机195台，多媒体教室座位2830个。学校信息化经费投入38.57万元，校园网出口总带宽50Mbps，数字资源量10GB，“信息技术”课程1课时/周。教职工256人，包括高级职称14人、中级职称60人。专任教师235人，全部为本科及以上学历。开设教学班56个，其中，初中38个、高中18个。毕业656人，其中，初中455人、高中201人；招生740人，其中，初中523人、高中217人；在校生2096人，其中，初中1469人、高中627人。在校生中，寄宿生296人；外省市借读生261人，其中，初中240人、高中21人。应届高考本科上线率100%。网址：www.cyfls.net。

（陆迪）

【召开阅读素养提升培训会】　2月17

日，朝阳外国语学校召开首届“阅读素养提升实验项目”培训会。培训会邀请专家作题为《小学英语阅读项目

介绍》《小学语文阅读课程设计构想》两场专题讲座，其中，《小学英语阅读项目介绍》从脑科学角度讲解小学生阅读生理基础，就学生阅读方法、英语学习环境创设及阅读方案设计等方面提出意见和建议；《小学语文阅读课程设计构想》针对小学学段，讲解阅读课开展的理念、方法和原则。来自北京师范大学、北京教育学院专家及该校教师 300 人参加会议。阅读素养提升实验项目是深化基础教育学校办学体制改革试验子项目之一，主要是促进该校教育国际化改革，推动全面、均衡、内涵发展。项目以学生阅读素养的提升为核心目标，通过对学校阅读状况的调查与研究，构建校本阅读课程模式，同时开展面向管理者、教师、图书管理员的阅读培训和指导，进而培育家庭与区域阅读环境，打造学生阅读推广良性生态环境。项目由该校校长负责，全体语文、英语教师共同参与。本年，该校入选深化基础教育学校办学体制改革试验项目学校。

（陆迪）

【举办语文教学讲座】　6 月 6 日和 11 月 6 日，朝阳外国语学校举办两场语文教学讲座。6 月邀请北京教育学院中文系副教授，以《义务教育阶段语文新课标解读》为题，从课程性质、设计思路、识字与写字、阅读与阅读教学方面，比较新旧课标不同之处，多角度解读语文新课标；强调教师要引导学生多读书、多积累，重视语言文字运用，尤其是在实践中领悟文化内涵和语文应用规律。11 月邀请广东省深圳市新安中学语文特级教师吴泓以《语文阅读教学的探索与思考》为题，讲解如何教授小学、初中、高中阶段学生阅读经典名作，分享读书体会，同时结合自身教学经历就精神成长展开话题互动。该校语文教师 51 人听取讲座。

（陆迪）

【举办英文话剧表演会】　12 月 21 日，朝阳外国语学校举办英文话剧表演展示会。展示会要求学生以英文教材文章为主题，以班级为单位，通过自愿方式结组，经过道具准备、化妆、场景布置，以话剧方式展示主题内容。该校初一、初二年级 26 个班的 26 个剧目参加展示会，经过角逐，评出一等奖 1 个、二等奖 2 个、三等奖 3 个。该校教师、学生 300 人观看话剧表演会。

（张岩）

北京青年政治学院附属中学

【概　况】　2012 年，北京青年政治学院附属中学为十二年一贯制学校，占地面积 3.17 万平方米、建筑面积 1.88 万平方米，体育场（馆）面积 1960 平方米。全年教育经费投入 3098.60 万元，其中，国家拨款 2878.29 万元、自筹经费 220.31 万元。学校固定资产总值 3316.22 万元。图书馆藏书 8.53 万册，电子图书 641 册。普通教室 47 个、专用教室 39 个、实验室 5 个。拥有计算机 722 台，多媒体教室座位 1950 个。学校信息化经费投入 6.98 万元，校园网出口总带宽 2Mbps，数字资源量 1GB，“信息技术”课程 4 课时/周。教职工 152 人，包括高级职称 19 人、中级职称 59 人。专任教师 118 人，包括特级教师 1 人、市骨干教师 1 人；本科及以上学历 115 人。开设教学班 44 个，其中，小学 16 个、初中 12 个、高中 12 个、国际留学生班 4 个。毕业 305 人，其中，小学 80 人、初中 72 人、高中 153 人；招生 324 人，其中，小学 105 人、初中 110 人、高中 109 人；在校生 1207 人，其中，小学 497 人、初中 317 人、高中 393 人。在校生中，寄宿生 97 人、留学生 87 人。高中录取分数线普通班 431 分、美术班 410 分（朝阳区），应届高考本科上线率 58.97%、美术特色班应届高考本科上线率 86.21%。网址：www.qyfzh.com。

（黄春丽）

【青年教师协会成立】　2 月 21 日，青院附中青年教师协会成立。该协会任务包括开展思想政治教育和政策方针教育，提高青年教工的思想政治素质；组织会员开展各种形式的交流、座谈活动；关心青年教师的生活与工作，维护青年教师的合法权益等。协会通过推荐选举方式选出会长 1 人、副会长 1 人、秘书长 1 人。秘书长主持日常工作。至年底，协会共有会员 24 人。

（周经纬）

【与韩国中学结为友好校】　4 月 12 日，青院附中与韩国首尔大元外国语中学签署友好学校协议书。根据协议，双方共同开展汉语和韩语课程交流；举办学生、教师互访活动；开展图书、学术资料和刊物交换。韩国首尔大元外国语中学 1984 年成立，是韩国著名的私立中学。

（余江）

【成立特级教师研究室】　9 月 27 日，青院附中张莉特级教师研究室成立。该研究室由特级教师张莉任主任，来自北京市第八十中学等学校的 7 名特级教师加盟。研究室以全面提升教研水平、指导德育教育为宗旨，采用问题研究、行动研究、合作交流和成果展示相结合的方式，共同探究问题原因和解决办法。研究室主要职责是教学和科研研究、教育教学活动指导、骨干教师培养、教学技能训练和竞赛推优工作。

（雷云）

北京市第八十中学

【概　况】　2012 年，北京市第八十中学占地面积 12.78 万平方米、建筑面积 10.68 万平方米，体育场（馆）面积 8427 平方米。全年教育经费投入 12056.43 万元，其中，国家拨款 7574.81 万元、自筹经费 4580.80 万元。固定资产总值 3.70 亿元。图书馆藏书 12 万册。普通教室 40 个、专用教室 27 个、实验室 20 个。拥有计算机 975 台，多媒体教室座位 215 个。学校信息化经费投入 41 万元，校园网出口总带宽 20Mbps，数字资源量 30TB，“信息技术”课程 2 课时/周。教职工 358 人，包括高级职称 116 人、中级职称 96 人。专任教师 320 人，包括特级教师 9 人、市骨干教师 10 人、市学科教学带头人 3 人；本科及以上学历 317 人。开设教学班 100 个，其中，初中 40 个、高中 60 个。毕业 869 人，其中，初中 383 人、高中 486 人；招生 999 人，其中，初中

599 人、高中 400 人；在校生 3083 人，其中，初中 1390 人、高中 1693 人。在校生中，寄宿生 1200 人；外省市借读生 534 人，其中，初中 296 人、高中 238 人。高中录取分数线 518 分（朝阳区），应届高考本科上线率100%。网址：www.bj80.com。

（方媛）

【举办专题科普报告会】　2 月 27 日，八十中举办“物理学十大经典实验的启示”专题科普报告会。报告会听取清华大学航空航天学院教授、该校校友朱克勤讲述物理学的十大经典实验，认为实验的成功体现自然之美、科学之美，好奇心和想象力是科学发现的先行，也是科学家的基本素质。朱克勤就“中学生的科技小组做什么”提出建议并与学生互动交流。该校学生 2000 人参加报告会。

（方媛）

【学生获信息学奥赛中国赛区第一名】　5 月 13 日，八十中高二年级学生罗剑桥获第六届亚洲和太平洋地区信息学奥林匹克竞赛中国赛区第一名。经过初赛、复赛，罗剑桥总排名第一，获得中国赛区金牌。第六届亚洲和太平洋地区信息学奥林匹克竞赛由中国计算机协会主办、清华大学承办，来自 33 个省市的 350 名学生参加比赛，其中，北京市 8 人参赛。

（方媛）

【首次颁发创新奖学金】　6月9日，八

十中首次颁发“创新奖学金”。该奖学金由校友 21 人捐资 10 万元于 2011 年设立，主要用于奖励该校在学科及科技创新竞赛中获得市级一等奖及以上奖项的学生。奖学金首次奖励学生 11 人，共发放奖金 26500 元。

（方媛）

【举办首届新教师研修班】　7月3日，八十中举办首届新教师研修班。研修班以培养“正身育德、宽容大爱、严

谨治教、恒学善研”教师为目标，以促进新教师自主发展行动研究为主题，通过集体培训和个别指导方式，培训入职两年以内青年教师。首届入班教师 16 人，研修为期 2 年。

（方媛）

【举办海外大学博览会】　9 月 17 日，八十中举办首届海外大学博览会。来自美国南卡罗来纳、印第安纳、华盛顿大学等 35 所高校招生官员为学生和家长解读美国大学招生政策、培养模式，并与家长沟通交流，为学生规划学业。该校高中部学生及家长 2000 人参加博览会。

（方媛）

北京市丰台区第八中学

【概　况】　2012 年，北京市丰台区第八中学占地面积 7367 平方米、建筑面积 4507 平方米，体育场面积 2100 平方米。全年教育经费投入 1481.86 万元，全部为国家拨款。固定资产总值 5480 万元。图书室藏书 1.9 万册。普通教室 26 个、专用教室 2 个、实验室 3 个。拥有计算机 261 台，多媒体教室座位 110 个。学校信息化经费投入 130 万元，校园网出口总带宽 10Mbps，数字资源量 400GB，“信息技术”课程 2 课时/周。教职工 93 人，包括高级职称 8 人、中级职称 35 人。专任教师 78 人，本科及以上学历 6 人。开设初中教学班 26 个。毕业 291 人、招生 340 人、在校生 930 人。在校生中，外省市借读生 31 人。网址：ft8z.bjedu.cc。

（韩振泳）

【举办青年教师系列培训】　1 至 12 月，丰台八中举办青年教师系列培训。学校共举办青年教师培训 12 次，培训内容包括教育教学理论与实践、班主任工作方法和经验、驾驭课堂技巧等。该校青年教师 26 人参加培训。

（韩振泳）

【编制家长教材《追梦·启航》】　9月，

丰台八中家长学校教材《追梦·启航》编制完成。该书主要用于初一新生家长培训，包括“心理教师给您的建议”“班主任老师给您的建议”“家长老师的育儿心得”等 8 个章节。全书 12 开本，双色印刷，共计 7 万字，首批印制 500 册。

（韩振泳）

【举行学科能力培养研究课展示】　11

月 14 至 15 日，丰台八中举办“学科能力培养研究课”展示活动。活动以“初中学科能力培养研究课”为主题，旨在探索新课标所提倡教学理念实现的有效途径。该校语文、数学、物理、化学、历史和地理 6 个学科 10 名教师作区级研讨课 10 节。来自丰台区中学教师 700 人次观摩展示课。

（韩振泳）

北京市第十二中学

【概　况】　2012 年，北京市第十二中学占地面积 8.56 万平方米、建筑

面积7.03万平方米，体育场（馆）面积2.97万平方米。全年教育经费投入7307万元，其中，国家拨款6738万元、自筹经费569万元。固定资产总值15890.49万元。图书馆藏有纸质图书15.15万册、电子图书1万册。普通教室92个、专用教室33个、实验室27个。拥有计算机1446台，多媒体教室座位3588个。学校信息化经费投入161万元，校园网出口总带宽20Mbps，数字资源量3200GB，“信息技术”课程2课时/周。教职工404人，包括高级职称140人、中级职称134人。专任教师286人，包括特级教师16人、市骨干教师15人、市学科教学带头人5人。开设教学班86个，其中，初中52个、高中34个。毕业1136人，其中，初中730人、高中400人；招生950人，其中，初中515人、高中435人；在校生3090人，其中，初中1897人、高中1193人。在校生中，寄宿生530人，外省市借读生95人。高中录取分数线531分（丰台区），应届高考本科上线率100%。网址：www.bj12hs.com.cn。

（王连东）

【开展京外社会实践】 6月16至22日，

十二中组织开展学生京外社会实践活动。活动以“我参与、我服务、我体验、我成长”为主题，组织6个组分赴福建武夷山科考基地、湖北省恩施土家族苗族自治州高级中学、贵州省贵阳清华中学等6个科研基地和学校，通过参观、劳动等方式开展实践活动。该校高一年级500名师生参加。中国教育电视台全程跟踪采访湖北恩施支队实践活动，并制作播出《新课改：让学生唱响课内课外主角》专题报道。

（王连东）

【创新思维校本课程开课】 9月3日，

十二中初一、初二年级新学期创新思维校本课程开课。该课程借鉴以色列创新教育成果，由首都师范大学专家担任指导。课程通过鲁班锁、双马双骑士、七巧板等益智玩具和益智游戏，开发学生思维潜能。该校初一、初二年级开设该课，每两周一次、两节连排。

（连舒心　王连东）

【举办大中学生友谊辩论赛】 12月21日，十二中与北京师范大学教育学部共同举办“中学生、大学生友谊辩论赛”总决赛。总决赛设精英赛和混合赛两场比赛，其中，精英赛以“教育发展和经济发展孰为前提”为辩题，由初赛、复赛中最佳辩手组成，北师大教育学部为正方、十二中为反方；混合赛以“网络究竟使人更亲近还是更疏远”为辩题，正反两方分别由两名大学生和两名高中生混合组队。经过辩论、评比，十二中获精英赛冠军，十二中学生卢艺玮、李依纯和北师大学生白济榕、张翔组代表的反方获得混合赛冠军。该校学生230人观看总决赛。本次辩论赛历时半年，分为初赛、复赛和决赛三个阶段，两校学生100人参加比赛。

（杨靖　王连东）

北京市丰台区第二中学

【概　况】 2012年，北京市丰台区第二中学占地面积2.37万平方米、建筑面积1.70万平方米，体育场（馆）面积6000平方米。全年教育经费投入4278万元，全部为国家拨款。固定资产总值2946.27万元。图书馆（室）藏书7.77万册。普通教室48个、专用教室9个、实验室10个。拥有计算机592台，多媒体教室座位2902个。学校信息化经费投入101.70万元，校园网出口总带宽100Mbps，数字资源量505GB，“信息技术”课程1课时/周。教职工251人，其中，高级职称74人、中级职称70人。专任教师189人，包括特级教师9人、市骨干教师9人、市学科教学带头人2人。开设教学班43个，其中，初中20个、高中23个。毕业513人，其中，初中232人、高中281人；招生409人，其中，初中185人、高中224人；在校生1447人，其中，初中657人、高中790人。在校生中，寄宿生168人。高中录取分数线517分（丰台区），应届高考本科上线率100%。网址：web.bjf2.cn。

（吴俊花）

【开展住宿生消防技能培训】 2月29

日，丰台二中举办住宿生消防知识技能培训。该校保卫部人员为学生讲解并演示灭火器的使用方法、操作步骤、注意事项，开展灭火演练，讲解火灾逃生技巧。培训每年举办一次，学校住宿生160人参加此次培训。

（王垚）

【校报改版】 11月20日，丰台二中新版校报出版。新改版校报包括《萤火虫·新教育读写版》和《萤火虫·综合实践版》。其中，新教育读写版由教师主办，主要展示学校实施“新教育共读共写”的成果，设四版，分别为文学版、共读版、共写版、原版或研究版。综合实践版主要由学生主办，展示学生综合实践成果。丰台二中校报1997年创刊，至2012年底，共出版22期。

（赵长河）

【召开首次校友委员会会议】 12月22日，丰台二中校友会召开第一次校友委员会会议。会议通过《北京丰台二中校友会章程》，选举产生第一届会长、副会长及秘书长共10人，制定并通过2013年活动计划。该校校友会委员30人参加会议。

（李劲松）

北京市第十八中学

【概　况】　2012年，北京市第十八中学占地面积5.15万平方米、建筑面积4.49万平方米，体育场（馆）面积2.16万平方米。全年教育经费投入4061.02万元，全部为国家拨款。固定资产总值13739.28万元。图书馆（室）藏有纸质图书7.50万册，电子图书500GB。普通教室40个、专用教室17个、实验室15个。拥有计算机450台，多媒体教室座位2120个。学校信息化经费投入41万元，校园网出口总带宽10Mbps，数字资源量40GB，“信息技术”课程2课时/周。教职工214人，包括高级职称54人、中级职称65人。专任教师158人，包括特级教师5人、市骨干教师3人、市学科教学带头人3人；本科及以上学历教师158人。开设教学班62个，其中，初中36个、高中26个。毕业464人，其中，初中212人、高中252人；招生520人，其中，初中280人、高中240人；在校生1444人，其中，初中618人、高中826人。在校生中，寄宿生250人，外省市借读生196人。高中录取分数线489分（丰台区），应届高考本科上线率80%。网址：www.bj18.net。

（管杰）

【举办方庄教育集群系列活动】　4至9月，十八中举办方庄教育集群系列活动。4月举办首届方庄集群“博智杯”桥牌邀请赛，比赛设小学组、中学组、成人组，按照国际桥牌赛规则，决出前三名。方庄教育集群中小学生100人参加比赛。6月举办方庄家长学校第二期家长培训，邀请中国青少年研究中心少儿所所长作题为《网络环境下的家庭教育》专题培训，方庄教育集群成员校学生家长300人参加培训。方庄家长学校于2011年11月由方庄教育集群和教育学院丰台分院联合发起建立。8月举办方庄集群校班主任培训，邀请神经语言程式学（Neuro Linguistic Programming，简称NLP）协会认证导师讲解如何把神经语言程式中的心理行为科学应用到日常班级管理。方庄集群校班主任90人参加培训。9月举办方庄教育集群与香港教育访问团座谈交流。访问团一行7人，与集群学校就教育系统信息化发展概况沟通交流，认为双方应建构网络电子阅读平台系统，分享两地电子图书、互动学习程序、教学资源共享平台及学生表现评分系统的开发与实践经验。集群校代表20余人参加交流。

（张琳）

【接受企业捐资80万元】　5月22日，

十八中举行方仕国际投资集团有限公司爱心捐赠仪式。仪式上，方仕集团董事长黄方贵代表企业为该校捐赠80万元，主要用于学校文化建设。十八中校长向企业赠送学生亲手制作的工艺品，丰台区教委代表向企业颁发“善长仁、助教育，无私可敬”纪念铜牌。该校命名校园一条林荫小路为“方贵路”。丰台区委教育工委、区工会相关人员，企业代表及该校师30人参加捐赠仪式。

（尉迟东翔）

【开展中层干部竞聘】　6月18日，十八中举办中层干部竞聘大会。此次竞聘设立领导小组和监督小组，竞聘人员通过自荐、组织推荐、资格审查、竞聘演讲，由领导小组打分后最终确定岗位人选。该校教师共45人报名竞聘12个中层岗位。

（顾晓彬）

【开展体育竞技教研】　6月22至27日，十八中开展竞技运动教育教研活动。教研活动以终极飞盘项目为载体，聘请美国威斯康星州立大学白水分校（Wisconsin State University at Whitewater）教授梁国立、奥本大学（Auburn University）教授彼得·哈斯蒂（Peter Hastie）为首的竞技运动教育模式教研团队，为初二（1）班学生面授三节常规体育课，完成“让学生从对终极飞盘一无所知到可以完整进行比赛”的教学目标。方庄教育集群学校及该校体育教师26人观摩并接受教学培训。

（管杰）

北京市苹果园中学

【概　况】　2012年，北京市苹果园中学占地面积4.94万平方米、建筑面积3.18万平方米，体育场馆面积1.60万平方米。全年教育经费投入1771.13万元，其中，国家拨款1529.99万元、自筹经费231.14万元。固定资产总值4765.70万元。图书馆（室）藏书4.57万册。普通教室28个、专用教室12个、实验室10个。拥有计算机35台，多媒体教室座位50个。学校信息化经费投入10.14万元，校园网出口总带宽10Mbps，数字资源量500GB，“信息技术”课程2课时/周。教职工142人，包括高级职称49人、中级职称37人。专任教师111人，包括市骨干教师4人。开设高中教学班26个。毕业283人、招生320人、在校生905人。在校生中，寄宿生80人。高中录取分数线469分（石景山区），应届高考本科上线率75.97.%。网址：www.pz.sjsedu.cn。

（王丽萍）

【举办职业生涯规划课现场会】　5月22日，苹果园中学举办“北京市高中职业生涯规划课程建设现场会”。会议由北京教育科学研究院主办、石景山教委和北京教育学院石景山分院协办、苹果园中学承办。与会人员观摩“职业生涯规划中的价值选择”“兴趣特点与职业生涯规划”和“能力特点与职业生涯规划”等6节职业生涯规划公开辅导课和“走入职业世界”“了解职业、规划自我”2节职业生涯规划主题班会。听取“区域推进高中学校职业生涯规划课程建设”“高中生职业生涯规划课程的实施”和“发现并发展一切学生的天赋才华”3个主题报告。

北京教育学院、清华大学专家，市教委、石景山区教委相关人员及部分高中教师180人参加会议。

（白 晔）

【获优秀自制教具一等奖】 8月18日，苹果园中学生物实验员何东慧自制教具“光、暗反应探究仪”获第八届（天煌杯）全国优秀自制教具展评一等奖。该教具长35cm、宽26cm、高26cm，运用“间歇光照射植物可检测植物光合速率快慢”的原理，探究植物光合作用的光反应阶段及不同频率的间歇光对植物光合作用的影响。第八届（天煌杯）全国优秀自制教具展评由教育部教学仪器研究所主办，参赛作品541件，其中，获一等奖作品83件、二等奖185件、三等奖251件。

（何东慧）

【举办校本课程达人秀】 9月1日，苹果园中学举办首届校本课程嘉年华“校本课程游园达人秀”活动。活动要求全体师生按照“课程游园图”游览15个校本课程，并对“我最喜爱的课程”投票。共有23个精品校本课程参加活动。经过投票，“张爱玲作品选读”“高考诗歌阅读欣赏”“定向越野”“天文小组”“自然地理学”5门课程获得“最受学生欢迎校本课程”。该校教师学生850人参加活动。

（赵丽娜）

【举办可持续发展现场会】 12月21日，苹果园中学举办“关注可持续的教与学”现场会。该校作“可持续发展教育教学模式下的教研组建设与学科教学研究”主题报告，汇报该校构建可持续教学模式、提高课堂效率情况。4名教师做语文课《京味小说》、数学课《函数》、英语课《学习空间设计》、政治课《公民的民主权利》4节公开课。可持续教育专家对课程进行点评。石景山区中学教师35人参加会议。

（白 晔）

北京市第九中学

【概 况】 2012年，北京市第九中学占地面积6万平方米、建筑面积4万平方米，体育场馆面积2.91万平方米。全年教育经费投入3335万元，其中，国家拨款2782万元、自筹经费553万元。固定资产总值6482万元。图书馆藏有纸质图书8.09册、电子图书3300册。普通教室43个、专用教室11个、实验室12个。拥有计算机520台，多媒体教室座位248个。学校信息化经费投入37万元，校园网出口总带宽10Mbps，数字资源量600GB，“信息技术”课程26课时/周。教职工177人，包括高级职称59人、中级职称48人。专任教师127人，包括特级教师1人、市骨干教师9人；本科及以上学历126人。开设高中教学班38个。毕业427人、招生430人、在校生1339人。高中录取分数线505分（石景山区），应届高考本科上线率98％。网址：www.9z.sjsedu.cn。

（李红妹）

【签订社区共建协议】 1月5日，九中与石景山区金顶街地区模式口村社区签订“共建双承诺”协议。根据协议，双方共同合作举办学生综合实践活动，共同开展模式口社区传统文化传承和九中课程开发和建设工作。合作期3年。

（乔慧莲）

【开展跨境交流活动】 1至10月，九中开展跨境校际交流活动。1至3月，与美国巴尔的摩市帕克学校开展互访交流。帕克学校为九中访问团25人举办欢迎会和春节联欢晚会；九中为回访团举办绘画、书法、京剧等学习交流活动。4月和10月，与瑞典乌普萨拉市罗森塔尔斯（Rosendals）学校开展互访交流，双方就新能源、转基因生物、心理健康教育等可持续发展教育问题研讨，参加生物多样性、跨学科研究、气候变化等课程教学，了解可持续发展课题开展状况。7月2日接待香港圣士提反书院50人访问团。访问团与该校师生共上语文课《诗歌鉴赏——表情达意》，参观生物数码实验室等教学设施，参与棋艺社团、金帆舞蹈团组织的活动。10月1至11日，九中师生39人赴英国游学访问，参观伦敦、牛津、剑桥城市及博物馆；参观牛津大学、剑桥大学、牛津女子中学、阿宾顿男子中学等学校并走进课堂，与当地学生开展交流活动。

（乔慧莲 李红妹）

【开展教学改革实践活动】 4月18日和12月20日，九中分别开展两次教学改革实践活动。4月开展北京九中教育集团“垂直整合、阶梯递进，共谱绿色新课堂”主题教学展示活动。活动邀请教育集团小学、初中、高中语文、数学、英语3个学科9名教师，就相似知识点的垂直整合、阶梯递进和打通小学、初中、高中界限的方式开展教学探究，并作观摩展示课9节。集团教师200人参加活动。北京九中教育集团由石景山教委领导，是扩大区域优质教育资源、促进学校间资源整合、均衡发展、品牌升级的学校发展协作共同体，2010年成立，成员包括九中、九中初中部、北京佳汇中学、石景山区金顶街第二小学、石景山区金顶街第四小学。12月举办“跨学科课程整合实施可持续发展教育现场会”。学校向中国可持续发展教育工作委员会汇报该校可持续发展教育方面工作和成绩，11名教师作涉及12个学科内容的5节跨学科整合教学展示课。中国可持续发展教育工作委员会、北京师范大学、北京教育学院等单位专家学者5人及该校教师50人参加现场会。

（李红妹）

北京市京源学校

【概 况】 2012年，北京市京源学校占地面积5.51万平方米，其中，幼儿部5058平方米、幼儿部分部3000平方米、小学部1.02万平方米、中学部3.68万平方米；建筑面积4.22万平方米，其中，幼儿部4655平方米、幼儿部分部2144平方米、小学部1.02万平方米、中学部2.52万平方米。体育活动场（馆）面积2.69万平方米，其中，幼儿部300平方米、幼儿部分部450平方米、小学部7648平方米、中学部1.85万平方米。全年教育经费投入4067万元，其中，国家拨款4006万元，自筹经费61万元。固定资产总值9598万元。图书馆藏书10.13万册，其中，纸质图书 8.13 万册、电子图书 2 万册。普通教室 74 个，其中，幼儿部 15 个、小学部 24 个、中学部 35 个；专用教室 29 个，其中，幼儿部 7 个、小学部 12 个、中学部 10 个；实验室 8 个，其中，小学部 1 个、中学部 7 个。拥有计算机 704 台，多媒体教室座位 2240 个。学校信息化经费投入 75 万元，校园网出口总带宽 20Mbps，数字资源量 1500GB，“信息技术”课程初中 2 课时/周。教职工 281 人，其中，幼儿部 61 人、小学部 52 人、中学部 168 人。教职工中副高级职称 43 人，其中，幼儿部 1 人、中学部 42 人；中级职称 88 人，其中，幼儿部 19 人、小学部 21 人、中学部 48 人。专任教师 265 人，其中，幼儿部 50 人、小学部 50 人、中学部 165 人；本科及以上学历 185 人，其中，幼儿部 9 人、小学部 38 人、中学部 138 人；市骨干教师 6 人。开设教学班 71 个，其中，幼儿班 15 个、小学班 22 个、初中班 22 个、高中班 12 个。毕业 661 人，其中，幼儿 100 人、小学 86 人、初中 373 人、高中 102 人；招生 650 人，其中，幼儿 131 人、小学 141 人、初中 262 人、高中 116 人；在校生 2126 人，其中，幼儿 389 人、小学 571 人、初中 828 人、高中 338 人。在校生中，寄宿生 65 人，外省市借读生 120 人。高中录取分数线 510 分（石景山区），应届高考本科上线率 100%。网址：jyxx. sjsedu. cn。

（徐继伟　雷锋利）

【签署两项合作协议】 3 月 15 日和 4 月 17 日，京源学校分别与中国国际广播电视台和奥维德·杜地区签署合作协议。与广播电台签署协议规定，电台用专家资源为学校多语种人才培养和广播站建设提供专业技术指导，同时成为学生社会实践活动基地；学校和电台共同创办教育类节目，成为电台基础教育状况和青少年节目制作园地。与奥维德·杜地区“建立姊妹关系合作协议”规定，双方互派学生和教师到对方学校学习、培训，共同开展教育教学研究和文化交流等合作。

（雷锋利　徐继伟　黄海群）

【融景城分园开园】 9 月 1 日，京源学校幼儿部融景城分园正式开园。该分园位于石景山区融景城小区，占地面积 3000 平方米、建筑面积 2144 平方米，配有电脑、电视、钢琴、双层滑梯等设施。拥有教职工 10 人，包括教师 5 人、保育员 2 人。分园设小班 1 个、中班 1 个，首批招收适龄幼儿 50 人。

（娄爽）

【举办性健康教育优质课展示会】 11 月 16 日，京源学校举办“北京市中小学性健康教育项目成果优质课展示会”。来自 5 所中学 8 名教师分别作 6 节展示课，内容涉及性别印象、青春、初恋等性健康教育内容。其中，该校心理教师作题为《打破性别刻板印象》心理课，通过概念精讲、问题引导、小组交流等课堂环节设计，调动学生求知欲和参与意识。会上，该校作“初中生同伴性教育模式及效果评估”课题结题报告。该课题是“中小学性健康教育大纲修订与实施”子课题，主要研究初中生同伴性教育实践，旨在提高学生对性生理、性保健、性审美和性文化的认识水平，让学生了解性伤害概念及其预防措施，改变学生对婚前性行为的看法和态度。研究通过在初一、初二年级开展同伴教育的方式进行。会议由市教委、首都师范大学教育学院性教育研究中心、北京性健康教育研究会主办，京源学校承办，来自 28 所学校教师共 44 人参加会议。

（何虹）

北方交通大学附属中学

【概　况】 2012 年，北方交通大学附属中学占地面积 4.30 万平方米、建筑面积 4.18 万平方米，体育场（馆）面积 1.77 万平方米。全年教育经费投入 8630.69 万元，其中，国家拨款 8429.39 万元、自筹经费 201.30 万元。固定资产总值 11995.77 万元。图书馆藏书 13 万册。普通教室 79 个、专用教室 33 个、实验室 12 个。拥有计算机 1400 台，多媒体教室座位 4200 个。学校信息化经费投入 306.32 万元，校园网出口总带宽 54Mbps，数字资源量 40GB，“信息技术”课程 2 课时/周。教职工 323 人，包括高级职称 115 人、中级职称 106 人。专任教师 252 人，包括特级教师 2 人、市骨干教师 8 人、市学科教学带头人 2 人；本科及以上学历 252 人。开设教学班 89 个，其中，初中 55 个、高中 34 个。毕业 1367 人，其中，初中 808 人、高中 559 人；招生 1185 人，其中，初中 740 人、高中 445 人；在校生 3776 人，其中，初中 2272 人、高中 1504 人。在校生中，寄宿生 368 人，外省市借读生 516 人。高中录取分数线 513 分（海淀区），应届高考本科上线率 100%。网址：www. bfjdfz. net。

（姜华）

【一学生获科技创新市长奖】 3月23

日，交大附中高三年级学生巩炳辰获第十届北京青少年科技创新市长奖。巩炳辰的“基于‘手机 KEY’的文件保密柜”项目，通过蓝牙及专用通讯协议与计算机互相认证，在计算机中创建“保密柜”，获第十届“北京青少年科技创新市长奖”。该奖 2003 年设立，由市教委主办，共有来自中国人民大学附属中学等学校 5 名学生获奖。

（宋亚甫）

【与密云四中合作办学】 6月20日，交

大附中与密云四中签约合作办学。根据协议，密云四中更名为北方交通大学附属中学密云分校，双方开展干部学习、师资培训、学生交流等活动。

密云分校县属公办中学性质不变，原密云四中教职工人事关系仍隶属密云县教委。9月1日，海淀区代区长、密云县县长为交大附中密云分校揭牌。

（程学军）

【开设44门初中校本课程】 11月22日，交大附中开设44门校本选修课。选修课涉及语言与文学、数学、科学、人文与社会、技术、艺术、体育与健康7个领域，包括女红、瑜伽、趣味数学、《红楼梦》导读、英文流行歌曲欣赏、中国象棋等共44门，任课教师分别由本校教师、外籍教师，北京语言大学、首都师范大学、解放军艺术学院等院校专业教师担任。至年底，该校初一、初二年级学生1449人参加选修课学习。

（闫辉　杜艳芳）

北京理工大学附属中学

【概　况】 2012年，北京理工大学附属中学占地面积4.10万平方米、建筑面积2.54万平方米，体育场（馆）面积1.5万平方米。全年教育经费投入10370万元，全部为国家拨款。固定资产总值10177万元。图书馆（室）藏书7.02万册。普通教室59个、专用教室29个、实验室15个。拥有计算机740台，学校多媒体教室座位2500个。年度信息化经费投入554万元，校园网出口总带宽146Mbps，数字资源量5120GB，“信息技术”课程初中1课时/周、高中2课时/周。教职工240人，包括高级职称78人、中级职称74人。专任教师213人，包括特级教师5人、市骨干教师6人；本科及以上学历205人。开设教学班59个，其中，初中31个、高中28个。毕业769人，其中，初中422人、高中347人；招生879人，其中，初中509人、高中370人；在校生2535人，其中，初中1422人、高中1113人。在校生中，外省市借读生255人。高中录取分数线518分（海淀区），应届高考本科上线率100％。网址：www.lgfz.com.cn。

（丁静　彭警）

【成立学术委员会】 2月20日，理工大附中成立学术委员会。学术委员会为独立、开放的学术机构，其宗旨是促进青年教师专业发展、提高教师教育教学整体水平。主要工作包括为青年教师提供咨询、开办青年教师培训班、开展教研评议和教研评价、创办学术刊物。经全体教师投票，民主推选学术委员会成员13人，其中，特级教师5人、市学科教学带头人2人、市骨干教师4人、区级学科教学带头人2人。至年底，委员会共开展活动4次。

（陈敬川　彭警）

【成为科技俱乐部基地校】 3月22日，

理工大附中成为北京青少年科技俱乐部基地校。根据双方基地学校合作协议，理工大附中推荐对探究科学知识有浓厚兴趣且学习成绩突出、学有余力、品质优秀的高中学生成为科技俱乐部学生会员，协助俱乐部开展活动；科技俱乐部为学生会员提供科学名家讲座，科学考察等实践机会，并组织部分学生深入科研机构进行科研实践活动；双方合作共建北京青少年科技俱乐部活动基地。俱乐部主任王绶琯院士为该校颁发北京科技俱乐部基地学校铜牌。北京青少年科技俱乐部1988年成立，至年底，共拥有基地校29个。

（王雩　彭警）

【举办实验班大学课程系列讲座】 9月17日至12月24日，理工大附中举办理工实验班大学课程系列讲座。讲座举办12场，邀请北京理工大学专家讲授大学课程专业知识，内容涉及现代科学发展概论、光学技术、虚拟现实和增强现实技术等方面。讲座同时结合实验室参观、现场实践体验等方式。该校理工实验班学生45人参加活动。

（王雩　彭警）

【学生获国际天文奥赛铜奖】 10月24日，在第17届国际天文奥林匹克竞赛

（IAO）中，理工大学附中高一年级学生吴中灏获铜牌。比赛经过理论考试、观测考试、实测考试方式开展竞赛。该竞赛由欧洲亚天文学会创立，每年一次，要求参赛选手为14～18岁高中生。本届比赛在韩国光州举行，来自22个国家和地区83名高中生参加比赛。中国队5人参赛，获得银奖2个、铜奖3个。该校另有一名初二年级学生周震豪获北京市中小学生科学建议奖并获奖励基金4万元。周震豪的《关于北京郊县发展秸秆沼气压缩罐装产业的建议》阐述农业废物秸秆制家用沼气详细计划与方案，建议政府给予支持建立秸秆制沼气站。比赛由市政府发起、市教委主办，共有10人获得优秀建议奖。

（王雩　彭警）

北京市海淀区教师进修学校附属实验学校

【概　况】 2012年，北京市海淀区教师进修学校附属实验学校占地面积4.10万平方米、建筑面积3.33万平方米，体育场（馆）面积1.33万平方米。全年教育经费投入5572万元，全部为国家拨款。固定资产总值5245.78万元。图书馆藏有纸质图书5.98万册，电子图书838GB。普通教室65个、专用教室22个、实验室15个。拥有计算机1042台，多媒体教室座位3534个。学校信息化经费投入1385万元，校园网出口总带宽30Mbps，数字资源量838GB，“信息技术”课程高中2课时/周、初中1课时/周。教职工245人，包括高级职称33人、中级职称88人。专任教师188人，包括市骨干教师2人；本科及以上学历188人。开设教学班59

个，其中，初中41个、高中18个。毕业579人，其中，初中382人、高中197人；招生797人，其中，初中591人、高中206人；在校生2154人，其中，初中1533人、高中621人。在校生中，寄宿生105人，外省市借读生292人。高中录取分数线508分（海淀区），应届高考本科上线率文科100%、理科98.9%。网址：www.eshttc.cn。

（祝娅玲）

【开展校本培训】 4月19日和9月13

日，海淀进修实验学校分别举办理解教育校本培训。4月举办“为理解而教的课程设计”专题培训，该校3名教师讲解“为理解而教”教学模式，与会教师分组学习“教学理念、教学思路和方法、教学模式、自主学习”内容，并开展小组交流。该校教师188人参加培训。9月开展“促进学生理解力的策略”校本培训，采用教学实践模拟方式，以诗歌《学校的隐喻》为教学范例，讲授促进学生理解力教学中的“活动引入、任务分组、成果展示、活动总结”4个授课环节。该校全体教师188人参加培训。

（曹继华　赵志永）

【与北京人艺签署合作协议】 4月20

日，海淀进修实验学校与北京人民艺术剧院签署合作协议。根据协议，学校成为人艺首个戏剧教育基地；人艺支持学校开设戏剧表演艺术课程，选派专家为学校规划课程体系并授课；帮助学校金帆艺术团（话剧）推出剧目，开展“走进人艺，走近艺术家”综合实践活动。签字仪式上，两单位共同为基地揭牌，学校话剧团表演话剧《课间十分钟》，人艺演员杨立新与师生围绕《话剧与人生》主题座谈。人艺领导及演员，教育部督导办、海淀区教育督导室相关人员及该校师生300人参加签字仪式。

（刘妍　崔森）

【接待挪威师生访问】 5月28至29日，海淀进修实验学校接待挪威特隆赫姆访问团。访问团一行15人，学习“中国画——写意花鸟入门”“中国手工艺——中国结和剪纸”“中国传统体育游戏——空竹”等中国传统文化课程，参加“机器人”“服装设计”“食品与化学”等选修课程。两校校长就教师职业化发展、学校课程理解与建设等讨论交流。该校师生50人参加接待活动。

（王海芳）

【启动开学成长论坛】 9月1日，海淀进修实验学校启动开学第一课“成长论坛”。论坛以“驾驭自我的成长”为主题，邀请艺术家阎肃、奥运冠军王丽萍、北极科考队总领队位梦华、金山软件公司副总裁杨桓等32名文化、体育、科技等领域嘉宾作主题讲座。学生入学报到后，领取《开学第一课——“成长论坛”学生手册》，自主选择听取一场讲座。师生2000人参加活动。

（董红军）

清华大学附属中学

【概　况】 2012年，清华大学附属中学占地面积7.90万平方米，建筑面积8.60万平方米，体育场（馆）面积2.34万平方米。全年教育经费投入14191万元，其中，国家拨款10263万元、清华大学补贴和自筹经费3928万元。固定资产总值10462万元。图书馆藏有纸质图书12.13万册，电子图书303册。普通教室81个、专用教室20个、实验室37个。拥有计算机483台，多媒体教室座位4900个。学校信息化经费投入210万元，校园网出口总带宽1050Mbps，数字资源量800GB。教职工361人，包括高级职称132人、中级职称84人。专任教师229人，包括特级教师16人、市骨干教师2人、市学科教学带头人9人；本科及以上学历226人。开设教学班72个，其中，初中40个、高中32个。毕业883人，其中，初中488人、高中395人；招生1054人，其中，初中579人、高中475人；在校生3054人，其中，初中1726人、高中1328人。在校生中，寄宿生517人，外省市借读生188人。高中录取分数线531分（海淀区），应届高考本科上线率100%。网址：www.qhfz.edu.cn。

（高岷）

【学生获亚洲射击锦标赛冠军】 1月12至22日，清华附中学生参加第12届亚洲射击锦标赛获得8枚金牌。该校高三学生刘立龙、高二学生陈芳代表中国队参加青年组比赛，其中，刘立龙获得男子10米气步枪个人冠军、团体冠军；50米小口径步枪卧射个人亚军、团体冠军；50米小口径步枪三姿个人第三名、团体冠军；陈芳获得女子50米小口径步枪三姿个人冠军、团体冠军；50米小口径步枪卧射个人亚军、团体冠军；气步枪个人第六、团体冠军。比赛在卡塔尔多哈举行，来自31个国家和地区800名选手参赛。

（高岷）

【培训什邡教师】 4月15至24日，清华附中培训四川省什邡中学教师。清华附中向什邡教师介绍学校办学特色、管理理念、校园文化情况。双方教师分专题开展交流，主要包括教务、德育、英语、美术四个方面，内容涉及“新课程教学管理以及课程设置、学籍、学分管理”“学生德育和心理健康”“英语新课程教学”等。什邡教师参加“探索拔尖创新人才培养模式”基地校清华附中开放日活动并走进课堂观摩课程。四川省什邡市七一中学教师6人参加培训。

（高岷）

【举办拔尖创新人才培养实践研究活动】 4月17日和5月23日，清华附中分别举办“探索拔尖创新人才培养模式”海淀区基地校开放日活动和

"拔尖创新人才培养"课程方案研讨会。开放日活动观摩"数学论文答辩"等10节展示课；听取学校校长"探索拔尖创新人才培养模式"项目进展介绍，听取该校数学教师和高二学生的"数学创新人才培养"和"数学创新人才学习"情况汇报。海淀区教委有关人员、专家学者及该校教师80人参加活动。课程方案研讨会听取学校课题总体进展状况，听取领导力课程、综合课程以及核心课程培养目标、课程结构、课程设置介绍；听取专家组题为《拔尖学生发展跟踪研究评估工具筛选学生学习特征评估问卷》的报告，从评定工具、效度、对象、结构、测评方法等方面，介绍针对清华附中设计的拔尖学生发展跟踪研究评估工具系统。专家组肯定清华附中"拔尖创新人才培养"的课程设置、推进情况，提出应首先考虑课程培养目标和总体架构，学校各部分课程应具有各自目标、特色和结构，对领导力课程拓展和介绍时，还应注重突出教师指导作用等。"探索拔尖创新人才培养模式"专家及课题组成员19人参加会议。

（高岷）

【召开第25届论文年会】 4月19日，

清华附中召开第25届教育教学论文年会。会议为获得一等奖教师颁发证书，邀请3名获奖教师介绍教科研经验。会议共收到教师提交论文172篇，内容涵盖课堂教学实效性、新课程改革、基础教育国际化等方面内容。学校聘请评委40人分组评审论文，评选出一等奖论文35篇、二等奖116篇、三等奖21篇。

（高岷）

【承办两所学校】 6月15日和12月21日，清华附中与海淀区教委签署合作协议承办两所学校。6月与海淀区教

委签署《关于承办北京市上地中学的协议》。根据协议，原上地中学更名为"清华大学附属中学上地学校"，校长由清华附中校长兼任，日常工作由清华附中选派常务副校长负责；上地学校保持独立建制和独立法人地位，区属公办中学性质不变。上地学校占地面积1.4万平方米、建筑面积8624平方米，开设初中教学班12个，生源主要来自海淀区派位和共建单位。至年底，拥有教职工67人；毕业138人、招生128人、在校生307人。12月，清华附中承办北京市永丰中学仪式在永丰中学举行。海淀区教委宣读《关于清华附中承办永丰中学的决定》，为清华附中校长颁发永丰中学法人代表和校长聘书。根据相关协议，该中学定名为"清华附中永丰学校"，为区属公办学校，由海淀区投资建设新校园，预计2013年9月投入使用。

（高岷）

【举办全国中学生校园诗会】 9月22至23日，清华附中举办第二届全国中学生校园诗会。诗会包括诗歌朗诵会和文化沙龙。其中，诗歌朗诵会设史迹清风、物之情韵、青春琐记、未来畅想4个主题，要求参会学校朗诵师生原创诗歌；文化沙龙分为教师组和学生组，参会人员分别就诗歌教学与创作、诗歌欣赏与创作研讨。诗会由华东师范大学普通高中教育研究所、语文教育研究中心等单位联合主办，来自全国40所学校师生500人参加诗会。

（高岷）

【学生获丘成桐中学数学奖】 12月20日，清华附中学生获得第五届"丘成桐中学数学奖"。其中，高三学生邵城阳的《论两个函数方程解析解的渐进性质》获得金奖和15万元奖金。获奖论文将两个函数方程转化为算子方程，并使用微分方程逐步逼近算子

方程。论文研究函数方程解析解的存在性，同时通过复分析方法解析解的渐进性质。高一年级学生王芝菁的《CG图和形独基本性质探究》获得铜奖。比赛由清华大学数学科学中心、浙江大学数学科学研究中心、中国科学院晨兴数学中心共同承办，共有来自美国、加拿大、新加坡等国家200所中学400支队伍参赛，经过初赛、复赛、答辩等程序，最终评出金奖1个、银奖2个、铜奖6个、优胜奖8个。"丘成桐中学数学奖"由华人数学家丘成桐与泰康人寿保险股份有限公司联合设立，面向全球华人中学生，要求参赛者自主选择基础数学与应用数学领域研究课题，完成研究计划后向评审委员会递交专题研究报告。

（高岷）

北京市十一学校

【概　况】 2012年，北京市十一学校占地面积14.80万平方米、建筑面积15.60万平方米，体育场（馆）面积2.92万平方米。全年教育经费投入25216.90万元，其中，国家拨款20327.90万元、自筹经费4889万元。固定资产总值52684.30万元。图书馆（室）藏有纸质图书20万册。普通教室218个、专用教室318个、实验室30个。拥有计算机1200台，多媒体教室座位3000个。学校信息化经费投入800万元，校园网出口总带宽200Mbps，数字资源量100GB，"信息技术"课程2课时/周。教职工482人，包括高级职称163人、中级职称121人。专任教师367人，包括特级教师24人、市骨干教师10人、市学科教学带头人3人；本科及以上学历340

人。开设教学班134个，其中，初中66个、高中68个。毕业1176人，其中，初中749人、高中427人；招生1455人，其中，初中836人、高中619人；在校生4008人，其中，初中2232人、高中1776人。在校生中，寄宿生1234人，外省市借读生441人。高中录取分数线528分（海淀区），应届高考本科上线率100%。网址：www.bjshiyi.org.cn。

（杨雄）

【举办首届戏剧节和技术节】 1月14

至15日和6月21至29日，十一学校分别举办首届戏剧节和技术节。戏剧节上，选修戏剧课各年级学生演出自编自导戏剧42台，包括音乐剧《花木兰》《嘎达梅林》，歌舞剧《歌舞青春》《HIGH SCHOOL MUSICAL》，话剧《雷雨》，创新情景剧《阳光路上》，京剧《四郎探母》《贵妃醉酒》等。学校同时展出艺术综合课《影视编导与制作》。戏剧节共回收6000张观众评分表，90%以上观众认为演出剧目"效果很好"。该校师生、家长3000人观看演出。技术节以"创新—体验—成长"为主题，采取"创意集市"形式，在学校图书馆设立展位16个，展示服装设计与制作、机器人设计、影视技术等内容。开幕式上，服装设计与制作课程11名学生展示自行设计、裁剪、缝纫的不同时期、不同民族服饰。该校学生400人参加活动。

（雷露　杨雄　宋亚甫）

【与体育总局签订合作协议】 2月13日，十一学校与国家体育总局训练局签订合作协议。根据协议，学校每年接收体育总局训练局驻局青少年运动员10人进入该校枣林村书院学习，并根据每名运动员特点设计个性化课程。合作期5年。枣林村书院是该校独立的教育教学管理机构，下设教学办、导师办和学工办3个管理部门。书院接收13至18岁、已有明确职业方向、并在该领域有突出特长且极具发展潜质、不以国内高考为目标、适合师徒制的专业学生。学校为学生订单式设计所学课程，每个学生配备1名导师。

（杨雄）

【学生建议提交两会】 3月4日，十一学校学生建议提案通过全国人大代表提交两会。该校成立"人大代表助理团"，助理团16名学生通过调研、论证形成8条建议，内容涉及传统文化的传承、公共自行车管理、三环路出入口布局等方面。建议提案通过全国人大代表宋鱼水递交两会讨论。

（赵华）

【成立北美教育管理中心】 3月，十一学校成立北美教育管理中心。中心主要工作是与北美地区学校建立友好关系，开展中长期师生交流项目；引进北美优秀教师和教育管理者来学校工作；为学校干部和骨干教师开发在北美地区开展的教育培训课程等。中心设置国内办公室和海外办公室，设主任1人、执行主任1人，专职教师4至5人，海外长驻学校代表3人。

（蒋小波）

【成立少年新闻学院】 4月18日，十一学校成立"少年新闻学院"。该组织由学生倡议成立，属于教师指导、学生自主管理的学生社团，旨在通过培训、社会实践为热爱新闻的学生搭建沟通社会、学习新闻知识、培养职业素养的平台。"学院"通过个人报名、学院审核方式招收初二至高一年级首批"小院士"9人，聘任《京华时报》总编辑李洪洋为名誉"院长"。《京华时报》成为"少年新闻学院"实践基地，为"小院士"提供担任实习记者、学习新闻采访机会。至年底，该校共有学生社团200个，针对有志于专业研究的学生，学校设立少年文学院、少年科学院、少年社会科学院、少年工程学院、少年心理学院和少年新闻学院共6个专门"学院"。

（杨雄）

【成为国际文凭高中课程试点校】 5月22日，十一学校获市教委批准成为国际文凭高中课程（IBDP）项目实验试点校。该校IBDP项目共设6类学科课程（标准等级和高等级）和3门核心课程，其中，6类学科课程为第一语言（即母语）与世界文学、第二语言、人文科学、实验科学、数学和计算机科学、艺术或选修课；3门核心课程为知识理论课（Theory of Knowledge，简称TOK）、创造活动与服务（Creativity，Action and Service，简称CAS）、拓展论文（Extended Essay，简称EE）。IBDP班面向全市招生，学制三年，第一年为预备课程（Pre-DP），第二、三年进入正式IBDP课程体系。学校与IBDP项目成员校澳大利亚堪培拉文法学校（Canberra Grammar School）合作，澳方就课程体系、人员培训、教学和管理经验方面对十一学校进行支持。

（杨雄）

北京市第二十中学

【概　况】 2012年，北京市第二十中学占地面积7.25万平方米、建筑面积2.30万平方米，体育场（馆）面积1.99万平方米。全年教育经费投入7365.27万元，全部为国家拨款。固定资产总值13545.69万元。图书馆（室）藏有纸质图书14万册，电子图书1万册。普通教室140个、专用教室34个、实验室12个。拥有计算机500台，多媒体教室座位3000个。学校信息化经费投入1350万元，校园网出口总带宽20Mbps，数字资源量300GB，"信息技术"课程1至2课时/周。教职工246人，包括高级职称77人、中级职称93人。专任教师202人，包括特级教师6人、市骨干教师8人；本科及以上学历202人。开设教学班60个，其中，初中36个、高中24个。毕业771人，其中，初中472人、高中299人；招生936人，其中，初中616人、高中320人；在校生2595人，其中，初中1656人、高中939人。在校生中，寄宿生369人，外省市借读生455人。高中录取分数线502分（海淀区），应届高考本科上线率98%。网址：www.bj20zx.com。

（郭秀丽）

【召开教学模式改革研讨会】 4月28日，二十中学召开新课堂教学模式改革研讨会。会议组织教师观看初中部探索新课改教学模式视频；邀请4名教师分别作《在追问中反思，在反思中成长》《培养化学学习兴趣打造有效灵动课堂——让学生在课堂中兴趣盎然的获得知识与成就感》《你是幸福的，我就是快乐的——浅谈培养学生学习能力》《有效控制、指导学生小组合作学习》主题发言。与会教师围绕新课堂教学模式下“在课堂激发学生学习兴趣、鼓励学生参与教学活动、引导学生敢于质疑的有效措施”“有效培养学生自学、互学能力，给学生创设展示、交流、反省平台的有效办法”及“有效控制、指导学生小组合作学习的有效办法”三个主题分组交流讨论。该校初中部教师125人参加会议。

（郭秀丽）

【举办家长专题讲座】 10月20日和12月15日，二十中举办家长专题讲座。10月举办高一、高二年级家庭教育知识讲座，针对高一、高二年级学生心理特点，指导家长与孩子，并以事例分析讲解沟通技巧。学生家长624人参加学习。12月举办初一年级家长学校报告会，邀请教育咨询师讲解如何“让孩子的学习更轻松高效”。该校初一年级学生家长452人参加学习。

（郭秀丽）

【与航天员训练中心共建】 11月28

日，二十中与中国航天员科研训练中心举行共建签字仪式。根据协议，双方以“资源共享、互利互惠、共同发展”为原则，共同创办航天科技创新实践基地；航天中心为二十中学生开设航天飞行训练和生命科学课程，定期讲授航天科普知识，提供中心参观、体验机会；二十中接收中心干部职工子女入学。海淀区委教育工委、区教委，航天员科研训练中心及学校代表18人参加仪式。

（郭秀丽）

首都师范大学附属中学

【概　况】 2012年，首都师范大学附属中学占地面积3.06万平方米、建筑面积3.58万平方米，体育场（馆）面积1.19万平方米。全年教育经费投入11024万元，其中，国家拨款8431万元、自筹经费2233万元。固定资产总值14683万元。图书馆（室）藏有纸质图书7万册、电子图书3000册。普通教室49个、专用教室17个、实验室16个。拥有计算机820台，多媒体教室座位5100个。学校信息化经费投入284万元，校园网出口总带宽50Mbps，数字资源量2700GB。教职工236人，其中，高级职称75人、中级职称75人。专任教师165人，包括特级教师5人、市骨干教师3人、市学科教学带头人1人。开设教学班51个，其中，初中16个、高中35个。毕业623人，其中，初中180人、高中443人；招生704人，其中，初中261人、高中443人；在校生2055人，其中，初中685人、高中1370人。在校生中，外省市借读生119人。高中录取分数线527分（海淀区），应届高考本科上线率100%。网址：www.cnuschool.org。

（高国欣）

【美国孔子课堂开课】 4月16日，首师

大附中美国捷门棠学校孔子课堂开课。开课仪式上，捷门棠学校学生用无伴奏混声小合唱演唱中国和美国国歌，播放首师大附中学生制作的祝贺视频。该校向捷门棠学校赠送唐装和孔子塑像。该孔子课堂由首师大附中教师作为全职汉语教师授课，并帮助建立、完善汉语课程。至年底，共开课300节、组织活动40次，捷门棠学校学生55人次进入孔子课堂听课。2009年，国家汉办批准首师大附中与捷门棠学校合作开办孔子课堂，12月16日，捷门棠学校在第七届孔子学院表彰会上被评为先进孔子课堂。

（马德玲　庄绪侠）

【举办拔尖创新人才培养模式研讨】 5月9日和15日，首师大附中分别举办国家级重点课题“探索拔尖创新人才的培养模式”研讨活动。9日举办课题研讨会，以“探讨创新人才素质内涵，共议拔尖学生培养方案”为主题，邀请市教委、海淀区委教育工委有关人员及科研院所专家作成果汇报与分享。活动由海淀区教委主办。15日围绕课题举办校园开放日活动，分为课堂观摩、研讨会和学生展示三个环节活动，观摩数学、生物和化学3节创新示范课，听取学校《拔尖创新人才在中学时期的素质与评价》主报告。首师大附中、清华大学附属中学、北京大学附属中学和中国人民大学附属中学4所学校学生以“创意无限”为题，从科技创新探索、机器人及艺术等方面展示创新发明以及实践活动。市教委，首都师范大学、清华大学、北京大学等单位相关人员参加活动。首师大附中为国家教育体制改革项目“探索拔尖创新人才培养模式”项目校，承担“拔尖创新人才在青少年时期应具备的基本素质和评价方法”子课题研究。

（张剑）

【成立青年教师教育教学研究会】 6月6日，首师大附中青年教师教育教学研究会成立。该研究会旨在促进教师专业化发展，通过专家讲座、经验交流、专题讨论、案例分析多种形式，开展教育教学和师德研究。研究会设理事长3人、秘书长1人、理事7人，拥有会员82人。至年底，研究会举办教育教学活动4次。

（田云）

【举办四校学生辩论赛】 12月21日，首师大附中举办四校学生辩论赛。辩论赛以“创新精神的内涵及创新人才的培养”为主题，来自首师大附中、北京大学附属中学、清华大学附属中学和中国人民大学附属中学4所学校学生16人参加比赛。辩论活动分两场，分别以“山寨会/不会阻碍创新的发展”和“创新人才‘智’/‘仁’为先”为题展开辩论。辩论会邀请记者、特级教师和编辑担任评委。经过角逐，首师大附中和清华附中获胜。该校学生300人观看辩论。

（丁伯华）

北京市中关村中学

【概　况】 2012年，北京市中关村中学占地面积5.41万平方米、建筑面积4.33万平方米，体育场（馆）面积2.49万平方米。全年教育经费投入11881.57万元，全部为国家拨款。固定资产总值9302万元。图书馆藏书16.93万册。普通教室99个、专用教室63个、实验室20个。拥有计算机1212台，多媒体教室座位4425个。学校信息化经费投入279.03万元，校园网出口总带宽10Mbps，数字资源量3294GB，“信息技术”课程初中1课时/周、高中2课时/周。教职工320人，包括高级职称118人、中级职称108人。专任教师270人，包括特级教师4人、市骨干教师4人、市学科教学带头人1人；本科及以上学历270人。开设教学班95个，其中，初中62个、高中33个。毕业1050人，其中，初中660人、高中390人；招生1130人，其中，初中730人、高中400人；在校生3468人，其中，初中2255人、高中1213人。高中录取分数线515分（海淀区），应届高考本科上线率100%。网址：www.hdzgczx.bjedu.cn。

（黄文萍）

【与中科院合作开设校本课程】 2月

29日，中关村中学与中科院微生物所合作开设“白色生物技术与我们的未来生活”新校本课程。该课程通过教师讲授、学生自主查阅资料和自主试验相结合的学习方式，学习白色生物技术起源、内容及未来发展前景等。由中科院微生物所研究人员授课。该校学生40人选修课程。该校利用地理优势，与周边科研院所合作开设选修课，旨在培养学生科学素养，对科学的兴趣及对科学的探索精神。本月，学校另召开“影响人类文明的科学事件”课程总结会，该校本课程是中关村中学于2011年9月与中科院自然科学史所联合开发，双方合作设计撰写课程纲要，共同探索授课模式并编写教材。至年底，该校442人次选修该课程。

（鲁小凡）

【庆祝建校30周年】 3至10月，中关村中学举办庆祝建校30周年系列活动。活动包括庆祝建校管乐、民乐、舞蹈及合唱专场演出，“素质教育成果展”文艺演出，周恩来励志馆开馆仪式和中外校长办学研讨交流会。活动总结建校30年取得办学成就，阐述学校文化内涵和素质教育成就。教育部、北京市及海淀区有关部门领导，该校友好学校、校友、退休教师、学生家长代表6000人参加活动。中关村中学1982年建立，1999年更名为中国科大附中（北京），2001年复名为中关村中学，2003年被评为北京市示范高中，至2012年，累计培养初、高中毕业生3.69万人。

（黄文萍）

【发行《村韵》校刊】 9月，中关村中学《村韵》校刊正式发行。该校刊总结和保留学校管理、育人、科研经验成果，宣传校园文化及最新动向。设置卷首寄语、小村热议、建村方略、村耘秋实、村曲村风、村中大事、村言村语7个栏目，该校书记、校长任主编。校刊每季出版一期，封面、封底采用四色印刷，每期计划刊印1000册，全书80页共约10万字。校刊面向全校教职工、师生，海淀区委教育工委、区教委相关科室，友好学校、周边社区及来访人员发行，首期刊印1500册。

（金恩华）

北京大学附属中学

【概　况】 2012年，北京大学附属中学占地面积5万平方米、建筑面积6.50万平方米，体育场（馆）面积1.60万平方米。图书馆（室）藏有纸质图书5万册，电子图书5000册。普通教室77个、专用教室46个。拥有计算机800台，多媒体教室座位300个。校园网出口总带宽170Mbps，数字资源量1TB。教职工274人，包括高级职称102人、中级职称67人。专任教师199人，包括特级教师13人、市骨干教师10人、市学科教学带头人1人；本科及以上学历177人。开设教学班91个，其中，初中18个、高中73个。毕业728人，其中，初中257人、高中471人；招生669人，其中，初中299人、高中370人；在校生2072人，其中，初中790人、高中1282人。在校生中，外省市借读生126人。高中录取分数线535分（海淀区），应届高考本科上线率100%。网址：www.pkuschool.edu.cn。

（姚勃任）

【4名学生获科技创新比赛一等奖】 3月25日，北大附中学生参加第32届安捷伦北京青少年科技创新大赛获奖。该校高中部学生8人分获一、二等奖各4项，其中，高二年级学生植物学项目“长江流域野生拟南芥居群与哥伦比亚生态型的生活史差异初探”获得科技创新优秀项目一等奖和安捷伦青少年科技英才奖，高三年级学生工程学项目“一种新堆型核电站辅机凝汽系统故障诊断的SDG建模方法初步研究”、化学项目“市售饮料中五种增塑剂的快速筛查新方法”，高二年级学生植物学项目“外来入侵植物齿裂大戟的生物学特性和种群动态及其防治”分别获得科技创新优秀项目一等奖。大赛由市科协、市教委、市科委等单位联合主办，30万名学生参加初赛，经学校推荐、区县评审，共有1642项优秀学生竞赛作品参加市级初评，199个项目进入终评答辩。

（姚勃任）

【进行“学院制”改革】 3月，北大附中进行“学院制”改革。改革后形

成“三部、三学院、五中心”全新组织架构。“三部”分别是初中部、高中部和预科部，主要为常规高考和中考体系下学生提供课程。初中部注重基础培养，高中部定位为常规文理，预科部全面针对高考升学。“三学院”分别是元培学院、博雅学院及道尔顿学院，为非常规中、高考学生提供多元选择课程。元培学院针对本科就读于国内、非单一高考途径升学学生，注重培养全方位创新性人才。博雅学院针对出国留学深造学生，注重为学生提供学习多元选择。道尔顿学院为原国际部，以“道尔顿制”为教学原则进行创新性教学。“五中心”为艺术中心、体育中心、技术中心、综合实践活动中心、心理辅导中心，五大中心面向全校提供课程和支持。

（姚勃任）

【举办首届传媒节】 10月6日，北大附中举办首届传媒节。传媒节由学校综合实践活动中心组织，主题为“记录变化”，采取海报、照片及杂志展卖形式，展出学生作品50幅。作品内容涉及学校学生民主、创新精神、追求梦想等内容。

（姚勃任）

【黑匣子剧场落成】 10月13日，北大附中黑匣子剧场落成。黑匣子剧场位于学校图书馆一层左侧，采用无舞台设计，建筑面积400平方米，拥有座位78个。剧场内置全套音响设备，同时可满足无话筒专业话剧表演需要。

（姚勃任）

北京市八一中学

【概　况】 2012年，北京市八一中学占地面积13.66万平方米、建筑面积15.65万平方米，体育场（馆）面积2.97万平方米。全年教育经费投入11843万元，其中，国家拨款10634万元、自筹经费1209万元。固定资产总值23982万元。图书馆（室）藏有纸质图书27.57万册，电子图书2000册。普通教室83个、专用教室33个、实验室17个。拥有计算机1642台，多媒体教室座位300个。学校信息化经费投入777万元，校园网出口总带宽70Mbps，数字资源量1200GB。教职工350人，包括高级职称84人、中级职称144人。专任教师264人，包括特级教师3人、市骨干教师9人、市学科教学带头人2人；本科及以上学历264人。开设教学班86个，其中，初中56个、高中30个。毕业1083人，其中，初中700人、高中383人；招生1123人，其中，初中723人、高中400人；在校生3280人，其中，初中2093人、高中1187人。在校生中，寄宿生184人，外省市借读生558人。高中录取分数线523分（海淀区），应届高考本科上线率100%。网址：www.bayims.cn。

（左秋洁）

【与3所英美学校签署合作协议】 2至

4月，八一中学分别与3所英美学校签署合作协议。2月12日，该校与英国伦敦克洛伊顿女中（Croydon High School）签署合作协议。根据协议，两校开展教育教学以及友好校师生互访等方面合作。合作期5年。3月2日，该校与美国明尼苏达州沙杜克圣玛丽学校（Shattuck - St. Mary′s）签署合作办学协议。根据协议，两校开展中美双文凭合作办学项目。合作期5年。4月5日，八一中学与美国北卡罗来纳州北卡公立中学（APEX）签订友好校协议。根据协议，双方定期开展资源互通、师生互访、合作教育等活动。合作期5年。

（林汉英）

【参加国际艺术节获奖】 7月27日和8月3至13日，八一中学参加两项国际艺术节获奖。7月，金帆管乐团一行90人参加捷克皮塞克国际青少年艺术节，演奏《SYNERGY RISING》《更尽酒》和《PERSEUS》3首管乐作品，获得最佳音响金奖和评委会特别奖。8月，金帆合唱团一行49人参加2012年维也纳国际青少年艺术节，演唱指定曲目《美人的眼睛》以及非洲民歌《自由歌唱》、云南民歌《月亮今晚要出嫁》等作品，获得金奖。

（刘青莲）

【成立三员自主管理委员会】 9月14日，八一中学成立学生“三员”自主管理委员会。该委员会是学生自主管理机构，其宗旨是“积淀优秀文化基因，共同创造品质生活”，设立卫生健康部、安全部、公物管理部三个部门，要求通过各班公物管理员、健康卫生管理员和安全管理员，实现学生自我服务、自我管理、自我监督的自主管理模式。委员会首批委员由6个年级12名学生组成，每班通过民主推选方式选举公物管理员、健康卫生管理员和安全管理员成为会员，共计254人。

（胡明柱）

【启动学校文化建设活动】 9月，八一中学品质文化“十二基因”推广落地系列活动启动。学校十二品质文化基因分别为忠诚、诚信、尊重、责任、独立、勇敢、执著、创新、开放、文明、阳光、雅趣。活动围绕品质基因，每月确定一主题，要求各班围绕主题开展社会实践和常规班会。活动为期3年。至年底，该校师生3238人参加活动。

（刘慧）

北京市第一零一中学

【概　况】 2012年，北京市第一零一中学占地面积21.25万平方米、建筑面积3.30万平方米，体育场（馆）面积4.16万平方米。全年教育经费投入14628.54万元，全部为国家拨款。图书馆藏书13万册。固定资产总值23759.17万元。普通教室73个、专用教室13个、实验室10个。拥有计算机2295台。学校信息化经费投入277.6万元，校园网出口总带宽100Mbps，数字资源量1564GB，“信息技术”课程2课时/周。教职工359人，包括高级职称126人、中级职称110人。专任教师269人，包括特级教师7人、市骨干教师15人、市学科教学带头人3人；本科及以上学历264人。开设教学班73个，其中，初中36个、高中37个。毕业1165人，其中，初中712人、高中453人；招生1241人，其中，初中750人、高中491人；在校生3589人，其中，初中2190人、高中1399人。在校生中，寄宿生371人，外省市借读生414人。高中录取分数线531分（海淀区），应届高考本科上线率100％。网址：www.beijing101.com。

（李亚）

【图书馆重新开放】 2月14日，一零

一中图书馆重新开放。该图书馆占地面积1500平方米，建筑面积3000平方米，设有文史哲、报刊、电子、外文等阅览室，及研究性学习室、远程会议室和教工书屋，拥有藏书13万册，中英文期刊300余种。阅览室开放时间为周一至周五8：00～17：00。2011年，该图书馆因抗震加固关闭。抗震加固工程加强图书馆墙体和筑基，总投资5000万元。改造后，图书馆主体建筑可承受8级以上地震。

（王欣娴）

【校旗随神九遨游太空】 6月16至29日，一零一中校旗随神州九号飞船遨游太空。校旗上印有钱学森班班训“星空探学，群木成森”，以及首届钱学森班全体师生签名。该校1968届高中校友、钱学森班校外辅导员钱学森之子钱永刚协助完成该活动，该面校旗由一零一中校史馆永久收藏。

（万锡茂）

【开设中美高中国际班】 6月20日，一零一中开设中美高中国际班。国际班由该校与美国弗吉尼亚州诺福克学院(Norfolk Academy)举办，面向全市应届初三毕业生（含在京借读生）招生，学制3年，每学年学费9万元，学生高三可直接申请美国等英语国家大学。首届高中班招生30人，9月开学。

（程丽）

【接待诺贝尔物理奖获得者访问】 8月23日，一零一中接待澳大利亚诺贝尔奖获得者布莱恩·施密特访问。施密特介绍其团队研究近况，与钱学森班和天文社学生交流互动，回答学生提问。市科协、澳大利亚大使馆相关人员及学校师生600人参加活动。布莱恩·施密特因发现宇宙正加速扩张，于2011年获得诺贝尔物理学奖。

（万锡茂）

【开设高一特色课程】 9月3日，一零

一中举行高一“科学特色课程”和“人文特色课程”开课仪式。仪式上，校长介绍钱学森班和人文班成立背景、育人目标、实验举措，说明科学特色课程、人文特色课程内容和开课安排。“科学特色课程”由该校与中科院合作，专为钱学森班学生开设，采取模块化教学，每个模块包括教师讲授和学生实践两个环节。“人文特色课程”为该校人文实验班开设，是具有人文特色校本课程体系，包括专长能力课程、校本选修课程、高端讲座课程、人文实践课程、大学先修课程等。该校高一、初二年级学生200人参加开课仪式。

（高建民）

【签署怀柔分校共建协议】 10月17日，一零一中举办怀柔分校共建签约仪式。根据协议，一零一中怀柔分校采取“一个法人、一体化管理”教育管理模式，接受该校直接领导。一零一中校长担任怀柔分校法定代表人和校长，并向怀柔分校委派执行校长、主任及其相应管理人员，参与分校管理和教育教学工作。同时，一零一中每年选派优秀教师指导课堂教学和教研组活动；怀柔区教委每年选派重点培养干部到一零一中挂职培训，并定期组织校长论坛、教师教育理念、教学方法等方面业务讲座和示范观摩等活动。一零一中怀柔分校拟建成九年一贯制寄宿学校，位于雁栖经济开发区，总投资23590万元，计划于2014年招生。

（高建民）

【学生获“明天小小科学家”称号】 11月20日，一零一中高三年级学生闫钇岑获得第12届“明天小小科学家”称号。闫钇岑所研究项目“蚯蚓洗涤液防治月季灰霉病的初步机理研究”发现，蚯蚓真体腔和背孔分泌的大量液体经水洗涤后形成的溶液，能有效抑制月季灰霉病致病病菌，可解决目前普遍采用的化学防治法产生的抗药性和环境污染等问题。该校3人进入终评，其中，高三年级学生研究项目“智能植物生长装置”获得一等奖，“能源植物柳枝稷与粮食作物玉米套种的生态效益研究”获得三等奖。“明天小小科学家”称号评选由教育部、中国科技协会和香港周凯旋基金会主办，来自全国29个省（市、自治区）100名高三年级学生晋级本届比赛终评，经过研究项目展示和问辩、知识水平测试、综合素质考察环节，3人获得“明天小小科学家”称号，同时决出一等奖12人、二等奖35人、三等奖50人。

（马丽霞）

【出版教育专集】 12月22日，《孩子，我想对你说——北京一零一中101个家庭父母与孩子的心灵对话》青春教育专集出版。该专集是一零一中家校合作项目成果之一，包括“我是小小男子汉——男孩篇”和“家有小女初长成——女孩篇”两部分，主要内容是101名优秀学生与家长间的交流书信。该书共计40万字，采用16开简装双色印刷，由农村读物出版社出版，首批印装1000册。

（龚娇阳）

北京市大峪中学

【概　况】 2012年，北京市大峪中学占地面积6.60万平方米、建筑面积

4.43万平方米，体育场面积1581平方米。全年教育经费投入2846万元，其中，国家拨款2766万元、自筹经费80万元。固定资产总值12722万元。图书馆藏书3.25万册。普通教室36个、专用教室12个、实验室11个。拥有计算机679台，多媒体教室座位116个。学校信息化经费投入3万元，校园网出口总带宽5Mbps，数字资源量2000GB，“信息技术”课程2课时/周。教职工166人，包括高级职称64人、中级职称49人。专任教师120人，包括特级教师1人、市骨干教师1人、市学科教学带头人1人；本科及以上学历120人。开设教学班31个，其中，初中2个、高中29个。高中毕业336人；招生413人，其中，初中78人、高中335人；在校生1132人，其中，初中78人、高中1054人。在校生中，寄宿生602人。高中录取分数线446分（门头沟区），应届高考本科上线率84.59%。网址：www.dyzx-bj.com。

（王阿玲）

【接受教育教学研究视导】 3月12日，大峪中学接受北京教育科学研究院教育教学研究视导。视导组一行20人，听取该校教师的复习课和新课，与该校教师就课标、校本教研座谈研讨，认为该校课堂高效、教研实效，肯定学校新课改后教育科研成果、师生精神面貌方面的变化。该校教职工120人参加座谈。

（石杰）

【签订合作协议】 6月20日，大峪中学

与北京市第八十中学签署合作联盟协议。根据协议，两校开展相互听评课、集中教研、备考信息、试题共享；八十中学特级教师来大峪中学授课、讲座；大峪中学选拔优秀学生参与八十中课题研究、拜师等活动。协议合作期3年。签约仪式上，大峪中学校长为八十中特级教师颁发聘书，八十中校长为大峪中学捐赠图书。两校教职工30人参加签约仪式。

（石杰）

【设立初中实验班】 7月5日，大峪中学首届初中实验班新生报到。该实验班面前全区小学招生，通过各小学推荐、综合面试方式择优录取，首批招生78人。根据规定，该班着力打造科技创新特色。

（石杰）

首都师范大学附属中学永定分校

【概　况】 2012年，首都师范大学附属中学永定分校占地面积3.59万平方米、建筑面积2.77万平方米，体育场面积1.17万平方米。全年教育经费投入2240万元，全部为国家拨款。固定资产总值2466万元。图书馆藏书3.96万册。普通教室41个、专用教室14个、实验室12个。拥有计算机402台，多媒体教室座位40个。学校信息化经费投入66万元，校园网出口总带宽100Mbps，数字资源量680GB，“信息技术”课程4课时/周。教职工150人，包括高级职称41人、中级职称52人。专任教师110人，包括市骨干教师2人；本科及以上学历107人。开设教学班33个，其中，初中21个、高中12个。毕业376人，其中，初中237人、高中139人；招生371人，其中，初中220人、高中151人；在校生1154人，其中，初中675人、高中479人。在校生中，寄宿生496人，外省市借读生111人。高中录取分数线442分（门头沟区），应届高考本科上线率46.15%。网址：www.mtgydzx.bjedu.cn。

（赵京）

【举办成人仪式】 3月10日，首师大附中永定分校举办高三年级2012成人盛典。仪式以“青春·理想”为主题，由“回忆篇”“感恩篇”和“励志篇”组成，高三学生分别表演《舞蹈青春》《今天，我十八岁》《妈妈，请听我说》等节目。该校教师、家长、学生300人参加仪式。

（齐景林）

【开展“三化”管理】 至年底，首师大附中永定分校开展“三化”管理提升课堂教学效果。“三化”管理即课堂研究校本化、课堂模式核心化、班级文化个性化。课堂研究校本化要求教师集体备课，做到“五个统一”，即统一目标、统一内容、统一进度、统一作业、统一测试；备课过程中坚持“六个环节”，即熟悉教学内容、钻研新课标、讨论教学问题、理清教学思路、提出教学主张、设计教学策略。课堂模式核心化要求课堂发挥教师主导作用和学生主体作用，开展“三环二测”探索，其中，“三环”指自学环节、指导环节和反馈环节；“二测”指自学环节开展前测，为诊断性测评；反馈环节开展后测，为形成性测评。班级文化个性化要求班级文化以“我是课堂小主人”为核心，形成各具特色班级文化。

（杨清龙）

【开设1门校本课程】 至年底，首师

大附中永定分校高中学生参加“永定河文化”校本课程学习。该课程由历史、地理、音乐、美术、语文学科合作，讲解永定河文化，并带领学生实地走访永定河及周边了解河域文化。该课程在高一、高二年级开设，45分钟一节，共10课时（除社会实践外）。学校出版编写永定河校本教材。

该校学生100人次完成课程学习。

（杨清龙）

北京市房山区良乡行宫园学校

【概　况】 2012年，北京市房山区良乡行宫园学校占地面积2.08万平方米、建筑面积9179.40平方米，体育场面积1.07万平方米。全年教育经费投入2029.55万元，其中，国家拨款2029.55万元。固定资产总值2624.30万元。图书馆藏有纸质图书3.28万册、电子图书41GB。普通教室43个、专用教室6个、实验室4个。拥有计算机277台，多媒体教室座位2000个。学校信息化经费投入77万元，校园网出口总带宽100Mbps，数字资源量270GB，“信息技术”课程5课时/周。教职工141人，包括高级职称14人、中级职称82人。专任教师100人，包括市骨干教师4人；本科及以上学历96人。开设教学班43个，其中，小学31个、初中12个。毕业360人，其中，小学207人、初中153人；招生302人，其中，小学172人、初中130人；在校生1390人，其中，小学992人、初中398人。网址：58.130.18.6。

（白红蕾　张红英）

【成立家长管理委员会】 3月12日，行宫园学校家长管理委员会成立。该委员会旨在提高家长素质、形成教育合力，主要职责是参与学校管理、普及教育科学、优化教育环境。委员会设校级委员18人、年级委员81人、班级委员300人。

（白红蕾　张红英）

【开展师德师风建设】 3月23日，行宫园学校召开年度“学规范、强师德、树形象”师德师风建设暨2011年师德表彰大会。会议总结上年学校“学规范、强师德、树形象”师德系列活动成果，邀请2名师德代表做专题汇报，表演《篝火》《骑车到拉萨》等文艺节目。会议表彰师德标兵10人、教育创新标兵1人、先进班组3个。房山区委教育工委、区教委、区教育工会人员及该校教职工、家长、学生400人参加大会。年内，行宫园学校采取座谈会、民主评议、演讲、讲座等多种形式开展师德师风建设。

（白红蕾　张红英）

【聘任校外辅导员】 10月15日，行宫园学校为校外辅导员颁发聘书。学校共聘任部队军官27人担任校外辅导员，主要职责是辅助学校中队辅导员做好理想、信念教育并开展中队活动。房山团区委、91395部队领导，该校二至六年级全体少先队员800人参加活动。

（白红蕾　张红英）

北京市房山区长沟中学

【概　况】 2012年，北京市房山区长沟中学占地面积6.54万平方米、建筑面积1.90万平方米，体育场馆面积1759平方米。全年教育经费投入2054.47万元，其中，国家拨款1927万元、自筹经费127.47万元。固定资产总值6544万元。图书馆藏有纸质图书5.05万册、电子图书65册。普通教室32个、专用教室12个、实验室10个。拥有计算机297台，多媒体教室座位120个。学校信息化经费投入1.8万元，校园网出口总带宽40Mbps，数字资源量50GB。教职工128人，包括高级职称24人、中级职称48人。专任教师99人，本科以上学历7人。开设教学班25个，其中，初中13个、高中12个。毕业261人，其中，初中152人、高中109人；在校生831人，其中，初中413人、高中418人。在校生中，寄宿生82人。高中录取分数线405分（房山区），应届高考本科上线率22%。

（景玉霞）

【举办高效阅读成果展示活动】 5月22日，长沟中学举办高效阅读阶段性成果展示与交流活动。该校两名教师做研究课，与会教师就“加快阅读速度、提高阅读水平”问题讨论交流。活动由长沟中学与中国教育学会中学语文教学研究会“高效阅读”课题组、北京师范大学出版社联合举办。来自房山区教委相关人员及各区县教师200人参加活动。

（景玉霞）

【举办终身学习活动周】 10月19日至24日，长沟中学举办全民终身学习活动周。活动以“提升能力，创新发展”为主题，举办教研组集体备课、班主任培训、阳光体育等活动。同时要求每班出版一期“人人终身学习，创建学习型班级”主题黑板报，要求每个学生借阅一本课外书、每天认真阅读课外读物一小时。学校学生920人参加活动。

（景玉霞）

【举办师德讲座】 11月16日，长沟中学举办“践行北京精神，争当育人模范”师德讲座。该校邀请房山区教育工会主席主讲，诠释师德含义，讲述师德的享受功能和惩罚功能两种属性，分析敬业爱生、师德与学生德育、师德与社会公德家庭美德的关系问题。房山区长沟中心校、房山区长沟镇成教中心及该校教师150人听取讲座。

（景玉霞）

北京市房山区房山中学

【概　况】 2012年，北京市房山区房山中学占地面积4.21万平方米、建筑面积2.70万平方米，体育场馆面积1.87万平方米。全年教育经费投入

3129万元，其中，国家拨款3021万元、自筹经费108万元。固定资产总值353.10万元。图书馆（室）藏书4.90万册。普通教室48个、专用教室14个、实验室10个。拥有计算机232台，多媒体教室座位2106个。学校信息化经费投入33万元，校园网出口总带宽100Mbps，数字资源量120GB，"信息技术"课程2课时/周。教职工163人，包括高级职称53人、中级职称47人。专任教师111人，包括市骨干教师5人；本科及以上学历111人。开设高中教学班31个。毕业416人、招生371人、在校生1212人。在校生中，寄宿生804人。高中录取分数线463分（房山区）。

（刘荟）

【举办教研组长研讨会】 8月26日和

27日，房山中学分别举办教研组长和协作组长研讨会。会议以"全面推进学科建设，满足学生发展需求"为主题，修订《房山中学课堂常规》。新规对候课、起立、上课等环节教师、学生任务做出具体规定。会议确定学校改变考试模式，由原来月考改为不定时学情调研考试。规定调研考试需协作组向教学处提出申请，由教学处统一安排；同时规定考试对象、时间、内容和方式。该校教职工50人参加会议。

（刘荟）

【连廊工程竣工】 8月29日，房山中学连廊工程竣工。该工程主体采用双面钢结构全封闭式，建筑面积96平方米，连接教学楼和实验楼，为教师、学生往返上课节省时间。该工程于6月开工，总投资64万元。

（刘荟）

【开展教科研月系列活动】 11至12月，房山中学开展教科研月系列交流活动。活动围绕"注重过程管理，打造高效课堂"主题，要求外出访问学习教师汇报交流。3名参加"国培计划"的教师以"批评一个学生易、唤醒一个学生难""同课异构""高效课堂标准"为主题汇报学习成果；2名赴加拿大学习英语教师从关注课堂、进行有效课堂评价、丰富课堂活动角度做专题汇报；3名赴山东省昌乐二中考察教师从高效课堂、小组学习、阅读能力提升方面做专题汇报。该校教师100人次参加活动。至年底，学校共派出干部教师20人考察学习。

（刘荟）

北京市通州区运河中学

【概　况】 2012年，北京市通州区运河中学占地面积4.60万平方米、建筑面积3.60万平方米，体育场面积2.28万平方米。全年教育经费投入5042.50万元，其中，国家拨款4294.20万元、自筹经费748.30万元。固定资产总值4254.80万元。图书馆藏书3.80万册。普通教室49个、专用教室11个、实验室13个。拥有计算机831台，多媒体教室座位3140个。学校信息化经费投入142.49万元，校园网出口总带宽15Mbps，数字资源量55GB，"信息技术"课程初中2课时/周、高中2课时/周。教职工241人，包括高级职称85人、中级职称70人。专任教师175人，包括特级教师1人、市骨干教师8人、市学科教学带头人2人；本科及以上学历174人。开设教学班44个，其中，初中14个、高中30个。毕业602人，其中，初中171人、高中431人；招生700人，其中，初中248人、高中452人；在校生1995人，其中，初中563人、高中1432人。在校生中，住宿生510人，外省市借读生69人。高中录取分数线489分（通州区），应届高考本科上线率94.8%。网址：www.yunhe.net。

（刘凌）

【组织三校联合教研活动】 2月28至29日，运河中学与潞州中学、张湾中学开展高三文综、理综联合教研活动。参会教师结合通州分科摸底考试情况，分析高三教学中存在的问题，研讨提高教学质量的改进措施，并围绕高三后一阶段分科专题复习和综合练习研讨交流。三校领导、高三年级学科教研组长及部分教师参加活动。

（刘凌）

【与农村中学签订均衡发展协议】 5月15日，运河中学与通州区张家湾中学签订《建立帮学对口校协议书》。根据协议，两校每年以高中年级教研组为主体，按季组织分学科信息交流、考试分析等教研活动。

（刘凌）

【校长工作室一期结业】 9月12日，运河中学举办张佳春名校长工作室一期结业二期启动仪式。工作室采取导师引领、异地挂职、校际互访、实践问题研讨、跟进指导方式开展研修学习活动。一期6名学员结业，出版《通州区中学名校长工作室成果集》。二期学员5人，计划研修2年。来自北京教育科学研究院等相关单位人员及该校教师120人参加启动仪式。

（刘凌）

【举行见习班主任资格认定会】 9月

13日，运河中学举行见习班主任资格认定会。学校为见习班主任23人、班主任23人颁发认定书。按照规定，见习班主任与所见习班班主任结成帮学对子，每周固定两天参与班级日常管理，通过实践方式学习班主任工作理论和方法。该校教师100人参加认定会。

（刘凌）

北京市通州区潞河中学

【概　况】 2012年，北京市通州区潞河中学占地面积1.71万平方米，体育场（馆）面积3.85万平方米。全年教育经费投入7571万元，其中，国家拨款7032.40万元、自筹经费538.60万元。固定资产总值17497.88万元。图书馆藏有纸质图书12.19万册，电子图书830GB。普通教室92个、专用教室31个、实验室25个。拥有计算机1232台，多媒体教室座位4900个。学校信息化经费投入130.62万元，校园网出口总带宽260Mbps，数字资源量2000GB，“信息技术”课程初中1课时/周、高中2课时/周。教职工379人，包括高级职称142人、中级职称118人。专任教师289人，包括特级教师11人、市骨干教师12人、市学科教学带头人4人；本科及以上学历227人。开设教学班70个，其中，初中24个、高中46个，包括内地新疆高中班4个。毕业864人，其中，初中307人、高中557人；招生1011人，其中，初中355人、高中656人；在校生2821人，其中，初中1003人、高中1818人，包括新疆高中班480人。在校生中，寄宿生910人，外省市借读生661人（含新疆内高班）。高中录取分数线511分（通州区），应届高考本科上线率95.1%。网址：www.luhe.net。

（苏培）

【学生出版诗集】　2月，潞河中学出资2.8万元帮助高三新疆班学生麦麦提敏·阿卜力孜出版诗集《返回》。该诗集包括三卷，收录作者汉语诗歌77首，共计15万字，由中国文史出版社出版发行，全国新华书店经销，第一版、第一次印刷2000册。麦麦提敏·阿卜力孜，维吾尔族，新疆和田皮山县人，2008年9月进入该校内地新疆班学习，同时用维吾尔语和汉语进行诗歌创作。

（苏培）

【接待俄罗斯冬令营代表团访问】　3

月21日，潞河中学接待2012俄罗斯中学生来华冬令营代表团。代表团共有来自莫斯科市、圣彼得堡市师生50人。该校为代表团举办冬令营开营仪式，代表团参观潞河中学校园，走入汉语课堂学习汉语，分组参加武术、剪纸和扇面书法等学校特色课程。教育部国际司、中国教育国际交流协会负责人及该校教师、学生850人参加活动。

（苏培）

【庆祝建校145周年】　10月29日，潞河

中学举办建校145周年庆祝活动。该校重新整修校史馆并举办剪彩、参观活动，在体育馆举行庆祝建校145周年“魅力潞园”专场演出。教育部、新疆教育厅、市教委等单位相关人员及该校校友、在校师生4000人参加活动。北京市通州区潞河中学1867由美国基督教公理会创建，始称潞河男塾，后改称潞河书院；1901年更名为协和书院，设有大学和中斋二部；1912年更名为华北协和大学。1917年大学部迁到北京城内与汇文大学合并后组成燕京大学。其中，斋部仍留在通州原址，为私立潞河中学。1951年由人民政府接管。1978年被市政府确定为首批市属重点中学。2000年通过专家组的评估成为北京市首批国家级示范高中。

（苏培）

北京市通州区永乐店中学

【概　况】　2012年，北京市通州区永乐店中学占地面积9万平方米、建筑面积4.21万平方米，体育场面积2.91万平方米。全年教育经费投入4651.20万元，其中，国家拨款4301.30万元、自筹经费349.90万元。固定资产总值5722.73万元。图书馆藏书7.59万册。普通教室50个、专用教室8个、实验室12个。拥有计算机485台，多媒体教室座位2680个。学校信息化经费投入2.94万元，校园网出口总带宽200Mbps，数字资源量670GB，“信息技术”课程初中1课时/周、高中1课时/周。教职工257人，包括高级职称70人、中级职称75人。专任教师171人，包括市骨干教师2人、市学科教学带头人2人；本科及以上学历169人。教学班52个，其中，初中12个、高中40个。毕业562人，其中，初中141人、高中421人；招生641人，其中，初中117人、高中524人；在校生2065人，其中，初中371人，高中1694人。在校生中，住宿生1700人，外省市借读生105人。高中录取分数线461分（通州区），应届高考本科上线率91.8%。网址：www.yongzhong.net。

（肖洋）

【举办普法教育律师进校园活动】　5月18日，永乐店中学举行“关爱学生成长，共建法制校园”普法教育律师进校园活动启动仪式。北京天正律师事务所与永乐店中学签约，根据协议，事务所为学校及学校师生提供全方位法律服务，为市、区级三好学生提供无偿法律服务，为特困学生提供无偿法律帮助和尽可能的经济帮助。协议期3年。事务所代表作题为“做法治时代的守法青少年”专题讲座。天正律师事务所全体律师、该校教师学生800人参加启动仪式。

（肖洋）

【庆祝建校60周年】　10月6日，永乐

店中学举办建校60周年庆典暨新校区奠基仪式。该校离退休教师、校友为60年校庆纪念鼎揭幕，校友为学

校赠送图书。学校邀请参会代表为永乐店中学新校区培土奠基。永乐店中学校友、教师、学生及市教委、通州区教委等单位相关人员3000人参加庆典。永乐店中学1952年建校，是通州区第一所农村中学。1958年成为完全中学，1978年被确定为通县重点中学，2005年成为“北京市示范性普通高中校”。至年底，共培养毕业生1.9万人。

（肖洋）

【发放中德环宇助学金】 11月5日，通州区永乐店中学举行中德环宇助学基金发放仪式。学校共为17名品学兼优或经济困难学生发放助学金共计5.3万元。该助学金2011年设立，每年通过学生申请、班主任推荐、学校校委会集体研究确定选拔资助对象，每人资助4000元。自基金建立，共资助学生35人。

（肖洋）

北京中加学校

【概　况】 2012年，北京中加学校占地面积7.34万平方米、建筑面积3.62万平方米，体育场馆面积1.70万平方米。全年教育经费投入5019万元，全部自筹。固定资产总值5147万元。图书馆藏有纸质图书3.50万册、电子图书2万册。普通教室40个、专用教室13个、实验室6个。拥有计算机656台，多媒体教室座位320个。学校信息化经费投入40万元，校园网出口总带宽140Mbps，数字资源量4000GB，“信息技术”课程2课时/周。教职工254人，包括高级职称28人、中级职称27人。专任教师107人，包括特级教师2人、外籍教师28人；本科及以上学历107人。开设高中教学班36个。毕业321人、招生262人、在校生815人。网址：www.ccsc.com.cn。

（张艳　荆枝）

【召开教育教学研讨会】 3月16日，中加学校召开第二届教育教学研讨会。会议从教育和教学对学生全面发展的重要作用，教育国际化、全球化的理念，课程改革等方面讨论该校建校15周年教育教学工作成果与不足。会议听取教育部教育发展中心副主任作《国际化教育》专题报告，观摩学校模拟联合国学生活动、特色课程展示及展览等内容。会议就“我校当前的课程建设与发展成果，如何突出中外办学的特色”“结合北京精神，如何更好开展传统文化教育”“中西文化与英语教学”主题分组讨论。河北师范大学附属中学、山东省诸城第一中学，深圳、安徽中加学校领导、教师代表及该校教职工、学生家长300人参加会议。

（张艳　荆枝）

【庆祝建校15周年】 3月25日，中加

学校举办建校15周年庆典。中加董事长及校长致辞，学校表彰在该校工作满15周年的教职工及在国际竞赛中取得优异成绩的学生，播放记录学校建校15周年办学成果的视频。该校教师、学生共同表演大合唱、话剧、舞蹈等节目。来自外交部、市政府、加拿大驻华人使馆的相关人员及该校师生、校友、学生家长3000人参加庆典。中加学校1997年建立，由北京师范大学附属实验中学与加拿大纽宾士域省教育部、加皇国际教育集团联合建立，为全住读式中外合作普通高中学校，是北京市首批自主课程建设实验学校。至年底，该校共培养毕业生5001人。

（张艳　荆枝）

【成为心理教育规范化建设科研基地】 9月17日，中加学校被中国心理学会普及工作委员会授予“学校心理教育规范化建设科研基地”。此举旨在肯定学校心理健康教育成绩。中加学校2003年开展心理健康教育，形成整套心理健康教育教师人才培养、课程设置及管理体系，拥有心理活动室、心理咨询室等专业教室。拥有专任心理教师1人、兼任心理教师8人。该校教师拥有国家级心理咨询师资格5人、三级心理咨询师资格6人。每学期开设心理课程40节，其中，高一年级20节、高三年级20节。

（张艳　荆枝）

【开展文化月专题活动】 11月19日至

12月26日，中加学校开展文化月专题活动。活动以“实践圆方教育理念，创造幸福阳光生活”为主题，旨在缓解学生学习压力，促进养成良好生活习惯。文化月共开展“温馨家园”宿舍评比，主题漫画、书法、征文比赛，“喜庆圣诞佳节，建设温馨家园”主题板报比赛及其他文体活动15场。该校学生686人次参加活动。

（张艳　荆枝）

北京市顺义区第八中学

【概　况】 2012年，北京市顺义区第八中学占地面积1.90万平方米、建筑面积1.05万平方米，体育场（馆）面积9700平方米。全年教育经费投入2114.48万元，全部为国家拨款。固定资产总值2512.73万元。图书馆（室）藏有纸质图书3.08万册、电子图书135册。普通教室36个、专用教室12个、实验室5个。拥有计算机291台，多媒体教室座位1300个。学校信息化经费投入30万元，校园网出口总带宽100Mbps，数字资源量536GB，“信息技术”课程1课时/周。教职工139人，包括高级职称25人、中级职称56人。专任教师107人，包括特级教师1人、市学科教学带头人2人；本科及以上学历106人。开设初中教学班31个。毕业341人、招生341人、在校生1029人。在校生中，寄宿生280人，外省市借读生221人。网址：58.

133.214.9。

（蒙士奎）

【举办北京精神书法比赛】 3月5日，顺义八中学举办“书写北京精神，传承中华文明”学生主题书法比赛。比赛要求学生围绕“讲仁义、倡忠勇、敬孝悌、重民本、守诚信、崇正义、尚合和”等优秀传统文化精神创作书法作品。活动共收到学生作品40件，经过公开展出和评选，评出一等奖5个、二等奖15个、三等奖20个。

（蒙士奎）

【举办课改培训】 3月9至12日，顺义八中举办“走进有效教学，构建卓越课堂”主题课程改革培训。培训听取中国教育科学研究院专家题为《走进有效教学，构建卓越课》主题报告和辽宁省实验中学浑南一中校长题为《走出茫然，走向成功》经验介绍。该校3名教师分别作数学、语文、英语公开课，并邀请专家对公开课点评。该校全体教师参加培训。

（蒙士奎）

【举行应急疏散演练】 5月31日，顺义

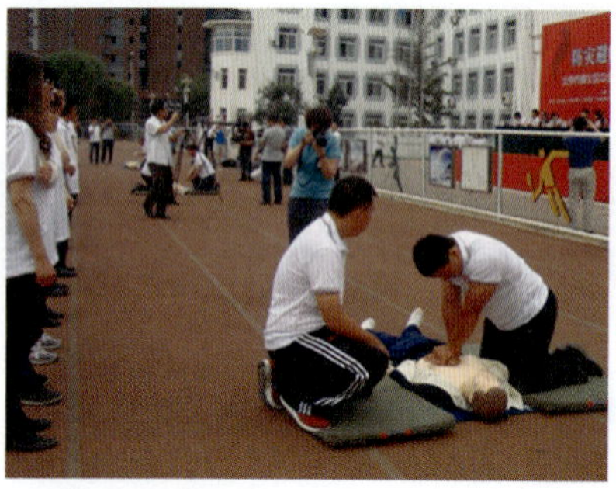

区应急疏散演练在顺义八中举行。校园警报响起后，学生在任课教师组织下，从各班教室向操场撤离。校园红十字志愿者、相关教师在走廊、楼梯口、大门等关键位置就位，引导全体师生疏散。师生在操场集合后，顺义区红十字会人员组织全体师生为伤者包扎；校园红十字志愿者辅助救援队员做徒手心肺复苏；999急救车转移伤员。活动由顺义区教委、区红十字会主办，顺义区应急办、区民防局、区地震局协办，该校师生1250人参加活动。

（蒙士奎）

【心理课程系列化】 至年底，顺义八中实施年度心理课程系列化。该校要求心理课程以“生涯规划，生命教育”为主题，具体内容设计包括规划理财，学会消费；认识自我，梳理适合个性的发展方向；人生规划，珍惜时间等内容。要求心理健康教育与班会课结合，进行“班级凝聚力的五堂课”实践活动。心理课程系列化旨在通过心理课程整体设计，实现根据学生不同时期、不同年龄阶段心理变化，有计划地进行心理辅导，培养学生健康心理的目的。

（蒙士奎）

北京市顺义区高丽营学校

【概　况】 2012年，北京市顺义区高丽营学校占地面积7.32万平方米、建筑面积1.76万平方米，体育场馆面积1.45万平方米。全年教育经费投入1725.56万元，全部为国家拨款。固定资产总值889.85万元。图书馆藏书3.30万册，包括电子图书60册。普通教室37个、专用教室26个。拥有计算机207台，多媒体教室座位1270个。全年信息化经费投入15.4万元，校园网出口总带宽10Mbps，数字资源量30GB，“信息技术”课程1课时/周。教职工101人，包括高级职称16人、中级职称40人。专任教师86人，包括市骨干教师1人；本科及以上学历78人。开设教学班31个，其中，小学25个、初中6个。毕业178人，其中，小学120人、初中58人；招生308人，其中，小学218人、初中90人；在校生1270人，其中，小学1021人、初中249人。在校生中，外省市借读生925人。网址：58.133.189.9。

（贾凤兰）

【组织家长培训】 5月22日和9月13至20日，高丽营学校通过讲座、座谈会方式组织家长学习培训。讲座听取中国关心下一代工作委员会研究员题为《激发学生持久学习动力》的报告，通过具体案例，从观念的沟通、建立孩子对学习的自信、培养孩子良好学习习惯和梦想是孩子持久学习动力的来源4个方面，引导家长用科学方法激发孩子学习兴趣和学习动力。该校学生家长400人参加活动。座谈会以“新起点，新目标”为主题，举办集中培训和班级家长会。集中培训介绍学校师资力量及教育教学设备设施情况，作题为《如何加强养成教育》主题培训，要求家长对学生常提醒、勤检查、善沟通、多表扬；班级家长会中，班主任就孩子共性与个性问题与家长交流研讨。该校学生家长1000人参加培训。

（贾凤兰　李波）

【举办教师基本功比赛】 9至12月，高

丽营学校分别举办教师基本功比赛。比赛以“提升内涵，展示风采”为主题，设小学部和中学部两个竞赛组。其中，中学部竞赛内容包括教育教学理论测试，说课展示，课堂教学展示等；小学部开展“注重学生参与，突出合作展示”评优课、“规范教学，展我风采”青年教师朗读、粉笔字书写、学生作业展评竞赛活动。经过角逐，该校中学部18名教师获基本功大赛全能奖；小学部教师30人获朗读比赛优胜奖，36人获粉笔字书写优秀奖，16个班获最佳作业奖。该校教师95人参加比赛。

（贾凤兰）

【学校迁址】 11月，高丽营学校由高丽营镇高泗路四村段15号、21号迁至高泗路四村段路东。新校址占地面积7.32万平方米，建筑面积1.76万平方米，包括教学楼、办公楼、食堂、宿舍等建筑，可同时容纳1500人学习生活。新校址于2009年10月开工，由高丽营镇政府投资8000万元修建。学校迁址后，原校址归高丽营镇政府开发利用。

（贾凤兰）

北京市顺义牛栏山第一中学

【概　况】 2012年，北京市顺义牛栏山第一中学占地面积18.17万平方

米、建筑面积 8.05 万平方米，体育场（馆）面积 3.18 万平方米。全年教育经费投入 7030.49 万元，其中，国家拨款 6500 万元、自筹经费 530.49 万元。固定资产总值 8873.73 万元。图书馆（室）藏有纸质图书 8 万册，电子图书 3 万册。普通教室 69 个、专用教室 26 个、实验室 13 个。拥有计算机 1110 台，多媒体教室座位 4300 个。学校信息化经费投入 145 万元，校园网出口总带宽 200Mbps，数字资源量 3700GB，“信息技术”课程 2 课时/周。教职工 459 人，其中，高级职称 167 人、中级职称 146 人。专任教师 330 人，包括特级教师 4 人、市骨干教师 11 人、市学科教学带头人 3 人；本科及以上学历 330 人。开设高中教学班 51 个。毕业 691 人、招生 642 人、在校生 2018 人。在校生中，寄宿生 1917 人，外省市借读生 27 人。高中录取分数线 510 分（顺义区），应届高考本科上线率 98%。网址：www.nlsyz.com.cn。

（许坤）

【与两所高校开展教育合作】 5 月 22 日和 12 月 5 日，牛栏山一中分别与北京工业大学耿丹学院和北京体育大学开展教育合作。与耿丹学院签署的《开放资源协议》规定，耿丹学院将图书馆馆藏文献图书、网络资源及学院实验室、耿丹讲堂等资源向该校师生开放。至年底，该校组织学生 1000 人次走进耿丹学院。牛栏山一中·北京体育大学实习基地挂牌。根据相关协议，双方共同负责实习业务指导和实习过程管理。北体大按实际需求向牛栏山一中分派实习生，牛栏山一中负责提供实习期间的教学保证，指派具有中级以上职称教师指导。2009 至 2012 年，该校累计接收北体大体育教育专业本科实习生 16 人。

（许坤）

【签订“飞行实验班”合作协议】 9月 2 日，牛栏山一中与中国东方航空公司签订“飞行实验班”合作协议。根据协议，双方合作开设“飞行实验班”，设置教育部规定普通高中课程和航空知识特色校本课程，学制三年。学生毕业后定向报考东航指定的飞行院校进行学习，本科毕业后，东航对符合用人基本条件学生优先安排

从事飞行、乘务、地勤等航空领域工作。牛栏山一中同时成为东航招飞定点学校。协议有效期 3 年。

（许坤）

【中科院为创新实验班授课】 9 月 20 日，牛栏山一中“拔尖创新实验班”由中科院专家正式授课。中科院专家吴唯在中科院植物研究所为该班学生讲授不同温度和湿度对杜鹃花种子萌发的影响。该班学生 34 人到课听讲。该实验班由中科院与牛栏山一中共同开办，根据规定，每周四下午在中科院由中科院专家直接授课，课程包括实验室动手实践、课题小组研究、外出科学考察等。该班是两单位 2011 年签署的《“科技拔尖创新人才早期培养方案”协议》内容之一。

（许坤）

【举办首届国际教育沙龙】 9月26日，

牛栏山一中举办“首届国际教育沙龙”。沙龙以“国际视野·中国心”为主题，通过嘉宾和师生访谈形式，使学生了解国际教育背景、课程设置、开展形式等内容。美国国际青少年体育交流基金会主任、AIEE 国际教育交流集团总裁应邀接受访谈并与学生互动交流。该校高一、高二年级师生 1500 人参加活动。

（许坤）

【体育馆和艺术中心落成】 9 月，牛栏山一中体育馆和艺术中心落成。体

育馆主体采用框架钢结构，屋盖为空间钢桁架结构体系，建筑面积 14771 平方米，分上下两层。一层包括游泳馆、乒乓球馆、体操馆、跑廊，二层包括篮球馆、羽毛球馆、排球馆。体育馆可同时容纳 400 人体育锻炼，主要用于教学、运动训练、大型集会等。该工程 2011 年 2 月开工，总投资 11829 万元。艺术中心为钢筋混凝土框架剪力墙结构，建筑面积 6679 平方米，地上四层、地下一层。地上包括一个可容纳 1000 人的大礼堂及音乐教室 7 个、琴房 7 个、美术教室 10 个、舞蹈教室 1 个。地下设有音乐排练厅 1 个、机房 1 个。艺术中心可用于音乐、美术、舞蹈等学科教学和节目演出、会议报告等活动。该工程 2011 年 10 月开工，总投资 9646.25 万元。至年底，牛栏山一中完成以“四区六馆”为主的校园改扩建工程。“四区”即教学区、运动区、生活区、文物保护区，“六馆”即校史馆、图书馆、博物馆、博学馆、展览馆、体育馆。学校还同时建成配备先进设施的生命科学馆、青春馆、人文历史馆、天文地理馆和花园式图书馆。改扩建工程历时 3 年，总投资 6 亿元。

（许坤）

北京市顺义区杨镇第一中学

【概　况】 2012 年，北京市顺义区杨镇第一中学占地面积 2.68 万平方米、建筑面积 9.54 万平方米，体育场（馆）面积 9418 平方米。全年教育经费投入 8000 万元，全部为国家拨款。固定资产总值 17006.97 万元。图书馆（室）藏书 11 万册。普通教室 78 个、专用教室 16 个、实验室 28

个。拥有计算机1000台，多媒体教室座位120个。学校信息化经费投入260万元，校园网出口总带宽60Mbps，数字资源量1500GB，“信息技术”课程2课时/周。教职工422人，其中，高级职称162人、中级职称106人。专任教师302人，包括特级教师2人、市骨干教师8人、市学科教学带头人3人；本科及以上学历292人。开设高中教学班73个。毕业956人；招生1069人，其中，新疆预科238人、高中831人；在校生2987人。在校生中，寄宿生2664人，外省市借读生50人。高中录取分数线479分（顺义区），应届高考本科上线率93.6%。网址：www.bjyzyz.net。

（马洪良）

【获得世界中学生越野赛冠军】 3月，杨镇一中学生在第12届马耳他世界中学生越野锦标赛中获奖。该校包揽学校代表队女子组个人前四名，获奖队员分别为高一年级张祥宇、高二年级王佳慧、初三年级崔海萌、初三年级王宇韩。该校同时获得团体第一名。比赛由世界中学生体育联合会主办，来自22个国家的学校代表队共110名运动员参赛。

（陈连路）

【举办全国班主任高峰论坛】 4月20日，杨镇一中举办全国首届新时期班主任工作高峰论坛暨第二届“杨镇一中杯”全国中小学班主任风采展示活动。

论坛以“创新德育活动形式，促进班级健康发展”为主题，听取教师专业心理素质培养、德育实效性、班主任管理艺术相关主题报告3场。与会者交流班主任与学生之间教育故事，分享教育案例。在班主任风采展示活动中，来自全国8个省市40名班主任分中、小学两个组别分别作课堂展示，经过角逐，共评出特等奖10个、一等奖10个。活动由顺义区教委、《中国教师报》联合主办，来自北京、天津、黑龙江等6省市700名干部教师参加活动。

（刘利）

【学生入选全国优秀共青团员】 5月，

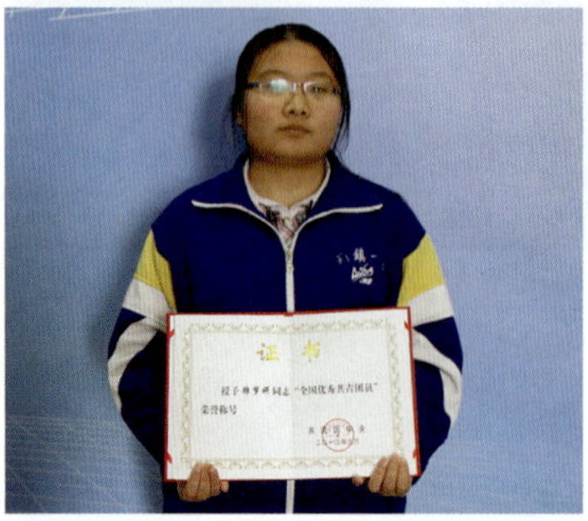

杨镇一中高二年级（4）班学生雒梦妍获2011年度“全国优秀共青团员”称号。雒梦妍，女，顺义区杨镇下营村人。自小学三年级，雒梦妍始终坚持背身患肌营养不良症的同学赵南茜上学。“全国优秀共青团员”由共青团中央组织评选，每年一次，2011年，共有来自全国各行业的158人获得该称号。

（郭亮）

【学生宿舍楼落成】 8月15日，杨镇一中学生宿舍楼落成。该楼共6层，建筑面积6408平方米，工程结构为框架结构。宿舍楼共有房间145个，可容纳870名学生住宿。工程2011年开始建设，总投资1300万元。

（殷建波）

北京市顺义区第一中学

【概　况】 2012年，北京市顺义区第一中学占地面积6.60万平方米、建筑面积5.02万平方米，体育场（馆）面积2.23万平方米。全年教育经费投入5470万元，全部为国家拨款。固定资产总值9324.59万元。图书馆（室）藏有纸质图书9.42万册，电子图书50GB。普通教室55个、专用教室28个、实验室19个。拥有计算机506台，多媒体教室座位3936个。学校信息化经费投入201万元，校园网出口总带宽140Mbps，数字资源量200GB，“信息技术”课程2课时/周。教职工288人，包括高级职称100人、中级职称83人。专任教师223人，包括特级教师3人、市骨干教师7人、市学科教学带头人2人。开设高中教学班42个。毕业745人、招生498人、在校生1826人。在校生中，寄宿生1826人。高中录取分数线497分（顺义区），应届高考本科上线率81.3%。网址：www.syyz.bjedu.cn。

（何雪莲）

【广播电台正式开播】 3月19日，顺义

一中“栋林之声”广播电台开播。电台设台长1人、副台长1人，面向学生公开选拔广播员20人、信息员30人。电台播出时事资讯、美文欣赏、栋林一周秀、锦生、潮流风暴和音乐之声6个节目板块，时间为周一至周五中午12：00、下午5：10，每次播出15分钟。

（乔柏双　李俊文）

【举办系列学生主题活动】 3至12月，

顺义一中举办水资源宣传教育、摄影、合唱、演讲等主题活动。水资源宣传教育活动以“珍惜水资源，关注世界水日”为主题，悬挂“建设节水型社会，保障城乡用水安全”横幅，号召各班围绕主题召开班会，通过学校橱窗、广播电台宣传节水内容。栋林“春之韵”摄影作品征集活动围绕“寻找校园里的春天”主题，共征集师生作品40件，经过初评和复评，评出一等奖10件、二等奖15件。“唱响五月、畅想青春”栋林之春合唱比赛中，高一年级14个班级分别

表演《感恩的心》《让世界充满爱》和《歌唱祖国》等歌曲，评委参考歌曲内容、精神面貌、艺术效果等表现，评出一等奖3个、二等奖3个、三等奖4个。该校高一年级600名学生参加活动。演讲比赛围绕“责任”主题，经过班级选拔赛、年级复赛、年级决赛，最终评出一等奖3个、二等奖7个、三等奖9个。高二年级学生19人参加比赛。

（王丽佳　乔柏双　何雪莲）

【实施五步教学法】　9月，顺义一中在全校实施“五步教学法”。该教学法体现先学后教、讲练结合、自主合作、重视总结、及时反馈原则，设预习反馈、精讲点拨、总结提升、当堂检测、布置作业五个教学环节，认为教学中预习反馈是前提、精讲点拨是核心、总结提升是关键、当堂检测是补充、布置作业是保障。该教学法把自我教育引向课堂，调动学生积极性、主动性，改变以讲为主的单一授课模式，倡导教师主导下学生自主学习、合作学习、探究学习。

（朱志敏　何雪莲）

【召开国学与自我教育座谈会】　10月5日，顺义一中召开“国学与自我教育”座谈会。会议围绕“在当前教育改革的大背景下，教育与自我教育的关系”“如何弘扬民族优秀传统文化，并与学生的自我教育结合起来”“如何把弘扬民族优秀传统文化与培养学生的国际视野、现代公民素质结合起来”等问题展开，与会人员从不同的视角进行讨论。会议认为各学校应加强优秀传统文化教育，高度重视优秀传统文化传承工作，培养学生自我教育自我管理能力。活动由该校与中国教育学会教育管理分会自我教育学术委员会联合主办。来自北京四海孔子书院、中国社会科学院、国家开放大学等单位专家学者及该校领导28人参加会议。

（辛加伟　何雪莲）

北京市昌平区第一中学

【概　况】　2012年，北京市昌平区第一中学占地面积6.80万平方米、建筑面积5.10万平方米，运动场面积2.30万平方米。全年教育经费投入6569万元，其中，国家拨款6196万元、自筹经费373万元。固定资产总值9288万元。图书馆藏书11万册。普通教室68个、专用教室40个、实验室16个。拥有计算机605台，多媒体教室座位2810个。学校信息化经费投入192.54万元，校园网出口总带宽20Mbps，“信息技术”课程2课时/周。教职工280人，包括高级职称80人、中级职称69人。专任教师196人，包括市骨干教师8人、市学科教学带头人2人。开设教学班58个，其中，初中18个、高中40个。毕业生615人，其中，初中50人、高中565人；招生594人，其中，初中194人、高中400人；在校生1986人，其中，初中524人，高中1462人。在校生中，寄宿生661人，外省市借读生70人。高中录取分数线479分（昌平区）。网址：www.cpyz.org.cn。

（周坤）

【举办语文教研组展示交流活动】　10月11日，昌平一中举办语文教研组课题研究成果展示与交流活动。活动以“以课例为载体、以问题为驱动，提高课堂效率、实现高效课堂”为主题，该校教师介绍教研组基本情况、所获成果、课题研究背景及过程。三名教师做课例成果展示，与会教师开展分组讨论并作点评发言。昌平区教委相关人员，区属中学语文教研组长、教师代表及该校语文教师60人参加活动。

（吴宏伟）

【召开数字化校园项目启动大会】　10

月18日，昌平一中召开数字化校园项目启动大会。该校副校长总结学校数字化校园项目前期工作；承建单位北京合众天恒科技有限公司代表说明项目组织安排、实施计划和服务支持；监理单位北京中百信咨询有限公司对工作内容、工作计划、人员配置、各方配合要求做介绍。该校数字化校园建设项目采取公开招标方式竞标，首批投资320万元，预计2013底建设完工。昌平一中为北京市首批数字化校园建设29所实验校之一。昌平区教委、教育网络和信息中心相关人员及该校教师、学生200人参加大会。

（周坤）

【召开可持续发展教育项目推进会】　10月23日，昌平一中召开可持续发展教育项目推进会。该校教师围绕“可持续发展教育实践和研究成果如何进行表达和呈现”做专题指导和培训，语文教师以课程《林冲棒打洪教头》“主体探究—综合渗透”型教学模式为例和与会人员交流实践及研究经验。该校教师共20人参加推进会。昌平一中于4月成为联合国教科文组织中国可持续发展教育（ESD）项目实验学校，开展系列可持续发展教育实践和研究，其中，语文教研组开展“注重学生的学与教师的指导”主题课堂教学改革，英语教研组开展“‘英语读写结合模式’的探索与构建”课题研究，学生社团开展“节能减排—低碳生活”养成活动、环保行动等教育活动。

（王艳霞）

北京市昌平实验中学

【概　况】　2012年，北京市昌平实验中学占地面积4.13万平方米、建筑面积2.50万平方米，体育场（馆）面积1.32万平方米。全年教育经费投入2815.06万元，其中，国家拨款2569.17万元、自筹经费246.79万元。固定资产总值4235.8万元。图书馆（室）藏有纸质图书3.57万册、电子图书1.85GB。普通教室40个、专用教室17个、实验室9个。拥有计算机487台，多媒体教室座位3054个。学校信息化经费投入44.8万元，校园网出口总带宽10Mbps，数字资源量1.85GB，“信息技术”课程初中1

课时/周、高中2课时/周。教职工195人，包括高级职称47人、中级职称61人。专任教师150人，包括市骨干教师4人、市学科教学带头人7人；本科及以上学历150人。开设教学班39个，其中，初中15个、高中24个。毕业516人，其中，初中176人、高中340人；招生384人，其中，初中125人、高中259人；在校生1434人，其中，初中516人、高中918人。在校生中，寄宿生544人，外省市借读生181人。高中录取分数线446分（昌平区），应届高考本科上线率31.1%。网址：www.bjcpems.net。

（王文立）

【完成体育馆设备更新】 2月27日，昌

平实验中学完成体育馆功能及体育设备更新。工程铺设塑胶地面1127平方米，购置乒乓球台、跑步机、椭圆机、立卧式自行车健身器等设备33台。改造完成的体育馆包括羽毛球厅、乒乓球厅、职工健身房和职工之家四个功能区域。职工之家设在体育馆三层，总面积200平方米，设置杂志网络浏览区、棋牌娱乐休闲区、茶水咖啡饮品区，为该校教师提供娱乐休闲场所。工程2011年11月3日动工，总投资60万元。

（马红国）

【开展自主诊断式学生综合素质培养】 9月，昌平实验中学实施“自主诊断式学生综合素质培养模式”。该校制定并实施《自主诊断式教师教学及班级学生管理实施方案》，设计学生思想道德素养诊断量表、学生学科知识能力点掌握状况形成性诊断量表、学生学科成绩阶段性记录表等九套量表和活动记录单作为学生综合素质诊断评价工具；同时编写昌平实验中学《自主诊断式学生综合素质培养模式实施手册》《自主诊断式学生综合素质培养模式教师工作手册》和《研究性学习活动手册》作为自主诊断式学生综合素质培养模式实施的载体。

（马红国）

【教师获历史教学一等奖】 10月23至

25日，昌平实验中学初中历史教师王涛获全国中学历史教学评比大赛一等奖。该教师代表北京参赛，参赛课程是京版教材初二年级第九课《文艺复兴》，课程通过问题导学式引发学生思考。赛事由中国教育学会历史教学专业委员会主办，设置课堂教学大赛和说课设计大赛两个组别，来自全国256名历史教师参加比赛，其中，64人上课、192人说课。经过角逐，两个组别分别决出一等奖102个、二等奖154个。

（张翠珍）

北京市昌平区南口学校

【概　况】 2012年，北京市昌平区南口学校占地面积4.80万平方米、建筑面积1.72万平方米，体育场（馆）面积1.80万平方米。全年教育经费投入3495.26万元，其中，国家拨款3493.67万元、自筹经费1.59万元。固定资产总值1778.26万元。图书馆（室）藏有纸质图书7.55万册，电子图书36万册。普通教室50个、专用教室20个、实验室6个。拥有计算机286台，多媒体教室座位1080个。学校信息化经费投入22万元，校园网出口总带宽10Mbps，数字资源量100GB，“信息技术”课程2课时/周。教职工193人，包括高级职称40人、中级职称68人。专任教师132人，包括市骨干教师2人。开设教学班37个，其中，小学15个、初中12个、高中10个。毕业262人，其中，小学90人、初中96人、高中76人；招生369人，其中，小学92人、初中131人、高中146人；在校生1055人，其中，小学396人、初中329人、高中330人。在校生中，寄宿生45人、外省市借读生490人。高中录取分数线380分（昌平区），应届高考本科上线率40.7%。网址：www.nkxx.net。

（周京玲）

【举行骨干教师展示课活动】 3至4月，南口学校举行骨干教师课堂教学展示活动。活动通过骨干教师授课、教师听课、教研组评价方式开展。该校共组织骨干教师34人做语文、数学、化学等10个科目展示课27节，组织教研组评课活动15次。该校教师81人参加活动。

（杨铁柱）

【组织首届绘画比赛】 4月，南口学校

组织首届绘画比赛。活动以“用画笔画出绿色地球”为主题，要求全校学生自愿参加、自选画种。活动设置班级初评和学校评比两个阶段，邀请德育领导干部、美术教师5人担任评委。共51幅作品进入学校评比阶段，经过对主题、绘画水平、画面设计、色彩处理、绘画技巧方面综合评分，评出一等奖2幅、二等奖4幅、三等奖8幅。该校中学部学生659人参加活动。

（雍小龙）

【开展师生共成长培训活动】 9至10月，南口学校开展教师与学生共同成长研究性学习培训活动。培训采用年级集体讲座和班级分散培训相结合方式。其中，年级集体讲座由教务处组织，结合研究性学习课程特点和该校高一年级师生现状，共举办学校研究性学习课程开设与特点、选题策

略、研究方法、报告撰写、相关评价共5场主题讲座。班级分散培训以教师、学生共同学习和研究为主。该校高一年级师生160人参加培训。

（沈玉梅）

北京市昌平区第二中学

【概　况】　2012年，北京市昌平区第二中学占地面积8.20万平方米、建筑面积6.84万平方米，体育场（馆）面积2203平方米。全年教育经费投入7943万元，其中，国家拨款7624万元、自筹经费318万元。固定资产总值8824.61万元。图书馆（室）藏有纸质图书102万册、电子图书340册。普通教室88个、专用教室18个、实验室21个。拥有计算机1541台，多媒体教室座位440个。学校信息化经费投入670万元，校园网出口总带宽30Mbps，数字资源量930GB，“信息技术”课程2课时/周。教职工352人，其中，高级职称117人、中级职称88人。专任教师272人，包括特级教师7人、市骨干教师6人、市学科教学带头人1人；本科及以上学历271人。开设教学班82个，其中，初中34个、高中48个。毕业718人，其中，初中272人、高中446人；招生830人，其中，初中361人、高中469人；在校生2506人，其中，初中1010人、高中1496人。在校生中，寄宿生1487人，外省市借读生200人。高中录取分数线469分（昌平区），应届高考本科上线率91%。网址：www.bjcpez.net。

（王洁睿）

【成立翠柏文学社】　3月，昌平二中政府街校区和回龙观校区分别成立“翠柏”文学社。文学社宗旨是“探求文学之美，领悟生活真义”，定期开展文学讲座、征文竞赛、朗诵比赛、读书交流会等活动。两校区文学社社长、副社长由学生竞聘产生，社长负总责，下设宣传组、采编组、外联组。两校区文学社拥有成员共计184人。

（李继阳）

【乐团参加交流演出】　4至10月，昌平二中乐团参加系列交流演出。4月8

日，管乐团与奥地利螺海姆交响管乐团在居庸关长城举办交流演出，该校管乐团演奏《世纪序曲》《阿拉丁组曲》《007》等5首曲目，螺海姆交响管乐团演奏《轻骑兵》《时钟》《蓝色多瑙河圆舞曲》等6首曲目。该校管乐团56人参加活动。9月20日，金帆民族乐团参加“全国第四届中小学生艺术展演”北京地区器乐节目现场选拔赛，参赛作品《冬不拉与热瓦普》把新疆少数民族器乐演奏与其他民族器乐演奏有机结合，体现时代特征、校园特色、学生特点。该校民族乐团顺利通过选拔并获得第一名。10月14日，金帆民族乐团参加“居庸关上金帆人，长城脚下中华情”“金帆人、鱼水情、民族魂”两场民族管弦乐专场演出。演出分别在居庸关长城和人民解放军装甲六师举行，由该校与北京市第三十五中学金帆民族乐团、北京市朝阳区安慧里中心小学金帆民族乐团140名学生共同完成。该校学生65人参加表演。

（李继阳　闫静）

【举行古尔邦节庆祝活动】　10月26

日，昌平二中举办新疆内高班古尔邦节庆祝活动。活动以“师生共筑同心结，民族团结一家亲”为主题，昌平区教委、该校校长分别致辞，学生表演《乐上帆头》《赛马》《民族大团结》等歌舞节目。该校新疆内高班师生600人参加活动。

（阎晓东）

北京市大兴区兴海学校

【概　况】　2012年，北京市大兴区兴海学校占地面积5.30万平方米、建筑面积1.42万平方米，体育场（馆）面积2.15万平方米。全年教育经费投入2102万元，全部为国家拨款。固定资产总值3878.10万元。图书馆藏书4.1万册。拥有普通教室46个、专用教室10个、实验室5个。学校信息化经费投入1万元，校园网出口总带宽400Mbps，数字资源量66GB。教职工147人，包括高级职称72人、中级职称38人。专任教师145人；本科及以上学历122人。开设教学班42个，其中，初中12个、小学30个。毕业253人，其中，初中83人、小学170人；招生349人，其中，初中120人、小学229人；在校生1497人，其中，初中342人、小学1155人。在校生中，外省市借读生1034人。网址：xinghai.dxschools.cn。

（李蕊）

【举办第十届学生艺术节】　4月21日

至5月21日，兴海学校举办第十届学生艺术节。艺术节包括个人创作和文艺汇演。个人创作设书法、美术、手抄报、手工制作4个活动项目，共收集作品1187件。文艺汇演以“高唱爱国歌曲，践行北京精神”为主题，该校初一、初二年级8个班分别表演集体节目和个人节目共16个。该校学生245人参加艺术节活动。

（侯振生）

【举办交通安全教育活动】　9月3日，兴海学校举办交通安全教育活动。活动以课堂宣教方式讲解“行人应遵守的交通法规和公共道德”“未满12周岁儿童不准骑车上路原因”，并对放学和集体外出时乘车秩序、家长接送中注意事项做说明。该校学生1155人参加活动。

（常智明）

【召开教研协作区工作研讨会】 11月6日，兴海学校召开教研协作区工作研讨会。研讨会以“携手教研，共同提高”为主题，大兴区第五中学、大兴区孙村中学、大兴区狼垡中学、大兴区金海学校、大兴区兴海学校、北京市第二中学亦庄学校、北京景山学校大兴分校共7所学校参加会议。会议总结协作区一年工作，部署本学期协作区工作，确定开展协作区优秀课评比活动。会议确定协作区以取长补短、教学相长为原则，优化课堂教学结构，提高课堂教学效率，努力实现各校教学质量提升，同时继续以交流、合作、分享、共赢理念，提高教研协作区师生整体素质，推进兴海片教研协作区教学、教研水平。兴海片教研协作区于年初成立，共7所成员校，主要通过召开教研协作区研讨会的形式，为各校搭建交流提高、资源共享的平台。

（周萍）

北京市大兴区第一中学

【概　况】 2012年，北京市大兴区第一中学占地面积6万平方米、建筑面积4.36万平方米，体育场（馆）面积9820平方米。全年教育经费投入5712.63万元，其中，国家拨款5360.29万元、自筹经费352.34万元。固定资产总值10747.17万元。图书馆（室）藏书11万册。普通教室59个、专用教室16个、实验室8个。拥有计算机640台，多媒体教室座位3000个。学校信息化经费投入33.8万元，校园网出口总带宽10Mbps，数字资源量100GB，“信息技术”课程初中1课时/周、高中2课时/周。教职工305人，包括高级职称116人、中级职称101人。专任教师221人，包括特级教师4人、市骨干教师7人、市学科教学带头人2人。开设教学班58个，其中，初中20个、高中38个。毕业928人，其中，初中271人、高中657人；招生742人，其中，初中344人、高中398人；在校生2528人，其中，初中995人、高中1533人。在校生中，寄宿生510人，外省市借读生137人。高中录取分数线510分（大兴区），应届高考本科上线率97%。网址：www.dxhcyz.com.cn。

（姜士厂）

【举行爱心基金捐赠仪式】 4月16日，大兴一中举行“1.2爱心基金”捐赠仪式。仪式上，基金为12名学生每人颁发300元助学金；高一（6）班团支部代表作《用实际行动践行北京精神》主题发言，并发起“爱心雨伞”活动倡议。活动同时举办捐款仪式，全校2528名学生以团支部为单位捐款3397元。该校学生2520人参加仪式。该校“1.2爱心基金”2003年建立，至2012年底，共收到捐款72240.01元，资助贫困生168人。

（姜苗）

【举办德育研讨系列活动】 4至6月，大兴一中举办第八届“日出之暘”德育研讨系列活动。活动设主题班会观摩展示和德育研讨会两个阶段。其中，主题班会观摩展示阶段中，学校组织初一、初二、高一、高二4个年级各一个班分别召开“14岁，我们迈开青春第一步”“用阳光的心境迎接花开的季节”“青春是首歌”“青春圆舞曲”四场主题班会。学校领导、班主任共113人次听课观摩。德育研讨会以“如何解决学生早恋问题”为主题，邀请两名教师就该问题做大会交流发言，全体年级主任、班主任按照初中、高一、高二、高三4个组围绕如何解决学生早恋、学生养成教育、转化问题生、对学校德育工作建议等问题进行讨论；会议同时表彰优秀主题班会4节、优秀德育案例8个。该校领导、年级主任、班主任等德育教师70人参加会议。

（耿炳文　刘海清　安新飞）

【学生参加3项比赛获奖】 6至8月，大兴一中学生参加3项比赛获奖。6月3日，高二、初二年级6名学生在2012年北京市青少年未来工程师博览项目比赛中获“绘画类”展示项目金奖。该活动由市教委主办，14个区县90所学校730名师生参加活动。7月26至29日，在第七届“全国青少年未来工程师博览与竞赛活动”中，该校排雷机器人代表队和安全校车代表队获得一等奖。活动由中国教育科学研究院、中国科学技术馆共同主办，是一项综合运用科学、技术、工程、数学、艺术知识，以动手操作为主要活动形式的科技实践创新活动。来自北京、天津、吉林等地共44个项目队的100余名学生共参加7个项目竞赛与展示活动。8月6日，在第21届“中国儿童青少年威盛中国芯计算机表演赛”中，该校初三年级2名学生分获初中组二等奖和三等奖。该校1名教师获优秀指导教师奖。比赛由工信部、卫生部等单位联合主办，共产生三大类12个奖项，来自全国600名学生、教师获奖。

（汤镇　薛金华）

北京师范大学大兴附属中学

【概　况】 2012年，北京师范大学大兴附属中学占地面积4.30万平方米、建筑面积3.55万平方米，体育场（馆）面积1.93万平方米。全年教育经费投入4880万元，全部为国家拨款。固定资产总值2489万元。图书馆（室）藏书7万册。普通教室57个、专用教室11个、实验室11个。拥有计算机740台，多媒体教室座位2850个。学校信息化经费投入78万元，校园网出口总带宽100Mbps，数字资源量400GB，“信息技术”课程2课时/周。教职工297人，包括高级职称95人、中级职称92人。专任教师264人，包括特级教师1人、市骨干教师6人、市学科教学带头人1人；本科及以上学历264人。开设教学班57个，其中，初中20个、高中37个。毕业677人，其中，初中184人、高中493人；招生844人，其中，初中293人、高中551人；在校生2435人，其中，初中805人、高中1630人。在校生中，寄宿生1053人、外省市借读生428人。高中录取分数线477分（大兴区），应届高考本科上线率70%。网址：bsddxfz. dxschools. cn。

（郭志兰）

【举办心连心公益活动】 3月25日，北

师大大兴附中举办“共同托起明天的太阳”——成长心连心大型公益活动。活动以“我们承诺创造一个和谐、有爱的世界”为主题，通过呼啦圈、集体拼图、二人对话等体验式游戏，让教师、学生、家长和志愿者互动，体验人与人之间理解、信任、欣赏、爱和付出。活动由该校与北京LP4青年志愿团共同主办。来自全国各地爱心义工、部分社会团体人员及该校教师、家长、学生360人参加活动。

（郭志兰）

【举办语文教学课题研讨会】 4月，北师大大兴附中承办2012年“语文教育资源的开发和运用”课题研讨年会。年会邀请教师12人做课例展示，听取《从全国中考试题看中考发展趋势》和《高考作文评阅与考场作文写作》两场专家报告。会议收到论文1000篇，评出获奖论文700篇，其中，一等奖150篇、二等奖200篇、三等奖450篇。会议由全国中学语文教学研究学会“语文教育资源的开发与运用”课题组主办，北京教育科学研究院、语文导报社、各区县教师进修学校语文教育专家及全市中学语文教师、大兴区教委相关人员、该校教师500人参加会议。

（郭志兰）

【接待青海省教师观摩学习】 12月5日，北师大大兴附中接待青海省25名中学藏语骨干教师观摩学习。青海教师走进教室，分别听取该校语文骨干教师“感悟史铁生”“纪念刘和珍君”“短信传情，文化寻根”和“作文的情感美”4节语文课，并与该校教师交流讨论。北师大大兴附中2010年参与北京市—青海省对口支援项

目，承办青海内地高中班，至2012年底，共有青海学生240人次到该校学习。

（郭志兰）

北京市大兴区兴华中学

【概　况】 2012年，北京市大兴区兴华中学占地面积4.06万平方米、建筑面积3.08万平方米，体育场馆面积1.80万平方米。全年教育经费投入4028.57万元，其中，国家拨款3858.38万元、自筹经费170.19万元。固定资产总值6438.7万元。图书馆藏有纸质图书6.75万册，电子图书3.05万册。普通教室36个、专用教室10个、实验室10个。拥有计算机360台，多媒体教室座位2500个。学校信息化经费投入236.7万元，校园网出口总带宽6Mbps，数字资源量2040GB，“信息技术”课程初中1课时/周、高中1课时/周。教职工235人，包括高级职称77人、中级职称79人。专任教师193人，包括特级教师1人、市骨干教师3人；本科及以上学历193人。开设教学班39个，其中，初中5个、高中34个。毕业422人，全部为高中生；招生436人，其中，初中115人、高中321人；在校生1399人，其中，初中216人、高中1183人。在校生中，寄宿生675人，外省市借读生60人。高中录取分数线494分（大兴区），应届高考本科上线率91.1%。网址：www. xinghua. dxschools. cn。

（李峥）

【举办学生特色活动】 3月1至28日和5月25日，兴华中学举办两次特色学生活动。3月举办“寻找身边的榜样”系列活动，要求各班级通过民主评选，推荐遵规守纪之星、文明礼仪之星、刻苦学习之星、热爱集体之星、体育运动之星、团结友爱之星各3人。活动共评出身边榜样36人次。该校高二年级学生500人参加活动。5月举办首届新概念英语背诵大赛。比赛历时22天，经过海选、100晋50、50晋30、30晋22和总决赛，共评出一等奖1人、二等奖2人、三等奖4人。高二年级全体学生500人参加活动。

（褚隽　崔晓丹）

【举办教师培训】 3月29日和9月25日，兴华中学分别举办两次教师培训。该校邀请大兴区教师进修学校德育副校长为班主任及青年教师作“做一名智慧的班主任”专题培训，分别从“班主任智慧特征和表现”“如何设计一节体现教师智慧又让学生有收获的主题班会”等方面进行讲解。该校班主任、青年教师80人参加培训。该校邀请大兴教师进修学校教师以《高效教学——教师的真功夫应在课堂上》为题作专题讲座，讲座从教师工作的职业认同、课堂教学的本质、有效教学与高效教学等7个方面讲授高效教学内容。该校教师170人参加讲座。

（郭海飞）

【举办远离毒品主题讲座】 6月14日，兴华中学举办“远离毒品，珍爱生命”主题讲座。讲座旨在让学生认识到毒品与我们的生活并不遥远，并学会如何正确应对。该校邀请北京市天堂河强制隔离戒毒所工作人员围绕毒品与药物关系、毒品原理及其发展历史、相关新闻事件进行讲解。该校初中部学生100人参加讲座。

（刘影）

北京市怀柔区第五中学

【概　况】 2012年，北京市怀柔区第五中学占地面积2.76万平方米、建筑面积1.44万平方米，体育场馆面积1.36万平方米。全年教育经费投入2696.3万元，全部为国家拨款。固定资产总值3768.14万元。图书馆（室）藏有纸质图书4.05万册，电子图书

100 册。普通教室 44 个、专用教室 11 个、实验室 6 个。拥有计算机 466 台，多媒体教室座位 2760 个。学校信息化经费投入 46 万元，校园网出口总带宽 10Mbps，数字资源量 500GB，“信息技术”课程 1 课时/周。教职工 200 人，包括高级职称 38 人、中级职称 76 人。专任教师 149 人，包括市骨干教师 4 人。开设初中教学班 44 个。毕业 619 人、招生 613 人、在校生 1789 人。网址：hrwz. bjedu. cn。

（赵录志）

【重新组建管乐团】　5 月 14 日，怀柔五中召开重新组建管乐团建设动员誓师大会。会议介绍重新组建管乐团目的、意义及训练安排，指出重组管乐团是落实“体育艺术 2＋1”工作、提高学生综合素质和竞争力的需要。重建后的管乐团拥有团员 83 人，包括指导教师 3 人、学生 80 人。同时淘汰部分过时乐器，使乐器与行进管乐的国际标准相统一，聘请北京市专家担任教练。至年底，新建管乐团共参加中央电视台三套“唱响中国”等节目表演 5 场次。

（赵录志）

【举办首届英语嘉年华】　7 月 7 至 10 日，怀柔五中举办首届英语嘉年华活动。学校邀请美国卡仕奇大学（Carthage College）、阿拉巴马大学（The University of Alabama）教师、学生 4 人参加活动。活动期间，该校师生与美国师生进行常见话题口语交际练习和游戏互动，听取美国饮食、节日、音乐、运动及社会方面系统介绍，欣赏原版原音美国动画片。该校师生 90 人参加活动。

（赵录志）

【举办数学研讨课】　10 月 16 日，怀柔五中举办骨干教师数学研讨课。该校数学教师作关于数学审美意识培养的课题研究汇报课，阐释教师以教数学思想方法带领学生探求数学美为主线的教学方式。该教学方式通过思想方法和对美的探求让学生能够从知识系统的角度学习知识，置知识于系统之中，着眼于知识之间的联系和规律，从而深入本质。来自北京教育学院、北京师范大学、北京数学学会的专家对汇报课进行点评，认为教师教学思路耳目一新，在数学课教学中表现比较高的教学素养。北京市 2012 年骨干班教师和怀柔区部分中学骨干教师 50 人参加研讨。

（赵录志）

北京市怀柔区雁栖学校

【概　况】　2012 年，北京市怀柔区雁栖学校占地面积 2.87 万平方米、建筑面积 1.44 万平方米，体育场面积 8100 平方米。全年教育经费投入 3090.90 万元，全部由国家拨款。固定资产总值 2261.40 万元。图书室藏书 4.20 万册，包括电子图书 54 册。普通教室 37 个、专用教室 8 个、实验室 3 个。拥有计算机 367 台，多媒体教室座位 1653 个。学校信息化经费投入 409.30 万元，校园网出口总带宽 10Mbps，数字资源量 1200GB，“信息技术”课程 1 课时/周。教职工 201 人，包括高级职称 12 人、中级职称 113 人。专任教师 129 人，包括市骨干教师 4 人。开设教学班 37 个，其中，小学 25 个、初中 12 个。毕业 209 人，其中，小学 117 人、初中 92 人；招生 287 人，其中，小学 176 人、初中 111 人；在校生 1254 人，其中，小学 970 人、初中 284 人。在校生中，寄宿生 243 人，其中，小学 137 人、初中 106 人；外省市借读生 854 人，其中，小学 711 人、初中 143 人。网址：bjhryqxx. bjedu. cn。

（崔连荣）

【与育才学校签订合作协议】　7月18日，怀柔雁栖学校与北京市育才学校签订《教育全面战略合作项目协议书》。根据协议，两校开展教育全面战略合作，雁栖学校推荐干部教师赴育才学校学习，并成为两校干部教师学习实践交流基地和育才学生体验农村学校的生活实践基地；育才学校负责向雁栖学校提供教育、教学、科研后勤等方面的管理经验和资料，提供雁栖学校干部教师在育才学校挂职、锻炼机会。9 至 12 月，该校派出干部教师 57 人到育才学校听课 31 节，举办提高教学质量交流研讨等活动。

（崔连荣）

【召开同课异构教研讲评会】　12 月 14 日，怀柔雁栖学校小学部召开校本教研“同课异构”讲评会。该校两名教师作《羿射九日》同课异构现场教学，并分别讲解教学思路。学校邀请怀柔区教科研中心教研员作《“同课异构”核心和教学方式方法》主题讲座，并进行现场评课，认为该校教师对整体任务把握比较准确、设计有效，已经形成自己的特色，值得巩固与推广。会后，该校教师提交“同课异构”教学反思文章 37 篇。该校教师 49 人参加讲评会。

（崔连荣）

【开展教师“阳光教育”学习活动】　至年底，怀柔雁栖学校开展教师“阳光教育”学习活动。“阳光教育”以打开教师视听、培养阳光心态为目的。学校举办“工作而美丽”“阳光心态”两场专题报告会，讲解如何欣赏学生、什么是阳光心态等内容；组织以“用阳光心态开展阳光教育”为主题学习活动，共举办年级组主题交流会 9 场，评出“阳光育人标兵”10 人。该校全体师生参加“阳光教育”活动，共写出学习体会 157 篇。

（崔连荣）

北京市怀柔区第一中学

【概　况】　2012 年，北京市怀柔区第一中学占地面积 5.64 万平方米、建筑面积 3.64 万平方米，体育场馆面积 2.77 万平方米。全年教育经费投入 4788.75 万元，其中，国家拨款 4647.18 万元、自筹经费 141.57 万元。固定资产总值 10374.92 万元。图书馆（室）藏有纸质图书 7.67 万册，电子图书 889 册。普通教室 60 个、专用教室 16 个、实验室 10 个。

拥有计算机523台，多媒体教室座位5156个。学校信息化经费投入39.80万元，校园网出口总带宽100Mbps，数字资源量1387GB，“信息技术”课程2课时/周。教职工252人，包括高级职称95人、中级职称80人。专任教师181人，包括市骨干教师6人、市学科教学带头人1人。开设教学班49个。毕业597人、招生535人、在校生2027人。在校生中，寄宿生382人。高中录取分数线486分（怀柔区），应届高考本科上线率97.6%。网址：www.bjhryz.com。

（孙建明　彭玉华）

【开展课程改革实验班执教辅导】　9月，怀柔一中开展高一年级课程改革实验班执教辅导活动。该校邀请来自北京市第四中学两名语文教师和中国教师报采编部主任、高效课堂首倡者开展为期两个月的执教辅导。其间，辅导教师分别就“阳光阅读”“作文语言训练”和“高效课堂的核心词”作专题讲座。该校教师183人次听取教学辅导课。

（孙建明）

【举办首届心理剧比赛】　9至11月，怀柔一中举办第一届心理剧比赛。比赛以“阳光心灵健康成长”为主题，要求各参赛班级提交剧本，在辅导教师帮助下完成拍摄和后期编辑制作。大赛共收到剧本28份，参赛作品7个。经过评选，《一句话的事儿》和《醒悟》获剧本一等奖，《摆脱环境的束缚》等4个剧本获二等奖，《梦想的纸飞机》等4个剧本获三等奖，《16岁的雨季》等3个剧本获优秀创意奖；《橙》和《同桌的你》获心理剧一等奖，《友·义》和《Remember Forever》获二等奖，《不屈的生命》和《班长的困惑》获三等奖。该校学生56人参加比赛。

（孙建明）

【成立校内专家团队】　10月26日，怀柔一中召开校内专家团队聘任大会。该校领导为首批校内专家颁发聘书。该校旨在通过专家团队聘任，引领学科建设、发挥示范作用、帮带教师成长并形成竞争环境。首批校内专家共28人，通过教研组推举、学校主管部门认定方式选出，包括该校市区级学科教学带头人和骨干教师，其中高级教师26人、中级教师2人，任期1年。

（孙建明）

北京市平谷区第二中学

【概　况】　2012年，北京市平谷区第二中学占地面积3.79万平方米、建筑面积3.52万平方米，体育场馆面积6000平方米。全年教育经费投入2902.57万元，全部为国家拨款。固定资产总值4515.35万元。图书馆藏书7万册。普通教室40个、专用教室12个、实验室6个。拥有计算机341台，多媒体教室座位40个。学校信息化经费投入37.71万元，校园网出口总带宽10Mbps，数字资源量125GB，“信息技术”课程1课时/周。教职工248人，包括中级职称188人。专任教师151人，包括市骨干教师1人；本科及以上学历150人。开设教学班37个。毕业587人、招生435人、在校生1288人。在校生中，寄宿生452人，外省市借读生6人。网址：www.pgez2011.30edu.com。

（李小春）

【开展“三访”活动】　9月18日，平谷

二中“三访”活动启动。活动主要内容包括教师走访学生、家长走访学校和学生走访教师。学校要求各年级组织班主任及任课教师每月最后一个星期五下午到路程较远山区开展集体家访；晚上和周末开展城关和城关附近学生分散家访。学校设立开放日，规定每周二、三、四分别接待初一、初二、初三年级学生家长走访学校；成立家长接待室和“校长信箱”，负责接待学生家长、接收意见和建议。同时，通过组织学生分组走进教师家庭方式实现学生走访教师。至年底，学校共开展“三访”活动5次。

（李小春）

【加强教师队伍建设】　10月，平谷二中实施多项措施加强班主任和青年教师队伍建设。其中，确立五项措施加强班主任队伍建设。一是选派责任心强、能力强的教师担任班主任工作，并在考核、晋级、评职中适当倾斜；二是组织班主任培训，每月开展两次班主任论坛；三是打造阳光班主任，成立班主任协会和心理减压室，帮助班主任调整情绪，保持良好的心理状态；四是师徒结对、加强帮扶力度，优秀班主任与青年班主任结成师徒，提高青年班主任管理能力，形成班主任梯度队伍；五是建立科学公正、可操作班主任量化考核制度，对班主任每月从“德能勤绩”四个方面考核，以班级成绩、德育百分赛等为标准，量化打分。该校采取八项措施提升青年教师素质，主要包括“建立一个组织”，即成立由教学校长任组长，教研主任、教务主任、德育主任为副组长，各备课组长为组员的培养领导小组；“树立一个目标”，即引领青年教师制定职业发展规划；“坚持一个中心”，即坚持师德建设为中心；“形成一个常规”，即每周学习一篇教育教学文章，观看一堂优质课视频，写一篇学习体会；“上好一节课”，即青年教师每月上一节课改研究课，并通过说课、听课、评课等活动，全方位提高教学能力；“养成一个习惯”，即引领青年教师重视抓教学反思，养成撰写反思随笔、教学论文或教学案例习惯；“练好一项功夫”，即抓教学基本功，从演讲、制作课件、板书等方面提升技巧和能力；“找好一位师傅”，即实施“师徒结对”，通过指导教师言传身教，促进青年教师健康成长。至年底，该校共结成师徒对子46个。

（李小春）

【开展“一课三上”活动】　11月30日至12月28日，平谷二中开展“一课三上”活动。活动要求同年级、同学科教师三人一组，在集体备课基础上，由一名教师对该课程第一次讲解，同组另两名教师课堂观察，课后集体研讨，在修正教学方案后由第二名、第三名教师对该课程进行讲解，

并依次经过课上观察、课后研讨，归纳修正问题等环节，形成一节精品课。该校教师 145 人参加活动。年内，该校为提升教研活动实效性，促进教师专业发展，促进课堂教学改革顺畅实施，实施“一、三、五、七”工程。其中，“一个学习活动”即每周五学校组织教师学习课改资料；“教学研究三有”即学校有教学研究方案、教研组有教学研究计划、人人有教学研究主题；“集体备课五日”即从周一到周四每天两个组固定集体备课，周五所有各组集体备课说课；“七个坚持”即一坚持领导包组机制，二坚持骨干教师研究课活动，三坚持教研活动定时、定地、定人员，组织措施到位，四坚持教师相互听评课活动，五坚持课后反思撰文，六坚持集体备课说课活动，七坚持每周导学案检查、汇总、反馈。

（李小春）

北京市平谷中学

【概　况】　2012 年，北京市平谷中学占地面积 4.20 万平方米、建筑面积 2.13 万平方米，体育场（馆）面积 1.85 万平方米。固定资产总值 5155.90 万元。全年教育经费投入 4108.90 万元，其中，国家拨款 4058.90 万元、自筹经费 50 万元。图书馆藏有纸质图书 12 万册，电子图书 95 万册。普通教室 52 个、专用教室 14 个、实验室 6 个。拥有计算机 628 台，多媒体教室座位 90 个。学校信息化经费投入 38 万元，校园网出口总带宽 10Mbps，数字资源量 200GB，“信息技术”课程 2 课时/周。教职工 343 人，包括高级职称 177 人、中级职称 91 人。专任教师 198 人，包括特级教师 2 人、市骨干教师 10 人、市学科教学带头人 2 人，本科及以上学历 303 人。开设高中教学班 52 个。毕业 714 人、招生 714 人、在校生 2265 人。在校生中，寄宿生 1014 人。高中录取分数线 474 分（平谷区），应届高考本科上线率 93.9%。网址：www.pgzx.net。

（李晶　杜德胜）

【举办科技节】　1 月 4 至 10 日，平谷中学举办科技节活动。活动以“低碳生活，创造未来”为主题，分别举办科技成果展，环保主题板报评比，心理生理健康、安全避险自救知识讲座。学校同时组织科技竞赛，开展征集科技小论文、小发明活动，并选送优秀作品参加“平谷区第 29 届学生科技节”。该校学生 626 人次参加活动。

（杜德胜）

【成立班主任协会】　2 月 29 日，平谷中学成立班主任协会。该协会通过座谈交流形式，提高会员对班主任工作的理解。协会设会长 1 人、副会长 1 人，会员包括该校班主任教师 52 人、青年教师 20 人。至年底，协会共举办活动 5 次。

（杜德胜）

【成立爱心基金会】　11 月 26 日，平谷中学高一爱心基金会成立。该基金会是学生自发成立的互助组织，主要帮助本年级的贫困生完成学业。通过学生申报、班级推荐、年级确认的方式向贫困生发放捐款。首批向师生募集捐款 22390 元，至年底，共资助贫困生 6 人，发放资金 7200 元。

（杜德胜）

【与英语培训机构开展合作】　至年

底，平谷中学与布莱恩英语培训总部签订合作协议。根据协议，布莱恩英语培训机构对平谷中学师生开展 5 个月英语培训，包括师生口语和对话集训。平谷中学派出教师 37 人次到布莱恩英语总部参加培训课程、学习教学方法。

（杜德胜）

【开展小组探究学习】　至年底，平谷中学制定“小组合作探究学习”教学指导流程。流程由该校教师经过学习、讨论、验证后确立，核心是以学导教、以学定教。要求在同一班中，把不同层次的学生组成混合小组，每组 6 至 8 人，通过学习过程中组内合作、组间竞争，最终形成让学困生在互助中提高、优秀生成批成长的共生效应。学校通过召开新课改动员会、课改模式经验交流大会，小组合作学习课堂流程主要环节介绍会等会议完善并推进该流程，同时通过校园网、展板等形式展示教学指导流程内容。

（杜德胜）

北京师范大学附属平谷中学

【概　况】　2012 年，北京师范大学附属平谷中学占地面积 8.80 万平方米、建筑面积 4.10 万平方米，体育场馆面积 2.50 万平方米。全年教育经费投入 5816 万元，其中，国家拨款 5729 万元、自筹经费 87 万元。固定资产总值 10277 万元。图书馆藏有纸质图书 8.09 万册。普通教室 76 个、专用教室 20 个、实验室 16 个。拥有计算机 638 台，多媒体教室座位 82 个。校园网出口总带宽 100Mbps，数字资源量 200GB，“信息技术”课程初一初二 1 课时/周，高一 2 课时/周。教职工 407 人，包括高级职称 173 人、中级职称 152 人。专任教师 263 人，包括特级教师 1 人、市骨干教师 4 人、市学科教学带头人 2 人。开设教学班 68 个，其中，初中 20 个、高中 48 个。毕业 922 人，其中，初中 300 人、高中 622 人；招生 961 人，其中，初中 196 人、高中 625 人；在校生 2616 人，其中，初中 637 人、高中 1979 人。高中录取分数线 448 分（平谷区），应届高考本科上线率 45%。网址：www.pgfz.com.cn。

（盛景瑞）

【开展文学素养培育特色校建设】　2

月 14 日，北师大平谷附中召开高中特色校建设推进大会。会议宣布学校

"文学素养培育"特色发展试验方向、具体目标、实施步骤及保障措施。其中，试验方向为优化国家语文课程的落实，逐步建设、实施语文系列校本课程，优化社团建设。具体目标包括全面提高学生听说读写的基本技能；促进学生养成读书习惯，要求三年内课外自读五部以上文学名著，阅读总量不少于150万字；养成写作习惯，到高三年级，能够根据个人特长和兴趣写作，做到顺畅、有个性、负责任地表达。该特色建设分为方案确立与宣传，国家课程、校本课程和社团建设、教师素养分别实施推进，深化推进，成果总结验收四个阶段，计划2013年初步完成既定目标。至年底，该校为建设文学培育特色校开展系列活动。高一年级、高二年级分别举办"诗界无疆朗诵会""毛泽东诗词专场朗诵会"；邀请中国作家协会副主席、北京工业大学文法学院中文系副教授分别作《文学分类和文学作用》和《阅读·成长·写作》主题报告会。2011年，北师大平谷附中"文学素养培育"特色发展规划方案通过市教委审核，成为北京市"十二五"国家级高中特色发展试验项目校。

（盛景瑞）

【成立名师工作室】 3月6日，北师大平谷附中成立3个名师工作室。3个名师工作室分别以数学特级教师贾海荣、市级学科教学带头人语文教师胡金城、区级英语骨干教师陈建霞名字命名。学校要求工作室经过三年时间，提高青年教师教学基本功，成为学校教育、教学的中坚力量；同时能够承担区级以上课堂教学展示、课题研究等活动。3个工作室吸收青年教师19人为学员，每1至2周举办一次活动，分别为学员制定活动计划、活动内容及三年培养目标。工作室学员优先参加教学研究和考察培训。

（盛景瑞）

【开设高中校本课程选修课】 3月，北师大平谷附中高一年级开设校本选修课。选修课包括教你地道说英语、英语报刊阅读、听歌曲学英语、数学在生活中的应用、几何画板与高中数学、中学生影视欣赏和评论、走进文学大家、跆拳道、健美操、歌唱艺术、黑白装饰画、平谷历史、野外生

存共13门，每门18学时，上课时间为每周二下午第八节，采用走班上课制。上课地点包括教室、机房或体育馆。学生通过选课申报、个别调节相结合方式选修课程，教师按学习态度（10%）、考勤（30%）、测试（60%）综合评定学生成绩。9月，该校高二年级开设校本选修课程。至年底，该校在高一、高二年级共开设校本课程25门，每学期每门18学时，出版《校本课程伴我行》文集。

（盛景瑞）

北京市平谷区第六中学

【概　况】 2012年，北京市平谷区第六中学占地面积3.53万平方米、建筑面积1.93万平方米，体育场馆面积1.70万平方米。全年教育经费投入3573.84万元，全部由国家拨款。固定资产总值3353.20万元。图书馆藏书7万册。普通教室40个、专用教室8个、实验室9个。拥有计算机317台，多媒体教室座位1745个。学校信息化经费投入198万元，校园网出口总带宽100Mbps，数字资源量13GB，"信息技术"课程初中2课时/周、高中2课时/周。教职工287人，包括高级职称60人、中级职称57人。专任教师181人，本科及以上学历181人。开设教学班42个，其中，初中1个、高中41个。毕业793人；招生443人；在校生1666人，其中，初中20人、高中1646人。在校生中，寄宿生841人，外省市借读生2人。高中录取分数线431分（平谷区），应届高考本科上线率37%。网址：www.pglz.net。

（王雅梅　郭峰亭）

【召开拒绝有偿家教承诺大会】 2月

16日，平谷六中召开"加强师德师风建设、拒绝有偿家教"承诺大会。会议宣读《平谷六中拒绝有偿家教承诺书》及违反承诺处理意见，34名区级骨干教师代表全校教师登台宣誓承诺，拒绝有偿家教。该校全体教师287人签订承诺书。

（王雅梅　郭峰亭）

【规范学、展、练三种课型】 3月15日，平谷六中规范"学、展、练"三种课型并按学科特点排入课表。"学、展、练"三种课型即自主学习课、展示成果课和巩固训练课。其中，自主学习课要求在导学案引导和教师指导下，由学生自学教材、查找资料、搜集信息，对于学生个人解决不了的问题，采取师友互动、小组讨论形式。展示成果课展示自主学习、师生互动、小组讨论成果，要求对问题有更深入的探索，并对规律、方法归纳、总结，由教师讲授仍没有解决的问题。巩固训练课由教师精选典型例题供学生练习，通过同桌相互批改、小组讨论交流、教师指导方式开展。新课程设置规定教师严格控制课堂讲授时间，要求新授课不超过20分钟、其他课型不超过15分钟，保证学生自主学习和展示时间。该课型旨在运用"四步教学法"构建"高效课堂"，贯彻导学案引领、小组合作学习展示、教师精要点拨、当堂巩固训练的教学模式，提升课堂教学效果。该校9个学科按新课型排课。

（王雅梅　郭峰亭）

【举办足球联赛】 10月9至17日，平谷六中举办绿谷青少年体育俱乐部足球联赛。比赛采用7人制，以班级为单位分年级举行，采用单循环淘汰制，每场时间45分钟，包括上下半场各20分钟、中场休息5分钟。该校为每年级冠军、亚军、季军颁发奖状，3

个高中年级共41个班级参加比赛。

（王雅梅　郭峰亭）

【开展幸福教育】　至年底，平谷六中

从学生、班级、教师不同角度开展幸福教育。该校为学生举办心理健康教育、幸福教育讲座；组织学生开展“什么是幸福，怎样获得幸福”大讨论；以建设“幸福六中”为载体，开展以博爱、感恩、责任、奉献、包容、分享、阳光心态为主题的系列社会生活指导课和读书活动。组织班级开展“我心目中的幸福班集体”大讨论；讨论、制定“幸福班级”基本标准与评价核心指标，开展“幸福班级”创建活动。学校为教师举办四场“幸福教育论坛”，25名教师从构建幸福课堂、建设幸福班集体、爱学生做幸福班主任等方面讲述教育故事、课改体会；开展“讲述幸福故事，做幸福教育人”宣讲活动，要求全体教职工撰写幸福教育故事，以处室为单位宣讲，择优推荐人选参加学校主题演讲比赛；组织全校干部教师开展“‘劳动创造幸福’职工知识竞赛”答卷活动，引导教职工增强幸福感知力，传承幸福生活本源；举办首届“幸福杯”青年教师综合素质大赛，要求教师撰写“牵手幸福教育”主题征文。学校另组织教师、学生讨论并制定幸福教师、幸福课堂、幸福学生和幸福学校标准，使教师学生感受幸福教育理念。全校教师学1953人参加幸福教育活动。

（王雅梅　郭峰亭）

北京市密云县大城子中学

【概　况】　北京市密云县大城子中学占地面积1.73万平方米，建筑面积4984平方米。全年教育经费投入234.96万元，全部为国家拨款。固定资产总值800.77万元。图书馆藏有纸质图书2.10万册。普通教室15个、专用教室24个、实验室8个。拥有计算机185台，多媒体教室座位880个。学校信息化经费投入36万元，校园网出口总带宽1000Mbps，数字资源量200GB，“信息技术”课程2课时/周。教职工60人，其中，高级职称7人、中级职称18人。专任教师40人，包括市骨干教师2人；本科及以上学历40人。开设初中教学班11个。毕业157人、招生93人、在校生326人。在校生中，寄宿生197人，外省市借读生4人。网址：dczzx. myedu. com. cn。

（王静）

【举办学习方法专题讲座】　4月21日，大城子中学举办“激发孩子持久的学习动力”专题讲座。该校邀请中国关心下一代工作委员会“激发孩子持久的学习动力”课题组研究员，运用教研案例，向学生家长讲解激发学习动力的方法，同时寄语学生应感恩老师、感恩父母，用优异的成绩回报家长、回报社会。该校学生及家长673人听取讲座。

（朱全明）

【举办说课评比】　11月5至27日，大城子中学举办教师15分钟说课评比活动。活动要求参赛教师准备说课稿和幻灯片，结合本学科特点，说课15分钟。经过角逐，最终评出一等奖6个、二等奖10个。该校教师40人参加活动。

（王静）

【开展法制主题教育活动】　11月14日，大城子中学开展法制主题教育活动。活动与密云县司法局宣传科、大城子镇司法所、县教委、县计生办联合举办，以“关注青少年，扬帆锦程”为主题，邀请专业司法人员讲解《未成年人保护法》和《刑事诉讼法》，向全体学生发放《中华人民共和国刑事诉讼法（摘要）》及《男孩、女孩成长物语》等宣传材料。该校同时在升旗仪式中开辟“举案说法”环节，与相关派出所约定聘请民警到校定期讲座。该校学生300人参加活动。

（王静）

北京市密云县第二中学

【概　况】　2012年，北京市密云县第二中学占地面积10.98万平方米、建筑面积4.69万平方米，体育场馆面积4.17万平方米。全年教育经费投入5462.16万元，其中，国家拨款5147.45万元、自筹经费314.71万元。固定资产总值5193.20万元。图书馆藏有纸质图书9.60万册。普通教室74个、专用教室38个、实验室18个。拥有计算机727台，多媒体教室座位7410个。学校信息化经费投入406.11万元，校园网出口总带宽1000Mbps，数字资源量100GB，“信息技术”课程2课时/周。教职工361人，包括高级职称89人、中级职称71人。专任教师269人，包括特级教师4人、市骨干教师8人、市学科教学带头人1人；本科及以上学历269人。开设教学班69个，其中，初中24个、高中45个。毕业881人，其中，初中266人、高中615人；招生784人，其中，初中197人、高中587人；在校生2670人，其中，初中793人、高中1877人。在校生中，寄宿生680人，外省市借读生166人。高中录取分数线502分（密云县），应届高考本科上线率98.3%。网址：www. bjmy2z. cn。

（李慧军）

【成立优秀班主任工作室】　3月20日，密云二中“优秀班主任工作室”成立。工作室围绕“探究、合作、创新、发展”理念，通过学习、研讨等形式，探索当前德育工作有效途径、优化德育管理过程、提高学校班主任工作水平。工作室由特级教师王保东主持，拥有成员12人。至年底，工作室共开展班级文化建设研讨、常规工作案例分析等活动8次。

（李慧军）

【与韩国高中结成友好校】　5月31日，密云二中与韩国全州松莱高中签订地接友好学校协议书。根据协议，两校在学校管理，教师、学生交流等方面开展合作，协议期3年。同日，松莱高中校长宋明洙参观密云二中校园，并就学校教育教学、校园文化设

施建设情况与该校教职工交流。

（李慧军）

【践行三·三式教研模式】　11月19日，密云二中举办语文教研组“三·三式教研模式”全县公开课活动。该校教师在高二语文备课组全体教师集体备课基础上，展示教研组“三·三式教研模式”研究成果。该教研模式以一节课为依托，要求开展三次备课、三次研讨、三次修改教案，改变传统评课方式，发挥骨干教师引领作用、提高教研活动效率。密云县中学语文教师60人参加活动。

（李慧军）

【开展学校管理建设】　至年底，密云二中“高品质学校管理”建设项目取得成绩。该校引进“高品质学校管理”建设项目，项目执行小组开展管理建设全员培训3次、干部培训7次、个人访谈80次，对各部门、中层干部、教研组、一线教师检查5次。经过项目调研及分析论证，该校增加信息中心、行政办公室，规范组织机构及各科室职责，编印《北京市密云二中管理制度汇编》。

（李慧军）

北京市密云县太师庄中学

【概　况】　2012年，北京市密云县太师庄中学占地面积4.30万平方米、建筑面积1.96万平方米。全年教育经费投入2100万元，全部为国家拨款。固定资产总值3300万元。图书馆藏有纸质图书5.10万册。普通教室38个、专用教室12个、实验室11个。拥有计算机406台，多媒体教室座位48个。学校信息化经费投入26.6万元，校园网出口总带宽500Mbps，数字资源量300GB，“信息技术”课程2课时/周。教职工213人，包括高级职称47人、中级职称65人。专任教师139人，包括市骨干教师4人、市学科教学带头人1人；本科及以上学历132人。开设教学班37个，其中，初中21个、高中16个。毕业401人，其中，初中253人、高中148人；招生385人，其中，初中240人、高中145人；在校生1342人，其中，初中728人、高中614人。在校生中，寄宿生934人，外省市借读生47人。高中录取分数线430分（密云县），应届高考本科上线率76.5%。网址：www.tsz.net.cn。

（曹玉龙）

【安装电子白板教学设备】　8月，太师庄中学电子白板设备安装完毕并投入使用。该校投入18.88万元，为40个教室安装电子白板多媒体教学设备。该设备为红外交互式电子白板，面板尺寸1800mm×1300mm，触摸式书写。学校通过厂家面授、学校网上访问、视频授课方式对各专业教师进行技术培训指导。

（曹玉龙）

【开展课前一支歌活动】　9月5日，太师庄中学开展每班课前一支歌活动。要求任课教师下午第一节课组织各班合唱一支歌，目的是激发学生学习热情、活跃课堂气氛。该校德育处和音乐教研组选定80首歌为参考曲目，各班从中自主选择歌曲并报德育处备案。

（周长富）

【组建心理社团】　11月15日，太师庄中学组建心理社团。该社团有指导教师1人，团员15人。每周三下午七、八节课通过团体心理辅导方式开展活动。至年底，社团共开展活动15次。

（赵明月）

【安装节能减排设备】　11月，太师庄中学为烧水器、深井泵安装节能减排设备。该校为27台烧水器加装控时器，使其在非供水时间停止烧水，同时为深井泵加装定时器。改造总投资15.9万元。

（王安国）

首都师范大学附属密云中学

【概　况】　2012年，首都师范大学附属密云中学占地面积5.38万平方米、建筑面积2.65万平方米。全年教育经费投入4021万元，全部为国家拨款。固定资产总值4169万元。图书馆藏有纸质图书5.18万册。普通教室42个、专用教室10个、实验室13个。拥有计算机506台，多媒体教室座位2406个。学校信息化经费投入650万元，校园网出口总带宽1000Mbps，数字资源量20GB，“信息技术”课程2课时/周。教职工229人，包括高级职称68人、中级职称66人。专任教师167人，包括市骨干教师3人、市学科教学带头人1人；本科及以上学历167人。开设高中教学班42个。毕业574人、招生590人、在校生1838人。在校生中，寄宿生584人，外省市借读生6人。高中录取分数线471分（密云县），应届高考本科上线率78.5%。网址：111.207.164.125。

（张连全）

【举办科技体育节活动】　4月和10月，首师大附属密云中学分别举办体育节和科技节。体育节以“享受阳光运动，展现青春风采”为主题，举办课间操、跑步等12个项目比赛，该校高一、高二1200名学生参加活动。科技节以“科技与文化融合，成长与快乐同行”为主题，围绕无线电测向、机器人设计与制作、电脑作品制作等科技项目展开。举办科普讲座、科普展览等7场科技宣传活动，同时举办“读科技书刊、撰写读后感”活动。科技节活动成绩计入个人及班级考评。该校学生1800人参加活动。

（张连全）

【召开阅读课教学研讨会】　6月28日，首师大附属密云中学召开“语文阅读课教学研讨会”。研讨会总结一学年学校语文阅读课教学改革试验情况，表彰在课改中4名表现优秀的教师，部署下一步教改工作。语文教师10人参加会议。该校2011年9月在高一、高二8个班中试点开始阅读课教学改革实验，要求每周利用一节课时间，安排学生自由阅读教师选好的作品，阅读后完成摘抄或写出感想。新课改旨在培养学生广泛阅读习惯和主动学习兴趣。

（张连全）

【数字化校园落成】　12月19日，首师大附属密云中学举办“数字化校园落成仪式暨数字化校园建设论坛”。会议听取校长题为《数字化校园建设与学校发展》报告，网管员介绍学校数字化建设及功能，邀请北京大学教育学院教育技术专家点评学校数字化校园建设情况。来自首都师范大学、北京大学专家，密云县中小学校长、网管员，教委相关人员及该校教职工130人参加会议。本年，首师大附属密云中学初步建成数字化校园，该校历时6个月，完成数字化校园建设一期工程，建成学校门户网站和数字化校园平台，购置并安装完成校园核心网络设备等，工程总投资55万元。

（张连全）

北京市延庆县第四中学

【概　况】　2012年，北京市延庆县第四中学占地面积2.70万平方米、建筑面积1.36万平方米，体育场（馆）面积1.02万平方米。全年教育经费投入1892.21万元，全部为国家拨款。固定资产总值2870.61万元。图书馆（室）藏书2.68万册。普通教室30个、专用教室14个、实验室6个。拥有计算机239台，多媒体教室座位517个。学校信息化经费投入533.30万元，校园网出口总带宽100Mbps，数字资源量1750GB，“信息技术”课程1课时/周。教职工141人，包括高级职称20人、中级职称56人。专任教师87人，包括市骨干教师3人、市学科教学带头人1人；本科及以上学历85人。开设初中教学班30个。毕业465人、招生476人、在校生1437人。在校生中，寄宿生99人。网址：www.bjyqsz.com。

（巴泓波）

【举办同课异构系列活动】　3月14至

23日，延庆四中举办第二协作区同课异构系列活动。活动以“深化第二协作区教研，推进课堂教学改革，构建学校成长课堂”为主题，组织初二、初三年级语文、英语、数学、美术、地理5个学科开展同课异构，要求每个学科选拔两名教师在不同班级授课，第二协作区教师参加听课、评课和观摩活动。活动共组织同课异构观摩课18节。来自延庆县第二协作区教师400人参加活动。延庆县第二协作区3月2日成立，包括延庆县第三中学、延庆县第四中学、延庆县第八中学、延庆县旧县中学、延庆县香营学校、延庆县刘斌堡中学共6所学校，延庆四中为牵头学校，协作区内校际间实现优质资源共享。

（巴泓波）

【机器人专业教室通过验收】　4月和8月，延庆四中完成专用教室建设和改造。4月13日，延庆四中机器人专用教室通过市科协验收并投入使用。教室使用面积64平方米，配备计算机11台、人形机器人2台、足球机器人4台、灭火机器人2台、综合机器人2台，可同时容纳25名学生开展机器人校本课程学习。教室1月开始建设，总投资36万元。至年底，共接待学生1200人次。8月25日，该校专用教室改造工程竣工。该工程于7月13日开工，总投资47.58万元，包括教室电路改造、墙体及地面翻新、推拉黑板更换等项目。共改造专用教室8个，总面积800平方米。

（巴泓波）

【开展专家听课评课活动】　9月25日

至10月17日，延庆四中开展专家听课评课活动。该校邀请首都师范大学专家指导团3人入校听课、评课，听取数学、物理、语文等学科课程12节。专家肯定该校教师调动学生积极性的能力，建议继续提高专业素养和专业功底。延庆县各中学教师共71人参加活动。

（巴泓波）

北京市延庆县十一学校

【概　况】　2012年，北京市延庆县十一学校占地面积1.90万平方米、建筑面积1.22万平方米，体育场面积6648平方米。全年教育经费投入2779.26万元，全部为国家拨款。固定资产总值2500.99万元。图书室藏有纸质图书3.29万册。普通教室51个、专用教室10个、实验室7个。拥有计算机390台，多媒体教室座位2250个。学校信息化经费投入150万元，校园网出口总带宽200Mbps，数字资源量500GB，“信息技术”课程1课时/周。教职工178人，包括高级职称26人、中级职称76人。专任教师152人，包括市骨干教师5人；本科及以上学历149人。开设教学班45个，其中，小学24个、初中21个。毕业578人，其中，小学193人、初中385人；招生431人，其中，小学149人、初中282人；在校生1839人，其中，小学1005人、初中834人。在校生中，外省市借读生3人。网址：syxx.yqedu.com.cn。

（李燕伶）

【开展主题教育教学展示活动】　3月15日，延庆十一学校举办“明确理念、校本研训、聚焦课堂、促进发展”主题教育教学展示活动。小学部以“小学数学课堂教学中引导学生自主学习的策略研究”和“英语教学中关注故事教学呈现理解、操练环节的策略研究”为主题，展示六年级语文《凡卡》、六年级数学《可能性》等课程课堂教学。中学部以“‘即时性’校本教研”为主题，以践行课堂教学层次性运行模式——“三五五”教学流程为抓手，展示九年级数学《平行四边形及性质》、九年级物理《动态电路分析》等课程课堂教学。活动由延庆县教委主办，延庆县中小学校长、教师327人参加活动。“三五五”即落实三个层次，包括“基础知识和基本技能的认识与理解、基本经验与基本思想的调动与渗透”“基础知识和基本技能的运用与实践、基本经验与基本思想的固化与领悟”“基础知识和基本技能的拓展与延伸、基本经验与基本思想的丰富与提升”；把握五个关键要素，包括班级学情分析、教学目标的确定、教学环节设计、课堂提问和练习作业；突出五个基本环节，包括“目标导学”“任务驱动、交流点拨、应用训练、综合运用”“明确任务、自主探究”“梳理提升、理解内化”和“拓展延伸”。

（曹守全 李燕伶）

【成为学区化管理牵头学校】 4月11

日，延庆十一学校成为延庆县学区化管理第三协作区牵头学校。第三协作区学校由延庆县十一学校、大榆树中学、沈家营中学、井庄中学、民族中学、永宁中学6所学校组成。根据规定，延庆十一学校成为延庆县学区化管理第三协作区牵头学校，与其他学校围绕“协作、校本、共进”目标，促进协作区整体质量提升和干部教师教育教学水平提升。学区化管理由延庆县教委组织实施，共包括3个初中阶段协作区、5个小学阶段协作区，目的是发挥各学校优势，促进校际均衡发展，促进教师专业水平提高。

（曹守全 李燕伶）

【举办首届校园艺术节】 5月16至29

日，延庆十一学校举办首届校园艺术节。艺术节以“培育和弘扬北京精神，快乐参与、感恩校园”为主题，设声乐、舞蹈、器乐、合唱四个专场。该校学生共表演节目150个，其中，获得一等奖节目34个、二等奖40个、三等奖42个。该校教师、学生2017人参加艺术节活动。

（李子龙 李燕伶）

【开展送课活动】 9月21日，延庆十一学校向康庄小学送课。该校语文、数学、英语3名县级骨干教师围绕“激发学生主动参与、构建高效课堂”主题，在康庄小学分别作语文课《奇怪的大石头》、数学课《四边形的认识》和英语课《小鹿丹妮》。示范课通过创设学习情境、引导学生选择灵活多样学习方式，积极主动参与课堂。康庄小学教师学生123人参加活动。

（赵爱华 李燕伶）

【庆祝建校十周年】 12月29日，延庆

十一学校举办建校十周年庆典。庆典以“十载华彩、忆美好往昔，蛇年新春、谱辉煌篇章”为主题，播放十年发展历程专题片，该校师生表演合唱、舞蹈、情景剧等10个歌舞节目。延庆十一学校2002年建校，是 所九年一贯制英语实验学校，共开设初中班21个、小学班24个，至2012年底，共培养初中毕业生3056人、小学毕业生1679人。

（王满 李燕伶）

北京市延庆县第一中学

【概　况】 2012年，北京市延庆县第一中学占地面积7.59万平方米、建筑面积3.27万平方米，体育场（馆）面积2.25万平方米。全年教育经费投入8029.40万元，其中，国家拨款7800.80万元，自筹经费228.60万元。固定资产总值6890万元。图书馆（室）藏有纸质图书7万册、电子图书2万册。普通教室48个、专用教室24个、实验室11个。拥有计算机873台，多媒体教室座位1745个。学校信息化经费投入294万元，校园网出口总带宽100Mbps，数字资源量200GB，“信息技术”课程1课时/周。教职工264人，包括高级职称95人、中级职称76人。专任教师174人，包括特级教师3人、市骨干教师2人、市学科教学带头人3人。开设高中教学班45个。毕业597人、招生573人、在校生1745人。在校生中，寄宿生462人。高中录取分数线420分（延庆县），应届高考本科上线率文科79%、理科85%。网址：www.bjyqyz.com.cn。

（吴东华）

【接待高中特色建设项目调研组】 4

月11日，延庆一中接待北京市高中学校特色建设项目调研组。该校校长介绍延庆一中基本情况，副校长从“营造氛围、形成共识”“课题推动、理性思考”“聚焦课堂、诊断改进”“课程整合、全面推进”“总结反思、调整改进”五个方面，汇报本校“学生自主能力培养特色项目”建设详细情况。调研组专家针对项目建设情况提出整改建议。北京教育科学研究院专家、项目组负责人，延庆、房山、大兴等区县教委相关人员和部分高中校长共500人参加活动。

（吴东华）

【加入四中教育集团】 10月，延庆一中加入北京市第四中学教育集团。根据协议，延庆一中依托四中网校开展集体备课，参加教育集团青年教师“导师团”，与教育集团成员校开展干部交流以及优秀生培养。12月，延庆一中两名教师被聘为四中教育集团导师。四中教育集团9月成立，至年底，成员校包括北京市第一五六中学、北京市第三十九中学、北京市第

五十六中学、延庆县第一中学、北京市第四中学顺义分校及北京市第四中学共6所学校。

（吴东华）

【举办人生规划观摩会】 11月29日，延庆一中举办人生规划观摩交流会。会议以“践行自觉德育”为主题，听取该校两名教师分别做“我的人生我规划”和“认识自我”展示课。会议邀请教师代表从学部操作、班级实施，学生家长代表从家庭教育协助，学生代表从自身发展角度做交流发言。学校同时展出人生规划主题展板50块。北京教育科学研究院专家、高中生生涯发展课程项目负责人，延庆县教委相关人员及中小学德育干部、中学班主任、特邀家长及该校师生240人参加活动。

（吴东华）

【举办新东方英语培训】 11至12月，

延庆一中举办北京新东方学校英语系列培训。培训由延庆县教委主办，在延庆一中礼堂举行，是延庆教委推进“开放式”办学举措。培训共举办5次，涉及高考英语必考词汇、高考写作、高考阅读等内容。该校与延庆县第三中学英语教师及高三学生700人参加培训。

（吴东华）

北京师范大学燕化附属中学

【概　况】 2012年，北京师范大学燕化附属中学占地面积4.11万平方米、建筑面积2.56万平方米，体育场馆面积1.50万平方米。全年教育经费投入2811.03万元，其中，国家拨款2462.65万元，自筹经费348.02万元。固定资产总值8120万元。图书馆藏书41万册，其中，纸质图书16万册、电子图书25万册。普通教室50个、专用教室6个、实验室9个。拥有计算机450台，多媒体教室座位40个。学校信息化经费投入600万元，校园网出口总带宽8Mbps，数字资源量2500GB，“信息技术”课程2课时/周。教职工149人，包括高级职称50人、中级职称58人。专任教师114人，包括市骨干教师2人、市学科教学带头人2人；本科及以上学历114人。开设高中教学班27个。毕业309人、招生333人、在校生1012人。高中录取分数线439分（燕山地区），应届高考本科上线率81.20%。网址：www.bsdyhfz.cn。

（李蓓）

【新建4个专用教室】 9月，北师大燕化附中4个专用教室建成并投入使用。4个教室建设工程5月启动，总投资120万元，分别为中学史地专业教室、英语专业教室、国学阅读专用教室、国学情景剧专用教室。新建教室主要满足各相关学科拓展课程和特色课程教学需要，为学校特色办学提供物质保障。其中，史地专业教室使用面积206平方米，拥有学生座位45个；英语专业教室使用面积137平方米，拥有学生座位30个；国学阅读专用教室使用面积206平方米，拥有学生座位45个；国学情景剧专用教室使用面积137平方米，拥有学生座位30个。至年底，该校150课次专业课程在新建专用教室完成。

（李蓓）

【开办石化科技实验班】 9月，北师大燕化附中开办“石化科技实验班”。实验班课程突出石化科技特色，重视过程体验和实践能力培养，由国家课程、校本课程和综合实践三部分构成，同时探索开设部分大学先修课程。实验班采用必修与选修、实验与研究、理论与创新相结合教学模式；设置“校内、基地、高校”三导师制，校内教师教授学生高中必修及特色课程，石化科技实验基地专家带领学生动手实践，高校教授帮助学生开展创新设计。实验班小班授课，面向全市应届初中毕业生招生，首批录取30人，学业期限三年。

（李蓓）

【开设石化特色课程】 至年底，北师

大燕化附中开设石化特色课程5门。5门课程分别为“寻根探源”“飞燕油龙”“水中探幽”“聚变之谜”“生命之源”，以燕山地区历史文化、石化能源以及高新科技等内容为依托，涉及历史、地理、政治、化学、生物5个学科，分别采用教师讲授、社会调查、野外考察等形式，课程配备专业教室或实验基地。每门课程授课18课时，要求每班学生15至20人。课程为选修，该校学生350人次报名学习。

（李蓓）

【完成数字化校园建设项目】 至年底，北师大燕化附中6项数字校园建设项目通过验收并投入使用。建设项目包括数字校园基础设施建设（含网络中心建设、校园网综合布线、校园演播室建设）、教室多媒体设备更新、网络阅卷系统采购、教工计算机更新、学生社团电子设备购置、电动伸缩椅购置。项目总投资600万元。

（李蓓）

北京燕山前进中学

【概　况】 2012年，北京燕山前进中学占地面积1.67万平方米、建筑面积1.09万平方米，体育场（馆）面积6782平方米。全年教育经费投入1577.61万元，全部由国家拨款。固定资产总值3476.46万元。图书馆藏书2.96万册。普通教室24个、专用教室16个、实验室6个。拥有计算机358台，多媒体教室座位88个。学校信息化经费投入213.16万元，校园网出口总带宽4Mbps，数字资源量600GB，“信息技术”课程1课时/周。教职工90人，包括高级职称17

人、中级职称 48 人。专任教师 76 人，包括市骨干教师 1 人。开设教学班 23 个。毕业 188 人、招生 218 人、在校生 913 人。在校生中，外省市借读生113人。网址：www. qjzx. ysedu. gov. cn。

（李春生）

【举办前进中学科技周】　5月21至28

日，前进中学举办第 29 届科技周。科技周以“放飞科技梦想、倡导低碳生活”为主题，学生代表向全校师生发出倡议，号召以科技周活动为平台，体验低碳环保新生活方式，树立牢固的生态文明观，从自身做起搞好节能减排，倡导文明的生活方式。科技周期间，学校举办金点子、模型拼插、科普动漫、小制作等活动。该校教师学生 150 人次参加活动。

（李静媛）

【举办语文基本功比赛】　11 月 14 日，前进中学举办语文基本功比赛。比赛分为说课和点评两个环节，要求参赛教师做 15 分钟微格教学展示，并对制定的教学内容进行创新设计和阐释。经过角逐，评出一等奖 1 人、二等奖 2 人、三等奖 3 人。该校语文教师 13 人参加比赛。

（田顺达）

【举办校本课程汇报表演】　12 月 26 日，前进中学举办校本课程暨社团活

动成果汇报表演。学生诵读《细雨中的丁香花》，演唱《感恩的心》，演奏口风琴合奏《欢乐颂》，表演英语剧《白雪公主和七个小矮人》、历史剧《陈涉家》、课本剧《狮子王》。该校教师、学生 240 人观看演出。至年底，该校开设神奇的化学、散文欣赏等校本课程，培养学生综合素质和综合能力。

（田顺达　高彬）

民　族　教　育

【概　况】　2012 年，北京市有民族学校 45 所，其中，民族中学 8 所、九年一贯制民族学校 2 所、民族小学 35 所。教职工总数 2815 人（含少数民族教职工 424 人），包括专任教师 2187 人；在校生 24657 人，包括少数民族学生 6587 人。民族中学分布在西城、朝阳、海淀、门头沟、通州、大兴、怀柔 7 个区县；民族小学分布在东城、西城、朝阳、海淀、昌平、通州、顺义、大兴、房山、怀柔、密云、延庆、平谷 13 个区县。内地新疆高中班办班学校 10 所，在校生 3656 人；内地西藏班（校）4 所，在校生 1039 人；内地青海班 4 所，在校生 427 人。民族幼儿园 9 所，教职工总数 344 人（含少数民族教职工 93 人），包括专任教师 214 人；在园幼儿 2377 人，包括少数民族幼儿 1118 人。民族幼儿园分布在东城、西城、朝阳、石景山、通州、大兴、密云 7 个区县。

（陆小红）

【召开小学青年教师教学大赛总结表彰会】　4 月 25 日，北京市第四届“巨人杯”小学青年教师教学大赛总结表彰大会在东城区回民小学召开。会议向获得优秀组织奖学校及一等奖的教师颁奖。会议认为比赛的突出特点是独特性、广泛性、过程性、拓展性，一方面为青年教师专业快速成长搭建平台，使民族小学青年骨干教师得到锻炼；另一方面是对三级教研的检验，推动课堂教学质量的提高。来自市教委、市民族教育学会、东城区教委等领导，获奖师生代表及东城回民小学师生参加会议。北京市第四届“巨人杯”小学青年教师教学大赛于 2011 年 10 月 31 日举办，由市民族教育学会、东城区教委举办，通过教师作课展示、课后答辩、民族团结教育课程及活动光盘实录、专家评价等程序，评出一等奖 22 人、二等奖 23 人、三等奖 23 人，优秀组织奖 11 个。

（陆小红）

【“五省两区一市”民族学校联盟启动】　5 月 29 日，“五省两区一市”民族学校联盟首届活动在东城区回民实验小学启动。活动围绕“植民族文化之根，扎实推进校本课程建设”主题，观摩 4 所联盟校民族校本课程展示；开展主题论坛研讨，认为校本课程建设突显民族教育特色。来自中国教育学会、教育部民族教育司，市民委、市教委、市民族教育学会等单位领导，联盟学校代表和该校师生代表共计 136 人参加活动。五省两区一市包括河北省、江苏省、甘肃省、山东省和云南省 5 个省，宁夏回族自治区和内蒙古自治区，以及北京市，共有成员学校 9 个，主要开展民族校本课程研讨活动，促进民族校特色发展。

（郭增杰）

【举办首届“和谐杯”书法绘画摄影比赛】　5 至 10 月，北京市民族教育学会举办北京市“和谐杯”书法、绘画、摄影大赛。比赛以“中国心——民族魂”展示民族优秀文化和独特艺术风采为主题，以书法、绘画、摄影等艺术形式展现首都中小学民族团结教育的成果。市民族教育学会 36 所参赛理事学校的 238 件作品参加比赛，其中，20 所小学参赛作品 160 件、16 所中学参赛作品 78 件。经过专家评审，评出一等奖 47 个、二等

奖 71 个、三等奖 57 个、优秀奖 63 个，优秀教师奖 31 人。获一等奖的作品均收录《“和谐杯”书法、绘画、摄影艺术大赛优秀作品集》。

（陆小红　王振清）

【东城区举办第六届民族团结教育周】 9 月 28 日，东城区第六届民族团结教育周在东城区回民小学启动。回民小学、回民实验小学、金台书院小学、和平里一小等校师生展示“绫球”“高脚马”“板鞋竞速”“推铁环”等 10 余种民族体育项目。与会领导向学生代表赠送“民族游戏箱”，吸引更多学生了解民族体育游戏，传承民族文化。活动启动“东城区民族团结数字博览苑”，将回民小学“民族苑”丰富资源与现代科技结合，形成数字化展陈模式，为全区中小学、国内外宾客提供内容丰富、参与便捷的民族文化大课堂。全区小学德育干部和学生代表 600 人参加活动。

（王军　李银娅）

【举办首届小学校长论坛和培训班】 11 月 30 日至 12 月 1 日，北京市民族教育学会举办首届小学校长论坛和《学校民族团结教育指导纲要（试行）》校长培训班。论坛主会场设在海淀区民族小学，论坛以“当代校长办学的理性思考与实践”为主题，海淀区民族小学、密云县檀营满族蒙古族小学分别作题为《坚守信念，相伴成长》主题发言和《探索民族团结教育途径的思考与实践》经验介绍。北京市宣武回民小学等 10 所学校围绕学校优质与特色和谐发展、学校文化建设理性构建、民族团结教育思考与实践三方面内容展开演讲与交流。《学校民族团结教育指导纲要（试行）》校长培训班设在分会场，培训班听取市民委和市民族教育学会专家作学习《指导纲要》和《开展民族团结教育的历史针对性、现实针对性、国际针对性》主题报告。来自学会会员学校校长、教师 100 人参加学习。

（王振清　陆小红）

【举办首届民族教育论文评选】 12 月 23 日，北京市民族教育学会公布首届北京市民族教育论文评选结果。18 篇论文获得一等奖、29 篇论文获得二等奖、25 篇论文获得三等奖。该活动开始于 7 月，共征集到学会 19 所理事校（园）上交的论文 82 篇，其中，幼儿园 19 篇、小学 41 篇、中学 22 篇。

（陆小红　王振清）

民族教育学校

北京市东城区回民实验小学

【概　况】 2012 年，北京市东城区回民实验小学占地面积 2882 平方米、建筑面积 4396 平方米，体育场面积 800 平方米。图书馆（室）藏书总数 1.46 万册。固定资产总值 571 万元；全年教育经费投入 685 万元，全部由国家拨款。普通教室 16 个，专用教室 5 个。开设教学班 15 个。教职工 51 人（含少数民族教师 14 人），包括副高级职称 1 人，中级职称 39 人，中高级以上职称的教师占教师总数的 76%；专任教师 37 人，包括市级学科带头人 1 人。毕业 70 人；招生 42 人；在校生 376 人（含寄宿生 133 人）；少数民族学生 99 人，外省市借读生 140 人。学校网址：hmsy. net. cn。

（郭增杰）

【举办亲子互动过端午活动】 6月21日，东城回民实验小学举办民族节亲子互动过端午活动。活动以“民族校

庆民族节，亲子互动过端午”为主题，开展民族节日知识普及、诗颂端午、亲子互动包粽子三项主题活动，要求各班结合端午主题开展知识竞赛、诵读端午古诗等教育活动。全校师生共 438 人参加活动。

（郭增杰）

【接受义务教育均衡发展督导评估】 9 月 19 日，东城回民实验小学接受北京市义务教育均衡发展督导评估。评估小组由市义务教育均衡发展规范化检查组共 18 人组成，先后听取学校自评报告、召开座谈会，实地查看学校设备设施，参观学校民族风情园。评估小组对学校发展给予肯定。

（郭增杰）

【举办工会小组创意活动】 10 月 26 日，东城回民实验小学举办工会小组创意活动。活动主题为“创意水果拼，共赞好生活”，采取小组形式，进行水果拼盘创意装点实践活动。该校全体教职工共 51 人参加活动。

（郭增杰）

北京市东城区回民小学

【概　况】 2012 年，北京市东城区回民小学占地面积 4426 平方米、建筑面积 7558 平方米，体育场面积 1860 平方米。图书室藏书 2.5 万册，电子图书 500 册，订阅杂志、报刊 25 种。固定资产总值 1191 万元。全年教育经费投入 720 万元，全部为国家拨款。学校信息化经费投入 8.6 万元。拥有计算 249 台，多媒体教室座位 606 个，校园网出口总带宽 10Mbps，数字资源量 500GB，“信息技术”课程 2 课时/周。普通教室 19 个、专用教室 8 个、实验室 1 个。教职工 64 人，包括中级职称 36 人。专任教师 50 人，包括本科以上学历 46 人。开设教学班 19 个。毕业 107 人；招生 100 人；在校生 532 人（含回族学生 123 人，外省市借读生 78 人）。网址：www. dchx. org. cn。

（袁侨）

【举办民间文化进校园活动】　7月10日，回民小学举办民间文化进校园活动。活动邀请北京顺义神笛陶艺村工作人员，讲解中国陶艺发展史，并带领学生体验手工彩绘、陶泥制作。全校师生共600人参加活动。

（芦平）

【举办印尼文化交流日活动】　7月10日，回民小学举办“童心看世界之印尼文化交流日”活动。活动推出巴厘加美兰乐器演奏、舞蹈表演、歌曲演唱等文艺节目；品尝印尼风味小吃。来自印尼驻华大使馆参赞、社会文化处领导，春江小学部分师生共400人参加活动。

（芦平）

【举办民族团结教育周主题活动】　9月28日，回民小学举办第六届民族团结教育周主题活动。活动以“民族体育促健康，东城少年展风采”为主题，展示回族传统体育项目“绫球”、土家族传统体育项目“高脚马”、壮族传统体育项目“板鞋竞速”、汉族传统体育项目“推铁环”等10种传统民族体育项目。来自市民委、市教委、区民委、区教委、朝阳门街道办事处的各级领导，以及全区小学德育干部和学生代表100人参加活动。

（芦平）

北京市回民学校

【概　况】　2012年，北京市回民学校占地面积5.17万平方米、建筑面积3.42万平方米，体育场（馆）面积1.37万平方米。图书馆藏书10万册，电子图书2万册，订阅杂志250种、报纸26种。固定资产总值5920.10万元。全年教育经费投入6530万元，其中，国家拨款6303.87万元、自筹经费226.13万元。学校信息化经费投入200万元。拥有计算机287台，多媒体教室座位100个，校园网出口总带宽20Mbps，数字资源量6000GB，“信息技术”课程初中1课时/周，高中2课时/周。设有普通教室54个、专用教室16个、实验室9个。有教职工216人（含少数民族教师53人），包括副高级职称66人、中级职称65人。专任教师167人，全部为本科以上学历。开设教学班48个，其中，初中班24个、高中班24个；毕业523人，其中，初中267人、高中256人；招生584人，其中，初中328人、高中256人；在校生1676人（含住宿学生730人，少数民族学生435人），其中，初中906人、高中770人。高中录取分数线474分（西城区），应届高考本科上线率文科88%，理科92%。学校网址：www.bjhmxx.com。

（王秀珍）

【获全国说课比赛特等奖】　4月12日，在第七届全国基础教育化学新课程实施成果交流大会上，回民学校教师的“水的电离”获全国说课比赛特等奖。比赛设立特等奖和一、二、三等奖四个奖项，其中，特等奖4人。来自全国各省市共50人报名参加比赛。全国化学新课程实施成果交流大会是由中国化学会化学教育委员会主办，每年举办一届。

（王秀珍）

【举办心理文化节活动】　5月7至11日，回民学校举办第五届心理文化节活动。活动主题是“积极心理引领幸福人生”，演出心理剧《一张成绩条引发的风波》、校园剧《2040》；观看视频《积极心理引领幸福人生》；由心理教师、心理专家组成心理咨询团队为学生答疑，并开展“合作”和“人际交往”团体心理活动咨询等。该校师生2000人参加活动。回民学校2002年举办首届心理文化节。

（王秀珍）

【举办非物质文化遗产进校园活动】　5月25日，回民学校举办非物质文化遗产进校园主题活动。活动以“弘扬民族文化，延续中华文脉”为主题，开展北京鬃人、内画鼻烟壶、七巧板、绳结艺术、毛猴制作技艺、脸谱绘制六项市、区非物质文化遗产项目进校园，并将绳结艺术、牛街白猿通臂拳和牛街掷子等项目引入艺术与体育课堂。

（王秀珍）

【签订中日友好学校合作协议】　6月11日，回民学校与日本明德义塾中·高等学校签订友好学校合作协议。协议规定，双方通过互派师生访问、艺术团体交流、体育训练及赛事交流、举办青少年夏（冬）令营等方面开展密切合作。日本明德义塾中·高等学校是1973年建立的寄宿制私立学校，在校生2000人。学校设在日本高知县，有专用足球场、棒球场、高尔夫训练场、高尔夫球场。学校注重学生多方面发展，培养出女子高尔夫全国冠军、相扑全国冠军，高中棒球队多次获得冠军。

（王秀珍）

【举办地方课程课例展示活动】　11月30日，回民学校举办《走进西城》地方课程课例展示活动。回民学校教师开展实际教学展示，专家完成评课。区教委领导，首师大专家、教材编写者、西城教研员以及部分学校校长共70人参加展示活动。《走进西城》是经市课程中心批准的北京市第一本面向高中学段编写地方教材，全方位展示新西城地理环境、历史发展、商贸金融、城市建设等传统风貌与现代魅力，地方特色浓厚，内容翔实生动，图片丰富，有利于学生了解西城区历史文化。

（王秀珍）

【举办民族校文化建设展示活动】　12月4日，回民学校举办民族学校文化建设现场展示活动。活动听取主题报告“区域文化背景下学校文化建设研究”，观摩历史课“区域文化——民俗风情”、体育课“民族传统体育项目——绫球”和政治课“民族服饰文化”三节教学活动课；展示民乐、传统体育、科技活动、心理、生涯规划等内容的学校文化德育主题展板；观看金帆民乐团排练。该校师生共200人参加活动。

（王秀珍）

北京市西城区民族团结小学

【概　况】　2012年，北京市西城区民族团结小学占地面积1.45万平方米，建筑面积1.25万平方米，体育场（馆）面积400平方米。图书馆（室）藏书2.29万册。固定资产总值5260.50万元。全年教育经费投入427.44万元，其中，国家拨款415.97万元、自筹经费11.47万元。拥有计算机120台，多媒体教室座位120个。普通教室26个、专用教室11个。教职工61人，包括副高级职务1人，中级职务40人。专任教师54人，包括本科以上学历46人。开设教学班26个。毕业111人；招生137人；在校生728人。网址：xjmzxx.org/index.aspx。

（赵雪峰）

【开设民族特色校本课程】 9月，民族团结小学开设民族特色校本课程。课程内容包括民族知识、古筝、跆拳道、空竹等。课程采用学生自主选课方式，不受原有班级限制，采用混班方式上课。

（赵雪峰）

【接待新加坡师生学习交流】 11月5至7日，民族团结小学接待新加坡师生学习交流。访问团由新加坡义安小学师生共28人组成，学习中国传统文化特色课程，学唱一首中国歌曲、画一个京剧脸谱、画一幅中国水墨画，最终，会跳一支民族舞、会跳皮筋、会抖空竹。两校联合举办“民小——义安手拉手”联欢晚会。

（赵雪峰）

【举办图书馆阅读观摩课活动】 12月18日，民族团结小学举办图书馆新闻记者观摩课活动。活动展示二年级阅读课，讨论“如何借助图书馆资源，开展课内外阅读结合的教学策略的研究”等问题。西城区教育研修学院及该校师生56人参加活动。

（赵雪峰）

北京市民族学校

【概　况】 2012年，北京市民族学校占地面积2.07万平方米、建筑面积91.48万平方米，运动场地面积9300平方米。图书馆藏书5万册。固定资产总值2465万元，拥有计算机236台，多媒体教室座位1005个。全年教育经费投入1718万元，其中，国家拨款1716万元、自筹经费2万元。学校信息化经费投入51万元。校园网出口总带宽45Mbps，“信息技术”课程小学三至六年级0.5课时/周，中学1课时/周。普通教室32个、专用教室14个、实验室4个。教职工92人，包括高级职称6人、中级职称37人。专任教师72人，包括市级骨干教师2人、区级骨干教师2人。开设教学班33个，其中，小学班21个、初中班12个。毕业166人，其中，小学94人、初中72人；招生206人，其中，小学118人、初中88人。网址：www.bjsmzxx.com。

（楚红娟）

【举办心理健康周活动】 5月21至25日，市民族学校举办“心理健康关爱行动”主题周活动。活动以“敞开心扉，快乐成长”为主题，举办学生心理健康知识竞赛、心理电影赏析、心理活动体验、心理手抄报大赛、“微笑天使”照片征集、师生趣味心理运动会等系列主题活动。该校师生共500人参加活动。

（楚红娟）

【开展系列教学活动】 9至12月，市民族学校小学部开展系列教学活动。活动以“落实常态教学，提升教学质量”为主题，推出公开课、示范课、比教课、研讨课等教学活动。该校师生共160人参加活动。

（楚红娟）

【参加全国初中信息技术课展评获奖】

11月20至23日，在“智慧天下杯”全国初中信息技术优质课展评活动中，市民族学校信息技术课“秀出不一样的我——QQ动态表情制作”获得特等奖。获奖课程利用多媒体手法，表现信息技术在生活中应用，引起学生兴趣，并获得现场专家和听课教师好评。比赛由中国教育技术协会信息技术教育专业委员会主办，是信息技术学科级别最高的全国性课堂教学比赛。比赛设立初赛和复赛，初赛包括教育理论考试、专业技能测试和说课三个环节，复赛是一节展示课。全国共有121人报名参加比赛，其中，北京市有5人参加比赛。

（楚红娟）

北京西藏中学

【概　况】 2012年，北京西藏中学占地面积3.59万平方米、建筑面积2.81万平方米，体育场（馆）面积1.06万平方米。图书室藏书4.18万册，电子图书1595GB，订阅杂志、报刊304种。固定资产总值4870万元。全年教育经费投入3897万元，其中，国家拨款3427万元、自筹经费470万元。学校信息化经费投入7.6万元。拥有计算机343台，多媒体教室座位192个，校园网出口总带宽6Mbps，“信息技术”课程2课时/周。设有普通教室20个、专用教室17个、实验室6个。教职工133人，包括副高级职称35人、中级职称27人。专任教师61人，包括市级骨干教师2人、本科以上学历61人。开设教学班18个。毕业275人；招生274人；在校生806人，全部为藏族等少数民族学生。高中录取分数线494分，应届高考本科上线率98.91%。网址：bjxzzx.bjedu.cn。

（唐宝军　曹娟　赵学军）

【召开第五届教职工代表大会】 2月12日，西藏中学召开第五届教职工代表大会第一次会议。会议审议通过《北京西藏中学五年发展规划（2011至2015年）》《北京西藏中学教职工职业道德规范》《北京西藏中学教职工代表大会章程》。会议收到代表提交涉及学校管理和建设、学生教育和管理、教职工利益等方面内容提案31份，共计25条。来自市委教育工委、市教委领导及该校教职工共48人参加会议。

（孙丽英）

【欢度藏历水龙新年】 2月22日，西藏中学师生欢度藏历水龙新年。中央统战部、教育部、国家民委以及北京市有关部门领导来到学校，参加在学校举行的欢度藏历水龙新年庆祝大会，并向藏族师生祝贺新年。中央统战部领导介绍中央第五次西藏工作座谈会以来，西藏经济和社会取得的巨大成就，勉励学生努力学习，全面发展，努力成为国家统一和民族团结的模范。市教委领导代表市委教育工委和市教委向藏族师生祝贺新年。学校“格桑花”艺术团表演《吉祥》《洗衣歌》和《爱我中华》等文艺节目。全校师生共1000人参加活动。当日是藏历水龙年初一。

（张一帆）

【举办藏文化周活动】　4月，西藏中学举办第七届藏文化周活动。活动以“弘扬民族文化，丰富校园生活”为主题，推出知识竞赛、辩论赛和藏式举重以及手工艺作品等15个活动项目。该校师共500人次参加活动。

（张一帆）

【举办捐赠及助学活动】　5月25日、6月19日、10月23日和11月9日，西藏中学举办捐赠及助学活动。5月，接受“爱心电脑”捐赠。该活动由中国宋庆龄基金会主办，联想控股有限公司向藏族贫困大学生捐赠120台联想便携式计算机。该校120名学生接受捐赠。6月，举办2012年度华育奖助学金发放仪式。本年度共有20名家庭贫困、学业优异学生接受资助，每名受助学生一次获得800至1000元助学金。10月，举办“关注青少年视力健康”公益捐赠活动。活动由全国关心下一代工作委员会、中国轻工业联合会、中国眼镜协会联合主办，北京大明眼镜有限公司等17家企业单位为该校700名师生免费验光配镜，提供视力健康支持。11月，举行“致公天露助学工程”揭牌仪式。该校30名学生接受捐赠，每人获得资助1200元。该工程是在致公党朝阳区委3年来帮扶学校贫困学生的基础上开展的，目的是为更好地整合资源，多渠道帮扶学校的特困学生，为更多的学生提供帮助。

（尚卫东　李东光）

中央民族大学附属中学

【概　况】　2012年，中央民族大学附属中学占地面积2.27万平方米、建筑面积2.28万平方米，体育场（馆）面积4293.96平方米。图书馆藏书20153册。固定资产总值6213.57万元。全年教育经费投入7141万元，其中，国家拨款3758万元、自筹经费3383万元。学校信息化经费投入156万元。拥有计算机260台，多媒体教室座位1700个。普通教室30个、专用教室20个、实验室6个。校园网出口总带宽25Mbps，数字资源量100GB，“信息技术”课程2课时/周。教职工128人（含少数民族教职工26人），包括副高级职称50人、中级职称38人。专任教师95人，包括特级教师2人、市级骨干教师2人。开设教学班30个。毕业565人；招生565人；在校生1808人。来自全国25个省市地区50个民族学生寄宿学习。应届高考本科上线率99%（升学率100%）。学校网址：www.mdfz.com.cn。

（魏立功）

【成为自主排课试验校】　7月，民大附中获市教委批准成为北京市第二批自主排课试验校。根据规定，学校可在新教学大纲框架内，保证教材、总课时不变前提下，自主安排课程、周课时、教学模式、学分认定和考核方式。在考核方式中，要求学校自行确定高中各学科毕业考核合格标准并自行组织高中会考，可自行安排考试时间、考试科目顺序以及考试内容。该校9月1日开始实施新课程并配套执行自主会考。本年，市教委批准北京景山学校、汇文中学、广渠门中学等13所中学实施高中自主排课。

（张剑）

【与内蒙古一所中学签订合作协议】　8月，民大附中与内蒙古乌兰察布前旗一中成为“手拉手”互帮互学友好学校并签订合作协议。根据协议，两校建立干部挂职培训、教师挂职听课、教学交流长效机制。两校代表70人参加签字仪式。

（孙立清）

【成立民族教育发展基金会】　12月19日，民大附中成立“北京共美民族教育发展基金会”。基金会由国家民委、市教委、市民政局、民族大学共同出资200万元设立，以“推动民族教育均衡发展，促进民族团结，服务社会公益事业”为宗旨，重点资助有益于少数民族学生综合素质拓展奖教助学活动，支持有利于民族教育水平提高教研项目及设施改善。基金会设立共美教育中学联盟奖励项目6个。

（孙立清）

北京市昌平区西贯市回民小学

【概　况】　2012年，北京市昌平区西贯市回民小学占地面积1.33万平方米、建筑面积2726平方米，体育场面积5396平方米。图书室藏书1.15万册，电子图书68册，订阅杂志、报刊23种。固定资产总值1312.74万元。全年教育经费投入413.25万元，其中，国家拨款412.38万元、自筹经费0.87万元。学校信息化经费投入58.91万元。拥有计算机148台，多媒体教室座位40个，校园网出口总带宽15Mbps，数字资源量60GB，“信息技术”课程1课时/周。普通教室9个、专用教室9个、实验室1个。教职工23人，包括中级职称13人。专任教师22人（含回族教师16人），包括本科以上学历19人。开设教学班8个，其中，小学班6个、学前班1个、幼儿班1个。毕业35人；招生75人；在校生262人（含回民学生86人）。网址：xgs.chpedu.net。

（包雪莲）

【举办学雷锋主题活动】　2月27日至3月5日，西贯市回民小学举办学雷锋主题活动。活动以“红领巾在行动，雷锋精神在闪光”为主题，开展讲雷锋故事、背雷锋名言、读雷锋日记、讲身边“雷锋”故事、举行“学雷锋”国旗下讲话活动；各班制作学雷锋专题墙报、黑板报；召开“雷锋精神伴我行”班队会；学唱歌曲《学习雷锋好榜样》；组织学生35人成立学雷锋志愿服务队，清扫村里街道，实践雷锋精神。该校师生280人参加活动。

（包雪莲）

【与北京小学开展教学研讨】 3月26日，西贯市回民小学接待北京小学教师送课。北京小学教师讲授四年级语文《纪昌学射》、五年级数学《图形的变换练习课》。《纪昌学射》以“激趣定标”为引直观明确教学，以自主合作学习为主注重能力培养过程，以渗透学习方法为辅的素养提升过程，以共同总结深化寓意，升华情感。《图形的变换练习课》关注在动手操作中发展学生的空间观念和在条理叙述中培养学生的表达能力。课后，两校教师分为语文、数学两个组研讨，语文组认为作为童话课最主要的是让学生知道以后读到童话文章知道应该怎样去理解和阅读的方法；数学组认为课上应该让学生多去实际动手操作，才能更好的理解。经过研讨，两校认为在课上要多鼓励学生，对学生的表现要做出及时的评价，还要时刻注意学生各方面的表现，不仅是听课的表现，还要关注学生在课上是如何做事，并教会学生应该如何做人。北京小学教师25人、西贯市回民小学教师14人参加活动。

（包雪莲）

【举办民族运动会】 4月28日，西贯市回民小学举办民族运动会。比赛设立板鞋竞速30米跑、50米推铁环等少数民族运动项目。板鞋竞速比赛分为3人一组，共10组队员参赛。按照完成时间评出一等奖1组、二等奖2组、三等奖3组。来自北京化工大学一年级志愿者及该校师生共30人参加比赛。

（杨东涛）

【举办科普知识讲座】 7月2至3日，

西贯市回民小学举办科普知识讲座。讲座邀请北京化工大学材料学院教师，讲解会跳舞的小木炭、白糖变黑雪等生活中化学现象；化大学生志愿者为学生做“神奇的色彩”“污水变清”“水的研究”三个不同内容科普实验。该校师生280人参加学习。

（包雪莲）

【举办主题班队会评比活动】 7月2至5日，西贯市回民小学开展主题班队会评比活动。活动以“践行北京精神”为主题，推出《三字经》《弟子规》朗读，讲名人故事，表演三句半、相声、小品等节目诠释“北京精神”含义，通俗易懂，易于掌握和理解。评审小组由学校领导成员共6人组成，设立准备工作、组织实施、效果反应三个方面比赛要求。评出一等奖1个、二等奖2个、三等奖3个。该校师生共280人参加活动。

（包雪莲）

【举办教师写字比赛】 7月12日，西贯市回民小学举办教师写字比赛。比赛面向全体教职工，设立钢笔字楷书临摹和板书两个比赛项目，24人报名参加比赛。比赛要求参赛教师在同一时间完成书写作品，评审小组根据字的间架结构、书写布局、笔画运用等评价标准打分，并按照总评分评选出一等奖1人、二等奖2人、三等奖3人，获奖作品在学校公示栏展示。

（杨东涛）

【举办纠错推普周活动】 9月17日，西

贯市回民小学举办“我要纠错”推广普通话活动。活动通过校园之声广播、班队会等形式向学生和教师进行宣传，并组织师生到街道、社区进行纠错活动，共发现并纠正错字5个。该校教师22人和学生187人参加活动。

（包雪莲）

特　殊　教　育

【概　况】 2012年，北京市有基础教育阶段特殊教育学校22所，其中，盲人学校1所，聋人学校2所，培智学校15所，综合类学校4所；在校生2988人（含接受送教上门服务的285名重度和多重残疾学生），其中，视力残疾学生220人，听力残疾学生709人，智力残疾学生1153人，其他类残疾学生906人；教职工总数1217人，其中，专任教师989人。随班就读学校1093所，其中，中学376所、小学717所；随班就读学生5682人，其中，中学2300人、小学3382人；随班就读学生中视力残疾学生120人，听力残疾学生329人，智力残疾学生4487人，其他类残疾学生746人；从事随班就读任课教师共计10626人。

（陆小红）

【海淀召开送教上门学生家长会】 3月11日，海淀区教委召开送教上门学生家长会。会议肯定送教上门指导中心工作成绩，解读相关政策及下阶段发展计划，提出海淀区培智中心学校支持送教上门工作，欢迎家长监督。海淀区促进学生社会化发展，将一对一教学模式改变为小组互动学习模式，倡导教育即生活理念，组织学生外出活动，提供学生家庭间互访等活动。该区学生家长及教师共计30人参加会议。

（盛利华）

【通州举办随班就读论文比赛】 3月16至5月18日，通州区特教中心举办通州区随班就读总结论文比赛。比赛围绕“我在随班就读工作岗位上”主题，全区共有98名中小学随班就读班主任报名参加比赛，经过由区教委中小教科和特教中心负责人及教师代表共7人组成的评定组阅读投票，评出一等奖19篇、二等奖20篇、三等奖22篇。

（丁秋宇）

【召开两次特教管理干部交流研讨会】 3月22至23日和10月18至19日，市教委分别召开上半年和下半年两次北京市特教管理干部交流研讨会。3月，会议听取北师大教授介绍《北京市特殊教育学校办学标准》研究制定情况；分城区和郊区两个小组交流推进特教工作的有关情况，听取西城区和延庆县分别代表城区组和郊区组交流发言。10月，会议听取北师大教授题为《全纳教育实践策略分析》的学术讲座，重点介绍全纳教育的内涵和实施策略。会议布置“北京市特教学校和特殊儿童数据库建设”项目的数据调研工作等。来自教育部、市教委相关处室负责人，市特教中心有关人员，各区县教委中小教科特教视导员，各特教学校校长及区县特教中心主任70人参加会议。

（陆小红）

【召开资源教师培训会】 4月23日，市教委召开北京市资源教师培训会。培训听取台湾特教专家孟瑛如结合多年教学研究经验，介绍如何在教学活动中更高效地教会特殊学生各种知识和技能的经验。来自各区县随班就读学校的资源教师50人参加培训。

（陆小红）

【举办首届特教教师基本功展示活动】 5月19日至6月17日，市教委举办首届北京市特殊教育学校教师基本功现场展示活动。展示活动分为视障专业、听障专业和智障专业三个小组，分别在北京市盲人学校、东城区特殊教育学校和西城区培智中心学校举行。活动由笔试、核心专业能力展示、课堂教学设计、说课、答辩五部分组成，其中，核心专业能力的展示是本次活动的特色，包括视障专业教师的盲文翻译技能、听障专业教师的手语沟通技能、智障专业教师的个别化教育计划的制订。活动聘请中国教育科学研究院、北京师范大学、北京教育科学研究院、北京联合大学特殊教育学院等单位专业人员担任评委，来自16个区县22所特殊教育学校的85名教师参加评比展示，占全市特教学校教师的8%。经过评选，获得优秀随班就读教学设计一等奖14人、二等奖21人、三等奖34人，优秀组织奖8个。

（陆小红）

【召开特教学校教育康复工作研讨会】 12月18日，市教委举办的2011～2012学年度北京市特殊教育学校教育康复工作研讨会在东城区特殊教育学校召开。会议表彰北京市2011～2012年度教育康复论文征集与评选活动获奖教师。会议总结论文征集与评选活动；听取东城区特殊教育学校校长等5名校长和西城区培智中心学校教师等4名教师作主题发言，内容涉及脑瘫儿童康复训练和聋生语文展示课等。北师大教授和市特教中心指导专家作点评。会议还听取北师大教授题为《特殊教育学校的康复功能》的讲座。来自中国残疾人联合会教育就业部、教育部基础教育二司、市教委、东城区教委等单位领导，北京市各特殊教育学校校长、教师代表110人参加会议。会议由市特殊教育中心主办，东城区特殊教育学校承办。

（陆小红）

特殊教育学校

北京市东城区特殊教育学校

【概　况】 2012年，北京市东城区特殊教育学校占地面积5230平方米、建筑面积3751平方米，体育场面积2858平方米。图书馆藏书2.55万册。固定资产总值1351万元，全年教育经费投入1718.60万元，其中，国家拨款1711.76万元、自筹经费6.84万元。学校信息化经费投入7.91万元。拥有计算机152台，多媒体教室座位27个，校园网出口总带宽4Mbps，数字资源量150GB，“信息技术”课程30课时/周。普通教室21个、专用教室14个。教职工73人，包括副高级职称2人、中级职称33人。专任教师57人，包括特级教师1人；本科及以上学历57人。开设教学班23个，其中，听障部12个、智障部11个。毕业18人，其中，听障部13人、智障部5人；招生19人，其中，听障部8人、智障部11人；在校生203人（含住宿生63人，外省市借读生88人），其中，听障部学生104人、智障部学生99人。网址：www.dctj.com.cn。

（郭莉）

【首次承担两会手语同步翻译任务】 3月3日、5日和9日，东城特教学校首次承担第11届全国人民代表大会第五次会议和全国政协第11届全国委员会第五次会议手语同步翻译任务。翻译任务由该校校长担任手语主播，首次实现电视直播进行手语同步翻译，先后承担两会开幕会和人大五次会议第三次全体会议直播手语翻译任务。

（郭莉）

【举办勤巧手活动】 4月26日，东城特

教学校智障学生举办第三届勤巧手活动。活动以“一双勤巧手，快乐伴我行”为主题，设立展示、比赛、表演三个部分，分别展示诵读、拼图、涂色、粘贴画、择菜、包馄饨、拧螺丝、阮演奏、打击乐等25项个人才艺和劳动成果。该校师生及部分学生家长共120人参加活动。

（郭莉）

【举办烹饪技能展示活动】　5月22日，

东城特教学校烹饪专业中职班举办技能展示活动。活动主题为“扬起希望的风帆”，展示学生穿工服、刀工、颠锅基本功表演，并要求每人制作一道菜。来自东城区教委相关业务科室领导，北京国际职业教育学校师生代表以及东城区初三年级随班就读学生家长共80人参加活动。

（郭莉）

【与大成律师事务所签订合作协议】

9月3日，东城特教学校与大成律师事务所签订合作协议。协议规定，双方将定期开展交流、培训等活动，大成律师事务所通过开展系列讲座、办咨询会等方式，帮助残障学生家长提高维权能力，解决特教学生维权问题。来自中共北京市社会工作委员会、区委常委、区残联、区教委、区司法局等单位领导参加签约仪式。

（郭莉）

北京市东城区培智中心学校

【概　况】　2012年，北京市东城区培智中心学校占地面积3659平方米、建筑面积3187.22平方米，体育场面积1009平方米。图书馆藏书453册，订阅杂志、报刊14种。固定资产449.55万元。全年教育经费投入532.5万元，全部为国家拨款。学校信息化经费投入21万元。拥有计算机120台，多媒体教室座位20个，校园网出口总带宽100Mbps，数字资源量200GB，“信息技术”课程14课时/周。学校拥有舞蹈、康复训练和个训室等专用教室11个，普通教室9个。设有多媒体、康复训练器材和电子白板等教学设施。教职工30人，包括中级职称18人。专任教师29人，全部具有专科以上学历。开设教学班9个。毕业8人；招生8人；在校生96人。网址：www.bjdcpz.cn

（王昕）

【开设社会实践课程】　3月21日，东城培智中心开设社会实践课程。实践课堂设在地坛公园，要求学生独立完成购票、参观、看介绍路线及标牌等内容。活动根据学生自理能力情况分为两队，能力较强队由教师带领去体验乘坐地铁、途中购买早点、步行寻找方位、体验买票进入公园等课程目标；能力较弱队由教师带领体验乘坐大巴车，到达地坛公园直接体验买票进入公园的课程目标。活动听取文化课教师介绍地坛景点的相关知识以及有关社会知识等，学生体会爱护园内环境，学会认识标示牌。该校职培部师生共44人参加活动。

（王昕）

【开展融和实践活动】　10月26日，东

城培智中心开展融和实践活动。活动与苹果公司联合举办，在西单大悦城苹果专卖店体验计算机科技产品。15名学生、7名教师和2名家长参加活动，活动将学生分成两组，康复段8名学生进行iPad计算机游戏的学习与操作，使学生在游戏的过程中开动脑筋，锻炼思维及手眼协调能力；义务段及职培段7名学生在苹果笔记本计算机上进行视频编辑及制作，每人用自己的照片及音乐制作小视频，苹果公司的工作人员帮助学生将小视频刻录在有自己名字的光盘中。该活动是培智学校开展的专场学生体验活动。

（王昕）

【开发资源培训学生】　10月30日，东城培智中心举办主题日活动。主题日以“创造生活的快乐”作为主要思路，根据班级学生程度的不同，分为“快乐劳动”“享受生活”和“快乐生活”3个命题，聘请学校清扫卫生的师傅和食堂师傅对学生进行辅导，分步、分层次地帮助学生利用自己的能力来改善生活，创造生活的快乐。

（王昕）

北京启喑实验学校

【概　况】　2012年，北京启喑实验学校占地面积8703平方米、建筑面积23224平方米，体育场（馆）面积559平方米。图书馆藏书3.3万册，电子图书12万册，订阅杂志70种、报纸50种。固定资产总值2144万元。全年教育经费投入2594万元。学校信息化经费投入95.8万元。拥有计算机265台，多媒体教室座位50个，校园网出口总带宽100Mbps，数字资源量300GB，“信息技术”课程2课时/周。普通教室31个，专用教室43个。教职工121人，包括副高级职称10人、中级职称51人；本科以上学历106人。专任教师102人，包括市级骨干教师1人。开设教学班31个，其中，小学9个，初中9个，高中13个。毕业83人，其中，小学15人，初中25人，高中43人；招生105人，其中，学前16人，小学16人，初中15人，高中58人；在校生321人（含寄宿生235人），其中，学前18人，小学94人，初中78人，高中131人。网址：www.bjqysy.org。

（王秋阳）

【举办励志专题讲座】　4月9日，启喑实验学校举办励志专题讲座。学校邀请无臂书法家刘京生和无臂青年熊燕作“经历是开启智慧的大门”主题报告，刘京生用乐观向上的人生态度回忆自己失去手臂后的灰暗经历；熊

燕用自己曲折的求职经历向同样面对升学、择业困惑的聋生传达坚持、坚强、热爱生活、充满希望信念。该校高中部聋生参加学习。

（李映雪）

【职高学生实现100%就业】 4月，启喑实验学校职业高中三年级学生实现100%就业。该届毕业生全部被安排到国贸酒店的员工餐厅、厨房、成本财务室、客房部等部门工作。至此，该校再一次实现职高学生就业率100%目标。

（王秋阳）

【举办办学成果汇报活动】 5月14日，启喑实验学校举办办学成果汇报暨高三毕业展示活动。该活动围绕“以生为本，提升质量”主题，高三学生用记录自己三年学习生活的图片，职高学生用精彩的茶艺、调酒表演，展示学习成果。各级残联系统、教委系统以及兄弟学校的领导出席活动。本年，启喑学校连续第五次取得高考升学率100%，本科生升学率达到68%。

（王秋阳）

【举办两场国际体育友谊赛】 6月10日和10月29日，启喑实验学校分别与克罗地亚大使馆和韩国初等学校举办两场国际体育友谊赛。与克罗地亚大使馆举办第四届中克爱心足球赛。球赛为六人制，克罗地亚驻华大使及使馆工作人员、聋校师生和社会爱心人士陆续上场参与比赛，最后双方一比一战平。与韩国初等学校篮球联盟举办篮球比赛，切磋篮球技术。韩方代表30人参加交流。

（王秋阳　李映雪）

北京市西城区培智中心学校

【概　况】 2012年，北京市西城区培智中心学校（展览路幼儿园）占地面积6146平方米、建筑面积6895平方米，体育场（馆）面积2626平方米。图书馆（室）藏书21031册。固定资产总值765.35万元。普通教室18个、专用教室18个、主题教室11个。教职工57人，包括高级职称1人、中级职称32人。专任教师49人，包括区级学科带头人2人、区级骨干教师5人。开设教学班16个，其中，培智部10个、幼儿园部6个。毕业40人，其中，培智部20人、幼儿园部20人；招生61人，其中，培智部14人、幼儿部47人；在校生222人，其中，培智部学生116人、幼儿园部学生106人。学校网址：www.xcpzxx.com。

（聂亚利）

【举办教研展示课活动】 4至6月，西城培智中心学校举办教研展示课活动。活动以教研组为单位，开展校内展示、对外作课12节。其中，教研一组根据重度学生特点开展家长参与教学活动；教研二组展示综合主题教学，并探讨教学活动设计与学生IEP实施相关问题；教研三组举办高年级学生职劳训练展示。该校师生共112人参加活动。

（聂亚利）

【与唐山容大特教中心签订友好协议】 5月23日，西城培智中心学校与唐山容大特教中心签订友好协议。协议规定，双方利用各自的优质教育资源，在提高教育管理水平和教育教学质量等方面建立合作关系，开展合作与交流；经双方协商可互派教师进行访学交流，时间及人数由双方协商确定。协议期限三年。

（张旖旎）

【举办学生期末能力展示活动】 7月3日，西城培智中心学校举办学生期末能力展示和测评活动。活动根据学生能力水平和班级特色测评，重度组班级以组为单位进行轮滑、蒙氏、感统等方面展示；中度组班级将文化知识与生活相结合，进行实用语文、实用数学、唱游律动、生活适应等方面展示；轻度组班级重点展示职业劳动技能方面成果。该校师生及学生家长共200人参加活动。

（张旖旎）

北京市朝阳区安华学校

【概　况】 2012年，北京市朝阳区安华学校占地面积5628平方米、建筑面积3984平方米，体育场（馆）面积1734平方米。图书馆藏书7267册。固定资产总值822万元。全年教育经费投入1045.88万元，其中，国家拨款1014.47万元、自筹经费31.41万元。拥有计算机125台，多媒体教室座位10个，校园网出口总带宽100Mbps，数字资源量506GB，“信息技术”课程19课时/周。普通教室14个、专用教室19个。教职工66人，包括高级职称1人、中级职称25人，本科及以上学历53人。专任教师52人。开设教学班20个，毕业28人；招生45人；在校生164人。网址：www.bjah.net。

（王蕊）

【承办亚足联“梦想亚洲”公益活动】 4月20日，安华学校承办亚足联“梦想亚洲”公益活动。亚足联社会责任部、中国足协竞赛管理部、职业联赛理事会执行局等单位领导，看望并慰问残疾学生并与学生共享足球运动的快乐。4月25日，该活动邀请50名学生及家长到香河国家足球训练基地参加U14国际足球节开赛仪式。

（王蕊）

【培智教育课程研究成果出版】 9月和10月，安华学校出版两册培智教育课程研究成果图书。9月出版学前康复教育教师用书，由天津教育出版社出版，为16开本，全套教材共三册，包括“沟通与认知”“运动综合”“情绪与行为”三个领域，按领域单独成册，各册对应领域目标提供921个教学活动方案，累计850页，共计24万字。主要针对3至7岁智力残疾儿童的教育，指导教师教学。该套图书为朝阳区培智教育课程体系建设研究与实践成果。10月出版《校本课程建设文件汇编》，由天津教育出版社出版，为16开本。该书是朝阳区培智教育课程建设指导性文件，汇集朝阳区培智教育课程体系建设“规划方案”“课程体系设置、实验方案”和“课程编写细则”等六个部分，全书158页，约12万字。

（杨华云）

【接待英国学校代表团访问】 12月25日，安华学校接待英国库姆派福德学校领导及师生代表团访问。代表团一行16人，参观学校职业高中实训基地，了解学校的整体情况和特色建设以及学生支持性就业方面的工作。

两校学生在专业教师的指导下共同参与职高实操课，学习中餐炸麻花和手工编织穿手串技能。

（李霞）

北京市海淀区培智中心学校

【概　况】　2012年，北京市海淀区培智中心学校占地面积6699平方米、建筑面积5930平方米，体育场馆面积1480平方米。图书馆（室）藏书14300册。固定资产总值2528.18万元。全年教育经费投人923万元，全部为国家拨款。普通教室16个、专用教室20个。有在职教师69人，包括高级职称2人、中级职称30人、初级职称32人。专任教师67人，包括市区级骨干教师20人。开设教学班40个。毕业31人；招生64人；在校生314人，包括义务教育214人、职业教育90人。学校网址：www.happyonline.com。

（盛利华）

【举办残障儿童书画展】　5月30日至6月20日，海淀培智中心学校举办残障儿童书画展。书画展以“天性才情，爱之表达”为主题，共展出该校13名学生60幅书画作品。来自中国书画协会、水立方及该校师生共100人参加活动。

（盛利华）

【承办自闭症儿童教育工作研讨会】　9月17日，海淀培智中心学校承办全国自闭症儿童青少年教育工作研讨会。研讨会由教育部基础教育司主办。会议听取上海、南京等地特殊教育学校代表作自闭症教育主题发言；

参观该校自闭症儿童特色教学和康复活动。会议讨论自闭症儿童青少年教育开展情况等。来自国家发展改革委、教育部、中国残联和市教委及全国10家特教机构领导、专家共24人参加会议。

（盛利华）

【举办课堂教学展示评比活动】　11月5至30日，海淀培智中心学校举办骨干教师课堂教学展示评比活动。活动以“关注学生需求，共享快乐成长”为主题，开展教师互相观摩学习、互相评课、说课，学习组织课堂教学、关注每名学生个别化需求等活动。活动共观摩展示课20节，其中，优秀课8节。该校骨干教师共20人参加活动。

（盛利华）

北京市第三聋人学校
北京市健翔学校

【概　况】　2012年，北京市第三聋人学校暨北京市健翔学校占地面积1.19万平方米、建筑面积1.28万平方米，体育场（馆）面积2500平方米。图书馆（室）藏书4.19万册。固定资产总值2947.82万元。全年教育经费投入3916.54万元，其中，国家拨款2669.76万元、自筹经费1246.78万元。学校信息化经费投入107万元。多媒体教室座位400个，校园网出口总带宽40Mbps，数字资源量1000GB，“信息技术”课程53课时/周。普通教室22个、专用教室10个、实验室4个。拥有计算机300台。教职工98人，包括高级职称16人、中级职称33人。专任教师71人，包括特级教师1人、北京市骨干教师1人、北京市学科教学带头人1人，本科以上学历67人。开设教学班22个，其中，小学班6个，初中班6个，高中班10个。毕业68人，其中，初中29人、高中39人；招生41人，其中，初中5人、高中36人；在校生278人（含寄宿生208人），包括初中72人、高中122人。高中录取分数线180分（本区），应届高考本科上线率42.9%。网址：www.edeaf.cn。

（陈建功）

【举办教师手语基本功考核】　1至10月，第三聋人学校举办教师手语基本功考核。考核分为两个阶段，要求教师自学《中国手语》教材第一章和第二章内容，分别于3月和10月完成考核，该校50岁以下教师共45人报名参加考核，全部合格。

（陈建功）

【获艺术节戏剧展演一等奖】　3月22日，在北京市第15届学生艺术节戏剧展演评选中，第三聋人学校学生获得第一名。4名学生演出改编课本剧《金色的鱼钩》，获得校园剧展演初中组一等奖。该活动由市教委主办，面向全市中小学、职业高中及普通中等专业学校学生，设有合唱、戏剧、行进管乐三大类项目。

（陈建功）

【参加高考取得好成绩】　4月和6月，第三聋人学校学生参加高考取得好成绩。4月，该校聋生部高三学生22人参加高等职业技术教育单独招生考试，18人分别被北京、天津、长春3所特教学院录取，升学率81.8%。6月，学校肢残部高三学生5人参加高等职业技术教育单独招生考试，上线率100%。

（陈建功）

【举办教学技能系列培训】　至年底，第三聋人学校举办教师教学技能系列培训。培训采用“讲—研—学—练—评”学习模式，组织开展课前准备、教学过程与方法设计两个项目专题培训与学习。其中，课前准备培训学习了解和分析学生、了解与研究教材、思考与设定环境等内容，举办两次专题讲座，印发《教师的教学技能》《新课程的课堂教学设计》章节材料，进行实操演练，自选课题撰写学情分析、教材分析。项目培训邀请区教研员作《教学过程与方法设计》讲座。

该校教师55人参加学习。

（陈建功）

北京市盲人学校

【概　况】 2012年，北京市盲人学校为寄宿制学校，占地面积2.97万平方米、建筑面积3.14万平方米，包括新建面积2.12万平方米。图书馆（室）藏书总数2.40万册，包括盲文版书0.80万册。固定资产总值4677.70万元。全年教育经费投入4939.59万元，其中，国家拨款4844.88万元、自筹经费94.71万元。普通教室35个、专用教室30个、实验室4个。教职工124人，包括副高级职称22人、中级职称40人。专任教师89人，包括全国优秀教师1人、市级优秀教师1人、市级学科带头人1人、市级骨干教师1人。开设教学班27个，包括初中4个班、高中2个班。毕业76人，包括初中21人、高中4人、成人中专20人、职业高中14人；招生97人，包括小学18人、职业高中11人，成人中专39人；在校生308人，包括初中62人、高中16人，职业高中37人。网址：mrxx. bjedu. gov. cn。

（黄小丽）

【举办汉语盲文培训班】 3月4至31日，北京盲校举办汉语盲文培训班。培训以“汉语盲文学习”为主题，分为培训、测试、结业三个阶段，采取教师讲解、进班实习、互助学习等形式，开设盲文、小学语文和数学课堂教学、定向行走等课程。来自马来西亚圣尼科勒盲人之家（St. Nicholas' Home for the Blind）的3名盲人教师参加汉语盲文学习。7月，该校教师应邀赴马来西亚，为圣尼科勒盲人之家60名盲人教师进行培训。

（黄小丽　谌静）

【成立非视觉摄影小组】 4月22日，北京盲校成立“非视觉摄影小组”。非视觉摄影是该校与北京“1+1”残疾人文化服务中心、儿童乐益会共同合作项目。该项目要求视障学生通过先用手触摸拍摄对象轮廓，运用听觉、触觉和嗅觉等视觉之外感观判断距离、发现事物，观察和理解世界，拍完后对作品进行语言描述等形式开展“摄影”活动。摄影小组在北京国际雕塑公园拍摄的10幅作品参加全国助残日由北京市残疾人联合会主办的非视觉摄影展。

（黄小丽　王红蕾）

【举办美工作品展】 4月27日，北京盲校举办“2012巧手杯美工作品展”。展览围绕“提升视障学生艺术素养”活动主题，展出纸浆、泥工、珠艺、丝网花、藤编五大类100件学生美工作品。该校师生100人次参观展览。

（黄小丽）

【举办“公开课”评比活动】 5月4至17

日和10月12至30日，北京盲校举办两次教师“公开课”评比活动。5月举办新教师公开课评比，面向入职不满3年青年教师。11名青年教师参加评比，评出一、二等奖各2人，三等奖3人。10月举办首届“耕耘杯”教师评优课活动，35岁以上教师28人参加评比。比赛分别以“提升新教师基本功”“聚焦课堂，提高质量”为主题，设立个人报名、教研组集体备课推荐、参赛教师展示课等比赛流程，涉及语文、数学等12个学科，包含必修课、选修课以及个别化教育等新形式。经评审组认定，一等奖3人、二等奖6人、三等奖8人。

（黄小丽　谌静）

【入选职业技能大赛前10名】 5月31

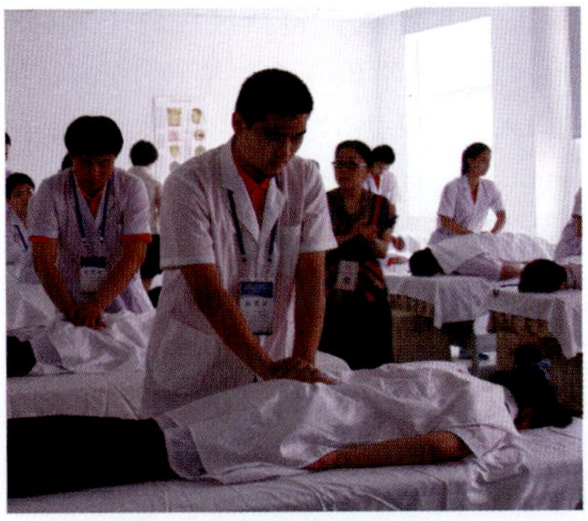

日至9月6日，在第六届北京市盲人保健按摩师职业技能大赛暨北京市第三届职业技能大赛总决赛上，北京盲校4人入选前10名。该校10名学生参加保健按摩师比赛，4人进入前10名，分别获得第2名、第4名、第6名和第7名。比赛由北京市残疾人联合会等单位主办，比赛以考核专业知识和操作技能为重点，设立初赛、复赛、总决赛三个阶段，分为理论考试和实际操作两部分。来自全市各区县1000名盲人按摩师参加比赛。

（黄小丽　齐翼）

【召开全国视障学校特色发展研讨会】 6月18日，北京盲校召开全国视障学校特色发展研讨会。会议听取北京盲校、青岛盲校、新疆盲校、南昌盲校和山西省特殊教育中等学校共5所学校办学情况介绍，并围绕“全国视障学校特色发展”展开研讨。会议与中国教育学会特殊教育分会联合主办，来自教育部、市政府、中国残疾人联合会相关部门领导，市委教育工委、市教委、市政府教育督导室和市残疾人联合会等单位及全国各地特殊教育学校共计200人参加会议。

（黄小丽　赵瑜　陈卓）

【新校舍落成】 6月18日，北京盲校新校舍落成。新校舍占地面积2.94万平方米、建筑面积3.14万平方米。新校舍楼采用框架剪力墙结构，分为教学楼、风雨操场、锅炉房、外廊、门房、人防出口6部分。新校舍于2009年3月开工建设，总投资11498万元。

（黄小丽　薛三保）

【举办国际盲人节系列主题活动】 10月15日，北京盲校举办第29届国际盲人节系列主题活动。活动分别以“关爱视障儿童，携手共享阳光”“爱让视界完整”为主题，推出“北京基伊埃能源2012年国际盲人节助盲扶残公益活动”“易贝可食品公司2012年国际盲人节扶盲助残公益活动”以及“传递爱心、共享快乐——第29届盲人节联欢会”等活动。活动共收到市残联辅助器具中心捐赠140件助视器，价值11.2万元；北京基伊埃能源、易贝可食品公司等单位赠送床上用品350套、冬季校服350套、蛋糕29个、保温杯100个等礼物，总价值12万元。

（黄小丽）

【举办班主任基本功展示活动】 11月28日至12月11日，北京盲校举办首届班主任基本功展示活动。活动设立笔试、情景问答和才艺展示3个部分，展示班主任工作风采、交流班主任工作经验、提升班主任队伍水平。该校32人报名参加评选，评出一等奖2人、二等奖5人、三等奖8人。

（黄小丽　王红蕾）

北京市石景山区培智中心学校

【概　况】 2012年，北京市石景山区培智中心学校占地面积7080平方米、建筑面积3527平方米，体育场（馆）面积1519平方米。图书馆（室）藏书3000册，订阅杂志、报刊24种。固定资产总值1294.43万元。全年教育经费投入628.71万元，全部由国家拨款。学校信息化经费投入35万元。拥有计算机31台，多媒体教室座位30个，校园网出口总带宽10Mbps，数字资源量100GB，“信息技术”课程10课时/周。普通教室9个、专用教室15个。教职工30人，包括中级职称14人。专任教师27人，包括本科以上学历23人。开设教学班8个。毕业10人；招生8人；在校生105人。学校获得石景山区人民满意学校称号。学校网址：pzx. dkt. sjsedu. cn。

（郝洪雁）

【举办姊妹校交流活动】 4月5日，石景山培智中心学校举办姊妹校交流活动。活动听取该校整体办学情况介绍，并举办两地教师分组听课，研讨残障早期教育、九年义务教育、职业培训等问题。来自香港元朗匡智晨曦学校教师共30人参加活动。

（张莉）

【举办区特奥运动会】 5月17日，石景山培智中心学校举办石景山区特奥运动会。运动会以“我勇敢，我参与，我快乐”为主题，设立毛巾操展示、地滚球比赛、高尔夫球比赛等六项体育运动项目。该校学生100人次参加活动。

（张莉）

【学校迁址】 9月，石景山培智中心学校迁址。该校新址位于石景山区老山西里社区内，占地面积7080平方米、建筑面积3527平方米，比原校址减少500平方米。学校由于交通原因迁址。

（李岩）

【举办多感官培训】 10月16日，石景山培智中心学校举办多感官培训。培训邀请香港多感官与感统训练环境设计师，开展环境与行为关系、器械使用与训练作用实地培训。该校全体教师共30人参加学习。

（张莉）

【与雅高酒店开展互动】 12月13日，石景山培智中心学校与雅高集团酒店第八家分店开展互动活动。活动推出插花、贴纸、彩纸绘画、做蛋糕、做蔬菜水果沙拉，展示插花、彩纸绘画作品20件。来自雅高酒店及该校师生共120人参加活动。

（张莉）

北京市门头沟区特殊教育中心（北京市门头沟区特殊教育学校）

【概　况】 2012年12月26日，北京市门头沟区特殊教育中心更名为北京市门头沟区特殊教育学校。学校占地面积3203平方米、建筑面积1398平方米，操场面积约600平方米。图书室藏书1800册。固定资产总值198.8万元。全年教育经费投入58.6万元，其中，国家拨款54.6万元、自筹经费4万元。学校信息化经费投入6.5万元。拥有计算机15台，多媒体教室座位14个，校园网出口总带宽100Mbps，“信息技术”课程4课时/周。普通教室4个、专用教室3个。教职工13人，包括中级职称11人。专任教师11人，包括区级骨干教师1人。开设教学班4个。毕业16人；招生8人；在校生37人。学校网址：blog. sina. com. cn/u/2941071081。

（邓小燕）

【开展电与生活主题教育】 11月16日，门头沟特教中心开展“电与生活”主题教育活动。活动讲解家校安全用电、节约用电和科学用电知识，普及电力常识，开展趣味运动会，通

过“有电避险”等小游戏，检验学生对用电常识理解与运用。来自区残联、区供电公司、区教委等单位领导以及供电公司党员服务队志愿者和学生家长共40人参加活动。

（邓小燕）

【举办硬笔书法走进校园活动】 12月

12日，门头沟特教中心举办“梦的翅膀——关爱智障儿童硬笔书法走进校园”活动。活动邀请书法家协会会员每周三下午完成两节硬笔书法课教学，对学生进行硬笔书法教学指导活动，并形成长效机制，不定期开展硬笔书法教学成果展览。该活动与门头沟区硬笔书法家协会共同举办，来自区文联、区民政局、区教委、区硬笔书法协会等领导及硬笔书法家协会会员8人参加活动。

（邓小燕）

【成立特殊教育学校】 12月26日，经门头沟区编办批准，门头沟区特殊教育中心、门头沟区龙门小学更名为门头沟区特殊教育学校。特殊教育学校成立后，校址迁至黑山北小街7号。学校占地面积2598.67平方米，建筑面积962平方米。特殊教育学校是区教委所属事业单位，机构级别相当正科级，全额拨款。该校主要任务是对智残、脑瘫、自闭症以及多重残疾儿童进行综合性教育。龙门小学原处于门头沟煤矿地区，随着煤矿关停并转以及学校布局结构调整2011年

起不再招生。新校舍前期投入 65 万元，完成校园环境和基础设施改造。

（王海泉）

【市级科研规划课题结题】 12 月，门头沟特教学校与门头沟区教师进修学校共同承担的“在融合教育思想引领下的义务教育阶段普通中小学随班就读教师专业成长研究”结题。学校通过出版《随班就读教师专业成长的探索与实践》一书展示课题研究成果。该课题是北京市教育科学“十一五”规划重点课题，于 2009 年 9 月立项，研究如何推动随班就读工作，如何促进随班就读教师专业发展，总投入科研经费 3 万元。

（陈海凤）

北京市通州区培智学校 北京市通州区特殊教育中心

【概　况】 2012 年，北京市通州区培智学校（北京市通州区特殊教育中心）占地面积 11320 平方米、建筑面积 7249 平方米，体育场总面积 5705 平方米。图书馆藏书 2700 册，订阅杂志、报刊 10 余种。固定资产总值 1639 万元。全年教育经费投入 981.8 万元，其中，国家拨款 970.3 万元、自筹经费 11.5 万元。学校信息化经费投入 150 万元。拥有计算机 60 台，多媒体 20 套，教室座位 150 个，校园网出口总带宽 2Mbps，数字资源量 6GB，“信息技术”课程 4 课时／周。普通教室 12 个、专用教室 10 个。教职工 52 人，包括副高级职称 1 人、中级职称 28 人。专任教师 49 人，包括本科及以上学历 26 人。开设教学班 12 个。招生 146 人；在校生 146 人。

（丁秋宇）

【创建生活化教育课程】 3 至 12 月，通州培智学校探索智障学生生活化教育课程。创新课程设立“三段五类”生活化教育课程，为学生提供适合、实用的教育。课程分为康复教育阶段（1 至 2 年级）目标是学会自理，设置包班式综合主体教育课、个别补偿式康复训练课两类课程；知能教育阶段（3 至 9 年级）目标是学会生活，设置有生活化学科主题教学课、自主选择兴趣训练课两类课程；职业教育阶段（16 岁以上）目标是学会生存，设置有实践体验式职业训练课。“三段五类”课程从低到高、循序渐进，体现出课程设置多元化和以学生为本的教育理念。

（丁秋宇）

【出版残障学生个人画册】 4 月 15 日，通州培智学校出版残障学生个人画册——《倾听心语，分享成功》。该画册作者为学校八年级孤独症学生李浩铭，画册收录该学生近年来成名作品 11 幅，其中，1 幅作品在“中国奥林匹克国际绘画”比赛中获得银奖，3 幅作品分别获得“中国青少年美丽北京绘画”比赛铜奖、通州区“我运动我健康”主题绘画比赛优秀奖等。画册由学校出资 1.15 万元，共印制 550 本，发送全校学生。

（丁秋宇）

【特教教师入选十八大代表】 7 月 3 日，通州培智学校教师李银环入选中国共产党第十八次全国代表大会代表。李银环，女，汉族，1968 年 8 月出生，1988 年 7 月参加工作，1994 年 7 月加入中国共产党。她从事特殊教育工作 24 年来忠诚教育事业、热爱学生，坚持改革、勇于创新，从多种角度研究发音规律，使大批聋儿开口说话，并进行多项市、区级专题研究，撰写论文 40 篇在全国、北京市获奖。她先后获“全国先进工作者”“中国百名优秀母亲”“全国五一劳动奖章”。

（丁秋宇）

北京市顺义区特殊教育学校

【概　况】 2012 年 9 月，北京市顺义区特殊教育学校迁入位于北京市顺义区仁和镇河南村西 10 号的新校址。新学校占地面积 22000 平方米、建筑面积 9160 平方米。图书馆（室）藏书 1 万册。固定资产总值 651 万元。全年教育经费投入 1017 万元，全部由国家拨款。学校信息化经费投入 5 万元。拥有计算机 110 台，多媒体教室座位 20 个，校园网出口总带宽 100Mbps，数字资源量 15GB，“信息技术”课程 1 课时/周。普通教室 24 个、专用教室 10 个。教职工 64 人，包括副高级职称 3 人、中级职称 32 人。专任教师 59 人，包括北京市骨干教师 1 人，本科以上学历 54 人。开设教学班 21 个，其中，初中班 4 个、小学班 17 个。毕业 18 人，全部为初中学生；招生 30 人；在校生 166 人（含聋哑、智残、脑瘫、孤独症、多动症、语言障碍学生），其中，初中 59 人、小学 107 人；寄宿生 158 人。网址：www.tj.shyedu.cn。

（胡全侠）

【举办课堂教学设计讲座】 3 月 17 日，顺义特教学校举办随班就读课堂教学设计及说课讲座。讲座聘请特教专家结合北京市随班就读教师基本功大赛情况，解读随班就读教学设计撰写相关要求和注意事项，对随班就读课堂教学说课环节提出 10 项具体要求。全区干部教师 200 人参加学习。

（王向辉）

【接待芬兰教育交流团】 4月1日，顺

义特教学校接待芬兰教育交流团。该校邀请芬兰特殊教育专家作《芬兰的特殊教育》主题讲座，重点阐述芬兰教育体系、教育改革情况，同时介绍在北京实施“特殊教育的研究”情况；并解答教师提问。该校干部教师 60 人参加活动。

（武红静）

【学校迁址】 9 月 1 日，顺义特教学校迁址。原址不能满足学校发展，经顺义区委教育工委、区教委决定迁往新址。该校由原来顺义区光明街 13 号迁至顺义区仁和镇河南村西 10 号。新址占地面积 22000 平方米、建筑面积 9160 平方米，新校址启用后结束一校三址办学格局。迁址前，学校与顺义区汽车技术职业高中共用同一校址办学，顺义职教中心建成后汽职高迁入，现校址将全部划归特教学校。

顺义区特教学校前身是 1991 年成立的顺义区培智中心，招收区内智障学生；1997 年成立聋人班，招收聋哑学生；2001 年 12 月正式成立顺义区特殊教育学校，招收聋哑、智残、脑瘫、孤独症、多动症、语言障碍学生。现有学生 166 人，开设 21 个教学班，64 名教职工。学生年龄从 3 岁至 20 岁，有住宿生 158 人。

（周君姝）

【强化学校内部管理】 至 12 月，顺义特教学校强化学校内部体制管理。该校由原来三址办公转为集中办公，学校管理体系和方法也进行相应调整，形成教学康复部、保障部、特教中心“两部一中心”管理格局；形成学校教育教学管理新文件体系，包括人事工作、部门工作、教育教学工作、评价工作四部分，19 个二级指标，45 个三级指标，共形成 120 个文件并编辑成《顺义区特殊教育学校管理手册》。

（胡金侠）

北京市昌平区特殊儿童教育学校

【概　况】 2012 年，北京市昌平区特殊儿童教育学校占地面积 8020 平方米、建筑面积 2524 平方米。固定资产总值 290 万元。全年教育经费投入 561 万元，全部为国家拨款。拥有计算机 46 台，校园网出口总带宽 5Mbps，“信息技术”课程 2 课时/周。普通教室 4 个、专用教室 10 个、办公室 9 个。教职工 25 人，包括高级职称 2 人、中级职称 4 人。专任教师 11 人，包括区骨干教师 1 人；本科以上学历 16 人。开设教学班 4 个。招生 6 人；在校生 24 人。

（王玉荣）

【举办庆六一学生展示活动】 6 月 1 日，昌平特教学校举办“庆六一”学生展示活动。活动设立学校生活展示、学生现场才艺展示、学生作品展示、亲子游戏 4 个专项展示活动区，现场表演朗读、歌谣、舞蹈等才艺节目。该校师生及学生家长共 60 人参加活动。

（李海洋）

【校安工程竣工】 10 月 15 日，昌平特教学校校安工程竣工。该工程将原有教学区域教室、专业教室、办公室等旧房拆除重建，新建建筑面积 1150 平方米，新建普通教室 4 个、专用教室 10 个、办公室 3 个、学生宿舍 4 个、财务室、医务室、会议室、招待室、图书室各 1 个。该工程自 5 月 15 日开始动工，历时 5 个月，总投资 340 万元。

（李海洋）

【举办消防安全知识讲座】 10 月 26 日，昌平特教学校举办消防知识讲座。讲座邀请昌平区消防中队，介绍消防知识、消防意识，以及如何合理使用消防工具等内容，并现场进行消防演练，展示灭火器使用方法以及遇到火灾应如何处理等消防知识。该校共有 25 人参加学习。

（李海洋）

北京市大兴区特殊教育中心

【概　况】 2012 年，北京市大兴区特殊教育中心占地面积 3294 平方米、建筑面积 2404 平方米，体育场馆面积 1240 平方米。图书馆（室）藏书 1000 万册。固定资产总值 666.9 万元。全年教育经费投入 420 万元，全部由国家拨款。学校信息化经费投入 4.68 万元。拥有计算机 61 台，多媒体教室座位 9 个，校园网出口总带宽 100Mbps，数字资源量 450GB，“信息技术”课程 2 课时/周。普通教室 8 个、专用教室 5 个。教职工 29 人，包括副高级职称 1 人、中级职称 19 人。专任教师 25 人，包括本科以上学历 22 人。开设教学班 8 个。网址：www.tejiao.daxingedu.cn。

（杨国京）

【举办学生能力展示活动】 1 月 5 至 6 日和 7 月 3 至 4 日，大兴特教中心举办学生能力展示活动。活动设立学科展示和能力展示两部分内容，学科展示采用试卷形式进行学科蒙氏数学和蒙氏语文及科任课考试；能力展示要求各班班主任先以汇报会形式简述班级情况，学生再进行现场蒙台梭利教具、歌谣、阅读等个人能力展示。来自特教中心领导、全体师生及部分学生家长 58 人参加活动。

（杨国京）

【举办班主任培训】 4月23日，大兴特

教中心举办班主任培训。培训邀请大兴区教师进修学校教师以《班主任的专业智慧与非专业的魅力》为题，从“发现、坚持、尊重、反思、思维、细节”等方面阐述班主任工作，并现场展示“三分钟 20 道题”“0.1 效应”两个小游戏。该校 26 名教师参加学习。

（杨国京）

【举办学生运动会】 4 月 28 日，大兴特教中心举办第 11 届学生运动会。活动以“我运动，我健康，我快乐”为主题，设立足球射门、一分钟拍球、高尔夫、沙包掷准等 5 个比赛项目，共有 40 名学生参加比赛，其中，获个人奖 30 个、集体奖 2 个。

（杨国京）

【举办特殊教育工作交流会】 5 月 10 日，大兴特教中心举办特殊教育工作交流会。会议听取该中心教师介绍从事特教工作心得体会和教学方法；现场观摩生活语文《去超市》；会议分析随班就读工作个性问题、共性问题、整体观念转变问题；讨论随班就读工作建设、班级管理、教师发展等问题。来自魏善庄第一中心小学、大兴特教中心教师共 30 人参加会议。

（杨国京）

北京市怀柔区培智学校

【概　况】 2012 年，北京市怀柔区培智学校占地面积 3540 平方米、建筑面积 1760 平方米，体育操场面积 1200 平方米。图书室藏书 3000 册。学校固定资产总值 243.61 万元。全年教育经费投入 50.27 万元，全部为国家拨款。普通教室 2 个、专用教室

2个。教职工34人，包括中级职称22人。专任教师17人。开设教学班5个。毕业2人；招生6人；在校生45人（含外省市学生7人）。

（任海明）

【举办教师基本功考试】 10月24日，怀柔培智学校举办任课教师核心专业知识基本功考试。考试采用闭卷形式，以智障学生为例，阐述康复训练与支持，运用班级与行为管理技能，家庭与社区指导等内容。该校教学人员17人参加笔试，全部合格。

（任海明）

【举办社会实践活动】 11月1日，怀

柔培智学校举办智障学生社会实践活动。活动参观顺义七彩蝶园的蝶翅画展览馆、活体蝴蝶馆、蝴蝶科普馆等展馆，并在工作人员指导下亲手制作蝶翅画。该校师生56人参加活动。

（任海明）

【举办教学汇报展示活动】 11月27日，怀柔培智学校举办“教学汇报”展示活动。活动设立生活数学组、科任组、生活语文教研组3个组别，其中，数学组通过开展“游乐园中的生活数学”为学生设计有趣的形状，组织“说说我家的住址电话”“我点菜”等数学游戏；科任组通过打击乐伴奏、绘画、生活技能展示等形式开展“学知识、长本领”活动；生活语文教研组通过计算机游戏“小猴子挖金”“看图扩词扩句”等游戏训练学生语言表达能力。该校师生49人参加活动。

（任海明）

【举办现场绘画比赛】 12月19日，怀柔培智学校举办学生现场绘画比赛。比赛设立轻度智障和重度智障两个组别。要求轻度智障学生以“我们用手中的画笔向十八大献礼”为主题，在规定时间独立绘画。重度智障学生可指派一名辅导教师现场指导，

画出他们对美好生活向往。该校学生25人参加比赛。

（任海明）

北京市平谷区特教中心

【概　况】 2012年，北京市平谷区特教中心占地面积6816.74平方米、建筑面积4560平方米。图书室藏书2万册，订阅杂志50种、报纸20种。固定资产总值330万元，全年教育经费投入1027万元，全部由国家拨款。学校信息化经费投入217万元。拥有计算机94台，多媒体教室座位20个，“信息技术”课程5课时/周。普通教室13个、专用教室2个。教职工65人，包括副高级职称3人、中级职称38人。专任教师42人，包括本科及以上学历24人。开设教学班13个。毕业9人；招生19人；在校生133人（包括寄宿生80人），其中，聋生17人、智障84人、脑瘫儿童7人、孤独症儿童8人、多重残疾17人。网址：www.pgtj.com。

（王红梅）

【举办爱耳日宣传活动】 3月2日，平谷特教中心举办“爱耳日”宣传活动。活动以“减少噪声，保护听力”为主题，向听障、智障学生和家长宣传防范噪声对听力及健康损害常识，促进学生及家长养成健康用耳良好习惯，提高学生及家长爱耳护耳意识。活动与平谷区残联联合举办，来自平谷区残联及70名听障、智障学生及家长参加活动。

（王红梅）

【举办消防实践体验活动和演习】 3月26日和11月8日，平谷特教中心分别举办消防实践体验活动和消防紧急疏散演练。体验活动以“践行雷锋精神，走进消防队实践体验活动”为主题，组织师生参观内务、观看消防公益宣传片、进行现场应急演练等活动。该校师生183人参加活动。紧急疏散演练于上午9时10分开始，当堂任课教师立即组织学生按照既定路线疏散，学生双手捂住口鼻，俯身前行，有序撤离。共有156名师生参加演练，耗时1分36秒。

（王红梅）

【举办社会大课堂体验活动】 5月8日，平谷特教中心举办社会大课堂体验活动。该校师生走进北京世界花卉大观园，让残疾学生形象理解各种花草，亲身体验大自然的美好；参观爱国主义教育基地中国人民抗日战争纪念馆，通过观看历史图片和实物及景观、油画、人物雕塑等，了解抗日战争历史。该校师生155人参加活动。

（王红梅）

【举办首届教职工健身节活动】 9月14日，平谷特教中心举办首届教职工健身节活动。活动以工会小组为单位，分为团体、集体合作和个人单项三个组别。团体项目设立第九套广播体操比赛；集体合作项目设立沙包掷准、定点投篮、呼啦圈传递、20米男女混合螃蟹跑、30米男女混合三腿跑、三人木鞋跑、抱球跑等比赛；个人单项设立1分钟跳绳、踢毽、慢骑自行车等比赛。该校教师52人报名参加比赛。

（王红梅）

北京市延庆县特殊教育中心

【概　况】 2012年，北京市延庆县特殊教育中心占地面积5200平方米、建筑面积2735平方米，体育场面积810平方米。图书室藏书3000万册，订阅杂志、报纸35种。固定资产总值543万元。全年教育经费投入374.4万元，全部由国家拨款。学校信息化经费投入7.2万元。拥有计算机41台，多媒体教室座位40个，校园网出口总带宽100Mbps，数字资源量300GB。普通教室6个、专用教室7个。教职工30人，包括中级职称

14人。专任教师19人，包括本科以上学历16人。开设教学班6个，其中，小学班3个、初中班3个。毕业2人，全部是初中生；招生8人，其中，小学7人、初中1人；在校生61人（含寄宿生57人），其中，小学31人、初中30人。

（周英杰）

【举办教学交流活动】 2月22日，延庆特教中心与密云聋人学校举办“手拉手”教学交流活动。活动展示该校生活语文课“毛巾”和生活数学课“可能性”两节课堂教学活动，两校教师围绕如何提高课堂教学时效性、怎样对学生进行分层教学和评价以及两校在生活语文和生活数学课堂教学过程中出现共性问题进行研讨。两校教师共有50人参加活动。

（周英杰）

【开展康复专题培训活动】 4至10月，

延庆特教中心开展两次康复训练系列专题培训活动。活动通过理论讲解和实际课堂教学观摩的培训形式，分别以“自闭症儿童的康复办法”和“脑瘫儿童的康复训练”为题，讲解两类儿童病因形成、身心特点、训练方法、具体困惑等方面内容。该校教师40人次参加学习。

（周英杰）

【完成招生工作】 6月16至17日，延庆特教中心完成招生入学工作。招生面向全县适龄残疾儿童、随班就读儿童，采取入学信息统一登记方式，依据特教中心自编生活语文、生活数学、生活适应等评价量表完成报名学生入学测试工作。该县共有8名脑瘫、自闭症、智力障碍等类型儿童通过测试被录取。

（周英杰）

【举办送教上门志愿者业务培训】 11

月1日，延庆特教中心举办送教上门志愿者业务培训活动。培训活动从送教上门相关知识、志愿者应该具备素质、送教上门教学活动组织、送教上门教学内容以及多重残疾孩子教育和训练五个方面进行讲解和指导。全县9个乡镇25名志愿者参加学习。

（周英杰）

【开展评优课活动】 11月14至16日，延庆特教中心开展评优课活动。活动以“提高特教课堂教学有效性的研究”为主题，要求参评教师通过自选教学内容、教学班、教学地点，统一填写教学设计表格、制作符合学生发展的幻灯片和教学工具，内容涉及生活语文、生活数学、生活适应、绘画与手工、唱游与律动、校本6个学科。评委由主管教学人员、教研组长组成，以“延庆县特殊教育中心课堂教学评价标准”为依据，从目标设定、指导学生学习活动、学生参与度、教学效果以及特色等7个方面进行评价。该校共有14名教师参加评优活动。

（周英杰）

【举办银行开户实践活动】 11月23日，延庆特教中心与农业银行联合举办银行开户社会实践活动。活动开设填写“个人账户业务申请书”、等待排队叫号、柜台办理开户、存款业务等程序。开户完成后，要求学生在自动取款机中进行查询余额、存款、取款、改密码、打印凭条等常用功能实践练习。来自八、九年级5名学生参加活动。

（周英杰）

【生活语文校本化实施课题结题】 12月10日，延庆特教中心承担的市级课题“农村培智学校一般性课程（生活语文）的校本化实施”经过专家鉴定，准予结题。课题主要研究如何将培智学校生活语文课程校本化及其相关问题，形成生活语文基础知识和基础能力评价标准、生活语文校本化实施具体办法、生活语文课堂教学一般结构等七项研究成果。专家组成员由市特教研究会专家和县教科研中心教师组成，他们对课题实施过程和成果展示给予肯定，并对出现问题提出意见和建议。该课题于2010年1月立项。

（周英杰）

（本栏责任编校　张晓兰　邱小培　董素宅）

普通高等教育

综　　述

2012年是北京高等教育改革发展的攻坚之年。北京高等教育贯彻“十八大”精神，以提高质量、内涵发展为核心，积极落实国家和北京市中长期教育改革和发展规划纲要战略部署，进一步深化教学改革，促进人才培养模式创新，着力提高北京高校社会服务水平和文化传承能力，全面推进北京高等教育现代化。

2012年，北京地区共有56所普通高校和79个科研机构培养研究生，共有在学研究生25.22万人，比去年增加1.15万人。其中，博士生6.87万人，比去年增加0.35万人；硕士生18.35万人，比去年增加0.8万人。2012年招收研究生8.70万人，比去年增加0.40万人。在56所普通高校中21所市属高校培养研究生，有在校研究生2.73万人，招生0.97万人。中央部委所属高校35所，有在校研究生20.97万人，招生7.19万人。

2012年，北京地区有普通高校91所，普通本专科在校生58.18万人，招生16.20万人。普通高校中市属高校54所，普通本专科在校生28.21万人。

加强本科教学发展规划和质量监控

出台“质量工程”二期建设主文件《关于进一步提高北京高等学校人才培养质量的若干意见》，明确“一个中心，两个重点，四项原则，五种兼顾”的基本建设思路，提出包括专业建设与结构调整、实践创新教育体系完善、市属高校特色发展计划在内的24条具体建设方案。编纂出版《北京高等教育质量报告（2011）》。

指导高校深入开展教学改革

加强专业建设，推荐北京工业大学“新能源科学与工程”专业等21所高校的38个专业为教育部“专业综合改革试点”项目，其中21个获批为第一批试点专业。完善课程体系，61个选题和3门课程入选教育部2012年精品视频公开课建设计划，加强北京高校精品视频公开课网络平台建设。深化实践教学改革，完成52个国家级实验教学示范中心考察验收，出版《实践与创新能力培养——北京高等学校实验教学示范中心巡礼（续）》，推动高校校内创新实践基地建设，新建46个校外人才培养基地。召开2011年北京市大学生学科竞赛颁奖会，全面启动2012年大学生学科竞赛活动。加强师资队伍建设，评选市级教学名师奖获得者98人，出版《北京市高等学校教学名师奖2009～2011年度专辑》，向教育部推荐15名“国家高层次人才特殊支持计划”教学名师候选人，推动高校“教师教学发展中心”建设。

强化高校优质资源共享

深入开展北京市与教育部继续重点共建北京大学、清华大学、中国人民大学、北京师范大学、中国农业大学等五所“985”高校工作，牵头统筹协调，从教学、科研、人才、基建等多个方面支持五校发展建设。推动北京市与相关部委和部门共建北京电影学院、北京交通大学、中央财经大学、北京理工大学、首都医科大学等高校的具体工作。倡议和支持16所入围教育部“卓越工程师教育培养计划”的北京地区高校组成“北京市卓越工程师教育培养计划高校联盟”，在实验室开放、实践基地共享、教师交流互访、学生联合工程创新训练等方面开展深入合作。完善学院路教学共同体建设，积极开展选修课程改革，筹备成立以北航北京学院为核心的第二学位人才培养平台。成立“北京高校博物馆联盟”，推动18所高校的19个博物馆实现资源共享，并逐步实现高校博物馆资源的社会开放，服务首都地区文化发展，满足社会需求。

开展北京市高等教育教学成果奖评选工作

开展北京市2012年高等教育教学成果奖评选工作。经评审组评议、专家委员会审议、特等奖答辩、评审委员会审定，共产生663项北京市级奖，其中特等奖8项，一等奖274项，二等奖381项。积极准备国家级高等教育教学成果奖申报工作。通过四年一次的高等教育教学成果奖评选，系统梳理近年来北京高校教学育人方面涌现出的代表性改革创新成果，推动高校进一步凝练优势、突出特色，发挥优秀成果的示范带动作用，提升北京高等教育教学的整体水平。

继续深化学科建设

重点开展学科群“软环境”建设，完善学科布局和结构；本着“优化结构，健全体系，择优选择，服务北京”的指导思想，继续开展北京市重点学科建设，完成北京市重点学科增补工作。批准10所学校13个北京市重点学科的调整申请，批准31所高校72个学科增补为北京市重点学科；完成北京工业大学、首都师范大学“211工程”三期建设验收工作。

开展系列重要会议、评审评议工作

组织召开市学位委员会第三届五次会议；完成国家优秀博士论文推荐工作和北京市优秀博士论文组织评审工作；配合市科协、市委教育工委联合召开北京市科学道德与学风建设工作会议，努力营造积极、健康、向上的校园学术氛围，参与完成北京地区同等学力考试的考务安全工作等。

推进教育改革试点项目，探索高层次人才培养新模式

北京高校产学研及国内外联合研究生培养基地建设验收工作顺利完成。经过5年的积极探索，13个产学研基地、13个国内外联合培养研究生基地建设成果显著，社会影响良好，有效推动研究生培养模式改革和培养质量的提升，极大地促进学科发展和学术队伍建设。5年来，共取得发明专利273项，获奖48项（其中国家级7项），有5篇博士论文被评为全国优秀博士学位论文，14篇被评为北京市优秀博士学位论文，14篇入选全国优秀博士学位论文提名论文。还遴选首都医科大学和首都经济贸易大学与科研单位联合培养博士生的试点工作。

（黄侃　张年武）

总　　类

【召开北京高等学校教学业务会】 3月1至2日，市教委召开北京高等学校教学业务会。会议就新形势下北京高等教育的发展方向和创新突破点进行分析，解读《关于进一步提高北京高等学校人才培养质量的若干意见》的主要任务，并就进一步明确高校办学定位、加强专业建设、提高学生实践创新能力、实现优质教学资源共享等问题做出部署。北京航空航天大学、北京理工大学、首都医科大学、北京电子科技职业学院等院校领导分别介绍各自学校推进教育教学改革、完善人才培养模式的经验和举措，与会代表就今后北京高等教育工作的进一步开展形成诸多共识，并提出切实可行的建设性意见。北京地区各本科院校、高职院校、成人高校主管教学校长和教务处处长，以及相关机构代表参加会议。

（刘霄）

【获批44个国家大学生校外实践教育基地】 3月2日，北京地区获批44个国家大学生校外实践教育基地建设项目。该项目由教育部、财政部和地方政府主持，旨在通过建设实践基地，承担高校学生校外实践教育任务，促进高校和行业、企事业单位、科研院所、政法机关联合培养人才新机制建立。实践基地建设项目由中央财政、地方财政和高校自筹经费共同支持。中央部门所属高校建设的500个实践基地，由中央财政专项资金支持，按每个实践基地200万元经费拨款。地方所属高校建设的500个实践基地，由省级财政支持，支持力度一般不应低于每个实践基地200万元。2011年在中央部门所属高等学校立项建设125个实践基地，2012年在中央部门所属高等学校立项建设90个实践基地。其中，北京地区2011年中央部门所属高等学校共有31个单位入选，2012年中央部门所属高等学校共有13个单位入选。

（张驰）

2011年国家大学生校外实践教育基地建设项目名单（北京地区）

北京大学法学教育实践基地
北京大学临床技能综合培训中心
中国人民大学法学教育实践基地
清华大学法学教育实践基地
清华大学—北京市建筑设计研究院工程实践教育中心
清华大学—宁夏电力公司工程实践教育中心
清华大学—中国建筑工程总公司工程实践教育中心
北京交通大学—北京市地铁运营有限公司工程实践教育中心
北京交通大学—南车青岛四方机车车辆股份有限公司工程实践教育中心
北京交通大学—郑州铁路局工程实践教育中心
北京科技大学—河北钢铁集团工程实践教育中心
北京科技大学—山东钢铁集团有限公司工程实践教育中心
北京科技大学—中冶京诚工程技术有限公司工程实践教育中心
北京邮电大学—大唐电信集团（电信科学技术研究院）工程实践教育中心
北京邮电大学—四川九洲电器集团有限责任公司工程实践教育中心
北京邮电大学—中国联合网络通信有限公司北京市分公司工程实践教育中心
华北电力大学—大唐国际发电股份有限公司工程实践教育中心
华北电力大学—华北电网有限公司工程实践教育中心
华北电力大学—中国电力投资集团公司工程实践教育中心
北京化工大学—北京燕华工程建设有限公司工程实践教育中心
北京化工大学—山东鲁抗医药股份有限公司工程实践教育中心
北京化工大学—西门子（中国）有限公司工程实践教育中心
北京师范大学法学教育实践基地
中国政法大学法学教育实践基地
北京协和医学院临床技能综合培训中心
北京理工大学—安徽丰原集团有限责任公司工程实践教育中心
北京理工大学—中国兵器工业第203研究所工程实践教育中心
北京理工大学—中国兵器江麓机电科技有限公司工程实践教育中心
北京航空航天大学—成都飞机工业（集团）有限公司工程实践教育中心
北京航空航天大学—沈阳飞机制造集团有限公司工程实践教育中心
北京航空航天大学—中国商用飞机有限责任公司工程实践教育中心

（张驰）

2012年国家大学生校外实践教育基地建设项目名单（北京地区）

清华大学—腾讯科技（深圳）有限公司工程实践教育中心
中国石油大学（北京）—北京燕山石油化工有限公司工程实践教育中心
中国石油大学（北京）—克拉玛依市工程师学院
中国农业大学农科教合作人才培养基地
北京林业大学农科教合作人才培养基地
北京中医药大学临床技能综合培训中心
中央财经大学法学教育实践基地
北京理工大学法学教育实践基地
北京航空航天大学法学教育实践基地
北京航空航天大学—民航数据通信有限责任公司工程实践教育中心
中国青年政治学院法学教育实践基地
中国地质大学（北京）—云南有色资源集团有限公司工程实践教育中心
中国地质大学（北京）—中煤平朔煤业有限责任公司工程实践教育中心

（张驰）

【成立高校博物馆联盟】 4月10日，北京高校博物馆联盟成立。博物馆联盟是在市教委倡导和支持下，由18家北京地区高校的19所博物馆自发组织成立的联盟，依托北京地区丰富的高校博物馆资源，支持北京高等教育教学科研工作开展，同时提高社会服务和文化传承能力。联盟发起单位

包括中国地质大学（北京）、北京大学、北京航空航天大学、中央民族大学、中国传媒大学、北京中医药大学、北京舞蹈学院、北京服装学院、首都体育学院、北京印刷学院、清华大学、中国人民大学、中国农业大学、中央美术学院、首都师范大学、北方工业大学、北京建筑工程学院、北京物资学院。

（刘霄　熊洪帅）

【两部一市共建中央财大】 4月24日，教育部、财政部、市政府签署协议共建中央财经大学。根据共建协议，教育部将在经费投入、政策扶持、学科建设、人才培养、科学研究、师资队伍建设等方面加大支持力度；财政部将加强对学校的指导，支持学校参与国家财政经济领域重大科研项目的研究和决策咨询工作，加强学校与财政系统在人才培养、干部培训、科学研究、对外交流等方面的合作；北京市将支持学校更加广泛地参与首都经济建设和社会发展，支持中央财大科技金融产业园建设、人才培养、重点学科建设、研究基地建设等，并在人才引进、毕业生就业、办学条件改善、校园建设与规划等方面给予必要政策支持。

（罗茜）

【两部一市共建北京交大】 4月26日，教育部、铁道部和北京市签订共建北京交通大学协议。根据协议，教育部将在经费投入、政策扶持、学科建设、人才培养、科学研究、师资队伍建设等方面加大对学校的支持力度；铁道部将支持学校现代轨道交通创新基地建设，鼓励并支持学校依托基地开展人员培训、科技创新等；北京市将继续在学校服务地方的创新平台和基地建设、学科专业建设、重大科研项目攻关与成果转化等方面给予重点支持，并积极推进学校现代轨道交通创新基地暨新校区的建设，在基础建设等方面给予支持。

（高杰　沈岩）

【人民大学与北外签订合作协议】 5月15日，中国人民大学与北京外国语大学签订战略共同体合作框架协议。根据协议，中国人民大学与北京外国语大学的合作以“优势互补、资源共享、互利双赢、共同发展”为原则，将在人才培养、科学研究、社会服务、文化传承创新、队伍建设和管理水平提高等方面进行深度合作。

（段蕾）

【召开中国高等戏剧教育联盟主席会议】 6月14日，中央戏剧学院召开中国高等戏剧教育联盟首次主席会议。会议就《中国高等戏剧教育联盟章程》（草案）以及“联盟常规交流活动承办规则”进行审议，正式签署建立“中国高等戏剧教育联盟”盟约。中央戏剧学院、中国戏曲学院、上海戏剧学院、国立台湾艺术大学4所主席院校代表参加会议。中国高等戏剧教育联盟由中央戏剧学院策划，联合中国戏曲学院、上海戏剧学院、国立台湾艺术大学共同发起，旨在建立一个联系中国戏剧教育机构的有效机制，增进各院校的相互了解与交流，提供戏剧教学、研究和创作的平台，促进中国戏剧教育事业长足发展。目前，全国各大区域（含港澳台地区）的20余所高等艺术院校及开设戏剧类专业的普通高等学校成为联盟首批加盟院校。联盟总部设在中央戏剧学院。

（王晓辉）

【教育部和团中央共建中青院】 7月5日，教育部和共青团中央签订共建中国青年政治学院协议。根据协议，共建实行团中央主管、教育部重点支持模式。教育部负责指导和帮助学校制订战略发展规划和学科建设规划；加强对学校在教学、科研、学科建设、师资队伍建设等方面的指导，推进改革创新；在相应的人才培养基地、重点学科、人文社科研究基地等有关布点和建设中，将学校纳入整体规划统筹考虑；在“2011计划”的整体规划、博士人才培养、招生政策等方面给予支持。

（韩永涛）

【化工高校领导年会召开】 7月18至20日，北京石油化工学院承办2012年全国部分化工高校党委书记、校长年会。会议围绕化工高校的发展与建设、人才培养、专业设置、办学理念、办学特色以及校企协同创新等问题开展交流研讨。来自国内化工教育界、出版界的专家学者，全国12所化工高校党委书记、校（院）长以及石油化工行业代表共50人参加会议。

（李娜娜）

【获评30个国家级实验教学示范中心】 8月17日，北京地区28所高校30个教学中心被评为“十二五”国家级实验教学示范中心。该评选由教育部主办，经学校申报、专家评审、网上公示，全国共评出示范中心100个，其中，北京地区28所高校30个中心入选。

（张驰）

“十二五”国家级实验
教学示范中心名单

北京大学环境与生态实验教学中心
北京大学药学实验教学中心
中国人民大学信息技术与管理实验教学中心
清华大学动力工程及工程热物理实验教学中心
清华大学先进材料实验教学中心
北京交通大学机械工程实验中心
北京交通大学电子信息与计算机实验

中心

北京航空航天大学空天电子信息实验教学中心

北京理工大学地面机动装备实验教学中心

北京科技大学冶金工程实验教学中心

北京化工大学高分子科学与工程教学实验中心

北京邮电大学语言实验教学中心

中国农业大学机械与农业工程实验教学中心

北京林业大学园林实验教学中心

北京协和医学院基础医学实验教学中心

北京中医药大学中医学实验教学中心

北京师范大学心理学基础实验教学中心

北京外国语大学跨国经济管理人才培养实验教学中心

北京语言大学语言信息处理实验教学中心

中国传媒大学动画与数字媒体实验教学中心

中央财经大学经济与管理实验教学中心

对外经济贸易大学现代服务业人才培养实验教学中心

中国人民公安大学刑事科学技术实验教学中心

北京体育大学运动人体科学实验教学中心

中央音乐学院乐队教学实训中心

中央美术学院雕塑专业教学研究实验中心

中央戏剧学院教学实习演出中心

中央民族大学化学实验中心

中国政法大学法学实验教学中心

华北电力大学电气工程专业实验教学中心

（张驰）

【北京地区5所高校入选首批科教结合协同育人行动计划】　8月29日，北京地区5所高校入选首批教育部、中科院“科教结合协同育人行动计划”项目。该项目面向全国高校，通过学校和中科院相关研究所合作，开展科苑学者上讲台计划、重点实验室开放计划、大学生科研实践计划等十个计划，探索高等院校与科研院所联合培养人才的新模式，提高学生的实践能力和增强学生的创新本领，促进中国高等教育人才培养质量的提高，带动和促进高等学校与科研院所在教育和科研工作方面的相互配合、相互支持，实现科教结合的有效推进、合作共赢。中科院提供必要的经费支持，由相关研究所为各类学生提供科研实践期间的食宿保障，中国科学院大学及相关研究所负责项目的组织管理；教育部相关职能部门负责高等院校的推荐选拔，并提供必要的政策支持。首批全国共有20所高校和中科院31个研究所签约合作，其中，北京地区5所高校与中科院5个研究所签约，分别是北京航空航天大学与中国科学院数学与系统科学研究院、北京理工大学与中国科学院电子学研究所、北京师范大学与中国科学院动物研究所、中国政法大学与中国科学院大学管理学院、中国农业大学与中国科学院微生物研究所。

（张驰）

【三委两局共建农学院】　9月6日，市教委、市科委、市农委、市园林局、市农业局签订合作共建北京农学院协议。根据协议，市教委在学科建设与科技协同创新、专业建设和人才培养质量工程、师资队伍建设和基本建设等方面给予倾斜支持。市科委加强对该院科技创新体系、重点研究领域、科技成果托管与转化机制的指导和支持，加大对该院重点实验室、工程技术研究中心建设的指导和支持。市农委加强对该院都市型现代农业政策与理论研究、农业科技推广服务体系创新和科技成果转化机制等方面的指导与支持，在该院设立北京市基层农技推广人员培训基地，联合开展多种形式的学历教育、专业学位教育和专题培训。市园林局加强对该院园林绿化相关学科与专业建设、科技创新体系建设、重点领域研究、成果示范与推广等方面的指导和支持，与学校探索实施联合培养专业学位研究生机制，为首都培养园林绿化领域专业人才。市农业局加强对该院农业技术推广和产业体系建设等方面的指导和支持，加大对该院“首都农产品安全产业技术研究院”等相关重点研究机构的指导和支持力度，合作培养推广研究员，开展基层农技人员培训。

（陈勇）

【北方工大与中戏签订合作协议】　9月14日，北方工业大学与中国戏曲学院签署《关于剧场建筑与舞美工程专业建设的合作协议》。根据协议，北方工业大学将与中国戏曲学院本着“资源共享、优势互补、服务首都”的原则，联合培养剧场建筑与舞台美术工程设计与管理方面的跨学科、复合型专门人才，共同提升高校文化传承能力和创新能力，推动高等教育文化创意产业相关专业的发展建设。

（杨嵩松）

【五校与北京青年报社签约合作】　9

至11月，北京5所高校与北京青年报签订合作协议。5所学校分别是北京理工大学、北方工业大学、北京邮电大学、北京工业大学和北京建筑工程学院。根据协议，校社双方利用各自资源优势，开展弘扬校园文化、共建文明校园、倡导创新创业、推动志愿者服务等方面合作。

（史建伟　杨嵩松　张俊）

【市教委召开卓越工程师教育培养计划研讨会】　10月25日，市教委召开北京市卓越工程师教育培养计划高校联盟工作研讨会。会议总结联盟前期建设工作情况，并就今后工作开展进行展望。北京航空航天大学中法工程师学院代表介绍培养具有国际竞争力人才方面的经验和国际通用工程师学历教育情况。会议提出，联盟应继续完善组织架构和工作机制，确定北航为联盟秘书处单位，各高校协同参与建立若干个工作指导委员会，在运行机制、课程设置、教材建设、产学研结合等方面加强指导；同时要进一步丰富联盟工作的参与面，各高校要组织一支由校领导、教务部门负责人、专业教师组成的卓越工程师计划实施队伍，吸纳其他高校以不同的形式参与联盟活动，拓展联盟活动的内容和层次；应充分利用北京地区优势，把联盟打造为全国领先的卓越工程师教育培养基地。此外，市教委把联盟作为一个整体，整合联盟内部的优势资源，充分发挥高校之间的合力，使联盟成为一个多元化、多领域、开放式的高校间合作组织。市教委将加强政策保障，打造合作平台，促进联盟内部的资源共享，加强教师培训。

（刘霄）

【全国艺术高校视唱练耳交流研讨会召开】 10月26日，全国艺术高校本科视唱练耳教学交流暨研讨会在中国音乐学院召开。研讨会邀请10名试唱练耳专家作专题学术报告，举办23场由全国各大音乐艺术院校推荐的视唱练耳现场教学，3场全国视唱练耳教学成果展演及论文交流和教学评奖等活动。全国各艺术院校代表210人参加大会。

（田婷）

【人民大学举办全国高校国学院院长论坛】 11月2日，中国人民大学举办首届全国高校国学院院长论坛暨纪宝成国学教育基金成立仪式。论坛以“国学教育与研究”为主题；研讨国学学科的建设、国学教育的制度化、规范化设计、国学专门人才培养的模式、国学教育国际性提升、国学教材建设与课程规划、国学的社会普及与大众传播问题；在“全国国学院院长论坛”基础上建立“全国高校国学院院长联席会议机制”，整合全国高等院校国学教育与研究力量，进一步推动国学学科的建设，促进国学事业的发展，使人们在国学教育的性质、宗旨、地位、作用等问题上达成共识。论坛上，该校成立纪宝成国学教育基金，面向全国开展国学研究成果的出版和传播扶持工作。来自国内20所高校国学院院长及负责人参加论坛。

（段蕾）

【4所高校6个项目入选首批卓越医生教育培养计划】 11月9日，北京地区4所高校6个项目入选第一批卓越医生教育培养计划。该计划由教育部和卫生部主办，根据地方教育、卫生行政部门初审意见，教育部、卫生部审核项目实施方案，确定第一批卓越医生教育培养计划项目试点高校125所，改革试点项目178项，其中，拔尖创新医学人才培养模式改革试点项目26项，五年制临床医学人才培养模式改革试点项目72项，农村订单定向免费医学教育人才培养模式改革试点项目39项，“3＋2”三年制专科临床医学教育人才培养模式改革试点项目41项。北京入选单位分别是北京大学拔尖创新医学人才培养模式改革试点项目，清华大学拔尖创新医学人才培养模式改革试点项目，北京协和医学院拔尖创新医学人才培养模式改革试点项目以及首都医科大学拔尖创新医学人才培养模式改革试点项目、五年制临床医学人才培养模式改革试点项目和“3＋2”三年制专科临床医学教育人才培养模式改革试点项目。

（张驰）

【两校入选教育部首批信息化试点单位】 11月15日，北京地区两所高校入选教育部首批教育信息化试点单位。该工作由教育部主办，经专家评审各地、各校的申报材料，完成对区域信息化试点单位、中小学信息化试点单位、职业院校信息化试点单位、本科院校信息化试点单位、专项试点信息化试点单位和国家数字教育资源公共服务平台规模化应用专项试点单位审定。其中，北京大学和北京工商大学入选本科院校信息化试点单位，入选项目分别为智慧校园和信息化条件下创新人才培养模式探索。

（张驰）

【13所高校入选首批卓越法律人才教育培养基地】 11月23日，北京地区13所高校入选首批卓越法律人才教育培养基地。该评选由教育部和中央政法委主办，面向全国，评出包括应用型、复合型法律职业人才教育培养基地58所，涉外法律人才教育培养基地22所，西部基层法律人才教育培养基地12所。其中，北京大学、中国人民大学、清华大学、北京师范大学、对外经济贸易大学、中央财经大学、中国政法大学、中央民族大学、中国人民公安大学、北京航空航天大学、中国青年政治学院11所高校入选应用型、复合型法律职业人才教育培养基地；北京大学、中国人民大学、清华大学、北京师范大学、北京外国语大学、对外经济贸易大学、中央财经大学、中国政法大学、外交学院9所高校入选涉外法律人才教育培养基地；中国政法大学入选西部基层法律人才教育培养基地。获批高校年内开始建设，建设期5年。

（张驰）

【国际欧亚科学院中国院士大会召开】 11月24日，北京工业大学承办国际欧亚科学院第16次中国院士大会。会议由国际欧亚科学院中国科学中心主席蒋正华院士作题为《坚持国际欧亚科学院中国科学中心的特色，阔步走向世界》的工作报告，并为新当选的18名院士颁发证书。国际欧亚科学院院士100人参加会议。国际欧亚科学院成立于1994年，500名院士来自欧亚大陆及各大洲的45个国家和地区。

（刘玮）

【北京地区8所高校“211工期”三期建设获得奖励】 12月19日，北京地区8所高校“211工期”三期建设获得奖励。该奖励由教育部和国家发改委颁发，奖励“211工程”三期重点学科建设项目综合排名率靠前、具有一定数量特别优秀重点学科建设项目（在本学科所属一级领域排名前10%）的高校，全国共奖励高校28所，其中，北京地区8所。分别是北京大学、中国人民大学、清华大学、北京工业大学、北京航空航天大学、北京邮电大学、北京林业大学、北京外国语大学。

（张驰）

【召开首都特色行业院校改革与发展论坛】 12月21日，市教委召开首都特色行业院校改革与发展论坛。论坛以“凝练、创新、服务”为主题，研讨特色行业院校本科教学改革与发展规划、人才培养、专业设置、成果共享、教师培训等问题。来自外交部、市教委领导以及北京地区部分特色高校代表参加论坛。

（刘霄）

【举办全国地方高水平大学发展峰会】 12月22日，北京工业大学主办2012年全国地方高水平大学发展峰会。会议以“贯彻落实十八大精神，努力办好人民满意的教育”和“‘2011计划’与地方高水平大学建设”为主题，研讨如何建设好地方高水平大学、有效推进“2011”计划的实施、建立地方高水平大学发展峰会的长效机制等问题。来自全国30所地方高水平大学领导100人参加会议。

（刘玮）

学位与研究生教育

【矿大（北京）举办北京高科大学研究生论坛】　6月20日，中国矿业大学

（北京）举办北京高科大学研究生高端论坛。论坛以“学术创新”和“研究生平台建设”为主题，研讨如何进一步促进各校学术交流、文化建设、信息共享等问题。北京高科大学联盟11所高校以及其他14所高校300人参加论坛。

（杨洪兵　苏欢）

【评选市优秀博士学位论文】　8月28日，市教委公布2012年北京市优秀博士学位论文名单。经过学位授予单位初选、同行专家通讯评议、学科评选组专家会议评审、评选专家委员会评审，最终25个博士生培养单位的63篇论文被评为北京市优秀博士学位论文。在入选的63篇优秀博士学位论文中，高校57篇，占优博论文总数的90%，科研单位及军队院校6篇，占优博论文总数的10%。在高等学校入选的57篇优秀博士学位论文中，中央在京高校51篇，占优博论文总数的81%，市属高校6篇，占优博论文总数的10%。

（侯东云）

【北京地区5所高校获批服务国家特殊需求博士人才培养项目】　10月22日，北京地区5所高校获批服务国家特殊需求博士人才培养项目。该项目由国务院学位办主办，经高校申报，专家组审评，全国18个省（自治区、直辖市）30所高校的30个项目通过评审，获得国家特殊需求博士人才培养项目的培养资格，获批项目自2012年开始招生。其中，北京地区5所高校获得批准，分别是北方工业大学城市道路交通智能控制人才培养项目、北京工商大学食品（含保健食品）添加剂与安全人才培养项目、北京服装学院中国传统服饰文化的抢救传承与设计创新人才培养项目、北京建筑工程学院建筑遗产保护理论与技术人才培养项目、首都体育学院青少年身体运动功能训练人才培养项目。

（张驰）

【北京地区190人获博士研究生学术新人奖】　12月11日，北京地区高校190人获博士研究生学术新人奖。该评选由教育部、国务院学位委员会主办，根据《博士研究生学术新人奖设置办法》的有关规定，评出2012年度博士研究生学术新人奖699名，其中，北京地区高校190人获奖，分别为中国科学院大学10人、中国社会科学院研究生院10人、北京大学40人、中国人民大学25人、清华大学40人、北京航空航天大学15人、北京理工大学10人、中国农业大学15人、北京师范大学20人、中央民族大学5人。

（张驰）

【举办先进制造技术全国博士生学术论坛】　12月17至18日，市教委主办先进制造技术全国博士生学术论坛。论坛邀请国家自然科学基金委专家、教育部长江学者、国家杰出青年科学基金获得者等专家13人作特邀报告。来自国内29所高校的近百名博士生代表参加论坛，就从事的研究领域和目前的研究方向进行学术报告，并围绕学术热点话题与各位专家展开交流和探讨。

（刘玮）

【25篇博士学位论文入选全国优秀】　12月28日，北京13个博士学位授予单位的25篇博士学位论文被评为2012年全国优秀博士学位论文。该评选由教育部和国务院学位委员会主办，共评出全国优秀博士学位论文90篇，全国优秀博士学位论文提名论文278篇。

（侯东云）

2012年全国优秀
博士学位论文名单
（北京地区）

北京大学

黄志刚　资本流动视角下外部不平衡的原因和治理研究

陈侃　理儒学、数术与政治——中国古代灾异政治文化研究

焦雷　一价铑催化的乙烯基环丙烷衍生物的环加成反应及其在全合成中的应用

张彦旭　中国多环芳烃的排放、大气迁移及肺癌风险

李忠奎　多智能体系统的一致性区域与一致性控制

中国人民大学

梁中　斐奇诺　“柏拉图神学”研究

清华大学—北京协和医学院（清华大学医学部）

王定胜　氧化物和硫化物纳米材料的制备与性能研究

帅祎春　果蝇遗忘由小G蛋白Rac调控

解国新　外加电场下纳米级润滑膜的成膜特性及微汽泡行为研究

潘曹峰　硅和Nafion纳米线的制备及其在纳米能源中的应用

罗海云　大气压介质阻挡均匀放电的研究

王凯　非均相反应过程的微型化基础研究

北京交通大学

刘玉婷　网页排序中的随机模型及算法

北京工业大学

邓积光　单晶和多晶钙钛矿型氧化物可控制备及挥发性有机物催化氧化性能研究

北京航空航天大学

孙津济　磁悬浮飞轮用新型永磁偏置主动磁轴承结构与设计方法研究

周苇　镍及其化合物纳米材料的湿化学合成与性能研究
杨朝阳　应用生物材料支架修复成年大鼠脊髓损伤的实验研究
中国政法大学
吴洪淇　证据法的运行环境与内部结构
中国农业大学
周磊　猪繁殖与呼吸综合征病毒高致病性毒株的进化分析与致病性的分子基础
北京师范大学
梅磊磊　阅读中语音通达的神经双通路机制——来自人工语言训练的 fMRI 跨文化研究证据
北京科技大学
侯新梅　碳基和氮基无机非金属氧化动力学
尹升华　浸出过程多相介质耦合作用机理及调控技术研究
首都医科大学
杨旗　3.0T 磁共振对比增强全心冠状动脉成像研究
中国石油大学（北京）
宋先知　水平井旋转射流冲砂洗井机理与参数研究
中国社会科学院研究生院
吕鹏　广西邕江流域贝丘遗址的动物考古学研究

（侯东云）

本　专　科　教　育

【36 所高校入选本科教学质量与教学改革工程项目】　1 月 20 日，北京地区 36 所高校获批 2012 年度本科教学质量与教学改革工程建设项目。该工程由教育部主办，批准清华大学等 53 所高校实施专业综合改革试点项目，建设 180 个专业综合改革示范点，每个专业点支持建设经费 150 万元；批准清华大学等 51 所高校实施校外实践教育基地项目，建设 90 个校外实践教育基地（具体名称分别为：工程实践教育中心、临床技能综合培训中心、农科教合作人才培养基地、法学教育实践基地），每个校外实践教育基地支持建设经费 200 万元；批准北京大学等 109 所高校实施 16300 个大学生创新创业训练计划项目，每个大学生创新创业训练计划项目支持建设经费 1 万元；此外，批准高等教育出版社组织开展精品视频公开课建设项目、精品资源共享课建设项目和精品开放课程共享平台项目。

（张驰）

2012 年度“本科教学质量与教学改革工程建设”项目名单（北京地区）

北京大学
大学生创新创业训练计划
中国人民大学
大学生创新创业训练计划
清华大学
大学生创新创业训练计划
清华大学—腾讯科技（深圳）有限公司工程实践教育中心
专业综合改革试点—电子信息科学与技术专业
专业综合改革试点—机械工程及自动化专业
专业综合改革试点—电气工程及其自动化专业
专业综合改革试点—建筑学专业
北京交通大学
大学生创新创业训练计划
专业综合改革试点—机械工程及自动化专业
专业综合改革试点—计算机科学与技术专业
专业综合改革试点—电气工程与自动化专业
专业综合改革试点—交通运输专业
北京科技大学
大学生创新创业训练计划
专业综合改革试点—矿物资源工程专业
专业综合改革试点—冶金工程专业
专业综合改革试点—材料科学与工程专业
专业综合改革试点—机械工程及自动化专业
中国石油大学（北京）
大学生创新创业训练计划
中国石油大学（北京）—北京燕山石油化工有限公司工程实践教育中心
中国石油大学（北京）—克拉玛依市工程师学院
专业综合改革试点—石油工程专业
专业综合改革试点—地质工程专业
专业综合改革试点—化学工程与工艺专业
中国地质大学（北京）
大学生创新创业训练计划
中国地质大学（北京）—云南有色资源集团有限公司工程实践教育中心
中国地质大学（北京）—中煤平朔煤业有限责任公司工程实践教育中心
专业综合改革试点—石油工程专业
专业综合改革试点—测绘工程专业
专业综合改革试点—安全工程专业
中国矿业大学（北京）
大学生创新创业训练计划
北京邮电大学
大学生创新创业训练计划
专业综合改革试点—信息安全专业
专业综合改革试点—机械工程及自动化专业
华北电力大学
大学生创新创业训练计划
专业综合改革试点—热能与动力工程专业
专业综合改革试点—核工程与核技术专业
专业综合改革试点—电气工程及其自动化专业
北京化工大学
大学生创新创业训练计划
专业综合改革试点—过程装备与控制工程专业
专业综合改革试点—自动化专业
专业综合改革试点—化学工程与工艺专业

专业综合改革试点一生物工程专业
中国农业大学
大学生创新创业训练计划
农科教合作人才培养基地
北京林业大学
大学生创新创业训练计划
农科教合作人才培养基地
北京中医药大学
大学生创新创业训练计划
临床技能综合培训中心
北京师范大学
大学生创新创业训练计划
北京外国语大学
大学生创新创业训练计划
北京语言大学
大学生创新创业训练计划
对外经济贸易大学
大学生创新创业训练计划
中央财经大学
大学生创新创业训练计划
法学教育实践基地
中国政法大学
大学生创新创业训练计划
中国传媒大学
大学生创新创业训练计划
国际关系学院
大学生创新创业训练计划
中央美术学院
大学生创新创业训练计划
中央戏剧学院
大学生创新创业训练计划
中央音乐学院
大学生创新创业训练计划
北京理工大学
大学生创新创业训练计划
法学教育实践基地
专业综合改革试点一飞行器设计与工程专业
专业综合改革试点一探测制导与控制技术专业
专业综合改革试点一地面武器机动工程专业
专业综合改革试点一生物工程专业
北京航空航天大学
大学生创新创业训练计划
法学教育实践基地
北京航空航天大学一民航数据通信有限责任公司工程实践教育中心
专业综合改革试点一机械工程及自动化专业
专业综合改革试点一自动化专业
专业综合改革试点一电子信息工程专业
中国人民公安大学
学生创新创业训练计划
中国青年政治学院
大学生创新创业训练计划
法学教育实践基地
中央民族大学
大学生创新创业训练计划
北京体育大学
大学生创新创业训练计划
外交学院
大学生创新创业训练计划
北京协和医学院
大学生创新创业训练计划
中华女子学院
大学生创新创业训练计划
中国劳动关系学院
大学生创新创业训练计划
北京电子科技学院
大学生创新创业训练计划

（张驰）

【7所高校18个本科专业入选卓越工程师专业】　2月14日，北京地区7所高校18个本科专业入选教育部第二批卓越工程师教育培养计划高校学科专业。该评选由教育部主办，全国共有362个本科专业或专业类和95个研究生层次学科领域入选。其中，北京地区共有7所高校18个本科专业入选。入选学校需在本校网站上公开实施卓越计划的专业、学科、领域的培养方案，按照卓越计划相关文件要求和本校培养方案，开展相关专业、学科、领域的人才培养工作。加入卓越计划的各专业、学科、领域在招生、收费等方面需执行教育部统一政策。

（张驰）

第二批卓越工程师教育培养计划高校学科专业名单（北京地区　本科）

中国石油大学（北京）
080102　石油工程
080106Y　地质工程
080301　机械设计制造及其自动化
080304　过程装备与控制工程
081101　化学工程与工艺
中国地质大学（北京）
080102　石油工程
080901　测绘工程
081002　安全工程
110304＊　土地资源管理
北京信息科技大学
080602　自动化
080604　通信工程
北京服装学院
080204　高分子材料与工程
081406　服装设计与工程
北京印刷学院
080305Y　机械工程及自动化
081404　印刷工程
北京建筑工程学院
080701　建筑学
080703　土木工程
北方工业大学
080623W　数字媒体艺术

（张驰）

【新增本科专业46个】　2月24日，北京地区高校新增本科专业46个。新增专业评审由教育部主办，在征得卫生部、国家中医药管理局、公安部对设置医学类、公安类专业意见的基础上，全国高校共新增本科专业1850个，不同意设置本科专业401个，需考察医学类本科专业6个，同意撤销本科专业32个。北京地区新增本科专业46个，其中，公办高校本科专业40个。

（张驰）

2011年度经教育部备案或审批同意设置的高等学校本科专业名单（北京地区　公办高校）

北京航空航天大学
050102　汉语言
071501　心理学
北京大学
060107S　外国语言与外国历史
中国人民大学
081001　环境工程
北京交通大学
080306W　车辆工程
080640S　物联网工程
081207W　物流工程
北京科技大学
080101　采矿工程
080103　矿物加工工程
北京化工大学
110210W　物流管理
中国石油大学（北京）

020121S　能源经济
080111S　海洋油气工程
中国农业大学
080307W　机械电子工程
北京林业大学
110209W　电子商务
北京外国语大学
050242W　孟加拉语
050262S　哈萨克语
050263S　乌兹别克语
050264S　祖鲁语
050265S　拉丁语
北京语言大学
030405W　国际文化交流
110205　人力资源管理
中央财经大学
071205W　信息安全
北京体育大学
040207S　休闲体育
中国劳动关系学院
030401　政治学与行政学
北京联合大学
080611W　软件工程
110211W　国际商务
北京工业大学
080512S　新能源科学与工程
080640S　物联网工程
北方工业大学
080647S　交通设备与控制工程
080706W　城市地下空间工程
北京信息科技大学
080512S　新能源科学与工程
北京印刷学院
050416　摄影
北京建筑工程学院
080306W　车辆工程
北京农学院
081403　包装工程
110311S　会展经济与管理
首都师范大学
071601　统计学
110209W　电子商务
北京第二外国语学院
030408H　国际事务与国际关系
北京工商大学
020109W　金融工程
070402　生物技术

注：专业代码加有“W”者为目录外专业；专业代码加有“S”者为在少数高校试点的目录外专业；专业代码加有“H”者为中外（含内地与港澳台地区）合作办学机构设置的专业。

（张驰）

【8所高校14门课程入选教育部首批精品视频公开课】　4月26日，北京地区8所高校14门课程入选教育部首批精品视频公开课。该评选由教育部主办，经有关高校建设和申报、教育部组织专家评审遴选，首批全国共评出43门课程。其中，北京地区高校共有8所高校14门课程入选。

（张驰）

教育部首批“精品视频公开课”名单（北京地区）

北京大学
中国古代政治与文化（1～16讲）　邓小南　阎步克
中国人民大学
薪火传承·中国传统哲学通论（1～6讲）　宋志明
马克思主义中国化的百年流变（1～6讲）　王向明
当代哲学热点问题（1～6讲）　臧峰宇
清华大学
大学生心理健康（1～4讲）　樊富珉
中国农业大学
食品与健康（1～4讲）　何计国
北京师范大学
千古名月（1～3讲）　于丹
从爱因斯坦到霍金的宇宙（1～3讲）　赵峥
历史与环保（1～4讲）　梅雪芹
中央民族大学
中国古代妇女史专题（1～10讲）　蒙曼
北京理工大学
信息系统与安全对抗理论（1～4讲）　王越
技术光学（1～3讲）　李林
北京航空航天大学
演讲与口才（1～4讲）　姚小玲
航空航天概论（1～5讲）　杨超

（张驰）

【教育部颁布普通本科学校创业教育教学基本要求】　8月1日，教育部颁布《普通本科学校创业教育教学基本要求（试行）》。该要求旨在深化高等教育教学改革、提高人才培养质量，是促进大学生全面发展的重要途径，是落实以创业带动就业、促进高校毕业生充分就业的重要举措，由基本要求和“创业基础”教学大纲（试行）两部分组成，规定创业教育教学目标、教学原则、教学内容、教学方法和教学组织。教育部同时要求各地各高校要按照要求，结合本地本校实际，组织开展创业教育教学活动，增强创业教育的针对性和实效性。

（张驰）

【7所高校11门课程入选教育部第二批精品视频公开课】　12月17日，北京地区7所高校11门课程入选教育部第二批精品视频公开课。该评选由教育部主办，经有关高校建设和申报、教育部组织专家评审遴选，第二批全国共评出62门课程。其中，北京地区高校共有7所高校11门课程入选。

（张驰）

教育部第二批精品视频公开课名单（北京地区）

北京大学
科学是什么（1～7讲）　丘维声　陈尔强　马伯强
文化兴国：欧洲由衰及兴的转折点（1～5讲）　朱孝远
中国人民大学
《贞观政要》与传统王道政治（1～6讲）　孟宪实
鲁迅与现代中国（1～6讲）　孙郁
清华大学
中国国情与发展——中国之路（1～4讲）　胡鞍钢
中央民族大学
中华文化20讲（1～20讲）　赵士林
常见症状的鉴别诊断与治疗（1～6讲）　黄秀兰
中国民族志·西北篇（1～8讲）　杨圣敏
北京航空航天大学
数学大观（1～6讲）　李尚志
中国传媒大学
理解人类传播（1～10讲）　胡正荣
中央音乐学院
音乐美学基本问题（1～5讲）　王次炤

（张驰）

【两部委制定中医学专业本科医学教育标准】　12月28日，教育部和国家中医药管理局联合制定《本科医学教育标准——中医学专业（暂行）》。该标准的颁布旨在适应国家经济社会发展特别是医药卫生改革对中医高等教育提出的要求，促进中医高等教育改革，提高中医人才培养质量。标准以五年制本科中医学专业为适用对象，包括本科毕业生应达到的基本要求、办学标准两个部分，其中，基本要求包括思想道德与职业素质目标、知识目标、临床能力目标，办学标准包括宗旨和目标、教育计划和学生成绩评定等十项内容。教育部根据该标准组织开展对全国高校的本科中医学专业的认证工作。

（张驰）

普通高等学校

北京大学

党委书记　朱善璐
校　　长　周其凤

【概　况】　2012年，北京大学校园占地面积274.23万平方米，校舍建筑面积为224.16万平方米，固定资产总额829503.12万元，其中，教学、科研仪器设备资产值332705.41万元。图书馆建筑面积67466平方米，图书馆藏书979.62万册，电子资源103265.4GB。信息化经费投入1741万元，网络信息点93101个，校园网出口总宽带5660Mbps，上网课程1937门，电子邮件系统用户37436个，管理信息系统数据总量29721GB，数字资源量103265GB。设53个直属院系。有38个博士学位一级学科授权点、212个博士学位授权点、242个硕士学位授权点、120个本科专业、18个国家（一级）重点学科，25个国家（二级）重点学科，3个国家重点（培育）学科，以及40个博士后流动站。博士后研究人员出站342人，进站425人，在站1186人。有11个国家重点实验室、2个国家工程研究中心、86个省部级研究院（所、中心、重点实验室）、8所附属医院、13所教学医院。在职教职工18919人（含医学部及附属医院），其中，专任教师6441人。有教授2122人、副教授2170人，中国科学院、工程院院士71人，“长江学者奖励计划”特聘教授和讲座教授147人，“973”项目首席科学家52人，国家杰出青年科学基金获得者168人。毕业生20600人，其中，全日制研究生5749人（博士生1716人、硕士生4033人），普通本专科生3515人（本科生3315人、专科生200人），成人教育本专科生3313人（本科生2998人、专科生315人），网络教育本专科生8023人（本科生5853人、专科生2170人）。普通本专科毕业生一次就业率98.16%。招生28370人，其中，全日制研究生7118人（博士生2052人、硕士生5066人），普通教育本专科生3659人（本科生3460人、专科生199人），成人教育本专科生3022人，网络教育本专科生14571人（本科生11397人、专科生3174人）。高考北京地区提档线理科654分，文科615分。在校生95629人，其中，全日制研究生21799人（博士生8134人、硕士生13665人），普通教育本专科生14703人（本科生14116人、专科生587人），成人教育本专科生10384人（本科生10170人、专科生214人），网络教育本专科生48743人（本科生38454人、专科生10289人）。留学生毕业2570人，招生3513人，在校3703人。网址：www.pku.edu.cn。

（鞠晓　余浚）

【开展春燕行动】　1月15日，北大开展春燕行动。该行动为该校组织寒假留校学生在春节期间探望老教师、老职工中的空巢老人，以文化体育、健康咨询、心理疏导等形式为空巢老人送关心、送温暖。该校学生200人参加活动，探望空巢老人近百名。

（鞠晓　余浚）

【赵宝煦逝世】　1月21日4时37分，北大资深教授赵宝煦因病医治无效在北京逝世，享年90岁。赵宝煦，1922年11月18日出生，北京人，祖籍浙江绍兴。政治学家，当代中国政治学主要奠基人之一，在政治学基本理论、中国政治、中国对外关系、中美关系、台湾问题和国际政治等方面皆有建树，著有《政治学概论》和《中国政治学的复兴》等，晚年提出“以和为贵是当今世界谋求和平与发展的重要课题，是构建和谐世界的基石”。曾任北大亚太研究院学术委员会主任，北大中国国情研究中心名誉主任，中国政治学会顾问，北京市政治学行政学会名誉会长，香港《中国研究》学刊顾问，香港中国研究基金会名誉主席。

（鞠晓　余浚）

【13项成果获得国家科学奖励】　2月14日，北大13项成果获得2011年国家科学技术奖励。其中，5项获得国家自然科学奖、1项国家技术发明奖、7项国家科技进步奖；其中，7项是北大作为第一完成人所在单位或者第一完成单位获奖，包括5项国家自然科学奖、2项国家科技进步奖。

（刘凡子　胡少诚）

【与4省市签订合作协议】　3月4日

和8日、4月11日和7月5日，北大分别与4省市签订合作协议。分别与广东省政府及广州市政府签署全面合作框架协议；与江苏省政府签署新一轮战略合作协议；与山西省政府签署全面合作框架协议；与东莞市签订共

建北大东莞光电研究院协议。

（刘凡子　胡少诚）

【斯坦福中心揭牌】 3月21日，北大

斯坦福中心揭牌。该中心是斯坦福大学在北大设立的教育研究中心，也是斯坦福师生在中国执行研究、教育项目的基地，更是美国大学第一次在中国重点大学校园内建立的实体建筑。斯坦福大学在该中心开展面向中国的教学科研活动。

（鞠晓　余浚）

【庆祝考古学设立90周年】 4月28日，北大举办庆祝北大考古学设立90年、考古专业设立60年庆祝活动。活动由庆祝大会、中国考古学与世界考古学学术报告会、北大考古90年专题展览组成。来自国内相关专业专家学者以及该校师生1000人参加庆祝活动。北大于1922年在国学门下设立考古学研究室，是国内高校最早设立的考古学研究机构，1952年北大历史系设立考古专业，1983年成立考古系，2002年成立考古文博学院。

（鞠晓　余浚）

【接待七国政要来访】 4至12月，北大接待七国政要来访。其中，4月3日，接待泰国公主玛扎哈克里·诗琳通来访；4月25日，接待南苏丹总统萨尔瓦·基尔·马亚尔迪特来访；5月19日，接待联合国教科文组织总干事伊琳娜·博科娃来访；6月6日，接待伊朗总统马哈茂德·艾哈迈迪内贾德来访；7月20日，接待南非共和国总统雅各布·盖德莱伊莱基萨·祖马来访；9月4日，接待立陶宛共和国总理安德留斯·库比留斯来访；12月12日，接待美国前总统詹姆斯·厄尔·卡特来访。

（刘凡子　胡少诚）

【演出原创歌剧《钱学森》】 5月3日，北大演出原创歌剧《钱学森》。该歌剧与中国航天科技集团公司联合出品，以钱学森回国报国的感人经历为主线，讴歌以钱学森为代表的科学家热爱祖国和献身科学的崇高精神。李长春观看演出，并勉励北大师生把继承北大优良传统与学习钱学森紧密结合起来，不断提高自主创新能力、推动经济社会发展。该校师生1400人观看演出。

（鞠晓　余浚）

【举办欧债危机研究论坛】 5月15日，北大举办欧债危机的缘由、发展及对中国和中欧合作的影响和经验论坛。论坛以“挑战、机遇、前景”为主题，研讨“欧盟单一货币政策与多元财政政策的碰撞”“世界金融危机与整个欧元区的经济崩盘”和“如何解决欧债危机”等问题。国内外专家学者200人参加论坛。

（鞠晓　余浚）

【庆祝经济学院成立100周年】 5月25日，北大举办经济学院（系）100周年暨北大经济学科110周年庆祝活动。活动由庆祝大会、联欢晚会、经济学教育论坛、陈岱孙经济学基金发展论坛、经济学博士博士后论坛、新时代中国青年经济论坛、百年院（系）史图片展、杰出校友论坛、书画摄影大赛组成。李克强发贺信向经院百年庆典送上祝福，他表示，过去的百年，北大经济学院创造瞩目的辉煌，新的百年必将有更加灿烂的未来，这是大家共同的期盼，希望学院继续弘扬北大优良传统，在传承中创新，在砥砺中奋进，坚持宽视野、厚基础、重实践，育有志有为肯担当的人才，出经世济民居一流的成果，更紧密地融入中华民族伟大复兴的历史进程之中，不断实现新的超越。该院是北大历史最悠久的院系之一，也是中国高等院校中最早建立的专门的经济系科。1898年，京师大学堂成立时就有经济学课程。1909年正式设商科。1912年，始建经济学门（系）。1985年，经济学系改建为经济学院。

（张妙妙　余浚）

【实施大学堂顶尖学者讲学计划】 5至12月，北大实施大学堂顶尖学者讲学计划。该计划在全球范围内邀请各领域的顶尖学者来校举办讲座、开设课程、开展合作研究。至年底，共邀请5名世界级顶尖学者来校讲学，分别邀请1998年诺贝尔物理奖得主、普林斯顿大学教授崔琦作题为《探索二维电子世界》学术报告，邀请美国华裔女科学家、美国国家科学院院士、哈佛大学教授庄小威作题为《从物理到生物》演讲，邀请美国著名马克思主义理论家、后现代文化理论代表人物弗雷德里克·杰姆逊教授作题为《奇异性美学：全球化时代的资本主义文化逻辑》的演讲，邀请日裔美籍学者弗朗西斯·福山教授以及哥伦比亚大学经济学家亨利·莱文教授分别为该校学生作专题演讲。

（刘凡子　胡少诚）

【召开第12次党代会】 6月12至13

日，中共北大第12次代表大会召开。会议通过关于北大第11届党委会工作报告和纪委工作报告的决议，选举产生新一届党委和纪委。会议提出“北大2048”远景规划和“三步走”战略设想，即第一步，从现在起，用5到10年左右的时间，在北大建校120周年前后，在建设高等教育强国的进程中，努力率先跻身世界一流大学行列，实现在本世纪头20年基本建成世界一流大学的目标；第二步，用15年左右或更多一点的时间，继续加快创建，巩固提升，将北大进一步建设成为更高水平的世界一流大学；第三步，再用15年左右的时间，到北大建校150周年前后，新中国成立100周年之际，全面实现创建世界一流大学的奋斗目标，并力争走在世界一流大学前列。该校党代表300人参加会议。

（张妙妙　余浚）

【学生当选中国大学生年度人物】 6月20日，北大学生裴济洋当选2011中国大学生年度人物。该评选由人民网和大学生杂志社主办，中宣部、教育部、团中央为指导单位，共评出年

度人物10人。裴济洋，哲学系2009级本科生，从2010年起，连续三年研究解决铁路春运“一票难求”问题，利用业余时间钻研售票技巧，在窗口售票20万张，连续三年在春运一线，志愿担任春运售票员，帮助数以万计买不到票的乘客特别是学生和农民工买到回家的车票，撰写《铁路客票购票攻略》等数十篇文章，被誉为“春运活雷锋”和“北大售票帝”。

（张妙妙　余浚）

【举办生态教育论坛】 7月27日，北大举办生态教育论坛。论坛以“生态教育与大众参与”为主题，研讨大学教育推动可持续发展、公民行动和社会参与等问题。来自国内外专家学者和该校师生100人参加活动。

（张妙妙　余浚）

【雷声获伦敦奥运会男子花剑冠军】 8月1日，北大学生雷声获得第30届奥运会男子个人花剑冠军。雷声，1984年出生，天津人，新闻与传播学院2009级本科生。雷声成为中国首个奥运花剑冠军，同时打破欧洲选手在这一项目上长达116年的垄断。

（蔡曦亮　余浚）

【成立4个协同创新中心】 8月1日

和12日、9月1日和3日，北大分别成立4个协同创新中心。4个中心分别是与清华大学和中国科学院物理研究所联合成立量子物质科学协同创新中心，与北京师范大学、清华大学和中科院大气物理研究所、中科院遥感应用研究所、中科院生态环境研究中心联合成立全球变化与可持续发展协同创新中心，联合上海交通大学、中央电视台等单位成立未来媒体网络协同创新中心，与南开大学、中国社会科学研究院欧洲研究所联合创立世界文明与区域研究协同创新中心。

（刘凡子　胡少诚）

【召开超对称国际学术会议】 8月13至18日，北大召开第20届超对称国际学术会议。会议探讨粒子物理中诸如上帝粒子希格斯粒子的实验进展、微观世界的对称性破缺、粒子质量起源等问题。来自国内外专家400人参加会议。

（蔡曦亮　余浚）

【开展小班课教学试点工作】 9月，北大开展小班课教学试点工作。该试点工作在5个院系进行，以优势学科经典课程为主要试点项目；以“三个课堂”为主要模式，采取大班授课、小班研讨和一对一答疑相结合的课程教学模式。教学方式上，以“三个互动”为主，一是“师师互动”，组织教学团队，选派学术水平高、教学经验丰富的优秀教师担任授课教师，通过沟通、交流和研讨等方式组织教学工作；二是“师生互动”，以与学生探讨为主，强调启发式讲授、批判式讨论和探究性学习；三是“生生互动”，采取学生讲解、相互提问和小组讨论等方式展开学习。教学内容上，选取更多的参考教材和文献，增加课程的挑战性。培养模式上，建立教师坐班制，固定答疑时间，提倡和鼓励学生主动上门请教。考核方式上，改变期中、期末考试模式，通过增加平时成绩，从各个环节考核教学的质量。组织形式上，成立“小班课”教学专家组、“小班课教学”工作小组、在学校“教师教学发展中心”成立“小班课教学研究组”，保障和监控教学质量。学习技术支撑上，通过“北大教学网”开设小班课专区，提供在线布置及批改作业、资源管理与共享、课程论坛等功能。

（蔡曦亮　余浚）

【召开新结构经济学研讨会】 10月13至15日，北大召开新结构经济学研讨会。会议围绕新结构经济学，研讨制度变迁、经济结构、金融、工业、农业、政府职能问题。来自国内外专家学者30人参加研讨。

（吕晓轩　胡少诚）

【庆祝医学部成立100周年】 10月26日，北大举办医学部成立100周年庆祝活动。活动由庆祝大会、专题报告和学术讲座、杰出校友论坛组成，吴邦国、李克强、刘延东等发来贺信，勉励广大北医人践行“健康所系、性命相托”的誓言，在各自领域为中国医药卫生事业发展做出重要贡献。该校师生3000人参加活动。医学部的前身是国立北京医学专门学校，创建于1912年10月26日。1946年7月，并入北京大学，成为北京大学医学院。1952年，全国高等学校院系调整，北京大学医学院独立建院并更名为北京医学院。1985年学校更名为北京医科大学。2000年4月3日，北京医科大学与北京大学正式合并，更名为北京大学医学部。

（吕晓轩　胡少诚）

【庆祝哲学系建立100周年】 10月27日，北大举办哲学系建立100周年庆祝活动。刘延东发来贺信，她在贺信中高度评价北大哲学系建系以来所取得的重要成就，希望北大哲学系能以建系100周年为契机，继承优良传统，坚持育人为本，突出办学特色，不断改革创新，努力提升人才培养质量，培养造就更多的优秀人才和思想名家。该校师生、校友、各界嘉宾2000余人参加活动。该系始建于1912年，初名“哲学门”，1914年起正式招生，是中国最早的哲学系，标志着现代中国哲学学科的开端，迄今已培养近万名毕业生。

（吕晓轩　胡少诚）

【举办北京论坛】 11月2至4日，北大举办第九届北京论坛。论坛以“文明的和谐与共同繁荣——新格局·新挑战·新思维·新机遇”为主题，研讨当今世界面临的变革与挑战，反思人类精神文明的现状，探讨新格局下不同社会角色的责任。来自国内外知名专家300人参加论坛。

（吕晓轩　胡少诚）

【中美人文交流研究基地揭牌】 11月3日，北大中美人文交流研究基地揭牌。该研究基地是由教育部批准设立并由北大承办的研究机构，旨在依托北大深厚的人文底蕴，在学术研究、科研合作、文化交流等方面促进两国关系健康发展做出积极的贡献。

（吕晓轩　胡少诚）

【庆祝图书馆设立110周年】 11月4日，北大庆祝图书馆设立110周年。庆祝活动由“变革与走向：重新定义大学图书馆的未来”和“环太平洋数字图书馆联盟2012年年会”国际会议等内容组成。该图书馆建于1902

年，到 2011 年底，总、分馆文献资源累积量约 1100 余万册（件），其中，纸质藏书 800 余万册，各类数据库、电子期刊、电子图书和多媒体资源约 300 余万册（件）。

（王浩　胡少诚）

【胡代光逝世】　12 月 22 日 0 时，北大经济学院前院长、哲学社会科学资深教授、博士生导师、著名经济学家胡代光，因病医治无效在北京逝世，享年 93 岁。胡代光，1919 年生于四川新都，1947 年毕业于中央大学研究院，长期从事当代西方经济学的教学研究工作，著有《米尔顿·费里德曼和他的货币主义》《西方经济理论和经济计量学评论》和《胡代光选集》等，曾任第七届全国人大常务委员会委员，第六、七、八届民革中央常委，北京市经济学总会副会长等。

（王浩　胡少诚）

中国人民大学

党委书记　程天权
校　　长　陈雨露

【概　况】　2012 年，中国人民大学占地面积 75.77 万平方米，建筑面积 104.17 万平方米。固定资产总值 338332 万元，其中，教学、科研仪器设备资产值 46021 万元。图书馆建筑面积 72722 平方米，藏有纸质图书 426.4 万册，电子图书 18133GB。学校教育事业经费总收入 284223 万元。其中教育经费拨款 160333 万元，教育事业收入 80978 万元，科研经费收入 25363 万元，其他收入 19549 万元。学校信息化经费投入 1213 万元，拥有计算机 12833 台，多媒体教室座位 18861 个，信息化设备资产 37011 万元，网络信息点 33245 个，校园网出口总带宽 2100Mbps，电子邮件系统用户 56969 个，上网课程 316 门，数字资源量 18554GB，管理信息系统数据总量 7419GB。下设 26 个院（系）；开设本科专业 69 个，博士点 124 个，硕士点 183 个，博士学位授权一级学科 20 个，硕士学位授权一级学科 35 个，国家重点一级学科 8 个，国家重点二级学科 8 个；博士后流动站 18 个，其中，博士后研究人员出站 53 人、进站 87 人和在站 170 人。8 个一级学科国家重点学科、8 个二级学科国家重点学科，5 个一级学科北京市重点学科、4 个二级学科北京市重点学科、1 个交叉学科北京市重点学科。教职工 3691 人，其中，专任教师 1892 人，包括教授 565 人、副教授 682 人；博士生导师 654 人、硕士生导师 1445 人。“长江学者奖励计划”特聘教授 17 人、国家有突出贡献专家 8 人、享受政府特殊津贴专家 430 人；外籍教师 212 人，其中，长期固定聘用的外籍教师 43 人。毕业生 25041 人，其中，学历教育学生中全日制研究生 4175 人（博士生 783 人、硕士生 3392 人），普通本科生 2655 人，成人教育本专科生 2144 人（本科生 1834 人、专科生 310 人），网络教育本专科生 15363 人（本科生 8142 人、专科生 7221 人）；非计划招生高等教育学生中在职人员攻读硕士学位 704 人。本科毕业生就业率 97.8%。招生 27505 人，其中，学历教育学生中全日制研究生 4463 人（博士生 890 人、硕士生 3573 人），普通本科生 3104 人、成人教育本科生 1802 人，网络教育本专科生 17504 人（本科生 10216 人、专科生 7288 人）；非计划招生高等教育学生中在职人员攻读硕士学位 692 人。在校生 81548 人，其中，学历教育学生中全日制研究生 11368 人（博士生 3390 人、硕士生 7978 人），普通本科生 11577 人，成人教育本专科生 8717 人（本科生 8391 人、专科生 326 人），网络教育本专科生 47074 人（本科生 29706 人、专科生 17368 人）；非计划招生高等教育学生中在职人员攻读硕士学位 2812 人。留学生毕业 895 人，招生 913 人，在校生 1829 人。网址：www.ruc.edu.cn。

（段蕾）

【成立国家版权贸易基地版权评估中心】　1 月 6 日，人民大学成立国家版权贸易基地版权评估中心。中心建有专业的版权资产评估体系并成立行业专家委员会，开展文字作品、影视作品、音乐作品、动漫作品、游戏作品、计算机软件和戏剧曲艺作品的版权价值评估。该中心有教科研人员 65 人，其中，高级职称 47 人。

（段蕾）

【举办中国资本市场论坛】　1 月 7 日，人民大学举办第 16 届中国资本市场论坛。论坛以“中国资本市场：新起点、新机遇、新突破”为主题，分为内外协调、竞争与发展、功能转型与国际化三个板块，研讨中国宏观经济政策如何调整、中国证券公司如何变革、中国资本市场如何突破问题。来自国内外相关部门官员以及研究机构、高校专家学者共计 400 人参加论坛。

（段蕾）

【成立朋辈心理咨询中心】　1 月 9 日，人民大学成立朋辈心理咨询中心。该中心是在该校心理健康咨询中心指导下的由学生独立运营的服务项目，在学生公寓和公共教学楼中设立咨询室。该中心改变只有专业心理咨询师才开展助人活动的状况，让更多的学生成为高校心理咨询的主体，充分发挥学生心理教育的主动性。该中心有学生心理辅导员 27 人，至年底，辅导学生 415 人。

（段蕾）

【召开东亚经济发展与政策选择研讨会】　2 月 17 日，人民大学与韩国庆北国立大学联合召开东亚经济发展与政策选择研讨会。会议研讨经济增长模式、宏观经济政策、企业技术创新以及如何进一步加深中韩等亚洲国家的区域经济合作、促进贸易增长问题。来自两校专家学者共计 30 人参加会议。

（段蕾）

【接待法国前总理法比尤斯访问】　2 月 20 日，人民大学接待法国前总理洛朗·法比尤斯（Laurent Fabius）一行访问。法比尤斯参观校园，并举办题为《欧债危机与欧盟建设的前景》专题讲座，他认为欧盟长期以来并不存在债务问题，2008 至 2009 年出现的欧债危机是特殊的新情况，与希腊自身状况相关，他表示，欧盟支持世界多极化进程，欧洲一体化符合中国利益，希望中国在维护世界经济平衡方面做出更大贡献。法比尤斯曾任法国国民议会议长、社会党第一书记。

（段蕾）

【召开郑杭生从教 50 周年学术研讨会】　2 月 29 日，人民大学召开郑杭生教授从教 50 周年学术研讨会。会上，该校成立北京郑杭生社会发展基金会，旨在促进社会良性运行和协调发展，推动社会学进步。来自中国社会科学院、北京大学、清华大学、复旦大学等众多科研院所的专家学者以及郑杭生的朋友、学生等 400 余人参加会议。

（段蕾）

【召开“1020 行动计划”部署会】　3 月 21 日，人民大学召开“1020 行动计划”部署会。会议介绍学校“1020 计划”即该校 2012 年发展建设迎接党的十八大、庆祝建校 75 周年、完成好全国第三轮一级学科评估等 10 件大事和师生关心的进一步拓展民主办学的渠道、成立教师发展中心、提高食堂综合服务水平等 20 件实事的内容，形成过程和实施方案。会议提出要明确各项工作的牵头负责人和主责部门，要强调落实到位，本学年末将通过师生反馈机制测评满意度，检验工作效果。

（段蕾）

【与通州区签订合作协议】　3月30日，

人民大学与通州区政府签订合作协议。根据协议，双方合作开展该校通州校区建设工作，通州政府将为校区建设提供政策和物质支持。

（段蕾）

【召开国际四书学研讨会】　4 月 28 至 29 日，人民大学召开国际四书学研讨会。会议研讨四书文本的讨论、四书诠释的探究、四书学史的考察、四书内涵哲学的探讨、四书哲学的中心概念、四书与西方哲学及宗教经典的比较研究以及四书与当代中国经典教育问题。来自美国夏威夷大学、北京大学、清华大学等 20 所国内外高校专家学者 40 人参加研讨。

（段蕾）

【举办中国社会工作论坛】　5 月 12 至 13 日，人民大学举办首届中国社会工作论坛。该论坛与北京社会建设研究院合办，以“社会建设中的社会工作”为主题，研讨社会工作如何在社会建设中发挥积极作用，为社会工作专业建设和教育改革提出建议。来自北京大学、香港大学、南京大学等 50 所国内高校专家学者共计 100 人参加论坛。

（段蕾）

【举办公共音乐教育学生论坛】　6 月 6 日，人民大学举办公共音乐教育学生论坛。论坛以“共融·共生”为主题，研讨探寻如何更好地将音乐与其他学科交叉结合，促进各学科尤其是音乐艺术的未来发展问题。来自国内专家学者 20 人参加论坛。

（段蕾）

【成立两个研究机构】　8月15日和

12 月 8 日，人民大学分别成立国家社会发展研究院和中国艺术品金融研究所。国家社会发展研究院由该校与国家发展和改革委员会合办，开展经济、社会、公共管理领域的教学和科研工作。中国艺术品金融研究所隶属财政金融学院，有科研人员 23 人，其中，高级职称 9 人。

（段蕾）

【成立两个协同创新中心】　8月18日

和 9 月 19 日，人民大学分别成立马克思主义与中国道路协同创新中心和社会转型与社会管理协同创新中心。马克思主义与中国道路协同创新中心以中国人民大学为牵头单位，以复旦大学、武汉大学、中山大学等机构为参与单位，开展马克思主义理论、中国共产党历史与理论、社会主义核心价值体系、中国道路等国家重大理论与现实问题的研究。该中心有教科研人员 60 人，其中，高级职称 35 人。社会转型与社会管理协同创新中心以中国人民大学为牵头单位，以复旦大学、南京大学为主要参与单位，实行管理委员会领导下的中心主任负责制和首席专家责任制，开展人口与劳动力、社会保障、社会冲突治理、舆情民意、宗教事务管理等国家重大理论与现实问题的研究。中心现有人员 133 人，其中骨干研究人员 113 人（含中心牵头人和首席专家各 1 人），技术人员 12 人，管理人员 8 人。骨干研究人员中，教授 82 人、研究员 10 人、副教授 17 人。

（段蕾）

【成立苏州校区】　9 月 7 日，人民大学成立苏州校区。苏州校区位于苏州工业园区，占地面积为 12.30 万平方米，建筑面积约 6.7 万平方米。该校区现有国际学院（苏州研究院）和中法学院。国际学院（苏州研究院）由中国人民大学与苏州市人民政府合作共建，2009 年 9 月 6 日正式开学，现开设汉语国际教育硕士、会计硕士、法律硕士、公共管理硕士、社会工作硕士、金融硕士等专业。中法学院是国内第一所以人文社会科学为主的非独立法人的中外合作办学机构，2012 年 6 月在苏州正式成立，开设金融学、国民经济管理、法语专业。校区现有专任教师 40 人，其中，教授 10 人、副教授 6 人。

（段蕾）

【王传纶逝世】　9 月 13 日 14 时 40 分，人民大学荣誉一级教授、经济学家、教育家王传纶，因病医治无效在北京逝世，享年 91 岁。王传纶，1922 年生，江苏苏州人，全国政协第六、七、八届委员，中国财政学会、中国金融学会、中国国际金融学会原常务理事，中国税务学会、外国经济学说研究会原理事，中国国际税收研究会顾问。他是中国金融学科终身成就奖获得者，新中国财政金融学科的重要奠基人，还是新中国金融教育事业的主要践行者与引领者，也是新中国金融领域“科研资政”的主要推动者与参与者。他曾参与缔造新中国金融学科，成功填补新中国金融理论诸多空白，极大推动新中国金融改革实践。

（段蕾）

【召开中欧法学院院长联席会议】 9月21至22日，人民大学召开第二届中欧法学院院长联席会议。会议以“中欧百年法学教育交流：过去、现在与未来”为主题，研讨全球化背景下中欧法学教育新的合作机制，借鉴欧洲国家法学教育的先进经验，促进国际化法学人才的培养等问题。来自牛津大学、慕尼黑大学、法兰克福大学等25所欧洲法学院院长25人以及北京大学、清华大学、中国政法大学等50所国内高校法学院院长60人参加会议。

（段蕾）

【举办庆祝建校75周年系列活动】 9

月27日至10月3日，人民大学举办庆祝建校75周年系列活动。活动分为校庆日和校庆周，10月3日为校庆日，开展以“以校友为中心、以学生为中心、以学术为中心”为主题的中国人文社会科学论坛2012、体育文化节、校园欢乐汇等活动。该校师生近万人参加活动。

（段蕾）

【郭影秋铜像落成】 10月2日，人民大学郭影秋校长铜像落成。该铜像采用青铜材质，坐落于该校国学馆前草坪。郭影秋（1909～1985），江苏铜山人，教育学家、历史学家，1935年起从事中共地下工作，曾任冀鲁豫军区政治部主任、解放军十八军政治部主任等职。新中国成立后历任川南行署副主任、主任、云南省长兼省委书记。1957至1963年任南京大学校长兼党委书记。1963年调任人民大学党委书记兼副校长，1978年人民大学复校后任党委第二书记兼副校长。1983年6月任人民大学名誉校长。

（段蕾）

【举办百所著名中学校长论坛】 10月2至4日，人民大学举办百所著名中学校长论坛。论坛以拔尖创新人才培养探索与衔接为主题，研讨拔尖创新人才培养探索与衔接问题。论坛上，该校授予中国人民大学附属中学等118所国内著名中学“中国人民大学优秀生源基地”荣誉称号。来自国内各省（市、区）100多所中学领导参加论坛。

（段蕾）

【与国家体育总局签订合作协议】 10月3日，人民大学与国家体育总局拳击跆拳道运动管理中心签订合作协议。根据协议，双方合作开展优秀运动员文化教育及跆拳道运动的普及与推广工作，人民大学负责文化教育，中心负责跆拳道运动的普及与推广。

（段蕾）

【举办中国人文社会科学论坛】 10月3日，人民大学举办中国人文社会科学论坛。论坛以“百年学术制度的形成与流变”为主题，研讨相应学科在百年间的发展历程与问题。来自哲学、文学、历史学、艺术学、宗教学、国学等人文社会科学领域专家学者参加论坛。

（段蕾）

【聘任诺贝尔奖获得者为名誉教授】 10月19日，人民大学聘任诺贝尔经济学奖获得者阿玛蒂亚·森（Amartya Sen）为名誉教授。受聘后，森发表题为《Justice and the World》讲话，阐述“社会契约论”与正义的发展历程，提出“全球正义”的观点。阿玛蒂亚·森，1933年出生，印度人，曾任联合国秘书长经济顾问、剑桥三一学院院长等职务，1998年获诺贝尔经济学奖，现任哈佛大学经济系教授、哈佛研究协会高级研究员，长期从事社会选择理论、个人自由与帕累托最优的关系、福利和贫困指数衡量等问题研究。

（段蕾）

【召开外语教学改革汇报会】 10月19日，人民大学召开外语教学改革汇报会。会议研讨大学英语课程教学改革现状与发展、研究生英语教学现状与发展进程等问题，强调该校应建立外语教学资源库。会议指出该校需要从建立拔尖创新实验项目，培养写作、笔译等紧缺型人才；提升本科生口语能力；建立实验班作为试点，开展口语和笔语实验项目；寻找合适外籍专家；加强师资培训五个方面开展工作，加强大学英语课程教学改革。

（段蕾）

【庆祝信息资源管理学院建院60周年】 10月20日，人民大学召开信息资源管理学院建院60周年庆祝大会。大会以“继往开来，再创辉煌”为主题。来自中央办公厅、国家档案局、中央档案馆领导，各高校档案学、图书馆学、情报学、信息资源管理专业院系院长（主任）、学者，以及该校师生代表1200人参加大会。该院前身是1952年创办的档案专业，1955年成立档案学系，1985年成立档案学院，2003年成立信息资源管理学院。

（段蕾）

【完成本科新生导师聘任】 10月22日，人民大学完成2012级本科新生导师和研讨课主讲教师聘任。该校聘任导师179人，平均年龄为47岁，其中，教授121人、副教授56人、讲师2人，包括曾获重要教学奖励的有89人。聘任研讨课主讲教师179人，其中，教授121人、副教授56人、讲师2人。新生研讨课是学校依托各学院统一组织的面向全部新生开设的必修课程，全体新生应于入学后第一学期修完；课程采用小班教学，利用学院、学校各类活动空间，以学生为中心，以问题为中心，着眼于为学生释疑解惑，激发学生的学术兴趣，注重学生的积极参与，强调师生的直接互动。

（段蕾）

【成立延安教育基地】 11月1日，人民大学成立延安教育基地。该基地位于延安清凉山陕北公学旧址，将面向延安市开展校地合作工作。作为该校前身的陕北公学创立于1937年7月，2000年，陕公联大老校友在清凉山下修建陕北公学旧址纪念碑亭。2010年，人民大学1986级校友捐资百万，修复陕公旧址。

（段蕾）

【召开世界汉学大会】 11月3日，人民大学召开第三届世界汉学大会。会议与国家汉办合办，以“汉学与当今世界”为主题，研讨“‘新汉学’的趋势与展望”“中国道路与世界经济秩序”“文化差异与国际政治的走向”“传统伦理与人类的未来”“中国典籍的翻译及其当代意义：对译及其差异”问题，同时会议设“汉学的未来与‘孔子新汉学计划’”一个大会专场，以及“中外文学大奖获奖者论坛”“孔子学院与世界多元文化交流”两个专题论坛。来自海内外专家学者100人参加会议。

（段蕾）

【举办中韩大学校长论坛】 11月26至27日，人民大学举办第四届中韩大学校长论坛。该论坛以“中韩大学在人才培养模式方面的探索和创新”为主题。人民大学和首尔大学校长分别作专题发言，指出要把培养跨文化能力作为一种世界观，培养适应国际化需求的拔尖创新人才以及不论是两国官方还是民间、企业界还是教育界，都应倡导对教育的无条件支持。来自中韩两国29所大学校长参加论坛。

（段蕾）

【举办国际儒学论坛】 12月2至3日，人民大学举办第九届国际儒学论坛。论坛以“儒学与生态文明”为主题，由6轮18场的分组讨论环节组成，研讨“儒家思想与学术”“儒家一般生态理论”“儒家具体生态理论”“儒家生态理论的现代意义”“儒家生态智慧与实践”问题。论坛收到学术论文90篇。来自韩国、日本、美国等8个国家专家学者300人参加论坛。

（段蕾）

【与海淀区签订合作协议】 12月26日，人民大学与海淀区政府签订合作协议。根据协议，双方将共同创建“整洁、优美、安全、有序、文明”校园环境；共同开展“道德学堂”活动，并面向全社会开展文明礼仪等相

关课程培训；共同为区域提供优质智力、教育、文化等资源，促进区域经济、文化、社会全面发展；共同开展各项志愿服务活动，着力打造人民大学志愿服务活动品牌；共同构建立体式网络化宣传体系，打造具有全国影响力的区、校合作样板工程。

（段蕾）

清华大学

党委书记　胡和平
校　　长　顾秉林（2月免）
　　　　　　陈吉宁（2月任）

【概　况】 2012年，清华大学占地面积389.40万平方米，建筑面积202.70万平方米。固定资产总值1071549.10万元，其中，教学、科研仪器设备资产值361455.25万元。图书馆建筑面积52893平方米，藏有纸质图书414.97万册，电子图书5909.22GB。学校拥有计算机59514台，多媒体教室座位18148个，信息化设备资产28711.05万元，网络信息点62162个，校园网出口总带宽5000Mbps，电子邮件系统用户65287个，上网课程4608门，数字资源量83400GB，管理信息系统数据总量8456.80GB。下设22个直属院（系）。开设本科专业66个，博士学位授权（一级学科点）48个，硕士学位授权（一级学科点）56个；博士后流动站47个，其中，博士后研究人员在站1315人。22个一级学科国家重点学科、15个二级学科国家重点学科。国家重点实验室13个。教职工7791人，其中，专任教师3171人，包括正高级1261人、副高级1329人；博士生导师1654人、硕士生导师1246人；中科院院士41人、工程院院士33人。“长江学者奖励计划”特聘教授118人、讲座教授52人。毕业生8098人，其中，学历教育学生中全日制研究生3695人（博士生922人、硕士生2773人），普通本科生3203人；非学历教育学生中在职人员攻读硕士学位1200人。本科毕业生一次就业率98.3%。招生10021人，其中，学历教育学生中全日制研究生5255人（博士生1868人、硕士生3387人），普通本科生3379人；非学历教育学生中在职人员攻读硕士学位1387人。高考北京地区提档线理科656分、文科619分。在校生35150人，其中，学历教育学生中全日制研究生16235人（博士生7543人、硕士生8692人），普通本科生13794人；非学历教育学生中在职人员攻读硕士学位5121人。留学生毕业1958人，招生2100人，在校生3378人。网址：www.tsinghua.edu.cn。

（许亮　冯劲涛）

【成立国情研究院】 1月12日，清华成立国情研究院。研究院是校级跨学科学术科研机构，依托公共管理学院，联合教育研究院、人文社会科学学院等机构，构建“科研实体加研究网络”的智库，旨在建设以当代中国研究为核心领域的新兴学科，以跨学科、综合性、多方位的国家发展战略和重大公共政策研究为导向的决策思想库和当代中国研究基地。

（许亮　冯劲涛）

【顾夏声逝世】 2月6日，清华教授，中国市政工程与环境工程教育事业的主要开创者和奠基人、环境工程与市政工程科学家和教育家、中国工程院资深院士顾夏声在京逝世，享年94岁。顾夏声，1918年5月6日出生于江苏省无锡县，获美国德州农工大学卫生工程硕士学位，历任唐山交通大学、北京大学副教授、清华大学教授等职，1995年当选为中国工程院院士。他始终坚持“要教好工科的书必须理论联系工程实际”，为中国市政工程和环境工程培养大批学术带头人和高级专家，包括中国自己培养的第一位环境工程博士。曾任建设部高校给水排水及环境工程教材编审委员

会主任和国家教委环境工程类专业教材委员会主任委员，组织研究明确环境工程专业的学科归属、专业内容、培养目标等，制订教学计划和各课程基本要求，组织编写系统教材。长期从事有机废水厌氧生物处理技术研究，对升流式厌氧污泥床（UASB）反应器的理论与实践及其微生物学特性和工程应用进行系统研究，先后获国家科学技术委员会三等奖、国家教委科技进步一等奖、北京市科技成果奖等。

（许亮　冯劲涛）

【19项成果获得国家科技奖】　2月14日，清华1人获最高科技奖、19项成果获国家科技奖。该校吴良镛教授获得国家最高科学技术奖，5项成果获得自然科学二等奖，1项成果获得技术发明奖一等奖、3项成果获得技术发明奖二等奖，10项成果获得科技进步二等奖。其中，该校作为第一单位或第一完成人所在单位获奖9项，“有机发光显示材料、器件与工艺集成技术和应用”项目获国家技术发明奖一等奖，“计算机网络资源管理的随机模型与性能优化”项目、“生物矿化纤维的分级组装机理研究”项目和“微纳尺度传热的尺效应及其物理机制”项目获国家自然科学奖二等奖；“基于微纳米技术的新型超级电容器及其实现”项目、“特征敏感的三维模型几何处理技术及应用”项目和1项专用项目获国家技术发明奖二等奖；“我国二氧化硫减排理论与关键技术”项目和“复杂钢结构施工过程时变分析及控制关键技术研究与工程应用”项目获国家科学技术进步奖二等奖。

（许亮　冯劲涛）

【成立五道口金融学院】　3月29日，

清华成立五道口金融学院。该学院由该校与中国人民银行合作举办，在中国人民银行研究生部的基础上建设，实行理事会领导下的院长负责制，在全球招聘一流的教学师资与研究人员以及具有丰富经验和专业造诣的兼职研究员和兼职教师。学院开展金融学硕士和博士、金融专业硕士、金融MBA与EMBA的学历教育，不招收金融专业本科生，不开展普通的MBA和EMBA教育。在人才培养国际化方面，开展博士预备班等尝试，争取每个博士生能在毕业前到国外著名大学交换学习1至2年。在学术研究方面，致力于金融学领域的高级学术研究、政策研究和金融案例研究，并为中国人民银行和其他金融决策与监管部门提供政策分析与咨询。

（许亮　冯劲涛）

【授予14人荣誉学衔】　3至9月，清华共授予14人名誉学衔。其中，名誉博士1人、名誉教授2人、客座教授11人。授予印度尼西亚总统苏西洛·班邦·尤多约诺（Susilo Bambang Yudhoyono）名誉博士学位。授予华裔科学家、美国科学院院士、中国科学院外籍院士钱煦和瑞典皇家科学院、瑞典皇家工程科学院两院院士、诺贝尔物理学奖评选委员会主席伯尔杰·约翰森（B. rje Johansson）名誉教授。授予美国哈佛大学商学院教授沃伦·麦克法兰（F. Warren McFarlan）、美国南加州大学教授王海（Wang Hai）、美国宾州州立大学土木与环境工程系教授布鲁斯·罗根（Bruce Logan）、美国斯坦福大学医学院分子与细胞生理与医学系教授布莱恩·科比尔卡（Brian Kobilka）、日本东北大学教授井上千弘（Chihiro Inoue）、新加坡南洋理工大学教授徐冠林（Su Guaning）、俄罗斯莫斯科工程物理学院教授瓦伦蒂·巴里谢维奇（Valentin D. Borisevich）、日本罗姆株式会社常务董事高须秀视（Hidemi Takasu）、日本石川岛播磨重工业公司子公司（IHI Inspection & Instrumentation Co., Ltd.）佐藤顺一（Sato Jun'ichi）、国际燃气涡轮学会叶轮机械委员会主席大卫·维斯勒（David C. Wisler）和德国美因茨大学生理化学系教授米勒·维尔纳（Müller Werner）客座教授。

（许亮　冯劲涛）

【与8个政府部门签订合作协议】　3至11月，清华与8个政府部门签订合作协议。3月6日，与吉林市政府签署合作协议，合作开展科研攻关，推动科技成果转化，引进拔尖人才，合作培养高层次人才，共建研究生就业实践和社会实践基地；6月1日，与新疆生产建设兵团签订合作协议，在战略咨询、人才培养、信息互通、成果转化等多个方面进一步加强合作；6月4日，与广州市政府签订合作协议，在战略咨询、共建共享产学研合作平台、人才交流培训、就业创业、建立健全市校合作交流机制等方面开展合作；6月17至18日，分别与河北省政府和石家庄市政府签署战略合作协议和全面合作协议，在科技创新、科技成果推广转化、技术服务与培训、人才培养等方面开展合作；7月8日，与上海市政府签署开展燃气轮机领域战略合作框架协议；10月11日，与中国外文局签署对外传播研究战略合作伙伴协议，联合成立爱泼斯坦对外传播研究中心，互聘研究人员、合作开展对外传播案例研究和课题研究等；11月26日，与陕西省政府签署战略合作协议，今后5年在发展战略研究、新兴及优势产业发展、科技成果转化、重点项目合作、优秀人才引进、高层次人才培养等方面开展合作。

（许亮　冯劲涛）

【新清华学堂启用】　4月8日，清华新

清华学堂正式启用。新清华学堂建筑面积17860平方米，共设2011个座位，由剧院建设专家、中国工程院院士、该校建筑学院教授李道增主持设计，是该校举办高水平学术交流、高雅艺术演出等大型活动的重要场所。该学堂于2008年开工。

（许亮　冯劲涛）

【召开第十三次党代会】　4月10至12日，清华召开第十三次党代会。会议由党委作题为《改革创新，奋勇争

先，努力开创清华大学新百年科学发展新局面》工作报告和纪委《深入推进党风廉政建设，为学校改革发展提供坚强保证》工作报告，选举产生第13届党委和纪委。会后，第13届纪委第一次全体会议和党委第一次全体会议先后召开，投票选举13名党委常委，选举产生党委书记和纪委书记（兼）。该校党代表295人参加会议。当月，中共北京市委批复同意选举结果。

（许亮　冯劲涛）

【方崇智逝世】 4月18日，清华教授、自动控制工程学家、中国生产过程控制教育的开拓者之一方崇智在京逝世，享年93岁。方崇智，1919年出生，安徽安庆人，长期致力于自动控制理论、过程控制系统的科研和教学，创建中国最早的过程控制专业，建立过程控制的教学科研体系，取得许多重要科研成果，培养大批高级专门人才，为中国自动控制学界和过程控制事业的发展做出突出贡献。

（许亮　冯劲涛）

【举办博士生学术论坛】 4月21日，清华举办博士生学术论坛。论坛以“创新的力量”为主题，包括管理创新、信息化推进、能源科技创新、机械制造、绿色发展、语言与文学、跨学科的人文观察7个分论坛，共收到213篇论文摘要、98篇论文全文，经评审收录59篇全文。来自该校博士生100人参加论坛。该论坛2002年创办，逐步建立起包括校内论坛、专题论坛、两岸论坛、全国论坛、国际论坛在内的五级博士生论坛体系，共举办300余期，累计3万人次参加。

（许亮　冯劲涛）

【举办亚太公共健康大会】 4月25至26日，清华举办首届亚太公共健康大会。会议由该校与澳大利亚麦考瑞大学合办，围绕空气污染、疾病防控、心理健康、健康传播、生命伦理等公共健康领域热点话题展开研讨，并颁发“公共健康杰出贡献奖”。会上，启动“亚洲健康传播平台”，平台旨在通过健康知识的普及，提高亚洲民众的健康状况。来自卫生部、食品药品监督管理局、疾病预防控制中心的有关负责人以及两校的专家学者100人参会。

（许亮　冯劲涛）

【5个院系举办周年纪念会】 4至12月，清华5院系举办周年纪念大会。其中，4月28日机械工程系和水利水电工程系庆祝成立60周年，该系成立于1932年，是该校最早成立的工科系之一，共培养8000名本科生、1500名硕士、400名博士，培育中国机械学科和工程领域的领军者和建设者。水利水电工程系前身是该校土木工程系水利组，目前学科布局覆盖水利工程一级学科的全部二级学科以及归属于土木工程一级学科的岩土工程学科和归属于管理科学与工程一级学科的工程项目管理学科，致力于培养高层次的专业型人才和高素质的复合型人才，开展高水平科研工作，研究成果先后获得国家自然科学奖3项、国家科技进步奖20余项。4月29日，电机工程与应用电子技术系建系80周年，电子工程系建系60周年。电机工程与应用电子技术系成立于1932年，由顾毓琇、章名涛等著名学者在该校工学院创建“电机工程学系”，80年来共为国家培养1.40万名毕业生，培训1500名来自电力生产、电工制造业一线的工程技术人员及管理人员。先后承担多个国家重大、重点基础科研项目，完成大量国家电力、电工行业的重大和重点工程科研攻关课题，获得国家科技三大奖33项。电子工程系始称“无线电工程系”，1958年更名为“无线电电子学系”，1989年更现名，历年来共培养本科毕业生11955人、研究生4013人。60年来共获43项国家级科技奖励。5月13日，新闻与传播学院成立10周年，该院前身是1985年在中文系设立的编辑学方向和1998年成立的传播系。12月1日，体育部成立100周年。该校建校之初就成立体育协会，1912年正式成立体育部。

（许亮　冯劲涛）

【举办三农讲坛】 5月29日，清华举

办三农讲坛首讲。讲坛邀请清华大学中国农村研究院院长陈锡文作题为《当前农村改革发展的形势》演讲，剖析中国农业农村发展的根源，解读中国“三农”领域的十项重大政策。他强调，遵循经济社会发展规律，立足中国基本国情和农情，同步推进工业化、城镇化和农业现代化，处理好工农城乡关系，建设社会主义新农村，是关系改革开放和现代化建设全局的重大任务。该系列讲坛由该校中国农村研究院主办，不定期邀请有关涉农领导和专家为主讲嘉宾，宣讲党和国家“三农”问题的方针和政策，介绍中国农村和农业改革发展的最新动向，传播农村问题研究的前沿学术成果。至年底，共举办4次讲坛，该校师生800人次参加学习。

（许亮　冯劲涛）

【接待5位诺奖获得者访问】 5至12月，清华共接待5位诺贝尔奖获得者来访。5月20日，2009年诺贝尔生理学或医学奖获得者、美国国家科学院院士、哈佛大学教授杰克·绍斯塔克（Jack W. Szostak）来访，作题为《生命起源与达尔文进化论的诞生》的演讲；6月3日，2006年诺贝尔经济学奖获得者、哥伦比亚大学资本主义与社会研究中心主任、我校经济管理学院名誉教授埃德蒙德·菲尔普斯（Edmund S. Phelps）来访，作题为《社团主义与工作满意度》的演讲；9月20日，1976年诺贝尔物理学奖获得者、美国麻省理工学院教授丁肇中来访，作题为《我所经历的物理实验——介绍我的五个实验及体会》的报告；9月25日，1997年诺贝尔经济学奖获得者、美国麻省理工学院教授埃罗伯特·默顿（Robert C. Merton）来访，作题为《应对退休

融资的全球挑战》的演讲；12月11日，2001年诺贝尔经济学奖获得者、美国斯坦福大学和纽约大学教授迈克尔·斯宾塞（Michael Spence）来访，并作《关于世界经济发展趋势变化》的讲座。

（许亮　冯劲涛）

【举办中亚发展论坛】 6月22日，清华举办首届中亚发展论坛。该论坛与新疆大学合办，以“后危机时代的中亚：转型与建构”为主题，研讨中亚国家政治稳定、中亚国家政治经济转型、中亚地区的安全及发展等24个议题，与会人员普遍认为，要进一步提升中国与中亚地区经贸与安全合作的发展水平，为构筑中国稳定的“大周边”、实现中国西部地区的跨越式发展打造良好的外部环境。国内院校、研究所专家学者70人参加论坛。

（许亮　冯劲涛）

【调整部分院系设置】 7月10日和12月27日，清华调整部分院系设置。7月10日，成立人文学院和社会科学学院。人文学院下设中国语言文学系、外国语言文学系、历史系、哲学系。社会科学学院下设政治学系、国际关系学系、社会学系、心理学系、经济学研究所、科技与社会研究所。原人文社会科学学院撤销，相应行政、后勤、离退休人员等工作按照新的学院建制调整。12月27日，成立新的机械工程系，简称机械系，由原机械工程系机械学科部分和原精密仪器与机械学系机械学科部分组成；成立精密仪器系，简称精仪系，由原精密仪器与机械学系仪器与光学学科组成，同时撤销精密仪器与机械学系建制；成立材料学院，由原材料科学与工程系及原机械工程系材料学科组成，同时撤销材料科学与工程系建制。

（许亮　冯劲涛）

【举办技术促进教育变革国际会议】 8月10至12日，清华举办首届技术促进教育变革国际会议。会议以“技术促进教育变革”为主题，研讨促进教与学的新兴技术、构建教学环境的创新方法、虚拟学习和灵活学习、信息社会与文化四个方面问题。来自中国、美国、俄罗斯等国专家学者200人参加会议。

（许亮　冯劲涛）

【首次招收工程博士生】 8月，清华首次招收工程博士生。该校在能源与环保、先进制造、电子与信息三个领域，首次面向与该校有国家重大专项合作单位的工程技术及工程管理人员招收14名工程博士生。新招博士生专业依托国家重大科技专项，校企合作共同制定多学科交叉为特色的培养方案，学制3至5年。

（许亮　冯劲涛）

【牵头组建2个协同创新中心】 9月3日和11日，清华组建或参与组建2个协同创新中心。9月3日，该校牵头组建先进核能科学技术协同创新中心，以人才、学科、科研三位一体创新能力提升为核心任务，加快资本、信息、成果、仪器设备等创新要素的整合，释放创新活力，形成有利于核能科学技术协同创新和解决国家重大需求的长效机制，瞄准国际发展前沿提前部署，实现“国家急需、世界一流”的战略目标。9月11日，该校牵头组建公共安全协同创新中心，针对公共安全突发事件的预防与救援环节，通过研究开发特异危险物质检测与监控的技术和装备、应急现场监测与处置的技术和装备、城市突发事件预警与决策的技术和系统等，全面提升中国公共安全预防与应急的成套化装备能力。年内，该校还参与量子物质科学协同创新中心、新型功能材料科学协同创新中心、水安全与水科学协同创新中心、全球变化与可持续发展协同创新中心、替代石油路线大型化工过程与装备技术协同创新中心、无线通信技术协同创新中心等的培育工作。

（许亮　冯劲涛）

【图书馆建馆100周年】 11月2日，

清华图书馆建馆100周年。该图书馆前身为1912年建立的清华学校图书室，1919年更为现名。自20世纪90年代以来，图书馆确立“建设研究型、数字化、开放式的世界一流大学图书馆”的奋斗目标，在文献资源、基础设施建设方面跨上新的台阶，实现基于网络计算机环境的新型服务模式。已相继建成经管图书馆、法律图书馆、建筑图书馆、美术图书馆、医学图书馆、人文社科图书馆等6个专业图书馆，设置阅览座位3400余个，实行开放式借阅一体化服务，每天24小时不间断地提供网络信息服务，实体馆藏总量近420万册（件），文摘索引类二次文献已基本覆盖学校现有学科，中、外文学术性全文电子期刊逾6.50万种。

（许亮　冯劲涛）

【成立医学院基础医学系和药学系】 11月10日，清华成立医学院基础医学系、药学系。基础医学系按照转化医学的发展趋势，布局安排膜蛋白与重大疾病、表观遗传与癌症、肝细胞与再生医学、神经科学与疾病、免疫与传染病等五个重点方向。药学系定位于应用基础研究，按照新药研发多学科国际化的思路，联合化学系、生命学院、材料系等院系的相关学科，重点在药物化学、肿瘤药理学、离子通道与痛觉药理学、药物制剂及药物递送、药物代谢与毒理以及实验教学等六个平台开展工作。

（许亮　冯劲涛）

【召开纳连接和微连接国际学术会议】 12月2至5日，清华召开首届纳连接和微连接国际学术会议。会议研讨微纳尺度器件的连接集成，植入式医疗器件的微连接组装，纳连接和微连接机理与理论及材料科学问题，纳连接和微连接新方法及其挑战和创新等问题。来自国内外专家学者近120人参会。

（许亮　冯劲涛）

【纪念马约翰诞辰130周年】 12月

8至9日，清华纪念马约翰诞辰130周年。纪念活动与厦门市政府合办。马约翰（1882～1966），中国体育事业的开拓者，中国近代体育教育的奠基人，为中国体育事业做出杰出贡献，被誉为“中国体育界的一面旗帜”。马约翰生于福建省厦门市鼓浪屿，1911年毕业于上海圣约翰大学，上大学期间曾获得旧中国第一届全运会冠军。1914年到清华任教，1920年开始担任清华体育部主任，直至1966年去世。1949年前曾任远东奥林匹克运动会选拔委员会委员，田径委员会主席并兼任足球、运动法委员会委员和全国选手总教练，1949年后先后任中华全国体育总会副主席、主席，国家体委委员，全国人大代表，全国运动会总裁判长等职务。

（许亮　冯劲涛）

【接待6名政要来访】 至12月，清华

接待6位国家前政要或国际组织前首脑来访。3月23日，接待印度尼西亚共和国总统苏希洛·班邦·尤多约诺；3月28日，接待爱尔兰共和国总理恩达·肯尼；5月4日、12月26日，两次接待澳大利亚前总理陆克文（Kevin Rudd）；5月16日，接待墨西哥前总统比森特·福克斯·克萨达（Vicente Fox Quesada）；5月26日，接待日本前首相鸠山由纪夫；7月6日，接待欧盟理事会前秘书长兼共同外交与安全政策高级代表哈维尔·索拉纳·马达里亚加（Javier Solana Madariaga）。

（许亮　冯劲涛）

【学生参加竞赛获奖】 至12月，清华师生参加6项比赛取得好成绩。其中，6月17至20日，获国际大学生超级计算机竞赛总冠军；6月18日，获大学生可持续发展大赛冠军；7月28日，易思玲获伦敦奥运会10米气

步枪金牌；11月8日至12月15日，美术学院师生作品《荷韵》获第七届国际纤维艺术双年展金奖；11月25至28日，获“挑战杯”中国大学生创业计划竞赛金奖；12月29日，获第二届华北五省市自治区大学生人文知识竞赛冠军。

（许亮　冯劲涛）

【在《自然》《科学》上发表8篇论文】 至年底，清华师生作为第一作者在《自然》《科学》共发表8篇高水平学术论文（不含评论文章）。其中，1月5日，医学院教授颜宁、生命科学学院教授施一公与美国普渡大学研究组合作在《科学》在线发文，报道转录激活因子样效应（TALE）蛋白特异识别脱氧核糖核酸（DNA）的分子机理；3月1日，施一公研究组与北京大学研究组合作，在《自然》在线发表题为《Structural basis of ultraviolet — B perception by UVR8》的论文，解析植物拟南芥感受紫外线B波段（280～315 nm）的光受体UVR8的晶体结构，并对其感光机理做出解释；3月11日，施一公研究组在《自然》在线发表题为《谷氨酸：γ－氨基丁酸反向转运蛋白GadC的结构与功能机理》（Structure and mechanism of a glutamate－GABA antiporter）的论文，报道大肠杆菌谷氨酸：γ－氨基丁酸（GABA）反向转运蛋白（GadC）的晶体结构，并结合生化实验提出GadC转运底物的可能机制；4月15日，生命科学学院博士生冯锋在《自然》在线发表题为《A Xanthomonas uridine 5’－mono-phosphate transferase inhibits plant immune kinases》的文章，揭示野油菜黄单胞菌III型效应蛋白AvrAC攻击植物免疫系统、增强细菌毒性的生化和分子机理；4月27日，生命科学学院教授俞立课题组在《科学》在线发表题为《乙酰化在细胞自噬过程中的功能和分子机制的研究》（Function and molecular mechanism of acetylation in autophagy regulation）的论文，报道组蛋白乙酰化酶Esa1以及去乙酰化酶Rpd3通过调节自噬发生关键蛋白Atg3的乙酰化水平实现对自噬过程的动态调控；5月21日，颜宁研究组在《自然》在线发表题为《电压门控钠离子通道细菌同源蛋白的晶体结构》（Crystal structure of an orthologue of the NaChBac voltage－gated sodium channel）的论文，报道电压门控钠离子通道细菌同源蛋白NavRh的晶体结构及其功能性质和工作机理，这是世界上首次解析出处于灭活构象（inactivated conformation）的电压门控离子通道的结构，也是首次发现钠离子通道中的抑制离子结合位点；10月18日，颜宁研究组在《自然》发表题为《Crystal structure of a bacterial homologue of glucose transporters GLUT1－4》的论文，报道人的葡萄糖转运蛋白GLUT1－4在大肠杆菌中的同源蛋白XylE的晶体结构及其工作机理；10月21日，生命学院、清华大学－北京大学生命科学联合中心杨茂君研究组在《自然》在线发表题为《线粒体II型NADH脱氢酶的结构与功能》（Structural insight into the type－II mitochondrial NADH dehydrogenases）的论文，首次报道二型NADH－泛醌氧化还原酶Ndi1的晶体结构、功能和工作机制。

（许亮　冯劲涛）

【成立8个研究机构】 至年底，清华成立8个研究机构。3月31日，与首都精神文明建设委员会共建首都精神文明建设研究基地；4月19日，与中国科学院共建科学与社会协同发展研究中心；5月12日，与中国医疗产业投资集团合作成立医院管理研究院；9月10日，成立量子科学与技术研究中心；9月18日，与北京市科学技术委员会合作建设创新成果产业化基地；9月19日，与人人公司联合成立中国首家社会化媒体研究中心；11月30日，共建国家蛋白质科学基础设施—北京基地；12月13日，成立医学中心；12月29日，成立基础分子科学中心。

（许亮　冯劲涛）

【与多所名校启动合作项目】 至年底，清华与多所知名高校启动合作项目。2月9日，与加拿大阿尔伯塔大学签署“清华大学—阿尔伯塔大学中加能源与环境研究与教育协议”，在能源、环境以及基础设施建设等领域开展科学研究、技术研发、科研成果产业化、人才培养、人员交流等实质性合作。7月7至8日，与韩国科学技术院（KAIST）、东京工业大学签署亚洲校园项目合作意向书，实施由中日韩三国政府主导推进的“亚洲校园”（CAMPUS Asia）项目中的3个试点项目（TKT亚洲校园项目，东北亚政策研究项目，培养东亚地区具有法律、政治理念共识的人才项目）。9月12日，与瑞典皇家工学院合作启动虚拟校园（C－Campus）项目。该项目利用云技术（Cloud），借助网络平台（Cyber），通过深度合作（Cooperation），实现跨文化、跨学科、跨国界（Cross）的实时交流，为创新型人才培养和科研创新（Creativity）提供新型国际化支撑平台。作为试点，双方共建首个C－Campus即C－campus@Tsinghua－KTH，促进两校在课程教学、科学研究、学生活动和科技创新等方面实现以实时相视的同步交流互动为特征的深度合作。10月30日，与美国伯克利加州大学签订合作协议，合作开展科研、人员与文化交流合作，协议有效期5年。

（许亮 冯劲涛）

北京交通大学

党委书记 曹国永
校　　长 宁滨

【概　况】 2012年，北京交通大学占地面积66.81万平方米，建筑面积84.07万平方米。固定资产总值277245.91万元，其中，教学、科研仪器设备资产值80512.85万元。图书馆建筑面积16357平方米，藏有纸质图书171.49万册，电子图书248.9万册。全年教育经费投入198102万元，其中，国家拨款87334万元、自筹经费110768万元。学校信息化经费投入1358万元，拥有计算机12296台，多媒体教室座位23000个，信息化设备资产34328.72万元，网络信息点数40000个，校园网出口总带宽1400Mbps，电子邮件系统用户数66219个，上网课程657门，数字资源量48000GB，管理信息系统数据总量5.80GB。下设14个直属院（系），36个系；开设本科专业51个，覆盖8个学科门类和33个一级学科，一级学科博士点20个，博士学位授权点98个，硕士学位授权点170个，10类专业学位授权点；博士后流动站15个，其中，博士后研究人员出站42人、进站53人和在站139人。2个一级学科国家重点学科、2个二级学科国家重点学科，5个一级学科北京市重点学科、6个二级学科北京市重点学科、2个交叉学科北京市重点学科，4个铁道部重点学科。国家重点实验室1个，国家工程实验室2个、国家工程研究中心1个。教职工2852人，其中，专任教师1741人，包括教授379人、副教授698人；博士生导师319人、硕士生导师1123人；中科院院士4人、工程院院士8人。“长江学者奖励计划”特聘教授6人、国家有突出贡献专家5人、享受政府特殊津贴专家162人；外籍教师5人，均为教授。毕业生32149人，其中，学历教育学生中全日制研究生2930人（博士生237人、硕士生2693人），普通本专科生3817人（本科生3358人、专科生459人），成人教育本专科生3194人（本科生2105人、专科生1089人），网络教育本专科生21484人（本科生7805人、专科生13679人）；非计划招生高等教育学生中在职人员攻读硕士学位724人。本科就业率98.4%，研究生就业率98.9%。招生40561人，其中，学历教育学生中全日制研究生3333人（博士生418人、硕士生2915人），普通本专科生3916人（本科生3460人、专科生456人）、成人教育本专科生3684人（本科生2445人、专科生1239人），网络教育本专科生27683人（本科生9508人、专科生18175人）；非计划招生高等教育学生中在职人员攻读硕士学位1945人。高考北京地区提档线理科575分，文科560分。在校生92281人，其中，学历教育学生中全日制研究生9042人（博士生2393人、硕士生6649人），普通本专科生15143人（本科生13817人、专科生1326人），成人教育本专科生8116人（本科生5594人、专科生2522人），网络教育本专科生54691人（本科生17874人、专科生36817人）；非计划招生高等教育学生中在职人员攻读硕士学位5289人。留学生毕业228人，招生407人，在校751人。网址：www.bjtu.edu.cn。

（高杰）

【2项成果获国家科学技术奖】 2月14日，北京交大2项成果获国家科学技术奖。高自友教授主持完成的“基于行为的城市交通流时空分布规律与数值计算”项目获得国家自然科学奖二等奖，韩冰教授参加完成的“水下无封底混凝土套箱建造技术”项目获得国家技术发明奖二等奖。

（高杰）

【召开第十次党代会】 4月5至7日，中共北京交大第十次代表大会召开。会议审议通过第九届党委和纪委工作报告，选举产生学校新一届党委和纪委，明确今后五年的主要任务，确定到本世纪中叶，把北京交通大学初步建设成为特色鲜明世界一流大学的奋斗目标以及“三步走”战略。大会实施党代表任期制和提案制，收到代表提案51件，经审查立案17件。该校党代表256人参加会议。

（高杰）

【举办培养国防生工作十周年庆祝活动】 4月28日，北京交大举办培养

国防生工作十周年庆祝活动。活动由庆祝大会、成果展览、国防生科技创新项目成果展示组成。来自北京军区、北京卫戍区驻京国防生签约高校以及该校师生代表1200人参加活动。

北京交大自2002年开始招收国防生，共计培养902人，向部队输送7批548人，为北京军区培养干部研究生208人。培养对象在校期间有112人次在各类国家级比赛中获奖，116人次受到省部级以上表彰，毕业生有27人次荣立二、三等功，成为部队骨干力量。

（高杰　张先睿）

【成立学生社团联合会】　5月20日，北京交大成立学生社团联合会。该校社团联合会由校党委领导、校团委指导，现有艺术文化、公益服务、科学实践等六大类80多个社团，联合会将通过引导、服务、管理的方式，加强对学生社团支持力度，引导并丰富广大学生的精神文化生活。

（高杰）

【成立美国孔子学院】　5月21日，北

京交大成立美国德克萨斯南方大学孔子学院。该学院由该校与美国德克萨斯南方大学合办，面向休斯敦大区的美国学生和社区居民，开展汉语教学交流活动。该院是该校在海外共建的第二所孔子学院。

（高杰　张先睿）

【幼儿园新园投入使用】　6月1日，北京交大幼儿园新园投入使用。该园建筑面积4250平方米，有12个标准教室、音体室，并配有食堂、卫生保健室。幼儿园还安装净化速热开水器，每个教室内还安装空气净化器。新园投入使用后，可招收幼儿420人入园学习。

（高杰）

【召开物流信息化与服务科学会议】　7月13日，北京交大召开物流、信息化与服务科学国际学术年会（LISS'2012）。会议研讨综合物流工程理论体系构建、低碳物流、物流信息化等问题。会议收到论文361篇，录用163篇。中国工程院院士徐寿波、英国雷丁大学教授刘科成（Kecheng Liu）和比利时鲁汶大学教授扬·芬提楠（Jan Vanthienen）进行大会特邀报告。来自全球12个国家和地区专家学者及学生200人参加会议。

（高杰）

【召开铁道工程关键技术国际学术会议】　7月20至21日，北京交大召开第二届铁道工程关键技术国际学术会议。北京市重大项目建设指挥部总工程师、美国伊利诺伊大学香槟分校铁路运输和工程中心主任、国家大学铁路中心主任等15名国内外专家、学者为大会作特邀学术报告，研讨线路规划、轨道结构、路基工程、地质勘察、工程测量、桥梁隧道等问题。会议收到学术论文176篇。来自铁道部科学研究院、北京铁路局、西南交通大学等国内政府部门、研究机构和相关高校专家学者180人参加会议。

（高杰）

【与西藏教育厅签订合作协议】　8月9日，北京交大与西藏自治区教育厅签订合作协议。根据协议，西藏教育厅将力促西藏大学等高校与北京交大开展校际合作，形成高校合作联盟；北京交大将每年及时调整对西藏地区的定向专业招生计划，使国家对西藏地区各类专项招生计划得以有效落实，开展自治区铁路发展急需的各类专门人才的在职培训，选派青年干部、教师、研究生到与北京交大形成高校合作联盟的西藏高校考察、锻炼和支教。

（高杰）

【成立轨道交通安全协同创新中心】

8月23日，北京交大牵头成立轨道交通安全协同创新中心。协作单位为西南交大、中南大学等轨道交通行业特色高校与行业院所和骨干企业。该中心致力于汇聚和建设轨道交通安全研究平台，开展轨道交通安全重要基础科学问题和重大装备关键技术问题研究，建立轨道交通安全保障科学技术体系。

（高杰　沈岩）

【新增1项中外合作办学项目】　10月26日，北京交大与加拿大滑铁卢大学合作举办纳米材料与技术专业本科教育项目获教育部批准。该项目引进并整合该校和加拿大滑铁卢大学的优质教育资源，培养掌握材料及新兴纳米科学技术领域学科前沿理论和实验技能、具有实践能力和创新精神、拥有全球视野并适应国际化竞争环境的高素质复合型国际人才。项目分三个阶段实施培养方案，第一阶段为第一、二年，学生在该校全日制学习，采用通识教育模式，加强人文、数理、计算机基础的系统训练，掌握学科的基本知识、基本理论和基本技能及方法，同时引进加方的语言和专业课程，提高学生语言技能和完成专业基础课学习；第二阶段为第三年，学生在滑铁卢大学全日制学习，采用个性化培养方式，掌握专业实际应用技能，如纳米材料化学与物理、纳米生物技术等方面的专门知识和相关技能；第三阶段为第四年，学生在该校全日制学习，采用个性化培养方式，同时完成毕业设计和毕业论文。该项目纳入国家普通高等学校招生计划，于2013年开始招生，每年计划招生60人。

（高杰）

【完成学校道路命名工作】　12月19日，北京交大完成校园13条主要道路命名工作。将东西走向道路分别命名为知行大道、银杏大道、梧桐大道、天佑大道；南北走向道路分别命名为：鲲鹏路、积秀路、传习路、思源路、京院路、明湖路、红果园路、芳华路、科苑路。

（高杰）

【实施学校文化建设专项规划】　12月21日，北京交大实施《北京交通大学文化建设规划（2012～2020年）》。该规划重点从强化社会主义核心价值体系教育、加强学风建设、繁荣发展哲学社会科学等8个方面着手，经过8年建设，全面提升学校文

化软实力，在精神、制度和物质文化建设各领域取得标志性成果，使该校文化建设进一步突显凝聚师生力量、推进学校发展。

（高杰）

【成立基础与交叉科学研究院】 12月26日，北京交大成立基础与交叉科学研究院。该研究院挂靠理学院，下设随机结构与数据科学研究中心、组合与优化研究中心、生命信息与交叉科学研究中心三个研究中心，开展基础科学和信息、管理、交通以及生命科学与生物工程的交叉融合领域研究工作。研究院研究人员由理学院、电信学院、计算机学院等学院科研人员组成。

（高杰）

【开通4G移动通信与轨道交通工程应用实验网】 12月28日，北京交大开通4G移动通信与轨道交通工程应用实验网。实验网由该校与电信运营商中电华通通信有限公司共建，采用4G移动通信技术，采用华为公司提供4G基站设备，可覆盖全校一至五公里的范围。该实验网与传统网相比具有更大的带宽，更高的稳定性、安全性、可靠性，可为用户提供更好的数字移动服务。

（高杰）

【新增4个省部级科研平台】 至年底，北京交大新增4个省部级科研平台。3月11日，北京社会建设研究院成立，研究院致力于分析社会诚信建设的重点难点问题，为北京社会建设提供决策建议和理论支持，并以此推进学校学科建设、人才培养和科学研究。5月23日，城市交通信息智能感知与服务北京市工程技术研究中心成立，中心面向新形势下中国城市智能交通信息服务领域的重大需求，立足北京、面向全国，产学研用一体化推进，为中国研发安全、畅通、高效的城市交通智能化管理与服务技术和系统，以及相关产业的发展提供支撑。7月20日，城市轨道交通北京实验室成立，实验室是在整合该校轨道交通控制与安全国家重点实验室、轨道交通运行控制系统国家工程中心等平台的基础上，依托该校交通信息工程及控制国家级重点学科，联合北京工业大学、北京轨道交通建设管理有限公司、北京地铁运营公司、北京交控科技有限公司共同组建。12月2日，北京人文交通、科技交通、绿色交通研究基地成立，基地以社会科学和自然科学两界协同创新为基本出发点，关注首都社会经济发展中急需两界合力解决的重大理论与现实问题，注重研究成果的转化应用，服务首都科学发展。基地建设周期为三年。

（高杰 沈岩）

北京工业大学

党委书记 王守法
校　　长 郭广生

【概　况】 2012年，北京工业大学占地面积79.48万平方米、建筑面积86.65万平方米。固定资产总值36.67亿元，其中，教学、科研仪器设备总值18.78亿元。全年教育经费投入179201.99万元，其中，国家拨款154493.37万元，自筹经费24708.62万元。图书馆建筑面积2.6万平方米，藏书181万册，电子图书13289GB。学校信息化经费投入2370.63万元，拥有计算机20863台，多媒体教室座位18782个，网络信息点30743个，校园网出口总带宽700Mbps，电子邮件系统用户40000个，上网课程678门，数字资源量4095GB，管理信息系统数据总量228.09TB。学校下设19个二级学院和体育教学部、激光工程研究院、固体微结构与性能研究所、循环经济研究院、高等教育研究所；开设本科专业53个；现有一级学科博士学位授权点18个，二级学科博士学位授权点1个；一级硕士学位授权点31个，二级硕士学位授权点3个；博士后流动站17个，其中，出站23人、进站57人、在站107人。国家重点学科3个，北京市重点学科21个，北京市重点建设学科18个。国家级产学研中心1个，国际合作研究中心1个，教育部工程研究中心2个，教育部重点实验室2个，省部共建重点实验室3个，北京市级科研基地21个，行业重点实验室3个。定期出版专业刊物2种。教职工3245人，其中，专任教师1525人，包括教授321人、副教授793人；博士生导师255人，硕士生导师1079人（含专业学位及学术学位硕士生导师）。外籍教师26人，其中，教授7人。享受政府特殊津贴专家25人，院士6人，“长江学者奖励计划”特聘教授8人，国家杰出青年基金获得者8人，中央层面“海外高层次人才引进计划”入选者10人，“北京海外人才聚集工程”入选者23人。毕业生7915人，其中，学历教育学生中全日制研究生1585人（博士生201人、硕士生1384人），普通本科生3020人，成人教育本专科生2673人（本科生1725人、专科生948人）；非计划招生高等教育学生中在职人员攻读硕士学位637人。本科生就业率95.86%，研究生就业率98.3%。招生8608人，其中，学历教育学生中全日制研究生1916人（博士生240人、硕士生1676人），普通本科生3283人，成人教育本专科生2636人（本科生1864人、专科生772人）；非计划招生高等教育学生中在职人员攻读硕士学位773人。高考北京地区提档线文科505分、理科516分。在校生29594人，其中，学历教育学生中全日制研究生5650人（博士生1008人、硕士生4642人），普通本科生12831人，成人教育本专科生7816人（本科生5469人、专科生2347人）；非计划招生高等教育学生中在职人员攻读硕士学位3297人。留学生毕业381人，招生647人，在校生803人。网址：www.bjut.edu.cn。

（周刚 江飒英 李四平）

【获批市国际科技合作基地】 1月12日，北工大生命学院药物研究所获批“北京市国际科技合作基地”。该基地由市科委认定，旨在引导企业和科研机构通过国际科技合作来提升自主创新能力，培育一批优秀的国际科技合作项目。基地以生命学院药物研究所为承担单位，主要开展病毒药理、药物合成、药物设计、生化分析等方面的综合研究，建立抗病毒药物研发的综合平台，拥有高通量筛选和纯化的各种技术，具有高端研究人才，是中国最早研究抗艾滋病药物的单位之一，并开展中药、天然药、化学合成药和疫苗等方面研究。

（刘玮）

【制定领导干部听课规定】 2月20日，北工大制定《北京工业大学关于领导干部听课的规定》。规定要求校领导、院（部、所）和职能部门副处级以上干部每学年至少听2次本科课程，听课后填写干部听课表，并反馈至教学质量办公室。教务处负责收集听课情况反馈并进行分析；党委组织部负责督促干部听课，听课情况列为年度考核内容。

（刘玮）

【陈彪雄逝世】 2月22日，北工大陈彪雄在北京逝世，享年97岁。陈彪雄，原名陈超雄，1915年出生于福建南安莲塘村，1939年，毛泽东将陈超雄名字改为陈彪雄，1946年以来，先后担任东北军政大学、中南军政大学、第四高级步兵学校、第一高级步兵学校指导员、副教导员、副政委、政委等职务，1955年调任中央军委工程兵司令部直属政治部主任（正师级），1965年担任北京水利水电学院党委第一副书记，1977年分别担任河北水利水电学院党委副书记和华北水利水电学院党委副书记。1983年离职休养，正局级。

（官姗姗）

【设立两个教师奖】 3月23日，北工大设立教学名师奖和优秀青年主讲教师奖。教学名师奖是学校为激励师德高尚、学术造诣深、教学水平高的教授投身于本科教学，特别是基础课的教学工作，充分发挥名师的示范带动作用所设置的奖项，每两年评选一次。优秀青年主讲教师奖是为激励广大青年教师积极钻研教学业务，不断提高教学水平，促进专业发展设置的奖项，每两年评选一次。该校首批21人获得教学名师奖，7人获得优秀青年主讲教师奖。

（刘玮）

【与通州法院共建法学实践教学基地】 5月8日，北工大与通州区人民法院共建法学实践基地暨法律援助志愿者服务站。法学实习实践教学基地和法律援助志愿者服务站将依托通州法院案件资料、审判实践和法官资源，为学校法学专业教师和学生提供贴近社会、参与实践、发挥专业特长机会，培养和增强学生的司法实务能力和专业素养。

（刘玮）

【成立三个研究基地】 5月9日和9

月17日，北工大成立三个研究基地。5月成立高校健康管理研究基地、中医药文化建设高校研究与实践基地。两个基地利用该校生命科学、信息技术等领域的技术优势，与中医药学会在医学技术与人才方面的软件优势相结合，在北京打造首个现代科技与传统中医文化相融合、科学研究与预防保健相结合的综合性平台。9月成立北京社会管理研究基地。该基地将立足北京、辐射全国，研究当前北京市社会管理中亟须解决的现实问题。基地有科研人员30人，其中，高级职称20人。

（刘玮）

【举办首届毕业歌会】 5月15日，北工大举办“工大圆我梦想、歌声载我起航”首届毕业歌会。歌会以追忆、感恩、畅想为主题，演出《不知不觉》《带着梦想起航》《想把我唱给你听》等24首歌曲。该校毕业生930人参加活动。

（刘玮）

【成立地方高水平大学发展战略研究中心】 6月6日，北工大成立地方高

水平大学发展战略研究中心。该中心将立足中国国情、北京市情以及高等教育和地方高水平大学的实际，针对地方高水平大学建设与发展中的相关理论与实践问题开展相应的研究工作。中心有科研人员20余人，其中，高级职称17人。

（刘玮）

【主办犯罪学高层论坛】 6月9至10

日，北工大与中国政法大学联合主办第五届犯罪学高层论坛。论坛以“要案会诊”为主题，以个案和要案为切入点、注重实证分析，探索个案要案背后深层次原因和规律。来自中国社科院、北京大学、司法部预防犯罪研究所等20所科研院所、高校专家学者70余人参会研讨。

（刘玮）

【举办市残疾人社会组织建设论坛】 6月15日，北工大举办首届北京市残疾人社会组织建设论坛。论坛以“参与、分享、共进”为主题，采取专题报告、交流经验的形式，研讨残疾人社会组织建设发展中存在的问题。其间，北京市残疾人社会组织研究中心揭牌，该中心隶属北工大，开展残疾人社会组织建设研究。来自民政部、北京市残联等部门领导以及部分高校专家学者230余人参加论坛。

（刘玮）

【成立北京都柏林国际学院】 7月2日，北工大成立北京—都柏林国际学院。该院为该校下属非独立法人地位的合作办学机构，实施本科学历教育，纳入全国普通高等学校招生计划，按照国家有关规定录取招生，并根据本科学制进行培养，学制4年。北工大为北京—都柏林国际学院毕业生颁发北工大学位证书。同时，满足相关学术标准的学生，由爱尔兰国立都柏林大学授予相应学位。

（刘玮）

【举办当代中国学国际论坛】 8月8至

9日，北工大举办当代中国学国际论坛。该论坛以“中国未来的发展——社会建设与社会治理”为主题，设5个分论坛、2个博士研究生论坛、1个特别会议及2个圆桌会议，研讨中国发展道路和发展模式，民族国家走向现代化的途径，人类对社会发展规律和道路的认识等问题。来自欧洲、美洲、亚洲、大洋洲等10余个国家和地区的专家学者200人参加论坛。

（刘玮）

【成立首都世界城市顺畅交通协同创新中心】 9月2日，北工大成立首都世界城市顺畅交通协同创新中心。该中心由该校联合北京交通大学、清华大学、北方工业大学、北京建筑工程学院、北京市交通委员会、北京市公安局公安交通管理局、交通运输部公路科学研究院、北京城市排水集团有限责任公司、北京市政路桥建设控股（集团）有限公司共9家单位共同建立，开展城市交通领域研究，为治理交通拥堵、确保交通顺畅提供技术支撑。

（刘玮）

【开设新生研讨课】 9月3日，北工大设立新生研讨课。研讨课旨在帮助本科新生实现适应性转变和学术性转变，在每个专业开设不少于1学分课程。研讨课是由知名教授专门为全校大一新生开设的小班专题讨论课程，授课方式以教师引领、学生主动探究为主。课程的内容是能够激励并开阔学生知识视野的专题，通过激发求知欲、好奇心和研究兴趣，逐步培养学生自主学习、探究问题和研究问题的精神，形成创新思维的能力。

（刘玮）

【设立新生奖学金】 9月6日，北工大设立新生奖学金。该奖学金以高考成绩为基础，综合文科和理科、京内和京外及英语和数学单科成绩等情况，在新生中评选出30名新生奖学金获得者，其中，一等奖10人，二等奖10人，数学单项奖和英语单项奖各5人。

（刘玮）

【新增两个博士后科研流动站】 9月19日，北工大新增两个博士后科研流动站。新增流动站由人力社保部、国家学位委员会批准，为“统计学”和“软件工程”两个学科。至此该校有博士后科研流动站17个，覆盖工学、理学、管理学3个学科门类的17个一级学科。

（刘玮）

【召开生态环境材料与技术国际学术研讨会】 10月21至23日，北工大召开首届生态环境材料与技术国际学术研讨会。会议以“材料可持续发展”为主题，研讨环境材料、加工技术与相关的评价方法在绿色制造、绿色消费的社会背景下的重要性问题。来自日本、美国、加拿大等知名研究机构的材料领域专家学者，国内相关部门领导及北工大师生共300人参加会议。

（刘玮）

【启动服务质量评价系统】 10月22日，北工大启动服务质量评价系统。该系统将窗口行业的服务质量评价体系引入高校机关管理，以信息化手段促进教育现代化建设。系统借助信息化方式，通过评价器打分，对机关、后勤、教辅等工作人员的服务态度、服务行为进行评价。系统一期建设在财务处财务窗口、图书馆服务前台、信息处一卡通服务大厅、后勤管理处公积金办公室、售电办公室等处共部署18个服务质量评价点位。

（刘玮）

【发布本科教学质量报告】 11月19日，北工大发布《北京工业大学本科教育质量报告（2011）》。报告的内容体例遵循当前专业认证质量保障模式，以“成果导向”为标准、以“持续改进”和“实质等效”为目标，采用定性与定量相结合的方法，运用政府与社会第三方调查所形成的数据及评估报告，包括本科教育概况、学生、师资与办学条件、教学建设与改革、质量保障体系、学生学习效果、特色与发展和需要解决的问题及主要对策七部分。

（刘玮）

【召开推进国际化进程工作会议】 11

月23至24日，北工大召开推进国际化进程工作会议。会议以“加快推进学校国际化进程，努力建设国际知名、有特色、高水平研究型大学”为主题，邀请相关专家作题为《开拓新思路开创新局面全力推进学校国际化向纵深发展》和《大力推进国际化发展战略，全面建设国际知名、有特色、高水平大学》专题报告，研讨高等教育的国际化和学校推进国际化发展战略问题。来自教育部、市教委以及国内高校领导、专家学者600人参加会议。

（刘玮）

【“211工程”三期建设获国家奖励】 12月19日，北工大“211工程”三期建设获得国家奖励。该奖励由教育部、国家发改委、财政部联合颁发，奖励资金1360万元，同时北京市配套奖励资金1360万元。该校“211工程”三期建设于2008年10月立项，主要建设任务包括重点学科建设项目、创新人才培养项目、队伍建设项目、“数字工大”建设项目和图书文献保障体系建设项目。

（刘玮）

北京航空航天大学

党委书记 胡凌云
校　　长 怀进鹏

【概　况】 2012年，北京航空航天大学占地面积220.53万平方米，学校产权建筑面积148.07万平方米。固定资产总值614352万元，其中教学、科研仪器设备资产值168083万元。图书馆建筑面积26983平方米，藏书268万册（纸质图书），电子图书9269.20GB。全年教育经费投入162621.34万元，其中，国家拨款124579.73万元、自筹经费38041.61万元。学校信息化经费投入950万元，拥有计算机27975台，多媒体教室座位32246个，信息化设备资产53196万元，网络信息点42900个，校园网出口总宽带3300Mbps，电子邮件系统用户74558个，上网课程351门，数字资源23819.20GB，管理信息系统数据总量57.50GB。学校现有学院27个，本科专业59个，硕士学位授权一级学科点38个，硕士学位授权二级学科点（不含一级学科覆盖点）3个，博士学位授权一级学科点21个，博士学位授权二级学科点（不含一级学科覆盖点）1个。学科涵盖理、工、文、法、经济、管理、教育、哲学、医学、艺术学等10个门类。博士后流动站17个，其中，博士后研究人员出站86人、进站101人和在站199人。国家重点一级学科8个，国家重点二级学科28个、北京市重点学科10个；国家实验室2个、国家级重点实验室8个（含国家重点学科点专业实验室3个），省部级重点实验室42个，国家级工程中心2个以及省部级工程中心7个。学校现有教职工3759人，其中，专任教师2236人，包括教授538人，副教授825人；博士生导师580人和硕士生导师1160人；中科院院士5人、工程院院士12人；“长江学者奖励计划”特聘教授41人；国家有突出贡献专家30人；享受政府特殊津贴专家67人；国家杰出青年基金获得者31人；新世纪优秀人才140人。国家级教学名师奖3人，国家自然科学基金委创新研究群体4个，教育部创新团队11个，国家级教学团队5个，国防科技创新团队6个。毕业生18029人，其中，学历教育学生中全日制研究生3144人（博士生590人、硕士生2554人），普通本科生2960人，成人教育本专科毕业生1553人（本科生854人、专科生699人），网络教育本专科毕业生8363人（本科生4319人、专科生4044人）；非计划招生高等教育学生中在职人员攻读硕士学位2009人。本科毕业生就业率98%。招生38060人，其中，学历教育学生中全日制研究生3804人（博士生753人、硕士生3051人），普通本科生3836人，成人教育本专科1225人（本科生948人、专科生277人），网络教育本专科生26215人（本科生9224人、专科生16991人）；非计划招生高等教育学生中在职人员攻读硕士学位2980人。高考北京地区提档线文科525、理科609。在校生80881人，其中，学历教育学生中全日制研究生12503人（博士生3904人、硕士生8599人），普通本科生14428人，成人教育本专科3167人（本科生2392人、专科生775人），网络教育本专科生40286人（本科生17059人、专科生23227人）；非计划招生高等教育学生中在职人员攻读硕士学位9436人。留学生毕业283人，招生623人，在校生1061人。网址：www.buaa.edu.cn。

（赵轶姝）

【首届中法工程师学院学生毕业】　1

月7日，北航首届中法工程师学院学生毕业。该院首届毕业生73人获得北航硕士学位及法国工程师职衔委员会和欧洲工程教育体系认证的工程师证书。中法工程师学院成立于2005年4月，2010年通过法国和欧洲工程师职衔委员会的认证，学院受到中国和法国认可。

（毕娟）

【成立能源与环境国际中心】　2月13日，北航成立能源与环境国际中心。该中心由能源与动力工程学院牵头联合校内10个学院和3个系组成，包括院士3人、长江学者2人、教育部新世纪优秀人才7人，教授49人、副教授47人及外籍专家7人。中心在科技部、中国民航局的支持下，开展航空替代燃料、风能、太阳能等领域的关键技术研究。中心与普渡大学、麻省理工大学、牛津大学等建立合作关系，在英国、丹麦、美国设有分中心。

（毕娟）

【5项成果获国家科学技术奖】　2月

14日，北航5项成果获2011年国家科学技术奖。其中，自然科学奖1项（合报项目），技术发明奖2项（均为主报项目），科技进步奖2项（主报项目1项，合报项目1项）。北航主报获奖项目分别为陈懋章院士主持的某项目（专用项目）获得国家技术发明二等奖，李波教授主持的某项目获得国家技术发明二等奖，曹先彬教授主持的“中国民航飞行运行监控系统关键技术及应用”项目获国家科技进步二等奖。

（毕娟）

【“211工程”三期建设项目通过验收】　3月23日，北航“211工程”三期建设项目通过工信部验收。该校从“211工程”三期建设概况、完成情况、总体成效、标志性成果、建设经验、后续思考六个方面进行总结汇报。评审专家对北航“211工程”三期建设项目及其13个子项目的总结报告、校内验收意见和审计报告进行审阅，同意通过验收。

（毕娟）

【举办高级人才定制班】　3月29至30日，北航与中航工业发动机公司举办航空发动机工程硕士研究生高级人才定制班。首届定制班招生40人，根据企业对航空发动机专业各方向人才的需求，培养迅速适应工作岗位要求的专门人才。授课教师汇集国内发动机行业的教授、工程师和型号总师，结合企业实践，从发动机设计和系统出发设置课程。学生分成小组，完成理论课程的学习后到企业实习和完成论文课题研究，实现对学生个性化培养。

（毕娟）

【召开交叉学科研讨会】 3月31日至4月1日，北航召开交叉学科研讨会。会议与中科院数学所合办，以“数学与空天技术、信息科学、生物医学、统计与经济金融领域的交叉研究”为主题，包括7个大会报告、23个分组报告，研讨数学与航天技术领域的交叉研究、数学与信息科学的交叉研究、数学与生物医学领域的交叉研究、数学与经济金融领域的交叉研究四方面问题。中科院研究人员和该校教师100人参加会议。

（毕娟）

【与8家航空单位签约合作】 3至10月，北航与8家航空单位签署合作协议。其中，与中航工业燃气涡轮研究院协议规定，双方创建航空发动机高级人才班，联合培养全日制工程硕士，并合作建立发动机工程实践教育中心，设立“624奖学金”。与中航工业空气动力研究院、中航工业沈阳飞机工业（集团）有限公司、沈阳飞机设计研究所（601所）签署博士研究生培养实践基地建设协议。与中国电子科技集团公司协议规定，双方在电子信息技术领域，特别是无人飞行平台及系统、航空电子系统和微小卫星等相关领域开展合作。与中国航空工业集团公司协议规定，双方围绕航空科学技术，特别是航空发动机、通用航空等重点领域开展科学研究和人才培养合作。与中国航天科工集团公司协议规定，双方联合申报、承担国家重大专项和科研项目，统筹条件保障建设，在核心技术领域联合申报国家级实验室或国家工程（技术）研究中心等创新平台，重点建设六个创新平台。与中国航天科技集团公司协议规定，双方共建航天科技协同创新研究院。

（毕娟）

【晨兴音乐厅落成】 5月15日，北航晨兴音乐厅落成。音乐厅可以开展音乐及文艺演出、文化讲堂及学术会议等活动。该音乐厅2009年10月开工，由王祖同、杨文瑛夫妇捐资2000万元及该校自筹2000万元建成，建筑面积5000平方米，共设观众席878座。

（毕娟）

【新增1个北京市重点实验室】 5月23日，北航新增1个北京市重点实验室。该实验室为经济管理学院联合计算机学院建立的城市运行应急保障模拟技术实验室，下设8个研究中心，以北京市应急保障需求为牵引，解决城市运行应急保障中的关键技术问题，为北京市政府和相关部门提供城市运行应急保障决策支持。实验室由实验室主任、学术委员会、责任教授组、行政办公室、技术研究组、应用开发组、产品推广组以及设备维护组等构成。有专职研究人员32人，兼职研究人员16人，包括1个国家自然科学基金创新研究群体，中国科学院院士1人，外籍院士1人，长江学者特聘教授1人，高级职称26人。

（毕娟）

【召开北航精神研讨会】 5月31日，

北航召开武光老院长百岁寿辰、曹传钧老院长九十寿辰暨北航精神研讨会。会议为两位老院长祝寿，共同探讨北航精神的内涵。两位院长回顾20世纪五六十年代北航发展中的往事和当年武光老院长总结的“艰苦朴素、勤奋好学、全面发展、勇于创新”的北航校风。该校老领导、院士以及师生代表交流北航精神。该校领导、师生代表50人参加会议。

（毕娟）

【怀进鹏被授予法国国家荣誉军团骑士勋章】 6月7日，北航怀进鹏院士被授予法兰西国家荣誉军团骑士勋章。法国荣誉军团勋章是法国政府颁发的最高荣誉勋章，1802年由拿破仑设立，是法兰西军事和平民荣誉的象征，经法兰西共和国总统签署命令授予。此次授予是表彰怀进鹏为中法教

育、科技合作做出的贡献，尤其在推动中法高等院校合作、创新中法科研合作模式等方面起到的重要作用。怀进鹏，北航校长，中国科学院院士，长期从事软件与理论、网络化软件系统技术领域研究，主持和实施多项国家重大科研项目。

（毕娟）

【蔡开泉入选中国大学生年度人物】 6月20日，北航电子信息工程学院博士生蔡开泉当选“2011中国大学生年度人物”。该评选由人民网和大学生杂志社主办，全国共有10人当选。蔡开泉，福建莆田人，2000年考入北航，2004年进入民航数据及新航行系统重点实验室，攻读交通信息工程及控制专业硕士学位，2006年提前攻读博士学位，从事民航空域运行监视与控制方向的研究。获得2009年度国家技术发明奖一等奖署名获奖人（排名第五，学生排名第二），2011年度国家科技进步奖二等奖署名获奖人（排名第三，学生排名第一）。

（毕娟）

【与三家政府机构签订合作协议】 8月和10月，北航分别与海淀区政府、市科委和广西壮族自治区政府签订合作协议。与海淀区政府协议规定，双方建立高层联席会议制度，组建协调工作小组，根据需要不定期召开会议，研究解决合作过程中的重大事项。与市科委协议规定，双方发挥北京政策优势和北航科技人才优势，围绕航空航天、信息技术、装备制造等重点合作领域，开展技术创新平台建设、科技创新和成果转化，调动多渠道资金投入支持，推动政产学研协同创新。与广西政府协议规定，双方推进产学研合作战略，推进重大科研成果的转化和应用。

（毕娟）

【举办国际航空航天工程教育论坛】 9月8至9日，北航举办首届国际航空航天工程教育论坛。论坛以“航空航天高等工程教育创新”为主题，研讨航空航天高等工程教育的创新和发展问题。来自美国、英国、中国等世界著名大学航空航天学院院长和专家学者70人参加论坛。

（毕娟）

【成立国际交叉科学研究院】 9月10日，北航成立国际交叉科学研究院。该院依托国家“海外高层次人才创新创业基地”建设，拥有7000平方米办公科研用房，由学校交叉科学工作领导小组领导，行政虚体化运行，组建公共服务平台，享受学术特区政策，开展交叉科学和前沿科学领域研究。该研究院成立自然材料仿真研究中心、宇宙核物理交叉研究中心、大数据科学与工程国际研究中心、清洁能源系统与材料研究中心和国际介入医疗器械转化研究中心共5个研究中心。该校预期在5年的建设周期内，将投入3亿元以上，建设10个交叉研究中心，引进5至10名国际学术大师、5至10名中青年领军人才和50名左右杰出青年人才。

（毕娟）

【成立网络计算与信息处理技术协同创新中心】 9月28日，北航成立网络计算与信息处理技术协同创新中心。该中心由国家计算机网络应急技术处理协调中心与北航共建，围绕网络计算与信息处理技术领域的基础研究、关键技术研发和基础设施平台建设需求，开展共建研究中心、联合研发攻关、共同培养人才等方面合作。

（毕娟）

【幼儿园新园开园】 10月17日，北航幼儿园新园开园。扩建后的幼儿园新园占地面积10000平方米，建筑面积7000平方米，绿化面积2400平方米。新园开设25个班级，能够容纳幼儿700人。该园2011年5月开工建设，投资3000万元。

（毕娟）

【博物馆校史馆科技馆开馆】 10月21日，北航航空航天博物馆、校史馆、科技创新馆开馆。航空航天博物馆展区面积8300平方米，分为长空逐梦、银鹰巡空、神舟问天、空天走

廊4个展区。校史馆展示北航60年办学的风雨历程，客观记述学校重要历史时期在人才培养、科学研究、社会服务、文化传承创新等方面的成就和发展足迹。科技创新馆展示北航建校至今在科学研究方面取得的成果。

（毕娟）

【命名北航星】 10月25日，北航举办“北航星”命名活动。国家天文台经国际天文学联合会小天体命名委员会批准，将永久编号为09830的小行星命名为“北航星”，以肯定北航建校60年来为世界航空航天事业所做的贡献。这颗小行星于1995年10月25日在河北省兴隆观测站被发现。这是第八颗以中国高校名字命名的行星。该校为纪念命名，制作纪念雕塑，该雕塑主体高3.5米，采用锻铜材质。

（毕娟）

【召开北航建校60周年庆祝大会】

10月27日，北航召开建校60周年庆祝大会。大会由该校校长作题为《建设根植于中国的世界一流大学》的主题讲话，表示站在甲子之年，北航将开始第二次创业，奋发建设根植于中国的、具有空天信融合特色的世界一流大学。吴邦国、贾庆林、李长春、李克强、贺国强、周永康发来贺信，陈至立出席大会，工信部、总装备部、教育部、人力资源与社会保障部、市委、空军等各界代表共3000余人参会。该校成立于1952年，由当时的清华大学、北洋大学、厦门大学、四川大学等八所院校的航空系合并组建，是新中国第一所航空航天高等学府，现隶属于工业和信息化部，是一所具有航空航天特色和工程技术优势的多科性、开放式、研究型大学，为国家培育近15万名高素质人才。

（毕娟）

【成立中加社会科学中心】 10月27日，北航成立中加社会科学中心。该中心由该校与加拿大约克大学合办，依托双方的文科学科资源，开展学生交换、课程共建、虚拟教学、联合科研项目、学者互访、学术研讨会、暑期项目等多种形式的实质性工作。

（毕娟）

【曹晋滨当选国际宇航科学院通讯院士】 11月3日，北航曹晋滨当选为国际宇航科学院基础学部通讯院士。曹晋滨，1964年出生安徽芜湖，1981年考入中国科学技术大学，1989年在中国科学技术大学等离子体物理专业获硕士学位，1996年在法国图卢兹（Toulouse）第三大学获得空间物理学博士学位，获得2003年中国天文学会“纪念成中杰”奖、2004年美国宇航局星族（Cluster）卫星计划团队成就奖、2005年欧洲空间局星簇计划杰出贡献奖，2008年被法国授予图卢兹市荣誉勋章。主要研究方向是空间天气物理过程、空间环境效应研究、地球和行星空间环境探测新方法和新概念。现为宇航学院空间物理专业责任教授，博士生导师。

（毕娟）

【举办大使做客大讲堂系列讲座】 至

年底，北航举办大使做客北航大讲堂系列讲座。5月2日，芬兰驻华大使岚涛作题为“放眼世界，关注未来”讲座；5月3日，加拿大驻华大使马

大维作题为“中加合作·共同发展”的讲座；5 月 29 日，德国驻华大使施明贤作题为“中国与德国——携手共创 21 世纪”讲座；9 月 28 日，土耳其驻华大使埃森利作题为“土中关系及其在国际舞台上的影响”讲座；10 月 11 日，巴西驻华大使胡格内先生作题为“巴西与中国”的讲座；10 月 22 日，英国驻华大使吴思田作题为“透过奥运看英国”讲座。

（毕娟）

北京理工大学

党委书记 郭大成

校　　长 胡海岩

【概　况】 2012 年，北京理工大学占地面积 126.53 万平方米，学校产权建筑面积 123.64 万平方米。固定资产总值 402169 万元，其中，教学、仪器设备资产值 191931.15 万元。图书馆建筑面积 53552 平方米，藏书 234.20 万册，电子图书 84000GB。全年教育经费投入 309290 万元，其中，国家拨款 126581 万元、自筹经费 182709 万元。学校信息化经费投入 900 万元，拥有计算机 20031 台，多媒体教室座位 31927 个，信息化设备资产 58803.61 万元，网络信息点 32000 个，校园网出口总带宽 1000Mbps，电子邮件系统用户 52833 个，上网课程 70 门，数字资源量 200 万 GB，管理信息系统数据总量 9000GB。学校建有中关村校区和良乡校区，建有研究生院、基础教育学院，以及 19 个专业学院、继续教育学院、高等职业技术学院和秦皇岛分校；开设 64 个本科专业及覆盖 10 个学科；具有一级学科博士学位授权点 22 个，二级学科博士学位授权点 95 个；一级学科硕士学位授权点 38 个，二级学科硕士学位授权点 196 个，专业学位授权点 11 个；博士后流动站 19 个，其中，博士后研究人员出站 69 人、进站 27 人、在站 99 人。一级学科国家重点学科 4 个，二级学科国家重点学科 5 个，国家重点（培育）学科 3 个，国防特色学科 24 个，一级学科北京市重点学科 3 个、二级学科北京市重点学科 4 个、交叉学科北京市重点学科 2 个；国家重点实验室 1 个、国家重点实验室培育基地 1 个、国家工程实验室 1 个、国防科技重点实验室 3 个、教育部重点实验室 6 个、教育部工程研究中心 2 个、北京实验室 1 个、北京市重点实验室 11 个、北京市工程技术研究中心 4 个、国防重点学科实验室 3 个、教育部部门开放实验室 1 个、国防科技工业技术研究应用中心 1 个、国家级教学基地 3 个、国家级实验教学示范中心 2 个、北京市实验教学示范中心 11 个。教职工 3504 人，其中，专任教师 2005 人，包括正高级专业技术职务 478 人，副高级 992 人；博士生导师 510 人、硕士生导师 1446 人；中科院院士 5 人，工程院院士 9 人，发展中国家科学院院士 1 人，国际质量科学院院士 1 人。“长江学者奖励计划”特聘教授 20 人、讲座教授 4 人、国家级有突出贡献专家 17 人、享受国务院特殊津贴人员 242 人。外籍教师 30 人，其中，教授 5 人、副教授 1 人。毕业生 14483 人，其中，学历教育学生中全日制研究生 2939 人（博士生 375 人、硕士生 2564 人），普通本专科生 3352 人（本科生 2966 人、专科生 386 人），成人教育本专科生 2031 人（本科生 1525 人、专科生 506 人），网络教育本专科生 5495 人（本科生 2453 人、专科生 3042 人）；非计划招生高等教育学生中在职人员攻读硕士学位 666 人。本专科毕业生就业率 97.27%。招生 19093 人，其中，学历教育学生中全日制研究生 3605 人（博士生 644 人、学术型学位硕士 1920 人、专业学位硕士 1041 人），普通本专科生 4206 人（本科生 3799 人、专科生 407 人），成人教育本专科生 2253 人（本科生 1570 人、专科生 683 人），网络教育本专科生 8110 人（本科生 2715 人、专科生 5395 人）；非计划招生高等教育学生中在职人员攻读硕士学位 919 人。高考北京地区提档线理科 596 分，文科 528 分。在校生 72112 人，其中，学历教育学生中全日制研究生 11112 人（博士生 3037 人、学术型学位硕士 5845 人、专业学位硕士 2230 人），普通本专科生 15309 人（本科 14110 人、专科 1199 人），预科班 678 人，成人教育本专科生 6849 人（本科生 4968 人、专科生 1881 人），网络教育本专科生 31281 人（本科生 15831 人、专科生 15450 人）；非计划招生高等教育学生中在职人员攻读硕士学位 6883 人。留学生毕业 320 人，招生 344 人，在校生 663 人。网址：www.bit.edu.cn。

（史建伟）

【与 7 所境外高校签约合作】 1 至 9 月，北理工与 7 所境外高校签署合作协议。与香港城市大学签署合作协议和学术合作备忘录。与美国密西西比州立大学续签合作协议规定，双方进一步推进学生交流项目，深入开展在教学科研方面的合作。与加拿大萨斯喀彻温大学签订研究生培养奖学金协议，由萨斯喀彻温大学提供 3 个奖学金，供北理工学生前往该校学习。与加拿大萨省大学签约建立旗舰合作伙伴关系。与印度阿莱恩斯（Alliance）大学签订框架协议，正式结为合作伙伴，探索在宇航、软件、计算机和管理学科开设留学生全英文双学位培养工作。与澳大利亚斯威本科技大学签署校际合作协议及教师交换和学生交换协议。与迪肯大学签署两校合作谅解备忘录。

（史建伟）

【成立两化融合发展研究院】 4 月 6 日，北理工成立两化融合发展研究院。该研究院瞄准世界科技发展前沿，瞄准经济社会发展需要和国家重大战略需求，以支撑国家工业和信息化领域重大战略决策为主要目标，以国家两化融合重大战略课题为研究主题，以理论研究、技术支撑、人才培养和国际交流活动为载体，以构建推动国家两化融合工作的信息库、案例库、技术库、专家库为抓手，重点在

发展战略、关键共性技术、生产性服务业、信息安全等方面开展研究咨询和推广服务工作。该院挂靠在管理与经济学院，设立理事会和学术委员会，下设两化融合战略研究所、两化融合关键共性技术研究所、生产性服务业研究所、工业信息安全研究试验中心（所）、两化融合人才培训中心。

（史建伟）

【与两所国内高校签约合作】　5月11日和6月2日，北理工分别与北京电影学院和中国人民解放军理工大学签署合作协议。与电影学院协议规定，双方本着“优势互补、资源共享、互利共赢、协同创新”的原则，以协同创新中心为载体，构建协同和创新模式，大力推进深度融合和长期合作。与解放军理工大学协议规定双方在师资共建共享、高层次人才培养、科技创新等方面开展合作。

（史建伟）

【获批4个市重点实验室及工程技术研究中心】　5月23日，北理工获批3个北京市重点实验室和1个北京市工程技术研究中心。其中，毫米波与太赫兹技术北京市重点实验室依托信息与电子学院，以毫米波技术与系统应用、太赫兹关键器件技术及其系统应用和电磁预测理论与技术为主要研究内容；化学电源与绿色催化北京市重点实验室依托化工与环境学院，探索电化学与能源材料技术领域的新原理和新方法，以及拟在中温固体氧化物燃料电池、高能量二次化学电池、新型生物燃料电池、光电转化、烟气脱硝催化等领域进行基础研究工作；纳米光子学与超精密光电系统北京市重点实验室依托物理学院与光电学院，开展微纳光子学材料与器件中的各种光与物质相互作用理论和实验问题研究，以及新型纳米光电子原理设计、微纳光电子器件研发；北京市纤维素及其衍生材料工程技术研究中心依托材料学院，围绕生物医药食品级纤维素及其衍生材料研发与工程化、石油造纸建材等纤维素及其衍生材料研发与工程化、航空航天光电信息用纤维素及其衍生材料开发及应用推广、生产应用环节的环保节能等共性技术的研发与推广为主要研究方向。

（史建伟）

【1个教育部重点实验室建设项目通过验收】　6月29日，北理工“原子分子簇科学”教育部重点实验室建设项目通过验收。验收组由高校专家组成，听取该实验室基本信息、人才队伍建设、学科建设与人才培养、研究进展与科研成果、条件建设与配套支持、管理与运行机制等立项建设以来的工作情况汇报，实地考察实验室的建设情况，并与实验室人员进行现场交流和讨论。最后，专家组一致认为该实验室全面完成建设计划任务，同意通过验收。

（史建伟）

【获批4个实验教学示范中心】　8月17日和12月17日，北理工新获批1个国家级实验教学示范中心和3个工信部实验教学示范中心建设单位。其中，地面机动装备实验教学中心获批国家级实验教学示范中心。该中心成立于2007年，隶属机械与车辆学院；光电实验教学中心、自动化实验教学中心和信息系统及安全对抗实验教学中心获批工信部实验教学示范中心建设单位，建设周期2至3年。至此，北理工共有国家级实验教学示范中心3个，工信部实验教学示范中心建设单位3个。

（史建伟）

【与广西签署战略合作协议】　8月28日，北理工与广西壮族自治区政府签署“广西壮族自治区政府—北京理工大学战略合作协议”。根据协议，区校双方本着“优势互补、互惠共赢、共同发展”的原则，推动双方在产业项目、科技成果转化、科技交流、人才培养、决策咨询等全方位、多领域合作，发挥学校科技、人才和信息等方面的优势以及广西在区位、资源、生态、政策等方面的优势，推动双方合作取得实效。作为落实区校双方战略合作协议的具体措施之一，该校和广西玉柴机器股份有限公司签署战略合作协议，双方拟在车辆领域就科学研究、新产品开发、国家重大重点项目申报、人才培养、学术交流等方面全方位深入合作。

（史建伟）

【研保建设项目通过竣工验收现场审查】　10月25至26日，北理工两个研制条件保障建设项目通过北京市国防科工办竣工验收现场检查。验收委员会听取学校关于项目建设情况及建设成效的汇报，对综合管理、建设内容、计划财务进行现场审查，查阅有关文件资料，向有关人员询问项目建设的具体情况，对两个项目的建设成效予以肯定。根据国防科技工业固定资产投资项目竣工验收的有关规定，验收委员会一致同意学校两个建设项目通过竣工验收现场审查。本次验收的两个建设项目，新增设备共计26台套，其中，进口设备9台套，建设地点在中关村校区求是楼，共计完成改造面积221平方米。

（史建伟）

【两人获何梁何利基金科学与技术进步奖】　10月29日，北理工胡海岩院士、吴锋教授获得何梁何利基金科学与技术进步奖。胡海岩，从事与航空、航天科技相关的动力学与控制研究，曾获得2项国家自然科学奖二等奖、1项国家科技进步奖二等奖，培养3名全国优秀博士学位论文获得者；吴锋，中国镍氢电池研发和产业化的主要开拓者之一，发明含锂储氢合金及其制备方法，主持创建中国第一个镍氢电池中试基地，实现产业化关键技术的集成。至此，学校累计7人获得此项荣誉。

（史建伟）

【与中科院3个研究所签订育人协议】　10至12月，北理工与中科院生物物理研究所、化学研究所、应用数学研究所签订协同育人协议。其中，10月15日，与生物物理研究所签署协议，联合创办“贝时璋菁英班”；12月20日，与化学研究所签署协议，共建“化学菁英班”，共同探索科教结合、协同培养拔尖创新人才新模式；12月21日，与应用数学研究所签署协议，共建“应用数学菁英班”。

（史建伟）

【常熟研究院启用】　11月17日，北理工常熟研究院启用。常熟研究院于2010年9月由北理工与常熟经济开发区签约共建，2011年1月注册成立，依托北理工创新资源优势，主要从事学校和科技园的科技成果转化，技术和产业化转移工作。常熟研究院是该校建立长三角地区产学研合作基地的重点建设项目，引进“北斗卫星导航”“阻燃材料”“节能与环保”等产业化项目，建成华东地区最大的微波暗室，引进毛二可院士创新团队等一批高端人才到常熟创新创业，并与常熟理工大学在高端人才培养和产学研方面开展合作。

（史建伟）

【与二炮签订合作协议】 11月20日，

北理工与第二炮兵装备研究院签订合作协议。根据协议，院校双方将在科学研究、学科建设、人才培养、学术交流、技术开发、信息共享、装备研制领域开展合作。二炮装备研究院聘请王越院士、毛二可院士、汪顺亭院士、周立伟院士为“军队高层次科技创新人才工程”特聘专家，并担任二炮装备研究院第一研究所总工程师张旭荣等八位青年科技骨干的带教导师。

（史建伟）

【成立学位与研究生教育研究中心】 12月28日，北理工成立学位与研究生教育研究中心。该中心以“中国的问题、国际的视野，攻坚克难、追求卓越”为理念，设立学术委员会作为学术指导机构，对中心重大决策、研究方向等提出咨询、建议，协助中心开展重大课题研究、举行重大学术活动。

（史建伟）

【开通大型贵重仪器设备开放共享平台】 12月，北理工开通大型贵重仪器设备开放共享平台。该平台是在保证仪器设备安全使用的前提下，实现40万元以上分析测试类设备的虚拟集中管理、实现仪器设备信息资源的完全共享，构建清晰的仪器设备开放共享管理体系。通过预约、授权、计费三大模块，实现大型贵重仪器设备信息发布、计费制定、用前预约、刷卡签权、实时扣费、财务结算、绩效统计等多元化、自动化的管理；鼓励和促进学校的大型贵重仪器设备面向校内教师、学生、科研院所、企业、科技园区全面开放。

（史建伟）

北京科技大学

党委书记 罗维东
校　　长 徐金梧

【概　况】 2012年，北京科技大学占地面积80.46平方米，建筑总面积84.49万平方米。固定资产总值250540.82万元，其中教科仪器设备资产值71698万元。全年教育经费投入192783.54万元，其中，国家拨款97440.24万元、自筹经费95343.30万元。学校由13个学院，以及研究生院、体育部、管庄校区、天津学院（独立学院）、延庆分校组成；开设有48个本科专业，覆盖工、理、管、文、经、法6个学科门类。学校现有18个一级学科博士授权点，73个博士学科点，118个硕士学科点，另有MBA（含EMBA）、MPA、法律硕士和20个领域的工程硕士专业学位授予权，14个博士后科研流动站。有国家一级重点学科4个，国家二级重点学科12个，国家重点学科（培育）1个；北京市一级重点学科3个，北京市二级重点学科18个，北京市重点交叉学科2个；一级博士授权学科18个，二级博士学位授权学科73个；一级硕士学位授权学科28个，二级硕士学位授权学科121个，有MBA、EMBA、MPA、法律硕士和20个工程硕士点。有教职工2917人，其中，专任教师1789人，正高级职称438人、副高级职称753人。专任教师中有中科院院士5人、工程院院士2人，享受政府特殊津贴专家351人。外籍教师29人。毕业生16031人，其中，学历教育学生中全日制研究生2531人（博士生359人、硕士生2172人），普通本专科生3302人（本科生3203人、专科生99人），成人教育本专科生4747人（本科生2925人、专科生1822人），网络教育本专科生5016人（本科生1133人、专科生3883人）；非计划招生高等教育学生中在职攻读硕士学位340人，研究生课程进修95人。本科毕业生就业率95.14%。招生14999人，其中学历教育学生中全日制研究生2998人（博士生522人、硕士生2476人），普通本专科生3418人（本科生3336人、专科生82人），成人教育本专科生3326人（本科生2154人、专科生1172人），网络教育本专科生4697人（本科生1333人、专科生3364人）；非计划招生高等教育学生中在职攻读硕士学位560人。高考北京地区提档线文科548分、理科566分。在校生46944人，其中，学历教育学生中全日制研究生9107人（博士生2727人、硕士生6380人），普通本专科生13550人（本科生13301人、专科生249人），成人教育本专科生7302人（本科生4776人、专科生2526人），网络教育本专科生14586人（本科生6270人、专科生8316人）；非计划招生高等教育学生中在职攻读硕士学位2319人，研究生课程进修班80人。留学生毕业266人，招生341人，在校生825人。网址：www.ustb.edu.cn。

（李凯）

【启用新校训校徽】 1月13日，北科大启用新校训、新校徽。该校新校训为“求实鼎新”。“求实”，意为坚持从实际出发、通过客观冷静的研究探求对客观事物的正确认知；“鼎新”，语出《周易·杂卦》“鼎，取新也”，意为树立新的标准、风气等。新校徽由两个同心圆构成的图案，外环由北京科技大学中英文名称和建校年份“1952”组合而成，内环以“鼎”为主体造型，嵌入校训“求实鼎新”。

（李凯）

【5项科研成果获国家科技奖】 2月14日，北科大5项科研成果获得

2011年国家科学技术奖励。其中，主持研究的“大型铝合金型材挤压成套工模具设计制造技术与应用”获得国家科技进步奖二等奖；参与研究的“大跨度铁路桥梁钢成套技术开发及应用”“大型矿山排土场安全控制关键技术”和“高品质船板高效化制造关键技术研发与集成创新”获得国家科技进步奖二等奖；参与研究的“矿用悬浮液压支柱技术及应用”获得国家技术发明奖二等奖。

（李凯）

【成立卓越工程师教育培养计划专家委员会】 3月4日，北科大成立卓越工

程师教育培养计划专家委员会。专家委员会的成立旨在进一步发挥钢铁行业专家及企业家在工程型人才培养、校企联合人才培养过程中咨询建议的重要作用，共同探讨钢铁冶金行业人才的培养标准，探索校企联合培养钢铁业工程师模式，从而推进该校开展校企联合培养方式的创新，培养出更多面向世界、面向未来的钢铁业工程精英人才。第一届主任委员由原全国政协副主席徐匡迪院士担任。

（李凯）

【与地方政府签订两个合作协议】 3

月14日和5月23日，北科大分别与广东省湛江市政府和广西壮族自治区科学技术厅签订合作协议。与湛江协议规定，双方共建北科大湛江工业研究院，该校负责研究院的规划、建设和具体管理，地方政府负责提供建设用地、启动资金以及运行经费。与广西协议规定，双方在四方面开展科技合作，其中，根据广西经济社会发展实际需求和产业结构特点，重点围绕冶金、机械、材料、电子信息、新材料和节能环保等产业的发展需求，推进区校产学研合作，推动广西产业的发展；加强技术转移合作，提升企业自主创新能力，鼓励北科大的科技成果优先到广西进行成果转化和产业化；围绕冶金、机械、材料等产业，发挥北科大的科学和人才优势，以科技项目的实施为支撑，共建北科大广西技术转移中心；共同推动广西高校院所和企业与北科大在产业技术攻关、重大科技成果转化等方面加强研发合作，联合申报和承担国家、省部委重大科技项目、计划和基金等。

（李凯）

【通过“211工程”三期建设项目验收】 3月22日，北科大通过“211工程”三期建设创新人才培养和队伍建设项目验收。该校“211工程”三期“复杂矿床安全高效开采与利用”“流程工业能源高效利用与污染物治理”“冶金资源高效循环利用”等9个建设项目接受验收。各项目负责人分别从项目建设目标、任务完成情况、资金使用情况、设备购置情况、标志性成果、建设成效等方面进行汇报，各职能部门分别代表北科大对各项目的设备验收、财务结算及审计情况进行具体汇报。专家组在听取项目总结报告之后，对所建设的实验室与主要仪器设备进行实地考察，进一步审阅项目验收总结材料，围绕项目建设目标与任务完成情况、项目建设成效、取得的成效与不足等问题进行质询和评议，最终形成项目验收意见并进行反馈。验收专家组对该校“211工程”三期各建设项目取得的显著成效和突出成果给予充分肯定和高度评价，认为各项目完成建设任务，实现建设目标。

（李凯）

【校史馆新馆开馆】 4月19日，北科大校史馆新馆开馆。该馆位于学校主楼东南侧，展厅面积约300平方米，分为A、B两个展馆，A馆以历史脉

络为序，集中展示该校办学历程和重大事件，共36块展板；B馆集中展示“十五”“十一五”期间，该校在学科建设、师资队伍建设、人才培养、党建和思想政治工作、科技创新、对外交流、校园文化方面取得的发展成就，共24块展板。校史馆利用数字媒体手段，通过LED屏幕、触摸式校友信息查询系统增强展览的互动性和参与度。

（李凯）

【举办北科大与世界论坛】 4月21日，北科大举办北科大与世界论坛。论坛研讨大学国际化发展的路径选择、高水平研究型大学的构建、全球化创新型人才的培养、大学在社会经济发展中的作用4个问题。来自世界11个国家和地区的大学校长40人以及该校师生代表100人参加论坛。

（李凯）

【召开第三届学校董事会】 4月22日，北科大召开第三届董事会全体会议。会议对校董会组成成员进行换届调整，调整后校董会有董事单位和个人90个（人）。学校董事会董事及董事单位代表54人参加会议。该校董事会成立于1996年，2002年换届并召开第二届董事会全体会议。

（李凯）

【举行建校60周年庆祝大会】 4月22

日，北科大举办建校60周年庆祝大

会。刘淇出席大会并题词，刘延东发来贺信。袁贵仁和赵凤桐以及日本北海道大学、清华大学等学校校长以及该校师生和校友代表发言。相关省市领导、部分国内外大学校长、合作企事业单位负责人及社会各界人士及该校师生代表3000人参加庆祝大会。1952年，天津大学（原北洋大学）、唐山铁道学院、山西大学、北京工业学院、西北工学院、清华大学部分系科组建成为北京钢铁工业学院，1960年学校更名为北京钢铁学院，1988年更名为北京科技大学，1998年，北京冶金管理干部学院并入学校。该校原隶属于冶金工业部，1998年9月划归教育部直属。

（李凯）

【一中心获批国家实验教学示范中心】10月，北科大冶金工程实验教学示范中心获批"十二五"国家级实验教学示范中心。该中心的前身是北京钢铁工业学院冶金系中心化验室、炼铁专业实验室、炼钢专业实验室和冶金物理化学实验室。中心建筑面积3500平方米，拥有各类仪器设备800台套，教学实验人员64人。每年面向冶金物理化学、矿物资源、钢铁冶金、有色冶金、工业生态、材料科学与工程以及材料成型加工与控制7个本科专业方向开展实验教学，并完成冶金学院、材料学院、土环学院、机械学院等校内学生创新实践和科研检测服务，参与首都科技服务平台的运行，实现资源开放共享。

（李凯）

【举办6期材料名师讲坛】至年底，北科大举办6期中国材料名师讲坛。该校分别邀请中国科学院院士王崇愚、叶恒强，中国工程院院士何季麟、周克崧、陈立泉，英国皇家科学院、皇家工程院院士德里克芙瑞(Derek Fray)分别作题为《多尺度跨层次建模与算法及其应用》《准晶的发现与研究》《钽、铌、铍材料技术与产业化》《热喷涂技术研究、应用及发展》《"材料基因计划"与"第三次工业革命"》和《Examples of Synergy Leading to Innovations in Materials Science》报告。该校师生2000人次参加学习。

（李凯）

北方工业大学

党委书记 吴晓云
校　　长 王晓纯

【概　况】2012年，北方工业大学占地面积30.02万平方米，建筑面积36.40万平方米。固定资产总值83223.62万元，其中教科仪器设备总值37787.57万元。全年教育经费投入62510.34万元，其中，国家拨款49623.94万元、自筹经费12886.4万元。设有8个学院，14个教学实验中心，30个研究设计院（所）；开设40个本科专业，19个一级学科硕士授权点、50个二级学科硕士授权点、11个专业硕士学位领域、同等学力人员申请硕士学位资格，1个第二学士学位点，1个新批准的博士生培养项目。有3个国家级特色专业，5个北京市特色专业，4个北京市品牌专业，1个北京市重点实验室，5个北京市实验教学示范中心，拥有7个北京市重点建设学科。有教职工1319余人，其中，专任教师759人。专任教师中，教授94人，副教授252人；硕士生导师363人；享受政府特殊津贴专家4人。外籍教师7人。毕业生4016人，其中，学历教育学生全日制硕士研究生471人，普通本科生2499人（本科生2479人、第二学士学位生20人），成人教育本专科生1046人（本科489人、专科生557人）。本科毕业生就业率97.92%。招生4282人，其中，学历教育学生全日制硕士研究生586人，普通本科生2698人（本科生2678人、第二学士学位生20人），成人教育本专科生998人（本科生519人、专科生479人）。高考北京地区提档线一本理科474分，二本理科459分、文科454分。在校生13892人，其中，学历教育学生全日制硕士研究生1570人，普通本专科生10212人（本科生10184人、第二学士学位生28人），成人教育本专科生2110人（本科生1214人、专科生896人）。留学生毕业152人，招生243人，在校生306人。图书馆建筑面积19652平方米，馆藏图书140.75万册，其中，电子图书111.85万册。网址：www.ncut.edu.cn。

（杨嵩松）

【与市体育局签订合作协议】1月12

日，北方工大与北京市体育局签订合作协议。根据协议，双方以平等互利、相互支持、相互促进、共同提高为原则合作培养棒、垒球高水平运动队，该校将持续招收芦城体校棒、垒球队队员进入学校本科层次专业学习。市体育局将提供资金和政策支持。

（杨嵩松）

【成立棒球队优质生源基地】3月22日，北方工大成立棒球队优质生源基地。该基地落户于广东省深圳华侨城中学。该基地成立后，将开展棒球特长生培养工作。

（杨嵩松）

【成立教师教学发展中心】4月5日，北方工大成立教师教学发展中心。该中心在2007年成立的"青年教师教学研究中心"基础上成立，以"服务教学工作、促进教师发展"为宗旨，建立健全促进教学改革、提升教师教学水平的长效机制，负责组织开展教师教学培训，提升教师教学水平，推动教育教学改革，推广教学创新成果，为教学工作提供服务。

（杨嵩松）

【与四方继保自动化公司签订合作协议】5月15日，北方工大与北京四方继保自动化股份有限公司签订合作协议。根据协议，双方在科学研究、青年教师培养、学科建设、研究生培养、实验室建设、实习基地建设等方面开展合作。

（杨嵩松）

【获批博士人才培养项目】10月22日，北方工大获批博士人才培养项目。获批项目为"特大城市道路交通智能控制系统理论与技术博士人才培养项目”。获批后，该项目依托控制科学与工程学科，开展博士层次人才培养。

（杨嵩松）

【庆祝艺术学院成立十周年】 10月23日，北方工大举办艺术学院建院十周年院庆。院庆举办庆祝大会、文艺演出等活动。该院成立于2002年，设有艺术设计、工业设计、广告学、动画系4个本科专业和设计艺术硕士点、工程硕士点，在校生1200人。

（杨嵩松）

【与西门子公司联合成立实验室】 10

月30日，北方工大与德国西门子中国有限公司联合成立智能交通联合实验室。联合实验室由该校城市道路交通智能控制技术北京市重点实验室和西门子公司合作成立，围绕智能交通控制技术开展合作研究和产品开发。

（杨嵩松）

北京化工大学

党委书记　王芳

校　　长　王子镐（6月6日免）

谭天伟（6月6日任）

【概　况】 2012年，北京化工大学有三个校区，占地面积70.11万平方米，学校产权建筑面积60.27万平方米、非产权建筑面积2.36万平方米。固定资产总值162109万元，其中，教学、科研仪器设备资产值66241万元。图书馆建筑面积18641平方米，藏书164.70万册，电子图书藏量8732GB。全年教育经费投入117643万元。学校信息化经费投入745万元，拥有计算机7808台，多媒体教室座位20210个，信息化设备资产12594万元，网络信息点10000个，校园网出口总带宽500Mbps，电子邮件系统用户28000个，上网课程71门，数字资源量8732GB，管理信息系统数据总量5000GB。有12个学院；开设44个本科专业；具有一级学科博士点6个，二级学科博士点29个，硕士学位授权点92个和专业学位授权点12个；博士后流动站5个，其中，博士后研究人员出站12人、进站16人和在站49人。有1个国家一级重点学科（涵盖5个二级重点学科），2个国家二级重点学科，1个国家重点（培育）学科，3个北京市一级重点学科（涵盖14个二级重点学科），2个北京市交叉重点学科，3个北京市二级重点学科；8个国家级特色专业建设点，14个北京市级特色专业建设点，2个教育部工程教育专业认证专业，4个教育部综合改革试点专业，2个教育部“卓越工程师教育培养计划”试点专业；2个国家重点实验室，1个国家工程实验室，1个国家级工程技术研究中心，9个省、部级重点实验室，10个省、部级工程技术研究中心；3个国家级教学基地，2个国家级实验教学示范中心，1个国家级人才培养模式创新实验区，7个国家“本科教学工程”项目。教职工1868人，其中，专任教师1139人，包括教授243人、副教授407人；博士生导师205人、硕士生导师447人；中科院院士2人、工程院院士7人（本校院士3人、双聘院士6人）。毕业生7496人，其中，学历教育学生中全日制研究生1494人（博士生122人、硕士生1372人），普通本专科生3498人（本科生3123人、专科生375人），成人教育本专科生2447人（本科生1493人、专科生954人）；非计划招生高等教育学生中在职人员攻读硕士学位57人。普通本专科毕业生一次就业率98.57%。招生9496人，其中，学历教育学生中全日制研究生1870人（博士生180人、硕士生1690人），普通本专科生4033人（本科生3633人、专科生400人）、成人教育本专科生3242人（本科生1910人、专科生1332人）；非计划招生高等教育学生中在职人员攻读硕士学位351人。高考北京地区提档线理科520分。在校生28331人，其中，学历教育学生中全日制研究生5648人（博士生714人、硕士生4934人），普通本专科生15114人（本科生13957人、专科生1157人），成人教育本专科生6584人（本科生4195人、专科生2389人）；非计划招生高等教育学生中在职人员攻读硕士学位985人。留学生毕业163人，招生246人，在校358人。网址：www.buct.edu.cn。

（孙忠博　梁军）

【成立两个研究院】 1月13日和3月5日，化大分别注册成立苏州（相城）研究院和厦门生物产业研究院。苏州研究院位于江苏省苏州市，拥有2336平方米的实验基地，仪器设备总价值120万元。有教授5人，副研究员3人，高层次引进人才4人，以超重力关键核心技术为基础，在新型能源化工、环保与资源高效利用等领域开展技术开发、实现产业化。厦门研究院位于福建省厦门市海沧区生物医药中试基地，总建筑面积2400平方米，仪器设备总值2300万元。有院士1人、杰出青年1人、长江学者2人、“973”首席科学家1人，依托化大在工业生物技术等方面的优势，结合地方生物与新医药产业的基础，致力于研究开发生物能源、生物功能材料、生物医药及保健品、生物基化学品等领域的技术与产品。

（梁军　张睿）

【4个专业获批为专业综合改革试点】 1月20日，化大4个专业获批为专业综合改革试点项目。该项目由教育部主办，旨在充分发挥高校的积极性、主动性、创造性，结合办学定位、学科特色和服务面向等，明确专业培养目标和建设重点，优化人才培养方案。该校过程装备与控制工程、自动化、化学工程与工艺、生物工程4个专业入选，每个专业获得支持建设经费150万元。

（孙忠博　梁军）

【与5家企业签署合作协议】 4至11月，化大与5家企业签订合作协议。与中粮集团有限公司协议规定，成立联合生物炼制工程中心，在新产品开发、过程装备与控制、人才培养等方面开展合作。与山东玲珑轮胎股份有限公司协议规定，加强产学研联合，提高人才培养、新产品开发等的水平及国际竞争力。与新疆中泰化学股份有限公司协议规定，企业首期注入1000万元作为研发基金，在学校建立非实体的校企联合技术研发中心和联合实验室，通过产学研合作和技术攻关，将高校的技术与企业的生产实现有机对接，破解企业发展难题。与中国北方化学工业集团有限公司协议规定，双方在现有产业技术创新、产业链核心技术开发、科研成果转化和产业化、军民融合型精细化工研究、创新型人才培养等重点领域开展合作。与华峰集团协议规定，双方发挥各自资源优势进行强强联合，以多方位合作模式达成战略意向，并确定合作伙伴关系。

（孙忠博　梁军）

【首期法学双学位开班】　9月19日，化大首期法学（知识产权）双学位开班。该双学位是学校建校以来的首个双学位，它的设立旨在为法律服务部门（立法、司法、行政与执法监督、专利与商标审查、知识产权代理等）、实务部门（企业知识产权管理、社会管理等）等部门和机构培养高层次复合型、应用型法律人才。双学位实行学分制管理，在二年级开设，第一学年平均成绩点数（GPA）2.5（含）以上且无不及格课程、学有余力的学生均可报名。首期双学位班156名学生注册。

（孙忠博　梁军）

【获批国家级实验教学示范中心1个】　9月，化大“高分子科学与工程教学实验中心”被教育部批准为“十二五”国家级实验教学示范中心。该中心依托材料学国家重点学科、化工过程机械国家重点学科、高分子化学与物理国家重点培育学科和材料科学与工程北京市一级重点学科而建立。中心实验用房5500平方米，配置有高分子材料合成、制备、表征、测试、加工成型、机械制造相关的各种类型仪器设备2000台（件），总价值近亿元。有人员61人，具有博士学位的人员占70%以上。获国家、部级科技进步奖二、三等奖10余项，国家优秀教学成果二等奖1项，获国家发明专利50余项。

（孙忠博　梁军）

【举办大学生创新创业论坛】　11月5

至9日，化大举办第一届大学生创新创业论坛。该论坛以搭建科技创新交流平台、增强大学生创新意识和创新能力、培养适应创新型国家建设需要和适应各行业发展需要的高素质创新人才为主题，举办学生创新成果展示、院士特邀报告、学生学术报告、创新创业训练计划项目评优等活动。是年，该校获155项国家大学生创新创业训练计划项目、56项北京市大学生科学研究与创业行动计划项目和97项校级大学生创新创业训练计划项目。

（孙忠博　梁军）

【1个国家级实验教学示范中心通过验收】　11月26日，化大化学化工教学

实验中心接受并通过国家级实验教学中心验收专家组的验收检查。该中心2004年成立，由化学教学实验中心和化工教学实验中心整合而成，2008年成为国家级实验教学示范中心建设单位。中心实验用房使用面积5700平方米；固定资产3246万元，仪器共2573台套；拥有国家工科基础课程优秀化学教学基地、工科化学系列课程国家级教学团队、化学工程国家级教学团队、3个本科特色专业建设点，8门国家精品课程，3门国家双语教学示范课程；实验教师70人，其中，专职人员27人，国家级教学名师奖获得者3人；面向化学工程与工艺、环境工程、高分子材料等13个本科专业开设11门实验和实践课程；获5项国家级优秀教学成果奖；出版23部化学化工系列课程教材；11部特色课件；发表教学研究论文80余篇；承担国家大学生创新训练计划和校级大学生科研训练项目373项，参与科研发表学术论文246篇；同时为北京理工大学、北京服装学院、中国人民解放军防化兵学院等6所高校开设实验课程。

（孙忠博　梁军）

【成立分析测试开发与研究中心】　11月28日，化大成立分析测试开发与研究中心。该中心由学校分析测试中心和“985优势学科测试平台”重组合并，旨在整合学校优质测试资源，为校内及社会提供优质的测试服务。中心于2006年通过国家认证认可监督管理委员会的计量认证，2009年通过计量认证复审，具备向社会出具具有证明作用数据和结果的资质，范围包括有机、无机物的定性定量分析，物质结构分析，微量元素分析测量，物质组成和物相分析，微区形态及成分分析等。中心实验室面积600平方米，拥有大中型分析仪器20余台套，总价值5300万元；拥有实验技术岗人员16人，包括教授1人、副教授7人。

（梁军　王海滨）

【1人获中国青年女科学家奖】　12月11日，化大吴一弦获第九届中国青年女科学家奖。该奖项由全国妇联、中国科协、中国联合国教科文组织全国委员会、欧莱雅（中国）有限公司共同设立，奖励在自然科学研究领域取得重大和创新性成果的青年女性科技工作者，每年评选一次，每次不超过10人。吴一弦，1967年出生，1998年毕业于化大并获得博士学位，主要从事可控聚合及采用可控聚合方法设计合成高性能高分子材料等方面的研究，2009年被聘为教育部长江学者，2011年获第12届中国青年科技奖，为该校首位获得该奖项教师。

（孙忠博　梁军）

【举办工业设计专业汇报展】　12月21日，化大举办工业设计专业本科教学汇报展。该展览由“工业设计专业教学汇报展”和“工业设计专业第三

届学生油画写生作品展”两部分组成，内容包括基础课程、展示展览、视觉传达、产品设计等方面，旨在展现该校工业设计本科专业创办七年来的教育成果和经验，共展出作品100余件、期刊书籍150余册、展板110余块。

（孙忠博　梁军）

【颁发首届校长奖】 12月26日，化大颁发首届校长奖。该奖项为该校最高奖，旨在奖励为学校建设和发展做出突出贡献和取得优异成绩的师生，首届奖励师生5人，其中，3名教师、2名学生。

（孙忠博　梁军）

【与18所国际学校签订合作协议】 至年底，化大与18所国际学校新（续）签校际合作协议。其中，新签协议的学校包括法国巴黎高科高等化学学院、法国布莱仕帕斯卡大学、加拿大渥太华大学、英国莱斯特大学、匈牙利米什科尔茨大学、美国罗格斯大学、英国阿斯顿大学、意大利热那亚大学、俄罗斯科学院元素有机化合物研究所、俄罗斯喀山理工大学、巴西帕拉联邦大学、巴西里约热内卢联邦大学、巴西圣卡塔琳娜联邦大学；续签协议的学校包括法国图尔大学、法国图卢兹一大、法国奥尔良大学、英国思克莱德大学、芬兰拉普兰塔技术大学。

（梁军　王永生）

北京工商大学

党委书记　孙尧东
校　　长　谭向勇

【概　况】 2012年，北京工商大学占地面积82万平方米，建筑面积42.90万平方米，固定资产总值9亿元。图书馆馆舍总面积2.50万平方米，馆藏中外文文献251万余册，其中纸本文献164万余册，电子图书87万余种，另有中外文报刊1717种，2880份。设10个学院、1个教学部；拥有2个国家级检测中心、1个国家级实验教学示范中心、2个北京市重点实验室、1个北京高等学校工程研究中心、2个北京市研究基地、3个北京市高校实验教学示范中心；学校现有博士学位授权点1个，硕士学位授权点一级学科16个、专业硕士学位授权点16个（其中工程硕士专业领域6个）、本科专业47个；拥有北京市重点学科4个，北京市重点建设学科6个，国家级特色专业建设点5个，北京市特色专业建设点8个；2004年起与中央财经大学联合招收和培养会计学专业博士研究生。有教职工1374人，其中，专任教师840人。专任教师中，教授127人，副教授及其他副高级专业技术职务334人，具有博士和硕士学位的教师分别为399人和301人。现有工程院院士3人（含双聘院士2名），享受国务院政府特殊津贴专家8人，全国优秀教师2人，全国高校优秀骨干教师1人，新世纪百千万人才工程国家级人选1人，教育部新世纪优秀人才2人。普通本科毕业生2869人，本科生一次就业率95.78%。普通本科招生3043人，高考本科北京地区提档线理工一批477分，二批466分；文史类一批495分，二批486分；艺术类综合分544.33分。有博士生16人，硕士生1988人，全日制普通高等教育本科生11884人，成人学历教育学生3709人。网址：www.ncut.edu.cn。

（张斌）

【举办精细化工清洁生产工艺与技术经济发展研讨会】 4月1日，工商大学举办第五届全国精细化工清洁生产工艺与技术经济发展研讨会。会议由中国化工学会精细化工专业委员会主办，采取主题报告形式研究精细化工清洁生产问题。来自全国65个单位的专家、学者、科技人员、企业家和管理人员参加会议。

（张斌）

【实行研究生二级管理】 6月，工商大学实行研究生二级管理。新管理办法为进一步加强和改进研究生思想政治教育，适应建设教学研究型大学需要，将研究生管理由以学校统一管理为主调整为以学院为主的二级管理，实现在思想政治教育与日常管理工作实行校院两级分工协作的管理模式，促进学校研究生教育教学水平提高。

（张斌）

【完成良乡校区学生生活区回购】 7

月，工商大学完成良乡校区学生生活区回购。该项工作回购良乡校区学生生活区14.78万平方米，回购后，该生活区主要承担校区内学生住宿、餐饮和活动。该生活区于2004年建成。

（张斌　戴敏）

【举办中国商业经济国际论坛】 12

月7日，工商大学举办中国商业经济国际论坛。该论坛由该校与中国商业经济学会合办，以“创新·效率”为主题，研讨流通产业的体制机制、经营理念、管理模式等问题。来自全国23所商科高校校长、著名中外企业家以及中国商业经济学会部分理事、流通产业界代表共200人参加论坛。

（张斌　戴敏）

【举办中国商科教育高层论坛】 12月8日，工商大学举办中国商科教育高层论坛。论坛研讨商科人才培养和学术研究如何能更好地服务于国家和社会发展问题。来自商务部以及国内23个商科类院校领导50人参加论坛。

（张斌　戴敏）

【举办首都服务业发展论坛】 12月8日，工商大学举办首都现代服务业发展论坛。论坛由北京市社会科学界联合会与该校共同举办，以零售业发展创新为主题，研讨北方商贸流通业发展和建设、零售业发展与创新、大型购物中心运营等问题。来自北京市社科联、清华大学、中国人民大学等

20个科研院所、高校专家学者50人参加研讨。

（张斌　戴敏）

【获得首个博士学位授权点】　12月，工商大学获得首个博士学位授权点。该校食品（含保健食品）添加剂与安全学科成为“服务国家特殊需求博士人才培养项目”，授予学位学科名称为“食品科学与工程”。该学科团队有院士2人（双聘院士1人）。

（张斌　戴敏）

【成立北京食品安全研究基地】　12月，工商大学成立北京食品安全研究基地。该基地是北京市社科联和市科协首批联合建立的6个社会科学与自然科学协同创新研究基地之一。基地成立后将开展食品安全领域教学研究工作。

（张斌）

北京服装学院

党委书记　惠桂芝（10月免）
　　　　　呼文亮（10月任）
院　　长　刘元凤

【概　况】　2012年，北京服装学院占地面积32.00万平方米，建筑面积21.18万平方米。固定资产总值46304.35万元，其中教科仪器设备资产值25793.40万元。全年教育经费投入36326.35万元，其中，国家拨款25990.88万元、自筹经费10335.47万元。图书馆建筑面积8408平方米，藏书总量58万册，还有电子图书2410GB。学校信息化经费投入364.28万元，拥有计算机4718台，多媒体教室座位6622个，信息化设备资产值3731.80万元，网络信息点6000个，校园网出口总带宽600Mbps，电子邮件系统用户7000个，上网课程380门，数字资源量13588.50GB，管理信息系统数据总量10GB。下设朝阳区和平街北口樱花东街和昌平区小汤山镇北七家两个校区，设有5个二级学院、2个系、2个教学部和1个教学中心。开设21个本科专业，覆盖文（艺）、工、经、管、理等5个学科。有8个一级学科硕士点、13个二级学科硕士点，1个第二学士学位点，1个北京市重点建设一级学科、3个北京市重点建设二级学科，6个市级特色专业建设点，4个国家级特色专业建设点，1个国家级优秀教学团队和4个市级教学团队，1个国家级人才培养模式创新实验区。教职工745人，其中，专任教师503人，专任教师中，教授57人，副教授163人；有硕士生导师155人。聘请校外教师85人。毕业生2085人，其中，学历教育学生中全日制硕士生173人，普通本科生1449人，成人教育本专科生454人（本科生258人、专科生196人）；非计划招生高等教育学生中在职人员攻读硕士学位9人。本科毕业生就业率91.52%。招生2284人，其中，学历教育学生中全日制硕士生236人，普通本科生1505人，成人教育本专科生534人（本科生285人、专科生249人）；非计划招生高等教育学生中在职人员攻读硕士学位9人。高考北京地区本科提档线理科433分，文科446分。在校生8222人，其中，学历教育学生中全日制硕士生644人，普通本科生5943人，成人教育本专科生1588人（本科生852人、专科生736人）；非计划招生高等教育学生中在职人员攻读硕士学位47人。留学生毕业16人，招生57人，在校137人。网址：www.bift.edu.cn。

（付佳）

【获汉帛杯服装设计大赛金奖】　3月

25日，服装学院学生获得“汉帛杯”服装设计大赛金奖。该校服装设计专业周讵燕凭借作品《逆向》获得金奖，同时，该校服装设计专业学生获得银奖。“汉帛杯”服装设计大赛是中国最早的、最具权威的比赛。1993年开始，至今举办20届。

（付佳）

【成立服饰时尚设计产业创新园】　3月28日，服装学院成立服饰时尚设计产业创新园。创新园与中关村科学城共建，围绕建设时尚设计与研发、时尚品牌运营及高端时尚创新人才培育基地，推动服装服饰新材料研发和设计创新服务。

（付佳）

【成立中国针织服装设计研发中心】　3月29日，服装学院成立中国针织服装设计研发中心。该中心与中国针织工业协会合办，依托校企双方开展针织服装设计领域教学研究。中心有科研人员15人。

（付佳）

【举办研究生新睿论坛】　4月26日，服装学院举办研究生新睿论坛。论坛以“创意文化产业和研究生就业发展”为主题，研讨如何把握时代主题勇于创新、如何在职场中脱颖而出、如何对待选择创业和就业等问题，达成在创业发展历程中要勇于创新的共识。该校师生200人参加论坛。

（付佳）

【举办尤伦斯当代艺术中心大学月】　4月，服装学院举办尤伦斯当代艺术中心大学月。大学月由儿童工作坊布贴画活动、樱花电影节精选电影和短片播放活动以及“好的创意没那么贵”讲座组成。该校师生2000人次参加活动。

（付佳）

【成立教师教学发展中心】　5月11日，服装学院成立教师教学发展中心。中心是开展教学改革、提高教学质量、促进教师教学能力发展的非行政化群众性组织，在学校支持下实行自我组织、自我管理、自我启迪、自我提高，是教师队伍建设的重要组成部分，开展教师教学指导与交流、研讨沙龙、教学诊断等活动。下设工作指导委员会和工作办公室，办公室设在教务处教学质量监控与评价办公室。

（付佳）

【举办第15届服饰风采大赛】　5月，服装学院举办第15届“7GEGE”杯服饰风采大赛。比赛以“90时尚”为设计主题，面向全校学生，采取作品展示方式，评选出个人和团体奖项。该赛事创办于1998年。

（付佳）

【聘任3名特聘教授】 6月15日和12月20日，服装学院聘任3名特聘教授。6月聘任孙晋良为特聘教授。受聘后，孙晋良在该校开展材料相关教学科研活动。孙晋良，中国工程院院士、上海大学教授，长期从事材料领域教学研究。12月聘任杜钰洲、常沙娜为特聘教授。杜钰洲，毕业于清华大学建筑系，曾任纺织工业部设计院院长，纺织工业部副部长，1998年任国家纺织工业局局长，2001年任中国纺织工业协会会长。常沙娜，1931年生于法国里昂，自幼随父常书鸿在敦煌临摹壁画，是中国著名的艺术设计教育家和艺术设计家、国家有突出贡献的专家。

（付佳）

【建立市级校外人才培养基地】 9月24日，服装学院建立市级校外人才培养基地。该基地与盛虹科技股份有限公司合办，开展材料专业教学实践活动。企业为该基地建设提供实践平台支持。

（付佳）

【举办中国刺绣演变与发展讲座】 10月22日，服装学院举办中国刺绣演变与发展讲座。讲座由北京邵晓琤织绣研究院院长邵晓琤作《中国刺绣演变与发展》主题演讲，她从“中国刺绣主要流派”“刺绣与生活”和“刺绣与文化”三个方面梳理刺绣从古至今的发展和各流派的针法与特征。该校师生100人参加学习。

（付佳）

【举办英伦名校优秀学生作品赏析讲座】 10月22日，服装学院举办英伦名校优秀学生作品赏析讲座。该院邀请英国诺森比亚大学专家展示来自英国部分设计名校各专业学生优秀作品，详细介绍艺术设计类本科及硕士课程。该校国际本科留学项目学生100人参加学习。

（付佳）

【举办刺绣精品展】 10月22至27日，服装学院举办刺绣精品展。展览展出该院民族服饰博物馆馆藏满清服饰、新疆少数民族服饰、海南黎族服饰等刺绣精品50件。来自国内外专家、该院师生和刺绣爱好者1600人次参观展览。

（付佳）

【举办大学生人文知识竞赛】 10月25日，服装学院举办首届大学生人文知识竞赛。竞赛面向全校学生，采取笔试和现场答题形式，考查中外文学、历史、艺术等内容，最终评出优秀奖4人。该校学生200人参加比赛。

（付佳）

【召开京绣文化传承与设计创新研讨会】 10月26日，服装学院召开京绣

文化传承与设计创新研讨会。会议以“习古·创新”为主题，研讨京绣文化传承与创新问题，并决定成立非政府组织“京绣协会”，以茶会友，听古琴、谈京绣，致力于京绣的传承、发展与创新事业。来自国内京绣专家学者20人参加会议。

（付佳）

【举办教学专题讲座】 11月15日，服装学院举办教学专题讲座。讲座邀请首都经济贸易大学教授作题为《有效教学与教学艺术》的报告。报告从教育实践活动中出现的教育现象入手，从高校教师身份的全新理解、高校教学的有效理念、追求卓越的艺术教学和高校教师帮助者OTA四个方面阐释高校教学实践中的“有效教学”理念和在该理念指导下的教学实践活动。该院领导及青年教师70人参加学习。

（付佳）

【举办教师西部艺术采风作品展】 12

月3日，服装学院举办教师西部艺术采风作品展。展览展出学校艺术专业教师前往敦煌、新疆等地考察采风所创作的中国画、油画、雕塑、设计类作品98件。7月，该校艺术专业教师赴西部地区考察，行程4000公里。

（付佳）

北京邮电大学

党委书记　王亚杰
校　　长　方滨兴

【概　况】 2012年，北京邮电大学占地面积66.12万平方米、建筑总面积70.54万平方米。固定资产总值197017.97万元，其中，教学、科研仪器设备资产值60209.61万元。图书馆建筑面积13406平方米，藏书171万册，电子图书588万册。全年教育经费总投入96148.41万元，其中，国家拨款59248.41万元，自筹经费36900万元。设有15个教学单位、3个研究院，并设有研究生院。学校现有博士学位授权一级学科点7个，硕士学位授权一级学科点19个（含一级学科博士点7个），博士学位授权二级学科点2个，硕士学位授权二级学科点3个，有5类专业硕士学位授权点，有36个本科专业，建立博士后流动站5个，博士后研究人员出站18人，进站24人，在站56人。现有一级学科国家级重点学科2个、北京市重点学科7个（含一级学科北京市重点学科2个，交叉学科北京市重点学科2个，二级学科北京市重点学科3个）。设有国家重点实验室4个（含国家工程实验室2个）、教育部工程研究中心2个、教育部“111创新引智基地”2个、省部级重点实验室6个。教职工2184人，其中，专任教师1420人，专任教师中教授197人，副教授427人；中科院院士1人，工程院院士2人（其中1人为双院士）；“长江学者奖励计划”特聘教授4人；享受政府特殊津贴专家130人。外籍教师55人（包括长期14人，短期41人），其中，教授4人，副教授6人。毕业生14226人，

其中，全日制研究生 2743 人（博士生 306 人、硕士生 2437 人），在职研究生 1428 人，普通本科毕业生 3135 人，成人教育本科生 1042 人，网络教育本专科生 5878 人（本科生 2317 人、专科生 3561 人）。本科生就业率为 99.27%。招生 20738 人，其中，全日制研究生 3051 人（博士生 332 人、硕士生 2719 人），在职研究生 2355 人，普通本科生 3389 人，网络教育本专科生招生 11943 人（本科生 6158 人、专科生 5785 人）。高考北京地区提档线理科 586 分（国际合作办学 542 分）、文科 545 分。在校生 69808 人，其中，全日制研究生 9323 人（博士生 1294 人、研究生 8029 人），在职研究生 10799 人，普通本科生 13010 人，成人教育本专科生 4672 人（本科生 3205 人、专科生 1467 人），网络教育本专科生 32004 人（本科生 15877 人、专科生 16127 人）。留学生毕业 31 人，招生 51 人，在校生 410 人。网址：www.bupt.edu.cn。

（王晋　吴昊）

【成立服务科学研究中心】　1 月 9 日，邮电大学成立服务科学研究中心。该中心挂靠经济管理学院，旨在抓住服务科学起步阶段的历史机遇，建立国内领先的服务科学学科，培育一支实力雄厚的服务科学学科队伍，为承接国务院、中国工程院重大项目，打造成为国内领先的科研平台奠定基础。

（王晋　吴昊）

【与电信上海研究院签订合作协议】

4 月 6 日，邮电大学与中国电信上海研究院签订合作协议。根据协议，该校负责人才培养、关键技术攻关、咨询等工作，企业负责成果转化、人才实习基地等工作。

（王晋　吴昊）

【成立内容感知与智能服务联合实验室】　4 月 27 日，邮电大学成立内容感知与智能服务联合实验室。该实验室与北京蓝讯公司合作建立，围绕内容分发网络的基础理论与关键技术进行联合研究。实验室有教学科研人员 62 人，其中，高级职称 6 人。

（王晋　吴昊）

【叶培大学院开班】　6 月 13 日，邮电大学叶培大学院开班。该学院以中国科学院资深院士、邮电大学名誉校长叶培大命名，由 3 个实验班组成，学生自 2010 级优秀本科生中选拔，共 96 人。实验班通过导师制、个性化等开放式的培养模式，通过导师一对一的学业和科研创新活动的指导，引导学生尽早进入科研实验室，参与科研、学科竞赛和大学生创新实践项目。

（王晋　吴昊）

【新建 1 所孔子学院】　9 月 6 日，邮电

大学新建 1 所孔子学院。该院与斐济南太平洋大学合办，开展汉语教学，培训汉语教师，举办汉语考试和汉语教师资格认证考试工作，提供中国教育、文化等信息咨询。这是该校第一所孔子学院。

（王晋　吴昊）

【成立教师发展中心】　10 月 10 日，邮电大学成立教师发展中心。该中心加强和完善对全校教学工作的支持和服务，开展教师培训、教学评估、教学研究工作。中心有工作人员 3 人。

（王晋　吴昊）

【与爱尔兰大学签订合作协议】　11 月 2 日，邮电大学与爱尔兰都柏林城市大学签订合作协议。根据协议，该校灾备技术国家工程实验室与对方工程与计算学部开展科研合作。年内双方已开启信息与通信技术系统的抗灾害研究专项科研合作。

（王晋　吴昊）

【“211 工程”三期建设通过验收】

12 月 11 日，邮电大学“211 工程”三期建设项目通过教育部验收。根据教育部关于该校验收通报结果显示，该校在三期建设期间学科点建设、基地建设、队伍建设、科技创新、国际交流与合作等方面建设成效大幅提高，展现学校在信息领域的学术科研水平位居国内前列。

（王晋　吴昊）

【成立“北邮—世纪互联”联合实验室】　12 月 20 日，邮电大学成立“北邮一世纪互联”联合实验室。该实验室与世纪互联数据中心有限公司合作成立，隶属信息光子学与光通信研究院，共同开展宽带网络建设重大需求关键通信技术的开发研究和人才培养工作。实验室有教学科研人员 42 人，其中，高级职称 4 人。

（王晋　吴昊）

【新建 4 个国家级工程实践教育中心】　至年底，邮电大学新建 4 个国家级工程实践教育中心。分别是与大唐电信集团联合建立的“北京邮电大学——大唐电信集团工程实践教育中心”工程实践教育中心，与东华软件股份有限公司联合建立的“北京邮电大学一东华软件股份有限公司工程实践教育中心”，与四川九洲电器集团有限责任公司联合建立的“北京邮电大学一四川九洲电器集团有限责任公司工程实践教育中心”，与中国联合网络通信有限公司北京市分公司联合建立的“北京邮电大学一中国联合网络通信有限公司北京市分公司工程实践教育中心”。年内，4 个国家级工程实践教育中心全面实现校企联合制定教学目标和教学方案，并组织 630 名学生在 4 个国家级工程实践教育中心开展实习活动。

（王晋　吴昊）

北京印刷学院

党委书记　郑吉春
院　　长　王永生

【概　况】　2012年，北京印刷学院占地面积21.75万平方米，学校产权建筑面积21.83万平方米。固定资产总值66875.83万元，其中，教学、科研仪器设备资产值31082.80万元。图书馆建筑面积15170平方米，纸质藏书100.30万册，电子图书2150GB。有计算机4314台。全年教育经费投入36156.79万元，其中，国家拨款29065.47万元、自筹经费7091.32万元。学校信息化经费投入918.58万元，有多媒体教室座位11604个，信息化设备资产16294.92万元，网络信息点7000个，校园网出口总带宽360Mbps，电子邮件系统用户9028个，上网课程3122门，数字资源量131995GB，管理信息系统数据总量2000GB。设有11个院（系、部）；开设本科专业25个，覆盖4个学科门类；具有一级学科7个，硕士学位授权点7个和专业学位授权点2个。北京市重点建设学科4个。有国家重点实验室7个。教职工761人，其中，专任教师463人，包括教授55人、副教授177人；博士生导师8人、硕士生导师110人；享受政府特殊津贴专家4人。外籍教师4人。毕业生3338人，其中，学历教育学生中全日制研究生145人（硕士生111人、研究生班34人），普通本专科生1610人（本科生1356人、专科生254人），成人教育本专科生1501人（本科生266人、专科生1235人）；非计划招生高等教育学生中研究生课程进修班82人。本科毕业生就业率96%。招生2883人，其中，学历教育学生中全日制研究生227人（硕士生145人、研究生班82人），普通本专科生1795人（本科生1558人、专科生237人）、成人教育本专科生779人（本科生220人、专科生559人）；非计划招生高等教育学生中研究生课程进修班82人。高考北京地区提档线文科464分，理科433分。在校生8790人，其中，学历教育学生中全日制研究生535人（硕士生453人、研究生班82人），普通本专科生6670人（本科生5935人、专科生735人），成人教育本专科生1503人（本科生354人、专科生1149人）；非计划招生高等教育学生中研究生课程进修班82人。留学生招生5人，在校生6人。网址：www.bigc.edu.cn。

（杨蕻）

【成立校友会】　1月7日，印刷学院

成立校友会。该校友会是经市教委和市民政局批准成立的具有独立法人资格的社会团体，面向全体在该院工作和学习过的校友及校友企业，开展服务工作，设有理事会、常务理事会、秘书处等机构，其中，首届理事会共选举理事39人，包括常务理事13人。校友会成立后，首先启动校友会网站，并开展校友捐款、捐书活动。

（杨蕻）

【举办首届出版营销经理人高层论坛】　1月12日，印刷学院举办首届数字时代出版营销经理人高层论坛。论坛采取主题报告形式，由全国政协委员、原中国出版集团总裁，电子工业出版社社长，英国出版科技集团中国区总裁分别作题为《数字时代的出版营销》《数字时代出版社的营销模式》和《网络出版话题》报告。来自国内30余家出版社、出版企业和该校师生代表60人参加论坛。

（杨蕻）

【与中关村发展集团签订合作协议】　2月21日，印刷学院与中关村发展集团签订合作协议。根据协议，双方合作开展学院科技成果在北京市的转化和产业化工作，中关村发展集团负责建立融资平台以及受市政府委托进行重大科技成果转化和产业化项目股权投资，该院负责向中关村发展集团推

荐符合北京新兴战略产业方向的重大科技项目。

（杨蕻）

【与豹驰集团签约】　2月29日，印刷学院与豹驰集团签订合作协议。根据协议，该院与豹驰集团共建“数字印刷喷墨元件联合实验室”，并通过集聚资源优势，吸纳海外知名专家，共同研究、优化数字印刷解决方案、攻克技术难题、培养技术人才。

（杨蕻）

【成立两所外省研究院】　3月12月和5月18日，印刷学院成立两所外省研究院。与上海市工业区企业发展有限公司共建“北京绿色印刷包装产业技术研究院华东分院”。分院建在国家绿色创意印刷示范园核心区域内，是园区配套的专业化应用科技创新机构，建筑面积1000平方米以上。研究院华东分院的建设旨在为华东地区行业提供人才培养、科学研究、技术服务、成果转化、会议会展全方位服务。在深圳成立北京印刷学院深圳研究院，旨在为深圳市“设计之都”建设以及珠三角印刷包装产业的科技创新及人才培养提供支撑。

（杨蕻）

【与内蒙古新闻出版局签订合作协议】

3月17日，印刷学院与内蒙古自治区新闻出版局签订合作协议。根据协议，双方围绕新闻出版、民族文化、创意

文化等领域，在项目联合申报、人才培养、干部交流挂职等方面展开合作。同日，印刷学院举办为期8天的内蒙古出版社领导管理与业务培训班开班仪式，培训学员80人。5月15日，该院举办内蒙古新闻出版产业发展项目申报管理培训班，培训学员30余人，为期4天的培训包括听取国内相关领域权威专家授课和参观考察。

（杨蕻）

【绿色印刷数字化控制系统项目通过鉴定】　4月，印刷学院承担的市科委“绿色印刷数字化控制系统”项目通过鉴定。该项目为中科院化学所国家“863”课题“纳米材料绿色制版技术”的配套项目，专门为产业化的纳米制版技术提供数字化工作流程系统，并成功应用适合数字喷墨技术的基于调频调幅混合加网技术。

（杨蕻）

【召开教学工作会】　5月9日，印刷学院召开教学工作会。会议以“加强教风学风建设，全面提高教育教学质量”为主题，听取题为《加强教风学风建设，全面提高教育教学质量》2012年教学工作报告，系统总结2009年教学工作会议以来的成绩和不足，研究部署进一步加强教育教学工作，会议决定以创建优良的教风学风为目标，全面提高学校教育教学质量和办学水平，为实现学校转型跨越发展奠定坚实的基础。会后，该院制定《关于进一步加强教风学风建设的意见》等6个教学管理文件，创办毕昇实验班、韬奋实验班、中美管理教育实验班和雅昌实验班，以提高人才培养质量。

（杨蕻）

【首届印刷专业研究生课程班开班】
5月11日，印刷学院与国家邮票印制局联合举办的第一届印刷专业研究生课程班开班。该班招收国家邮票印制局业务骨干30人，讲授印刷色彩学、防伪印刷包装技术、印刷品质量控制等课程。该研究生班学制2年，毕业授予结业证书，具备申请硕士学位条件的可授予硕士学位。

（杨蕻）

【召开第二次党代会】　6月17至18日，印刷学院召开第二次党代会。会议听取第一届党委题为《解放思想、

抢抓机遇为建设国际知名、有特色、高水平传媒类大学而努力奋斗》的报告以及纪委工作报告。报告回顾8年来的学院工作，明确学校战略目标，即到2020年初步建成国际知名、有特色、高水平传媒类大学，基本实现从教学型向教学研究型大学的转变。同时，会议选举产生第二届党委委员21人，纪检委委员7人。

（杨蕻）

【校本部新食堂投入使用】　8月29日，印刷学院校本部食堂投入使用。该食堂总建筑面积5252平方米，其中，地上建筑面积4658平方米、地下建筑面积594平方米。构造为三层框架结构，地上三层、地下一层，建筑高度14.25米，可容纳4500名师生就餐。该项目2011年12月24日开始建设，总投资2314万元。

（杨蕻）

【举办数字出版与文化传播国际学术论坛】　8月30至31日，印刷学院举

办数字出版与文化传播国际学术论坛。该论坛由该院与中国编辑学会、中国图书进出口（集团）总公司联合举办，以“促进我国出版传媒业的数字化发展、增进数字出版及新媒体领域的国际交流和合作、推进网络编辑及数字出版的专业研究”为主题，采取主题报告和研讨形式，研究“数字出版与文化产业的发展”“数字出版的发展——施普林格变身为电子出版商”“数字出版与国际传播”等问题。来自全球出版传媒企业、出版传媒高校代表及全国相关专业高校师生150人参加研讨。

（杨蕻）

【与新闻出版总署签订合作协议】　9月5日，印刷学院与国家新闻出版总署质检中心签订合作协议。根据协议，双方共建“新闻出版总署质检中心绿色印刷检测实验室”，共同开展质量检测机构建设、质检专业人才培养、质检标准及规范制定、技术咨询及服务合作。

（杨蕻）

【首届新闻出版软件工程硕士研究生班开班】　9月7日，印刷学院与北京交通大学联合培养的首届新闻出版软件工程硕士研究生班开班。该研究生班学制2年半，招收全日制和在职研究生，分为数字印刷、数字出版、传媒经济与管理三个方向，印刷学院集中授课，颁发北京交通大学硕士学位证书。首届招生94人。

（杨蕻）

【成立教师教学发展中心】　10月12日，印刷学院成立教师教学发展中心。该中心为非行政机构，挂靠人事处，面向全校教师开展服务教学、促进教师发展工作。中心有专职办公室人员1人，来自各教学单位委员13人，其中，教授2人、副教授10人。

（杨蕻）

【举办北京绿色印刷包装产业技术论坛】　10月19日，印刷学院举办北京

绿色印刷包装产业技术论坛。该论坛由该院与中国印刷科学技术研究所、德国斯图加特媒体大学联合举办，以“绿色印刷和包装”为主题，研讨“欧洲绿色印刷的发展”“绿色胶印技术——无水印刷”“柔性版制版新技

术”等问题。来自国内外专家学者200人参加研讨。

（杨蕻）

【举办中国印刷与包装学术研讨会】 10月19至20日，印刷学院举办第二届中国印刷与包装学术研讨会。该研讨会由该院与中国印刷科学技术研究所、中国环境科学学会绿色包装专业委员会联合举办，邀请日本千叶大学融合科学学院教授、挪威基约维克大学色彩与视觉计算实验室教授、柯达集团技术与业务发展总监和清华大学教授分别作题为“采用生物高分子作为栅极介电层的生物型有机薄膜晶体管——可印刷的电子存储器件”“Stream高速喷墨技术和数字印刷的未来”“色彩管理中的白场适应问题研究”和“生物印刷电子材料的研究进展”报告。同时，会上还展示印刷电子、色彩管理、生物印刷电子领域的最新研究动态及成果。来自国内外专家学者100人参加会议。

（杨蕻）

【举办色彩管理技术论坛】 10月21日，印刷学院举办首届国际色彩联盟（ICC）色彩管理技术论坛。与会专家学者就当前国际色彩联盟色彩管理系统的建立标准与不同版本、精细活件对显示器色彩性能的要求、如何用国际色彩联盟特性文件进行跨媒体颜色匹配等内容进行研讨。来自国内外专家学者、研究人员以及国内30多所院校师生60人参加研讨。

（杨蕻）

【完成《实施绿色印刷成果报告》】 11月5日，印刷学院完成《实施绿色印刷成果报告》。该报告由国家新闻出版总署委托，通过采集绿色印刷企业样本和绿色印刷教科书印制情况的数据，利用统计分析模型进行计算，得出近几年实施绿色印刷在节能降耗、“三废”排放、产业结构调整、惠及民生4个方面所取得的阶段性成果。同日，该报告由国家新闻出版总署印刷发行管理司正式发布。

（杨蕻）

【发起成立全国传统印刷产业技术创新联盟】 12月22日，印刷学院发起成立“全国传统印刷产业技术创新联盟”。该联盟旨在建立以企业为主体、市场为导向、产学研相结合的技术创新体系，提升全国古籍印刷包装、传统印刷物料、古籍保护修复产业的核心竞争能力。联盟成员有北京绿色印刷包装产业技术研究院、中国印刷技术协会印刷史研究委员会、扬州报业传媒集团等25家单位。同日，该院与扬州广陵古籍刻印社签订共建中国印刷文化遗产研究中心协议。

（杨蕻）

【共建三个校外实践基地】 至年底，印刷学院共建三个校外实践基地。3月7日，与北方嘉科印务股份有限公司共建校外实践教育基地。5月24日，与中文在线共建出版传媒人才教育教学实践基地。8月16日，与承德田原牧歌旅游度假有限公司共建印刷创意设计培训基地。

（杨蕻）

【聘任5名教授】 至年底，印刷学院聘任5名教授。3月23日，聘任新闻出版总署办公厅主任、出版产业发展司司长范卫平为兼职教授。5月4日，聘任加拿大艾米利·卡尔艺术与设计学院教授山姆·卡特为名誉教授。5月9日，聘任芬兰恩福塞尔（Enfucell）公司首席技术官张霞昌为兼职教授。9月25日，聘任深圳精密达机械有限公司董事长郑斌为兼职教授及研究生导师。10月18日，聘任河北出版传媒集团董事长杜金卿为兼职教授。

（杨蕻）

北京建筑工程学院

党委书记 钱军
院　　长 郑文堂（8月免）
朱光（8月任）

【概　况】 2012年，北京建筑工程学院有西城、大兴2个校区。西城校区占地面积12.30万平方米，校舍建筑面积20.20万平方米；大兴校区占地面积50.10万平方米。学校固定资产总值58626万元，其中，教学、科研仪器设备资产值33300万元。全年教育经费投入73158万元，其中，国家拨款60088万元，自筹经费13070万元。下设11个二级学院和3个基础教学单位。有30个本科专业，其中，国家级特色专业3个，北京市特色专业7个，有一级学科北京市重点学科3个（涵盖15个二级学科）、一级学科北京市重点建设学科2个。有1个服务国家特殊需求博士人才培养项目，12个一级学科硕士点，涵盖55个二级学科硕士点，有8个硕士专业学位授权点，1个交叉学科硕士点。有教育部工程研究中心1个，教育部重点实验室1个，国家测绘局重点实验室1个，北京市重点实验室2个，北京市高校工程研究中心1个，北京市工程技术研究中心2个，北京市哲学社会科学研究基地1个。教职工1020人，其中，专任教师710人，包括教授108人、副教授302人。兼职博士生导师20人，享受政府特殊津贴专家26人。外籍教师7人。毕业生2733人，其中，学历教育学生全日制硕士研究生291人，普通本科生1648人，成人教育本专科生778人，非全日制专业学位硕士16人。全日制在校本科生、硕士研究生一次就业率97.27%。招生3622人，其中，学历教育学生全日制硕士研究生410人，普通本科生1997人，成人教育本专科生1036人，非全日制专业学位硕士179人。高考北京地区提档线一批理科477分，二批理科454分、文科455分。在校生11531人，其中，学历教育学生全日制硕士研究生1142人，普通本科生7018人，留学生58人，成人教育本专科生2949人，非全日制专业学位硕士生364人。留学生招生116人，其中，长期生58人。图书馆纸质藏书134.80万册（其中与住建部中国建筑文化中心共建中国建筑图书馆，共享40万册）、电子图书121万册，大型电子文献数据库40个。网址：www.bucea.edu.cn。

（张俊）

【获得3项国家科技进步奖】 2月14日，建工学院获得3项国家科技进步奖。其中，两项为通用项目，一项为专用项目。通用项目中，“固体废弃物循环利用新技术及其在公路工程中的应用”项目获得国家科学技术进步二等奖，参与完成的“大型矿山排土场安全控制关键技术”项目获得国家科学技术进步二等奖。

（张俊）

【新增两个专业】 3月1日和4月11日，建工学院新增车辆工程专业和历史建筑保护工程专业。车辆工程专业隶属机电与汽车工程学院，以培养面向首都社会发展所需，在车辆工程领域从事产品设计制造、科技开发、应用研究等复合型高级工程技术人才为培养目标，学制四年。增设后，学校车辆工程本科专业将与研究生载运工具运用工程专业二级点、物流工程专业，形成从本科生至研究生的完整人才培养链。历史建筑保护工程专业隶属于建筑与城市规划学院，主要为城市与建筑遗产保护、文物保护系统培养从事公共建筑设计、建筑遗产保护与修复工程设计、历史城市与历史建筑保护等方向的设计、科研、开发、管理培养专门人才，学制四年。

（张俊）

【成立应对气候变化研究及人才培养基地】 3月28日，建工学院成立北

京市应对气候变化研究及人才培养基地。该基地是市发改委与市教委共同依托建工学院建立的，主要是鉴于该校长期以来致力于建筑节能、市政基础设施、水资源与水环境等方向的节能减排、改善环境的可持续发展研究和人才培养工作取得的成果。该基地成立后，将牵头协调北京市优势科教资源，开展应对气候变化相关领域研究，增强北京市应对气候变化相关领域的基础研究能力、实践创新能力和人才培养能力，促进高校气候相关领域的学科交叉与融合，培养和提升应对气候变化研究人才队伍能力，普及应对气候变化基础知识，为北京市应对气候变化相关战略与政策的决策、行动计划与方案的制定及各项具体工作的开展提供科学咨询和技术支持，为应对气候变化提供人才支撑和资源储备。基地有教学科研人员45人，其中，高级职称35人。

（张俊　曹洪涛）

【建筑学专业通过评估】 5月9日，建工学院建筑学专业通过全国高等学校建筑学专业教育评估。评估组通过听取汇报、参观教学设施及展览、检查毕业设计等方式考察该校建筑学专业建设、教育教学及学生精神风貌等情况，并给予高度评价，一致认定通过验收。自此，该校建筑学专业教育本科和研究生均通过7年有效期评估。

（张俊）

【举办大学生建筑结构设计竞赛】 9月15日，建工学院举办首届北京市大学生建筑结构设计竞赛。比赛由市教委主办，考查参赛者科研创新能力与动手实践能力，共有14所北京高校的教师和学生500人参赛。比赛分A组、B组结构方向，B组桥梁方向三个组别，评出一、二、三等奖共26人。该比赛前身为北京高校建筑结构设计联赛，创办于1999年，每年举办一届，于2012年更名，并由建工学院长期承办。

（张俊）

【与中国建筑科学研究院签约合作】

10月19日，建工学院与中国建筑科学研究院签订合作协议。根据协议，双方共建北京高等学校城乡建设与管理产学研联合研究生培养基地，并在研究生培养、实习等方面展开合作，该校负责在职及全日制研究生培养、技术服务等，研究院负责提供项目指南及研究生专业实践培养等。

（张俊　曹洪涛）

【获批博士人才培养项目】 10月，建工学院获批博士学位人才培养项目。该校“建筑遗产保护理论与技术”服务国家特殊需求博士学位人才培养项目获国务院学位委员会批准，授予学位学科为建筑学。该博士点面向国内招生，培养建筑遗产保护高层次专门人才。

（张俊）

【成立工商管理硕士联合会】 11月30日，建工学院成立工商管理硕士（MBA）联合会。成立大会审议通过联合会章程和第一届主席团选举办法等事宜，选举产生第一届主席团成员。会后，召开第一届联合会主席团第一次会议。联合会成立后将负责学校MBA日常管理、对外联系等工作，开展校内外学术交流、实践、联谊等活动。

（张俊）

【与承德市签订合作协议】 12月29日，建工学院与承德市政府签订合作协议。根据协议，该校发挥自身在尾矿综合利用方面的人才与科研优势，以承德市技术创新需求为导向，重点开展多学科、多领域科技研发工作，为承德市尾矿资源化应用提供技术支撑，承德市负责提供资金、科研条件等方面支持。

（张俊）

北京石油化工学院

党委书记　高锦宏
院　　长　郭文利

【概　况】 2012年，北京石油化工学院占地面积29.31万平方米，学校产权建筑面积21.18万平方米，非产权建筑面积0.85万平方米。固定资产总值87453.53万元，其中，教学、科研仪器设备资产值35401.68万元。图书馆建筑面积8792平方米，藏书167万册，其中，纸质图书79万册、电子图书88万册。全年教育经费投入34956万元，其中，国家拨款26770万元，自筹经费8186万元。学校信息化经费投入329万元，拥有计算机4933台，多媒体教室座位10931个，信息化设备资产4651.65万元，网络信息点9613个，校园网出口总带宽300Mbps，电子邮件系统用户12439个，数字资源量36533.26GB，管理信息系统数据总量282GB。设有清源校区（主校区）、康庄校区、燕

山校区3个校区，有9个教学院、2个系、1个教学部、1个教育中心、1个研究院。开设25个本科专业，覆盖工、理、管、经、文五个学科。有专业硕士学位授权点2个。有北京市重点建设学科4个，教育部特色专业3个，北京市特色专业5个，教育部“卓越工程师教育培养计划”试点专业8个。有北京市重点实验室3个，北京市高校工程研究中心1个。有国家级工程实践教育中心2个。在编教职工789人，其中，专任教师477人。专任教师中，教授61人，副教授202人；博士生导师10人，硕士生导师71人；享受政府特殊津贴专家1人。外籍教师6人，其中教授1人。毕业生2429人，其中，学历教育学生全日制联合培养研究生53人（博士生1人，硕士生52人），普通本科生1842人，成人教育本专科生534人（本科生241人，专科生293人）。本科毕业生就业率96%。招生2411人，其中，学历教育学生全日制联合培养硕士研究生47人，专业硕士学位研究生59人，普通本科生1964人，成人教育专科生341人。高考北京地区本科提档线理科433分，文科451分。在校生8227人，其中，学历教育学生全日制联合培养研究生214人（博士生6人、硕士生208人），专业学位硕士研究生59人，普通本科生7309人，成人教育专科生645人。留学生毕业33人，招生47人，在校生87人。网址：www.bipt.edu.cn。

（李娜娜）

【北京国际长跑节夺冠】 4月15日，

石化学院学生在北京国际长跑节夺冠。该院高水平运动队学生代振获得青年男子组10公里冠军，吴俊霞获得青年女子组10公里冠军，另两名女生获亚军、季军。普通学生田径队长跑队员10人进入高校男子组前50名，20人进入女子组前50名，该院获得男子团体、女子团体两项冠军。

（李娜娜）

【评选首届十佳学生】 5至6月，石化学院评选首届“十佳学生”。评选以“先进性、激励性、公正性”为原则，以思想进步、学业成绩优异为基本标准，面向全校本科生评选，首届评出“十佳学生”10人。12月，石化学院组织首批十佳学生赴美国开展学习交流活动。学生们参观访问哈佛、耶鲁、普林斯顿等著名大学，并进行学习交流。

（李娜娜）

【与市安监局签订合作协议】 6月16

日，石化学院与北京市安全生产监督管理局签订合作协议。根据协议，双方在发展战略、科技规划和人才培养等10个方面展开合作。11月，北京市安全生产科技创新研究院在石化学院正式成立，开展在危险化学品安全管理与新技术应用、职业危害防治及安全管理、油气燃气储运安全和工艺危害分析等领域的技术研究和教学工作。

（李娜娜）

【首次招收专业硕士研究生】 9月，石化学院首次招收专业硕士研究生。首次招生专业为化学工程和机械工程，学制三年，录取类别包括非定向、自筹经费两类，毕业后采取毕业生与用人单位“双向选择”方式落实就业去向。首批面向全国招生59人。

（李娜娜）

【共建两个国家级工程教育中心】 9月，石化学院共建两个国家级工程教育中心。两个中心分别与北京燕山石油化工有限公司和中关村软件园发展有限责任公司共建。共建双方共同制订人才培养目标，建设课程体系和教学内容，共同实施培养过程和评价培养质量，通过建立实验室、建设卓越师资队伍、联合办学和开展科技项目等形式合作培养应用型人才。

（李娜娜）

【获批建设市哲学社会科学研究基地】

9月，石化学院“北京现代产业新区发展研究基地”获批建设北京市哲学社会科学重点研究基地。获批后，该基地建设以技术经济及管理学北京市重点建设学科为主体，在现代产业新区经济、社会、可持续发展等领域进行原创性学术研究，设有北京现代产业新区经济发展与政策研究、社会发展与文化研究、经济社会可持续发展研究3个方向。有教学科研人员28人，全部为高级职称。

（李娜娜）

【与爱普林特数码科技公司签约合作】

10月15日，石化学院与珠海市爱普林特数码科技有限公司签订合作协议。根据协议，双方共建印花机器人技术研究所，合作开展新型纺织数码印花机器人成套设备开发项目，该校负责进行新型纺织数码印花机器人的技术研发与人才培养，企业负责开展纺织数码印花机器人成果的产业化与市场推广。

（李娜娜）

【综合实验楼投入使用】　12月，石化学院综合实验楼投入使用。综合实验楼建筑面积3.80万平方米，地上11层、地下1层，建筑高度45米。项目于2010年3月开工建设，总投资1.40亿元，2011年获评北京市建筑结构长城杯金质奖。

（李娜娜）

北京电子科技学院

党委书记　沈永社
院　　长　陈子真

【概　况】　2012年，北京电子科技学院占地面积7.93万平方米，建筑面积7.39万平方米，其中，教学行政用房建筑面积3.58万平方米、学生公寓建筑面积1.54万平方米。固定资产总值10158.33万元，教学、科研仪器设备资产值5194.76万元。全年教育经费投入14614万元，其中，国家拨款12774万元。图书馆建筑面积4700平方米，藏书27.68万册，中文报刊541种，外文期刊41种，网上全文数据库8个，教师阅览室1个，电子阅览室2个。信息化经费投入65万元，拥有计算机2303台，多媒体教室座位2081个，信息化设备资产4939.20万元，网络信息点1260个，校园网出口总带宽130Mbps，电子邮件系统用户3892个，上网课程549门，数字资源量9000GB，管理信息系统数据总量90GB。下设5个系，2个教学部，开设7个本科专业，2个工程领域硕士专业学位授予点，3个联合培养硕士研究生专业。教职工330人，其中，专任教师135人，包括教授18人、副教授56人；博士学位52人、硕士学位113人；硕士生导师33人；教师享受国务院政府特殊津贴15人。毕业生988人，其中，普通本科生419人，成人教育本专科生569人（本科生227人、专科生342人）。招生546人，其中，学历教育学生全日制硕士研究生30人，普通本科生471人、成人教育专科生45人。高考北京地区提档线理科496分、文科512分。在校生3105人，其中，学历教育学生全日制硕士研究生30人，普通本科生1842人，成人教育本专科生1233人（本科生415人、专科生818人）。与西安电子科技大学联合培养硕士研究生毕业28人，招生29人，在校89人。举办北京广播电视大学开放教育工作，毕业34人（本科19人，专科15人）。网址：www.besti.edu.cn。

（张斌）

【完成首届硕士专业学位招生工作】　9月，电科院完成首届硕士专业学位研究生招生工作。该院共面向全国招收电子与通信工程专业领域硕士专业学位研究生16人，计算机技术专业领域硕士专业学位研究生14人。

（刘旭然）

【举办庆祝建校65周年系列活动】

9月，电科院举办庆祝建校65周年系列活动。活动由中直四院校座谈会、校友座谈会暨《电科院人》首发式、学院毕业生密码业务提高专训班等组成。该校师生1000人次参加庆祝活动。

（刘旭然）

【获全国翻译比赛一等奖】　11月，电科院学生获得第十届“语言桥”杯全国翻译大赛一等奖。该比赛面向全国30个省市130所高校学生，评出一等奖2名，该院2010级通信工程专业学生黄雯获得一等奖。黄雯是历届大赛一等奖中唯一非英语专业学生，也是该院首次在全国翻译比赛中获一等奖。

（张斌）

【实施教师行业工作实践计划】　至年底，电科院实施教师行业工作实践计划。该院制定教师行业工作实践方案，组织教师赴辽宁、山西开展教学实践活动。该院教师旁听国家行业管理部门有关领导给县（市）行业部门领导培训班讲授课程，并结合本职工作开展专题研讨，走访省市县三级行业部门，与地方行业工作人员（包括学院毕业生）进行座谈交流。该院教师50人参加学习。

（刘旭然）

【开展人才培养模式改革】　至年底，电科院开展人才培养模式改革。该院从每个理工科专业中选拔2至3名优秀学生，组成一个20人的改革试验班，遴选10名优秀教师担任试验班导师，承担对学生的全面指导工作。试验班从教学模式、实践教学、学习指导制度、管理方式等方面进行改革，开展专业教学活动。

（刘旭然）

【实施大学生创新创业训练计划】　至年底，电科院实施国家级大学生创新创业训练计划。该院按照《教育部关于做好“本科教学工程”国家级大学生创新创业训练计划实施工作的通知》要求，制定《国家级大学生创新创业训练计划项目管理办法》和《国家级大学生创新创业训练计划项目科研货物采购实施办法》，成立国家级大学生创新创业训练计划领导小组和评审专家委员会。4月，启动大学生创新创业训练计划项目申报，共确定101项课题入围参评，5月，组织专家评审出70项课题立项，经教育部审核全部通过。

（刘旭然）

中国农业大学

党委书记　瞿振元
校　　长　柯炳生

【概　况】　2012年，中国农业大学总占地面积130万平方米、建筑面积117万平方米（不含校外住宅），固定资产总值288795万元，其中，教学、科研仪器设备资产值128445.37万元。全年教育经费投入237899万元，其中，国家拨款183957万元，自筹经费53942万元。图书馆建筑面积2.2万平方米，藏书190.71万册，电子图书4.90万册。学校信息化经费投入1360万元，拥有计算机15282

台，多媒体教室座位23960个，信息化设备资产20432.28万元，网络信息点4767个，校园网出口总带宽1420Mbps，电子邮件系统用户25169个，上网课程594门，数字资源量8500GB，管理信息系统数据总量3128GB。分东西两个校区，设有14个学院、体育与艺术教学部和研究生院。具有一级学科56个，一级学科博士点19个，博士学位授权点95个，硕士学位授权点171个，专业学位授权点10个，覆盖9个学科门类。学校有64个本科专业。设有博士后流动站14个，博士后研究人员出站37人，进站78人，在站207人。具有6个国家重点一级学科、6个国家重点二级学科，覆盖24个二级学科；北京市重点学科10个。3个国家重点实验室和1个国家工程实验室，36个部级重点实验室，6个国家级研究中心，23个部级研究中心，国家级野外台站1个，部级野外台站6个。教职工2830人（在职），其中，专任教师1582人，包括教授（含研究员）547人，副教授（含副研究员）784人；有导师1084人，其中博士生及硕士生导师501人，硕士生导师583人；中科院院士5人，工程院院士6人；"长江学者奖励计划"特聘教授19人；享受政府特殊津贴专家77人（不含退休）。外籍教师34人，其中，教授2人。毕业生23525人，其中，学历教育中全日制研究生2170人（博士生604人、硕士生1566人），普通本科生3266人，成人教育本专科生4590人（本科生2275人、专科生2315人），网络教育本专科生12990人（本科生5363人、专科生7627人）；非计划招生高等教育学生中在职人员攻读博士硕士学位509人（博士生24人、硕士生485人）。毕业生总就业率为96.58%。招生25420人，其中学历教育中全日制研究生2723人（博士生760人、硕士生1963人），普通本科生2900人、成人教育本专科生5739人（本科生3214人、专科生2525人），网络教育本专科生13610人（本科生5910人、专科生7700人）；非计划招生高等教育学生中在职人员攻读博士硕士学位448人（博士生22人、硕士生426人）。高考北京地区录取线理科565分，文科542分。在校生91785人，其中，学历教育学生中全日制研究生7039人（博士生2732人、硕士生4307人），普通教育本科生12510人，成人教育本专科生12171人（本科生7183人、专科生4988人），网络教育本专科生58188人（本科生28881人、专科生29307人）；非计划招生高等教育学生中在职人员攻读博士硕士学位1877人（博士生115人、硕士生1762人）。留学生毕（结）业213人，招生282人，在校224人。网址：www.cau.edu.cn。

（钟占蓉）

【召开植物土壤相互作用国际学术研讨会】 3月25至27日，农大召开"植物—土壤相互作用提高养分水分资源利用效率和作物生产力"国际学术研讨会。会议由主题报告和分论题报告组成，研讨中国未来农业转型、水资源可持续利用、土壤物理与养分状况调节等问题，达成要通过修饰"植物—土壤"的相互作用及探索相关经济、社会和环境因素来应对粮食安全的共识。来自农大、中国科学院、中国农业科学院，英国杰姆斯赫顿学院、兰卡斯特大学、克兰菲尔德大学等国家高校学者、研究人员及学生代表80人参加会议。

（钟占蓉）

【一人被授予首都劳动奖章】 4月12日，农大范志红被授予2012年"首都劳动奖章"。范志红，1966年出生，北京人，1990年硕士毕业于北京农业大学，现任该校食品科学与营养工程学院副教授，长期从事食品与营养领域教学研究，并开展食品营养安全科普工作。

（钟占蓉）

【开展研究生教育改革】 5月10日，农大开展研究生教育改革工作。学校颁布《研究生教育改革方案》及配套的《研究生指导教师招生资格年度审核与指标分配办法》等。研究生教育改革新方案总的思想为"一个目标、两个主体"。"一个目标"，即要树立科学质量观，明确硕士研究生教育以培养应用型人才为主，强化实践能力的训练；博士研究生教育以培养学术型人才为主，突出创新能力的培养。"两个主体"分别是导师主体、学生主体。改革明确导师遴选的要求、岗位责任，也以制度保障导师权利。同时通过招考制度、奖助办法等系列改革，提高学校在国内的吸引力，提高学生主体积极性。改革方案共包括学制（修业年限）、培养方案、招考制度、导师管理、论文质量管理和研究生奖助办法6个方面。

（钟占蓉）

【成立玉米水稻小麦生物学协同创新中心】 6月10日，农大成立玉米水稻小麦生物学协同创新中心。该中心与西北农林科技大学、华中农业大学联合组建，将围绕粮食作物生物学重大创新任务，以优势高校为核心，按照"一个中心、四个平台"的整体构架建设，以三校国家重点学科、国家重点实验室、国家工程中心为主体，分别在其优势和特色领域推进实施，以灵活方式开展校校、校院、校企等模式的协作创新。

（钟占蓉）

【曾德超逝世】 6月23日13时28分，农大教授，中国农业机械和农业工程学科的奠基人，著名农业工程学家、农业机械学家、教育家，中国工程院资深院士曾德超因病医治无效，在北京逝世，享年94岁。曾德超，1919年1月4日出生于海南琼山；1942年毕业于国立重庆中央大学机械工程系；1942至1944年任重庆五十兵工制炮厂总工程师室技术员；1944至1945年任中央工业试验所机械实验工厂助理工程师；1945至1948年考取教育部奖学金留美，在美国明尼苏达大学学习，获农业工程硕士学位；1950至1952年任中央农业部器械局和国营农场管理局工程师；1952至1986年任北京农业机械化学院教授，先后任农业机械化系主任，农业机械设计制造系主任，国家第一批博士研究生指导教师；1979至1984年任北京农业机械化学院副院长，1995年当选中国工程院院士。曾德超长期从事农业机械化教学研究，讲授农业机械学和农业机械运用等课程，培养出博士、硕士研究生50余人。

（钟占蓉）

【与农科城投资有限公司签订合作协议】 7月3日，农大与北京农科城投资有限公司签订合作协议。根据协议，双方合作培养科技人才、推动农业科技创新和成果转化，通过建立校企合作机制，形成长期、全面、稳定的战略合作关系，推动北京经济健康、快速、稳定发展。

（钟占蓉）

【与两区签订合作协议】 7月7日和13

日，农大与通州区政府和丰台区政府签订合作协议。与通州区政府协议共建试验站开展农作物新品种选育、展示、示范，相关新技术、新产品、新装备的攻关、开发和示范，以及相关专业化服务与培训。农大选派教授担任实验站站长，负责实验站日常工作。通州区在国际种业科技园区内为该校提供不少于500亩的耕地、不少于1万平方米的联栋温室，用于相关科研、推广、示范、教学工作的开展。与丰台区政府协议规定，丰台区聘请农大专家担任发展专家顾问（科技特派员），在体制改革、产业发展、环境建设等领域开展课题研究，提供咨询指导；双方共建实验站，共同推进种子检验实验室、庄户籽种展示基地、种业信息化研究中心等项目建设，联合开展种子检测、品种展示、现代农业设施研发；围绕丰台区发展对人才要求，重点加大对农村科技、管理、经营等实用人才的培训。

（钟占蓉）

【与新疆农业大学签订合作协议】 7

月9日，农大与新疆农业大学签订本科生交流培养协议。根据协议，自9月至2015年9月，新疆农大每年在农科类或其他类专业向农大选派学生插班学习，所选派学生学习专业为农大现有专业，每年选派学生10人左右，原则上一个专业每年选派的学生人数不超过2人。选派学生在该校学习1年。

（钟占蓉）

【罗云波当选国际食品科学院院士】 8月6日，农大食品科学与营养工程学院罗云波教授当选为国际食品科学院（IAFoST）院士。国际食品科学院（IAFoST）是国际食品科技联盟（IUFoST）的下设学术机构，由40余个国家的全球知名食品科技专家组成，有160名院士，中国有5人。罗云波，1960年4月23日生于重庆市。1982年2月毕业于西南农业大学，获学士学位。1987年12月毕业于英国巴斯大学生物学院，获博士学位。罗云波多年来一直致力于保障食品安全营养技术的研究，研究领域涉及果蔬采后成熟衰老机理、食品行业植物生物反应器的开发利用、转基因食品检测及安全性评价技术。

（钟占蓉）

【召开粮食安全国际研讨会】 9月23日，农大召开粮食安全国际研讨会。会议以“粮食安全：科学、技术与政策”为主题，研讨粮食系统与粮食经济、粮食安全的传承、地上地下系统等问题，阐述如何通过这几方面的工作来达到保护粮食安全提高资源利用的目标。来自英国、美国、澳大利亚等国家专家学者50人参加会议。

（钟占蓉）

【召开保护性耕作20年国际研讨会】

11月20日，农大与联合国粮农组织联合召开中国保护性耕作20年国际研讨会。会议回顾20年来中国在保护性耕作技术研究方面取得的成就，探讨保护性耕作未来发展的方向，分享保护性耕作在小规模农业中的发展经验。29名国内外的专家作主题报告，对中国及世界各国在研究和推广保护性耕作技术方面的经验与成果进行交流研讨。来自法国、澳大利亚、俄罗斯等15个国家专家和代表110人参加会议。

（钟占蓉）

北京农学院

党委书记 郑文堂
院　　长 王慧敏

【概　况】 2012年，北京农学院占地面积75.76万平方米，建筑面积（含学校产权建筑面积、非产权建筑面积）20.67万平方米、非产权建筑面积10.73万平方米。资产总值67321.65万元，其中，教学、科研仪器设备资产值31742.04万元。全年教育经费投入45944.31万元，其中，国家拨款35332.83万元，自筹经费10611.48万元。图书馆建筑面积15997平方米，馆藏纸质文献65.90万册、电子文献22万种。有计算机3782台。学校信息化经费投入2771.16万元，拥有多媒体教室座位7624个，信息化设备资产2202.66万元，网络信息点6000个，校园网出口总带宽500Mbps，电子邮件系统用户9530个，上网课程3163门，数字资源量9500GB，管理信息系统数据总量336GB。设有10个学院，4个教学部及继续教育学院。开设专业28个；具有一级学科7个，硕士学位授权点9个和专业学位授权点12个。北京市重点学科5个。教职工1122人，其中，专任教师425人，包括教授86人、副教授160人；有博士生导师12人，硕士生导师132人。有享受政府特殊津贴专家4人。外籍教师3人。毕业生2205人，其中，学历教育学生中全日制硕士研究生186人，普通本专科生1915人（本科生1530人、专科生385人），成人教育本专科生96人（本科生64人、专科生32人）；非计划招生高等教育学生中在职人员攻读硕士学位8人。本科毕业生就业率 95.26%。招生 2378 人，其中，学历教育学生中全日制硕士研究生 212 人，普通本专科生 1931 人（本科生 1543 人、专科生 388 人）、成人教育本专科生 98 人（本科生 52 人、专科生 46 人）；非计划招生高等教育学生中在职人员攻读硕士学位 137 人。高考北京地区提档线理科 433 分、文科 449 分。在校生 8326 人，其中，学历教育学生中全日制硕士研究生 498 人，普通本专科生 7217 人（本科生 6071 人、专科生 1146 人），成人教育本专科生 363 人（本科生 191 人、专科生 172 人）；非计划招生高等教育学生中在职人员攻读硕士学位 248 人。网址：www.bua.edu.cn。

（陈勇）

【与顺鑫集团签订人才培养协议】 6

月 8 日，农学院与北京顺鑫农业发展集团有限公司签订共建人才培养基地校企合作协议。根据协议，双方在未来 5 年内，围绕都市型现代农业人才培养和服务首都社会经济等方面开展全面战略合作，共同推进双方技术进步，同时适应国家和首都经济建设与社会发展对高等学校创新人才培养的要求，培养大学生实践能力、创新能力和创业能力，进一步实现教育为首都社会、经济发展服务的职能。

（陈勇）

【中澳合作办学项目通过审批】 7 月，农学院与澳大利亚伊迪斯科文大学合办农业资源与环境（环境管理方向）专业本科教育项目获教育部审批。该项目引进澳大利亚伊迪斯科文大学教学体系和质量保证体系，实行英语授课和考核，学生在国内学习三年，第四年在澳大利亚学习。学生毕业授予农学院农学学士学位和澳大利亚伊迪斯科文大学理学学士学位。

（陈勇）

【与南口农场共建校外人才培养基地】

9 月 11 日，农学院与南口农场共建校外人才培养基地揭牌。双方在基地开展“卓越农艺师、卓越园艺师”培养、“3＋1”实践教学、师资和技术人员培训、项目联合研发、技术推广与成果转化等方面合作。

（陈勇）

【与两区县签订合作协议】 10 月 25

日和 12 月 19 日，农学院分别与门头沟区政府和延庆县政府签订合作协议。与门头沟区在高素质新型人才培养及村镇干部学历提升、百花山争创国家级人才培养基地、京西农业科技重大项目联合包装与申报等方面开展合作。与延庆县在农业战略性人才培养、村官培养及村镇干部学历提升、有机农业品牌塑造等方面开展合作。

（陈勇）

北京林业大学

党委书记　吴斌
校　　长　宋维明

【概　况】 2012 年，北京林业大学占地面积 46.88 万平方米，学校产权建筑面积 46.58 万平方米。固定资产总值 179666.14 万元，其中，教学、科研仪器设备资产值 49712.43 万元。图书馆建筑面积 2.34 万平方米，藏书 163.25 万册。电子文献 39900GB，电子资源库 39 种。全年教育经费投入 97011 万元，其中，国家拨款 73519.88 万元、自筹经费 23491.12 万元。学校信息化投入 600 万，拥有计算机台 9243 台，多媒体教室座位 13972 个，网络信息点 25000 个，校园网出口总带宽 1.10GB，电子邮件用户 5000 个，上网课程 2087 门，数字资源量 39.90TB，管理信息系统总量 1500GB。校区设置 13 个院（系、部）；开设 57 个专业及方向覆盖 8 个学科门类；具有一级学科 32 个，博士点 39 个，一级学科博士学位授权点 9 个，一级学科硕士学位授权点 27 个和专业学位授权点 11 个；博士后流动站 6 个，其中，博士后研究人员出站 15 人、进站 9 人和在站 92 人。学校拥有 1 个一级国家重点学科（涵盖 7 个二级学科），2 个二级国家重点学科，1 个国家重点（培育）学科；10 个国家林业局重点学科；3 个北京市一级重点学科、1 个北京市交叉重点学科。建有 1 个国家工程实验室、1 个国家级研发中心、1 个国家工程技术研究中心、1 个国家级研发中心、1 个国家科技示范园、1 个国家野外台站、4 个教育部重点实验室、3 个教育部工程技术研究中心、1 个教育部科技创新团队、5 个国家林业局重点实验室、5 个北京市重点实验室、5 个国家林业局定位观测站，2 个北京市工程技术研究中心。有教职工 1875 人，其中，专任教师 1147 人，包括教授 229 人、副教授 499 人；博士生导师 208 人，硕士生导师 401 人；工程院院士 3 人；973 项目首席科学家 1 人；“千人计划”人选 1 人；长江学者 4 人；享受政府特殊津贴专家 107 人。外籍教师 3 人，均为教授。毕业生 8079 人，其中，学历教育学生中全日制研究生 1267 人（博士生 146 人、学术型学位硕士生 751 人、专业学位硕士生 370 人），普通本科生 3160 人，成人教育本专科生 3445 人（本科生 2200 人、专科生 1245 人）；在职人员攻读硕士学位 207 人。本科毕业生就业率 95.44%。招生 9705 人，其中，学历教育学生中全日制研究生 1532 人（博士生 265 人、学术型学位硕士生 827 人、专业学位硕士生 440 人），普通本科生 3321 人、成人教育本专科生 4467 人（本科生 2731 人、专科生 1736 人）；在职人员攻读硕士学位 385 人。高考北京地区提档线文科 496 分、理科 531 分。在校生 31544 人，其中，学历教育学生中全日制研究生 4411 人（博士生 1048 人、学术型学位硕士生 2581 人、专业学位硕士生 782 人），普通本科生 13218 人，成人教育本专科生 12065 人（本科生 8222 人、专科生 3843 人）；在职人员攻读硕士学位 1850 人。留学生毕业 14 人，招生 16 人，在校生 60 人。网址：www.bjfu.edu.cn。

（高斌）

【陈俊愉逝世】 6 月 8 日 10 时 58 分，北林大教授、园林学家、园艺教育家、中国工程院资深院士陈俊愉因病在北京逝世，享年 95 岁。陈俊愉，1917 年 9 月 21 日出生于天津市，安徽安庆人，1940 年毕业于金陵大学园艺系及园艺研究部。曾任四川大学园艺系讲师、复旦大学农学院副教授。1950 年毕业于丹麦哥本哈根皇家农业大学园艺研究部，获荣誉级科学硕士。1950 年 7 月回国，曾任武汉大学教授，华中农业大学园艺系教授，北林大园林系教授，曾任中国风景园林学会副理事长、国务院学位委员会第一至二届林科评议组成员、中国科学院北京植物园研究员等。

（高斌）

【与 3 个地方政府签订合作协议】 6 月 17 日、7 月 25 日和 10 月 17 日，北林大与 3 个地方政府签订合作协议。与辽宁省林业厅签订产学研合作协议，开展以人才为基础、科技为依托、企业为主体、项目为载体、产业化目标的产学研合作。与河南省林业厅签署共同推进中原经济区建设林业科学发展框架协议，学校充分发挥人才、智力优势，依托河南省林业科技推广和林业招商引资的政策优势，全面服务河南林业生态建设。与重庆市南川区政府签订政产学研用合作协议。年内，该校还与山东泰安市、北京延庆县签署战略合作协议。

（高斌）

【荣获国际风景园林竞赛大奖】 9 月 5 至 7 日，北林大学生获得第 49 届国际风景园林师联合会世界大会学生竞赛大奖。国际风景园林师联合会世界大会是世界范围内风景园林行业最高级别学术盛会，面向全球风景园林行业高校举办国际风景园林设计竞赛。该校园林学院研究生设计作品《漂浮的城市，漂浮的模块》获得学生竞赛唯一大奖。

（高斌）

【召开第十次教学工作会】 9 月 26 至 27 日，北林大召开第十次教学工作会议。会议回顾第九次教学工作会以来本科教学工作所取得的成绩，分析目前本科人才培养所面临的形势和任务、机遇与挑战，重点对如何围绕学校发展目标开展本科教学工作、如何处理好“教”与“研”和“教”与“学”的关系、如何抓好本科教学工作的重点环节等方面提出思考和意见。会议出台加强本科教学改革 20 条措施。该校领导及各部门主管 50 人参加会议。

（高斌）

【举办林业经济国际论坛】 10 月 13 日，北林大举办首届林业经济国际论坛。论坛由 30 个主题报告组成，探讨“林业碳汇与应对气候变化”“森林资源管理”和“林权制度改革”等问题。来自国内外专家学者 100 人参加会议。

（高斌）

【召开森林可持续经营国际学术研讨会】 10 月 13 至 16 日，北林大召开森林可持续经营国际学术研讨会。会议以“应对气候变化中的森林经营”为主题，举行专题报告 15 场，分会场举行专题报告 18 场，研讨森林可持续经营与森林多功能服务、森林可持续经营技术、森林可持续经营保障等问题。来自 20 个国家专家学者 300 人参加会议。

（高斌）

【举办建校 60 周年系列庆祝活动】 10 月 13 至 16 日，北林大举办建校 60 周年系统庆祝活动。活动由庆祝大会、校史展及多场学术研讨会组成。温家宝为校庆题词“知山知水求真知，树木树人树高材”。来自教育部、国家林业局、市委、市政府等部门和国内高校代表以及该校师生、校友近万人参加庆祝活动。

（高斌）

【召开林业教育改革与发展研讨会】

10 月 15 日，北林大召开林业教育改革与发展暨纪念林业教育 110 周年学术研讨会。会议以“林业教育改革与发展”为主题，举办专题演讲 16 场，征集教学管理、教学改革论文 20 篇。来自全国 30 余所农林院校以及相关企业代表 260 人参加会议。

（高斌）

【新增 1 个学科创新引智基地】 10 月，北林大新增 1 个高等学校学科创新引智基地。该基地由教育部评审，该校获评基地为树木发育及逆境适应性的分子机制创新引智基地。该基地围绕树木生长与抗逆性状分析等重要科学问题，开展相关领域的实质性合作研究，由该校植物学科、林木遗传育种学科、生物化学与分子生物学科、细胞生物学学科以及生态学学科等 18 名学者组成。

（高斌）

【成立林木资源高效培育与利用协同创新中心】 12 月 29 日，北林大成立林木资源高效培育与利用协同创新中心。该中心与中国林科院、国家林

业局速生丰产林管理办公室、东北林业大学、南京林业大学等单位共建，以增加森林面积和森林蓄积量为主要目标，旨在满足中国建设和中国木材安全的重大需求，重点研究速生、优质、高抗林木良种选育关键技术，林木高效培育、经营与保护关键技术，林木资源高效利用关键技术，林木资源培育与利用政策体系。

（高斌）

【制定支撑生态文明建设行动计划】 12月，北林大制定支撑生态文明建设行动计划。该计划由全面深化生态文明教育、加强生态文明科学研究、加强生态文明宏观战略咨询、大力拓展生态文化传播和统筹兼顾推进生态文明美丽校园建设五部分内容组成。计划于2013年开始实施。

（高斌）

【新增两个中外合作办学本科专业】 至年底，北林大新增两个中外合作办学本科专业。新增专业与加拿大不列颠哥伦比亚大学合作举办，获得教育部批准，分别是木材科学与工程、生物技术“3+2”本科专业。两专业自2013年面向全国招生，每年每专业招生30人，项目学生前三年在该校进行英语强化和专业课程学习，后两年赴加拿大学习，达到要求可同时获得两校本科学士学位。

（高斌）

北京协和医学院（中国医学科学院）

党委书记　李立明
校　　长　曾益新

【概　况】 2012年，北京协和医学院（中国医学科学院）占地面积133.69万平方米，建筑面积94.97万平方米。固定资产总值30361.01万元，其中，教学、科研仪器设备资产值8531.72万元。图书馆建筑面积15905平方米，藏书282.75万册，其中，纸质图书268.90万册、电子图书13.85万册。全年教育经费投入35365.79万元，其中，国家拨款33673.17万元、自筹经费1692.62万元。学校拥有计算机1145台，多媒体教室座位2869个，信息化设备资产3404.72万元，网络信息点5866个，校园网出口总带宽200Mbps，电子邮件系统用户965个，数字资源量22528GB，管理信息系统数据总量20GB。设有18个研究所（以及5个分所）、7所临床医院（含与北京市共建的天坛医院）、5所学院、1个研究生院和5所分院，具有一级学科博士点8个，博士学位授权点54个，硕士学位授权点61个；博士后流动站6个，其中，博士后研究人员出站41人、进站67人和在站155人。国家一级重点学科2个、国家二级重点学科8个、国家重点（培育）学科1个；省部级一级重点学科4个、省部级二级重点学科4个；国家重点实验室5个，省部级重点实验室30个。教职工13221人，其中，专任教师1135人，包括教授680人、副教授349人；博士生导师530人、硕士生导师774人；中科院院士9人、工程院院士17人。“长江学者奖励计划”特聘教授15人、长江学者讲座教授2人、享受政府特殊津贴专家597人。外籍教师2人。毕业生1508人，其中，学历教育学生中全日制研究生906人（博士生563人、硕士生343人），普通本专科生130人（本科生60人、专科生70人），成人教育本专科生472人（本科生373人、专科生99人）。本科毕业生就业率96%。招生1869人，其中，学历教育学生中全日制研究生1132人（博士生501人、硕士生631人），普通本专科生219人（本科生139人、专科生80人）、成人教育本科生518人。高考北京地区提档线临床本科理科656分、护理本科理科477分、护理专科理科282分、护理专科文科292分。在校生5706人，其中，学历教育学生中全日制研究生3433人（博士生1607人、硕士生1826人），普通本专科生878人（本科生645人、专科生233人），成人教育本专科生1395人（本科生1260人、专科生135人）。网址：www.pumc.edu.cn。

（贺晶）

【曹雪涛当选亚洲大洋洲免疫学联盟主席】 3月15日，协和医学院曹雪涛院士当选第五届亚洲大洋洲免疫学联盟（FIMSA）主席。该联盟成立于1992年2月，总部设在印度新德里，成员国为所有亚洲大洋洲国家，为国际免疫学联合会（IUIS）下属组织。该组织旨在促进亚洲和大洋洲地区免疫学会的紧密接触和交流，并使科学信息及人员的交流更为便利。曹雪涛，1964年7月19日出生于山东省济南市，免疫学专家，中国工程院院士，中国医学科学院院长。

（潘宣）

【4项成果获华夏医学科技奖奖励】 3月25日，协和医学院4项成果获首届华夏医学科技奖奖励。该院“子宫内膜异位症发病新学说的临床实践和评价”和“艾滋病免疫重建及适合中国国情的艾滋病抗病毒治疗研究”获得科技进步一等奖，“治疗性血管生成在下肢缺血中的应用研究”和“轮状病毒全基因组及蛋白表达研究”获得科技进步三等奖。

（潘宣）

【举办转化医学论坛】 4月26至27日，协和医学院举办转化医学论坛。论坛与香港大学李嘉诚医学院合办，研讨遗传学与人类疾病、转化医学研究中的动物模型、感染、免疫与肿瘤、移植与干细胞生物学4个问题。来自国内外医学专家和师生代表300人参加论坛。

（朱成斌）

【召开护理学术研讨会】 6月8至9日，协和医学院召开护理学术研讨会。会议由主题演讲和专场讨论组成。主题演讲由来自国内外知名专家9人主讲，内容涉及护理学科发展、临床护理、护理教育、护理科研等多个领域。专场讨论由4个分会场组成，包括护理教育专场、护理管理专场和2个临床护理专场。大会共收到来稿274篇，入选论文256篇。

（杜淑芳）

【召开国际医学教育研讨会】 9月19日，协和医学院召开第五届国际医学教育研讨会。会议以“国际医学教育改革过程中的机遇和挑战”为主题，研讨医学教育改革的挑战与机遇、医学教育课程改革和全球化趋势下医学教育的新纪元问题。来自美国哈佛医学院、杜克大学医学院、加州大学圣地亚哥医学院、北京大学等国内外高校专家学者300人参加会议。

（徐岩）

【举办中美癌症及全球合作方向论坛】 11月4至6日，协和医学院举办中美癌症及全球合作方向高峰论坛。会议研讨全球癌症研究面临的挑战与未来发展方向、21世纪全球癌症临床试验途径、转化医学研究、传统中药和天然提取物研究、癌症基因组研究和个体化治疗、生物标志物和分子医药研究、脑胶质母细胞瘤国际合作模式问题。国内外专家学者100人参加论坛。

（贾春实 苏小游）

【举办乡村医生培训班】 11月27日，协和医学院举办乡村医生培训班。该培训班由中国红十字基金会主办，面向国内乡村医生，讲授农村常见病、多发病、地方病防治，临床实践、紧急救护和防灾避险技能，预防保健及健康管理等内容，为期15天。共有来自山东、河南、河北100名乡村医生参加培训。该培训班共举办41期。

（卢永平）

【举办8期学术沙龙】 至年底，协和医学院举办8期学术沙龙。该沙龙每周举办一次，共有15名专家主讲，内容涉及肿瘤生物学、炎症与心血管疾病、生物医药研发的新思路和新策略、干细胞和再生医学、人类基因组学、表观遗传学、激光医学、天然药物。该院师生1000人次参加学习。

（贺晶）

首都医科大学

党委书记 李明
校　　长 吕兆丰

【概　况】 2012年，首都医科大学学校和附属医院总占地面积136.12万平方米、总建筑面积216.49万平方米，其中，学校占地面积24.66万平方米，建筑面积33.91万平方米。学校和附属医院固定资产总值1590613.05万元，其中，学校固定资产总值148831.96万元。学校和附属医院教学、科研仪器设备资产值236116.51万元，其中，学校教学、科研仪器设备资产值100210.14万元。全年教育经费投入125467.17万元，其中，国家拨款99101.10万元、自筹经费11095.36万元、科研经费15270.71万元。学校和附属医院图书馆建筑面积26241平方米，共藏书128万册，其中，学校图书馆建筑面积17901平方米，藏书79.66万册。学校信息化经费投入706.10万元，有计算机7137台，多媒体教室座位8051个，信息化设备资产3450.58万元，网络信息点9998个，校园网出口总带宽300Mbps，电子邮件系统用户4580个，上网课程124门，数字资源量3000GB，管理信息系统数据总量61440GB。设有10个学院和1所研究院，18所临床医学院暨附属医院以及1个预防医学教学基地，设有4个专科学院和31个专科学系。开设本科专业16个、七年制专业2个。有一级学科博士学位授权点8个和一级学科硕士学位授权点11个，有博士学位授权点59个和硕士学位授权点78个。有博士后流动站9个，出站20人、进站23人、在站74人。有国家重点学科8个、国家重点（培育）学科2个、国家临床重点专科32个、国家中医药管理局重点学科8个、北京市一级重点学科4个、北京市交叉重点学科1个、北京市一级重点建设学科2个，有省部共建国家重点实验室培育基地1个、教育部重点实验室2个、教育部省部共建重点实验室2个、北京市重点实验室24个，有国家工程技术研究中心1个、教育部工程研究中心1个。学校和附属医院共有教职员工和医务人员33870人，其中，校本部1567人、附属医院32303人；有院士3人、特聘顾问11人；正高职称1669人，其中，校本部96人、附属医院1573人；副高职称2988人，其中，校本部233人、附属医院2755人；有专任教师2433人，专任教师中教授617人，其中，校本部91人、附属医院526人，专任教师中副教授1108人，其中，校本部193人、附属医院915人；有博士研究生导师360人、硕士研究生导师742人；享受政府特殊津贴专家105人；有外籍教师7人。毕业生4126人，其中，学历教育学生中全日制研究生982人（博士生201人、硕士生781人），普通本专科生1597人（本科生874人、专科生723人），成人教育1251人（本科486人、专科生765人）；以同等学力申请博士硕士学位296人（博士生84人、硕士生212人）。本科毕业生就业率95.52%。招生4492人，其中，学历教育学生中全日制研究生988人（博士生243人、硕士生745人），普通本专科生1657人（本科生894人、专科生763人），成人教育本专科生1525人（本科生846人、专科生679人）；以同等学力申请博士硕士学位322人（博士生176人、硕士生146人）。高考北京地区本科一批理科提档线484分。在校生14321人，其中，学历教育学生中全日制研究生3144人（博士生726人、硕士生2418人），普通本专科生6217人（本科生4140人、专科生2077人），成人教育本专科生4551人（本科生2249人、专科生2302人）。留学生毕业5人，招生103人，在校409人。网址：www.ccmu.edu.cn。

（方海侠 王于英）

【获8项中华医学科技奖】 1月7日，首医大获8项中华医学科技奖。其中，附属北京同仁医院主持完成的“原发性闭角型青光眼防治技术及推广”获得一等奖，由附属北京天坛医院主持完成的“国人颅内动脉狭窄现状与支架成形术的关键技术和临床应用”、附属北京佑安医院主持完成的“艾滋病影像学的病理基础研究”分别获得二等奖。同时，该校获得三等奖5项。

（王于英）

【新增1所教学医院】 2月17日，首医大新增1所教学医院。新增教学医院为怀柔区第一医院。主要开展该校学生临床教学任务，并在此基础上，提高临床学科水平，发挥区域医疗卫

生带动作用。该院成立于1956年，属于怀柔区二级甲等综合医院。

（王于英）

【与昌平区签订合作协议】　4月27日，首医大与昌平区政府签订合作协议。根据协议，双方合作建设昌平区医院成为首医大教学医院。学校负责提出昌平教学医院的建设要求和标准，并给予学科教育政策和人力资源建设方面支持，地方政府负责给予政策、人力、空间和经费支持。

（王于英）

【成立首都名医研修院】　4月28日，首医大成立首都名医研修院。该院与市中医药管理局合办，旨在落实首都中医药教育人才培养合作项目，探索学院式培养与传统师承培养相结合的中医高等教育新模式。研究院建设高等中医药教育创新示范基地，中医药人才传承培养基地，燕京医学研究与首都中医药文化宣传基地，首都中医专业技术人才知识、技能培训基地。

（王于英）

【国际学院楼启用】　5月1日，首医

大右安门西校区国际学院楼启用。国际学院楼建筑面积34700平方米，有教室、会议室、学生公寓、餐厅等。该楼作为留学生学习、生活使用。

（王于英）

【举办诺贝尔奖科学家论坛】　5月4日，首医大举办诺贝尔奖科学家论坛。论坛邀请2007年诺贝尔医学及生理学奖获得者、英国卡迪夫大学教授马丁·约翰·埃文斯作题为《干细胞与生命科学》的报告，报告指出干细胞研究与生命科学研究的内在联系，并对干细胞的研究方法和前沿进展做阐述。该校师生1000人参加学习。

（王于英）

【刘曾复逝世】　6月27日7时25分，首医大教授刘曾复因病医治无效，在北京逝世，享年98岁。刘曾复，字俊知，1914年11月出生，1937年毕业于清华大学生物系。他是著名生理学家、京剧史论研究者。历任北京医学院生理学教授、首医大生理教研室主任、教授。长期从事生理学教学科研，在“整合生理学”和“定量生理学”方面有独创性贡献。刘曾复还是京剧艺术家，研究囊括生旦净丑各行当的表演，发表的脸谱研究专著《京剧脸谱图说》《京剧脸谱梦华》和《京剧脸谱艺概》与京剧史论专著《京剧新序》和《京剧说苑》，均是京剧研究的珍贵资料。

（王于英）

【翁心植逝世】　7月7日4时45分，首医大教授、医学家、医学教育家、内科学与呼吸病学家翁心植因病医治无效，在北京逝世，享年93岁。翁心植，1919年5月10日出生于浙江宁波。1937年就读于北平燕京大学医预系，1940年考入北平协和医学院。1946年获华西协和大学医学院及美国纽约州立大学医学博士学位。1965年到北京朝阳医院工作，1988年当选第七届全国政协委员，1997年当选中国工程院院士。翁心植长期从事普通内科、寄生虫病、心血管病和呼吸疾病等领域研究。他发现和诊断国内首例高雪病，在世界上首次报道白塞病并发心脏瓣膜损害，他创建的肝吸虫病抗原简易制备方法促进中国寄生虫病的防治工作。长期任《中华内科杂志》和《英国医学杂志》（中文版）等杂志的总编辑。先后获得过中华医学会医学科学奖、何梁何利科学与技术进步奖。

（王于英）

【主办首都急危重症高峰论坛】　8月24至26日，首医大主办第五届首都急危重症高峰论坛。论坛以“培养急诊·临床医学特种兵”为主题，设有大会主会场和5个分会场，开设96个讲座，探讨急诊经验性抗感染治疗、预防和控制多重耐药、急诊急救技术创新以及急诊急救发展等问题。来自国内外从事急危重病防治的专家学者100人参加会议。

（王于英）

【与加拿大麦吉尔大学签订合作协议】　9月7日，首医大与加拿大麦吉尔大学签订合作协议。根据协议，双方共同申请科研课题，开展科研合作；共同举办学术会议和短期的学术项目；开展教师交换、研究生互访等交流活动。协议有效期3年。

（王于英）

【成立康复医学系】　9月22日，首医大成立康复医学系。该系以中国康复研究中心（首医大康复医学院）为牵头单位，联合7家附属医院和5家教学医院相关科室组成，致力于康复专科医师、学科骨干和学科带头人的培养，开展博士、硕士、本科等层次的学历教育，举办康复继续医学教育培训等教育教学活动。该系有博士生导师6人、硕士生导师21人，正高级职称46人、副高级职称107人。

（王于英）

【新增4个博士后科研流动站】　9月26日，首医大新增4个博士后科研流动站。其中，新设公共卫生与预防医学、中西医结合、药学3个博士后科研流动站，增设护理学1个博士后科研流动站。至此，首医大博士后科研流动站总数达到9个，实现在博士学位授权一级学科上的全覆盖。

（王于英）

【王忠诚逝世】　9月30日16时8分，

首医大教授，中国工程院院士，中国神经外科的开拓者和创始人之一、神经外科专家王忠诚因病医治无效，在北京逝世，享年87岁。王忠诚，

1925年12月20日出生于山东烟台，1950年毕业于北京大学医学院。1955年成为新中国培养的第一批神经外科医生，培养80余名研究生。他是第五、九、十届全国人大代表，中国共产党第十五次、十六次全国代表大会代表，为2008年度国家最高科学技术奖获得者。

（王于英）

【与台湾中山医学大学签订合作协议】 12月8日，首医大与台湾中山医学大学签订合作协议。根据协议，双方将在科研合作，人才培养，学者交换，高层互访等多个方面加强合作。协议有效期5年。

（王于英）

北京中医药大学

党委书记　吴建伟
校　　长　高思华

【概　况】 2012年，北京中医药大学占地面积25.30万平方米，学校产权建筑面积21.73万平方米。固定资产总值8.60万万元，其中，教学、科研仪器设备资产值2.26万万元。图书馆建筑面积15750平方米，藏书133.71万册，其中，纸质图书88.21万册、电子图书45.50万册，中医古籍线装书3914种，8179函，39125册。拥有教学用计算机1705台。全年教育经费总投入55657万元，其中国家拨款33655万元、自筹经费20946万元。学校信息化经费投入464万元，多媒体教室座位7685个，信息化设备资产6061.92万元，网络信息点8779个，校园网出口总带宽1600Mbps，电子邮件系统用户1400个，上网课程771门，数字资源量2000GB，管理信息系统数据总量10GB。两个校区设置13个院（系、部）；开设9个专业及覆盖8个学科；博士一级学科学位授权点3个，博士二级学科学位授权点40个，硕士二级学科学位授权点43个和硕士专业学位授权点11个；博士后流动站3个，其中，博士后研究人员出站5人、进站10人和在站33人；师承博士后进站14人和在站14人。有国家重点学科一级学科2个、二级学科15个；北京市重点学科一级学科2个；国家中医药管理局重点学科48个。教育部工程研究中心2个、教育部重点实验室3个、北京市重点实验室3个、国家中医药管理局三级实验室14个；国家级实验教学示范中心1个、北京市实验教学示范中心3个。教职工1271人。专业技术人员800人，其中具有高级职称者443人，中级职称者300人，初级职称者57人；博士生导师324（含兼职）人、硕士生导师629人；国医大师2人；享受政府特殊津贴专家88人。外籍教师3人。毕业生6737人，其中，学历教育学生中全日制研究生1052人（博士生201人、硕士生851人），普通本专科生1507人（本科生1345人、专科生162人），成人教育本专科生977人（本科生456人、专科生521人），远程教育本专科生3153人（本科生1223人、专科生1930人）；非计划招生高等教育学生中在职人员攻读硕士学位48人。毕业生就业率95.95%。招生8824人，其中，学历教育学生中全日制研究生1225人（博士生211人、硕士生1014人），普通本专科生1479人（本科生1292人、专科生187人），成人教育本专科生1357人（本科生623人、专科生735人），网络教育本专科生4651人（本科生2367人、专科生2284人）；非计划招生高等教育学生中在职人员攻读硕士学位112人。高考北京地区提档线理科532分，文科522分。在校生29652人，其中，学历教育学生中全日制研究生3171人（博士生664人、硕士生2507人），普通本专科生6108人（本科生5634人、专科生474人），成人教育本专科生3826人（本科生1810人、专科生2016人），网络教育本专科生16010人（本科生9259人、专科生6751人），非计划招生高等教育学生中在职人员攻读硕士学位537人。留学生毕业256人，招生149人，在校生838人。网址：www. bucm. edu. cn。

（杨苏）

【成立心血管病研究所】 1月3日，中医药大成立心血管病研究所。该研究所设在附属东直门医院，开展中美免疫实验室、气血理论研究室、流行病学研究室、名家学术研究室、临床心血管病中心建设。有科研人员83人，其中，高级职称23人。

（杨苏）

【与墨西哥大学签订合作协议】 4月10日，中医药大与墨西哥国立理工大学签订新合作协议。根据协议，双方合作开展学生交换和教师交换，开发研究项目，协作开展落实中墨两国政府间国际合作项目，合作开设双学位办学项目，双方分别授予学位，合作指导学生论文写作，举办联合培养的硕士、博士项目，授予联合学位。

（杨苏）

【举办医学人文学讲座】 5月23日，中医药大举办医学人文学讲座。讲座邀请英国伦敦大学学院中国仁康中心罗维前（Vivienne Lo）博士作题为《从证据到疗效：医学人文学的角色和作用》报告，以其课题研究和医学人文学为切入点，阐述中国运动养生历史，倡导中国和英国在医学人文研究领域进一步开展对话。最后，她还介绍伦敦大学学院及其新推出中国卫生与人文方向硕士学位课程，并就医学人文学的发展、中医的独特魅力等方面与学生开展交流。该校师生80人参加学习。

（杨苏）

【接受校友捐款】 5月30日，中医药大接受校友捐款。该校校友、北京康仁堂药业有限公司总经理吴玢自本年起分5年，每年捐赠200万元，用于推进中医文化的传承与创新，改革中医药人才的培养模式，培养高技能型人才。吴玢，1988年毕业于北京中医药大学中药学专业，长期从事中药现代化研究工作，先后获得国家中医药管理局、国家科技部、国家发改委、国家药监局等部门中药现代化及“863”计划专项支持，申报发明专利36项。

（杨苏）

【举办哈佛大学专家讲座】 6月7日，中医药大举办哈佛大学专家讲座。讲座邀请哈佛大学孔健博士和兰迪·古鲁姆（Randy Gollub）博士作题为《核磁共振成像技术在针刺机理以及大脑结构与功能研究中的应用》

报告，介绍针灸在大脑功能磁共振成像（fMRI）的实际效应，以及针灸治疗慢性疼痛的大脑活动神经成像。该校师生100人参加学习。

（杨苏）

【成立钱超尘人文学术传承工作室】 6月12日，中医药大成立钱超尘人文学术传承工作室。该工作室属于市中医药管理局“中医药薪火传承3＋3工程”建设单位，开展结合中医经典著作和考据学专业知识培养青年人才，中医文献研究和提供中医文献研究计划咨询指导工作。钱超尘，博士生导师，在中医训诂学、中医文献整理研究领域，填补多项学术空白。主要著作有《辅行诀五脏用药法要传承集》《洪氏集验方考注》和《伤寒要旨药方》等。

（杨苏）

【与重庆市中医院签订合作协议】 6月21日，中医药大与重庆市中医院签订合作协议。根据协议，双方合作成立北京中医药大学附属重庆市中医院，该校负责加强与附属医院的联系，进行学术交流，指导、引导附属医院的教学、科学研究工作，并以教学、科研等立项形式用于附属医院的教学、科研建设；医院负责对教学条件进行改造和建设，并在教学方面接受中医药大领导。重庆市中医院前身是法国修女会于1902年创建的仁爱堂医院，1955年成为重庆市第一家市级中医院，现为集医疗、教学、科研和预防保健为一体的大型三级甲等中医医院。

（杨苏）

【成立4个中医药薪火传承工作站】 7月7日，中医药大成立4个北京市中医药管理局“中医药薪火传承3＋3工程”老中医药专家继承工作站。4个工作站分别是田德禄名医继承工作站、武维屏名医继承工作站、孙呈祥名医继承工作站、臧福科名医继承工作站。田德禄，教授，主任医师，重点研究消化系统疾病的防治，研制消痞灵冲剂。武维屏，教授，主任医师，擅长治疗呼吸系统疑难病症、老年病及疼痛性疾病。孙呈祥，教授，主任医师，擅长治疗骨折、脱位、颈椎病、腰椎病、坐骨神经痛、老年增生性膝关节炎、四肢软组织损伤等。臧福科，主任医师，擅长治疗损伤性疑难症、内脏病（冠心病、糖尿病、胆绞痛）、妇科（痛经、更年期综合症）、小儿顽固性腹泻、厌食症。

（杨苏）

【与海军医学研究所签订合作协议】 7月31日，中医药大与海军医学研究所签订合作协议。根据协议，双方就中医药防治海军常见疾病、潜水防护医学研究、相关新药开发及共同培养博士后等方面开展合作。

（杨苏）

【与航天员科研训练中心签订合作协议】 7月31日，中医药大与航天员科研训练中心签订合作协议。根据协议，双方共建航天中医药研究平台，开展适应航天中医药研究需求的人才培养、科技协作和科研成果转化等方面合作。双方可根据自身人才培养计划，每年选派一定数量的人员，到对方相应研究室学习；发展培训中心的专家为校方的博士生导师。以双方的科研优势，共同构建研究平台，提高研究水平。在建立平台的基础上，充分发挥双方共同优势，合作申请国家、军队和北京市的科研课题。校方将发挥其非药物疗法的优势，全面配合该中心开发适合航天员地面应用的疗法。

（杨苏）

【新学生公寓竣工】 9月15日，中医药大西校区新学生公寓竣工。该项目建筑面积2.19万平方米，剪力墙结构，地下2层（含设备夹层）、地上12层、总高度43.80米，标准层3.60米。该公寓可同时容纳2000名学生住宿。工程2011年开工，总投入7891万元。

（杨苏）

【与北京两家医院签订合作协议】 11月23日和12月24日，中医药大学分别与北京市和平里医院和丰台区中西医结合医院签订合作协议。与和平里医院共建教学医院。和平里医院是一所集医疗、教学、科研、预防为一体的二级甲等综合性骨干医院。与丰台中西医结合医院共建教学医院。丰台区中西医结合医院是一所集医疗、预防、康复、科研、教学为一体的综合性二级医院。

（杨苏）

北京师范大学

党委书记　刘川生
校　　长　钟秉林（7月免）
　　　　　　董奇（7月任）

【概　况】 2012年，北京师范大学占地面积70.64万平方米，建筑面积72.24万平方米。固定资产总值316300万元，其中，教学、科研仪器设备资产87859万元。全年教育经费投入282615万元，其中，国家拨款187029万元、自筹经费95586万元。图书馆建筑面积48.52万平方米，藏书410.92万册，电子图书1419.51GB。学校信息化经费投入7862.33万元，拥有计算机18121台，多媒体教室座位15816个，信息化设备资产41653.05万元，网络信息点28000个，校园网出口总带宽2400Mbps，电子邮件系统用户35000个，上网课程3706门，数字资源量17298GB，管理信息系统数据总量94.20GB。下设1个学部、22个学院、2个系、26个研究院（所、中心）；拥有本科专业自主设置权限；开设本科专业57个；现有博士学位、硕士学位授权点的一级学科36个，博士学位授权点108个、硕士学位授权点153个；博士后流动站25个，其中出站111人、进站86人、在站362人。一级学科国家重点学科5个、二级学科国家重点学科11个、国家重点培育学科2个；北京市一级重点学科5个、北京市二级重点学科10个、北京市交叉重点学科1个。国家重点实验室4个、教育部重点实验室8个、北京市重点实验室9个、教育部工程研究中心5个、北京市工程技术中心2个、教育部人文社会科学重点研究基地7个，代管研究机构6个、共建研究机构6个。教职工3122人，其中，专任教师1854人，包括教授692人、副教授696人；博士生导师784人、硕士生导师896人。外籍教师16人。专任教师中有博士学位1589人，占85.8%；45岁以下1143人，占61.7%。享受政府特殊津贴专家287人；有两院院士8人、双聘院士12

人。毕业生 17317 人，其中，学历教育学生中全日制研究生 3206 人（博士生 678 人、硕士生 2538 人），普通本科生 2082 人，成人教育本专科生 2974 人（本科生 2183 人、专科生 791 人），网络教育本专科生 8417 人（本科生 4773 人、专科生 3644 人）；非计划招生高等教育学生中在职人员攻读硕士学位 638 人。应届毕业生全员初次就业率 97.78%，其中本科生就业率 98.81%，研究生就业率 97.12%。招生 25591 人，其中，学历教育学生中全日制研究生 3845 人（博士生 822 人、硕士生 3023 人），普通本科生 2224 人，成人教育本专科生 5391 人（本科生 3462 人、专科生 1929 人），网络教育本专科生 9756 人（本科生 4192 人、专科生 5564 人）；非计划招生高等教育学生中在职人员攻读硕士学位 521 人。高考北京地区提档线文科 578 分、理科 608 分。在校生 61252 人，其中，学历教育学生中全日制研究生 11261 人（博士生 3178 人、硕士生 8083 人），普通本科生 8854 人，成人教育本专科生 10750 人（本科生 8126 人、专科生 2624 人），网络教育本专科生 28267 人（本科生 15138 人、专科生 13129 人）；非计划招生高等教育学生中在职人员攻读硕士学位 2120 人。留学生毕业 1923 人，招生 1722 人，在校生 1849 人。网址：www.bnu.edu.cn。

（戴军）

【出版《中国当代社会史》】　3 月 11 日，北师大出版《中国当代社会史》（五卷本）。该书是国家出版基金重点资助项目之一，由北师大教授主编，湖南人民出版社出版发行。《中国当代社会史》按历史发展顺序列卷，共分五卷 180 万字，展现新中国成立以来各个历史时期社会发展的状况。

（戴军）

【成立第七所孔子学院】　4 月 16 日，北师大成立第七所孔子学院。该院由该校与美国威廉玛丽大学合办，面向美国社会开展教学科研工作，两校合办该孔子学院首期项目为期 5 年。威廉玛丽大学成立于 1693 年。

（戴军）

【成立 3 个研究机构】　4 月 27 日、5 月 18 日、6 月 6 日，北师大分别成立政治心理学研究中心、外语学院人文研究所和首都文化创新与文化传播工程研究院。政治心理学研究中心开展领导心理、不同社会群体的政治心理、群体性突发事件防范与处理研究。有研究人员 25 人，其中，高级职称 14 人。外语学院人文研究所开展外语教学与人文学结合领域研究。有科研人员 5 人，全部为高级职称。创新与文化传播工程研究院开展文化创新和文化传播领域研究。有科研人员 6 人，其中，高级职称 4 人。

（戴军）

【召开大学与创新人才培养研讨会】　6 月 16 至 17 日，北师大召开“教育创新：大学与创新人才培养”国际学术研讨会。会议以“教育创新和创新人才培养”为主题，研讨创新人才培养的国际经验与发展趋势、面向教育创新的大学改革、教育创新的评价等问题。会议达成高校除教学、科研和服务的功能外，还应注重与国际的交往，为促进世界文明做出贡献；培养创新人才不能仅依靠学校，家长和社会也发挥着重要作用，培养创新人才不止是高校的事情，中小学基础教育也影响重大等共识。来自美国、澳大利亚、芬兰和国内高校专家学者 200 人参加会议。

（戴军）

【召开启功诞辰百年纪念大会】　7 月 22 日，北师大召开启功诞辰百年纪念大会。会议以“百年启功：中国文化传承创新”为主题，由纪念会、启功遗墨展和《启功全集》首发式组成。来自国内外专家和启功亲属、学生 100 人参加活动。

（戴军）

【完成攀登计划和师表计划自主招生】　7 月，北师大完成攀登计划和师表计划自主招生工作。攀登计划自主招生面向应届高中生，择优选拔学科兴趣浓厚，具有较强意愿在哲学和天文学学科领域学习学生，首批选拔 52 人。师表计划自主招生旨在落实国家免费教育师范生政策，选拔乐教适教优秀考生，开展自主教学活动。

（戴军）

【召开中美婚姻家庭治疗国际研讨会】　8 月 13 至 14 日，北师大召开首届中美婚姻家庭治疗国际研讨会。会议研讨“婚姻家庭治疗在中国的历史、现状和未来”“中国婚姻家庭问题，以及中国对婚姻家庭治疗的需求”和“婚姻家庭治疗理论在中国的文化适应性”等问题。来自中美两国高校代表 60 人参加研讨。

（戴军）

【召开中国特色社会主义教育发展道路研究研讨会】　8 月 26 日，北师大召开中国特色社会主义教育发展道路研究学术研讨会。会议以“社会关注的教育发展道路与方向问题”为主题，研讨中国特色的教育发展道路问题。来自国内高校专家学者 100 人参加会议。

（戴军）

【召开国际刑法问题研讨会】　9 月 6 日，北师大召开国际刑法问题研讨会。会议由“英国国内对国际刑法重要发展的看法”“国际刑事法院相关问题”和“国际刑法若干问题”三个主题组成，研讨“国际刑事法院对国际犯罪的追诉”“ICC 补充性管辖原则存在的问题”和“普遍管辖权的理论与实践”等问题。来自国内外政府机构、高校专家学者 30 人参加研讨。

（戴军）

【举办建校 110 周年庆祝活动】　9 月 8 日，北师大举办建校 110 周年庆祝大会。温家宝为北师大校庆题词，贾庆林、刘延东发来贺信。来自教育部、北京市委市政府等部门领导，兄弟院校和该校师生、校友 25000 人参加活动。北师大前身是 1902 年创立的京师大学堂师范馆，1908 年改称京师优级师范学堂，独立设校。1912 年改名为北京高等师范学校。1923 年更名为北京师范大学。1931 年、1952 年北平女子师范大学、辅仁大学先后并入北师大。

（戴军）

【召开第 12 次党代会】　9 月 27 至 28 日，北师大召开第 12 次党代会。会议作题为《改革创新，追求卓越，为建设世界一流大学而努力奋斗》的工作报告，选举产生新一届党委委员和纪委委员，通过关于十一届党委工作报告的决议和关于纪律检查委员会工作报告的决议。该校党代表 239 人参加大会。

（戴军）

【举办英语教师教育高峰论坛】 10月18至19日，北师大举办首届英语教师教育高峰论坛。论坛以“推动英语发展，探索英语教学”为主题，邀请国内外语言教师教育领域的著名学者作主题发言，达成在基础教育课程改革的持续和深入发展下，教育工作者必须不断学习、不断更新观念，在实践中反思和提升自己的专业能力和水平，成就高质量的教育共识。来自全国高校教育工作者、研究者、教研员以及一线英语教师200人参加论坛。

（戴军）

【发布北京市中小学生网络生活方式蓝皮书】 11月1日，北师大发布2012年北京市中小学生网络生活方式蓝皮书。蓝皮书采取抽样方法对北京市8个区县118所中小学28610名中小学生网络时代的生活方式现状进行调查，揭示北京市中小学生网络生活方式，帮助教师、家长、学校和社会了解学生，提出有针对性的解决方案，对学生进行有效的引导，推动网络时代基础教育与教学方式的变革。

（戴军）

【举办诺贝尔奖获得者专题讲座】 11月27日，北师大举办诺贝尔讲获得者专题讲座。讲座邀请2005年诺贝尔经济学奖得主罗伯特·J·奥曼（Robert J. Aumann）教授作题为《博弈论角度下的世界金融市场》报告，从市场经济、政府监管、高管薪酬、政府救助、拍卖五个方面阐述“激励机制”问题。奥曼，任希伯来大学教授，长期从事博弈论、预期效用理论、完全竞争经济理论研究，发表80篇研究论文，撰写6本著作。

（戴军）

【召开张静如从教60周年学术思想研讨会】 12月23日，北师大召开张静如从教60周年暨学术思想研讨会。会议研讨张静如学术成就和精神风范。中共中央党史研究室、北京大学、人民大学教授分别围绕张静如先生的学术成就和精神风范作主题发言。来自国内马克思主义研究机构和高校专家学者150人参加研讨。张静如是新中国培养出来的第一代马克思主义专家，长期致力于中共党史研究和教学，是中国中共党史研究的开拓者和领军人，被称为“李大钊研究第一人”，是中共党史学史研究的首倡者，以率先建构党史学科体系享誉学界。

（戴军）

首都师范大学

党委书记 张雪
校　　长 刘新成

【概　况】 2012年，首都师范大学占地面积89.86万平方米，建筑面积74.49万平方米。固定资产总值234188.21万元，其中，教学、科研仪器设备资产值80477.80万元。图书馆456.43万册（件）。全年教育经费投入159706.92万元，其中，国家拨款122886.92万元、自筹经费36820万元。学校信息化经费投入2377.92万元，拥有计算机13761台，多媒体教室座位20399个，信息化设备资产7951.93万元，网络信息点数31800个，校园网出口总宽带2010Mbps，电子邮件系统用户697个，上网课程1393门，数字资源量34240.17GB，管理信息系统数据总量280GB。设20个院系（系、部），1个中专专业，52个本科专业，140个硕士学位授予点，90个博士学位授予点，11个博士后流动站。4个国家重点学科，13个北京市重点学科，15个北京市重点建设学科。教职工2590人，其中，专任教师1359人。专任教师中，教授262人，副教授497人，讲师493人、助教59人，博士生导师213人，硕士生导师509人，另聘请外籍教师22人，外聘高级专家21人。毕业生7788人，其中，学历教育学生中全日制研究生1511人（博士生91人、硕士生1420人），普通本科生2354人，成人教育本专科生3588人（本科生2085人、专科生1503人）；在职人员攻读硕士学位277人，研究生课程进修班58人。本科毕业生就业率99.34%。招生9163人，其中，学历教育学生中全日制研究生1707人（博士生143人、硕士生1564人），普通本专科生2742人（本科生2638人、专科生104人）、成人教育本专科生4397人（本科生2490人、专科生1907人）；在职人员攻读硕士学位317人。高考北京地区提档线文科501分，理科490分。在校生28398人，其中，学历教育学生中全日制研究生4793人（博士生511人、硕士生4282人），普通本专科生10382人（本科生10278人、专科生104人），成人教育本专科生12633人（本科生7517、专科生5116人）；在职人员攻读硕士学位590。留学生毕业901人，招生749人，在校生1278人。网址：www.cnu.edu.cn。

（张婷旖）

【与三区县开展区域教育合作】 2至4月，首都师大分别与密云县、怀柔区、房山区开展区域合作。与密云县合作开展教育合作；与怀柔区合作成立首都师大附属红螺寺中学；与房山区合作成立首都师大附属房山中学。

（张婷旖）

【成立教育基金会】 3月30日，首都

师大成立教育基金会。该基金会属非公募基金会，初始基金200万元。基金会募集资金将开展教学科研、资助贫困学生和服务公益慈善事业等方面工作。同日，教育基金会第一届理事会第一次会议召开，理事长、副理事长、秘书长以及各位理事就教育基金会的章程、资金募集、资金运作、以及基金会今后的发展等方面进行探讨。

（张婷旖）

【获全国五一劳动奖状】 4月23日，

首都师大获2012年全国五一劳动奖状。该评选由全国总工会主办，北京市共有11家单位获该奖项，首都师大是北京教育系统唯一获此殊荣的单位。该奖项旨在表彰首都师大在技术创新、管理创新和体制创新中取得显著成绩，为经济建设和社会发展做出突出贡献。

（张婷琦）

【成立初等美术教育研究中心】　4月27日，首都师大成立初等美术教育研究中心。该中心挂靠在初等教育学院，主要研究青少年发育期的美育心理反应与精神意味、色彩视觉属性及视觉形象语言的表述方式。中心由24名教师组成。

（张婷琦）

【与四季青学区学校建立发展共同体】

4月，首都师大初等教育学院与四季青学区学校建立发展共同体。共同体以首都师大的优势教育资源推进区域内学校的共同发展，构建大中小学合作共同体，探索区域教育优质均衡发展的途径和策略，搭建校际之间的沟通平台和互动桥梁，探索特色学校建设与发展的规律，凝练办学理念，提升教育质量，促进教师专业发展。

（张婷琦）

【一人获首都劳动奖章】　4月，首都师大数学科学学院刘兆理教授获首都劳动奖章。刘兆理，博士生导师，1963年出生，1992年毕业于山东大学数学系，获得理学博士学位。2004年调入该校，担任数学系主任。2005年，入选首批北京市拔尖人才。曾4次获得省部级自然科学和科技进步一、二等奖，2008年获得国家杰出青年科学基金，2009年被评为教育部长江学者特聘教授。他长期从事临界点理论及其应用的研究。

（张婷琦）

【成立京疆学院】　5月8日，首都师大成立京疆学院。该院负责该校承担的“新疆少数民族高校毕业生赴对口援疆省市培养计划”中来京学员的管理和教学工作。培养对象为新疆和田未就业普通高校毕业生来京培养工作遴选的广播文化专业、双语教师和医学专业学员，培养期限2年。培养方式为全脱产、非学历性质的岗前培训。该院首批培训广播文化专业学员32人。

（张婷琦）

【成立党建研究中心】　6月6日，首都师大成立党建研究中心。党建研究中心是研究中国共产党的建设理论与实践问题的学术研究机构，聘请中央党史研究室、《求是》杂志社专家为顾问，开展基层党建研究、思想政治建设研究、党风廉政建设研究。

（张婷琦）

【成立北京基础教育研究基地】　9月17日，首都师大成立北京基础教育研究基地。该研究基地是以学校为依托，整合首都教育学科优势资源，开展基础教育政策与法律问题、教师教育改革和基础课程教育与教学改革等问题研究。

（张婷琦）

【与韩国大学签订合作协议】　11月26日，首都师大与韩国同德女子大学签订合作协议。根据协议，双方开展教师互访、交换生交流、短期学生交流等活动。该校音乐、舞蹈、绘画、设计专业学生可赴韩方交流、学习。

（张婷琦）

首都体育学院

党委书记　李鸿江
院　　长　钟秉枢

【概　况】　2012年，首都体育学院占地面积17.83万平方米，建筑面积12.60万平方米。固定资产总值65167.40万元，其中，教学、科研仪器设备资产值14130.30万元。图书馆建筑面积5301平方米，藏有纸质图书36.49万册，电子图书6GB。全年教育经费投入23275万元，其中，国家拨款20093万元、自筹经费3182万元。学校信息化经费投入1196万元，拥有计算机1301台，多媒体教室座位2276个，信息化设备资产3513.25万元，网络信息点5000个，校园网出口总带宽264Mbps，电子邮件系统用户4680个，上网课程5门，数字资源量300GB，管理信息系统数据总量430GB。下设6个院（系）；开设本科专业11个，覆盖四个学科门类和五个一级学科，一级学科博士点1个，博士学位授权点1个，硕士学位授权点2个；3个二级学科北京市重点学科。教职工483人，其中，专任教师238人，包括教授30人、副教授94人；博士生导师31人、硕士生导师80人。享受政府特殊津贴专家4人。毕业生981人，其中，学历教育学生中全日制硕士研究生181人，普通本科生607人，成人教育本专科生150人（本科生100人、专科生50人）；非计划招生高等教育学生中在职人员攻读硕士学位43人。本科毕业生就业率95.71%。招生1194人，其中，学历教育学生中全日制研究生214人（博士生2人、硕士生212人），普通本科生659人、成人教育本专科生269人（本科生97人、专科生172人）；非计划招生高等教育学生中在职人员攻读硕士学位52人。在校生3769人，其中，学历教育学生中全日制研究生510人（博士生2人、硕士生508人），普通本科生2512人，成人教育本专科生645人（本科生372人、专科生273人）；非计划招生高等教育学生中在职人员攻读硕士学位102。留学生毕业121人，招生128人，在校136人。网址：www.cupes.edu.cn。

（李丹阳）

【召开体育保健康复专业学科发展研讨会】　1月6至8日，首体院召开中国康复医学会体育保健康复专业委员会暨学科发展研讨会。会议研讨中国体育保健康复发展在人民生活中的地位、发挥的重要作用，并选举产生9名委员。来自国内相关院校和科研机构专家学者100人参加研讨。

（李丹阳）

【香港国际武术节取得好成绩】　2月24至28日，首体院在第十届香港国际武术节取得好成绩。该院武术与表演学院7名学生获得武术套路和武术散打等单项比赛6枚金牌、5枚银牌、4枚铜牌。

（李丹阳）

【召开亚洲体育教练研讨会】 4月25日，首体院召开“亚洲体育教练：过去、现在、未来”研讨会。会议作《21世纪中国体育教练的现状与作用》《全球体育教练员组织》《21世纪亚洲体育教练面临的主要挑战》《国际体育教练员体系》四个主题报告，并开展“国际体育教练体系与亚洲”和“亚洲体育教练组织”两个专题讨论。来自国内外相关行业高校专家学者100人参加研讨。

（李丹阳）

【与高尔夫俱乐部签订合作协议】 4月26日，首体院与北京世纪联合高尔夫俱乐部管理有限公司签订合作协议。根据协议，双方合办高尔夫方向班，培养了解高尔夫运动的基础知识，系统掌握高尔夫运动的基本技能的具有较高业务水平和扎实专业知识的实用型人才。

（李丹阳）

【举办国家级社会体育指导员培训班】 9月12至19日，首体院举办北京市国家级社会体育指导员培训班。培训班面向北京市16个区县以及相关行业的近百名学员开展社会体育领域知识培训，邀请专家讲授社会体育指导等课程。

（李丹阳）

【举办6次蓟门讲坛】 至年底，首体院举办6次蓟门讲坛。讲坛邀请中国人民大学教授作题为《幸福生活的心理秘密》和《言能明其意——演讲的技能》的专题讲座，邀请国防大学教授作题为《海洋安全环境与海军现代化》的专题讲座，邀请首体院教授作题为《你身边的“兴奋剂”与食品安全》的专题讲座，邀请中国人民解放军军事科学院教授作题为《当今思想文化领域的几个重大问题》的专题讲座，邀请首都高校规范化升旗仪式培训总教官作题为《五星出东方利中国》的专题讲座。

（李丹阳）

【举办5次国培计划培训班】 至年底，首体院举办5次国培计划培训班。分别举办体育与健康班，紧缺薄弱学科骨干教师培训项目高中体育与健康班，紧缺薄弱学科骨干教师培训项目小学体育与健康班，第二期紧缺薄弱学科骨干教师培训项目小学体育与健康班，第二期紧缺薄弱学科骨干教师培训项目高中体育与健康班。

（李丹阳）

北京外国语大学

党委书记　杨学义
校　　长　陈雨露（8月免）
　　　　　　韩震（8月任）

【概　况】 2012年，北京外国语大学占地面积49.21万平方米，其中，产权建筑面积42.49万平方米。固定资产总值141529.93万元，其中教科仪器设备资产值11391.52万元。全年教育经费投入76020.50万元，其中，国家拨款42975.20万元、自筹经费33045.30万元。图书馆建筑面积2.40万平方米，藏书118.60万册。学校信息化经费投入1126.94万元，拥有计算机4405台，多媒体教室座位9254个，信息化设备资产7909.54万元，网络信息点14000个，校园网出口总带宽1120Mbps，电子邮件系统用户7174个，上网课程1912门，数字资源量42.60TB，信息系统数据总量4000GB。学校有15个学院，7个直属系部，76个研究中心（所），1个教育部人文社会科学重点研究基地：中国外语教育研究中心，2个教育部非通用语种本科人才培养基地：欧洲语种群和亚非语种群；另有信息技术中心、图书馆等教学辅助单位。学校开设54种外国语，开设专业57个，覆盖文学、法学、经济学、管理学和工学5个学科；有1个一级学科博士学位授予权（涵盖54国语言，12个二级学科）；12个二级学科博士学位授权点；6个一级学科硕士学位授权点，16个二级学科硕士学位授权点；6个专业学位授权点；1个外国语言文学博士后流动站，其中，博士后出站3人、进站10人、在站22人。有4个国家重点学科（含培育学科），7个北京市重点学科。教职工1356人，其中，专任教师680人，包括教授131人、副教授228人；有博士生导师89人、硕士生导师270人；国家级有突出贡献的专家4人，享受政府特殊津贴专家110人。外籍教师119人，其中，教授26人，副教授7人。毕业生2953人，其中，学历教育学生中全日制研究生752人（博士生70人、硕士生682人），普通本科生1137人，成人教育本专科生123人（本科生90人、专科生33人），网络教育本专科生941人（本科生795人、专科生146人）。普通本科一次性就业率98.06%。招生14415人，其中，全日制研究生704人（博士生84人、硕士生620人），普通本科生1176人，成人教育本专科生191人（本科生112人、专科生79人），网络教育本专科生12344人（本科生3495人、专科生8399人）。高考北京地区本科提档线文科572分、理科603分。在校生28751人，全部为学历教育学生，其中，全日制研究生2168人（博士生375人、硕士生1793人），普通本科生4651人，成人教育本专科生437人（本科生283人、专科生154人），网络教育本专科生21495人（本科生10462人、专科生11033人）。留学生毕业1038人，招生1121人，在校生1303人。网址：www.bfsu.edu.cn。

（黄勃）

【出版口述史《岁月如歌》】 1月12日，北外出版口述史《岁月如歌》。该著作由该校面向教学、科研、管理等领域老同志，通过视频、录音收集一手资料，以文字的形式记录北外教学、科研、管理等各方面的经验和规律，以及老同志对学校未来发展的思考，共采访39人，行成文字22万字，全面回顾与总结该校70年发展历史。

（徐亮）

【成立印度尼西亚中心】 3月23日，北外成立印度尼西亚中心。该中心与印度尼西亚驻华使馆合作建设，面向社会开放，为中国公众提供印尼社会、政治、经济、文化、教育、旅游等各方面的信息，协助印尼驻华使馆开展文化交流活动。中心积极推动两国文化教育领域的交流，为两国留学生交流搭建平台。

（徐亮）

【两人获意大利之星骑士勋章】 5月2日，北外两人获得“意大利之星”骑士勋章。“意大利之星”骑士勋章由意大利政府颁发，用以奖励推动意大利与其他国家友好合作关系的发展、意大利语与文化的传播、科学技术的研究、贸易合作等方面做出特殊贡献的外国人和旅居他国的意大利公民。两人分别是该校中国意大利语研究会副会长王军和罗马孔子学院院长文铮。

（徐亮）

【举办拉美风情文化展】 5月23日，北外举办拉美风情文化展。展览与秘鲁、委内瑞拉、厄瓜多尔、乌拉圭、墨西哥五国驻华使馆合办，举办葡语歌曲大赛、秘鲁电影节、名家大使讲座等活动。该校师生1000人次参加活动。

（徐亮）

【王炳东获利奥波德二世国王勋章】 5月31日，北外王炳东教授获得比利时利奥波德二世国王勋章。该勋章由比利时王国颁发，用以表彰王炳东教授在促进比利时文学在中国的传播和增进比中文化交流方面所做出的贡献。王炳东在法语系工作数十年，为国家培养大批法语专业人才，编译《比利时文学选集（法语作家卷）》曾荣获比利时法语区政府颁发的“文学翻译奖”。

（徐亮）

【校史馆开馆】 7月4日，北外校史馆开馆。校史馆由序厅、历史足迹厅、锦绣北外厅、领导关怀厅和展望未来厅组成。全面反映该校70年发展历程。

（徐亮）

【成立中国文化走出去协同创新中心】 8月30日，北外成立中国文化走出去协同创新中心。该中心发挥多语种、多学科和国际化办学优势，扎实推进与政府部门、行业企业、国际组织以及国内外兄弟院校之间的实质性合作，加快造就一批中国文化“走出去”急需的国际化人才，形成有利于推动中国文化“走出去”的多语种、复合型学科集群，构建以中国为主导的全球学术组织网络体系，产生和推出一系列具有广泛影响力的重大标志性成果。

（徐亮）

【接待多名外国政要】 至年底，北外接待多名外国政要来访。分别接待埃塞俄比亚大使塞尤姆·梅斯芬，爱尔兰教育部国务部部长夏兰·卡农，阿尔巴尼亚教育与科学部部长代表团，佛得角高教、科学与创新部部长安东尼奥·席尔瓦，接待马来西亚前总理敦·阿卜杜拉·巴达维，大不列颠及北爱尔兰联合王国苏格兰检察长弗兰克·穆赫兰，波兰共和国总统夫人安娜·科莫罗夫斯卡女士，意大利教育、大学和科研部长普罗夫莫来访，斯里兰卡教育部部长班杜拉·古纳瓦尔德那，波黑驻华大使阿梅尔·科瓦切维奇，拉脱维亚总理瓦尔蒂斯·东布罗夫斯基斯和法国驻华大使白林。

（徐亮）

北京第二外国语学院

党委书记　冯培
院　　长　周烈

【概　况】 2012年，北京第二外国语学院占地面积21.32万平方米、建筑面积22.36万平方米。固定资产总值62566.67万元，其中教科仪器设备资产值15591.60万元。全年教育经费投入46116.91万元，其中，国家拨款35840.13万元、自筹经费10276.78万元。图书馆建筑面积6869平方米，馆藏图书96.92万册，馆藏电子图书1247.60GB。学校信息化经费投入1494.73万元，拥有计算机4565台，多媒体教室座位11784个，信息化设备资产12439.63万元，网络信息点7700个，校园网出口总带宽1380Mbps，电子邮件系统用户1080个，上网课程466门，数字资源量6101GB，管理信息系统数据总量245330.27GB。下设20个院系和教学部，以及教育技术中心、图书馆、旅游教育出版社。开设27个本科专业、2个专科专业，覆盖经济学、法学、文学、管理学4个学科；具有一级学科硕士授权点4个，学术型学位硕士授权点18个，专业学位硕士授权点3个，覆盖哲学、经济学、文学、管理学4个学科。有北京市重点建设学科数4个，国家级特色专业4个，教育部专业综合改革试点2个。教职工892人，其中，专任教师数500人，专任教师中，教授65人、副教授180人，硕士生导师247人。享受政府特殊津贴专家2人。外籍教师31人。毕业生2453人，其中，学历教育学生中全日制硕士研究生407人，普通本科生1457人，成人教育本专科生589人（本科生502人、专科生87人）。毕业研究生一次就业率95.61%，本专科（含二学位）一次就业率96.74%。招生2510人，其中，学历教育学生中全日制硕士研究生410人，普通本科生1552人、成人教育本专科生548人（本科生442人、专科生106人）。高考北京地区提档线理科486分、文科500分。在校生8843人，其中，学历教育学生中全日制硕士研究生1060人，普通本科生6089人，成人教育本专科生1694人（本科生1412人、专科生282人）。留学生毕业244人，招生1315人，在校生673人。网址：www.bisu.edu.cn。

（王薇）

【与5所大学签订校际交流协议】 2至11月，二外与5所大学签订校际交流协议。合作大学分别是英国伯恩茅斯大学、阿联酋阿布扎比大学、西班牙圣地亚哥·德·孔波斯特拉大学、秘鲁伊科纳西奥·德佑拉大学、巴拿马大学。该校与境外合作大学开展交换生选派、教师互访、合作举办研讨会等活动。

（王薇）

【开展教育教学思想大讨论】 3月13日至6月12日，二外开展教育教学思想大讨论。大讨论主题为构建“国际化、高层次、复合型、应用性”人才培养体系，提高人才培养质量。在大讨论过程中学校召开3次全校大会，6次专题座谈会，50余次院系研讨会、座谈会，还向学生发放“大讨论”调查问卷，通过分析数据，查找教学工作中存在的问题。并设立大讨论专题网站、开设官方微博专题论坛，听取全体师生的意见和建议。通过大讨论，学校进一步明确定位、更新观念、统一思想，制定 2012 版本科生人才培养方案，新增、修订八项教学方面的规章制度，制定转专业制度、设立留学奖学金等人才培养方面举措，成立教师教学发展中心。

（王薇）

【学生数字资源学习中心投入使用】

3 月 14 日，二外图书馆学生数字资源学习中心启用。该中心包括电子阅览区域、多媒体数字教室、苹果电脑实验室、多功能报告厅和休闲区域等，配备有 700 台高性能计算机、30 余台苹果计算机以及各类多媒体设备，为全校师生免费服务。师生可以使用各类办公软件、访问校园网内各种网站、使用图书馆的各类数据库。

（王薇）

【成立两个研究中心】 3月26日和4月1日，二外成立京剧传承与发展（国际）研究中心及教育部区域和国别研究基地阿拉伯研究中心。京剧中心与北京京剧院共建，开展京剧遗产的传承与保护研究，推进京剧跨越式发展。阿拉伯中心是教育部首批设立的三个阿拉伯区域研究基地之一，旨在加强中国的区域和国别研究，为国家制定发展战略、政策措施提供智力支持。

（王薇）

【与中国外文局签订合作协议】 5 月 9 日，二外与中国外文局对外传播研究中心签订合作协议。根据协议，双方共建全球舆情与受众研究基地，该校负责发挥多语种和交叉专业优势，完成中心委托课题，研究中心负责提供政策和业务指导、提供研究成果发布平台并为学校提供本科生和研究生的实习岗位。双方以全球舆情与受众研究基地为平台，开展学术研究，举办相关论坛及专题研讨，开展专业领域人才培养等合作，培养跨学科的国际舆情和比较传播研究的人才队伍。

（王薇）

【设立两项奖学金】 6 月 7 日和 12 月 5 日，二外设立两项奖学金。分别为永旺（中国）投资有限公司的 7 家集团企业及团体出资在该院设立“北京第二外国语学院——AEON（永旺）奖学金”，用于奖励日语学院优秀本科生，每年 35 人，每年 22.5 万元；德安杰环球顾问集团出资 15 万元在该院设立“贾云峰旅游营销创新奖学金”，用于奖励旅游管理学院优秀本科生、研究生，每年 10 人，每年 3 万元。

（王薇）

【与两个区县签订合作协议】 7 月 9 日和 12 月 19 日，二外与两区县签订合作协议。与东城区旅游发展委员会协议共建东城区二外人才培训基地、二外旅游管理专业硕士（MTA）产业实习基地、旅游发展创新研究基地和旅游发展委员会旅游发展创新研究基地四个合作平台，开展人才培养、科学研究、社会服务、对外宣传合作。与延庆县政府合作开展人才培训、学生实习和互派专家、干部等多种形式合作。

（王薇）

【召开海峡两岸旅游观光研讨会】

8 月 27 日，二外召开海峡两岸旅游观光研讨会。研讨会以“旅游促进文化繁荣与发展”为主题，探讨共同关注的旅游观光产业发展问题，推动两岸旅游、休闲游憩与观光餐旅等相关领域学术单位、政府部门、产业界进一步交流与合作。来自海峡两岸学术界、产业界及旅游行政管理部门代表 300 人参会。

（王薇）

【与北京文化硅谷签订合作协议】 9 月 26 日，二外与北京文化硅谷签订合作协议。根据协议，双方在课题研究、高层次人才培养和实习实践教学方面开展合作。北京文化硅谷是北京市“十二五”规划重点项目，位于房山区长沟镇，是北京瑞鑫安泰创业投资中心历时四年策划打造的综合性创新型文化创意产业集聚区。

（王薇）

【举办中国旅游发展论坛】

10月20日，二外举办“中国旅游发展·北京对话”论坛。论坛以“视野”为主题，以“国际旅游”和“大众旅游”为论题，分为专家主旨演讲和嘉宾对话两大部分。来自国家旅游局、世界旅游组织、亚太旅游协会、国内兄弟院校领导和学者 900 人参加论坛。

（王薇）

【举办中美文化网络合作课课堂教学活动】 11 月 7 日，二外举办首期中美文化网络合作课课堂教学活动。该课堂是该校与美国阿巴拉契亚州立大学利用现代通讯科技与教育技术手段开展的教学尝试，通过互联网音视频传输技术，组织中美两校学生同时在双方教师指导下，用英语进行实时、开放的教学与讨论。首期课堂中，二外外国语言学与应用语言学专业国际商务英语、跨文化方向研究生 14 人和阿巴拉契亚州立大学本科新生 13 人参与即时教学和讨论。

（王薇）

【举办首届阿拉伯研究年度论坛】

11 月 10 日，二外举办首届阿拉伯研究年度论坛暨当代海湾发展问题研究学术研讨会。会议探讨海湾六国当前政治局势及海湾国家面临的一系列问题。阿拉伯联合酋长国驻华大使、中国前驻黎巴嫩大使、阿布扎比大学文理学院代表团及国内高校专家学者 100 人参加论坛。

（王薇）

【共建全球影视与文化软实力实验室】 11月16日，二外与中国社会科学院新闻与传播研究所共建全球影视与文化软实力实验室。该实验室旨在发挥媒体研究和多语种优势，利用现有资源，关注重大全球媒介和文化现象，推进媒介内容的创新和孵化，推动媒介与文化相关政策制定，促进中国文化内容形式的创新与丰富，注重学术资源的实践与应用，引导学科建设科研方向，服务高校文化传播和人才培养。实验室有来自国内外高校、研究机构、媒体机构的研究人员10人。

（王薇）

【举办中国饭店业发展高峰论坛】 12月13至14日，二外举办中国饭店业发展高峰论坛。论坛分为主题演讲和圆桌对话两个部分，研讨酒店业人才培养、酒店安防审计、酒店业市场机会等问题，评出2012杰出国际酒店集团和中国杰出本土酒店品牌。来自国家旅游局、中国商业联合会、中国旅游协会等政府机构领导，国内外知名饭店集团、单体酒店主管以及国内高校专家学者200人参加论坛。

（王薇）

北京语言大学

党委书记　王路江（4月免）
　　　　　李宇明（4月任）
校　　长　崔希亮

【概　况】 2012年，北京语言大学占地面积约33.03万平方米，总建筑面积38.32万平方米（均为产权建筑面积）。固定资产总值93762.45万元，其中教科仪器设备资产值9085.01万元。全年教育经费投入59753万元，其中国家拨款27333万元、自筹经费32420万元。图书馆建筑面积10543平方米，藏书90.80万册，中外文期刊3.20万册，电子文献数据库23个。学校信息化经费投入2031.51万元，拥有计算机5093台，信息化设备资产7950.18万元，网络信息点11432个，校园网出口总带宽600Mbps，电子邮件系统用户2641个，数字资源量10730GB，管理信息系统数据总量150GB。设有10个学院，3个教学单位，19个研究单位及其它教学辅助机构。本科专业25个，硕士专业39个，博士专业12个，学科专业覆盖文学、经济学、历史学、法学、工学、教育学和管理学等7个门类。一级学科硕士点3个，一级学科博士点2个，国家重点学科1个，一级学科北京市重点学科1个，二级学科北京市重点学科10个。教育部普通高等人文社会科学重点研究基地1个。教职工1252人，其中，专任教师663人，行政人员245人，教辅人员83人，科研机构76人。本科生专职辅导员20人，研究生专职辅导员13人。心理咨询工作人员2人。教授79人，副教授197人；博士生导师48人，硕士生导师278人；“长江学者奖励计划”讲座教授2人，享受政府特殊津贴专家40人。外籍教师92人次。毕业生14566人，其中，全日制研究生548人（博士生38人、硕士生510人），在职硕士研究生41人，普通本科生914人，成人教育本专科生479人（本科生301人、专科生178人），网络教育本专科生12584人（本科生3502人、专科生9082人）。本科毕业生就业率97.03%，研究生毕业生就业率97.88%。招生17205人，其中，全日制研究生647人（博士生52人、硕士生595人），普通本科生1080人，成人教育本专科生778人（本科生606人、专科生172人），网络教育本专科生14700人（本科生4312人、专科生10388人）。高考北京提档线文科512分，理科560分。在校生43663人，其中，全日制研究生1850人（博士生192人、硕士生1658人），在职硕士研究生15人，普通本科生4110人，成人教育本专科生1725人（本科生1390人、专科生335人），网络教育本专科生34732人（本科生10962人、专科生23770人），非学历生1231人。外国留学生毕业7200人次，招生7107人次，在校生8389人。网址：www.blcu.edu.cn。

（陈克禄）

【召开对外汉语教学学科建设与发展座谈会】 4月6至7日，北语召开新形势下对外汉语教学学科建设与发展座谈会。会议围绕对外汉语教学学科性质和定位、对外汉语教学学科基础与学科框架、对外汉语教学学科在国际第二语言教学学术领域中的话语权、对外汉语教学学科与汉语国际传播的关系等问题展开研讨。来自国内高校专家学者30人参会。

（陈克禄）

【成立阿拉伯研究中心】 4月26日，

北语成立阿拉伯研究中心。该中心是教育部首批设立的三个阿拉伯区域研究基地之一，旨在加强中国的区域和国别研究，为国家制定发展战略、政策措施提供智力支持、决策咨询、理论探讨和实践分析。中心有研究人员7人，其中，高级职称3人。

（陈克禄）

【召开全国口译大会】 6月1至2日，北语召开第九届全国口译大会暨国际研讨会。会议分主旨发言和分论坛讨论两个阶段，研讨口译理论和口译教学问题，收到论文178篇。中国翻译界首次在会中使用四种工作语言做现场同声传译，即汉语、英语、法语和手语。汉英法同声传译由北语学生承担，手语由2名国语级手语译员担任，21名聋哑人代表参加大会。国内外专家学者260人参加会议。

（陈克禄）

【举办全国日语播音口译大赛决赛】

6月10日，北语举办第一届全国日语播音口译大赛决赛。大赛旨在推动全

国高校日语学科的专业建设，促进应用型人才的培养，进一步促进中日青少年的交流，加深对中日两国文化差异的理解。评出一等奖1人、二等奖3人、三等奖5人、优秀奖6人。

（陈克禄）

【成立校友会】 6月20日，北语成立校友会。该校友会隶属民政部，面向全世界176个国家的校友开展校友联络工作。

（陈克禄）

【举办汉语应用语言学学科建设与发展论坛】 8月20日，北语举办汉语

应用语言学学科建设与发展高峰论坛。论坛研讨语言学学科的性质和定位、学科基础与学科框架、学科在国际第二语言教学学术领域中的话语权、学科与汉语国际传播事业的关系、学科与海外汉文教学的关系、学科与人才培养的关系等问题。来自全国57所高校及有关机构的专家学者、汉语教师和研究生200人参加论坛。

（陈克禄）

【召开汉语国际教育学科创新研讨会】 9月4日，北语召开汉语国际教育学科探索与方法创新专题研讨会。会议研讨汉语国际教育学科的内涵、对象及应用等问题；达成汉语国际教育学科是建立在汉语教学研究基础上，主要依托学科是应用语言学，汉语国际教育学科亟须体系化，学科理论和方法应进一步学理化，既要避免泛学科化倾向，也要充分意识到它的研究对象比以往广泛等共识。来自国内外20所高校代表50人参会。

（陈克禄）

【召开世界大学孔子学院论坛】 9月8日，北语召开第三届世界大学孔子学院论坛。论坛以“孔子学院的本土化发展战略”为主题，研讨孔子学院建设经验，分享各自发展的愿景，探讨孔子学院的本土化发展战略。来自13个国家的84名大学校长、孔子学院院长参加论坛。

（陈克禄）

【庆祝建校50周年】 9月9日，北语

召开建校50周年庆祝大会。会上宣读吴邦国、温家宝、贾庆林、刘延东贺信。来自103个国家和地区的外国使节150人，150余所中外大学、重点中学的嘉宾以及来自世界各地的校友1500人参加会议。该校创办于1962年，前身为外国留学生高等预备学校，1965年更名为北京语言学院，1996年更名为北京语言文化大学，2002年更名为北京语言大学。建校50年来，北语培养3万名中国学生和4万名出国留学人员，为176个国家和地区培养15万名懂汉语、熟悉中华文化的外国留学生。

（陈克禄）

【举办中外大学校长论坛】 9月9日，北语举办中外大学校长论坛。论坛围绕“当代社会中‘语言/外语类’高校的角色和使命”和“高校语言学科的发展和创新”两个议题展开讨论。来自中外大学校长68人以及20个国家和地区专家120人参加论坛。

（陈克禄）

【举办语言学前沿论坛】 11月24日，北语举办语言学学术前沿论坛。论坛以“语言学与国家发展”为主题，探讨国家发展对语言学的重大需求问题。来自国内外专家学者100人参加论坛。

（陈克禄）

【成立中国语言文字规范标准研究中心】 12月12日，北语成立中国语言文字规范标准研究中心。该中心旨在服务国家语言战略大局、为国家的语言决策提供咨询服务。并发挥智囊库和信息中心的作用，着重开展语言文字规范标准、语言测试、语言文字标准与测试培训等方面的研究工作，为国家语言文字规范化、标准化、信息化服务。该中心有教科研人员5人，其中，高级职称3人。

（陈克禄）

【聘请6名兼职教授】 至年底，北语聘任6名兼职（客座）教授。其中，聘请外交部副部长翟隽为名誉教授；聘请中国现代绘画艺术研究院院长林蘭子为兼职教授；聘请美国马里兰大学语言文化学院周明朗为客座教授；聘请美国艺术与科学院院士约瑟夫·希利斯·米勒、美国《叙事》期刊主编詹姆斯·费伦、美国麦克利大学尼克·曼斯菲尔德为客座教授。

（陈克禄）

【与国外17所大学签订合作协议】 至年底，北语与17所国外一流大学签订合作协议。其中，亚洲3份、欧洲8份、美洲5份、大洋洲1份。与韩国全南国立大学、法国综合理工大学、英国金斯顿大学、西班牙韦尔瓦大学、美国卡罗莱纳海岸大学、美国西肯塔基大学、美国马里兰大学等一批国外一流大学建立教师、学者和学生交流合作关系。

（陈克禄）

中国传媒大学

党委书记 李培元（8月免）
陈文申（8月任）
校　　长 苏志武

【概　况】 2012年，中国传媒大学占地面积46.36万平方米、学校产权建筑面积48.22万平方米。固定资产总值151770.41万元，其中，教学、科研仪器设备资产值45954.17万元。图书馆建筑面积43908平方米，藏书164.04万册，其中，纸质图书143.40万册、电子图书20.64万册。全年教育经费投入68245.95万元，其中，国家拨款68245.95万元、自筹经费17082万元。学校信息化经费投入192万元，信息化设备资产2000万元，网络信息点16800个，校园网出口总带宽870Mbps，电子邮件系统用户18121个，数字资源量20000GB，

管理信息系统数据总量450GB。校区设置20个院（系、部），4个研究院；开设82个专业及覆盖7个学科；一级学科博士点7个，博士学位授权点40个，一级学科硕士点18个，硕士学位授权点110个和专业学位授权点6个；博士后流动站4个，其中，博士后研究人员出站11人、进站23人和在站87人。国家重点学科2个、国家重点培育学科1个、北京市重点学科7个。教职工2008人，其中，专任教师1107人，包括教授260人、副教授362人；博士生导师184人、硕士生导师379人；中科院院士、工程院院士1人。国家有突出贡献专家1人，享受政府特殊津贴专家73人。外籍教师20人。毕业生7132人，其中，学历教育学生全日制研究生1224人（博士生165人、硕士生1059人），普通本专科生2369人（本科生2172人、专科生197人），成人教育本专科生2670人（本科生2212人、专科生458人），网络教育本专科生869人（本科生733人、专科生136人）。本科毕业生就业率98%。招生8460人，其中，学历教育学生全日制研究生1590人（博士生166人、硕士生1424人），普通本专科生2573人（本科生2236人、专科生337人）、成人教育本专科生2537人（本科生2206人、专科生331人），网络教育本专科生1760人（本科生1338人、专科生422人）。在校生25594人，其中，学历教育学生中全日制研究生4346人（博士生723人、硕士生3623人），普通本专科生9383人（本科生8841人、专科生542人），成人教育本专科生5861人（本科生5116人、专科生745人），网络教育本专科生6004人（本科生4903人、专科生1101人）。留学生毕（结）业452人，招生509人，在校生659人。网址：www.cuc.edu.cn。

（陈莹峰）

【建立口述史研究中心与口述史博物馆】 2月27日，传媒大学建立口述历史研究中心与口述历史博物馆。该中心和博物馆与校友崔永元共同建立，中心与崔永元共同开展口述历史的采访、拍摄、抢救、整理和研究工作；博物馆将现有的电影传奇馆、连环画传奇馆以及口述历史资料中心的收藏资料作为口述历史博物馆馆藏资料，馆藏资料（保密范围内的资料除外）将面向该校全体师生开放，供师生查阅使用。

（陈莹峰）

【《音乐传播》杂志创刊】 4月16日，传媒大学音乐类学术期刊《音乐传播》创刊。该杂志是国内第一本以音乐传播研究、教育为核心的综合性季刊。杂志设有理论建设、国外学术前沿和传媒音乐教育等特色栏目。

（陈莹峰）

【举办中国网络科学论坛】 4月27日，传媒大学举办中国网络科学论坛。论坛以“科学与艺术和谐统一”为主题，研讨网络科学研究的新成果和新观点。来自全国各高等院校和业界相关行业的500名专家学者参加论坛。

（陈莹峰）

【新图书馆开馆】 10月22日，传媒大学新图书馆开馆。新图书馆建筑面积4.39万平方米，包括图书馆专用面积3万平方米，共有九层，除地下一层由传媒博物馆使用外，其余八层均为图书馆专用，阅览座位2000个，二层为报刊阅览，三至五层为文、理、工以及外文图书开架借阅区，六层为库本库和特藏区，七层为电子音像区。除学习功能外，各层还有为读者服务的饮水、休闲等便利设施。该工程于2007年动工。

（陈莹峰）

【传媒博物馆开馆】 10月26日，传媒大学传媒博物馆开馆。该馆展览面积3000平方米，由广播馆、电视馆、电影馆、传输馆四个分馆组成，是集传媒历史与文物、传媒产品与展示、传媒教育与研究、传媒技术与陈列“四位一体”的专业博物馆。馆藏1.2万件，其中，文献档案照片1000件、音视频资料4000件、文物7000件。

（陈莹峰）

【张颂逝世】 11月10日，传媒大学教授、中国播音学理论奠基人、中国播音主持艺术教育重要创始人之一、著名播音主持艺术教育家、博士生导师张颂在北京逝世，享年77岁。张颂，原名张永昌，播音名李昌，1936年7月27日生于河北省易县。1955年至1959年在北京师范大学中文系学习，1959年8月至1963年5月任北京广播事业局播出部播音员，1963年5月至1963年8月任中央人民广播电台国际部编辑、播音员，1963年9月调入北京广播学院（中国传媒大学）任教师，历任播音系基础理论教研室主任、播音系主任、播音主持艺术学院院长和党总支书记，1999年开始担任博士生导师。他撰写的《播音基础》填补播音基础理论研究方面的空白，《播音基础》和他主编的《中国播音学》构建中国播音主持艺术教育理论体系，他撰写的《朗读学》和《朗读美学》为创建典范的有声语言艺术精品提供创作范式。

（陈莹峰）

中央财经大学

党委书记 胡树祥

校　　长 王广谦

【概　况】 2012年，中央财经大学学校占地面积73.52万平方米、建筑面积43.02万平方米。固定资产总值143774.50万元，其中，教学、科研仪器设备资产值16815.84万元。图书馆建筑面积1.10万平方米，藏书总额472.40万册，其中，纸质图书156.40万册，电子图书316万册。全年教育经费投入88344.61万元，其中，国家拨款53255.15万元，自筹经费35089.46万元。学校信息化经费投入2014.88万元，拥有计算机6613台，多媒体教室座位18812个，信息化设备资产7414.91万元，网络信息点32000个，校园网出口总带宽1600Mbps，电子邮件系统用户2780个，上网课程425门，数字资源量49687GB，管理信息系统数据总量26261GB。设学院南路校区、沙河校区2个校区。设有28个教学科研单位。开设43个本科专业和14个本科专业方向，涵盖9个学科；拥有4个一级学科博士学位授权，38个博士学位授权点，77个硕士学位授权点，11个专业学位授权点。有5个博士后科研流动站，其中，博士后研究人员出站16人，进站24人，在站96人。拥有应用经济学一级学科国家重点学科（涵盖10个二级学科国家重点学科）、会计学二级学科国家重点学科和7个北京市重点学科。有63个科研机构，其中，教育部普通高等学校人文社会科学重点研究基地1个、北京市哲学社会科学研究基地1个、校级重点研究基地5个。教职工1512人，其中，专任教师1017人，包括教授211人、副教授374人；博士生导师142人、硕士生导师615人；“千人计划”入选者1人，“跨（新）世纪百千万人才工程国家级人选”3人，“长江学者奖励计划”特聘教授2人，“长江学者奖励计划”讲座教授4人，享受政府特殊津贴专家27人，入选教育部新世纪优秀人才人选44人（累计）；外籍教师15人，其中教授2人，副教授2人。毕业生5881人，其中，学历教育学生中全日制研究生1519人（博士生152人、硕士生1367人），普通本科生1793人，成人教育本专科生2372人（本科生1358人、专科生1014人）；非计划招生高等教育学生中在职人员攻读硕士学位197人。本科毕业生就业率96.86%。招生8006人，其中，学历教育学生中全日制研究生1849人（博士生174人、硕士生1675人），普通本科生2534人，成人教育本专科生2847人（本科生1615人、专科生1226人）；非计划招生高等教育学生中在职人员攻读硕士学位217人。研究生课程进修班559人。高考北京地区本科提档线文科560分、理科602分。在校生20845人，其中，学历教育学生中全日制研究生4412人（博士生603人、硕士生3809人），普通本科生9759人，成人教育本专科生6167人（本科生3602人、专科生2565人）；非计划招生高等教育学生中在职人员攻读硕士学位507人。留学生学历生中，毕业63人，招生78人，在校生371人；非学历生在校生41人。网址：www.cufe.edu.cn。

（罗茜）

【获批教育部法学教育实践基地建设项目】　1月，中央财大法学院获批成为教育部2012年“法学教育实践基地”建设项目的10家法学院之一。该学院以“实践教学”为特色，成立“法律实验与实践教学中心”（含法律援助中心、法律诊所、模拟法庭、实践基地），建立专门的实践教学团队，聘请最高人民法院、最高人民检察院等单位资深法律专家为兼职教授，聘请中国工商银行、中国建设银行等金融机构法律实务专家担任兼职法律硕士生导师。同时，该学院还建立五类三十家校外教学实践基地。

（罗茜）

【对口支援贵州财经大学】　4月17日，

中央财大与贵州财经大学签订对口支援协议。根据协议，中央财大将在学科建设、学术科研等方面对贵州财经大学开展支援，通过师资队伍培养、接收教师进修、派出学者讲学、接受对方挂职、开展科研合作、邀请参加会议等途径进行支援工作。

（罗茜）

【召开中国民间借贷法治研讨会】　4月19至20日，中央财大召开首届中国民间借贷法治研讨会。会议以“实体经济与小微金融共同繁荣”为主题，重点研讨规范民间借贷的行政规范和社会信用体系、村镇银行组建规则与政策和小额贷款公司规则等问题，达成民间借贷亟须阳光化、规范化和专业化的共识。有关高校、科研院所、地方金融办等单位代表100人参会。

（罗茜）

【与航天信息股份有限公司签订合作协议】　5月30日，中央财大与航天信息股份有限公司签订合作协议。根据协议，双方发挥校企优势，利用学校优质教育资源为企业和社会培养更多高素质、高技能的应用型人才，同时也为学生实习、实训、就业提供更大空间。同时，该校将为航天信息股份有限公司提供有效的智力支持和专业服务。

（罗茜）

【与河北省签订合作协议】　6月18日，中央财大与河北省政府签订合作协议。根据协议，中央财大将在现代金融产业结构调整和体制机制建设和创新、科技金融政策体系建设等方面对河北省科技金融创新体系建设提供支持。双方利用资源优势，探索金融资源共享模式，提升两地企业在担保贷款、风险投资、上市融资等方面利用金融服务资源的能力，吸引一批国内外金融类服务机构在河北省内设立地区性总部或分支机构，通过建立科技金融创新研发机构，搭建科技金融服务平台，推动河北省多层次资本市场体系建设。

（罗茜）

【成立中国财政发展协同创新中心】　8月30日，中央财大成立中国财政发展2011协同创新中心。中心由中央财大牵头，以上海财经大学、中南财经政法大学、东北财经大学、江西财经大学、山东财经大学等原财政部直属的6所财经类高校以及3家国家会计学院为基础，并联合财政部、国家税务总局、中国社科院等所属科研机构，以及国际著名财税科研机构。中心旨在汇聚多方资源，按照“国家急需、世界一流”的要求，围绕中国公共财政体制发展与改革领域的重大理论和现实问题，充分发挥财税学科优势。

（罗茜）

【增设两个博士后流动站】　8月31日，中央财大增设两个博士后科研流动站。新增流动站由国家人力社保部、全国博士后管委会审定。该校新增马克思主义理论、统计学两个一级学科博士后科研流动站，至此该校拥有5个博士后科研流动站。

（罗茜）

【成立中国软件品牌实验室】　9月25

日，中央财大成立中国软件品牌实验

室。品牌实验室挂靠信息学院，由该校联合国内科研院所、政府组织、服务机构、骨干软件企业共同发起、建设的机构，为教学、科研创新提供支撑和平台，为产业、市场、企业发展提出建议和方案。有科研人员 7 人，其中，高级职称 5 人。

（罗茜）

【召开促进海峡两岸经贸发展的税收合作交流研讨会】 10 月 11 日，中

央财大召开促进海峡两岸经贸发展的税收合作交流研讨会。会议研讨中国大陆"营改增"相关税收政策、中国大陆注册税务师制度、台湾现行租税制度、台湾现行不动产相关税制、台湾营利事业所得税、大陆促进小额信贷组织可持续发展的税收政策、电子商务税收问题。来自海峡两岸高校专家学者 20 人参加会议。

（罗茜）

【举办诺贝尔奖评委专题讲座】 10 月 29 日，中央财大举办诺贝尔奖得主专题讲座。该校邀请瑞典斯德哥尔摩大学国际经济研究所教授、诺贝尔经济学奖评委会委员约翰·哈斯勒（John Hassler）作题为《欧洲债务危机的最新进展及诺贝尔经济学奖评选解读》报告，介绍欧洲货币联盟现状，以及欧盟针对欧债危机采取的相关政策和欧洲中央银行实施的一些非传统性措施。该校师生 100 人参加学习。

（罗茜）

【举办首届艺术节】 10 至 12 月，中

央财大举办首届艺术节。艺术节以"腾飞之艺"为主题，由影像周及 DV 大赛、大型创意展、新年音乐会等十余项活动组成。该校师生 6000 人次参加活动。

（罗茜）

【召开中国公共卫生研讨会】 11 月 17 日，中央财大召开"中国公共卫生：改革、协同与创新"学术研讨会。会议汇报近年针对公共卫生的研究进展，研讨中国公共卫生体系现存的主要问题及未来研究的重点。来自财政部、卫生部、国务院医改办相关领导，中央财大、首都医科大学、北京大学专家学者 50 人参加会议。

（罗茜）

【成立北京社会建设研究中心】 12 月 15 日，中央财大成立北京社会建设研究中心。该中心是北京市社工委建立的第 12 个基地，重点研究社会心理问题，重点解决北京市社会发展中面临的各种社会心理学课题，为北京社会建设提供决策建议和理论支持，并以此推进学校学科建设、人才培养和科学研究，发挥高校的人才智力优势和决策咨询作用，为服务北京的社会发展做出贡献。

（罗茜）

对外经济贸易大学

党委书记　王玲
校　　长　施建军

【概　况】 2012 年，对外经济贸易大学占地面积 34.20 万平方米、建筑面积 51.02 万平方米（含学校产权建筑面积、非产权建筑面积）。固定资产总值 120009 万元，其中，教学、科研仪器设备资产值 12370 万元。全年教育经费投入 78507 万元，其中，国家拨款 41252 万元、自筹经费 37255 万元。图书馆建筑面积 22865 平方米，藏书 185.10 万册，其中，纸质图书 136.20 万册、电子图书 48.90 万册。学校信息化经费投入 2070 万元，拥有计算机 6672 台，多媒体教室座位 16779 个，信息化设备资产 12319 万元，网络信息点 25500 个，校园网出口总带宽 1200Mbps，电子邮件系统用户 6200 个，上网课程 183 门，数字资源量 12171.60GB，管理信息系统数据总量 100GB。设置 23 个院（系、部）；开设 34 个本科专业，覆盖经济学、管理学、文学、法学、理学五大学科；一级学科博士学位授予点 5 个，一级学科硕士学位授予点 8 个和专业学位授权点 10 个；博士后流动站 4 个，其中，博士后研究人员出站 11 人、进站 28 人和在站 73 人。有 2 个国家重点学科，7 个北京市重点学科，1 个国家重点实验室。教职工 1627 人，其中，专任教师 951 人，包括教授 178 人、副教授 345 人；博士生导师 114 人、硕士生导师 496 人；有"长江学者奖励计划"讲座教授 2 人、"千人计划"入选者 2 人、享受政府特殊津贴专家 28 人。外籍教师 363 人，其中，教授 93 人、副教授 44 人。毕业生 7853 人，其中，学历教育学生中全日制研究生 1558 人（博士生 61 人、硕士生 1497 人），普通本科生 1975 人，成人教育本专科生 1061 人（本科生 581 人、专科生 480 人），网络教育本专科生 3259 人（本科生 1404 人、专科生 1855 人）。本科毕业生就业率 98.69%。招生 8776 人，其中，学历教育学生中全日制研究生 1918 人（博士生 119 人、硕士生 1799 人），普通本科生 2092 人、成人教育本专科生 1179 人（本科生 728 人、专科生 451 人），网络教育本专科生 3587 人（本科生 1850 人、专科生 1737 人）。北京地区高考提档线文科 558 分，理科 605 分。在校生 23784 人，其中，学历教育学生中全日制研究生 4353 人（博士生 528 人、硕士生 3825 人），普通本科生 8297 人，成人教育本专科生 2401 人（本科生 1574 人、专科生 827 人），网络教育本专科生 8733 人（本科生 4302 人、专科生 4431 人）。留学生毕业 575 人（其中博士生 6 人、硕士生 187 人、本科生 382 人），招生 666 人（其中博士生 43 人、硕士生 202 人、本科生 421 人），在校生 1818 人（其中博士生 112 人、硕士生 348 人、本科生 1358 人）。网址：www.uibe.edu.cn。

（曹亚红）

【成立葡语国家研究中心】　1月16日，外经贸大成立葡语国家研究中心。该中心是中国首家研究葡语国家的民间非盈利学术性研究机构，开展葡语国家政治、经济、文化法律领域研究，为国家相关决策部门提供政策建议。

（曹亚红）

【召开中俄经贸科技合作发展会议】　3月31日，外经贸大召开中俄经贸科技合作发展会议。会议围绕普京胜选后内外战略与政策继承与创新，对中俄关系发展新阶段的认识，新时期中俄经贸合作发展的现状、问题及前景，以及俄罗斯入世后中俄经贸合作面临的机遇与挑战展开研讨。来自中俄两国专家学者100人参加会议。

（曹亚红）

【与中国日报社签订合作协议】　4月10日，外经贸大与中国日报社签订合作协议。根据协议，双方在人才培养、学术研究等方面展开系列合作。该校成为中国日报人才培养重要基地，将聘请中国日报的资深采编及经营专家为荣誉教师或兼职教授，融合媒体实践与学校需求，就国际时事、社会热点和媒体经营等专题，设立中国日报讲坛，开辟专题讲座。中国日报充分发挥其特有的国际传播渠道和人才优势，积极支持、配合外经贸大的育人工程，共同培养国际化、专业化、复合型的高端人才。

（曹亚红）

【召开国际贸易政策研讨会】　5月22日，外经贸大召开欧亚美三大洲国际贸易政策研讨会。会议邀请国内外十余位优秀的经济学家围绕国际贸易政策的主题，通过论文宣读的形式展开研讨。来自国内外专家学者50人参加会议。

（曹亚红）

【成立两个孔子学院】　6月26日和11月28日，外经贸大成立两个孔子学院。与巴西FAAP高等教育中心合作成立FAAP商务孔子学院，与英国利兹大学合作共建英国利兹大学商务孔子学院。至此，该校共有7所孔子学院。

（曹亚红）

【成立两个教学指导中心】　9月10日和11月7日，外经贸大成立两个教学指导中心。教师教学发展中心旨在服务教学工作、促进教师发展；学业指导中心旨在深化学生服务的同时进一步加强对学生的引领，在全校中营造良好的学风氛围，为学生的全面健康成长成才提供有力的支持和保障。

（曹亚红）

【成立统计学院】　10月20日，外经贸大成立统计学院。统计学院开展博士、硕士、本科层次教学，其中，统计方向的硕士研究生、博士研究生开始招生，2013年开始招收统计学专业本科生。有专职教师25人。

（曹亚红）

【成立国际交流中心】　11月21日，外经贸大成立国际交流中心。中心为学生国际交流活动提供信息和指导，加强各个部门协调配合与沟通，促进京高校和国内高校合作交流。

（曹亚红）

【召开比较视野下的大国政治研讨会】　12月22日，外经贸大召开比较视野下的大国政治研讨会。会议分为四个单元研讨大国崛起与国际关系、中美关系与中日关系、民主化与治理问题。来自北京大学、清华大学、中国人民大学等国内政治学与国际关系研究专家学者30人参加研讨。

（曹亚红）

北京物资学院

党委书记　刘木春（2月免）
　　　　　李石柱（2月任）
院　　长　王旭东

【概　况】　2012年，北京物资学院占地面积39.70万平方米、建筑面积19.11万平方米。固定资产总值41047.49万元，其中，教学、科研仪器设备资产值26061.85万元。全年教育经费投入37674.75万元，其中，国家拨款32442.98万元，事业收入3832.83万元，经营收入1144.12万元，其他收入254.82万元。图书馆建筑面积8281平方米，馆藏图书100.77万册，馆藏电子图书66.03万册。下设9个教学单位，开设26个本科专业及方向，拥有4个一级学科硕士学位授权点，2个专业硕士学位授权点，拥有2个北京市重点建设学科、2个国家及特色专业、3个北京市特色专业。教职工654人，其中，专任教师392人，包括教授48人、副教授146人；硕士研究生导师116人，享受政府特殊津贴专家2人，外籍教师4人（专职1人，兼职3人）。毕业生2367人，其中，学历教育学生中全日制硕士研究生200人，普通本科生1507人，成人教育本专科生660人（本科生201人、专科生459人），本科毕业生就业率96.95%。招生2718人，其中，学历教育学生中全日制硕士研究生229人，普通本科生1555人，成人教育本专科生934人（本科生276人、专科生658人）。高考北京地区提档线理科448分、文科469分。在校生8174人，其中，学历教育学生中全日制硕士研究生602人，普通本科生5940人，成人教育本专科生1632人（本科生493人、专科生1139人）。留学生毕（结）业61人，招生80人，在校生5人。网址：www.bwu.edu.cn。

（徐锋利）

【成立教师发展促进中心】　4月18日，物资学院成立教师发展促进中心。中心以“服务教学工作、促进教师发展”为目标，承担学院教学科研培训、教育教学研究、教学咨询服务、推广教学改革成果、提供教师发展心理支持五项主要职能。

（徐锋利）

【成立现代物流产业研究院】　6月11日，物资学院成立现代物流产业研究院。研究院整合学校各类教育科研资源，引进外部资源，进行物流理论与技术研究，实现科技成果产业化，开展产学研合作，提供社会服务。

（徐锋利）

【与奎屯市签订合作协议】 7月20日，物资学院与新疆自治区奎屯市签订合作协议。根据协议，双方立足奎屯商贸物流中心城市建设实践，整合物资学院特色优势资源，从战略咨询、实践诊断、教育交流和人才培养四个方面开展合作，为奎屯建设北疆区域中心城市。

（徐锋利）

【成立中美物流教育与研究中心】 9月25日，物资学院成立中美物流教育与研究中心。该教育研究中心与美国运输与物流协会共建，按照国际一流的教研培体系和标准，培养物流领域高素质人才，开展相关研究，推动行业发展。

（徐锋利）

【举办流通现代化论坛】 11月24日，物资学院举办第六届中国北京流通现代化论坛。该论坛和中国物流与采购联合会、中国市场学会共同主办，研讨流通产业先导和基础作用发挥、现代流通产业链完善等问题。来自国内相关领域专家学者50人参加论坛。

（徐锋利）

【召开人才队伍建设工作会】 12月7至8日，物资学院召开人才队伍建设工作会。会议总结学校“十一五”以来人才队伍建设情况，提出学校必须树立科学人才观，通过建设“一个环境、五个体系”，推动人才工作纵深发展。“一个环境”是指优秀人才脱颖而出的人才发展软环境；“五个体系”包括人才引进、培养、使用、评价和激励体系。该校领导和各部门负责人50人参加会议。

（徐锋利）

【成立4个校级协同创新中心】 至年底，物资学院成立4个校级协同创新中心。流通秩序管理协同创新中心与市工商局通州分局共同组建。智能交通与现代物流协同创新中心与北京千方集团有限公司共同创建，依托中心，双方开展智能交通、现代物流技术发展研究、智能交通与现代物流系统及装备研发与推广、高端人才培养等方面合作。物联网技术协同创新中心与北京德鑫泉物联网科技股份有限公司共建，依托中心，双方在物联网核心技术研发、物联网技术行业应用研发及产业化推广、技术服务、高端人才培养等方面进行合作。科技金融协同创新中心与北京中关村科技创业金融服务集团有限公司共建，依托中心，双方在打造科技金融理论研究基地、业务创新高地、政策研究咨询中心、信息交流服务平台以及人才培养基地等方面展开合作。

（徐锋利）

首都经济贸易大学

党委书记　柯文进
校　　长　王稼琼

【概　况】 2012年，首都经济贸易大学占地面积39.68万平方米、建筑面积37.37万平方米。图书馆建筑面积3.57万平方米，藏书167.48万册。固定资产总值104895万元，其中，教学、科研仪器设备资产值24477万元。全年教育经费投入78246万元，其中，国家拨款60354万元、自筹经费17892万元。学校信息化经费投入1239万元，拥有计算机5504台，多媒体教室座位16965个，信息化设备资产15564万元，网络信息点28400个，校园网出口总宽带800Mbps，电子邮件系统用户25890个，上网课程184门，数字资源量20000GB，管理信息系统数据总量2048GB。设19个院系（系、部），41个本科专业，5个专科专业，10个硕士学位授予点，4个博士学位授予点，3个博士后流动站。1个国家重点学科，4个北京市重点学科，9个北京市重点建设学科。教职工1583人，其中，专任教师778人。专任教师中，教授136人，副教授298人，讲师256人、助教88人，博士生导师54人，硕士生导师348人，另聘请外籍教师3人，外聘高级专家74人。毕业生5452人，其中，全日制研究生778人（博士生46人、硕士生732人），普通本专科生2445人（本科2291人、专科154人），成人教育本专科生2229人（本科1006人、专科1223人）；非计划招生高等教育学生在职人员攻读硕士学位117人。本科毕业生就业率99.66%，专科毕业生就业率100%，研究生毕业就业率97.81%。招生6208人，其中，全日制研究生931人（博士生59人、硕士生872人），普通本专科生2530人（本科2413人、专科117人），成人教育本专科2747人（本科1182人、专科1565人）。高考北京地区提档线本科第一批一志愿文科505分、理科500分。第一批二志愿文科559分，理科600分，第二批文科提档线490分，理科475分。在校生20908人，其中，全日制研究生2459人（博士生239人、硕士生2420人），普通本专科生9878人（本科9529人、专科349人），成人教育本专科生8371人（本科3867人、专科4504人）。留学生毕业234人、招生364人、在校生503人。网址：www.cueb.edu.cn。

（刘江霞）

【举办部长论坛】 4月10日，首经

贸举办部长论坛首场报告会。会议邀请中央纪委委员、中国资产评估协会会长贺邦靖作题为《市场经济与资产评估》专题报告，阐述资产评估的起源与发展表明资产评估行业由市场经济催生并伴随市场经济的发展而不断成长，中国资产评估行业的发展历史表明资产评估有力地推动中国企业改革和市场经济发展等问题。该校师生300人参加学习。至年底，该校共举办部长论坛2场，师生900人次参加学习。

（刘江霞）

【举办首都经济发展研讨班】 5月7至11日，首经贸举办首都经济发展专题研讨班。研讨班邀请专家采取主题报告形式讲授首都宏观经济发展形势、外汇管理、就业形势与对策分析等问题。来自北京市各区县及部分委办局工作人员116人参加学习，其

中，局级干部80人。

（刘江霞）

【召开黄金市场发展趋势研讨会】 5月9日，首经贸召开2012黄金市场发展趋势研讨会。会议研究黄金市场发展规律，剖析黄金市场价格形成机制，探讨黄金市场发展趋势。来自中国黄金协会的会员单位代表、该校师生150人参加会议。

（刘江霞）

【召开本科教学工作会】 5月30日，

首经贸召开本科教学工作会。会议作题为《加强建设，推进改革，全面提高教育教学质量》的主题报告，总结学校近两年本科教育教学工作取得的主要成绩，分析学校本科教育教学工作中存在的主要问题，理清今后学习本科教育教学工作的主要思路，学校教授以《经济学人才培养模式改革的尝试》《发挥优势，稳步提高教学质量》和《法学院实践创新人才培养的探索》为题作大会发言。该校领导和教师代表300人参加会议。

（刘江霞）

【成立国际比较管理研究院】 6月1日，首经贸成立国际比较管理研究院。该院发挥校校、校所、校企以及国际合作的“协同创新”优势，开展比较管理理论研究、企业管理实务的国际比较、管理行为与经济增长领域研究工作。设有学术委员会，另设管理实务国际比较研究中心、新兴市场国家管理实践研究中心、国际比较管理论坛、企业管理国际竞争力比较数据分析实验室以及《比较管理》编辑部五个研究机构。

（刘江霞）

【举办中国特大城市发展高层论坛】 6月20日，首经贸举办中国特大城市发展高层论坛。论坛以“特大城市发展规律与趋势探讨”为主题，研讨

“城乡一体、兴利除弊：探索特大城市发展规律的理性抉择”“略论特大城市发展的和谐与节奏”“我国大城市协调发展的创新模式”等问题。来自中国社会科学院、中国科学院、国务院发展研究中心以及国内外高校专家学者80人参加论坛。

（刘江霞）

【陈日新逝世】 6月26日，首经贸陈日新因病抢救无效逝世，享年80岁。陈日新，1932年12月27日出生于河北昌黎，1953年7月加入中国共产党；1950年9月至1954年7月在北京师范大学历史系学习，1954年9月至1956年7月在东北师范大学研究生班学习，1985年1月至1994年4月任北京财贸学院党委书记。

（刘江霞）

【签订博士研究生教学合作协议】 6月28日，首经贸会计学院与中国人民大学会计系签订博士研究生教学合作协议。根据协议，首经贸会计学博士研究生将参加人民大学若干门课程的学习，同时，首经贸认定学生在人民大学学习取得的成绩，人民大学商学院为首经贸会计学院博士生提供两门专业课会计主文献和公司财务管理主文献的教学和考试。

（刘江霞）

【与美国北卡州立大学签订合作协议】 6月28日，首经贸与美国北卡州立大学签订合作协议。根据协议，该校在北卡州立大学设立首经贸驻北美国际合作办事处，负责该校在北美地区的人才招聘和国际合作等事宜。

（刘江霞）

【与国土部签订合作协议】 6月28日，首经贸与国土资源部法律事务中心签订合作协议。根据协议，双方共建中地指数（CLI）研究中心，共同开展学科建设、科研服务和人才培养等方面合作。协议有效期3年。

（刘江霞）

【新增两个博士后流动站】 8月29日，首经贸新增两个博士后科研流动站。该校新增流动站为统计学、工商管理博士后科研流动站，确认应用经济学博士后流动站。至此，学校博士后科研流动站达到3个，形成覆盖经济学、管理学和理学3个学科门类、3个一级学科、涉及13个二级相关学科的博士后研究体系。

（刘江霞）

【工科实验楼和后勤服务楼竣工】 9月1日，首经贸工科实验楼和后勤服务楼投入使用。工科实验楼建筑面积3097平方米，地下1层、地上3层。楼内设有实验、办公、会议、档案存放等功能区。后勤服务楼建筑面积3998平方米，上下共4层。2至4层作为学生宿舍，一层分别改建成城市经济与公共管理学院实验室和大学生心理咨询中心。

（刘江霞）

【成立国际经济管理学院】 9月7日，

首经贸成立国际经济管理学院。该院开展本科生与研究生层次教育工作。有教职工8人。

（刘江霞）

【举办城市发展与文化创新论坛】 10月26至27日，首经贸举办城市发展与文化创新北京论坛。论坛以“文化大发展、大繁荣形势下的城市发展与文化创新”为主题，研讨城市发展与文化创新能力建设等方面的问题。来自北京市社科联、该校师生50人参加论坛。

（刘江霞）

【聘任郜志宇为客座教授】 11月2日，首经贸聘请郜志宇为客座教授。受聘后，郜志宇将对学校财政税务学院办学模式的创新、办学特色的明

确、学生培养思路的拓宽、评估主研方向的选择等问题提供指导和支持。郜志宇，国务院国资委产权管理局副巡视员，长期从事中央企业资产评估项目管理和研究工作。

（刘江霞）

【举办城市国际化论坛】 11月10至11日，首经贸举办城市国际化论坛。论坛以“建设世界城市规律、趋势与战略选择”为主题，研讨世界城市发展的理论与实践、世界城市规划的重点与难点和公共服务与城市治理等问题。来自国内外30余所高等院校、研究机构110人参加论坛。

（刘江霞）

【举办首都圈发展高层论坛】 12月22至23日，首经贸举办首都圈发展高层论坛。论坛以“京津冀区域承载力与生态文明建设”为主题，研讨中国的城镇化、城市综合承载力和吸纳能力、打造首都经济圈等问题。来自中国社会科学院、国家发改委国土所、北京大学等单位专家学者100人参加论坛。

（刘江霞）

外交学院

党委书记　秦亚青
院　　长　赵进军

【概　况】 2012年，外交学院总占地面积35.11万平方米，学校产权建筑面积17.24万平方米。固定资产总值21724.47万元，其中，教学、科研仪器设备资产值2497.49万元。图书馆建筑面积1.48万平方米（老校区图书馆建筑面积4998平方米，沙河新校区图书馆建筑面积1.27万平方米），藏书65.72万册，其中，纸质图书47.51万册、电子图书18.21万册。全年教育经费投入15172万元，其中，国家拨款12293万元、自筹经费2879万元。学校信息化经费投入80万元，拥有计算机676台，多媒体教室座位2065个，信息化设备资产1522.71万元，网络信息点850个，校园网出口总带宽130Mbps，电子邮件系统用户2746个，上网课程278门，数字资源量20000GB，管理信息系统数据总量327GB。设有7个直属院（系），3个研究中心和2个教学部。中国国际法学会、中国国际关系学会挂靠外交学院。开设8个专业，涵盖法学（含政治学）、文学、经济学3大学科门类；具有一级学科2个，一级学科博士点1个，博士学位授权点3个，硕士学位授权点9个和专业学位授权点1个。国家重点学科2个、北京市重点学科4个、部级重点学科4个。教职工431人，其中，专任教师193人，包括教授40人、副教授91人；博士生导师11人、硕士生导师99人。享受政府特殊津贴专家14人（以及其他国家级专家及其构成）。外籍教师38人，其中，教授17人、副教授5人。毕业生675人，其中，学历教育学生全日制研究生239人（博士生13人、硕士生226人），普通本科生244人，成人教育本专科生192人（本科生162人、专科生30人）。本科毕业生就业率96.3%。招生704人，其中，学历教育学生全日制研究生268人（博士生20人、硕士生248人），普通本科生244人、成人教育本专科生192人（本科生162人、专科生30人）。高考北京地区提档线理科613分、文科568分。在校生1755人，其中，学历教育学生全日制研究生610人（博士生69人、硕士生541人），普通本科生1145人。留学生毕业78人，招生99人，在校生157人。网址：www.cfau.edu.cn。

（阚四进）

【举办模拟联合国大会】 4月6至8

日，外交学院举办北京模拟联合国大会。活动以“我们的未来”为主题，参照联合国可持续发展大会“里约＋20”峰会元素组织委员会并设定议题，参会代表模拟所代表国家的外交官，讨论气候变化与灾害风险降低、绿色经济与贸易与粮食贸易问题。来自中国大陆及港澳地区60多所大学和高中的师生400人参加活动。

（阚四进）

【召开《全球发展趋势2030》报告研讨会】 5月25日，外交学院召开《全球发展趋势2030》报告研讨会。会议通过主题发言和专题讨论的方式，围绕欧盟最新发布的报告《全球趋势2030——互联与多中心世界中的公民》展开交流，认为报告对今后20年的发展趋势进行有益探讨，对中欧关系和世界局势都具有重要影响，中国和欧洲是世界上两个最重要的力量，二者如何应对新的发展变化，加强政策协调、深化合作，将会对国际秩序建设产生深远影响。来自欧盟驻华使团、中国社会科学院、北京大学等8家单位专家学者30人参加会议。《全球发展趋势2030》由欧盟安全研究所于2012年发布，该报告着重分析当今社会可能塑造2030年的世界的三大发展趋势，旨在为政策制定者根据趋势调整政策提供参考。

（阚四进）

【举办卡尔扎伊专题演讲】 6月6日，

外交学院举办阿富汗总统哈米德·卡尔扎伊（Hamid Karzai）专题演讲。卡尔扎伊以《阿富汗局势及中阿战略》为题，强调阿富汗政府高度重视阿中关系，加强阿中友好合作，促进两国经贸往来对阿富汗至关重要。演讲结束后，卡尔扎伊回答外交学院学生以及阿富汗留学生提出的关于阿富汗如何发挥其地缘优势加强区域合作、如何运用上合组织平台为维护地区安全发挥作用、中阿如何增进农业等方面交流合作以及阿富汗与穆斯林世界各国关系等问题。该校师生400人参加活动。

（阚四进）

【沙河新校区启用】　9月2日，外交

学院沙河新校区启用。新校区占地面积28.61万平方米，该扩建工程于2003年下半年向国家申报立项，2005年3月由国家发改委批准，初步核定扩建工程总建筑面积约11万平方米，按照总体规划、分步实施的原则，扩建工程分两期建设。沙河新校区（一期）工程整体完工，能够满足学校正常教学和学生学习生活，首批入驻学生592人。

（阚四进）

【举办周恩来陈毅铜像揭幕仪式】　9月10日，外交学院举办沙河新校区周恩来和陈毅铜像揭幕仪式。铜像位于沙河新校区礼堂前广场，整体高约4.9米，树立铜像旨在缅怀新中国老一辈外交家的丰功伟绩和耀人光彩，激励青年学子为祖国的外交事业勤奋学习、贡献力量。温家宝出席仪式并讲话，他在讲话中阐述中国外交的方针、政策和理念，列举近年来中国外交所取得的巨大成就，强调在维护国家主权和领土完整问题上绝不退让的坚定立场。他指出外交学院历史光荣，希望全体师生要永远缅怀老一辈革命家的丰功伟绩，学习继承和发扬他们的高尚思想品格和精神风范，向新的更高目标不懈努力，并特别强调外交学院一定要有一流师资、一流学科、一流理念，将一流人才输送给祖国外交事业。来自外交部、市领导以及部分高校代表50人参加活动。

（阚四进）

【召开中国国际关系学会年会】　12月25日，外交学院召开中国国际关系学会年会。会议以“中国外交：机遇、挑战、对策”为主题，采取主旨发言、专题讨论等形式，研讨当前的国际形势及中国外交战略问题。来自中国社会科学院、中国国际问题研究所、上海国际问题研究院等专业研究机构，以及北京大学、清华大学、复旦大学等高校专家70人参加会议。

（阚四进）

【举办16期援外项目研修班】　至年底，外交学院举办16期援外培训项目。包括受商务部委托举办多边项目9期、双边短期研修班5期、为期1年的硕士项目1期，以及受外交部委托举办中美合作培训阿富汗外交官研修班1期。共计培训学员381人。

（阚四进）

中国人民公安大学

党委书记　程琳
校　　长　程琳

【概　况】　2012年，中国人民公安大学有木樨地、团河两个校区，占地面积85.54万平方米，建筑面积60.58万平方米。固定资产总值237326.40万元，其中，教学、科研仪器设备资产值11541.31万元。图书馆建筑面积4.45万平方米，藏书127.07万册。学校信息化经费投入1160.34万元，拥有计算机5412台，多媒体教室座位17766个，信息化设备资产9001.73万元，网络信息点12000个，校园网出口总带宽1500Mbps，电子邮件系统用户8700个，上网课程89门。有15个教学系部；开设12个本科公安专业，覆盖2个学科门类；有1个博士后科研流动站，2人在站；有法学、公安学、公安技术学3个一级学科博士学位授权点，5个一级学科硕士学位授权点，法律、警务、工程（安全工程）和公共管理等4个硕士专业学位授权点；有国家级特色专业点5个，公安学、公安技术2个一级学科国家重点学科，北京市重点学科4个，国家级实验教学示范中心2个，省部级重点实验室2个，北京市实验教学示范中心1个。教职工1542人，其中，专任教师630人，包括教授99人、副教授218人；有博士生导师42人、硕士生导师223人。有工程院院士1人。享受政府特殊津贴28人。有外籍教师2人。毕业生5256人，其中，学历教育学生全日制研究生466人（博士生18人、硕士生448人），二学位生752人，普通本科生1489人，成人教育本专科生2549人。本科毕业生一次就业率97.8%。招生6497人，其中，学历教育学生全日制研究生443人（博士生23人，硕士生420人），普通本科生1919人，二学位生40人，成人教育本专科生4095人。高考北京地区提档线文科509分、理科477分。在校生16053人，其中，学历教育学生全日制研究生1241人（博士生69人、硕士生1172人），普通本科生6531人，二学位生596人，成人教育本专科生7685人。在校留学生5人。网址：www.ppsuc.edu.cn。

（邓杰）

【召开双代会】　1月9日，公安大学

召开第四届教职工代表大会暨第五届工会会员代表大会第五次全体会议。会议审议并通过《以创新为动力扎实推进国际一流警察大学建设》学校工作报告和工会工作报告。108名会议正式代表和10名列席代表参加会议。

（邓杰）

【木樨地校区图书馆改造工程竣工】　2月21日，公安大学木樨地校区图书馆改造工程竣工。木樨地校区图书馆改造工程包括原有图书馆装修和新图书馆建设两项内容，其中，原有图书馆装修包括抗震加固、新增空调、装修改造等。图书馆改扩建工程建设包括基础工程、结构工程、建筑电气工程等工程。改造后的图书馆总建筑面积为9353平方米，地下一层为书库，地面首层为1800平方米的训练馆，二层为校史馆，三至五层为可供1500人同时使用的阅览室，六层为办公室。该工程2011年启动，总投入4700万元。

（邓杰）

【与标准信源科技公司签订合作协议】　3月13日，公安大学与北京标准信源科技有限公司签订合作协议。根据协议，双方合作开展学科建设与人才培养、科研项目、工程（示范）项目等方面合作，合作搭建“交通物联网”综合技术演示平台。协议有效期3年。

（邓杰）

【举办创新金点子大赛】 3月19日至

12月30日，公安大学举办首届创新金点子大赛。大赛分为理论创新组、技术创新组、教法创新组、管理创新组4个小组，分初赛、复赛、决赛三个阶段，对教工和学生分别评审。经过比赛，从343份教职工“金点子”方案中评选出28个优秀“金点子”、63个鼓励“金点子”，从1090份学生“金点子”方案中评出10个优秀“金点子”、18个鼓励“金点子”。

（邓杰）

【开展双重身份主题实践教育活动】 3月21日至12月30日，公安大学开展双重身份主题实践教育活动。活动以“时刻牢记双重身份、献身公安教育事业”为主题，旨在加强队伍建设，教育和引导教职工深刻认识人民教师和人民警察双重身份的内在要求和重大责任，分学习动员、排查研讨、深化成果三个阶段进行，采用开展主题征文、举办主题党日活动、印发学习材料、组织宣讲、开展演讲比赛等方式进行。该校教师1542人参加活动。

（邓杰）

【首届博士后出站】 3月24日，公安大学首届博士后出站。该校法学博士后流动站研究人员余茂玉完成出站研究报告《非法证据排除制度及其本土化研究》答辩，顺利出站，成为全国公安高校首个博士后流动站出站的博士后研究人员。该校法学博士后流动站2007年通过审批，成为全国公安高校首个博士后流动站。

（邓杰）

【与陕西警察培训学校签订合作协议】 3月30日，公安大学与陕西人民警察培训学校签订校际合作协议。根据协议，双方将就教育教学、科学研究、师资培训、人员交流、实战实训等方面展开合作。协议有效期三年。

（邓杰）

【与两个公安机关签订合作协议】 5月4日和7月6日，公安大学分别与贵州省公安厅和江苏省常州市公安局签订合作协议。与贵州省公安厅及警官职业学院在学科专业建设、师资与管理干部队伍建设和在职培训建设等八个方面开展合作。协议有效期三年。与常州公安局就学历教育、在职培训、科学研究、队伍建设、实践教学等方面开展合作。协议有效期五年。

（邓杰）

【完成首次毕业生民警执法资格考试】 5月26日，公安大学完成首次公安院校毕业生民警基本级执法资格考试。该校2012届研究生234人、本科生1728人参加考试，考试内容分公共科目和警种专业科目，公共科目为所有民警均需要考试的科目，警种专业科目分为刑事犯罪侦查、经济犯罪侦查、治安管理、出入境管理、消防、交通管理、禁毒专业。1565人通过考试获得资格。

（邓杰）

【举办网络舆论与法律规制论坛】 5

月26日，公安大学举办网络舆论与法律规制高端学术论坛。论坛与中国宪法学研究会合办，以“网络安全保卫、网络信息传播与法律规制”为主题，研讨互联网与公民参与权的行使、网络言论自由的法律界限、网络虚假信息传播的法律规制等问题。来自国内相关领域专家学者80人参加论坛。

（邓杰）

【召开全国公安情报学研讨会】 8月21至22日，公安大学召开第三届全国公安情报学研讨会。会议研讨公安情报基础理论、公安情报体系建设、公安情报工作机制建设、公安情报技术及实战应用等问题，达成深化公安情报理论研究、推动公安情报技术与方法的应用创新、促进公安情报学学科专业建设、提高人才培养质量共识。来自全国12个省市公安机关和14所公安院校的110名专家学者参加研讨会。

（邓杰）

【举办国际数字取证与调查技术峰会】

9月21至23日，公安大学召开第一届国际数字取证与调查技术峰会。会议研讨数字取证的未来发展、国际网络战动向、香港打击盗版的现状等问题。来自中国、美国、英国等国家相关领域专家学者50人参加会议。

（邓杰）

【招收首届国防生】 9月，公安大学

首次招收侦查学和刑事科学技术专业国防生74人。国防生由学校按照教育部和总政治部下达的定向招生计划，依据相关招收标准，从当年参加高考的应届普通高中毕业生中招收学生，实施定向培养。国防生要在标准学制（四年）内完成学业。在校期间，国防生的日常管理由学校负责，

单独编制区队管理，纳入学校管理体制。国防生课程设置原则上与本专业同年入学的其他在校生一致。在完成学校规定的学业，修满相关学分，通过专业考试和毕业考核的同时，还要完成军队规定的军政训练课程，并通过国防生军政训练毕业考核。国防生在校学习、训练及参加统一活动期间，按照军队有关规定着装。国防生签订相关协议后，由军队发放国防奖学金。国防生毕业分配纳入全军统一分配计划，主要补充军队保卫部门初级专业技术岗位和指挥岗位。

（邓杰）

【举办国家安全形势专题报告会】 10月23日，公安大学举办国家安全形势专题报告会。会议邀请军事战略学家、国防大学朱成虎将军作题为《国家安全形势》专题报告。报告以世界战略形势的发展变化为背景，对21世纪中国国家安全面临的机遇、挑战和威胁进行全面解读。该校师生1400参加学习。

（邓杰）

【启用新校徽】 11月4日，公安大学正式启用新校徽。新校徽中盾牌象征公安机关的使命，公安工作的重大政治和社会责任；五颗五角星象征国旗，忠于党、忠于祖国、忠于人民、忠于法律；天平象征公平、正义，执法公正，立警为公、执法为民；笔、剑合一象征教学、科研、人才培养，以此支撑起法律的天平（同时含有“以笔为剑”和“育警铸剑”之义）；橄榄枝象征和平、安宁、和谐、稳定，保障人民安居乐业；书本象征知识的海洋、学习的园地、文化的传承；1948表示建校的时间；英文为学校英文名称。

（邓杰）

【承办高级警官培训班】 至年底，公安大学承办7期高级警官培训班。包括公安部第89至92期警督晋升警监警衔培训班、第5期全国公安机关中青年领导干部国际化培训班、第14期高级警官研修班、第7期全国公安英模培训班等69个培训班，共培训12241人次。

（邓杰）

国际关系学院

党委书记　刘慧
院　　长　陶坚

【概　况】 2012年，国际关系学院占地面积15.80万平方米、学校产权建筑面积12.50万平方米。固定资产总值40112.58万元，其中，教学、科研仪器设备资产值5406.23万元。图书馆建筑面积5925平方米，藏书108.94万册，其中，纸质图书37.27万册、电子图书71.67万册。全年教育经费投入17728.60万元，其中，国家拨款13334.60万元、自筹经费4394万元。学校信息化经费投入303万元，拥有计算机607台，多媒体教室座位3454个，信息化设备资产150万元，网络信息点4800个，校园网出口总带宽1000Mbps，电子邮件系统用户4200个，上网课程10门，数字资源30TB，管理信息系统数据总量8TB。下设9个院（系、部）；开设10个专业及覆盖4个学科；现有硕士一级学科3个，硕士学位授权点11个和专业学位授权点2个。教职工350人，其中，专任教师151人，包括教授24人、副教授65人；博士生导师7人、硕士生导师187人。享受政府特殊津贴专家4人。外籍教师10人，其中，教授2人、副教授8人。毕业生1438人，其中，学历教育学生全日制硕士研究生151人，普通本科生640人，成人教育本专科生403人（本科生363人、专科生40人），研究生课程进修班244人。本科毕业生就业率91.41%。招生1247人，其中，学历教育学生全日制硕士研究生220人，普通本科生594人，成人教育本专科生175人（本科生114人、专科生61人），研究生课程进修班258人。高考北京地区提档线理科563分、文科529分。在校生3812人，其中，学历教育学生全日制硕士研究生395人，普通本科生2538人，成人教育本专科生436人（本科生404人、专科生32人），研究生课程进修班443人。留学生毕业86人，招生88人，在校生94人。网址：www.uir.cn。

（张蝶）

【举办世界读书日】 4月23至25日，国关学院举办首届世界读书日活动。活动包括“世界图书日”知识介绍、图书导读、图书荐购、图书管理系统及数据库介绍、公园门票展、图书馆部分珍贵馆藏介绍等内容。该校师生1200人次参加活动。

（张蝶）

【举办全国大学生政府采购论坛】 5月20日，国关学院举办首届全国大学生政府采购论坛。论坛由国关学院、财政部国库司（政府采购管理办公室）、中国政府采购杂志社主办，以“弘扬公正、透明、阳光采购理念，分享政府采购教学和研究成果，学习政府采购理论与知识，发现政府采购新秀与精英”为主题，来自全国10所高校的12名学生作主题发言，阐述对政府采购相关领域的见解。论坛收到来自全国12所高校87篇论文。来自国内高等学校学生100人参加论坛。

（张蝶）

【举办国关润远论坛】 6月2至10日，国关学院举办首届“国关·润远”论坛。论坛由一场名家讲座和三轮学术沙龙组成，讲座由尹卓少将作主题为“南海问题与美国战略重点东移”讲座，三轮学术沙龙的主题分别为“中美之争：崛起拳手 VS 世界拳王”“文化软实力与国家形象：中国还要做什么?”和“新形势下中国外交战略的变与不变”。该校师生 480 人次参加活动。

（张蝶）

【成立中国与国际关系研究中心】 6 月 29 日，国关学院成立中国与国际关系研究中心。该中心是与丹麦奥尔堡大学联合创办的国际研究机构，研究中国与相关国际关系问题，研究人员为两校相关问题专家，定期出版《中国与国际关系》杂志（JCIR），并定期举办学术会议。

（张蝶）

【召开美国战略重心东移与中国国家安全研讨会】 6 月 30 日，国关学院召开美国战略重心东移与中国国家安全研讨会。会议研讨美国战略重心东移及其影响、亚太地区利益重组与秩序重建、中国面临的安全挑战与对策、美国战略重心东移的理论探讨问题。来自国内外 32 个科研机构和高等院校专家学者 114 人参加会议。

（张蝶）

【举办第 12 届国家安全论坛】 11 月 3 日，国关学院举办第 12 届国家安全论坛。论坛以“中美日安全形势与对策”为主题，研讨当前国际形势与中美日三边关系、中美关系的新形势与新挑战、东亚安全形势与中日关系的新挑战、中国的应对之策四个问题。来自中国社会科学院、中央党校和北京大学等单位和高校的专家学者 60 人参加会议。

（张蝶）

【召开教学及师资队伍建设工作会】 11 月 28 日至 12 月 5 日，国关学院召开教学及师资队伍建设工作会。会议总结过去几年学校在人才培养体系、学科专业建设、师资队伍建设以及加强教学管理方面取得的成果，指出不足，提出今后教学改革及师资队伍建设的重点。该校教职员工在为期一周的时间内组织多场讨论，并举办交流成果汇报活动。会议期间，邀请北京大学和北京理工大学教授分别作题为《北京大学本科教学改革的回顾与前瞻》和《大学教师发展》专题报告。该校教师 145 人参加会议。

（张蝶）

【举办法制教育宣传周】 12 月 3 至 9 日，国关学院举办法制教育宣传周。宣传周以“弘扬宪法精神，服务科学发展”为主题，举办法律知识竞猜、模拟法庭、普法进社区、法制主题书画展活动。该校教师和学生共 500 人次参加活动。

（张蝶）

【召开全球经济治理与国家经济安全研讨会】 12 月 21 日，国关学院召开全球经济治理与国家经济安全专题研讨会。会议以“全球经济治理与国家经济安全问题学术交流与研讨”为主题。会议研讨全球经济治理的理论，实践与当前的发展趋势以及国家经济安全研究现状，发展与热点分析等问题。国内学者 20 人参加会议。

（张蝶）

北京体育大学

党委书记 杨桦
校　　长 杨桦

【概　况】 2012 年，北京体育大学占地面积 84.23 万平方米、学校产权建筑面积 58.07 万平方米。固定资产总值 196877.42 万元，其中，教学、科研仪器设备资产值 14781.97 万元。图书馆建筑面积 5766 平方米，纸质图书 96.88 万册、电子图书 3368GB。拥有计算机 3047 台。全年教育经费投入 41382.33 万元，其中，国家拨款 33258.40 万元、自筹经费 8123.93 万元。学校信息化经费投入 448.60 万元，多媒体教室座位 7923 个，信息化设备资产 4633.69 万元，网络信息点 8800 个，校园网出口总带宽 680Mbps，电子邮件系统用户 1465 个，上网课程 25 门，数字资源量 4334GB，管理信息系统数据总量 11GB。校区设置 8 个院、5 个系、2 个中等专业学校；开设本科专业 13 个，覆盖教育学、文学、理学、医学、管理学 5 个学科门类，其中国家级特色专业建设点 3 个，北京市特色专业建设点 4 个；拥有体育学一级学科博士学位授予点 1 个，一级学科硕士学位授权点 4 个，二级学科硕士学位授予点 1 个，以及体育硕士专业学位授予点和高校师资学位授予点；体育学博士后科研流动站 1 个，其中，博士后研究人员出站 7 人、进站 6 人、在站 19 人。有国家重点学科 4 个、省部级重点学科 12 个，省部级优秀重点学科 2 个，省部级重点实验室 5 个，省部级体育哲学社会科学重点研究基地 1 个，北京市高等学校工程中心 1 个，国家级实验教学示范中心 1 个，北京市高校实验教学示范中心 2 个。教职工 1027 人，其中，专任教师 659 人，包括教授 121 人、副教授 171 人；博士生导师 41 人、硕士生导师 168 人。享受政府特殊津贴专家 54 人。毕业生 3546 人，其中，学历教育学生中全日制研究生 531 人（博士生 89 人、硕士生 442 人），普通本科生 1877 人，成人教育本专科生 1034 人（本科生 436 人、专科生 598 人）；研究生课程进修班 56 人。本科毕业生就业率 95.78%。招生 4924 人，其中，学历教育学生中全日制研究生 665 人（博士生 110 人、硕士生 555 人），普通本科生 2306 人、成人教育本专科生 1807 人（本科生 808 人、专科生 999 人）；非计划招生高等教育学生中在职人员攻读硕士学位 104 人，研究生课程进修班 42 人。在校生 13958 人，其中，学历教育学生中全日制研究生 1979 人（博士生 335 人、硕士生 1644 人），普通本科生 8265 人，成人教育本专科生 3494 人（本科生 1589 人、专科生 1905 人）；非计划招生高等教育学生中在职人员攻读硕士学位 220 人。留学生毕业 33 人，招生 431 人，在校生 995 人。网址：www.bsu.edu.cn。

（牛文珺　董健）

【成立教练员培训部】 3 月 26 日，北体大成立教练员培训部。该培训部开展各运动项目国家队、省区市优秀运动队教练员和各级各类体校教练员业务能力和更新知识培训，国家级教练员岗位培训，开展全国体育系统教练员教育培训体系、课程体系以及培训教材的研究、开发、推广和指导工作，受国家体育总局各相关职能部门委托负责教练员教育培训的相关调研、管理工作。

（董健）

【签订4项国内合作协议】 3至12月，

北体大签订4项国内合作协议。与中国人民解放军66362部队合作，开展科学训练、体育文化建设、爱国主义教育等方面的合作。与海淀区人民检察院合作开展专题讲座、法制宣讲、主题展览。与国家体育总局体育器材装备中心共建“中国奥林匹克文化博物馆”。与四川省广安市政府签订校地共建合作协议，双方在大学生社会实践与创业、文化建设、人才培养等方面开展合作。

（董健）

【成立交响管乐团和合唱团】 4月7日，北体大成立交响管乐团和合唱团。交响管乐团由107名学生组成，聘请国家交响乐团演奏家为指导教师。合唱团由166名学生组成，聘请中国煤矿文工团和国家交响乐团艺术家为指导教师。

（董健）

【成立社会体育系】 5月25日，北体

大成立社会体育系。该系为学校二级教学单位，负责培养社会体育专业和休闲体育专业人才，下设行政办公室和社会体育教研室、休闲体育教研室。成立后，将教育学院社会体育专业本科生和研究生院社会体育专业的研究生，及户外运动中心和社会体育研究中心划归社会体育系管理。有专任教师13人，其中，教授1人。

（董健）

【成立3个行政职能部门】 5月25日，北体大成立发展规划处、资产管理处、训练竞赛管理处。发展规划处成立后，撤销“211工程”办公室，其职能和人员划归到发展规划处。该处定编5人，开展学校中长期发展规划及战略措施的研究与制定、“211工程”建设研究、学科建设研究等相关工作。资产管理处成立后，将场馆设备处在资产管理方面的职能及下属的物资管理科，后勤管理处在房产与土地管理方面的职能及下属的房产与土地管理科一并划归到资产管理处。该处定编12人，主要开展学校资产管理相关工作。训练竞赛管理处成立后，将教务处在训练竞赛和全民健身工作方面的职能及下属的训练竞赛科划归到训练竞赛管理处。该处定编5人，开展学校训练、竞赛管理的相关工作。

（董健）

【成立学术期刊部】 5月25日，北体大成立学术期刊部。学术期刊部为二级教学科研单位，下设《北京体育大学学报》编辑部，暂定行政人员编制7人。科学技术处下属的《北京体育大学学报》编辑部划归到学术期刊部。学术期刊部主要开展学校学术期刊的管理工作，与国内外各学术期刊和检索机构交流合作活动以及承担相关专业学生的教学实践课。

（董健）

【获6枚伦敦奥运会金牌】 7月27日

至8月12日，北体大学生在伦敦奥运会上取得佳绩。学校共有35名学生、1名教师随中国体育代表团参加伦敦奥运会体操、乒乓球、摔跤等18个大项37个小项（级别）的比赛，共获得金牌6枚、银牌7枚、铜牌3枚，并取得1个第四名、4个第五名、4个第六名、1个第七名的优异成绩。

（董健）

【获批国家级实验教学示范中心】 8月17日，北体大运动人体科学实验教学中心获批“十二五”国家级实验教学示范中心。该中心建筑面积8300平方米，有158间学生实验教学用实验室，拥有实验设备735套，承担8个本科专业和9个学科方向的实验教学任务，共44门实验课，平均每学年上课学生为29.29万人次。中心有教师117人，其中，高级职称64人。

（董健）

【获5枚全国大运会金牌】 9月8至18日，北体大学生在第九届全国大学生运动会上取得佳绩。22名学生参加田径、游泳、武术等7个大项比赛，获得金牌5枚、银牌4枚、铜牌2枚的好成绩。学校获全国高校体育最高荣誉奖“校长杯”。

（董健）

【成立运动与体质健康研究院】 10月

22日，北体大成立运动与体质健康研究院。该研究院是面向行业产业的协同创新中心，由北体大牵头组建，协同的高校为上海体育学院、成都体育学院、华南师范大学，协同的科研院所为国际体育总局运动医学研究所、军事医学科学院基础医学研究所，协同的企业为北京康比特体育科技股份有限公司、泰山体育产业集团、澳瑞特健身器材有限公司。该研究院立足于国家重大战略需求，依托高校、科研院所、企业等创新力量，以运动与体质健康为创新方向，围绕学生体质健康、运动营养工程、运动能力、运动与心理健康、运动损伤防护与康复、运动器械的六个领域，开展重大理论基础、技术创新和前沿关键技术的协同攻关，产生具有自主创新的重大成

果，并凝聚世界一流学术队伍，探索形成协同创新的模式和运行机制。

（董健）

【入选部级科技查新工作站筹建单位】 12月25日，北体大入选教育部科技查新工作站筹建单位。教育部科技查新工作站是指经教育部批准，具有科技查新业务资质，根据委托人所提供的需要查证其科学技术内容的新颖性，按照科技查新规范操作，有偿提供科技查新服务的高校信息咨询机构。该站是理工类（体育）查新站唯一入选筹建单位。该校科技查新工作站拥有纸质图书资料96万册、电子图书资料3368GB，中外文体育期刊303种，中文数据库37个，外文数据库18个，国际联机检索系统1个。可供科技查新使用的资料学科覆盖体育学、心理学、教育学、医学、生物学、环境科学、生命科学、语言学、法律学、计算机科学、经济学、社会学。该校科技查新工作站有审核员2人；查新人员11人，其中，5名专职查新员、6名兼职查新员；档案管理员1人；查新咨询专家16人。

（董健）

中央音乐学院

党委书记　郭淑兰
院　　长　王次炤

【概　况】 2012年，中央音乐学院占地面积6.1万平方米、建筑面积14.4万平方米。固定资产总值55821万元，其中教科仪器设备资产值18991万元。全年教育经费投入46465万元，其中，国家拨款35649万元、自筹经费10816万元。图书馆建筑面积4497平方米，藏书50万册，其中，图书10.77万册，乐谱16.13万册，期刊1.53万册，音像资料21.57万件。学校信息化经费投入180.87万元，拥有计算机1196台，多媒体教室座位194个，信息化设备资产5537万元，网络信息点2045个，校园网出口总带宽1210Mbps，电子邮件系统用户849个，上网课程58门，数字资源量2200GB，管理信息系统数据总量6.5GB。设有12个教学部门，1个音乐学研究所和1所附属中等音乐学校。有一级学科博士学位授权点1个，含二级学科3个。有一级学科硕士学位授权点1个，含二级学科6个。博士后流动站1个，其中，博士后研究人员出站2人，进站4人，在站11人。教育部人文社会科学重点研究基地1个，国家级实验教学示范中心1个，北京市实验教学示范中心2个和国家人才培养模式创新实验区2个。有教职工692人，其中，专任教师385人，包括教授105人、副教授114人；博士生导师29人、硕士生导师132人。有国家有突出贡献专家5人、享受政府特殊津贴专家18人。外籍教师25人，其中，教授20人、副教授2人。毕业生1282人，其中，学历教育学生中全日制研究生127人（博士生23人、硕士生104人），普通本科生349人，网络教育本专科生806人（本科生556人、专科生250人）。本科毕业生就业率92.27%。招生1648人，其中，学历教育学生中全日制研究生185人（博士生27人、硕士生158人），普通本科生380人，网络教育本专科生1083人（本科生493人、专科生690人）。高考本科提档线音乐学专业412分，作曲与作曲技术理论专业260分，音乐表演专业260分。在校生7609人，其中，学历教育学生中全日制研究生581人（博士生101人、硕士生480人），普通本科生1486人，网络教育本专科生5542人（本科生4294人、专科生1248人）。留学生毕业8人，招生12人，在校生32人。网址：www.ccom.edu.cn。

（王天红）

【与江苏教育厅签订合作协议】 3月14日，中央音乐学院与江苏省教育厅签订合作协议。根据协议，双方合作开展学校音乐教育新体系试点工作，学校使用“国培计划”课程，为江苏省培训在职音乐骨干教师、推进“学校音乐教育新体系”师资培养计划，还将在江苏中小学、幼儿园开展“学校音乐教育新体系”试验工作。

（王天红）

【“211工程”三期建设项目通过验收】 3月，中央音乐学院“211工程”三期建设项目通过验收。验收专家组通过听取工作汇报、实地检查等程序，认定该校“211工程”三期建设项目通过验收。该校“211工程”三期建设项目于2008年启动，包括重点学科建设、师资队伍建设和创新人才培养3个项目。

（王天红）

【举办国际青少年小提琴比赛】 4月6至15日，中央音乐学院举办北京梅纽因国际青少年小提琴比赛。来自28个国家的230名选手参赛，其中，42人进入决赛，最终分别评出少年组和青年组前四名。该小提琴比赛1983年创办，是世界上最重要和最有影响的青少年国际小提琴比赛，也是第一次在欧洲以外的地区举办。

（王天红）

【举办北京现代音乐节】 5月19至25日，中央音乐学院举办北京现代音乐节。音乐节举办精品音乐会10场（包括3场交响音乐会和7场室内音乐会）、4场大师讲座、1场高峰对话、2场美育论坛、1场“音乐是思想和情感的语言”讲座以及1场音乐文献保护论坛与工作坊。来自中国、美国、英国等6个国家艺术家和艺术团体参加演出。国内外音乐爱好者2000人次参加活动。

（王天红）

【音乐教育系更名为音乐教育学院】 6月21日，中央音乐学院音乐教育系更名为音乐教育学院。该院音乐教育系成立于1999年，在全国率先引进科达伊、奥尔夫和伊尔克罗兹三大音乐教育体系，为进一步发展音乐教育事业，满足国家文化发展需要，学院决定原音乐教育系更名为音乐教育学院。

（王天红）

【举办北京青年艺术节】 9月24至28日，中央音乐学院举办北京青年艺术节。该艺术节的前身是中央音乐学院音乐节，共举办3场唱谈会、1场论坛、3场影展、8场音乐会。来自国

内艺术爱好者500人次参加活动。

（王天红）

【举办首届北京胡琴艺术节】 11月

19日，中央音乐学院举办首届北京胡琴艺术节。艺术节演出《二泉映月》《变体新水令》和《第一二胡狂想曲》等名曲。来自全国各地的胡琴艺术家、演奏家和胡琴爱好者700人观看演出。

（王天红）

【举办雅马哈全国钢琴比赛】 12月14至20日，中央音乐学院举办首届雅马哈全国钢琴比赛学院大奖赛。该比赛与雅马哈乐器音响（中国）投资有限公司共同主办，面向全国九大音乐学院和音乐院校附中钢琴专业学生，分为初赛、复赛和决赛三个阶段，共有全国九大音乐学院大学和附中的33人参赛，6人进入决赛，评出一、二、三等奖各1人。

（王天红）

中国音乐学院

党委书记　闫拓时
院　　长　赵塔里木

【概　况】 2012年，中国音乐学院占地面积44181平方米、学校产权建筑面积44181平方米。固定资产总值57580.08万元，其中，教学、科研仪器设备资产值17872.89万元。图书馆建筑面积3351平方米，藏书28.64万册，其中，纸质图书28.64万册、电子图书1300GB。拥有计算机671台。全年教育经费投入20174万元，其中，国家拨款15840万元、自筹经费4334万元。学校信息化经费投入390万元，多媒体教室座位1059个，信息化设备资产1060.1万元，网络信息点3600个，校园网出口总带宽85Mbps，电子邮件系统用户2000个，数字资源量3634GB，管理信息系统数据总量500GB。校区设置11个系、部；开设3个专业覆盖40个学科；具有一级学科1个，一级学科博士点1个，博士学位授权点1个，硕士学位授权点1个和专业学位授权点1个；博士后流动站1个。北京市重点学科1个。教职工374人，其中，专任教师209人，包括教授42人、副教授62人；博士生导师46人、硕士生导师91人。国家有突出贡献专家2人、享受政府特殊津贴专家37人、国家级教学名师2人、北京市教学名师6人、全国中青年“德艺双馨”教师3人。外籍教师12人，其中，教授10人、副教授2人。毕业生808人，其中，学历教育学生中全日制研究生98人（博士生10人、硕士生88人），普通本科生279人，成人教育本专科生409人（本科生255人、专科生154人）；非计划招生高等教育学生中在职人员攻读硕士学位22人。本科毕业生就业率95.2%。招生819人，其中，学历教育学生中全日制研究生149人（博士生18人、硕士生131人），普通本科生310人、成人教育本专科生316人（本科生250人、专科生66人）；非计划招生高等教育学生中在职人员攻读硕士学位44人。高考北京地区本科提档线音乐学专业文科357分，理科346分；作曲与作曲技术理论专业文科312分、理科303分；音乐表演专业文科245分、理科260分。在校生2561人，其中，学历教育学生中全日制研究生359人（博士生50人、硕士生309人），普通本科生1322人，成人教育本专科生771人（本科生516人、专科生255人）；非计划招生高等教育学生中在职人员攻读硕士学位109人。留学生毕（结）业60人，招生69人，在校生89人。网址：www.ccmusic.edu.cn。

（田婷）

【开设语音学课程】 3至4月，中国音乐学院开设研究生语音学课程。课程邀请语言学家戴庆厦进行为期八周语音学课程教学。戴庆厦围绕语音学学科中的一些基本概念、学科分类、研究视角、国际音标发音及标注等内容进行讲解与课堂指导。戴庆厦，为中央民族大学教授、博士生导师，主要从事汉藏语系藏缅语族语言和社会语言学的教学与研究，出版专著25部（部分为合著），发表论文241篇，先后被35所高校聘为兼职教授或客座教授。

（田婷）

【举办交响音乐周】 5月27至30日，

中国音乐学院举办交响音乐周。音乐周举办作曲系本科生作品、硕博研究生作品、教师作品3场音乐会以及1场作品研讨会。社会各界音乐爱好者和该院师生500人次参加活动。

（田婷）

【举办中韩交流音乐会】 6月18日，中国音乐学院举办中韩交流音乐会。音乐会与韩国文化院合办，中韩艺术家同台演绎。音乐会上半场，该院教师表演《美妙的歌声随风荡漾》《我是上帝的谦虚使女》和《霍夫曼的故事》等世界著名歌剧片段；下半场，韩国盛大歌剧团表演原创民族歌剧《春天》。中韩两国音乐领域专家学者和该院师生600人观看演出。

（田婷）

【新增两个民族音乐研究教学实践基地】 7至8月，中国音乐学院新增两个民族音乐研究教学实践基地。分别是新疆和田地区新玉歌舞团、四川音乐学院绵阳艺术学院。至此，学院“民族音乐研究教学实践基地”覆盖新疆、内蒙古和黑龙江等8个省区。依托各教学实践基地，学院开展多项科研、教学、艺术实践活动。

（田婷）

【设立太极传统音乐奖】 8月，中国音乐学院设立太极传统音乐奖。该奖项是中国面向全球首设的国际性学院奖，授予在全球传统音乐表演、传承、理论和传播各领域内有杰出贡献和创意性贡献的个人、团队，特别是对濒临消亡的传统音乐有抢救、保护、再发现和重建功绩的个人和团队。10月，完成首届太极传统音乐奖评选，23个项目获得提名，12个项目入围，4个项目获奖。

（田婷）

【举办世界高等音乐院校论坛】 10月7至9日，中国音乐学院主办世界高等音乐院校论坛。论坛以“文化交流”为主题，26名国内外院校校长作主题发言。会议同意定期举办或参加世界高等音乐院校论坛，定期发起有益于各院校、机构、组织的交流计划。会议签署《2012文化交流倡议：促进高等音乐教育机构的合作北京共识》。7个国家高等音乐教育专家33人参加论坛。

（田婷）

【召开全国乐器学研讨会】 11月17日，中国音乐学院召开全国乐器学研讨会。会议宣读论文22篇，涉及乐器史、乐器分类、乐器生态、乐器设计、乐器声学等领域，体现近年中国乐器学领域研究的全貌。会议决定在中国音乐学院设立全国乐器学研究联络小组，负责全国乐器学研究协调工作。国内15所高校专家、教授20人以及相关专业本科生、研究生参加研讨会。

（田婷）

【召开中国音乐教师教育学术研讨会】

11月28日，中国音乐学院召开中国音乐教师教育学术研讨会。会议邀请音乐教育界专家学者22人发言，对音乐教育系统构建、具体教学法、课程论等内容进行研讨。全国20所高校和研究所专家学者40人参加研讨。

（田婷）

【获批博士后流动站】 11月，中国音乐学院获批新设音乐与舞蹈学博士后科研流动站。该流动站下设民族音乐学、历史音乐学、作曲与作曲技术理论、音乐教育学4个研究方向。2013年开始面向全国招收研究人员。

（田婷）

【举办东南亚传统音乐讲座】 12月17至19日，中国音乐学院举办东南亚传统音乐讲座。讲座邀请东南亚音乐学者泰瑞·米勒（Terry Miller）作《如何理解泰国古典音乐》和《湄公河流域的东南亚音乐》两场讲座。泰瑞·米勒教授从环境因素、音乐形制、音乐的创作三方面展示泰国古典音乐，对湄公河流域国家以及民族的概况、经济形态与社会背景、现代化挑战下的文化变迁进行讲解。中国音乐学院、中央音乐学院师生100人参加讲座。泰瑞·米勒，国际知名学者，长期从事泰国等东南亚地区的音乐研究，曾担任美国“亚洲音乐学会”会长，从1975年起执教于美国肯特州立大学直到2005年退休。

（田婷）

【举办西藏主题室内乐作品精选音乐会】 12月23日，中国音乐学院举

办西藏主题室内乐作品精选音乐会。音乐会以“圣山上的舞铃”为主题，演出《圣山上的舞羚》《岗拉美朵》和《普兰堆谐》等9部作品。该院师生300人观看演出。

（田婷）

中央美术学院

党委书记　高洪
院　　长　潘公凯

【概　况】 2012年，中央美术学院占地面积332072平方米，建筑面积302014平方米。学校固定资产总值74000.88万元，其中，教学、科研仪器设备资产值14199.98万元。全年教育经费投入49162.80万元，其中国家拨款31783.90万元，自筹经费17378.90万元。图书馆建筑面积8824平方米，藏书50万册，其中电子图书10万册。学校信息化经费投入228万元，拥有计算机2971台，多媒体教室座位2367个，信息化设备资产1505万元，网络信息点7000个，校园网出口总带宽330Mbps，电子邮件系统用户4500个，数字资源量6500GB，管理信息系统数据总量20GB。设有7个院（系），7个科研机构；开设10个本科专业，覆盖2个学科门类；具有一级学科博士授权点3个，一级学科硕士授权点6个，国家级重点学科1个，北京市重点学科两个，1个艺术硕士（MFA）专业学位硕士点，1个艺术学博士后流动站；教职工602人，其中，专任教师354人。教师中正高级职称80人、副高级职称120人；博士生导师45人；硕士生导师157人。“长江学者奖励计划”特聘教授1人，国家有突出贡献专家6人，享受国务院政府特殊津贴专家65人，文化部优秀专家4人，中宣部“四个一批”人才1人，教育部“新世纪人才支持计划”22人，教育部、人事部、科技部“百千万人才工程”国家级人选1人，教育部“优秀青年教师资助计划”1人，人事部全国非物质文化遗产先进工作者2人，北京市教学名师4人。聘请校外教师103人，其中正高级职称41人，副高级职称8人，外籍教师10人。毕业生1439人，其中，学历教育学生中全日制研究生214人（博士生39人、硕士生175人），普通本专科学生836人（本科生790人、专科生46人），成人本专科学生389人（本科253人、专

科136人）。本科毕业生就业率96.85%。招生1647人，其中，学历教育学生中全日制研究生315人（博士生48人、硕士生267人），普通本科学生810人，成人本专科学生342人（本科188人、专科154人）。在校生5530人，其中，学历教育学生中全日制研究生999人（博士生189人、硕士生810人），普通本科学生3520人，成人本专科学生1011人（本科612人、专科399人）。留学生毕业53人，招生56人，在校生198人。网址：www.cafa.edu.cn。

（陆英明）

【举办毕业生优秀作品收藏展】 1月16日，中央美院举办毕业生优秀作品收藏展。展览展出该院2012届毕业生作品127件组，涉及中国画、油画、版画、壁画、雕塑、设计、建筑、实验艺术、美术史研究等领域。共有艺术爱好者5万人参观展览。

（陆英明）

【成立国家主题性美术创作研究中心】 4月20日，中央美院成立国家主题性美术创作研究中心。中心由文化部艺术司与中央美术学院合作共建，依托中央美术学院开展反映当代中国社会主义建设和改革发展成就的优秀美术作品研究。

（陆英明）

【举办唐勇力中国画作品展】 6月30日，中央美院举办唐勇力中国画作品展。展览展出唐勇力创作的重大历史题材《新中国诞生》等中国画作品150余幅，展示唐勇力教授在中国画继承、创新、发展方面取得的突出成果。来自社会各界艺术爱好者6万人参观展览。唐勇力，该院中国画学院教授，长期从事中国画创作和教学。

（陆英明）

【举办当代艺术与国家文化战略论坛】 11月24至25日，中央美院举办当代艺术与国家文化战略论坛。论坛以"全球视野下的当代艺术与文化战略"和"中国形象·当代艺术·文化权力"为主题，从增强国家文化竞争力的文化战略角度展开对于中国当代艺术实践的系统梳理和研究。来自国内外专家学者20人参加论坛。

（陆英明）

【举办朱乃正艺术思行研究展】 12月15日，中央美院举办朱乃正艺术思行研究展。展览展出朱乃正水墨画、书法、油画等作品144件。来自社会各界艺术爱好者2万余人参观展览。朱乃正，该院造型学院教授，长期从事水墨画、书法、油画创作研究，代表作为《金色季节》《青海长云》《国魂》。

（陆英明）

【成立国家艺术发展战略研究协同创新中心】 12月26日，中央美院成立国家艺术发展战略研究协同创新中心。该中心依托中央美术学院在文化艺术领域的专家资源和创新能力开展国家艺术发展战略研究。

（陆英明）

中央戏剧学院

党委书记　刘立滨
院　　长　徐翔

【概　况】 2012年，中央戏剧学院占地面积23.99万平方米、建筑面积13.83万平方米。固定资产总值72960.86万元，其中，教学、科研仪器设备资产值16989.15万元，信息化设备资产值2604.98万元。教育经费投入39168.65万元，其中，国家拨款35602.39万元、自筹经费3566.26万元。学校信息化经费投入1576万元，拥有计算机798台，多媒体教室座位2714个，语音实验室座位30个，网络信息点2300个，校园网出口总带宽310Mbps，电子邮件用户310个，管理信息系统数据总量550GB，数字资源量128391.14GB，其中电子图书66816.74GB。图书馆建筑面积10016平方米，藏书53.15万册（件）。学院设有9个院（系），2个教学部，开设20个本科专业。国家级重点学科1个。有博士学位授权一级学科点2个，硕士学位授权一级学科点2个，国家级重点学科1个。教职工380人，其中，专任教师228人。专任教师中教授42人，副教授67人；博士生导师26人，硕士生导师63人；享受政府特殊津贴专家11人。毕业生653人，其中，学历教育学生全日制研究生70人（博士生16人、硕士生54人），普通本专科生583人（本科生296人、专科生287人）。招生711人，其中，学历教育学生全日制研究生98人（博士生20人，硕士生78人），普通本科专科生613人（本科生357人、专科生256人）。在校生2000人，其中，学历教育学生全日制研究生262人（博士生55人、硕士生207人），普通本专科生1738人（本科生1231人、专科生507人）。高考北京地区本科提档线（所有专业均不分文理）：表演专业：戏剧影视表演方向284分；导演专业：戏剧影视导演方向425分，影视编导方向400分，演出制作方向385分；戏剧影视美术设计专业：舞台设计方向、舞台绘景方向、舞台灯光方向、舞台化装方向、舞台服装方向350分；戏剧影视文学专业：戏剧创作方向515分，电视剧创作方向468分；戏剧学专业：戏剧史论与批评方向453分；公共事业管理专业：影视制片管理方向400分；播音与主持艺术专业：广播电视节目主持方向369分。留学生毕业35人、招生29人、在校68人。网址：www.chntheatre.edu.cn。

（王晓辉）

【举办外国专家讲座】 5月15至16日，戏剧学院举办外国专家讲座。该院邀请格鲁吉亚伊利亚国立大学艺术研究院院长雷万·凯塔古力作格鲁吉亚戏剧主题讲座，讲授《格鲁吉亚戏剧通史：从萌芽到20世纪》以及《格鲁吉亚现当代戏剧：施图卢阿和其他导演》。该院相关专业教师参加讲座并就相关主题进行研讨。

（王晓辉）

【举办亚洲戏剧教育研究国际论坛】 5月18至22日，戏剧学院举办第七届亚洲戏剧教育研究国际论坛。论坛以"世界戏剧与戏剧的民族化"为主题，研讨在全球化背景下，各国民族戏剧发展的国际化与民族化问题，11个国家的19名专家作主题发言。来自国内外专家学者以及该校师生300人参加论坛。

（王晓辉）

【聘任户田宗宏为终身客座教授】 5月24日，戏剧学院聘任户田宗宏为终身客座教授。户田宗宏为该校的发展、为亚洲戏剧教育研究中心的发展、为中日韩友好交流的发展，努力贡献力量。户田宗宏，日本人，毕业于日本大学艺术学部演剧学科，任日本大学艺术学部教授，长期从事戏剧企划制作、戏剧教育和应用戏剧研究，代表作有《弱法師》《卒塔婆小町》和《爱之有色眼镜》等。

（王晓辉）

【举办学生戏剧小品大赛】 5月29至

31日，戏剧学院举办学生戏剧小品大赛。比赛面向所有在校学生，共征集剧本115部。经评审35部作品建组并进入复赛，经录像选拔16部作品入围决赛，评选出最受观众欢迎小品奖、优秀小品奖、优秀表演奖、优秀剧本创作奖、优秀导演奖和优秀舞台美术设计奖等13个奖项。

（王晓辉）

【举办国外剧团工作室】 6月8日，戏剧学院邀请英国普罗派拉莎士比亚剧团为表演系学生开设工作室。在90分钟的工作室教学中，演员托尼·贝尔、卡尔·戴维斯及助理导演保罗·哈特与学生一起排演经典剧目《冬天的故事》片断。该系学生22人参加学习。

（王晓辉）

【成立戏剧文化管理协同创新中心】 6月，戏剧学院成立中国戏剧文化管理协同创新中心。该中心依托该院学科优势和研究队伍，协同国内外相关学术机构和业界同仁，致力于戏剧文化管理等领域的理论发展、产业政策以及管理实践研究。中心有教科研人员22人，其中，高级职称17人。

（王晓辉）

【改革教育教学】 9月，戏剧学院开展学习调整和教育教学改革。该院成立音乐剧系、京剧系、歌剧系和继续教育中心，将艺术管理系更名为戏剧管理系。同时，该院调整部分专业的学制，其中，导演专业（戏剧影视导演方向）、戏剧影视美术设计专业（舞台设计方向）自2013年起恢复五年制学制；歌剧专业（歌剧表演方向）执行五年制学制。12月，该院将公共事业管理专业（影视制片管理专业方向）调整为戏剧影视导演专业（影视制片专业方向）。

（王晓辉）

【昌平校区投入使用】 10月21日，戏剧学院昌平校区投入使用。该校区占地面积22.33万平方米、建筑面积9.90万平方米。一期完成并投入使用有表导演教学楼、理论课教学楼、图书馆、学生宿舍楼、食堂等。该院2011级部分学生和2012级学生800人在该校区学习、生活。

（王晓辉）

【举办国际舞台美术交流活动】 10月

25日至11月2日，戏剧学院举办国际舞台美术教育展。展览展出舞台设计、舞台绘景、灯光设计等全部舞台美术专业领域展品100件、图片500幅。来自国内外专家学者和该院师生230人参观展览。

（王晓辉）

【签订联合培养协议】 11月13日，戏剧学院与中国歌剧舞剧院签订合作协议。根据协议，双方本着“联合招生、共同培养”的原则，在2013年面向全国招收25名学生，由学院根据歌剧表演专业方向本科生的规格进行培养。学生毕业时，中国歌剧舞剧院将秉持“双向选择、择优录用”的原则，对该班成绩优异的学生进行招录。

（王晓辉）

【与罗马尼亚高校签订合作协议】 12月18日，戏剧学院与罗马尼亚加拉茨多瑙河大学签订合作协议。根据协议，该院在音乐剧研究生教学的课程设置、教学训练以及戏剧创作和演出等方面与对方开展合作。

（王晓辉）

【演出6场实习剧目】 至年底，戏剧

学院演出6场实习剧目。表演系2009级音乐剧班演出美国百老汇音乐剧《为你疯狂》；导演系2008级本科班演出莎士比亚名剧《哈姆雷特》；导演系2009级本科班演出教学实习剧目《窝头会馆》；表演系2010级（1）班演出前苏联著名剧作家万比洛夫的名剧《打野鸭》；导演系2009级本科班演出毕业剧目《伊沃娜，勃艮第的公主》；表演系2009级1班在演出教学实践剧目《过年》。年内，该院演出4场研究生教学创作实践剧目，分别是《两个底层人的夜生活》《老式喜剧》《红色》和《秋天的马拉松》。

（王晓辉）

中国戏曲学院

党委书记 张凡

【概　况】 2012年，中国戏曲学院占地面积8.62万平方米、总建筑面积6.56万平方米。固定资产总值63797.19万元。全年教育经费投入24019.87万元，其中，国家拨款20537.27万元、自筹经费3482.60万元。图书馆总建筑面积5723平方米，藏有纸质图书23.52万册，中文图书22.27万册，西文图书2809册，电子

图书 173.31GB，中文期刊 339 种，外文期刊 65 种。设有京剧系、表演系、音乐系、导演系、戏曲文学系、舞台美术系、新媒体艺术系、国际文化交流系、基础部、附中（中国戏曲学院附属中等戏曲学校）等 10 个教学单位，有戏剧与影视学、音乐与舞蹈学 2 个一级学科硕士点，艺术学理论 1 个二级学科硕士点，设有 12 个本科专业及 25 个专业方向。教职工 418 人，其中，专任教师 237 人。专任教师中教授 29 人，副教授 68 人；硕士生导师 50 人。毕业生 494 人。其中，学历教育学生中全日制研究生 90 人，普通本专科生 494 人，成人教育本专科生 128 人（本科生 87 人、专科生 41 人）。本科毕业生就业率 85%。招生 739 人，其中，学历教育学生中全日制研究生 82 人，普通本专科生 514 人、成人教育本专科生 113 人（本科生 41 人、专科生 72 人），非计划招生高等教育学生中在职人员攻读博士硕士学位 30 人。在校生 2592 人，其中，学历教育学生中全日制研究生 223 人，普通本专科生 2049 人，成人教育本专科生 260 人（本科生 108 人、专科生 152 人），非计划招生高等教育学生中在职人员攻读博士硕士学位 60 人。留学生毕业 107 人、招生 226 人、在校 227 人。网址：www.nacta.edu.cn。

（王媛）

【新增 4 个剧种】 1 月，戏曲学院表演系新增 4 个剧种。新增剧种为黄梅戏、闽剧、梨园戏、广东粤剧。至此，学院多剧种专业累计覆盖世界级非物质文化遗产剧种 3 个（昆曲、粤剧、京剧）、国家级非物质文化遗产剧种 7 个（歌仔戏、豫剧、晋剧、越剧、黄梅戏、梨园戏、闽剧）。

（王媛）

【举办系列教学成果展演】 5 月 3 至 6 日，戏曲学院举办“青春国戏”系列教学成果展演。展演包括学生折子戏专场和中青年教师折子戏专场，先后上演梅派、程派、张派等多流派经典剧目和武生、花脸、花旦等多行当基础剧目。该校师生 500 人参加活动。

（王媛）

【成立国际文化交流系】 6 月 19 日，戏曲学院成立国际文化交流系。该系整合涉外资源及学院双语人才资源，培养以戏曲艺术为代表的中国传统艺术对外传播相关人才，同时承担国际文化交流专业本科及研究生培养、全院大学英语教学和各层次、多种形式的留学生教育。该系有专任教师 18 人，其中，高级职称 2 人。

（王媛）

【一课程入选教育部精品视频公开课】 8 月，戏曲学院《京剧经典剧目鉴赏》入选教育部精品视频公开课。《京剧经典剧目鉴赏》是戏曲学院京剧系表演人才培养的核心课程，也是全国戏曲院校中优势课程。该课程在归纳总结传统戏曲教育经验的基础上，吸收在教学试验区中提炼出的独具特色的现代办学理念和教学方法，采取以启发、引导式教育为主的全方位教育模式，将京剧剧目教学从原来的模仿技能训练，提升为对综合素质和创造能力的培养，建立从技能型走向智能型、从传承型走向创造型、从单一的演员型走向复合的表导型的新型戏曲人才培养模式。对培养能继承、能创造，有学有术的复合型戏曲艺术人才具有重要意义。

（王媛）

【联合创作《仲夏夜之梦》】 9 月 27 日，戏曲学院与美国马里兰大学联合创作的教学剧目《仲夏夜之梦》在马里兰大学进行首场公演。该剧目由两校教师共同执导，两校学生担任演员。该剧目是两校探索联合培养研究生机制重要成果，拓展学生国际戏剧艺术视野，提高学生的创新能力和逆向思维能力。

（王媛）

【举办京剧人才培养高峰论坛】 10 月 31 日至 11 月 1 日，戏曲学院举办京剧人才培养高峰论坛。论坛以探讨“高层次京剧人才的遴选机制”为主题，研讨新时期京剧表演与京剧器乐人才培养的规格和目标、京剧表演和京剧器乐配合模式的创新、京剧人才实践与创造能力培养、京剧教学法的继承与创新、京剧教师的培养机制等问题。来自全国各地的著名戏曲表演艺术家、院团长、戏曲理论家和戏曲专业院校的领导，以及该校领导教师共 60 人参加论坛。

（王媛）

北京电影学院

党委书记 侯光明
院　　长 张会军

【概　况】 2012 年，北京电影学院占地面积 9.13 万平方米，学校产权建筑面积 9.13 万平方米。固定资产总值 60208.11 万元，其中，教学、科研仪器设备资产值 35763.06 万元。图书馆建筑面积 2057 平方米，藏有纸质图书 36.81 万册。全年教育经费投入 50454.13 万元，其中，国家拨款 45268.24 万元、自筹经费 5185.89 万元。学校信息化经费投入 661.10 万元，拥有计算机 2149 台，多媒体教室座位 1710 个，信息化设备资产 700.16 万元，网络信息点 2620 个，校园网出口总带宽 284Mbps，电子邮件系统用户 3317 个，上网课程 12 门，数字资源量 29177GB，管理信息系统数据总量 8GB。校区设置 15 个院（系、部）；开设 10 个专业及覆盖 3 个学科；具有一级学科 3 个，一级学科博士点 3 个，博士学位授权点 3 个，硕士学位授权点 3 个和专业学位授权点 3 个。北京市重点学科 1 个。教职工 499 人，其中，专任教师 277 人，包括教授 49 人、副教授 103 人；博士生导师 3 人、硕士生导师 102 人。享受政府特殊津贴专家 3 人。外籍教师 1 人，其中，教授 1 人、副教授 1 人。毕业生 624 人，其中，学历教育学生中全日制研究生 141 人（博士生 10 人、硕士生 131 人），普通本科生 483 人，成人教育本专科生 270 人（本科生 175 人、专科生 95 人）；非计划招生高等教育学生中在职人员攻读博士硕士学位 71（博士生 4 人、硕士生 67 人），研究生课程进修班 49 人。本科毕业生就业率 93%。招生 1003 人，其中，学历教育学生中全日制研究生 183 人（博士生 16 人、硕士生 167 人），普通本科生 513 人、成人教育本专科生 307 人（本科生 196 人、专科生 111 人）。在校生 3155 人，其中，学历教育学生中全日制研究生 554 人（博士生 51 人、硕士生 503 人），普通本科生 2016 人，成人教育本专科生 585 人（本科生 384

人、专科生 201 人）；非计划招生高等教育学生中在职人员攻读硕士学位 173，研究生课程进修班 49 人。留学生毕业 31 人、招生 31 人、在校生 84 人。网址：www.bfa.edu.cn。

（高国庆　王彬霞）

【召开北京高教学会艺术教育学术论坛】 4 月 10 日，电影学院召开北京高教学会艺术教育研究会暨学术论坛。会议以“贯彻党的十七届六中全会精神及艺术门类升级形势下的学科建设和人才培养”为主题，研讨十七届六中全会后艺术教育所共同面临的挑战和机遇。在京 9 所艺术院校领导和专家学者参加研讨。

（高国庆　王彬霞）

【召开著作权法修改研讨会】 5 月 25 日，电影学院召开著作权法修改研讨会。会议针对影视作品、剧本、影视相关衍生品的著作权归属、著作权管理、法定许可、登记效力、追续权、影视相关产品保护等焦点、热点、争议点问题，交流研讨法律法规的制订和修改。来自国家版权局、中国社科院以及国内高校专家学者 50 人参加研讨。

（高国庆　王彬霞）

【成立 3D 影视与动画研发中心】 7 月 2 日，电影学院成立 3D 影视与动画研发中心。该中心由该院与 BASE 公司合办，开展原创作品开发、动画制作、影视及动画产业技术人才培养、国际艺术与技术交流等多个领域工作。BASE 公司是中国影视特效行业领军企业，连续两届获得艾美奖，制作基地位北京。

（高国庆　王彬霞）

【举办中国电影科技论坛】 7 月 23 至 24 日，电影学院举办中国电影科技论坛。论坛以“动画电影与高新科技应用”为主题，研讨动画电影科技与创作的未来问题。来自中国文联、中国影协以及国内高校专家学者 50 人参加论坛。

（高国庆　王彬霞）

【举办阿莫多瓦电影回顾展】 10 月 26 至 30 日，电影学院举办佩德罗·阿莫多瓦电影回顾展。该展览由该院与西班牙大使馆合办，展出阿莫多瓦《吾栖之肤》《关于我母亲的一切》《窗边的玫瑰》等九部影片。该校师生 500 人次参加活动。阿莫多瓦，西班牙著名导演，作品具争议性，着重表现欲望、暴力、宗教等议题，并通过鲜艳的色彩，展示出一种后现代的审美眼光，以及对权威的极大藐视。

（高国庆　王彬霞）

【汪流逝世】 12 月 1 日，电影学院教授汪流因病逝世，享年 83 岁。汪流，1929 年 11 月生于浙江绍兴。1948 年就读于上海沪江大学中文系，1954 年毕业于中央电影局电影学校编剧班。1954 年至今，一直执教于北京电影学院，历任助教、讲师、副教授、教授，开设并讲授《电影剧作理论与技巧》《为银幕写作》《世界名片赏析》等课程。是中国作家协会会员、中国电影家协会会员。

（高国庆　王彬霞）

【成立校友会】 12 月 22 日，电影学院成立校友会。校友会隶属学校，面向全球校友开展服务校友及校友企业的工作，设有理事会、常务理事会、秘书处等机构。成立大会上，收到校友捐款 150 万元。

（高国庆　王彬霞）

北京舞蹈学院

党委书记　王传亮
院　　长　李续

【概　况】 2012 年，北京舞蹈学院占地面积 5.73 万平方米、建筑面积 13.45 万平方米。固定资产总值 31885.36 万元，其中，教学、科研仪器设备资产值 10354.14 万元。全年教育经费投入 25458.81 万元，其中，国家拨款 18778.78 万元、自筹经费 6680.03 万元。图书馆建筑面积 3855 平方米，藏书总额 26.5 万册。设有 10 个系、1 个教学部；开设本科专业 5 个，覆盖 2 个学科门类；具有一级学科 2 个，硕士学位授权点 1 个，北京市重点学科 1 个。教职工总数 430 人，其中，专任教师 226 人，包括教授 28 人、副教授 66 人；硕士生导师 62 人；国家有突出贡献专家、享受政府特殊津贴专家等国家级专家 28 人。毕业生 552 人，其中，学历教育学生中全日制研究生 49 人，普通本专科生 302 人，成人教育本专科生 171 人（本科生 87 人、专科生 84 人），非计划招生高等教育学生中在职人员攻读硕士学位 30 人。本科毕业生就业率 93%。招生 632 人，其中，学历教育学生中全日制研究生 49 人，普通本专科生 312 人、成人教育本专科生 231 人（本科生 105 人、专科生 126 人），非计划招生高等教育学生中在职人员攻读硕士学位 40 人。高考提档线，表演（中国古典舞方向、中国民族民间舞方向）210 分、表演（芭蕾舞方向）230 分、表演（芭蕾舞方向特殊专业人才计划）195 分、表演（音乐剧方向）230 分；表演（国际标准舞方向）250 分；表演（现代舞方向）240 分；舞蹈编导（舞蹈编导方向）265 分；舞蹈学（舞蹈历史与理论方向）420 分；戏剧影视美术设计（舞台设计绘景方向、舞台服装与化妆设计方向）350 分，戏剧影视美术设计（舞台灯光设计方向）340 分；舞蹈编导（新媒体舞蹈方向）390 分；公共事业管理（中外文化交流方向）470 分。在校生 2168 人，其中，学历教育学生中全日制研究生 171 人，普通本专科生 1274 人，成人教育本专科生 552 人（本科生 273 人、专科生 279 人）。网址：www.bda.edu.cn。

（李玉）

【举办首届研究生舞蹈风采大赛】 9 月，舞蹈学院举办首届“舞研杯”研究生舞蹈风采大赛。大赛共有 12 个作品参赛，其中特邀本科 2010 级芭蕾表演班的群舞《舞姬》片段，社会舞蹈系双人舞《再叙情缘》进行表演。经过评比，评出编导奖（一、二、三等奖）、表演奖（一、二、三等奖）各 6 名，单项奖 6 名。

（李玉）

【世界表演舞锦标赛获得佳绩】 9 月，舞蹈学院学生在 2012 世界表演舞锦标赛（WDSF）获得佳绩。由社会舞蹈系编导教师编创、2011 级学生表演的拉丁表演舞作品《黑天鹅》获得第六名。这是中国在该项赛事中取得的最好成绩。

（李玉）

【举办中国古典舞旋转研究交流会】 11 月 28 日，舞蹈学院举办中国古典舞旋转研究课题成果交流会。交流会研究中国古典舞特点、教材编写原则、教学方法等问题，认为中国古典舞教学应遵循中国古典舞“拧倾圆曲、含仰开合、螺旋盘转”动势特点，教材编写应遵循“少而精”的特点，以低年级直立转为切入，继而在中高年级重点研究中国古典舞各类典型舞姿，系统研究、探索以身法带技法所产生的旋转动势规律与复合舞姿旋转发展变化的可行性，逐步实现“技术身韵化、身韵技术化”。该校专家、教师参加会议。

（李玉）

中央民族大学

党委书记　鄂义太
校　　长　陈理

【概　况】　2012年，中央民族大学占地面积38.10万平方米，校园建筑面积58.3万平方米，教学行政用房20万平方米。资产总额20.3亿元，其中，教学、科研仪器设备资产25265.90万元。全年教育经费投入147798.20万元（含附中7141.28万元），包括国家财政拨款117344.09万元（含附中3758万元）。图书馆建筑面积2.45万平方米，藏有图书196万册，电子图书176万册。学校信息化经费投入478万元，拥有计算机7899台，多媒体教室座位13812个，信息化设备资产12999万元，网络信息点29800个，校园网出口总带宽950Mbps，电子邮件系统用户3573个，上网课程2458门，数字资源量40709GB，管理信息系统数据总量6380GB。设23个学院，55个专业。一级学科博士点5个，博士学位授权点44个，硕士学位授权点162个。3个博士后流动站，3个国家级重点学科、2个省部级一级、13个省部级二级重点学科，2个国家文科基础学科人才培养和科学研究基地，1个教育部人文社会科学重点研究基地，3个国家“985工程”哲学社会科学创新基地。专任教师1083人，其中教授272人、副教授356人；国务院学位委员会学科评议组、全国哲学社会科学规划领导小组学科评议组、全国地方志领导小组、教育部社会科学委员会、上海合作组织中方教育咨询机构、国务院发展研究中心等国家学科规划和评审机构成员18人，“长江学者”讲座教授1人，双聘院士2人，“新世纪百千万人才工程”国家级人选9人，教育部“新世纪优秀人才支持计划”人选46人，学科带头人、学术带头人共96人。毕业生8677人，其中，学历教育学生中全日制研究生1114人（博士生223人、硕士生891人），普通本科生2737人，成人教育4797（本科生2125人、专科生2672人），非计划招生高等教育学生中在职人员攻读硕士学位29人。本科毕业生就业率89.62%。招生26927人，其中，学历教育学生中全日制研究生3901人（博士生639人、硕士生3262人），普通本科生11261人，成人教育本专科生11620人（本科生6440人、专科5180人）；非计划招生高等教育学生中在职攻读硕士学位145人。高考北京地区提档线理科494分、文科532分。在校生15823人，其中，学历教学学生中全日制研究生3901人（博士生639人，硕士生3262人），普通本科生11261人，成人教育本专科生149人。留学生毕业58人、招生67人、在校生179人。网址：www.muc.edu.cn。

（周翊兰）

【在《科学》发表3篇论文】　3月9日、11月9日和11月30日，民族大学生命与环境科学学院在美国《科学》(Science)杂志发表3篇论文。分别是“Asian Medicine: Exploitation of Wildlife”“Limits to Religious Conservation Efforts”和“Animal welfare development in China”。其中，第一篇文章以濒危麝类动物为案例，分析药用麝香资源、麝类驯养及麝类保护的复杂格局，提出亚洲传统医药发展、动物资源可持续利用及动物保护必须统筹发展的观点。第二篇文章分析缅甸、柬埔寨等亚洲发展中国家宗教文化与生物多样性的关系，通过案例说明无管理的宗教性生物保护对生物多样性分布格局改变的影响，探讨野生物种保护存在的生态风险和生物多样性保护管理面临的问题。第三篇文章综述中国的野生动物保护及动物福利的发展历程、现状及制约因素，指出优化中国动物福利及提高相关行为生态研究的可行途径和对策，对中国的生物多样性保护有重要意义。

（周翊兰）

【举办古文句读大赛】　4月10日，民族大学举办第20届古文句读大赛。比赛由学校历史文化学院主办，采取传统的闭卷笔试形式，考题分别为繁简互译、句读断句和古文翻译等三大项内容。大赛评出一等奖1名、二等奖2名、三等奖3名。该校共有学生350人参赛。该项比赛始于1990年。

（周翊兰）

【出版《戴庆厦文集》】　4月13日，民族大学出版《戴庆厦文集》。文集共五卷，290万字，汇集作者55年来从事少数民族语言研究中已发表的主要论文，由中央民族大学出版社出版。戴庆厦，福建仙游人，该校教授，博士生导师，长期从事中国少数民族语言文化研究和教学工作。

（周翊兰）

【举办中法艺术家联展】　4月20日，民族大学举办中法艺术家联展。展览以“相识相知相惜”为主题，展出中、法两国具有国际影响力和代表性的老中青三代优秀艺术家作品56件。两国专家学者500人参观展览。

（周翊兰）

【评选首届十佳辅导员】　5月7日，民族大学评选首届十佳辅导员。评选候选人为校优秀辅导员和近两年辅导岗位考核优秀人员，采取演讲和提问形式考察候选人的思想品德、工作能力、服务意识、工作成效等内容，10人当选。

（周翊兰）

【与门头沟法院签订合作协议】　5月

11日，民族大学与门头沟区法院签订合作协议。根据协议，双方共建教学

实习基地，合作开展科研活动、共享研究成果。

（周翊兰）

【召开道教与当代社会研讨会】　6月15至19日，民族大学召开道教与当代社会学术研讨会。会议以“道教与当代社会”为主题，研讨当代社会中与道教相关的重点、热点问题，阐述道教宫观与信众的关系、道教与社会主义社会相适应的丰富内涵及其具体做法。会议认为道教宫观应是道教信仰的清净之地、弘扬道教文化的载体，应发挥劝人向善的教化作用，应成为慈善公益的场地，应成为民众健康养生的福地。中国道教协会以及国内高校相关专家学者30人参加会议。

（周翊兰）

【召开多元文化教育国际学术研讨会】　9月22日，民族大学召开全球化背景下的多元文化教育国际学术研讨会。会议研讨“多元文化教育的理论与实践研究”“民族认同、国家认同与民族团结教育研究”“乡土知识传承与多元文化课程研究”“语言文化多样性与少数民族双语教育研究”“民族教育的历史与文化传承研究”“多元文化背景下的教师教育与教学研究”问题，达成加强合作、广泛交流、共享成果、共同推动多元文化教育向纵深发展共识。美国华盛顿大学、美国纽约城市大学、澳大利亚澳洲国立大学以及清华大学、中国人民大学、北京师范大学等30多所高校和科研机构专家学者200人参加会议。

（周翊兰）

【签订对口支援怀化学院协议】　10月17日，民族大学签订对口支援湖南省怀化学院协议。根据协议，该校在师资培养、科学研究、学科建设、人才培养等方面对口支援怀化学院。协议有效期5年。同时，该校附中与怀化市湖天中学签订联谊办学协议。

（周翊兰）

【举办汉语方言时体系统研讨会】　11月10至11日，民族大学举办汉语方言时体系统国际学术研讨会。会议研讨“汉语各方言时体系统的共时描写”及“共同语和汉语方言时体系统的共时历时比较”问题，收到论文65篇，宣读论文63篇。美国、法国、韩国等国家及中国专家学者120人参加会议。

（周翊兰）

【耿世民逝世】　12月17日，民族大学教授、中国古代突厥语文学学科创始人、国际知名古代突厥语文学家和突厥语言学大师耿世民在京逝世，享年83岁。耿世民，1929年11月18日出生于江苏铜山，长期从事突厥语文学研究，该校突厥语系教授，德国洪堡基金会国际知名学者奖、国际阿尔泰学常设会议（PIAC）金奖获得者，土耳其共和国语言学会院士。

（周翊兰）

中国政法大学

党委书记　石亚军

校　　长　黄进

【概　况】　2012年，中国政法大学占地面积48.74万平方米，学校产权建筑面积39.93万平方米、非产权建筑面积7864平方米。固定资产总值69476万元，其中，教学、科研仪器设备资产值11951.21万元。图书馆建筑面积20393平方米，藏书234万册，其中，纸质图书198万册、电子图书36万册。全年教育经费投入94789.02万元，其中，国家拨款61412.74万元、自筹经费33376.28万元。学校信息化经费投入580万元，拥有计算机4841台，多媒体教室座位16349个，信息化设备资产5008万元，网络信息点14000个，校园网出口总带宽820Mbps，电子邮件系统用户10000个，上网课程7门，数字资源量6TB，管理信息系统数据总量4TB。校区设置19个院（系、部）；开设18个专业及覆盖71个学科；具有一级学科13个，一级学科博士点3个，博士学位授权点27个，硕士学位授权点68个和专业学位授权点3个；博士后流动站3个，其中，博士后研究人员出站18人、进站27人、在站82人。国家重点学科1个、北京市重点学科一级学科1个、二级学科5个。教职工1654人，其中，专任教师903人，包括教授253人、副教授387人；博士生导师167人、硕士生导师779人。“长江学者奖励计划”特聘教授1人、“长江学者奖励计划”讲座教授1人，享受政府特殊津贴专家18人，国家“千人计划”入选者1人，全国优秀教师2人、国家教学名师1人、北京市教学名师13人，全国杰出资深法学家5人，曾获全国十大“杰出中青年法学家”称号7人、“首都十大杰出青年法学家”称号1人，获“翻译文化终身成就奖”1人，入选“新（跨）世纪百千万人才工程”3人，入选教育部“新世纪优秀人才支持计划”31人。外籍教师51人，其中，教授31人、副教授10人。毕业生7233人，其中，学历教育学生中全日制研究生1761人（博士生165人、硕士生1596人），普通本科生2162人，成人教育本科生1355人；非计划招生高等教育学生中研究生课程进修班1955人。本科毕业生就业率97.11%。招生8516人，其中，学历教育学生中全日制研究生2145人（博士生202人、硕士生1943人）、普通本科生2363人、成人教育本科生1148人；非计划招生高等教育学生中在职人员攻读硕士学位335人，研究生课程进修班2525人。高考北京地区文科提档线为547分、理科提档线581分。在校生21792人，其中，学历教育学生中全日制研究生5815人（博士生730人、硕士生5085人），普通本科生8297人，成人教育本科生2544人；非计划招生高等教育学生中在职人员攻读硕士学位777人，研究生课程进修班4359人。留学生毕业52人、招生110人、在校生486人。港澳台留学生毕业49人，招生112人，在校生403人。网址：www.cupl.edu.cn。

（刘旭）

【试点培养应用型法学博士】　1月9日和9月7日，法大研究生院分别与最高人民检察院、最高人民法院合作试点培养应用型法学博士。该校为该类博士生设置专门的培养方案和培养计划，聘请高校理论界教师和司法实务界专家型领导共同担任导师，率先在法学博士生教育中实现双导师培养制。至年底，该校与最高人民检察院合作招录5名应用型法学博士研究生，包括刑法学专业2人、刑事诉讼法学专业3人，学制3年，学生毕业后获得法学博士学位；与最高人民法院合作招录培养的应用型法学博士自2013年招生，预计招收5人。

（刘旭）

【建立青少年法制教育基地】 4月10日，教育部青少年法制教育基地暨法大青少年法制教育研究中心成立。该中心是教育部在全国设立的首个法制教育基地。中心与法治政府研究院合署办公，承担青少年法制教育理论研究、青少年法制教育培训及青少年法制教育宣传工作，设专职岗位7个，并首次聘请16名实务界、学界人士担任兼职研究员。至年底，该中心承担“青少年学生法制教育现状与对策研究”“青少年社会主义法治理念教育研究”两项课题的研究工作，并开发“青少年社会主义法治理念调查问卷”。

（刘旭）

【庆祝建校60周年】 5月16日，法

大举办建校60周年庆祝大会。会议回顾学校发展历程，听取校友及师生代表发言，并宣读吴邦国、温家宝、贾庆林、刘延东等中央领导题词、贺信、贺电。来自各部委和地方政府的50余名省部级以上领导、来自30个国家和地区的130名国际及港澳台嘉宾、25名学校董事会董事、300名国内嘉宾及校友参加庆祝大会。该校前身是成立于1952年的北京政法学院；1954年开始由司法部直接管理；1983年，北京政法学院与中央政法干校合并，组建中国政法大学，2000年划转教育部管理。

（刘旭）

【与中科院签订合作协议】 5月16日，法大与中国科学院签订合作协议。根据协议，双方合作成立成思危现代金融菁英班，每年从该校本科生中选拔50名学生进行合作教育和联合培养，学制4年，修业年限3至6年，修满166学分（包括数学分析1、高等代数1、概率与数理统计1、运筹学1，总计20学分），可以获得经济学学士学位，继续修满数学课程57学分（总计77学分），可以获得经济学和理学双学士学位。该班首届招收50人，10月9日开班。

（刘旭）

【成立2个协同创新中心】 7月11日，法大牵头成立司法文明协同创新中心。该中心主要参与高校包括吉林大学、武汉大学，并联合公检法机关等共38个国内协同单位、14个国外教育科研机构，通过优势互补和分工协同，开展司法文明理论、司法文明史、诉讼法学、证据法学、法庭科学、侦查学、检察学、环境司法、军事司法、国际司法、司法伦理学、知识产权司法鉴定、司法会计学等学科和创新团队建设。

（刘旭）

【举办本科生创新论坛】 7至12月，法大举办首届本科生创新论坛。论坛面向全校本科生开展，评委均由公开竞聘的学生担任，进入复赛的选手和评委均获得“创新学分”，经过征求意见会，论文征集，学生评委选拔、抽签和培训，论文初选，复赛，最终有16篇论文进入决赛，3名选手获得一等奖、5名选手获得二等奖、9名选手获得三等奖。该校本科生200人参加比赛。

（刘旭）

【获批国家级法学实验教学示范中心】 8月17日，法大获批教育部唯一法学类实验教学示范中心。该中心实验用房共1.07万平方米，包括证据科学教育部重点实验室，侦查学实验中心，社会学实验室，环境法、行政法、劳动法、知识产权法、少年越轨、刑事法6个法律诊所，4个模拟法庭（模拟仲裁庭），2个墙幕式多功能视频教室以及检察案例原始卷宗副本阅览室和司法案例原始卷宗副本阅览室等。

（刘旭）

【成立首个孔子学院】 9月11日，法大成立首所孔子学院。该院与英国班戈大学合办，依托班戈大学，面向英国各阶层开展汉语教学工作。至年底，招收学生50人。

（刘旭）

【授予1人名誉博士学位】 9月20日，法大授予刘皇发名誉博士学位。刘皇发，1936年10月生于香港新界，自1980年起出任新界乡议局主席，现任全国政协委员、香港特别行政区立法会议员、香港特别行政区行政会议成员，香港永同益集团有限公司董事会主席。1984年中英就香港问题谈判期间，刘皇发率先带领新界乡议局及乡民，向中央提出“加强香港的经济建设”“挽留公务员日后为特区服务”等主张，全力支持中国恢复行使香港主权。

（刘旭）

【综合科研楼竣工】 11月13日，法

大学院路校区综合科研楼工程竣工。该项目占地面积4086平方米、总建筑面积45612平方米，其中，地上建筑面积为30542平方米，地下建筑面积为15070平方米，建筑高度45米。地下3层，地上11层，结构形式为框架剪力墙结构，抗震设防烈度8度，建筑耐火等级一级，人防等级为五级人员掩蔽。楼内地上设有办公室、会议室、报告厅，地下设有体育活动场所。整个楼设有8部电梯，楼内房间均安装中央空调。该工程于2010年3月1日开工，2010年11月11日封顶。

（刘旭）

【推行教学助理制度】 至年底，法大在全校范围内推行面向本科生的教学助理制度。教学助理制度旨在加强教学过程控制，使课堂教学活动在课堂外得到有效延伸。教学助理全部由该校研究生担任，配合课堂教学协助主讲教师开展常规性课外答疑、读书辅导、学习问题交流、批改学生作业和试卷等相关工作。配备教学助手的课程包括本科生专业必修课、通识必修课、通识主干课、案例课、研讨课共5个类别。全年共有361名研究生承担该项工作。

（刘旭）

华北电力大学

党委书记 吴志功
校　　长 刘吉臻

【概　况】 2012年，华北电力大学占地面积106.14万平方米，学校产权建筑面积102.94万平方米、非产权建筑面积3.20万平方米。固定资产总值262361.30万元，其中，教学、科研仪器设备资产值42405.77万元。图书馆建筑面积36932平方米，藏书207.07万册。拥有计算机11098台，多媒体教室座位45912个，信息化设备资产17999.9万元，网络信息点22612个，校园网出口总带宽4200Mbps，电子邮件系统用户20497个，上网课程200门，数字资源量355790.8GB，管理信息系统数据总量30500GB。设有直属学院10个，教学部2个，另设有国际教育学院、研究生院、继续教育学院、艺术教育中心和工程训练中心；拥有一级学科博士学位授权点5个和二级学科博士学位授权点30个，一级学科硕士学位授权点23个和二级学科硕士学位授权点123个；本科专业56个；学校拥有国家级重点学科2个、部级重点学科23个，国家级工程试验室1个、国家工程技术研究中心1个、教育部重点实验室3个、教育部工程研究中心1个、北京市重点实验室2个、北京市工程技术研究中心1个，另有北京市省部级哲学社会科学研究基地1个。博士后科研流动站5个。教职工2924人，其中，专任教师1782人，包括教授347人、副教授522人；博士生导师159人、硕士生导师810人；工程院院士5人（含双聘院士4人），“千人计划”专家5人，国家教学名师获得者1人，“长江学者”特聘教授1人、国家有突出贡献专家3人。获国家“杰出青年科学基金”资助人员5人，入选国家“百千万人才工程”人员7人，“973计划”首席科学家4人，教育部“新世纪优秀人才支持计划”28人，全国模范教师2人，全国优秀教师2人。外籍教师22人，其中，教授2人、副教授1人。毕业生10680人，其中，学历教育学生中全日制研究生1814人（博士生111人、硕士生1703人），普通本科生4926人，成人教育本专科生3940人（本科生2034人、专科生1906人）。招生13271人，其中，学历教育学生中全日制研究生2386人（博士生193人、硕士生2193人），普通本科生5354人，成人教育本专科生5549人（本科生3666人、专科生1883人）。在校生44624人，其中，学历教育学生中全日制研究生7260人（博士生965人、硕士生6295人），普通本科生20928人，成人教育本专科生16382人（本科生11047人、专科生5335人）。留学生毕业500人、招生561人、在校生174人。网址：www.ncepu.edu.cn。

（王振华）

【举办埃中语言文化论坛】 1月9日，电力大学举办埃中语言与文化论坛。论坛分别就汉语语言文学教学与研究、阿拉伯语语言文学教学与研究、中埃文化研究三个主题进行研讨。论坛共收到韩国、越南、阿拉伯联合酋长国等国家专家学者提交的论文50篇，出版《首届埃中语言与文化论坛论文集》。来自美国、埃及和中国等国家的56名专家学者参加论坛。

（王振华）

【与3个机构签署合作协议】 3至11月，电力大学与3个机构签署合作协议。与国家电网能源研究院协议规定，双方重点围绕项目研究、人才培养等方面开展深入合作。与国家电网四川省电力公司协议规定，双方在课题研究、项目开发、人才培养、技术交流等方面建立长效合作机制，打造多学科融合、多团队协作、产学研一体化的重大研发与应用平台。与中国电力投资集团核电有限公司协议规定，双方在人才培养、科技攻关、科技成果转化、产学研结合等方面创新机制，展开全方位合作。

（王振华）

【学生体育比赛获佳绩】 4月和11月，电力大学学生参加体育比赛获佳绩。4月14日，健美操队获大众锻炼标准规定动作六级普通院校组第一名。11月12日，获得2012中国健身名山登山赛年度冠军。11月18日，获得2012年全国群众登山健身暨第八届中国黄山国际登山大赛女子青年组冠军。11月25日，获北京马拉松赛比赛女子组亚军。

（王振华）

【王加璇逝世】 6月11日，电力大学教授王加璇因病医治无效在京逝世，享年82岁。王加璇，1930年9月16日生于山东龙口，1954年毕业于哈尔滨工业大学电机系，1956年毕业于清华大学动力机械系。1956年研究生毕业后回哈尔滨工业大学任教，1958年任哈尔滨工业大学动力机械系副主任，1962年随校际专业调整调入北京电力学院。历任北京电力学院、河北电力学院、华北电力学院动力工程系副主任、主任，1983年12月担任华北电力学院院长。他长期致力于热力学及热经济学领域的学术研究，先后出版专著和教材11部，为建立中国热经济学学科奠定基础。

（王振华）

中华女子学院

党委书记 范继英（4月27日免）
　　　　 张李玺（4月27日任）
院　　长 张李玺

【概　况】 2012年，中华女子学院占地面积9.94万平方米，学校产权建筑面积10.79万平方米，非产权建筑面积3.51万平方米。固定资产总值11365万元，其中，教学、科研仪器设备资产值6968万元。图书馆建筑面积12614平方米，藏书85.92万册，其中，纸质图书46.16万册，电子图书39.76万册。全年教育经费投入17696.78万元，其中，国家拨款为13492.94万元，自筹经费为4203.84万元。学校信息化经费投入235万元，拥有计算机2431台，多媒体教室座位5555个，信息化设备资产2405万元，网络信息点6000个，校园网出口总带宽300Mbps，电子邮件系统用户800个，数字资源量16000GB，管理信息系统数据总量13GB。校区设置七个二级学院、四系、二部。开设普通高等教育本科专业19个、高职专业13个，学科门类覆盖法、经、管、教、文、工、艺7个，具有一级学科10个，硕士学位授权点1个和专业学位授权点15个。教职工393人，其中，专任教师288人，教师中包括教授32人、副教授91人。博士生导师1人和硕士生导师27人。享受政府特殊津贴专家8人。外籍教师26人，其中教授12人，副教授8人。毕业生1591人，其中，普通本专科生1189人（本科生1083人、专科生106人），成人教育本专科生402人（本科生85人、专科生317人）。招生1984人，其中，普通本专科生1576人（本科生1099人、专科生477人）、成人本专科生408人（本科生12人、专科生396人）。在校生6423人，其中，普通本专科生5667人（本科生4416人、专科生1251人）、成人本专科生756人（本科生34人、专科生722人）。留学生招生2人、在校生2人。网址：www.cwu.edu.cn。

（程敏）

【获批商务部援外培训资质】 3月4日，女子学院获批商务部援外培训资质。商务部援外培训工作旨在增进中国与发展中国家的友谊、促进经贸合作，培养一批“知华、友华、亲华”的国际友人。女子学院此次获批商务部援外培训资质，对促进该校教育培训工作的发展，提高该校国际化水平起到重要的推动作用。该校首个援外培训项目于2013年6月启动。

（程敏）

【两专业通过学士学位授予权评估】 3月15日和4月1日，女子学院审计学专业和社会学专业分别通过学士学位授予权评估。专家一致认为该校上述两专业设置符合国家要求，培养目标明确、定位清晰、特色突出，符合社会人才培养要求，课程设置合理、师资水平较高、教学管理规范严格、注重学生专业能力和实践能力的培养，达到授予管理学学士学位和法学学士学位的条件和标准。

（程敏）

【与18家单位签订实习基地协议】 3至11月，女子学院与18家单位签订实习基地协议。其中，分别与绍兴彩虹莊针织有限公司、桐乡市润达服饰有限工资、贝利时装有限公司、浙江诺曼迪时装有限公司、桐乡市悍马服饰有限公司、浙江凯喜雅品牌营销有限公司签订实习基地协议，为服装设计专业学生提供实习见习机会。与东城区巧娘工作室签署实习基地协议，为英语专业学生提供实习见习机会。分别与大华会计师事务所、中兴新世纪会计师事务所、北京天正华会计师事务所、中磊会计师事务所签署实习基地协议，为该校审计学、会计学、财务管理三个专业学生提供实习见习机会。与房山区韩村河村签署思想政治理论课教学实践基地协议。与青檬网络电台、北大青鸟音乐集团、西苑小学签署实习基地协议，为播音与主持艺术专业学生提供实习见习机会。与中华社会救助基金会签署实习基地协议，为视觉传达设计专业学生提供实习见习机会。与北京致诚律师事务所签署实习基地协议，为法学专业学生提供实习见习机会。与望京花园社区签署实习基地协议，为文化产业管理专业学生提供实习见习机会。

（程敏）

【成立教师教育教学能力发展中心】 4月9日，女子学院成立教师教育教学能力发展中心。该中心负责提供教师职业生涯规划、教学、学术发展咨询与指导服务，组织开展教师师德培育、教学技能专项培训和教学管理人员培训，指导学术团队建设，组织开展学科带头人、学术带头人和青年骨干教师的选拔和考核等工作。该中心人员由人事处、工会、教务处、现代教育技术中心和外事办公室主要负责人组成，中心主任由主管教学的校领导担任。

（程敏）

【举办10场女企业家创业论坛】 5月15日至12月11日，女子学院举办10场女企业家创业论坛。论坛与北京市女企业家协会联合举办，邀请北京女企业家协会多名成功创业的女企业家来校介绍创业经验和心路历程，激发女大学生创新创业意识与职业生涯思考，拓宽学生视野和就业思路，提高学生就业竞争力和创新创业能力。讲座主题分别为《坚持着，并快乐着》《选择》《创业是责任》《职业生涯》《80后女性创业的8项资本》《诚信是创业之本》《感知美、创造美，经营自己的美好人生》《自强不息，勇于挑战》《正确的抉择胜于多年的努力》《追求梦想，勇敢起航》。该校师生2000人次参加学习。

（程敏）

【召开香港社会工作行动研究研讨会】 9月7至9日，女子学院召开海峡两岸暨香港社会工作行动研究研讨会。会议以“行动研究的作用、历史及实践”为主题作相关主旨发言，围绕行动研究与社会工作教育、行动研究与社会工作实务两个专题进行分组探讨。中国内地以及台湾和香港40所高等院校社会工作教育工作者和民间社会工作机构实务工作者120人参加会议。

（程敏）

【举办首届首都高校女大学生主持人大赛】 10月15日至11月30日，女子学院举办首届首都高校女大学生主持人大赛。该比赛以“展示主持风采，闪耀首都舞台”为主题，面向首都高校，分为初赛、复赛、决赛三个阶段，决出一等奖1人、二等奖2人、三等奖3人、单项奖3人、优秀奖10人。北京25所高校217名女大学生参加比赛。

（程敏）

【召开全国女大学生就业创业研讨会】 11月30日，女子学院召开首届全国女大学生就业创业研讨会。该研讨会以“助力女大学生就业创业，提高女大学生就业质量”为主题，研讨交流女大学生就业创业的形势与政策、女大学生创新人才培养理论与实践和女大学生就业创业指导与服务等内容。国家相关部委、女企业家协会、北京市有关部门、高校领导以及全国十多个省市高校大学生就业创业指导部门负责人、女企业家代表200人参加会议。

（程敏）

【获批成为专业硕士培养试点工作单位】 12月21日，女子学院获批社会工作硕士专业学位研究生培养试点工作单位。社会工作专业是该校特色和品牌专业，该专业硕士研究生设妇女维权和妇女社会服务两个方向，在人才培养上将以妇女工作岗位需要为导向，主动适应妇女全面发展与两性和谐发展战略需求，培养具有服务妇女发展与维权所需知识、能力与素质的人才；在课程设置上，坚持社会工作专业标准，着力体现女校优势，突出服务妇女发展与维权特色。该专业是女子学院第一个获批硕士专业学位授予权专业。获批后，该专业于2013年开始，面向全国招生。

（程敏）

【召开第二届双代会】 12月21至22日，女子学院召开第二届教职工暨工会会员代表大会。会议讨论《中华女子学院章程（草案）》和《学校财务工作报告》；审议通过《工会财务工作报告》《中华女子学院教职工代表大会实施细则（修订案）》和《中华女子学院工会工作条例（修订案）》；选举产生第二届教代会执委会委员19人、第二届工会委员会委员11人和工会经费审查委员会委员3人，通过《中华女子学院第二届教职工暨工会会员代表大会工作报告的决议》。

（程敏）

北京信息科技大学

党委书记 郑君礼
校　　长 柳贡慧

【概　况】 2012年，北京信息科技大学占地面积33.32万平方米，学校产权建筑面积33.12万平方米、非产权建筑面积0.24万平方米。固定资产总值85628.29万元，其中，教学、科研仪器设备资产值39882.83万元。图书馆建筑面积9661平方米，纸质图书105.26万册、电子图书15788.46GB。全年教育经费投入119968.49万元，其中，国家拨款107033.72万元、自筹经费12934.77万元。学校信息化经费投入1013.84万元，拥有计算机7932台，多媒体教室座位14014个，信息化设备资产13794.07万元，网络信息点数10116个，校园网出口总带宽900Mbps，电子邮件系统用户27149个，上网课程1122门，数字资源量71455.66GB，管理信息系统数据总量8.12GB。现有5个校区，下设11个学院（系）、2个中心以及体育部、研究生部和继续教育学院。开设本科专业31个，覆盖工、管、理、经、文等5个学科门类，其中国家级特色专业建设点4个、北京市级特色专业建设点9个、在京第一批招生专业10个；具有一级学科硕士点14个，二级学科硕士点40个，专业学位门类（工程硕士、工商管理硕士）2个、工程硕士专业学位授权领域7个。拥有北京市重点学科3个、北京市重点建设学科9个、部级重点学科2个；省部共建教育部重点实验室1个、北京市重点实验室4个、北京市哲学社会科学研究基地1个、原信息产业部重点实验室2个、北京市高校工程技术研究中心1个、机械工业重点建设实验室2个。教职工1364人，其中，专任教师775人。专任教师中，正高级92人、副高级222人；兼职博士生导师17人、硕士生导师173人；双聘工程院院士3人、特聘教授1人、讲座教授3人、全国优秀教学团队1个、教育部“创新团队发展计划”1个、国家“新世纪百千万人才工程”3人。毕业生4546人，其中，学历教育学生中全日制硕士研究生261人，普通本科生2427人，成人教育本专科生1850人（本科生399人、专科生1451人）；非计划招生高等教育学生中在职人员攻读硕士学位8人。应届本专科毕业生就业率98.38%，研究生毕业生就业率100%。招生4822人，其中，学历教育学生中全日制硕士研究生395人，普通本科生2722人、成人教育本专科生1688人（本科生474人、专科生1214人）；非计划招生高等教育学生中在职人员攻读硕士学位17人。高考北京地区录取线一批理科477分、二批理科448分，二批文科478分。在校生14708人，其中，学历教育学生中全日制硕士研究生1048人，普通本科生10440人，成人教育本专科生3189人（本科生783人、专科生2406人）；非计划招生高等教育学生中在职人员攻读硕士学位31人。留学生毕业121人、招生121人、在校生121人。网址：www.bistu.edu.cn。

（张金晓）

【签署三个校企合作协议】 1月18日、7月11日和11月1日，信息科大签订三个校企合作协议。与中国石油集团钻井工程技术研究院协议规定，开展产学研全面合作，推动科研成果转化及产业化。与大唐移动通信设备有限公司协议规定，校企双方在卓越工程师计划人才培养、校外实践基地、联合科研、科技成果转化、学生就业等方面开展合作，并设立“大唐移动奖学金”。与中国普天信息产业集团签署合作协议，在实施通信工程专业卓越计划试点工作、提高人才培养质量、搭建校企联合科学研究平台、结合“产学研用”为一体等方面开展合作。

（张金晓）

【成立两个学院】 2月22日，信息科大成立仪器科学与光电工程学院、信息与通信工程学院。仪器科学与光电工程学院，下设测控技术与仪器系、光电信息工程系、测控技术与仪器实验室、光电信息工程实验室、光电测试技术实验中心以及现代电子技术实验室等教学单位，开展本科、硕士、博士层次教学。信息与通信工程学院，下设通信工程系、电子信息工程系、通信技术实验室、电子信息技术实验室以及工程教育实践中心等教学单位，开展本科、硕士、博士层次教学。

（张金晓）

【建设两个人才培养基地】 3月14日和10月26日，信息科大分别建立两个人才培养基地。与国际商业机器有限公司（IBM）建立联合人才培养基地；与中联煤层气有限责任公司共建研究生联合培养实践基地。

（张金晓）

【签订两个国际高校合作协议】 3月

15日和5月21日，信息科大签订两个国际高校合作协议。与爱尔兰阿斯隆理工学院（Athlone Institute of Technology，AIT）协议规定，双方在学生及教师交流、科研合作等方面开展合作。与美国加利福尼亚大学河滨分校（University of California, Riverside, UCR）协议规定，双方开展学生短期交流活动、学分交流项目以及经营类专业的本硕连续项目。

（张金晓）

【成立校友会】 3月18日，信息科大

成立校友会。校友会隶属市民政局，受市教委业务主管，面向校友开展校友联谊、专业培训、学术研讨等工作。校友会成立大会表决通过《北京信息科技大学校友会章程》《北京信息科技大学校友会第一届理事会和监事会选举办法》和《北京信息科技大学校友会第一届理事会和监事会推荐人选名单》。

（张金晓）

【成立网络文化与数字传播市重点实验室】 6月18日，信息科大成立网络文化与数字传播北京市重点实验室。该实验室以学校直属科研机构中文信息处理研究中心、TRS软件开放实验室、计算机开放系统实验室、智能信息处理实验室、虚拟现实与仿真实验室作为基础力量，依托北京市重点学科计算机应用技术，以互联网技术为基础，重点研究支撑和推动网络文化发展的关键技术与系统。实验室有专职科研人员2人，其中，高级职称1人。

（张金晓）

【与青海省签订合作协议】 8月26日，信息科大与青海省科技厅和海西州政府签订合作协议。根据协议，该校分别与两地政府开展面向循环经济领域的科技服务研究工作，该校负责关键技术研究，地方政府负责科研成果推广。

（张金晓）

【召开第一次学生工作会议】 12月21至26日，信息科大召开第一次学生工作会议。会议以“落实以人为本理念，强化育人服务意识，全面促进学生成长成才”为主题，研讨“构建学生发展辅导体系，服务学生全面成长成才；健全学风建设责任机制，优化全员育人工作格局；深化学生工作队伍建设，提升教育管理工作水平”等重点问题。该校各部门领导和学生代表200人参加会议。

（张金晓）

【授予6人名誉学衔】 至年底，信息

科大授予六人名誉学衔。其中，名誉教授4人、客座教授2人。其中，爱尔兰阿斯隆理工学院院长卡荣·欧·卡恩、爱尔兰国立考克大学校长迈克尔·墨菲、英国安格利亚鲁斯金大学迈克尔·索恩以及爱尔兰都柏林格里菲斯学院德尔米德·赫格提受聘为名誉教授；中文在线数字出版公司战略顾问刘博、联想集团副总裁张晖受聘为客座教授。

（张金晓）

【获8项省部和行业科学技术奖】 至年底，信息科大获得8项省部和行业科学技术奖。其中，省部级科学技术奖4项，以该校为第一完成单位的有3项，分别为“复杂机电装备运行安全保障及故障预报技术”获教育部科学技术进步奖二等奖，“城市生活垃圾减量化对策研究”获北京市第十二届哲学社会科学优秀成果奖二等奖，“产业整合理论与中国种业整合”获北京市第十二届哲学社会科学优秀成果奖二等奖；行业科学技术进步奖4项，以该校为第一完成单位的有2项，分别为“北京地区高校大学生就业的实验经济学分析”获全国商业科技进步奖一等奖，“现场数据驱动的多类型复杂机械系统故障预报方法及工程实践”获中国机械工业科学技术奖二等奖。

（张金晓）

中国矿业大学（北京）

党委书记　杨仁树

校　　长　乔建永

【概　况】 2012年，中国矿业大学（北京）占地面积24万平方米，建筑面积36万平方米。固定资产总值88005万元，其中教学、科研仪器设备资产值17650万元。全年教育经费投入70149万元，其中，国家拨款37488万元、自筹经费32661万元。学校信息化经费投入563万元，拥有计算机3649台，多媒体教室座位9783个，信息化设备资产4614万元，网络信息点2万个，校园网出口总带宽600Mbps，电子邮件系统用户1787个，数字资源量4960GB，管理信息系统数据总量16.14GB。设有研究生院和12个学院；开设本科专业60个，覆盖理、工、文、管、法、经等多个学科门类；有1个一级学科国家重点学科，8个国家重点学科、1个国家重点培育学科、27个省部级重点学科；有16个一级学科博士点，35个一级学科硕士点，69个二级学科博士点，173个二级学科硕士点，9个硕士专业学位授权点；博士后流动站12个，其中，博士后研究人员出站26人、进站36人、在站104人。建有2个国家重点实验室、1个国家工程研究中心、2个教育部工程研究中心、1个北京市重点实验室。教职工837人，其中，专任教师591人，包括教授135人、副教授187人；有博士生导师153人、硕士生导师159人；工程院院士6人。有“长江学者奖励计划”特聘教授2人，国家杰出青年基金获得者7人，全国优秀教师2人，享受政府特殊津贴专家24人。毕业生3300人，其中，学历教育学生中全日制研究生1486人（博士生255人、硕士生1231人），普通本科生1125人，成人教育学生689人；非计划招生高等教育学生中在职人员攻读硕士学位119人。本科毕业生就业率96.5%，研究生就业率95%。招生4085人，其中，学历教育学生中全日制研究生1583人（博士生260人、硕士生1323人），普通本科生1347人，

成人教育本专科生 1155 人（本科生 533 人、专科生 622 人）；非计划招生高等教育学生中在职人员攻读硕士学位 335 人。高考北京地区本科录取线理工科 494 分，文科 496 分。在校生 12124 人，其中，学历教育学生中全日制研究生 4899 人（博士生 1137 人、硕士生 3762 人），普通本科生 5253 人，成人教育本专科生 1972 人（本科生 1040 人、专科生 932 人）；非计划招生高等教育学生中在职人员攻读硕士学位 1036 人。留学生招生 14 人、在校生 33 人。图书馆建筑面积 10062 平方米，藏书 75 万册，电子图书 52 万册。网址：www.cumtb.edu.cn。

（杨洪兵　苏欢）

【与山西冀中能源集团公司签约合作】

1 月 9 日，矿大与山西冀中能源集团公司签订青年教师企业挂职锻炼协议。根据协议，公司安排青年教师到装备最为先进、技术情况最为复杂的矿区，让青年教师了解一线情况，同时进一步深化校企间合作、扩大交流规模，促进双方发展。

（杨洪兵　苏欢）

【成立中澳能源与矿业联合研究中心】 1 月 16 至 17 日，矿大成立“中国—澳大利亚”能源与矿业联合研究中心。该中心由该校和澳大利亚西澳大学牵头发起，集合 8 家中方单位和 6 家澳方学术机构，设在矿大（北京），依托中澳科学与研究基金计划，在能源和矿业领域开展教学和研究以及学术和文化交流等活动。

（杨洪兵　苏欢）

【与两家煤炭企业合作】 4 月 20 日和 7 月 21 日，矿大分别与华晋焦煤有限责任公司和神华宁煤集团太西选煤厂签约合作。根据协议，与华晋焦煤公司在人才开发、科技创新、教育培训等方面展开深入合作，进一步拓展合作的空间和领域，探索在新形势下校企合作的新途径、新方式，积极推动校企协同创新。与神华宁煤集团太西选煤厂合作共建实践教学基地，企业为该校研究生和本科生实习提供岗位。

（杨洪兵　苏欢）

【成立中国煤炭战略研究院】 6 月 16 日，矿大成立中国煤炭战略研究院。研究院与中国煤炭科工集团共建，由双方共管，通过校企合作，开展中国煤炭领域高端研究。

（杨洪兵　苏欢）

【与内蒙古签订合作协议】 7 月 4 日，矿大与内蒙古自治区政府签订合作协议。根据协议，双方将积极打造能源教育科技创新平台，通过多种方式为内蒙古培养专业技术人才，积极推进“中国矿业大学（北京）内蒙古学院”的实体化建设，建设具有国际影响的煤炭产业技术研发基地。

（杨洪兵　苏欢）

【召开风能应用材料国际学术研讨会】

9 月 17 至 19 日，矿大召开风能应用材料国际学术研讨会。会议由该校与丹麦理工大学合办，通过 31 个专家学术报告，研讨风机叶片复合材料力学性能以及大型风机复合材料性能评价、实验研究、数值模拟等问题。中国、加拿大、英国等国专家学者 40 人参加会议。

（杨洪兵　苏欢）

【新增两个博士后科研流动站】 10 月 15 日，矿大新增两个博士后科研流动站。该评选由国家人力资源和社会保障部、全国博士后管委会审批，新增流动站为计算机科学与技术、安全科学与工程。至此，该校博士后科研流动站共 14 个，涵盖理科、工科、管理三大学科领域。

（杨洪兵　苏欢）

【与贵州毕节学院签订合作协议】 12

月 13 日，矿大与贵州省毕节学院签订合作协议。根据协议，该校对毕节学院实施为期 5 年的对口支援，使毕节学院在人才培养质量、师资队伍建设、服务地方能力和管理水平等方面得到显著提升，全面提升毕节学院的办学水平。

（杨洪兵　苏欢）

【教师获全国优秀科技工作者称号】 12 月，矿大孙继平教授获全国优秀科技工作者称号。孙继平，现任矿大（北京）副校长，博士生导师，长期从事煤矿安全监控与通信方面的研究和创新，创建煤矿安全监控系统技术体系、矿井通信技术体系、煤矿井下人员位置监测和煤炭产量远程监测技术体系等。作为第一完成人获国家科技进步二等奖 2 项、省部级科技进步一等奖 6 项，培养毕业的博士和博士后 40 余人，硕士 90 余人。

（杨洪兵　苏欢）

中国石油大学（北京）

党委书记　蒋庆哲
校　　长　张来斌

【概　况】 2012 年，中国石油大学（北京）占地面积 35.90 万平方米，建筑面积 37.80 万平方米。固定资产总值 137621.78 万元，其中，教学、科研仪器设备资产值 49792.24 万元。全年教育经费投入 142767 万元，其中，国家拨款 73103 万元，占 51.2%，自筹经费 69664 万元，占 48.8%。学校信息化经费投入 1000 万元，拥有计算机 9331 台，多媒体教室座位 10031 个，信息化设备资产值 13947.52 万元，网络信息点 11170 个，校园网出口总带宽 1300Mbps，电子邮件系统用户 15000 个，上网课程 47 门，数字资源量 30720GB，其中电子图书 730GB，管理信息系统数据总量 20000GB。图书馆建筑面积 14474 平方米，藏书 107.15 万册。学校现设有 11 个学院（部）以及提高采收率研究院、非常规天然气研究院、新能源研究院、中国能源战略研究院 4 个直属研究院，开设本科专业 27 个，拥有 11 个博士授权的一级学科，45 个博士点，10 个博士后流动站；33 个硕士授权的一级学科，151 个硕士点；4 个专业硕士学位授予权，工程硕士授权点涵盖 20 个工程领域；拥有 5 个国家重点学科、2 个国家重点（培育）学科、7 个北京市重点学科。博士后研究人员出站 83 人、进站 81 人、在站 239 人。教职工 1284 人，专任教师 799 人；教授 223 人，副教授 250 人，其中博士生导师 184 人。有中科院院士 2 人，工程院院士 2 人，双聘院士 5 人。国务院学位委员会学科评议组成员 3 人，教育部“长江学者和创新团队发展计划”创新团队 3 个，国家级教学团队 3 个，北京市优秀教学团队 6 个。中组部“千人计划”入选者 3 人，“长江学者”特聘教授 5 人，国家杰出青年基金获得者 8 人，国家“973”项目首席科学家 5 人，国家级教学名师 1 人，入选“新（跨）世纪百千万人才工程”国家级人选 7 人，入选教育部“新世纪优秀人才支持计划”31 人。外籍教师 10 人，其中，教授 4 人。毕业生 14653 人，其中，学历教育学生中全日制研究生 1699 人（博士生 208 人、硕士生 1491 人），普通本科生 1709 人，成人教育本专科生 3154 人（本科生 1601 人、专科生 1553 人），网络教育本专科生 8091 人（本科生 3048 人、专科生 5043 人）；非计划招生高等教育学生中在职人员攻读硕士学位 409 人。本科一次就业率为 97.69%，研究生一次就业率 98.59%。招生 17902 人，其中，学历教育学生中全日制研究生 2120 人（博士生 257 人、硕士生 1863 人），普通本科生 1986 人，成人教育本专科生 3210 人（本科生 1586 人、专科生 1624 人），网络教育本专科生 10586 人（本科生 3767 人、专科生 6819 人）。高考北京地区录取线理科类 529 分、文史类 504 分。在校生 41356 人，其中，学历教育学生中全日制研究生 5999 人（博士生 943 人、硕士生 5056 人），普通本科生 7230 人，成人教育本专科生 7405 人（本科生 4515 人、专科生 2890 人），网络教育本专科生 20722 人（本科生 8412 人、专科生 12310 人）。留学生毕业 115 人、招生 190 人、在校生 536 人。网址：www.cup.edu.cn。

（许博）

【“211 工程”三期地质学科建设项目通过验收】 3 月 3 日，石油大学“211 工程”三期地质学科建设项目通过教育部专家组验收。专家组通过实地考察、召开验收会、听取汇报，一致同意通过验收。该项目在三期建设期间，新聘院士 3 人，新增国家杰出青年基金获得者 1 人，新增国家级教学名师 2 人，新增省级优秀创新团队 1 个；承担“973”计划和“863”计划、国家自然科学基金、国家有油气重大专项等多项项目和课题，在复杂地质条件下油气资源富集理论与分布预测、复杂油气藏精细表征及剩余油分布预测、沉积盆地热演化与运移示踪等方面形成标志性成果，获国家自然科学二等奖 1 项、国家科技进步二等奖 5 项；培养博士 269 人、硕士 1091 人，2 人获全国优秀博士学位论文提名奖，获国家级优秀教学成果奖二等奖 1 项。

（许博）

【成立中国国际能源舆情研究中心】

3 月 31 日，石油大学成立中国国际能源舆情研究中心。该中心隶属外国语学院，将对中国能源企业的能源规划及国际化战略发展等提供决策咨询。中心有科研人员 4 人，其中，高级职称 3 人。

（许博）

【举办 3 个能源国际论坛】 3 月 31 日、11 月 5 至 6 日、12 月 28 日，石油大学分别举办能源舆情论坛、第七届中国能源战略国际论坛和国际能源政治论坛。能源舆情论坛以“企业国际化传播战略研究”为主题，研讨企业全球传播平台建设战略、企业国际化与跨文化传播、国际政治传播与企业海外发展、国内外企业舆情研究现状等问题。新华社、人民网、清华大学等相关机构专家学者 300 人参加会议。中国能源战略国际论坛以“变化中的全球能源格局：非常规油和天然气的地位”为主题，研讨全球能源市场趋势、加拿大油气出口调整及其对亚太的影响、中国与北美非常规油气资源合作的机遇与挑战等议题，国内外代表 300 人参会。国际能源政治论坛研讨俄罗斯、中亚地区的能源政策和外交及对中国的影响，中国、俄罗斯、哈萨克斯坦、阿塞拜疆、韩国等国专家、学者和企业代表 300 人参加论坛。

（许博）

【成立中德国际工程师学院】 4 月 1

日，石油大学成立中德国际工程师学院。学院与德国 BSK 国际教育机构合作建立，实施二级学院建制和管理，面向该校工程学科学生公开选拔，采取跨国培养方式，学生颁发国际认可的德国制式硕士毕业证书。双方组建中德国际工程师学院柏林分部作为合作实体机构，组建德语中心作为德语培训配套。学制界定为本硕连读七年制，即 2+2+1+2 学制，计 14 个学期。第一至第四学期在国内学习；第五至第八学期学生作为交流生赴德国在柏林分部和有关的德国公立大学专业培养单位学习；第九至第十学期学生要返回国内学习，取得中国学士学位后再次赴德；第十一至第十四学期，在德方专业培养单位深造，完成德国制式硕士工程师学业。至年底，该学院有专任教师 13 人，其中，高级职称 6 人。

（许博）

【成立中国能源战略研究院】 6 月 14 日，石油大学成立中国能源战略研究院。研究院为学院直属，以前沿性、基础性研究为核心，以建成中国能源软科学基础理论研究平台、能源战略与政策咨询服务中心以及高级能源复合型人才培养基地为目标。该院有科研人员 8 人，其中，高级职称 4 人。

（许博）

【召开3个石油领域国际会议】 9月1

6 日、9 月 25 至 29 日和 12 月 5 至 8 日，石油大学分别召开 3 个石油领域国际会议。世界石油峰值问题学术研讨会研讨石油峰值来临的标志、石油峰值及能源峰值对碳排放的影响、世界对中国的能源战略的评价、页岩气的开发利用对石油峰值的影响等问题。瑞典、加拿大及国内专家学者 30 人参加会议。首届水下技术协会技术会议研讨深水水下系统和南海油气田开发相关问题。第五届最优化与控制及应用国际会议研讨最优化与控制理论及其在工程、自动化、石油石化等领域应用的最新研究成果，中国、美国、加拿大专家学者 200 人参加会议。

（许博）

【增设 4 个博士后科研流动站】 9 月，石油大学增设 4 个博士后科研流动站。新增博士后流动站由人力社保部、全国博士后管委会联合批准，分别是化学、材料科学与工程、安全科学与工程、管理科学与工程。新增流动站自 2013 年起招收博士后研究人员。

（许博）

【获首批全国石油和化工行业重点实验室认定】 11 月 16 日，石油大学油气太赫兹波谱与光电检测实验室获首批全国石油和化工行业重点实验室认定。全国共有 6 个实验室获得认定。油气太赫兹波谱与光电检测实验室自 2007 年成立以来，针对国家石油和化工行业对光学新技术的重大需求，实现太赫兹波谱、超快响应光电探测、光纤传感与测控等前瞻性技术和重大关键技术在油气领域的应用，形成一系列具有自主知识产权的标志性研究成果。

（许博）

【建立中美联合培训基地】 12 月 4 日，石油大学与美国俄克拉荷马大学共建联合培训基地。该基地是学校首个境外专设培训基地，设在美国俄克拉荷马大学，开展中国赴美高端培训、美国专家来华讲学、美国在校生来华短期培训等工作。

（许博）

【签署 7 项石油合作协议】 3 至 7 月，石油大学签订 7 项石油合作协议。其中，与中石化经济技术研究院协议规定，双方在人才培养和软科学研究等方面开展全面合作。与胜利油田合作协议规定，油田在学校设立“胜利油田奖学金”，奖励品学兼优学生。与中国石油渤海钻探工程公司协议规定，学校在企业设立研究生工作站，每年择优推荐一定数量的研究生进站，承担企业的科研工作，并完成学位论文。与潜能恒信能源公司协议规定，双方探索建立“中国石油大学（北京）与潜能恒信能源技术股份有限公司联合研究院”，开展科技研发与交流，企业在学校设立“潜能恒信公司奖学金”，奖励表现优异学生。与天津京滨工业园、博思特能源装备（天津）股份有限公司协议规定，由该校北京中石大新元投资有限公司与博思特公司共同投资成立合资公司，管理运营“中国石油大学（京滨）科技园项目”，致力于打造一流的油气研发中心、油气技术与人才培育基地、油气创新企业孵化基地及石油石化新技术产业聚集区。与中国石油辽宁销售公司协议规定，学校每年选派一定数量的学生到企业生产实习、社会实践和毕业设计，企业出资在该校选定一间教室设立企业育才厅，并设立“辽宁销售奖学金”。与中国石油天然气股份有限公司华北油田分公司协议规定，学校在油田设立研究生工作站和学生实习、社会实践基地。与新疆巴音郭楞蒙古自治州协议规定，学校通过选派专家担任巴州油地项目研发中心顾问，开展石油石化项目咨询和专题调研等方式，为巴州石油天然气产业发展提供高水平的决策咨询和智力支持。

（许博）

中国地质大学（北京）

党委书记 王鸿冰
校　　长 邓军

【概　况】 2012 年，中国地质大学（北京）占地面积 5.60 万平方米、总建筑面积 44.11 万平方米。学校固定资产 96370.49 万元，其中，教学、科研仪器设备资产值 27744.22 万元。图书馆建筑面积 13277 平方米，藏书 106.98 万册，包括电子图书 500 万册。设有 17 个教学单位，开设本科专业 38 个，覆盖 9 个学科门类，具有一级学科硕士学位授权点 38 个，二级学科硕士学位授权点 187 个，一级学科博士学位授权点 13 个，二级学科博士学位授权点 54 个，博士后流动站 9 个，工程硕士专业学位授予点 19 个，专业学位授权点 10 个。有 2 个国家一级重点学科（涵盖 8 个国家二级重点学科），14 个省部级重点学科，拥有 1 个国家重点实验室、2 个国家专业实验室、3 个教育部重点实验室、4 个国土资源部重点实验室、4 个国土资源部开放实验室、3 个北京市重点实验室、3 个北京高等学校实验教学示范中心、1 个国家基础科学研究与教学人才培养基地。校内教职工 1342 人，专任教师 854 人，包括教授 467 人、副教授 250 人、讲师 338 人；中科院院士 10 人，博士生导师 136 人，硕士生导师 445 人。外籍教师 18 人。毕业生 5290 人，其中，普通本科生 1958 人，全日制研究生 1179 人（博士生 277 人、硕士生 902 人），成人教育本专科生 1572 人

（本科生 734 人、专科生 838 人），留学生 5 人。本科毕业生就业率 93.87%，研究生毕业就业率 97%。招收普通本科生 2163 人，研究生 2450 人，包括全日制研究生 2146 人（博士生 373 人、硕士生 1773 人），在职攻读专业学位硕士生 304 人；成人教育本专科生 1680 人（本科生 699 人、专科生 981 人），工程硕士 247 人，留学生 14 人。学历教育在读学生中，全日制研究生 6156 人（博士生 1611 人、硕士生 4545 人），普通本科生 8395 人，工程硕士 1434 人；成人教育本专科生 9747 人（本科生 6654 人、专科生 3093 人），留学生在校生 54 人。网址：www.cugb.edu.cn。

（李飞　于红慧）

【成立数理学院】 2 月 10 日，地大成立数理学院。该院以材料科学与工程学院的物理、化学教研室和信息工程学院的数学教研室为基础建立，拥有 4 个硕士学位授权一级学科（数学、物理学、化学、化学工程与技术）、1 个专业学位硕士点（化学工程）、1 个本科专业（数学与应用数学）、1 个研究型实验室（数学模型与油藏模拟实验室）、1 个对外服务型实验室（化学分析室）。至年底，在编教职工 54 人，包括教授 5 人、副教授 24 人。

（李飞　于红慧）

【地质超深钻探技术重点实验室通过评估】 2 月 15 日，地大地质超深钻探技术重点实验室通过国土资源部评估。评估专家组通过听取报告和实地考察，一致认为该实验室通过评估。该实验室成立于 1992 年，开展大陆科学钻探施工技术、高精度定向钻进技术、环境科学钻探取心取样技术和钻探新技术新方法 4 个领域研究，获得国家和省部级科研奖 10 余项，共培养硕士研究生 412 人、博士研究生 99 人，博士后进站 8 人，承担科技部、国土资源部国际合作重点或重大项目 5 项，合作专项经费总计约 2200 万元，有科研人员 20 人，包括高级职称 19 人。

（李飞　于红慧）

【与两个研究院签订合作协议】 3 月 7 日和 23 日，地大分别与中国测绘科学研究院和中国地质科学院签订合作协议。与测绘科学研究院协议规定，双方合作开展学科建设、科学研究和人才培养，学校负责高层次人才培养，研究院负责科研成果转化。与地质科学院协议规定，双方合作开展重点实验室建设、研究生培养工作，学校负责高层次人才聘任和研究生培养，科学院负责地质调查和科研课题合作。两个协议有效期均为 5 年。

（李飞　于红慧）

【召开地质教育科学发展座谈会】 4 月 10 日，地大召开地质教育科学发展座谈会。会议以地质教育科学发展为主题，研讨地质教育科学发展热点难点与对策、地勘一线紧缺人才培养与输送政策措施、地质人才的成长规律与地质创新人才的培养模式、地质教育与地勘行业有效衔接和互动机制、地质教育长远发展趋势与对策等问题，指出政产学研结合是解决问题的有效平台。国内外专家 65 人参加会议。

（李飞　于红慧）

【成功登顶哈巴雪山和珠穆朗玛峰】 5 月 3 日和 19 日，地大登山队成功登顶哈巴雪山和珠穆朗玛峰。哈巴雪山位于云南省香格里拉县东南部，是在喜马拉雅山造山运动及其以后第四纪族构造运动的强烈影响下急剧抬高形成的高山，最高峰海拔 5396 米，该校 9 名队员耗时 10 小时成功登顶。该校 4 名队员从珠穆朗玛峰北坡成功登上海拔 8844.43 米的珠穆朗玛峰顶峰，成为中国第一支登上世界最高峰的大学登山队。该校有着开展登山运动的优良传统，毕业生足迹遍布世界七大洲的最高峰。建校 60 年来，该校为国家培养输送王富洲、袁扬和丛珍等大批优秀登山运动员。

（李飞　于红慧）

【召开地质灾害调查评价技术方法研讨会】 5 月 7 至 9 日，地大召开地质灾害调查评价技术方法研讨会。会议以“加强地质灾害调查、监测、治理与综合研究”为主题，研讨斜坡水文学、非饱和土力学、斜坡稳定性分析、斜坡稳定性监测与预测方法问题。全国 30 多个相关单位 120 名专家、技术骨干，该校 60 名师生参加会议。

（李飞　于红慧）

【与石河子大学签订合作协议】 9 月 14 日，地大与新疆石河子大学签订合作协议。根据协议，双方在人才培养、科学研究、学位点建设方面全面合作。该校负责提供管理、教学和人才支持，石河子大学负责教师进修和干部培训人员选派工作。协议有效期 5 年。

（李飞　于红慧）

【举办资源综合利用与新材料学术论坛】 10 月 14 日，地大举办资源综合利用与新材料学术论坛。论坛邀请材料领域的 6 名专家作《无机非金属材料发展战略及基础研究的重要性》《我国资源综合利用现状与发展战略》和《钒钛铝铬战略金属资源高效清洁利用新技术进展》等 6 场主题报告，探讨中国矿物资源综合利用与新材料问题。国内外专家 100 人参加论坛。

（李飞　于红慧）

【获国土资源科技奖一等奖】 11 月 20 日，地大“青藏高原生长的深部过程与地表隆升”项目获得 2012 年度国土资源科学技术奖一等奖。该项目针对青藏高原生长问题，重点通过对青藏高原晚中生代和新生代岩浆岩和沉积盆地多学科交叉结合研究，在印度大陆的初始裂解和与欧亚大陆碰撞的时间演化序列，以及随后导致的青藏高原隆升的深部过程和浅部隆升响应等方面，取得一系列重要成果。同时，该校“中国南方地区页岩气地质评价与有利区优选”项目成果获国土资源科学技术奖二等奖。此外，1 月，该校获 2011 年国土资源科技奖 3 项，其中，一等奖一项。

（李飞　于红慧）

北京联合大学

党委书记　徐永利
校　　长　卢振洋（8 月任）

【概　况】 2012 年，北京联合大学占地面积 67.26 万平方米，建筑面积 56.44 万平方米（含学校产权建筑面积 40.71 万平方米、非产权建筑面积 15.72 万平方米）。固定资产总值 150309.55 万元，其中，教学、科研仪器设备资产值 82306.43 万元。全年教育经费投入133551.61万元，其中，国家拨款110257.2万元、自筹经费23294.41万元。图书馆建筑面积18672平方米（含产权面积17031平方米，非产权面积1641平方米），藏书总量229.21万册。学校信息化经费投入1161万元，有计算机数19316台，拥有多媒体教室座位35765个，信息化设备资产24876.39万元，网络信息点16500个，校园网出口总带宽1850Mbps，电子邮件系统用户6891个，上网课程5930门，数字资源量7224GB，管理信息系统数据总量163.86GB。学校现有校区13个，设14个学院、5个直属教学部；开设61个专业，覆盖10个学科门类；具有硕士学位授权点6个（考古学、计算机科学与技术、食品科学与工程、软件工程、工商管理5个一级学科和专门史1个二级学科）。教职工3262人，其中，专任教师1624人，教授170人，副教授505人；硕士生导师48人；享受政府特殊津贴专家3人。外籍教师47人，其中，教授14人、副教授11人。毕业生9524人，其中，学历教育学生中全日制硕士研究生36人，普通本专科生7939人（本科生5770人、专科生2169人），成人教育本专科生1549人（本科生646人、专科生903人）。本科毕业生就业率98.37%。招生10145人，其中，学历教育学生中全日制硕士研究生49人，普通本专科生7972人（本科生6174人、专科生1798人）、成人教育本专科生2124人（本科生718人、专科生1406人）。高考北京地区提档线文科为446分、理科为433分。在校生30797人，其中，学历教育学生中全日制硕士研究生113人，普通本专科生26710人（本科生20870、专科生5840人），成人教育本专科生3974人（本科生1607人、专科生2367人）。留学生毕业生527人、招生313人，在校生588人。网址：www.buu.edu.cn。

（何小莉）

【与北科大签订合作协议】 1月10日，联大与北京科技大学签订合作协议。根据协议，双方合作开展干部队伍、师资队伍建设、学科建设、科学研究、资源共享等方面的合作。

（何小莉）

【与市档案局（馆）签订合作协议】

3月2日，联大与市档案局（馆）签订合作协议。双方发挥各自的资源优势，在校外实践基地、人员教育培训、科研课题、申办档案专业硕士点和发掘、传承档案文化等五方面开展合作。

（何小莉）

【举办首都旅游发展论坛】 5月17日，

联大举办首都旅游发展论坛。论坛以“推动首都旅游产业发展——融合·创新·提升”为主题，研讨北京旅游产业拓展发展空间、整合利用资源、拓宽产业领域等问题。北京市有关部门领导、旅游企业专家及高校旅游相关专业师生350人参加论坛。

（李芳）

【举办服装设计大赛】 6月7日，联大师范学院举办首届服装设计大赛。比赛以“绿·印象”为主题，作品以塑料品、废旧报纸、光盘等废旧物品为原材料，展示作品27件，评出金、银、铜奖各1个。该校师生36人参加活动。

（何小莉）

【举办两岸青年学者论坛】 6月9日，联大举办两岸青年学者论坛。论坛以“未来四年：台湾政治格局及两岸关系发展”为主题，研讨“台湾政治格局构成及变化”“二合一选举结果及其对两岸关系的影响”和“两岸关系和平发展理论”等问题，认为未来4年，两岸关系发展与问题并存，但发展是主流；机遇与挑战并存，但机遇大于挑战。两岸青年学者40人参会。

（何小莉）

【评选教学优秀奖】 6月20日，联大举办首届教学优秀奖评选。该评选面向校内教师，采取公开课形式考察参赛者教学态度、教学方法和课堂驾驭能力等。14名教师通过复赛进入决赛。评审组通过教学内容、教学过程、教学演示和教学互动四个方面评判，评出教学优秀奖一等奖5人、二等奖9人。

（何小莉）

【与洲际酒店集团签订合作协议】 9月7日，联大旅游学院与洲际酒店集团签订合作协议。根据协议，双方合作开展人员互聘、教育培训、项目咨询、技术服务工作，共同促进旅游教育与旅游企业的互动发展。

（汤利华）

【成立海外中国学研究中心】 9月28日，联大成立海外中国学研究中心。中心为校级院管科研机构，挂靠人文社科部，致力于对海外学者研究中国历史与现实问题进行信息追踪与分析，侧重国外对中国党史党建、现实问题的分析与评价。该中心有科研人员20人，其中，正高级职称16人。

（何小莉）

【与法国人类古生物研究所签订合作协议】 11月2日，联大与法国人类古生物研究所签订合作协议。双方合作开展考古学、古人类学、古生物学、第四纪哺乳动物学等领域研究，并进行研究人员、教师互派，学术合作。协议同时规定，法方接受该校师生前往免费攻读学位。

（何小莉）

【成立北京社会建设研究院】 12月8日，联大成立北京社会建设研究院。研究院与市委社会工委合办，依托该校人民代表大会制度研究所，开展人民代表大会制度和工作、中国基本政治制度、中国基层民主和中国特色社会主义政治文明建设的理论和实践问题等方面的研究。有专职研究人员6人，其中，高级职称4人。同时聘请高层专家、学者、实际工作者担任顾问、特约研究员和特约观察员，形成一支专兼职相结合、校内外相结合、理论工作者与实际工作者相结合的研究队伍。

（何小莉）

中国青年政治学院

党委书记 倪邦文
院　　长 陆昊（兼）

【概　况】 2012年，中国青年政治学院占地面积11.32万平方米，建筑面积17.29万平方米。固定资产总值29332.51万元，其中，教学、科研仪器设备资产值4558.73万元。全年教育经费投入17745.59万元，其中，国家拨款13997.15万元、自筹经费3748.44万元。图书馆建筑面积12818平方米，藏书总额67.15万册。设有9个教学院系、4个教学中心（部）、3个教学培训机构。开设13个本科专业。现有6个一级学科硕士授权点，1个专业硕士学位点，有马克思主义哲学、思想政治教育、刑法学等15个学术型硕士学位专业，1个法律硕士（法学、非法学）专业型硕士学位专业，覆盖5个学科门类。教职工总数573人，其中，专任教师296人。专任教师中，正高职称43人、副高职称114人，有硕士生导师107人，享受政府特殊津贴专家6人。毕业生2432人，其中，学历教育学生中全日制研究生141人，普通本科生1178人，成人教育本专科生1113人（本科生437人、专科生676人）。本科毕业生就业率92.60%。招生2746人，其中，学历教育学生中全日制研究生244人，普通本科生1095人，成人教育本专科生1407人（本科生435人、专科生972人）。高考北京地区提档线文科536分、理科527分。在校生8327人，其中，学历教育学生中全日制研究生607人，普通本科生4369人，成人教育本专科生3351人（本科生1060人、专科生2291人）。网址：www.cyu.edu.cn。

（韩永清）

【共建青年人才培养专业平台】 2月28日，中青院和中央编译局签订合作协议。根据协议，双方在理论研究、人才培养和学科建设等领域展开全面合作。同时成立中央编译局中国青年政治学院青年政治人才培养研究基地。该研究基地是中央编译局与国内高校搭建的首个该领域专业平台。

（韩永清）

【与铜仁市签订合作协议】 3月14日，中青院与贵州省铜仁市政府签订合作协议。根据协议，双方在5年内围绕各自发展需求，在人才培养、理论研究和决策咨询等方面开展合作。

（韩永清）

【举办中俄经济社会发展比较论坛】

10月26日，中青院举办第十届中俄经济社会发展比较论坛。论坛以“全球化背景下的中俄青年”为主题，研究全球化与青年就业、青年社会参与、青年运动，中俄青年的政治观、消费观、社会化，中俄青年研究现状与创新等问题。俄罗斯圣彼得堡大学、圣彼得堡俄罗斯青年团、中央编译局、中国社会科学院、北京大学、清华大学等学校专家学者20人参加论坛。

（韩永清）

【举办少年司法理论与实务公益研修班】 11月22日，中青院举办少年司法理论与实务公益研修班。该班通过学术讲座、实务经验交流等形式，围绕未成年人司法理论与实务等主题对学员进行培训。国内高校法律学者，北京市公检法系统公务人员以及英国救助儿童会等专门从事未成年人保护工作的志愿者92人参加学习。

（韩永清）

【入选卓越法律人才教育培养基地】 12月，中青院入选教育部首批卓越法律人才教育培养基地。该校获得教育部政策和财力支持。卓越法律人才教育培养基地是教育部、中央政法委为推进新世纪法律人才培养模式改革而实施的重要举措。首批基地分为应用型复合型、涉外和西部基层三类，其中，法律职业人才教育培养基地58个、涉外法律人才教育培养基地22个和西部基层法律人才教育培养基地12个。

（韩永清）

首钢工学院

院　　长 毛武（11月免）
白新（11月兼任）
党委书记 黄昊兵

【概　况】 2012年，首钢工学院占地面积16.75万平方米，建筑面积9.12万平方米。固定资产总值6900万元，其中，教学、科研仪器设备资产值3598万元。全年教育经费投入4509.5万元（无国家拨款）。图书馆建筑面积6400平方米，藏书31.4万册，其中电子图书587GB。信息化经费投入230万元，拥有计算机838台，多媒体教室座位6025个，信息化资产1392万元，网络信息点5000个，校园网出口总带宽62Mbps，电子邮件系统用户600个，上网课程362门，数字资源量6750GB，管理信息系统数据总量350GB。设有5个系部和1个成教学院，开设高职专业28个、成人专科专业7个、成人专升本科专业3个，有普通本科学士学位授予资格专业6个（1999年后暂未招生）。教职工277人，其中，专任教师180人，包括教授、副教授65人。毕业生1459人。其中，普通专科生1115人，成人教育本专科生344人（本科生37人、专科生307人）。本专科毕业生就业率99.8%。招生1648人。其中，普通专科生1159人，成人教育本专科生489人（本科生107人、专科生382人）。北京地区高考提档线文科150分、理科150分。在校生4398人。其中，普通专科生3429人，成人教育本专科生969人（本科生239人、专科生730人）。网址：www.sgit.edu.cn。

（徐励　李文华）

【成为中华职教社人才培训基地】 2月23日，首钢工学院成为中华职业教育社专业人才培训基地。入选基地后，学校承担中华职教社“温暖工程”任务，面向全国，通过职业培训、职业指导和职业教育等方式，提高城市富余劳动力和困难群体的劳动技能。中华职教社为基地提供政策和资金支持。

（徐励）

【与马来西亚企业和学校合作签约】 7月4日，首钢工学院与马来西亚东钢公司和马来西亚TATI大学签订合作协议。根据协议，三方将联合开展东钢集团公司和TATI大学冶金专业技术人才培养工作。该校负责课程制定和教师授课。

（徐励）

【建成中德合作实训基地】 9月，首

钢工学院中德合作校内实习基地建成。该基地由市教委拨付709万元专项资金资助，建筑面积500平方米，面向机电一体化、计算机辅助设计两个专业。基地可以满足两个专业实施德国工商联合会职业资格证书(IHK)项目的教学计划，开展电气自动化、模块化生产线（MPS）、CAD/CAM仿真等内容“教、学、做”合一教学任务，同时满足IHK项目机电一体化师、制图师取证考试要求。

（徐励）

【开展名生工程】 至年底，首钢工学院开展名生工程。该工程面向全院学生，通过统筹规划和创新培养模式等方法培养具有示范作用的拔尖人才。经过逐级推荐、材料审核、答辩考核、院领导办公会讨论通过，以及校园网公示等程序，该院评选出首届院级名生4人。

（徐励）

中国劳动关系学院

党委书记 颜辉
院　　长 李德齐

【概　况】 2012年，中国劳动关系学院占地面积42.08万平方米，学校产权建筑面积19.06万平方米、非产权建筑面积6.03万平方米。固定资产总值21082.5万元，其中，教学、科研仪器设备资产值4459.74万元。图书馆建筑面积9800平方米，藏书95万册，其中，纸质图书70万册、电子图书25万册。全年教育经费投入26290万元，其中，国家拨款21783万元、自筹经费4507万元。学校信息化经费投入2950万元，拥有计算机3421台，多媒体教室座位7373个，信息化设备资产1480万元，网络信息点8372个，校园网出口总带宽820Mbps，电子邮件系统用户563个，上网课程2门，数字资源量6000GB，管理信息系统数据总量115GB。校区设置11个院（系、部），开设14个专业覆盖6个学科，具有一级学科5个。教职工483人，其中，专任教师314人，包括教授28人、副教授78；享受政府特殊津贴专家10人。毕业生2056人，其中，普通本专科生1632人（本科生1112人、专科生520人），成人教育本专科生424人（本科生190人、专科生234人）。本科毕业生就业率96.66%。招生2495人，其中，普通本专科生1809人（本科生1141人、专科生668人）、成人教育本专科生686人（本科生209人、专科生477人）。高考北京地区提档线本科理科433分、文科457分，专科理科152分、文科150分。在校生7693人，其中，普通本专科生6111人（本科生4607人、专科生1504人），成人教育本专科生1582人（本科生640人、专科生942人）。网址：www.ciir.edu.cn。

（焦园媛）

【举办大学生心理健康节】 4月17日至5月25日，劳关学院举办大学生心理健康节。活动以“微笑、微爱、微成功”为主题，旨在让大学生微笑面对生活，拥有积极乐观的情绪和情感，开展心理情景剧大赛、“我的微笑”微博故事征集活动、“寻找校园最灿烂笑容”照片征集等活动。该院师生4000人次参加活动。

（焦园媛）

【纪念劳模本科班举办20周年】 4

月24日，劳关学院召开纪念劳模本科班举办20周年座谈会。全国总工会、市教委、校领导及劳模班任课教师代表、学生代表60人参加座谈会。1992年，为贯彻中央关于从优秀工人中培养选拔干部的精神，进一步提高劳模综合素质，打造和培养技能型、创造型人才队伍，经国家教委批准，该院开始举办成人高等学历教育劳模本科班，学习对象主要是全国劳动模范、全国五一劳动奖章获得者和全国先进工作者等全国级劳模。劳模班学员由各级工会组织选拔推荐并经全国总工会审核，北京教育考试院按规定统一免试录取，学制四年，首届学员共49人。20年来，劳模班共培养全国劳动模范171人、五一劳动奖章获得者155人、省级劳模（含三八红旗手等）32人、地市级劳模56人、其他行业及企业先进个人99人。

（焦园媛）

【沈阳经济开发区培训调研基地成立】 5月18日，劳关学院沈阳经济技术开发区培训调研基地成立。该基地与沈阳经济技术开发区合办，开发区接受学生到基地进行专业实训、实地考察、专题调研、毕业实习等实践活动，并选派专业人员指导学生实习；该院派出教师协助开发区及园区内企业做好劳动关系、工会工作、劳动法规、劳动政策、劳动经济、劳动安全管理咨询及员工培训等工作。双方根据实践活动情况，开展产学研合作交流。

（焦园媛）

【召开第二次教代会】　7月，劳关学院召开第二届教职工代表大会暨工会会员代表大会。会议听取审议学院工作报告、财务预算报告、工会工作报告、提案工作报告，通过内部岗位津贴调整方案、教职工代表大会实施细则、工会工作细则等书面报告，选举产生第二届工会委员会和工会经费审查委员会。学院各个部门教职工代表112人和列席代表15人参加会议。

（焦园媛）

【召开第二次团代会】　12月1日，劳关学院召开第二次共青团代表大会暨学生代表大会。会议审议并通过《共青团中国劳动关系学院第一届委员会工作报告》《中国劳动关系学院第一届学生委员会工作报告》和《中国劳动关系学院学生会章程（修正案）》。选举产生第二届共青团委员会和学生委员会。团代会代表和学代会代表200人参加会议。

（焦园媛）

【获得硕士研究生招生资格】　12月，劳关学院获得招收硕士研究生资格。该院获得授权专业为公共管理硕士（MPA），包含劳动关系方向、工会工作方向两个培养方向，自2013年起开始招生。第一年根据教育部规定从参加全国硕士研究生入学考试的考生中调剂录取，拟招收30人。

（焦园媛）

中国科学院研究生院（中国科学院大学）

院　　长　白春礼
党委书记　邓勇

【概　况】　2012年，中国科学院研究生院（中国科学院大学）在京内有4个集中教学校区（玉泉路、中关村、奥运村、雁栖湖）、京外有5个教育基地（上海、武汉、广州、成都、兰州）及分布在全国各地的117个研究院、所、中心、台、站。下设13个学院和外语系，设中国科学院虚拟经济与数据科学研究中心、科技资源管理研究中心和中科院国家创新与发展战略研究会。主办有《中国科学院大学学报》《自然辩证法通讯》《管理评论》和《工程研究——跨学科视野中的工程》4个公开发行的学术期刊以及内部刊物《国科大》。学校教师由专任教师、任课教师、论文指导教师组成，其中，专任教师354人（教授、研究员133人，副教授、副研究员150人），论文指导教师11526人，任课教师2245人。录取研究生13389人，其中，博士研究生5800人，硕士研究生7589人。在学研究生39591人，其中，博士研究生19402人、硕士研究生20189人。毕业研究生8593人，其中，博士毕业4880人、硕士毕业3713人。授予4951人博士学位、4305人硕士学位。在学外国留学生272人，其中，博士研究生205人、硕士研究生67人；在学港澳台学生50人。外国留学生毕业20人，均为博士研究生；港澳台学生毕业2人，均为博士研究生。网址：www.ucas.edu.cn。

（李岳坦）

【召开研究生教育学术研讨会】　1月1至2日，中科院研究生院召开研究生教育学术研讨会。会议编印论文集，收录和汇编26个单位37篇研究生教育研究学术论文。来自中科院110个研究所和教育基地的教育管理干部、导师及特邀专家等150人参加会议。

（李岳坦）

【召开碳交易能力建设研讨会】　2月10至11日，中科院研究生院召开碳交易能力建设研讨会。会议研讨国际碳交易动向和国内碳交易市场构建问题。国家发展改革委能源所、清华大学、日本地球环境战略研究所等研究机构和高校专家学者50人参加会议。

（李岳坦）

【开展科教结合协同育人行动计划】　8月29日，中科院研究生院开展科教结合协同育人行动计划。该计划与教育部合办，由该院组织院士、科学家、知名教授到高校授课或到中学开展科普讲座，首批共有80家中科院研究所和50所高校的院士、科学家、教授1800人次参与教学。共有研究生、本科生、中学生15万人次参加学习。

（李岳坦）

【更名为中国科学院大学】　9月6日，中科院研究生院更名为中国科学院大学，简称国科大。更名后，该院研究生教育培养管理及学位授予权等基本属性不变，现有法人地位、行政隶属关系、人员编制等方面的体制机制不变。学校实行"统一招生、统一教育管理、统一学位授予"和"院所融合的领导体制、师资队伍、管理制度、培养体系"；完善在集中教学校区完成为期1年的课程教学、进入研究所跟随导师在科研实践中开展课题研究并完成学位论文的"两段式"培养模式；形成以国科大为平台和形象、以研究所为基础和延伸的完整教育体系。

（李岳坦）

【召开国科大第一次工作会议】　9月

6至7日，国科大召开第一次工作会议。会议听取题为《科教融合育人为本协同创新服务国家》报告，阐述国科大办学理念、发展道路。中科院相关部门负责人、各分院及研究所相关领导300人参加会议。

（李岳坦）

【召开磁流体力学国际研讨会】　10月26日，国科大召开2012年国际磁流体力学专题研讨会。会议研讨磁流体力学、冶金与材料的电磁过程前沿和热点问题。来自法国国家科技研究中心材料的电磁过程研究所、德国伊尔梅瑙科技大学、中科院金属研究所等国内外研究机构和高校专家学者参加会议。

（李岳坦）

【举办哲学、工程与技术国际论坛】　11月2日，国科大举办"fPET—2012"哲学、工程与技术国际论坛。论坛研讨工程哲学及技术哲学、工程伦理和关于工程实践者的反思等问题。来自中、美、英等七国的专家学者100人参加会议。

（李岳坦）

【举办18期大学生暑期学校】　至年底，中科院研究生院举办18期全国优秀大学生暑期学校。暑期学校由该院联合京内外培养单位合办，涵盖地球科学、人文、材料、生命等 60 余个优势学科专业。来自全国 160 所高校的 2000 名学生参加学习。

（李岳坦）

【开设明德讲堂】　至年底，国科大开

设明德讲堂。讲堂面向该校师生，邀请校内外知名学者、专家或其他社会人士，开设思想、社会、历史、文艺和人生五个系列专题讲座。至年底，讲堂共举办 51 场。

（李岳坦）

中国社会科学院研究生院

党委书记　黄晓勇
院　　长　刘迎秋

【概　况】　2012 年，中国社会科学院研究生院占地面积 40.69 万平方米，建筑面积 7.60 万平方米。固定资产值 4213 万元，其中，教学、科研仪器设备资产值 1849 万元。教育经费投入 11504 万元，其中，国家拨款 6631 万元，自筹 4873 万元。图书馆建筑面积 2600 平方米，藏书 28.9 万册，包括中文图书 20.59 万册、外文图书 4.26 万册、中文期刊 3.13 万册、外文期刊 8915 册。拥有一级学科博士学位授权点 15 个、硕士学位授权点 17 个；二级学科博士学位授权点 103 个（含自主设置博士授权点 13 个），硕士学位授权点 109 个（含自主设置硕士授权点 13 个）；另有公共管理硕士、工商管理硕士、社会工作硕士、法律硕士、金融硕士、税务硕士和文物与博物馆硕士等 7 个专业学位授权点。有教授委员会、学术委员会和学位评定委员会，拥有 6 个教学研究部、39 个教学系的现代化研究生院。有教职工 146 人，其中，专任教师 19 人包括教授 7 人、副教授 9 人。博士生导师 470 人、硕士生导师 824 人。授予博士学位 3873 人，学历教育硕士学位 6256 人，包括专业硕士学位 1931 人。在校研究生 3100 人。网址：www.gscass.cn。

（石力）

【举办社会工作与创新社会管理高级研修班】　1 月 8 至 13 日，社科院研究生院举办社会工作与创新社会管理高级研修班。研修班是国家人力资源和社会保障部专业技术人才知识更新工程 2011 年高级研修项目，以“社会工作与创新社会管理”为主题，进行《中国社会工作发展报告》《社会管理体制创新与群众工作的发展》《社会管理创新与社会福利建设》等 7 场专题讲座，举办六场学员研讨会。来自全国 16 个省、直辖市的高校及科研院所专业技术人员、政府社会管理部门干部、相关社会组织和服务机构的管理人员等 69 人参加学习。

（石力）

【举办第十届社科法律人论坛】　3 月 16 日，社科院研究生院举办第十届社科法律人论坛。论坛以“进步还是倒退——最新刑事诉讼法解读”为主题，研讨强制措施制度、证据制度、辩护权制度等问题。会上，与会专家还就“追缴违法所得与无罪推定是否矛盾”“禁止双重危险原则的适用难点”“经济差距带来的不公平保护，是否应为弱势群体设立法律援助制度”等问题与学生进行交流。来自中国刑事诉讼法学研究会、北京大学、中国人民大学等高校专家学者和该院师生 50 人参加论坛。

（石力）

【与中国工商银行签订合作协议】　5 月 4 日，社科院研究生院与中国工商银行北京分行签订合作协议。根据协议，双方在个人业务、信用卡业务、培训招生以及教育、金融互助方面展开合作。

（石力）

【发布中国民间组织报告】　5 月 21 日，社科院研究生院发布《中国民间组织报告（2011～2012）》。该报告分为总报告、专题研究篇、地方发展篇和域外镜鉴篇 4 个部分，基于“长期制约和束缚民间组织发展的双重管理体制在指导思想和实践中已经获得实质性重大突破”“在社会管理创新的推动下，民间组织正逐步成为社会治理主体”“培育扶持民间组织将成为今后的重要趋势，民间组织资源环境状况得到极大改善”三个方面分析，得出“中国民间组织发展已经步入全面突破阶段的总体判断”结论。

（石力）

【举办第三十五次研究生代表大会】　11 月 4 日，社科院研究生院举办第三十五次研究生代表大会。大会听取并审议第三十四届研究生会题为《追随理想旗帜，把握时代脉搏，以优异成绩向党的十八大献礼》工作报告。报告回顾第三十四届研究生会一年来的工作，系统总结一整套工作理念和经验做法，重点阐述未来一年研究生会工作的总体部署和行动纲领。选举产生第三十五届研究生委员会委员。该院学生代表 189 人参加大会。

（石力）

【举办首届模拟面试比赛】　12 月 13 日，社科院研究生院举办首届模拟面试比赛。比赛面向该院学生，由压力测试和情景模拟两个环节组成，分别采取半结构化面试和无领导小组讨论的形式进行，考查学生仪表、语言表达能力、行为举止、专业技能、应变能力、沟通能力。该院学生 20 人参加比赛，评出一等奖 1 人、二等奖 2 人、三等奖 5 人。

（石力）

【举办国家关系问题专题讲座】　12 月 21 日，社科院研究生院举办国际关系问题专题讲座。讲座邀请美国丹佛大学国际关系学院美中合作中心执行主任、《当代中国研究》主编、美国美中关系委员会成员赵穗生教授作题为《奥巴马政府的亚太再平衡战略》讲座，讲座论述伊拉克、阿富汗战争给美国造成的经济损失和对其国际形象造成的负面影响，亚太地区对美国经济恢复重要的战略作用，美国经济复苏必须建立与亚太地区更紧密的关系三个方面内容。该院师生 200 人参加学习。

（石力）

中国农业科学院研究生院

院　　长　翟虎渠（兼，3月免）
　　　　　李家洋（兼，3月任）
党委书记　韩惠鹏

【概　况】 2012年，中国农业科学院研究生院占地面积1.50万平方米，建筑面积4.50万平方米。固定资产总值4600万元，其中，教学、科研仪器设备值880万。全年教育经费投入7000万元。图书馆馆藏文献33万种210万册，建有数据量80GB以上的大型农业科学数据库。建有2个国家重大科学工程，6个国家重点实验室，32个农业部重点开放实验室，52个中国农业科学院重点开放实验室；16个国家农作物、畜禽改良中心，1个分中心；5个国家重点野外科学观测试验站，24个农业部野外台站；5个国家工程技术研究中心，5个国家工程实验室和工程研究中心；3个国家质检中心，35个部级质检中心；1座国家农作物种质资源长期库，10座中期库，12座国家农作物圃。学科涉及农学、理学、工学、管理学4个门类，涵盖17个一级学科，其中，有作物学、园艺学、农业资源与环境等10个博士学位一级学科学位授权点、53个二级学科博士学位授权点；12个硕士学位一级学科学位授权点，65个二级学科硕士学位授权点；有2个专业学位授权资格。有两院院士11人；导师1144人，其中博士生导师418人。导师队伍中，在职国家级专家24人，省、部级专家220人，政府特殊津贴专家964人，国家“百千万人才工程”人选44人，高级专业技术职务人员2217人。有任课教师350人。授予173人博士学位，610人硕士学位。招生1050人，其中，全日制研究生785人（博士生206人、硕士生579人），专业学位硕士生265人。在校生3806人，其中，全日制研究生2243人（硕士1600人、博士643人），专业学位1287人，在职申请学位276人。留学生招生12人，在校生22人。网址：www.gscaas.net.cn。

（高雷）

【获得面向港澳台地区招收研究生资格】 4月，农科院研究生院获得面向港澳台地区招收研究生资格。该资格由教育部审批，该校自2013年开始可以通过内地面向港澳台招收参加研究生统一考试的港澳台学生。该校将遵守教育部对招收和培养港澳台研究生有关政策和规定，结合实际，完善相关管理机制和各项规章制度。

（高雷）

【召开专业学位教育工作研讨会】 8月17至20日，农科院研究生院召开专业学位教育工作研讨会。会议以“专业学位教育可持续发展”为主题，分析该院专业学位发展十年来的经验，分析当前发展规划的问题和困难，探索可持续发展的措施与途径。会上，与会专家作题为《研究生教育结构》《探索中前进，创新中发展——中国农业科学院专业学位教育十年回顾》专题报告。来自中国农业科学院相关研究所专家学者40人参加研讨。

（高雷）

【举办植物工厂技术国际培训班】 11月10至30日，农科院研究生院举办首届资源高效利用型植物工厂技术国际培训班。培训班采用专题讲座、实地考察、技术实习等教学方式，围绕植物工厂技术的理论与方法展开培训。来自巴基斯坦、伊朗、朝鲜等7个国家的学员及该院部分留学生20人参加培训。

（高雷）

【举办科学道德与科研伦理讲座】 11月17日，农科院研究生院举办科学道德与科研伦理讲座。该院邀请北京科学道德和学风建设宣讲团成员作题为《科学道德与科研伦理》报告，报告阐述“科学、科学的规范结构和科学精神”“科学道德规范及其意义”“科研不端行为及其严重危害”和“科研伦理与科学家的社会责任”4个问题，并强调科技工作者在项目设计、数据资料采集分析、科研成果公布等方面，必须实事求是。该校师生700人参加学习。

（高雷）

【举办学术名家讲堂】 12月6日，农科院研究生院举办学术名家讲堂。讲堂邀请中国工程院李宁院士作题为《Genomic editing of large farm animals comes of age》学术报告，报告介绍当前基因组学在大型农场动物领域中的应用，分析特异基因缺失、替换、插入等影响动物表型的经典文献，总结当前在猪、牛、羊、马中已经研究成熟的动物机体表型和具体特异基因之间的联系，介绍对一个物种上基因突变造成的表型改变是否也适应于其他物种的相关研究，阐释基因敲除和基因修饰等基因操作上的一些具体手段。该院师生300人参加学习。

（高雷）

（本栏责任编校　张驰）

职业与成人教育

综　述

2012年，北京市职业与成人教育工作继续推进职业教育分级制改革，开展中高职衔接试验，探索构建现代职业教育体系。

职业教育工作

北京市职业教育积极探索构建现代职教体系。推进“探索职业教育集团化办学模式”“探索建立职业人才成长立交桥”等国家教育体制改革试点项目。推进职业教育分级制改革试验，组织9所参与试验的中职学校总结交流试点工作经验，组织行业企业、人力资源开发、教学和教育研究等方面专家进行指导，推动职业院校与行业企业深度合作。启动“3＋2”中高职教育衔接办学试验，挑选8所高职学校、9所中职学校10个专业开展衔接办学试点。开展集团化办学，支持、指导、推动北京现代制造业职教集团、北京商贸职教集团、北京电子信息职教集团筹建工作。深化人才培养模式改革，依托一批中高等职业学校和老年服务机构，共同组建北京市老年服务与管理专业联盟，成立老年服务管理专业建设行业指导委员会，研究制定老年服务管理专业人才培养标准、岗位职业基本能力要求，推动职业院校与行业企业开展深度合作，产教结合、校企合作培养人才。

高等职业教育方面，加强高职教育改革试点，提升高职人才专业能力。完成教育部对国家教育体制改革试点项目——地方政府促进高职发展综合改革试点工作调研与检查，开展8所市级示范性高职院校建设工作验收，完成对北京经济管理职业学院人才培养工作评估，组织中德合作IHK职业资格教育项目期中考试。加强高职专业和实践教学建设。开展新专业申报，31个社会需求高、办学条件好的专业通过专家评议并报教育部备案。开展2012年中央财政支持的职业教育实训基地申报工作，共有7所学校的7个专业获中央财政支持。举办市高职院校技能大赛，并从中选派56支队伍参加全国职业院校技能大赛（高职组）比赛，共获得一等奖20个、二等奖29个、三等奖26个。

中等职业教育方面，推进内涵发展。指导第一批6所、第二批8所国家中职示范校开展建设工作；开展第三批示范校遴选工作，7所学校入选“国家中等职业教育改革发展示范学校建设计划”第三批立项建设学校。认定17个专业为第二批市级中职示范专业；启动中职学校精品课程建设工作；开展中职教育教学成果评选。研制中职学校专业设置管理信息系统，初步实现专业管理信息化。深入推进课程改革工作，总结上年项目阶段性成果，召开年度全市中职学校课程改革工作会议，印发课改项目新课程实施阶段年度实施方案。举办市中职学校技能比赛暨全国职业院校技能大赛北京地区预赛，评出一等奖137人、二等奖249人、三等奖376人，并以获奖学生为主组团参加全国比赛，获得一等奖20个、二等奖25个、三等奖31个。

成人教育工作

北京市成人高等教育质量继续提高，终身教育体系进一步完善。经教育部同意，在中央广播电视大学基础上成立国家开放大学，并在人民大会堂揭牌，同时在北京广播电视大学基础上成立北京开放大学。召开国际远程教育论坛暨开放大学校长圆桌会议，研讨开放大学建设理论与实践。推进北京高校继续教育状态数据平台建设，编制《北京高校继续教育质量年度报告2011》，启动12所市属本科院校继续教育教学改革年度试点，新建34个市属高校学历继续教育专业，协调推进北京工业大学、首都师范大学和首都医科大学等国家级普通高校继续教育示范校建设。完成校外学历办学机构梳理、检查和备案工作，加强继续教育课程教学进程备案及课时收费审核工作，组织3次北京考区全国网络教育公共基础课考试。

北京农村成人教育工作方面，注重加强农村成教基础工作，指导区县完善农村成人学校管理，加强专兼职教师和工作人员队伍建设。重视农民培训系列教材建设，开发一批具有地方特色、符合农民教育培训规律和特点的特色教材。继续开展“技能＋基础”农村成人中职学历教育，大力开展实用技术培训，积极开展新型农民培养，全年共开展各类农民培训115万人次。加强郊区农村职成教联动机制建设，协调市人力社保局、市农委、市财政局和市编办等政府部门，完成《关于加快面向农村的职业教育和成人教育工作的意见》征求意见和修改完善。

学习型城市建设工作

北京学习型城市建设工作方面，深入开展学习型城市建设战略和推进策略研究，完善学习型城市建设工作推进机制。编印《北京市学习型城市建设工作“十二五”规划》。依托中国人民大学“北京学习型组织发展研究中心”和首都师范大学“北京学习型学校建设促进中心”，重点总结学习型机关和学习型学校建设工作典型经验。组织对20个街道、乡镇创建学习型社区工作进行评估，认定19个街道、乡镇为学习型社区先进街道、乡镇。认定西城区为北京市第一个建设学习型城市工作示范区，房山区为北京市创建学习型城区工作先进区。认定20个项目为第四批“市民学习品牌”，认定100人为第三批“首都市民学习之星”。完善终身学习服务网络，依托社区学院、社区教育中心、各级各类院校、文化机构、社会教育资源，建设100个市民终身学习服务基地。拓展学习型城市网站在线学习和服务功能，面向社会继续开展网络学习资源征集活动，共整合社会学习资源400集，开发课程资源200集。举办第八届全民终身学习周，开通“首都市民终身学习平台”。接受联合国教科文组织终身教育研究所委托，申请在京举办首届全球建设学习型城市大会。

（邵和平　黄侃）

总　类

【开展“3＋2”中高等职业教育衔接办学试验】　4月6日，市教委开展“3＋2”中高等职业教育衔接办学试验及相关招生考试试点。该试验为落实北京市承担的国家教育体制改革试点项目“关于构建人才成长立交桥”改革任务，选择17所中高等职业院校（其中，高职学校8所、中职学校9所）10个专业开展衔接办学试点，探索构建现代职业教育体系。试点班招收应届初中毕业生，学生修满规定课程，成绩合格，可成班建制参加相应高职院校自主组织的转段考试（计划列入当年自主招生计划），通过考试即可进入相应高职院校学习。学生前三年纳入中职学校学籍管理，完成三年中职课程，可发中职毕业证书；后两年或三年纳入高职院校学籍管理，毕业时获得高职（大专）毕业证。试点班由校企合作、共同制定试验方案。6月，市教委组织行业企业、教育和人力社保部门、教学管理和科研等方面专家听取10个试点专业衔接办学人才培养方案汇报，出台规范试点专业人才培养方案制定的文件，指导试点学校修改完善人才培养方案。至9月，试验共完成招生510人。试点学校和专业分别是：北京吉利大学与北京市昌平职业学校联办汽车制造与检修专业，北京北大方正软件技术学院与北京市信息管理学校联办计算机网络技术专业，北京汇佳职业学院与北京市求实职业学校联办学前教育专业，北京电子科技职业学院与北京市金隅科技学校联办数控技术应用专业，北京财贸职业学院与北京市商业学校、北京市商务科技学校联办市场营销（珠宝玉石营销）、物流服务与管理专业，北京农业职业学院与北京市园林学校联办园林技术专业，北京工业职业技术学院与北京市自动化工程学校联办模具制造技术专业，北京劳动保障职业学院与北京铁路电气化学校、北京市昌平职业学校联办城市轨道交通运营管理、航空服务专业。

（张兰　胡雨）

【成立老年服务专业建设指导委员会】　4月25日，市教委成立北京市职业院校老年服务专业建设指导委员会。该委员会由市教委牵头组建和管理，由相关行业主管部门、企事业单位、社会组织、中高等职业院校和科研机构等成员单位及相关领域专家组成，负责对职业院校老年服务专业建设、人才培养、职业培训、质量监控和国际合作等进行研究、咨询、指导和服务。委员会下设秘书处，是委员会日常工作机构。秘书处设在北京劳动保障职业学院，该院院长任主任委员。首届参与单位包括市民政局、市老龄委等25家，首届委员包括教育部职成司教学处处长等23人。参与单位和委员每届任期5年。

（胡雨）

【成立建材行业北京职教集团】　5月18日，建材行业北京职业教育集团成立。该职教集团由北京金隅科技学校牵头组建，来自全国建材行业职业院校和知名企业共40余家单位、80余名代表在金隅学校参加成立大会。大会审议通过职教集团章程和组织机构成员，40家参会单位成为理事单位，16家企业、院校领导成为常务理事；聘请建材行业8名专家为专家顾问，金隅学校党委书记当选理事长。该职教集团以“共建、共赢、共存”为宗旨，在理事会指导下，充分发挥职业院校、企业、科研单位等各自优势，优化职业教育资源，促进职教和研发资源共享，实现教育服务企业、企业支持教育“双向参与、共赢发展”机制，走规模化、集约化、连锁化办学道路，打造特色职教，为行业和区域经济发展服务。

（刘波）

【组织参加全国职业院校技能大赛】

5月26日至6月29日，市教委组织师生参加2012年全国职业院校技能大赛。中职学生共获得一等奖20个、二等奖25个、三等奖31个；21人次教师获得“优秀指导教师”称号。高职学生获得一等奖20个、二等奖29个、三等奖26个；35人次教师获得“优秀指导教师”称号。大赛由教育部联合天津市政府、财政部等22个部门、单位、行业共同主办，全国4000余支代表队、6000余名指导教师、9018名选手分别参加在天津主赛区和10个分赛区中、高职组18个专业类别96项比赛，最终6644人次获奖，11家企业获得合作企业突出贡献奖。

（吕轮超　刘霄　胡雨）

全国职业院校技能大赛
中职组一等奖（北京）

二级维护和车轮定位
　北京交通运输职业学院
　　刘维维　王美成
维修基本技能
　北京交通运输职业学院　李微微
艺术插花
　北京国际职业教育学校　张媛媛
单片机控制装置安装与调试
　北京电子科技职业学院　郭陈一
品牌服装CAD模版制作、放码与样衣试制
　北京电子科技职业学院　宋波
标准卷杠
　北京市黄庄职业高中　尚保梅
　北京市黄庄职业高中　田维欢
男士无缝推剪
　北京市黄庄职业高中　陈壮威
晚宴化妆
　北京市实美职业学校　刘璐
　延庆县第一职业学校　康岩
新娘化妆·盘发造型

北京市黄庄职业高中　刘雪鸽
女士短发修剪
北京市黄庄职业高中　周梦醒
冷拼
北京市昌平职业学校　何浩
果蔬雕刻
延庆县第一职业学校　陈国梁
中药传统技能（团体）
北京卫生学校　白纯子　梁金玉
中药传统技能（个人）
北京卫生学校　梁金玉
现代物流叉车
北京市商务科技学校　高周学
现代物流单证
北京市商务科技学校　毕宇彤
企业网搭建与应用（神州数码组）
北京市信息管理学校　苗强　纪叶
数控车加工技术
北京金隅科技学校　商凯

（吕轮超）

全国职业院校技能大赛高职组一等奖（北京）

会计技能（出纳岗位个人）
北京财贸职业学院　吉曙光
测绘测量
北京工业职业技术学院
李亚静　马立鹏　任建提
杨月
北京工业职业技术学院
崔小凡　李洋洋　刘彦辉
张伟男
测绘计算器编程
北京工业职业技术学院
崔小凡　李洋洋　刘彦辉
张伟男
数字测图
北京工业职业技术学院
李亚静　马立鹏　任建提
杨月
北京工业职业技术学院
崔小凡　李洋洋　刘彦辉
张伟男
电子产品设计与制作（基于 FPGA 技术）
北京信息职业技术学院
汪洋　董洪泉　朱柳
电子产品检测与维修（芯片级）
北京工业职业技术学院
蒋琏　潘欣
北京工业职业技术学院
刘伟梁　张智萍
汽车检测与维修
北京工业职业技术学院
周延生　罗斗　魏达鑫
风光互补发电系统安装与调试
北京电子科技职业学院
穆佳伟　王威　刘启龙
报关技能（团体）
北京劳动保障职业学院
郭颖　杜璐璐　袁鹏波
报关技能（个人）
北京劳动保障职业学院　郭颖
智能电梯装调与维护
北京劳动保障职业学院
韩震　王辉
物联网技术应用
北京电子科技职业学院
罗崔力　王成伍　赵晓东
信息安全管理与评估
北京电子科技职业学院
胡畔　温艳杰　尹继晓
自动化生产线安装与调试
北京电子科技职业学院
马向朴　朱玉亮
数控机床装调、维修与升级改造
北京电子科技职业学院
侯梦磊　薛有为　张明杰
楼宇自动化系统安装与调试
北京劳动保障职业学院
王超　张玉松　杨程奕
北京劳动保障职业学院
邱海涛　张凡伟　王世杰

（胡雨）

【成立北京现代制造业职教集团】

10月19日，北京现代制造业职业教育集团成立。职教集团在市教委指导下，由北京电子科技职业学院牵头，联合相关行业协会、企业和职业院校组建而成。电子科技职院校长任集团首任理事长。至年底，集团成员总数74家，其中，企业40家，学校24所（中职学校15所、高职及本科9所），行业协会5家，科研及其他单位5家。该集团是为积极开展集团内校企之间、学校之间交流与合作，实现校企之间资源与信息整合、融通、共享，使学校与企业、行业共同受益、共赢发展。集团目标与任务主要是：创新职业教育办学体制机制；实施“双师型”教师队伍建设工程；共建面向企业与学校的技术应用中心；建立校企共享、共用、共管实训基地；建立职教集团信息网站；建立定点企业实习制度，落实相关税收优惠政策；开展集团成员内部交流活动；以集团名义开展各类国际交流活动，尝试建立职业教育国际合作基地；开展与其他省市兄弟产业（行业）职教集团交流活动。

（陈晓文　胡雨　王秀婷）

【万名社区工作者培训计划启动】

12月2日，北京市万名社区工作者培训计划启动仪式暨“北京市社会工作者培训基地”揭牌仪式、“北京市社会工作者教育培训讲师团”专家成员聘任仪式在北京青年政治学院举行。市委社会工委、市社会办与北青院签署培训合作协议。与会领导为“北京市社会工作者教育培训讲师团”成员颁发聘书。启动仪式后，该培训计划第一讲开讲，由中央党校马克思主义理论部教研室主任为社区工作者作十八大精神学习辅导专题报告。16个区县社会工委、社会办有关领导、主管科长及联络员，“北京市社会工作者教育培训讲师团”专家成员，市委社会工委、市社会办各处室负责人，北青院相关工作人员及联络员等参加活动。该计划由北京市社会建设领导工作小组办公室与北青院共同举办，北青院被市委社会工委确定为“北京市社会工作者培训基地”，负责牵头组建讲师团、教学效果评估、学员考核以及培训学籍、学时登记、结业证书发放等教学管理工作。

（杨跃辉）

【北京电子信息职教集团成立】 12月16日，北京电子信息职业教育集团成立大会在北京信息职业技术学院举行。来自市国资委、市教委、市经信委和北京电子控股有限责任公司领导，职教集团理事单位领导以及信息

职院师生等400人参加大会。该职教集团经市教委、市国资委、市经信委联合发文批复，由信息职院牵头组建，由60家具有独立法人资格的单位组成，其中，企业34家、学校12家、行业协会5家、科研院所及其他单位9家；建立理事会，负责开展合作工作的决策与管理。该职教集团主要围绕北京市电子信息高新技术领域高技能职业人才需求，本着“骨干带动、自愿参加、优势互补”原则，联合该领域职业院校、骨干企业、行业协会、技能鉴定机构、科研院所等，开展人才培养、产学研合作、生产实习与就业、校企合作共赢发展等方面探索，并在支持行业发展同时，推动职业教育进行规模化、集约化、连锁化办学模式探索。

（侯彤）

【组建北京商贸职教集团】　12月22

日，北京商贸职业教育集团成立大会在北京财贸职业学院举行。教育部职成司司长，市委和市教委、市商务委、市财政局，通州区政府等部门领导，职教集团理事成员单位负责人和嘉宾、财贸职院师生700人参加成立大会。会上进行“共享物流实训基地”“王府井商业研究中心”“通州区旅游高技能人才培养基地”和“成立莱百商学院”4项战略合作签约仪式，北京莱市口百货有限公司出资100万元作为莱百商学院奖学金。该职教集团现有57家成员单位，是依靠情感纽带、事业纽带、共享利益纽带联系起来的产学研共同体。领导单位为市教委、市商务委和通州区政府，通过集团成员之间同舟共济、互动共享的运行机制，实现商贸职业教育信息、人力资源、教育设施和实习实训基地等资源共享与互补，将成为北京商贸职教资源共享平台和合作育人、协同创新基地。

（李红兵）

高等职业教育

【8所院校通过市示范性高职院校建设工作验收】　1月12日，市教委公布北京市立项示范性高等职业院校建设工作验收结论，8所院校通过验收。分别是北京信息职业技术学院、北京劳动保障职业学院、北京青年政治学院、北京政法职业学院、北京北大方正软件职业技术学院、北京汇佳职业学院、北京戏曲艺术职业学院和北京京北职业技术学院。市教委组织专家组评阅各校申请材料，听取示范校建设工作汇报、重点建设专业汇报和高职教育理论研究成果汇报，考察各项目院校实训基地建设情况，并重点对各院校在校企合作人才培养模式改革、专业教学方案修订、实训条件和师资队伍等方面工作情况进行现场提问和交流。经过研究讨论，专家组一致认为各项目院校自立项建设以来在办学实力、教学质量、管理水平、办学效益和辐射能力等方面有较大提高，进一步增强服务首都经济社会发展能力，同意通过验收。

（胡雨）

【成立全国职业院校农业培训工作协作委员会】　5月9日，北京农业职业学院牵头成立全国职业院校农业培训工作协作委员会并举行第一届会员大会。首批入会涉农院校共9所。委员会坚持“交流、合作、开放、引领”理念，本着“优势互补、资源共享、互惠互利”原则，团结组织全国职业院校，促进区域经济社会发展经验共享，培训各地所需各类人才，推动本地区经济社会发展；主要任务是研究农业培训教育，共享国际国内农业培训经验，推动农业培训发展。

（李薇）

【举办市高职院校技能大赛】　5月12日，市教委举办2012年北京市高等职业院校技能大赛。大赛同时作为2012年全国职业院校技能大赛北京地区选拔赛。大赛设23个比赛项目，由北京工业职业技术学院等8所院校承办。来自24所高职院校200余支代表队参加比赛，共评出一等奖31项、二等奖53项、三等奖67项。市教委从获奖学生中选拔优秀选手组成56支参赛队参加全国职业院校技能大赛，共获得一等奖20个、二等奖29个、三等奖26个。

（胡雨　刘霄）

【调整高职教育专业】　5月28日，市教委公布2012年度北京市新增及撤销普通高等职业教育专业名单。经市高等学校专业设置评议委员会评议并报教育部备案，新增高职教育专业43个，依申请撤销专业3个，更改学制（两年改为三年）专业2个。新设专业原则上试办期2年，试办期间年招生规模控制在60人以内。

（胡雨）

【城市轨道交通专业委员会成立】　6月8日，中国交通教育研究会职教分会城市轨道交通专业委员会在北京成立。成立大会上，通过委员会工作章程，选举委员会主任、副主任、秘书长、委员，研讨城市轨道交通类专业教学标准、课程标准，确定专业核心课程教材主编、主审人员。该专业委员会是全国职业教育成立的首个城市

轨道交通专业委员会，隶属于中国交通教育研究会职业教育分会，是全国交通系统城市轨道交通方向专业性、学术性社团组织。北京交通运输职业学院为委员会主任单位。

（苑媛　李黎）

【17 名高职院校教师获市级教学名师奖】　7 月 16 日，北京 17 名高等职业院校教师获得第八届北京市高等学校教学名师奖。17 名教师分别是北京城市学院王培英，北京青年政治学院王燕，北京工业职业技术学院张春芝、宋文光，北京电子科技职业学院李玉兰、于京，北京财贸职业学院燕静君、韦云，北京信息职业技术学院李红，北京京北职业技术学院谭平，北京农业职业学院杨久仙、石进朝，北京现代职业技术学院杨威，北京劳动保障职业学院宁玉红，北京汇佳职业学院李良忠，北京吉利大学陈喜霖和北京社会管理职业学院孙树仁。该评选由市教委举办，共 98 人获奖。

（胡雨）

【召开高职院校章程建设研讨会】

11 月 23 日，高等职业院校章程建设研讨会在北京青年政治学院召开。会议听取教育部政策法规司司长作《高校章程制定的总要求》报告，通过专家辅导、提问讨论等方式，进行高职院校章程制定理论和实践研讨，探讨高职院校制定章程、完善制度、依法办学、规范管理等方面路径和方向。北京市国家级高职示范校、北京市高职示范校、北青院高等学校章程领导小组成员参加会议。

（杨跃辉）

高等职业学校

北京工业职业技术学院

党委书记　马平（2 月免）
　　　　　王伟（2 月任）
院　　长　陈建民

【概　况】　2012 年，北京工业职业技术学院占地面积 24.01 万平方米，产权校舍建筑面积 19.25 万平方米、非产权校舍建筑面积 4122 平方米。全年教育经费投入 29307.64 万元，其中，国家拨款 25359.14 万元、自筹经费 3948.50 万元。固定资产总值 56574.19 万元，其中，教学、科研仪器设备总值 32887.39 万元。图书馆建筑面积 5868 平方米，藏书 151.58 万册，其中，纸质图书 51.58 万册、电子图书 100 万册。拥有计算机 4411 台，多媒体教室座位 7015 个。学校信息化经费投入 931.58 万元，信息化设备资产 4656.19 万元，网络信息点 3400 个，校园网出口总带宽 410Mbps，电子邮件系统用户 415 个，上网课程 117 门，数字资源量 23245.77GB，管理信息系统数据总量 45.40GB。设有 7 个系部，开设工程测量技术、机电一体化技术、通信技术和安全技术管理等高职专业 33 个，包括国家级重点专业 5 个、北京市重点专业 7 个。建有国家级精品课程 10 门，北京市级精品课程 11 门。教职工 484 人，其中，专任教师 366 人，包括教授及教授级高级工程师 21 人，副教授及高级工程师 141 人；博士 23 人，硕士 270 人；“双师型”教师 212 人。聘请校外教师 65 人。毕业生 1796 人，其中，高职生 1671 人、中职生 30 人，成人教育专科生 95 人。毕业生一次就业率 99.16%，一次签约率 85%。招生 2186 人，其中，高职生 1480 人、中职生 500 人，成人教育专科生 206 人。高考北京地区提档线文科 151 分、理科 154 分，单考单招 177 分。在校生 6996 人，其中，高职生 4811 人、中职生 1665 人，成人教育专科生 520 人。网址：www.bgy.org.cn。

（谢光辉　白旭东）

【与智启维恩公司开展合作】　4 月 24 日，北工职院数控专业与北京智启维恩科技开发有限公司校企合作正式启动。双方合作开展数控机床逆向工程项目；成立“逆向订单班”，14 名学生经培训合格到企业实习；合作建立“逆向工程实训中心”，进行逆向工程技术培训、产品创新设计以及快速成型等方面实践教学。

（谢光辉　白旭东）

【获得全国高职信息化教学大赛 3 项一等奖】　12 月 7 至 10 日，北工职

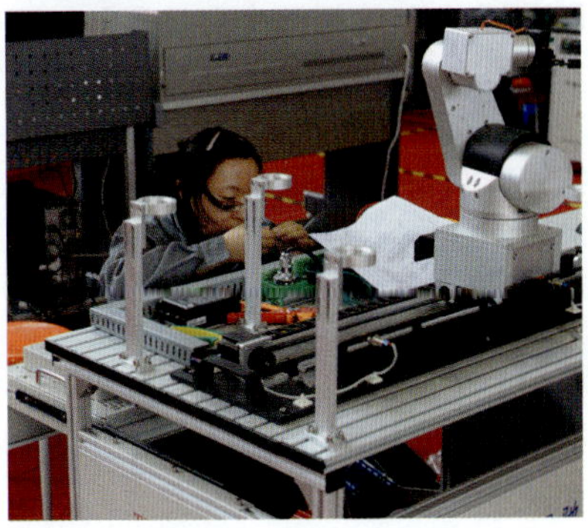

院教师参加首届全国职业院校信息化教学大赛获得一等奖 3 项、二等奖 1 项。分别是网络课程比赛一等奖 1 项、信息化教学设计比赛一等奖 2 项和多媒体教学软件比赛二等奖 1 项。该比赛由教育部举办，全国 36 个省区市 609 件作品、1146 名教师参赛，294 件作品进入决赛，包括高职组网络课程 53 门、信息化教学设计 72 项、多媒体教学软件 65 项。

（谢光辉　白旭东）

【与 4 所外国高校签约合作】　至 12 月，北工职院与 4 所外国高校签约合作。分别是日本京都信息大学、澳大利亚斯维本科技大学、韩国大邱未来

大学和澳大利亚西悉尼学院。根据协议，双方互派教师和学生。至此，共28个国（境）外高校和教育机构与该校正式建立校际友好合作关系。年内，该校接待英国贝尔法斯特城市学院、澳大利亚斯维本科技大学、美国俄克拉荷马州立大学、英国沃沙学院、台湾建国科技大学、美国西彭斯堡大学、澳大利亚西悉尼学院、香港专业教育学院代表团、俄罗斯职业教育考察团以及石景山区涉外涉侨机构和侨资企业领导、专家、学者共9批60余人次来校考察、交流，洽谈合作事宜。

（谢光辉　白旭东）

【实施人才强教推进计划】 至年底，北工职院实施人才强教“推进计划”。学校加强教学团队、科研创新团队建设和名师培养，1个团队入选北京高校“创新团队”、1人入选“长城学者”项目、1人入选“青年拔尖创新人才”，是全市入选“创新团队”和“长城学者”项目唯一一所高职院校。另外，2名教师获得第八届北京市教学名师奖。

（谢光辉　白旭东）

【依据产业结构调整专业设置】 至年底，北工职院依据石景山区产业结构调整专业设置。该校围绕石景山区由重工业为主向服务主导型产业体系升级的需要，围绕石景山区5大主导产业，进一步调整优化专业设置，新增计算机动漫设计、旅游管理、会展策划与管理3个新专业，调整机电一体化技术、通信技术、电子信息、安全技术管理等8个专业培养方向，增强专业结构与区域产业体系匹配度。为适应数字娱乐产业发展需求，该校与威运达文化传媒有限公司共建动画学院和计算机动漫专业，与北京网拓联达科技发展有限公司合作开设计算机动漫设计订单班，与北京文化传媒集团山水笛声动画设计（北京）有限公司深度合作，多名动画师入驻学校指导学生参加央视104集大型民俗动漫作品《古城漫游记》创作。

（谢光辉　白旭东）

【完成社会培训5700人次】 至年底，北工职院完成社会培训5700人次。该校作为北京市矿山安全生产培训基地，承担千名班队长安全培训、市矿山救护大队安全培训、市安监系统信息化培训等培训任务。与中国中煤能源集团鄂尔多斯公司等企业合作，采用订单培养方式，为企业培训技术人才。依托专业优势，开展面向北京西部地区企业职工的职业技能培训，全年共完成各类社会培训5700人次。另外，推进军地融合式发展，继续与北京军区、石景山区委区政府共同实施“强军育才工程”，开设6个培训点，为驻区部队现役士兵免费培训职业技能。

（谢光辉　白旭东）

北京信息职业技术学院

党委书记　武马群
院　　长　武马群

【概　况】 2012年，北京信息职业技术学院占地面积20.21万平方米、产权校舍建筑面积21.19万平方米。全年教育经费投入38595.58万元，其中，国家拨款32848.39万元、自筹经费1002.50万元，预算外4744.69万元。固定资产总值52220.70万元，其中，教学、科研仪器设备总值26667万元。图书馆建筑面积3686平方米，藏有纸质图书54.90万册、电子图书1200GB。拥有计算机7998台，多媒体教室座位9277个。学校信息化经费投入1695万元，信息化设备资产16240万元，网络信息点5219个，校园网出口总带宽650Mbps，电子邮件系统用户11000个，数字资源量1235GB，管理信息系统数据总量8000GB。设有院本部、东校区和南校区3个校区，9个教学系和通用能力教学部、专业部、基础部。设置软件技术、多媒体设计与制作、计算机信息管理、电子信息工程技术、模具设计与制造五个专业群，会计、税务、物流、英语34个专业。教职工949人，其中，专任教师436人，包括教授及教授级高级工程师8人，副教授及高级工程师135人；博士10人，硕士196人；“双师型”教师196人。聘请校外教师197人。毕业生2730人，其中，普通专科生2170人、成人教育专科生560人。毕业生一次就业率99.49%，一次签约率97.14%。招生2447人，其中，普通专科生2068人（含自主招生365人），成人教育专科生379人。高考北京地区提档线文科150分、理科150分，单考单招150分。在校生8235人，其中，普通专科生5863人、五年制高职生1335人、成人教育专科生1037人。网址：www.bitc.edu.cn。

（侯彤）

【与新加坡南洋理工学院签约合作】

3月13日和9月28日，信息职院与新加坡南洋理工学院（NYP）分别签署机器鼠项目合作协议书和研修生合作项目协议书。机器鼠项目合作拉开两校技术交流与合作序目，双方合作在中国推广机器鼠产品、开发以电脑鼠为载体的教育方案、引领中国电脑鼠走向国际。研修生合作项目协议为续签。两校于2006年11月21日签署合作协议，双方互派师生开展研习、交流活动，6年间共有24批960名新加坡学生到信息职院开展研习工作，信息职院7批168名学生和106名教师赴新加坡学习交流。为纪念两校合作6周年，该校制作题为《交流合作·共谋发展》纪念画册，并重新装修NYP海外研习基地。

（侯彤）

【新增两个国际教育合作项目】 3月23日，市教委批准信息职院与英国威根雷学院合作开展英国国家高等教育文凭（HND）国际教育合作项目。获批准的两个新专业分别是市场营销专业和计算机软件技术专业，至此，该校中英国际教育合作HND项目共4个专业计划内正式招生。HND教学模式强调以学生为中心的教学过程，促进学生自主学习，在整个专业学习过程中不为学生指定固定教材，鼓励学生通过各种渠道收集信息和素材，自主加工和分析，形成自有知识体系；课程教学以项目为核心，以学生完成的项目成果水平评价学生学习效果；同时全程贯穿“通用能力”培养，使学生在工作中具有较强适应力。

（侯彤）

【两个校外素质教育基地落成】 3月28日和7月5日，信息职院两个校外素质教育基地落成。3月与海淀公共安全馆共建校外素质教育基地。海淀公共安全馆于2005年6月建馆，是全国首家综合性、体验式公共安全教育馆，是对外开放的综合性公共安全教育基地。7月与北京汽车博物馆签订共建协议，标志汽车博物馆正式成为学生素质教育共建单位。汽车博物馆建筑面积约4.90万平方米，设有汽车博览、主题展览、汽车科普、汽车娱乐、学术交流等功能展示区。

（侯彤）

【聘任学生素质教育校外兼职辅导员】 4月27日，信息职院举行学生素质教育校外兼职辅导员（含校外指导专家）聘任仪式。该校聘任来自国家机关、军队、高等院校、科研机构以及学院校外素质教育基地领导、专家、劳动模范、技术能手等16人担任学生素质教育指导专家、校外兼职辅导员，利用其智慧和经验，为提升学生综合素质提供优质教育服务。

（侯彤）

【招收首个五年制留学生学历班】 9月，信息职院招收第一个五年制留学生学历班。学历班共23名学生，来自哈萨克斯坦和吉尔吉斯斯坦等国家。学生学习电子商务专业，学习期满成绩合格，可获得学院颁发的高职学历证书。此外，学校还招收150名语言培训留学生，学习汉语半年至一年不等，学习期满可获得学院颁发的汉语语言结业证书。

（侯彤）

【与理想公司开展合作】 9至11月，信息职院与理想（中国）科学工业公司开展校企合作。双方合作开办理想订单班，学校选派有实践经验的教师担任班主任，公司派技术人员担任授课教师，双方共同制定人才培养教学方案和计划。首届学生40人。学校开辟700平方米新教学楼作为人才培养中心场地，公司投资专用设备用于教育教学；市财政局批复280万元专项资金用于培养中心建设。至年底，29名订单班学生进入理想公司顶岗实习。该校与理想公司于6月签署合作协议，约定在学校建立以理想数字办公和数码印刷产品为主线的人才培养基地，用于培养公司所需产品销售、维修和服务等高水平技术人才。

（侯彤）

【北信—兆维生产性实训基地落成】 12月28日，信息职院与北京兆维电子（集团）有限责任公司共建“北信—兆维生产性实训基地”在兆维公司落成。校企双方在设备、人力、场地等方面相互开放各自资源。学院为公司提供大中型高档专用设备8台（套），聘任公司40余名员工为兼职教师；企业无偿为学院建设专用车间和教学场地。实训基地建成模具装配实训车间、模具试模车间、数控加工实训车间、电加工实训车间、模具结构分析实训室、模具设计工作室、精密测量实训室等，形成“将学院实训室建到企业、将企业车间建到学院”紧密合作形式，实现“设计在学校、加工在企业”校企合作新模式，达到“校企资源共享、共创双赢局面”良性发展目标。依托基地，学院机电一体化技术、数控技术、模具设计与制造专业的生产性实训比例与实训质量全面提升，保证每个学生在校期间4周企业实习时间，并为新生入学教育、实验实训课程开发提供平台。

（侯彤）

【南校区新实训楼启用】 12月28日，信息职院南校区新实训楼启用。新实训楼建筑面积6121平方米，地下1层、地上6层，包括汽车类专业生产性实训基地、图文信息技术生产性实训基地、汽车电子新技术实训基地以及图书阅览区。新实训楼由学院自筹资金建设，于2011年5月18日奠基，总投入2014万元。

（侯彤）

【与牡丹集团签署合作协议】 12月29日，信息职院与北京牡丹电子集团有限责任公司签署战略合作框架协议。根据协议，双方共同设立牡丹创新奖学金；共建联合实验室、博士后工作站和实习实训基地；开展科研项目合作、科技孵化合作和人才培养合

作；开展技术交流和双师培训。协议有效期5年。

（侯彤）

北京电子科技职业学院

党委书记　赵文
院　　长　王海平

【概　况】 2012年，北京电子科技职业学院占地面积55.95万平方米，产权校舍建筑面积37.40万平方米、非产权校舍建筑面积1142平方米。全年教育经费投入73542.79万元，其中，国家拨款67337.51万元、自筹经费6205.28万元。固定资产总值103981.74万元，其中，教学、科研仪器设备总值51613.49万元。图书馆建筑面积27014平方米，藏书236.62万册，其中，纸质图书122.62万册、电子图书114万册。拥有计算机8250台，多媒体教室座位11040个。学校信息化经费投入960万元，信息化设备资产15407.70万元，网络信息点15700个，校园网出口总宽带185Mbps，电子邮件系统用户1157个，上网课程387门，数字资源量9865GB，管理信息系统数据总量201.30GB。设有大兴亦庄、朝阳芍药居和金台路等7个校区，19个系部，生物技术及应用、数控技术、多媒体设计与制作等48个专业。教职工1094人，其中，专任教师569人，包括教授及教授级高级工程师13人，副教授及高级工程师209人；博士24人，硕士222人；“双师型”教师377人。聘请校外教师196人。毕业生4089人，其中，高职生2578人，中职生1358人，成人教育专科生153人。毕业生一次就业率

98.37%，一次签约率95.11%。招生3977人，其中，高职生2326人、中职生1525人、成人教育专科生126人。高考北京地区提档线文科185分、理科150分，单考单招153分。在校生10314人，其中，高职生5940人，中职生4119人，成人教育专科生255人。网址：www.dky.bjedu.cn。

（陈晓文）

【成立钟连盛景泰蓝工作室】 3月8日，电科职院成立钟连盛景泰蓝工作室。此举旨在将国家级非物质文化以“讲、演、展、练”形式引入校园，集景泰蓝工艺制作、设计、研发、创新、展示于一体，探索校企合作新模式。钟连盛，1962年生，高级工艺美术师，北京市珐琅厂有限责任公司总工艺师，国家级非物质文化遗产名录景泰蓝技艺传承人，全国劳动模范，多次荣获国家、省部和市级奖励。

（陈晓文）

【与亦庄生物医药公司签约合作】 3月29日，电科职院与北京亦庄国际生物医药投资管理有限公司签署战略合作协议。根据协议，双方利用各自优势，开展多领域、多层面、多形式交流与合作，在亦庄生物医药园内共同搭建“产、学、研、用”相结合“多功能、模块化的生物医药中试技术平台”，探索校企合作新机制和高技能人才培养新途径，推动高职教育与区域经济发展有效融合。北京亦庄生物医药园是国家重大专项“生物医药创新药物孵化基地”，是国家重点扶持三个基地之一，占地面积约8.70万平方米，总建筑规模超过17万平方米，由亦庄国际生物公司负责管理。

（陈晓文）

【4个校企合作单位揭牌】 4月12日、

5月8日、6月1日和12月12日，电科职院物流人才培养基地、药品食品研发中心、汽车工程学院365客服世界培训基地和通用电气（GE）智能平台实验室4个校企合作单位分别揭牌。物流人才培养基地是该校与招商局物流集团联合举办，位于通州物流园区，负责在企业环境下进行教学改革、培育物流职业人才。药品食品研发中心是该校与北京悦康科创科技集团联合举办，位于芍药居校区，拥有员工10余人，由学院教师和该集团工作人员组成，合作挖掘、整合能够迅速转化的医药项目，建立大医药平台，并为学生提供实际工作技能锻炼及实习岗位，为优秀毕业生提供工作机会。365客服世界培训基地是该校与中关村品牌协会和365世界科技服务公司合作共建，合作开展汽车专业人才培训、学生实习实践及就业、开办各项专业培训班等。通用电气（GE）智能平台实验室是该校与通用电气智能设备有限公司合作成立，位于亦庄校区，承担人才培养、课程建设和科研及师资培训等任务。

（陈晓文　王秀婷）

【开展教风学风促进月活动】 4月23日至5月18日，电科职院开展“教风学风促进月”活动。活动通过落实《教师教学工作规范》，规范教师教学工作；通过强化管理，促进学生养成良好学习习惯。活动举办“实践教学改革典型案例展”、教改讲坛、“行动导向教学”课程观摩和教学巡查，举办学校（部）青年教师教学基本功比赛，开展学生考勤和课堂纪律、校园文明和校园秩序、创建优秀宿舍等专项治理工作，开展“创优良学风，建和谐校园”主题团日活动，开通校园手机报，组织学生经验分享会等。1500人次师生参加系列活动。

（陈晓文）

【亦庄校区四项基础设施建设完工】 5月30日和8月21日，电科职院亦庄校区四项基础设施建设完工。5月，大学生公寓落成并投入使用，亦庄校区3282名学生由校外租住公寓搬至校内新建大学生公寓住宿。公寓共7栋，包括2栋高层建筑，总建筑面积75462.67平方米，建筑结构为剪力墙。公寓于2010年5月21日开工建筑，经费投入23616万元。8月，亦庄校区行政楼、图书馆、学生活动中心竣工。行政楼建筑面积1.78万平方米，图书馆建筑面积2.28万平方米，建筑结构均为框架、框剪结构。学生活动中心建筑面积6059平方米，建筑结构为框架结构。三栋建筑于2009年12月14日开工建设，经费主要来源于沙特政府贷款和学校自筹。

（陈晓文）

【制定并实施教师教学工作规范】 6月18日，电科职院制定并实施教师教学工作规范。该规范分为总则和十个章节，涉及教师师德修养、责任与义务、任课资格与条件、课堂教学、辅导、答疑和作业、实践考试、教学、教学纪律、教学工作考核与教学奖励、教学事故处理等，旨在规范教师教育教学工作，提高人才培养质量。

（陈晓文）

【召开第一次党代会】 8月25日，电

科职院召开第一次党员代表大会。大会听取上一届党委工作报告，并以书面形式向参会代表发放纪委工作报告和党费收缴、管理、使用情况报告，通过党委工作报告决议和纪委工作报告决议，选举产生新一届党委和纪委。市委教育工委、北京经济技术开发区管委会、北京财贸职业学院有关领导，电科职院老领导和离退休人员，民主党派和无党派代表人士等列席大会。

（陈晓文　王秀婷）

【成为机动车检测维修专业技术人员职业水平考试考点】 9月29日，电科职院通过北京交通运输考试中心专家评估与验收，成为北京市机动车检测维修专业技术人员职业水平考试考点。考点承担机动车检测维修师、机动车检测维修工程师两类职称和机动车机电维修技术、机动车机电整形技术和机动车检测评估与运用技术三个专业理论知识和实操考试任务。学校利用考点设备设施对学生开展相关实

训和取证工作，并承担北京市机动车检测维修师和机动车检测维修工程师的社会人员取证工作。全市共有 3 个考点。

（陈晓文）

【北京地铁公司订单班开学】 10 月 26 日，电科职院 2012 年新生地铁订单班开学。这是该校首次在招生阶段为北京地铁运营有限公司单独组建订单班，通过高职自主招生、单考单招、高会统招和北京市中考，共为公司招生 350 人，分布在地铁城市轨道交通控制、供热通风、通信技术等 6 个专业。公司全程参与订单班教育教学工作，将公司所需专业知识、专业技能和企业文化融入订单班教学过程，真正实现毕业生与企业对应岗位“零距离”。

（陈晓文）

【建成 SMT 生产实训基地】 10 月 31 日，电科职院建成表面贴装技术（SMT）生产实训基地。基地位于该校驼房营校区，建筑面积 500 平方米，拥有高速贴片机和自动检测仪等设备设施，能为学生提供 40 个生产实训岗位。基地将形成自有资产、自主管理、自主运作新模式，成为实训与生产共享平台、技术研发平台和国际化发展平台。该基地于 4 月开始建设，总投资 857 万元。

（陈晓文）

【成立经济开发区资讯中心】 12 月 18 日，电科职院成立北京经济技术开发区资讯中心。该中心按照“共建、共管、共享、共用”原则建立，面向经济技术开发区，其任务和使命是学校和开发区管委会共同编织一个由学校专家学者和企业专业技术人员共同构成的网络，建立一个覆盖经济管理、科技进步、市场行情、政策动态信息收集、交换、加工、交流、服务的资讯中心，实现信息资源共享。资讯中心将在三个方面进行有益探索：深化高职教育综合改革试点项目，共同创建综合改革试验区；充分挖掘学校图书馆的文献信息资源和人力资源潜力，为开发区政府、企业、居民提供多元化对口服务；开展讲座、培训、论坛、展览等文化活动，丰富开发区群众文化生活。

（陈晓文）

北京京北职业技术学院

党委书记 王恩成

院　　长 王玉山

【概　况】 2012 年，北京京北职业技术学院占地面积 12.40 万平方米，产权校舍建筑面积 6.12 万平方米。全年教育经费投入 5636 万元，其中，国家拨款 4500 万元、自筹经费 1136 万元。固定资产总值 16325 万元，其中，教学、科研仪器设备总值 1977.80 万元。图书馆建筑面积 8685 平方米，藏有纸质图书 52.81 万册、电子图书 120GB。拥有计算机 760 台，多媒体教室座位 3540 个。学校信息化经费投入 45 万元，信息化设备资产 1144.54 万元，网络信息点 720 个，校园网出口总带宽 50Mbps，上网课程 2 门，数字资源量 130GB，管理信息系统数据总量 20GB。拥有 6 个职业技能培训鉴定（考试）站点资质，设有四系一中心，开设建筑、经贸、电子、旅游、汽车、影视等九类 16 个高职专业。教职工 215 人，其中，专任教师 134 人，包括教授及教授级高级工程师 2 人，副教授及高级工程师 36 人；博士后 1 人，博士 1 人，硕士 69 人；“双师型”教师 75 人。聘请校外教师 8 人。毕业生 1238 人，其中，高职生 745 人、成人教育专科生 493 人。毕业生一次就业率 99.50%。招生 1266 人，其中，高职生 684 人、成人教育专科生 543 人、五年制学生 39 人。高考北京地区提档线文科 150 分、理科 150 分。在校生 3891 人，其中，高职生 1951 人、成人教育专科生 1724 人、五年制学生 216 人。网址：www.jbzy.com.cn。

（张洁）

【怀柔京北社会工作事务所成立】 2 月 14 日，怀柔京北社会工作事务所成立。该事务所是学校举办的具有创新性的公益性民办非企业机构，是北京 38 家社会工作事务所之一，也是怀柔第一家社会工作事务所。事务所共设立专业研究室 11 个，涵盖怀柔区困难救助、矛盾调处、心理疏导、教育卫生、司法援助、住建物业、社

区公益、社区建设等诸多领域。

（张洁）

【举办欧曼产业工人培训班】 4 月 16 日，京北职院成教中心举办欧曼产业工人培训班。该校 6 名教师为北京欧曼重型汽车厂一线生产工人传授企业文化、质量要求、管理制度、安全管理、5S 管理等相关理论知识，同时要求工人在学校汽车实训基地拆装发动机，让工人熟悉汽车各零部件、了解整车构造及工作原理等，增强工人整体素质和竞争力。培训为期 2 个月，约 800 人参加。

（张洁）

【举办怀柔讲坛】 5 月 16 日，京北职院与怀柔区文委联合举办的系列讲座《怀柔讲坛》首次开课。讲座邀请海淀教师进修学校教师作《大义英雄》主题讲座，从四个方面讲述“精忠岳飞”“正气文天祥”“救时宰相于谦”“铁血将军张煌言”四个英雄生平事迹与历史作用。260 名师生参加活动。至年底，共举办讲座 3 次，累计听讲人数 917 人次。

（张洁）

【交流教师汇报实践体会】 9 月 13 日和 11 月 14 日，京北职院教师分别汇报工程实践体会和出国培训体会。建筑系两名教师汇报到怀柔新贤街工程进行实践锻炼的体会，交流施工组织、施工技术、工程造价等内容，并同与会教师交流和讨论。5 名出国培训教师汇报在国外学习成果，展示学习内容和心得，总结国外教学最新动态，分享国外师资培训、人才培养方式、教学方法等内容。

（张洁）

【改革人才培养模式】 至年底，京北职院机电系改革人才培养模式。该系制订 2012 级汽车和电子两个专业培养方案，建立基于工作过程的培养

模式及课程体系。该方案压缩基础理论内容，降低理论难度，大大增加实训环节和实训内容；在教学模式上，强调课堂教学、课程教学，以“理实一体化”教室为主要教学阵地，以项目带动理论知识学习，强调学生动手、教师辅导、质疑答疑、小组合作、阶段总结、阶段考评。

（张洁）

北京交通职业技术学院

党委书记　杨保红
院　　长　杨保红

【概　况】　2012 年，北京交通职业技术学院占地面积 20.38 万平方米，产权校舍建筑面积 9.70 万平方米。全年教育经费投入 6214 万元，其中，国家拨款 4212 万元、自筹经费 2002 万元。固定资产总值 12498.25 万元，其中，教学、科研仪器设备总值 3166.53 万元。图书馆建筑面积 2979 平方米，藏书 25.90 万册，其中，纸质图书 12.90 万册、电子图书 13 万册。拥有计算机 888 台，多媒体教室座位 4835 个。学校信息化经费投入 108 万元，信息化设备资产 610 万元，网络信息点 1620 个，校园网出口总带宽 110Mbps，上网课程 25 门，数字资源量 130000GB，管理信息系统数据总量 28GB。设有路桥系、汽车系、管理系、轨道交通系和基础部“四系一部”，开设 18 个专业。教职工 259 人，其中，专任教师 102 人，包括教授及教授级高级工程师 2 人，副教授及高级工程师 25 人；博士 2 人，硕士 41 人；“双师型”教师 38 人。聘请校外教师 62 人。毕业生 673 人。毕业生一次就业率 96.70%，一次签约率 80%。招生 714 人。高考北京地区提档线文科 150 分、理科 150 分。在校生 2156 人。网址：www.jtxy.com.cn。

（陈晓燕）

【与巴黎学校合作办学】　2月21日，交通职院与巴黎东大马恩河谷大学签署合作办学协议。根据协议，双方共同培养旅游管理类专业学生，采取3

年本校就读、1 年国外留学深造方式，重点加强两校间师资互助和学生交流。合作协议签署标志该校与法国巴黎马恩河谷新区友城教育合作项目正式启动。

（陈晓燕　赵冉）

【完成首次自主招生】　2 至 5 月，交通职院完成首次自主招生。招生专业分别为物业管理专业（华润置地物业班）、城市轨道交通控制专业（通信信号方向，北京地铁通号公司订单班）、汽车技术服务与营销专业（北京现代班）和计算机应用技术专业（3G 移动互联，中软国际订单班）4 个，经过计划制定、招生宣传、招考报名、资格审查、出题组考、阅卷评分、面试组织、录取公示、录取手续办理、新生报到等一系列工作，共计划招生 100 人、实际录取 105 人，全部报到。

（陈晓燕）

【承办市高职院校汽车营销大赛】　5 月 12 日，交通职院首次独立承办 2012 年北京市高等职业院校技能大赛之汽车营销技能大赛。比赛分为汽车基本知识、计算机服务软件操作和汽车销售技巧三个环节。6 名知名院校专家教授和行业知名人士组成裁判组成员。来自北京信息职业技术学院、北京现代职业技术学院和北京吉利大学等 6 所高职院校 11 支代表队共 22 名选手参加比赛，评出一等奖 1 个、二等奖 3 个、三等奖 3 个。

（黎妮）

【签订两项校企合作协议】　7 月和 10 月，交通职院分别与两家企业签订合作协议。与北京祥龙博瑞汽车服务（集团）有限公司协议涵盖汽车系专业人才培养方案制定、学生顶岗实习和就业等方面内容。根据协议，学生可到企业顶岗实习，实习岗位包括销售顾问、维修接待、机动车保险、客户接待等，就业方向主要是集团旗下 4S 店。与北京汽车新能源汽车有限公司协议规定，公司为汽车系学生提供实习和就业平台，学院为公司培养高素质技能型人才。

（黎妮）

【首届教学督导委员会成立】　9 月 20 日，交通职院首届教学督导委员会成立。教学督导委员会共有委员 13 人，学院院长任委员会主任；委员会下设办公室，有员工 3 人，科研处处长兼任委员会办公室主任。委员会在院长领导下，对教学过程各个环节进行全面监督、检查、指导，提出意见和建议，从而促进教育教学质量全面提高，形成特色鲜明、科学合理的督导运行机制。

（果建梅）

北京青年政治学院

党委书记　楚国清
院　　长　梁绿琦

【概　况】　2012 年，北京青年政治学院占地面积 46363.60 平方米，产权校舍建筑面积 40756.67 平方米、非产权校舍建筑面积 22551.26 平方米。全年教育经费投入 14880.50 万元，其中，国家拨款 11978.86 万元、自筹经费 2901.64 万元。固定资产总值 10655.51 万元，其中，教学、科研仪器设备总值 2147.99 万元。图书馆建筑面积 2527.50 平方米，藏书 74.54 万册，其中，纸质图书 39.34 万册、电子图书 35.20 万册。拥有计算机 2505 台，多媒体教室座位 3488 个。学校信息化经费投入 289.86 万元，信息化设备资产 6231.99 万元，网络信息点 2532 个，校园网出口总带宽 210Mbps，上网课程 52 门，数字资源量 22856GB，管理信息系统数据总量 12288GB。设有望京和金盏两个校区，12 个系部，青少年工作与管理、学前教育等 20 个专业，6 个研究中心。教职工 346 人，其中，专任教师 243 人，包括教授及教授级高级工程师 11 人、副教授及高级工程师 83

人；“双师型”教师146人；博士32人，硕士184人。聘请校外教师73人。毕业生1427人，其中，高职生1270人、成人教育专科生157人。毕业生一次就业率99.53%，一次签约率78.65%。招生1377人，其中，高职生1275人、成人教育专科生102人。高考北京地区提档线文科161分、理科165分。在校生4009人，其中，高职生3803人、成人教育专科生206人。网址：www.bjypc.edu.cn。

（杨跃辉）

【举办社区教育经验交流会】 6月16至17日，北青院与北京东方道德研究所、怀柔区文明办联合举办中华传统文化社区教育经验交流会。会议观看首都文明办制作发布的《学道德模范、诵中华经典、做有德之人》宣传片，听取东方道德研究所作题为《首都未成年人中华美德教育行动示范学校、示范社区建设实验与推广》项目汇报，来自怀柔区文明办、怀柔区泉河街道、西城区陶然亭街道、东城区交道口街道、通州区玉桥街道和东城区助人社会工作事务所等单位代表发言，交流社区文化传播和教育经验，北青院和中国人民大学教授进行点评。

（杨跃辉）

【首次参加全国职业技能大赛】 6月26至28日，北青院首次通过选拔，代表北京市参加全国职业院校技能大赛。该校两支代表队分别参加信息安全管理与评估以及物联网技术应用两项比赛，分别获得二等奖和三等奖，另有一名学生参加英语口语竞赛获得三等奖。

（杨跃辉）

【校史馆开馆】 10月12日，北青院校史馆开馆。校史馆以图文与实物相结合形式，展示从1925年中国最早的团训班到2011年共九个时间阶段该校和市团校奋斗历程，记录学校艰苦创业、顽强拼搏的光辉岁月，反映学院建设和发展辉煌成就。校史馆每周三、周五下午面向全校师生免费开放，是学校对广大师生进行知校、爱校、荣校教育有效载体，是爱国爱校、传承文化、展示成果、扩大影响基地。

（杨跃辉）

北京农业职业学院

党委书记　崔砚青

院　　长　王振如（6月免）

　　　　　杜晓林（12月任）

【概　况】 2012年，北京农业职业学院占地面积84.55万平方米，产权校舍建筑面积27.55万平方米。全年教育经费投入42154.89万元，其中，国家拨款37547.57万元、自筹经费4607.32万元。固定资产总值42942.38万元，其中，教学、科研仪器设备总值14404.38万元。图书馆建筑面积6631平方米，藏书102.38万册，其中，纸质图书46.51万册、电子图书55.87万册。拥有计算机3529台，多媒体教室座位11956个。学校信息化经费投入552万元，信息化设备资产1130.28万元，网络信息点3500个，校园网出口总带宽230Mbps，上网课程46门，数字资源量7000GB，管理信息系统数据总量63.39GB。设有国际教育学院、机电工程学院以及继续教育学院，10个系（部），园艺技术、畜牧兽医和绿色食品生产与检验等40个高职专业。教职工873人，其中，专任教师424人，包括教授及教授级高级工程师23人，副教授及高级工程师127人；博士22人，硕士111人；“双师型”教师324人。聘请校外教师188人。毕业生2136人，其中，高职生1560人、中职生322人、成人教育专科生254人。毕业生一次就业率98.16%，一次签约率95%。招生2086人，其中，高职生1508人、中职生341人、成人教育专科生237人。高考北京地区提档线文科150分、理科150分，单考单招150分。在校生5451人，其中，高职生3959人、中职生1012人、成人教育专科生480人。网址：www.bvca.edu.cn。

（肖兵）

【两项市教委科技计划面上项目通过验收】 1月，农职院承担的两项市教委2009年科技计划面上项目通过验收。分别是园艺系“葡萄限根条件下的定期成熟技术研究”和食品与生物工程系“北京温室枇杷关键栽培技术研究”。验收专家组分别听取项目主持人研究情况汇报，查阅结题报告，经质询和讨论，同意通过验收。

（王月英）

【与5家单位签署合作协议】 1至7

月，农职院与5家单位签署合作协议。与北京青年商会、北京青年报社（集团）三方就共建都市农业文化创意产业园签署合作框架协议，在农职院校内打造都市农业文化创意产业园。合作首个项目“铸魂国防教育基地”当天揭牌。与山西晋中职业技术学院签订对口支援合作共建协议，农职院向晋中职院无偿提供援助，晋中职院为农职院提供教科研合作研究项目及场所，双方共享校内实习实训基地资源、互派师生交流学习等，协议有效期3年。与北京农家女文化发展中心签署协议，合作开展“青少年社会融入和发展项目”。与房山区佛子庄乡签订院乡共建合作框架协议，双方在发展文化旅游、特色种养、友好型产业以及建设绿色生态山乡等方面开展农村实用人才培养培训、共建实习实训和社会实践基地、开展决策咨询和信息网络服务等多项合作。

（李秀华　赵章彬　付宁花）

【教师论文被国际生物医学搜索引擎评为年度最佳】 2月17日，农职院食品与生物工程系教师论文《MyoD基因对肉牛胴体性状影响的分析》被国际生物医学搜索引擎（BioMedLib）评选为自2009年以来所在领域发表论文的二十大最佳论文之首。该论文于2007年3月发表在《遗传》杂志上，运用聚合酶链式反应（PCR）技术克隆到成肌分化抗原（MyoD）基因的第二内含子（intron 2），研究7个牛品种MyoD基因的多态性，分析基因位点多态性与肉牛肉质性状的相关性；首次扩增出肉牛 MyoD 基因的 intron 2 全部序列共 261bp；检测到 MyoD 基因第二内含子的第 39bp 处碱基 C 突变为碱基 T，第 112bp 处碱基 C 突变为碱基 G，使该基因在不同个体中有 AA、AB、BB 三种表型；实验群体不同基因型对肉牛肉质性状差异极显著或显著。BioMedLib 是一个评价具有影响力的生物医学论文的国际科研机构。

（朱建晨）

【举办社会培训】 2 月 28 日和 3 月 19 日，农职院分别举办北京市首届林果乡土专家技能提升培训和全国奶牛养殖技术专题培训。林果乡土专家技能提升班由市园林绿化局主办，来自 10 个区县 62 名果树技术人员参加培训。培训采取集中面授、实践指导、专家帮带、跟踪服务等方式，讲授《果树病虫害与防治》等 4 门课程，并编写特色教材。除集中面授外，学员在未来一年内修完规定 8 门课程，考试合格后可取得中专学历。全国奶牛养殖技术专题——生产性能测定（北京）培训班为期 2 天，围绕“奶牛育种与遗传改良”主题，从奶牛生产性能测定与牧场育种管理、现代种公牛选育技术研究进展、奶牛场数字化管理与育种实践、奶牛生产性能测定样品质量控制关键技术等方面进行讲解和指导，来自北京地区奶牛生产性能测定参测奶牛场 100 余名技术人员参加培训。

（张新华　赵军）

【主编市新农村建设白皮书】 2 月，以农职院教师为主编写的《北京市社会主义新农村建设报告（2006～2010）》（简称“北京市新农村建设白皮书”）由北京出版社出版发行。该书由市社会主义新农村建设领导小组于 2009 年开始组织编写，农职院选聘 9 名教师参加编写。全书共约 8 万字，全面总结北京市“十一五”期间新农村建设主要成就、做法和经验，展望“十二五”时期北京市新农村建设主要任务，并附北京市“十一五”期间新农村建设大事记。

（胡鑫）

【试行学生素质综合测评管理方案】 2 月，农职院信息技术系试行《学生素质综合测评管理方案（草案）》。该方案于 2011 年 12 月启动制定，旨在鼓励学生自律自省。方案综合考虑学生日常管理、校园文化建设、学生素质培养等因素提出具体评定项目，有针对性地开展教育、管理、服务；依据考核结果颁发《学生素质综合测评星级证》，作为学生操行鉴定、评优评先、奖助学金评定、推荐就业等考核依据。此次试行共对 5 个教学系 33 个班级 900 名学生开展测评，在毕业前颁发学生《素质合格证》。

（刘杰）

【南校区运动场和综合楼工程完工】 3 月和 4 月，农职院南校区综合运动场和综合楼工程完工。综合运动场为新修建，占地面积 8000 平方米，有篮球场地 7 块、羽毛球场地 5 块、网球场地 3 块以及排球场地 2 块，均为塑胶面层，同时实现灯光覆盖。该项目于 2011 年 8 月动工，总投资 402 万元。综合楼工程为加固修缮，完成后，楼体抗震能力符合国家规定标准，楼内办公室房间数由 86 间增至 110 间。该工程于 2011 年 7 月开工，总投资 1984.82 万元。

（马波　郭生国）

【成为市法院系统书记员培养基地】

4 月 24 日，农职院挂牌成为北京市法院系统书记员培养基地。农职院文秘法律系法律文秘专业自 2007 年开展书记员培养工作，现有 103 名学生（包括实习生）在市各级人民法院担任书记员，包括高院 8 人、中院 20 人；4 人于 2011 年被高院评为“优秀书记员”。基地建立为该校实现书记员“订单式”培养提供条件。

（王莹）

【建成科研管理平台】 4 月，农职院科研管理平台建成。该平台包括科研办公、科研队伍、科研项目、科研经费、科研成果、奖励成果、学术活动等模块，具有添加本人科研成果、进行个人或项目组网上项目申报、查看项目申报信息和审核意见、查看科研考核结果等功能。平台面向全院教职员工开放，是该校教职员工科研成果积累、科研工作统计、职称晋级管理重要方式。

（许红涛）

【首次免试招收优秀中职毕业生】 4 月，农职院高职自主招生首次免试招收优秀中职毕业生。首批免试录取考生 11 人，其中，8 人为市级三好学生，2 人为市级优秀学生干部，1 人在市平面设计技能大赛中获二等奖，涉及金融保险、园艺技术等 8 个专业。农职院是全市 17 所自主招生高职院校中推行高职自主招生免试入学首个院校，开辟高、中职院校衔接，共同培养优秀职业人才新途径。

（童雷）

【举办首期大学生创业培训班】 6 月 1 日，农职院首期“大学生创业培训班”开班。培训历时 3 周，学生完成创业评估、创业调研、项目选择、商务洽谈、创业开办、创业营销、人员管理、日常管理和创业计划书等专题学习，经评审合格可获得人力社保部颁发的创业培训合格证书。该培训属于“全国青年彩虹工程大学生创业实践活动——北京市大学生创业援助计划”，受全国青年彩虹工程实施指导办公室指导，农职院同时被确立为该活动的“大学生创业培训基地”。

（童雷）

【入选首批“北京高校青年教师社会实践基地”】 6 月 14 日，农职院实训基地入选首批“北京高校青年教师社会实践基地”。基地由市委组织部、宣传部、市委教育工委等 9 部门联合授牌，是青年教师开展课题研究、挂职锻炼等社会实践活动机构。首批入选机构 101 家，农职院是唯一一所高职院校。

（王颖）

【建成大学生创业基地】 7月3日，农职院畜牧兽医系大学生创业基地挂牌。基地位于南校区畜牧场内，将发挥创业孵化器作用，为学生创业项目提供场地和技术支持，提升学生实践及创业能力。首个进驻项目为兽医医药专业两名学生的黄粉虫养殖项目，

项目论证充分、投入少、风险低、可行性高，首批养殖100斤成虫正在生长。

（沈杰）

【成立生物防治研究所】　12月26日，农职院生物防治研究所正式挂牌。该研究所为全国高职高专类院校首家，中国农业科学院院士为研究所揭牌。农职院生物防治技术研发及推广工作起步于2006年，天敌昆虫花绒寄甲、肿腿蜂人工规模化繁殖技术已取得突破性进展，居于世界领先水平。至12月，已累计繁殖防治松褐天牛、光肩星天牛等4个生物型花绒寄甲，年产花绒寄甲成虫100万头，卵2000万粒；肿腿蜂累计繁殖500余万头，年繁殖能力2000万头；逐步在全国18个省区市开展技术应用与推广服务；围绕此项工作获得国家应用技术专利4项；12人项目团队累计发表科研论文18篇，并承担10余项省部级科研课题。

（胡尊瑞）

北京政法职业学院

党委书记　张景荪
院　　长　张景荪

【概　况】　2012年，北京政法职业学院占地面积29.64万平方米，产权校舍建筑面积4.22万平方米、非产权校舍建筑面积5.64万平方米。全年教育经费投入23418.11万元，全部为国家拨款。固定资产总值22589.81万元，其中，教学、科研仪器设备总值9473.65万元。图书馆建筑面积3883平方米，藏书671.22万册，其中，纸质图书43.84万册、电子图书627.38万册。拥有计算机3082台，多媒体教室座位4735个。学校信息化经费投入318.95万元，信息化设备资产3409.67万元，网络信息点1989个，校园网出口总带宽100Mbps，电子邮件系统用户796个，上网课程126门，数字资源量31368.98GB，管理信息系统数据总量41.70GB。设有5系1部、9个研究所、7个教辅机构和2个培训机构。开设21个专业，包括中央财政重点支持专业2个、市级教改试点专业1个、市级高职示范专业3个。教职工383人，其中，专任教师206人，包括教授及教授级高级工程师10人，副教授及高级工程师51人；博士20人，硕士156人；“双师型”教师100人。聘请校外教师23人。毕业生1499人，其中，普通高职生1156人、五年制高职生324人、成人教育专科生19人。毕业生一次就业率99.13%。招生1422人，其中，普通专科生1039人、五年制高职生383人。高考北京地区提档线文科150分、理科150分，统招艺术文史类105分、艺术理工类105分，单考单招150分。在校生4755人，其中，普通高职生3731人、中职生1024人；另有与北京师范大学联合举办网络教育在校生790余人。网址：www.bcpl.cn。

（李文波）

【开展法律服务基层项目】　3月22日，政法职院承办的市政府购买社会组织服务——法律服务基层项目启动。学院与北京市劲松第六中学等6所学校就法律服务未成年人和特殊学生达成战略合作协议，双方共建“春雨爱心之家”。签约活动被人民网、凤凰网、中国网等多家媒体集中报道。12月13日，“春雨”法律服务活动总结会暨“春雨杯”漫画、征文颁奖活动在海淀寄读学校举行，这是法律服务基层项目重点活动之一。与会领导为获奖代表颁发奖品，并开通“春雨爱心之家”网络服务平台。

（李文波）

【与知识产权企业签约合作】　4月11日，政法职院举行高职知识产权人才培养研讨会暨学院与北京集佳知识产权代理有限公司冠名班签约仪式。冠名班通过法律基础知识学习与定向岗位技能学习相结合方式，使学生全面了解工作内容和流程，快速适应岗位需求，定向培养知识产权专业人才。来自国家知识产权局、北京市知识产权局领导，校企双方领导和工作人员以及学院40余名师生参加仪式。

（李文波）

【举办法律问题短期来华研修班】　4月15至19日，政法职院举办“国际贸易纠纷和商事仲裁中的法律问题”短期来华研修班。研修班与美国国际司法学会合作举办，主要针对法院审理国际贸易纠纷、知识产权案件，国际商事仲裁和诉讼案件代理等方面问题进行情况介绍和研讨。共有来自美国联邦地区法院、州上诉法院法官、法学会专家、大学法学院教授等14人和中国法官协会、北京法官协会专业人士20人参加研修。

（李文波）

【“首都综治远程教育服务平台”上线开通】　5月31日，“首都综治远程

教育服务平台”正式上线开通。该平台由首都综治办主办，政法职院承办，集首都综治干部和治安志愿者管理、培训、服务于一体，是学院服务首都社会管理重要举措。

（李文波）

【承办两项职业技能比赛】　6月15日和9月8日，政法职院分别承办北京市第三届职业技能大赛速录比赛和北京市第一届保安员职业技能竞赛。速录比赛为期3天，由西城区人力社保局主办，是北京市首次举办速录师职业技能比赛。比赛设置看打、听打、极限看打、蒙目速录、理论比赛5个赛项、84个奖项，来自全市26家单位88名选手参赛，16家单位34名选手获奖，政法职院共获得冠军8项、亚军1项、季军7项，以及“优秀团队奖”和“特别贡献奖”。保安

员竞赛由市公安局、团市委等单位举办，覆盖全市近 200 家保安服务公司，设置保安守护、保安巡逻、安全检查和安全防范技术 4 个赛项。经过初赛、复赛、决赛等阶段，决出 4 个赛项前三名。全市 7.20 万名保安参加竞赛。这是公安局等政府部门首次将重大赛事交由第三方承办。

（李文波）

【校政企行战略合作模式初见规模】

至 12 月，政法职院校政企行战略合作模式初见规模。该校先后与秦皇岛中级人民法院、北京铁路运输中级人民法院、东城区司法局、大兴区政府外事办公室、大兴区人民法院、朝阳区人民检察院、北京市第一中级人民法院、人民网、丰台区中鼎等七家社会工作事务所、北京国际展览中心有限责任公司、北京市悦成公司、北京中搜网络技术有限公司等多家政府部门和企业签署合作协议，在专业共建、实习实训、课题研究、政府购买服务等多个领域进行合作，初步实现校政企行“优势互补、资源共享、互惠互利、共同发展”良好局面。

（李文波）

北京财贸职业学院

党委书记 韩宪洲
院　　长 王成荣

【概　况】 2012 年，北京财贸职业学院占地面积 29.15 万平方米，产权校舍建筑面积 13.69 万平方米。全年教育经费投入 27038.45 万元，其中，国家拨款 20825.62 万元、自筹经费 6212.83 万元。固定资产总值 35669 万元，其中，教学、科研仪器设备总值 19601 万元。图书馆建筑面积 12461 平方米，藏书 86.15 万册，其中，纸质图书 69.56 万册、电子图书 16.59 万册。拥有计算机 3040 台，多媒体教室座位 4003 个。学校信息化经费投入 1610.44 万元，信息化设备资产 12356.80 万元，网络信息点 13000 个，校园网出口总带宽 174Mbps，电子邮件系统用户 6700 个，上网课程 130 门，数字资源量 25000GB，管理信息系统数据总量 450GB。设有校本部、涿州校区和东四校区共 3 个校区，9 个教学系部和二级学院。开设 22 个高职教育专业、2 个中专教育专业、4 个成人教育专业，包括 3 个国家级示范专业、4 个北京市示范专业、1 个北京市级教改试点专业。教职工 584 人，其中，专任教师 290 人，包括教授及教授级高级工程师 7 人，副教授及高级工程师 89 人；博士 25 人，硕士 171 人；“双师型”教师 203 人。聘请校外教师 127 人。毕业生 2267 人，其中，高职生 1924 人、中专生 80 人、成人教育专科生 263 人。毕业生一次就业率 99.32%，一次签约率 85.76%。招生 2519 人，其中，高职生 2115 人、中专生 111 人、成人教育专科生 293 人。在校生 7220 人，其中，高职生 5993 人、中专生 271 人、成人教育专科生 956 人。网址：www.bjczy.edu.cn。

（李红兵）

【成立两个企业冠名商学院】 1月12

日和 3 月 30 日，财贸职院成立两个企业冠名商学院。两个商学院分别是与恒天财富投资管理公司联合成立的“北财·恒天商学院”，以及与中国环境国际旅行社联合成立的“北财·尚游汇商学院”。中国环境国际旅行社出资 10 万元为“北财·尚游汇商学院”设立奖学金。校企双方依托商学院在学生订单培养与培训、学生实习就业、企业研发和咨询服务、师资培训与共享、员工继续教育等方面实现一体化发展。

（李红兵）

【实施导师制和兼职班主任制】 1 月 12 日和 4 月 19 日，财贸职院实施青年教师培养导师制管理办法和兼职班主任管理办法。《青年教师培养导师制管理办法》规定，新入职或新转岗青年教师与具备相应资质的教授结成“传帮带”对子，导师在教育理念、教改科研、教学业务、职业发展等方面指导一至两年，并制定量化考核方法。《兼职班主任管理办法》规定，专职教师及具备一定条件的教辅、行政管理人员可担任兼职班主任，在学生专业学习、社会实践、专业实训、顶岗实习、职业生涯规划、技能大赛等方面给予指导和帮助，任职期限不少于两年。至年底，有 29 名高级职称教师担任 33 名青年教师导师，100 人被聘为兼职班主任。

（李红兵）

【成立实训中心】 4 月 11 日，财贸职院成立实训中心。实训中心与教务处合署办公，承担院内服务和社会服务双重任务，是该院校内外实习实训基地规划和建设、职业技能鉴定和大赛开发与组织的管理部门，为各系（院）部校内实训基地建设、实训教学开展提供指导与服务，也是校内通用实习实训基地建设、实践教学课程开发、实施与质量控制、通用职业技能鉴定和大赛项目的开发与实施的教学部门，编制 5 人。

（李红兵）

【与西周燕都遗址博物馆签署合作协议】 5 月 22 日，财贸职院与房山区西周燕都遗址博物馆签署合作协议。该博物馆成为该院广告艺术学院校外学生实习、实训基地和教师实践研究基地。西周燕都遗址博物馆是市级一类博物馆。至年底，财贸职院与恒天财富、华西证券和通州区旅游委等 16 家企业或政府部门签署战略合作协议，校企在合作育人、合作研发、培训咨询、就业、教师下企业等方面开展合作。

（李红兵）

【举办首届青年教师教学基本功大赛】 6 月 2 日，财贸职院举办首届青年教师教学基本功大赛。经初赛，来自各系（院）部 27 名教师进入决赛。决赛按北京市青年教师教学基本功比赛要求进行，分教案展示、现场教学演示两个环节，由专家和学生共同担任评委。经过角逐，共产生综合一等奖 3 个、二等奖 6 个、三等奖 9 个，并评出最佳教案奖、最佳教学演示奖、最受学生欢迎奖、优秀指导教师奖和优秀组织奖 5 个单项奖。

（李红兵）

【开办17个订单班】 6月25日，财

贸职院与北京屈臣氏个人用品连锁商店有限公司签署校企合作协议，并为“高级美容顾问订单班”挂牌。该订单班共 30 名学生，开设 8 门专业课。学生在校学习一年，在企业顶岗实习一年，成绩合格可获得高级化妆师、高级美容师、高级美发师证书，并进入该企业工作。至年底，该院先后与中国银行、华西证券、莱市口百货等单位联合开办订单班 17 个。

（李红兵）

【与超市发共建实训基地】 9 月 17 日，财贸职院在超市发财贸职院店举行校内顶岗实训基地开课仪式。该校向超市发两名企业人员颁发实训指导教师聘书，超市发向该校两个营销项目组颁发课题委托书。两个系 400 余名学生在超市发进行为期 10 周零售岗位体验顶岗实习。超市发实训基地建筑面积 450 平方米，由企业出资建设。

（李红兵）

【举办首届会计文化节】 11月23日，财贸职院举办首届会计文化节。活动包括“会计文化传承与会计人才培养”论坛、会计技能大赛和会计专题讲座三部分。该院在论坛上作“会计文化引领下的会计人才培养”主题发言，用友公司、大华会计师事务所和该院立信会计学院老校友从企业人才需求、个人会计人生经历等方面进行

交流发言。活动举办立信会计学院第二届点钞、小键盘、珠算和会计信息化四项会计技能大赛，邀请财政部考试评价中心副主任作“我国会计制度的变迁——实务角度”专题讲座。来自政府部门、高职院校、合作企业代表和该院领导、相关部门负责人以及立信会计学院师生代表参加活动。

（李红兵）

【推行核心课程教授负责制】 至年底，财贸职院推行核心课程教授负责制。由教授牵头组建课程团队，负责专业核心课程标准修订、教学资源库建设，利用教研活动联合备课，做好青年教师基本功“传帮带”。至年底，60%专业核心课程实现教授负责制，课程标准修订完成率 96%，62%专业核心课程有教学资源库。

（李红兵）

【与 9 所境外高校签署合作协议】 至年底，财贸职院与 9 所境外高校签署合作办学或合作交流协议。9 所高校分别是英国北安普敦大学、加拿大范莎学院、澳大利亚西悉尼学院、新西兰怀俄里奇理工学院和台湾龙华科技大学、高雄餐旅大学、建国科技大学、大华科技大学、台中科技大学，合作内容包括互派师生、学术交流、推进教学和管理等。

（李红兵）

北京戏曲艺术职业学院

党委书记　刘宝华
院　　长　王鸣铎（12 月免）
　　　　　　刘侗（12 月任）

【概　况】 2012 年，北京戏曲艺术职业学院占地面积 2.36 万平方米，产权校舍建筑面积 3.06 万平方米。全年教育经费投入 10277.87 万元，其中，国家拨款 9045.29 万元、自筹经费 613.53 万元，预算外经费 619.05 万元。固定资产总值 19164.86 万元，其中，教学、科研仪器设备总值 2043.19 万元。图书馆建筑面积 1569 平方米，藏书 23.36 万册，其中，纸质图书 16.29 万册、电子图书 7.07 万册。拥有计算机 373 台，多媒体教室座位 500 个。学校信息化经费投入 60 万元，信息化设备资产 266.09 万元，网络信息点 300 个，校园网出口总带宽 100Mbps，上网课程 2 门，数字资源量 15000GB，管理信息系统数据总量 2GB。设有 7 个系部，设京剧、音乐、舞蹈、艺术设计、地方戏曲、影视表演共五类专业 14 个专业方向，1 个艺术研究中心，1 个中型剧场。教职工 314 人，其中，专任教师 196 人，包括教授及正高职称 12 人，副教授及副高职称 31 人；博士 4 人，硕士 69 人；“双师型”教师 96 人。聘请校外教师 68 人。毕业生 294 人，其中，高职生 164 人、中职生 130 人。毕业生一次就业率 96.25%。招生 313 人，其中，高职生 164 人、中职生 149 人。高考北京地区艺术类提档线文科 105 分、理科 105 分。在校生 1014 人，其中，高职生 370 人、中职生 644 人。网址：www.bjxx.com.cn。

（廖维）

【举办文化组织员培训班】 3月17日

至 5 月 19 日，北戏与海淀区苏家坨镇文化服务中心合作举办文化组织员培训班。培训面向苏家坨镇 50 余名文化组织员，进行合唱与指挥等方面系统培训，课程涵盖乐理、视唱、指挥、合唱等，通过考核成绩合格者准予结业。培训结束后，由北戏及苏家坨镇

文化服务中心共同颁发结业证书。

（廖维　陈明）

【成立首个学生记者站】　3月21日，北戏首个学生记者站正式成立。学生记者站由高职大一6名学生组成，学院图书电教中心教师从设备配置、技术支持等方面为记者站提供最大便利条件，并于3月26日对记者站成员进行摄影技术指导和新闻报道写作方法培训。

（廖维）

【参演大型情景音舞诗画《天安门》】　4月16日至5月18日，北戏舞蹈系17名学生参加大型情景音舞诗画《天安门》演出。该演出由市委宣传部策划，北京演艺集团出品，陈维亚总导演，于5月16日在国家体育馆首演。演出生动展现北京3000年建城史、800年建都史以及独特的人文历史风貌。李长春、刘淇、刘云山、刘延东等领导人观看演出。

（廖维）

【京剧《水浒》赴欧演出】　5月9日至6月12日，北戏组织京剧《水浒》赴欧洲巡演。该校师生一行45人在荷兰和法国4个城市进行17场演出。该剧是北戏与法国导演索梅尔以"把课堂教学搬到舞台"为核心理念共同创作剧目，在舞台美术、舞台调度、表演方法上进行大胆尝试。剧目以小说《水浒传》为素材，以水浒众人物为线索，其中既有《活捉》《野猪林》《狮子楼》等传统老戏，也有《雷横观剧》等全新创作桥段，戏间穿插圆场、踢腿、喊嗓子等戏曲教学课堂训练场面，并融入书法、武术、民俗等中国元素。

（廖维）

【原创大型现代评剧《什刹海》首演】　6月13日，北戏原创大型现代评剧《什刹海》在北戏排演场首演成功。该剧由市文化局策划、创作，北戏地方戏曲系师生演出。剧情围绕一方古砚台和一座老四合院的归属，在改革开放背景下，讲述北京人在"情感和社会责任感"之间艰难抉择，讴歌新时代北京精神。全剧念白均采用旧京白，具有浓郁老北京特点。该剧相继参加2012年北京市优秀剧目展演、2012年北京金秋原创优秀剧目展演以及文化部"讴歌伟大时代、艺术奉献人民"2012年全国优秀剧目展演。

（廖维）

【开展京疆"1+1"校地合作项目】　6月，北戏与新疆奎屯市萨亚双语职业技术学校结为友好学校，开展"京疆'1+1'北戏奎屯校地合作"项目。项目包括资源共享（赠书）、教学交流和文化交流等内容。9月3日，两校在萨亚职校举行赠书仪式，北戏向萨亚职校赠送价值1万元的各类图书，这是校地合作项目系列活动之一。萨亚职校由少数民族个人创办，培训北疆地区各族待业、无业、下岗人员及农牧民子女千余人，包括免费培训残疾学生，减免30余名贫困学生相关费用，近90%学生实现就业，大部分是自主创业。

（廖维）

【与台湾戏曲学院合办研习营】　7月

26日，北戏与台湾戏曲学院共同举办的研习营开营。台戏组织11名学生到北戏学习、交流，学员开展基功课、把子课，并根据行当安排剧目课学习。学习为期1个月。8月22日，举行结业汇报演出。北戏与台戏是京剧艺术传承友好学院，该活动是台戏首次来京学习，旨在加强两校间合作，促进两岸京剧艺术传承和发展。

（廖维　陈明）

【纪念李盛藻100周年诞辰】　9月15至16日，北戏承办京剧表演艺术家李盛藻百年诞辰纪念活动。活动包括李盛藻百年诞辰纪念大会、剧目展演全本《庆顶珠》和出版《李盛藻纪念画册》三项内容。纪念大会回顾李盛藻艺术生涯，讲述与北戏渊源。会议研讨李盛藻艺术表演风格，探讨其艺术观和美学思想，以供后人借鉴。李盛藻之子，京剧表演艺术家杜近芳、李崇善以及中国戏曲学院教授参加纪念活动。活动与国家京剧院、中国戏曲学院、中国京剧艺术基金会、北京京剧院、北京国粹传承促进会联合主办。

（廖维）

【庆祝建校60周年】　10月26日，北戏举办建校60周年庆典大会。大会回顾北戏建校60年来办学历程，并从教育教学、艺术生产与研究、公共服务、艺术科研等方面介绍北戏办学思想和发展成就。来自中宣部、教育部、市文化局、市教委、国家京剧院、中国戏曲学院领导参加活动。文化部、国家京剧院、北京京剧院等单位和30余所高校、8所职业院校发来贺信、贺电。庆祝活动还包括举办"甲子石"揭幕仪式，京剧系原创少儿京剧《少年马连良》、大型儿童京剧《白雪公主》、影视表演系话剧《第十二夜》首演，舞蹈系优秀舞蹈作品展演《桃李芬芳》，举办"京剧教育60年回顾与展望"论坛和北戏60周年校史展，音乐系原创音乐会《水牛儿——北京民歌音乐风俗画卷（二）》首演，地方戏曲系评剧班演出《秦香莲》，以及举办音乐系第五届校园歌手大赛等。北戏建于1952年，原名北京市私立艺培戏曲学校，1953更名为北京市戏曲学校，2002年12月成立北京戏曲艺术职业学院，正式举办全日制高等职业教育，2006年与市艺术研究所合并，校名不变。60年来，共培养6000名艺术人才，20人获得全国戏剧表演最高奖"梅花奖"。

（廖维）

【《红豆馆拍正词曲遗存》出版】　11月，北戏与商务印书馆联合出版《红豆馆拍正词曲遗存》丛书。该套丛书1函5册，封面是蓝底素缎线装本设计，内文全部彩印红豆馆主本人亲笔正楷，含印章21方，印刷精美。收录舞台演出全剧曲谱26种，带身段标注曲谱2出，残本曲谱6种，单支曲牌3种；桌台清唱全折曲谱22种、带工尺字残本1种，单支曲牌3种；诗词散曲13种、残本宫调6种；除昆曲外，还特别包含一般词谱中不常见到的"京十番"曲牌2种。2012年是红豆馆馆主爱新觉罗·溥侗诞辰

135 周年，为纪念这位著名京朝派昆曲大师、戏曲艺术大师和戏曲教育家，北戏（北京市艺术研究所）与商务印书馆联合，将该院珍藏红豆馆主部分词曲原稿影印出版。书中大量曲谱为红豆馆主亲自抄录，具有较高曲学价值和书法价值。

（廖维）

北京现代职业技术学院

党委书记　丁久库
院　　长　丁久库

【概　况】　2012 年，北京现代职业技术学院占地面积 11.29 万平方米，产权校舍建筑面积 7.27 万平方米。全年教育经费投入 6391.32 万元，其中，国家拨款 5189.21 万元、自筹经费 1202.11 万元。固定资产总值 1.50 亿元，其中，教学、科研仪器设备总值 3031.69 万元。图书馆建筑面积 6636 平方米，藏书 44.27 万册，其中，纸质图书 16.27 万册、电子图书 28 万册。拥有计算机 780 台，多媒体教室座位 4809 个。学校信息化经费投入 30 万元，信息化设备资产 230 万元，网络信息点 1020 个，校园网出口总带宽 10Mbps，数字资源量 100GB，管理信息系统数据总量 90GB。设有汽车工程系、机电工程系、经济管理系和基础部“三系一部”，开设汽车制造与装配技术、数控技术、民航商务、社区管理与服务等 14 个专业，拥有 43 个实验实训室。教职工 221 人，其中，专任教师 119 人，包括教授 2 人、副教授 9 人；博士 5 人、硕士 57 人。毕业生 763 人。毕业生一次就业率 96.70%。招生 708 人。高考北京地区提档线文科 150 分、理科 150 分。在校生 1844 人。网址：www.moderncollege.com.cn。

（李跃谦）

【首次自主招生】　3 月 15 日，现代职院开展首次自主招生工作。招生专业为民航商务专业和汽车制造与装配技术专业。经网上报名、现场确认、初试、复试等环节，最终录取 116 人。

（李跃谦）

【开展毕业半年后跟踪调研】　3 月，现代职院与麦可思公司合作开展 2011 届毕业生毕业半年后跟踪调研。调研旨在了解毕业生毕业半年后短期就业能力与培养质量的社会评价。11 月 8 日，麦可思公司提交报告。调研结果显示，学院 2011 届毕业生在就业竞争力方面具有较大优势，表现为：毕业生毕业半年后就业现状满意度 64%，比全国高职院校（44%）高 20 个百分点；毕业半年后就业率 93.30%，比全国高职院校（89.60%）高 3.70 个百分点；就业去向方面，毕业半年后“受雇全职工作”比例 84.10%，比全国高职院校（82.80%）高 1.30 个百分点，“专转本”比例 7.80%，比全国高职院校（3.70%）高 4.10 个百分点，“无工作、继续寻找工作”比例 3.90%，比全国高职院校（7.40%）低 3.50 个百分点；毕业生工作与职业期待吻合度 43%，比全国高职院校（40%）高 3 个百分点；毕业半年内离职率 44%，比全国高职院校（52%）低 8 个百分点；毕业半年后总体能力满足度 82%，比全国高职院校（80%）高 2 个百分点。

（李跃谦）

【实施题库化考试】　4 月，现代职院实施题库化考试。该校出台实施方案，率先对汽车检测技术、物流仓储管理、思想道德修养与法律基础、液压与气压传动、汽车构造（下）5 门课程试行题库化考试。学期末，完成 5 门课程题库建设。题库化考试是指建立某门课程试题库，学期末考试时，由教学管理部门从试题库中抽取相应试题组成考试试卷对学生进行考试。

（李跃谦）

【组建两个订单班】　5月3日，现代职院“北京现代汽车”订单班和“北汽自主品牌”订单班签约。学院与企业合作，在 2011 级学生中选拔 35 人组成“北京现代汽车”订单班，在 2010 级学生中选拔 40 人组成“北汽自主品牌”订单班。此举实现学院订单班工作从短期订单班向中长期订单班的转型。

（李跃谦　张芳）

【开展“四证书”人才培养标准课题研究】　5 月，现代职院开展“四证书”人才培养标准课题研究。“四证书”是指每个学生毕业前都要取得现代职业道德证书、现代职业技能证书、现代职业体能证书和现代职业毕业证书 4 种证书。该校成立“四证书”评审委员会，负责评审政策制定、过程监督、结果认定、申诉受理等工作；分别设立 4 个评审工作组，制定各证书实施方案，开展认证评价工作。至年底，该校完成各证书培养标准和评价指标体系制定，相关工作在 2013 级学生中全面试行。同时，此课题作为子课题被纳入北京师范大学国家职业教育研究院承担的教育部职业教育重点课题“职业教育质量保障体系”整体规划中，学院课题组与国家职业教育研究院课题组依托已有“四证书”人才培养方案，对证书基本内涵、理论依据、评价标准等内容进行更加深入系统研究，以期形成具有可推广价值的技能人才培养评价体系。

（李跃谦）

【举办首届创新讲坛】　6 月 29 日，现代职院举办首届创新讲坛。该校于 2011 至 2012 学年开展工作创新项目工作，共有 78 项工作创新项目立项。经成果评估，71 项圆满结题，其中 66 项分获工作创新类、科研课题类、项目化教学改革类一、二、三等奖。根据实际应用价值，10 个优秀项目被推上首届创新讲坛，各项目代表人介绍项目实施情况，分享价值成果。

（李跃谦）

【考点通过验收】　9 月 14 日，现代职院全国机动车检测维修专业技术人员职业水平实际操作考点通过市交通委考试中心验收，成为北京市第一个挂牌的实操考点，承担全市企业、社会人员培训及考试工作。10 月 29 日至 11 月 10 日，该考点完成全国机动车维修工程师实操考试工作，共有来自各区县 66 名考生参加考试。考前，学院挑选6名专业教师对考生进行为期一个半月培训。

（李跃谦）

【校企网开通上线】 9月18日，现代职院校企网正式开通上线。该网包括在线交流、供需对接处理、网上求职招聘等15个管理子系统。企业、学生、学院等用户登录后，可开展以校企合作为内容的项目培训、继续教育、在线交流、成果展示、网上求职招聘、综合信息查询等。通过校企网，学校能及时了解企业需求，企业能及时方便了解学院毕业生供给状况，实现企业需求和院校供给对话与对接，是以处理校企供需对接为核心、以加强校企交流为目标的综合性大型在线互动平台。

（李跃谦）

【与5家企业签订人才培养合作协议】 9月18日，现代职院分别与中航复合材料有限责任公司、北京现代汽车有限公司、首都航天机械公司、北京汽车股份有限公司北京分公司和北京北一机床股份有限公司5家企业签订人才培养战略合作协议。根据协议，双方建立人才“订单培养”工作体系，企业参与学院教育教学，学生学习结束后经考核合格，由企业安排就业；学院教师可到企业实践锻炼；学院可聘任企业工程技术人员为实训指导教师，企业可聘任学院教师为技术专家组成员；共建学生实训基地；开展科研项目合作；联合承接政府和行业资质认证、准入资格培训及鉴定等项目。协议有效期3年。

（李跃谦）

【实施学生教学信息员制度】 9月，现代职院实施学生教学信息员制度。每班设一名学生教学信息员，职责是如实反映教师教学、学院管理、教学条件、学风状况等方面存在的问题，并征求和收集学生意见、建议。要求信息员填写和报送教室日志，参加相关会议和活动等。教学质量监控中心负责学生教学信息员日常管理，定期召开信息员会议，按学年评选优秀信息员。

（李跃谦）

【设立职业技能培训鉴定点】 9月，现代职院与3家单位合作，在学院设立机械行业职业技能鉴定点、全国机动车检测维修专业技术人员职业水平实际操作考点、顺义区安全生产实训基地。机械行业职业技能鉴定点由机械工业职业技能鉴定指导中心设立，主要面向数控技术、机电一体化、模具、汽车制造、汽车检测与维修等专业12项技术工种开展技能鉴定。鉴定点设立后，学院每年可面向社会人员开展技能鉴定培训3000人次，面向校内有关专业学生开展技能鉴定培训800人次。全国机动车检测维修专业技术人员职业水平实际操作考点由市交通委运输管理局设立。机动车检测维修专业技术人员职业水平专项认证分为机动车检测维修士、机动车检测维修工程师两个级别。北京于本年首次启动培训认证，全市共设两个考点，现代职院是第一个。顺义区安全生产实训基地由顺义区安全生产监督管理局设立，主要面向叉车、焊工、高低压电工等工种开展鉴定。实训基地设立后，学院联合区安监局，每年可面向社会人员开展相关工种培训认证一万余人次，面向校内物流等相关专业学生开展相应工种认证培训。至此，该校可鉴定工种达26个，全年共开展技能鉴定11批次，鉴定人数1418人次。

（李跃谦）

【确定校训并启用第二版校徽】 12月，现代职院确定校训为“上善若水、道法自然”，同时启用第二版校徽。校训体现德行塑造、做人处事的行为准则，反映立德树人的本质规律，表达现代社会对高端技能人才道德素养塑造和技能水平提升的双重要求。校徽分外、中、内环，外环上下分别为学院中英文校名；中环八个蓝色方块平均排列，象征自然界八个方向，代表学院办学的开放性、发展的开拓性；内环中心为“人”字变形的三角标识，人居中心，体现学院办学的人本主义思想和以人为本的科学发展观，三角体体现全院师生同心向上、脚踏实地、科学创新、追求卓越的精神风貌；整体构图以工业蓝为主色，反映学院培养高级蓝领技能人才的办学定位，整幅图由三个同心圆组成，厚重饱满充实，富有立体感和层次感。

（李跃谦）

北京经济管理职业学院

党委书记 赵永平

【概　况】 2012年，北京经济管理职业学院占地面积85.95万平方米，产权校舍建筑面积13.31万平方米。全年教育经费投入20022.60万元，其中，国家拨款15833.10万元、自筹经费4189.50万元。固定资产总值21540.44万元，其中，教学、科研仪器设备总值5790.44万元。图书馆建筑面积7652.27平方米，藏有纸质图书47.50万册、电子图书3072GB。设有南、北两个校区，建有管理学院、财金学院、商务学院、信息学院、工程技术学院5个二级学院和基础部等教学部门，开设工商管理、会计和工程造价等18个专业。教职工555人，其中，专任教师182人；“双师型”教师73人。聘请校外教师83人。毕业生1130人，全部为高职生。毕业生一次就业率98.32%。招生1210人，全部为高职生。高考北京地区提档线专科提前批文科150分、理科150分，专科普通批文科150分、理科150分，单考单招150分。在校生4272人，其中，高职生3604人、成人教育专科生668人。网址：www.biem.edu.cn。

（刘志东）

【与4家企业（单位）开展合作】 2至11月，经管职院与4家企业（单位）开展合作。其中，工商管理系与浪潮集团有限公司签署校企合作协议，双方在学院信息化建设、实习（实训）、实验室建设、课程开发、师资培训等方面合作。信息工程系与北大方正电子有限公司签署校企合作协议，双方约定在学生顶岗实习、师资培训、专业课程开发、教材开发、实习实训基地建设、信息化建设等方面开展合作，增强专业发展能力和专业影响力。财会系与北京首汽（集团）有限公司签署校企合作协议，双方在开发课程、编写教材、共建师资队伍、实习实训基地建设、订单培养人才等方面合作。学院与北京工业经济联合会签署战略合作协议书，这是该校首次与行业协会开展合作。

（刘志东）

【承办民营经济发展论坛】　10月21日，“2012学术前沿论坛——民营经济发展论坛”在经管职院举行。论坛听取经济学家关于民营经济、民办教育相关论述，听取民办企业管理人员关于民营企业管理、民营经济发展等方面问题看法，得出“民营经济必须实现观念、法律地位、政治地位、市场经济地位四个方面突破，才能获得发展的好环境”结论。该论坛由市社会科学界联合会、中国改革20人论坛主办，经管职院、北京改革发展研究会、北京国际城市发展研究院共同承办。来自中国经济体制改革研究会、经管职院等单位专家学者、有关领导、企业家、媒体记者和学院教职工100人参加论坛。

（刘志东）

【高职教育研究信息交流平台上线】　10月，经管职院“高等职业教育研究信息交流平台”正式上线运行。该平台包括线上和线下两个部分，线上部分是高职教育学术活动信息交流平台，即在学院门户网站首页开办“高职研究”栏目；线下部分是高职教育热点问题专题研究信息载体，即《高职教育研究信息参考》内部刊物，每月一期。该平台宗旨是“研究高职、介绍高职、服务高职”；目标是成为学院高职教育研究者理论探索、学术争论园地，成为高职教育实践者沟通信息、交流经验、共享成果平台，成为高职教育管理决策部门帮手，成为社会了解高职教育改革和发展窗口。

（刘志东）

【举办商业地产运营管理人才培训班】　11月4日，经管职院第一期商业地产运营管理人才培训班开课。金地集团全国招商中心总经理讲授“商业地产新观念”，卓越联行投资管理有限公司策划总监讲授“商业项目市场研究及产品定位”，首期学员及学院部分教师参加培训。培训由学院与卓越联行投资管理有限公司共同推出，为期4周，其间安排学员到商业地产公司实地参观考察。

（刘志东）

【举办首届大学生社会实践报告会】　11月21日，经管职院举办首届大学生社会实践报告会。会议表彰本年社会实践表现突出的优秀团队和个人；听取优秀团队和优秀个人代表作社会实践报告，讲述社会实践经历、体验和收获；并就今后进一步开展活动提出希望和要求。该校各二级学院、有关部门负责人及师生代表500余人参加报告会。该校于暑期组织在校大学生开展“挥洒青春访民生、投身实践走基层”主题社会实践活动。

（刘志东）

北京劳动保障职业学院

党委书记　李宗泽
院　　长　李继延

【概　况】　2012年，北京劳动保障职业学院占地面积21.53万平方米，产权校舍建筑面积12.53万平方米。全年教育经费投入18786.30万元，其中，国家拨款14937.20万元、自筹经费3849.10万元。固定资产总值39959万元，其中，教学、科研仪器设备总值11058万元。图书馆建筑面积7105平方米，藏书62.11万册，其中，纸质图书36.21万册、电子图书25.90万册。拥有计算机2020台、多媒体教室座位7333个。学校信息化经费投入980万元，信息化设备资产782万元，网络信息点1800个，校园网出口总带宽110Mbps，电子邮件系统用户220个，上网课程13门，数字资源量800GB，管理信息系统数据总量120GB。设有亚运村和昌平西关两个校区，设置机电工程系、工商管理系、劳动经济管理系、安全工程系，基础部和实训中心。教职工219人，其中，专任教师173人，包括教授及教授级高级工程师4人，副教授及高级工程师52人；博士14人，硕士93人；“双师型”教师89人。聘请校外教师180人。毕业生1587人，其中，高职生1034人、成人教育专科生553人。毕业生一次就业率100%。招生1743人，其中，高职生1025人、成人教育专科生718人。高考北京地区提档线文科150分、理科150分，单考单招160分。在校生5003人，其中，高职生3131人、成人教育专科生1872人。网址：www.bvclss.cn。

（白红宾）

【举办什邡职业中专班】　2月20日，京劳职院“什邡职业中专第四期学习班”正式开学。共30名学生和4名教师参加学习，其中，15人参加普通机加工实训，8人参加汽车维修实训，10人参加平面媒体设计实训，1人参加电子商务实训。学习班为期6个月。为确保来京师生学好本领上好课，该校于2月19日组织学习班学前培训，从教学规划和课程内容、北京各方面生活常识两方面进行培训。

（白红宾）

【与两家企业签署教师实践基地协议】　5月10日和9月13日，京劳职院分别与北京首都旅游集团有限责任公司和北京祥龙资产经营有限责任公司签署教师企业实践基地协议书。协议包括建立教师企业实践基地、合作开展企业培训等内容。

（白红宾）

【发那科数控系统应用中心揭牌】　6月19日，京劳职院“发那科数控系统应用中心”签约暨揭牌仪式举行。该中心与北京发那科机电有限公司（FANUC）合作建立，建在学校，是定位于FANUC数控系统应用技术的综合实习实训平台。中心建成后，发挥技术培训与服务、院校师资培训与技术服务、专业开发与人才培养三大功能，配合数控技术专业领域技能型紧缺人才培养培训工程实施，将理论讲解与实践操作、培训与现场应用密切结合，形成一个集数控专业学生培养、师资培训以及面向企业培训和技术服务的一体化综合平台。该中心为教育部校企合作项目，来自教育部职业教育与成人教育司、北京发那科机电有限公司、浙江亚龙教育装备股份有限公司以及学院有关领导和代表参加仪式。

（白红宾）

【与两家养老服务公司签约合作】　7月2日和16日，京劳职院分别与北京太阳城养老服务有限公司和北京慈爱嘉养老服务有限公司（仁爱华）签署合作协议。双方约定在共同培养学生、提供实习实训平台、学生就业等方面开展合作。

（白红宾）

【组织国家骨干校建设重点专业教师国际化培训】 7至8月，京劳职院组织国家骨干校建设重点专业教师国际化培训。该校组织51名国家骨干校建设重点专业教师（含市教委IHK项目6名教师和教师素质提升工程项目4名教师）分别赴德国、澳大利亚进行为期21天学术交流和学习培训，学习和了解国外职业教育现状与模式、教育教学理念和教学法等方面先进经验。

（白红宾）

【举办两个订单班】 11月7日，京劳职院劳动经济管理系"朝阳区社会保险基金管理中心订单班"和"西城区人力资源和社会保障局订单班"开班。首次培训由该系系主任为学员进行入职培训，讲解入职前准备工作、职场中需具备的素质、职场基本规范等内容；该系教师讲解医疗保险相关政策、社保中心服务管理制度、"四险"相关政策和业务操作等内容。之后，学生进入朝阳社保中心和西城人力社保局各个基层岗位进行为期半年顶岗实习，接受更加系统岗位培训。朝阳社保险中心和西城人力社保局均为该系重要合作单位。

（白红宾）

【国家专业技术人员继续教育基地揭牌】 11月9日，京劳职院国家专业技术人员继续教育基地揭牌，同时"护理科研实践研讨班"正式开班。揭牌仪式标志国家专业技术人员继续教育基地培养培训工作正式启动。护理科研实践研讨班是该校与北京大学护理学院共同开设的国家级继续医学教育项目。培训班以"护理科研选题"为题，为期3天，来自全国各地护理教学和临床单位134名学员，以及该校工商管理系健康管理与老年关怀专业4名教师和5名学生代表参加学习。

（白红宾）

【为北京排水集团培养员工】 12月7日，京劳职院与北京城市排水集团签订"2012年度生产服务一线员工职业能力提升培训班合作协议书"，排水集团委托该校安全工程系举办生产服务一线员工职业能力提升培训班。培训班面向排水集团生产一线入职五年内青年工人，从专业理论知识和实际操作能力两方面开展培训。

（白红宾）

北京社会管理职业学院

党委书记 王杰秀
院　　长 蒋昆生（10月免）
邹文开（11月任）

【概　况】 2012年，北京社会管理职业学院占地面积60.39万平方米，产权校舍建筑面积8.97万平方米。全年教育经费投入6346万元，其中，国家拨款3998万元、自筹经费2348万元。固定资产总值21967.73万元，其中，教学、科研仪器设备总值3023万元。图书馆建筑面积8948平方米，藏书29.38万册，其中，纸质图书20.38万册、电子图书9万册。拥有计算机800台，多媒体教室座位1997个。学校信息化经费投入220万元，信息化设备资产169.83万元，网络信息点432个，校园网出口总带宽320Mbps，电子邮件系统用户303个，上网课程72门，数字资源量4000GB，管理信息系统数据总量50GB。设有河北燕郊和北京大兴两个校区，7个系，老年服务与管理、婚庆服务与管理、社区服务与管理等15个专业及专业方向，3个研究中心。教职工297人，其中，专任教师130人，包括教授及教授级高级工程师14人，副教授及高级工程师32人；博士14人，硕士142人；"双师型"教师78人。聘请校外教师60人。毕业生724人，全部为高职生。毕业生一次就业率95.99%。招生1065人，其中，高职生986人、成人教育专科生79人。高考北京地区提档线文科150分、理科150分。在校生2917人，其中，高职生2736人、成人教育专科生181人。网址：www.bcsa.edu.cn。

（何立军）

【通过人才培养工作评估】 5月，社职院通过人才培养工作评估。市高职院校人才培养工作评估专家组到该校听取学校整改工作报告，实地考察校内实训基地、教学条件和校园环境，召开中层干部座谈会和教师座谈会，查阅相关文件材料并访谈有关人员，对该校整改工作给予肯定，同意该校通过评估。至此，该校历时三年人才培养评估工作结束，标志该校正式成为一所合格高职院校。

（何立军）

【承办全国民政职业技能大赛】 5月，第三届全国职业院校民政职业技能大赛在社职院举办。大赛由全国民政职业教育教学指导委员会、民政部职业技能鉴定指导中心主办，来自全国16所院校309名参赛选手参加13个职业竞赛，决赛产生一等奖15名（学生组13名、教师组2名），二等奖65名（学生组62名、教师组3名），三等奖135名（学生组132名、教师组3名）；共有16所院校获得团体奖，其中，社职院获团体一等奖。竞赛还产生62名优秀指导教师、24个优秀教研室、15个优秀系（科、部、院）、17个优秀裁判员和若干竞赛服务工作先进个人。

（何立军）

【与外省市民政机构签约合作】 5月和7月，社职院分别与上海市民政局和贵州省民政厅签约合作。该校依托民政部社会工作研究中心与上海市民政局合作共建社会工作研究基地，在上海市闸北区、嘉定区设立项目点，社职院负责项目策划与执行，上海市民政局负责与相关部门和机构协调联络。基地建成后，先后承担"闸北区社会组织参与社会管理创新研究"和"嘉定区来沪人员管理与服务创新研究"任务。与贵州省民政厅签署《民政人才培养"十二五"战略合作协议》，携手培养社会管理职业人才，合作举办民政干部培训、孤残儿童教育培训项目，共建社会工作、社区管理等教学实训基地，开展民政实务研究，共同推动贵州民政人才队伍建设和国家民政高职教育及干部培训事业发展，解决大龄孤儿和贫困家庭子女接受高等教育及就业问题。

（何立军）

【举办首届全国农民工社会工作服务创新研讨会】 7月5日，社职院联合中国社会报、北京市协作者社会工作发展中心在南京举办首届全国农民工社会工作服务创新研讨会。来自全国各地近百名专家、学者、社会工作者围绕农民工社区融入与能力建设、农民工权益保障与社会支持等问题进行讨论。研讨会采取主旨发言、自由提问、分组讨论等多种参与方式，共同研讨农民工社会工作服务需求、现状、特点与功能、问题和挑战，分享农民工社会工作服务经验与模式，探索农民工社会工作服务路径。国务院农民工工作联席会议办公室、民政部、农业部有关领导参会，人民网、新华网、《南京日报》等 20 余家新闻媒体进行宣传报道。

（何立军）

【成为国家级专业技术人员继续教育基地】 8 月，社职院被人力社保部批准成为第二批国家级专业技术人员继续教育基地。该校获得 300 万元专项经费支持，主要承担民政行业国家专业技术人才知识更新工程培训项目、专家师资、教材资源、数据库开发、在线学习平台建设、课题研究等任务。

（何立军）

【完成民政职业技能鉴定 35535 人次】 至年底，社职院完成民政职业技能鉴定 35535 人次。该校依托民政部职业技能鉴定指导中心，在全国民政系统 11 个职业组织鉴定考试 296 次，鉴定总数达 35535 人；新申报 24 家鉴定站，68 家鉴定培训机构申请备案，全国鉴定培训机构达 109 家，基本实现全国省域范围全覆盖；此外，组建成立中民职业能力建设中心，推进民政行业职业技能鉴定和民政技能人才队伍建设，同时承担民政部职业技能鉴定指导中心职能。

（何立军）

【举办77期民政干部培训班】 至年

底，社职院依托民政部培训中心举办 77 期民政干部培训班。培训项目主要包括全国民政厅（局）长高级研修班、全国新任民政局局长培训班、罗霄山区民政局局长培训班、全国民政企事业单位负责人高级研修班、全国优抚医院管理人员培训班、民政部机关新任处长培训班、新疆维吾尔自治区街道社区干部培训班、福彩公益金养老、社工、儿童培训项目、彩票公益金政府购买公益服务项目—养老护理员培训项目等。共计 8000 余人参加学习。

（何立军）

【推进教育教学改革】 至年底，社职院围绕工学结合人才培养要求和就业市场实际岗位需求深入推进教学改革。该校开展新一轮专业人才培养方案修订工作，修订完成 12 个专业人才培养方案；出台课程标准编制意见，完成 44 门课程标准编制订工作，建成 50 门网络课程和 8 门院级精品课程；制定《特色教材建设管理办法（试行）》，编写、出版 10 余部专业教材；评选出院级高等教育教学成果一等奖 3 项、二等奖 1 项。

（何立军）

北京体育职业学院

党委书记 徐建中
院　　长 徐建中

【概　况】 2012 年，北京体育职业学院占地面积 8 万平方米，产权校舍建筑面积 6.55 万平方米。全年教育经费投入 3451 万元，其中，国家拨款 3270 万元、自筹经费 181 万元。固定资产总值 36124 万元，其中，教学、科研仪器设备总值 5665 万元。图书馆建筑面积 300 平方米，藏书 62.91 万册，其中，纸质图书 14.49 万册、电子图书 48.42 万册。拥有计算机 262 台，多媒体教室座位 904 个。学校信息化经费投入 28.60 万元，信息化设备资产 35.93 万元，网络信息点 318 个，校园网出口总带宽 2Mbps，数字资源量 2421GB，管理信息系统数据总量 8GB。设有院本部和芦城 2 个校区，6 个系部，竞技体育、运动训练、社会体育、体育保健和体育服务与管理 5 个专业。教职工 170 人，其中，专任教师 84 人，包括教授及教授级高级工程师 2 人、副教授及高级工程师 33 人；硕士 33 人；“双师型”教师 7 人。聘请校外教师 17 人。毕业生 314 人，其中，高职生 123 人、中职生 100 人、成人教育专科生 91 人。毕业生一次就业率 100%，一次签约率 33.30%。招生 223 人，其中，高职生 57 人、中职生 166 人。在校生 678 人，其中，高职生 205 人、中职生 461 人、成人教育专科生 12 人。网址：www.bjtzhy.org。

（刘静暄）

【首届高职毕业生全部就业】 7月2

日，北体职院首届高职生毕业且全部就业。该校社会体育、体育保健、体育服务与管理以及竞技体育四个专业于 2009 年招收首届高职生共 123 人，全部顺利毕业。截至 6 月 26 日，31 人签订就业协议书，1 人参军入伍，91 人提供用人单位证明，实现 100% 就业。

（李辉　雒雪松）

【建成网络在线学习平台】 11 月 1 日，北体职院建设完成院级网络在线学习平台。在线学习课程范围涉及基础理论、教学方法与技能、课堂组织等多个方面，教师可登录该平台选课学习。至年底，该校共完成 100 余人次选课学习。学习平台网址：bjtzhy.enetedu.com。

（李建亚）

【举办首届青年教师教学基本功竞赛】 11 月 1 日，北体职院举办首届青年教师教学基本功竞赛。竞赛重点从教师职业教育理念、教学组织、说课等方面进行综合评比。经过各系、教研室初赛选拔，最终 6 名教师参加决赛，评出一等奖 1 人、二等奖 2 人、三等奖 3 人。

（徐博畅）

北京交通运输职业学院

党委书记　李怡民
院　　长　刘小明

【概　况】　2012年，北京交通运输职业学院占地面积32.64万平方米，产权校舍建筑面积13.81万平方米、非产权校舍建筑面积0.37万平方米。全年教育经费投入24799.90万元，其中，国家拨款22478.70万元、自筹经费1685.10万元、经营收入600.50万元、其他收入35.60万元。固定资产总值228123.18万元，其中，教学、科研仪器设备总值12603.26万元。图书馆建筑面积5882平方米，藏有纸质图书35.60万册、电子图书177GB。拥有计算机1184台，多媒体教室座位8862个。学校信息化经费投入4.90万元，信息化设备资产1501.56万元，网络信息点3823个，校园网出口总带宽40Mbps，电子邮件系统用户454个，上网课程117门，数字资源量300GB，管理信息系统数据总量10000GB。设有海淀西三旗、大兴黄村、通州和劲松等6个校区，13个系室，城市轨道交通运营管理、汽车运用技术和物流管理等7个专业。教职工390人，其中，专任教师241人，包括副教授及高级工程师54人；博士2人，硕士53人；“双师型”教师107人。聘请校外教师58人。招生1701人，其中，高职生993人、中职生708人（含五年制高职生）。高考北京地区提档线文科150分、理科150分。在校生5929人，其中，高职生1754人、中职生4175人。网址：www.jtysxy.com。

（苑媛）

【与北京地铁公司合办订单班】　1至12月，交通运输职院与北京地铁公司下属各分公司签署协议举办校企合作订单班。1月12日，该校与北京地铁线路公司合作组建首个订单班，共有学生25名。经过11周线路轨道知识、地铁企业文化、人员管理流程以及线路工岗位工作职责及工作内容等培训，5月，订单班学生到地铁线路公司顶岗实习。12月14日，该校与北京地铁运营有限公司合作建立“北京地铁订单班”，该校2012年入学的城市轨道交通类专业13个班级被授予“北京地铁订单班”称号，上述班级527名学生通过专业考核可直接进入北京地铁公司工作。

（苑媛）

【举办全国城市轨道交通专业骨干教师培训班】　2月9至20日，交通运输职院举办2012年度全国城市轨道交通专业骨干教师培训班。培训内容包括轨道车辆、运营专业知识培训，北京地铁专家企业培训，参观北京地铁公司车辆段及车站，参训教师座谈交流等。共有来自全国8个高职院校11名城市轨道交通专业教师参加培训。该校于2009年开始举办该类培训，至今举办4期。

（苑媛）

【教师参加校企合作企业培训】　2至8月，交通运输职院10名教师参加学院校企合作企业培训。2月10至17日，该校3名汽车销售（F－SEP）项目讲师参加一汽丰田业务部培训室举办的新普锐斯商品集中培训，学习汽车发展新技术、普锐斯商品、丰田营销理念等。8月2至11日，4名教师参加一汽大众销售有限责任公司组织的技术人才培养工程（TQP）合作院校教师技术培训，培训内容涉及一汽大众品牌及产品知识、车辆电气系统、舒适系统、发动机、传动系统、行驶动力学、成员保护与安全系统等，共有全国5所职业院校25名教师参加培训。8月，上海通用培训中心举办为期一周的新技术培训以及为期两周的铜级培训和认证。新技术培训涵盖2011至2012年上海通用新车型、新技术、通用汽车全球诊断系统GDS2使用、GF6变速器维修技术等，并重点培训教师选择和使用专用维修工具的能力。该校2名教师参加新技术培训并获得3A级讲师资格认证，1名教师参加铜级培训并获得资格认证。另外，7至8月，该校6名教师分别赴北京地铁企业开展实习实践。

（苑媛）

【成立关心下一代工作委员会】　3月17日，交通运输职院成立关心下一代工作委员会。关工委是在学院党委领导下、以学院退休老同志为主体、有在职同志参加的群众性工作组织，主要任务是组织、指导学院退休老同志，对在校学生及青年教职员工进行思想政治和道德品质教育，全面关心学院青年人健康成长。关工委下设关心青年教职工组、关心青年学生组和特邀党建组三个工作组。

（苑媛）

【联手市二检院开展学生法制教育】　4月12日，交通运输职院与市人民检察院第二分院（简称“市二检院”）签署“检察官进校园、共筑青春防线”院检合作协议书。根据协议，学院借助市二检院力量介入学生法制教育，拓宽学生法制教育渠道，做好青年学生思想道德教育工作。学院聘请市二检院3名检察官为法治副院长、法治辅导员，并颁发聘书。

（苑媛）

【组织市职业院校教师培训】　7至9月，交通运输职院作为“十二五”时期市职业院校教师素质提高工程汽车运用与维修、城市轨道交通两个专业教师培训基地，组织开展教师培训。7月6至8日，该校组织开展汽车新技术培训活动，培训内容涉及新能源汽车、燃料电池汽车动力系统、电动汽车技术发展等，全市9所职业院校100名教师参训。9月15日，该校组织开展城市轨道交通运营与管理培训，邀请京港地铁培训部高级培训师从京港地铁公司企业文化、运营岗位设置以及典型工作任务和具体案例桌面演练等方面进行理论培训，并组织学员参观京港地铁公司宣武门和新街口两个典型车站。全市11所职业院校52名教师参加培训。

（苑媛）

【合作成立中德交通运输职业教育研究所】　11月20日，交通运输职院

与德国德累斯顿工业大学职业教育和

继续教育学院合作成立“中德交通运输职业教育研究所”签约。市交通委、市教委、市财政局领导为研究所揭牌。研究所设在校内，有研究人员9人，其目的与宗旨是通过中德合作开展人才培养培训，引进德国先进职业教育课程，共同开发交通行业大发展下急需专业，培养行业内高技能、高水平人才；通过北京交通职业教育集团合作搭建平台，开展针对北京国有大型交通企业高端人才继续教育及培训；针对北京综合交通体系建设中管理及技术热点、难点问题，开展课题研究和培训，为政府提供决策建议和咨询服务。

（苑媛　李黎）

【开展交通行业培训考核工作】　至年底，交通运输职院开展面向交通、公路、房地产行业职业培训、鉴定考核工作。全年共完成各类职业培训10618人次，技能鉴定、考核64065人次。培训、鉴定项目总数54个。

（苑媛）

北京卫生职业学院

党委书记　董维春

【概　况】　2012年3月，北京卫生职业学院经北京市人民政府批准成立。学院占地面积13.35万平方米，产权校舍建筑面积9.38万平方米、非产权校舍建筑面积0.21万平方米。全年教育经费投入20123万元，其中，国家拨款17106万元、自筹经费3017万元。固定资产总值22231.93万元，其中，教学、科研仪器设备总值9544.39万元。图书馆建筑面积2334平方米，藏有纸质图书25万册。拥有计算机2533台，多媒体教室座位9876个。学校信息化经费投入117万元，网络信息点3440个，校园网出口总带宽15Mbps，电子邮件系统用户122个，上网课程30门，数字资源量6778GB，管理信息系统数据总量106GB。设有三个院区，开设护理、药学和康复治疗技术等7个高职专业，中医护理、卫生信息管理和中医康复保健等11个中职专业。教职工571人，其中，专任教师250人，包括教授及教授级高级讲师2人、副教授及高级讲师76人；博士1人，硕士30人；“双师型”教师71人。聘请校外教师62人。招生1820人，其中，高职生289人、普通中职生1446人、成人中专全日制学生85人。高考北京地区提档线文科236分、理科195分。在校生8145人，其中，高职生289人、普通中职生7564人、成人中专全日制学生292人。网址：www.bjwszyxy.com。

（邢怡）

【学校成立】　3月，卫生职院经市政

府批准设立。9月26日，卫生职院成立大会暨2012级新生开学典礼在北京会议中心举行，市教委、市卫生局、市中医局领导为学院揭牌。学院师生代表发言，2012级全体新生宣读医学生誓词。中国关心下一代委员会，教育部、卫生部，市发改委、市教委、市卫生局等单位领导以及学院1500余名师生代表参加会议。卫生职院由原北京卫生学校、北京护士学校和北京市中医学校合并组建，以培养大学专科层次高等卫生职业技术人才为主，是公办全日制普通高等职业学院，隶属于市卫生局。

（邢怡）

【开展院外学区办学质量检查】　11月，卫生职院开展院外学区办学质量检查。学院成立院区检查组，检查崇文校区、房山校区、丰台校区、顺义校区、顺义分校和大兴分校6个学区。检查分为常规检查和专项检查，常规检查包括办学环境、学生管理及教学管理三部分，专项检查包括学生宿舍安全、宿舍环境及个人环境等整体检查。检查结果良好，6个学区全部通过检查。检查组对各学区进行反馈，促进各学区办学质量进一步巩固和提高。

（邢怡）

【开展“一和三同”活动】　至年底，卫生职院开展“一和三同”活动。该活动以“和谐师生，同拒红包、同抵回扣、同葆成才”为主题，目的是避免和减少教育教学、行政管理和后勤服务工作中不正之风和腐败问题，严肃行业纪律，提升师德师风。该校利用宣传橱窗、横幅标语、院刊等载体宣传“一和三同”理念，公布廉政账号，设置上缴礼金、礼物和“回扣”的缴存部门，设立举报电话和师生纠纷调处部门电话，让全体师生人人皆知、入脑入心、指导行动。活动贯彻全年。

（邢怡）

中等职业教育

【概　况】　2012年，北京市共有中等职业学校130所，其中，普通中等专业学校31所，成人中等专业学校11所，职业高中54所，技工学校34所。普通中等专业学校毕业生16111人，招生14753人，在校生59895人；教职工3738人，包括专任教师1984人；占地面积151.37万平方米，学校产权校舍建筑面积85.71万平方米；固定资产总值21.97亿元，其中，教学、实习仪器设备资产6.40亿元。成人中等专业学校毕业生23523人，招生27398人，在校生64858人；教职工592人，包括专任

教师342人；占地面积23.86万平方米，学校产权校舍建筑面积13.58万平方米；固定资产总值1.23亿元，其中，教学、实习仪器设备资产0.36亿元。职业高中毕业生19281人，招生21925人，在校生64987人；教职工7834人，包括专任教师4928人；占地面积351.52万平方米，学校产权校舍建筑面积128.74万平方米；固定资产总值22.19亿元，其中，教学、实习仪器设备资产7.60亿元。中等职业学校全年面向社会开展各类职业培训780万人次。

（张兰　胡雨）

【新增36个中职专业】　1月6日，市教委同意部分中等职业学校2012年新增专业备案。市教委组织专家对部分中等职业学校申报的2012年拟招生新专业（技能方向）进行评议，经研究，同意北京金隅科技学校等20所学校“计算机与数码产品维修”等36个专业（技能方向）备案，从2012年起列入招生计划。

（胡雨　张兰）

【“首都厚德精工”校企联盟成立】　3月2日，“首都厚德精工”校企联盟在北京市丰台区职业教育中心学校成立。市教委、丰台区教委、中国汽车工程学会、中石化润滑油公司等29家成员单位签署联盟协议，并通过联盟条例和2012年联盟工作要点。该联盟是在政府主导下，发挥成员单位各自品牌优势，建立制度化的跨行业、跨企业的校企合作联盟。联盟致力于加强联盟成员间协作，探索在人力资源、技术开发、信息服务等方面合作，搭建有特色的产、学、研合作交流平台，为联盟成员之间创造合作、共赢、发展机会。联盟在合作方式上，从项目单一型转变为项目团队型；在合作价值取向上，从利益驱动型提升为服务驱动型；在效益获取上，从经济效益型转化为综合效益型，从而实现共赢。

（史晓光）

【总结课改实验项目阶段性成果】　3月9日，市教委公布中等职业学校“工作过程导向”课程改革实验项目2011年度成果评审结果。市教委组织市课改专家指导组对课改项目学校150个课例、172本专业核心课讲义、118篇课改研究论文进行评审，共评出课例一等奖16个、二等奖25个、三等奖42个，讲义一等奖12本、二等奖24本、三等奖38本，研究论文一等奖6篇、二等奖19篇、三等奖23篇。

（张兰）

【确定市现代化标志性中职学校建设计划第三批建设校】　4月6日，市教委公布北京市现代化标志性中等职业学校建设计划第三批项目建设学校。经学校申报，市教委组织专家评估，确定北京市黄庄职业高中、北京市延庆县第一职业学校、北京市求实职业学校、北京市丰台区职业教育中心学校、北京市大兴区第一职业学校5所学校为北京市现代化标志性中等职业学校建设计划第三批项目建设学校，建设周期两年。以上5所学校同时作为“国家中等职业教育改革发展示范校建设计划”北京市第三批推荐备选学校。

（张兰）

【举办市中职学校技能比赛】　4月，

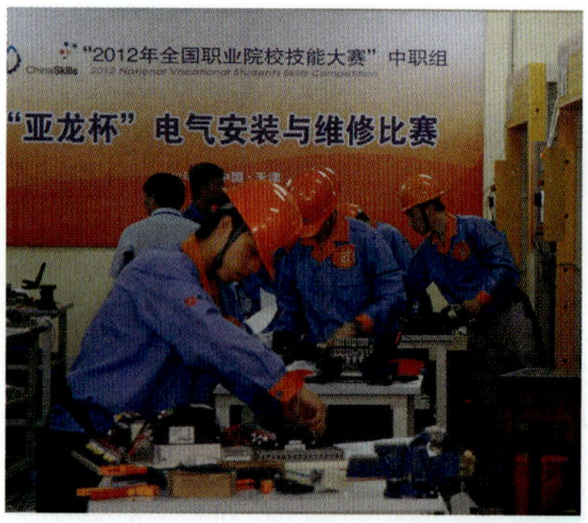

市教委举办2012年北京市中等职业学校技能比赛暨全国职业院校技能大赛北京地区预赛。比赛设14个专业类别57个比赛项目，全市2.80万名学生参加比赛，最终评出一等奖137人、二等奖249人、三等奖376人，评出优秀指导教师106人、首席指导教师7人、优秀工作者20人、特殊贡献奖42个、优秀组织奖22个。同时，从获奖选手中选拔111名学生代表北京市参加全国职业院校技能大赛，获得一等奖20个、二等奖25个、三等奖31个。

（吕轮超）

【参加全国第九届中职学校文明风采竞赛】　4至10月，市教委组织学生参加全国第九届中等职业学校文明风采竞赛。全市共47所学校万余名学生参加活动，共提交作品6402件，经过市级复赛，推荐3681份作品参加决赛，共2776件作品获奖，其中，一等奖442件、二等奖845件、三等奖1092件、优秀奖387件，获奖率79%；市教委获得组织工作贡献奖。该竞赛由教育部、中央文明办和中华职业教育社联合主办，包括学校初赛、省级复赛和全国决赛三个阶段。比赛分为征文、设计、摄影、FLASH动漫、展示等五大类13项比赛，全国2328所中职学校57505份作品、31336名教师，以及712所学校和20个省级复赛组委会获奖。

（吕轮超）

【13个中职实训基地建设项目获中央财政支持】　7月，北京市13个中等职业学校实训基地建设项目（含技工学校5个）获得2012年度中央财政支持。该评选由教育部、财政部共同举办。

（项明）

【7所中职学校入选国家改革发展示范校建设计划】　9月21日，北京市7所中等职业学校入选“国家中等职业教育改革发展示范学校建设计划”第三批立项建设学校。经各地申报，教育部、人力社保部和财政部组织专家复核，并经公示程序，确定北京市7所中职学校入选该计划第三批立项建设学校，分别为首钢高级技工学校、北京市黄庄职业高中、北京市延庆县第一职业学校、北京市求实职业学校、北京市丰台区职业教育中心学校、北京市园林学校和北京电子信息高级技工学校。全国共342所中职学校入选，建设期2年。

（张兰）

【认定第二批市中职学校示范专业】　12月20日，市教委认定第二批北京市中等职业学校示范专业。在学校申报、自评基础上，市教委组织专家对16所学校19个专业进行评估，通过入校现场听课、考察专业实训基地建设使用情况和教学管理工作、召开师生座谈会、听取用人单位意见等方式，认定北京金隅科技学校等14所学校17个专业为第二批市中职学校示范专业。

（项明）

对方进行同等天数和训练次数的交流，交流期限两年。

（严丽芬）

北京市商务科技学校

【概　况】　2012年，北京市商务科技学校占地面积4.81万平方米，产权校舍建筑面积3.79万平方米、非产权校舍建筑面积1.34万平方米。全年教育经费投入4952万元，其中，国家拨款4543万元、自筹经费409万元。固定资产总值10610万元，其中，教学、科研仪器设备总值3978万元。图书馆建筑面积680平方米，藏书24.32万册，其中，纸质图书12.78万册、电子图书11.54万册。拥有计算机1254台，多媒体教室座位2815个。学校网络信息点1298个，校园网出口总带宽20Mbps，上网课程4门，数字资源量160GB。设有右安门、富河园和徐辛庄等4个校区，5个系部，开设物流服务与管理、服装设计与工艺、财会等12个专业和11个专门化方向，45个教学班。教职工149人，其中，专任教师80人、教辅人员9人。专任教师中具有研究生学历15人，本科及以上学历占教师总数100%；高级专业技术职务32人、中级41人；“双师型”教师48人。毕业生276人，就业率96%，职业资格证书取证率100%。招生368人，包括成人中专生86人。在校生1260人，包括成人中专生232人。网址：www.swkj.org.cn。

（黄汉周）

【校企联办会计实务技能比赛】　1月，商务科技学校财会金融专业与厦门网中网软件有限公司联合举办“网中网杯”会计实务技能比赛。比赛分会计电算化操作、手工记账、翻打传票、点钞等项目，为期2个月，共决出一等奖26名、二等奖33名、三等奖37名。

（王家申）

【承办市中职学校物流比赛】　3月20至21日，北京市第五届中等职业学校“国商杯”物流技能比赛暨全国职业院校物流技能大赛北京地区预赛在商务科技学校物流培训基地举行。来自15所学校（包括6所中专、6所职高、2所技校和1所高职）105名选手参赛，参赛学校和参赛人数为历年最多。比赛分团体比赛和个人单项比赛两个项目，共评出团体一等奖2个、二等奖3个、三等奖5个；个人单项一等奖6人、二等奖12人、三等奖18人。该比赛由市教委与市教科院、市职教学会联合举办。

（黄汉周）

【承担全国物流技能大赛外国选手赛前训练任务】　6月15至24日，商务科技学校受中国物流与采购联合会委托承接来自英国和德国5名参加全国物流技能大赛师生培训任务。中国物流与采购联合会副会长、市教委职成处处长、英国文化协会全球项目运作总监先后到该校物流培训基地看望选手、观摩训练并与学校领导和师生进行交流，开创外国选手参加中国物流技能大赛先河。

（黄汉周）

【加强物流专业建设】　至12月，商务科技学校加强物流服务与管理专业建设。3月21日，该校与通州区物流协会签署合作协议，学校物流培训基地正式成为通州区物流人才培训基地。4月，物流服务与管理专业成为首批北京市“3+2”中高职衔接试点专业，9月该专业招生87人。11月，该专业接受市教委评估专家组评估与检查，成为北京市示范专业。12月22日，学校与北京市商贸职教集团签署协议，学校物流实训基地成为北京商贸职教集团实训基地。

（黄汉周）

【调整专业设置】　至年底，商务科技学校根据北京经济社会发展方向和社会需求变化状况调整专业设置。1月6日，该校经市教委批准新增学前教育专业，7月开始招生，首批计划招生40人，实际招生43人。压缩不具有优势和特色的专业，停止计算机类专业招生，缩小会计专业招生规模。12月，学校与北京信息技术职业学院、北京启天同信科技有限公司签署协议，校企合作开发中高职衔接的北京市职业教育物联网技术应用专业。

（黄汉周）

北京水利水电学校

【概　况】　2012年，北京水利水电学校占地面积3.88万平方米，产权校舍建筑面积2.66万平方米。全年教育经费投入3192万元，全部为国家拨款。固定资产总值6205万元，其中，教学、科研仪器设备总值38万元。图书馆建筑面积3247平方米，藏有纸质图书8.66万册。拥有计算机729台，多媒体教室座位1500个。学校网络信息点1个，校园网出口总带宽20Mbps，上网课程63门，数字资源量200GB。设有5个系部，开设水利水电工程施工、给排水工程施工与运行、机电技术应用等10个专业，41个教学班。教职工155人，其中，专任教师88人、教辅人员9人。专任教师中具有研究生学历18人、本科及以上学历占教师总数100%；高级专业技术职务30人、中级36人；“双师型”教师32人。聘请校外教师6人。毕业生435人，就业率95%，职业资格取证率50%。招生340人。在校生1521人。网址：www.slsdschool.com。

（刘京丽）

【与两公司签订校企合作协议】　5月3日和9月10日，水电学校分别与北京吉北电力工程咨询有限公司和丹麦企业格兰富（中国）投资有限公司签订校企合作协议。与电力工程咨询公司协议规定，双方合作组建吉北电力监理班，校企共同制订教学计划，企业专员指导学生生产实践。监理班按企业用人标准共选取32名学生。与格兰富公司协议规定，公司在未来3年，每年向学校捐赠5万元，设立“格兰富励志奖学金”，用于鼓励品学兼优学生。同时，格兰富公司与学校初步达成捐赠成立“水泵实验室”备忘录。

（刘京丽）

【通过市中职示范专业评估】 10月25至26日，水电学校水利水电工程施工专业通过北京市中职示范专业评估。北京市中职示范专业评估专家组一行14人到校实地考察，听取学校自评汇报，现场听课，考察校内实训基地，召开在校生、毕业生、用人单位座谈会，与教师访谈，并查阅相关资料，经过讨论、分析和研究，同意该专业通过北京市中职示范专业评估。

（刘京丽）

【入选全国水利中职示范校】 12月25日，水电学校被正式确认为全国水利中等职业教育示范校，水利水电工程技术专业与机电技术应用专业被确认为全国水利中等职业教育示范专业。该校于2010年被水利教育协会认定为全国水利中等职业示范建设学校。之后，该校不断完善办学条件，强化“双师型”教师队伍建设，构建面向市场、特色鲜明的专业体系和课程体系，建设一批融教学、培训、职业技能鉴定和技术服务四位一体的实训基地。12月10日，该校接受全国水利职业教育示范校、示范专业专家组验收。

（刘京丽）

北京城市建设学校

【概　况】 2012年，北京城市建设学校占地面积2.91万平方米，产权校舍建筑面积2.28万平方米。全年教育经费投入3656.42万元，其中，国家拨款2672.76万元、自筹经费983.66万元。固定资产总值26818.65万元，其中，教学、科研仪器设备总值2055.54万元。图书馆建筑面积403平方米，藏书18.91万册，其中，纸质图书6.21万册、电子图书12.70万册。拥有计算机610台，多媒体教室座位300个。学校网络信息点500个，校园网出口总带宽20Mbps，上网课程55门，数字资源量40GB。全日制中专开设9个专业，36个教学班；成人大专开设7个专业，29个教学班；成人中专开设7个专业。教职工125人，其中，专任教师74人、教辅人员11人。专任教师中具有研究生学历21人，本科及以上学历占教师总数100%；高级专业技术职务25人、中级46人；“双师型”教师33人。聘请校外教师37人。毕业生589人，其中，全日制中专生271人、成人大专生161人、成人中专生52人、北京电大市建职大工作站105人。毕业生就业率100%，职业资格证书取证率90%。招生944人，其中，全日制中专生307人、成人大专生290人、成人中专生283人、北京电大市建职大工作站64人。在校生2906人，其中，全日制中专生1210人、成人大专生888人、成人中专生339人、北京电大市建职大工作站469人。全年为市建筑行业从业人员开展岗位培训、技能鉴定考核5000人次。网址：www.bccs.cn。

（周晓凌）

【举办教师培训】 7月和11月，城建学校举办教师培训。7月组织建筑装饰专业创新团队及相关专业教师到云南建设学校，考察学习建筑装饰专业团队建设及实训基地建设。11月与云南建设学校、延庆县第一职业学校教师进行为期5天交流培训，研究工民建专业“以工作过程为导向”课程改革相关经验。

（周晓凌）

【举办技能竞赛月活动】 10月10至

30日，城建学校举办技能竞赛月活动。活动设工程算量、建筑模型制作、楼宇智能化等15个赛项，共有学生1986人次参赛，其中，36人次获得一等奖、62人次获得二等奖、124人次获得三等奖。

（周晓凌　刘亚）

【学生参加建筑工程技术技能比赛】 至年底，城建学校学生参加建筑工程技术技能比赛获佳绩。该校学生包揽北京市中等职业学校建筑工程技术技能比赛五个项目冠军，获得一等奖11个、二等奖14个、三等奖7个；获全国职业院校建筑工程技术技能大赛三等奖4个。

（周晓凌）

北京市自动化工程学校

【概　况】 2012年，北京市自动化工程学校占地面积37568.92万平方米，产权校舍建筑面积2.26万平方米。全年教育经费投入4183万元，其中，国家拨款3763万元、自筹经费420万元。固定资产总值8492.59万元，其中，教学、科研仪器设备总值5857.84万元。图书馆建筑面积500平方米，藏书16.10万册，其中，纸质图书6.10万册、电子图书10万册。拥有计算机603台，多媒体教室座位1500个。学校信息化经费投入34万元，网络信息点490个，校园网出口总带宽20Mbps，数字资源量1556.50GB。设有30个实训教室和实验室；建有综合实训楼，包括数控实训基地、模具实训基地、塑料成型工艺车间和普通机加工车间；开设6个专业，60个教学班。教职工134人，其中，专任教师81人、教辅人员13人。专任教师中具有研究生学历7人，本科及以上学历占教师总数100%；高级专业技术职务24人、中级33人；“双师型”教师33人。聘请校外教师4人。毕业生357人，毕业生实习率100%，就业率96.40%，职业资格证书取证率88%。招生779人。在校生2487人。全年开展短期培训1012人次。网址：www.zdhschool.com.cn。

（李季）

【举办首届校园礼仪风采大赛】 4月1日，自动化学校举办首届校园礼仪风采大赛。大赛通过模拟学生在校学习和生活片段，展现在课堂上和公共场所中学生应注意和遵守的礼仪规范，从言行、举止、待人接物等方面规范学生行为，使学生告别不文明言行。具体情境由各班级自行设计。全校共21个班级参加比赛，评出一等奖1个、二等奖2个、三等奖3个和优秀奖4个。

（刘斌）

【成为阿奇夏米尔集团金牌客户】 7月6日，自动化学校成为瑞士GF阿奇夏米尔集团金牌客户。双方就校企合作、技术支持交换意见。两单位有着长期合作关系，校企搭建起相互支持、相互学习平台，每年互派技术人员和专业教师进行技术交流。8月，该校4名专业教师受该集团邀请参加GF阿奇夏米尔航空航天、家用器具应用技术中心开业典礼和精密模具加工技术交流活动，参观应用技术中心机床展示厅和北京阿奇夏米尔工业电子公司放电加工机床生产线，参加航空航天先进制造技术交流和精密模具加工技术交流活动，更多了解GF阿奇夏米尔先进制造技术和应用支持。

（王丽娟）

【与石家庄信息管理学校联合办学】 9月，自动化学校与河北省石家庄信息管理学校机电技术应用、计算机网络技术两个专业联合办学。联合办学采用“2+1”模式，学生在石家庄信息管理学校学习2年，在自动化学校学习1年，学生经考核合格可获得自动化学校颁发的中专学历证书。来自石家庄信息管理学校37名学生进入自动化学校学习。

（刘新）

【首届北京地铁订单班开班】 11月22日，自动化学校首届北京地铁订单班开班。该校城市轨道交通运营管理专业学生198人参与北京地铁运营有限公司网上测评和现场面试，其中，115人通过考核进入订单班。订单班围绕企业需求开设特色课程和实训，教学师资来自校企双方，教学形式包括课堂教学、校内实训、现场顶岗等。订单班学生经过3至4年学习，经考核合格可获得中专学历证书，并进入企业相关岗位工作。

（刘新）

北京金隅科技学校

【概　况】 2012年，北京金隅科技学校占地面积11.29万平方米，产权校舍建筑面积10.08万平方米。全年教育经费投入11178万元，其中，国家拨款10362万元、自筹经费816万元。固定资产总值2.07亿元，其中，教学、科研仪器设备总值6304万元。图书馆建筑面积2083平方米，藏有纸质图书17万册、电子图书100GB。拥有计算机1430台，多媒体教室座位3660个。学校信息化经费投入597万元，网络信息点1700个，校园网出口总带宽70Mbps，上网课程27门，数字资源量7.50GB。设有东、西两个校区，机械与电气工程系、材料与建筑工程系、信息与管理工程系和基础教学部三系一部，开设数控技术应用、硅酸盐工艺及工业控制和计算机网络技术等23个专业，137个教学班。教职工329人，其中，专任教师158人、教辅人员27人。专任教师中具有研究生学历32人，本科及以上学历占教师总数100%；高级专业技术职务62人、中级70人；“双师型”教师117人。聘请校外教师45人。毕业生528人，就业率99%，职业资格证书取证率100%。招生662人。在校生3812人。网址：www.bjjyp.org.cn。

（刘波）

【学生获市优秀中学生称号】 5月23日，金隅学校智能楼宇0904班学生吕东东在2012年北京市优秀中学生事迹报告会上获得“北京市优秀中学生”称号并发言。该评选由市教工委、市教委、市委宣传部等五部门联合举办，共12名学生获此荣誉，其中6人在报告会上作典型事迹发言，吕东东是中职系统唯一获奖代表，并作题为《珍惜成长的每一天》发言。吕东东，1992年生于北京市，2009年进入该校学习，连续两年获北京市三好学生，连续三年获北京市政府奖学金，先后获得2010年度北京金隅集团优秀共青团员、首都大学和中专院校“先锋杯”竞赛“优秀基层团干部”、2012北京市优秀中学生称号。

（刘波　张涛）

【连续三年获全国技能大赛单项冠军】 6月，金隅学校数控专业学生获得2012年全国职业院校技能大赛数控车技术一等奖第一名。这是该校学生连续第三年在全国职业院校数控专业技能比赛夺冠。

（刘波）

【举办建筑装饰装修技能培训班】 9月，金隅学校与水泥砂浆协会联合举办国家建筑装饰装修（饰面砂浆）高级职业技能鉴定培训班。培训班在学校举行，包括专业理论和实践操作等内容，来自全国各地49名学员参加培训与鉴定。在此基础上，10月10日，商务部国际贸易经济合作研究院散装水泥物流与应用研究促进中心和中国建筑业协会材料分会预拌砂浆推广委员会相关领导到学校洽谈砂浆施工单位技能人才培养和推广问题，对学校承办和推广职工培训工作软硬件条件给予充分肯定，要求学校和中国建筑业协会材料分会预拌砂浆推广委员会共同制定砂浆施工单位技能人才培养方案。

（刘波）

【校企共建实训室】 12月，金隅学校与北京瑞特佳控股有限公司联合建设的门窗五金控制系统专业培训实训室完工。该项工程由瑞特佳公司出资，学校提供场地和教学服务，参与实训室方案论证、设计和施工。工程于10月8日开工。完成后，校企利用该实训室共同制定培训方案、编写培训教材并面向社会开展培训。

（刘波）

北京市园林学校

【概　况】　2012年，北京市园林学校占地面积7.49万平方米，产权校舍建筑面积2.38万平方米。全年教育经费投入2918.60万元，其中，国家拨款2540.90万元、自筹经费377.70万元。固定资产总值10984万元，其中，教学、科研仪器设备总值1711万元。图书馆建筑面积1271.70平方米，藏书11.20万册，其中，纸质图书4.20万册、电子图书7万册。拥有计算机506台，多媒体教室座位762个。学校信息化经费投入40万元，网络信息点941个，校园网出口总带宽30Mbps，上网课程1门，数字资源量230GB。设有房山区良乡镇和东城区天坛路两个校区，开设园林技术、宠物养护与经营和旅游服务与管理等8个专业，29个教学班。教职工105人，其中，专任教师56人、教辅人员12人。专任教师中具有研究生学历11人，本科及以上学历占教师总数98%；高级专业技术职务17人、中级23人；“双师型”教师37人。聘请校外教师12人。毕业生271人，就业率95.26%，职业资格证书取证率84.50%。招生149人。在校生792人。网址：www.bjlas.cn。

（苏革）

【确定重点建设品牌专业】　7月，园林学校确定园林技术、园林绿化、旅游服务与管理、宠物养护与经营4个专业为重点建设专业。重点专业建设基础为专业特色鲜明、办学条件良好、校企合作运行机制良好、实训教学资源丰富、服务行业发展有成效、学生就业率高，建设内容为人才培养模式与课程体系改革、强化师资队伍、深化校企合作。该校成立包括企业专家在内的专业建设领导小组，组建专业教学团队，确定学科带头人，学校从制度、资金、师资等方面予以支持。

（苏革）

【举办首届园林技术专业中高职衔接实验班】　9月，园林学校与北京农业职业学院开展园林技术专业“3+2”中高职衔接办学。双方举办园林技术专业中高职衔接实验班，首届招生40人，学制5年，前三年在园林学校学习，完成三年中职课程，发放园林学校中专毕业证书；后两年经农职院自主招生考核合格，升入高职院校，毕业时获得高职（大专）毕业证书。两校共同拟定培养目标、制订教学计划、培养方案，通过教育管理及学制衔接沟通，为社会培养有一定职业能力素养、符合国家职业资格标准的高等职业人才。

（苏革）

【为北京园博园建立绿地土方数据库】10月16至19日，园林学校师生为北京园博园建立绿地土方数据库。该校师生运用全球定位系统（GPS）对园博园进行绿地土方测量共计2.60万平方米，采集高程点900余个，并将数据输入电脑网络，建立起一整套绿地土方数据库管理系统，为园博园数字化管理提供技术支持和服务。

（苏革）

【为行业开展培训鉴定】　至年底，园

林学校为行业开展培训鉴定工作。内容包括园林绿化施工项目经理、园林绿化施工安全员、花卉园艺师、绿化工、插花员、展览讲解员培训等，并为市园林绿化局提供“公园风景区园林绿化施工与植物养护”及“公园风景区节日花卉布置”两期专项培训，为内蒙古鄂尔多斯东胜康巴什新区园林绿化事业管理局提供职工岗前培训。全年共举办各类培训班11期，培训园林绿化行业从业人员6530人次，组织职业技能鉴定考试23次，考核1189人次。

（苏革）

【完善校内实训基地建设】　至年底，园林学校完善校内实训基地建设。该校投资40万元购进新型专业测量仪器，包括8台全站仪、3台GPS定位仪；投资40万元购入园林设计、工程预算、土方工程量计算、园林树木识别、园林花卉识别等教学软件，并在实践课程设置、实训基地管理、实训指导教师管理、学生实习评价等方面形成一整套操作规程和制度体系。

（苏革）

北京市商业学校

【概　况】　2012年，北京市商业学校占地面积184.40万平方米，产权校舍建筑面积10万平方米、非产权校舍建筑面积500平方米。全年教育经费投入10985万元，其中，国家拨款9303万元、自筹经费1682万元。固定资产总值22989万元，其中，教学、科研仪器设备总值8136万元。图书馆建筑面积3620平方米，藏书14.40万册，其中，纸质图书11.20万册、电子图书3.20万册。拥有计算机2178台，多媒体教室座位2585个。学校信息化经费投入228万元，网络信息点4000个，校园网出口总带宽30Mbps，上网课程98门，数字资源量20000GB。设有本校区、东校区、西校区和红桥校区4个校区，7个系部，开设会计、金融事务、珠宝玉石和学前教育（保育员）等20个专业，104个教学班。教职工346人，其中，专任教师225人、教辅人员17人。专任教师中具有研究生学历75人，本科及以上学历占教师总数99%；高级专业技术职务57人、中级108人；“双师型”教师116人。聘请校外教师52人。毕业生1547人，就业率98%，职业资格证书取证率100%。招生1246人。在校生5147人。网址：www.bjsx.com.cn。

（金瑞明）

【成立珠宝玉石专业建设委员会】　3月30日，商业学校成立珠宝玉石加工与营销专业建设委员会。该委员会是从事专业指导和顾问性质的专家机构，对专业政审和建设起着监督、咨询、建议服务等作用，主要负责组织外联工作，参加专业建设指导和发展规划制定，提出政审发展意见和建议，研究制订实施方案，审查并修订专业人才培养方案，参加工学交替、毕业学习等实践教学环节计划制订与实施，参与专业人才培养，参与本专业校内外实训、实习基地建设，指导专业师资队伍建设等工作。

（金瑞明）

【举办首次毕业生专场招聘会】 4月27日，商业学校举办首次毕业生专场招聘会。北京祥龙资产经营有限责任公司、北京祥龙客运场站经营公司和北京商业储运公司等18家大中型企业到校招聘，共推出各类岗位365个，进场应聘学生涉及5个系10个专业480人。经考评面试、双方选择，305名学生被录取并现场签约。截至5月8日，305名毕业生全部到岗上班，月薪2400元以上，3个月后享受单位正式员工同等待遇。

（金瑞明）

【获全国五四红旗团委称号】 5月4日，商业学校团委被团中央评为全国五四红旗团委。全国五四红旗团委是团中央授予各级团组织最高荣誉，也是基层团委工作最高荣誉。本年共评出323个全国五四红旗团委，其中，北京市9个，商业学校团委是唯一职业学校。该校团委连续15年获局级五四红旗团委称号，2次被评为北京市五四红旗团委，68人先后获局级和市级优秀团员、优秀团干部称号。

（金瑞明）

【组建校企合作“联想IT专班”】 10月18日，商业学校计算机应用和网络专业与联想集团北京有限公司及阳光雨露信息技术服务（北京）有限公司签订合作办学协议书，成立“联想IT专班”。该班共有40名学生，由联想集团通过专业技术联网考试和现场面试层层选拔组成。校企双方通过合作办学，合作育人，“订单式”培养高素质、高技能计算机和网络人才。该校是北京唯一与联想集团合作中职学校。

（金瑞明）

【帮扶滇西职业教育】 12月3日，在国务院扶贫开发领导小组召开的滇西边境片区区域发展与扶贫攻坚启动会上，商业学校与保山市政府签订战略合作协议。根据协议，商业学校与滇西职业学校合作办学，在发展规划制定、联合培养技能型人才、特色产业发展、职业教育发展、学校基本建设、专业建设、实训基地建设、师资队伍建设、成教培训、联合招生办学、校企合作、学生就业等方面进行深度合作与交流，支持保山市职业教育发展。

（金瑞明）

北京铁路电气化学校

【概　况】 2012年，北京铁路电气化学校占地面积14.06万平方米，产权校舍建筑面积14.06万平方米。全年教育经费投入13732.90万元，其中，国家拨款11938.90万元、自筹经费1794万元。固定资产总值9139.20万元，其中，教学、科研仪器设备总值5004.85万元。图书馆建筑面积2122平方米，藏书18.48万册，其中，纸质图书17.55万册、电子图书0.93万册。拥有计算机745台，多媒体教室座位5882个。学校网络信息点693个，校园网出口总带宽50Mbps，数字资源量5300GB。开设供用电技术、机电技术和数控技术等11个专业，118个教学班。教职工214人，其中，专任教师146人、教辅人员7人。专任教师中具有研究生学历24人，本科及以上学历占教师总数89.70%；高级专业技术职务38人、中级52人；“双师型”教师80人。聘请校外教师19人。毕业生1457人，就业率97.40%，职业资格证书取证率96.70%。招生1279人。在校生5680人。网址：www.jtdx.com.cn。

（丰艳）

【参加全国技能大赛获奖】 6月26至29日，京铁电校学生参加2012年全国职业院校技能大赛获奖。该校供用电技术专业3名学生组成北京二队参加该大赛“光伏发电设备安装与调试”中职组比赛，获得二等奖。共43支队伍参加比赛。

（孙然）

【教师赴德国培训】 9月2至22日，京铁电校20名教师赴德国巴登符德堡州培训。培训包括“双元制”职业教育教学理念、教学方法、教学环节设计及教学管理等。培训期间，教师们与德国教师互动，亲身体验德国“双元制”授课过程，加深对“双元制”教育理念及教学方式理解和认识。年内，该校共80名教师赴德国、新加坡培训。

（孙然）

【庆祝建校60周年】 10月12日，京铁电校举行建校60周年庆典暨校企合作签约仪式。来自教育部、铁道部、市委教育工委、市教委及各直管直属单位，昌平区政府及各乡镇委办局，有关社会团体和企业代表，各届校友代表和师生参加庆典。庆典仪式上，学校与合作企业代表北京市地铁运营有限公司、京港地铁有限公司、中铁电气化局签署进一步深化校企合作协议。京铁电校建于1952年，隶属于北京铁路局，2004年划归市教委，建校60年来，共培养毕业生4万人。

（孙然）

北京商贸学校

【概　况】 2012年，北京商贸学校占地面积9.51万平方米，产权校舍建筑面积7.95万平方米。全年教育经费投入7372万元，其中，国家拨款6928万元、自筹经费444万元。固定资产总值22734万元，其中，教学、科研仪器设备总值12914万元。图书馆建筑面积3652平方米，藏书28.20万册，其中，纸质图书7.93万册、电子图书20.27万册。拥有计算机2632台，多媒体教室座位9807个。学校信息化经费投入730万元，网络信息点598个，校园网出口总带宽20Mbps，数字资源量19TB。设有4个系部，开设金融事务、饭店服务与管理和食品检测等 14 个专业，83 个教学班。教职工 203 人，其中，专任教师 85 人、教辅人员 36 人。专任教师中具有研究生学历 42 人，本科及以上学历占教师总数 100%；高级专业技术职务 37 人、中级 80 人；“双师型”教师 50 人。聘请校外教师 30 人。毕业生 850 人，就业率 100%，学生技能鉴定取证率 98%以上。招生 555 人。在校生 2586 人。网址：www.bjsmxx.com.cn。

（刘杰）

【首次举办青年教工培训班】 2 月 9 至 10 日，商贸学校举办“励精图治，继往开来，勇攀高峰”青年教工培训班。该校全体 45 岁以下青年教工共 90 余人参加培训。培训包括专题报告、交流座谈和分组讨论等方面内容，是该校首次最大规模针对青年教职工举办，旨在增强青年教师对学校了解和认识，提升青年教师使命感和责任感。

（刘杰）

【组织教师国际交流培训】 4 月 20 日，商贸学校作为市教委课改金融事务专业组长校举办教师国际交流培训。培训邀请英国威根·雷学院（Wigenl and leigh Coiiege）商学、金融、管理系主任苏珊·茱莉亚·迈尔斯，商学、金融专业副教授玛丽·特蕾莎·强生作《职业教育课程开发与校企合作》讲座，介绍与讲授国外职业教育课程开发、校企合作等职教热点、难点问题，还和与会教师就职业教育课程开发、校企合作等当前职教问题进行互动交流。12 所中职学校 45 名专业教师参加培训，全部获得结业证书。

（刘杰）

【金融专业课题结题】 9 月 20 至 21 日，在北京市中等职业学校工作过程导向课程改革实验项目立项课题结题鉴定会上，商贸学校金融专业课题“金融事务专业行动导向教学方法的实践研究”通过鉴定，给予结题。该课题于 2011 年 6 月立项，选取任务驱动法作为研究内容进行教学实施。

（刘杰）

【承办市中职学校财经类专业教师说课比赛】 11 月 16 日，商贸学校承办北京市中等职业学校财经类专业 2012 年教师说课比赛。比赛由市职教学会金融专委会主办，共有 12 所学校 20 余名金融、财会专业教师参加比赛。经过角逐，6 名教师获得一等奖。另外，在 12 月 12 至 17 日中国职教学会举办的 2012 年全国中等职业学校财经类专业“创新杯”教师说课比赛中，商贸学校教师获得一等奖。

（刘杰）

【3 个专业公共实训基地获批】 12 月 1 日，商贸学校 3 个专业公共实训基地通过市人力社保局审核批准。3 个专业分别是家政服务、导游、茶艺师，自 2013 年 1 月 1 日起面向社会开展公共实训工作。

（刘杰）

北京市供销学校

【概　况】 2012 年，北京市供销学校占地面积 44002 平方米，产权校舍建筑面积 32289 平方米。全年教育经费投入 2841 万元，全部为国家拨款。固定资产总值 10536 万元，其中，教学、科研仪器设备总值 3117 万元。图书馆建筑面积 2642 平方米，藏书 22 万册，其中，纸质图书 7 万册、电子图书 15 万册。拥有计算机 1038 台，多媒体教室座位 3967 个。学校信息化经费投入 291 万元，网络信息点 1000 个，校园网出口总带宽 10Mbps，上网课程 12 门，数字资源量 202GB。开设计算机应用、城市轨道交通运营管理、会计等六大类 14 个专业，52 个教学班。教职工 146 人，其中，专任教师 75 人、教辅人员 10 人。专任教师中具有研究生学历 15 人，本科及以上学历占教师总数 100%；高级专业技术职务 20 人、中级 36 人；“双师型”教师 44 人。毕业生 641 人，就业率 98.20%，职业资格证书取证率 90%。中等职业学历教育招生 677 人，其中，北京市普通中专 332 人、河北省普通中专 159 人、成人中专 186 人；职业技术培训招生 8471 人，包括技能培训 3302 人、涉农培训鉴定 1713 人、其他社会培训 3456 人；联办高等学历教育招生 1053 人，其中，北京电大供销学校工作站招生 408 人、东北农业大学北京学习中心招生 604 人、自考 41 人。中等职业学历教育在校生 1851 人，联办高等学历教育在校生 3044 人。网址：www.bjgx.com。

（陈文军）

【成为轨道交通考试管理和培训中心】 11 月 15 日，经全国城市轨道交通资质认证办公室批复，供销学校成为中国轨道交通联合会考试管理中心，北京广播电视大学供销合作总社分校成为中国轨道交通联合会授权培训中心。中心可开考级别包括高级客运员、高级调度员、助理城市轨道运营管理师、城市轨道运营管理师和高级城市轨道运营管理师。同时，北京广播电视大学供销合作总社分校可根据规定开展上述级别考前培训。

（陈文军）

【入选全国供销合作社中职改革发展示范校】 12 月 19 日，中华全国供销合作总社办公厅公布全国供销合作社中等职业教育改革发展示范学校建设计划项目单位，供销学校入选。经专家评审、复核及公示，确定 20 所中职学校为全国供销合作社中等职业教育改革发展示范学校建设计划项目单位，建设周期 2 年。

（陈文军）

【推进品牌专业建设】 至 12 月，供销学校推进交通、会计品牌专业建设。交通专业方面，在 2010 级实施品牌专业建设方案，并深入 2011 级，持续落实星级标兵评选制度；核心专业课程完成企业岗位技能调研，顺利开课，并根据教学需要完成《客运组织实务》《列车乘务作业》《服务礼仪》校本教材编写。会计专业方面，推进公司制学生管理模式改革，通过星级员工评选活动，激励学生技能训练；深化课程体系改革，组织编写、审议会计专业核心技能方案、修改课程标准、补充教学指导方案；深入开展学生学业课程评价和学生学业综合评价方案实践研究及课程改革实施情况成效调研和分析。品牌专业建设同时带动招生，本年交通专业招生 232 人，会计专业招生 185 人，两个品牌专业招生总数占全校招生总数 62%。

（陈文军）

【加强校企合作】 至年底，供销学校加强校企合作和校外实训基地建设。该校与7家单位建立合作关系，开办芯片维修班，由企业专家负责专业核心课教学，促进教学与工作实际接轨。年内，组织160名学生到北京西站进行顶岗实训，20名教师进行实习现场指导，实训效果突出。

（陈文军）

中国音乐学院附属中等音乐专科学校

【概　况】　2012年，中国音乐学院附属中等音乐专科学校占地面积26439平方米，产权校舍建筑面积22678平方米。全年教育经费投入2853.39万元，全部为国家拨款。固定资产总值9995.08万元，其中，教学、科研仪器设备总值2922.85万元。图书馆建筑面积400平方米，藏书15万册，其中，纸质图书2.40万册、电子图书12.60万册。拥有计算机191台，多媒体教室座位620个。学校信息化经费投入81.52万元，网络信息点380个，校园网出口总带宽10Mbps，数字资源量326GB。开设中国乐器演奏、声乐表演、作曲与音乐基础理论、键盘乐器演奏、管弦乐器演奏5个专业学科，1个文化课教研室，15个教学班。设有1个培训中心，6个教育培训基地（全国）。拥有中国少年民族乐团。教职工95人，其中，专任教师66人、教辅人员7人。专任教师中具有研究生学历22人，本科及以上学历占教师总数97%；高级专业技术职务12人、中级33人。聘请校外教师60人。毕业生125人，就业率100%。招生130人。在校生570人。网址：www.msccmusic.com。

（朱留丹）

【学生参加全国民族乐器演奏比赛获佳绩】　4月10至11日、22至28日，中国音乐学院附中学生参加文华艺术院校奖第四届全国青少年民族乐器演奏比赛获佳绩。比赛设拉弦、吹奏、弹拨、打击乐四个专业组别，设最高奖“演奏奖”。来自全国37所艺术院校295名独奏选手参赛，经复赛和决赛两轮角逐，该校13名学生获得7个演奏奖和6个鼓励奖。

（朱留丹）

【与圣彼得堡音乐学院附中缔结姊妹校】　4月23日，中国音乐学院附中与俄罗斯圣彼得堡国立音乐学院附中签订姊妹校协议。根据协议，两校通过专家互访、讲学、举办联合音乐会等途径和形式，广泛开展教育、表演、音乐创作、理论研究等方面交流与合作，共享教育资源。圣彼得堡音乐学院附中是一所具有悠久历史，以保存欧洲古典音乐和俄罗斯传统音乐为教育特色的著名学校。至此，该校共对外缔结4所姊妹学校。

（朱留丹）

【中国少年弹拨乐团出访俄罗斯】　4

月29日至5月7日，中国音乐学院附中60名师生组成中国少年弹拨乐团赴俄罗斯圣彼得堡与俄罗斯国家民族乐团、圣彼得堡里姆斯基戈萨科夫音乐学院开展交流与演出活动。其中，5月3日晚，俄罗斯国家民族乐团与中国少年弹拨乐团联合演出“弹拨大籁”大型交响音乐会，演奏中国经典乐曲和俄罗斯优秀音乐作品。

（朱留丹）

【与青岛四方区教体局签订联合办学协议】　7月20日，中国音乐学院附中与青岛四方区教育体育局签订联合办学协议。根据协议，双方合作建立青岛立美小学和青岛立美中学两所全日制公办学校，合作开展音乐艺术教育教学、技能培训和学术建设，中国音乐学院附中派遣专业教师定期赴学校提供专业授课、师资培训并开展艺术交流。

（朱留丹）

【与台南艺术大学弓弦乐团联合演出】　10月29日，中国音乐学院附中中国少年弓弦乐团与台湾台南艺术大学弓弦乐团联合开展“弦之和”系列巡演活动。这是首届两岸弓弦乐团合作演出。首次音乐会在中国音乐学院国音堂举行，集中演奏最能展示中国弓弦音乐特色技巧、音乐风格以及两岸民族音乐地方特点的优秀曲目，还集中展示一批优秀现代创作曲目。“弦之和”音乐会也拉开本年中国民族弓弦音乐文化盛宴帷幕。11月，中国少年弓弦乐团、台湾台南艺术大学弓弦乐团、香港中乐团以及香港演艺学校组成119人中国民族弓弦乐团，在香港和台湾台北、台南进行巡演。

（朱留丹）

【举办“谐韵中西”新作品音乐会】　11月19日，中国音乐学院附中在北京音乐厅举办“谐韵中西”新作品音乐会。该音乐会是2010年来该校“创新型人才培养与艺术家实践小组”课题项目。音乐会共演出7首作品，出自该校三位青年作曲家及旅德作曲家陈晓勇之手，由奥地利指挥家博尔维特担任全场指挥。7首作品体现作曲家在创作中探究民族乐器与西洋乐器两种“不同而同”乐器结合问题，以及作曲家在运用中国传统民族音乐和西方现代音乐时，重新思考两种文化和两个时代关系，并在新艺术理念指导下，寻找有意义的新技术，寻求观念与艺术性的突破和共识。

（朱留丹）

北京国际职业教育学校

【概　况】　2012年，北京国际职业教育学校占地面积8.38万平方米，非产权校舍建筑面积12.72万平方米。全年教育经费投入10844.52万元，其中，国家拨款9952.38万元、自筹经费892.14万元。固定资产总值12111.13万元，其中，教学、科研仪器设备总值4829.30万元。图书馆建筑面积1612平方米，藏书45.57万册，其中，纸质图书25.39万册、电子图书20.18万册。拥有计算机2484台，多媒体教室座位6065个。学校信息化经费投入600万元，网络信息点876个，校园网出口总带宽60Mbps，数字资源量2805GB。设有总部校区、安定门校区、北京站校区、鼓楼校区、和平里校区共五个校区，拥有四大类专业群，开设旅游服务与管理、服装展示与礼仪和国际商务等18个专业，

113个教学班。教职工462人，其中，专任教师245人、教辅人员19人。专任教师中具有研究生学历22人，本科及以上学历占教师总数97%；高级专业技术职务80人、中级96人；“双师型”教师40人。聘请校外教师4人。毕业生856人，就业率100%，职业资格证书取证率85%。招生772人。在校生2809人。网址：www.bjive.net。

（戈萌）

【实行学生德育积分制】　2月，北京国职对学生实行德育积分制度。该制度强调自我约束、自我管理、自我完善、自我提升、自我超越。每个学生有基础分50分、校内实习劳动10分，根据日常行为表现予以加减。积分形式为每学期期中、期末各评定一次，由学生个人自评与班委会、教师评定相结合。学生德育量化成绩填入学生成绩册。

（周岩）

【与特教学校共建班级】　3月5日，北京国职中餐烹饪专业高二（1）班与东城区特殊教育学校高二（1）班成为“手牵手共建班”。开幕式上，该班学生带领特教学校学生参观中餐烹饪专业实训基地，一对一、手把手教导特教学校学生做菜，并与特教学校学生互赠礼物。之后，该班学生多次到特教学校参加基本功展示活动。

（何溪）

【获得市职业技能比赛10个一等奖】　4月，北京国职参加北京市中等职业学校职业技能比赛获得10个一等奖。该校9个专业的学生参加17个项目比赛，获得10个一等奖、16个二等奖、29个三等奖。3个专业代表北京市参加全国职业技能大赛，获得1个一等奖、4个二等奖。

（何溪）

【与韩国军浦电子商务高中缔结友好学校】　9月13至15日，韩国军浦电子商务学校师生一行26人到北京国职考察交流，并签约缔结国际友好学校。韩国师生参观该校专业实训基地，观看师生技能展示，并与该校学生进行互动交流。

（李波　王蔓莉）

【成立家长委员会】　11月26日，北京国职召开“家校携手，共育良才”家长委员会成立大会。家委会成员由班主任推荐高一年级家长代表及学校评选高二高三年级家长代表组成，共35人。家委会负责学校管理与家长的沟通协调工作，承担参谋、监督学校教育教学管理等任务。

（张红）

【成立国际商务专业建设专家指导委员会】　11月29日，北京国职成立国际商务专业（中外合办）建设专家指导委员会。该专业聘请原北京市职业教育研究会主任、原市教委职教处处长、北京教育学院教授、北京东亚国际技术培训中心院长、英国爱得思国家职业学历与学术考试机构北亚暨大中华区总监等12名专家作为专业建设指导委员会成员，并为专家颁发证书。专家指导委员会负责指导并参与专业建设，承担课程研讨、师资培训、引领人才培养目标等任务。

（卜保文）

【探索多元办学模式】　至年底，北京国职探索多元办学模式。该校通过与不同类型学校开展不同形式合作，探索职成融通、职普融通、职幼融通、职特融通办学模式。包括，中高职衔接：继续拓展与东城职工大学合作专业、拓宽招生范围；实现学前教育专业与北京教育学院的中高职衔接。职普融通：与北京市第一六五中学合作开展国家级教育体制改革基础教育项目——高中特色发展实验项目《加强职普融通，促进高中特色发展》，为课题提供课程、专业师资及实训基地资源，设计并实施符合学生实际情况的职普融通课程体系，开展职业选择指导，搭建会考替代、职普学籍转换桥梁。职幼融通：与新中街幼儿园开展合作，解决区域入园难问题，提供校址开办幼儿园，并建设成为学前专业师生实习实训基地。职特融通：与东城区特殊教育学校合作，帮助残疾学生学会一技之长。

（赵晶）

北京现代职业学校

【概　况】　2012年，北京现代职业学校占地面积26476.31万平方米，产权校舍建筑面积22742.85万平方米。全年教育经费投入7201万元，其中，国家拨款6944万元、自筹经费257万元。固定资产总值4132万元，其中，教学、科研仪器设备总值819万元。图书馆建筑面积1190平方米，藏书25.20万册，其中，纸质图书10.20万册、电子图书15万册。拥有计算机1342台，多媒体教室座位58个。学校信息化经费投入100万元，网络信息点1200个，校园网出口总带宽100Mbps，上网课程12门，数字资源量15GB。设有南校区和北校区2个校区，开设金融事务、医药商品经营和国际商务（物流管理）等8个专业，44个教学班。教职工170人，其中，专任教师87人、教辅人员4人。专任教师中具有研究生学历1人，本科及以上学历占教师总数100%；高级专业技术职务55人、中级63人；“双师型”教师48人。毕业生646人，就业率95%，职业资格证书取证率97%。招生272人。在校生1213人。网址：www.bjmvs.com。

（张一梅）

【青檬夜校“青年就业创业见习基地”授牌】　5月28日，现代职校举行青

檬夜校“就业创业见习基地”授牌仪式。东城区相关单位负责人参加授牌仪式，为中国石化北京石油分公司、中国人民解放军总参军训部馨怡宾馆、长安大戏院、王府井医药有限公司和京中欣安泰投资发展集团有限公司5家企业颁发就业创业见习基地铜牌。仪式上，评选出青檬夜校第一批

优秀学员 12 人，并穿插青年就业创业知识问答竞赛活动，对学员学习效果进行检测。青檬夜校建立就业创业见习基地，可拓展青檬夜校服务范围，提高夜校服务青年作用。获得授牌的五家见习基地可为学员提供就业见习岗位 300 个，涉及企业管理、会计、场务、销售等多门类岗位。

（张一梅　梁文革）

【与社区共建学习型社区】 10 月 10 日，现代职校与永外街道及天坛街道东里南社区签署共建学习型社区协议。根据协议，学校向社区市民开放专业实训基地、礼堂、操场等教学场所；开展家庭理财、健康养生、计算机操作、茶艺文化等“市民学校”系列讲座；社区为学校学生社会实践提供平台，在保障师生安全、提供法律咨询、维护学校周边环境安全和稳定等方面发挥作用。

（张一梅）

【学习型学校创建成果发布】 11 月 28 日，现代职校学习型学校创建成果《走学习型之路、做智慧型教师》专著发布。该书于 2011 年 1 月开始编写，共 40 万字，分德育、教学和管理等 7 个篇章，主要呈现学校自 2007 年创建学习型学校以来，教职工在学习、实践中的反思与成果，是该校创建学习型学校成果之一。

（张一梅）

北京市外事学校

【概　况】 2012 年，北京市外事学校占地面积 3 万平方米，非产权校舍建筑面积 3.14 万平方米。全年教育经费投入 8816 万元，其中，国家拨款 8393 万元、自筹经费 423 万元。固定资产总值 4446 万元，其中，教学、科研（实训）仪器设备总值 3659 万元。图书馆建筑面积 600 平方米，藏书 22.40 万册，其中，纸质图书 10.20 万册、电子图书 12.20 万册。拥有计算机 930 台，多媒体教室座位 596 个。学校信息化经费投入 335.20 万元，网络信息点 900 个，校园网出口总带宽 1000Mbps，上网课程 6 门，数字资源量 500GB。设有北址、中心址和南址 3 个校区，5 个系部，开设酒店服务与管理、烹饪和旅游服务与管理等 10 个专业，54 个教学班。拥有实训室 31 个，实习饭店 2 家。教职工 229 人，其中，专任教师 182 人、教辅人员 47 人。专任教师中具有研究生学位 6 人，研究生学历或同等学力 1 人，本科及以上学历占专任教师总数 87%；高级专业技术职务 59 人、中级 83 人；“双师型”教师 26 人。聘请校外教师 12 人。毕业生 401 人，就业率 100%，职业资格证书取证率 95%。招生 424 人。在校生 1252 人。网址：www.bjwszg.org。

（张朝辉）

【与全聚德集团和怀柔职校签约合作】 5 月 3 日和 9 月 29 日，外事学校分别与全聚德集团和怀柔区职业学校签约合作。根据协议，该校与全聚德集团合作实施工学结合、校企合一“订单式”人才培养模式，并在师资、技术、设备等方面开展合作。与怀柔职校建立“合作交流，友好共建”互动机制，定期开展学习、交流、实践活动；建立教育教学交流互学互动机制，开展教科研究和教育管理交流活动；两校间学生开展“手拉手”互助活动。

（张朝辉）

【承办市中职酒店专业技能大赛】 5 月 12 日，外事学校作为北京市酒店服务与管理专业委员会主任校承办北京市中职酒店专业技能大赛。比赛共设置中餐宴会摆台和中式做床两个项目，北京六所职业学校 24 名选手参赛。外事学校和昌平职业学校酒店服务与管理专业各 2 名学生分别获得中式做床、中餐宴会摆台前两名。4 名获奖学生组团代表北京市参加 6 月在广州举行的全国职业院校技能大赛酒店服务赛项中职组比赛，外事学校 2 名学生分获中式做床、中餐宴会摆台三等奖。

（张朝辉）

【研发“完美女人研修班”课程】 6 月，外事学校培训中心与中央人民广播电台 106.6 频道首度合作研发“完美女人研修班”课程。该课程将学校酒店、烹饪、航空专业学历教育精品课程，转型为大众生活类技能培训课程，开设咖啡鉴赏与制作、中华茶艺、西式面点、西式烹调、红酒品鉴与鸡尾酒调制、形象修养、形体训练、家庭营养等特色课程。此项目在中央人民广播电台循环播出宣传，各界学员反映课程新颖，教学服务质量高。至年底，共开办 6 期研修班。

（徐颖）

【成立班主任工作站】 10月29日，外

事学校班主任工作站正式成立并授牌。成立后，该校以班主任工作站为平台，通过开展教师培训、经验交流、德育科研、榜样示范等研修形式，引领德育系列全体人员提升专业理论素养和教育管理能力，创建“师德正、素质高、业务精”班主任队伍。该校是西城区首家成立班主任工作站的职业学校。

（张朝辉）

【派师生赴海外研修交流】 10 月 31 日至 11 月 30 日，外事学校派出 3 名骨干教师和 3 名学生赴荷兰蒙特里安教育集团研修学习。6 名师生来自酒店、烹饪、商务英语三个专业。研修包括 3 次指导教师的理论知识和食品卫生示范课，2 次学生参与的实践课，2 周餐厅实习和工作，以及一周中餐烹饪和中餐服务展示，其间还与荷兰师生共同参与文化知识讲座。这是该校首次派出长时间师生教育交流团开展国际教育交流活动。此外，该校还派出 11 名教师前往新加坡南洋理工学院进行为期 14 天研修。年内，该校共派出 42 人次赴国外开展国际交流与培训，其中，教师 26 人，学生 16 人，为历年之最。

（张朝辉）

【首次参加欧洲酒店管理协会年会】 11 月 11 至 16 日，外事学校参加第 51 届欧洲酒店管理协会年会。这是该校首次以理事身份参加此项年会。年会由比利时两所酒店学校承办，主题为

"酒店管理行业的动力——从基层到高层管理人员"，涵盖学生、员工和高级管理人员。共有24个国家代表参加此项年会，外事学校是唯一的中国理事单位。外事学校于2011年成为该协会理事单位。

（张朝辉）

【实现全校覆盖无线网络】 12月，外事学校实现全校覆盖无线网络。同时，为创新教学模式，发挥无线网络平台在教育教学中作用，该校为一线教师和全体德育系列教师配备苹果平板电脑（Ipad）移动教学终端，使教师可以离开讲台，零距离与学生进行教学交流。

（熊斌）

北京市实美职业学校

【概　况】 2012年，北京市实美职业学校占地面积3.30万平方米，产权校舍建筑面积4.82万平方米。全年教育经费投入13607万元，其中，国家拨款13000万元、自筹经费607万元。固定资产总值7332万元，其中，教学、科研仪器设备总值208万元。图书馆建筑面积1002平方米，藏有纸质图书12.40万册。拥有计算机1160台，多媒体教室座位360个。学校信息化经费投入34.82万元，网络信息点918个，校园网出口总带宽1000Mbps，上网课程50门。设有4个校区，开设美术绘画、美容美发与形象设计和影视动画等15个专业，152个教学班。教职工422人，其中，专任教师357人、教辅人员21人。专任教师中具有研究生学历19人，本科及以上学历占教师总数96%；高级专业技术职务96人、中级154人；"双师型"教师141人。聘请校外教师33人。毕业生635人，就业率97.30%，职业资格证书取证率90%。招生1310人。在校生3365人。网址：www.bjsm.net。

（牛秉毅）

【教师获中华传统技艺技能大师称号】 1月19日，实美学校教师姜勇清获得2011年度北京市商业服务业"中华传统技艺技能大师"称号。该评选由市商务委、市国资委等部门主办，北京市商业服务业中华传统技艺高技能人才建设工作领导小组组织评审委员会对40位候选人进行评审，经个人申报、企业推荐、资格初审、专家评审和社会公示等认定工作，来自商业、刻字和服装等7个行业20名技能大师获此称号。姜勇清，1969年生于北京市，1988年进入实美学校担任美容专业教师，是中国民主同盟西城区区委委员、中学高级教师、高级美容技师、高级考评员、北京市骨干教师、中国美容业美容大师，培养大批享誉国际国内名师名生，在职业教育及行业领域中享有较高威望。

（周京红）

【与北师大实验幼儿园合作办学】 3月19日，实美学校与北京师范大学实验幼儿园签署合作办学协议。协议约定开办合作定向班"北师大定向班"，双方共同制定培养目标及课程设置，资源共享、优势互补，共同培养优秀幼教人才，实现学生就业和幼儿园用人顺利对接，实现学生、学校和幼儿园共赢。

（卞玉丹）

【健美操队参加全国比赛获奖】 10月19日，实美学校健美操队《创造奇迹》提高套路和啦啦操《神采飞扬》基础套路参加2012年全国青少年校园青春健身操大赛全国总决赛获得两个二等奖。来自全国28个城市64支队伍参赛。6月2日，在该大赛北京赛区总决赛中，实美学校获得特等奖。

（宋少鑫）

北京市财会学校

【概　况】 2012年，北京市财会学校占地面积2.35万平方米，产权校舍建筑面积3.12万平方米、非产权校舍建筑面积0.13万平方米。全年教育经费投入6267.48万元，其中，国家拨款6192万元、自筹经费75.48万元。固定资产总值5913.95万元，其中，教学、科研仪器设备总值2659万元。图书馆建筑面积1976平方米，藏书16万册，其中，纸质图书6万册、电子图书10万册。拥有计算机913台，多媒体教室座位614个。学校信息化经费投入92.89万元，网络信息点1256个，校园网出口总带宽10Mbps，上网课程16门，数字资源量1500GB。设有西便门和广外2个校区，5个系部，开设金融事务、计算机、会计和文秘等5个专业，31个教学班。教职工154人，其中，专任教师81人、教辅人员24人。专任教师中具有研究生学历11人，本科及以上学历占教师总数98.80%；高级专业技术职务36人、中级58人；"双师型"教师34人。聘请校外教师5人。毕业生239人，就业率99%，职业资格证书取证率100%。招生226人。在校生823人。网址：www.bjckxx.cn。

（杜娟）

【开设"午间主播"栏目】 2月，财会学校"午间主播"栏目正式开播。其团队成员以学生为主体，集采、编、播为一身，利用业余时间采访、组稿，抓新闻、找亮点，述说校园生活。每周播出2次。

（冯勇）

【第一届家长委员会成立】 5月9日，财会学校第一届家长委员会成立。选举产生首届家长委员会主任1人、副主任2人、家委会委员11人，通过家委会章程。首届家委会成员与家庭教育专家进行现场交流。

（孙丽杰）

【举办职业风采展示活动】 5月，财会学校举办"红五月"职业风采展示活动月活动。活动旨在加强校企合作，扩大学校影响力，为广大教职工和学生搭设职业技能展示平台。活动主题是"承业益民，我们全力以赴"，包括校园开放日、校企合作签约仪式、首场校园招聘会、教职工职业风采展示和体验、第一届"北财中行杯"技能大赛闭幕式等系列活动。

（杜娟）

【接待澳大利亚伍龙贡大学教学实习】 6月11至21日，财会学校接待澳大利亚伍龙贡大学20名学生进行为期两周教学实习。实习除进行课堂授课外，还安排外国学生走进中国学生家庭、举办职业技能体验等活动，增强

外国学生对中国职业教育、职业学校及学生了解和认识。

（杜娟）

北京市实验职业学校

【概　况】　2012 年，北京市实验职业学校占地面积 4.09 万平方米，产权校舍建筑面积 3.11 万平方米。全年教育经费投入 8100.53 万元，其中，国家拨款 8056.96 万元、自筹经费 43.57 万元。固定资产总值 9062 万元，其中，教学、科研仪器设备总值 341 万元。图书馆建筑面积 667 平方米，藏书 9.82 万册，其中，纸质图书 8.62 万册、电子图书 1.20 万册。拥有计算机 1245 台，多媒体教室座位 1650 个。学校信息化经费投入 232 万元，网络信息点 1000 个，校园网出口总带宽 450Mbps，上网课程 8 门，数字资源量 150.4GB。设有中药、学前教育和平面媒体印制技术等 9 个专业，44 个教学班。教职工 241 人，其中，专任教师 155 人、教辅人员 86 人。专任教师中具有研究生学历 8 人，本科及以上学历占教师总数 98.90%；高级专业技术职务 45 人、中级 87 人；“双师型”教师占 97%。聘请校外教师 9 人。毕业生 332 人，就业率 98%，职业资格证书取证率 100%。招生 383 人。在校生 1077 人。全年开展短期培训 5000 余人次。网址：www.bjsyzyxx.com.cn。

（曾达鲁）

【与 11 家企业签订定向代培协议书】　1 月 10 日和 12 月 6 日，实验职校与 11 家企业分别签订定向代培协议书。11 家企业分别是北京德保商三包装印刷有限公司、北京同仁堂股份有限公司、北京同仁堂健康药业有限公司、北京同仁堂科技发展股份有限公司、北京金象复兴医药股份有限公司、北京永安复兴医药股份有限公司、北京优你特药业有限公司、北京双鹤药业有限公司、京都信苑饭店、汉华国际饭店、港中旅维景酒店。根据协议，学校为企业定向代培学生，学制三年。合作面向初三毕业学生，实行定单培养，学习期满合格毕业，可直接进入企业就业。3 月 5 日和 19 日，学校邀请北京德保商三包装印刷有限公司人力资源部经理、北京双鹤药业股份有限公司人力资源部经理走进课堂为师生作企业文化专题讲座，400 余名师生聆听讲座。

（曾达鲁）

【教师进企业调研学习】　9 月 17 日，实验职校计算机平面设计、平面媒体印制技术、出版与发行专业教师 12 人到顺义雅昌彩色印刷有限公司进行实地调研与学习。教师与企业负责人和专业技术人员座谈、交流、沟通，了解企业岗位需求以及新技术、新方法和典型工作任务工艺流程，明确专业人才需求和专业定位，从而更好地将企业一线新知识、新技能传授给学生，使学生更适合企业需求。

（曾达鲁）

【承办全国医药行业特有职业技能大赛】　9 月 19 至 21 日，实验职校承

办 2012 年全国医药行业特有职业技能学生组大赛。大赛分为医药商品购销员和中药调剂员两个比赛项目，全国 13 个省市 28 所医药职业院校共 96 名选手参赛，72 名指导教师和各校观摩人员现场指导并观摩比赛，54 名国家级竞赛裁判员执裁竞赛。经过角逐，评出单项奖特等奖 1 个、一等奖 2 个、二等奖 2 个、三等奖 3 个，优秀团体特等奖 1 个、一等奖 2 个、二等奖 2 个、三等奖 3 个。

（曾达鲁）

【参加国际发明展览会获奖】　11 月 9 至 12 日，实验职校科技小组参加第七届国际发明展览会暨国际教学新仪器新设备展览会获奖。来自全国各地 900 余件中小学生科技发明作品参展，经过专家评审，该校学生作品获得 1 个金奖、1 个银奖、2 个铜奖。

（曾达鲁）

【学生在全国印刷行业职业技能大赛中获奖】　11 月 23 日，实验职校学生在第三届全国印刷行业职业技能大赛暨第 42 届世界技能大赛中获奖。出版专业 1 名学生获平版制版工学生组竞赛全国一等奖，2 人获三等奖，7 人获优秀奖，学校获“突出贡献单位”奖。该大赛是国家级一类职业技能竞赛，由新闻出版总署、人力社保部主办。

（曾达鲁）

北京市求实职业学校

【概　况】　2012 年，北京市求实职业学校占地面积 11.12 万平方米，产权校舍建筑面积 8.69 万平方米。全年教育经费投入 9793 万元。固定资产总值 16325 万元，其中，教学、科研仪器设备总值 3177 万元。图书馆建筑面积 800 平方米，藏书 26.43 万册，其中，纸质图书 25.94 万册、电子图书 0.49 万册。拥有计算机 2759 台，多媒体教室座位 5000 个。学校信息化经费投入 800 万元，网络信息点近 3000 个，校园网出口总带宽 500Mbps，上网课程 28 门，数字资源量 1000GB。设有望京、团结湖、安贞南、安贞北和机场等 6 个校区，开设现代办公、金融商贸、信息技术、学前教育和民航服务等 20 个专业，179 个教学班。教职工 378 人，其中，专任教师 236 人、教辅人员 142 人。专任教师中具有研究生学历 48 人，本科及以上学历占教师总数 100%；高级专业技术职务 101 人、中级 118 人；“双师型”教师 97 人。聘请校外教师 50 人。毕业生 1617 人，就业率 98.60%，职业资格证书取证率

95.10%。招生1568人。在校生4753人。网址：www.bjqszx.com。

（张孝刚）

【为中国银行北京分行培训新员工】 3月26日，求实学校为中国银行北京分行培训新员工。培训在学校进行，为期5天，包括银行的岗位职责和自助设备简介及使用等内容。40名新员工接受培训。

（张孝刚　李健）

【承办两项技能竞赛】 11月，求实学校承办北京市职业院校"求实杯"财会综合技能竞赛和市职业院校文秘及相关专业教师教学设计比赛。财会综合技能竞赛由市珠算心算协会主办，包括点钞、翻打传票、账表算、票币四项技能及会计手工记账比赛，来自北京财贸职业学院、北京国际职业教育学校等23所职业院校共225名选手参赛，该校获得3个一等奖。文秘及相关专业教师教学设计比赛分高职组和中职组，来自7所职业院校30名专业教师参赛。经过角逐，来自北京信息职业技术学院、北京政法职业学院2名教师获得高职组一等奖，来自求实学校、北京市商业学校和北京市商务管理学校共5名教师获得一等奖。

（张孝刚　李健）

【与朝阳区政协签约合作】 12月10日，求实学校与政协朝阳区委员会举行"北京市求实职业学校实训基地"签约及挂牌仪式。根据协议，政协朝阳区委员会成为求实学校学生实训基地，接待学校学生教学实习。

（张孝刚　李健）

北京市劲松职业高中

【概　况】 2012年，北京市劲松职业高中占地面积9.98万平方米，非产权校舍建筑面积10.09万平方米。全年教育经费投入10793万元，其中，国家拨款9912万元、自筹经费881万元。固定资产总值9332万元，其中，教学、科研仪器设备总值6143万元。图书馆建筑面积2400平方米，藏书21.20万册，其中，纸质图书11.20万册、电子图书10万册。拥有计算机1059台，多媒体教室座位2980个。学校信息化经费投入500万元，网络信息点856个，校园网出口总带宽1000Mbps，上网课程10门，数字资源量1500GB。设有劲松、双龙、新源里、西坝河和常营共5个校区，开设中餐烹饪、西餐烹饪和美容美发与形象设计等14个专业，100个教学班。教职工270人，其中，专任教师192人、教辅人员10人。专任教师中具有研究生学历16人，本科及以上学历占教师总数100%；高级专业技术职务56人、中级87人；"双师型"教师63人。聘请校外教师20人。毕业生1246人，就业率98.07%，职业资格证书取证率93%。招生1333人。在校生4018人。网址：www.jszg.com.cn。

（李婷婷）

【开展"企业讲坛"系列活动】 3至5月，劲松职高开展"企业讲坛"系列活动。活动邀请北京金霖酒店、小鬼当家和俄风行国际旅行等企业专家到该校，分别对烹饪、酒店、摄影等不同专业学生进行培训。全体高一、高二年级学生和部分学生家长参加活动，为学生提供参与校企互动机会，也使家长了解学校实习分配工作，同时创造学校与家长面对面沟通机会。

（黄永刚　李婷婷）

【承办饭店行业职业技能大赛部分赛项】 8月24日至9月8日，劲松职高承办北京市第三届职业技能大赛暨2012年北京市饭店行业职业技能大赛西式烹调、西式面点实操比赛和理论考试。该大由市旅游委、市人力社保局主办，涉及8个工种、9个竞赛项目。大赛于4月26日启动，近7万名饭店行业从业者参赛，经初赛、复赛，共634人进入决赛。劲松职高承担该大赛西式烹调和西式面点实操比赛和决赛理论考试，共7个代表团171名选手参加西式烹调和西式面点实操比赛，8个工种近2400名考生参加理论考试。

（王晓欢　李婷婷）

【举办烹饪教师培训活动】 12月21日，劲松职高作为北京市职业院校教师素质提高工程烹饪专业教师培训基地举办"大师讲堂——王春耕大师教做面点"培训活动。活动中，大师讲授制作面点理论知识，同时现场制作"广式月饼"、"鱼翅凤眼虾饺"、"千层鲍鱼酥"和"水晶螃蟹酥"四款面点。参训教师现场参与面点制作，大师针对出现的技术问题一一指点。来自北京市商务管理学校、门头沟职业学校、北京外事职高等9所烹饪学校40名烹饪专业教师参加培训。

（赵静　李婷婷）

北京市电气工程学校

【概　况】 2012年，北京市电气工程学校占地面积11.01万平方米，非产权校舍建筑面积7.72万平方米。全年教育经费投入6600万元，其中，国家拨款5995万元、自筹经费605万元。固定资产总值7124万元，其中，教学、科研仪器设备总值1092万元。图书馆建筑面积1912平方米，藏书21.50万册，其中，纸质图书6.50万册、电子图书15万册。拥有计算机1342台、多媒体教室座位2200个。学校信息化经费投入500万元，网络信息点1028个，校园网出口总宽带100Mbps，上网课程7门，数字资源量100GB。设有将台路、花家地、大山子、管庄和双龙5个校区，开设制冷和空调设备运行与维修、楼宇智能化设备安装与运行、电气运行与控制等11个专业，77个教学班。教职工251人，其中，专任教师183人、教辅人员14人。专任教师中具有研究生学历14人，本科及以上学历占教师总数100%；高级专业技术职务64人、中级107人；"双师型"教师87人。

聘请校外教师35人。毕业生1601人，就业率98%，职业资格证书取证率97%。招生909人。在校生3591人。网址：www.dqgc.com。

（胡丽瑛　张慧荣）

【承办3项市中职学校技能比赛】　4

月，电气工程学校承办2012年北京市中等职业学校技能比赛“电气安装与维修”、“制冷与空调设备组装与调试”和“电子产品组装与调试”3个项目比赛。共10所中职院校47名选手参加比赛，其中，“电气安装与维修”项目评出一等奖2个、二等奖4个、三等奖4个；“制冷与空调设备组装与调试”项目评出一等奖1个、二等奖2个、三等奖3个；“电子产品组装与调试”项目评出一等奖1个、二等奖2个、三等奖3个。该校参赛选手获得三个项目4个一等奖、5个二等奖、1个三等奖，学校获得特殊贡献奖。

（胡丽瑛　张慧荣　赵伟刚）

【6个专业成立新一届专业建设指导委员会】　9至12月，电气工程学校法律事务、电子、轨道、制冷、楼宇和电气6个专业成立新一届专业建设指导委员会。学校领导和专业教师，以及来自外交部楼宇管理处、第一太平戴维斯物业管理有限公司等31家企事业单位31名专家参加换届大会。

（胡丽瑛　张慧荣）

【所有专业实现中高职接轨】　12月26日，电气工程学校与北京交通运输职业学院签订“中高职接轨合作项目”协议书。根据协议，双方在专业建设、实习实训基地建设、专业教师培养、学生培养等方面展开全面合作。至年底，该校与北京劳动保障职业学院、北京政法职业学院、北京交通职业技术学院签约合作办学，实现制冷、电气、轨道交通、法律事务、电子信息等所有专业的中高职接轨。

（胡丽瑛　张慧荣）

北京市丰台区职业教育中心学校

【概　况】　2012年，北京市丰台区职业教育中心学校占地面积1.26万平方米，产权校舍建筑面积8.86万平方米、非产权校舍建筑面积0.50万平方米。全年教育经费投入13209.05万元，其中，国家拨款12901万元、自筹经费308.05万元。固定资产总值11505.99万元，其中，教学、科研仪器设备总值5600.29万元。图书馆建筑面积760平方米，藏书36.45万册，其中，纸质图书12.45万册、电子图书24万册。拥有计算机2045台，多媒体教室座位1346个。学校信息化经费投入403.46万元，网络信息点600个，校园网出口总带宽30Mbps，数字资源量1600GB。设有中心校区、三营门校区、木樨园校区和洋桥校区4个校区，开设烹饪、汽修和学前教育等19个专业，78个教学班。教职工372人，其中，专任教师215人、教辅人员57人。专任教师中具有研究生学历13人，本科及以上学历占教师总数98.33%；高级专业技术职务50人、中级68人；“双师型”教师93人。聘请校外教师35人。毕业生1154人，就业率100%，职业资格证书取证率91.27%。招生1506人。在校生3089人。网址：www.ftzj.com。

（史晓光）

【洋桥职校并入学校】　4月12日，洋桥职业学校并入丰台职教中心校。该校成为丰台区唯一一所职业学校。现拥有19个专业，4个校区，教职工372人，在校生3089人。洋桥职校建于1998年，隶属于丰台区教委，建校14年来，共培养毕业生5077人。

（史晓光）

【西餐烹饪专业首个冠名班成立】　6月30日，丰台职教中心校西餐烹饪专业与美国喜达屋酒店集团成立首个企业冠名班“喜达屋班”。该校与喜达屋酒店集团签订定向培养冠名班合作协议，学校专门开班为喜达屋集团定向培养西餐烹饪专业学生，喜达屋集团提供专家技术指导、实习实训和就业机会等，学制3年，学生学习期满经考核合格，可获得职业高中学历证书。首批学生27人。

（史晓光）

【召开首次中职物联网专业课程开发研讨会】　8月18日，丰台职教中心校召开首次中职“物联网设备安装与应用专业课程开发”项目研讨论证会。会议就物联网专业人才培养方案、课程设置、校企合作等内容进行深入研讨。北京物联网产业规划首席科学家、市职成教教研中心主任等课程专家和企业专家20余人参加研讨会。

（史晓光）

【对德厨师劳务合作培训考试中心成立】　8月，中国对外承包工程商会认定丰台职教中心校为“对德厨师劳务合作培训考试中心”。经北京市商委对该校烹饪专业一年考察、推荐，中国对外承包工程商会认定该校烹饪专业“具备承担厨师赴德前卫生知识培训和烹饪技能考核的教学、考试资质和组织实施能力”，批准其为“对德厨师劳务合作培训考试中心”，对赴德厨师进行理论和实操培训与考核。此项目是中德厨师国家级培训项目，全国仅三家。自9月项目启动至年底，该校共培训七期学员，共计216人次，项目通过率86%，赢得社会效益和经济效益双丰收。

（史晓光）

北京市黄庄职业高中

【概　况】　2012年，北京市黄庄职业高中占地面积9.06万平方米，产权校舍建筑面积7.88万平方米。全年教育经费投入9885万元，其中，国家拨款9524万元、自筹经费361万元。固定资产总值13836.63万元，其中，教学、科研仪器设备总值6698.16万元。图书馆建筑面积1600平方米，藏书42.80万册，其中，纸质图书12.80万册、电子图书30万册。拥有计算机1259台，多媒体教室座位1920个。学校信息化经费投入950万元，网络信息点1381个，校园网出口总带宽 50Mbps，上网课程 5 门，数字资源量 4096GB。设有学历教育区、实训经营区和综合培训服务区等 5 个校区，5 个学部，开设服装设计与工艺、美容美发与形象设计和电脑动漫等 11 个专业，133 个教学班。教职工 264 人，其中，专任教师 217 人、教辅人员 47 人。专任教师中具有研究生学历 15 人，本科及以上学历占教师总数 100%；高级专业技术职务 66 人、中级 112 人；“双师型”教师 123 人。聘请校外教师 41 人。毕业生 481 人，就业率 99%，职业资格证书取证率 91%。招生 1089 人。在校生 3908 人。网址：www.huangzhi.net.cn。

（文昌敏）

【古城校区迁址】 1月6日，黄庄职

高古城校区（原古城旅游职业高中）迁至玉泉路校区（海淀区玉泉路 8 号）。迁址依据石景山区政府规划和区教委决定。玉泉路校区占地面积 10455 平方米，建筑面积 4987 平方米，拥有教室 12 间、实训室 18 间，主要用于烹饪、旅游服务与管理专业教学实习。

（刘伟　舒燕军）

【举办“班主任高尔夫”能力特训营】 1 月 9 至 10 日，黄庄职高举办“班主任高尔夫”能力特训营。培训是大联想教育学院为教育培训开发引进课程，总结提炼知名跨国企业管理经验和校企合作成功范例，破解目前学校班主任管理工作的普遍难点问题。共 52 人参加培训。3 月 23 日，《现代教育报》第 6 版作《“班主任高尔夫”激发教师高效管理》报道。

（朱宁）

【成立厚德班】 2 月 20 日，黄庄职高成立“厚德班”，并为第一任“厚德班”（动漫 10－1 班）授牌。厚德班以培养学生“心中有人，眼中有事”践行“北京精神”为德育理念，促进学生综合素质全面发展。厚德班划分执勤站岗组、课堂巡视组、卫生巡检组和环境美化组，统一管理，每届一班，每周轮换，执行“厚德班”课表。至年底，共 35 个班次先后参与学校学习、纪律、生活、环境的规范管理。《现代教育报》于 3 月 16 日第 5 版报道此事。

（王向阳）

【开通数字资源平台和电子图书馆】 3 月 19 日，黄庄职高校园网“教育信息化管理平台”开通数字资源平台和电子图书馆。数字资源平台主要收集学校教学课件、教案、教学视频、照片、试题等资源。电子图书馆分为校内开放和校外开放两个领域，校内开放图书馆收集各专业电子图书共 30 万册，校外开放电子图书 120 万册、期刊万余种，视频容量超过 5TB。

（苏永）

【开办残疾人职业技能培训班】 4 月 11 日至 5 月 16 日，黄庄职高非学历教育中心与石景山区残联合作开办残疾人技能培训班。区内各街道 35 名残疾人参加为期 10 天插花和蛋糕裱花培训；15 名残疾人参加为期一天美甲培训班；43 人参加为期一天“2012 年残疾人职业指导讲座”。全部培训课程均由该校专业教师担任。

（朱瑞明）

【导游培训网络课堂上线】 4 月 25 日，黄庄职高导游培训网络课堂正式开通上线。学员可通过在网站上注册、登录，用网银购买课程，在任意时间、任意地点无限次循环听课。网址：www.gclypx.com。该项工作历时 2 年。

（朱瑞明）

【建立 ISO 质量管理体系】 8 至 12 月，黄庄职高初步建立 ISO9001 质量管理基础体系。其间完成质量手册 36 个、作业指导书 37 个、制度文本 35 个、程序文件 24 个，出版《质量手册》《作业指导书》《程序文件》。8 月，50 余人完成 ISO9001 内审培训，41 人取得内审员资格证书。9 月，ISO9001 管理体系正式运行。10 月和 11 月，26 名内审员分成 3 个组，分别依据 GB/T19001 标准及学校质量管理体系文件 63 项标准条款，对 12 个处室、4 个校区质量管理运行情况进行校内审核。首次发布“20 个不合格”报告，并经改进合格。12 个处室、4 个专业学部接受北京千秋业教育顾问有限责任公司专家进行的符合性审核，对学校质量管理体系运行情况提出改进建议。

（曹艳玲）

【与黔西南州职业学校联合办学】 9 月 13 日，黄庄职高与黔西南州职业学校联合办学。黄庄职高于 5 月和 9 月分别接待贵州安龙县领导一行 5 人和黔西南州教育局、关工委、职业院校相关领导一行 20 人到校洽谈合作办学事宜，约定在学校管理、师资培训、学历教育、办学经费等方面展开全方位合作。黔西南州贞丰县和龙里县共输送学生 91 人到该校学习网络、美容、学前教育专业，期满合格由学校发放毕业证。该校自 1999 年与黔西南州合作，至今为其培养毕业生 150 余人。11 月 19 日至 12 月 25 日，黄庄职高为来自黔西南州贞丰、册亨县职校 4 名挂培教师开展培训，内容包括参与专业实践、听评课、专业技能提高等。

（曹艳玲　古春燕）

北京市昌平职业学校

【概　况】 2012 年，北京市昌平职业学校占地面积 40.88 万平方米，其中，校本部占地面积 16.87 万平方米，校本部产权建筑面积 8.21 万平方米、非产权建筑面积 4.34 万平方米。全年教育经费投入 11044.57 万元，其中，国家拨款 9175.59 万元、自筹经费 1868.98 万元。固定资产总值 10422.22 万元，其中，教学、科研仪器设备总值 3039 万元。图书馆建筑面积 1646 平方米，藏书 19.35 万册，其中，纸质图书 11.35 万册、电子图书 8 万册。拥有计算机 1000 台，多媒体教室座位 4000 个。学校信息化经费投入 500 万元，网络信息点 1500 个，校园网出口总带宽 90Mbps，数字资源量 3000GB。设有校本部、昌平培训部以

及昌平职业教育文化园区、昌平职业教育工业文化园区、昌平职业教育汽车文化园区，6个系部，开设航空服务、计算机动画设计与制作、园林技术和汽车运用与维修等29个专业，123个教学班。教职工268人，其中，专任教师222人、教辅人员46人。专任教师中具有研究生学历32人，本科及以上学历占教师总数100%；高级专业技术职务46人、中级58人；“双师型”教师109人。毕业生1323人，就业率100%，职业资格证书取证率95%。招生1604人。在校生3861人。网址：www.cpvs.com.cn。

（康静）

【旅游专业职业教育分级试点班开班】 3月14日，昌平职校旅游服务与管理专业职业教育分级试点班开班。试点班由该校旅游系与中国国际旅行社总社、金桥国际旅行社等多家旅行社合作开办。试点班设三级一个班，主要授课内容包括地接导游、旅行社计调、旅行社票务等。学员20人，均于2011年通过市导游资格证考试。试点班接受学校与企业“双重培训”，按照校企合作的职业教育分级制（三级）创新人才培养方案进行培养。校企共同为学生定制个人职业生涯发展规划，并共同授课。该校旅游系于2011年通过市教委职业教育分级制改革试点认证。

（王艳）

【与中滩中学“职普融通”合作办学】 3月15日，昌平职校与昌平区中滩中学“职普融通”合作办学启动。双方共同拟定学科培养计划、教学大纲、发展规划等，完成劳技课程以及实践教学方面教学任务；昌平职校通过“师带徒”指导中滩中学教师进行实际教学，培养中滩中学“双师型”教师以及“昌平课外教育大课堂”，形成“校外教育大课堂”“职普融通”劳技类课程开发和校本教材。合作办学旨在解决中滩中学来京务工人员子弟无法在京升学问题，也是昌平区职业教育与普通教育首次合作办学，开展“职普融通——在普通教育中渗透职业教育元素”试点。

（李慧芳）

【心理健康中心投入使用】 3月，昌平职校心理健康中心正式投入使用。该中心设7个功能实训室，可在个体心理咨询、团体心理活动、心理素质测评与训练、心理宣泄与放松等方面为全校师生提供服务。中心以预约制在周一至周五中午及第七节课后对师生进行全面开放。

（金海英）

【启动名师工作室】 4月12日，昌平职校首个名师工作室暨吴亚芹个人工作室正式启动。8名教师成为工作室首批成员。工作室通过教研、科研、听评课等系列培训，提高教学设计、教学实施、教学管理等方面能力。吴亚芹是北京市职教名师、市级学科带头人，多篇论文发表在《职业教育研究》。

（陈秀莉）

【帮扶上口村举办美食文化节】 4月28日，十三陵镇上口村美食文化节暨民俗旅游接待村开村仪式举行。文化节以“览十三陵美景、感上口村民俗、品驴打滚美食”为主题，游客可欣赏美食节文艺演出，品尝特色美食。昌平职校于2011年与上口村建立新农村共建关系，校村共同发展民俗旅游业。

（张利成）

【校企共建科研人才基地】 5月8日，

昌平职校在合作企业北京盛景苑花卉有限责任公司研发基地禾子涧举行校企共建科研·人才基地揭牌仪式。该校立足服务区域特色农林产业“一花三果”（百合、草莓、苹果、柿子）发展，自2008年与昌平区园林绿化局下属企业北京盛景苑花卉有限责任公司开展合作。合作以“产教结合、工学结合、顶岗实习”模式进行，学校以企业工作岗位需求为出发点，从课程开设、教学内容选取、教学组织形式、工学结合方式、校企共同管理学生等方面进行校企研讨，开设相应课程，根据企业需求和教学需求，在不同时期选送学生进入企业进行实习实训，实现教学与生产相互融合。4年来，校企双方共同建立起百合种球脱毒国产化繁育的科研体系和人才体系，填补百合种球脱毒规模化生产空白，促进昌平区百合产业发展，提高当地农民经济收入，进而提高职业教育为区域经济发展的贡献力。

（贾光宏　吕巍）

【改革学校管理体系】 7月，昌平职校改革学校管理体系。该校优化原有管理体系，形成6大部门；将学校17大专业按照专业群概念，组合成6个大系。“六部”横向管理、统筹学校各项工作，“六系”纵向落实，着重专业建设工作。校长直接面对六个部门，各部门分块解决学校核心工作，同时实行“校系两级”分层管理。“六部六系”“校系两级”管理格局把原有职能部门、专业同属合并，归口管理，形成群落，促使管理高效运转，实现学校组织目标。

（王于）

【昌平职业教育工业文化园区启用】 9月21日，昌平职校正式启用昌平职业教育工业文化园区（南口校区）。文化园区同时承担学校数控技术应用实验实训基地以及学校与中国旅游商贸服务总公司共建意大利伊莱克斯厨房设备生产基地两大功能。园区占地面积7.33万平方米，拥有1栋教学楼、1栋办公楼、6排学生宿舍和1个数控车间，数控技术应用专业学生在此学习。

（王亮）

【城市轨道专业实训室投入使用】 12

月7日，昌平职校城市轨道专业实训室正式投入使用。实训室拥有轨道服务售票、问询、检票、屏蔽门等实训设备，可实现从售票、补票、充值、

问询、特殊旅客处理、进出站检票以及紧急情况开启安全门，电动列车模拟驾驶、列车车体结构的认知、屏蔽门操作及维修实习，了解仿真状态下轨道服务运营模式等实训项目。该校城市轨道专业成立于2010年。

（刘洋　吕巍）

北京市大兴区第一职业学校

【概　况】　2012年，北京市大兴区第一职业学校占地面积18.47万平方米，产权校舍建筑面积8.90万平方米。全年教育经费投入8858万元，其中，国家拨款8258万元、自筹经费600万元。固定资产总值9889万元，其中，教学、科研仪器设备总值1302万元。图书馆建筑面积1900平方米，藏书7.60万册，其中，纸质图书6.10万册、电子图书1.50万册。拥有计算机897台，多媒体教室座位450个。学校信息化经费投入100万元，网络信息点990个，校园网出口总带宽100Mbps，上网课程12门，数字资源量18TB。设有4个系部，开设园林技术、计算机网络、机电技术运用等8个专业，68个教学班。教职工266人，其中，专任教师175人，教辅人员47人。专任教师中具有研究生学历7人，本科及以上学历占教师总数97%；高级专业技术职务68人，中级94人；“双师型”教师51人。毕业生492人，就业率98%，职业资格证书取证率85%。招生830人。全日制在校生2189人，非全日制学生1976人。网址：www.dxyz.com.cn。

（宋思均）

【举办农民培训】　3月，大兴一职举办两项农民培训。3月5至30日，该校与采育镇社保科联合举办搬迁村农民劳动力转移绿化工培训班。该校抽调园林专业骨干教师授课，共216课时，其中，192课时为理论知识，24课时为实操技能。培训结束后，组织学员参加职业技能鉴定，将培训考核合格学员安置到相关岗位工作。采育镇共43位农民参加培训班。4月16至23日，大兴一职应大兴区北臧村镇成人学校邀请为当地餐饮从业人员进行培训。培训包括从业人员仪容仪表、摆台、端托、就业阳光心态等内容。北臧村镇近100名餐饮从业人员参加培训。

（宋思均）

【与LG公司共建订单式培养模式】　4月，大兴一职与LG化学显示器材料（北京）有限公司建立订单式培养模式。通过该模式实现企业技术、资金优势、学校人才和科研能力有机结合。该校挑选30名2010级学生组成联合办学实验班（LG实验班），自4月5日起，接受在校学习与企业实习相结合的订单式双元制教学，成绩优秀学生可获得“LG奖学金”。

（宋思均）

【42人入选市三好学生和优秀学生干部】　4月，大兴一职42名学生获得北京市“三好学生”“优秀学生干部”荣誉称号。其中，32名学生获得北京市“三好学生”荣誉称号，10名学生获“优秀学生干部”荣誉称号，2009动漫班获得“先进班集体”称号。

（宋思均）

【举办专业技能大赛暨教育教学展示会】　5月22日，大兴一职举办专业

技能大赛暨教育教学展示会。大赛涵盖动漫设计、园林技术、航空服务等8个专业30余项内容，打破以往由学校统一组织模式，分别由各系（教研室）独立组织进行，形成“重技能、钻技能、比技能”氛围。全校师生共2000余人参加展示会。

（宋思均　刘向东）

北京市怀柔区职业学校

【概　况】　2012年，北京市怀柔区职业学校占地面积22.68万平方米，产权校舍建筑面积4.99万平方米、非产权校舍建筑面积1.45万平方米。全年教育经费投入7170万元，其中，国家拨款7100万元、自筹经费70万元。固定资产总值6813万元，其中，教学、科研仪器设备总值3443万元。图书馆建筑面积500平方米，藏书12万册，其中，纸质图书4万册、电子图书8万册。拥有计算机450台，多媒体教室座位1600个。学校信息化经费投入350万元，网络信息点206个，校园网出口总带宽10Mbps，上网课程5门，数字资源量120GB。设有主校区、南校区和城区3个校区，4个系部，开设机械加工、汽车运用与维修、会展服务、学前教育和旅游服务与管理等16个专业，45个教学班。教职工247人，其中，专任教师165人、教辅人员62人。专任教师中具有研究生学历4人，本科及以上学历占教师总数98%；高级专业技术职务54人、中级65人；“双师型”教师40人。聘请校外教师8人。毕业生403人，就业率100%，职业资格证书取证率98%。招生367人。在校生2105人。网址：www.bjhrzyxx.com。

（曹桂林）

【成立鑫世纪职业技能培训学校】　7月16日，怀柔职校正式成立鑫世纪职业技能培训学校。培训学校是以安全生产特种作业培训、技能等级培训、职业技能培训为主的综合性职业技能培训机构。培训学校为学生双证就业、企业特种作业人员持证上岗、安全生产提供保障，为社会就业人员提高就业能力和业务能力。至年底，共培训459人，取证率95.90%。

（彭海芳）

【创建“军事化管理”示范班】　9月，怀柔职校创建“军事化管理”示范班。该校将汽修系（3）班和机电系2012级（1）班两个班级作为首批示范班，按照军事化管理模式进行全封闭式管理，有专门宿舍区，每班配备一名外聘部队教官，与学生同吃同住，全权负责学生集体就餐、集体训练、集体休息。经过一个学期实验，示范班学生在做人、做事、学习等方面有长足进步，组织性、纪律性等明显增强。

（郑云杰）

【编写会计专业教材在市农广校体系推广使用】　9至12月，怀柔职校编写会计专业教材并在市农广校体系推广使用。该校教师主编《财政与税收》和《财务管理》教材被确定为北京市农业广播电视学校会计准用教材，由中国时代经济出版社出版，共发行1万册，于10月起在全市农广校体系推广使用。另外，会计专业教师自制课件“会计基础”参加全国多媒体课件评选获得全国农广校体系优秀奖。

（李永红）

【两栋综合教学楼竣工】　10月，怀柔职校两栋综合教学楼竣工。两栋楼（A、B楼）建筑总面积14598平方米，占地面积3000平方米，均为5层，现代建筑风格，框架结构，是融教育教学为一体的综合教学楼。工程于2011年9月5日开工，投入经费共计4100万元。

（曹桂林）

【首个文艺中专班开班】　11月21日，怀柔职校农广校文艺中专班在怀柔镇成人学校正式开班。这是该校首个文艺中专班。文艺班是北京市“文化驻乡”工程重点项目之一，课程包括器乐、乐理、舞蹈、化妆、礼仪等。首批学生154人。

（陈素芝）

【与外事学校结为战略合作伙伴】　11月26日，怀柔职校与北京外事学校结为战略合作伙伴。两校就教育教学管理、队伍建设、教育科研、教学改革、学生素质培养等方面达成合作意向。双方互派干部、教师交流学习，探讨管理经验，开展教科研活动。

（王海霞）

【开展新型农民培训工作】　至年底，怀柔职校农广校开展大规模新型农民培训工作。其中，在“农村实用人才培训”中，组织完成204名对接户培养工作，涉及6个乡镇；在农村劳动力“阳光工程”培训项目中，共培训农民1200名，遍及13个乡镇，涉及动物防疫、蔬菜园艺等7个工种；与杨宋镇党委签订党员培训协议，建立“流动党校”，共培训党员890人，涉及杨宋镇15个行政村。另外，该校积极开展农民培训项目研究工作，参与“怀柔旅游特色课程与教学资源建设”项目研究，自编农民培训教材《依山傍水话美食》获北京市优秀教材二等奖；参与怀柔区组织部“农村管理型后备人才培训”项目，编印《2012年农村管理型后备人才培训班成果汇编》。2012年，被北京市农业广播电视学校评为北京市农广教育先进单位。

（董松林　李永红）

北京市平谷区第一职业学校

【概　况】　2012年，北京市平谷区第一职业学校占地面积7.50万平方米，产权校舍建筑面积4.10万平方米。全年教育经费投入10681.14万元，其中，国家拨款10618.34万元、预算外收入62.80万元（财政返还学校上交学费、住宿费）。固定资产总值5805.85万元，其中，教学、科研仪器设备总值3583.71万元。图书馆建筑面积696平方米，藏书104万册，其中，纸质图书4万册、电子图书100万册。拥有计算机400台，多媒体教室座位408个。学校信息化经费投入105.83万元，网络信息点350个，校园网出口总带宽10Mbps，上网课程12门，数字资源量40GB。设有校本部、南校区和东校区3个校区，开设服装设计与工艺、烹饪、机械制造与控制等13个专业，31个教学班。拥有实习实训基地16个。教职工191人，其中，专任教师63人、教辅人员128人。专任教师中本科及以上学历教师占教师总数90%；高级专业技术职务50人、中级84人。聘请校外教师2人。毕业生316人，实习率100%，就业率100%；参加单考单招考试42人，录取38人，上线率93%，录取率90%，职业资格证书取证率90%。招生321人。在校生1177人。全年开展社会培训2072人次。网址：www.pgyz.cn。

（贾爱兵）

【完善实习实训基地建设】　3至12月，平谷一职投资1161万元完善实习实训基地建设。完成南校区烹饪、服务实习实训综合楼装修改造3909.86平方米，并配备客房家具及烹饪专业餐饮桌椅，可同时容纳192人就餐和76人住宿需求。完成汽修专业钣金、汽车信息化建设、汽车综合性能与检测、快速修复、液压等5个实习实训室设备采购。12月，完成自动录播教室设备安装与调试，解决学校评优课、研究课录像画面不稳，图像不够清晰等问题，为教科研活动提供物质保障。

（王瑞生）

【与SMC公司联合办学】　3至12月，平谷一职与SMC（中国）有限公司联合办学。3月，校企共同制定青苗计划，冠名SMC班，19名学生经过笔试和面试进入青苗班。4月11日，校企签订合作协议，约定在学生培养、教育教学、实习实践、学生就业等方面开展合作，企业设立SMC青苗班奖学金，并为青苗班授牌。6月，首届青苗班学生和任课教师到SMC北京第三工厂参观培训。11月26日，全部19名学生经过考核进入SMC公司实习，另有29名新生经过考试进入第二届青苗班。SMC公司是世界著名气动元件研发制造企业。

（王东升）

【研发民俗旅游特色餐饮项目】　5至10月，平谷一职为大华山镇民俗旅游研发特色餐饮项目。项目共研发10余种菜品，并编写烹饪培训教材《华山农家筵》和《美丽的桃乡我的家——大华山镇民俗文化手册》两本书。《华山农家筵》共10031字，230幅图片，介绍大华山特色菜品。《美丽的桃乡我的家——大华山镇民俗文化手册》共36248字，225幅图片，以翔实资料介绍大华山镇历史沿革和丰富特产。

（李翠敏）

【培训教师281人次】　至年底，平谷一职共派出学习和培训教师281人次。其中，出国培训1人次，国家级培训4人次，市级培训120人次，企业培训24人次，校本培训132人次。

该校积极开展专业技能培训工作，为教师提供外出学习和实训机会，加强双师型教师培养。

（王东升）

【通过比赛提升教师素质】　至年底，平谷一职通过举办比赛提升教师素质。该校先后举办区级评优课、研究课、说课比赛，校级专业技能大赛、校本课题研究成果评选等多项比赛，并派教师参加各级各类竞赛。年内，该校教师58人次获得区级奖励，15人次获得市级奖励，2人次获得国家级奖励。10月23至25日，一名教师代表北京市参加“创新杯”全国中等职业学校德育课教师基本功大赛全国总决赛，获得“哲学与人生”说课比赛二等奖。该大赛由中国职教学会德育工作委员会主办，来自全国50余所学校128名选手参加比赛。

（王东升）

【改善校园环境】　至年底，平谷一职以幸福教育为宗旨改善校园环境。该校投资110万元完成学校南大门改扩建工程，有效解决师生进出学校存在安全隐患问题；投资1176万元完成5700平方米校园路面硬化，9651平方米学生公寓和实习实训综合楼外窗、外墙改造，1309平方米校园主景观绿化改造，536平方米校园景观长廊改造；新增绿化面积2329平方米，种植银杏、法桐、玉兰、月季等绿化物种，实现校园四季常绿、三季有花，美化校园环境。另外，还完成取暖管道室外改造，解决取暖设施老化问题；对弱电地下管线进行改造，为数字化校园建设提供保障。

（王瑞生）

密云县职业学校

【概　况】　2012年，密云县职业学校占地面积13.60万平方米，产权校舍建筑面积7.20万平方米。全年教育经费投入11893.21万元，其中，国家拨款11455.62万元、自筹经费437.59万元。固定资产总值12033.87万元，其中，教学、科研仪器设备总值3620万元。图书馆建筑面积4155平方米，藏书10.30万册，其中，纸质图书5.20万册、电子图书5.10万册。拥有计算机1646台，多媒体教室座位2905个。学校信息化经费投入50万元，网络信息点1646个，校园网出口总带宽500Mbps，上网课程19门，数字资源量1515GB。设有校本部、东校区和西校区3个校区，5个系部，开设旅游服务与管理、电子商务（呼叫服务）和美容美发与形象设计等13个专业，85个教学班。教职工276人，其中，专任教师199人、教辅人员77人。专任教师中具有研究生学历10人，本科及以上学历占教师总数98%；高级专业技术职务48人、中级59人；“双师型”教师87人。聘请校外教师18人。毕业生1169人，就业率96.70%，职业资格证书取证率87%。招生836人。在校生4066人。网址：www.myzhiye.cn。

（陆洋林）

【校园电视台落成】　2月13日，密云职校校园电视台落成并推出第一期直播节目。电视台于2011年9月开始建设，投资60万元。电视台开设“校园新闻”“校园之星”“职场风云”等栏目，由学生分担策划、摄像、主持人、后期编辑等职，从选材到后期制作均由学生自己动手完成。首期直播节目由学校德育副校长为学生讲授新学期入学教育第一课。至年底，电视台共播出15期。

（陆洋林）

【与高职院校联合开办大专班】　2月25日，密云职校与北京电子科技职业学院、北京经济管理职业学院联合开办的2012级大专班开学。该大专班通过成人高考录取96名学生，开设机电一体化、汽车检测与维修、电子商务三个专业，采取周末集中授课、平时自学及网络答疑相结合的方式教学，学制三年。学生经考核合格可获得高职院校颁发的大专学历证书。

（陆洋林）

【开展“工学交替”企业实践活动】　2月27日至4月29日，密云职校计算机专业室开展首轮“工学交替”企业实践活动。该专业室2010级4个班120名学生、4名班主任和3名指导教师到北京九五太维资讯有限公司密云事业部开展“工学交替”企业实践活动，实践项目是手机售后技术服务及阶段发售。企业按员工薪酬体系适当给予学生生活报酬，让学生体验薪酬意义。

（陆洋林）

【完善基础设施建设】　2至9月，密云职校完善基础设施建设。2月20日，该校现代服务专业室烹饪专业实训基地建成并正式投入使用。实训基地包括中餐面点制作实训室、中餐热菜制作实训室、中餐冷菜制作实训室、中餐原料加工及食品雕刻实训室和一个中餐原料库房。8月30日，塑胶操场完成改造并投入使用。操场占地面积16000平方米，投资700万元。9月1日，校内汽修实训车间建成并投入使用。该车间占地面积200平方米，学校投资30余万元购置举升机2台、捷达汽车1辆、桑塔纳志俊汽车1辆和汽车美容设备1套，能满足发动机维护、底盘维护、汽车概论、汽车美容等专业基础课程教学需要。当日，该校信息技术实训中心环境、文化建设工程完工。该实训中心由计算机基础实训室、网络实训室、平面设计实训室等14个专项实训室组成，配有信息设备420套，总价值600余万元。

（陆洋林）

【与合作单位联办培训班】　3月1日和12日，密云职校分别举办初级电工培训班和预算软件培训班。初级电工培训班是该校与密云县安全生产监督管理局联合举办的特种作业人员培训班。培训为期22天，其中，理论学习18天，电工实际操作4天。共95名学员参加培训，并全部通过市安监局组织的特种作业人员从业资格考试。3月12日，预算软件培训班是该校与广联达软件股份有限公司北京分公司联合举办，通过广联达图形算量软件快速计算土建工程量，讲授该软件整体操作流程。共43人参加培训，来自全市建设集团、建筑工程公司和房地产开发有限公司。

（陆洋林）

【成立7个企业冠名班】　6月9日，密云职校成立7个企业冠名班。该校2012级数控、汽修、客户信息服务三个专业室共组建7个企业冠名班，其中，数控技术应用专业组建SMC班和北京现代发动机班；汽车运用与维修专业组建北京现代班和北汽福田班；客户信息服务专业组建北京电信班、联通惟帆班和北京九五太维班。

（陆洋林）

【高考上线率 97.63%】 7月，密云职校高考上线率达97.63%。该校倡导“以德育引领高考成绩提高”，引领学生积极参加学校各项活动，在活动中提高学生精气神和战胜困难的勇气，培养学生耐力，养成良好习惯。2012年单考单招共计报名422人，其中，201人在自主招生中被录取；221人参加高考，211人上线。共计上线412人，上线率97.63%。

（陆洋林）

【组织“理实一体化”优秀课例展示】 11月3日，密云职校数控专业室组织“理实一体化”专业展示课活动。课上，教师利用同步投影将学生实际操作过程进行展示，教师可以全面了解学生操作情况，解决以往小组学生围观、操作规范不统一、教师不便检查的问题，增强课堂实效性。来自北京电子科技学院等其他兄弟院校20余名教师观摩展示课。该展示课是由“北京市骨干教师素质提高工程”委员会牵头，密云职校数控专业室承办的优秀课例展示，同时也是数控专业“理实一体化”教学模式探索的阶段性成果展示。

（陆洋林）

【37名教师获职业技能鉴定考评员资格证书】 11月10日，北京市职业技能鉴定考评员资格培训（密云）结束，该校37名教师参加培训并通过考核获得职业技能鉴定考评员资格证书。所获资格证书涉及展览讲解员、呼叫服务员、中餐烹调师、计算机网络管理员、加工中心操作工、收银员和美容师等20种职业。该培训由密云县人力社保部主办，为期5天。

（陆洋林）

【校企合作实施“阳光计划社会奖”】 12月24日，密云职校汽车运用与维修专业与北京德驿通程汽车销售服务有限公司、北京安瑞迪商贸有限公司校企合作“阳光计划社会奖”助学仪式举行。学校与两家企业签署《“阳光计划社会奖”协议》，为两家企业董事长颁发学校汽车运用与维修专业建设指导委员会委员聘书，并向企业赠送锦旗。根据协议，两家企业每年各出资3万元在汽车运用与维修专业实施“阳光计划社会奖”，奖励该专业品学兼优学生和在教学改革创新、指导技能大赛等方面取得突出成绩的优秀教师。

（陆洋林）

【与10家企业合作开设定向班】 至年底，密云职校与10家企业合作开设定向班。10家企业分别是SMC中国制造有限公司、北京现代汽车有限公司电机厂、北新建材（集团）有限公司密云工厂、北京电信发展总公司、北京九五太维资讯有限公司、北汽福田汽车股份有限公司密云多功能厂、北京现代汽车有限公司、联想（北京）有限公司、长城宽带网络公司北京分公司、北汽福田物流有限公司。其中，SMC公司、北京电信公司、九五太维公司和长城宽带北京分公司为定向班学生设立一、二、三等奖学金，用以奖励学习优秀学生，金额分别为2000元、800元、500元。

（陆洋林）

延庆县第一职业学校

【概　况】 2012年，延庆县第一职业学校占地面积12.08万平方米，产权校舍建筑面积7.09万平方米。全年教育经费投入9502.03万元，其中，国家拨款8952.20万元、自筹经费549.83万元。固定资产总值10133.70万元，其中，教学、科研仪器设备总值3152.70万元。图书馆建筑面积1878平方米，藏书7.50万册，其中，纸质图书3.86万册、电子图书3.64万册。拥有计算机857台，多媒体教室座位1680个。学校信息化经费投入618.50万元，网络信息点645个，校园网出口总带宽100Mbps，上网课程68门，数字资源量3000GB。设有5个育新系列实训基地、1个民俗旅游培训基地和1个种植养殖培训基地，开设中餐烹饪、汽车运用与维修和美发与形象设计等19个专业，83个教学班。教职工273人，其中，专任教师114人、教辅人员101人。专任教师中具有研究生学历4人，本科及以上学历占教师总数85%；高级专业技术职务76人、中级111人；“双师型”教师40人。聘请校外教师34人。毕业生836人，就业率98.40%，职业资格证书取证率85.60%。招生926人。在校生2753人。网址：www.yqyz.org.cn。

（卫秀宗）

【承办留学生教育与管理研讨会】 6月19日，延庆一职承办北京独联体国家留学生教育与管理研讨会。会议研讨留学生教育教学和住宿管理等内容，建议成立独联体国家留学生教育研究同盟会发挥并分享各校教育资源。来自北京青年政治学院、北京石油化工学院和北京日坛中学等7所学校，以及北京欧陆世纪国际文化交流中心、独联体国家留学生学生会代表、乌兹别克教育代表、俄罗斯教育代表和留学生家长代表共29人参加会议。会议由北京青年政治学院主办。

（卫秀宗）

【参加全国职业技能大赛摘金夺银】 6月，延庆一职学生参加教育部组织的2012年全国职业院校技能大赛。该校烹饪专业一名学生获得果蔬雕刻项目一等奖，填补自2008年北京市参加全国技能大赛该项目获奖空白。另有两名学生获得晚宴化妆项目一等奖和中餐热菜项目二等奖。此外，该校美容美发专业学生参加北京市美容美发协会组织的第26届美发化妆造型大赛，获得一金五银一铜。

（卫秀宗）

【与巴黎汇公司签订校企合作协议】 12月10日，延庆一职美容美发专业组与北京巴黎汇发型设计有限公司签订校企合作协议。根据协议，双方在订单培养、合作办学、顶岗实习、实训基地建设、互派员工交流等方面开展长期合作。

（卫秀宗）

成人高等教育

【概　况】　2012年，北京市共有独立设置成人高等学校19所，学校产权占地面积152万平方米，学校产权校舍建筑面积87万平方米；固定资产总值27.45亿元，其中，教学、科研仪器设备值2.78亿元。教职工3407人，其中，专任教师1527人。成人高等教育学历毕（结）业生94728人（含普通高校举办的函授、夜大学、成人脱产班学生85064万人），其中，本科生49789万人、专科生44939万人；招生107082人（含普通高校举办的函授、夜大学、成人脱产班学生97058万人），其中，本科生59237万人、专科生47845万人；在校生265049万人（含普通高校举办的函授、夜大学、成人脱产班学生240444万人），其中，本科生156766万人、专科生108283万人。

（胡雨）

【中国远程教育教师论坛举行】　4月1日，第三次中国远程教育教师论坛在京举行。论坛由《中国远程教育》杂志联合中央广播电视大学举办。论坛以“远程开放教育实践教学：教学一线的探索与反思”为主题，旨在基于电大教学一线实践教学的创新性探索及反思，进一步探讨开放大学远程教育实践教学规律以及相关问题解决方案。来自中央电大、北京电大、上海电大、广东电大、湖南益阳电大、青岛电大、甘肃电大、南京电大的12名教师围绕远程教育实践教学的理论认知、开放大学会计专业实践资源建设及实施、远程开放教育实践教学如何适应学生的个性化需求、现代远程开放教育中实践教学情境的创设、利用社会资源开展远程开放教育的实践教学等主题发表论述。奥鹏教育研究院院长、中央电大教授、北京大学教育学院教授、教育部教师网络教育咨询专家对教师发言进行点评。

（孙明博）

【召开独立设置成人高校招生工作研讨会】　4月18日，北京地区部分独立设置成人高校招生工作研讨会在北京市西城经济科学大学召开。北京市西城经济科学大学、朝阳区职工大学和海淀区职工大学等八所成人高校负责人汇报招生情况。与会人员对招生困难、生源质量逐年下滑原因进行分析讨论。大会认为，加强师资队伍建设、提高教育教学水平是关键，并提出可行性建议。市成人招生办公室、各成人高校校长等21人参会。

（何伶）

【召开行业办学成人高等教育招生章程互评工作会】　7月11日，北京市行业办学成人高等教育2012年招生章程互评工作会在北京市总工会职工大学召开。来自首都联合职工大学、首钢工学院、北京市建设职工大学、北京医药集团职工大学、北京交通运输职业学院及北京市总工会职工大学6所高校主管招生工作领导参加会议。与会领导依次宣讲各校高等教育招生章程，就招生章程中相关问题进行讨论，并就各校办学整体情况如师资、专业设置、招生生源、学校未来发展等方面情况进行交流。

（周东妹）

【国家开放大学和北京开放大学揭牌】

7月31日，国家开放大学和北京开放大学在人民大会堂正式揭牌成立。刘延东为学校揭牌并发表《努力办好中国特色开放大学》讲话。揭牌仪式上播放北京开放大学专题宣传片《开放的中国，开放大学的北京，开放大学的大学》。两所大学前身分别为中央广播电视大学和北京广播电视大学。

（孙明博　高玉英）

【远程教育论坛暨开放大学校长圆桌会议举行】　10月20至21日，国际远程教育论坛暨开放大学校长圆桌会议在京举行。会议围绕“技术与教育深度融合的创新实践”主题，研讨开放大学建设理论与实践。会议邀请国际知名专家和业界精英作主题发言，内容涉及国际教育信息化、开放教育资源、网络课程和在线学习、开放大学建设等领域，并围绕北京开放大学建设提出建议。来自全国各地广播电视大学、网络教育学院、普通高校的专业人士、中小学教师、新闻媒体等各界人士参加会议。该论坛是2012中国国际教育论坛分论坛，由北京广播电视大学承办。

（高玉英）

【中国国际远程教育大会召开】　11月22至23日，2012年中国国际远程教育大会在京举行。会议以“变革时代的技术发展与教育创新”为主题，聚焦当今变革时代的新技术，以及教育所面对新变化、新问题、新机遇和新挑战。大会开幕式上，国内25家移动学习产、学、研单位联合发起成立中国移动学习联盟。大会同期举办高校网院院长高峰论坛、国家开放大学建设高峰论坛、企业E-Learning卓越实践高峰论坛、中国特色远程教育之路——新东方在线远程教育思考与实践论坛、企业大学建设与发展高峰论坛、移动学习与新产品应用高峰论坛、基层电大创新发展高峰论坛、西部地区远程教育圆桌会议、E-Learning与新技术发展高峰论坛、数字化学习环境及资源建设高峰论坛以及“2012中国国际远程教育展”。来自全国高校主管网络教育的领导，全国高校网院、全国继续教育学院领导，全国省级电大领导，部分地市级电大校长代表，国内外企业大学校长，大型企业培训部门领导等500个单位共计1500人参加大会，参观人数超过3000人次。会议在全国高校现代远程教育协作组、国家开放大学指导下，由《中国远程教育》杂志社主办。

（孙明博）

独立建制成人高等学校

中央广播电视大学（国家开放大学）

校　　长　杨志坚
党委书记　阮智勇（11月30日免）
　　　　　　李凌（11月30日任）

【概　况】　2012年，中央广播电视大学（国家开放大学）占地面积1.55万平方米，产权校舍建筑面积8.75万平方米。固定资产总值107957.88万元，其中，教学、科研仪器设备总值2783.84万元。图书馆建筑面积13920平方米，藏有纸质图书10.06万册、电子图书14131.20GB。拥有计算机1976台，多媒体教室座位93个。学校信息化经费投入1657.96万元，信息化设备资产5894.10万元，网络信息点4000个，校园网出口总带宽700Mbps，电子邮件系统用户1151个，上网课程1019门，数字资源量16804.20GB，管理信息系统数据总量2000GB。中央电大包括校本部和全国44所省级电大、1125所地（市）级电大分校和1827个县级电大工作站。设有6个学科学院和直属学院、继续教育学院以及八一学院、总参学院、空军学院、西藏学院、残疾人教育学院，专设中国电视师范学院、中国燎原广播电视学校、中央广播电视中等专业学校。开设108个专业，其中，开放教育本科（专科起点）专业27个、专科专业63个、教育部"一村一名大学生计划"专业18个。教职工506人，其中，专任教师151人，包括教授22人、副教授67人。聘请校外教师3人，其中，教授2人、副教授1人。毕业711568人，其中，本科生199840人、专科生462137人、教育部"一村一名大学生计划"学生49591人。招生1013571人，其中，本科生294307人、专科生661454人、教育部"一村一名大学生计划"学生57810人。在校生3479000人，其中，本科生1008158人、专科生2288194人、教育部"一村一名大学生计划"学生182648人。网址：www.crtvu.edu.cn。

（孙明博）

【与中国电信签署战略合作框架协议】

2月16日，中央电大与中国电信集团公司签署战略合作框架协议。根据协议，双方以建设国家开放大学为契机，在云数据中心建设、网络建设、3G移动终端应用、平台建设、企业培训等方面开展深入合作，共同探索教育与信息技术深度融合途径和模式，促进学习型社会形成。

（孙明博）

【成立数字化学习资源中心】　5月21日，中央电大数字化学习资源中心成立。中心采用云计算技术，建设数字化学习资源库，研发多种网络学习平台，采用"一库多网"应用模式，支持用户通过互联网访问，实现资源的云学习和云存储，为各类学习者提供学习资源。11月14日，学校"网络教育数字化学习资源中心建设"项目通过教育部教学质量与教学改革工程领导小组办公室结题验收。

（孙明博）

【国家开放大学成立】　6月21日，中央电大经教育部批准成立国家开放大学。国家开放大学在中央电大基础上建立，是教育部直属的、以现代信息技术为支撑、主要面向成人开展远程开放教育的新型高等学校。学校坚持非学历继续教育和学历继续教育并举；可以设置本科专业，首批设置19个本科专业；可以授予学士学位。学校以课程为单位建设学习资源，充分利用高校优质教育资源，促进学习资源共建共享；积极推进"学分银行"建设，通过建立学习成果互认和学分积累、转换制度，探索搭建终身学习"立交桥"。中央广播电视大学名称暂时保留，过渡时期采取"老人老办法，新人新办法"。7月31日，国家开放大学在人民大会堂正式揭牌成立。8至12月，中央电大西藏学院、中央电大八一学院、中央电大空军学院、中央电大总参学院和中央电大残疾人教育学院分别更名为国家开放大学西藏学院、国家开放大学八一学院、国家开放大学空军学院、国家开放大学总参学院和国家开放大学残疾人教育学院并揭牌。更名后，各学院性质、任务、管理体制和运行机制不变；过渡时期学生采取"老人老办法、新人新办法"学籍管理制度；挂牌后入学学生执行新的教学及教学管理规定。

（孙明博　高玉英）

【继续教育学习成果项目研究获批】　6月25日，教育部正式批准中央电大开展"国家继续教育学习成果认证、积累与转换制度的研究与实践"项目，对国家"学分银行"制度进行全面探索与实践。该项目是国内唯一的国家级"学分银行"试点项目，主要任务是研究国家"学分银行"制度的框架标准、方式方法、体制、机制等，并结合开放大学建设开展"学分银行"实践探索。12月1日，该项目正式开题。结合项目任务要求，该项目设计为研究课题和实践项目两大部分，此次开题评审的研究课题重点围绕制度构建、认证基准框架的结构与规范、认证单元标准、学习成果认证体制机制4个研究方向展开。

（孙明博）

【举办首届信息技术教学应用秀】　7月12日，国家开放大学举办首届信息技术教学应用秀。活动共展出50余个项目，多角度演绎教职工探索"信息技术与教育的深度融合"取得的进展。学校首次利用"微直播"对活动进行现场报道，并通过"微博上墙"形式将参与互动的微博及时发布到大屏幕，增强活动亲和力和参与感。

（孙明博）

【召开合作推进学习型城市建设座谈会】 12月13日，国家开放大学与15所中心城市合作推进学习型城市建设座谈会在北京举行。15所中心城市分别为沈阳、大连、长春、哈尔滨、南京、杭州、宁波、厦门、济南、青岛、武汉、广州、深圳、成都和西安。杜占元参加座谈会并发表重要讲话。会后，国家开放大学与15所中心城市签署协议，正式成立国家开放大学城市支持与合作联盟，共同推进学习型城市建设。国家开放大学及15个中心城市有关领导、电大领导共60余人参加会议。

（孙明博）

【庆祝中央电大出版社成立30周年】 12月22日，中央电大（国家开放大学）出版社成立30周年庆祝大会举行。学校领导、出版社员工、在京出版界同仁及社会相关人士共400余人参加庆祝大会。该出版社于1982年10月成立，是以出版远程开放教育教材和学术著作为特色的综合性大学出版社。建社30年来，逐步形成服务电大开放教育、服务远程教育、服务职业教育、服务终身学习的发展格局，取得良好社会效益与经济效益。

（孙明博）

北京教育学院

党委书记 马宪平
院　　长 李方

【概　况】 2012年，北京教育学院占地面积5.27万平方米，产权校舍建筑面积10.03万平方米。全年教育经费投入17678万元，其中，国家拨款14446万元、自筹经费3232万元。固定资产总值26487万元，其中，教学、科研仪器设备总值7827万元。图书馆建筑面积2961.80平方米，藏有纸质图书64.80万册、电子图书620GB。拥有计算机1344台，多媒体教室座位4102个。学校信息化经费投入168万元，信息化设备资产4604.68万元，网络信息点1400个，校园网出口总带宽190Mbps，电子邮件系统用户60个，上网课程51门，数字资源量2836GB，管理信息系统数据总量0.40GB。设有黄寺校区、文兴街校区和中轴路校区等5个校区，7个二级学院，1个图书资料中心。设有17个教学系，开设35个专业，覆盖5个学科。教职工559人，其中，专任教师248人，包括教授13人、副教授100人。兼职教师48人，包括教授2人、副教授10人。毕业生1439人，其中，专科生804人、本科生635人。招生1119人，其中，专科生719人、本科生400人。在校生5168人，其中，专科生3512人、本科生1656人。参加短期汉语学习留学生684人。全年岗位培训和继续教育结业学员12686人次。网址：www.bjie.ac.cn。

（刘琳）

【《中小学教师专业发展标准及指导》通过论证】 1月16日，教育学院组织研制书稿《中小学教师专业发展标准及指导》通过专家评审论证。该课题于2009年在“北京教师教育创新平台”中专项设置，经过三年反复打磨而成。书稿共80万字，涵盖语文、数学、英语、理科、社会、体育、艺术、信息技术和综合实践9个科目，对教师“新手到熟练”“熟练到成熟”和“成熟到卓越”三个发展阶段具体规定专业基础（师德素养、知识素养）和专业实践（促进学生学习和发展）两个维度的素质与行为标准，并撰写内容要点和操作要点。该项目成果主要用于北京市中小学教师自我发展指导和中小学教师培训指导。

（刘琳）

【2011年市级高中英语教师培训结业】 3月3日，教育学院承办的2011年市级高中英语教师培训举行成果展示暨结业典礼。55名学员完成为期一年学习任务。该培训于2011年4月启动，以“提升高中英语教师教学设计和实施能力”为主题，通过主题学习、教学实践相结合的培训模式满足教龄3至5年成熟期高中英语教师培训需求，帮助他们解决工作中实际问题。

（刘琳）

【承办“国培计划”中西部项目短期集中培训】 3月3日，“国培计划”——云南省幼儿园园长国家级短期集中培训在教育学院开班。该培训是受云南省教育厅委托举办。培训为期10天、80学时，共有100名学员。培训开设园长领导力与管理素养提升、幼儿教育质量提升与问题点击、园所文化创建交流与跟进学习、学前教育形势与园本发展等4个模块教学内容，采用理论讲座、实践指导、小组研讨、下园观摩等形式开展。此外，教育学院还于8月25日至11月11日分别承办“国培计划”新疆生产建设兵团、新疆、青海、甘肃、云南、吉林中小学各学科骨干教师短期集中培训共9个班，学员共447人。

（刘琳）

【举办市级教育干部培训班】 3月6

日，北京市中小学骨干校长培训高研项目、中学校长国际合作培训高研项目、中小学农村校长培训高研项目和“祥云行动——北京高中校长办学特色实施项目”等市级教育干部培训在教育学院开班。共有212名学员参加开班典礼。中小学骨干校长高研项目以“课程文化建设的研究”为主题，采用专题讲座、研讨、体验式培训、参观考察、同伴互助和课题研究等方式进行；中学校长国际合作培训高研项目以“提升学校教学领导的实效性”为主题，采用专题讲座、案例分析、活动体验、专题研讨、学校考察、读书交流等方式开展；农村中小学校长研修项目以“教师队伍建设”为主题，开设理论类、课题研究类和实践类三类课程；“祥云行动”以“高中特色建设”为主题，通过市内学习和异地培训，提升骨干校长领导力，促进高中特色发展。

（刘琳　董丽）

【承办中小学书记高级研修班】 3月20日，教育学院承办的北京市“十二五”第二期中小学书记高级研修班开班。培训为期一年，学员来自北京市17个区县，共33人。高研班围绕“规划纲要”背景下的中小学党建科学化理论与实践这一主题展开研修，在理论学习基础上，通过拓展训练、问题聚焦、现场观摩、校际互访、反思感悟、研讨交流、课题研究等形式，引导学员进一步提高党性修养、党建水平和综合素质，指导学员进一步深化党建创新研究，促进中小学党支部书记专业发展和学校党建科学化。

（刘琳）

【举办班主任和教师技能提高培训】
3月21日，2012年北京市初中骨干班主任及心理健康教育教师技能提高培训在教育学院开班。195名学员参加开班典礼。初中骨干班主任培训主题为“基于青春期特点的初中主题班会设计与实施能力的提升”，170学时，分为集中学习、下校观摩和诊断、交流及展示三个阶段，共90人参加学习。心理健康教师技能提高培训共有学员105人，按照“中学生自我发展辅导”“中学生人际关系辅导”“中学生学习辅导”等主题编为三个班，培训分为集中学习、下校观摩、实习三个阶段，共200学时。

（刘琳）

【承办中小学干部教师国内访学计划】
3月30日，教育学院承办的北京市中小学干部教师“国内访学计划”（第二期）开班。38名学员分为干部班和教师班参加研修，为期一年。该计划是北京市中小学干部教师专项研训一体项目，通过与北京市国际学校合作，共同设计课程，安排学员到国际学校现场学习，围绕国际学校组织管理、课程设置、学生社团活动和教师发展方式等专题进行研究和探讨。研修分为高端理论学习、室内深度现场学习、外省市访学、规范课题研究以及主题式沙龙交流等五个阶段，于年底前结束。与第一期相比，第二期在集中培训阶段特别邀请国际学校外籍校长和专家作有关国际学校管理和英语强化培训。

（刘琳）

【开展“积极心理教育大讲堂”培训】
3月30日，教育学院举行2011年“积极心理教育大讲堂”结业典礼暨2012年项目开班仪式。193名学员顺利结业，37名学员被评为优秀学员。来自北京市16个区县400名学员参加仪式。2011年该项目围绕“提升教师幸福和发现优势美德”设计8个专题讲座，聘请全国知名心理学专家作报告，通过专家答疑、现场参观、学习反思、总结交流等学习模式，引领学员将积极心理教育理念与实际结合，产生积极反响。学员对专家教学满意率100%，对项目总体满意度100%。2012年该项目聘请国内及香港知名的积极心理学领域专家开设15个专题讲座，学员在学习积极心理学理论基础上，选择一个积极心理学元素，切入一个具体问题进行研究，形成研究成果，完成从经验层面反思总结到研究者和行动者的转化。

（刘琳）

【中小学干部教师汇报2011年境外培训成果】　4月8日，教育学院召开2011年境外培训项目成果汇报会。100名北京市中小学和幼儿园干部教师交流参加境外培训收获与体会。2011年，学院共组织7个境外培训团组，共计114人赴英国和美国高校就干部教师培训等方面进行交流。

（刘琳）

【市农村教师研修工作站首次开展追踪调研】　4月11日，北京市第七期农村教师研修工作站结业暨追踪调研启动工作会在教育学院召开。会议总结第七期工作站项目，表彰优秀指导教师和优秀学员。培训延用全员通识培训、学科通识培训、个性化“影子”培训三级培训形式。培训为期5个月，289名学员顺利结业。为深化培训成果，40个工作站对第1至6期400名学员进行追踪指导，为期2个月。追踪分为两种形式：一是学员回原工作站集中学习2至4周，采用集中或分散方式进行；二是每位指导教师赴学员任职学校指导至少一次。8月28日，第八期培训在学院举行，来自46个工作站180名指导教师参加培训。236名农村教师于9月3日进站研修，并于9月12日参加通识培训。研修方式主要分为全员通识培训、学科通识培训和跟岗学习三类，其中，全员通识培训和学科通识培训分别由学院和城区教师培训机构承担。第八期工作站将培训时间由半年延长至一年，在原有一学期脱产学习基础上，增加一学期教学实践环节。

（刘琳）

【开展农村中小学艺术教师合唱培训】
6月9日，北京市农村中小学音乐教师合唱指挥专项培训和北京市农村中小学美术创新思维专项培训在教育学院开班。200名京郊中小学音乐、美术教师参加培训。培训旨在提高学员们音乐、美术教学能力，课程设置与中小学音乐、美术教育教学理论与实践相结合，为期半年。

（刘琳）

【培训中小学音乐教师和幼儿园骨干教师】　6月10日，2012年北京市中小学教师艺术师资荟萃提升培训和城区幼儿园骨干教师艺术教学创新能力提升培训在教育学院开班。培训分为艺术理论素养提升、教学策略创新设计、技能拓展强化训练、专业成长跟进指导四个模块，为期半年。102名中小学音乐教师和56名幼儿园骨干教师参加培训。

（刘琳）

【举办全国高中通用技术项目学习研讨会】　7月12至13日，教育学院

举办全国高中通用技术项目学习研讨会。来自北京、天津、重庆、湖北、江西、新疆等13个省区市100名代表参加会议。学院通用技术学科团队提出项目学习模式，在主题发言中介绍项目学习资源开发情况。通用技术学科团队历经3年，编写普通高中《技术与设计1探究活动手册》。手册通过鲜活生动案例分析和学生项目设计，为教师改善教学行为、改进教学方式提供范例，为学生学习通用技术课程提供课程资源。手册于9月进行教学实验。南京师范大学、天津教科院两名教授作专题报告，介绍技术教育教学在中国开展的现状和对教学方

式变革的研究。会议举办主题为“项目学习的经验与反思”开放性论坛，与会代表就各自在项目学习方式上的探索进行研讨，并到北师大实验中学考察交流。

（刘琳　董丽）

【承办幼儿园园长高级研修项目】 9月18日，教育学院承办的2012年北京市幼儿园园长高级研修项目开班。培训分为集中培训主题模块学习、实践研究指导和教育考察三个阶段，主题为幼儿园课程领导与规划，以担任园长职务3年以上、年龄45岁以下的北京市幼儿、骨干园长为培训对象，帮助园长提升课程领导力和幼儿园课程建设能力。培训共200课时，来自北京市16个区县61名幼儿园骨干园长参加培训。

（刘琳）

【承办4项“国培计划”中小学教师示范性培训】 10月8日至12月15日，教育学院承办4个“国培计划”2012年中小学教师示范性培训项目。4个项目分别为培训团队研修项目、紧缺薄弱学科骨干教师培训项目、中小学骨干班主任教师研修项目和中小学骨干教师研修项目。全国各省区市共有9个学科、1251名教师参加为期10天集中培训。培训团队研修项目包括培训管理者团队研修和首次开展的体育与健康、美术学科高校教师与教研员培训。培训管理者团队研修突显“以例释理、以研促学；以境启智、以修促行；以终为始，以用促变”培训特色；体、美高校教师与教研员培训以“学科培训者教研训创新实施能力”为主题。紧缺薄弱学科骨干教师培训项目包括初中体育、小学体育、小学美术3个学科，分别设置素质提升、核心技能、专题强化、特色活动四个模块培训课程。中小学骨干班主任教师研修项目分为高中和初中两个项目，以“班级建设的层次与境界”为主题，通过专家讲座、与一线班主任交流、小组讨论以及现场观摩学习等方式，提高骨干班主任专业能力。中小学骨干教师研修项目为初中数学班，采取专家讲座、案例分析研讨、名校名师课堂观摩等培训模式，以提高学员对中学数学课程整体把握。

（刘琳）

【举办教育科研管理者研修项目】 10月9日，2012北京市教育科研管理者研修项目在教育学院开班。这是教育学院首次举办教育科研管理者培训。培训以“提升科研管理者理论素养和管理能力”为主题，以各个区县负责中小学教育科研的教科所所长或有关处室主任为培训对象，采用专题学习、实践研究、体验学习、自学指导、小组研讨、参观考察等培训方式进行。该培训共计200学时，21名学员参加培训。

（刘琳）

【评审第二批重点学科】 10月11日，教育学院举行第二批重点学科建设规划暨学科带头人、学科骨干教师评审会。学院聘请15名全国知名教育专家，对8个学科建设规划进行评审。经审议，国际理解教育、语文教育学、生涯教育与创造性培养、学校管理学（含校长学）、德育与班级管理5个学科通过评审，成为学院第二批学科建设重点项目。2011年启动首批12个重点学科建设也有序推进并于12月20日通过年度考核。

（刘琳）

【举办北京教育党校成立20周年纪念会】 12月12至13日，教育学院举

办北京教育党校成立20周年暨京津沪渝中小学校党建论坛。论坛听取教育党校校长作工作报告。教育部基础教育一司司长、北京市委副秘书长分别结合当前基础教育发展现状和形势要求发表讲话，对加强教育党校和教育党建工作提出指导性意见。大会表彰23名获得“特别奉献奖”的市区教育党校教师和18名获得“优秀工作者”称号的区县教育党校教师。在京津沪渝中小学党建论坛上，8名代表就本地区教育党建和学校党组织建设情况进行探讨和交流。共180人参加会议。

（刘琳）

北京广播电视大学（北京开放大学）

党委书记　沈玉宝
校　　长　胡晓松

【概　况】 2012年，北京广播电视大学（北京开放大学）占地面积2.50万平方米，产权校舍建筑面积5.22万平方米；全市电大系统产权校舍建筑面积23.83万平方米，非产权校舍建筑总面积22.27万平方米。全年教育经费投入17001万元，其中，国家拨款6976万元、自筹经费10025万元。校本部固定资产总值12221.59万元，其中，教学、科研仪器设备总值4623.12万元；全市电大系统固定资产总值34511万元，其中，教学、科研仪器设备总值13222.77万元。图书馆建筑面积1900平方米，藏有纸质图书4.15万册；全市电大系统图书馆建筑面积9845平方米。校本部拥有计算机1474台，包括教学用计算机1010台，多媒体教室座位1195个；全市电大系统拥有语音实验室座位1257个，多媒体教室座位21955个。校本部信息化经费投入836万元，信息化设备资产3295.25万元，网络信息点3189个，校园网出口总带宽200Mbps，电子邮件系统用户13049个，上网课程267门，流媒体（IP）课件12233讲，VCD视频教学资源908讲，网上文本资源85106篇，数字资源量17725.10GB，包括电子图书1239.26GB，管理信息系统数据总量4270GB；全市电大系统信息化投入2719.08万元，信息化设备资产5531万元，网络信息点9406个，校园网出口总带宽2158Mbps，电子邮件系统用户18347个，上网课程863门，数字资源量22127.13GB，包括电子图书2669.26GB，管理信息系统数据总量9308GB。设有皂君庙、白塔庵和西直门3个校区，55个教学单位。校本部教职工293人，其中，专任教师102人，包括教授4人、副教授23人。聘请校外教师150人，包括教授7人、副教授46人。毕业19466人，其中，专科生12659人、本科生6807人。本科学位获取率20%。高等学历教育招生21199人，其中，开放教育20563人（春季9165人、秋季11398人），统招生636

人；中专招生 34457 人；国外留学生招生近 350 人次。网址：www. bjou. org。

（高玉英）

【与世纪文化艺术公司签约合作】 1 月 17 日，北京电大与北京世纪文化艺术服务有限公司签署合作框架协议。根据协议，公司辅助学校打造艺术类相关专业高素质、专业化师资队伍，培养艺术类优秀专业人才，并利用与演艺类企业、影视剧组、文艺演出团体紧密合作关系，辅助学校建设艺术类相关专业实训基地等。协议期三年。

（高玉英）

【两家教学单位成为全国示范性基层电大】 2 月 12 日，北京电大门头沟学院和房山分校成为中央电大创建示范性基层电大（教学点）项目工作第三批全国示范性基层电大。至此，北京电大共有 7 家教学单位入选全国示范性基层电大（教学点）。

（高玉英）

【开展“推荐学习安排”教学改革】 3 月 30 日，北京电大召开“推荐学习安排”经验交流会。各教学部专职教师参加交流，3 名专职教师结合专业课程介绍对“推荐学习安排”理解和实践。该校“推荐学习安排”教学改革从 2010 年秋季学期开始试点，实施 4 个学期以来，参与试点课程从 20 门增至 400 门，参与面涉及大多数自开课程和部分选修人数在 100 人以上的统设课程。“推荐学习安排”是借鉴英国开放大学在线课程组织模式推出的在线学习模式，以此提升资源建设质量、加强网络导学功能、提高资源应用效果、加强网络交互深度。“推荐学习安排”重在有序设定学习进度、优化整合学习资源、科学组织学习内容、重点突出活动设计、扎实跟进效果反馈、统筹做好整体规划。“推荐学习安排”要求教师基于相对完整的教学单元，以“周”的形式设计与组织教学内容与资源，教师“推荐学习安排”每学期不少于 15 周，按周次及时上传资源。

（高玉英）

【与中国老教授协会签约合作】 4 月 12 日，北京电大与中国老教授协会签订合作框架协议。根据协议，双方在学校建设规划、领导力建设和学术带

头人培养、课程开发规划与教学、教育模式探索等领域开展专项合作。学校旨在通过此项合作，探索从“以知识传授为本”向“以实践能力培养为本”培养目标转轨，提高学校在人才培养、科学研究、社会服务和文化引领等方面综合实力，推动学校建设。

（高玉英）

【举办“吴正宪儿童数学”教师研修工作坊】 4 月 26 至 28 日，北京电大与吴正宪小学数学教师工作站合作举办“吴正宪儿童数学”教师研修工作坊。研修工作重点解读《义务教育数学课程标准（2011 版）》，结合教学案例对新课标的理念和总体目标进行讲解，并对“数与代数”“图形与几何”“统计与概率”“综合与实践”四个领域中新旧课标进行比较说明。研修中，教师们体验个人反思、小组合作、全员建构等形式的教学能力建构性学习，认识新课标内涵，在团队学习中体会分享成功教育经验所带来的职业幸福感。来自福州、深圳、成都等地 74 名小学数学教师参加研修课程，并获得研修结业证书。

（高玉英）

【考试预约系统开发完成】 5 月，北京电大考试预约系统完成开发。考试预约系统是该校自开课程形成性考核、终结性考试平台。通过该系统，学生可在一个月考试时间段内，选择考试时间并预约，是该校自开课考试从集中考试转变到随时考试的重要环节。该校全年共 350 门课程，40 个网考考点使用约考系统进行考试预约。

（高玉英）

【与青海电大签订新一轮交流与合作协议】 9 月 25 日，北京开放大学与青海广播电视大学签订新一轮交流与合作协议。双方总结回顾京青两地电大自2009年以来开展对口交流与合

作工作情况。3 年来，双方相互取长补短，在人才培训、资源共享、人员交流等方面做了大量工作，合作取得初步成果。此次续订协议，双方继续在上述方面开展交流与合作。协议期三年。

（高玉英）

【与美国新媒体联盟签署合作协议】 10 月 22 日，北京开放大学与美国新媒体联盟签署合作协议。根据协议，新媒体联盟将北京开放大学作为在中国发行其年度报告（包括基础教育版、高等教育版和博物馆版）中文版唯一官方机构；北京开放大学免费成为其会员，并参加联盟年度活动；新媒体联盟参加学校举办的国际论坛，并提供资源；新媒体联盟提议北京开放大学开展相关研究，以中国的开放大学信息化发展水平及发展趋势研究并发布专题性地平线报告，纳入新媒体联盟总地平线报告中；新媒体联盟授权北京开放大学将《2012 新媒体联盟地平线报告》（包括高等教育版和基础教育版）译成中文版。合作协议签署标志该校与研究技术和教育深度融合的国际权威组织建立长期合作关系。

（高玉英）

【开展引进课程网络试学】 至年底，北京开放大学开展引进课程网络试学活动。该校于 2011 年引进英国开放大学《非财务经理财务课》和《西方职场道德》两门课程，年初，在学校直属学院——开放教育学院部分学生中开展课程网络试学活动。5 月 13 日，召开课程网络试学总结见面会，课程组梳理课程教学设计及教学实施情况，在课程引进机制建立、课程团队建设、网络课程教学实践、课程评价反馈等方面进行探索。12 月，在中国教育电视协会高校电视专业委员会主办的第二届“视友杯”评奖活动

中，《西方职场道德案例》视频课程资源获中国高校电视教学类一等奖。视频课程资源通过一系列故事情节再现职场中道德情境。该剧策划、撰稿、编导、摄像、制片以及所有演职人员均由学校教职员工担任。

（高玉英）

【完成内设机构调整和全员聘任】至年底，北京开放大学完成内设机构调整和全员聘任。学校成立专门工作组，历时半年，制定下发内设机构调整方案。新方案以实现北京开放大学特色办学和发展需要为核心，注重教学科研机构设置和教学运行支持服务机构配套，并对党政管理部门进行职能整合。调整后，内设机构共 25 个，其中，教学科研机构 6 个、教学运行支持服务机构 7 个、办学机构 4 个、党政管理部门 8 个。于年底完成新一轮岗位聘任工作，实现人力资源有效配置。

（高玉英）

北京宣武红旗业余大学

【概　况】　2012 年，北京宣武红旗业余大学占地面积 32837 平方米，产权校舍建筑面积 35997 平方米。全年教育经费投入 2746.97 万元，其中，国家拨款 1971.26 万元、自筹经费 775.71 万元。固定资产总值 1943.78 万元，其中，教学、科研仪器设备总值 1415.23 万元。图书馆建筑面积 300 平方米，藏有纸质图书 6.50 万册、电子图书 0.48 万册。拥有计算机 425 台，多媒体教室座位 640 个。学校信息化经费投入 136.10 万元，信息化设备资产 115.28 万元，网络信息点 440 个，校园网出口总带宽 20Mbps，电子邮件系统用户 114 个，上网课程 58 门，数字资源量 82GB，管理信息系统数据总量 108GB。设有右安门、广安门外小红庙和西便门老龄大学 3 个校区。设 12 个行政部门、5 个教学系，开设 39 个专业，覆盖 12 个学科。教职工 147 人，其中，专任教师 67 人，包括教授 2 人、副教授 19 人。聘请校外教师 35 人，其中，教授 1 人、副教授 9 人。专科学历毕业 351 人、招生 269 人、在校生 974 人；市委党校红大分院毕业 212 人、未招生；北京理工大学继续教育学院红大教学站毕业 142 人、招生 75 人、在校生 288 人；北京理工大学远程教育学院红大教学站毕业 70 人、招生 116 人、在校生 425 人；北京交通大学继续教育学院毕业 515 人、招生 513 人、在校生 1269 人；北京师范大学继续教育学院毕业 84 人、招生 53 人、在校生 72 人。全年培训 5125 人次。网址：www.hqdx.com。

（李艳君）

【举办数字家园市民信息能力提高培训班】　3 月 19 日，2012 年数字家园市民信息能力提高培训班在红大开班。来自西城区文明乘车办公室 45 名公共文明引导员作为首期学员参加开班仪式。本年共开办 4 期培训班。授课对象均为西城区公共文明引导员，其中，前三期为基础班，面向首次参加培训学员；第四期为提高班，面向参加过基础班学习或具有一定信息能力基础的学员。至年底，全部培训结束，共 743 人次参加培训。

（李艳君）

【举办西城区养老助残员岗前培训】4 月 19 日，西城区 2012 年养老助残员岗前培训班在红大开班。来自西城区 15 个街道 140 余名养老助残员参加培训。培训历时一周，包括老龄工作职责、与老年人沟通技巧、预防老年病相关知识、心理学、与老年人生活密切相关的法律法规等内容。

（李艳君）

【举办西城区社区工作者培训】　9 月 5 至 6 日，红大受西城区民政局委托举办 2012 年西城区社区工作者培训。培训面向社区服务站新任书记、主任、站长及新入职大学生等，总计 200 人。培训分两批进行，每批四次课，针对领导和员工工作内容和职责不同，分别设计不同培训课程。其中，针对新任书记、主任、站长，开设西城区区情介绍、沟通与协调、领导力与执行力、领导者素质四次课程；针对新入职大学生，开设西城区区情介绍、沟通与协调、充分认识新历史条件下社区居委会工作、如何做好群众工作四次课程。

（李艳君）

【举办西城区档案工作人员岗前培训】10 月 10 至 19 日，红大受西城区档案局委托举办西城区档案工作人员岗前培训班。培训内容包括各类档案管理方法、档案信息化建设、档案法制工作、档案资源开发利用、档案实操等。共 140 余人参加培训，全部通过统一考试，获得西城区档案局颁发的档案管理岗位证书。

（李艳君）

北京市总工会职工大学

【概　况】　2012 年，北京市总工会职工大学占地面积 2.07 万平方米，产权校舍建筑面积 2.87 万平方米。全年教育经费投入 2427 万元，其中，国家拨款 1600 万元、自筹经费 827 万元。固定资产总值 4163 万元，其中，教学、科研仪器设备总值 695 万元。图书馆建筑面积 950 平方米，藏有纸质图书 66275 册。拥有计算机 550 台，多媒体教室座位 2432 个。学校信息化经费投入 310 万元，信息化设备资产 907 万元，网络信息点 350 个，校园网出口总带宽 40Mbps，电子邮件系统用户 200 个，上网课程 219 门，数字资源量 46GB，管理信息系统数据总量 610GB。设有工会理论研究所、素质建设工程办公室、继续教育部、招生培训部等教学科研机构及 8 个职能教辅部门。设有 1 个教学系，开设 25 个专业。教职工 116 人（包括内退 6 人），其中，专任教师 45 人，包括教授 1 人、副教授 6 人。聘请校外教师 37 人。毕业 668 人，其中，党校研究生班 63 人、北京电大 207 人、成人高考 398 人。招生 746 人，其中，党校研究生班 42 人、北京电大 136 人、成人高考 568 人。在校生 2060 人，其中，党校研究生班 145 人、北京电大 443 人、成人高考 1472 人。全年培训工会干部 1.23 万人次。开设各类非学历培训项目 92 个班次，包括新疆克拉玛依市总工会、环卫集团、新中物业、住总集团、外资企业工会联合会等单位（企业）定制式培训和英语、成人高考辅导、会计等标准化培训项目，共培训

13489 人次；组考 2 次，1170 人次。网址：www.ghgy.com.cn。

（周东姝）

【举办街道乡镇工会主席培训班】 3 月 14 日，市总职大举办北京市街道乡镇工会主席培训班。培训班以“工资协商模拟谈判”形式，邀请中国政法大学、北京市总工会教授和专家讲授两会精神与市“十二五”时期职工发展规划、工资集体协商实务、工会经费税务代收政策、工会主席突发事件决策与处置能力提升等课程。全市 14 个区县 54 名乡镇、街道工会主席参加培训。模拟谈判教学是该校创新培训形式，通过模拟谈判可让工会干部了解协商谈判基本程序、每一步骤主要内容和作用、谈判主体双方心理历程，还可增强工会干部谈判能力、说服能力、解决问题能力，同时可对课堂讲授知识进行融会贯通、整体操练。该校模拟协商教学模式是一个系统的培训内容体系，包括教师授课、案例分析、头脑风暴、谈判观摩、专家点评五个模块。

（周东姝）

【“学分银行计划”金隅集团试点首期学员开学】 3 月 17 日，市总职大“学分银行计划”金隅集团试点举行首期学员开学典礼。金隅集团于 2010 年与该校就合作开展“学分银行计划”试点项目展开协商和筹备，2011 年通过市教委审批，成为项目第七家试点企业，开设机电设备维修与管理、无机非金属材料工程技术两个专业。经过集团推荐、专业技能综合测试和全国统一入学考试，首期录取 86 名学生，全部为金隅集团一线岗位骨干员工。

（周东姝）

【“首都农民工大学生助推计划”首期新生开学】 3 月 24 日，市总职大举办“首都农民工大学生助推计划”第一期新生开学典礼。该计划于 2011 年正式启动，首期设定专业方向为建筑工程管理，农民工通过成人高考全国统一考试，最终录取 140 人。培养采取“学历＋技能”模式，学员经过为期两年半业余学习，经考核合格，毕业后可获得国民教育序列的大专毕业证书。中央电视台新闻频道以《140 名农民工拿奖学金上大学》、北京日报以《首批 140 名农民工大学学建筑》为题给予专题报道，另有新华社、北京电视台、中国青年报、北京晨报等媒体给予高度关注，信息转载量达近百篇。

（周东姝）

【“学分银行计划”燃气集团试点首届学生毕业】 4 月 1 日，市总职大“学

分银行计划”燃气集团试点举行首届毕业典礼。首届 65 名毕业生均来自燃气集团一线岗位，经过 3 年专业理论学习和实践课程训练，最终获得大专学历证书。经毕业环节答辩委员会推荐，集团工会和人力资源部审核，对该计划项目 2009 级优秀毕业生和优秀毕业成果获得者进行表彰。

（周东姝　牛立薇）

【完成 2012 年学分当量替换】 4 月 10 日，市总职大“学分银行计划”2012 年学分当量替换工作经过试点企业初审和专家评审，全部完成。北京燕山石化公司、北汽福田汽车股份有限公司、北京市燃气集团有限责任公司、北京现代汽车有限公司和北京金隅集团有限责任公司五家试点企业申请替换评审，涉及工商企业管理、汽车制造与装配技术、城市燃气工程技术、无机非金属材料工程技术、机电设备维修与管理等专业。学分当量替换工作将证书所含课程（或知识技能模块）与“学分银行计划”教学计划内课程进行对照审查，按照“学生个人提出申请—教学点初审—学校组织专家评审—结果公示与确定”四级程序进行。专家评审组由教育考试、素质建设工程、职业技能鉴定、企业（行业）以及相关专业领域专家组成，分别对学生所提交的涉及国民教育系列课程、国家等级考试课程、素质教育通用课程、职业资格考试课程，行业或企业培训课程材料进行评审，提出建议。

（周东姝）

【举办“北京精神”公益大讲堂】 4 月 12 日，市总职大首都职工素质建设工程“北京精神”公益大讲堂首场开讲。首场讲座面向环卫工人，邀请北京师范大学副教授以“北京精神与北京”为主题，结合“爱国、创新、包容、厚德”北京精神提出背景及提炼过程，深刻解读其内涵建设和意义，通过阐释北京历史强化职工对“北京精神”理解。来自北京环卫系统 300 余名一线职工聆听专家讲座，由此拉开 2012 年“劳动创造幸福”主题教育活动公益大讲堂序幕。至年底，素质工程在全市范围内组织开展 200 余场公益大讲堂，采用“流动大讲堂”和定期、定点、定主题的“固定大讲堂”形式走进区县、行业、企业和社区。

（周东姝）

【举办卫生系统构建和谐劳动关系专题培训班】 5 月 3 至 4 日，市总职大举办北京市卫生系统构建和谐劳动关系专题培训班。培训班邀请市人力社保局、中国劳动关系学院专家、教授讲授北京市事业单位改革政策解读、事业单位构建和谐劳动关系的智慧、事业单位改革过程中的劳动人事争议调解与处理、职工发展与工会工作等课程。87 名工会主席和人事工作负责人参加培训。

（周东姝）

【举办首场名家讲坛】 6 月 7 日，市总职大首都职工素质建设工程举办 2012 年首场名家讲坛。本年名家讲坛以素质工程新开发课程为幸福公开课内容，组织近 200 名企事业单位工会干部和培训站点教学管理人员，加强“劳动创造幸福”和“尊重劳动，尊重劳动者，尊重劳动价值”理念引导。首场讲坛邀请哈佛大学心理学博士、香港城市大学教授、香港心理学会辅导心理分会首任会长，指导职工开拓思维、拓宽视野，在教学过程中帮助职工理解幸福。

（周东姝）

【举办大中型骨干企业工会主席培训班】 9 月 25 至 27 日，市总职大工会理论研究所举办北京市大中型骨干企业工会主席培训班。培训班邀请北京市委党校、中国社科院社会所教授、专家以及部分学院教师，讲授转变经济发展方式与首都经济发展、当前中国社会形势与社会建设、工会工

作的实践难题与理论对策、工资集体协商实务、新形势与工会主席的新理念和新思维等课程。共有49名大中型骨干企业工会主席参加培训。

（周东妹）

【首都职工素质教育管理信息库升级改造项目通过验收】 12月17日，市总职大“首都职工素质教育管理信息库”升级改造项目通过首都职工素质建设工程指导委员会办公室验收。该项目除完善硬件设施外，还设计开发计划管理子系统、活动管理子系统、学分银行管理子系统、会员管理子系统、干部培训管理子系统等业务管理系统和辅助教学服务功能、短信公共服务功能等，素质工程指导委员会办公室和会员单位间可以依托互联网通道在线完成所办理业务的申请、审批、通知和记录存档等操作，利用信息化支撑手段促使素质工程业务管理更加规范和高效。

（周东妹）

北京市西城经济科学大学
北京市西城区社区学院

【概　况】 2012年，北京市西城经济科学大学（北京市西城区社区学院）占地面积4.30万平方米，产权校舍建筑面积4.40万平方米。全年教育经费投入2397万元，其中，国家拨款955万元、自筹经费1442万元。固定资产总值1391.82万元，其中，教学、科研仪器设备总值660.91万元。图书馆建筑面积1500平方米，藏有纸质图书10.72万册。拥有计算机820台，多媒体教室座位2767个、语音实验室座位82个。学校信息化经费投入41.19万元，信息化设备资产813万元，网络信息点600个，校园网出口总带宽30Mbps，电子邮件系统用户200个，上网课程9门，数字资源量91.40GB，管理信息系统数据总量98.10GB。设有4个校区，4个教学系，开设43个专业，覆盖10个学科。教职工146人，其中，专任教师62人，包括副教授19人。聘请校外教师82人。毕业1116人，其中，专科生864人、本科生252人。招生1146人，其中，专科生956人、本科生190人。在校生4096人，其中，专科生2917人、本科生1179人。中央民族大学继续教育学院西城经科大教学站毕业145人、招生48人、在校生208人；中国传媒大学远程与继续教育学院西城经科大教学站毕业277人、招生482人、在校生1304人；中国人民大学网络教育学院西城经科大报名点招生51人。全年培训1.89万人。承接会计证、软件工程师、职称计算机、国家公务员招聘等各类报名考试51590人次。网址：www.xcjkd.org。

（何伶）

【实施首都农民工大学生助推计划】 7月，西城经科大启动首都农民工大学生助推计划。该计划面向西城区具有农业户籍、工会会员以及相当高中学力人员招收业余专科层次农民工，学制2.5年，开设人力资源管理、工商企业管理、会计、广告艺术与设计、制冷与空调技术5个专业，计划招生200人。12月，首批录取169人。该助推计划是市、区总工会推出的免费为农民工提供高等学历教育项目之一。

（何伶）

【成为首都职工素质建设工程二级实体学习超市】 8月6日，西城经科大被首都职工素质建设工程指导委员会办公室认定为首都职工素质建设工程二级实体学习超市。免费配置教学设施设备价值17万余元的教室一间。该校设职业教育培训部，为学习超市实施教学任务，开展各类职工职业教育培训工作提供服务。

（何伶）

【唐亚伟逝世】 12月18日，西城经

科大教授、中国著名速记学家、速记创始人、速录机发明人唐亚伟因病医治无效在北京逝世，享年97岁。唐亚伟，原名唐恭汉，1915年5月27日生于湖北宜昌，祖籍湖南衡山。九三学社社员，中华三育大学教育系毕业。创作《流线化中文速记音符总表》和《略符略法表》，出版《规格化亚伟中文速记学》《汉语拼音快速笔记法》《五线谱速记》《汉语拼音打字速记法》和《汉字简明速记法》。他把椭圆式速记体系引进中国，在省略方面首创声符提高省略韵符略法及上中下三种“附离略法”，并发展“交叠略法”使之系统化，成为速记主流。1994年研制“专用键盘”并击式电脑速记机，命名“亚伟中文速录机”，中国速记由手写速记进入电脑速录时代，填补中国电脑速记机空白。获国际速联终身荣誉奖、北京市科学技术一等奖、钱伟长中文信息处理科学技术一等奖、国家技术发明二等奖、中国中文信息学会终身成就奖。曾任上海复旦大学、暨南大学教授，北京《速记月报》主编，中国中文信息学会常务理事兼速记专业委员会主任、北京市速记协会会长等职务。1939年4月在重庆成立第一所亚伟中文速记学社，聘冯玉祥将军为校董事会董事长。生前在北京、天津、香港等地设亚伟速记学校十余所，学员达30万人。

（何伶）

【签订合作办学协议】 12月，西城经科大与中国人民大学网络教育学院、北京开放大学签订战略合作框架协议。根据协议，合作方为西城经科大主持的“学习型西城”网站和西城区市民终身学习成果认证制度建设提供技术支持和学习资源，实现合作双方资源共享，丰富教育内容和办学模式，提升各自学校办学水平和教育服务能力。

（何伶）

【新开6个培训项目】 至年底，西城经科大新开6个培训项目。分别是针对西城区政府人员的公务员微博使用培训、公务员职业道德教育培训、人事干部高端系列讲座、军转干部培训，以及美国人力资源管理师资格认证考试培训、小型微型企业行政事业单位会计人员继续教育培训。共培训1050人。

（何伶）

农村成人教育

【延庆玉米田间学校落户到村】　3月28日，延庆县职教中心与旧县镇教委联合举办的耿家营村玉米田间学校在村成人学校开班。耿家营玉米田间学校是延庆农广校开办的第一所玉米田间学校，学制三年。延庆农广校聘请农业技术推广站、植物保护站、果品服务中心等相关专家采用专题讲座、团队建设、演示性实验等多种形式，向学员传授玉米育种、玉米病虫害防治、玉米施肥技术等与生产相关的实用技术。还根据需要为学员们安排选修课程，如妇女卫生保健、交际舞、集体舞等，丰富农民精神文化生活。耿家营村玉米种植户25人参加学习。

（吴铁华）

【顺义举办学习型农民培训】　6月1日，顺义区农广校在牛栏山镇举办"争做学习型农民，服务城乡一体化发展"培训活动启动仪式。培训依托工业区大型企业，以职业教育、转岗培训、创业培训为主，牛栏山镇域内2000名学员参加培训。该活动是基于学校"兴农讲堂"平台长期持续开展的培训项目，项目前期在马坡、北石槽、南法信等镇开展试点，取得良好社会反响。

（陈更硕）

【大兴举办农民观念提升系列培训】　7月12日至8月23日，大兴区礼贤镇成人学校举办"农民观念提升工程"系列培训。培训内容涉及转变生活观念和方式、科学理财与消费、树立正确劳动就业观等。培训共举办10期，其中，示范班1期，45个村67人参加培训；普及班9期，45个村卸任村干部、党员、村民代表1600人参加培训。

（侯伟）

【开展文化助乡工程】　至年底，市教委开展文化助乡工程。文化助乡工程面向北京市10个区县农村试点，培养乡村文艺骨干，丰富农民精神文化生活。全年共培养乡村文艺骨干约4000人。

（张兰）

【加强新型农民培养】　至年底，市教委加强社会主义新型农民培养。市教委大力开展农民学历教育，深入开展"技能＋基础"农民成人中等职业教育实验，积极开展农村实用生产技术培训，全年共开展各类培训115万人次，提高农民综合素质，努力培养一大批懂生产、会经营、善管理的新型农民。

（张兰）

学习型城市建设

【举办北京周末社区大讲堂】　4月26日，由市委宣传部、市委社会工委、市社科联主办的北京周末社区大讲堂暨系列科普讲座拉开序幕。中国人民大学教授作《北京精神，伟大首都的灵魂》首场主题讲座。2012年北京周末社区大讲堂采取百姓点题、专家现场讲授、面对面互动等方式，组织百余名专家，围绕北京精神、历史文化、党史教育、社会和谐、家庭教育、经济法律和健康养生等方面开展讲座。系列科普讲座依托社科联所属各学会，在图书馆、文化馆、博物馆等公共文化场所，围绕与百姓生活密切相关的热点话题开展公益讲座。

（胡雨　张兰）

【制订市学习型城市建设工作"十二五"规划】　4月，北京市建设学习型城市工作领导小组制订印发《北京市学习型城市建设工作"十二五"规划》。《规划》根据《北京市国民经济和社会发展第十二个五年规划纲要》《首都中长期人才发展规划纲要（2010～2020年）》《北京市"十二五"时期人文北京发展建设规划》《北京市中长期教育改革和发展规划纲要（2010～2020年）》和北京市学习型城市建设发展实际需要，提出今后五年北京市学习型城市建设发展思路、目标、重点任务和政策措施，是"十二五"时期北京市学习型城市建设指导性文件。

（张兰）

【认定第四批首都市民学习品牌】　4至9月，北京市建设学习型城市工作领导小组办公室开展第四批首都市民学习品牌评选认定工作。各系统、各区县共申报学习品牌项目40余个，经过专家评审，认定"首图讲坛""学助三农""月坛文化悦生活"等20个项目为第四批"首都市民学习品牌"，并在北京市第八届全民终身学习活动周开幕仪式上给予表彰。

（张兰）

【评选第三批首都市民学习之星】　4至9月，北京市建设学习型城市工作领导小组开展第三批首都市民学习之星评选活动。各系统、各区县共推荐报送300余人参加评选，经专家评审，最终认定100人为第三批"首都市民学习之星"，并在北京市第八届全民终身学习活动周开幕仪式上给予表彰。

（张兰）

【承办全国学习型城市建设推进会】　5月18至19日，中国成人教育协会社区教育专业委员会、中国教育发展战略学会终身教育工作委员会与西城区政府共同举办全国学习型城市建设交流推进会。会议听取北京市教委作《建设学习型城市，打造中国学习之都》报告，上海市教委介绍上海市推

进学习型城市建设情况，西城区政府交流《积极推动创新，谋求持续发展，争创学习型城市建设示范区》工作经验。成都市青羊区、上海市黄浦区、沈阳市和平区、南京市玄武区、江苏省江阴市、杭州市滨江区和北京市西城区社区学院与北京宣武红旗业余大学代表分别报告开展学习型城区创建工作主要做法和实践经验。会议期间，与会代表实地考察西城区展览路街道百万庄西社区、老舍茶馆和陶然亭地区社区教育学校。全国各社区教育实验区、示范区主管部门负责人，北京市建设学习型城市领导小组成员单位、北京市各区县学习型城区建设工作负责人、西城区学习型城区建设领导小组各成员单位负责人等400人参加会议。

（王珍）

【怀柔举办周末市民大讲堂进校园活动】 9月19日，2012年怀柔区周末市民大讲堂在北京京北职业技术学院举办。大讲堂由怀柔区委宣传部和京北职院主办，主题为“职场减压，建立和谐的同事关系”。邀请市人才资源开发协会讲师、市民族联谊会理事围绕产生职场压力的因素、职场压力的表现、加强7种职场能力和减压方法等内容进行详细讲解。讲座中还穿插互动环节，让学员在轻松气氛中学有所获。共163人参加活动。

（张洁）

【举办第八届全民终身学习活动周】 11月24日，北京市第八届全民终身学习活动周在中国妇女儿童博物馆开幕。活动主题为“知识点亮智慧人生，学习创造美好生活”。开幕式上，表彰20个首都市民学习品牌、100名首都市民学习之星和19个学习型社区建设先进街道、乡镇；市学习办向市民发放《北京市民学习资源手册》一书，并正式开通“首都市民终身学习平台”。开幕式主会场还举办“首都市民学习成果展”和走进中国妇女儿童博物馆活动。各区县、各高校、各单位也围绕主题开展丰富多彩学习活动，在全市营造良好的终身学习氛围。首都市民终身学习平台由市教委委托北京广播电视大学开发，以北京学习型城市网为依托，具有课程学习、考试测评、学习档案、评价管理、学习成果展示、用户意见反馈、资源推荐、用户管理、数据统计九个功能，能记录市民学习全过程，激发市民学习兴趣，提升市民综合素质。设有12个一级栏目。学习者可登录平台点播开放性课程，进行自主学习，也可进入课程体系学习，体现开放性学习与系统化学习相结合的教学理念。

（吕轮超　高玉英）

【首届全球学习型城市大会落户北京】 12月1日，首届全球学习型城市大会筹备会在国家会议中心召开，确定首届全球学习型城市大会落户北京。筹备会由联合国教科文组织终身学习研究所、中国联合国教科文组织全国委员会和市教委联合举办，姜沛民以及中国联合国教科文组织全国委员会秘书长、联合国教科文终身教育研究所所长参加会议并致辞。来自9个国家专家学者参加会议并围绕首届全球学习型城市大会目标、主题、大会组织及会务、筹备工作路线图等问题进行深入研讨和交流，并达成共识，确定首届全球学习型城市大会于2013年在北京召开。

（任军）

【指导推动学习型区县建设】 至年底，市教委指导推动学习型区县建设。市教委继续开展学习型区县先进区县评估，启动学习型城市示范区县建设工作。10月24至25日，市教委对西城区建设学习型区县工作进行全面评估，认定西城区为北京市第一个建设学习型城市工作示范区。11月30日至12月1日，对房山区建设学习型区县工作进行全面评估，认定房山区为北京市创建学习型城区工作先进区。

（张兰）

（本栏责任编校　胡雨）

民办教育

综　述

2012 年，北京市在民办教育领域按照“扶需扶特，促优促强”原则，加大对民办学校分类指导和管理力度，加大公共财政支持力度，努力优化发展环境，支持民办学校办学体制、办学机制和育人模式创新。

坚持依法做好规范管理工作，推动学校依法办学。

一是加大分类评估和指导力度，根据学校不同的办学情况，采取全面评估、专项考察、特色指导等不同方式，抽取部分学校进校考察，逐步引导学校探索办学转型之路，明晰办学思路，评估的作用和效果逐渐凸显。二是继续开展办学许可证年检工作，并将评估和年检工作相结合，通过加大与学校沟通反馈力度，特别是将财务作为年检重点内容，有效促进学校对财务问题整改力度，共有 78 所民办高校通过年检。三是坚持开展招生简章广告备案及监测工作，进一步加大网络监测力度，监测次数由 3 次增加到 5 次，时间从 4 月延续到 8 月，监测范围除民办高校官方网站外，还包括一些含有学校招生宣传信息的其他社会网站。根据监测情况，先后两次对存在突出问题的学校发出整改通知书，并对整改情况进行持续监测，有效规范民办高校招生宣传行为。四是深入开展清理整顿民办高校违法违规行为专项工作，对全市 84 所具有有效办学许可证的民办高校清理整顿工作进行全面检查验收，同时约谈办学许可证已失效的学校负责人，依法查处违法违规办学行为，规范民办高校办学秩序。

进一步完善政策措施，促进民办教育内涵发展。

一是进一步完善公共财政扶持民办教育发展的长效机制，增加对民办教育资助的公共财政资金，全年共向民办高校发放项目资金 2833.60 万元，超过前三年资助资金总额。完成 2013 年发展促进项目评审工作。二是组织一系列培训班，包括民办高校辅导员培训班、民办高校财务管理干部以及民办高校学生管理干部培训班，进一步提升民办高校相关人员素质水平。三是积极协调有关部门落实民办高校有关平等待遇政策，包括与税务部门沟通，推进落实民办学校税收待遇问题，与人事部门协调，开展非京籍民办学校教师资格认定、职称评定调研工作等。

着力做好党建工作，为学校发展保驾护航。

一是制定出台《民办高校深化创先争优活动开展基层党组织建设年工作的指导意见》，组织召开北京民办高校基层组织建设年活动推进工作会，对基层组织建设年工作进行动员部署，进一步加强对民办高校党建工作的服务和指导，推进民办高校基层党组织建设。二是以庆祝建党 91 周年为契机，开展北京民办高校 2010～2012 年创先争优活动先进基层党组织和优秀共产党员评选表彰活动，在北京民办高校纪念中国共产党成立 91 周年暨创先争优表彰大会上，表彰 10 个先进基层党组织和 20 名优秀共产党员。三是继续扩大督导学校范围，完成对 9 所民办高职院校和 69 所民办高等教育机构的督导联络工作全覆盖，进一步强化和完善督导联络工作机制，巩固民办高校党建评估工作成果。四是对 8 所民办高校开展党建评估，通过评估全面摸清学校党建和思想政治教育工作情况，提出整改意见、工作要求和目标，提升民办高校党建工作水平。在教育部召开的全国首届民办高校党的建设工作座谈会上，北京市作典型发言，介绍北京市民办高校党建工作主要成效和经验，并在首届全国民办高校党的建设和思想政治工作优秀成果评选中，获得特等奖、一等奖、二等奖及优秀奖各 1 项。

切实抓好安全稳定工作，确保民办高校安全稳定。

加强完善民办高校系统安全稳定长效机制建设，推动 14 所民办普通高校和 13 所民办高等教育机构加入北京高教保卫学会，为学校提供互相学习交流平台。全力抓好安全稳定工作，在一些重大节日及敏感期间，通过专项部署、成立检查组等多种形式和途径，扎实推进安全稳定工作。积极做好信访工作，及时消除隐患，维护学生合法权益，确保民办高校安全稳定。

完善民办学校办学许可审批制度，提高民办教育管理和服务水平。

进一步明确审批要求，改进审批方式，简化审批流程，提高审批效率，对民办学校设立、重大事项变更等许可审批事项做到规范、及时、公开、透明，为申请人提供高效、便捷、优质服务，共完成 11 项行政许可和审批变更事项。完善民办教育信息服务平台，整理民办高等教育机构办学资质、办学层次、学校负责人、地址及联系方式等办学信息，及时向社会公示学校变更事项、评估结果及广告备案信息等，提升信息化管理服务水平。

至年底，北京市共有各级各类民办学校 669 所，在校生 45 万人，教职工 5 万人。其中，民办幼儿园 451 所，在园人数 10.50 万人，教职工 1.90 万人；民办小学 40 所，在校生 5.10 万人，教职工 0.18 万人；民办初中阶段教育学校 17 所，在校生 2.50 万人；民办普通高中 55 所，在校生 1.90 万人，教职工 0.78 万人；民办中等职业教育学校 22 所，在校生 0.67 万人，教职工 0.11 万人，学校比上年增加 2 所，在校生与上年相比基本持平；民办高等学校 15 所（包括 1 所本科院校、5 所独立学院、9 所高职院校），学历本专科在校生 7 万人，非学历教育在校生 2 万人，教职工 0.90 万人；其他民办高等教育机构 69 所，在校生 14.50 万人，教职工 1.16 万人。另有在教育行政部门注册的民办职业技术培训机构 1242 所，注册学生 107.70 万人，教职工 3.49 万人，其中，专任教师 1.34 万人。

（闫彦斌）

民办教育管理

【民办高校新增本科专业6个】 2月14日，教育部公布2011年高等学校本科专业设置备案或审批结果，北京3所民办高校新增本科专业6个。其中，北京城市学院新增摄影、工业设计、人力资源管理专业，北京工业大学耿丹学院新增表演、戏剧影视美术设计专业，北京第二外国语学院中瑞酒店管理学院新增酒店管理专业。新增专业学制4年，可从本年开始招生。

（胡雨）

【制定民办学校退费指导意见】 2月15日，市教委印发《北京市民办学校退费指导意见》。意见共18条，适用于北京市各级各类民办学校和教育机构。意见自8月1日起施行。

（胡雨）

【同意设立北京高等珠宝研修学院】 2月24日，市教委同意设立北京高等珠宝研修学院。该研修学院由北京兴业恒通信息咨询有限公司举办，办学类型为其他高等教育机构，办学内容为高等教育培训，实施非学历教育，招生简章和广告经备案后方可进行招生和宣传活动。

（胡雨）

【召开民办高校年度工作会】 3月15日，市委教育工委、市教委召开2012年度北京民办高校工作会。会议邀请教育部发展规划司领导就全国民办教育发展情况、存在问题、发展趋势及下一步政策举措作辅导报告。会议听取市教委民办高等教育工作报告，提出2012年重点工作：完善政策措施，加大鼓励扶持力度；加大依法管理力度，促进民办教育健康发展；加强基层组织建设，深入推进民办高校党建工作；切实抓好维稳工作，确保民办高校安全稳定。全市各民办高校董事长、校长、书记等200人参加会议。

（闫彦斌）

【公布民办高等教育机构评估结果】 3月23日和4月18日，市教委公布2011～2012学年民办高等教育机构办学状况评估合格学校名单。共65所民办非学历高等教育机构参加评估，其中，47所全日制民办非学历高等教育机构参加全面评估，18所非全日制民办非学历高等教育机构参加一般考察。另外，举办非学历教育的5所民办普通高校及3所独立学院接受专项检查。根据评估结果，举办非学历教育的5所民办普通高校及3所独立学院均达到专项检查合格标准。评估合格的民办非学历高等教育机构共61所，其中，全日制民办非学历高等教育机构42所，非全日制民办非学历高等教育机构19所。

（闫彦斌 左文智 胡雨）

2011～2012学年民办高等教育机构办学状况评估合格学校

北京现代音乐研修学院
北京工商管理专修学院
北京演艺专修学院
北京金融学院
中国信息大学
北京北大资源研修学院
北京高等秘书研修学院
北京黄埔大学
北京民族大学
北京计算机专修学院
北京人文大学
现代管理大学
北京中新企业管理学院
北京华夏管理学院
北京华嘉专修学院
中国农民大学
中国逻辑与语言函授大学
北京军地专修学院
北京摄影函授学院
北京彼得·德鲁克管理研修学院
北京京海研修学院
北京东方妇女老年大学
北京心理学函授学院
北京国际汉语学院
北京汉语国际推广中心
蒙代尔国际企业家大学
北京经济管理函授学院
北京机械工程师进修学院
中国教育国际交流研修学院
北京社会函授大学
北京东方大学
北京八维研修学院
北京美国英语语言学院
北京旅游专修学院
北京应用技术大学
北京翻译研修学院
北京国际商务学院
北京涉外经济专修学院
北京国际青年研修学院
北京经济技术研修学院
北京珠宝首饰研修学院
北京文理研修学院
北京财经专修学院
中国管理软件学院
东方文化艺术学院
北京国际经贸研修学院
北京建设大学
北京经济研修学院
北京明园大学
北京兴华大学
北京瀚林职业研修学院
北京国际标准舞研修学院
北京东方研修学院
北京华大研修学院
北京卓达经济管理研修学院
国家留学基金管理委员会留学预科学院
北京长城研修学院
北京礼仪专修学院
北京当代艺术研修学院
中关村创新研修学院
北京盛唐研修学院

（胡雨 左文智）

【开展民办高校招生简章广告备案工作】 3月，市教委开展民办高校招生简章广告备案工作。北京市具有招生资格的民办高校及其他民办高等教育机构共 82 所，其中，12 所学校本年度不招生或不进行招生宣传。截至 9 月底，具有招生资格并应进行备案的 70 所学校全部完成招生简章和广告备案。市教委在指定的查证网站上公示学校经备案的招生简章和招生广告，为家长与考生提供正规查询学校信息的渠道。

（闫彦斌）

【海淀召开自办学校校长会】 4 月 10 日，海淀区教委召开自办学校校长会。会议要求流动人员自办学校校长做好安全工作：落实停开“黑校车”，抓好学生上下学交通安全，检查检修校舍和消防器材，防止风害和火灾，抓好学生食堂工作，确保师生饮食安全，家长和学校共同做好防溺水工作。区教委领导和自办学校校长 20 人参加会议。

（宋亚甫）

【顺义交流民办幼儿园教育教学经验】 4 月 18 日，顺义区教委召开民办幼儿园教育教学经验交流会。会上，12 所幼儿园用投影演示方式，全方位展示不同管理特色和办学模式。会议还就各园办学理念、管理思想、管理模式进行交流研讨。区教委领导和全区民办幼儿园代表参加会议。

（王焱）

【召开民办高校基层组织建设年活动推进会】 4 月 23 日，市委教育工委、市教委召开北京民办高校基层组织建设年活动推进工作会，对基层组织建设年工作进行再动员再部署。会议印发《民办高校深化创先争优活动开展基层党组织建设年工作的指导意见》，要求各民办高校结合自身实际，周密部署，精心组织，努力做好基层组织建设年工作。市委教育工委、市教委领导，民办高校督导专员兼党建工作联络员及各民办高校董事长、校长、书记等 130 余人参加会议。

（闫彦斌）

【三所民办高职院校自主招生】 4 月，北京三所民办高职院校参加 2012 年高职自主招生。三所学校是北京北大方正软件技术学院、北京汇佳职业学院和北京培黎职业学院。共计划招生 920 人，纳入各校 2012 年总计划数内，已录取考生不再参加当年普通高等学校招生全国统一考试和录取。

（闫彦斌）

【开展民办高校招生宣传监测工作】 4 至 8 月，市教委开展民办高校招生宣传监测工作。监测对象包括学校官方网站、含有学校招生宣传信息的其他社会网站，以及学校在招生宣传活动中使用的纸质招生简章。本年度监测力度得到加强，网络监测次数由 3 次增至 5 次。为规范招生宣传活动，市教委于 6 月和 7 月对出现违规招生宣传行为的学校两次下发整改通知书，纠正大部分违规宣传问题。

（左文智）

【召开民办学校债务情况调研会】 5 月 4 日，北京民办教育协会召开民办学校债务情况调研会。会议围绕学校发展情况、办学经费来源、财务运行和债务情况等主题展开讨论，提出影响学校生存与发展的重点问题。会议发放《民办学校资金来源及债务状况调查问卷》56 份，回收有效问卷 31 份。调查结果显示，民办学校要实现可持续发展，必须尽快完成办学转型，加快教育创新和改革步伐，加强行业之间横向合作和行业内部纵向资源整合，坚持走特色内涵发展之路。来自北京工业大学耿丹学院、北京新东方学校等 8 所学校代表 9 人参加会议。

（左文智）

【举办民办高校辅导员培训班】 5 月 21 至 22 日，市委教育工委、市教委举办第二期民办高校辅导员培训班。培训邀请全国知名专家进行专题讲座，内容涉及大学生思想政治教育形势与政策、新时期大学生思想政治教育方法研究、大学生常见心理问题识别与干预、大学生职业生涯规划指导工作等。全市民办高校辅导员、班主任共 150 余人参加培训。首期培训于 2011 年 6 月举办。

（闫彦斌）

【5 所独立学院成为学士学位授予单位】 5 月 22 日，北京市学位委员会批准 5 所独立学院成为学士学位授予单位。分别是北京邮电大学世纪学院、北京工业大学耿丹学院、首都师范大学科德学院、北京工商大学嘉华学院和北京第二外国语学院中瑞酒店管理学院。

（闫彦斌　侯东云）

【召开民办高校创先争优表彰大会】

6 月 26 日，市委教育工委、市教委召开北京民办高校纪念中国共产党成立 91 周年暨创先争优表彰大会。会议表彰北京民办高校创先争优 10 个先进基层党组织和 20 名优秀共产党员。北京邮电大学世纪学院经济管理系学生党支部和北京吉利大学、北京汇佳职业学院优秀党员分别代表获奖集体和个人发言。全市各民办高校党组织负责人、校（院）长、获奖单位及个人、民办高校督导专员兼党建工作联络员共 180 余人参加会议。

（闫彦斌）

【四校获全国民办高校党建和思政工作优秀成果奖】 6 月 29 日，教育部公布首届全国民办高校党的建设和思想政治工作优秀成果评选结果，北京市 4 所民办高校获奖。其中，北京城市学院获特等奖，北京培黎职业学院获一等奖，北京经贸职业学院获二等奖，北京邮电大学世纪学院获优秀奖。该评选由教育部思想政治工作司指导，全国民办高校党建研究分会主办，共评出特等奖 5 项、一等奖 10 项、二等奖 31 项、优秀奖 78 项。

（闫彦斌　胡雨）

【组织签署招生诚信公约】 7月9日，

北京民办教育协会与北京市消费者协会联合举办 2012 年北京民办高校诚

信公约签字仪式。36所民办高校签署招生诚信公约，并将学校相关办学信息放在协会和市消协教育系统分会联合搭建的网络平台上公示，供家长、考生和社会查证、监督。来自新浪教育频道、中央电视台、北京电视台、新华社等中央在京及市属10家媒体和33所民办高校参加活动。

（左文智）

【海淀召开民办依法办学工作会】 7月12日，海淀区教委召开民办中小学课外辅导机构依法办学工作会。会议解读民办教育管理中涉及的法律问题，从合作办学、财务管理、涉税管理、票据管理、劳资管理、收退费等方面提出依法管理要求。来自全区60所民办中小学课外辅导机构负责人60人参加会议。

（宋亚甫）

【4所民办高校入选市级校外人才培养基地立项单位】 7月16日，市教委公布2012年北京高等学校市级校外人才培养基地立项单位名单，4所民办高校入选。分别为北京城市学院与北京同仁堂健康药业股份有限公司共建基地、北京邮电大学世纪学院与北京邮区中心局共建基地、北京工业大学耿丹学院与北京升华电梯有限公司共建基地、北京第二外国语学院中瑞酒店管理学院与中国国际贸易中心有限公司中国大饭店共建基地。建设时间3年。全市共46家单位入选。

（胡雨）

【完成民办高校发展促进项目资助工作】 7至10月，市教委开展民办高校发展促进项目资助工作。7月，向获得2012年度项目资助的民办高校发放资助资金2833.60万元，涉及27所学校40个项目。10月，组织2013年度民办教育发展促进项目申报工作，通过申报、评审，拟资助25所民办高校94个项目，资助金额总计6511万元，资助金额大幅度提升，资助力度进一步加大。

（闫彦斌）

【颁发北京民办教育园丁奖】 9月10日，2012年第六届北京民办教育园丁奖颁奖典礼在新京报社举行。陶西平以及教育部中国教师发展基金会理事长等嘉宾到场为获奖者颁奖。该评选由北京民办教育协会、北京教育评估院和新京报社共同主办，旨在表彰和宣传为民办教育做出积极贡献的民办教育工作者，展示民办教师风采。活动自5月启动，200余所学校、600余名教育工作者参评。经过单位推荐、专家评选和媒体公示三个阶段，最终评选出优秀校长30人、优秀教师和优秀教育工作者各50人、优秀教研团队10个。

（胡雨）

【昌平举办首届民办幼儿园教师演讲比赛】 10月27日，昌平区教委举办首届民办幼儿园青年教师演讲比赛。比赛围绕“向石丽颖老师学习，做营造童话世界的天使”主题，来自全区9所幼儿园12名选手参加决赛。现场演讲采用百分制，从形象风度、演讲内容、语言艺术、综合印象四方面进行评分。最终评出一等奖2人、二等奖4人、三等奖6人，8所幼儿园获“优秀组织奖”。市教委、区团委、区教委等领导和38所幼儿园800名民办单位教职工观摩比赛。

（汤武）

【开展民办高等教育机构办学状况评估】 10月，北京民办教育协会开展民办高等教育机构第七轮办学状况评估工作。评估小组由市教委会同有关部门联合成立，同时完成评估和年检两项工作。评估领导小组依据学校类型适用不同评估方法，采取收集评估材料、专家审核、进校考察方式，先后完成20所民办非学历高等教育机构办学状况全面评估、10所学校专项考察、15所学校特色项目指导和32所学校财务专项考察。

（左文智）

【开展民办学校清理整顿专项工作】 10月，市委教育工委、市教委完成民办学校清理整顿专项工作。清理整顿工作于2011年10月开展。两委成立专项工作小组，对全市15所民办学历高校、69所民办非学历高等教育机构以及未换发办学许可证的21所民办非学历高等教育机构，从学校办学管理、招生就业、内部管理和其他工作等4个方面17项具体内容进行清查。清理整顿工作分自查整改、检查验收、整顿处理、总结工作四个阶段。在学校自查整改基础上，专项组成立5个检查组，分别采取入校检查验收、集中听取汇报、约谈负责人等方式开展工作。通过清理整顿，依法查处和纠正部分民办高校违规办学行为，规范办学秩序，优化办学环境。

（闫彦斌）

【举办民办高校学习宣传十八大精神培训班】 11月29日，市委教育工委、市教委举办北京民办高校学习宣传贯彻党的十八大精神培训班。教育部教育发展研究中心副主任和清华大学教授作辅导报告。全市民办高校董（理）事长、校（院）长、校级党组织负责人、民办高校督导专员兼党建工作联络员近180人参加培训。

（闫彦斌）

【举办民办高校财务及学生管理培训班】 12月11至14日，市教委分别举办民办高校财务管理培训班及学生管理培训班。财务管理培训班于11至13日举办，邀请教育部、对外经贸大学、北京教科院等单位专家就民办高校财务管理问题进行系统培训。全市民办高校主管财务工作校领导和财务部门负责人共100余人参加培训。学生管理干部培训班于13至14日举行，全市民办高校主管学生工作校领导和学生管理部门负责人共120余人参加培训。

（闫彦斌）

【海淀召开民办非学历教育培训学校工作会】 12月20至21日，海淀区教委召开民办非学历教育培训学校工作会。会议听取海淀区民办非学历教育培训机构发展状况汇报，分析北京市民办教育发展形势与任务。要求各培训机构做好新一年年检及新一轮示范校评估工作，维护民办培训学校合法权益，支持培训学校集团化、连锁经营，团结和支持区民办教育协会实现常态化、规范化。全区300所培训学校负责人参加会议。

（宋亚甫）

【顺义举办首届民办教育机构素质展示会】 12月22日，顺义区教委在北京音乐舞蹈学校举办首届民办教育机构素质展示暨新春联谊会。会上，民办学校师生表演相声、古筝演奏、舞蹈等文艺节目，展示民办学校师生风采。市教委、区总工会、区社工委等单位领导以及来自70所民办教育机构董（理）事长、校（园）长、教师学生代表、学生家长代表500人参加会议。

（王焱）

【门头沟奖励民办幼儿园发展】 至年底，门头沟区教委奖励民办幼儿园发展。奖励政策包括实行房租减免、生均补贴、专项奖励等。全年奖励资金23.55万元。

（祝子敬）

民办高等学校

北京城市学院

【概　况】 2012年，北京城市学院占地面积75.31万平方米，产权校舍建筑面积25.83万平方米、非产权校舍建筑面积4.06万平方米。全年教育经费投入39649万元，其中，国家拨款146万元、自筹经费39503万元。固定资产总值60901.94万元，其中，教学、科研仪器设备总值10269.08万元。图书馆建筑面积1.51万平方米，藏有纸质图书121.80万册。拥有计算机6216台，多媒体教室座位17728个。学校信息化经费投入703.90万元，信息化设备资产6233.82万元，网络信息点1769个，校园网出口总带宽1164Mbps，电子邮件系统用户880个，上网课程121门，数字资源量20257.19GB，管理信息系统数据总量34.85GB。拥有校内专业实训室107个，校外实训基地109个。设有11个学部（系），80个专业。教职工1393人，其中，专任教师625人，包括教授35人、副教授155人。聘请校外教师1108人，包括教授73人、副教授411人。毕业6386人，其中，学历教育全日制普通本科生2894人、专科（高职）生3311人，成人教育本科生37人、专科生144人。招生6394人，其中，学历教育全日制普通本科生4375人、专科（高职）生1903人，成人教育本科生39人、专科生37人，硕士研究生40人。全日制学历教育高考招生北京地区本科第二批次提档线理科423分、文科436分，本科第三批次提档线理科382分、文科396分。在校生20759人，其中，学历教育全日制普通本科生14555人、专科（高职）生5808人，成人教育本科生107人、专科生249人，硕士研究生40人。网址：www.bcu.edu.cn。

（倪钰）

【接受境外媒体集体采访】 2月27日，城市学院接受境外媒体集体采访。由外交部外国记者新闻中心、市政府新闻办公室共同组织，美国之音、马来西亚新闻社、香港大公报、意大利广播电视公司、德国欧洲新闻图片社等多家境外媒体集体采访城市学院办学情况。这是境外媒体第一次采访中国民办高等教育情况。

（倪钰）

【举办海淀社区工作者初任培训】 3月19日，海淀区社区工作者初任培训在城市学院启动。培训面向2011年通过市、区公开招考进入社区工作的392名初任人员，内容包括社区工作基本方法、技巧和法规政策，以及社区工作中解决社区问题、社会问题的有效技能与方法等。这是该校首次与海淀区合作开办社区工作者初任培训，并每年举办。

（倪钰）

【与市社科院签署战略合作协议】 5月16日，城市学院与北京市社会科学院签署战略合作协议。根据协议，双方建立全方位“学研合作”，通过成立中国城市研究中心、出版中国城市管理蓝皮书、创建中国城市研究生院、发布中国城市管理排行榜、开展城市科学学术交流与合作等行动，共同推动城市科学与城市管理发展。

（倪钰）

【成立首都文化艺术学院】 7月12日，城市学院与石景山区政府合作成立首都文化艺术学院。该学院重点培养文化艺术领域高级应用型人才，开办4个本科专业和4个专科专业。9月，该学院第一届学生入学。

（倪钰）

【首届社会工作硕士研究生入学】 9月9日，城市学院首届社会工作专业硕士研究生入学。40名经过2012年全国硕士研究生入学统一考试和学校复试取得入学资格的学生报到，报到率100%。首届研究生大多数本科毕业于公办高校，相当一部分具有国家机关和企事业单位工作经验。

（倪钰）

【“大学生职场精英成长记”落户学校】 11月5日，“同学校企来——大学生职场精英成长记”落户城市学院。该活动由北京大学生成长就业服务中心和城市学院共同举办，旨在为学生搭建校企对接平台。活动历时一个月，分为了解自我、认知自我、打造自我、丰富自我、完善自我五个环节，来自国际商业机器公司（IBM）、中信集团等企业30余名高管和人力资源专家作为嘉宾传播职场智慧。活动后，该校聘请企业嘉宾作为学校“社会导师”，助力人才培养与就业指导。

（倪钰）

【开展教育交流活动】 至年底，城市

学院组织开展系列教育交流活动。该校与英国华威大学建立长期合作关系，联手建设“中国制造工程创新中心”，联合培养制造工程研究生，培训技能型国际化高级人才，进行产学研开发，并为北京及其周边区域企业提供定制的相关领域教育项目；与美国加州州立大学长滩分校和北岭分校签约合作，分别开展暑期英语语言文

化学习项目和交流学生项目；与葡萄牙莱里亚（Leiria）理工学院、加拿大乔治亚应用文理学院签署合作协议；与马来西亚马来亚大学签署学生交换项目协议。该校接待英国斯旺西大学、澳门理工学院、巴西24所私立高校、美国国际教育交流协会等代表团来访。该校国际语言文化等学部接待德国锡根职业学院、德国弗伦斯堡高等经贸学院、法国拉罗谢尔商学院、美国查尔斯顿大学、印度尼西亚茂物农业大学等代表团来访。

（倪钰）

北京北大方正软件技术学院

【概　况】　2012年，北京北大方正软件技术学院占地面积38.60万平方米，产权校舍建筑面积6.74万平方米、非产权校舍建筑面积5.47万平方米。全年教育经费投入5697万元，全部自筹。固定资产总值17002.87万元，其中，教学、科研仪器设备总值4654万元。图书馆建筑面积2050平方米，藏有纸质图书31.96万册、电子图书1500GB。拥有教学用计算机3407台，多媒体教室座位2306个。学校信息化经费投入178.20万元，信息化设备资产50.92万元，网络信息点3200个，校园网出口总带宽120Mbps，电子邮件系统用户330个，管理信息系统数据总量9GB。拥有校内专业实训室62个、综合实训室22个，校外实训基地48个。设有7个分院和基础教学部，开设专业22个。教职工290人，其中，专职教师223人，包括教授13人、副教授38人。聘请校外教师46人，包括教授7人、副教授11人。毕业1693人，一次就业率99.76%。招生831人。全日制在校生2486人。网址：www.pfc.edu.cn。

（赵晓婵）

【中兴通讯班成立】　3月14日，北大方正软件学院与中兴通讯公司签署校企合作协议。根据协议，双方共建计算机通迅中兴通讯班，开设移动通信技术等多个专业方向课程，共同制定人才培养方案，联合共建实训室，共同建设双师结构师资队伍，搭建就业平台与社会服务体系等。

（赵晓婵）

【“清华大学IT工程师”授权揭牌】　5月25日，北大方正软件学院与清华大学继续教育学院IT教育培训中心签署合作办学协议，并举行“清华大学IT工程师”授权揭牌仪式。清华大学继续教育学院IT教育培训中心正式授权北大方正软件学院开展“清华IT软件工程师”职业教育工作。

（赵晓婵）

【与北大博雅酒店共建专业】　9月4日，北大方正软件学院国际商务分院旅游管理专业与北大博雅国际酒店签署专业共建协议。根据协议，双方采取旅游管理专业共建与订单式培养“2+1”合作模式，学生在校学习两年、在酒店实训实习一年，合格者由酒店录用解决就业。双方协定，北大博雅国际酒店在学院为旅游管理专业建立“订单培养”实习就业基地。北大博雅国际酒店为五星级酒店。

（赵晓婵）

【教改项目获市教育教学成果二等奖】　11月，北大方正软件学院教改项目“开源Linux职业教育生态产业链的建立与发展”获北京市高等教育教学成果二等奖。该项目由学院网络工程分院计算机通讯教研室承担，总结学院2009至2012年期间在Linux系统、电子开发、软件开发等方面教师及教师指导学生所获奖项50余项，是学院优秀教学成果的集中展示。该评选由市教委举办，每4年评选一次，涉及北京所有高校。

（赵晓婵）

北京经贸职业学院

【概　况】　2012年，北京经贸职业学院占地面积10.57万平方米，建筑面积5.06万平方米。全年教育经费投入2855万元，其中，国家拨款104万元、自筹经费2751万元。固定资产总值13399万元，其中，教学、科研仪器设备总值894万元。临时图书馆面积610平方米，藏有纸质图书24万册。拥有教学用计算机819台，多媒体教室44个。学校信息化经费投入78万元，信息化设备资产618万元，网络信息点827个，校园网出口总宽带50Mbps，上网课程1门，管理信息系统数据总量2GB。拥有校内专业实训室21个、综合实训室2个，校外实训基地31个。设有5个系和1个综合教育学院，开设25个专业，其中，高职专科专业17个、非学历教育专业8个。教职工211人，其中，专任教师88人，包括教授7人、副教授24人。毕业729人，其中，学历教育全日制高职生628人、非学历教育学生101人。招生704人，其中，学历教育全日制高职生628人、非学历教育学生76人。全日制学历高职教育招生北京地区提档线理科150分、文科150分。在校生2161人，其中，学历教育全日制普通高职生1861人、非学历教育学生300人。网址：www.csuedu.com。

（张舒拉）

【与台湾学校互派交换生】　2月25日和9月14日，经贸职院与台湾德明财经科技大学互派交换生。2月，该校国贸系10名学生赴台湾德明财经科技大学进行交换学习，学生可按自身专业随意挑选感兴趣课程。学习为期4个月。9月，德明大学5名学生到经贸职院，随2010级金融专业班学习4个月。按照双方合作协议，学生学习结束参加期末考试，双方互认成绩和学分。

（张舒拉）

【新办多项校园文化活动】　6月、10月

和12月，经贸职院分别举办首届师生趣味运动会、首届大学生人文知识竞赛和首届宿舍文化节。趣味运动会设置跳绳、踢毽子和托球跑等10个项目，共400名师生参加。人文知识竞赛分为人文知识必答题、抢答题和才艺展示三个部分，最终评出一、二、三等奖各1个。宿舍文化节包括宿舍卫生及宿舍文化氛围检查，寝室设计、绘画、摄影展以及“才艺之星宿舍”评选三项活动，旨在整体提高学生宿舍环境水平。通过此次活动，男生宿舍脏乱差现象明显减少，室内环境、楼道卫生显著提高，睡懒觉现象减少。活动评出最佳创意宿舍2个、温馨小窝宿舍1个、干净整洁宿舍1个，同时评出设计绘画摄影一等奖1个、二等奖2个、三等奖3个，评出“才艺之星宿舍”7个。全校共320间宿舍2000名学生参加活动。

（张舒拉）

【与国信方圆公司签订就业服务协议】 9月27日，经贸职院与国信方圆（北京）科技有限公司签订就业服务协议。该公司是学院校企合作单位，协议面向双方合作创办的3G移动软件开发班2012级学生。学生按照公司制定的专业课程体系，由公司工程师授课，开展案例实训及顶岗实习，并可参加职业资格考试。学生经考核合格，并取得职业资格证书，可留在公司直接晋升为公司员工。

（张舒拉）

【庆祝建校30周年】 10月22至26

日，经贸职院庆祝建校30周年。校庆期间举办校史展，以200余幅照片和部分实物展示学校30年发展历程和所获成绩；分别召开校级老领导、历届校友座谈会，领导和校友各自回顾当年工作、学习情况，并对学校今后发展提出意见和建议；举办“回顾历史，展望美好未来”纪念建校30周年师生文艺演出暨学院艺术团成立大会，学院理事、院领导、历届校友代表、教职工和学生近1000人观看演出。其间，收到来自全国57所院校和企业发来贺信。经贸职院前身为中华社会大学，成立于1982年，属社会力量举办的民办大学，2002年12月经北京市政府批准成为社会力量举办的普通高等职业学校。建校30年来，共培养大专以上非学历毕业生1.50万余人、学历毕业生近万人。

（张舒拉）

【完成市民办教育发展项目】 11月，经贸职院完成2011年市民办教育发展促进项目“高职院校携手发展——教师培训项目”。该项目由系列专题、学习考察活动组成。聘请国家级示范院校优秀教师作专业建设、精品课程建设、教学管理等相关讲座；有关领导和专职教师18人赴宁波职业技术学院、宁波城市职业技术学院、南京工业职业技术学院和江苏经贸职业技术学院，针对高职教育课程开发、校企合作、工学结合等方面进行交流学习。该项目自2011年11月开始实施，旨在加强学院师资队伍建设，提升教师教学理念，提高教师教育教学设计能力、课程开发能力和职业能力等。

（张舒拉）

【举办首次教学成果奖评选】 12月，经贸职院举办首次教学成果奖评选活动。共有4个教学单位报送4项教学成果，经学院专家评审组评审，评出二等奖1项，三等奖2项，一等奖空缺。这是该校自办高职教育以来首次举办教学成果奖评选活动。

（张舒拉）

北京经济技术职业学院

【概　况】 2012年，北京经济技术职业学院占地面积22.34万平方米，产权校舍建筑面积8.65万平方米、非产权校舍建筑面积0.63万平方米。全年教育经费投入2948万元，全部自筹。固定资产总值18406.19万元，其中，教学、科研仪器设备总值1792.60万元。图书馆建筑面积2917平方米，藏有纸质图书23.40万册、电子图书1300GB。拥有计算机1285台，多媒体教室座位4420个。拥有校内专业实训室40个、综合实训室6个。学校信息化经费投入23.10万元，校园网出口总带宽30Mbps，电子邮件系统用户220个，数字资源量2000GB，管理信息系统数据总量2000GB。设有6个系，开设19个专业。教职工235人，其中，专任教师105人，包括教授14人、副教授13人。聘请校外教师45人，包括教授7人、副教授10人。毕业1412人，全部为专科生。招生502人，全部为专科生。在校生1577人。网址：www.bibt.edu.cn。

（李润坤）

【修订教学计划】 6至9月，经济职院修订教学计划。该院以构建基础知识、岗位能力、应用能力、职业能力“四位一体”递进式互动课程体系为原则，组织各教学系部对19个专业教学计划进行全面修订，初步实现课程体系理论教学与实践教学相结合、职业教育与职业标准相结合、职业能力与职业素养相结合的总体目标。

（李润坤）

【调整机构设置】 8至9月，经济职院调整机构设置。该院以优化队伍、明确职责、理顺关系、提高效率为目标，将学院党政机构由14个调整为10个，教学系部由10个调整为7个，分别是金融会计系、商务管理系、旅游管理系、计算机系、基础教育系、新闻与影视艺术系、继续教育部。

（李润坤）

【评选校内教学成果奖】 9月，经济职院组织校内教学成果奖评选。该院7名教学指导委员会专家组成评审小组，依据教学成果的学科先进性、高职教育教学的适用性等多项指标要求，对申报的9项成果进行评选，评出一等奖2项、二等奖3项，并推选一等奖教学成果参加市级教育教学成果奖评选，获得一个二等奖。

（李润坤）

【技能大赛成绩创历史新高】 至年底，经济职院参加各类职业技能大赛成绩创历史新高。其中，该校代表北京市参加2012年全国职业院校技能大赛中餐主题宴会设计大赛，获得三

等奖1项；在北京市第三届职工职业技能大赛中，获得一等奖1项、二等奖1项、三等奖6项，同时旅游管理系获得团体二等奖；该校代表北京市参加2012年全国高职高专实用英语写作大赛总决赛获二等奖1项；在第二届“华远杯”会展技能大赛中获二等奖2项、三等奖1项。

（李润坤　毛亚楠）

北京汇佳职业学院

【概　况】　2012年，北京汇佳职业学院占地面积24.48万平方米，产权校舍建筑面积8.42万平方米。全年教育经费投入964万元，其中，财政专项经费335万元、自筹经费629万元。固定资产总值4638.74万元，其中，教学、科研仪器设备总值1454万元。图书馆建筑面积1.15万平方米，藏有纸质图书24.45万册、电子图书160GB，另有中文报刊278种、外文报刊8种。拥有计算机595台，多媒体教室30个。学校信息化经费投入244.79万元，信息化设备资产500.70万元，网络信息点349个，校园网出口总带宽60Mbps。拥有校内实训室16个、校外实训室30个。设有4个系部，开设以“影视动画、学前教育、体育服务与管理”三大特色专业群为主的11个专业，19个专业方向。教职工248人，其中，专任教师96人，包括教授12人、副教授23人。兼职教师156人。毕业1309人。招生1013人。在校生3028人。网址：www.hju.net.cn。

（李旭昌）

【汇佳教育科学研究院成立】　2月18

日，汇佳教育科学研究院成立大会暨学术委员会第一次会议召开。会议举行汇佳教科院揭牌仪式，为教科院顾问及学术委员颁发聘书。来自中国民办教育协会、北京教育科学研究院等十余个单位20名教育专家、学者，汇佳教育机构领导及所属单位60余名中外教育工作者代表参加会议。汇佳教育科学研究院于2011年底经市社会科学界联合会审批获准成立，主要职能是整合并推动汇佳教育机构从幼教到高职的各类教育研究，把汇佳教育机构的研究制度化。研究院有工作人员17人，其中，研究人员11人，包括正高级专业技术职务5人、副高级3人。

（李尔京）

【举办系列校园活动】　3至12月，汇佳职院举办体育节、艺术节和动漫节等系列校园活动。3月15日至4月19日，该校举办第五届“阳光青春”体育节，组织篮球联赛、足球联赛、健身操比赛、趣味运动会和教职工高尔夫球趣味赛等活动。全校师生3000人次参加。4月28日至7月31日，举办第五届艺术节，以“绽放青春，放飞理想”为主题，举办艺术讲座、辩论赛、合唱比赛等14项活动。5000人次学生参与活动。9月18日至12月5日，举办第五届动漫节，以“放飞理想、激励创新”为主题，组织涂鸦大赛、优秀动画作品展播、创意地图等8项活动。活动评出一等奖8个、二等奖16个、三等奖24个。800人次师生参加活动。

（李旭昌）

【获大学生创业设计大赛一等奖】　5月18日，汇佳职院“乐活绘坊文化传播公司”创业项目获得北京民办高校大学生创业设计大赛一等奖。学院获得最佳项目奖、最佳组织奖和最佳指导教师奖。比赛由北京民办教育协会组织，来自北京37所民办高校245支创业项目设计团队、1500余名大学生、100余名指导教师参赛。该院20名师生与北京科技职业学院共同组队参赛，共有9个项目进入决赛。

（李旭昌）

【举办学前教育五项全能赛】　6月14

至20日，汇佳职院举办学前教育五项全能赛。比赛包括唱歌、讲故事、钢琴、舞蹈、美术五个项目，采用淘汰制，评委现场打分，最终评出一、二、三等奖各1人。其间参赛选手和汇佳小学学生们表演文艺节目。该院教育系、私立汇佳学校、汇佳幼儿园和新加坡中国国际学校师生共500人参加活动。

（李旭昌）

【首届汇佳教育科学年会召开】　9月19日，首届汇佳教育科学年会在汇佳学校召开。会议采取主题报告、专题交流和汇佳教科院学术委员会专家点评以及书面交流方式，传递教育改革与发展信息，并进行学术研讨。同时，成立专项研究工作室。会议共收到研究论文91份，其中，学前教育工作者论文22份、小学教育工作者论文16份、初中教育工作者论文14份、高中教育工作者论文11份、职业学院教育工作者论文20份、其他论文8份。

（李尔京）

【建成户外心理拓展实训基地】　9月，汇佳职院户外心理拓展实训基地建成。该基地总投资70万元，占地面积2000平方米，配有高空断桥、荡桥、高空荡木、轮胎墙、攀岩、背摔、毕业墙、梅花桩等高空及地面项目器材。基地编制专业培训教师5人，可满足50名学生同时进行户外心理拓展训练。至12月，该中心完成500人次实训任务。

（李旭昌）

【学生获全国3D大赛特等奖】 12月

3日，第五届全国3D大赛闭幕，汇佳职院学生凭作品《求生之路》获得大赛特等奖。该作品紧扣环保主题，以全新视角、富有感染力的建漫镜头和极具冲击力的视觉效果，讲述资源浪费和环境污染给人类居住环境带来灾难性后果，唤起人们环保意识和节约资源、保护环境的社会责任。作品全部使用3D技术制作完成。全国3D大赛由科技部国家制造业信息化培训中心、中国图学学会等单位主办，来自全国675所高校和培训机构师生及529家企业技术人员报名参赛，100万人参加初赛，4806件作品进入复赛。

（李旭昌）

【运动场落成】 12月，汇佳职院运动场落成。运动场总投资4000万元，建筑面积8238平方米，地上一层，地下两层。地上建有足球场、全天候6线400米标准塑胶跑道、田径训练场及大型LED屏等设施，具有音频、视频全程直播功能；地下建有小型体育项目设施及停车场。该运动场可容纳1500人同时观看赛事。

（李旭昌）

北京科技经营管理学院

【概　况】 2012年，北京科技经营管理学院占地面积22万平方米，建筑面积17.80万平方米。全年教育经费投入5771.20万元，全部自筹。固定资产总值55066万元，其中，教学、科研仪器设备总值3148万元。图书馆建筑面积6900平方米，藏有纸质图书53万册、电子图书18GB。拥有教学用计算机2027台、多媒体教室57个。学校信息化经费投入78万元，信息化设备资产1360万元，网络信息点1215个，校园网出口总带宽30Mbps，数字资源量18GB，管理信息系统数据总量24.50GB。拥有校内专业实训室34个、综合实训室10个，校外实训基地20个。设有6个院系，开设21个专业，全部为专科专业。教职工351人，其中，专任教师158人，包括教授27人、副教授46人。毕业3109人，其中，专科（高职）生1353人、非学历教育学生1756人。招生932人，其中，学历教育专科（高职）生788人、非学历教育学生144人。全日制学历教育招生北京地区提档线理科150分、文科150分。在校生5537人，其中，学历教育专科（高职）生2581人、非学历教育学生2956人。网址：www.bjjsy1985.cn。

（赵彦平）

【校企合作共建实训基地及专业】 4月12日，科技经营管理学院与北京希毕迪教育科技有限公司签署合作协议。根据协议，该院计算机信息工程系与公司合作建设及运营管理“校企合作人才培养实训基地及专业”，“基地共建”面向学院学生提供实习实训，同时面向产业承接服务外包业务；“专业共建”涵盖计算机应用技术、计算机网络技术、嵌入式系统技术和移动通信技术4个高职专业。公司投资600万元在学院建设物联网移动通信实训基地。年内共150名学生在该基地实训，专业对口就业率98%以上。

（彭兰）

【获企业经营管理沙盘模拟大赛北京赛区一等奖】 6月10日，科技经营管理学院获得2012年全国大学生企业经营管理沙盘模拟大赛（北京赛区）一等奖，并代表北京市参加全国总决赛。另有一支参赛团队获得北京市比赛三等奖。该比赛由教育部高职高专工商管理类专业教学指导委员会举办，共有10所学校16支代表队参加北京赛区比赛。

（王德荣　彭兰）

【智翔集团物联网移动通信实训基地落户学院】 8月8日，科技经营管理学院与智翔集团举行物联网移动通信实训基地揭牌仪式，实训基地落户学院。校企双方在专业建设、教育教学、学生实习实训、招生就业、师资培训等方面开展深度合作。

（王德荣）

【新增两个专业】 8月，科技经营管理学院新增两个专业。经市教委评审，批准该校新增移动通信技术专业和人力资源管理专业两个高职专业，并于2013年开始招生。

（王德荣　王燕芳）

北京吉利大学

【概　况】 2012年，北京吉利大学占地面积88.65万平方米，建筑面积43.97万平方米。全年教育经费投入23209.20万元，全部自筹。固定资产总值82867万元，其中，教学、科研仪器设备总值7064万元。图书馆建筑面积2.23万平方米，藏有纸质图书65万册、电子图书15万册。拥有计算机4230台，多媒体教室座位24159个。学校信息化经费投入120万元，信息化设备资产276万元，网络信息点21420个，校园网出口总带宽810Mbps，电子邮件系统用户1488个，上网课程21门，数字资源量800GB，管理信息系统数据总量120GB。设有14个二级学院，开设高职专业31个。教职工994人，其中，专任教师438人，包括教授及教授级高级工程师31人、副教授及高级工程师以上104人；博士30人，硕士176人；“双师型”教师86人。聘请校外教师108人。毕业5527人，其中，高职生1596人、非学历教育学生3931人。毕业生一次就业率96.68%。招生4200人，其中，高职生2014人、非学历教育学生2186人。高考北京地区提档线文科150分、理科150分。在校生14270人，其中，高职生5709人、非学历教育学生8561人。网址：www.bgu.edu.cn。

（刘彦辰　张广玖）

【与两家企业签约合作】 3月13日和11月26日，吉利大学分别与联想集团北京联想利泰软件有限公司和北京金融街第一太平戴维斯物业管理有

限公司签约合作。根据协议，该校信息工程学院与利泰公司建立校企合作实训基地，实现“订单式”培养。“联想利泰订单特色专业”学生通过考核后可进入联想利泰及战略合作企业工作。房地产学院成为戴维斯公司人才培养输送基地，为其定向培养专业人才，公司正式成为房地产学院实习实训基地。

（吴长娟　亢永　张广玖）

【举办首届读书文化艺术节】　4月17日，吉利大学首届大学生读书文化艺术节开幕。读书文化艺术节以“价值·人生·书籍”为主题，历时1个月。其间举办演讲比赛、书签设计大赛、文化交流沙龙等十余项实践活动，引导学生多读书、读好书，养成良好读书习惯，推动学校学风建设。

（胡雪芬　张广玖）

【中心机房建成并投入使用】　5月17

日，吉利大学中心机房建成并投入使用。机房占地面积168平方米，可满足全校信息化办公需求。该机房是中国电信北京公司落实双方校企战略合作协议，支持学校数字校园工程建设，投入资金180万元建设。

（陈宏纲　张广玖　乔晨未）

【学生参加专业竞赛获奖】　6至12月，吉利大学学生参加专业竞赛获奖。6月，商学院2011级连锁经营管理专业3名学生的品牌策划项目“织梦织家”在第五届全国商科院校品牌策划大赛中获得专科组一等奖。7月8日，在第二届全国秘书职业技能竞赛中，法政学院法律事务专业学生囊括个人赛前三名，速录专业2名教师获得“最佳指导教师奖”，学校被授予“优秀团队”称号。11月30日，法政学院学生团队在第四届北京市大学生模拟法庭竞赛中获得二等奖，该校学生团队是唯一民办高校代表队。

（励荆晶　丁锐　吴长娟）

【采取新测试模型测试新生】　9月1日，吉利大学首次按照新型入学测试模型对新生进行入学测试。该校改革入学测试模式，将原来以单纯高考成绩录取模式改为新的以成绩与综合素质测试相结合模式，并对2012级新生按照新型入学测试模型，测试学生情商、智商和专业兴趣等多方面能力素质和发展潜力。根据测试结果显示的学生不同特质，为学生选择专业提供建议，并针对性制定培养方案，因材施教和指导职业规划。

（李华平　张广玖）

【培养“熊猫计划”技术类研究生】　9月13日，吉利大学2012级“GM1000熊猫计划”技术类研究生开学。26名研究生学员在学校进行为期一年专业理论学习，之后进入吉利集团实习一年。该计划是吉利集团“GM1000熊猫计划”人才培养战略组成部分，首批16名研究生于6月完成学业并正式签约吉利集团。

（励荆晶　张广玖）

【学生创汉字录入世界纪录】　10月18日，吉利大学学生创汉字录入世界纪录。该校法政学院法律事务专业学生江秀香在全国第二届速录师信息处理大赛上以674.44字/分钟的成绩夺冠，并创造新的汉字录入世界纪录。中央电视台《朝闻天下》栏目以《神奇速录，一分钟打字674个》对此事进行报道。江秀香，1992年10月生于福建省龙海市，2010年进入该校法律事务专业学习。

（丁锐　张广玖）

北京科技职业学院

【概　况】　2012年，北京科技职业学院占地面积191.80万平方米，产权校舍建筑面积74.60万平方米。全年教育经费投入5098.10万元，全部自筹。固定资产总值159855.60万元，其中，教学、科研仪器设备总值17836.50万元。图书馆建筑面积4.60万平方米，藏有纸质图书105.60万册、电子图书65万册。拥有计算机3900台，多媒体教室座位250个。学校信息化经费投入69万元，信息化设备资产1400万元，网络信息点4380个，校园网出口总带宽400Mbps，电子邮件系统用户762个，上网课程4门，数字资源量4814.29GB，管理信息系统数据总量1590GB。拥有校内专业实训室142个、综合实训室18个，校外实训基地78个。设有7个二级学院，开设46个专科专业。教职工384人，其中，专任教师109人，包括教授13人、副教授41人。聘请校外教师96人，包括教授23人、副教授39人。毕业4836人，其中，学历教育全日制专科（高职）生903人、非学历教育学生3933人。招生1236人，其中，学历教育全日制普通专科（高职）生966人、非学历教育学生270人。全日制学历教育高考招生北京地区提档线理科150分、文科150分。在校生5962人，其中，学历教育全日制普通专科（高职）生2693人、非学历教育学生3269人。网址：www.5aaa.com。

（树玉森　王枫　李爱东）

【开展员工议校务活动】　3月2日，北科院开展员工议校务活动。活动面向全校教职工征集意见，要求以主人翁心态畅谈心中学校要务。第一轮“百家争鸣”，征集到414条工作建议。经归纳整理、汇总排序，总结出16条意见作为第二轮征求依据。通过调查问卷形式，总结出6条年度重要校务，分别是：定期召开形势分析会；加强实践教学；调整专业结构；盘活资产、开源节流；转变作风；优先办好计划内专业。

（树玉森　李爱东）

【调研专业人才社会需求】　3至6月，北科院开展专业人才社会需求调研。调研是为解决文经类专业比重过大导致学生就业难问题。调研为期4个月，分四个阶段进行。经过对4家企业（国企1家、民企3家）、4个区县人力资源与劳动保障部门、50名近三年毕业并在北京就业创业的校友以及5所高职院校（北京3所、唐山1所、保定1所）走访调研，形成“四增四汰四加强”专业调整方案：新增机械加工、多媒体设计、太阳能运用、生态农业工程4个专业；淘汰国际标业与管理、民航运输与管理、律师和跆拳道商业运作4个专业，并采取逐步瘦减的方案审慎进行；对现有汽车机电、人文艺术方面4个专业加大投入，保持或扩大现有规模。

（树玉森　李爱东）

【签订校企合作协议98份】 3至9月，北科院面向北京、天津、山东、江苏等地大中型企业共签订定向培养校企合作协议98份。其中，新订户32家，续订户66家；商定当年即按订单实行专业人才供给的57家，可定向输送2012届毕业生1370余人；两年后、三年后接受定向专业人才的分别为28家、13家。根据协议，校企双方共同组织实施教学；2/3左右实践性环节由用人单位派专业技术人员到学校授课；毕业生到协议用人单位顶岗实习并实行技能鉴定考核，考核合格者由企业录用。

（树玉森　李爱东）

【修订教学管理工作手册】 4月17日，北科院印发《教学管理工作手册》（修订稿）。各专任教师、外聘教师人手一册，于5月1日起实行。手册收录新修订的教学工作细则、听课制度、教研活动工作细则、实习实训授课参考意见、考试工作规程、试卷分析、阅卷标准与成绩记载管理制度、教学检查制度及教学督导制度等教学文件。原有手册于2010年制订，修订稿经多次研讨，在原有基础上修改45处。

（树玉森　李爱东）

【“三位一体”实践教学体系初步形成】 5月21日，北科院召开“三位一体”实践教学体系构建经验交流会。该校商学院、汽车工程学院、物流学院、现代管理学院分别介绍做法与经验。“三位一体”实践教学体系是将课程实践、学期专业实训和顶岗实训三者一线贯穿进行统筹设计：将理论教学内容精简为总学时50%左右，在高职三年前四个学期各安排2至3周校内专业实训；在第五、六学期以半工半读、工学结合形式安排顶岗实训，校方与用人单位对实训自评合格者实行共同考核，在认定合格基础上转入录用。该体系于2009年3月提出，在商学院先行试点2年，2011年6月在全校推开。

（树玉森　李爱东）

【倡导互动课堂】 9月，北科院实施“互动课堂”项目。该项目废止教师“一言堂”授课模式，鼓励学生通过网络主动与人交流，慢慢有意识进入课程知识讨论，或对网上先行讨论的问题进行跟帖，发表自己见解，锻炼发言热情，再鼓起勇气迁移到现实课堂上。任课教师在课堂上创造平等、宽松环境，让发言者突破心理障碍。截至11月底，依据学校《互动课堂评价暂行标准》测评，全校理论课互动课堂达40%；青年讲师执教课堂85%获评为互动课堂；部分学院互动课堂覆盖率达70%以上。互动课堂是北京市高职教育全日制办学评估专家组于2010年对该校评估后在反馈指导意见中首次提及。

（树玉森　李爱东）

【盘活闲置资产兼为教学服务】 至12

月，北科院通过租赁形式盘活校有闲置资产11万平方米。新东方教育集团、中国百强企业联盟、中华会计学会等17家企事业单位在该校沙河校区设立教学、科研、培训机构，吸纳5000人正常驻地办公、学习、培训、生活。租赁收入有效缓解该校因生源锐减造成的财务困难状况，同时在与诸多智力、实业团队处邻中，形成风气互濡、教学互通、优势互补新格局。年内双方互相兼课教师80余人。

（树玉森　李爱东　林华良）

北京培黎职业学院

【概　况】 2012年，北京培黎职业学院占地面积49.09万平方米，产权校舍建筑面积8.92万平方米、非产权校舍建筑面积1.74万平方米。全年教育经费投入4316.68万元，其中，国家拨款204.68万元、自筹经费4112万元。固定资产总值5511.76万元，其中，教学、科研仪器设备总值1855.28万元。图书馆建筑面积8358平方米，藏有纸质图书26.80万册、电子图书18.08GB。拥有教学用计算机1642台，多媒体教室48个。学校信息化经费投入53万元，信息化设备资产167.91万元，网络信息点2000个，校园网出口总带宽120Mbps，数字资源量18.08GB，管理信息系统数据总量45.60GB。拥有校内专业实训室41个、综合实训室5个，校外实训基地49个。设有7个系，开设22个高职专业。教职工335人，其中，专任教师142人，拥有高级专业技术职务49人；行政人员135人。聘请校外教师55人，拥有高级专业技术职务13人。毕业1247人，全部为专科（高职）生。招生1138人，全部为专科（高职）生。在校生3191人，其中，专科（高职）生2863人、非学历教育学生328人。网址：www.bjpldx.edu.cn。

（田淑芹）

【与利星行汽车签约合作】 1月10日，培黎职院与利星行集团举行校企合作签约仪式并为利星行汽车培训基地揭牌。根据协议，校企共同开展市场营销专业利星行汽车技术服务与营销定向培养，公司参与学院汽车专业人才教育全过程，学院面向市场培养高素质汽车销售、售后以及营销管理人才。公司向学院捐赠总价值60余万元奔驰发动机和变速箱各一台，作为汽车专业教学设备。利星行汽车培训基地为学院学生提供一线岗位实习和锻炼机会。9月10日，市场营销专业——利星行汽车技术服务与营销首期订单班开学。该订单班为学院、利星行汽车和中国汽车流通协会三方合作，打造有自身特色的利星行汽车技术服务与营销人才创新培养模式。利星行汽车为该订单班设立“星耀未来”利星行汽车奖学、奖教金和“惠泽桃李”利星行汽车助学金共20万元；学院聘请利星行汽车企业和中国汽车流通协会高层领导及专业骨干18人为客座教授、专业名誉讲师、专业兼职教师。

（闫碧航）

【学生参加竞赛获奖】 5至12月，培黎职院学生参加各类竞赛获奖。5月，获首都高校田径运动会男子铅球丙组冠军；6月，获第五届全国商科院校技能大赛品牌策划专业竞赛高职组全国二等奖和三等奖，学院获“最佳院校组织奖”；12月，获北京市大学生动漫设计竞赛漫画插画组一、二、三等奖。

（闫碧航）

【完成市民办教育发展促进性项目】 6至11月，培黎职院完成2011、2012年北京市民办教育发展促进性项目。项目新建（扩建）联想软件测试技术实训室、嵌入式开发测试实训室和电脑美术实训室等5个校内实训室，投入资金204.68万元。至此，该校拥有校内实训室46个，覆盖21个高职专业。

（李伟丽）

【举办首届师生运动会】 10月19日，

培黎职院举办首届师生运动会。运动会分学生组和教工组，共8支代表队498人参加跑动、跳跃、投掷三大项63个小项比赛。比赛决出团体前三名，4支代表队分获体育道德风尚奖、优秀组织奖，168人次荣获个人项目优胜名次。

（王颖）

【完成校园网络改造升级】 至年底，培黎职院完成校园网络改造工程。该工程对3栋学生公寓楼228间学生公寓进行互联网接入改造，实现校园网络全覆盖；同时校园网宽带由100兆升级至130兆，实现学生、教学独立使用。工程总投入25万余元。

（李伟丽）

【590人次获得奖助学金150.23万元】

至年底，培黎职院590人次获得奖学金和助学金共150.23万元。其中，1人获得国家奖学金，72人获得国家励志奖学金，332人获得国家助学金，奖金共139.78万元；185名学生获得校级奖学金，奖金金额10.45万元。

（陶佳佳）

【调整专业设置】 至年底，培黎职院调整专业设置。增设数字媒体技术（网络传媒）专业，该专业为高等职业教育专业，是与一线网络公司合作共建，计划于2013年招生。旅游管理专业增设葡萄酒品酒师方向，培养专门从事旅游类企业葡萄酒品鉴、葡萄酒贸易营销等适应企业一线需求的高素质技能型人才。该方向计划2013年招生40人。计算机系确立数字影音制作技术、物联网技术新方向，将通用能力和基本素质培养融入人才培养方案，将素质拓展、技能竞赛等引入人才培养全过程。

（陈萌　尤克）

【获得4项资金资助】 至年底，培黎职院获得4项资金资助。其中，该校工商管理系获得民办高校引导性项目资金100万元，用于工程造价专业实训基地和实验室建设。该项目资金为市财政2008年设立的民办教育发展引导性专项资金。该校“城乡结合部特需人群相关法规知识培训及社会矛盾纠纷调处”项目经市政府专家网上匿名评审，获政府购买服务项目资助7万元。该校商务英语（学前双语教育方向）建设项目和工程造价业务信息化实训室建设项目分别获得2013年市民办教育发展促进项目重点专业建设项目资助和教育教学改革建设项目资助，项目资金各100万元。市场营销专业实训基地获得中央财政支持职业教育实训基地建设支持。项目建设资金320万元，主要用于网络营销实训室、电话营销实训室等实训基地建设。

（陈萌　郭岱光　李伟丽）

北京新圆明职业学院

【概　况】 2012年，北京新圆明职业学院占地面积33.30万平方米，产权校舍建筑面积4.47万平方米、非产权校舍建筑面积0.50万平方米。全年教育经费投入294.70万元，其中，国家拨款89.50万元、自筹经费205.20万元。固定资产总值4044.25万元，其中，教学、科研仪器设备总值904.40万元。图书馆建筑面积1079平方米，藏有纸质图书9.13万册、电子图书300GB。拥有教学用计算机938台，多媒体教室9个。学校信息化经费投入44.40万元，信息化设备资产582.60万元，网络信息点15个，校园网出口总宽带10Mbps，电子邮件系统用户15个，上网课程6门，数字资源量500GB，管理信息系统数据总量550GB。拥有实验、实习和实训室14个，语音室3个，包括数字语音室1个。设有4个系和2个教学部，开设10个专科专业。教职工163人，其中，专职教师82人。聘请校外教师2人。学历教育全日制普通专科（高职）毕业生548人。招生89人。北京地区高考提档线理科150分、文科150分。在校生511人。网址：www.ymyu.com。

（毛亚玲　梅永艳）

【开展网信车间实战培训】 3月12日，新圆明职院开展网信车间实战培训。该校网信车间每天下午面对2011级学生进行网络编辑和操作技能相关培训，共分网络编辑师综合实用技能、网络原创内容的撰写和网络信息筛选与归类等11个专题，提升学生技能水平，提高其综合素质，为实现其良好就业打基础。该校共210名学生参加培训。

（毛亚玲）

【举行首届青年教师教学基本功大赛】 6月5至6日，新圆明职院举行首届青年教师教学基本功大赛总决赛。各系部组织教师进行现场观摩。共21名教师参赛，经初赛、复赛，共7人进入决赛。经过角逐，评出一等奖1人、二等奖2人、优秀奖4人。

（梅永艳）

【成立新一届党总支】 11月25日，新圆明职院举行党总支委员会改选大会。大会通过差额选举方式，产生5名党总支委员会成员，并推选正副书记人选。

（毛亚玲）

首都师范大学科德学院

【概　况】 2012年，首都师范大学科德学院占地面积28.27万平方米（另有河北易县实习实践基地99.83万平方米），建筑面积16.62万平方米。全年教育经费投入21500.60万元。固定资产总值47381万元，其中，教学、科研仪器设备总值4104万元。图书馆建筑面积1.50万平方米，藏有纸质图书56万册、电子图书5000GB。拥有教学用计算机1509台，多媒体教室座位6492个。学校信息化经费投入68.40万元，信息化设备资产681.80万元。拥有校内实训室50个，校外实训基地90个。设有4个学院，开设25个本科专业。教职工386人，其中，专任教师260人，包括教授40人、副教授70人。全日制本科毕业生1247人。招生1232人。北京地区高考提档线普通理科402分、文科416分，艺术理科282分、文科312分。在校生4608人。网址：www.kdcnu.com。

（张娜）

【举办中美文化艺术交流周活动】 6月26日至7月2日，科德学院举办中美文化艺术交流周活动。活动期间，美国加州艺术学院教授与该校师生深入交流，举办中美艺术类教学研讨活动等。加州艺术学院教授与该校学生共同创作大型音舞绘画教学示范交流“回到你身边”（Back to Your Side）演出，融合音乐、舞蹈和绘画等内容，对艺术类教学创新起推动作用。该活动是两校文化艺术交流成果展示。加州艺术学院是科德学院赴美实习活动海外实习基地，两校于2011年7月开始合作。

（张娜）

【举办国际大学生微电影盛典】 11月24日，科德学院与中国高等院校影视学会、中国文化信息协会、中国社会科学院世界传媒研究中心共同举办的2012国际大学生微电影盛典开幕。活动于7月启动，共征集到来自北京大学、俄罗斯国立电影学院等20余所中外高校1215部作品，最终100部作品入选。活动着力突显“微”概念，设立一分钟作品、一个镜头作品、10分钟以内“剧情短片”和“纪实短片”以及动漫动画、校园文化、广告宣传等竞赛单元。经过角逐，评出最佳导演奖、最少投资奖、最佳创意奖等奖项。盛典同期举办2012年国际大学生微电影学术论坛，与会专家对入选作品进行点评，并就微电影优势及今后发展方向发表观点。

（张娜）

【成立微电影创研中心】 11月，科

德学院中国高校影视学会微电影创研中心揭牌。这是该校第一个国家一级学会下属创研中心。创研中心集中学校优势资源，在课上课下协助学生打造精品微电影，并发掘有潜力的新锐导演重点推荐；协助中国高校影视学会开展创作和学术活动，在中国传媒类高校中确立该校办学地位，突出该校办学特色。

（张娜）

北京工商大学嘉华学院

【概　况】 2012年，北京工商大学嘉华学院占地面积20余万平方米，建筑面积10余万平方米。全年教育经费投入1291万元，全部自筹。固定资产总值7240万元，其中，教学、科研仪器设备总值3000万元。图书馆建筑面积1354平方米，藏有纸质图书56.50万册、电子图书400余万册。拥有教学用计算机1553台，多媒体教室52个。学校信息化经费投入59.50万元，信息化设备资产2300万元，网络信息点2500个，校园网出口总带宽300Mbps。拥有各类实验室12个、语音室6个、实训基地64个。设有6个教学系部，开设9个本科专业。教职工375人，其中，专任教师275人，包括教授32人、副教授60人。兼职教师70人，包括教授13人、副教授28人。全日制本科毕业生1358人。招生1436人。北京地区高考提档线理科402分、文科406分。在校生5580人。网址：www.canvard.edu.cn。

（苗燚）

【学生参加专业竞赛获奖】 6至12月，嘉华学院学生参加专业竞赛获奖。6月14日，2009级广告设计专业1名学生获得第21届时报金犊奖平面类设计铜奖。该奖项是全球华人地区规模最大学生广告活动，以学生创意为中心设计比赛。7月，该校代表队在“用友杯”第八届全国大学生创业设计暨沙盘模拟经营大赛北京地区总决赛中获得一等奖。

（苗燚）

【成立国际部】 7月1日，嘉华学院国际部成立。该部在原有国际交流中心基础上组建，兼具外事交流、国际办学项目合作、国际班学生培养、雅思课程教学等任务。开设英国注册会计师（ACCA）、特许金融分析师（CFA）、市场营销（英国CIM）、美国注册管理会计师（CMA）、国际经济与贸易（IEBS）、国际注册内部审计师（CIA）、准精算师（ASA/AIFA）7个专业，现有专职教师8人，包括教授1人。学生350余人。

（苗燚）

【成为市英语口语证书考试考点】 10月，嘉华学院通过市教委、北京教育考试院等单位审核成为北京市英语口语证书考试（BOEC）考点。该项考试是由市教委、北京教育考试院牵头组织的以语言交际能力为核心、考核英语口语能力的测评考试体系。11月17日，该校首次举办BOEC考试，来自该校及校外共272名考生参加初级、中级和高级三个级别考试。

（苗燚）

【与注册会计师协会联合开展人才培养】 11月14日，嘉华学院与北京注册会计师协会联合举办的注册会计师（CPA）职业技能培训嘉华班学生正式结业。共95名学生顺利结业，其中，84人进入大华、致同、中天运等会计师事务所实习。此项合作是北京注协走进校园举行的第一届岗前培训活动，针对会计师事务所初级职员工作内容进行培训，教授职业道德、商务礼仪、办公自动化等内容。

（苗燚）

北京邮电大学世纪学院

【概　况】 2012年，北京邮电大学世纪学院占地面积14.52万平方米，产权校舍建筑面积1.15万平方米、非产权校舍建筑面积8.70万平方米。全年教育经费投入1093.26万元，全部自筹。固定资产总值15594.90万元，其中，教学、科研仪器设备总值3530万元。图书馆建筑面积7162平方米，藏有纸质图书53万册、电子图书17.24GB。拥有计算机2375台，多媒体教室座位5960个。学校信息化经费投入358.60万元，信息化设备资产1670.66万元，网络信息点5000个，校园网出口总带宽220Mbps，电子邮件系统用户400个，数字资源量80.51GB，管理信息系统数据总量550GB。拥有7个院级实验教学中心，46个实验室；校内综合实习实训基地5个，校外综合实习实训基地50个。设有8个教学单位，开设16个本科专业。教职工432人，其中，专任教师285人，包括教授29人、副教授69人。聘请校外教师77人，包括副高级以上职称20人。毕业1489人，其中，学历教育全日制普通本科生毕业1404人、非学历教育结业生85人。招生1334人，全部为学历教育全日制普通本科生。全日制学历教育高考招生北京地区提档线理科402分、文科416分。在校生5635人，其中，学历教育全日制普通本科在校生5285人、非学历教育学生350人。网址：www.ccbupt.cn。

（高莎）

【成为全国大学英语四、六级考试独立考点】 1月4日，世纪学院正式成为全国大学生英语四、六级考试独立考点。该校全国大学英语四、六级考试考点建设工作通过市教育考试指导中心检查验收，经市教育考试指导中心批准正式成为独立考点。

（高莎）

【成为首批全国移动互联网创新教育基地】 4月20日，世纪学院举行工信部首批“全国移动互联网创新教育基地”授牌仪式。该基地在工信部指导下，由中国电子学会、工业和信息化人才综合服务平台支持成立，首批通过审批的基地共31个。这些高校在移动互联网学科建设及人才培养领域走在国内高校前列，成为创新教育基地后，将得到工信部有关专家和移动互联网企业在学科建设和人才培养等方面大力扶持，从而为移动互联网产业发展提供强有力人才支撑和保障。

（高莎）

【学生科技创新项目通过结题验收】 5月9日，世纪学院第五届学生科技创新项目通过结题验收。该校组织专家对14项学生创新项目结题成果材料进行审阅，其中，7个项目研究成果达到优秀水平，7个项目达到结题合格水平，14个项目全部通过结题验收。第五届学生科技创新项目于2010年12月立项，2011年9月通过中期检查。

（高莎）

【教研项目通过结题验收】 5月25日，世纪学院2009年度教师教学研究项目（包括重点课程建设项目）结题答辩。结题验收工作于4月启动，聘请相关专家对各项目结题材料进行严格审阅。19个项目参加结题验收，包括重点课程和重点课程群建设项目13个，涉及课程23门；教学方法、教学质量、案例库、试题库等研究项目6项。研究成果包括课程配套教材、实验指导书、习题集共18个，案例库1个，试题库1个，试卷库若干。经评审专家组评议认定，19个项目全部通过结题验收。

（高莎）

【与3所境外学校开展交流】 6至11月，世纪学院与3所境外学校开展交流。6月与美国麻省州立大学洛威尔分校合作举办的中美联合培养班正式招生，首批共招收21人。9月10日派出4名首届赴芬兰交换生前往芬兰凯米—托尔尼奥应用科技大学（Kemi－Tornio University of Applied sciences）进行为期4个月交流学习。两校于2011年10月签署师生互换交流协议。11月5日与台湾建国科技大学签署友好院校协议，建立姊妹院校关系。

（高莎）

【数字文化与新媒体技术研究中心揭牌】 11月2日，世纪学院数字文化与新媒体技术研究中心揭牌。该中心是专注于文化与科技结合的理论、技术及应用研究的综合性研究中心，采用数字采集、数字存储、数字处理、数字展示、数字传播等数字化技术，将文化遗产转换、再现、复原成可共享、可再生的数字形态，并以新视角加以解读、保存和传播。研究中心设有文化遗产数字化、虚拟现实与仿真、新媒体传播三个研究组。

（高莎）

北京工业大学耿丹学院

【概　况】　2012年，北京工业大学耿丹学院占地面积30.36万平方米，建筑面积18.75万平方米。全年教育经费投入11716.10万元，其中，国家拨款488.70万元、自筹经费11227.40万元。固定资产总值5495.37万元，其中，教学、科研仪器设备总值2605.52万元。图书馆建筑面积9028平方米，藏有纸质图书57.67万册、电子图书25GB。拥有计算机2329台，多媒体教室座位7038个。学校信息化经费投入187万元，信息化设备资产783.18万元，网络信息点3个，校园网出口总带宽200Mbps，电子邮件系统用户350个，数字资源量1000GB，管理信息系统数据总量15GB。拥有校内专业实训室38个、综合实训室22个，校外实训基地23个，工程训练中心1个。设有6系4部、21个本科专业。教职工604人，其中，专任教师300人，高级职务教师占41.33%，研究生学历教师占76%。聘请兼职教师46人，其中，高级职务教师占57%以上。招生1539人。毕业生1350人。在校生5716人。网址：www.gengdan.edu.cn。

（管书艳）

【新增两个专业】　3月9日，耿丹学院新增两个专业。经教育部批准，该校表演、戏剧影视美术设计两个本科专业获准设置。戏剧影视美术设计专业从本年开始招生，首批招生47人；表演专业筹备招生。

（管书艳）

【成为大学生KAB创业教育基地】　3月13日，KAB创业教育（中国）研究所、KAB全国推广办公室公布2011年新增大学生KAB创业教育基地名单和KAB创业教育讲师名单，耿丹学院成为大学生KAB创业教育基地，3名教师被认定为KAB创业教育讲师。KAB创业教育项目是共青团中央、全国青联与国际劳工组织合作在中国大学中开展创业教育的项目，自2005年8月起实施，2011年新增大学生KAB创业教育基地学校61所，其中，北京市5所；新增KAB创业教育讲师504人。KAB（Know About Business）意为“了解企业”，是国际劳工组织为培养大学生创业意识和创业能力而专门开发的教育项目。

（管书艳）

【与牛栏山一中签署合作协议】　5月22日，耿丹学院与顺义牛栏山第一中学签署资源开放合作协议。该校图书馆馆藏文献、网络资源、实验室及“耿丹讲堂”等资源面向牛栏山一中师生开放，牛栏山一中师生可按照馆际互借方式，凭一卡通及有效证件到该校图书馆借阅图书及查阅资料。同时，该校金工车间、电子工程训练室、创新实验室等有条件对牛栏山一中参加科技竞赛学生开放，学校实践课程教师可为牛栏山一中科教活动提供实验技术指导和支持。

（管书艳）

【师生赴境外高校交流学习】　9月，耿丹学院师生赴境外高校交流学习。来自应用语言系和信息工程系4名教师赴爱尔兰都柏林理工学院进修相关专业课程，进修为期3个月。这是该校首批赴爱尔兰进修教师团。来自人文社会科学系和机械工程系等系部7名学生赴台湾3所高校（中国科技大学、台南应用科技大学、建国科技大学）进行为期一学期交流学习，其中3人获得台湾高校免学费奖励。

（管书艳）

【成立教师教学发展中心】　11月7日，耿丹学院教师教学发展中心正式成立。该中心旨在服务教学工作、促进教师发展，建立健全促进教学改革、提升教师教学水平的长效机制。中心根本任务是教学服务、教师发展，主要负责组织开展教师教学培训，提升教师教学水平，推动教育教学改革，推广教学创新成果，为学院教学工作提供服务。

（管书艳）

北京第二外国语学院中瑞酒店管理学院

【概　况】　2012年，北京第二外国语学院中瑞酒店管理学院占地面积22.50万平方米，产权校舍建筑面积9.60万平方米。全年教育经费投入7660.80万元。固定资产总值3.78亿元，其中，教学、科研仪器设备总值793万元。图书馆建筑面积7676平方米，藏有纸质图书14.69万册、电子图书1154册。拥有计算机310台，多媒体教室座位4800个。学校信息化经费投入373.60万元，信息化设备资产373.60万元，网络信息点6000个，校园网出口总带宽300Mbps，电子邮件系统用户5000个，数字资源量6119GB，管理信息系统数据总量3000GB。设有品酒实验室、中西食品制作室、多媒体实验室、语音实验室和计算机中心。开设酒店管理、酒店管理（酒店财务管理方向）和英语（酒店与商务方向）共3个专业。教职工264人，其中，专任教师107人，包括副高级以上专业技术职务10人。兼职教师8人，包括副高级以上专业技术职务2人。毕业179人。招生992人。全日制学历教育高考招生北京地区提档线理科382分、文科396分。在校生3054人。网址：www.bhi.edu.cn。

（李辉）

【中国旅游学术成果国际推广项目结题】　1月，中瑞学院主持的“中国旅游学术成果国际推广项目”结题。项目下首批8本旅游学术著作英文版由旅游教育出版社出版，并公开发行。项目英文版翻译工作由学院英语教研部部长主持，并担任总主译。该项目由市教委资助，于2006年10月立项，旨在让国外同行了解中国旅游学者研究成果和理论进展，加快中外旅游学术交流与合作步伐。

（摆志靖）

【两个品牌班开班】　3月30日和4月20日，中瑞学院“喜达屋品牌班”与“万豪品牌班”分别开班。两个品牌班分别由学院与喜达屋酒店管理集团、万豪酒店管理集团合作创办。品牌班课程是在教学计划总体框架下，让学生得到该品牌更多企业文化和管理能力的熏陶与锻炼，使学生具有较强沟通能力和准确的行业定向。

（董莉　王立）

【成立首届师生纪律委员会】　6月6日，中瑞学院召开首届师生纪律委员会成立大会。会议宣读师生纪律委员会章程，并经师生投票选举产生纪律委员会主任、副主任和委员组成人员。成立师生纪律委员会是为建设清正廉洁校风，防止学风腐败、教风混乱，建设“清正廉洁、纪律严明、师生平等、业界认可、学生喜爱、家长满意”大学。

（李辉）

【首届毕业生毕业】　6月29日，中瑞

学院举行首届毕业生毕业典礼暨学位授予仪式。该校2008级178名毕业生全部通过毕业论文答辩，获得学士学位证书和瑞士洛桑酒店管理学院学术认证证书。典礼还表彰学院优秀毕业论文、校级和市级优秀毕业生，并安放首届毕业生纪念铜牌。毕业纪念铜牌意在为每届毕业生留下学习生活印记，由毕业生自主设计，统一安放在学院指定区域。教育部、市教委领导，瑞士驻华使馆代表和来自香格里拉酒店集团、喜达屋酒店等40余家酒店嘉宾，以及瑞士洛桑酒店管理学院董事长、院长等参加典礼。

（房怀军　董莉　摆志靖）

【创新课程考核方式】　6月，中瑞学院创新课程考核方式。该校“餐饮服务应用”和“食品制作”等课程根据教学规划，创新考核方式，注重考查学生综合运用能力。如在教学酒店中、西餐厅举办主题餐厅系列活动，教师从菜色、口感、刀工、成品等方面给学生打分。通过学生动手制作，掌握原料鉴别、菜单设计及食品成本控制等基础知识，培养学生动手能力。6月21日，餐饮服务课程组以鸡尾酒会形式，向酒店业界、教育界等嘉宾及校内师生进行学习成果汇报。

（刘洁）

【与中国大饭店共建校外人才培养基地】　7月12日，中瑞学院与中国国际贸易中心有限公司中国大饭店共建的校外人才培养基地被市教委评为2012年市级校外人才培养基地。建设期3年。这是该校首个获得市教委资助的校外人才培养基地项目。

（董莉）

民办高等教育机构

中国管理软件学院

【概　况】　2012年，中国管理软件学院占地面积23万平方米，产权校舍建筑面积3.20万平方米、非产权校舍建筑面积7.80万平方米。全年教育经费投入358万元，全部自筹。固定资产总值14000万元，其中，教学、科研仪器设备总值1281.56万元。图书馆建筑面积3600平方米，藏有纸质图书13.80万册、电子图书30万册。拥有教学用计算机1000余台、多媒体教室5个。学校信息化经费投入60万元，信息化设备资产210万元，网络信息点400个，校园网出口总带宽100Mbps，上网课程4门，数字资源量65GB，管理信息系统数据总量30GB。拥有校内专业实训室12个、综合实训室2个，校外实训基地2个。设有3个二级学院，开设10个专业。教职工67人，其中，专任教师22人，包括教授、副教授13人。外聘教师55人。结业生457人。在校生382人。网址：www.aa55.com。

（杨竑艳）

【拓宽学生就业途径】　4至6月，中软采取各种措施拓宽学生就业途径。其中，自动化学院采取两步走方式，一方面不定期为学生开设教育部认证课程“影视动画师”“网络应用工程师”“软件开发工程师”等，提前为学生补充相关知识；另一方面通过学校就业办联系往届毕业生和用人单位，并组织学生参加培训，该学院80名学生通过培训并取得合格证书，找到合适工作。

（杨竑艳）

【完成南校教学楼和学生宿舍改造】　6月30日，中软完成南校教学楼和学生宿舍改造及设备更新工作。重新粉刷教学楼及学生宿舍墙壁，更换多媒体教学设施、课桌椅、门窗、电灯等设备设施，完善宿舍家居配备，为师生营造崭新、整洁、舒适的学习与生活环境。该校因教学改革需要，北校2008至2010级学生全部搬至南校。

（杨竑艳）

【完成院系调整】　8月，中软完成院系调整工作。为突出专业特色，保证所设专业科学实用，该校将南、北校区学院进行整合优化，将原自动化学院与计算机学院合并为自动化学院，原软件学院与工程学院合并为软件工程学院，原科学管理学院与经济管理学院合并为财经学院，将6个学院升级为3个学院。

（杨竑艳）

北京人文大学

【概　况】 2012年，北京人文大学占地面积42.56万平方米，产权校舍建筑面积1.29万平方米、非产权校舍建筑面积20.31万平方米。全年教育经费投入1460万元，全部自筹。固定资产总值9736万元，其中，教学、科研仪器设备总值2133万元。图书馆建筑面积1.55万平方米，藏有纸质图书15万册、电子图书15万册。拥有教学用计算机910台，多媒体教室25个、座位4853个。学校信息化经费投入37万元，信息化设备资产832万元，网络信息点1500个，校园网出口总带宽200Mbps，电子邮件系统用户500个，学历教育（自考）上网课程63门，网络培训上网课程43门，数字资源量1TB，管理信息系统数据总量1TB。拥有校内实验实训室38个，校外实训基地32个。设有10个学院，开设58个专业。教职工492人，其中，专职教师118人，包括教授17人、副教授28人；兼职教师202人，包括教授22人、副教授45人。结业生3417人。招生750人。在校生5331人。网址：www.bjrwdx.edu.cn。

（田涛）

【与清华联合培训IT工程师】 5月17日，人文大学与清华大学继续教育学院IT教育中心签署合作办学协议书，并举行“清华IT工程师”职业教育合作院校授权揭牌仪式。根据协议，双方合作推广“清华IT工程师”项目，人文大学成为“清华IT工程师”授权培训基地，开展“清华IT工程师”项目系列课程为内容的IT培训及技术支持与服务业务活动。学生学习期满，由清华继续教育学院和教育培训管理处联合向考试合格者颁发相关证书，获得该证书学生可同时获得工信部相关职业资格证书。合同期限5年。本年，该项目招收新生62人。

（田涛）

【开设专业精品班】 9月，人文大学开设物流工程专业精品班和法律专业精品班。学校为精品班配备专职班主任，聘请教学经验丰富教师授课，每班配一名专职辅导教师进行课外辅导，并制定相应激励机制。两班共招收学生48人，其中，物流工程精品班34人，法律专业精品班14人。在11月的高等教育自学考试中，物流工程精品班学生全部参加物流管理考试，通过率100%。

（田涛）

【承办贫困村大学生村官培训班】 11月25日至12月5日，人文大学承办中国扶贫开发协会“支持贫困村大学生村官成长工程”第四期培训班。来自山西、重庆、陕西、云南等14个省区市500名贫困村大学生村官参加培训，包括18个少数民族学员135人。培训突出理想信念教育、三农政策培训、扶贫开发和创业技能指导，采取理论与实践结合、课堂与考察结合、高端讲座与现场互动结合、典型案例与相互交流结合等方式，具体内容包括三农政策讲座、贫困村人畜饮水工程项目培训、扶贫助学项目座谈、大学生村官经验交流等。

（田涛）

北京工商管理专修学院

【概　况】 北京工商管理专修学院占地面积14.01万平方米，产权校舍建筑面积10.17万平方米、非产权校舍建筑面积1.72万平方米。全年教育经费投入2687万元，全部自筹。固定资产总值1.86亿元，其中，教学、科研仪器设备总值893万元。图书馆建筑面积1855平方米，藏有纸质图书5.82万册。拥有教学用计算机1115台，多媒体教室37个、座位5838个。学校信息化经费投入37.38万元，信息化设备资产51.88万元，网络信息点86个，校园网出口总带宽100Mbps，上网课程13门，数字资源量30GB，管理信息系统数据总量4GB。拥有校内实习实训室17个，校外实训基地84个。设有3个院，开设14个专业。教职工197人，其中，专任教师138人，包括教授10人、副教授30人；兼职教师103人，包括教授4人、副教授23人。结业生2841人。招生507人。在校生4219人。网址：www.bjuba.com.cn。

（李娜）

【调整教职工工资】 1月1日起，北工商调整教职工工资。该校对实发工资（不包括各项社会保险费用）低于1260元/月的教职工调整工资，并建立教职工工资收入台账，确定个人缴纳社会保险费用基数，制订并实施《硕士（博士）研究生工资标准及有关规定》，从根本上保障教职工工资及福利，维护教职工利益。

（李娜）

【BIM实验室通过验收并投入使用】

4月，北工商建筑信息模型（BIM）实验室通过验收并投入使用。该实验室获市教委民办教育促进资金支持，以建筑信息工程项目相关信息数据为基础，进行建筑模型设计、建立，具有可视化、协调性、模拟性、优化性和出图性五大特点。实验室共2间，有70台计算机，为学生进行建筑信息模型相关专业教学和实践提供便利。

（李娜）

【改革教学管理模式】 10月，北工商改革教学管理模式。该校根据办学规模变化情况对教学管理模式进行改革，实行扁平化管理模式：教务处成立教研室，撤销原有二级学院所设教学机构；全院教学管理由二级管理模式改为教务处统一管理；各二级学院教学副院长和教学秘书全部并入教务处工作；全院专职老师由教务处统一管理。通过调整，整合教育资源，优化资源配置，提高教育教学质量。

（李娜）

【调整机构设置和人事设定】 11月，北工商完成机构设置和人事设定调整。根据现有办学规模，将6个二级学院合并为3个，将13个行政科室合并为9个。并根据岗位需求，将原有教职工248人调整为197人，在一定程度上降低成本，提高工作效率。

（李娜）

中国信息大学

【概　况】 2012年，中国信息大学占地面积20.01万平方米，非产权校舍建筑面积9.09万平方米。全年教育经费投入810万元，全部自筹。固定资产总值3366万元，其中，教学、科研仪器设备总值1769万元。临时图书馆建筑面积1500平方米，藏有纸质图书12.17万册、电子图书130万册。拥有教学用计算机1095台，多媒体教室24个。学校信息化经费投入10万元，信息化设备资产40万元，网络信息点1500个，校园网出口总带宽400Mbps，管理信息系统数据总量20GB。拥有实验室23个、实训基地5个。设有2个学院，6个系，开设20个专业。教职工104人，其中，专任教师28人，包括教授2人、副教授6人；兼职教师22人，包括副教授8人。结业生1645人。招生232人。在校生1218人。网址：www.cieu.org.cn。

（黄明玥）

【开展学术研究】 3至12月，信息大学在全校范围开展学术研究活动。学校组织教师积极参与科研课题研究，承接“新时期我国高校德育内容探析”和“中国信息大学毕业设计改革研究”两项中国教师发展基金会“十二五”规划重点课题研究项目，并积极撰写论文。全年教师在学报上发表论文44篇。

（黄明玥）

【开展评价“教学之星”活动】 9月，信息大学在全校教师中开展评价“教学之星”活动。活动以课堂教学中教师能否有效指导学生预习、学生是否积极参与课堂互动为主要评价标准，评价周期两周。先由各院系提名参选教师，再由校领导、教务处及各系主任组成评价小组进行听课和讨论，得出评价结果。9至11月，该校共组织评价3次，评选“教学之星”11人次，发放奖金5500元。

（黄明玥）

【举办首次社会实践招聘会】 10月，信息大学举办首次社会实践招聘会。这是该校推行“三学期”制以来举办的首次校园招聘会。招聘会历时2个月，分三期进行，来自电子、物流、信息安全、科技、文化、娱乐等行业20余家知名企业到校招聘，接纳实习学生200余人。学生在企业开展为期4个月社会实践。信息大学与其中8个企业建立长期合作关系。

（黄明玥）

现代管理大学

【概　况】 2012年，现代管理大学占地面积32万平方米，产权校舍建筑面积8.20万平方米。全年教育经费投入572.09万元，全部自筹。固定资产总值2651.66万元，其中，教学、科研仪器设备总值62.72万元。图书馆建筑面积0.90万平方米，藏有纸质图书11.50万册。拥有计算机700余台，多媒体教室座位1900个。学校信息化经费投入53.27万元，信息化设备资产53.27万元，网络信息点800个，校园网出口总带宽100Mbps，上网课程28门。拥有校内专业实训室7个、综合实训室5个，校外实训基地20个。设有12个学院，开设6个学科门类41个专业。教职工392人，其中，专任教师175人，包括教授17人、副教授39人；兼职教师179人，包括教授22人、副教授5人。结业生234人。招生1690人。在校生3338人。网址：www.mau.edu.cn。

（侯丽洁）

【实现校园无线网络全覆盖】 3月，现代管理大学实现校园无线网络全覆盖。该校扩充并完善百兆光纤校园网络，完成校园无线网络建设，在校园实现无线网络全覆盖和快速终端网络办公。同时，学校配套安装并启用一卡通，学生可通过该卡实现餐饮消费、图书借阅、校门和宿舍门门禁出入、银行圈存等功能，不用携带多种证件，方便生活和管理。

（侯丽洁）

【举办人才集市】 4月26日，现代管理大学举办2012年人才集市暨定向培养人才签字仪式。活动吸引107家企事业单位进校园招聘，200余名学生签订就业协议。5家大中型企业与学校签订定向培养协议。

（侯丽洁）

【与北京文化硅谷签订校企合作协议】

6月28日，现代管理大学与北京文化硅谷签订校企合作框架协议。根据协议，学校为北京文化硅谷所属企业提供订单培养人才、企业内训和人才招聘培训基地等多领域合作，北京文化硅谷成为学校学生实训实习、就业、双师型教师培养等基地。7月，该校培训学院参与北京文化硅谷在房山区河北镇培训基地（原河南中学）进行的第一期中层管理干部岗前培训，承担10余门培训课程教学任务（职业素养和管理实务两个模块），同期也参与该企业在山东德州同类项目112人的培训活动。

（侯丽洁）

【调整专业】 7月，现代管理大学依照社会人才新需求和学校办专业条件调整专业。该校对专业进行撤并、精减，将原来80余个专业合并为41个。同时对教学单位进行改编撤并，将原来17个学院调整为12个。

（侯丽洁）

北京八维研修学院

【概　况】 2012年，北京八维研修学院占地面积2.70万平方米，产权校舍建筑面积0.90万平方米、非产权校舍建筑面积2.70万平方米。全年教育经费投入2911万元，全部自筹。固定资产总值2967万元，其中，教学、科研仪器设备总值1011万元。图书馆建筑面积0.60万平方米，藏有纸质图书6万册、电子图书20万册。拥有计算机3242台，多媒体教室座位120个。学校信息化经费投入201万元，信息化设备资产903万元，网络信息点80个，校园网出口总带宽20Mbps，电子邮件系统用户238个，数字资源量500GB，管理信息系统数据总量21GB。拥有校内专业实训室7个，校外实训基地4个。设有9个院，开设14个专业。教职工267人，其中，专任教师166人，包括教授9人、副教授22人。结业生850人。招生1336人。在校生2518人。网址：www.baway.org.cn。

（贾汉明）

【成立建筑学院】 3月3日，八维建筑学院正式成立。建筑学院前身为环境艺术学院，于2005年5月创办，2010年根据市场需要开设建筑系，2011年8月增设建筑经济系，2012年3月年更名为八维建筑学院，设室内设计系和建筑工程系2个系，4个研究室；并成立建筑设计实训中心，作为建筑设计实践基地和对外窗口；此外，依托就业合作企业，建立长期对口就业体系。

（胡群）

【增设经贸同声传译教育方向】 8月，八维英语学院新增经贸同声传译教育方向。该教育方向主要为商务和金融领域同声传译，学院将开展独特的高效记忆法教学以及口译、研究、实践训练相结合的特色教学。

（胡群）

【获得市教委发展促进资金资助】 8

月，八维研修学院网络安全实验室二期建设项目获得市教委发展促进资金150万元资助。该项目是民办高校教育教学改革项目，于2011年完成一期建设。二期将建成一个同时具备网络安全和信息安全的攻防实验室，能够模拟、测试、研究针对政府网站、企事业单位网站的信息安全监测和危机处理。学生可在实验室完成网页挂马、缓冲区溢出攻击、漏洞扫描、网络钓鱼、木马攻击、跨站脚本攻击及危机处理等实验。

（贾汉明　胡群）

北京现代音乐研修学院

【概　况】 2012年，北京现代音乐研修学院占地面积10万平方米，产权校舍建筑面积8.50万平方米。全年教育经费投入8700万元，全部自筹。固定资产总值26000万元，其中，教学、科研仪器设备总值6500万元。图书馆建筑面积1500平方米，藏有纸质图书5.90万册、电子图书20万册。拥有教学用计算机690台，多媒体教室38个。学校信息化经费投入290万元，信息化设备资产620万元，网络信息点2000个，校园网出口总带宽400Mbps，电子邮件系统用户400个，上网课程25门，数字资源量4560GB，管理信息系统数据总量10GB。拥有350间国际标准琴房、32个舞蹈练功厅、8个音频工作站、6个视频工作站、16个MIDI工作室和双排键工作室，以及影视节目制作中心、动画制作中心、电子图书馆和网络管理中心。设有8个院（系）、1个附属中专，开设33个专业。教职工773人，其中，专任教师271人，包括教授22人、副教授56人；兼职教师68人。结业生1117人。招生2158人。在校生6315人。网址：www.bjcma.com。

（汤晓丹）

【出版现代音乐教育系列丛书】 3月，北音"现代音乐教育丛书"第二辑教材出版发行。此辑教材包括《流行音乐文化概论》《流行音乐和声教程》《流行音乐节奏训练》和《视谱唱词训练教程》四册，是继2008年北音出版首辑"现代音乐教育丛书"专著并于2010年底修订重新出版之后，该校组织教师又一次对流行音乐新课题深入研究的成果。此套丛书在内容上填补国内现代音乐教育领域空白，提出"流行""流行节奏""流行音乐文化"等新理念、新思想，是中国流行音乐教育界新课题。丛书在全国部分高等音乐院校作为现代音乐教材使用。

（王金君　娄翔龙）

【承办北京九棵树数字音乐节】 6月15至17日，第三届北京·九棵树数字音乐节在北音举行。活动以构建中国最大数字音乐产业聚集地、打造北京最大数字音乐交易中心为目标；以"网聚音乐人的生活群落，打造数字音乐的巅峰盛典"为主题；以大胆创意、锐意创新为核心；推出以北音为中心的"九棵数"音乐文化创意聚集地品牌，促进中国乃至世界数字音乐交易发展。活动包括数字音乐内容及音乐器材展览会、中国联通—北音战略合作签约仪式、数字音乐企业联盟成立仪式、第12届全国校园原创作品大赛、第四届校园混音大赛、数字音乐大师讲堂等内容，吸引来自国内外300余家知名音乐厂牌、公司企业参展，是中国最大、最集中的数字音频展览会。活动由通州区委、通州区政府主办，北京国际版权交易中心协办，通州区梨园镇政府和北音承办。

（汤晓丹）

【参演大型史诗音乐剧《文成公主》】

10月10日，北音参演的"十八大"献礼作品、大型史诗音乐剧《文成公主》在国家大剧院首演。该剧由拉萨市委、拉萨市政府、西藏自治区党委宣传部共同主办，由北音、天津体育学院学生和西藏歌舞团演员联合出演，来自北音167名学生参加演出，该院院长在剧中饰演唐明皇。该剧是汉藏民族团结合作结晶，是在国家大剧院上演剧目中规模最大的音乐剧，也是西藏有史以来创作规模最大的一台高水准音乐剧。

（汤晓丹　刘枫）

【举办RE全国街舞齐舞大赛并夺冠】 11月16日，2012RE全国街舞齐舞大赛在北音开赛。来自全国12组团队切磋竞技。经过角逐，最终由北音国际舞蹈学院现代歌舞系2010级学生组合“Gee Coming”以超高完成度、极具创新性的舞蹈编排获得冠军。该大赛是由北音国际舞蹈学院现代歌舞系联合超新星环球国际文化中心共同推出的大型全国性街舞赛事。

（汤晓丹）

北京北大资源研修学院

【概　况】 2012年，北京北大资源研修学院占地面积12.87万平方米，产权校舍建筑面积5.80万平方米。全年教育经费投入1039万元，全部自筹。固定资产总值1627万元，其中，教学、科研仪器设备总值1089万元。图书馆建筑面积350平方米，藏有纸质图书4.74万册。拥有教学用计算机519台，多媒体教室48个。学校信息化经费投入42万元，信息化设备资产245万元，网络信息点1865个，校园网出口总带宽300Mbps，电子邮件系统用户145个，上网课程68门，数字资源量120GB，管理信息系统数据总量141.20GB。拥有校内专业实训室21个，校外实训基地65个。设有4个学院，开设22个专业。教职工223人，其中，专任教师128人；兼职教师95人。结业生645人。招生288人。在校生1780人。网址：www.pkurc.com。

（苏童）

【庆祝建校20周年】 6月16日，北大

资源研修学院举行建校20周年校庆晚会。晚会以“青春·成长”为主题，举办校史回顾展览、学校未来规划及展望报告和文艺表演等活动。来自市教委、北京民办教育协会、上庄镇政府、北京大学、北大青鸟集团等单位相关领导，往届毕业生校友和学生、家长代表1500人参加晚会。该校20周年校庆庆典自5月9日开幕，共举办校庆徽章、纪念品、文章、摄影等作品征集、评比活动，编写校友回忆录，举办名家论坛等五大主题13项活动。该校成立于1992年，是北京大学校办企业办学，是经市教委批准成立、从事自考助学和其他高等教育培训的机构。

（苏童）

【承担关爱农民工子女志愿服务项目研究】 12月，北大资源研修学院承担的“关爱农民工子女志愿服务项目”获2012年度海淀区优秀志愿服务项目称号。该校自2011年2月开始参与北京蓝天行动，开展关爱农民工子女志愿服务项目，与海淀区前章村小学对接，结合小学实际需求，开展国学讲堂、快乐体育、演讲辅导、英语辅导、小记者培训、手工艺品制作等一系列志愿服务活动，共提供服务80次，服务农民工子女3200人次。

（苏童）

【创立半工半读励志班】 12月，北大资源研修学院工商企业管理专业半工半读励志班项目正式设立。励志班主要面向贫寒家庭学生，实行“勤工助学、半工半读”培养模式（学生每周利用一部分时间在合作助学企业顶岗实习，另一部分时间回校集中接受培训，以其实习工资冲抵学费），以培养“下得去、用得上、上手快”高素质管理人才为目标，让学生通过在企业真实环境中亲身实践，接受职业训练，扎实掌握专业技能，回校后再集中进行针对性指导和理论强化，通过理论学习与岗位实践密切结合的学习形式完成学习目标。

（苏童）

北京文理研修学院

【概　况】 2012年，北京文理研修学院占地面积3.47万平方米，非产权校舍建筑面积1.18万平方米。全年教育经费投入181万元，全部自筹。固定资产总值802.34万元，其中，教学、科研仪器设备总值514.07万元。图书馆建筑面积226平方米，藏有纸质图书5.57万册。拥有计算机176台，多媒体教室座位60个。学校信息化经费投入47.50万元，信息化设备资产60万元，网络信息点4个，校园网出口总带宽4Mbps，电子邮件系统用户8个，上网课程9门，数字资源量72GB，管理信息系统数据总量10GB。拥有校内专业实训室3个、校外实训基地1个。设有5个学部，开设10个专业，包括订单式职业教育专业7个、自考专业3个。教职工61人，其中，专任教师22人，包括教授3人、副教授15人；兼职教师34人，包括教授5人、副教授29人。结业生390人。招生298人。在校生738人。网址：www.bjwlxy.net。

（许婷）

【与上海交大合作办专业】 2月29日，文理研修学院与上海交通大学签署合作协议。根据协议，两校共同开展民航专业人才培养。

（许婷）

【与首都机场安保公司签署合作协议】 3月9日，文理研修学院与首都机场安保公司签署合作协议。根据协议，学院定期向公司推荐优秀毕业生。

（许婷）

【航空飞机模拟舱落成】 6月29日，文

理研修学院航空飞机模拟舱B737—800/A320落成。该模拟舱由学院委托西安飞鹰亚太航空模拟设备公司设计安装，为学院航空服务专业培养实用型人才提供最佳硬件条件，为学院民航服务专业学生提供实景教学、现场乘务培训环境，同时也标志该校民航服务专业校内实训基地正式落成。

（许婷）

北京演艺专修学院

【概　况】　2012年，北京演艺专修学院占地面积9.31万平方米，产权校舍建筑面积4万平方米。全年教育经费投入127万元，全部自筹。固定资产总值1082万元，其中，教学、科研仪器设备总值788万元。图书馆建筑面积1200平方米，藏有纸质图书2.50万册、电子图书8.10万册。拥有教学用计算机185台，多媒体教室8个。学校信息化经费投入42万元，网络信息点280个，校园网出口总带宽100Mbps，电子邮件系统用户28个，管理信息系统数据总量80GB。拥有校内专业实训室114个、综合实训室5个，校外实训基地6个。设有9个院系，开设16个专业。教职工146人，其中，专任教师64人，包括教授17人、副教授12人；兼职教师53人，包括教授4人、副教授14人。结业生369人。招生441人。在校生1118人。网址：www.interart.cn。

（吕思凝）

【首个影视工作室成立】　4月12日，北演首个影视工作室“常青藤影视工作室”成立。该工作室有19名成员，宗旨是“学以致用，理论联系实际”，要求成员不但要了解和掌握采、编、导基本技能，还必须聚众人所长，努力开拓和发散个人艺术创造思维，编导出较高质量和水平的影视剧本。

（颉宇航）

【推出两部话剧作品】　4至12月，北

演戏剧表演系向社会推出两部话剧作品《谐语·西厢》和《仲夏夜之梦》。两部话剧共面向社会公演60余场次。《谐语·西厢》戏中有戏，借助《西厢记》“外壳”，保留原著中爱情故事发展过程，穿插剧中人物感情故事，直言抨击一些社会不良现象，诙谐幽默，妙趣横生。《仲夏夜之梦》是英国剧作家威廉·莎士比亚青春时代最为成熟的喜剧作品，同时也是其最著名的喜剧之一，讲述有情人终成眷属的爱情故事。

（颉宇航）

【举办艺考高峰论坛】　5月15日，“交流·合作·友谊”北京·2012全国艺考高峰论坛在北演开幕。论坛交流和探讨艺考培训理论与实践等方面问题。论坛由精英教育传媒集团举办，来自北京民办教育协会、亚洲体育舞蹈联合会、河北传媒学院领导，以及全国120名艺术考试培训专家代表参加论坛。

（吕思凝）

【成为中央音乐学院科技项目示范点】

11月13日，中央音乐学院音乐数字化科技项目北演示范点成立并揭牌。北演成为项目示范点后，承担远程教育、人才培养和教学交流等任务。

（颉宇航）

民办中小学幼儿园

北京市丰台区红黄蓝多元智能实验幼儿园

【概　况】　2012年，北京市丰台区红黄蓝多元智能实验幼儿园为民办园，日托制。占地面积3000平方米，校舍建筑面积3690平方米。全年教育经费投入1055.20万元，全部自筹。固定资产112.20万元。图书室藏书3383册，包括电子图书203册。拥有舞蹈、图书和美术等专用教室4个，普通教室15个。拥有计算机23台，多媒体教室座位100个。学校信息化经费投入15万元，校园网出口总带宽1Mbps，数字资源量1150GB。教职工80人，其中，教师45人，包括中级职务6人；保健员2人。开设15个教学班，其中，托班3个、小班3个、中班3个、大班3个、国际班3个。幼儿入园102人、离园97人、在园399人。网址：www.ryb-baby.com。

（孙婧竹）

【开展家长进课堂活动】　4月27日，红黄蓝幼儿园开展“关爱健康·伴我成长”家长进课堂活动。首次活动邀请幼儿家长讲解保护牙齿相关知识，并以图片形式讲解牙的构造。至年底，共邀请6名幼儿家长进课堂讲课，包括“蔬菜水果营养多”“爱护眼睛讲卫生”和“锻炼身体我最棒”等内容。

（孙婧竹）

【举办艺术节】　5月31日，红黄蓝幼

儿园举办迎“六一”第二届艺术节活动。活动围绕“梦幻童话王国”主题，幼儿装扮成卡通人物，表演舞蹈“快乐的蓝精灵”、歌舞“铅笔王国趣事多”和英文童话剧“白雪公主”等

节目。该园幼儿及家长参加活动。

（孙婧竹　韩雪梅）

【举办两次安全教育活动】　10月8日和11月24日，红黄蓝幼儿园举办两次安全教育活动。10月邀请社区民警开展交通安全教育讲座，采用幻灯片形式进行讲解，并开展互动。中大班幼儿参加学习。11月组织幼儿参观中国消防博物馆，亲身体验火灾应急疏散、火灾报警、地铁火灾逃生等情景。中大班幼儿245人参加活动。

（孙婧竹）

北京市二十一世纪实验幼儿园

【概　况】　2012年，北京市二十一世纪实验幼儿园为民办园，日托制。占地面积1.75万平方米。拥有琴房、电教室和舞蹈厅等专用教室28个，普通教室75个。教职工418人，其中，教师189人，包括专科以上学历183人，中级以上职称82人；保育员139人，包括专科以上学历91人。开设62个教学班，其中，托班11个、小班16个、中班22个、大班13个。幼儿入园339人、离园386人、在园1316人。网址：www.bjkid.com。

（刘莉娜）

【举办智力体育运动会】　4月27日，二十一世纪幼儿园举办智力体育运动会。运动会设立20以内数字加减法运算、拼音、识字、阅读竞猜、脑筋急转弯共5个比赛项目，旨在锻炼幼儿合作意识，培养幼儿集体荣誉感和班级凝聚力。该园大班幼儿150人参加活动。活动评出最佳克服困难奖、最佳合作快乐奖、最佳积极闯关奖、最佳优秀识字奖、最佳聪明宝贝奖等奖项。

（董燕）

【完成幼儿体能测查】　4至12月，二十一世纪幼儿园完成幼儿体能测查。该测查分大、中、小、托4个小组，分别设立大班50米快速往返跑、中班50米往返接力、中班夹豆、中小班拍球比赛、小班穿珠和托班小兔跳比赛6个项目。该园幼儿共553人参加测试，其中，优秀376人、合格177人。

（董燕）

【开展幼儿安全教育活动】　6月，二十一世纪幼儿园开展幼儿安全教育活动。活动根据幼儿日常生活常识设计教育内容，包括正确使用剪刀、喝水前先试水温、受到外伤怎么办、不给陌生人开门、不随便吃东西等方面，由教师讲解自我保护方法并实际操作演练。该园幼儿560人参加活动。

（董燕）

北京市顺义区泛美幼儿园

【概　况】　2012年，北京市顺义区泛美幼儿园为民办园，日托制。占地面积1400平方米、校舍建筑面积1008平方米。全年教育经费投入50万元，其中，国家拨款9万元、自筹经费41万元。固定资产100万元。图书室藏书1.50万册，包括电子图书100册。拥有多功能活动室1个，普通教室5个。拥有计算机16台，多媒体教室座位100个。教职工15人，其中，教师10人，专科以上学历6人；保健员1人，专科以上学历1人。开设5个教学班，其中，小班2个、中班2个、大班1个。幼儿入园26人、离园36人、在园150人。

（陈金萍）

【开展教师基本功技能培训】　2至9月，泛美幼儿园举办3次教师基本功技能培训。2月开展舞蹈、绘画、唱歌、弹琴和讲故事五项基本技能培训，园长进行评析。5月15至17日邀请专家到园开展多媒体培训，主要讲授课件制作及使用方法。9月10日举办“秉承职业精神耕耘未来希望”主题职业精神讲座。全园10名教师参加全部3次培训。

（陈金萍）

【举行幼儿毕业典礼】　7月1日，泛

美幼儿园举行毕业典礼。该园大班36名幼儿表演舞蹈《春晓》《小白马飞起来》等节目；幼儿园为毕业幼儿制作“小博士装”水晶毕业照。该园师生及家长100人参加活动。

（陈金萍）

【开展系列教研活动】　至年底，泛美幼儿园开展系列教研活动。活动内容包括集体制订计划与目标；组织教师外出参观学习，观摩10余所幼儿园教学活动光盘；引导教师学习新纲要，研究新教材，摸索新的综合教学活动设计与实践；每周举办一次集体教研活动；开展课题教研。至年底，该园教师10人参加学习。

（陈金萍）

北京市昌平区幸福童年双语幼儿园

【概　况】　2012年，北京市昌平区幸福童年双语幼儿园为民办园，日托制。占地面积5400平方米、校舍建筑面积3681.80平方米。全年教育经费投入75万元，全部自筹。固定资产524万元。图书室藏书2898册，包括电子图书512册。拥有奥尔夫音乐教室、美术室、教师备课室、舞蹈厅和多功能厅等专用教室6个，普通教室12个。拥有计算机21台，多媒体教室座位64个。教职工78人，其中，教师36人，包括专科以上学历31人；保健员2人，均为大专学历。开设12个教学班，其中，托班2个、小班3个、中班2个、大班5个。幼儿入园147人、离园147人、在园380人。

（刘敏）

【开展幼儿地震逃生演习】　5月，幸福童年双语幼儿园举办幼儿地震逃生演习。9点演习正式开始，三声短促

哨声响起时，幼儿放下手上玩具、图书，迅速用胳膊抱住头部，躲到桌子下、墙角、床底等狭窄地方。两分钟后两声长哨响起，幼儿在教师指挥下迅速到就近楼梯口集合，以手掩头沿楼梯墙边迅速向操场撤离，并在远离高大建筑物的空旷地方抱头蹲下，整个撤离过程用时一分十秒。三分钟后，哨声再次响起，幼儿快速集合，各班教师清点人数，全园幼儿安然无误。371 名幼儿参加活动。本年，该园开展系列幼儿安全教育活动，3 月举办交通安全知识宣传活动，4 月组织幼儿消防安全教育活动。

（刘敏）

【举办保育员演讲比赛】 6 月 14 日，幸福童年双语幼儿园举办保育员演讲比赛。演讲主题为“怎样才能走进童心世界，怎样做一名合格的保育员”，由参赛者自主抽签决定比赛顺序。参赛者结合自身工作经验以及工作中点滴感受自由演讲。由园领导、保健医和教师代表组成评委会，分别从演讲内容、语言表达、形象风度三个方面综合评定。14 人参加比赛，评出一等奖 1 人、二等奖 2 人、三等奖 4 人。

（刘敏）

【开展家长评教活动】 11 月 27 日，幸福童年双语幼儿园开展半日开放家长评教问卷调查活动。家长观摩教师教学活动，填写“家长开放日教学活动评价表”，以无记名方式对教师教学进行评价。评价分为优、良、中、差四个等级，内容包括教师教学目标拟定、教学活动方法与形式、教学效果和幼儿互动表现等，家长还可对教学工作提出意见和建议。活动发放评价表 352 张，收回 352 张，评价结果：优 91%、良 8%。

（刘敏）

【开展新年微语小记者采访活动】 12

月 31 日，幸福童年双语幼儿园开展“新年微语”小记者采访活动。小记者由幼儿园百合班成员组成，共 5 人，采访对象为幼儿园领导、教师和幼儿，内容为说出各自新年愿望和心声。幼儿园微博管理员将采访内容发布到微博上。125 名幼儿和教师参加活动。

（刘敏）

北京市大兴区十一建华实验幼儿园

【概　况】 2012 年，北京市大兴区十一建华实验幼儿园为民办园，日托制。占地面积 9000 平方米，校舍建筑面积 4600 平方米。全年教育经费投入 674.58 万元，全部自筹。固定资产 139.10 万元。图书室藏书 3100 册，包括电子图书 600 册。拥有专用教室 4 个，普通教室 15 个。拥有计算机 23 台。教职工 79 人，包括教师 35 人、保育员 23 人、保健员 3 人。开设 15 个教学班，其中，小班 5 个、中班 6 个、大班 4 个。幼儿入园 90 人、离园 80 人、在园 448 人。

（李晓静）

【完成幼儿发展测评报告】 6 月，十一建华幼儿园完成《幼儿发展测评报告》。全园共 13 个班级 343 名幼儿参与测评。该报告通过对在园幼儿健康与动作、认知与语言、品德与社会、习惯与自助能力等方面测查，经过分析、整理完成。测评结果表明，幼儿在四个项目上整体发展良好，达标率 85%以上。同上年相比，幼儿在拍球（85%）与穿珠子（74%）方面有较大进步，但关于植物与词汇的认知达标率较低（70%以下）。该报告作为该园制定新学期教学计划的参考依据。

（张秀超）

【召开首届课程委员会】 8 月 25 至 26 日，十一建华幼儿园召开首届课程委员会。共 38 人参会，包括教师 30 人、家长代表 8 人。会议听取园长介绍人生中心教育幼小课程理论，包括理论基础、课程特点、课程架构和课程评价；6 名教师介绍幼小课程实践课例，包括主题活动、自主活动、节日活动、园外自然活动和园外社会活动。参会教师、家长分三组讨论各年龄段下学年课程安排。

（张秀超）

【出版园本课程】 9 月，十一建华幼儿园园本课程《人生中心教育幼小课程构建》出版。该书由北京出版集团公司北京少年儿童出版社出版发行，收录 15.40 万字，印刷 1000 册。全书分理论和课例两部分，介绍人生中心教育下的幼小课程理念和活动设计。该书自 2011 年 6 月起开始组织编写，是该园园本课程探索结晶。

（张秀超）

【开展英语童话剧教学活动】 9至12

月，十一建华幼儿园大班开展英语童话剧教学活动。两个大班 65 名幼儿参与活动，排演《小红帽》《白雪公主》和《三只小猪》三部童话剧。演员、导演、剧务、音响师、道具师全部由幼儿担任，所有台词、设计均由教师和幼儿共同讨论完成。此活动打造集语言学习、社会化学习、角色表演为一体的课堂，让幼儿在合作、分工中学会自己解决问题与冲突。

（张秀超）

【通过北京市托幼园所一级验收】 12 月 19 日，十一建华幼儿园通过北京市托幼园所分级分类验收专家组审核，获得“一级”资质。验收专家分成四组，分别对幼儿园室内外环境、硬件设施、玩教具配备、卫生保健、教育活动、文案资料进行仔细检查；听取园长从幼儿园教育理念、课程思想、园所管理、队伍建设、教学实践、卫生保健、家园共育等方面作汇报；并从不同角度提出建设性意见。专家组同意幼儿园通过一级验收。

（张秀超）

【举办国际文化节主题活动】 12月，十一建华幼儿园举办“国际文化节”主题活动。每班创设一个国家馆，共创设中国馆、美国馆和韩国馆等 12 个场馆。活动为期 4 周，第一周各班从老北京庙会切入，感受中国民俗文化；第二周了解各国风俗、文化；第三周由教师和孩子一起创建、布置本

班场馆;第四周开展打破班级界限的游园活动,幼儿可以自由选择喜欢的场馆进行活动体验。在游园活动时,各个国家都有小讲解员介绍活动内容;幼儿携带小护照游览不同场馆,进行制作巴西木、设计泰国服装、包饺子等体验活动,此后会有小工作人员在护照上盖上本馆印章。另有特派小记者到各馆采访、拍照。全园14个班级389名幼儿参加活动。

(张秀超)

北京中芯幼儿园

【概　况】 2012年,北京中芯幼儿园为民办园,日托制。占地面积3000平方米、校舍建筑面积4479平方米。全年教育经费投入638.28万元,其中,国家拨款15万元、自筹经费623.28万元。固定资产113.08万元。图书室藏书8800册,包括电子图书500册。拥有音乐、美术和英语等专用教室5个,普通教室13个。拥有计算机30台。信息化投入10.06万元,校园网出口总带宽20Mbps,数字资源量200GB。教职工60人,其中,教师34人,包括专科以上学历34人;保育员13人,包括专科以上学历2人。开设13个教学班,均为混龄班。幼儿入园130人、离园56人、在园348人。网址:bjsmicschool.com。

(蔡素凤)

【举办两次爱心义卖活动】 6月1日和12月21至22日,中芯幼儿园举办两次爱心义卖活动。6月举办六一儿童节暨爱心义卖活动,分为三个区,举办艺术、体能等10项亲子活动。爱心义卖区由幼儿自带玩具、图书等标价义卖,所得款项6201.86元,分别捐助给顺义蓝天孤儿院和大兴希望之家。600人参加活动。12月组织“感恩最美、助人最乐”爱心义卖活动,义卖品是幼儿自制的290张卡片和91个中国结,352名学生和60名教职工在亦庄沃尔玛山姆店进行义卖与才艺表演,所得款项全数捐给北京光爱儿童之家。

(蔡素凤)

【开展主题教育探索】 至12月,中芯幼儿园开展蒙氏教育与主题教育相结合的教育探索。该园将蒙台梭利教育理念与幼儿园主题教育相结合,在蒙氏教育中融进主题活动内容,充实和拓展蒙氏教育教具,使蒙氏教育内容更丰富;在主题教育中借鉴蒙氏教育精髓,利用蒙氏教育内容的多元化,使主题教育内容更丰富,为幼儿全面发展提供更多可行方案。

(蔡素凤　李雅荣)

【开展书香家园阅读活动】 至12月,中芯幼儿园开展书香家园阅读活动。该活动将品德教育与绘本欣赏阅读相结合,在欣赏绘本同时渗透品德教育。该园为每名幼儿建立阅读卡,每周借一本书与家长共读,并将心得写在卡上,从而培养幼儿阅读兴趣与习惯。学期末,评选出书香宝贝209人和书香家庭92个,并举办“故事大王讲故事”活动,予以颁奖鼓励。

(蔡素凤)

【开设大班体育特色课程】 至年底,中芯幼儿园开设大班体育特色课程。该园大班幼儿体育教学由专职男体育教师负责,设计多元文化体育课程和武术特色课程。特色课程传授体育常识,培养运动习惯,结合健康、语言、社会、科学和艺术五个领域相关内容,培养幼儿自信、勇敢、坚韧的意志品质,培养幼儿的规则意识、合作意识、责任意识,提高幼儿沟通能力和学习能力。

(蔡素凤)

北京市平谷区第五幼儿园

【概　况】 2012年,北京市平谷区第五幼儿园为民办园,日托制。占地面积7400平方米、校舍建筑面积5300平方米。全年教育经费投入30万元,全部自筹。固定资产1200万元。图书室藏书2000册。拥有舞蹈室、打击乐和电子琴等专用教室5个,普通教室16个。拥有计算机10台,多媒体教室座位300个。信息化经费投入2万元,校园网出口总带宽10Mbps,数字资源量800GB。教职工84人,其中,教师59人,包括专科以上学历30人;保健员3人,包括专科以上学历2人。开设16个教学班,其中,亲子班2个、小班5个、中班5个、大班4个。幼儿入园230人、离园90人、在园540人。网址:pgdwyey.zgyey.com。

(武春晓)

【举办春季运动会】 4月28日,平谷五幼举办第八届春季运动会。运动会主题为“我的梦想,快乐起飞”,针对不同年龄段设置7个竞赛游戏,还开展幼儿、家长体操表演以及教师舞蹈《我的北京我的家》展示活动。全园1000名师生及家长参加活动。

(武春晓)

【开展传统文化教育】 9月29日和10

月23日,平谷五幼分别开展传统文化教育活动。9月举办“甜蜜分享,和谐中秋”传统文化教育活动,学习和体验中秋传统文化,观看幼儿表演与中秋有关的诗词歌赋、教师表演古典舞《人面桃花》、家长代表表演歌曲联唱。师生及家长1200人参加活动。10月举办“九九重阳节,浓浓敬老情”重阳节主题活动,幼儿亲手制作礼物送给老人。700名师生及家长参加活动。

(武春晓　吕鑫)

【早教实验基地通过验收】 11月21日,平谷五幼早教实验基地通过市教委验收。该园从2009年起根据社区和园所实际建立早教活动基地,开展早教活动；采取多种形式做好0至3岁婴幼儿及家长指导和科学育儿知识宣传工作，发挥引领示范作用；将服务社区、服务社会作为己任，满足社区对学前教育不同需要。

（武春晓）

北京拔萃双语学校

【概　况】 2012年，北京拔萃双语学校占地面积7.48万平方米、校舍建筑面积4.85万平方米，运动场地面积1.76万平方米。全年教育经费投入3178.33万元，全部自筹。固定资产总值3188万元（不含建筑），包括教学仪器资产值482万元。图书馆藏书5.55万册，包括电子图书4万册，订阅杂志、报刊90种。普通教室80个、专用教室8个、实验室20个。拥有计算机490台，多媒体教室座位105个。学校信息化经费投入197万元，校园网出口总带宽100Mbps，数字资源量100GB，“信息技术”课程2课时/周。教职工272人，其中，专任教师258人，包括副高级职称59人、中级职称68人；特级教师2人，本科以上学历127人。开设教学班80个，其中，高中班12个、初中班18个、小学班31个、国际班19个，学生全部寄宿。毕业510人，其中，初中240人、高中120人、小学130人、国际班20人。招生683人，其中，高中160人、初中240人、小学243人、国际班40人。在校生2200人，其中，初中640人、高中337人、小学1073人、国际班150人。高中录取分数线470分（朝阳区），应届高考本科上线率100%。网址：www.bacui.cn。

（于锐）

【语文教研组获“工人先锋号”称号】 4月12日，拔萃学校小学语文教研组获得“北京市工人先锋号”称号。该评选由市总工会评选，共有135个单位入选。该语文教研组共有15名任课教师，多年来，积极落实“语文教学要培养学生‘一笔好字、一副好口才，一手好文章’”目标，在语文教学中彰显“顺势德育，即时教育”，将教书育人融为一体；经常学习借鉴，每学期研究、听课达上百节。

（蒋之磊）

【首批延安学生入学】 8月21日，拔萃学校首批延安学生入学。首批学生共6人，均为来自延安老少边穷地区家庭困难学生，学校免除其学杂费，并免费提供在校住宿、伙食和学习用品等。另外，继续沿袭“红萃生”助学制度，本年共招收初高中“红萃生”50人。

（于锐）

【完成性健康教育研究课题】 12月，拔萃学校完成“初一、高一年级学生性教育内容和途径的研究”课题。该课题是北京市中小学性健康教育大纲实践研究活动内容之一，以初一、高一两个年级学生为教学对象，通过心理问卷调查，了解性知识基础和容易接受的性教育教学方式，有针对性进行研究内容和研究途径的选择，筛选和确定适合初一、高一两个年级学生身心特点的内容和方式。课题组通过开展专业讲座、主题班会、课堂渗透、舞蹈、健美操等活动形式，加以实践、验证、调整，认为学生性教育内容和途径研究的提出模式和内容适合寄宿制学生性教育。

（侯颖）

【增设艺术校本课程】 至年底，拔萃学校中学部增设艺术校本课程。该校聘请校外艺术专业教师授课，在初一、初二、高一和高二4个年级分别开设管乐、腰鼓、健美操和现代舞等艺术课程班，提高学生艺术欣赏能力，每周4学时。

（夏建华）

北京第二实验小学怡海分校

【概　况】 2012年，北京第二实验小学怡海分校占地面积7500平方米、建筑面积13100平方米，运动场地面积1360平方米。全年教育经费投入1400万元，其中，国家拨款854万元、自筹经费546万元。固定资产总值968万元。图书馆（室）藏书5万册，包括电子图书4000册，订阅杂志、报刊57种。普通教室50个、专用教室16个。拥有计算机100台，多媒体教室座位84个。学校校园网出口总带宽10Mbps，数字资源量7000GB。教职工145人，包括高级职称5人、中级职称35人。专任教师106人，本科以上学历86人。开设教学班44个。毕业252人；招生257人；在校生1192人，包括寄宿生194人。网址：www.yhxx.org。

（赵红）

【参与梦想与神九同行活动】 4月，实验二小怡海分校参与“我的梦想与神九同行”活动。该校学生用“梦想卡”写出梦想与心愿，搭载“神舟九号”飞船升空。该活动由市教委组织，在全市中小学生中开展“我的梦想”征集活动，让这些梦想搭乘“神舟九号”遨游太空。丰台区14所学校参加活动。

（梁卫东）

【展示外籍教师公开课】 11月26日至12月7日，实验二小怡海分校举办外籍教师公开课展示活动。5名二至六年级外籍教师展示《My family's story》《The most wonderful present》《What a trip》等29节公开课。29个班级参与展示。学生家长、外班教师可参观课堂教学。该校外籍教师实验项目于2006年9月启动，主要针对小学生智力发育特点和学习需要，培养英语学习兴趣和实际应用能力。全体学生参与学习。至年底，该校共有来自美国、加拿大和英国等国外籍教师46人。

（刘靓然）

【庆祝建校15周年】 12月28日，实

验二小怡海分校举办建校15周年庆典活动。活动以“与爱同行”为主题，分上、下午两场，表演节目30余个。全体师生参加活动。怡海教育集团出版史册《怡海教育》，并筹办

慈善晚会，组织教育论坛。该校于1998年经市教委批准成立，由北京怡海花园房地产开发有限公司和北京第二实验小学合作成立，寄宿制，面向北京市招生，学制六年。

（贾琼）

北京市第八中学怡海分校

【概　况】　2012年，北京市第八中学怡海分校占地面积2.48万平方米、建筑面积3.40万平方米，运动场地面积1.27万平方米。全年教育经费投入2452万元，其中，国家拨款889万元、自筹经费1563万元。固定资产总值1623万元。图书馆（室）藏书3万册、电子图书30GB，订阅杂志、报刊195种。普通教室40个、专用教室8个、实验室13个。拥有计算机215台，多媒体教室座位1380个。学校信息化经费投入10万元，校园网出口总带宽20Mbps，数字资源量280GB，“信息技术”课程2课时/周。教职工167人，包括高级职称47人、中级职称61人。专任教师166人，包括特级教师1人、北京市骨干教师14人、北京市学科教学带头人4人；本科以上学历167人。开设教学班40个，其中，初中班28个、高中班12个。毕业389人，其中，初中272人、高中117人；招生415人，其中，初中290人、高中125人；在校生1166人，其中，初中828人、高中338人，包括寄宿生460人。高中录取分数线510分（丰台区），应届高考本科上线率100%。网址：www.yh8z.com。

（魏娜）

【获中学生英语剧星大赛一等奖】　3月16日，在2012首都学生外语展示系列活动开幕式暨第四届北京市中学生英语剧星大赛颁奖仪式上，八中怡海分校高一年级英语剧获得高中组一等奖，初二年级英语配音获得初中组二等奖。该大赛由市政府外办市民讲外语组委会办公室和市国际教育交流中心主办，于2011年12月举行，以英语影视配音和英语戏剧表演为主要形式，高中组英语戏剧比赛共有来自全市13个区县30余所学校42支队伍参加，参与师生400人。

（高丽欣）

【举办宿舍内务整理比赛】　3月20日，八中怡海分校举办“环境整洁，健康成长”宿舍内务整理比赛。比赛面向非毕业年级的全体男女住宿生，由学生处部分教师、全体生活教师担任评委。比赛采取自查与集中检查相结合方法，每周一、周三由全体生活教师集中检查，平常由各楼层教师自查，最后由学生处教师检查评分。根据三方检查结果，最终评出“卫生之家”10个，一等奖10人、二等奖15人、三等奖15人。

（王敏）

【举办家庭生活技能比赛】　5月21

日，八中怡海分校举办第六届家庭生活技能比赛。比赛以“热爱生活，学会自理”为主题，面向初二年级全体师生，内容包括包饺子和冷拼盘。每班5名学生和1名教师参赛，观众也可参与生活常识答题活动，涵盖家庭去污方法、烹调常识、保健常识等家庭生活劳动技能知识。比赛评出一等奖6个、二等奖10个、三等奖20个。

（赵岩）

北京市海淀外国语实验学校

【概　况】　2012年，北京市海淀外国语实验学校占地面积21.01万平方米、建筑面积9.50万平方米，运动场地面积3.53万平方米。全年教育经费投入13485万元，其中，国家拨款286万元、自筹经费13199万元。固定资产总值2806万元，包括教学仪器资产值180万元。图书馆藏书5.10万册，包括电子图书2万册，订阅杂志、报刊226种。普通教室137个、专用教室131个、实验室7个。拥有计算机560台，多媒体教室座位4800个。学校信息化经费投入261万元，校园网出口总带宽50Mbps，数字资源量10000GB，“信息技术”课程1课时/周。教职工703人，包括高级职称55人、中级职称108人。专任教师340人，本科以上学历269人。开设教学班123个，其中，小学班71个、初中班31个、高中班21个。毕业745人，其中，小学292人、初中346人、高中107人；招生1096人，其中，小学426人、初中428人、高中242人；在校生4087人，其中，小学2325人、初中1137人、高中625人，全部寄宿。高中录取分数线480分（海淀区），应届高考本科上线率100%。网址：www.bjfles.com。

（郭晔）

【美国密歇根分校挂牌】　1月31日，海淀外国语学校美国密歇根分校挂牌。挂牌仪式在美国密歇根州马克姆郡举行，双方学校代表共同揭牌，中外学生表演文艺节目，开展中国传统文化游艺活动。有关人员500人参加仪式。分校于2011年4月7日成立，由该校与美国密歇根湖区公立学校合作创办双语双文凭国际高中，校园占地面积4万平方米、建筑面积4500平方米，可容纳150名学生学习生活。根据协议，分校就读学生在中国学习2年、在美国插入相应高中年级学习1年，该校每年派高二年级学生100人到美方学校学习，毕业学生获得中美高中毕业证书，可参加美国高考。至年底，分校就读学生100人。

（郭晔）

【成为艺术考级定点基地】　4月10日和5月14日，海淀外国语学校成为美术及舞蹈考级定点基地。4月，中国美术学院社会美术水平考级中心将该校设立为社会美术考级定点基地。该中心是文化部授权唯一全国美术专业社会考级单位。5月，中国民族民间舞考级中心将学校设立为中国民族民间舞考级定点基地。该中心是文化部授权全国舞蹈专业社会考级单位，负责全国民族民间舞考试工作。

（王威）

【参加外语展示活动】　5月和9月，海淀外国语学校学生参加外语展示活动。5月，初中学生参加首都学生外语展示系列活动，4人小组获得一等奖，1人获得最佳男主角奖。活动由市教委主办，采取为英语视频配音和英语才艺表演形式，全市150所中学参赛。9月，该校35名初、高中学生参加首都学生外语展示系列活动，其中，初二年级4名学生获英文影视配音和英文才艺展示初中组一等奖；中美双语双文凭国际高中班8名学生获得英语原创剧和英语才艺展示高中组二等奖，3名学生利用废纸涂色制作道具和舞台背景，获得最佳舞台美术设计奖。全市共169所学校参加展示。

（郭晔　朱振洪）

【高尔夫球打台训练场竣工】　9月1日，海淀外国语学校高尔夫球打台训练场竣工并投入使用。训练场位于该校南校区，占地面积2568平方米，为双层打台，打台面积分别为120平方米和40平方米，两层共设16个发球台，总投资181万元。

（郭晔）

【更换小学英语教材】　9月1日，海淀外国语学校小学部更换英语教材。该校小学一至六年级启用新教材《剑桥国际少儿英语》，共6册，每册教材包含学生用部分和教师用部分，专为5至12岁非英语母语国家少儿设计。该教材听说读写全面，语言点反复学习和应用；活动设计新颖丰富，提供评估测试体系，互动学习平台集学习与教学管理功能为一体。经小学英语组38名教师对教材进行分析、讨论及学习，正式启用该套教材。

（王维山）

【增设附属幼儿园】　9月11日，海淀外国语学校增设附属幼儿园。幼儿园位于海淀区旱河路，占地面积1万平方米，建筑面积4900平方米，设置汽车总动员、小动物园等室外设施。教职工51人，开设7个班，其中，托班1个、小班2个、中班2个、大班2个，在园幼儿107人。幼儿园开设游泳、跆拳道、形体、阅读、一对一钢琴课等特色课程以及球类、轮滑、美术等兴趣课，设普通班和卡登班两种班型。卡登班与美国卡登教育基金会合作，采取“小班授课，分组教学”模式，由美国专业卡登教师授课，使用卡登独自拥有版权的教材体系。网址：1622037505.qzone.qq.com。

（郭晔）

【改革中学作业布置及批改程序】　9月，海淀外国语学校中学部改革作业布置及批改程序。该校依据初、高中各学科特点和教学实际，对学生作业布置及批改程序开展研讨交流；召开年级主任和备课组长专项工作会，制定并实施《作业设置及批改要求制度》，从作业设置种类、批改次数及质量做出统一要求，规范教师批改作业主观性及学科间作业布置的不平衡，并为学情调查提供可评价依据。

（马涛）

北京市海嘉双语学校

【概　况】　2012年，北京市海嘉双语学校占地面积1.38万平方米、建筑面积1.68万平方米，运动场地面积4700平方米。全年教育经费投入3109万元，全部自筹。固定资产总值810万元，包括教学仪器资产值145万元。图书馆藏书6万册，订阅杂志、报刊15种。普通教室34个，专用教室16个，实验室2个。拥有计算机200台，多媒体教室座位48个。学校信息化经费投入6万元，校园网出口总带宽20Mbps，数字资源量500GB，“信息技术”课程0.7课时/周。教职工120人，包括副高级职务1人、中级职务1人。专任教师92人，本科以上学历89人。开设教学班34个。毕业6人；招生108人；在校生530人。网址：www.bibachina.org。

（梅雪晶）

【开办高中部】　8月，海嘉学校开办高中部。高中部开设2个高中班，共招收学生90余人，全部为外籍学生。

（孙良芸）

【成立三个学科组】　9月，海嘉学校成立语文、数学和CSL三个学科组。学科组活动均围绕一定专题进行，专题来源于教学实际。通过深入教学实际，结合教师教学中存在问题与困惑，确定研究专题，开展研究。教研组活动以评课、教育日记交流、集体备课、互查作业、互查备课等形式进行。

（孙良芸）

【中学部成立学生会】　10月12日，海嘉学校中学部成立学生会。通过全体学生投票方式选举产生学生会主席、副主席、会计和秘书。中学部学生会与海嘉职工联合会、家校联合会以及学校学生共同开展工作，工作内容涵盖校园服务、慈善义捐、课外活动、课间休息服务等方面。

（孙良芸）

【国际教育文化领袖交流会召开】　10

月14日，国际教育文化领袖交流会在海嘉学校召开。来自教育界和商界60余名代表与学习型组织（SOL）之父彼得·圣吉深度对话，共同探讨新世纪中外文化教育有效融合方法与途径，并讨论如何用文化变革迎接新世纪到来。与会者围绕人类应该如何学习、现行教育体系推动力、教育目的以及教育对新时代的改变等多个话题展开讨论。活动由欧中教育文化交流中心（NEX）与海嘉学校共同主办。

（孙良芸）

【成立阅读工作室】　至年底，海嘉学校成立阅读工作室。工作室由3名教师指导，有21名教师成员，定期开展教研活动，进行示范课演示，将先进、有效阅读教学方式方法传授给教师，由局部带动整体将阅读活动逐步深入。

（孙良芸）

北京市新英才学校

【概　况】　2012年，北京市新英才学校占地面积12万平方米、建筑面积11.70万平方米，运动场地面积4995平方米。全年教育经费投入8490万元，全部自筹。固定资产总值50985万元，包括教学仪器资产值1500万元。图书馆建筑面积360平方米，藏书13.70万册，包括电子图书

10 万册，订阅杂志、报刊 282 种。普通教室 50 个，专用教室 15 个，实验室 9 个。拥有计算机 625 台，多媒体教室座位 3240 个。学校信息化经费投入 1000 万元，校园网出口总带宽 16Mbps，数字资源量 1000GB，“信息技术”课程 2 课时/周。教职工 609 人，包括副高级专业技术职务 29 人、中级职务 36 人。专任教师 375 人，本科以上学历 300 人。开设教学班 83 个。毕业 190 人；招生 280 人；在校生 2066 人，包括寄宿生 1520 人。初（高）中录取分数线 420 分（顺义区），应届高考本科上线率 98%。网址：www.bjnewtalent.com。

（赫英贺）

【与英国圣安德鲁斯学院签约友好学校】 3月6日，新英才学校与英国圣

安德鲁斯学院签约成为“友好学校”。根据约定，两校成为友好学校，双方可以互派师生访问交流。

（赫英贺　李雪松）

【师生参加国际比赛获奖】 7 月 21 日和 25 日，新英才学校师生参加国际比赛获奖。21 日，该校武术队参加 2012“天宏杯”首届北京国际武术文化节暨第九届北京国际武术邀请赛，获得集体拳团体第一名。比赛由中国武术协会、市体育局主办，为期 3 天，来自 10 余个国家和地区以及国内各省市 101 支代表队 1131 名运动员参加 90 个项目比赛。25 日，该校合唱团参加维也纳市政大厅举办的第三届世界和平合唱节，被授予合唱节最高奖“世界和平奖”和“最佳组织奖”；两名教师分别获得“优秀合唱指挥”称号和“优秀艺术指导”称号。

（赫英贺）

【学生举办个人摄影作品展】 10 月 18 日，新英才学校学生祁灿阳个人摄影展开幕。共展出摄影作品 30 幅，以民俗图片、风光图片为主，围绕“青春·民族·自然”主题，从不同角度展示祖国各地自然风光、民族特色。祁灿阳为该校高一学生，摄影兴趣活动小组组长。

（赫英贺）

【设立英语口语特色课】 10 月 23 日，新英才学校英语口语特色课开课。该校初中部资深教师以自身阅历讲述学习口语必要性，告诉学生要“享受英语学习；熟能生巧，巧能生精；每天都做最好的自己，日有所进”。英语口语特色课在初中部设立，改变传统英语口语教学方式，采取特色教学方式，提高初中学生英语口语水平。

（赫英贺）

【在东北师大设立助学基金】 11 月，新英才学校在东北师范大学设立“新英才”助学基金。学校每年扶助 30 名家庭贫困、品学兼优的东北师大优秀大学生，助学金每人每年 2000 元。11 月 15 日，首批东北师大“新英才”助学基金发放。

（赫英贺）

北京市牛栏山一中实验学校

【概　况】 2012 年，北京市牛栏山一中实验学校占地面积 22 万平方米、建筑面积 5 万平方米，运动场地面积 1.10 万平方米。全年教育经费投入 4500 万元，其中，国家拨款 1000 万元、自筹经费 3500 万元。固定资产总值 12000 万元，包括教学仪器资产值 6.70 万元。图书馆（室）藏书 302.30 万册，包括电子图书 300 册，订阅杂志、报刊 220 种。普通教室 60 个、专用教室 1 个、实验室 4 个。拥有计算机 450 台，多媒体教室座位 220 个。学校信息化经费投入 220 万元，校园网出口总带宽 1000Mbps，数字资源量 1000GB，“信息技术”课程 2 课时/周。教职工 233 人，包括高级职称 73 人、中级职称 112 人。专任教师 192 人，包括北京市骨干教师 8 人、北京市学科教学带头人 1 人；本科以上学历 212 人。开设教学班 62 个，其中，初中班 58 个、高中班 4 个。毕业 860 人，全部为初中生；招生 1200 人，其中，初中 960 人、高中 240 人；在校生 2800 人，其中，初中 2600 人、高中 200 人，包括寄宿生 2480 人。高中录取分数线 470 分（顺义区）。网址：nlsyz.com.cn。

（赵建明）

【合唱团赴美交流演出】 1至2月，牛

栏山一中实验学校合唱团赴美国进行交流演出。合唱团 46 名成员与当地议员及中学生进行交流演出，并参观旧金山、洛杉矶好莱坞等景点，感受当地风情，领略美国文化，拓展视野。活动为期 13 天。

（田丽香　王立民）

【开展系列主题教育】 至年底，牛栏山一中实验学校开展系列主题教育。该校制定主题教育规划，为各年级制定不同教育主题，如初二年级开展包容、勤奋系列教育，初三年级开展“认识自我、立志成才，检验自我、拼搏进取，超越自我、激发潜能，稳定自我、追求卓越”自我教育系列等。开展北京精神《三字经》撰写活动，并将获奖成果汇集成《牛栏山一中实验学校北京精神三字经成果集》。举办大型感恩教育活动，邀请专家作《让生命充满爱》演讲。

（赵建明）

【探索德育新模式】 至年底，牛栏山一中实验学校探索德育新模式。该校成立“五个核心品格”德育体系建设研究课题组，德育处牵头，由校领导、教育教学一线工作教师组成，遵循“理顺体制、完善机制、规范内容、创造特色”工作思路，通过理论和实践研究，寻找符合学校特点的德育工作思路，营造有利学生全面发展的校园文化氛围，探索德育真正落实“五个核心品格”教育活动新模式。

（樊宏宇）

北京市私立汇佳学校

【概　况】　2012年，北京市私立汇佳学校占地面积9.35万平方米、建筑面积9.38万平方米，运动场地面积3.02万平方米。全年教育经费投入16200万元，全部自筹。固定资产总值23225万元，包括教学仪器资产2197万元。图书馆（室）藏书30.11万册，包括电子图书24.30万册，订阅杂志、报刊153种。普通教室3个，专用教室2个，实验室3个，专用钢琴房125间、钢琴200架。拥有计算机500台，多媒体教室113个、座位2300个。学校信息化经费投入215万元，校园网出口总带宽100Mbps，数字资源量160GB。教职工534人，包括高级职称103人、中级职称30人。专任教师269人，包括特级教师1人、北京市骨干教师30人；本科以上学历327人。外籍教师69人。开设教学班84个，其中，小学班33个、初中班21个、高中班30个。毕业571人，其中，小学161人、初中179人、高中231人；招生533人，其中，小学108人、初中209人、高中216人；在校生2097人，其中，小学820人、初中602人、高中675人，全部寄宿。高中录取分数线460分（昌平区），高中毕业生全部被外国大学录取，升学率100%。网址：www.huijia2000.com。

（李尔京）

【高中部举办学生作品展】　4月23日和6月26日，汇佳学校国际文凭（IB）高中部分别举办艺术类学生作品展和科学集市第四学科组成果展。艺术类学生作品展共展出13名学生艺术作品156件，其中，绘画作品129幅、石膏作品19件、拼贴作品6件、服装设计2件。这是该校首届艺术作品展。科学集市第四学科组成果展主题为“生态系统”，并从该中心主题下延伸出29个子课题，涵盖餐厨垃圾、水净化、清洁能源等方面。展示以科学集市方式进行，共有29个课题组204名学生参与。每个课题组分到一个摊位，采取现场模拟实验、演示实验装置和模型等多种方式展示成果。

（李尔京）

【汇佳托福考试中心揭牌】　6月6日，汇佳托福考试中心揭牌。该中心由汇佳教育机构提出申请，由教育部考试中心批准成立，中心位于昌平科技园区，设备先进，并设有商务酒店，各种设施一应俱全，可容纳近200名考生，为考生提供良好考试和住宿环境。

（李尔京）

【庆祝汇佳教育20年】　7月7日，汇

佳教育20年庆典启动仪式举行。仪式以沙画艺术形式展示汇佳教育20年来发展情况，汇佳教育机构董事长回顾汇佳教育办学历程，并向家长和社会各界表达谢意。校庆口号是“学贯中西·行者无疆”，体现汇佳学校“怀祖国心、做世界人”核心教育理念。庆祝活动包括公开征集校庆口号、设计20周年校庆徽标、启动校庆倒计时钟和举办汇佳嘉年华等。北京汇佳教育机构成立于1993年，是集各类教育、教育研究和教育服务为一体的教育集团；汇佳学校成立于1993年，隶属于汇佳教育机构，是一所集小学、初中、高中为一体的寄宿制私立学校。

（李尔京）

【汇佳国际小学部开学】　9月1日，汇佳国际小学部正式开学。国际小学部与汇佳小学、中学、高中同为国际文凭（IB）学校一员。国际小学部以英文为第一授课语言，同时注重中文教学；将中国传统文化与西方倡导活力和创新的教育理念相结合，为来自中、外籍不同家庭背景孩子提供丰富教育体验，包括各种超学科课程和课外活动，如马术、艺术、手工和音乐等。国际小学部开设一年级，每个班级配备英语母语教师和中文教师2名。在校生7人。12月4至6日，国际小学部获国际文凭组织（IBO）小学项目（PYP）授权。通过授权后，该校具有提供PYP项目资格。IB小学项目提供给3至12岁学生，侧重于发展完整的儿童，帮助他们成为一个探究者，无论是在教室中还是在外部世界。

（李尔京）

北京王府学校

【概　况】　2012年，北京王府学校占地面积10万平方米、建筑面积10万平方米，运动场地面积3420平方米。全年教育经费投入111万元，全部自筹。固定资产总值2564万元，包括教学仪器资产值573万元。图书馆（室）藏书25.10万册，订阅杂志、报刊20种。普通教室43个、专用教室23个、实验室9个。拥有计算机708台，多媒体教室座位160个。学校信息化经费投入518万元，校园网出口总带宽80Mbps，数字资源量10000GB，“信息技术”课程1课时/周。教职工301人，包括高级职称8人、中级职称14人。专任教师129人；本科以上学历202人。开设教学班43个，其中，高中预备班7个、高中班36个。高中毕业125人；招生579人；在校生1001人，其中，高中预备班153人、高中848人，全部寄宿。高中录取分数线460分（昌平区）。网址：www.brs.edu.cn。

（冯珠）

【与人大出版社合作推出国际课程图书】　1至4月，王府学校与中国人民大学出版社合作推出国际课程图书。学校出版原创教材《AP艺术史》《AP经济学》《AP物理》和《AP微积分》，成为国内此领域最大最全的美国大学先修课程（AP课程）辅导教材出版方。此外，还推出英语类图书《乐学乐玩国际口语》和《突破SAT语法》。

（严俊）

【录播系统投入使用】　9月，王府学校录播教室录播系统正式投入使用。

录播系统由视频会议及录播系统、卫星远程教育系统组成。视频会议设备为美国丽视高清（lifesize）视频会议终端。视频会议设备经网络连接后，能把授课教室音视频连接到各接收教室中，同时授课教室也可接收某个接收教室端的音视频，各教室都能在一个显示设备上全屏显示授课用计算机内容，在另一个显示设备上全屏显示授课教师视频；并且实时接收授课画面，学生可以互动提问，授课教师可进行音视频解答，做到与本地学生同步、同质学习。在授课同时，通过录播系统，可将授课教室音视频系统通过单播或组播发送至网络，在远端通过相应设备连接网络可以实时直播授课教室音视频信号。还可根据需要对授课音视频进行实时录制，进行音视频存档，日后可通过相应设备实现点播观看。该校美国历史课采用此套录播设备，美国北卡罗来纳州数理高中教师在美国授课，学生在王府学校录播教室听课，实现互动授课。

（刘国利）

【数字校园系统一期投入使用】 11月，王府学校数字校园系统一期初验完成并投入使用。系统实现电子化的学生选课、排课、学生点名、考勤统计、校内通知等功能模块。由于该校采用走班选课制，北京市中小学管理信息系统（CMIS）无法满足需求，因此开发一套适合学校实际的电子平台。该系统于4月开始开发，总投资65万元。

（辛丽蓉）

【开展教师电子白板培训】 至12月，王府学校组织4次教师电子白板培训。培训面向王府大校区全体教师，既对教师进行基础、中级、高级内容培训，也按英语、语文、史地政生、数学、理化等学科进行培训。培训让教师能够独立完成教学课件设计，使学校电子白板教学进入常态化应用阶段。全年累计参加培训204人次，实际参加培训151人次，根据签到及提交作业情况，发放认证证书，获得一级（level 1）基础证书27人、一级互动应用技巧证书27人、二级（level 2）互动高级技巧证书65人。王府大校区在职教师共204人，获得证书125人，占总人数61.27%。

（邓志红）

北京市中芯学校

【概　况】 2012年，北京市中芯学校占地面积2.68万平方米、建筑面积1.04万平方米，运动场地面积1.40万平方米。全年教育经费投入1550.89万元，全部自筹。固定资产总值409.19万元，包括教学仪器资产值233.70万元。图书馆藏书2.29万册，订阅杂志、报刊62种。普通教室32个、专用教室16个。拥有计算机90台，多媒体教室座位420个。学校信息化经费投入176.61万元，校园网出口总带宽10Mbps，“信息技术”课程1课时/周。教职工102人。专任教师88人，本科以上学历62人。开设教学班32个，其中，小学班25个、初中班7个；毕业56人，其中，小学49人、初中7人；在校生734人，其中，小学630人、初中104人，无寄宿生。网址：bjsmicschool. com。

（赵扬扬）

【举办国际日活动】 6月1日，中芯学校举办“国际日”活动。活动共展出16个国家风土人情、节目和音乐。每个班级安排2至3名教师配合家长进行班级装饰，按照认领国家的历史、艺术、风俗习惯、运动、名人等专题，准备演出服装、展板、游戏、知识问答、表演、音乐和食物等。各班根据划分好的区域设立“美食摊位”，每名学生、教师可凭借自制“20元”代金券，观看“各国”“各民族”节目，参加游戏、知识问答，品尝特色美食。全校共555名学生及家长参加活动。

（赵扬扬）

【举办多项学生活动】 6至12月，中芯学校举办多项学生活动，均为首次举办。6月8日举办第一届“校长杯”游泳比赛，面向三年级以上具有一定游泳技术的学生，分设三年级组、四年级组和五六年级组，包括50米自由泳、蛙泳等19个比赛项目。70名学生参赛，共决出第一名19个，其中，三年级组6个、四年级组6个、五六年级组7个。游泳为校本课程。10至12月举办第一届科技创新能力展示活动，200名学生制作200余件作品，包括小发明、小制作、创意展示、机器人创意等形式。经全体师生投票和评审，评出24件最佳创新作品和41件优秀作品。11月1至2日举办第一届学生合唱比赛，采用抽签形式决定出场顺序，每班演唱一首必唱曲目和一首选唱曲目。18个班级502人参赛，分为二三年级组和四五六年级组，各评出一等奖1个。

（刘永利　吴海燕　刘琨）

【组织外教英语夏令营】 7月9日至

8月3日，中芯学校组织外籍教师英语夏令营。夏令营面向该校学生及社会适龄学生，在正规教学基础上，穿插戏剧、音乐和游戏等活动，培养学生良好品格、沟通能力、合作能力、领导力和动手能力。夏令营由25名美国籍教师授课，24名大学生助教和6名大学生志愿者参与组织活动。共开设21个班，323名学生参加活动。

（赵扬扬）

（本栏责任编校　胡雨）

德育体育美育

综　　述

2012年，市教委以科学发展观统领全局，紧紧围绕“深入推进实施素质教育，全面提高教育质量”这个主题，突出“培育和弘扬北京精神，把社会主义核心价值体系融入中小学教育教学全过程”这条主线，本着“科学统筹、规范管理、创建机制、搭建平台”的工作原则，把全面实施素质教育、增强学生体质、促进学生德智体美全面而有个性化发展作为工作的目标，根据国家和北京市中长期教育改革与发展规划纲要开展各项工作。

德育工作。市教委召开全市中小学德育工作会议，颁布《北京市中小学德育工作行动计划（2012～2015年）》，总结五年来首都中小学德育工作发展历程和成功经验，表彰75个优秀学校德育工作案例，命名第三批北京市中小学社会大课堂资源单位。

完成中小学27个学科的学科德育指导纲要修改和完善，印发至区县和学校，使课堂成为系统传承社会主义核心价值体系的主阵地。启动学校文化建设工程，为每所中小学提供学校文化建设专项经费。启动中小学生综合素质提升工程，为每名中小学生每学年至少两次走进社会大课堂和校外教育机构开展社会实践活动提供经费保障。制定《综合素质提升工程管理办法》和《综合素质提升工程实施意见》，确保工程有序推进。完成44家资源单位“学生教育计划书”的开发。

组织编写《北京精神》地方课程教材。学习和宣传北京精神成为中小学国旗下讲话的重要内容，形成机制。先后组织中学生时事讲坛、电子报设计大赛、“瞭望杯”时事知识竞赛和时事述评等活动提升学生的国家意识、社会责任感和时事素养。

完善学校家庭社会协作育人体系的构建。在学校和社会合作上，推动社会资源单位制定学生教育计划书，推进图书馆资源、名人故居资源等六大资源联盟建设。加强以班主任队伍为重点的德育队伍建设。继续开展“紫禁杯”优秀班主任评选活动，推进优秀班主任工作室建设。

学校体育工作。2012年，市教委建立青少年学生体质健康督导与评价长效机制。将“中小学生达到《国家学生体质健康标准》及格等级以上比例”列入《北京市区县经济社会实绩考核指标评价体系》。开展中小学体育操场修缮工程。市级财政投入4.24亿元专项经费，修复16个区县414所中小学体育场地。

开展丰富多彩的阳光体育活动，举办首都高等学校第50届学生田径运动会、中学生田径运动会、奥林匹克基地校运动会和职教系统体育节等大型体育活动，与北京奥运城市发展促进会、市体育局联合举办“我运动、我健康、我快乐”中小学奥林匹克教育系列活动，组织市级大中小学生体育比赛100项。组织北京代表团参加全国第九届大学生运动会。

组织开展体育考试和测试培训工作。完成初中升高中全员体育考试、829名初中升高中体育特长生测试、339名高中升大学高水平运动员测试，以及624名高中体育竞赛优胜者及等级运动员测试工作。

评估检查学校体育后备人才培养工作，按照北京市“三大球”等项目发展计划，统筹规划奥林匹克基地校建设规模，完善基地校建设、管理、评估及奖励办法，探索大中小一条龙式体育人才培养模式。创设高水平体育赛事，加强体育后备人才与国内外学生的交流，提升竞技水平。

举办第六届中小学《国家学生体质健康标准》测试赛。专门检测和统计学生肥胖和视力不良检出率。测试结果得到区县政府、社会、学校和家长的高度关注。

艺术教育工作。市教委开展丰富多彩的校园文化活动，推动学校文化大繁荣、大发展，提升学校美育工作水平。组织开展艺术教师示范公开课、艺术论文比赛和“北京传统音乐节”大师培训班等活动，进一步推动高校和中小学艺术教育课程改革工作；大力推进京剧进课堂、体育艺术“2＋1”工程、非物质文化遗产传承、中华优秀文化传承以及儿童歌舞剧试点工作；开展全市中小学音美及舞蹈教师的专项基本功比赛，开展戏曲、民乐、合唱和民间艺术等方面教师的专项培训，举办合唱指挥、校园集体舞和行进管乐等专项师资培训班，提升教师的专业知识水平和教学能力。举办第15届北京学生艺术节、首都学生演出季、第三届“国戏杯”戏曲大赛及第四届北京传统音乐节等品牌活动。继续开展民族艺术进校园及高雅艺术进校园活动，将活动向农村倾斜，让更多的学生从校园走进剧场，通过欣赏经典作品提升艺术素养，进一步推进优秀传统艺术在学校的普及和推广。

科普教育工作。市教委开展大型公益性科普活动“放飞梦想——波音航空科普教育系列活动”。与索尼探梦科学馆联合开展“爱心助学——科普下乡”活动，与市科协共同开展青少年科技创新大赛，与市科委联合举办北京市中小学生“体验科技北京，畅想世界城市”系列活动。30万名中小学生参加科技创新大赛、低碳环保、模型制作、技术设计、头脑奥林匹克（DI）、金鹏论坛、机器人竞赛和天文观测等科技教育活动。

校外教育工作。市教委开展“农村地区校外活动场所建设和管理情况调研”工作，投入1800万元支持46个项目开展校外教育活动的创新。督导检查通州区、门头沟区、房山区和怀柔区校外教育工作，全面提升校外教育工作水平。举办“第七届（2012）北京阳光少年活动”交流展示会，启动“阳光少年活动”，突出“体验、互动、参与”的特点。

学校卫生工作。市教委联合市卫生局与市财政局开展中小学校教室及黑板照明的标准化改造工程。改造工程全部完工，并通过区县疾病预防控制部门的检测。研制《北京市中小学生防近视、控肥胖工作方案》；联合首都医科大学、市疾病预防控制中心和北京同仁医院启动北京市小学生近视干预效果研究；与团市委、市卫生局等部门共同开展中小学生防近视、控肥胖“健康六一”行动等活动，努力控制学生视力不良和肥胖的发生。与市卫生局共同举办首都高校青春红丝带社团第二届高峰论坛、召开《中学生预防艾滋病专题教育课程区域实施的研究》课题研讨会和高校艾滋病防控经验交流会，进一步加强青少年健康教育和艾滋病防控工作。

国防教育工作。市教委检查16个区县52所高中阶段学校学生军训工作。与国防教育办公室等单位共同开展高校军事定向越野比赛等多项赛事，举办第三届国旗仪仗队检阅式、国旗在我心中演讲比赛和国防教育文艺节目评审活动，围绕学校国防教育现状、特点和存在的问题，举办两期学校国防教育研讨会，征集文章48篇。开办行政管理人员国防教育培训班和高校军事理论课程调讲班，选拔部分高校军事理论教师参加全国军事论文评选工作。通过活动进一步提升学校教师军事理论水平。

（王东江　徐志芳）

德　　育

德育工作

【举办学雷锋主题教育活动】　3月2日，市教委在北京市朝阳师范学校附属小学举办“用行动续写雷锋日记、践行北京精神”主题教育活动启动仪式。朝师附小通过教师论坛和学生活动展示以志愿服务为载体学雷锋、践行北京精神的体会与收获。该校将学雷锋活动与志愿服务相结合，探索和实践开展志愿服务活动的四种模式，即志愿服务与德育主题活动融合、与综合实践课程结合、与校本课程结合、与社团活动融合。市教委有关领导出席活动并讲话。主题教育活动要求各区县和中小学校运用一切艺术形式，广泛宣传雷锋先进事迹；结合社会发展需要，不断丰富雷锋精神的时代内涵；以志愿服务为载体，建立学雷锋活动的长效机制。活动内容包括六部分：举办“读雷锋日记”“听雷锋故事”和“唱雷锋歌曲”等系列活动，举办学习雷锋先进事迹活动，集中开展学雷锋社会实践活动，组织寻找践行雷锋精神校园榜样活动，开展“当代雷锋”进中小学校园活动，开展雷锋班级、雷锋小队命名活动。

（向婍婍）

【公布“瞭望杯”时事知识竞赛获奖名单】　3月15日，市教委和中学生时事报联合召开第31届北京市中学生“瞭望杯”时事知识竞赛暨年度时评总结表彰会。会议公布知识竞赛获奖名单，东城区等6个区县获得区县奖，北京市第五中学分校等6所学校获得学校奖，59名学生获得学生奖一等奖。市教委、区县教委相关处室负责人及学校获奖代表60人参加会议。比赛时间为2011年11月25日，竞赛内容为2011年1至10月国内外重大时事热点，以1至10月《中学时事报》刊载的形势政策教育内容为主，体现国家、北京市对中学生德育的要求。竞赛采取开卷答题形式，各区县分别设置一个考场并交叉监考。通过各区县初赛选拔选手参加市级竞赛。16个区县（含燕山）164所中学679名学生参加市级比赛。

（向婍婍）

举办学雷锋主题活动

第31届北京市中学生“瞭望杯”时事知识竞赛一等奖

团体总分奖第一名

城区组：东城区

郊区组：密云县

集体奖第一名

城区组：北京市第五中学分校

郊区组：北京市牛栏山一中实验学校

个人一等奖（59人）

东城区（19人）

北京市广渠门中学

甄诚　赵梦源　田馨

北京市文汇中学

王烨　陈璐怡

北京市第二中学分校

何兆群

北京市第二十七中学

季雅宁

北京市第五中学分校

张静怡　郑依诺　周清逸

蒋盛豪

北京市第一零九中学

朱玥

北京市第五十中学

何越曦　孙晨熙
北京汇文中学
张佳莹　杜浩星　龙泽灵
北京市第十一中学分校
孙嘉容　王甜甜
西城区（2人）
北京市第十五中学
刘北
北京师范大学附属中学
韦铭杰
朝阳区（5人）
北京市樱花园实验学校
赵博涵
北京市五路居第一中学
晋一航
北京市陈经纶中学
蒋安琪　王思琪　曹佳睿
海淀区（7人）
北京市十一学校
陈士博
北京理工大学附属中学
董迎星　王伊辰　蔡子孚
中国人民大学附属中学分校
陈子梁
北京市上地实验学校
张戎捷　王伊灵
丰台区（4人）
北京市第十二中学本部
曾雯
北京市第十二中学初中一部
房斯博　王传奕
北京市第十二中学初中二部
肖云瑞
顺义区（8人）
北京市牛栏山一中实验学校
李可欣　郭烨禹　吴鸿霖
王紫荆
顺义区仁和中学
朱文强　张一舟
顺义区第二中学
王溢麟
顺义区第八中学
张梓清
密云县（12人）
密云县第三中学
高涵　张彩阳
密云县河南寨中学
石宇晗　朱明雪　田润雨
密云县西田各庄中学
郑嘉琪　赵海超　胡籽昂
刘正昊
密云县第五中学
刘充　郭维泽　袁铭
延庆县（2人）
延庆县十一学校
李阳　杨锡

（向姣姣）

【举行节水动漫教育片《寻找水精灵》首发式】　3月23日，水利部、教育部为纪念第20届“世界水日”和第25届“中国水周”，在东城区史家胡同小学联合举办节水动漫教育片《寻找水精灵》首发式。水利部、教育部有关负责人及全国节水形象大使向史家小学学生代表赠送《寻找水精灵》礼包，并一同观看《寻找水精灵》动漫片。史家小学六年级5班节水中队的学生代表现场展示节水成果，号召大家节约用水，从我做起，从点滴做起。

（李雪）

【5所高校与首都精神文明办共建研究基地】　3月31日，北京5所高校与首都精神文明建设委员会办公室签署联合建立首都精神文明建设研究基地协议。鲁炜出席活动并讲话。该合作发挥北京地区高等院校和科研院所人才和智力优势，打造弘扬北京精神的理论阵地，建立推进公民道德建设学术平台。5个研究基地分别是：依托清华大学建立的首都网络文明研究基地；依托中国人民大学建立的北京市民公共行为文明指数研究基地；依托北京师范大学建立的首都文明礼仪研究基地；依托中国传媒大学建立的北京市美育与文明研究基地；依托北京市社科院建立的公共文明比较研究基地。5个研究基地突出“弘扬北京精神，推进首都公民道德建设，促进文化大发展大繁荣”重点，围绕“国家文化中心与精神文明建设”“北京精神与社会主义核心价值体系”“北京市民思想道德素质现状调查”等重大理论与实践课题进行研究，推出一批理论成果并运用于指导实践。

（华蕾　张驰）

【调研专门学校现状】　3至4月，市教委组织调研专门学校现状。调研活动与北京教育科学研究院和中国教育学会工读教育研究分会联合开展，调研6所专门学校，完成全市专门学校发展现状调研报告。

（冯雪）

【制定《校园文化建设项目管理暂行办法》】　4月5日，市教委、市财政局印发《校园文化建设项目管理暂行办法》。办法分5章共21条，适用于普通中小学校和中等职业学校，包括区域内中央和地方高校的附属中学、附属小学，建设项目包括学生活动场所、博物馆、校史馆、陈列室、广播站、电视台、橱窗、宣传品、教育景观和升旗区等设施的建设和营造，以及校训、校歌和校徽等的创作或制作等。市教委负责制定校园文化建设相关政策，指导、监督和检查区县项目管理和执行；市财政局负责审核市级项目经费预算，安排项目经费，并会同主管部门监督检查经费使用情况。校园文化项目建设所需经费由市、区县两级财政共同承担，市级按照每校25万元的标准给予补助，补助经费由区县教委依据学校实际情况统筹分配使用，经费要覆盖所有学校。该办法于5月5日起施行。

（华蕾）

【首届全国小学和谐德育论坛召开】
4月19至20日，东城区教委承办全国首届小学和谐德育论坛。论坛开幕式在东城区史家胡同小学举行，中国伦理学会德育专业委员会、北京教育科学研究院有关专家，北京市和其他省市代表300人参加活动。活动就“如何深入开展和谐德育工作”作主题报告，史家小学和重庆、吉林等省区共5所实验校作主题发言。分论坛设在东城区府学胡同小学和北京第一师范学校附属小学。与会代表听取学校经验介绍、观摩德育课、参观校园环境。论坛由中国伦理学会德育专业委员会和谐德育总课题组主办。

（王军　李银娅　许银萍）

【举办公益主题教育活动】　4月20日，北京学生活动管理中心联合通州区青少年活动中心在通州区徐辛庄小学举办公益性主题教育活动。活动以“关爱母亲·学会感恩”为主题，开展亲子游戏、舞蹈、绘画、书法和航模等拓展实践活动。通州区中小学生及家长参加活动。

（翟敬群）

【启动中小学学校文化建设工程】　4月25日，市教委在北京市第二中学初中部召开中小学学校文化建设现场工作会。会议宣布启动中小学学校文化建设工程，现场观摩二中教师文化、学生文化和课程文化等文化建设情况，听取二中校长“空气养人”专题报告。各区县教委相关处室负责人及中小学校长代表240人参加会议。该项工程是“十二五”期间，市财政安排补助经费，支持和引导全市中小学和中等职业学校加强校园文化建设的重要举措。

（徐志芳）

【启动实施中小学生综合素质提升工程】　4月26日，市教委启动实施北京市中小学生综合素质提升工程。该项工程鼓励和支持中小学生在课堂学习的基础上，走出校园，拓宽视野，培养兴趣，发展特长，锻炼能力，提升中小学生思想品德、科学素养、健康素质和文化修养等方面综合素质。项目内容包括走进北京市中小学生社会大课堂市级资源单位和校外教育机构开展社会实践和课外学习。市级经费投入2亿元，按照城区（包括东城、西城、朝阳、海淀、丰台和石景山六区）生均150元、郊区（房山等10个郊区县和燕山地区）生均200元的标准给予补助，保证每名中小学生每学年两次走进社会大课堂市级资源单位和校外教育机构，惠及包括33.6万名在公办学校就读的打工子弟在内的全市116万名中小学生。

（向婈婈）

【举办优秀中学生事迹报告会】　5月23日，市委教育工委、市教委举办2012年北京市优秀中学生事迹报告会。该报告会联合市委宣传部、首都精神文明办和团市委共同举办，以“培育和弘扬北京精神”为主题，听取北京汇文中学孙茜蕊、北京市第一零一中学陈星烁、北京师范大学第二附属中学靳天宇、通州区玉桥中学刘念、北京市京源学校刘睿祺和北京金隅科技学校吕东东6名学生，将“北京精神”作为价值追求，在实践中弘扬和培育“北京精神”的优秀事迹。教育部、市委宣传部、首都精神文明办、团市委、市委教育工委、市教委、市政府教育督导室等有关部门和石景山区政府、各区县教育行政部门的负责人，部分中学德育干部代表、中学生代表500人参加报告会。报告会在北京市京源学校举行。

（向婈婈）

【举行高中学生成人仪式】　6月16日，市委教育工委、市教委举办2012届高三学生成人仪式教育活动。活动以“感恩和责任”为主题，清华大学附属中学朝阳学校高三毕业生代表宣读致父母、老师的信，感谢父母和老师的教育和培养。家长、教师代表和该校校长分别寄语步入成人行列的学生，希望他们勇担重任、早日成才。市委教育工委领导寄语学生，号召步入成人行列的学生志存高远，以坚定的信念和百折不挠的奋斗精神做社会主义事业的建设者和接班人。该项活动联合市委宣传部、朝阳区教委在清华附中朝阳学校举办，是市委宣传部、市教委首次举办的全市性成人仪式活动。市委宣传部、首都精神文明办、市委教育工委等单位领导，清华附中朝阳学校500名高三学生、家长和教师参加活动。本年起，市教委建立长效机制，将高中生成人仪式作为重要教育活动纳入学校德育工作，要求每所高中学校都要开展成人仪式教育。

（徐志芳）

【举办暑假中小学网上夏令营】　7月13日至8月31日，市教委举办北京市中小学数字德育网上夏令营。该活动面向中小学生，开展寓教于乐的网络互动活动，营造健康文明的网络环境。网上夏令营重点开展五项活动：以学习宣传“北京精神”为重点，引导学生积极践行“北京精神”；以学习优秀中学生事迹为重点，引导学生开展同伴教育，学习身边的榜样；以推介社会大课堂市级资源单位活动信息为重点，推动中小学生走进社会、了解国情、实践体验；以开展“青少年与法”教育为重点，面向中小学生广泛普及法制安全知识；以“沙燕心理”为重点，广泛开展青少年心理健康教育。

（徐志芳）

【召开中小学德育工作会】　7月20日，市委教育工委、市教委、市政府教育督导室召开北京市中小学德育工作会暨2012年暑期基础教育领导干部工作会。洪峰、刘利民出席会议并讲话。会议总结梳理五年来首都中小学德育工作的发展历程和成功经验，专题部署今后一个时期全市中小学德育工作，对2012年基础教育工作作阶段性总结。会议颁布《北京市中小学德育工作行动计划（2012～2015年）》，提出未来一段时期的首都中小学德育工作要围绕弘扬和培育“北京精神”，推进社会主义核心价值体系融入中小学教育教学，今后三年的重点任务就是实施课程德育构建工程、学校文化示范工程、综合素质提升工程、家校社协作育人工程、德育队伍

举办优秀中学生事迹报告会

建设工程、德育管理规范工程、特殊需要关爱工程、德育科研引领工程8项工程。会议表彰75个北京市中小学德育工作优秀案例，并为新增的16家社会大课堂市级资源单位授牌。朝阳区政府、海淀区教委、延庆县教委、国家博物馆、北京市宣武师范学校附属第一小学和北京市第二中学分别作交流发言。市委宣传部、首都精神文明办、市发展改革委、市财政局、市人力社保局、市文化局、市文物局、市委社会工委、团市委、市委教育工委、市教委、市政府教育督导室等委办局以及市妇联的主要领导，市教委直属、直管单位的负责人，各区县政府、教育工委、教委和政府教育督导室的主要负责人，社会大课堂市级资源单位代表以及中小学校长和教师代表500人参加会议。

（向婕婕）

北京市中小学生社会大课堂
第三批市级资源单位（16家）

东城区
- 中国国家博物馆
- 中国邮政邮票博物馆
- 中国妇女儿童博物馆
- 中国铁道博物馆（正阳门馆）

朝阳区
- 中国铁道博物馆（东郊馆）
- 国家动物博物馆
- 比如世界
- 松下电器（中国）有限公司北京展示分公司

海淀区
- 宝贝当家

丰台区
- 北京市档案馆
- 北京汽车博物馆

大兴区
- 北京三元食品股份有限公司
- 北京红星集体农庄学生活动基地

通州区
- 上上国际美术馆/宋庄国画院
- 北京时代中学

怀柔区
- 北京老爷车博物馆

（郑明）

【召开中小学生涯教育座谈会】 8月10日，市教委组织召开《北京市中小学校生涯教育实施意见》专家咨询会。会议在明确《北京市中小学校生涯教育实施意见》起草的背景、方法与基本内容基础上，研讨生涯教育的核心内涵、理念等关键问题，认为必须对生涯教育明确定位，厘清与心理健康教育、德育之间的关系；提高生涯教育的目标与内容体系的可读性，便于中小学教育工作者的理解与落实。会议在北京师范大学附属实验中学举办，来自市教委、北京教育科学研究院以及西城、朝阳、石景山、昌平等区县和学校的生涯教育项目负责人共计20人参加会议。生涯教育是适应新时期学生发展需要和教育发展需要而提出的一种教育理念，市教委自2011年起委托北京教科院在部分区县和中小学校开展实验工作，并研究制定《北京市中小学校生涯教育实施意见》。

（徐志芳）

【启动中小学文明礼仪教育月活动】 9月1日，市教委联合首都精神文明办、市交通委、市交管局、市环保局等单位在北京市第十四中学举办以文明交通为主要内容的开学第一课活动。有关部门领导、代表走进班级讲授文明交通、出行礼仪，并与学生互动。活动宣布中小学文明礼仪教育月活动正式启动。活动期间，全市中小学生重温首都中小学生十个文明形象，再学《中小学文明礼仪教育指导纲要》，观看《北京市中小学文明礼仪教育短片》。在学习生活中践行“北京精神”，把个人礼仪、学校礼仪、家庭礼仪、社会礼仪等方面的要求落到实处，并通过活动充分展示区县和学校文明礼仪教育的经验、首都青少年学生的良好风采。9月是全国第9个“弘扬和培育民族精神月”，也是北京市“文明交通出行引导月”。

（徐志芳）

【举办北京高职院校德育工作论坛】 10月26日，第四届北京高职院校德育工作论坛在北京农业职业学院举办。论坛围绕“适应职教转型、谋划德育创新”主题安排发言活动，交流“着力培养高职生的成长自觉和成长自信”“回归实践、激活主体、开放统筹——高职院校德育教育的认知、定位与创新”等议题；收集德育工作论文39篇，评出一等奖6名、二等奖11名、三等奖16名以及优秀奖6名。论坛由首都大学生思想政治教育研究中心主办，北京市属7所高职院校100名代表参加。

（王超　王东启）

【举办中小学家校协作育人论坛】 11月1日，市教委联合北京教育科学研究院在北京市第十八中学举办北京市中小学家校协作育人论坛。会议总结交流新时期中小学家校合作机制及育人策略建设新理念、新方法和有效经验，推进中小学家长委员会、家长教师协会建设，推进家校协作合力育人，进一步推进首都育人体系的完善。论坛分别听取北京市第十八中学、北京市广渠门中学、朝阳区白家庄小学、北京小学翡翠城分校和海淀区万泉小学校长发言，听取北京教科院作专家发言。市教委有关处室负责人、16个区县教委主管主任、中小学

启动中小学文明礼仪教育月活动

教育科科长和中小学校长代表350人参加论坛。

（徐志芳）

【表彰大学生暑期社会实践先进】 11月23日，市委宣传部、市委教育工委、首都精神文明办、团市委、市教委和市学联决定对在2012年首都大学生暑期社会实践活动中表现突出的集体和个人进行表彰。北京大学等68个单位获得“先进单位”称号，清华大学马春生等314人获得“先进工作者”称号，中国人民大学赵培红等342人获得“先进个人”称号，北京师范大学“校园无障碍”调研团队等553支团队获得“优秀团队”称号，北京理工大学《什邡地震灾区重建情况调查》等725项社会实践成果获得“优秀成果”称号。本年首都大学生暑期社会实践活动自7月开始，以“青年服务国家·青春奉献中华”为主题，以贯彻落实科学发展观为指导，以纪念建团90周年和庆祝党的十八大胜利召开为契机，从7月延续至11月，开展“重温成长历程·追寻青春足迹”大学生纪念建团90周年寻访行动、“践行雷锋精神·志愿深入基层”大学生志愿服务进基层行动、“听从党的号召·投身农村建设”全国大中专学生“三下乡”活动、“弘扬北京精神·见证辉煌成就”首都大学生城市发展服务计划行动、大学生就业创业状况考察及创业实践活动、大学生科技创新成果转化行动和大学生城乡发展调研行动等京内京外实践活动，贯彻落实基层实践锻炼“10+10”工程，引导大学生下基层、走一线、奉献社会、服务人民，实现学生在实践中“受教育、长才干、作贡献”的目标。

（彭艳波）

【举办中小学实践育人论坛】 12月13日，市教委联合市社会大课堂办公室举办2012年北京市中小学实践育人论坛。论坛听取朝阳区教委、延庆县教委、中国科技馆、北京规划展览馆、伊利集团北京乳品厂、北京师范大学附属实验中学和丰台区新发地小学等单位分别从区域推进、保障机制、资源服务和学校实施等不同视角交流发言，北京师范大学教授等专家作点评发言。该专题论坛主要交流全市中小学生社会大课堂工作探索和理性思考，探讨中小学校和资源单位实践育人的特点与规律，全面实施素质教育，培养学生社会责任感、创新精神、实践能力，推进实践育人。16个区县教委主管主任、中小教科长、中小学校长代表以及部分社会大课堂资源单位代表300人参加论坛。

（徐志芳）

【举办中学学校文化建设论坛】 12月20日，市教委举办北京市中学学校文化建设论坛。该论坛听取北京师范大学教授围绕中小学社会主义核心价值体系建设，以《当前学校文化建设的几点思考》为题，从文化、学校文化、学校文化建设的涵义，新时期学校文化建设的意义、内容、核心、根本方向、一般途径，以及当前学校文化建设的使命九个方面全面阐述学校文化建设的具体问题和思考。北京市第一六六中学、通州区潞河中学、海淀区教师进修学校附属实验学校和北京师范大学附属实验中学等学校领导，分别就学校文化建设作专题发言。市教委、北京教育科学研究院以及各区县教委有关负责人、中小学校长代表200人参加会议。

（徐志芳）

【获未成年人思想道德建设创新案例奖】 12月29日，在2012年北京市未成年人思想道德建设创新案例评审工作中，市教委、北京教育科学研究院联合推动的“北京精神进教材”获得2012年首都未成年人思想道德建设创新案例奖。该评选由首都精神文明办举办，面向全市各系统开展，旨在鼓励创新实践，推动未成年人思想道德建设，每年评选一次，设创新案例奖10个、提名奖10个。这是市教委连续第五年获得此项奖励。

（徐志芳）

专门教育

【东城工读学校举办校园文化节】 3月1至31日，东城区工读学校举办“校园文化节”。活动面向全体学生，主要内容是“四个一”，即教会学生一首歌曲、一个舞蹈、一道菜肴和一项运动，重点在兴趣爱好的普及教育，体现“向真、向善、向美、向上”的校园文化特质，帮助学生培养健康的兴趣爱好，陶冶情操，提高感受美、鉴赏美、表现美、创造美的能力。文化节邀请迷笛音乐学校吉他讲师以“任意歌曲伴奏”这种“玩音乐”的形式讲授吉他乐理知识。该校学生400人参加活动。

（商彦芬）

【海淀寄读学校召开课改工作总结会】 3月2日，海淀区寄读学校召开课改工作总结会。会议听取学校教科室作《优秀团队，齐心协力谱写课改新篇章》报告，回顾6年课程改革情况，8名教研组长介绍本学科课改情况。会议认为学校校本教材开发与使用增强课堂实效性，灵活多变教法提升学生课堂参与度等。会议表彰课改先进集体4个，其中，数学组、物理组获得一等奖，表彰课改先进个人11人。

海淀寄读学校召开课改工作总结会

该校全体教师78人参加会议。

（王红侠）

【海淀寄读学校举办法制讲座】　3月5日，海淀区寄读学校举办法制讲座。该讲座结合学习雷锋纪念日活动，邀请海淀法院尚秀云及35名青年法官共同参加，听取尚秀云作题为《让法律成为信仰——争做遵纪守法好少年》的法制讲座，结合具体案例，请学生做“法官”，分析案例定罪行，教育学生以受害人为鉴，注意谨言慎行，用法律保护自己；介绍《中华人民共和国预防未成年人犯罪法》中规定的10种不良行为，告诫学生要远离不良行为，遵守学校纪律，远离犯罪；希望学生培养良好品德，做爱学习、尊敬师长、有责任感的好少年。该校全体师生407人参加活动。

（杨领娟）

【西城育华中学开展学习雷锋活动】　3月5日，西城区育华中学启动“向雷锋同志学习”活动月。该校师生走进社区打扫卫生、清理社区道路，并号召师生学习雷锋互助互爱、积极进取、全心全意地为人民服务的精神和崇高的理想。该校以班为单位，围绕“学习雷锋同志，弘扬雷锋精神”主题，结合学雷锋活动举行班级板报评比，评出一等奖1个、二等奖2个。该校学生43人参加活动。

（陈建忠）

【东城工读学校举办提高教师基本功活动】　3月30日，东城区工读学校与中央工艺美术学院附属中学联合开展“校际联动提高教师基本功”活动。活动主要学习工美附中优秀教师在班会设计、组织方面的经验，交流该校在“个别生”教育方面的德育理念和独到做法。工美附中教师作题为《班会启示录》的专题讲座；该校教师介绍德育工作经验，学校秉承“办适合学生的教育”理念，用习惯养成和爱心来培育“强身心、乐求学、行善举、会生活”的学生。工美附中教师、该校教师60人参与活动。

（商彦芬）

【海淀寄读学校教师同读一本书】　3月，海淀区寄读学校举办“同读一本书，快乐共分享”研讨交流实践读书活动。活动围绕《积极学习——101种有效教学策略》一书，教师分成20个阅读小组，每组4人，每组主要阅读分配的5个策略，并负责向其他教师介绍。同时推出精读环节，每组重点介绍1个策略，主要介绍策略内容、实施步骤、运用范围、预期效果、先进理念及活学活用等内容。每周三下午教师共同研修学习，周五下午全校交流。该校教师82人参加活动。

（王常智）

【西城育华中学举办艺术进校园活动】　4月19日，西城区育华中学举办“艺术伴我成长、书画进校园”主题教育活动。活动邀请杨金玲等画家与师生互动。该校师生115人参加活动。活动结束后学校成立书法兴趣小组，书法家定期到学校进行辅导。活动与北京市关心青少年教育协会、北京市白年书画院共同举办。

（陈建忠）

【西城育华中学举办艺术节】　4月25日至5月25日，西城区育华中学举办第十届艺术节。艺术节包括软笔书法、绘画和集体数码油画比赛等活动，其中，集体数码油画比赛是首次举办。艺术节中每项活动都进行评分，最后评出一等奖1个、二等奖2个、三等奖3个。该校师生55人参加活动。

（陈建忠）

海淀寄读学校教师同读一本书

【门头沟工读学校举办趣味运动会】　4月27日，门头沟区工读学校举办第三届“真善、友爱、健身”师生趣味运动会。运动会设置踢毽、赶猪和八字跳等20个项目。该校全体师生51人参加活动。

（马进雨）

【海淀寄读学校“校本课程超市”开张】　9月13日，海淀区寄读学校“校本

课程超市”开张。该校将校本课程设置为“校本课程超市”，内设中国古代兵器模型制作、中医保健按摩和时尚韩语基础课等校本课程50门。采取授课教师宣传，学生自助选课的形式。50名授课教师制作宣传海报，推介所授课程内容，每名学生规定限选2门。校本课程上课时间固定为每周二、周四下午第3节课。

（王红侠）

【东城工读学校举办教学交流活动】　10月18日，东城区工读学校举办“互动课堂”教学交流活动。该活动以初中语文课堂教学为主要交流内容，分别观摩该校教师和海淀寄读学校教师一节语文课，在不同的教学设计中感悟“如何实施有效的语文课堂教学”，东城区职教系统语文教研员点评，系统地梳理两节课的优缺点。活动后参观校安工程完工后的校园新面貌。来自海淀寄读学校和东城区和平北路学校的领导和教师、该校师生共计100人参与活动。

（商彦芬）

【海淀寄读学校举办教师基本功考核系列活动】 10月26至27日，海淀区寄读学校举办教师基本功验收活动。活动分笔试和说课两项，笔试包括教育教学法规和理论等内容，说课内容涵盖各学科。经评审，4人获得一等奖。教师基本功考核活动开始于7月13日，举办青年教师基本功验收比赛，内容包括硬笔书法、写教学设计并说课、即兴演讲3个环节，其中，硬笔书法默写《弟子规》相关章节，现场抽签决定默写内容；现场撰写教案并制作幻灯片，开展12分钟说课和3分钟板书板画；围绕班主任工作情境，现场抽签，进行10分钟演讲。该校青年教师24人参加活动。

（王红侠）

【门头沟工读学校举办法制安全教育进校园活动】 10月，门头沟工读学校举办法制安全教育进校园活动。该校制作法制教育展板80块，结合本校法制教育及学生实际案例对普教系统学生进行宣讲。该校还应邀到门头沟区潭柘寺中学、区坡头中学和区清水中学，以及首都师范大学附属中学（永定分校）等十余所中学开展法制宣传教育讲座。听课师生共计1000人次。

（马进雨）

举办专门学校综合展示交流活动

【海淀寄读学校举办诵解比赛】 11月29日，海淀区寄读学校举办诵解《弟子规》比赛。比赛由5名教师组成评委，设置3个环节，分别为：集体背诵，根据抽签决定本班背诵段落；个人背诵，各班指派2名学生参加；介绍学习心得，每班派1名学生结合个人经历谈学习《弟子规》感悟。该校新生4个班级112人参加比赛，评选出集体诵读比赛前两名、个人诵读比赛前三名、个人感悟环节前两名及班级总成绩优胜奖前两名共9个奖项。

（杨领娟）

【举办专门学校综合展示交流活动】 11月29日，市教委举办北京市专门学校综合展示交流活动。活动以“品行塑人生、特色促发展”为主题，安排教学交流、会议交流和学生展示活动。市教委领导指出要把落实党的教育方针和立德树人作为学校根本任务，把全面实施素质教育，培养具有健全人格、良好行为习惯和遵纪守法意识的合格中学生作为学校育人目标。活动由西城区教委承办，西城区育华中学协办，东城、西城、朝阳、海淀等区县教委负责人及专门学校代表62人参加活动。

（陈建忠）

体　育　卫　生

体　育

【召开首都高校体育工作会议】 1月9日，市教委在北京科技大学召开2012年首都高等学校体育工作会议。会议总结上年工作，部署工作任务。会议为贯彻落实《学校体育工作条例》检查评估优秀高校、北京市普通高等学校高水平运动队建设检查评估获奖单位以及获得“2011年北京市大学生阳光体育联赛优胜奖”的学校颁奖。教育部相关领导出席会议并讲话。市教委领导、各高校主管体育工作的校领导、体育部主任以及北京市大学生体育协会各分会负责人共计180人参加会议。

（李铮）

【举办金帆杯中学生足球比赛】 1月14至19日，市教委、市体育局主办2012年“金帆杯”北京市中学生足球比赛。比赛设高中男女两个组别，7个区县的代表队和中国人民大学附属中学、北京市八一中学、大兴区第一职业学校3所基地校队伍参赛。八一中学、大兴一职、西城区和平谷区分别获得所在组别冠军。活动由北京学生活动管理中心和中国人民大学附属中学承办。

（董默轩）

【举办金帆杯中学生篮球比赛】 1月14至20日，市教委、市体育局主办2012年“金帆杯”北京市中学生篮球比赛。比赛设高中高水平学生组（男、女）和高中普通学生组（男、女），按照国家体育总局审定的最新

篮球竞赛规则，采用分组循环和交叉淘汰赛制进行。8个区县17支代表队参赛，最终，清华大学附属中学、海淀区和北京第四中学分获男子组前三名，清华附中、东城区和海淀区分获女子组前三名。活动由北京学生活动管理中心承办。

（池飞龙）

【举办中小学生乒乓球比赛】 1月16至19日，市教委举办阳光体育2012年第28届北京市中小学生乒乓球比赛。该比赛裁判员队伍由国际级裁判1人、国家级8人、国家一级22人组成。来自13个区县的63所中小学校538人次参加比赛。比赛共设置5个项目8个组别。在赛制上，第一阶段单打、双打、混双均采用分组循环赛，第二阶段采用淘汰赛制。经过激烈争夺，决出各组别各项目共39项冠军。比赛与市体育局共同主办，北京学生活动管理中心承办，西城区教委、西城区体育局协办，在北京市第六十六中学举行。该项比赛是北京市中小学生水平最高的乒乓球比赛。

（李铮 郭跃）

【举办金帆杯中学生排球比赛】 1月18至20日，市教委、市体育局主办2012年“金帆杯”北京市中学生排球比赛。比赛设高中男、女高水平组和女子普通学校组，5个区县的8支代表队参赛。经过紧张角逐，北京景山学校获得男子高水平组第一名、北京市第一零一中学获得女子高水平组第一名、海淀区代表队获得女子普通学校组第一名。比赛由北京学生活动管理中心和景山学校承办。

（董默轩）

【举办中小学生长跑比赛】 3月10日，市教委举办阳光体育2012年北京市中小学生长跑比赛。比赛在青龙湖公园举办，分为小学男、女组，初中男、女组和高中男、女组。来自16个区县105所学校的769名中小学生参加比赛。大兴区第一中学获得高中组团体冠军、北京市顺义牛栏山第一中学获得初中组团体冠军、大兴区庞各庄镇第二中心小学蝉联小学组团体冠军。该比赛与市体育局联合主办，北京学生活动管理中心承办，丰台区教委协办。

（李铮 傅玥）

【举办中小学生武术健身操比赛】 4

月8日，市教委举办北京市中小学生武术健身操比赛。16个区县的55支学校代表队参加比赛。丰台区万柳园小学等9支队伍获得《旭日东升》套路一等奖、海淀区亮甲店小学等9支队伍获得《雏鹰展翅》套路一等奖、平谷区峪口中学等6支队伍获得《英雄少年》套路一等奖、北京市第四中学等9支队伍获得《青春功夫》套路一等奖。比赛与市体育局联合举办。

（李铮）

【举办中小学生跳绳比赛】 4月21日，市教委举办阳光体育2012年北京市中小学生跳绳比赛。16个区县51所学校3000人次参加比赛。比赛采用累计小分计入团体总分的计分方法，最终北京市第七十一中学获得中学组团体冠军，海淀区红山小学获得小学组团体总分第一名。比赛与市体育局联合主办，北京学生活动管理中心承办，东城区教委协办。

（李铮 池飞龙）

【举办中小学生踢毽比赛】 4月22日，市教委举办阳光体育2012年北京市中小学生踢毽比赛。14个区县36所学校500人参加比赛。比赛采用累计小分计入团体总分的计分方法，经过激烈争夺，怀柔区庙城学校获得中学组团体冠军、西城区后孙公园小学获得小学组团体冠军。比赛与市体育局联合主办，北京学生活动管理中心承办，东城区教委协办。

（李铮 池飞龙）

【举办市职教系统运动会】 5月5至6日，2012年北京市职教系统运动会在北京吉利大学举办。运动会开幕式突破常规入场模式，以文艺演出形式展现各职业院校特色及成果，展示职教师生精神风貌。来自全市技校、职高、中专、高职等40所职业院校的3000名师生参加25个项目竞赛，是历届职教系统运动会中参赛代表队最多、规模最大的一届。北京市黄庄职业高中、北京现代职业学校和北京卫生职业学院获得学生中职城区组团体总分前三名；北京商贸学校、北京市大兴区第一职业学校和北京铁路电气化学校获得学生中职郊区组团体总分前三名；北京吉利大学、北京劳动保障职业学院和北京汇佳职业学院获得高职组团体总分前三名；大兴一职、北京市实美职业学校和北京水利水电学校获得教工组团体总分前三名；北京国际职业教育学校等29所学校获得精神文明奖。运动会由市教委、市体育局、市人力社保局联合主办，北京学生活动管理中心、北京市职教体育协会承办，北京吉利大学协办。

（励荆晶 张广玖 胡雨）

【举办“培养基地”田径运动会】 5月6日，市教委举办“北京奥林匹克教育学校体育后备人才培养基地”田径运动会。比赛按照年龄分A、B、C、D、E五个组别，设100米、200米、3000米、5000米、110米栏、400米栏、跳高、跳远、三级跳、标枪和铁饼等17个项目。15所奥林匹克教育体育后备人才培养基地学校700名运动员参加比赛，120名裁判员参与裁判工作。顺义区杨镇第一中学以22枚金牌获得第一名。运动会与市体育局共同主办，顺义区教委、顺义区体育局、北京市顺义牛栏山第一中学承办。

（李铮）

【举办高校学生田径运动会】 5月10

至13日，市教委、市体育局联合举办首都高等学校第50届学生田径运动会。比赛分为甲、乙、丙三组，设置23个田径项目。北京63所高校2000名大学生参加比赛，为历届运动会报名人数最多。清华大学、北京建筑工程学院、北京邮电大学世纪学院分别获得甲、乙、丙组团体总分第一名。该运动会由北京市大学生体育协会和北京大学承办。

（李铮）

【举办少年儿童跳皮筋比赛】 5月19日，市教委举办2012年阳光体育北京市少年儿童跳皮筋比赛。比赛分城区小学组和远郊区县小学组，分设甲组（四至六年级）和乙组（一至三年级），以团体赛形式，采取以学校为单位报名参加，按照不同组别、规程的要求进行比赛并录取名次的比赛办法。11个区县36所学校497名选手参加比赛。通州区中山街小学、北京小学通州分校、通州区台湖镇中心小学、东城区青年湖小学、朝阳区酒仙桥中心小学、北京市育才学校和西城区太平街小学分别获得所在组别一等奖。比赛与市体育局联合主办，北京学生活动管理中心承办，东城区教育委员会协办。比赛主要普及跳皮筋运动，把具有民族特色的传统活动在青少年学生中发扬光大。

（李铮　傅玥）

【举办中小学生轮滑比赛】 5月27日，市教委、市体育局主办的阳光体育2012年北京市中小学生轮滑比赛在师达中学举行。比赛根据学生年龄特点设置25米障碍往返、10米正面障碍往返、300米、500米和1000米竞速等项目，分8个组别。60所学校384名运动员参加比赛，昌平区回龙观中心小学、海淀区四王府小学和东城区史家胡同小学获得小学组前三名；北京师范大学大兴附属中学、北京市陈经纶中学分校和通州区台湖学校获得中学组前三名。

（池飞龙）

【举办勇敢小伙伴绑腿跑比赛】 6月2日，市教委举办的2012年阳光体育北京市中小学生勇敢小伙伴绑腿跑比赛总决赛在海淀区第四实验小学举行。该比赛面向初中一年级、二年级，小学三至五年级同一自然班的学生，设初中组、小学组两个组别。每队由16名队员组成（男女各8人），其中，4人为替补队员，肩并肩、腿绑腿共同完成50米团体计时竞速比赛。经过13个区县选拔赛后，25所中小学校400名学生参与市级总决赛。最终，顺义区石园小学获得小学组第一名，顺义区杨镇第二中学获得初中组第一名，两所学校同时获得“最佳团队奖”。比赛与市体育局联合主办，北京学生活动管理中心承办，海淀区教委体卫中心协办。

（李铮　郭跃）

【举办《系列校园青春健身操》推广比赛】 6月2日，市教委举办2012年北京市《系列校园青春健身操》推广暨肯德基全国青少年校园青春健身操比赛市级决赛。比赛内容包括健身操基础套路《青春魅力》、健身操提高套路《创造奇迹》、拉拉队基础套路《神采飞扬》、拉拉队表演套路《活力无限》四项，要求参赛队员必须是具有北京市正式学籍的本学校在校生。比赛中每队上场比赛的人数为12人，男、女生人数相等。14个区县45支代表队参加比赛，昌平区百善学校、北京市实美职业学校、北京市第一零一中学和北京市日坛中学获得特等奖。比赛与北京肯德基有限公司联合举办，由北京市中小学体育运动协会承办。

（李铮）

举办勇敢小伙伴绑腿跑比赛

【参加全国中学生田径锦标赛】 8月6至11日，北京代表团参加2012年全国中学生田径锦标赛。北京代表团由23所学校325名运动员组成，参加长短跑、跨栏和跳高等64项比赛，最终以19金、22银、26铜，总分682.5分，双积分222分获得团体总分第一名，其中，10人达到国家一级运动员标准、76人达到国家二级运动员标准。该比赛由中国中学生体育协会、中国田径协会联合主办，分男子组（甲、乙）、女子组（甲、乙），来自全国25个省市的144支代表队1741名运动员参加比赛。

（李铮）

【参加全国第九届大学生运动会】 9月8至18日，北京代表团参加全国第九届大学生运动会。北京代表团参加田径、游泳、足球、篮球、排球、健美操、乒乓球、武术、跆拳道、毽球、定向越野和桥牌12个项目的全部比赛，参赛队员314人，领队、教练员共计171人。经过奋力拼搏，北京代表团最终以1418分的成绩位列团体总分第二名，获得32枚金牌、31枚银牌及34枚铜牌，位列金牌榜第三名，同时获得“体育道德风尚奖”。大运会期间举办主题为“运动、快乐、阳光”的体育展示活动，并举办“校长杯”评选和科学论文报告会等活动。在“校长杯”评选中，北京大学、清华大学、北京工业大学、北京体育大学以及北京师范大学5所高校获得中国高校体育最高奖“校长杯”。在大运会科报会上，北京市荣获“科研优胜奖”，报送的150篇论文，获得5个一等奖、20个二等奖、28个三等奖。运动会由教育部、国家体育总局和共青团中央主办，天津市人民政府承办，来自全国31个省、自治区、直辖市和新疆生产建设兵团，以及香港、澳门特区的6196名运动员参加比赛。

（李铮）

【举办中小学生健美操比赛】 10月13日，市教委举办2012年第十届北京市中小学生健美操比赛。比赛分为

举办中小学生篮球联赛

少年甲组、少年乙组、少年丙组、少年预备组和外地单人操组，在各组别单项奖的基础上设置小学少儿、小学、初中和高中四个团体奖项。170名中小学生参加比赛，经过激烈角逐，海淀区七一小学、北京市中关村第一小学、中国人民大学附属中学和北京市第一零一中学分别获得小学少儿组、小学组、初中组和高中组团体冠军。比赛与市体育局共同主办，北京学生活动管理中心承办。

（李铮　郭跃）

【举办中小学生网球比赛】　10月13至14日，市教委、市体育局主办阳光体育2012年北京市中小学生网球比赛。比赛设硬地网球和短式网球两个项目，分9个组别，设立团体和个人共48个奖项。来自16个区县的80所学校共230名学生参加比赛，海淀区民族小学、海淀区教师进修学校附属实验学校和海淀区上地实验学校分获团体总分前三名，35名选手获得所在级别前三名。比赛由北京学生活动管理中心承办。该赛事是市教委举办的全市网球竞技唯一A类赛事，已连续举办四届。

（董默轩）

【举办中小学生篮球联赛】　10月13日至10月28日，市教委举办2012年北京市中小学生篮球联赛。比赛设置高中男女甲、乙组，初中男子甲、乙组，初中女子组和小学男、女组。比赛采用国家体育局审定的最新篮球规则，分预赛和决赛两个阶段，采取积分赛制。11个区县的60支代表队参赛，最终东城区和平里第一小学、海淀区翠微小学分别获得小学女子组、男子组第一名，北京市东直门中学获得初中女子组第一名，清华大学附属中学获得初中男子甲组第一名，顺义区杨镇第二中学获得初中男子乙组第一名，顺义区第二中学获得高中女子乙组第一名，北京市第五中学获得高中男子乙组第一名，清华大学附属中学获得高中女子甲组第一名和高中男子甲组第一名。比赛与市体育局共同主办，北京学生活动管理中心、东城区教委和东城区体育局承办，五中协办。

（李铮　池飞龙）

【举办中小学生排球联赛】　10月13日至11月27日，市教委、市体育局主办2012年北京市中小学生排球联赛。比赛分别在西城区黄城根小学、北京市第一零一中学和北京景山学校举行，设高中组男、女，初中组男、女，小学甲组男、女及小学乙组男、女8个组别。70支代表队700名学生参赛，北京市第十二中学、北京师范大学附属实验中学一队、北京市第一七一中学、一零一中、北京景山学校、北京理工大学附属中学一队、北京水利水电学校、西城区黄城根小学、海淀区北洼路小学和西城区厂桥小学分别获得所在组别冠军。比赛由北京学生活动管理中心和景山学校承办。

（傅玥）

【举办中学生田径运动会】　10月19至21日，市教委、市体育局主办第50届北京市中学生田径运动会。比赛设高中男、女和初中男、女共4个组别，并设置区县团体奖。16个区县代表队800人参赛，经过角逐，最终海淀区代表队和顺义区代表队分别蝉联城区组和郊区组团体总分冠军。运动会由北京学生活动管理中心、顺义区教委承办，在北京市顺义牛栏山第一中学举行。

（董默轩）

【举办中小学生街舞比赛】　10月27日，市教委举办首届阳光体育北京市学生街舞比赛。比赛共设5个组别（小学组、初中组、高中组、中职组和校外组），3个项目（舞蹈型、技巧型和健身型）。面向全市在校中小学生以及校外俱乐部、少年宫等组织、单位，吸引10个区县45支代表队500名选手报名参赛。海淀区中关村第四小学以90分的成绩获得小学组舞蹈型街舞集体组一等奖第一名，北京市中关村中学、北京市十一学校和北京市现代音乐学校分别获得初中组、高中组和中职组舞蹈型街舞集体组一等奖第一名。该比赛与市体育局共同主办，北京学生活动管理中心、北京市健美操体育舞蹈协会承办。

（李铮　傅玥）

【举办中小学生徒步远足赛】　10月28日，市教委举办2012年北京市中小学生徒步远足比赛。比赛在通州大运河公园举行，比赛线路自运河漕运码头出发至甘棠大桥折返，全程10公里。500名中小学生参加比赛。最终，房山区、西城区、东城区获得区县团体金、银、铜奖，房山区韩村河中学、北京市第八中学、北京宏志中学分别获得中学组团体金、银、铜奖，通州区运河小学、海淀区清河第四小学和东城区花市小学分别获得小学组团体金、银、铜奖。比赛与市体育局联合主办，北京市中小学体育运动协会承办。

（李铮）

【举办中小学生足球联赛】　10至11月，市教委、市体育局主办2012年北京市中小学生足球联赛。比赛设高中组男、女，初中组男、女，小学甲组男、女和小学乙组男、女共八个组别。比赛采用中国足协最新审定的《国际足联FIFA竞赛规则》。采用小组单循环和交叉淘汰赛制。60支代表队参赛，北京市八一中学、北京市第四中学、北京市第五十四中学、海淀区彩和坊小学、海淀区中关村第三小学、大兴区旧宫镇第一中心小学和朝阳区望京南湖东园小学青年城分校、大兴区第一职业学校、北京市清华育才实验学校和东城区安外三条小学分别获得各组别冠军。该比赛由北京学生活动管理中心和中国人民大学附属中学承办。

（董默轩）

【举办市中小学生游泳比赛】 11月10至11日，市教委举办北京市中小学生游泳比赛。比赛分为小学甲乙丙组、初中组和高中组5个组别，设15个比赛项目。243所中小学1400名运动员参加比赛，北京市第四中学获得初中组和高中组团体总分第一名，中国人民大学附属小学获得小学组团体总分第一名，北京市育英学校获得基地校组第一名。比赛与市体育局联合主办，市中小学体育运动协会承办，在国家游泳馆举行。

（李铮）

【举办中小学生毽球比赛】 11月24日，市教委、市体育局主办的阳光体育2012年北京市中小学生毽球比赛结束。8个区县57支代表队参加比赛。经过140场比赛，首都师范大学附属丽泽中学二队获中学女子组冠军，通州区第四中学一队获得中学男子组冠军，通州区潞城中心小学获得小学女子组冠军，北京长辛店铁路小学一队获得小学男子组冠军。该活动由北京学生活动管理中心承办。

（池飞龙）

【举办中小学生武术比赛】 12月1至2日，市教委举办北京市中小学生武术比赛。比赛设拳、器械、初级套路、对练和集体项目5类24个项目，来自193所小学、81所中学的1500名运动员报名参加比赛。经过激烈角逐，北京绿谷小香玉艺术学校和北京市中关村中学分获小学组和中学组团体总分第一名。比赛与市体育局共同主办，北京市中小学体协承办，北京少林武术学校协办。

（李铮）

【承办全国阳光体育展示活动】 12月7日，市教委承办“少年强则国强——2012年全国亿万学生阳光体育展示活动”。第六届全国亿万学生阳光体育运动冬季长跑启动仪式同期举行。该活动由教育部主办。教育部、北京市领导参加活动并讲话。展示活

动共涉及东城区中小学及幼儿园19所，学生2000人，表演项目27个，包括竞技体育、体育游戏、武术、民族传统体育、部颁广播操、自编广播操、体育微格教学、校园集体舞、健美操和体育教师队列示范等。展示活动以学生在校一天生活为主线，从晨练到课间操活动，从体育课堂教学到课间十分钟，过渡到每天的大课间体育活动，将学生每天参与的各种体育活动进行浓缩、提炼，达到体育活动的舞台艺术化效果，体现首都青少年崇尚体育、健康向上的精神风貌。

（张志华）

【举办首都高校第20届毽绳比赛】 12月8日，首都高校第20届大学生毽绳比赛在北京工业大学耿丹学院举行。清华大学、中央民族大学和北京工业大学等21所高校共475名运动员参加23个项目的比赛，最终决出各项团体前八名以及特殊贡献奖和最佳组织奖。比赛由北京工业大学耿丹学院承办。

（管书艳）

【举办中小学生大众健美操比赛】 12月9日，市教委举办2012年北京市中小学生大众健美操比赛。比赛分为小学组、初中组和高中组3个竞赛组别，竞赛项目包括规定动作和自选动作2大类，规定动作以国家体育总局颁布的《大众健美操锻炼标准》（第三套1～6级）和“普及组”规定动作为标准，自选动作则以健美操自选动作和健身街舞为比赛内容。84所中小学和校外教育单位154个参赛队1000名运动员参加比赛，东城区史家胡同小学、通州区潞河中学和昌平区第一中学分获小学组、初中组和高中组团体总分第一名。比赛与市体育局共同主办，市中小学体协承办。

（李铮）

【举办中小学生跆拳道比赛】 12月15至16日，市教委举办2012年第六届北京市中小学生跆拳道比赛。比赛设置竞技个人、品势个人、品势团体和跆拳道操（舞）4个项目，其中，个人项目比赛采用单败淘汰赛，品势集体、跆拳道操（舞）比赛采用裁判当场评议方法。竞技个人赛小学各组、初中组、高中组按照北京户籍和非北京户籍分别录取前5名，品势个人赛不分户籍统一录取前5名，品势团体赛和跆拳道操（舞）录取前6名。比赛分普通组和专业组，分别设置高中组男、女，初中组男、女，小学甲组男、女和小学乙组男、女等组别。300所学校2500人报名参加比赛，比赛与市体育局共同主办，北京市中小学体协承办。

（李铮）

【举办中小学生羽毛球比赛】 12月15至16日，市教委、市体育局主办

举办中小学生体育舞蹈比赛

2012 年北京市中小学生羽毛球比赛。比赛设男子单打、女子单打、男子双打、女子双打和混合双打 5 个项目，分高中组、初中组、小学甲组和小学乙组等组别。竞赛采用中国羽协审定的《羽毛球竞赛规则》和国际羽联公布的最新规则（小组赛 21 分制 1 局胜负制，决赛 21 分制 3 局 2 胜制），第一阶段采用分组循环赛、第二阶段采用单败淘汰赛。比赛由北京学生活动管理中心、朝阳区教育委员会和朝阳区体育局承办，16 个区县 600 名中小学生参加比赛。

（董默轩）

【举办中小学生体育舞蹈比赛】　12 月 16 日，市教委举办 2012 年阳光体育北京市学生体育舞蹈比赛。比赛设置校内组团体队列舞、校外组团体队列舞和双人组。比赛执行国家体育总局批准的《中国体育舞蹈联合会竞赛规则》。13 个区县 60 所中小学校、俱乐部及专业院校 2300 名学生参加 50 个组别的比赛。最终，通州区马驹桥学校和北京师范大学第三附属中学分别获得团体舞初中铜牌、银牌组拉丁舞冠军，北京市实美职业学校获得团体舞高中铜牌、银牌组拉丁舞两个冠军，通州区运河小学和北京市丰台区第五小学银地分校获得团体舞小学 A 组及 C 组铜牌拉丁舞冠军，北京市丰台区芳古园小学获得团体舞小学 A 组银牌及小学 B 组铜牌拉丁舞的两个冠军。比赛与市体育局联合主办，北京学生活动管理中心和市健美操体育舞蹈协会承办。

（李铮　傅玥）

【开展中小学体育操场修复工程】　至年底，市教委开展中小学体育操场修复工程。北京市为保证中小学生每天一小时校园体育活动落到实处，拨付专项经费 4.24 亿元，修复 16 个区县 414 所中小学体育场地。

（张志华）

国防教育

【召开学生军训工作会议】　3 月 15 日，市教委召开 2012 年北京市学生军训工作会。会议总结上年学生军训工作，并部署本年工作，要求学生军训工作加强制度化、规范化建设；在理论教学中落实教学大纲，创新教学的内容和方法，增加紧急避险、自救互救项目，增强训练和教学的趣味性；继续改善教学训练的环境和设施，为学生训练创造更好的条件，把安全工作做深做细做扎实，实现全市安全、和谐军训的目标。洪峰出席会议并讲话，要求各单位针对青年学生特点，在军训工作中把军队的好思想、好作风、好经验引入学校管理中，促进校风及校园文化建设；不断总结新经验，破解新课题，把军训工作提高到新水平；注意在军训工作中融入北京精神的宣传教育，积极组织开展创先争优活动，解决军训中存在的突出问题；增强政治大局意识，维护稳定，和谐军训，狠抓安全防事故，推动全市军训工作快速发展。教育部、北京卫戍区领导发言。教育部、北京军区、市政府以及各区县、各高校主管领导 200 人参加会议。

（郑明）

举办国防教育主题活动

【举办军事定向越野比赛】　4 月 14 日，北京高校国防教育协会举办 2012 年学生军事定向越野比赛。比赛在房山区万亩梨园举办，分高校男、女精英组和高校男、女普通组 4 个组别，比赛内容为学生军事定向越野。26 所高校 320 名学生参加比赛，首都师范大学获得高校男、女精英组团体第一名，北京科技大学获得高校男、女普通组团体第一名。

（王德峰）

【举办学生校园定向运动联赛】　5 月

12 日，北京高校国防教育协会举办 2012 年北京高校学生校园定向运动联赛首场比赛。比赛在北京农学院举办，比赛分高校精英组，高校甲、乙组和高职组 4 个组别，内容为军事定向活动。清华大学、中央财经大学和北京工商大学等 30 所学校 600 名学生参加比赛。经过评比，首都师范大学获得高校精英组第一名，北京科技大学获得高校甲组第一名，北京农学院获得高校乙组第一名，北京青年政治学院获得高职组第一名。至年底，该项比赛共举办 4 场。9 月 8 日，在北京服装学院北校区举办北京高校学生校园定向运动联赛第二站比赛及培训，34 所学校 1450 名学生参加比赛，34 名军事定向教练员和运动员骨干参加专业培训。10 月 28 日，在北京盛华军训基地举行北京高校学生校园定向运动联赛第三站比赛及培训，31 所学校 450 名学生参加比赛，38 名军事定向教练员和运动员骨干参加专业培训。12 月 8 日，在北京西山森林公园举办 2012 北京高校学生校园定向运动联赛第四站暨高校学生校园定向运动联赛年度总决赛，21 所高校 359 名学生参加比赛。首都师范大学获得高校精英组总团体第一名，北京科技大学获得高校甲组总团体第一名，北京信息科技大学获得高校乙组总团体第一名，北京工业职业技术学院获得高职组总团体第一名。

（王德峰）

【举办国防教育主题活动】 9月15日，市教委在清华大学举办第三届北京高校国防教育主题活动。当天是第12个全民国防教育日，30所高校800名师生在清华主楼广场观摩北京化工大学、北京航空航天大学等6所高校国旗仪仗队升降国旗检阅式，并在大礼堂观看由北京部分高校选送的国防教育主题文艺节目。

（王德峰）

【举办国防教育网上知识竞赛】 10月15日至11月15日，北京高校国防教育协会举办北京高校学生国防教育网上知识竞赛。竞赛设立个人和组织两类奖项，由中国国防资讯网提供网络支持。48所北京高校17717名学生报名参加竞赛。其中，10人获得个人一等奖，北京化工大学获得优秀组织奖特等奖，北京工商大学和北京航空航天大学获得优秀组织奖一等奖。

（王德峰）

【召开高校国防教育研讨会】 10月25

至26日，北京高校国防教育协会召开2012学校国防教育研讨会。会议围绕高校征兵工作和学校国防教育现状、特点和存在问题展开交流研讨，并听取市政府征兵办、海淀区和顺义区武装部专家讲解高校学生征兵相关政策。研讨会共征集文章48篇。北京高校专职武装干部和军事教师67人参加会议。

（王德峰）

【举办中小学生定向越野比赛】 10月27日，市教委举办2012年北京市第十届中小学生定向越野比赛。比赛在玉东郊野公园举行。1300名运动员参加比赛。经过角逐，海淀区培英小学、北京市宣武师范学校附属第一小学、北京市第十五中学、北京市第十五中学青少年体育俱乐部、北京师范大学第三附属中学、北京市中关村中学、北京市第十九中学和北京大学附属中学分别获得少年男子M12组、少年女子W12组、青少年男子M14组、青少年女子W14组、青少年男子M16组、青少年女子W16组、青年男子M18组和青年女子W18组八个组别短距离赛团体总分第一名。比赛与市体育局共同举办，北京市中小学体育运动协会和北师大三附中承办。

（李铮）

【服装学院成立国防教育协会】 11月8日，北京服装学院成立国防教育协会。该协会隶属北京高校国防教育协会，面向全院学生开展普及国防知识、强化国防观念工作。协会成员主要由每年军训工作中的标兵、在国防教育活动中表现突出的学生和参军入伍重返校园的学生组成。

（付佳）

学校卫生

【开展教室及黑板照明标准化改造】 1月12日，市教委、市卫生局联合印发《关于本市中小学校教室及黑板照明标准化改造的通知》。通知规定全面启动中小学教室及黑板照明标准化改造工作，对加强中小学校教室及黑板照明工作提出具体要求，确保所有中小学校教室及黑板照明达到国家标准。该项工作由市区两级教育和卫生部门共同完成，教育部门负责组织实施，卫生部门负责技术检测。至9月底，全市中小学校教室及黑板照明标准化改造工作全部完工。计划改造1161所学校的27136间教室，实际改造1278所学校35058间教室。其中，改造教室照明20691间，改造黑板灯28053间。工程总投入11001.19万元，其中，市级拨款9549.5万元、区县自筹1451.69万元。

（宋玉珍）

【举办青少年用眼卫生系列公益活动】

4月16日，市教委、市体育局、市卫生局、团市委和市关心下一代工作委员会共同发出《关于举办第四届“关爱眼部健康减缓近视发展”青少年用眼卫生系列公益活动的通知》。活动历时两个月，通过爱眼宣传进校园、爱眼知识考考你、爱眼护眼调查和爱眼使者送爱心系列活动，开展中小学生防近视工作。其中，爱眼知识考考你活动中，举办爱眼护眼知识竞赛，评出一等奖3人、二等奖10人、三等奖20人、优胜奖200人，获得一等奖的学生获得在同仁医院免费配镜一次的奖励。爱眼护眼调查中，以北京青年宫网站等为载体，结合开展的进校园、知识竞赛、送爱心等活动，通过调查问卷了解社会和家长对青少年视力保护工作重视的真实情况。爱眼使者送爱心活动中，流动检测车和专家深入远郊区县的学校，免费为特困学生验光配镜。10个区县9万名中小学生参加系列活动，经过评选，5名表现突出的学生被授予“科学爱眼小天使”称号。该项活动从保护青少年视力的实际出发，帮助青少年掌握科学用眼的知识和方法，减缓青少年近视发展，呼吁全社会重视青少年视力保护工作。

（宋玉珍）

【公布健康促进学校验收结果】 5月18日，市教委、市卫生局和北京市红十字会联合公布2011年度北京市健康促进学校验收结果。275所中小学校通过验收。此次市级验收采用市级指导和区域管理相结合的方式进行，依据地域相近原则，全市成立4个健康促进学校验收区域协作组，在市健康促进学校领导小组的统一指导下开展验收工作。各区县申请验收新创建的健康促进学校共275所，现场抽取

19 所学校考核评估，全部合格。按照验收方案的规定，各区县新创建的 275 所学校全部获得“北京市健康促进学校”称号。至此，北京市共有健康促进学校 1184 所。

（宋玉珍）

【《中医药文化与我们的健康（少儿版）》首发】 9 月 1 日，“播种健康 爱心起航”2012 年东城区史家胡同小学、东城区东四七条小学联合举办开学典礼暨《中医药文化与我们的健康（少儿版）》首发式。市教委和中国中医科学院有关领导、专家及奥运冠军参加典礼。北京教育科学研究院与两校携手举办漫画知识读物《中医药文化与我们的健康（少儿版）》首发式，并向家长、教师和学生代表赠书。首发式启动该书的爱心漂流活动，把书漂到东四七条小学和东城区特殊教育学校。《中医药文化与我们的健康（少儿版）》是由北京教科院和北京青少年科技创新学院共同主编的少儿科普读物，采用儿童喜闻乐见的漫画形式，从与大家日常生活息息相关的“做”“吃”“睡”等多个方面生动有趣地讲述中医药文化知识。书中汇集的优秀漫画和书法作品，有两校学生的多幅创作。

（李雪）

【举办中小学毒品预防教育培训交流活动】 10 月 9 日，市教委、市禁毒委办公室、北京教育科学研究院联合举办北京市中小学毒品预防教育培训交流活动，交流中小学生毒品预防教育工作的经验与做法。该活动在国家级毒品预防教育示范学校北京市大成学校举办，来自各区县教育行政部门的毒品预防教育负责人、区县负责毒品预防教育的教研员和部分小学中学骨干教师代表共计 160 人参加活动。

（冯雪）

【举办国家学生体质健康标准测试赛】

举办中小学毒品预防教育培训交流活动

11 月 3 至 4 日，第六届北京市中小学生国家学生体质健康标准测试赛在首都体育学院举办。该测试赛由市教委主办，分小学组、初中组、高中组和职教组 4 个组别，共有身高体重、肺活量、立定跳远、台阶实验、坐位体前屈（女）或握力（男）和学生视力 6 个项目。16 个区县参加测试赛，参赛中小学校数量由上年的 48 所增至 144 所，测试人数由上年的 1440 人增至 2880 人。测试赛加强中等职业教育学生体质健康监测力度，对 400 名职业学校学生进行测试。测试赛按照学校办学规模，采取分层抽签测试的方式，提高测试样本抽样的科学性，使测试结果更具代表性。同时，优化测试流程，实现测试结果实时查询，有效提高测试赛的效率和透明度。测试结果显示：及格及以上的比率达 83.75%，优秀率 5.31%。该活动由北京学生活动管理中心承办。

（张志华　郭跃）

【举办中小学心理健康教育观摩交流周】 11 月 19 至 22 日，市教委举办 2012 年北京市中小学心理健康教育观摩交流周活动。该活动以“关爱学生，服务成长”为主题，通过走进石景山、海淀、朝阳等区县，总结、分享北京市心理健康教育经验。活动先后听取教育部中小学心理健康教育专家等 5 名专家作专题报告；6 个区县和 6 所学校介绍心理健康教育工作经验；23 名教师展示 21 节心理健康教育活动课，6 名心理健康教育专家做活动课点评；13 名教师交流从事心理健康教育工作的体会和专业成长的感受。各区县相关领导、教研员和心理健康教育教师 850 人参加活动。

（向婷婷）

【海淀入选首批全国心理健康教育示范区】 12 月 14 日，在全国中小学心理健康教育工作会议上，海淀区入选首批全国中小学心理健康教育示范区。该评选由教育部举办，全国共有 20 个单位入选。

（徐志芳）

【体质健康标准测试纳入政绩考核】

至年底，市教委将“中小学生达到《国家学生体质健康标准》及格等级以上比例”列入《北京市区县经济社会实绩考核指标评价体系》。该项工作成为市政府考核区县政府绩效的重要指标之一，将各区县中小学校上报的《国家学生体质健康标准》测试成绩与市教委统一组织测试赛的成绩相结合，按不同权重计入指标之中，目标值为 85%，挑战值为 90%。本年考核中：密云县和海淀区均完成挑战值，平谷区、怀柔区等13个区县均完成目标值但未达到挑战值，通州区未完成目标值。市教委对各区县考核情况进行综合分析，并形成反馈意见，向各区县政府进行逐一反馈。

（张志华）

艺术与校外教育

艺术教育

【参加全国大学生艺术展演活动】 3

月19日，教育部公布全国第三届大学生艺术展演活动评选结果，北京代表队14个节目获得一等奖。其中，北京大学的合唱《玄》、清华大学的交响乐《勃拉姆斯g小调钢琴弦乐四重奏》第四乐章、首都师范大学的管乐《空中城市》和中央戏剧学院的戏剧《最后一课》获得各项目一等奖的第一名。北京共有16个节目参加声乐、器乐、舞蹈和戏剧比赛。该比赛由教育部和浙江省政府共同主办，来自全国各省、自治区和直辖市的7000名高校师生参加活动，经过各省市前期筛选，共有100所高校的172个节目参赛，其中，70%的学生为非艺术类专业。该活动每3年举办一次，是国内规格最高、规模最大、影响最广的大学生艺术盛会。

（徐春生）

全国第三届大学生艺术展演活动艺术表演类节目一等奖（北京）

声乐（普通组　甲组）
　北京大学
　　《Karimatanu Kuichia》
　　《玄》
　中国人民大学
　　《Name That Tune》
　　《绿叶对根的情意》
戏剧（乙组）
　中央戏剧学院
　　《最后一课》
舞蹈（甲组）
　北京大学
　　《启航》
　中国人民大学
　　《系起希望的哈达》
　北京工业大学
　　《舞动青春》
器乐（普通组　甲组）
　清华大学
　　《勃拉姆斯G小调钢琴弦乐四重奏》第四乐章
　首都师范大学
　　《空中都市》（《Machu Picchu - City in the Sky》）
　北京科技大学
　　《祈·舞》
　清华大学
　　《达勃河随想曲》
　中国人民大学
　　《抒情变奏曲》
　北京交通大学
　　《柴可夫斯基第四交响曲第四乐章》
　北京物资学院
　　《预言》
　北京航空航天大学
　　《欧利安特》序曲

（郑明）

【举办高雅艺术进校园活动】 3至12月，市教委举办高雅艺术进校园活动。该活动共组织26场高雅艺术进校园演出，演出形式活泼新颖、不拘一格，包括器乐、舞蹈、合唱和话剧等内容。同时组织北京人民艺术剧院、解放军军乐团等专业院团下校演出13场，让学生有机会“走进大师，聆听经典”。活动由北京学生活动管理中心承办。

（张君）

【举办民族艺术进校园活动】 3至12月，市委宣传部、市文化局、市教委举办北京市民族艺术进校园活动。活动共邀请30家艺术团体演出400场，其中，中小学演出318场，高校演出61场，专场演出21场。活动覆盖16个区县400所学校，演出内容涉及昆曲、曲剧、芭蕾等多种艺术形式。该活动由北京学生活动管理中心承办，自2005年起连续举办8次。

（张君）

举办民族艺术进校园活动

举办金帆艺术团成立25周年舞蹈专场晚会

【举办青少年艺术周暨学生艺术节优秀节目展演】 5月20至29日，市教委和国家大剧院主办2012年国家大剧院北京青少年艺术周暨北京市第15届学生艺术节优秀节目展演。展演举办4场合唱音乐会，北京市第八中学、北京第一七一中学、大兴区第八小学等10所学校参加演出。演出学校在合唱方面各有特色，多次获得北京市及全国奖项。青少年艺术周同时推出校园剧展演，丰台区第五小学、东城区分司厅小学等6所学校演出充满纯真与童趣的校园剧。该活动由北京学生活动管理中心承办。

（赵硕）

【举办国际青少年艺术周】 5月23至27日，市教委主办2012北京国际青少年艺术周——国际大学生合唱音乐周。该活动以“和平、友谊、青春”为主题，举办5场高水平音乐会，邀请日本著名合唱指挥、作曲家松下耕和美国耶鲁大学合唱教育家杰弗里等艺术大师讲授课程。活动与人民音乐出版社共同主办，北京学生活动管理中心承办，场地安排在清华大学、北京大学、北京航空航天大学等学校，来自哥伦比亚、日本、美国3个国家4所大学以及来自天津、北京12所高校的700名学生参与活动。该活动是由文化部正式批准的对外交流活动。

（徐春生　刘弦）

【举办《北京之春》演唱会】 5月28日，北京市文联、北京音乐家协会、北京市少年宫主办“纪念毛泽东同志《在延安文艺座谈会上的讲话》发表70周年，深化‘走转改’活动启动仪式系暨《北京之春》演唱会”活动。来自各行各业，包括军人、科学家、老干部、工人、学生的11个合唱团500名成员参加演出。活动在歌声中回顾毛泽东《在延安文艺座谈会上的讲话》，回忆烽火硝烟的岁月，通过经典歌曲表达人民群众对党和国家的无限热爱。

（徐家辉）

【举办金帆艺术团成立25周年舞蹈专场晚会】 10月24日，市教委在国家大剧院举办“青春记忆——北京市学生金帆艺术团成立25周年”舞蹈专场晚会。晚会以“回顾昨天、珍视今天、期待明天”为主题，以“秋、冬、春、夏”四季轮回与更迭作为象征，设置《悦动》《聆听》《传颂》《希望》四个篇章。15个金帆舞蹈团参加演出。教育部、团中央、市委市政府以及相关委办局领导、文艺界专家、金帆艺术团校长代表、学生家长等1000人观看演出。3至12月，北京学生活动管理中心承办金帆艺术团成立25周年系列活动，推出“金帆日”活动，举办艺术教育峰会、感动金帆盛典，举办舞蹈、行进管乐、戏剧等专场演出及金帆团庆文艺晚会，制作金帆艺术团演出集锦专题片和画册。94个金帆团均参与系列活动，10万人次参与各项演出与观摩。金帆艺术团于1987年成立，成立之初设立11个分团，有600名学生，至本年，艺术团拥有十几个艺术门类（声乐、器乐、舞蹈、戏剧等）、94个分团和近万名团员。25年来，金帆艺术团秉承“扬起金色风帆，驶向成材彼岸”的理念，为各级各类学校和专业文艺团体培养、输送大批优秀的具有艺术素养的人才；出访世界50个国家和地区，多次完成重大庆典活动和外事接待任务，成为首都学校艺术教育的标志和窗口。为推动学校美育、开展艺术教育、加强校园精神文明建设做出积极贡献。

（徐春生　谢丹）

【举办首届中小学校长美育论坛】 11月19日，北京市教育学会举办北京市首届中小学校长美育论坛。论坛听取北京市陈经纶中学分校等5所学校作主题报告，展示朝阳区60所学校美育工作，并观看陈经纶中学分校学生管乐团、舞蹈团、合唱团和健美操队演出。论坛由市教委主办，北京市中小学美育研究会和朝阳区教委承办。北京市中小学美育研究会、市教委、北京市教育学院、北京教科院、人民音乐出版社领导，中央教育科学研究所、中央美术学院专家学者，朝阳区政府、东城区教工委及全市18个区县教委领导和400所中小学教师代表500人参加论坛。

（杨国英　李文莺）

【举办首都学生演出季】 11至12月，市教委举办2012年首都学生演出季。演出季分舞蹈专场、合唱专场和器乐专场。舞蹈为首场演出，舞蹈和合唱专场参演学校涉及东城、西城、海淀、朝阳、平谷5个区县的13所学校。器乐专场以继承和弘扬民族音乐，普及高雅艺术为己任，在乐曲选择上以多风格、大难度、高水平为目标，参演学校涉及东城、西城、朝阳、海淀、延庆和顺义6个区县20所学校。演出季每场演出由两所学校共同承担，共演出4场，参演人数1200人。该活动由北京学生活动管理中心承办。

（曹璐）

【参加全国中小学校园影视奖评选】 12月1日，第四届中国中小学校园影视节暨第九届中国中小学校园影视奖颁奖，北京代表队获得多个奖项。其中，获得金犊奖提名奖1个、金奖11个、银奖18个、铜奖12个，百佳校园电视台2个，北京教育网络和信息中心获得优秀组织奖。该影视节由中央电化教育馆和中国教育电视协会主办，校园电视节目（含播音与主持）评选设立金奖、银奖、铜奖（分类设奖），另设最佳导演、最佳创意、最佳摄影等单项奖，单项奖名称定为金犊奖；论文评选设立一等奖、二等奖；同时评选百佳校园电视台并设立优秀组织奖。

（马东）

【15 所学校入选全国优秀文化艺术传承学校】 12 月 7 日，教育部公布第一批全国中小学中华优秀文化艺术传承学校名单，北京市申报的 15 所学校全部入选。本次评选活动 2010 年 6 月 30 日开始，经过学校自评、地（市）或县（市）教育行政部门初评、省级教育行政部门审核上报、教育部通讯评选和现场评选相结合的终评四个阶段评选，全国共有 449 所学校入选。入选学校要求按照国家发布的课程计划，开齐开足上好艺术类课程；面向全体学生开展丰富多彩的课外艺术活动，学生的参与面达到 100%；努力建设积极向上的校园文化，形成本校鲜明的艺术活动特色和传统；拥有一支数量足够、结构合理、质量较高的艺术教师队伍；艺术教育资源充足，能满足课堂教学和课外活动的需要。该评选于 2010 年开始，今后每 3 年举办一次。

（彭艳波）

第一批全国中小学中华优秀文化艺术传承学校名单（北京）

海淀区西颐小学
东城区府学胡同小学
北京市第二实验小学
朝阳区安慧里中心小学
北京市第十二中学
北京市第九中学
门头沟区新桥路中学
昌平区马池中心小学
大兴区第七小学
怀柔区九渡河镇中心小学
顺义区杨镇中心小学校
通州区中山街小学
房山区良乡行宫园学校
延庆县左所屯中心小学
密云县第三小学

（彭艳波）

【举办北京艺术院校成果展示暨新年文艺晚会】 12 月 14 日，市委教育工委、市教委举办的“青春向上——2012 北京艺术院校成果展示暨新年文艺晚会”在清华大学新清华学堂举行。晚会通过致敬经典、汉风古韵、世界城市和民族欢歌 4 个篇章，全方位展示北京艺术院校在人才培养、科学研究、服务社会、文化传承等方面所做出的努力。10 所艺术院校及普通高校艺术院系 300 名学生参加演出。

（林清）

【验收北京大学生艺术团】 12 月，市教委验收北京大学生艺术团。该验收工作委托北京学生活动管理中心组织完成，专家组验收原 10 所承办高校的 12 个艺术团，评审新申报的 17 所高校的艺术团。清华大学等 14 所高校的 22 个艺术团通过验收与评审，被命名为北京大学生艺术团；北京交通大学等 7 所高校的 7 个艺术团被命名为北京大学生艺术团建设单位。

（陈思）

校外教育

【35 名学生获得“明天小小科学家”奖励】 2 月 16 日，市教委公布全国第 11 届“明天小小科学家”北京学生获奖名单。北京 35 名学生获奖，其中，一等奖 6 人、二等奖 13 人、三等奖 14 人，北京师范大学附属实验中学姜江、清华大学附属中学唐岱维获得“明天小小科学家”称号。该活动于 2011 年 5 月启动，由教育部、中国科协、香港周凯旋基金会共同主办，主要发现具有科学潜质和发展后劲的学生，向著名高等院校推荐，并资助他们进入大学后继续开展研究活动，鼓励他们投身于自然科学研究事业并立志成为未来的优秀科学家。本年全国 600 名高二学生申报，经过资格审查、初评、复评等环节，100 人晋级终评。经过知识水平测试、项目问辩、综合素质考察等环节考验，经终评评审委员全面考查学生的知识储备、逻辑思维和解决问题的能力，最终确定“明天小小科学家”称号获得者 3 人、一等奖 12 人、二等奖 35 人和三等奖 50 人。

（郑明）

【举办青少年机器人竞赛】 3 月 2 至 4 日，市科协和昌平区政府联合主办第 12 届未来伙伴北京青少年机器人竞赛。竞赛以“诚信伴我成长，科技开创未来”为主题，首次将全部机器人竞赛 5 个项目在各个分赛场同时进行，产生 3 组共 15 个第一名。第一名获得者代表北京市参加第 12 届中国青少年机器人竞赛。竞赛还评选出西觅亚科学奖、博思最佳科技创新奖、中鸣奖、纳英特科技创新奖、未来技术精英奖、安川最佳表现奖等企业专项奖。该竞赛由北京青少年科技活动中心和昌平区科学技术协会承办，来自 16 个区县和北京市青少年科技馆、中国儿童中心的 137 支代表队 373 名选手参加竞赛。

（郑明）

【举办青少年科技创新大赛】 3月22

至 25 日，市科协、市教委、市科委、市知识产权局、西城区政府联合主办第 32 届“安捷伦杯”北京青少年科技创新大赛。该比赛以“体验科学、创新成长”为主题，共包含 7 个重点环节：开幕式、技能测试、封闭答辩与评审、公开展示与交流、中外师生论坛暨联欢会、市长奖十年回顾和颁奖典礼暨闭幕式。30 万名学生参加活动，经学校推荐、区县评审，1642 项优秀学生竞赛作品参加市级初评，199 个项目进入终评答辩，10 项青少年科技实践活动、30 幅少年儿童科学幻想绘画入选终评展示。经过专家评审委员会考核，大赛最终评出小学生科技创新项目一等奖 25 项、二等奖 54 项、三等奖 71 项，中学生科技创新项目一等奖 88 项、二等奖 188 项、三等奖 245 项。共有来自 10 个国家的 68 名外籍中学生全程参与比赛。活动由北京青少年科技活动中心、西城区科协、西城区教委、西城区科委和北京育才学校承办。

（郑明）

【5名学生获得市长奖】　3月22日，市教委在第32届安捷伦北京青少年科技创新大赛开幕式上为获得第十届"北京青少年科技创新市长奖"和市长奖提名奖的学生颁奖。5名学生获得市长奖、5名学生获得市长奖提名奖。洪峰为获奖学生颁奖。该评选经评审委员会审阅候选人的材料和获奖项目，通过面试、问辩等综合评定，采用无记名投票方式差额选举确定入选者。市长奖评选开始于2003年，每年评选一次，共有50名优秀青少年获"市长奖"，25人获市长奖提名奖。市长奖提名奖于2008年起增设，每年也评选出5名获奖者。

（郑明）

第十届北京青少年科技创新
市长奖获得者

付元	中国人民大学附属中学
巩炳辰	北京交通大学附属中学
陈星烁	北京市第一零一中学
姜江	北京师范大学附属实验中学
管瑞成	北京市十一学校

（郑明）

【参加全国小行星搜寻远程天文观测活动】　3月23日至4月27日、9月18日至10月30日，北京教育信息和网络中心北京远程教育专业委员会组织北京中小学生分别参加2012年度第十期、第十二期全国中小学生国际小行星搜寻远程天文培训与观测活动。3月，6所学校28名学生参加，取得1个主带小行星发现成果；9月，6所学校40名学生参加，取得12个主带小行星发现成果。

（章祖军）

【调研金鹏科技团工作】　3至4月，北京学生活动管理中心组织调研北京金鹏科技团工作。该中心金鹏团秘书处组织专家及管理人员开展调研，主要通过查阅工作记录，了解各金鹏分团的日常管理工作情况，听取各分团介绍特色项目，参观特色项目配套设施和科技教育环境，并开展座谈。东城、西城和海淀等8个区县的17个金鹏团参加调研。

（赵茜）

【开展师生优秀电脑作品评选】　3月和6月，北京教育网络和信息中心举办北京市第13届师生电脑作品评选。1039件学生电脑作品参加市级评选，其中，小学作品510件、初中作品274件、高中作品255件。经过评定，共评选出一等奖65件、二等奖109件、三等奖204件。1550件教师作品参加市级评选，评选出一等奖169件、二等奖382件、三等奖600件。

（潘东庭）

【举办中小学生波音航空科普系列活动】　3至10月，北京学生活动管理中心、北京青少年基金会、波音公司联合主办的"放飞梦想——波音航空科普系列活动"在北京市200所小学校举办。活动是由波音公司出资350万元全额资助的一项融航空科普知识、动手操作实践、科技专题考察为一体的综合性、全公益性科技实践活动，覆盖全市，200名小学科学教师、3万名小学生参与。本年，该活动延伸至西藏等西部地区，除在西藏当地20所小学开展航空科普活动外，暑期还邀请西藏青少年朋友及教师来北京参加"北京学生科技文化节"活动。

（蒋小建）

【举办第七届北京阳光少年活动】　4

月24日至12月13日，市教委、市青少年学生校外教育联席会议办公室、北京校外教育协会联合主办第七届（2012）北京阳光少年活动。该活动以践行"爱国、创新、包容、厚德"北京精神为主题，开展互动展览、实践体验、手工制作、夏令营、系列讲座和综合竞赛等活动，重点推出中国国家博物馆"国乐飘香话古琴"活动、中国科学技术馆"爱上科技馆"夏令营活动、中国长城博物馆"画长城、讲长城、演长城"活动、北京自然博物馆"两岸中学生自然科学探索夏令营"活动、北京石刻艺术博物馆"拓片技法与实践"活动、首都博物馆"共享同一片蓝天"中小学生艺术作品展活动、北京教学植物园"绿色北京"阳光少年自然体验活动、西城区青少年科技馆"行走识北京"活动和通州区青少年活动中心"七巧科技"亲子游艺活动等82项。其中，北京学生活动管理中心、西城区少年宫、中国国家博物馆和索尼探梦科技馆等47家单位获得"优秀组织奖"。

（王媛媛　阴少萌　谢薇）

【举办高中生通用技术设计创意大赛】　5月13日，市教委举办第三届北京市高中生通用技术设计创意大赛决赛。比赛设悬臂梁结构模型、服装再造设计和计算机三维软件设计3个项目。比赛结合高中通用技术课程的教学实际，以技术课程的基本理念作为活动设计指导思想，通过项目式学习与实践，帮助学生理解、使用、管理和评价技术，培养和提高学生技术素养特别是创新意识和解决实际问题的能力。16个区县近百所中学1000名高中学生参加比赛，北京市和平街第一中学（本部）、北京市第一二五中学、北京汇文中学、北京宏志中学、顺义区杨镇第一中学和北京市铁路第二中学获得悬臂梁结构模型一等奖，北京市第四中学、密云县第二中学和通州区运河中学获得服装再造设计一等奖，通州区运河中学、北京师范大学励耘实验学校和北京农业大学附属中学获得计算机三维软件设计一等奖。活动由北京学生活动管理中心与西城区教委承办，四中组织实施。

（蒋小建）

【举办《故事爷爷孙敬修》生平展】　5月20日至6月19日，市教委、市档案局共同举办《故事爷爷孙敬修》生平展。展览设在北京市少年宫，旨在发挥"以史育人"的作用，弘扬孙敬修教育精神，传承中国汉语言文化，培养少年儿童创新精神和实践能力，使青少年在故事中受到教育。展览共展出文字资料、照片、音像资料等档案资料180件，向社会免费开放。

（杨建龙）

【参加DI青少年创新思维全球总决赛】　5月23至26日，市教委组织学生参加第30届DI青少年创新思维全球总决赛。北京队由23个学校的35支代表队组成，参加5个项目的比赛。其中，海淀区中关村第一小学获得“团队挑战——需要组装”项目小学组第一名，实现北京市小学生在国际创新思维竞赛中“零”的突破；北京市第五十七中学等9支代表队分别获得团队挑战前六名以及特别奖。比赛在美国田纳西州立大学举行。头脑奥林匹克（DI）青少年创新思维全球总决赛是一项国际性青少年的科技创新竞赛，突出科技与艺术相结合、创意与竞技相结合，通过活动将学生培养成为具有创造能力和团队合作精神的综合型、国际型人才，是典型的美式过程式教育，是全球最大规模的青少年创意大赛。

（徐春生）

【举办中小学生科技英语创意大赛】 5月26和27日，市教委主办的北京市中小学生科技英语创意大赛在东城区史家胡同小学举行。16个区县305个代表队参加比赛，经过学校初赛、区县复赛，97个代表队1000名师生参加决赛，选拔出学校团体特等奖、一等奖、二等奖和学生最佳语言、表演、潜力单项奖。活动由北京学生活动管理中心组织实施。

（李晨）

【获得两项机器人世界杯比赛冠军】 6月18至24日，在2012年机器人世界杯（RoboCup）国际总决赛上，北京代表队获得两项青少年机器人世界杯（RoboCup Junior）冠军。分别是北京市老虎（Tiger）代表队获得CoSpace Theatre项目冠军，北方交通大学附属小学代表队获得CoSpace Superteam救援项目冠军。比赛在墨西哥城举行，来自美国、日本和德国等89个国家和地区的300支代表队2300名选手参赛，中国代表队共派出来自全国各地的21支代表队参加全部项目的角逐。比赛分为大学组（RoboCup）和青少年机器人世界杯（RoboCup Junior），青少年比赛设有4个大项22个小项。北京代表队参赛活动由北京学生活动管理中心组织。

（王涛）

【获全国信息学奥林匹克竞赛团体对抗赛第一名】 8月2至8日，北京教育科学研究院组织北京市学生参加第29届全国青少年信息学奥林匹克竞赛。北京代表队共获得1枚金牌、5枚银牌及4枚铜牌，并在团体对抗赛中取得全场第一名。该比赛由教育部和中国科学技术协会委托中国计算机学会举办，全国30个省、区、市（含港、澳）347名青少年参赛。全国青少年信息学奥林匹克竞赛（简称NOI）是教育部认可的数学、物理、化学、生物、信息五个学科竞赛之一，是国内信息学领域面向中学生的最高水平比赛。

（沈俊楠）

【举办北京学生科技文化节】 8月9至

12日，市教委、市科委、市体育局、市科协共同举办北京学生科技文化节暨第30届北京学生科技节。活动以“科技与文化融合，成长与快乐同行”为主题，设置“创意蓝染”“创意环保乐器制作”“创新思维训练”“机器人梦工坊”“航空模型创意涂装”“环境小卫士学院”互动体验项目；邀请中国科学院教授等专家作专场报告，组织涉及“低碳环保”“天文”“气候变化”“创新思维训练”等方面的论坛活动。活动采取开放式活动场景、体验式互动学习、朋友式交流方式以及娱乐性联欢晚会等活动形式。活动由北京学生活动管理中心及朝阳区教委共同承办，16个区县400名师生及20名西藏学生参加活动。

（张峥　赵茜）

【举办金鹏国际科技教育论坛】 9月14日和16日，市教委举办两场北京金鹏科技教育论坛。14日举办北京金鹏科技论坛暨国际科学表演秀，主题为“科学秀，让科学‘动’起来!”，800名师生参加活动。16日举办主题为“科技教育与青少年创造力培养”的金鹏国际科技教育论坛，来自德国、美国、俄罗斯等国的科技教育专家就本国实际及科技教育发展的经验分别作主题报告，并开展交流研讨。来自16个区县的300名科技教育工作者参加活动。活动由北京学生活动管理中心承办。

（赵茜）

【举办中学生模拟联合国大会】 9月15至16日，市教委举办北京市中学生模拟联合国大会。会议以“追求卓越，放飞梦想”为主题，设置联合国大会、安全理事会、经济与社会理事会三个常规委员会，此外，还设置全国人大常务委员会特别研讨会、历史危机委员会、商业挑战赛等特色会场，让学生更切实地讨论身边的事、体验身边的生活。会议创新性的举办动态地球村展示，各国代表通过服饰、食品、器具和舞蹈等方式，展示所代表国家的风土人情、历史文化。会议组委会、主席团、秘书处均由参会学生组成。会议由海淀区教委承办，在北京市第一零一中学举办，72所学校参加会议，并首次设置2所观察员学校，参赛规模、辐射范围为历

举办中学生模拟联合国大会

年之最。全国政协、外交部领导出席大会。市、区县教育行政部门有关负责人和16个区县的高中学校师生代表及志愿者600人参加会议。模拟联合国会议是模仿联合国及相关的国际机构，依据其运作方式和议事原则，围绕国际上的热点问题，由中学生扮演各国外交官参与的会议。

（向婈婈）

【命名农村地区校外活动站】 11月9日，市教委发布命名北京市乡镇校外活动站的通知。该评选活动开始于2月，市教委组织调研组深入有关区县调研，考察、评估申报市级乡镇校外活动站的学校。经过审核申报材料和实地考察评估，决定命名门头沟区王平村中心小学等47所学校的校外活动站。7月，市教委从市级乡镇校外活动站中推荐7所学校成为乡村学校少年宫。

（崔向红　卢婷）

【开展中小学生科学素养测评工作】 11月16日，北京学生活动管理中心金鹏团秘书处开展2012年北京市中小学生科学素养测评。测评采用分层抽样的方式抽取16个区县的5万名中小学生，分为小学组（五年级）、初中组（初二年级）和高中组（高二年级）三个组别。测试分别对理解科学过程与方法，理解与表达科学知识，理解技术成果，开展科学探究，解决实际问题等部分进行测查。

（赵茜）

【举办学生机器人智能大赛】 12月1

至2日，市教委举办首届北京学生机器人智能大赛。比赛主题为“激情创造、挑战未来”，比赛项目设置FIRST科技挑战赛、VEX机器人工程挑战赛、自主研发的机器人工程挑战赛、人型机器人控球对抗赛。13个区县120所学校及校外机构组成的200支参赛队参加比赛，参赛师生共计1200人。最终，北方交通大学附属中学等35个参赛队分别获得4个竞赛项目小学、初中、高中三个组别的一等奖，海淀区五一小学等61个参赛队分别获得4个竞赛项目三个组别的二等奖，北京汇文中学等71个参赛队获得4个竞赛项目三个组别的三等奖。比赛由北京学生活动管理中心和海淀区教委承办。

（张峥）

【命名46家青少年校外活动基地】 12月7日，市教委公布2012年北京市青少年学生校外活动基地名单。经市校外教育工作联席会议成员单位和区县青少年学生校外教育工作联席会议办公室申报，市青少年学生校外教育工作联席会议办公室组织评审组评选，共评出校外活动基地46个。

（崔向红　卢婷）

【表彰中小学生金帆奖、银帆奖】 12月12日，市教委、市校外教育工作联席会议办公室、市人力社保局召开2012年北京市校外教育先进集体、先进个人表彰大会暨北京市中小学生金银帆奖颁奖典礼。会议表彰第26届北京市中小学生金帆奖和银帆奖获得者，表彰2012年度北京市校外教育先进集体50个和先进个人80人，颁发第七届（2012）“北京阳光少年活动”优秀组织奖47个，为校外活动基地、乡镇校外活动站授牌。区县金银帆艺术团代表演出节目。市政府领导、市教委主任、区县教委主管校外教育负责人、区县级部分校外机构负责人以及先进代表参加会议。金银帆奖评选于7月启动，共有400名中小学生申报，经市教委组织专家评审申报材料，确定金帆奖获得者16人，银帆奖获得者132人。活动由市教委、市青少年学生校外教育工作联席会议办公室主办，海淀区教委承办。北京市中小学生金帆奖、银帆奖是市教委为表彰在思想品德方面表现突出，以及在国际和全国学科、科技、体育、艺术活动中取得优异成绩的中小学生而设立的荣誉奖。自1987年设立以来，共有1389名学生入选，其中，金帆奖215人、银帆奖1174人。

（崔向红　卢婷）

第26届北京市中小学生金帆奖获奖者

北京市第五中学
　胡怡
北京市陈经纶中学
　徐永皓　周尚　刘子豪
中国人民大学附属中学
　陈景文　赵庚
中国农业科学院附属小学
　康子璇　李涵宇　尹鹭祎
　刘欣怡
顺义区杨镇第一中学
　张祥宇
北京市第二中学
　刘天一　王璐瑶
北京市第五中学
　刘子豪
东城区史家胡同小学
　杨安易　张添天

（崔向红　卢婷）

第七届（2012）“北京阳光少年活动”优秀组织奖

北京学生活动管理中心
北京教学植物园
东城区少年宫
东城区崇文少年宫
东城区崇文青少年科技馆
东城区朝阳门少年之家
东城区北新桥少年之家
东城区天坛少年之家
西城区少年宫
宣武少年宫
西城区青少年科技馆
西城区青少年美术馆
宣武青少年科技馆
西城区展览路少年宫
西城区丰盛少年宫
西城区西长安街少年宫
西城区椿树少年宫
朝阳区酒仙桥少年之家
朝阳区香河园少年之家
海淀区青龙桥青少年活动中心
丰台区东高地青少年科技馆
门头沟区少年宫
房山区少年宫

顺义区少年宫
密云青少年宫
延庆县青少年活动中心
中国国家博物馆
中国科学技术馆
中国铁道博物馆
中国长城博物馆
中国邮政邮票博物馆
中国电影博物馆
中国人民抗日战争纪念馆
首都博物馆
首都图书馆
北京天文馆
北京自然博物馆
北京艺术博物馆
北京民俗博物馆
北京市气象台气象科普馆
索尼探梦科技馆
西城区青少年儿童图书馆
北京动物园
中央组织部机关工会
北京神笛陶艺文化有限公司
北京京城百工坊艺术品有限公司
西城区天桥街道办事处

（郑明）

【召开青少年校外教育工作联席会议】 12月12日，市教委召开北京市青少年学生校外教育工作联席会议，市校外教育联席会议负责人汇报近两年来校外教育工作取得的成果。市领导对本市青少年校外教育工作提出期望。市校外教育联席会议30个成员单位负责人和16个区县的主管区县长参加会议。

（崔向红　卢婷）

【举办中小学生科学建议论坛】 12月16日，市教委举办第四届北京市中小学生科学建议论坛暨颁奖仪式。论坛围绕“关注社会热点科学表达主张”主题，通过互动方式探讨中小学生应该如何关注社会，探索如何用积极的方式参与“人文北京、科技北京、绿色北京”建设，共同为北京美好的明天出谋划策。1000名中小学生参与活动，收到有效建议560项。经过网上初选和复评复议，30名学生进入终评，通过参赛选手陈述建议项目主要内容及项目问辩等环节，评审委员会对建议项目进行综合评价，结合复评成绩形成终评总成绩，根据总成绩排名最终评选出科学建议奖10人、科学建议提名奖10人。10个区县20所中小学校的师生代表，水资源保护、环境保护相关政府部门及高校和科研机构专家，公益事业志愿者，新闻媒体记者等200人参加颁奖仪式。

（牛国文　郑明）

2012年北京市中小学生
科学建议奖获奖名单

关于北京市楼房节能温控外观颜色的建议
　张久柏　海淀区育鹰小学
关于在牛街地区建立回族民族博物馆的建议
　王奕轩　北京市宣武师范学校附属第一小学
关于北京郊县发展秸秆沼气压缩罐装产业的建议
　周震豪　北京理工大学附属中学
关于利用手机短信平台和GPS定位技术实现拼车调度的建议
　何昊阳　海淀区中关村第二小学
关于北京公交站遮雨棚改进的建议
　陈彦竹　北京市第十三中学
关于在北京新建城区道路推广大叶椴与皂荚作为行道树的建议
　朱相成　海淀区中关村第二小学
建设北京地下“共同沟”的必要性和措施
　张普杨　东城区和平里第一小学
关于在人员密集的楼房安装楼外消防安全通道的建议
　张稳　怀柔区第四中学
关于“加强露天餐饮摊管理”的建议
　贾景颐　北京第二实验小学
关于在公共场所放置免洗手消毒液的建议
　韩桥　北京师范大学附属实验中学

（郑明）

【举办金鹏科技教育论坛】 12月19日，市教委举办“仰望星空，关注未来”北京金鹏科技教育论坛。论坛邀请中国科学院院士欧阳自远作主题报告，深入浅出论述探月工程。欧阳自远是第三世界科学院院士、国际宇航科学院院士、著名天体化学与地球化学家、中国月球探测工程首席科学家。北京市金鹏科技团和科技示范校230名教师参加论坛。论坛由北京学生活动管理中心承办。

（赵茜）

【举办中小学生低碳环保知识竞赛】 12月22日，市教委举办2012年北京市中小学生低碳环保知识竞赛现场决赛。经过选拔和区县推荐，共有6支队伍参加决赛。经过必答题、抢答题、即兴演讲题和风险题四个环节比赛，昌平区和海淀区代表队获得小学组一等奖，顺义区和门头沟区代表队获得中学组一等奖。各参赛区县获得优秀组织奖。3.7万名中小学生参与网络初赛。

（赵茜）

（本栏责任编校　郑明）

科学研究

综 述

2012年，北京地区高校开展科研活动的单位共93个，北京地区高校及附属医院共有教学与科研人员100311人，其中科研活动人员69614人；科研经费总投入216.18亿元；承担研究项目73892项；发表学术论文112949篇、出版著作5824部；获省部级及以上奖励524项；现有研究机构778个，当年经费内部支出74.65亿元，年末固定资产原值133.60亿元。

科技人员及投入

北京地区64所设有理工农医类高校（含24所附属医院）共有教学与科研人员68072人，具有高级职称25099人；研究与发展人员34370人；科技经费投入共198.32亿元，其中政府资金投入134.02亿元，企事业单位委托投入57.60亿元。市属34所设有理工农医类高校（含15所附属医院）共有教学与科研人员28083人，具有高级职称7524人；研究与发展人员11580人；科技经费投入共23.39亿元，其中政府资金投入16.29亿元，企事业单位委托投入6.23亿元。

科技活动

北京地区64所设有理工农医类高校（含24所附属医院）共有科研活动机构518个；开展科技课题43250项，其中研究与发展课题38915项，R&D成果应用及科技服务课题4335项；派遣进修访问学者4705人次，接受进修访问学者5894人次；出席国际学术会议28805人次，交流论文15834篇。34所市属设有理工农医类高校（含15所附属医院）共有科研活动机构94个；开展科技课题8338项，其中研究与发展课题8029项，R&D成果应用及科技服务课题309项；派遣进修访问学者472人次，接受进修访问学者577人次；出席国际学术会议6347人次，交流论文2961篇。

科技产出

北京地区高校共出版科技专著518部，大专院校教科书495部，编著393部；发表学术论文78758篇，其中在国外学术刊物发表24147篇；SCI收录论文（科学引文索引）16988篇、EI（工程索引）18457篇、ISTP（科技会议索引）6046篇；鉴定成果233项，获奖成果446项，其中，国家级奖75项，省部级奖371项。市属高校出版科技专著200部，大专院校教科书252部，编著124部；发表学术论文17257篇，其中国外学术刊物发表3753篇；SCI收录论文（科学引文索引）2061篇、EI（工程索引）2373篇、ISTP（科技会议索引）1213篇；鉴定成果15项，获奖成果52项，其中，国家级7项，省部级45项。

科技推广

北京地区高校共签订技术转让合同950项，总金额9.0亿元，实际收入6.8亿元，专利出售147项，合同金额1.5亿元，实际收入1.3亿元；申请专利10285项，授权7059项，其中，申请发明专利8749项，授权5662项。市属高校签订技术转让合同136项，总金额9418.2万元，实际收入5735.5万元；专利出售22项，合同金额3284.5万元，实际收入2889.5万元；申请专利1584项，授权1205项，其中，申请发明专利1116项，授权639项。

社科人员及投入

北京地区64所设有人文社科全日制普通本科高校共有人文社会科学活动人员32239人，研究与发展（R&D）人员35244人；市属高校人文社会科学活动人员11353人，研究与发展（R&D）人员11527人。北京地区高校共筹集人文社科研究经费17.87亿元，其中政府资金9.93亿元，企事业单位委托经费5.56亿元，其他资金经费2.38亿元；市属高校当年筹集社科研究经费3.23亿元，其中政府资金2.13亿元，企事业单位委托经费0.85亿元，其他资金经费0.25亿元。

社科活动

北京地区64所设有人文社科全日制普通本科高校共有在研人文社科课题30642项，当年投入人员折合8330.1人/年，拨入经费13.66亿元；举办学术会议1461个，参加学术会议29185人次，提交论文10236篇；受聘讲学派出3181人次，来校受聘讲学3887人次。进修学习派出5424人次，来校进修学习5932人次。合作研究课题843项。市属高校当年在研课题7346项，当年投入人员折合2572.8人/年，拨入经费1.91亿元；市属高校当年举办学术会议227个，参加学术会议5711人次，提交论文2255篇。受聘讲学派出523人次，来校讲学730人次；进修学习派出822人次，来校进修学习493人次；合作研究课题130项。

人文社科研究成果

北京地区64所设有人文社科全日制普通本科高校共发表学术论文34191篇，出版著作4418部，获奖成果78项。市属高校发表学术论文9523篇，出版著作1279部，获奖成果5项。

完成各项科学技术研究工作

完成《关于进一步提高北京高等学校科技创新能力的若干意见》的起草工作。深入推进科研计划项目实施和人才培养、团队建设。北京市属高校首次有2个团队入选2012年度“创新团队发展计划”，13人获得“新世纪优秀人才支持计划”，加强科研基础条件与平台、基地建设。完成北京外国语大学“北京对外文化交流与世界文化研究基地”、北京师范大学“首都教育经济研究基地”、北京石油化工学院“北京现代产业新区发展研究基地”三个新增研究基地前期论证考察工作。在高校共建设4个北京实验室。确定9所特色明显、基础条件较好的市属院校牵头组建了15个“协同创新中心”。

（张年武）

总　类

【北京地区高校两个项目入选中国科学十大进展】　1月17日，北京地区高校两个项目入选2011年度中国科学十大进展。两项目分别是清华大学“设计出兼具低场高灵敏和高场大磁电阻的硅基磁电阻器件”项目和北京大学“实现碳纳米管的高效光伏倍增效应”项目。该评选由科技部主办，由两院院士，“973计划”顾问组和咨询组成员、项目首席科学家，各国家重点实验室主任投票评选。

（张驰）

【北京地区高校75个项目获得教育部科技奖】　2月10日，北京地区高校75个项目获得教育部2011年度高等学校科学研究优秀成果奖（科学技术）。该评选由教育部主办，本年度共评出自然科学奖一等奖43项、二等奖58项，技术发明奖一等奖14项、二等奖14项，科技进步奖一等奖56项、二等奖92项。北京地区高校75个项目获奖，其中，获得自然科学奖一等奖14项、二等奖12项，技术发明奖一等奖5项、二等奖5项，科技进步奖一等奖13项、二等奖26项。

（张驰）

2011年度高等学校科学研究优秀成果奖（科学技术）（北京地区　自然科学一等奖第一完成单位）

北京大学

- 原发性小血管炎临床表型和发病机制
- DNA计算机相关理论与应用研究
- 复杂耦合动态系统分析、控制与应用
- 内分泌干扰物质的环境行为及生态效应

清华大学

- 先进复合材料力学理论与实验表征及制备方法
- 量子通信与量子算法的物理基础研究
- 氧化锌薄膜多功能化的结构与性能调控
- 机械设备健康维护的若干理论与方法
- 细观与分子水平润滑摩擦的行为与机理

中国石油大学（北京）

- 复杂多相流动—反应系统耦合机制与调控方法

华北电力大学

- 面向流域系统的风险分析与优化调控理论

北京理工大学

- 功能无机物的纳微结构调控与特性研究

北京协和医学院

- 一些免疫及炎性基因遗传变异对基因功能和肿瘤易感性的作用

（张驰）

【北京地区高校54个项目获得国家科技奖】　2月14日，北京地区高校54个

项目获得2011年度国家科技奖。本年度国家科技奖共授奖374个项目。其中，国家自然科学奖授奖36项，一等奖空缺、二等奖36项；国家技术发明奖授奖55项，一等奖2项、二等奖53项；国家科学技术进步奖授奖283项，其中，特等奖1项、一等奖20项、二等奖262项。北京地区高校共有54个项目获奖，其中，国家自然科学奖二等奖10项，包括第一完成单位（人）8项；国家技术发明奖（通用项目）一等奖1项，为第一完成单位（人），二等奖6项，包括第一完成单位（人）3项；国家科学技术进步奖（通用项目）特等奖1项，二等奖36项，包括第一完成单位（人）17项。

（张驰）

国家自然科学奖二等奖（北京高校　第一完成单位）

北京大学

- 电荷转移分子体系光学非线性及超快全光开关实现
- 稀土纳米功能材料的可控合成、组装及构效关系研究
- 棉纤维细胞伸长机制研究
- 新发传染病的分子病理学和免疫学发病机制研究

清华大学

- 计算机网络资源管理的随机模型与性能优化
- 生物矿化纤维的分级组装机理研究
- 微纳尺度传热的尺度效应及其物理机制

北京交通大学

- 基于行为的城市交通流时空分布规律与数值计算

（张驰）

国家科学技术发明奖一等奖（北京高校　第一完成单位）

清华大学

- 有机发光显示材料、器件与工艺集成技术和应用

（张驰）

国家科学技术发明奖二等奖（北京高校　第一完成单位）

北京林业大学

- 森林计测信息化关键技术与应用

清华大学

- 基于微纳米技术的新型超级电容器及其实现

特征敏感的三维模型几何处理技术及应用

（张驰）

国家科学技术进步奖二等奖（北京高校　第一完成单位）

北京林业大学

主要商品盆花新品种选育及产业化关键技术与应用

中国农业大学

嗜热真菌耐热木聚糖酶的产业化关键技术及应用

北京化工大学

塑料精密成型技术与装备的研发及产业化

北京科技大学

大型铝合金型材挤压成套工模具设计制造技术与应用

华北电力大学

大型火电机组空冷系统优化设计与运行关键技术及应用

北京大学

综合型语言知识库

不孕症病因及治疗方法的研究与临床应用

北京理工大学

多源信息环境下自主地面移动平台导航、控制及应用

清华大学

复杂钢结构施工过程时变分析及控制关键技术研究与工程应用

我国二氧化硫减排理论与关键技术

北方工业大学

大型矿山排土场安全控制关键技术

首都医科大学

眼耳鼻咽喉疾病 CT 和 MR 技术创新与应用

北京中医药大学

肝脾肾同治法辨证治疗 2 型糖尿病临床研究

北京建筑工程学院

固体废弃物循环利用新技术及其在公路工程中的应用

北京邮电大学

融合业务支撑环境关键技术与应用

北京航空航天大学

中国民航飞行运行监控系统关键技术及应用

中国矿业大学（北京）

综放开采顶煤放出理论与厚煤层开采围岩控制技术及应用

（张驰）

【吴良镛获得国家最高科学技术奖】

2 月 14 日，清华大学教授吴良镛获得 2011 年度国家最高科学技术奖。吴良镛，1922 年 5 月出生于江苏省南京市。1944 年毕业于中央大学建筑系。1946 年协助梁思成创建清华大学建筑系。1949 年毕业于美国匡溪艺术学院，获硕士学位。1950 年回国投身新中国建设。1980 年当选中国科学院院士，1995 年当选中国工程院院士。曾任清华大学建筑系主任、中国建筑学会副理事长、中国城市规划学会理事长，以及国际建筑师协会副主席、世界人居学会主席等职。现任清华大学建筑与城市研究所所长、人居环境研究中心主任。吴良镛院士是中国著名的建筑学家、城乡规划学家和教育家，人居环境科学的创建者。他长期从事建筑与城乡规划基础理论、工程实践和学科发展研究，针对中国城镇化进程中建设规模大、速度快、涉及面广等特点，创立人居环境科学及其理论框架。

（张驰）

【北京地区 14 所高校国家科技园通过绩效评价】　3 月 26 日，北京地区 14 所高校国家科技园通过绩效评价。该工作由科技部、教育部主持，面向全国 86 家国家大学科技园，经第一阶段基础条件复核和第二阶段发展绩效评价，满足国家大学科技园各项认定条件并通过评价 83 家，不合格（摘牌）1 家，整改期顺延一年 2 家。北京地区高校 14 家国家科技园全部通过评价，其中，A 类（优秀）国家大学科技园 4 家、B 类（良好）国家大学科技园 6 家、C 类（合格）国家大学科技园 4 家。

（张驰）

2011 年度国家大学科技园评价结果（北京地区）

A 类国家大学科技园

北京航空航天大学国家大学科技园

清华大学国家大学科技园

北京理工大学国家大学科技园

中国人民大学国家大学科技园

B 类国家大学科技园

北京大学国家大学科技园

北京交通大学国家大学科技园

北京科技大学国家大学科技园

北京邮电大学国家大学科技园

北京化工大学国家大学科技园

中国矿业大学（北京）国家大学科技园

C 类国家大学科技园

北师大—北中医国家大学科技园

中国农业大学国家大学科技园

北京工业大学国家大学科技园

华北电力大学国家大学科技园

（张驰）

【完成市重点实验室和工程技术中心认定工作】　5 月 23 日，北京市完成 2011 年度北京市重点实验室和北京市工程技术研究中心认定工作。该工作由北京市科委主持，经初审、专家评审，全市共认定北京市重点实验室 69 个、北京市工程技术研究中心 58 个，其中，北京地区高校北京市重点实验室 34 个、北京市工程技术研究中心 15 个。

（华蕾）

【北京地区 31 所高校 34 个实验教学中心被评为国家级教学示范中心】　8 月 17 日，北京地区 31 所高校 34 个实验教学中心被评为“十二五”国家级实验教学示范中心。该评选由教育部主办，经学校申报、专家评审、网上公示，全国共评出 100 个国家级教学示范中心，其中，北京地区有 34 个实验教学中心入选。

（张驰）

“十二五”国家级实验教学示范中心名单（北京地区）

北京大学

环境与生态实验教学中心

药学实验教学中心

中国人民大学

信息技术与管理实验教学中心
清华大学
动力工程及工程热物理实验教学中心
先进材料实验教学中心
北京交通大学
机械工程实验中心
电子信息与计算机实验中心
北京航空航天大学
空天电子信息实验教学中心
北京理工大学
地面机动装备实验教学中心
北京科技大学
冶金工程实验教学中心
北京化工大学
高分子科学与工程教学实验中心
北京邮电大学
语言实验教学中心
中国农业大学
机械与农业工程实验教学中心
北京林业大学
园林实验教学中心
北京协和医学院
基础医学实验教学中心
北京中医药大学
中医学实验教学中心
北京师范大学
心理学基础实验教学中心
北京外国语大学
跨国经济管理人才培养实验教学中心
北京语言大学
语言信息处理实验教学中心
中国传媒大学
动画与数字媒体实验教学中心
中央财经大学
经济与管理实验教学中心
对外经济贸易大学
现代服务业人才培养实验教学中心
中国人民公安大学
刑事科学技术实验教学中心
北京体育大学
运动人体科学实验教学中心
中央音乐学院
乐队教学实训中心
中央美术学院
雕塑专业教学研究实验中心
中央戏剧学院
教学实习演出中心
中央民族大学
化学实验中心
中国政法大学
法学实验教学中心
华北电力大学
电气工程专业实验教学中心
中国矿业大学（北京）
煤炭安全开采与地质保障实验教学中心
中国石油大学（北京）
油气勘探与开发实验教学中心
中国地质大学（北京）
地质资源勘查实验教学中心
中国劳动关系学院
劳动关系协调与发展综合实验教学中心

（张驰）

【北京地区高校7人获何梁何利奖】10月29日，北京地区高校7人获得2012年度何梁何利奖。该奖项由何梁何利基金评选，本年评出科学与技术进步奖35人、科学与技术创新奖15人、科学与技术成就奖空缺。其中，北京地区高校7人获得科学与技术进步奖。

（张驰）

何梁何利基金2012年度科学与技术进步奖名单（北京地区　高校）

胡海岩　北京理工大学
翟裕生　中国地质大学
李蓬（女）　清华大学
朱玉贤　北京大学
赵沁平　北京航空航天大学
梅宏　北京大学
吴锋　北京理工大学

（张驰）

【北京教育系统175项成果获市哲社优秀成果】　10月，北京教育系统175项成果获得北京市第12届哲学社会科学优秀成果奖。该评选由市委、市政府设立，作为对全市哲学社会科学优秀成果的市级奖励。经市评奖委员会审定和批准，北京市第十二届哲学社会科学优秀成果奖共评出获奖成果210项，其中特等奖3项，一等奖45项，二等奖162项。北京教育系统175项成果获奖，其中，特等奖2项，一等奖40项，二等奖133项。

（车庆珍）

【市教委2013年科研计划项目确定】11月，市教委确定2013年科研计划项目。根据科技发展计划项目管理办法、人文社会科学研究计划项目管理办法，经过项目申请、学校初选推荐、市教委评审等程序，共批准来自29所高校的科研项目483个。其中，“科技发展计划”重点项目38个、面上项目243个，“人文社会科学研究计划”重点项目29个、面上项目173个。批准项目资助经费总额6557.5万元，其中“科技发展计划”项目经费5230万元，“人文社会科学研究计划”项目经费1327.5万元。

（车庆珍　翟昊）

市教委2013年度科技发展计划重点项目立项项目

北京工业大学
电渗泵驱动的微流控芯片高效液相色谱的研究
密排六方金属变形及强化微观机制原位电子显微学研究
涂层导体用复合基带立方织构形成机理及产业化研究
多纹理多深度视频编码及3D视频系统构建关键技术研究
硬脆性非金属材料皮秒激光高精分离机理及关键技术研究
融合多源异构信息的群体行为感知与分析
微流控芯片定量检测的多波长数字全息相衬成像方法研究
强地震作用下大跨度空间网格结构倒塌机制研究（国家重点学科）
北方工业大学
支持数据资源联动的云服务社区研究
钢管混凝土结构抗火机理及试验研究
北京工商大学
牛乳抗凝固作用分子机制研究
基于多光谱技术的食品安全快速无损检测方法研究
激光瞬/稳态荧光直接快速检测纸塑食品包装中有害化学物
北京服装学院
聚乳酸/纳米二氧化钛功能纤维的结构调控及性能
绿色高效处理复杂有机废水的理论及关键技术研究
北京建筑工程学院
深埋盾构无障碍始发关键技术研究

利用计算流体力学优化污泥厌氧消化工艺的传质条件

北京农学院

草莓果实衰老机制及调控技术

首都医科大学

固有免疫应答对肺移植免疫排斥的作用机制及应用研究

SCF/c-kit 信号分子在肠粘膜屏障形成和肠源性感染的作用机制研究

CAL 与 mGluI 相互作用在帕金森病中的作用及机制研究

临床步态分析新方法的研究

补肾益髓方调节 EAE 细胞免疫和促进神经修复的机制研究

胶质母细胞瘤组织与其肿瘤干细胞间关键基因表型变异的研究

窄带成像内镜在喉癌微创治疗体系中的应用

基于交互式模式对视觉及脑感知缺损修复关键技术研究

眼巩膜组织核黄素蓝光交联的有效性和稳定性的研究

微小 RNA 作为高血压治疗靶点的实验研究

糖皮质激素治疗炎症性嗅觉障碍的研究

首都师范大学

生物与应用偏微模型中的波现象及斑图的定性分析

非线性微分方程中的一些定性问题

金属微结构太赫兹功能材料与器件研究

重要经济昆虫的起源演化及其对环境适应的机制

酿酒酵母纤维素乙醇统合加工研究

基于斜模成像的高光谱图像超分重建方法研究

北京信息科技大学

变工况风力发电旋转机械的故障特征趋势预示方法研究

面向领域的互联网多模态信息精准搜索方法研究

北京联合大学

复杂气体催化发光光谱表征及传感技术基础研究

（车庆珍　翟昊）

市教委 2013 年度人文社会科学研究计划重点项目立项项目

北京工业大学

大学治理框架下的教学改革机制研究

北方工业大学

北京文化创意产业竞争力评价及产业发展路径研究

北京工商大学

北京文化创意产业集群效应研究

北京零售企业自有品牌战略研究

知识产权质押融资制度设计与创新模式研究——基于北京市创新型中小企业融资困境的思考

北京市率先形成消费拉动型经济发展模式研究——基于居民消费的视角

北京服装学院

高校文化创意产业园区的形成机理与运营机制研究

北京建筑工程学院

基于 BIM 标准的工程合同体系研究

北京石油化工学院

净零碳足迹导向的农村生活能源政策研究

北京农学院

京郊农地可持续利用法律规制研究

首都医科大学

北京地区不同级别医院医生职业幸福感影响因素及提升策略研究

首都师范大学

当代西方美学“艺术”定义史研究

北京特色文化资源整合与传播研究

唐五代童蒙教育研究

古代希腊与东方文明的交流及互动研究

两岸关系和平发展思想研究

首都体育学院

京津冀体育产业一体化发展战略研究

北京第二外国语学院

中关村和班加罗尔相关技术创新政策比较研究

北京物资学院

食品安全信息有效传递的激励约束机制——基于北京市的跟踪研究

首都经济贸易大学

马克思主义中国化国际战略思想研究

北京“世界文化遗产类”旅游景区实现精细化管理的路径研究

资产型通货膨胀与货币政策选择问题研究

中国音乐学院

中国汉族传统旋律的构成要素研究

中国戏曲学院

戏曲导演创作研究

北京电影学院

中国电影产业发展模式及发展协同创新研究

当代东欧与北欧电影文化研究

北京舞蹈学院

构建具有艺术院校特色的综合育人模式研究

北京联合大学

基于 Web2.0 的首都高新技术产业决策机制研究与应用

北京主要外国客源市场游客消费行为与宣传推广策略研究

（车庆珍　翟昊）

【印发提高科技创新能力的意见】

12 月 6 日，市教委印发《关于进一步提高北京高等学校科技创新能力的意见》。该意见提出提高高校科技创新能力工作的指导方针：科学定位、需求导向、协同创新、人才优先、重点突破。提出提高高校科技创新能力的目标要求：以科学发展为主题，以经济发展方式转变为主线，以科技创新能力提高为核心，坚持把推进科技创新与人才培养紧密结合作为根本任务，坚持把依靠科技创新推动文化传承作为主攻方向，坚持把通过协同创新提升人才培养水平和科技创新能力作为关键环节，坚持把完善高校科技创新服务经济社会发展作为本质要求，着力提高高校自主创新成果质量和水平，培养造就一大批拔尖科技创新人才，全面推进北京区域创新体系建设，形成有力支撑、服务国家和北京整体发展与建设的新局面。

（李善廷）

【化大获批设立部级科技查新工作站】

12 月 25 日，北京化工大学获批设立第六批教育部部级科技查新工作站。该工作站的设立由教育部审批，旨在充分发挥高校图书情报职能和科技信息咨询服务优势，为科学研究提供优质的情报服务，以充分利用学校的文献、人员与设备开展科技查新工作。本次全国共批准 6 所高校设立工作站，化大为北京地区唯一入选高校。同时，批准北京工业大学、北京交通大学、北京体育大学为部级科技查新工作站筹建单位。

（张驰）

【两项目入选高校十大科技进展】
12月28日，北京地区高校两项目入选2012年度中国高校十大科技进展。该评选由教育部科学技术委员会主持，北京地区高校两项目入选，分别是北京大学主持的强激光场下原子分子隧道电离研究和清华大学主持的脑起搏器研究。

（张驰）

【推进“2011协同创新中心”建设】
至年底，市教委开展系列“2011协同创新中心”建设推进工作。市教委通过调研摸清情况，组织宣讲明确任务，深入沟通确定目标，根据“2011计划”精神和要求，结合学校发展特色和优势，指导9所市属院校牵头组建或联合组建15个“协同创新中心”。“2011计划”的实施是推进高校创新能力提升、推进高校机制改革的一个重要契机。今后，市教委将按照教育部的有关要求，进一步细化方案，采取措施，通过机制改革，实现协同创新，并通过协同创新实现学科建设、科研创新、人才培养的协调发展和水平提升。

（李善廷）

【建设特色教育资源库建设项目】
至年底，北京市开展市属高校特色教育资源库建设项目建设。4月，承担2011年度北京市属高校特色教育资源库建设项目的10所高校通过专家验收。8月，完成2013年度项目申报工作。经审定，承担2013年特色教育资源库建设项目的高校有8所，包括北京第二外国语学院、北京工业大学、北京服装学院、北京电影学院、北京印刷学院、北京建筑工程学院、中国音乐学院和首都医科大学，预期建设主题资源包46个，其中二期建设主题资源包10个，新建主题资源包36个。11月，该项目被列为教育部信息化专项试点项目。

（张豫）

【增列3个市哲学社会科学研究基地】
至年底，北京市增列3个北京市哲学社会科学研究基地。新增列北京市哲学社会科学研究基地为北京师范大学首都教育经济研究基地、北京外国语大学北京对外文化交流与世界文化研究基地和北京石油化工学院北京现代产业新区发展研究基地。至此，在北京普通高等学校中市社科规划办和市教委已经联合建立北京市哲学社会科学研究基地42个。

（车庆珍）

【4家实验室被认定为北京实验室】
至年底，北京市认定4家北京实验室。市教委经专家论证、现场考评等环节，共批准4所央属高校分别牵头建设北京实验室，分别是北京理工大学新能源汽车北京实验室（联合北京交通大学、北京工业大学、北京信息

科技大学），北京科技大学现代交通金属材料与加工技术北京实验室（联合北京工业大学、北京交通大学），北京交通大学城市轨道交通北京实验室（联合北京工业大学），中国农业大学食品质量与安全北京实验室（联合北京工商大学、北京农学院）。北京实验室以服务国家和北京经济社会发展为出发点，以提高高校科技自主创新能力和竞争力为宗旨，围绕科技进步和发展，整合创新资源和北京地区高校在前沿科学研究领域的优势，强化产学研结合，促进产学研协同创新，逐步发展成为北京地区高校联合共建、校企互赢、解决重大科技问题的、高水平的创新基地。其具体运作方式是学校牵头、校际合作、企业参与。建设原则是坚持协同创新、注重资源整合，坚持需求导向、侧重应用研究，坚持前沿引领、力争重点突破，坚持政府主导、鼓励多方参与。

（李善廷）

科　研　成　果

【电荷转移分子体系光学非线性及超快全光开关实现项目获国家自然科学二等奖】 2月14日，北京大学“电荷转移分子体系光学非线性及超快全光开关实现”项目获得2011年度国家自然科学二等奖。该项目由该校现代光学所龚旗煌教授团队完成，在系统研究有机聚合物分子体系电荷转移提高三阶非线性光学效应的机理和途径的基础上，在国际上首次提出通过复合分子材料激发态电荷快速转移获得超快响应和共振增强三阶非线性光学系数的新途径，实现皮秒量级超快响应和超低阈值功率的全光开关原型器件。

（胡少诚）

【稀土纳米功能材料的可控合成组装及构效关系研究项目获国家自然科学二等奖】 2月14日，北京大学“稀土纳米功能材料的可控合成组装及构效关系研究”项目获得2011年度国家自然科学二等奖。该项目由该校严纯华教授等人完成，建立基于配位化学原理，可控制备稀土纳米功能材料的方法，揭示材料的发光、催化等性质与纳米结构间的关联性，对稀土功能纳米和有序介孔材料的可控制备、功能调控和应用探索有创造性贡献。

（胡少诚）

【棉纤维细胞伸长机制研究项目获国家自然科学二等奖】 2月14日，北京大学“棉纤维细胞伸长机制研究”项目获得2011年度国家自然科学二等奖。该项目由该校朱玉贤教授等人完成，为全面阐明纤维细胞的伸长机制提供重要的线索，而且为通过调节植物代谢过程来控制棉纤维发育，提高中国棉花的产量和品质提供重要的

基因资源。项目组与中国农业科学院棉花研究所合作，将指导乙烯生物合成的E6-ACO及E6-KCS转化载体导入栽培棉花品种，成功创制具有明显优势的、以改善纤维品质和提高产量为主要目标的第二代转基因棉花（转基因抗虫棉是迄今中国唯一商业化种植的第一代转基因棉花），获得一批纤维长度和强度均有显著提高的棉花新材料，将对改善中国棉花纤维品质，提升中国棉花产业的国际竞争力产生深远影响。

（胡少诚）

【新发传染病的分子病理学和免疫学发病机制研究项目获国家自然科学二等奖】 2月14日，北京大学“新发传染病的分子病理学和免疫学发病机制研究项目”获得2011年度国家自然科学二等奖。该项目由该校基础医学院顾江教授课题组的完成。项目从分子病理学、免疫学和分子生物学等角度对“非典”（SARS）、人禽流感这类新发传染病进行深入系统的研究，对病毒在病人体内做准确定位，取得一系列突破性研究成果，为SARS、人患禽流感的各种临床表现和试验检测结果提供合理解释，也为今后这类新发传染病的预防、诊断和治疗提供理论依据。

（胡少诚）

【计算机网络资源管理的随机模型与性能优化项目获国家自然科学二等奖】 2月14日，清华大学“计算机网络资源管理的随机模型与性能优化”项目获得2011年度国家自然科学二等奖。该项目由该校林闯教授等人完成，建立资源服务和业务需求模型，并基于此进行系统性能优化，是计算机网络领域基础性的研究课题。项目建立随机高级Petri网（SHLPN）理论，有效抑制模型分析求解中“状态空间爆炸”的难题；提出通用多队列多服务器模型，使复杂计算机网络系统的建模分析成为可能；基于随机模型，提出一系列具有普适性的优化网络系统性能的新思路和新方法。

（许亮）

【生物矿化纤维的分级组装机理研究项目获国家自然科学二等奖】 2月14日，清华大学“生物矿化纤维的分级组装机理研究项目获得2011年度国家自然科学二等奖。该项目由该校崔福斋教授等人完成，阐明多种典型硬组织的生物矿化纤维分级组装规则和结构模型，破译生物矿化纤维分级组装的关键机理。项目的系列研究发现有助于深化人类对多种天然生物矿化组织分级组装过程的理解，使人类对骨牙等硬组织形成过程的认知有突破性进展，对生物矿化理论研究和新型功能材料的仿生制备意义重大。

（许亮）

【微纳尺度传热的尺度效应及其物理机制项目获国家自然科学二等奖】 2月14日，清华大学“微纳尺度传热的尺度效应及其物理机制”项目获得2011年度国家自然科学二等奖。该项目由该校过增元教授等人完成，将微纳尺度传热归结为界面效应起重要作用的传热现象和规律，首次提出和验证连续介质假定成立条件下，不同作用力的相对重要性的变化也能导致传热的尺度效应，揭示单相对流换热的尺度效应、纳米硅膜和复合膜热导率远小于材料的尺度效应及纳米薄膜热导率各向异性特征以及空气夹层壁面辐射换热与气体导热的相对重要性，建立纳米金属薄膜热导率与薄膜微观结构的定量关系和电子对导热和导电贡献不同的理论模型，研发液滴震荡型微聚合酶链式反应（PCR）芯片，发明悬浮薄膜热导率的测量方法，准确测量纳米薄膜的热导率。

（许亮）

【城市交通流时空分布规律与数值计算获国家自然科学二等奖】 2月14日，北京交通大学主持完成“基于行为的城市交通流时空分布规律与数值计算”项目获得国家自然科学奖二等奖。该项目组20年来对基于行为的城市交通流时空分布规律与数值计算进行深入研究，构建城市交通网络中多车种运量分布与分配的组合模型，解决国际上城市交通规划四阶段理论中各阶段之间不相容这一严重缺陷；研究基于网络备用能力的城市交通网络设计问题，避免交通网络设计中的能力诡异现象；研究不同路网拓扑结构与其承载的交通流量之间的关系，部分解决城市交通承载能力研究上的难题；构建基于换道行为的多车道交通流动力学模型并进行特性分析；提出一种新的求解大规模离散交通网络设计问题的计算方法——支撑函数法，显著提高运算效率。该项目提出的部分模型与算法已经被嵌入国际著名交通软件中，发表的相关论文已被他引2483次。

（高杰）

【有机发光显示材料、器件与工艺集成技术和应用项目获国家科技发明奖一等奖】 2月14日，清华大学“有机发光显示材料、器件与工艺集成技术和应用”项目获得2011年度国家科技发明奖一等奖。该项目由该校邱勇教授等人完成，历经10余年自主研发，攻克电子注入材料、电子传输材料、器件可靠性和大生产工艺技术等关键难题，系统性地解决有机发光显示（OLED）器件的效率和寿命问题，整体技术达到国际领先水平。项目自主建成中国大陆第一条OLED量产线，该条生产线是国际上目前同类量产线中技术最先进、产能最大的生产线。产品广泛用于民用和国防领域，并在国际上首次应用于航天领域。市场占有率位居全球第二，国内第一。

（许亮）

【森林计测信息化关键技术与应用项目获国家科技发明奖二等奖】 2月14日，北京林业大学“森林计测信息化关键技术与应用”项目获得2011年度国家科技发明奖二等奖。该项目由该校冯仲科教授等完成，以森林资源的数量、质量和空间分布为研究对象，以森林资源与生态环境的调查、监测、建模、预测、决策和制图分析为研究内容，以实现森林资源的数字化、信息化、精准化计测为研究目标，通过自主创新和有效集成，发明自动精准测树、三维激光扫描测树系统、森林资源航天遥感与地面角规抽样配套系统集成、无人机航空摄影遥感森林计测和林火要素实时测量等关键技术。该技术及产品应用后，通过精密光电角距样地定点测树技术，实现立木的无伐倒、无损伤直接测量，全面自动测定与建库记录单木干型、林分断面积、树冠体积及表面积和上部直径等多个测树因子，精度提高5%～10%，野外工效提高1～3倍。

（高斌）

【基于微纳米技术的新型超级电容器及其实现项目获国家科技发明奖二等奖】　2月14日，清华大学“基于微纳米技术的新型超级电容器及其实现”项目获得2011年度国家科技发明奖二等奖。该项目由该校尤政教授等完成，属仪器仪表技术和电子技术领域，探究“电容”储能新机理，提出微纳米电极材料制备新工艺，发明系列超级电容器新结构，发明系列大型超级电容器制造技术、高性能小型超级电容器制备方法、基于MEMS技术的微型超级电容器加工工艺，创新性提出的单体电压均衡电路设计方法及单体机械紧固结构设计方法，实现高达1200V电源系统的可靠集成与精确控制。研究成果实现规模化生产并在武器装备、风电系统、电动车辆等领域获得成功应用，填补多项国内空白。获得授权发明专利16项，发表论文被SCI收录23篇。

（许亮）

【特征敏感的三维模型几何处理技术及应用项目获国家科技发明奖二等奖】　2月14日，清华大学“特征敏感的三维模型几何处理技术及应用”项目获得2011年度国家科技发明奖二等奖。该项目由该校胡事民教授等人完成，面向数字工厂设计过程存在自动化程度不高、大规模点云中噪音与扫描漏洞无法处理等关键问题，提出多尺度曲率特征的提取与融合等四项主要技术发明，构成特征敏感的三维模型几何处理技术体系。项目申请发明专利24项，已授权11项，获软件著作权3项，发表代表性论文30篇，研制具有自主知识产权的数字工厂设计平台，在国家重要行业领域中进行广泛的应用。

（许亮）

【水力喷砂射孔与分段压裂联作技术及工业化应用获国家技术发明奖二等奖】　2月14日，中国石油大学（北京）“水力喷砂射孔与分段压裂联作技术及工业化应用”项目获2011年度国家科学技术发明奖二等奖。该成果发明具有自主知识产权的滑套式不动管柱水力喷砂射孔压裂联作技术井下系列工具，成功解决不动管柱喷射分段的关键工具难题，丰富和发展水射流和压裂改造理论与技术，促进油气开采和水射流技术的进步，开辟磨料射流用于增产改造的新途径。

（许博）

【塑料精密成型技术与装备的研发及产业化获国家科技进步奖二等奖】
2月14日，北京化工大学“塑料精密成型技术与装备的研发及产业化”项目获得2011年度国家科技进步二等奖。该项目以该校为第一完成单位，由杨卫民、吴大鸣教授等完成。塑料精密成型技术与装备是现代制造业重要的生产母机，主要用于制造通讯、电子、家电、汽车的精密塑料零件和医用精密塑料导管等高端塑料制品。该项目经过科技攻关，突破多项关键技术，研发出达到国际先进水平的塑料精密成型技术与装备并实现大规模产业化，打破德、日等国企业垄断。利用该项目成果生产的精密注塑机已远销美国、德国和日本等发达国家在内的数十个国家和地区。

（孙忠博　梁军）

【融合业务支撑环境关键技术与应用获国家科技进步奖二等奖】　2月14日，北京邮电大学“融合业务支撑环境关键技术与应用”项目获得2011年度国家科技进步二等奖。该项目率先在国际上引入面向异构网络的融合业务支撑环境，以支持通信网应用提供模式的转变。项目提出三个创新性方法，突破七项关键技术，被工业和信息化部科技司组织的鉴定委员会评价为“所开发的技术达到国际先进水平，部分技术属于国际领先”。

（王晋　吴昊）

【2型糖尿病临床研究获国家科技进步奖二等奖】　2月14日，北京中医药大学“肝脾肾同治法辨证治疗2型糖尿病临床研究”获得2011年度国家科学技术进步奖二等奖。该项目以中西医结合的理念为指导，病证结合，为2型糖尿病的防治提供新思路，提出糖尿病辨证治疗的新观点和有效的辨证治疗方案。经265例2型糖尿病病例观察，对提高糖尿病的防治效果有重要意义，对2型糖尿病系列治疗药物的研发提供参考。

（杨苏）

【空冷系统优化设计与运行关键技术及应用获国家科技进步奖二等奖】
2月14日，华北电力大学“大型火电机组空冷系统优化设计与运行关键技术及应用”项目获得2011年度国家科学技术进步奖二等奖。该项目构建大型火电机组空冷系统性能分析研究平台，揭示出复杂环境条件和机组负荷变化对空冷系统性能的影响机理，并从强化传热、空气流场组织、系统集成等多个角度提出提高空冷机组运行效率和优化设计的技术手段。在已应用于火电行业近百台大型空冷机组的过程中，该成果使其供电煤耗降低4.5～7g/kWh。该成果的推广应用，可使火电行业年节约标准煤500万吨。

（王振华）

【中压锅炉节水及废水近零排放成套技术开发通过鉴定】　2月23日，北京化工大学“中压锅炉节水及废水近零排放成套技术开发”项目通过中国石油和化学工业联合会鉴定。该项目为国家“863计划”课题，通过对中压锅炉汽水系统的运行规律、腐蚀与结垢机理的研究，突破中压锅炉必须排污的观念和传统，研发适合中压锅炉压力、温度和水质等条件的核态清洗强化传热、系统平衡法减排、氧化性水工况及其防腐阻垢、超分子缓蚀剂法防腐蚀等新技术，通过系统集成，形成中压锅炉闭路运行新工艺，并在河北石家庄双联化工有限责任公司建成规模110t/h的中压锅炉节水与废水近零排放示范工程，使锅炉排污率从5%降低到≤1%，碳钢腐蚀率0.015mm/a，不锈钢腐蚀率≤0.004mm/a，阻垢率≥99%，年可节约和减排废水约40万吨。

（孙忠博　梁军）

【中国证券市场审计行为研究获国家自然科学基金项目特优】　2月，中央财经大学主持完成的“基于注册会计师个体视角的中国证券市场审计行为研究”国家自然科学基金项目被国家自然科学基金委员会评为“特优”。该项目重点关注会计师事务所的质量控制和审计资源配置过程中表现出的注册会计师个体特征以及如何从注册会计师个体视角考察审计行为与审计质量。该课题有8项相关研究成果已发表或被接受发表。

（罗茜）

【北航首套机载飞行校验系统交付使用】　3月31日，北京航空航天大学和中国民用航空飞行校验中心联合研制的中国自主知识产权机载飞行校验系统（CFIS系统）在首都机场交付使用。该飞行校验系统及改装机型已通过美国联邦航空管理局补充型号认证（FAA STC），具备全球飞行条件。在CFIS系统研制和生产过程中，实现中国设计、美国制造的国际化合作。该系统交付使用标志中国成为世界上第六个能自主研制飞行校验设备的国家。

（毕娟）

【北航自主研发探空火箭发射成功】 4月25日，北京航空航天大学自主研发“北航3号”探空火箭发射成功。“北航3号”箭体全长5.16米，直径0.3米，满载质量310千克，有效载荷20千克，飞行高度可达30公里。发射后，“北航3号”各项飞行指标均达到设计要求。

（毕娟）

【矿大（北京）土地整理工程施工关键技术研究通过验收】 5月4日，中国矿业大学（北京）主持的“十一五”国家科技支撑计划课题“土地整理工程施工关键技术研究”项目通过国土资源部验收。课题研制质量生态型水土重构技术1项、土地整理的高效施工技术1项、整理区生物一理化联合改良新技术3项和生物配置与景观生态优化技术1项，形成土地整理工程施工关键技术行业规范3套；申请国家发明专利4项和授权实用新型专利1项，发表论文31篇，出版专著1部；培养研究生13人和青年科技骨干6人，培训土地整理工程和管理人员160人，形成较高水平的学术团队。该课题为“十一五”国家支撑计划项目“土地整理关键技术集成与应用”的第二课题。该项目是国土资源部组织、土地整理中心牵头的第一个土地整理领域国家科技支撑重点项目。课题自2009年1月1日启动。

（杨洪兵　苏欢）

【石化学院深水海底管道铺设技术项目通过验收】 5月15日，北京石油化工学院“深水海管铺设焊接工艺及设备国产化技术研究”项目通过验收。该项目是“十一五”863计划“深水海底管道铺设技术”子课题，先后开展自动焊接设备设计、自动焊接设备制造、焊接工艺开发、场地试验等课题研究环节，其中管道铺设自动设备先后于2010年12月参加“滨海108”船海上试验、2012年4月参加“海洋石油201”船海上试验并取得成功。

（李娜娜）

【北理工视频图像处理器应用于“神舟九号”发射】 6月16日，北京理工大学研发视频图像处理器成功应用于“神舟九号”发射。该项目由该校机电学院机电系统工程系武器系统工程学科谌德荣教授课题组研发，由分为4台箭上可见光图像压缩处理器和1台箭上红外图像采编压缩处理器，成功用于长征二号F运载火箭助推器分离、整流罩分离、发动机温度监测等运载火箭飞行状态视频图像的实时采编、压缩及处理。

（史建伟）

【农学院优质肉牛新品种培育获得重大进展】 7月19日，北京农学院“优

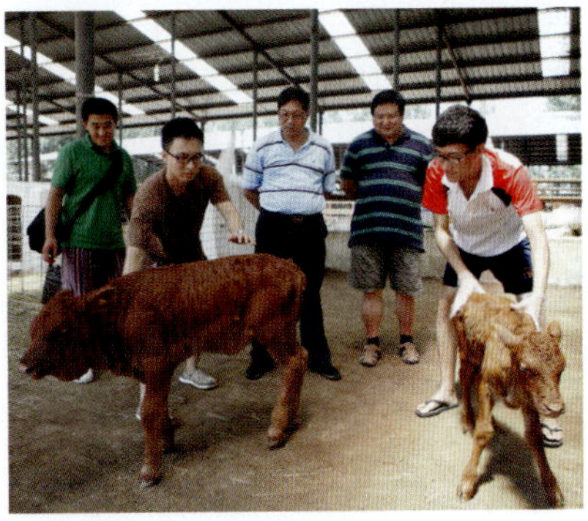

质高效转基因肉牛新品种培育”获得重大进展。该项目为国家转基因重大专项，应用体细胞克隆技术，首批两头含有脂肪性脂肪连接蛋白基因（FABP）秦川牛犊牛在农学院综合实验基地诞生，为培育中国自主品牌的肉牛新品种迈出关键的一步。脂肪性脂肪酸结合蛋白基因（A-FABP）是影响动物肌间脂肪含量的重要基因，它能够使肌间脂肪含量增加，使牛肉的品质得到提高。该项研究将脂肪性脂肪酸结合蛋白基因转入秦川牛胎儿的成纤维细胞内，再用体细胞克隆技术，把含脂肪性脂肪酸结合蛋白基因成纤维细胞注射进入成熟的去核卵子内，使其体外发育成重构胚胎，最后把胚胎移植进入同期发育的母牛子宫内，经280多天妊娠，生产出含脂肪性脂肪酸结合蛋白基因的犊牛。该技术将极大的促进中国五大黄牛之一的秦川牛品种改良、开发与利用。该项目是国际上第一批成功转入脂肪性脂肪酸结合蛋白基因克隆牛，其产犊率达到71.4%，标志着农学院具备生产转基因动物成熟的技术体系。

（陈勇）

【北大发布《中国民生发展报告2012》】 8月5日，北京大学发布《中国民生发展报告2012》。该报告由该校中国社会科学调查中心编写，由民众的经济生活、婚姻家庭、青少年健康成长、医疗与卫生、教育等内容组成。

（蔡曦亮　余浚）

【农大病虫草害防治技术与示范项目通过鉴定】 8月18日，中国农业大学“华北农田主要病虫草害的生物合理性低剂量化学防治技术与示范”项目通过教育部鉴定。专家组听取课题工作和技术报告后，认为整体研究水平达到国际先进，其中在麦蚜对杀虫剂敏感度变异机理和生物合理性减量化学防治技术体系与模式方面达到国际领先水平。该课题研究阐明华北地区麦田和蔬菜田小麦白粉病菌、麦蚜、黄瓜霜霉病菌等重要病、虫、草害化学防治中剂量控制对有害生物的时空变化规律及敏感度差异影响的生物化学和分子机制，首次建立黄瓜霜霉病菌、麦蚜、棉（瓜）蚜、盲蝽和播娘蒿等耐（抗）药性早期快速检测技术。并率先提出基于敏感度变异的配方选药和低剂量生物合理性化学防治策略。通过对杂草、麦蚜敏感度变异的检测及其耐（抗）药性机制、对后茬作物药害等的研究，建立华北地区麦田杂草、麦蚜低剂量生物合理性化学防除技术模式，成功研制农药新制剂27种，获得登记并实现产业化，制定农药行业标准和地方标准100余项，病虫草害生物合理性低剂量化学防治技术在河北、山东、河南等9省（市）推广应用，累计1.15亿亩，经济效益达55.86亿元。

（钟占蓉）

【农大黄淮海粮食主产区新农村建设关键技术集成与示范项目通过鉴定】 8月26日，中国农业大学“黄淮海粮食主产区新农村建设关键技术集成与示范”项目通过教育部鉴定。专家组听取课题工作和技术报告，对成果给

予高度评价，认为成果创新性突出，经济、社会效益显著，具有很好的示范推广价值，整体研究水平达到国际先进。该课题组在分析当地农业生产、农村生态环境、农业产业化以及新民居建设中存在问题的基础上，进行大面积均衡增产、废弃物资源化利用、农业产业化模式等方面研究，在大面积均衡增产、农业信息化技术的理论和应用上获得较突出成果。课题建立小麦、玉米栽培管理决策系统，指导农户周年粮食生产，实现大面积均衡增产；针对黄淮海棉区粮棉争地、棉田冬季闲置，研究与集成以工厂化育苗、机械化移栽为主要手段的棉麦一体化、棉田冬闲田利用技术，有效缓解粮棉争地、提高土地利用效率、降低棉花苗期农药与农膜污染、增加农民收入；针对农业农村废弃物数量大、分布分散等问题，提出小型有机废弃物生物处理、秸秆沼气生产等资源化利用技术，有效地阻断和减轻农业污染，改善农村环境；采用先进的网络信息和田间信息采集技术，结合生产管理决策系统和空间数据库，建立以农业信息化技术为主要手段的农村综合服务体系；针对新农村建设存在的问题，提出基于县域的新农村建设规划的理论框架，以产业发展为支撑的多层次新农村规划技术，以及规划布局和村庄景观设计技术，形成相应的规划建设模式，并在示范区进行应用，效果显著。

（钟占蓉）

【清华大型模锻液压机投产】 9月24日，清华大学负责设计的400MN大型模锻液压机在西安阎良国家航空高技术产业基地正式投产。该项目属于国家重大基础装备项目和科技部“十一五”重大科技支撑计划项目，由该校机械工程系负责设计、西安三角航空公司投资建造，是中国完全独立设计、制造并拥有完全自主知识产权的重大装备。它的投入使用，标志中国成为继美国、俄罗斯和法国之后第四个拥有4万吨级以上模锻液压设备的国家。

（许亮）

【工商大学发布中国上市公司会计投资者保护指数】 10月19日，北京工商大学发布中国上市公司会计投资者保护指数。该指数得出与2011年相比，2012上市公司投资者保护水平平均下降0.19%结论。同时，该校就中国上市公司的投资者保护问题召开研讨会，来自国有资产监管部门、财政部、审计署以及行业协会（学会）、上市公司、会计师事务所、中介机构专家、从业人员100人参加。

（张斌　戴敏）

【化大轿车轮胎橡胶复合材料的制备技术及产业化通过鉴定】 12月23日，北京化工大学“高性能子午线轿车轮胎橡胶复合材料的制备技术及产业化”项目通过中国石油和化学工业联合会鉴定。该项目为国家“863计划”课题，对纳米颗粒/橡胶复合材料的高抗湿滑性及低滚动阻力机理的研究，突破制备高填充纳米二氧化硅/橡胶复合材料的原位改性分散技术工业化生产过程中的关键问题，优化出高性能轮胎胎面胶配方，实现高性能子午线轿车轮胎的批量生产，所取得的成果对于高性能橡胶复合材料的研制，以及节油、抗湿滑和高耐磨轮胎“魔三角”问题的解决起到重要的指导作用。

（孙忠博　梁军）

【北林大完成梅花全基因组精细图谱】 12月27日，北京林业大学完成世界首张梅花全基因组精细图谱。该图谱由该校教授领衔，与国家花卉工程技术研究中心、深圳华大基因研究院以及北京林福科源花卉有限公司合作完成。该项目选取梅花起源中心的西藏野生梅花进行全基因组测序，经过SNP分子标记评估其杂合度仅为0.03%，采用Solexa和WGM相结合的技术策略进行基因组测序和组装，组装长度约237Mb，占梅花基因组全长的84.6%，获得31390个注释基因，通过高密度遗传连锁图谱实现组装序列与8条染色体的对应关系。目前组装和注释数据在“梅花基因组”网站对外公开。

（高斌）

教育科学研究

【完成教育科学“十二五”规划年度课题评审】 4月28日，北京市教育科学规划领导小组办公室启动2012年度课题申报评审工作。截至5月28日，共收到申报材料1184项。经评审专家建议、北京市教育科学规划领导小组审批，最终立项141项课题，其中，市级重大课题2项、优先关注课题13项、重点课题31项、校本研究专项课题20项、青年专项课题26项、一般课题49项。

（庞立场）

【召开中职课改项目结题鉴定会】 9月20至21日，北京教育科学研究院召开“北京市中等职业学校工作过程导向课程改革实验项目”课题结题鉴定会。该项目包含32个子课题，经专家鉴定评议，22个课题通过鉴定，10个课题暂缓通过鉴定。

（禹治斌）

【完成教育科学研究优秀成果奖评选】 9至12月，北京市教育科学规划领导小组、市教委举办北京市第六届教育科学研究优秀成果评选。共收到网上申报成果538项，经过初审，431项成果通过审查。经过学科专家分为11个学科小组评审，推荐145项成果进入复审。经过专家评定、网上公示、北京市教育科学规划领导小组审定等程序，最终评出一等奖18项、二等奖44项、三等奖80项。在“基础教育专项奖”评审中，179项成果参评，79项成果获奖；在“北京市教育科研管理先进单位”评选中，18个二级管理单位的申报，10个单位入选。该评选范围以2007年1月1日至2011年12月31日期间完成并通过鉴定的北京地区承担的全国教育科学规划课题，北京市教育科学“十一五”规划课题，市委教育工委、市教委委托课题（需经委托方同意后方可申报）成果为主，参评成果形式主要包括专著、论文、课题研究报告。参评人员包括市教委，市教委直属单位，高等学校，中央、市属有关单位、区县属单位，以及中小学校、职业学校、幼儿园人员。

（庞立场）

【召开市独生子女教育问题座谈会】
11月13日，北京教育科学研究院召开北京市独生子女教育问题座谈会。会议介绍市教委委托课题“北京市独生子女教育问题研究”课题背景、委托研究内容和目前的研究进程，安排实验校具体工作安排和实验进度，研讨独生子女教育存在问题，提出伙伴共育、社团活动、家校共育的干预措施。来自国内专家、课题组研究人员和实验校负责人6人参加研讨。

（赵澜波）

【召开高校体育科学论文报告会】
11月24至25日，市教委召开首都高等学校第16届体育科学论文报告会。会议围绕“科学发展、理论创新、健康第一、体育育人”主题，就体育教学、师资队伍建设、首都高校竞赛机制、体育代表队训练以及高水平运动队的建设等议题开展研讨。会议从参评的700余篇论文中共评选出一等奖18篇、二等奖68篇、三等奖216篇。来自北京50余所普通高校体育部门的负责人和教师共计200人参加会议。

（李铮）

【完成两委课题结题鉴定和验收】
至年底，北京教育科学研究院完成市委教育工委、市教委委托的课题结题鉴定和验收工作。共召开7次两委委托课题结题鉴定会，通过委托课题研究单位对研究过程、主要研究成果及相关的政策建议汇报，邀请结题鉴定专家、课题委托人针对研究中存在的问题点评，并提出修改意见或研究建议。全年共完成2011年度34项委托课题的结题验收，并完成《2011年度两委委托课题研究纪要》编辑工作。

（庞立场）

教育教学研究

【召开北京市教研工作研讨会】 2月22日，北京教育科学研究院召开2012年北京市教学研究工作研讨会。会议针对新学期面临的教育形势及本学期需要强调的工作要点进行说明，并对市政府“实事工程名师”同步课程录制工作进行部署及讨论。来自16个区县和北京教科院的教研部门负责人30人参加会议。

（沈俊楠）

【举办北京市中小学教职工实验技能比赛决赛】 2月26日，市教委举办首届北京市中小学教职工实验技能比赛决赛。本项赛事是由北京市总工会、北京市人力资源和社会保障局、北京市科学技术委员会共同举办的第二届北京市职工职业技能大赛的分项赛事之一，由北京市教育委员会、北京市教育工会联合主办，由首都师范大学承办。比赛面向全市中学物理、小学科学教师及实验室管理人员，分小学科学和中学物理两个组分别进行，各组比赛分为初赛、决赛两个阶段。比赛于2011年9月份启动，来自全市16个区县的1300余名中、小学教职工参赛，经各区县初赛分组委会评审推荐，最终有82名选手进入决赛，评出“课件制作比赛”小学组、中学组前三名，“实验技能比赛”中学物理组、小学科学组前三名。

（于有民）

【开展教学视导工作】 3月12至14

日，北京教育科学研究院赴门头沟区开展教学视导工作。视导工作涉及15个中学学科、11个小学学科。视导小组共到6所中学、8所小学听课204节；举办研究课36节；与教师举行讲座、座谈36场次，参加教师千余人次。

（沈俊楠）

【召开基础教育课程教材改革试验项目培训会】 3月16日，北京教育科学研究院召开北京市国家级基础教育课程教材改革试验项目推进培训会。会议明确区县和学校本年度的实验任务，确定研究方向及整合研究力量。市教委、北京教科院相关部门研究人员，各区县教委、教研部门负责人，项目实验学校校长以及地方教材主编等500人参加会议。

（李清俭）

【举办首届初中德育说课比赛表彰会】
3月29日，北京市初中教师“课程德育”说课比赛总结表彰会在北京市广渠门中学举行。会议播放“课程德育”说课比赛纪实影片，听取北京市教育学会初中教育研究分会秘书长总结本次比赛活动工作设计思路、活动组织实施及取得的经验和效果，听取代表区县教委、学科评委会、参赛选手大会发言，并表彰获奖教师。市教委、各区县教委、北京市教育学会相关人员及大赛各学科评委、参赛教师200人参加会议。该比赛2011年3月启动，历时1年，来自16个区县及燕山地区初中6个学科教师100人参赛。经过角逐，共评出一等奖15个、二等奖24个、三等奖19个。

（韩景毅）

【举办教学三优评选】 3至9月，北京教育信息和网络中心举办2012年北京市优秀教学课件、优质录像课、优秀论文评选。共收到数学、美术、科学、信息技术、体育五个学科作品948件，其中，录像课319节、教学软件267件、论文362篇。经评委评审，评出一等奖126件、二等奖251件、三等奖396件、优秀奖116件。

信息中心组织北京市教师参加全国小学电化教育协作研究会举办的全国优秀教学课件、优质录像课、优秀论文联评活动，获得一等奖38件、二等奖45件、三等奖73件。

（潘东庭）

【召开初中英语教师英语课程标准宣讲会】 4月5日，北京教育科学研究

院召开北京市初中英语教师《英语课程标准》（2011版）宣讲会。会议邀请国家课标修订组成员解读修订后的《英语课程标准》（2011版）课程性质、课程基本理念、课程目标、《课标》强调的能力和教学建议等内容，对语言知识和语言技能的分级标准进行说明，并现场解答问题。16个区县的初中英语教师和教研员400人参加会议。

（沈俊楠）

【举办促进教育均衡发展专题教研活动】 4月11日，北京教育科学研究院

在朝阳区王四营中心小学举办促进教育均衡发展专题教研活动。活动以“城乡教育一体化促进教育均衡发展”为主题，听取王四营中心小学的教师对城乡一体化课题研究成果“潜心常态教研构筑真本课堂”汇报，参加城乡一体化课题的教师代表汇报心得体会并进行课堂教学展示。北京教科院12个学科的教研员及各区县教研员、教师相关人员200人参加活动。

（沈俊楠）

【召开学业水平测试五年级工作会】 4月12日，市教委和北京教育科学研究院联合召开北京市2012年义务教育教学质量分析与评价反馈系统五年级测试工作会暨2011年学生课业负担监控结果报告会，会议听取北京教科院介绍北京市2012年义务教育教学质量分析反馈系统五年级测试目的、进展情况，详细说明2012年度测试方案。16个区县小教科科长及教研部门负责人、联络员等共计50人参加会议。

（沈俊楠）

【召开有效识字教学研讨会】 4月12日，北京教育科学研究院在顺义区天竺中心小学校召开北京市有效识字教学研讨会。会议听取天竺中心小学题为《科学、情趣、自主、高效识字教学的研究与实践》工作汇报，观摩3节低年级识字教学研究课，专家作点评。会议肯定该校关注字源，挖掘字理，有效应用信息技术引导学生高效识字，品味汉字文化的识字教学研究成果；提出北京市识字教学改革创新发展应坚持：以弘扬祖国语言文化的宏观视野推进识字教学研究；以课堂教学为主渠道，以学校为主阵地，提升师生语言文字应用能力；以提升教师专业素养为抓手，推进识字教学及语言文字工作；以学生的可持续发展为出发点，深化识字教学改革。来自市、区语言文字委员会领导，北京教科院、顺义区教委相关负责人，天竺中心小学师生参加会议。

（李冬青）

【召开北京市义务教育课程标准培训会】 5月8日，北京教育科学研究院

联合市教委、北京市教育学会共同主办北京市义务教育课程标准培训会。会议邀请教育部基础教育课程教材发展中心副主任作题为《课程标准：从2001至2011》的报告，并对语文、英文等13个学科的教师进行培训。来自教育部基础教育课程教材专家工作委员会，中小学校长、教师代表1200人参加会议。

（李清俭）

【召开义务教育教学质量分析与评价反馈系统命题会】 5月22至28日，

北京教育科学研究院召开2012年北京市义务教育教学质量分析与评价反馈系统命题会。会议内容包括问卷命制会和测试卷命制会。会上各学科教师进行分组讨论，并与答题卡公司、英语测试公司、印刷厂完成试卷的交接任务，按时完成2012年分析与评价反馈系统的问卷和测试卷的命制工作。来自部分学校小学语文、中学语文、小学音乐、中学音乐、中学物理学科的教师及教研员50人参加会议。

（沈俊楠）

【举办市级教学现场会活动】 5月30日，北京教育科学研究院在朝阳区安慧里中心小学举办市级教学现场会活动。活动以“聚焦课堂、优化管理、科学提质”为主题，分为集体大会和分学科听课研讨两个阶段，来自12个学科的专家及教师听课42节。课后，各学科专家分别针对所听展示课进行点评和指导。活动由朝阳区教研中心、朝阳区安贞里学区承办，来自北京教科院的小学教研员20人及各区县的骨干教师120人参加现场会。

（沈俊楠）

【举办特级教师进校园活动】 6月8日，北京教育科学研究院举办特级教师进校园——综合实践活动区域推进研究现场会。现场会在朝阳区十八里店学区举行，来自信息技术、劳技等学科的教师带领学生开展“我知中华陶瓷”实践活动。活动邀请特级教师围绕本次活动设计的思路、实施效果，以及十八里店学区各校综合实践活动教研组备课的情况进行点评。共

有来自北京市综合实践活动骨干教师及学科带头人30人参加活动。

（沈俊楠）

【举办初中教师基本功培训与展示活动】　6月15日，北京市初中教师基本功培训与展示活动启动暨培训大会在北京市第八十中学举行。会议听取西城区教委、房山区教委负责人和北京市第五中学分校校长介绍初中教师基本功的认识及实施教师基本功培训和展示活动思路。会议提出初中教师基本功培训展示活动要提高认识，明确培训与展示活动的重要性；狠抓落实，准确把握培训与展示活动的方向；抓住机遇，进一步完善促进初中教师专业发展机制。第二届初中教师基本功培训和展示活动计划利用两年时间完成全市所有初中教师基本功培训。市教委、各区县教委有关人员，各教研中心相关人员及全市骨干教师共计700人参加会议。

（韩景毅）

【评选青年中学数学教师优秀课例】　6月18日，北京教育科学研究院举办北京市2012年青年中学数学教师优秀课例评选活动。经过区县初评，112节优秀课例参加市级比赛，通过相关专家研讨与再评选，共评选出一等奖33节、二等奖79节。获得一等奖的32名教师通过下一轮说课活动，选出8名教师参加全国青年中学数学教师优秀课例评选。

（沈俊楠）

【开展义务教育阶段教学质量监测】　6月，市教委组织开展2012年度义务教育教学质量监测。监测通过纸笔测试、实践类测试方式，分别对五年级语文、音乐，八年级语文、音乐、物理共5个学科开展质量监测。全市16个区县35000名五年级学生、6000名八年级学生参加测试。

（冯雪）

【举办雏鹰建言行动现场会】　7月12日，北京教育科学研究院在曙光小学举办雏鹰建言行动现场会。会议现场呈现学生建言，表彰在参与“雏鹰建言行动”中表现突出学生、教师及学校，提出后续发展建议。北京教科院、有关区县教委领导，参与“雏鹰建言行动”的中小学学生代表、指导教师代表、学校领导代表以及家长代

表200人参加会议。

（张强）

【开展专项教学视导活动】　9月25日，北京教育科学研究院在延庆县大柏老中心小学和旧县小学开展专项教学视导活动。活动以“城乡均衡背景下提升农村学校教师教学能力研究”为主题，北京教科院的小学教研员21人听取12个学科的34节研究课，在课后结合教师的课堂教学实践与教师进行针对性的研讨和指导。活动由北京教科院主办，延庆县教研中心、延庆县大柏老中心小学、旧县小学共同承办，来自延庆县各学校的各学科教师300人参加教学研讨活动。

（沈俊楠）

【全国多媒体教育软件大奖赛获奖】　9月，北京教育网络和信息中心组织北京教师参加第16届全国多媒体教育软件大奖赛（教师）。北京代表队获得一等奖12个、二等奖16个、三等奖24个，获得最佳组织奖。该比赛由中央电化教育馆主办，各级各类学校及有关部委、行业所属教育培训机构的教师、教育技术工作者参加比赛。

（潘东庭）

【召开特级教师系列研讨会】　10月18日，北京教育科学研究院、北京市教育学会在朝阳区星河实验小学召开北京市特级教师系列研讨会——吴正宪教育思想研讨会。会议播放吴正宪录像片，听取吴正宪题为《从儿童教育到教师教育——我就这样一路走来》主题报告，对吴正宪教育教学思想进行深层次点评，提出对如何践行其教育教学思想。来自北京教科院、北京教育学院、北京师范大学、首都师范大学及河北、天津等省市专家学者和区县教委领导及教师共计450人参加会议。吴正宪，女，数学特级教师，北京教科院基础教育教学研中心小学数学室主任。

（沈俊楠　贾福禄　李文骞）

【召开国家级教育体制改革项目评估汇报会】　10月31日，北京教育科学研究院召开北京市国家级教育体制改革基础教育项目——高中特色发展试验项目中期评估汇报会。会议邀请专家对45所国家级项目学校试验工作进行中期评估，并于会后汇总专家评估意见向各区县教委和项目学校作相应书面反馈。共有来自各区县教委主管领导，45所国家级、25所市级高中特色发展试验项目学校的校长和部分非项目校的校长180人参加会议。该项目的总体设计是根据《北京市开展高中特色发展试验试点项目任务书》和《北京市开展高中特色发展试验项目实施方案》进行。

（卢笛）

【举办中小学心理健康教育交流观摩周活动】　11月19至22日，北京教育

科学研究院举办2012年北京市中小学心理健康教育观摩交流周活动。活动以“关爱学生，服务成长”为主题，邀请来自教育部中小学心理健康教育专家5人作专题报告，听取6个区县和学校的教育工作者分别介绍心理健康教育工作经验；23名教师展示心理健康教育活动课21节，心理健康教育专家做点评，13名教师分享其从事心理健康教育工作的体会和专业经验。来自各区县的相关领导、教研员和心理健康教育教师850人参加活动。

（郭喜青）

【召开基础教育教材改革实验总结会】　11月28日，北京市2011～2012学年度基础教育课程教材改革工作总结会召开。会议以“信息化促课程整体推进”为主题，围绕落实国家及北京市中长期教育改革和发展规划纲要，研讨突出信息技术对教育供给方式的变

革以及课程整体建设对改革实验的深度推进等问题，总结北京市基础教育课程改革进程中的重要成果，对课程建设优秀成果、优秀课堂设计、优秀课改论文等进行表彰。与会人员交流北京市国家教育体制改革试点项目中期成果，反思课程改革推进难点；研究、部署2012～2013学年度深化课程改革相关工作。会议由市教委主办，北京教育科学研究院承办，来自市教委、市政府教育督导室、市基础教育课程教材改革实验工作领导小组、北京教育学院、北京教育考试院相关领导，以及各区县教委、教科研部门负责人、中小学校长和教师代表500人参加会议。

（任虹　李清俭）

【中职教师参加全国信息化教学比赛获奖】 12月7至11日，北京市中职组代表队在全国职业院校信息化教学大赛上获奖。其中，获得一等奖2人、二等奖4人、三等奖3人，比赛总成绩名列全国第五名，市教委获得优秀组织奖。该比赛由教育部举办，全国36省市区、609个作品参赛，参赛教师达1146人，评出一等奖64人、二等奖128人、三等奖179人。6月18至20日，北京教育科学研究院举办2012年北京市中等职业学校信息化教学大赛暨全国职业院校信息化教学大赛选拔赛，评选出一等奖7人、二等奖14人、三等奖21人，获奖者中的10名教师代表北京市参加全国职业院校信息化教学大赛。

（禹治斌）

【完成市优秀中小幼教育视频评选】 12月27日，市教委完成北京市优秀中小幼教育视频评选。该评选9月开始，分为名师同步课程类、专题类、精彩一节课类、校园电视节目类、文艺类、摄影类6大类。共收到各区县教育信息中心和电教馆推荐的有效作品831部，其中，名师同步课程类59部、精彩一节课类199部、教育教学专题片类116部、校园电视栏目类43部、文艺类82部；摄影类332部。通过评委评比，评出名师同步课程类一等奖9个、二等奖18个、三等奖10个；精彩一节课类一等奖5个、二等奖18个、三等奖57个；教育专题类一等奖6个、二等奖13个、三等奖40个；校园电视节目类一等奖2个、二等奖5个、三等奖13个；文艺类一等奖5个、二等奖14个、三等奖23个；摄影类一等奖7个、二等奖20个、三等奖30个。

（马东）

【举办第四届中学物理教师技能展示活动】 12月29日，北京教育科学研究院在北京陈经纶中学举办北京市第四届中学物理教师实验探究教学技能展示活动。活动由技能展示和答辩两部分组成，先进行15分钟的参赛教师技能展示，再由参赛教师现场抽签，按照抽到的答辩题，现场作答，同时评委根据回答情况进行提问。16个区县的参赛教师40人进行实验探究方面的教学技能展示。来自市教委、北京教科院，以及各区县物理教研室主任和骨干教师共计400人参加展示会。

（沈俊楠）

（本栏责任编校　张驰）

师资建设

综　　述

2012年，北京教育人事工作紧密围绕市委教育工委、市教委工作重点，积极推进教育人事分配制度改革，实施人才强教战略，加强高层次人才队伍建设。同时，采取多种措施，谋划人才队伍建设工作，提升教育领导干部和教师队伍整体素质和专业化水平，使教育人事工作更好地适应首都教育事业科学发展的要求。市委教育工委、市教委继续实施市属高校“人才强教深化计划”，推进职业院校教师素质提高，加强基础教育教师队伍建设，进一步加强师德建设、不断提高教师师德修养。同时按计划完成教师评聘、事业单位规范改革等工作。

继续谋划人才队伍建设工作

根据北京市教育人才队伍发展情况，在以往有关人才队伍建设的文件基础上，制定《北京市属高等学校高层次人才引进与培养三年行动计划(2013年～2015年)》《北京市属高校创新团队建设与教师职业发展计划实施意见》《关于实施北京高等学校“青年英才计划”的意见》和《关于实施北京市中小学名师名校长发展工程的意见》等文件，对相关人才培养工作提出具体的要求。

继续实施市属高校“人才强教深化计划”

做好高层次人才、创新人才、创新团队和优秀中青年骨干教师的培养工作。在北京大学等中央高校建立市属高校青年教师发展基地，选派100余名优秀青年教师进行为期一年的研修，培养和提升市属高校优秀青年教师的教育教学能力、科研能力。加强高校教师基础能力建设，继续开展多方位的培训项目，提高教师的国际化水平，支持更多人才参与国内、国际交流。根据《北京市属高等学校高层次人才引进与培养三年行动计划(2013年～2015年)》《北京市属高校创新团队建设与教师职业发展计划实施意见》《关于实施北京高等学校“青年英才计划”的意见》，按照有关程序，遴选4名高层次引进人才、28名特聘教授、42名长城学者培养人选，选拔29个创新团队、200名青年拔尖人才培养人选。

推进职业院校教师素质提高工程

重点加强对职教名师、专业带头人、优秀青年骨干教师和专业创新团队的支持和培养力度。依托全市15个职业院校教师培训基地，共开展32个专业教师培训项目和6个教师培训试点项目，共计完成约4万人次的培训任务。组织90余名教师，分别赴德国、英国等国家，参加为期28天的国外培训。

加强基础教育教师队伍建设

按照“面向全体、突出骨干、倾斜农村、服务急需”的培训思路，组织29个培训项目240个培训班，培训教师近2万人次。为实施北京市中小学名师发展工程，按照相关程序，遴选73名优秀教师为重点培养对象。加强对各类培训机构的统筹和协调力度，指导督促各培训机构在教师培训工作中增强针对性和实效性，为广大教师的专业发展提供平台，提升其整体素质。制定《北京市“十二五”期间中小学教师继续教育学分管理办法(试行)》，规范中小学教师继续教育培训及管理工作。同时制定《关于中小学教师培训实践基地的意见》，明确中小学教师培训实践基地校的基础条件、承担任务、培训内容和方式以及管理保障。

加强中小学教育管理干部队伍能力建设

紧密围绕实施素质教育的中心任务，开展以中小学校长、幼儿园园长任职资格培训、提高培训、高级研修和专题培训为主要形式的全员培训，包括中小学名校长工作室、中小学校长国内名校高级访问研修、中小学骨干校长境外研修、小学中青年骨干校长专业发展研修等近20个培训项目，培训1600余人次。

进一步加强师德建设，不断提高教师师德修养

联合北京市教育工会通过调查问卷、召开座谈会、访谈等形式，开展广泛调研，研究起草《北京市中小学教师职业道德规范》(征求意见稿)。为表彰献身教育事业、在教育一线长期工作并做出突出贡献的优秀教师，进一步推动首都教育事业的发展，以市政府名义开展“北京市人民教师”评选活动，在教育系统评选“北京市人民教师”10名和“北京市人民教师提名奖”10名，并利用广播、电视、报纸等传媒大力宣传优秀教师事迹，弘扬高尚师德师风。利用现代教育报发行的《教师周刊》，将提高教师师德修养、提升教师职业道德素养作为周刊的重要定位之一，通过树典型、设专题、报新闻等多种形式进行优秀教师的宣传报道。

加强本市教育系统和两委机关人事工作，促进教育事业健康发展

根据人力社保部、教育部《关于深化中小学教师职称制度改革试点指导意见》的精神，启动实施北京市三个区中小学教师职称制度改革工作。配合市人力社保局做好各类学校绩效工资实施工作，认真落实相关政策，研究工作中存在的具体问题，依法保障和改善教师工资待遇。分别召开高校、区县、直属单位绩效工资座谈会，就义务教育绩效工资实施后存在的问题、其他事业单位如何实施绩效工资问题进行研讨，研究起草《市属高校、直管直属单位实施绩效工资指导意见》。根据全市事业单位清理规范工作会议精神，制订实施方案，完成市教委所属事业单位机构编制清理规范工作。同时加强对所属单位工资管理，做好工资总额的核定工作。为加强北京市教育系统人事干部队伍建设，进一步提高人事干部的业务素质和工作水平，保障和促进北京市教育事业的健康发展，市教委举办直属直管事业单位和中专学校、市属高校、区县教委人事干部三期专业化培训班，共培训129人次。

(吴武)

总　类

【6人获北京青年五四奖章】　5月2日，团市委、市人力社保局表彰第26届“北京青年五四奖章”获得者，教育系统6名教师获奖。该评选经基层团组织推荐及社会报名、候选人资格初审、评委投票、评选公示等程序，共有来自文化教育、科学研究、文体卫生等领域的31名青年获奖。

（张晓兰）

第26届“北京青年五四奖章”获得者（教师）

王左敏　首都医科大学附属北京朝阳医院
朱信凯　中国人民大学
刘峰　北京理工大学
沈宏　北京体育大学
姜久春　北京交通大学
廉思　对外经济贸易大学

（张晓兰）

【完成事业单位清理规范工作】　6月28日，市委教育工委、市教委完成所属事业单位清理规范工作。经单位申报、市教委审核、市编办批复等程序，共撤销14个事业单位。调整后，两委所属事业单位共87个，其中，全额拨款45个、差额拨款5个、自收自支16个、未明确经费形式21个；事业编制岗位41033个，其中，全额拨款23124个、差额拨款2626个、自收自支656个、未明确经费形式14627个。

（杨伟丽）

【实施中小学名师名校长发展工程】　8月31日，市委教育工委、市教委联合印发《关于实施北京市中小学名师名校长发展工程的意见》。意见提出，该工程的任务目标是2011到2020年期间，选拔500名左右中青年教师和100名左右校长重点培养，逐步使他们成长为教育家。意见同时包括北京市中小学名师名校长发展工程培养计划、培养基地建设管理办法和导师管理办法。市教委12月12日公布第一批中小学名师发展工程培养对象名单，北京市中小学教师73人入选。

（张晓兰）

【20人获市师德标兵称号】　8月31日，北京市教育工会公布2012年师德标兵、师德先进个人获奖名单。经单位推荐、专家评审等程序，共评出北京市师德标兵20人，其中，高校系统10人、普教系统10人；师德先进个人241人，其中，高校系统127人、普教系统114人。该评选由市委教育工委、市教委、市教育工会联合组织，旨在进一步推动师德师风建设，在全社会营造崇尚师德的良好氛围，努力提高教职工队伍的整体素质。9月6日，北京市庆祝教师节大会对获奖者进行表彰。

（华蕾　张晓兰）

【10人获市人民教师称号】　9月6日，市委教育工委、市教委、市人力社保局、市财政局、市教育工会联合印发《关于表彰北京市人民教师的决定》，公布“北京市人民教师”“北京市人民教师提名奖”获得者名单。经过学校民主推荐、评选表彰工作领导小组审定、市政府批准等程序，10人获得“北京市人民教师”称号、10人获得“北京市人民教师提名奖”。此次评选由市委教育工委、市教委、市人力社保局等有关部门组织实施，要求推荐人员为长期从事教育工作、在北京乃至全国有一定影响、目前仍在教育教学第一线的北京各级各类学校的教师。市政府对获奖者给予奖励，其中，人民教师奖获得者奖励10万元、提名奖获得者奖励2万元。9月6日，北京市庆祝教师节大会表彰获奖者。

（郭宏伟）

“北京市人民教师”获得者

方立天　中国人民大学
王苹　北京市陈经纶中学
冯勉　北京市第二实验小学
李银环　北京市通州区培智学校
李瑞国　密云县太师庄中学
张礼和　北京大学
郭淑珍　中央音乐学院
彭永臻　北京工业大学
蔡涛　北京市第一幼儿园
潘维松　怀柔区喇叭沟门乡满族中学

（郭宏伟）

【98人获市高等学校教学名师奖】　9月16日，市教委公布第八届北京市高等学校教学名师奖获得者名单。经学校推荐、课堂教学录像评价、现场教学观摩课评价、评审专家组评议、评审委员会投票，市教委决定授予北京大学柳彬等98名教师第八届北京市高等学校教学名师奖。

（张晓兰）

第八届北京市高等学校教学名师奖获奖名单

北京大学
柳彬　钱乘旦　刘俊义　钱志熙
中国人民大学
张杰　袁卫　宋志明
清华大学
杨士强　姚强　吴冠英　张文霞
北京交通大学
刘志明　于桂兰
北京科技大学
吴胜利　陈红薇
北京化工大学
张有忱　白守礼
北京邮电大学
邝坚　胡春
中国农业大学
李丽　臧日宏　周志坚
北京林业大学
陈志泊　刘俊昌
北京中医药大学
赵百孝　郭霞珍
北京师范大学
陈黎　李翀　康震　娄安如
北京外国语大学
刘建
北京语言大学
刘和平
中国传媒大学
鲁景超　王晓红
中央财经大学
李燕　刘红霞
对外经济贸易大学

丁志杰 郝旭光
中国政法大学
马皑 王人博
国际关系学院
朱红勤
中央美术学院
吕胜中
中央戏剧学院
刘杏林
华北电力大学
王修彦
中国矿业大学（北京）
胡振琪 曹代勇
中国石油大学（北京）
卢春喜 程林松
中国地质大学（北京）
许虹
外交学院
王春英
北京航空航天大学
徐平 杨小远 韩立岩
北京理工大学
唐胜景 胡海云 李林英
北京协和医学院
叶菜英
北京体育大学
温宇红 曹建民
中华女子学院
李明舜
北京工业大学
程曹宗 刘宇慧
北方工业大学
张常年
北京工商大学
陈晓白
首都医科大学
申昆玲 车念聪
首都师范大学
李克正 冯蒸
首都经济贸易大学
李红霞 李晓安
北京联合大学
钮文良
北京印刷学院
陈虹
北京农学院
邓蓉
首都体育学院
李建臣
北京物资学院
田立平
中国音乐学院
修海林
中国戏曲学院
李威
北京舞蹈学院
袁禾
北京信息科技大学
刘小河
北京建筑工程学院
樊振和
北京城市学院
王培英
北京青年政治学院
王燕
北京工业职业技术学院
张春芝 宋文光
北京电子科技职业学院
李玉兰 于京
北京财贸职业学院
燕静君 韦云
北京信息职业技术学院
李红
北京京北职业技术学院
谭平
北京农业职业学院
杨久仙 石进朝
北京现代职业技术学院
杨威
北京劳动保障职业学院
宁玉红
北京汇佳职业学院
李良忠
北京吉利大学
陈喜霖
北京社会管理职业学院
孙树仁
北京广播电视大学
吕小星

（华蕾）

【“绿色耕耘”项目绩效考评优秀】 9月19日，市教委京郊教师“绿色耕耘”项目接受市财政绩效考评。财政考评小组经现场质询、综合评议等程序，认定2011年度京郊教师“绿色耕耘”项目绩效评价结果为“优秀”。该项目是市教委针对远郊区县中小学学科教师设立的师资培训项目，由北京教育学院承办，以“提升教学能力”为主题，共涵盖小学、初中、高中三个学段，包括语文、数学、英语、政治、历史、信息技术、物理、化学、生物、地理、科学11个学科，涉及大兴、通州、顺义、平谷、房山、燕山、怀柔、昌平、门头沟、延庆10个远郊区县的414所中小学校。共培训教师992人，每人平均160课时。该项目2004年启动，年度项目资金共510万元。

（崔亚超）

【400人获中小学紫禁杯优秀班主任】

10月19日，市教委表彰第25届北京市中小学紫禁杯优秀班主任。经学校推荐、区县审核和紫禁杯教育奖励基金管理委员会评审，市教委认定400名中小学教师获奖，其中，20人获得特等奖。

（向姣姣）

第25届北京市中小学“紫禁杯”优秀班主任特等奖

韩玉 东城区板厂小学
牛辉 北京市宣武师范学校附属第一小学
段艳红 西城区三里河第三小学
马静 朝阳区酒仙桥中心小学
孟丹 海淀区红星小学
朱海云 门头沟区黑山小学
崔月超 燕山星城第二小学
姚俊霞 顺义区牛栏山第三小学
王翠红 怀柔区第二小学
李书娟 密云县季庄小学
沈文红 中央工艺美术学院附属中学
张彤 北京市第十五中学
田欣 北京工业大学附属中学
王珏 北京市京源学校
回春荣 昌平区第一中学
刘丽云 大兴区第一中学
王玉霞 房山区坨里中学
李春江 顺义区第一中学
马晓辉 延庆县第八中学
徐延文 延庆县第一职业学校

（向姣姣）

【6个中心成为国家教师教学发展示范中心】 10月21日，教育部印发

《关于批准厦门大学教师发展中心等30个“十二五”国家级教师教学发展示范中心的通知》，公布入选高校中心名单。经学校申报、专家评审、网上公示等程序，教育部批准厦门大学教师发展中心等30个教师教学发展中心为“十二五”国家级教师教学发展示范中心。根据规定，中央财政资助每个中心建设经费500万元。北京地区部属高校6个中心入选，分别是清华大学教学研究与培训中心、北京大学教育发展研究中心、中国人民大学教师教学发展中心、北京交通大学教师发展中心、北京理工大学教学促进与教师发展中心、北京师范大学教师发展中心。

（张晓兰）

【70人入选国培计划第二批专家库】 10月31日，教育部公布“国培计划”专家库第二批入选名单，北京学校及教育单位70人入选。通过各省（区、市）教育行政部门和有关院校（机构）推荐，经教育部遴选、评审、公示等程序，确定“国培计划”专家库第二批入选专家500人。各省级教育行政部门、“国培计划”任务承担院校（机构）可登陆“国培计划”项目管理系统（www.gpjh.cn）查询专家信息。教育部对专家库进行动态调整和补充。

（张晓兰）

“国培计划”专家库
第二批入选名单（北京）

思想政治
王平　北京市陈经纶中学
刘沪　北京师范大学附属中学
李晓东　北京师范大学
晏辉　北京师范大学
董晨　顺义区教育研究考试中心
靳忠良　中国人民大学附属中学
语文
于树泉　中国人民大学附属中学
闫苹　北京师范大学
蔡可　北京大学
数学
王鹏远　北京大学附属中学
丘维声　北京大学
刘加霞　北京教育学院
孙晓天　中央民族大学
张丹　北京教育学院
李有毅　北京第十二中学
周建华　中国人民大学附属中学
梁丽平　中国人民大学附属中学
曾文艺　北京师范大学
英语
方芳　北京市第四中学
吴一安　北京外国语大学
李俊和　北京市第四中学
易仁荣　北京市第八十中学
胡壮麟　北京大学
屠蓓　北京外国语大学
物理
王珉珠　中国人民大学附属中学
刘长铭　北京市第四中学
苏明义　海淀区教师进修学校
孟卫东　清华大学附属中学
秦建云　北京市十一学校
生物
王春易　北京市十一学校
周静　北京教育学院朝阳分院
历史
王晓琼　北京市第四中学
叶小兵　首都师范大学
成学江　北京教育学院石景山分院
郑师渠　北京师范大学
徐蓝　首都师范大学
地理
卢凤琪　顺义区教育研究考试中心
朱海燕　北京市第四中学
周尚意　北京师范大学
赵济　北京师范大学
美术
巩平　北京教育学院
余丁　中央美术学院
音乐
高胜海　北京教育学院
蓬勃　首都师范大学
体育与健康
马凌　北京教育科学研究院
杨铁黎　首都体育学院
钟秉枢　首都体育学院
综合实践活动
陶礼光　北京教育科学研究院
高中信息技术
熊璋　北京航空航天大学
高中通用技术
宗光华　北京航空航天大学
竺豪桢　中国人民大学附属中学
教师培训理论与实践
季苹　北京教育学院
黄文峰　北京师范大学
教育理论与实践
孟繁华　首都师范大学
楚江亭　北京师范大学
班主任工作
迟希新　北京教育学院
学前教育
冯惠燕　北京市第一幼儿园
刘焱　北京师范大学
沈心燕　西城区教育教学研究中心
霍力岩　北京师范大学
特殊教育
王雁　北京师范大学
周晔　东城区特殊教育学校
滕祥东　北京联合大学
心理健康教育
汤丰林　北京中小学中等职业学校教师培训中心
许燕　北京师范大学
谢军　首都体育学院
教育技术与信息技术能力
朱慧　西城区教育研修学院
汪琼　北京大学
侯建军　北京大学
程建刚　清华大学

（张晓兰）

【252人入选年度新世纪优秀人才支持计划】 12月2日，教育部公布2012年度“新世纪优秀人才支持计划”入选人员名单，北京地区高校252人入选。经所在高校、教育主管部门推荐，专家评审并公示，共有来自北京大学的安金鹏等1090人入选。根据规定，2012年度“新世纪优秀人才支持计划”入选人员资助期限为2013年1月至2015年12月，自然科学类资助金额50万元、社会科学类资助金额20万元。

（张晓兰）

2012年度“新世纪优秀
人才支持计划”入选
人员（北京）

北京大学
安金鹏　廖志敏　彭良友　赵达慧
岳衡　管娜　汤小东　岳伟华
冯星淋　陶勇　吕继成　丁福森
云彩红　王胜　王立威　周明辉
杨立华　陆军　李晟　鲍威
詹卫东　孙庆伟
北京航空航天大学
潘兵　宫赫　郭怀明　秦中峰
李舟　李立京　郑德智　刘荣科

百晓　严亮　张千帆　程群峰
陈爱华
北京理工大学
刘战伟　刘彦　杨帆　梁巧梅
赵先　张祥　李炳照　程德文
方浩　潘小敏　祝烈煌　吴川
刘辉　汪首坤　李丽　范群波
张建卫
北京师范大学
张辉　高思杰　毕彦超　邬霞
陈云浩　王国强　张妍　袁文平
董磊明　罗楚亮　柴荣　张胜军
韩在柱　胡咏梅　任翔
北京协和医学院
张浩　徐蔚海　任丽丽　许琪
彭宗根　张丹　刘志华
清华大学
曹艳平　鲁巍　赵亮　王铁峰
卫强　刘万里　李海涛　季向阳
陈巍　孙立峰　李振山　于歆杰
王晓峰　陈皓生　吴玉龙　刘昭伟
刘源　徐军　刘奋荣　郑思齐
何海波　赵可金　刘国忠　刘新
中国农业大学
谭禄宾　刘俊峰　姚颖垠　陈芳
李学贤　武振龙　毛同林　黄光群
范明生　曲鲁江　王小芬　钟江春
王战辉
中国人民大学
王亚培　郑祥　刘永谋　王易
罗来军　魏丽　张景肖　朱岩
王英津　李立国　唐克扬
中央民族大学
李燕琴　唐丽　邱莉榕　吴立成
周拉　张泽涛　朴光星　王蓓
北京服装学院
张秀芹
北京工商大学
崔学刚
北京工业大学
汪夏燕　张国俊　李悦
北京舞蹈学院
许锐
首都师范大学
张岩　朱晓宏　陈志坚
首都医科大学
曹霞　范志朋　陈凌　何怡华
中国人民公安大学
朱茵
中国青年政治学院
梁鸿
北京体育大学
温宇红　高颀　刘卉
北京化工大学
刘军枫　杨晶　阳庆元　李健
李征　刘海梅　王华庆　王洁欣
隋刚　卢咏来
北京交通大学
陈旭梅　吴建军　李政勇　赵军辉
罗洪斌　赵瑞珍　郭盛　张成平
彭洪尚
北京科技大学
何枫　杜宏武　张中山　冯志鹏
易红宏　廖庆亮　曹江利　侯新梅
白洋
北京林业大学
张春雨　张学铭　张东　宗世祥
万迎朗　徐学锋　王强
北京外国语大学
丛立先　尹继武　许家金　刘琛
杨鲁新
北京邮电大学
黄善国　李小勇　崔琪楣　李端玲
北京语言大学
李京晔　帅志嵩　周阅　张世方
黄晓东　李春雨
北京中医药大学
史新元　陈建新　穆晓红　龚燕冰
对外经济贸易大学
尹建华　陈志鸿　徐朝阳　李自杰
高彬
华北电力大学
任芗　周乐平　刘崇茹　汪黎东
谭占鳌　薛志勇　张兴平
中国传媒大学
杨成　杨旭东　曾祥敏　吴炜华
中国地质大学（北京）
李红谊　王旭升　夏志国　刘艳改
中国矿业大学（北京）
汪文生　赵艳玲　郭东明　彭瑞东
竹涛
中国石油大学（北京）
刘蓓　王玮　孟祥海　黄中伟
胡瑾秋
中国政法大学
王霆　于文轩　张中　霍政欣
卢春龙
中央财经大学
王春玺　傅晓霞　陈斌开　王海港
刘宏　谭小芬　尹飞
中央音乐学院
陈琳　常平　柯杨
中央美术学院
肖勇　姚璐　唐晖　马浚诚
袁元

（张晓兰）

【29个团队入选市属高校创新团队提升计划】　12月12日，29个高校团队入选2013年度北京市属高等学校“创新团队建设提升计划”。经学校推荐、专家评议、网上公示等程序，共有来自北方工业大学的29个团队入选。根据规定，市教委分年度给予入选团队建设经费，其中，自然科学类每支团队每年300万元以内、艺术类100万元以内、人文社科类30万元以内；资助周期三年。“创新团队建设提升计划”是“北京市属高等学校创新团队建设与教师职业发展计划”的子计划。市教委9月5日印发《北京市属高等学校创新团队建设与教师职业发展计划实施意见》，意见提出该计划目标任务是在北京市属高等学校资助建设50个左右创新团队、选派100名左右中青年骨干教师到北京市属高校教师发展基地参加为期一年研修学习、选派200名青年骨干教师到国外参加访学交流和团体培训，同时在发达国家建立国外教师发展基地；主要内容包括创新团队建设提升计划、国内培训计划、国外培训计划和教师发展基地建设计划四部分。

（纪奇明）

2013年市属高校“创新团队建设提升计划”入选团队资助名单

北方工业大学
张卫平　韩燕波
北京电影学院
王瑞
北京服装学院
刘元凤
北京工商大学
李朝鲜　孙宝国
北京工业大学
李小军　王璞　曾薇　索红莉
北京工业职业技术学院
陈建民
北京建筑工程学院
戚承志
北京联合大学
鲍泓　乔东亮

北京农学院
郭勇
北京石油化工学院
焦向东
北京物资学院
刘丙午
北京信息科技大学
祝连庆 张仰森
北京印刷学院
蒲嘉陵
北京第二外国语学院
计金标
首都经济贸易大学
郎丽华 童玉芬
首都师范大学
刘乐贤 萧伟
首都体育学院
王凯珍
首都医科大学
赵明
中国戏曲学院
张火丁
中国音乐学院
沈诚

（纪奇明）

【276人入选市属高校高层次人才引进与培养计划】 12月12日，276人入选2013年度北京市属高等学校高层次人才引进与培养计划资助名单。经学校推荐、专家评议、北京市教育系统人才工作领导小组审定，共有来自北京工业大学等高校的276人入选，其中，高层次人才引进计划4人、特聘教授计划30人、"长城学者"培养计划42人、青年拔尖人才培育计划200人。根据规定，市教委自2013年至2015年安排专项经费资助入选人员。市教委9月5日印发《北京市属高等学校高层次人才引进与培养三年行动计划（2013年～2015年）》，该计划包括高层次人才引进计划、"长城学者"培养计划、特聘教授计划和青年英才培育计划共4项子计划。计划通过高层次人才引进与培养，加强人才队伍建设，深化体制机制改革，优化人才发展环境。

（纪奇明）

2013年市属高校高层次人才引进计划入选人员

北京工业大学
郑宏 戴福初
首都师范大学
付红兵 葛根年

（纪奇明）

2013年市属高校特聘教授计划入选人员

北方工业大学
宋应文 沈新普
北京工业大学
丁华锋 杨晓东 田智 王梦恕
刘蓉晖 刘加平 黄庆明
北京印刷学院
杨义先 聂震宁
首都医科大学
谢文 王嵬
首都师范大学
夏多明（Dominic Sachsenmanier）
刘兴起 陈晓勇 李书明
金寿福 宁强
首都经济贸易大学
逄锦聚 常凯 孙六全 陈敏
于丹
北京联合大学
吕科 冯玉军 李德毅
北京电影学院
娄炜
史蒂夫·布朗（Steven Brown）
中国音乐学院
瞿小松

（纪奇明）

2013年市属高校"长城学者"培养计划入选人员

北方工业大学
崔岩
北京第二外国语学院
邹统钎 王柯平
北京电影学院
甄钊 许斌
北京服装学院
邹游 贾荣林
北京工商大学
杨有红 王静 魏中龙
北京工业大学
孙治荣 王术 张新平 宋晓艳
吴玉庭 聂松林
北京工业职业技术学院
刘兰明
北京建筑工程学院
季节
北京联合大学
李振广 杨鹏 韩强 张景秋
北京农学院
王绍辉 蒋林树
北京石油化工学院
靳海波
北京舞蹈学院
张建民
北京物资学院
李珍萍
北京信息科技大学
陈勇
北京印刷学院
曹鹏
首都经济贸易大学
戚聿东 马立平 祝合良
首都师范大学
任东 王淑芹 酒全森 吴相洲
首都体育学院
卜淑敏 骆秉全
首都医科大学
叶海虹
中国戏曲学院
王绍军
中国音乐学院
王以东 宋飞

（纪奇明）

2013年市属高校青年拔尖人才培育计划入选人员

北方工业大学
董小伟 王力 宋小软 张键红
刘峰斌 苏峻 李志军 林文浩
北京财贸职业学院
刘淑娥
北京第二外国语学院
李宏 龙云 厉新建 韩阳
北京电影学院
刘跃军 刘言韬 袁佳平 张琦
北京电子科技职业学院
李双石
北京服装学院
邱忠鸣 崔明海 刘莉 赵勇军
张焱
北京工商大学
郭毅 金学波 韩富 毛新述
钱立军 刘艳楠 余向华 张正平
孙迎雪 莫倩 彭艳君
北京工业大学
段立娟 张菁 王如志 仇滔
杨宇光 李平雪 黎勇 刘卫强

张恒力　苗英豪　李岩　裴福俊
王伟　刘增华　张志红　熊文
胡安华　胥永刚　王素玉　张红胜
曹相生　胡建国　刘永东　谢田法
胡斌　赵之枫　刁榴　陈东升

北京工业职业技术学院
刘文龙

北京建筑工程学院
侯妙乐　张群力　俞晓正　陈红兵
祝磊　廖维张　杨海燕　任艳荣
吕书强

北京联合大学
李晗静　刘元盛　刘敏　张艳秋
马冀　郑海霞　张远索　毛荣建
刘颂　董琦琦　卢璐　刘洋
张经　李世刚　何勤　赵睿
马青华　彭涛

北京农学院
尚巧霞　周双海　郭凯军　赵连静
房克凤　孙清鹏

北京青年政治学院
许莲丽

北京石油化工学院
韩严和　赵昶　李海萍　沙芸
邢光健

北京舞蹈学院
金浩　李苇　慕羽　靳苗苗

北京物资学院
任吉　张勤　徐广姝　王淑花

北京信息科技大学
张巧杰　郝育新　李慧　牛新权
杨鸿波　刘文涛　张莉蒋　蒋洪伟
曹林　付兴建　孙静

北京印刷学院
严晨　张春秀　张晓东　高海涛
张勇斌　高振清

首都经济贸易大学
廖彦罡　许江波　崔佳颖　肖周燕
高迎　程丽霞　李伟　高静
张晗　王竞达　黎煦　邹颖
杨玲　黄芳娜　张玉春　郎大鹏

首都师范大学
王海滨　娄新徽　武巍峰　张静
廖奕　沈永福　荣毅虹　纪安春
苏尚锋　胡燕春　田沈　黄满盈
辛国策　孙善忠　廖先冀　钟若飞
许晓晖　施智平　乔爱玲　姚云志
蔡春　王洪波　蒋童　姜国权
胡疆锋　韩华　周侃

首都体育学院
郝晓岑　张长念　李文超

首都医科大学
高伟　武艳　赵文华　李鹏高
武文芳　马莉　张柠　闫宇翔
吴建辉　崔纯莹　王满元　贾军
李霞　郑君芳　苑林宏　彭晓霞
王雯　唐静成

中国戏曲学院
韩冬青　周星　钟鸣　牛长虹

中国音乐学院
赵晓楠　刘嵘　张维　韩佩君
朱琳

（纪奇明）

【17个团队入选2012年度创新团队发展计划】　12月17日，教育部公布2012年度“创新团队发展计划”入选名单，北京地区高校17个团队入选。该评选经所在高校、教育主管部门推荐，专家通讯评审、现场答辩和公示等程序，共评选出创新团队99个。根据规定，2012年创新团队资助期限为2013年1月至2015年12月，资助经费一般为300万元。

（张晓兰）

2012年度教育部“创新团队发展计划”入选名单（北京）

北京大学
　创伤的基础与临床研究
　天然免疫的分子机理

北京航空航天大学
　航空航天先进传感技术
　飞行器抗干扰控制理论与应用

北京化工大学
　催化材料多级敏感结构控制与组装

北京交通大学
　数字媒体信息处理

北京科技大学
　钙钛矿材料的负热膨胀性、铁电性及其性能调控

北京理工大学
　强约束条件下复杂运动体的协同与控制
　非硅微/纳制造

北京协和医学院
　造血干细胞生物学
　急性肺损伤的转化医学研究

北京信息科技大学
　光电信息与仪器

清华大学
　分离科学与技术
　新兴污染物风险评价与控制技术
　功能薄膜的微结构和缺陷调控及性能研究

首都师范大学
　城市地面沉降监控技术与演化机理研究

中国农业大学
　农业生物质利用的工程基础

（张晓兰）

师　资　管　理

【举办首届中小幼教师继续教育联合体学术沙龙】　1月5日，2011年度北京市中小幼教师继续教育联合体年会暨第一届学术沙龙召开。学术沙龙以“研训一体背景下教师培训的管理变革与培训课程建设”为主题，邀请西城、顺义等区县的5名培训机构教师分别做主题发言，参会教师围绕主题交流探讨。年会总结回顾继教联合体的发展历程及特点和北京市2011年中

小幼教师培训工作，发布《共同推动全市“十二五”教师培训事业健康快速发展的倡议书》并举行签名仪式，公布2011年北京市“教师继续教育创新与发展”论文获奖名单。各区县教师培训基

地有关负责人共 80 人参加会议。联合体于 2003 年由北京教育学院发起成立，包括各区县教师培训基地等 21 家单位，旨在整合资源、优势互补、开展有关继续教育的理论探讨、政策研究、培训实践等活动，为教师继续教育开展提供指导、咨询与服务。

（刘 琳）

【召开职业院校教师素质提高工程总结大会】 1 月 6 日，北京市职业院校

教师素质提高工程“十一五”总结暨“十二五”启动大会在北京信息职业技术学院召开。会议观看“十一五”期间市职业院校教师素质提高工程总结短片，表彰“十一五”时期教师培训工作先进集体 8 个、优秀组织单位 7 个、先进工作者 52 人、优秀学员 141 人。“十一五”期间，市财政投入 1.5 亿元专项经费推进市职业院校教师素质提高工程实施。大会同时启动北京市“十二五”职业院校教师素质提高工程。

（侯 彤）

【选派 130 人进入教师发展基地学习】 1 至 5 月，市教委选派北京市属高等院校青年教师 130 人进入高校教师发展基地学习。市教委通过学校推荐、教师发展基地审核、市教委审定等方式，共选拔市属高校优秀青年骨干教师 130 人进入 6 所中央部署高校的北京市属高校教师发展基地参加研修，为期一年。其中，北京大学接收研修学员 25 人、清华大学 24 人、北京师范大学 22 人、中国人民大学 23 人、北京外国语大学 21 人、北京交通大学 15 人。基地所在高校通过集中学习、导师带教、学员助教等方式培养学员。市教委 5 月为北京交通大学授牌，该校成为北京第六个市属高校教师发展基地。

（纪奇明）

【中小学校本研修培训班开班】 2 月 22 日，北京市中小学“校本研修与整校推进”培训项目开班典礼在北京石油学院附属小学举行。该培训项目为期一年，其中，第一学期以石油附小为基地，采用课堂教学案例深度分析、专题讲座、校本教研现场观察与录像分析等方式对该校语文、数学教师开展分学科培训；第二学期以昌平区城北中心小学为基地，采用同样方式培训该校全体数学教师，探索远郊区县校本研修与整校推进工作的特点与规律。每学期培训课程 120 学时。培训旨在帮助基层学校落实校本培训实效性，通过整合各高校、教科研单位专家学者、优秀中小学教师、区教研员等培训资源“送学下校”，促进教师专业发展，提升学校“自发展”能力。两校教师 140 人参加培训。

（刘 琳）

【国内访学培训计划第二期开班】 3 月 30 日，北京市中小学干部教师“国内访学计划”（第二期）开班。访学班为期一年，通过学校推荐、区县审核、专家面试等方式共录取学员 38 人。访学班培训内容包括集中理论学习、进入本市国际学校深度访学、到外省市国际学校参观考察三部分内容。其中，本市访问的国际学校由第一期的 4 所增至 8 所，分别是北京乐成国际学校（BCIS）、北京京西学校（WAB）、北京顺义国际学校（ISB）、北京英国学校（BSB）、北京加拿大国际学校、北京德威英国国际学校、北京耀中国际学校、北京 BISS 国际学校。

（任 虹）

【举办城区“学教一体”培训】 4 月 14

日，北京市城区中小学学科教师“学教一体”培训项目举行开班典礼。该培训班面向东城、西城、朝阳、海淀、丰台、石景山 6 个城区中小学教师，采用集中培训和分组研讨方式，包括理论课程、实践指导课程和校本展示三部分。其中，理论学习包括教学实效性理论与实践、基于学生发展的教学设计理念和案例、基于学生发展的教学实施理念和案例三个模块内容；实践课程包括课堂教学实践与指导、跨区教学观摩、社会考察以及分组实验（理科）等；交流展示即在理论学习和实践指导的基础上，总结提炼培训成果并交流研讨。培训共 180 学时，城区 915 名中小学教师参加培训。

（刘 琳）

【4 所学校成为职业院校教师培训试点】 4 月 18 日，市教委认定 4 所学校为“十二五”时期北京职业院校教师素质提高工程教师培训试点项目承担学校。经学校申请、专家评议、市职业院校教师素质提高工程领导小组审定，市教委认定北京财贸职业学院、北京电子科技职业技术学院、北京农业职业学院、北京工业职业技术学院为该试点项目承担校。4 所学校分别承担全市职业院校语文、数学、英语 3 个学科和新入职教师培训任务。

（张晓兰）

【开展特级教师京郊行动】 5月2日，

“首都特级教师京郊行动计划”在密云县启动。活动包括“特级教师京郊大讲堂”和“特级教师校本培训指导行动”两部分。其中，大讲堂主要开展跨区县特级教师系列专题讲座；校本培训指导行动主要以“学研教一体化”为主题，指导远郊区县开展校本培训。至年底，共举办大讲堂活动 5 次，指导密云、房山、门头沟 3 个区县 19 个中小学开展校本培训。

（刘 琳）

【举办中小学校长境外研修项目】 5 月 3 日，北京市中小学校长境外研修项目加拿大教育管理硕士班开班。该班为期 1 年，包括英语、专业课程、境外学习三个阶段。经区县推荐、加拿大皇家大学语言测试，共有来自 13 个区县 27 名中青年骨干校长和副校长参加培训，成绩合格者颁发皇家大学教育领导和管理学专业硕士学位。

该硕士班是2012年市中小学校长境外研修子项目。

（刘琳）

【印发中小学教师继续教育学分管理办法】 5月17日，市教委印发《北京市“十二五”期间中小学教师继续教育学分管理办法（试行）》。办法规定，北京市所有教师在5年内必须完成累积36学分（平均每年7.2学分）或特定要求学分的培训，其中，必修课程16学分、选修课程10学分、校本研修课程10学分。必修课程包括6个学分的公共必修课和10个学分的专业必修课两个部分；选修课程包括专题选修、自主选修和科教研活动，原则上要求自主选修课程不超过2学分、科研活动不超过3学分；校本研修课程要求须根据区县教师培训机构审定的培训方案，按照20课时折合1学分计算，原则上，教师每年的校本研修课程不超过3学分，5年完成10学分。该办法适用于具有中小学教师资格的各级各类中小学在职教师，自公布之日起执行。

（张晓兰）

【完成教师培训项目评估验收】 5月21日，北京市2011年市级教师培训项目评估验收完成。8个承办单位16个项目负责人分别汇报项目基本情况、培训投入与产出、总结与反思，并就相关问题答辩。经专家组评议、市教委审定，获得“优秀”项目2个、“良好”7个、“合格”7个。

（刘琳）

【印发中小学教师培训实践基地意见】 5月25日，市教委印发《关于中小学教师培训实践基地的意见》。意见明确各中小学教师培训实践基地的条件、承担任务、培训内容和方式以及管理保障。其中，规定各基地学校须拥有2个以上优势学科，具有一定数量的、能够发挥示范和指导作用的市级学科带头人、骨干教师或特级教师；每个基地每年应完成所承担的市、区（县）教师学习交流任务、跟岗学习任务，提供不少于2次的市、区（县）级学习观摩或研究课活动。

（张晓兰）

【举办民办幼儿园管理者和骨干教师培训】 7月14日至8月25日，市教委举办民办幼儿园管理者和骨干教师培训。

培训历时43天，对全市506所民办幼儿园1500名管理者和骨干教师进行分期培训。培训以加强民办幼儿园建设，提高幼教质量、促进教育事业均衡发展为出发点，根据民办幼儿园实际情况和知识需求安排课程、组织考评。通过邀请学前教育专家、名师授课，现场参观优秀幼儿园，开展学前教育三项技能（唱歌、讲故事、跳舞）比赛等环节，提高全市民办幼儿园管理者和教师的管理能力和教学技能。培训由北京汇佳职业学院承办。

（李旭昌）

【成立教师资格认定事务中心】 8月29日，“北京市教师资格认定事务中心”在北京教育学院挂牌成立。该中心沿袭原北京市教师资格认定工作办公室工作职责，受理北京市高级中学教师、中等职业学校教师、中等职业学校实习指导教师、高等学校教师等资格认定的申请，审核报名情况，开展教学能力测试，承担组织相关教材及考试大纲的编写、考试报名、命题、组考、阅卷、成绩发布、证书发放等事务性工作；承担教师资格认定方面的政策咨询、数据统计等工作。中心挂靠北京教育学院教师培训办公室（北京市中小学中等职业学校教师培训中心），拥有专兼职工作人员4人，包括主任1人、副主任1人。

（刘琳）

【启动中小学教师带薪脱产培训】 9

月2日，2012年北京市中小学教师带薪脱产培训项目在教育学院启动。本次培训面向处于熟练期的青年教师和处于成熟期的骨干教师，目的是解决教师成长中问题，提升教育教学和校本研修能力。培训根据学员特点，开设教学新秀全脱产班和市区骨干教师后备半脱产班，其中，全脱产班760学时、半脱产班360学时。来自西城、丰台、石景山、顺义、房山5个区小学语文、英语、科学和初中数学、物理5个学科100名学员参加培训。

（刘琳）

【开展校外教师教育活动基本功测试】 10月23至26日，市教委举办2012北京市校外教育机构教师教育活动基本功测试。测试包括“活动设计”“活动介绍”和“项目专业技能”三项内容，其中，“活动设计”与“活动介绍”涉及科技体育、造型艺术、表演艺术等9个组别，“项目专业技能”包括舞蹈、书法、体育等14个组别。测试聘请专业团体、高校、教科院所等单位60余名专家担任评审。来自16个区县及燕山地区、北京学生活动管理中心、北京教学植物园的310名校外教师参加测试，其中，获得优秀等级68人、良好216人、及格26人。

（崔向红　卢婷）

【认定27人为特级教师】 12月13日，市教委重新认定27人为特级教师。经个人报名、区县申报、申报人答辩说课、专家组评议、市教委审核等程序，认定中央民族大学附属中学刘树才等27人为特级教师，自12月起享受市特级教师待遇。按照规定，外省市特级教师调入北京市须重新认定后方可享受北京市特级教师待遇。

（崔亚超）

【安置军转干部62人】 至年底，市教委安置军转干部62人。通过双向选择、指令性派遣等方式，市教育系统32个单位安置军转干部62人，其中，团职1人、团职以下61人。

（房卫青）

【开展职业院校教师培训和资助】 至年底，市教委按照“北京市职业院校教师素质提高工程”部署，开展职业院校教师系列培训和资助。市教委依托全市15个职业院校教师培训基地，共开展专业教师培训项目32个、教师培训试点项目6个，共计4万人次教师参加培训；组织建筑、酒店管理等专业共5个教师国外培训团，赴德国、英国、爱尔兰、美国4个国家，参加为期28天的国外培训，累计培训90人次。资助职教名师25人，每人5万元；专业带头人50人，每人3万元；优秀青年骨干教师159人，每人1万元；行业企业特聘专家13人，每人5万元；创新团队20个，每个15万元。

（纪奇明）

【开展中小学、幼儿园干部培训】　至年底，市教委组织开展中小学校长、幼儿园园长等干部培训1600人次。培训围绕实施素质教育的中心任务，涵盖任职资格培训、提高培训、高级研修和专题培训4种主要形式，包括中小学名校长工作室、中小学校长国内名校高级访问研修、中小学骨干校长境外研修、小学中青年骨干校长专业发展研修等20个培训项目，累计培训1600人次，投入资金2800万元。

（鲜万标）

职称评定与资格认定

【组织中小学教师资格认定考试】　3

月25日，北京教育学院组织北京市2012年中小学教师资格认定考试。该考试面向中小学、中等职业学校非师范教育类专业考生，采用闭卷笔试方式，设立教育学和教育心理学两个科目。考试分数均为100分，时间各120分钟。考试在东城区、西城区、海淀区和朝阳区四个区30个考点设置534个考场。共有16697人参加考试，其中，双科合格1992人、教育学单科合格1078人、教育心理学单科合格1312人。

（崔亚超　刘琳）

【开展中小学国际汉语教师资格认证】　3至6月，北京市汉语国际推广中心正式启动中小学国际汉语教师资格认证。为规范中小学国际汉语教师资质，该中心制定《中小学国际汉语教师资格证书项目管理办法（试行）》，确定针对北京市目前在岗对外汉语教师资格认证办法。经过专家委员会审核，中心首批认证433人获得国际汉语教师资格。

（张明　邱瑀璐）

【认定教师资格11192人】　6月和12月，北京市11192人通过教师资格认定。全市各级教师资格认定机构和依法接受委托的普通高等学校共受理13104人教师资格认定申请，通过面试（答辩）与试讲审核等环节，共认定11192人。其中，市教委和依法接受委托的普通高等学校认定6722人，包括高级中学教师资格3336人、中等职业学校教师资格195人、中等职业学校实习指导教师资格6人、高等学校教师资格3185人；区县教委认定4470人，包括幼儿园教师资格2717人、小学教师资格1079人、初级中学教师资格674人。

（崔亚超）

【中专教师91人晋升专业技术职称】　9月22日，北京市中等专业学校91人晋升专业技术职称。本年中等专业学校教师共127人申报晋升专业技术职称，其中，申报高级讲师65人、讲师54人、助理讲师4人、实验师4人。经教师高、中级职务评委会评审会议认定，91人晋升专业技术职称，其中，高级讲师44人、讲师39人、助理讲师4人、实验师4人。

（陈静）

【中学教师（管理）42人晋升专业技术职称】　9月23日，北京市中学教师（管理）42人晋升专业技术职称。本年各区县共推荐申报中学教师（管理）高级职称43人，经中学教师（管理）高级职务评委会评审会议认定，42人晋升专业技术职称。

（陈静）

【高校教师293人晋升专业技术职务】　12月10日，北京市高等学校293人晋升专业技术职务。本年各学校申报晋升高校教师、科研（含高校教育管理研究）两个系列专业技术职务共397人。经高校教师职务专业学术评议委员会评议审定，共293人晋升专业技术职务，其中，晋升高级专业技术职务58人、副高级职务182人、中级职务53人。

（陈静）

（本栏责任编校　张晓兰）

学生管理

综　　述

2012年，市教委坚持“完善机制、提高质量”的指导思想，创新工作思路，重点提升毕业生就业、学籍学历管理和大学生征兵工作质量，各项工作进展顺利，取得阶段性成果。

毕业生就业工作

开展就业特色工作项目建设。面向北京地区高校开展就业特色工作项目评审和建设工作，遴选32个基础好、有特色、可推广的项目，作为提升人才培养质量的组成部分，进行重点建设，建成具有特色典型示范就业工作品牌，发挥引领作用，进一步提升北京地区高校毕业生就业工作的整体水平。

加强就业工作人员队伍建设。投入专项经费95万元，启动骨干教师培训计划，开展新入职中心主任、新入职工作人员和研究生就业工作人员的培训，并开展课程教学大赛、举办公开课、示范课等活动，推动就业指导课程体系建设，提升队伍专业化水平。

加强毕业生就业市场建设。依托北京高校毕业生就业指导中心举办双选会90场，参展单位7849家，提供岗位信息近19.5万个，同时开展“北京地区高校毕业生就业百佳用人单位”评选活动。

开展毕业生就业调研工作。举办北京高校和专业毕业生就业调查，重点调研2000家用人单位，形成《北京地区高校毕业生就业调研报告》两份，推动北京高校人才培养和社会需求良性互动。

实施“就业困难毕业生帮扶项目”。投入专项经费130万元，用于“就业困难毕业生帮扶”，完成6000名家庭经济困难、就业困难、残疾学生和部分少数民族毕业生免费就业培训。

推进创业教育和创业实践工作。投入专项资金150万元，启动北京高校大学生自主创新推进项目。在中央民族大学、北京电影学院、北京服装学院等高校开办创业培训班，并组织企业家对30支学生创业团队进行辅导。

截至8月31日，北京共有89所普通高等学校、76所科研单位的222542名毕业生办理就业手续，其中，毕业研究生69730人，本科毕业生111171人，高职（专科）毕业生41641人。毕业生就业率96.3%，与上年同期相比基本持平。其中，研究生95.1%，本科生96.5%，高职（专科）98%。各高校家庭经济困难等特殊困难毕业生19940人，其中，就业19489人，就业率97.7%，高于整体就业率。

学籍学历管理工作

开展政策解读、队伍建设、交流研讨、提升服务等工作，推进北京高校学籍学历管理工作，提升整体工作水平和质量。

加强队伍建设，提升高校学籍学历管理工作整体水平。2012年，开展学籍管理工作人员政策培训和电子注册具体业务人员培训，提升工作队伍素质和水平。完善研讨交流机制，加强学校间的学习与研讨，每个组每学期至少召开一次会议，交流各校在学籍学历管理方面的做法和经验。

高质量完成北京地区各类高等教育和普通中等专业教育学籍学历电子注册工作。认真按照教育部的规定，在做好日常学籍管理工作的同时，重点做好新生学籍电子注册、学年电子注册、学历证书电子注册集中办理工作，质量逐步提高。全年共审核注册各类高等教育和普通中等专业教育毕业生学历证书477343本。其中，研究生74875本，普通高等教育本专科154642本，成人高等教育94779本，网络高等教育137601本，普通中等专业教育15446本。2012年，共审核注册各类高等教育新生627986人。其中，研究生93317人，普通高等教育本专科157180人，成人高等教育116049人，网络高等教育246807人，普通中等教育14633人。

大学生征兵及毕业生入伍工作

完成2012届高校毕业生预征兵工作，共报名预征909人。组织举办2012年度北京地区高校毕业生入伍预征宣传动员周启动仪式，编印发放《国家和北京市鼓励普通高等学校应届毕业生入伍服义务兵役政策六十问》2万册，并组织观看影片《大学生士兵》，激发毕业生报名预征的热情。

注重队伍建设，开展业务培训。2012年分别举办“北京高校武装部长培训会”和“2012年北京高校征兵工作动员大会暨业务培训会”，通过宣讲政策、动员部署、专题报告、经验交流等形式提高征兵工作人员业务素质和工作水平。

研发“北京征兵报名信息系统”，充分利用信息化技术为征兵工作提供保障。至年底，系统已经开通使用，北京高校大学生可以通过网络报名，且所有北京适龄青年有参军意愿的都可以通过此系统报名，可随时了解资格审核、政审、体检、定兵等各个环节，同时，还将部队表现、退役后的服务都能够纳入其中，大大方便应征人员报名和情况统计，提高工作效率。此系统的研发，结束手工统计报名情况的历史。

落实征兵优抚政策，做好退役大学生士兵的安置工作。完成退役大学生的情况调查，为优抚安置奠定基础；举办退役大学生士兵政策宣讲会，详细讲解有关政策；与市人力社保局、国资委、民政局和征兵办公室共同制定出台《关于加强退役大学生士兵就业工作的意见》，与市征兵办联合印发《关于做好专科学生退役后免试专升本工作的通知》，该通知保证符合条件学生升学的同时，明确不低于50%的退役大学生士兵定向招聘政策。在北京高校毕业生就业指导中心举办的退役大学生士兵专场招聘会上，有105家事业单位、国企和大型非公经济组织参会，为501名符合条件退役大学生士兵提供700个工作岗位；与市民政局配合，选出符合条件的10所专科和高职院校，对社会退役士兵进行教育培训等。

（沈聪伟）

总　类

【开展就业工作特色项目评审】 1月

11至13日，市教委召开北京高校就业特色工作项目评审会。会议提出设立就业队伍建设、就业调查研究、就业课程建设、就业咨询指导、就业引导、创业教育、就业市场建设、信息化建设、就业帮扶和其他具有典型意义的就业工作10个重点工作领域项目评审，要求评审工作坚持择优遴选、分类评审的原则。北京共有49所高校参评，其中，32个项目入选北京地区高校就业特色工作项目。

（沈聪伟）

【入选全国高教学籍学历管理工作先进】 1月29日，北京地区14所高校入选全国高等教育学籍学历管理工作先进集体，25人入选全国高等教育学籍学历管理工作先进个人。该评选由教育部高校学生司举办，全国共评出先进集体265个，其中，北京地区14个；评出先进个人482人，其中，北京地区25人。

（张宪国）

【12名学生入选市优秀学生】 4月17日，市教委认定12名学生为2011～2012年度北京市优秀学生。市教委根据教育部和北京市关于评选省级优秀学生的有关精神和政策，由学校和区县推荐，经初审和复审，并充分听取市教委有关处室以及市人大代表、政协委员的意见，报市教委主任办公会审议通过，并在学生本人所在学校公示无异议后，市教委认定北京汇文中学孙茜蕊等12人为2011～2012年度北京市优秀学生。

（向姣姣）

2011～2012年度
北京市优秀学生名单

孙茜蕊　北京汇文中学
李硕　北京市第五中学
刘权　北京师范大学附属中学
韩静仪　北京市第八十中学
任飞　清华大学附属中学
陈星烁　北京市第一零一中学
刘睿祺　北京市京源学校
熊梦奇　北京师范大学良乡附属中学
王田歌　北京市顺义牛栏山第一中学
刘洋　北京市昌平职业学校
孙晨雨　北京市卫生学校
吕东东　北京市金隅科技学校

（向姣姣）

【一人入选五四青年奖】 5月2日，在团市委与市人力社保局联合召开的第26届“北京青年五四奖章”表彰会上。清华大学机械工程系2008级学生闫文韬入选。第26届“北京青年五四奖章”评选工作于3月启动，通过基层组织报名推荐及社会报名、候选人资格初审、评委投票、评选公示等阶段，来自文化教育、科学研究、文体卫生、经济建设、农林畜牧、政法系统、基层一线、志愿公益等领域的31名首都优秀青年入选。本届评选与往届相比，本届获奖者体现两个特点，一是年龄构成趋向年轻，本届获奖者平均年龄为32.3岁，比上年减少3岁。二是基层一线青年代表较多。

（华蕾）

【召开全国毕业生就业典型经验交流会】 5月10日，教育部召开2010～2011年度全国毕业生就业典型经验高校经验交流会。会议宣读50所全国毕业生就业典型经验高校名单，并听取4所高校典型发言。会议提出要充分认识高校毕业生就业工作的重要意义；加大总结宣传工作力度，推动高校毕业生就业工作创新发展；提高大学生就业创业工作水平。会议肯定典型经验高校为促进毕业生就业工作、深化人才培养模式改革所做的努力和取得的成绩，并对进一步做好高校毕业生就业工作提出要求。本年度推选的50所典型经验高校，涵盖部属高校、省属本科高校和高职高专院校，既有农林、师范、理工、财经、政法等行业类高校，也有民族学校和民办学校，中西部高校占有一定比例。评选工作自2009年开始实施，每年宣传推广50所典型高校。来自全国21个省（市、区）50所年度就业典型经验高校负责人、部分省市毕业生就业指导机构负责人参加会议。

（华蕾　谢光辉　白旭东）

2011～2012年度全国
毕业生就业典型经验
高校名单（北京）

中国农业大学
中央财经大学
北京工业大学
北京工业职业技术学院

（华蕾）

【召开毕业生就业工作会】 12月19日，

市教委、市人力社保局联合召开北京市2013年毕业生就业工作会。会议总结2012年北京高校毕业生就业工作，部署下年度工作目标和任务。会议介绍当前中国就业形势及对策，听取北京理工大学、首都经济贸易大学、海淀区人力社保局、北京银行4个单位经验交流发言；会议展示北京地区36个示范就业中心的建设典型经验及特色工作。来自北京地区各高校、普通中专学校、各区县人力社保局、部分市属用人单位负责人400人参加会议。

（张海涛）

学籍管理

【完成成人高等教育新生学籍电子注册】 4月，市教委完成成人高等教育新生学籍电子注册工作。共审核注册81所成人高等教育学校新生116049人，比上年增加3190人，增长2.82%。其中，本科63835人，专科52214人。

（张道明）

【编印高校学籍学历管理工作文件及问答手册】 5月，市教委编写完成《高等教育学籍学历电子注册文件汇编》和《北京高等学校学生管理工作问答手册》。其中，《高等教育学籍学历电子注册文件汇编》收录政策文件27份。《北京高等学校学生管理工作问答手册》解答高校学生和家长关于学籍管理方面的问题60个。两部丛书均为北京高校学籍学历管理工作内部资料，供相关工作人员使用。

（张宪国）

【完成本专科毕业生学历证书电子注册】 7月，市教委完成普通高等教育本专科毕业生学历证书电子注册工作。共审核注册89所普通高等教育学校（按教育部国标代码计算）毕业生学历证书154642本，比上年增加1216本，增长0.79%，其中，本科111633本，专科（含高职）41700本，第二学士学位1309本。

（张道明）

【完成成人高等教育学历证书电子注册】 7月，市教委完成成人高等教育毕业生学历证书电子注册工作。共审核注册87所成人高等教育学校毕业生学历证书94779本，比上年减少5978本，降低5.93%。其中，本科50947本，专科43832本。

（张道明）

【完成网络高等教育学历证书电子注册】 7月，市教委完成网络高等教育毕业生学历证书电子注册工作。共审核注册17所高校网络教育学院毕业生学历证书137601本，比上年增加22059本，增长19.09%。其中，本科55562本，专科82039本。

（张道明）

【完成研究生教育毕业生学历证书电子注册】 7月，市教委完成研究生教育毕业生学历证书电子注册工作。共审核注册131个研究生培养单位毕业生学历证书74875本，比上年增加8427本，增长12.68%，其中，博士16052本，硕士58823本。

（张道明）

【完成中专毕业生学历证书电子注册】 7月，市教委完成普通中等专业教育毕业生学历证书电子注册工作。共审核注册44所普通中等专业学校毕业生学历证书15446本，比上年减少1905本，降低10.98%。其中，毕业证书15284本、结业证书162本。

（张海涛）

【完成本专科在校生学年注册及学籍变动】 10月，市教委完成2011～2012学年度北京地区普通高等教育本专科在校生学年注册及学籍变动工作。北京地区共有普通高等学校（按教育部国标代码计算）92所，本、专科在校学生577745人。其中，注册学籍571516人、暂缓注册1556人、保留学籍739人、休学3934人。此外，退学2442人，死亡39人，取消学籍591人。在校生中涉及学生学籍变动51627人次，占在校生总数的8.94%，其中，跳级124人、留级1406人、降级1954人、转学193人、转专业42567人、复学1077人、其他4306人。

（张道明）

【召开中专学生学籍学历管理工作总结会】 11月29至30日，市教委召开2012年度北京地区普通中等专业学校学生学籍学历管理工作总结会。会议总结2012年北京地区普通中等专业学校学生学籍学历管理工作情况，听取北京电子科技职业学院、北京市商业学校、北京市供销学校和北京铁路电气化学校等学校经验交流发言。会议通过分组交流方式，研讨工作中存在的难题以及如何进一步做好学籍学历管理工作等内容。来自北京地区各普通中专学校负责学生学籍学历管理工作人员共100人参加会议。

（张海涛）

【完成本专科新生学籍电子注册】 11月，市教委完成普通高等教育本专科新生学籍电子注册工作。共审核注册92所普通高等教育学校新生157180人，比上年增加730人，增长0.47%，其中，本科116235人，专科（高职）39027人，第二学士学位580人，预科生1338人。

（张道明）

【完成网络高等教育新生学籍电子注册】 11月，市教委完成网络高等教育新生学籍电子注册工作。共审核注册17所高校网络教育学院新生246807人，比上年增加64047人，增长35.04%。其中，本科99884人，专科146923人。

（张道明）

【完成研究生教育新生学籍电子注册】 11月，市教委完成研究生新生学籍电子注册工作。共审核注册141个研究生培养单位新生93317人，比上年增加4923人，增长5.57%。其中，博士20869人，硕士72448人。

（张道明）

【完成中专新生学籍电子注册】 11月，市教委完成普通中等专业教育新生学籍电子注册工作。共审核注册40所普通中等专业教育学校新生14633人，比上年减少572人，降低3.76%。

（张海涛）

【召开高校学籍学历管理工作总结会】

12月10日，市教委召开2012年北京地区高等学校学籍学历管理工作总结会。会议总结2012年北京高校学生学籍学历管理工作，表彰获全国高等

教育学籍学历管理工作先进集体和先进个人，并颁发奖牌和证书。会议分别听取北京交通大学、中央美术学院、北京航空航天大学、北京农业职业学院、中国农业大学等高校介绍做好学籍学历管理工作的好思路、好经验和好做法。来自教育部学生司、市教委有关领导，北京地区各高校教务处、学生处、研究生院（部）及科研单位主管学生学籍学历工作的负责人和工作人员共330人参加会议。

（张宪国）

毕业与就业

【评选高校毕业生就业百佳用人单位】

3月28日，市教委召开2011年北京高校毕业生就业百佳用人单位表彰会。会议表彰促进北京高校毕业生就业工作的先进用人单位100家，听取获奖单位代表中国东方电气集团有限公司、北京首都农业集团有限公司、华北电力大学、北京信息科技大学交流发言。该活动由北京市高校毕业生就业指导中心承办，来自全国高等学校学生信息咨询与就业指导中心、市人力社保局、市教委相关领导及百佳用人单位代表、各高校就业部门负责人共300人参加会议。

（张海涛　侯文磊）

【参加全国大学生职业生涯规划大赛】 5月17至21日，北京市高校毕业生就业指导中心组织北京高校大学生参加第二届全国大学生职业生涯规划大赛总决赛。北京大学王小玲获得特等奖、高松获得一等奖，北京师范大学刘冠楠、中国政法大学余慧婷获得二等奖，另有2人获得优秀奖；北京大学2名教师获得优秀指导教师奖；北京高校毕业生就业指导中心获得优秀组织省市奖。该比赛自2011年7月启动，由教育部高校学生司指导，全国高等学校学生信息咨询与就业指导中心主办，分高校初赛、省级复赛和全国总决赛三个环节。全国29个省区市参与比赛，150名选手入围全国总决赛，经过专家审阅参赛材料，遴选出60名选手晋级最后的现场总决赛。最终评出特等奖1人、一等奖9人、二等奖16人、三等奖34人，10人获得单项奖、90人获得优秀奖，10个省市获得优秀组织省市奖，10人获得优秀指导教师奖。

（侯文磊）

【召开毕业生就业推进大会】 5月28

日，市教委、市人力社保局联合召开北京市2012年高校毕业生就业推进大会。会议通报北京高校毕业生就业进展情况，并安排部署毕业生离校各项工作。会议提出针对毕业生签约进展趋缓现象，要求各高校要明确任务，强化责任，做好指导工作；加大对就业困难群体帮扶力度，落实好“个体咨询、优先推荐、技能培训、就业资助”等一对一帮扶措施，切实帮助毕业生实现就业。教育部、市人力社保局、市教委相关领导及北京地区各高校、用人单位代表300人参加活动。

（张海涛）

【高等教育培养毕业生222542人】 至8月31日，北京地区普通高等学校、研究生培养单位共培养毕业生222542人。其中，研究生69730人，本科生111171人，高职（专科）生41641人。毕业生中，北京生源81245人，占毕业生总数36.51%，就业率97.8%。毕业去向统计显示，升学30347人、出国14573人、拟继续升学545人、拟出国343人、申请暂不就业40人；扣除上述各种情况，实际参加就业人数176694人，占毕业生总数79.4%。按教育部统计口径，截至8月31日，毕业生就业率96.3%，其中，研究生95.1%、本科生96.5%、高职（专科）98%。北京地区各高校家庭经济困难等特殊困难毕业生19940人，就业率97.7%，高于整体就业率。北京地区高校毕业生到西部地区就业17065人，录用为北京村官2417人、北京社区工作者156人。

（张海涛）

【召开科研助理落户手续培训会】 9月20日，市教委、市人力社保局联合召开北京市2010届科研助理落户手续办理培训会。会议重点讲解有关毕业生进京审批及落户工作流程，要求各高校务必重视此次落户手续办理工作，统筹安排，推动科研助理项目顺利开展。来自北京大学、清华大学、中国人民大学、北京师范大学等17所涉及科研助理工作院校的毕业生就业部门和人事部门工作人员30人参加培训。

（张海涛）

【举办高校毕业生生源信息发布会】

11月22日，市教委举办“北京地区2013届高校毕业生生源信息发布会暨2012年北京地区高校毕业生就业双选服务月启动仪式”。会议宣布服务月期间，北京大学生就业之家、北京教育人才市场、北京地区各高校将集中举

办80场以上大中型毕业生专场双选会，编印《北京地区2013届高校毕业生生源信息专刊》，免费发送参会用人单位。会议发布北京地区2013届高校毕业生生源信息，2013年北京地区高校毕业生共计22.9万人，其中，专科（高职）毕业生3.8万人、本科毕业生11.4万人、硕士研究生毕业生6.2万人、博士研究生毕业生1.5万人。该活动由北京高校毕业生就业指导中心承办，来自教育部、市人力社保局、市教委相关领导及北京地区各高校、用人单位代表300人参加会议。

（张海涛　侯文磊）

【举办高校大学生PPT技能大赛】 11至12月，北京高校毕业生就业指导中心举办首届北京高校大学生PPT技能大赛。该比赛为落实就业帮扶工作，通过实际操练帮助大学生认知职场，提高综合信息化能力。比赛围绕“探索自我、认知职场、服务社会”活动主题，分初赛、复赛和决赛3个阶段。初赛要求学生用演示文稿软件（PPT）设计电子简历，鼓励原创，杜绝转载、抄袭。要求以展现自我风采及个人能力为中心，要有明确的主题和内容，突出重点、条理清楚。复赛通过面试和答辩形式进行，决赛以自我展示、团队合作项目和效率大比拼的形式完成。57所高校的大学生作品500份参加比赛。

（侯文磊）

【完成高校毕业生自主创业证核发工作】 12月31日，市教委完成北京高校毕业生自主创业证核发工作。北京地区各普通高等学校、研究生培养单位、独立建制成人高等学校共审核和发放《高校毕业生自主创业证》415个，其中，普通专科27个、普通本科338个、硕士44个、博士5个、成人本科1个。

（张海涛）

【批准高校聘用科研项目助理179人】 至年底，市教委与市人力社保局审核批准北京高校聘用科研项目助理179人。来自北京地区17所普通高等学校125个科研项目参加选聘，共聘用毕业生179人，其中，博士18人、硕士161人。

（张海涛）

【举办92场毕业生双选会】 至年底，北京高校毕业生就业指导中心共举办各类双选会92场。双选会面向高校毕业生，参会用人单位7394家次，提供需求岗位数量3.3万个，招聘需求人数20.6万人次，服务参会毕业生12.7万人次。

（侯文磊）

【举办高校毕业生入伍预征宣传活动】 5月7日，市教委、市政府征兵办公室在北京科技大学启动“2012年北京地区高校毕业生入伍预征宣传动员周”活动。活动听取退伍复学大学生代表和毕业生代表介绍从军感受，并向全体高校毕业生发出“携笔从戎，报效国家”参军入伍倡议。活动宣传国家和北京市鼓励高校毕业生入伍优惠政策，编印《国家和北京市鼓励普通高等学校应届毕业生入伍服义务兵役政策六十问》3万册，免费发送北京地区高校。至7月，北京地区高校共909名毕业生预征报名。

（孙世光）

【启用北京市征兵报名系统】 9月，市教委启用北京市征兵报名系统。该系统于2012年冬季征兵开始正式投入使用，面向北京适龄青年，实现全部网上报名应征要求。系统投入使用后，简化应征报名流程，优化征集程序方法，减轻数据统计工作量，提高征集工作效率，推动征兵工作高效发展。

（孙世光）

【完成冬季征兵工作】 9至12月，市

教委完成2012年北京地区高校冬季征兵工作。共征集大学毕业生604人，在校大学生1524人，占总征集量56%，比上年提高5个百分点。有17所高校被北京征兵工作领导小组评为“2011年度高校征兵工作先进单位”。

（孙世光）

2011年度高校
征兵工作先进单位

北京交通大学
北京化工大学
北京工商大学
北京农学院
首都体育学院
北京体育大学
北京工业职业技术学院
北京信息职业技术学院
北京电子科技职业学院
中华女子学院
北京信息科技大学
中国矿业大学（北京）
北京联合大学
北京城市学院
北京政法职业学院
北京现代职业技术学院
北京科技经营管理学院

（孙世光）

【落实退役大学生士兵优惠政策】 至

12月31日，市教委落实退役大学生士兵优惠政策。北京面向501名符合条件的退役大学生士兵，提供职位700个。其中，公务员编制岗位82个、事业编制岗位100个、市属国有企业管

理岗位243个、非公经济组织岗位251个。共有78名退役大学生士兵被定向招录公务员岗位，76名非京籍退役大学生落户北京。在升学优惠方面，依据《关于做好专科学生退役后免试专升本工作的通知》精神，共有28所高校的81名符合条件的大学生士兵办理专升本。

（孙世光）

奖贷助学

【完成宏志奖学金发放】　5月，市教委完成第14届普通高中宏志奖学金评选工作。此次评选采取报名推荐、民主评议、材料审核、公示程序，面向普通高中在校生中城乡低保家庭、低收入家庭子女，享受社会优抚待遇家庭子女、烈士子女及经民政部门认定的其他困难家庭子女，要求在校期间品行良好、关心集体、乐于助人、学业成绩及学生综合素质评价优良。年内共完成资助3500名学生，每人金额800元。普通高中宏志奖学金评选活动始办于1997年，每年评选一次，至此，北京市享受宏志奖学金学生共计40276人。

（王雪青）

【实施北京市高校学生境外学习奖学金项目】　10月16日，市教委正式实施北京市高校学生境外学习奖学金项目。市教委投入专项资金1500万元，资助20所高校1000名学生赴境外进行课程学习、课题研究以及参加国际竞赛、学术及文化交流活动。

（任军）

【修订中职教育免学费和助学金政策】　12月，北京市修订中等职业教育免学费及国家助学金政策。自9月，全日制中等职业学校（含公办中等职业学校，政府教育、人力社保行政管理部门依法批准的民办中等职业学校）就读的具有正式学籍的城乡低保家庭（含生活困难补助家庭）学生、城乡低收入家庭学生、享受抚恤补助的优抚对象及其子女、孤儿（含福利机构供养和社会散居）、残疾人子女、残疾学生、农村学生和涉农专业学生免除学费。中等职业教育国家助学金分二等。其中，一等国家助学金每生每学年2500元，资助城乡低保家庭（含生活困难补助家庭）学生、领取生活困难补助金的重残人子女、享受抚恤补助的优抚对象及其子女、孤儿。二等国家助学金每生每学年1800元，资助城乡低收入家庭学生和涉农专业学生。

（林业）

【高校学生资助实现应助尽助】　至12月，北京高校学生资助工作实现应助尽助。55所市属高校432人获得国家奖学金，核拨346万元；8450人获得国家励志奖学金，核拨4225万元；40500人享受国家助学金，核拨12802.79万元；校内贷款贴息和风险补偿金460.7万元，贴息13080笔；生源地贷款贴息及风险补偿金48.55万元，262人获贷。服义务兵役学费补偿贷款代偿1979.05万元，惠及1195名学生；边远山区就业学费补偿贷款代偿56.4万元，惠及87名学生。

（罗芳）

【补助家庭经济困难大学生】　至12月，北京高校各项补贴及时到位。北京各高等学校共有97462万人次困难大学生受助，包括7万名中央部委院校困难大学生发放补贴13379.51万元。各高校认定家庭经济困难新生14896人，其中，5095名新生通过绿色通道入学，多数高校同时为通过绿色通道的学生发放500至1000元的生活用品。

（罗芳）

【推进中职学生资助工作】　至12月，北京市推进中等职业学校学生资助工作。发放中职学校国家助学金7600万元，8.5万名学生受到资助；市政府奖学金1085万元，5425名学生受奖励；免学费资金2.1亿元，惠及城乡低保、城乡低收入家庭学生、涉农专业学生、享受抚恤补助的优抚对象及其子女、孤儿、农村学生、残疾人子女、残疾学生，共9.5万名学生受到资助；免除中国戏曲学院附属中等戏曲学校戏曲表演、戏曲音乐专业学生9至12月学费146.4万元，惠及549名学生。

（罗芳）

【落实基础教育和学前教育学生资助工作】　至12月，市教委落实普通高中、义务教育、学前教育资助工作。北京市普通高中获国家助学金1983万元，受助学生8627人。市财政拨款义务教育免杂费5850万元、免教科书费9167万元、生活学习补助资金2569万元、免借读费8979万元，共惠及义务教育阶段学生90万人。学前教育资助848人，涉及资金415.3万元。

（罗芳）

（本栏责任编校　董素宅）

招生与考试

综　　述

2012年，北京市招生考试系统以安全稳定为第一位政治责任，以加强精细化管理、为教育提供科学公正的考试招生评价服务为主题，顺利实现“平安考试、阳光招生”的工作目标。全年共命制试题1143套、印制试卷387万份，组织各级各类考试585次、涉及考生195.6万人次，为各级各类招生单位录取新生35.9万人，发放各类证书28万余份。

以健全精细机制为基础，全力确保平安考试目标实现

坚持确保各级各类教育考试招生工作安全平稳顺利，维护国家考试的严肃性、公正性、权威性。始终把考试安全作为生命线，始终把维护社会和谐稳定作为第一位政治责任，始终把“严之又严、细之又细、实之又实”的要求贯彻落实于考试招生全过程，牢固树立“第一次”意识、“关注细节、精益求精”意识和“居安思危、居危思危”意识，不断增强媒体应对意识，严格执行“三确保、八落实”的工作要求，各方协调联动，机制优势彰显；区县周密部署，实施人文考务；加强教育宣传，强化培训检查；考试组织严密，措施落实到位，稳妥应对重大突发情况，实现平安考试的工作目标。

以稳中求进为基调，稳妥推进招考改革

中招、高招参与研究非京籍务工人员随迁子女义务教育后在京参加考试的方案。中考平稳实施军人子女考生照顾加分政策，首次组织体育特长生统测。高考出台考生照顾加分项目调整方案，加快推进英语科目考试改革进程。研考稳步推进高校标准化考点建设，开展研究生招生模式改革研究。成考调整报名办法和录取模式，充分契合成人考生特点。自考创新专业设计理念，确定专业体系框架，探索开考面向企业一线职工的新专业。社会考试建成标准化口语考场管理系统和英语口语考试题库，稳步推动口语考试常态化。

以两个转变为目标，切实提升命题质量

加强命题工作由外控管理向业务参与型管理转变，由有序化管理向系统化、精细化管理转变，推进命题管理体系建设，提升命题科学化水平。不断完善符合首都特色的高考试题资源库和自考标准化试题库建设。完成高考试题资源库信息系统集成和重要基础软件的安装调试，高考试题资源库信息系统已具备运行使用的条件。实施命题前的全科数据模拟，根据命题需要，对中考、高考等6项考试数据进行全样本分析，形成数据报告文件2000余个。推进第三次自学考试标准化题库建设工作。“自学考试命题管理信息系统”“计算机题库管理系统”投入使用并发挥良好作用。实现自学考试通用性题库基本功能，大幅提高工作效率和命题科学化水平。自考诊断性评价试点稳步推进。实现基于计算机的诊断性评价，增加考生作答失败错误类型、针对性补救建议等内容。启动成人高考综合科目命题工作。

以考试安全为核心，深入推进科技考务

加强教育部33号令的宣传贯彻力度，修订《北京教育考试考务管理规定》和《国家教育考试考生违规违纪处理办法实施细则》等6个制度文件，编制完成《考务管理案例汇编》，为加强考务管理、严肃考风考纪提供实例参考。加快推进本市标准化考点和评卷点建设，目前5个标准化评卷点建成并投入使用。建立完善评卷教师信息库，评卷标准化建设扎实推进。全力推进考务管理综合平台建设，8个模块中的5个模块开发完成，并在会考、成考等考试中试用。远程电子巡查系统、试卷运送GPS定位及视频监控系统发挥重要作用，考试中手机屏蔽和隐形耳机探测设备应用良好，科技考务取得实质推进。发挥北京教育考试院院保密委作用，加强统筹管理，完善保密制度，明确工作职责，推进保密安全管理常态化。

以课题研究为牵引，全面加强科研工作

首次实施中考城郊对比分析与“两类十校”（示范校一、示范校二，每一类抽取10所高中作为样板分析的数据来源）分析；首次开展为区县提供中考全样本数据分析试点；首次实现高考评价各区县的全覆盖。积极推进《北京市高等职业教育入学制度改革研究》等29项课题的研究工作，涉及各级各类教育考试。全年共有5项课题通过结题鉴定，25人公开发表论文32篇。积极探索会考个性化诊断评价，考试评价研究功能得到进一步拓展。完成高考、中考、高中会考23个学科的全样本数据分析，形成数据分析报告407册。完成各学科试题评价研究报告、考生水平评价报告共49篇。修订和完善《北京教育考试院科研成果奖励办法》，鼓励工作人员在科研能力和专业素质方面得到提升。在“教育考试动态”栏目刊出国内外教育考试讯息近300篇，有力促进教育信息资源共享，营造良好的科研氛围。

以“四三三一”工程为抓手，全面加强信息化建设

扎实推进北京教育考试院信息化建设“十二五”规划（“四三三一”工程）落实，编制完成《北京教育考试院信息化顶层设计方案》。完善公众服务平台建设，为社会提供多种形式的网上服务。完善综合办公平台建设，加快办公平台向协同工作平台的过渡进程，为考试招生工作体系提供高效便捷的网上工作环境。实施网络安全加固，采取多种措施提高北京考试院网络及信息系统的安全防护能力，确保安全稳定运行。制定《北京教育考试院教育考试招生业务归档数据管理办法》，加强对考试招生历史数据的管理及应用研究。高效率、高质量完成北京考试院报告厅改造工程一期建设任务。

以维护考生合法权益为核心，不断提升宣传咨询服务水准

发挥北京考试报、考试院网站宣传主阵地作用，围绕业务提供多渠道、多角度、全方位宣传服务。深入开展“走转改”，着力在内容贴近考生和增强报纸可读性上下功夫，考试报影响力进一步提升。全年累计发行总量达 650 万份。制作中考、高考、成考、自考特刊共 20 期。完善公众服务平台建设，不断拓展应用功能。考试院网站点击率达 5.08 亿次。各处室通过网站发布信息 5033 条，工作效率显著提高。通过考试院网站意见箱回答考生问题 1.3 万条，有力维护考试招生的社会公信力。完成网上报名 30 次，通过网上咨询回答问题 3.1 万个，为考生提供近 150 万科次的成绩查询，考试院网站宣传服务能力得到进一步提升。

严格执行信访工作各项要求，修订完善考试院集体信访接待办法，各处室安排专人负责信访接待工作。加强政策宣传，耐心细致解释、解决考生最关心、最直接的问题，有效化解各类矛盾，切实维护考生合法权益。加强与市教委等有关部门协同配合，争取公安部门大力支持，参与非京籍家长上访接待工作，妥善处置涉及中考、高考、研考、自考等考生咨询上访，有效保证正常业务开展和考试院大楼有序运转，促进和谐招考，维护社会稳定。

（蒋来）

总　类

【召开招考委年度首次全体委员会议】 3 月 30 日，北京市招生考试委员会 2012 年第一次全体委员会议召开。会议听取 2011 年高招工作汇报，审议并通过《北京市 2012 年普通高校招生工作规定》。同时，会议对 2012 年北京市高招工作提出“安全高考、和谐高考、公正高考”的工作要求。市招考委成员单位相关负责人参加会议。

（卢杰）

【召开中考命题工作启动会】 5 月 4 日，2012 年北京市高级中等学校招生考试命题启动会召开。参加命题的全体教师签署保密协议书，并进行各学科分组讨论。市教委、北京教育考试院相关领导、中考命题教师和工作人员 40 人参加会议。

（赵海燕）

【召开教育考试招生工作电视电话会议】 5 月 16 日，2012 年北京市教育考试招生工作电视电话会议召开。洪峰出席会议并讲话。会议部署 2012 年高等学校招生考试工作，提出“安全高考、和谐高考、公正高考”的工作要求。来自公安、交管、保密、供电、卫生、城建、城管、宣传等部门人员，区县考试中心负责人和有关人员，在京高校领导和招生办主任共计 300 余人参加会议。同时，上海合作组织成员国元首理事会第 12 次会议在北京召开，通过市委市政府协调，妥善处理峰会期间交通管制与高考考生按时赴考的矛盾，实现高考组织工作有序进行。

（卢杰）

【召开高考入闱命题动员会】 5 月 17 日，2012 年普通高等学校招生全国统一考试北京卷入闱命题动员会在北京教育考试院召开。会议对高考北京卷命题工作提出“平安高考”的要求。市教委、北京考试院、高考命题教师以及相关负责人参加会议。

（赵海燕）

【实施军人子女教育优待细则】 5 月 18 日，北京卫戍区政治部、市教委联合印发《2012 年北京市军人子女教育优待实施细则》。《细则》所称军人子女指户籍在京的现役军人的子女、烈士子女、因公牺牲和病故军人的子女。军人子女入地方幼儿园，地方教育行政部门协调予以优先安排。作战部队、驻乡镇部队及普通军人子女入小学、初级中学，可在驻地或户籍所在学区（片）由区县教育行政部门协调就近就便安排质量较好的学校就读，另有四类军人子女入小学、初级中学，可在部队驻地或户籍所在区县由区县教育行政部门协调就近就便安排质量较好的学校就读。《细则》规定三类军人子女报考普通高级中学的可降低 20 分录取，四类军人子女可降低 10 分录取，军人子女报考普通高级中学，在总分相同的条件下优先录取。《细则》规定烈士子女可以在高等学校投档分数线下降低 20 分投档。军人子女享受中考、高考优待，由大军区级单位干部部门汇总审核后报总政治部干部部门审批，审批后报北京教育考试院，并向社会公示。

（华蕾）

【召开北京市国家教育考试局际联席会议】 6 月 1 日，市政府召开北京市国家教育考试局际联席会议。教育、公安、交通、供电、保密、卫生、住建委、气象、公交、城管、无线电、应急办和新闻宣传 13 个职能部门相关负责人参加会议。会议听取北京市 2012 年高考准备工作情况的汇报，并逐项检查高考安全各项保障工作的落实情况。

（卢杰）

【完成中招考试入闱命题工作】 6 月 1 至 26 日，2012 年北京市高级中等学校招生考试入闱命题工作完成。该项工作共完成语文、数学、英语、物理、化学 5 个学科 10 套试卷的命制。命题教师 52 人和相关工作人员参加入闱命题工作。

（赵海燕）

【召开全国硕士研究生招生考试考务工作视频会议】 12 月 6 日，2013 年全国硕士研究生招生考试考务工作视频会议在北京教育考试院召开。教育部副部长出席会议并讲话，黑龙江、江苏、广东、四川、陕西 5 省的代表汇报本省研考考试安全工作落实情况。会议设置主会场和分会场，主会场有来自国家教育统一考试部际联席会议成员单位有关司（局）、教育部高校学生司、监察局、考试中心相关负责人参加；分会场有来自市教

委、保密局、公安局等国家教育统一考试联席会议成员单位、招考委、考试院 157 家招生单位相关负责人参加会议。

（李青文）

【首次调整成人高校招生录取批次】 12 月 6 至 25 日，北京市成人高校招生考试录取工作完成。本年首次调整招生录取批次，由原来的艺术、体育类，本科和专科三批次改为二批次录取，即本科和专科批次同时在网上征集本科、专科批次剩余计划志愿。共录取新生 79015 人（不含单考单招计划的录取人数），完成招生计划的 103.1%（调整计划的 97.8%）。其中，录取高中起点本科及专升本专业考生 44631 人，完成原计划的 101.1%（调整计划的 97.9%）。录取高中起点专科专业考生 34384 人，完成原计划的 105.9%（调整计划的 97.6%）。

（陈进生）

【召开中小学考试命题技术与分析方法研讨会】 12 月 12 至 13 日，首都师范大学召开中小学考试命题技术与分析方法研讨会。会议提出以通用的方法实现个性化测量，重视对重点学生的诊断分析，对重点教师的个性化分析。北京教育考试院、实验区教委及实验校相关负责人 40 人参加会议。

（张婷裿）

【召开中考中招、高中会考年度工作总结会】 12 月 19 至 21 日，北京教育考试院召开中考中招、高中会考年度工作总结会。会议邀请教育部基础教育课程教材发展中心主任作题为《新形势下高中学业水平考试的管理与实践》的专题报告。会议表彰 2012 年度中考中招和高中会考目标管理评比优秀奖的 18 个单位。来自市教委有关处室、市人力社保局、市体检中心、部分区县教委主管主任及各区县考试中心、中招办、会考办主任等 130 人参加会议。

（郭振铎）

【加强自学考试标准化题库建设】 至年底，北京教育考试院加强自学考试标准化题库建设工作。该项工作结合 2012 年标准化题库建设的特点，完善《标准化题库建设规范》，修订题库管理办法，对系统功能进行测试、调整，改进试题征集、试卷打印、试题查询、自动组卷等环节。全年题库共组建 10 门课程，5000 余道试题。来自各高校的命题教师 50 余人参与题库建设。

（沈钢）

高级中等学校招生

【概　况】 2012 年，北京市共有初三年级学生 9.61 万人通过登陆北京教育考试院网站进行网上报名，其中 87627 人参加网上报考。参加中考考生 86040 人，包括盲残考生 15 人、视力障碍考生 9 人。全市共有 391 所高级中等学校计划招生 88913 人，其中，普通高中 272 所，中等专业学校 34 所，技工学校 20 所，职业高中 55 所，五年高职院校 10 所。共录取新生 70443 人，其中，普通高中录取新生 53512 人，中等专业学校录取新生 7053 人，技工学校录取新生 3119 人，职业高中录取新生 2983 人，五年制高职学院录取新生 3776 人。完成招生计划的 79.23%，录取率为 81.87%。2012 年首次在 9 所中职学校开展以“3＋2”为主体的中高职衔接办学试验班，录取考生 510 人，录取率为 84%。10 所中职学校录取未升学高中毕业生 27 人。

（郭振铎）

【完成中招文化课考试工作】 6 月 24 至 26 日，2012 年北京市高级中等学校招生文化课考试举行。该考试采用全市统一命题、统一考试、分区县网上评卷的方式进行。考试科目分为语文（120 分）、数学（120 分）、外语（120 分）、物理（100 分）、化学（80 分）5 个科目。考试时间分别为语文 150 分钟，数学、外语、物理 120 分钟，化学 100 分钟。全市共设考点 194 个，考场 3041 个，考生 8.60 万余人。

（郭振铎）

【召开中考统一评卷标准报告会】 6 月 25 至 27 日，北京教育考试院召开高级中等学校招生考试统一评卷标准报告会。会议听取命题组教师介绍语文、数学、外语、物理、化学 5 个学科评分标准，提出网上评卷应注意的问题。17 个区县（燕山地区）中考评卷负责人 300 人参加会议。

（郭振铎）

【完成中招考试残疾学生试卷评阅工作】 6 月 27 日，2012 年北京市高级中等学校招生考试残疾学生试卷评阅工作完成。该评卷工作由北京教育考试院组织完成，试卷面向盲残、视障考生，分为盲文和大字试卷两种，共计 24 份。全市共有 15 名盲残和 9 名视障考生参加语文、数学、外语、物理和化学 5 科文化课考试。来自北京市盲人学校的评卷教师 10 人参加试卷评阅工作。

（郭振铎）

【完成提前招生录取审批工作】 7 月 14 日，2012 年北京市高级中等学校提前招生录取审批工作完成。118 所提前招生学校共录取考生 8000 人，其中，普通高中录取 1666 人、职技类学校录取 6334 人。

（郭振铎）

【完成特殊学生录取资格审核工作】 7 月 19 日，2012 年北京市高级中等学校统一招生录取特殊学生资格审核工作完成。全市 120 所有招收特殊学生任务的普通高中学校，共录取特殊考生 5411 人，其中，市级三好生 243 人、金银帆奖学生 5 人、文艺特长生 787 人、体育特长生 626 人、科技特长生 82 人、大学教工子女 256 人、集训队员 52 人、直升实验班 603 人、特色实验班 181 人、外交人员子女 84 人、“名额分配”2412 人、异校推荐 80 人。

（郭振铎）

【完成统一招生录取审批工作】 7 月 28 至 31 日，2012 年北京市高级中等学校统一招生录取审批工作完成。录取按照考生招生考试的总成绩从高分至低分，依照考生的志愿顺序择优录取。参加统一招生的学校共计358所，招生计划75070人，录取考生62443人，其中，普通高中录取51846人、职技类学校和五年高职学校录取10597人。

（郭振铎）

【完成中招补录和调剂工作】 8月6日和9月15日，北京市部分高级中等学校分别完成招生补录和调剂工作。其中，中招补录工作在统一招生录取结束后，未完成招生计划的职技类学校补录未被录取的考生共501人；中招调剂工作调剂录取考生共1930人。

（郭振铎）

【完成未升学高中毕业生录取审核】 10月13日，部分高级中等学校录取未升学高中毕业生审核备案工作完成。根据市教委关于《在部分中等职业学校中开展面向未升学高中毕业生进行中等职业教育的试点工作》的要求，全市共有10所中等职业学校，录取未升学高中毕业生27人。

（郭振铎）

高中毕业会考

【概　况】 2012年，北京教育考试院组织完成春季和夏季两次高中会考。两次会考分别开设语文、数学、外语、地理、历史、政治、物理、化学、生物9科文化课考试。全年参加高中会考的考生总计199460人，比上年增加983人，增长0.50%；报考595408科次，比上年减少5618科次，下降0.93%。颁发《北京市高中会考合格证》57074份。

（郭振铎）

【完成春季高中会考】 1月4至6日，北京市2012年春季高中会考举行。124609人报考436222科次，其中，123320名在校学生和1289名职技类及社会类考生参加9科会考。全市共安排考点118个。与上年春季相比，报考人数下降1.26%，报考科次下降2.21%。此外，经市教委批准的自行组考学校也同期进行考试，考生人数12811人，24665科次。考试期间，发现并处理违规考生143人。

（郭振铎）

【完成春季高中会考评卷工作】 1月11至16日，北京市2012年春季高中会考评卷工作完成。该评卷工作由北京教育考试院组织评卷教师在北京教工休养院完成，共选聘评卷教师391人，阅评试卷44万份。

（郭振铎）

【完成夏季高中会考】 6月24至26日，北京市2012年夏季高中会考举行。74851人报考159186科次。全市共安排考点105个。与上年夏季相比，报考人数增长3.56%，报考科次增长2.75%。此外，自行组考学校考试人数16529人，34811科次。考试期间，发现并处理违规考生130人。

（郭振铎）

【完成夏季高中会考评卷工作】 7月3至8日，北京市2012年夏季高中会考评卷工作完成。评卷工作由北京教育考试院组织完成，选聘评卷教师162人，阅评试卷16万份。

（郭振铎）

【颁发高中会考合格证】 至年底，北京教育考试院颁发2012年《北京市高中会考合格证》57074份。其中，颁发普通高中类合格证57072份、职技类合格证2份。全市共有应届高中毕业生68285人参加会考，55443人取得合格证，占毕业生总人数的81.19%。

（郭振铎）

普通高等学校招生

【概　况】 2012年，全国共有783所高等学校在京招生。全市高考报名人数共计73344人，录取59862人，高考升学率稳定在80%以上。在统招部分中，报名人数为68349人，招生计划为54783人，实际录取新生57797人，比计划增加3014人。其中，文史类录取18528人，占录取总数的32.06%；理工类录取39269人，占录取总数的67.94%。在高职单独招生部分中，报名人数为4995人，计划招生2295人，录取新生2065人，比计划减少230人。2012年北京市高考高招工作实施北京市高考照顾加分项目调整、高职专升本网上报名以及网上评卷、高考高招综合业务管理平台和高考标准化评卷点建设四项改革。

（卢杰）

【完成美术类专业统一测试工作】 1月2日，北京市2012年美术类专业统一考试举行。考点设在北京工业大学、首都师范大学和北京城市学院3所学校，共有5430人报名，实际参加考试5164人，缺考率为4.90%。1月3至10日，美术类专业统一考试评卷工作在首都师范大学和北京服装学院进行。经评定，考生5101人取得美术统考合格资格，合格率为98.78%。其中，取得本科合格资格考生人数为4000人，占取得合格资格考生的78.42%。

（卢杰）

【完成高水平运动员体育测试工作】 3月31日，北京市2012年高水平运动员体育测试在北京体育大学举行。

测试包括田径、篮球、排球、足球、乒乓球、游泳、健美操、武术、羽毛球、跆拳道、网球、棒球、垒球 13 个项目，371 人报名参加考试，实际测试 338 人。经认定，达到测试 A 级标准 181 人、B 级 134 人、C 级 23 人，33 人自动放弃测试。

（卢杰）

【举办高招咨询系列活动】　4 月 1 至 30 日、6 月 25 日至 7 月 8 日，北京市举办高考招生本科、专科院校广播电台咨询系列活动。活动由北京教育考试院、北京城市服务管理广播、北京考试报社分两个阶段联合举办。咨询节目通过北京城市服务管理广播“教育面对面”栏目介绍学校办学情况和本年度招生信息。共有 70 所本科高校、30 所高职院校以及市体检中心、部分区县考试中心参与招生咨询系列活动。

（卢杰）

【完成报考体育专业考生测试工作】

4 月 14 日，北京市 2012 年普通高等学校体育教育、社会体育专业体育测试工作在首都体育学院举行。测试包括田径、篮球、排球、足球、体操、艺术体操（女）、武术、游泳和乒乓球项目，1396 名考生参加考试。经测试，成绩 90 分以上 55 人、80 分以上 203 人、70 分以上 393 人、70 分以下 745 人。

（卢杰）

【实施高中体育竞赛优胜者及等级运动员统一测试】　4 月 21 日，北京市高中体育竞赛优胜者及等级运动员统一测试在首都体育学院举办。测试项目包括田径、游泳、足球、篮球、排球、手球、棒球、垒球、乒乓球、羽毛球、网球、武术、跆拳道、健美操和定向越野 15 项，共有 624 人报名，实际参加测试的人数为 549 人，实测率为 87.98%；缺测 75 人，缺测率为 12.02%。经测试，438 人合格，合格率为 79.78%；111 人不合格，不合格率为 20.22%。

（卢杰）

【完成外语口试工作】　4 月 21 至 22 日，北京市完成 2012 年普通高校招生外语口试工作。考试设在北京外国语大学、北京语言大学、中国传媒大学、对外经济贸易大学、首都师范大学、外交学院、北京第二外国语学院 7 个考点，共有 46621 名考生参加外语口试。

（卢杰）

【完成高职升本科试点工作】　4 月，北京市完成选拔高等职业教育（专科层次）优秀应届毕业生进入本科阶段继续学习的试点工作。42 所高校推荐 5410 名专科毕业生参加“高职升本科”考试。13 所高校参加招生，计划招生 3135 人，实际录取 3149 人。

（卢杰）

【完成高职自主招生考试试点工作】　4 月，北京市完成 2012 年度高职自主招生考试试点工作。全市共有 17 所高职院校参加自主招生考试试点工作，计划招生 4025 人，实际录取 4333 人，比计划增加 308 人，增长 7.65%。

（卢杰）

【完成高考考试及阅卷工作】　6 月 7 至 8 日，2012 年北京市普通高等学校招生考试在 18 个考区进行。共设立考点 106 个考场 2392 个，7 万余名考生参加考试。6 月 9 至 23 日，高考评卷工作在北京大学、清华大学、北京师范大学、首都师范大学、北京第二外国语学院和北京工业大学 6 个评卷点举行，共评阅考生答卷 270989 份，1233 名教师参加评卷工作。

（卢杰）

【确定普通高校最低录取控制分数线】　6 月 23 日，北京市招生考试委员会第二次全体会议确定北京市普通高校招生各批次录取最低控制分数线。本科一批录取最低控制分数线：文科 495 分、理科 477 分；本科二批录取最低控制分数线：文科 446 分、理科 433 分；本科三批录取最低控制分数线：文科 416 分、理科 402 分。艺术类本科录取最低控制分数线：文科 290 分、理科 281 分。专科批次录取最低控制分数线（三科总分）：文科 150 分、理科 150 分。体育教育、社会体育、休闲体育专业（体育成绩 70 分）文科 320 分、理科 300 分。高职单招分数线为 150 分，艺术高职分数线为 105 分。

（卢杰）

【完成高招录取工作】　7 月 5 日至 8 月 6 日，北京市完成高招录取工作。其中，统考统招部分计划招生 54783 人，实际录取 57797 人，比计划增加 3014 人；高职单独考试招生部分计划招生 2245 人，实际录取 2015 人，比计划减少 230 人。高考升学率达到 84.56%。

（卢杰）

【召开高考招生工作总结研讨会】　11 月 20 至 21 日，2012 年北京市普通高校招生工作总结研讨会召开。会议总结北京市 2012 年普通高校招生工作；表彰 2012 年北京市普通高校招生考试区县工作目标管理一等奖的 18 个考区；研讨 2013 年北京市普通高校考试招生工作。市教委、北京教育考试院有关职能部门负责人，各在京高校主管院校长、招生办主任，各区县考试中心主管主任、高招办主任 280 人参加会议。

（卢杰）

【完成 2013 年高考报名工作】　12 月 1 至 20 日，北京市完成 2013 年高考报名工作。报名通过网上采集考生的报名信息、收取报考费、现场进行资格确认的方式进行。经确认，2013 年高考报名人数共计 72736 人，比上年减少 724 人，下降 0.99%。其中，全国统考报名人数为 67368 人，比上年减少981人，下降1.44%；高职单考单招报名人数为5368人，比上年增加257人，增长5.03%。

（卢杰）

【完成2013年艺术特长生统一测试工作】 12月15至16日和22日，北京市2013年艺术特长生统一测试工作在清华大学举行。该测试共设置声乐、管乐、弦乐、键盘、民乐、舞蹈、书画、戏剧8大类60个小项。测试共计2351人报名参加，实测2130人，缺考221人，缺测率为9.40%。经过测试，考生1991人取得合格等级成绩，通过率为93.47%。其中，取得合格一级成绩的考生812人，占实考人数的38.12%；取得合格二级成绩的考生697人，占实考人数的32.72%；取得合格三级成绩的考生482人，占实考人数的22.63%。不合格考生139人，占实考人数的6.53%。

（卢杰）

研 究 生 招 生

【概　况】 2012年，北京市研究生（博士生、硕士生）招生90124人，比上年增加4011人，增长4.66%。研究生招生中，国家计划75658人，比上年增加6428人，增长9.28%。硕士生招生70359人，比上年增加2723人，增长4.03%。硕士生招生中，国家计划56635人，比上年增加4589人，增长8.82%。博士生招生19765人，比上年增加1288人，增长6.97%。博士生招生中，国家计划19023人，比上年增加1839人，增长10.70%。全国报考北京141个招生单位的考生共计269555人，比上年增加5821人，增长2.21%。报考北京75家招生单位（不含解放军在京单位）的考生共计62193人，比上年增加4652人，增长8.08%。北京硕士生单位（不含军队院校）共招收硕士生70115人，比上年增加3904人，增长5.90%。招收博士生20473人，比上年增加1419人，增长7.45%。北京地区非全日制攻读硕士学位全国考试报考人数44365人，比上年增加6503人，增长17.18%，报考63642科次，比上年增加8571科次，增长15.56%。

（李青文）

【举行硕士研究生统一入学考试】 1月7至8日，北京地区2012年全国硕士研究生统一入学考试举行。考试共设置58个考点，2816个考场。应试考生108034人，比上年增加4286人，增长4.13%。2月2至27日，北京教育考试院组织硕士研究生统一入学考试评卷工作，6个评卷点共评阅试卷55万份。

（李青文）

【调整硕士研究生考试阅卷点】 1月，北京教育考试院调整硕士研究生考试阅卷点。硕士研究生统考科目包括思想政治理论、医学综合、数学（一～三）、英语一、俄语、日语、教育学、心理学、历史学、农学联考科目和计算机学科专业基础综合。评卷点分别设在北京大学、清华大学、北京航空航天大学、北京师范大学、中国农业大学和北京理工大学，其中，计算机学科专业基础综合阅卷点由清华调整至北理工。

（李青文）

【举行同等学力申请硕士学位全国统考】 5月27日，北京地区2012年同等学力人员申请硕士学位外国语水平和学科综合水平全国统一考试举行。考试设在中国人民大学、北京师范大学、北京科技大学、中国地质大学、国际关系学院及西城区教育考试中心6个考点（国际关系学院为新增考点）。本次考试，首次采用试卷袋覆膜包装和指纹验证入场的方式，北京科技大学为指纹验证入场试点考点。共有3.7万余人次考生分别参加外国语和学科综合水平考试。2月20日至3月31日，举行该项考试的报名工作。经确认，北京市报名考生22268人，报考35329科次。报考外国语水平考试18668人，比上年增加3823人，增长25.75%；报考学科综合水平考试考生16661人，比上年增加2765人，增长19.90%。2012年调整同等学力申请硕士学位全国统考报名现场确认的方式，启用“全国同等学力人员申请硕士学位管理工作信息平台”，取消由考点组织考生报名现场确认环节，改为在网上报名直接由学位授予单位负责报考本单位考生信息的现场确认工作。

（李青文）

【完成硕士研究生录取工作】 6月，北京市2012年硕士研究生录取工作结束。除军队院校以外，北京141个高等学校、科研机构共招收硕士生70115人，比上年增加3904人，增长5.90%。其中，共招收全日制专业学位硕士生26347人，比上年增加4438人，增长20.26%。

（李青文）

【调整硕士研究生初试成绩基本划线区域】 8月，教育部决定，调整硕士研究生初试成绩基本划线区域。对参加全国统考的考生进入复试的初试成绩基本划线区域进行调整，除原三区（西部）不变以外，原一、二区（东、中部）的21个省份合并做统一要求。

（李青文）

【完成博士生录取工作】 8月，北京市2012年博士生录取工作完成。北京高等学校、科研机构（不含解放军在京单位）共招收博士生20473人，比上年增加1419人，增长7.45%。教育部下达招生规模19765人（不含少数民族骨干计划），比上年增加1642人，增长9.06%。

（李青文）

【完成硕士生报名工作】 10月10至31日，2013年全国招收攻读硕士学位研究生统一入学考试进行网上报名。11月10至14日，北京共有57个报考点组织考生进行现场确认，共确认121085人，比上年增加1761人，增长1.48%。其中，报考京内招生单位的考生112258人，占京内报名总人数的92.71%；报考外埠507个招生单位的考生8827人，占7.29%。2013年，全国报考北京招生单位的考生271238人，比上年增加1683人，增长0.62%。其中，报考学术型专业的考生181168人，占66.79%；报考专业学位的考生90070人，占33.21%。

（李青文）

【完成在职攻读硕士学位全国联考】 10月28日，北京地区2012年在职人员攻读硕士学位全国联考举行。全市共设立7个考点（北京工业大学为新增设的考点）753个考场，2.2万余人参加2.8万余科次的考试。6月25日至7月10日，在职人员攻读硕士学位全国联考进行报名，本次现场确认首次实行全部考生在线进行。7月13至16日，5个报名点组织考生进行现场确认，共确认考生21957人，比上年增加2864人，增长15.0%。本年新增设的中医师承（硕士）、中医师承（博士）2个专业类别，在16个专业类别中报名人数最多的5个类别分别是工程硕士11588人，比上年增加976人，增长9.2%；艺术硕士2319人，比上年增加326人，增长16.4%；教育硕士2154人，比上年增加925人，增长75.3%；公共管理硕士1030人，比上年增加27人，增长2.7%；法律硕士1280人，比上年增加335人，增长35.4%。新增设的2个专业类别报名人数最少，中医师承（博士）90人、中医师承（硕士）37人。

（李青文　侯东云）

成人高等学校招生

【概　况】 2012年，在京招生成人高等学校共有93所。其中，市属院校47所，部（委）及外埠院校46所。招生专业1695个，比上年增加73个。网上报名交费考生102165人，比上年减少7266人；全市确认考生96340人，比上年减少6445人。其中，报考高中起点本科9150人，占9.50%；报考高中起点专科41796人，占43.38%；报考专科起点升本科45394人，占47.12%。招生计划总数78637人（含单考单招计划2010人），比上年89768人减少11131人，下降12.40%。其中，高中起点专科计划32736人，比上年38002人减少5266人，下降13.86%；高中起点本科计划7718人，比上年8121人减少403人，下降4.96%；专科起点本科计划38183人，比上年43645人减少5462人，下降12.51%。全市共录取新生79015人（不含单考单招计划的录取人数），完成招生计划总数的103.12%（调整计划的97.8%）。其中，高中起点本科、专科起点本科共录取新生44631人，高中起点专科共录取新生34384人。上半年北京地区成人本科学士学位英语统一考试共有90394人报考，实考考生63372人，合格率为17.55%，缺考率为29.9%。下半年共有102120人报考，实考考生72381人，合格率为21.22%，缺考率为29.12%。

（陈进生）

【完成上半年成人本科学士学位英语考试】 5月12日，上半年北京地区成人本科学士学位英语考试举行。共有90394人报考，实考考生63372人，及格率为17.55%；缺考考生27022人，缺考率为29.89%。其中，北京地区考生60007人，外埠考生30387人。本次考试共设立考点92个，考场3062个，其中，本市考点48个，考场2025个；外埠考点44个，考场1037个。上半年成人本科学位英语共阅卷扫描90394份，其中，北京考点试卷共59992份，外地考点试卷共30402份。6月7日，发布北京地区成人本科学士学位英语统一考试考生成绩。

（陈进生）

【完成成人高校招生计划汇总工作】 8月17日，北京地区成人高校招生专业核对及汇总工作结束。本年共有93所高校在京招生，比上年减少1所。招生专业1787个，比上年增加165个。其中，市属高校招生专业数792个，比上年增加26个；部属高校招生专业数995个，比上年增加139个。按学习形式分，脱产专业数79个比上年增加5个，业余专业数1633个比上年增加160个，函授专业数75个；按专业层次分，高起本专业数199个比上年增加27个，高起专专业数1029个比上年增加91个，专升本专业数559个比上年增加47个。总体专业规模中单考单招专业6个，比上年减少6个。

（陈进生）

【完成成人高校招生考试报名工作】 8月22至31日，北京市完成成人高校招生考试网上报名及缴费等相关工作。参加网上报名123937人次，其中，网上报名交费考生人数为102165人。9月2至7日，组织考生进行现场确认。确认考生96340人，比上年102785减少6445人，其中，报考高中起点本科9150人，占9.50%；报考高中起点专科41796人，占43.38%；报考专科起点升本科45394人，占47.12%。持本市身份证的考生40982人，占考生总数的42.54%；持外省身份证的考生、港澳台及军人考生为55358人，占考生总数的57.46%。

（陈进生）

【完成成人高校招生统考及阅卷工作】 10月13至14日，北京市成人高校招生全国统一考试举行。本年全市成人高考均在标准化考点进行，实现视频监控全覆盖。共设置18个考区，143个考点，3318个考场，确认违规考生231人，其中，违纪考生32人、作弊考生199人。依据教育部《国家教育考试违规处理办法》和《北京教育考试国家教育考试考生违规办法实施细则》的规定，首次对6名违规考生进行停考2年的处理。10月15至28日，该项考试阅卷工作完成。北京师范大学、首都师范大学、北京教育学院和北京广播电视大学4所高校共评阅20科共计30万份试卷。11月2日，考试成绩通过北京教育考试院网站发布。

（陈进生）

【完成下半年成人本科学士学位英语考试】 11月3日，下半年北京地区成人本科学士学位英语考试举行。共有102120人报考，实考考生72381人，及格率为21.22%；缺考考生29739人，缺考率为29.12%。其中，北京考点缺考率为27.67%；外埠考点缺考率为32.14%。本次考试共设考点89个，考场3454个。其中，北京市考点45个，考场2322个；外地考点44个，考场1132个。

（陈进生）

【完成招生计划编制工作】 11月14日，北京市完成成人高校招生计划分阶段编制工作。招生专业1787个，经教育部和市教委核减为1695个。招生计划总数78637人（含单考单招计划2010人），比上年89768人减少11131人，下降12.40%。其中，市属高校招生计划26955人，招生专业数732个；部属高校招生计划51682人，招生专业数963个；脱产计划3297人，业余计划72321人，函授计划3019人；高中起点专科计划32736人，高中起点本科计划7718人，专科起点本科计划38183人。本年招生计划的主要特点是：招生计划总数下降幅度较大，下降12.40%；高中起点专科层次计划下降幅度较大，下降13.86%；函授计划继续减少，下降38.78%。

（陈进生）

【划定成人高校招生录取最低控制分数线】 11月29日，经北京市招生考试委员会批准，北京市成人高校招生录取的最低控制分数线划定。高中起点专科：文史外语类133分、艺术类82分、理工类131分、体育类90分；高中起点本科：文史外语类175分、艺术类95分、理工类140分、体育类110分；专科起点升本科：文史中医类156分、艺术类101分、理工类118分、经济管理类109分、法学类125分、教育学类152分、农学类100分、医学类210分。

（陈进生）

高等教育自学考试

【概　况】 2012年，北京市共完成高等教育自学考试30次。共有21.2万人次报考59.8万科次，注册新生3.1万人。全年开设专业总计113个，其中，专科专业61个、本科专业52个；学历非学历相结合的含“双证书”专业24个。全年共评阅试卷35.4万份。毕业生10021人，其中，本科毕业生4753人、专科毕业生5268人，共有3810人获取学士学位。

（段绍晖）

【1月自学考试结束】 1月6至8日，

北京市组织完成1月高等教育自学考试。考试在全市13个考区进行，共开考专业111个42门课程，设立考点58个，考场843个。本次考试共有51654名考生报考106839科次。

（段绍晖）

【4月自学考试结束】 4月14至15日、21至22日，北京市组织完成4月高等教育自学考试。共有69817名考生报考209049科次。注册新生5202人。共开考112个专业、382门课程。考试工作在18个考区同时进行，设立考点101个，考场1414个。

（段绍晖）

【举行两次计算机应用基础考试】 5月12至13日和11月10日，北京教育考试院举行两次北京市自学考试计算机应用基础考试。上半年考试在10个考区进行，共有考生报考3278科次；下半年考试在7个考区进行，共有考生报考2170科次。

（段绍晖）

【举行两次自学考试非学历证书考试】 5月19至20日和11月17至18日，北京教育考试院举行两次北京市高等教育自学考试非学历证书考试。上半年考试在4个考区进行，共开考37门课程，涉及4个证书，5366名考生报考12637科次；下半年考试在3个考区进行，共设置考点12个，考场167个，开考47门课程，涉及5个证书，5823名考生报考16337科次。

（段绍晖）

【7月自学考试结束】 7月6至8日，北京市组织完成7月高等教育自学考试。全市共有11871名考生报考笔试课程34261科次，注册新生1319人。考试采用笔试的方式进行，共开考8个专业、25门课程。考试工作在4个考区进行，设立考点22个，考场216个。

（段绍晖）

【10月自学考试结束】 10月20至21日、27至28日，北京市组织完成10月高等教育自学考试。共有67047名考生报考笔试课程190940科次，注册新生11335人。考试采用笔试的方式进行，共开考113个专业、411门课程。该项考试工作在18个考区同时进行，共设立考点105个、考场1422个。

（段绍晖）

【首次举行自考综合英语考试】 11月10至11日，北京教育考试院首次组织完成北京市高等教育自学考试综合英语（三）和综合英语（四）的考试。考点设置在北京师范大学，共有考生报考575科次。该项考试为提高考生英语听、说、读、写、译综合实践能力设置，综合英语（三）课程为自学考试专科专业中与英语（一）课程并列的选考课；综合英语（四）课程为本科专业中与英语（二）课程并列的选考课。

（段绍晖）

【自学考试10021人毕业】 至年底，北京市高等教育自学考试共有毕业生10021人，其中，本科毕业生4753人、专科毕业生5268人。3810人获得学士学位。

（段绍晖）

社会考试

【概　况】 2012年，北京教育考试院举办7个考试项目，共组织考试20次，报考总人数180852人次。北京英语口语证书考试报考人数22678人次，比上年21342人增长6.26%；北京英语水平考试报考人数8406人次，比上年8754人下降3.98%；剑桥少儿英语报考人数25105人次（不含预备级），比上年29414人下降14.65%；全国计算机等级考试报考人数115476人次，比上年119207人下降3.13%；全国计算机应用技术证书考试报考人数5007人次，比上年4504人增长11.17%；全国青少年计算机考试报考人数1037人次，比上年1646人下降37.0%；中国书画等级考试报考人数3143人次，比上年1518人增长107.05%。

（徐卫红）

【举行全国青少年计算机考试】 3月、6月和12月，北京教育考试院举办3次全国青少年计算机考试(YNIT)。考试采用题签考试方式，开考操作基础、文字处理和多媒体制作等11个模块。全年共有1037人报名参加考试，比上年1646人下降37.0%。

（姜树森）

【举行全国计算机等级考试】 3月和9月，北京教育考试院举办两次全国

计算机等级考试（NCRE）。两次考试均采用笔试和上机考试的方式，分为一级（含一级B）、二级、三级和四级4个等级，共设立86个考点。全市115476人参加考试，比上年119207人下降3.13%。共有48239人获得全国计算机等级考试合格证书。

（姜树森）

【举行剑桥少儿英语考试】 3月、9月和12月，北京教育考试院举办3次剑桥少儿英语全国统一考试。考试采用笔试和口试的方式，有25105人次（不含预备级）报名参加考试，比上年29414人下降14.65%。其中，一级10570人、二级8351人、三级6184人。

（金辉）

【举行北京英语口语证书考试】 4月21日、5月19至20日、8月25日和11月17至18日，北京教育考试院举办4次北京英语口语证书考试（BOEC）。该考试采用考官对考生一对一口试形式，分为初、中、高3个等级，考试时间分别为初级5至7分钟/人，中级8至10分钟/人，高级12至15分钟/人。4次考试全市共有22678人次报名，比上年21342人增长6.26%。其中，初级13572人，中级7360人，高级1746人。

（伍亚娜）

【举行北京英语水平考试】 5月、10月，北京教育考试院举办两次北京英语水平考试。考试采用笔试和口试的方式，通过的考生均可获得一张中文证书和一张英文证书。全市共有8406人次报名参加考试，比上年8754人下降3.98%。其中，一级3865人、二级4011人、三级530人。

（姜树森）

【举行中国书画等级考试】 5月、11月，北京教育考试院举办两次中国书画等级考试。该考试设书法、硬笔书法、素描、动漫画、色彩5个科目，其中书法、硬笔书法分9个级别，素描、动漫画、色彩分6个级别。全市共有3143人报名参加考试，比上年1518人增长107.05%。

（金辉）

【举行全国计算机应用技术证书考试】 6月、12月，北京教育考试院举办两次全国计算机应用技术证书考试。该考试采用系统及题签考试方式，设立14个考点，累计开考文字处理、电子表格和演示文稿制作等共计12个模块。全年报考总人数5007人，比上年4504人增长11.17%。

（姜树森）

中外合作考试

【概　况】 2012年，北京教育考试院举办中英合作英语口语等级考试(GESE）342场、英国剑桥通用英语证书考试（MSE）5场、英国剑桥英语教学能力证书考试（TKT）17场，45489名考生参加考试。全年举办中英合作英语口语等级考试（GESE）考前培训、英国剑桥少儿英语教师培训、英国剑桥英语教学能力（TKT）考前培训、北京地区成人学士学位英语考试考前培训15期，824人参加。

（庞博）

【举办英国剑桥通用英语证书考试】 至12月，北京教育考试院举办英国剑

桥通用英语证书考试（MSE）5场。9253名考生参加三个级别的考试。其中，一级（KET）3702人、二级（PET）4976人、三级（FCE）575人。

（庞博）

【举办中英合作英语口语等级考试】 至12月，北京教育考试院举办中英合作英语口语等级考试（GESE）共342场。全市共有35250名考生报名参加12个级别的考试，总体通过率为70%。

（庞博）

【举办英国剑桥英语教学能力证书考试】 至12月，北京教育考试院举办英国剑桥英语教学能力证书考试（TKT）17场。全年共有986名考生报名参加4个证书的考试。其中，证书一352人、证书二226人、证书三130人、证书五278人，考生均获得成绩证书。

（庞博）

社会委托考试

【概　况】 2012年，北京教育考试院共完成14个考试项目、50个科目、129考次，总计755979人/科次的考务组织工作；组织发放各类考试合格证书及成绩单共635532份。全年完成4个科目8套试卷的命题工作；完成试卷答题卡数据扫描2121738张；组织评阅试卷（含网上评卷）1749700份；打印条形码1683749枚。社会委托考试由北京考试院直属单位北京市教育考试指导中心完成。

（胡海）

【主办北京地区全国英语等级考试】 3月、9月，北京教育考试院主办北京地区全国英语等级考试（PETS）考务组织工作。该考试采用笔试和口试的形式，共计8019人次报名参加考试，其中，笔试7795人次，口试4963人次。完成答题卡数据扫描20543张，评阅试卷8292份，发放成绩单8019份。

（胡海）

【主办北京地区全国计算机等级考试】 3月、9月，北京教育考试院负责北京地区全国计算机等级考试（NCRE）考务组织工作。该考试采用笔试和上机考试的形式，共计115476人次参加考试，网上评卷51521份，手工评卷3229份。

（胡海）

【主办大学英语四、六级考试】 6月、12月，北京教育考试院负责北京地区大学英语四、六级考试考务组织工作。6月，考生共计275255人；12月，考生共计238549人。全年共评阅试卷1172163份。

（胡海）

【主办国家公派留学人员全国外语水平考试】 6月、12月，北京教育考试院负责国家公派留学人员全国外语水平考试（WSK）考务组织工作。此次考试的科目是英语水平考试（PETS—5）。该考试采用笔试和口试的形式，共计2201人次报名参加考试，发放证书1273份。

（胡海）

【举行执业兽医资格考试】 10月，北京教育考试院承担2012年北京地区全国执业兽医资格考试考务组织工作。该项工作受北京市畜牧局委托，共计2199人参加考试。

（胡海）

【举行全国报检员资格考试】 11月，北京教育考试院承办全国报检员资格统一考试北京考区考务工作。该项工作受北京出入境检验检疫局委托，全市有1319人参加考试。

（胡海）

【承办英国使馆委托的多项考试】 至年底，北京教育考试院承办英国使馆委托的多项考试。该工作受英国使馆文化教育处委托，承办雅思口语考试（IELTS）、英国特许公认会计师考试（ACCA）、英国特许管理会计师公会考试（CIMA）、跟单信用证专家资格考试（CDCS）考务组织工作，共为12624名考生提供考试服务。

（胡海）

（本栏责任编校　张晓白）

交流与合作

综　述

2012年，北京教育交流与合作工作注重创新模式，提高品质和实效。教育对口支援广度和深度进一步扩展。

教育交流与合作工作

提升影响，促进合作，完成京交会和首届全球学习型城市大会筹备会工作任务。市教委作为第一届中国（北京）国际服务贸易交易会组委会成员单位，成功促成8个合作项目在会上签约。协助组织4个区县教委、15所学校参加京交会教育板块展览展示工作，组织北京高校师生参加教育会议和论坛有关活动。举办首届全球学习型城市大会筹备会，确定大会于2013年下半年在北京召开。

开拓渠道，注重实效，提升对外合作与交流工作水平。市教委与英国北方高校联合会、巴黎学区、莫斯科教育局、福山市教委、新南威尔士州教育部就加强各级各类教育对外开展交流合作签署协议。举办国际学生北京夏令营、北京—首尔青少年体育交流大会、京港澳学生交流夏令营、京澳科技交流夏令营、北京长城夏令营等交流活动，共有30余个国家和地区1600余名师生参加。

加强统筹，突出重点，规范因公出访管理工作。召开因公出访工作业务培训会，印发《因公派出手册》，完善制度建设。全年派出因公出国（境）团组76个752人次。国际合作与交流处被评为2010～2011年度北京市因公出入境工作先进单位。

加大投入，强化服务，推动来华留学事业蓬勃发展。提高北京市外国留学生奖学金投入额度至6000万元。指导各高校制定本校留学生发展规划，推进高校英文授课项目，成功举办第四届北京高校外国留学生汉语之星大赛等活动，组织北京学校赴韩国、德国、法国等国家举办教育推介会，全面推进“留学北京行动计划”实施。组织北京25所高校和中小学230名留学生参加北京外语游园会主题展演活动。获得北京市民讲外语工作办公室颁发的最佳组织奖和最佳创意奖。开展《北京市外籍人员子女学校审批和管理实施办法》专题调研。2012年在北京高校和中小学学习的外国留学生达10.80万人次，高校学历生比例33%。接受外国留学生高校81所，中小学99所。

积极探索，加大支持，引导中外合作办学高质量、规范化发展。推动北京工业大学与爱尔兰都柏林国立大学合作举办北京工业大学北京都柏林国际学院。新批准7个高校中外合作办学项目、3个专业职业教育项目、2所高中阶段合作办学项目，北京市中外合作办学机构和项目分别达到23个和120个。

主动设计，合理规划，全面推进汉语国际推广工作。优化孔子学院建设布局，由中央音乐学院承办的全球第一所音乐孔子学院丹麦皇家音乐学院孔子学院正式挂牌。协助国家汉办完成孔子学院中方院长、教师、国家公派教师审核推荐工作以及赴外汉语志愿者、助教选拔推荐工作。至年底，北京市共有29所高校和11所中小学在44个国家和地区举办200个孔子学院和孔子课堂，其中，孔子学院106个、孔子课堂94个。

加强引导，优化服务，探索出国留学管理工作新思路。全年北京地区教育系统国家留学基金申请人数706人，其中，高水平大学公派研究生27人（录取13人）、国家公派访问学者项目（含博士后）679人（录取256人）。在全国率先设立高等学校学生公派境外学习奖学金项目，投资1500万元资助北京高校1000名学生赴境外交流学习。启动中华文化小使者项目，选派9个区县30所学校近500名中小学生赴国外开展教育交流活动。

港澳台侨学生规模进一步扩大，层次明显提高，管理与服务形式不断创新。北京市共有53所高校具有接收港澳台侨学生资质。全年在京高校就读港澳台侨新生共3721人，其中，香港学生1427人、澳门学生523人、台湾学生1739人、侨生32人。

教育对口支援工作

按照首善标准和全面援助、科学援助、真情援助要求，完成对新疆和田、西藏拉萨、青海玉树、四川什邡等地30余个援助项目，为受援地区培训校长和骨干教师3343人，包括国家新疆少数民族中小学双语骨干教师来京培训项目第四批培训、新疆和田地区未就业大学生来京培养项目第三批培训、新疆和田地区学前双语教师和田培训项目、新疆和田地区中小学双语骨干教师来京培训项目第二批培训、西藏拉萨市优秀中小学校长培训项目、西藏拉萨市教育系统学科带头人及基层骨干教师来京培训项目、青海省教育管理干部和中小学骨干教师培训项目第二期和第三期培训、青海玉树州教育管理人才和师资培训项目、内蒙古自治区小学骨干学科教师培训项目以及四川什邡市中小学校长和骨干教师来京培训项目等。

举办“热爱祖国，感受北京”新疆和田、西藏拉萨中小学生北京主题夏令营，290名当地中小学生来京感受首都文化。组织北京市部分区县教委及优质中小学校（幼儿园）与新疆和田地区部分市县教育局及所属中小学校（幼儿园）开展“手拉手”对口支援工作。继续组织北京市部分区县教委、高等院校、中职学校与青海省州地市教育局、高等院校、中职学校开展对口交流合作工作。继续开展新疆和田地区和青海省内地高中班项目。在北京—什邡远程教育培训资源平台基础上，整合教育对口支援资源，建设统一的北京市教育对口支援远程教育培训资源平台，利用网络平台开展远程对口支援工作。

教育部把北京教育援疆工作称为“北京模式”，要求把北京经验在全国推广。市教委被国务院三峡委授予“全国对口支援三峡工程移民工作先进集体”称号，被市委、市政府授予“对口支援工作组织奖”。

（邱晓平　聂荣）

总　　类

【清华授予印尼总统名誉博士学位】　3月23日，清华大学授予印度尼西亚总统苏西洛·班邦·尤多约诺（Susilo Bambang Yudhoyono）名誉博士学位。授予仪式后，苏西洛作题为《中国—印尼的战略伙伴关系对促进亚太地区和平与繁荣的作用》演讲，指出两国青年肩负促进两国未来合作与良好关系重任，希望两国青年今后能更广泛交流，希望两国继续加强双边合作，为地区和平、安全与繁荣发挥作用。

（许亮　冯劲涛）

【爱尔兰总理访问清华】　3月28日，清华大学接待爱尔兰总理恩达·肯尼（Enda Kenny）访问。肯尼作题为《爱尔兰和中国——在这瞬息万变的世界》演讲，指出爱尔兰将进一步加强与中国在科学、高科技、食品、贸易、文化、教育等领域合作，促进人员交流，推动两国互惠战略伙伴关系不断发展。

（许亮　冯劲涛）

【组团参加3个国际教育展】　3月30日至4月1日、4月7至8日、12月7至17日，北京市国际教育交流中心分别组团参加3个国际教育展。3月参加在曼谷举办的第九届泰国国际教育展，北京12所学校22人参加展示。4月参加在韩国举办的韩国海外留学语言研修博览会，19所学校34人参加。12月参加在马来西亚吉隆坡、槟城站和新山站举办的马来西亚FACON教育展，北京9所高校和3所中学共31人组团参加展览。

（邱瑀璐）

【与六国教育单位签署合作备忘录】

3至9月，市教委与六个国家教育单位签署合作备忘录。分别是加拿大不列颠哥伦比亚省高贵林市教育局、日本福山市教育委员会、英国北方高校联合会、法国巴黎学区、俄罗斯莫斯科教育局、澳大利亚新南威尔士州教育与社区部。

（刘斯）

【举办4场境外北京教育说明会和推荐会】　4月12日和15日、9月20日和24日，市教委举办4场境外北京教育说明会和推荐会。4月在日本福冈和东京分别举办两场北京教育说明会；9月在法国巴黎和德国柏林分别举办两场北京基础教育推介交流会，来自巴黎30余所中小学54名校长，柏林20余所中小学35名校长，以及北京基础教育代表团18所学校30名校长参加活动。该活动由北京市国际教育交流中心承办。

（邱瑀璐）

【举办英国文化周活动】　5月3日，2012北京市中学生“国际理解教育”系列活动之“英国文化周”活动在北京市大成学校开幕。活动以课程共建为主线，辅以“社区点亮生活”实践活动，举办莎士比亚与汤显祖人物及作品介绍和作品表演、狄更斯人物及作品介绍、“梦想与团队”中英学生领袖培训、环境保护等活动。该活动由北京市民讲外语组委会、北京市国际教育交流中心主办，围绕“国际理解教育”主题，通过文化讲座、节目展演、图片物品风情展、电影展映等活动展现各国文化，旨在增强北京市中学生国际理解教育实效性，使学生在对本民族主体文化认同基础上，尊重、了解其他国家文化，开阔学生眼界，加深国际理解和友谊。共有2000名学生参加活动。

（邱瑀璐　武卫华）

【完成首届京交会教育板块工作任务】　5月28日至6月1日，首届中国（北京）国际服务贸易交易会在国家会议中心举办，市教委作为组委会成员单位完成教育板块相关工作任务。按照市政府统一部署，市教委促成8项高水平教育合作项目在京交会教育国际合作项目签约仪式上签约，并协助组织北京4个区县教委、15所学校参加京交会教育板块的展览展示工作，组织北京高校师生参加教育会议和论坛有关活动。首届京交会教育板块相关活动展示首都教育国际合作与交流成果，打造新时期首都教育对外开放新平台。

（任军）

【举办国际语言文化交流展示区活动】　6月16至17日，2012年北京市民讲外语游园会国际语言文化交流展示区活动在北京朝阳公园举行。活动在多

举办国际语言文化交流展示区活动

语言文化节目展演基础上，增加英语影视配音秀、走进英语童话王国、英语戏剧亲体验等活动，并设计各种互动环节。北京市25所大中小学校和机构表演71个节目，338名中外师生参加国际语言文化交流展示区演出，观展市民观众达千余人次。活动由市外办和市教委主办，北京市国际教育交流中心和市民讲外语活动组委会办公室承办。

（刘斯　邱瑀璐）

【国科大接待丹麦首相访问】　9月10日，中国科学院大学接待丹麦首相赫勒·托宁—施密特（Helle Thorning—Schmidt）女士访问。首相一行出席该校中丹学院开学典礼并发表讲话，她对中丹学院的新生表示由衷祝贺，表示中丹两国合作发展令人鼓舞，中丹学院的成立是中丹双方合作的标志；中丹双方在全球变暖、水资源管理、能源消耗等方面面临着相似的问题，具有深入合作的潜力；中丹学院的学生来自不同国家，双方在中丹学院学习可以互相了解、互相交流，共同进步。她希望中丹学院学生努力学习，最终解决两国所关注的重大社会问题。

（李岳坦）

【举办东南亚地区汉语国际教育研讨会】　9月18日，2012年东南亚地区汉语国际教育研讨会在北京第二外国语学院开幕。研讨会为进一步推动北京汉语国际教育事业发展，搭建区域汉语国际教育对话平台，促进北京和东南亚地区的广泛教育合作，来自新加坡、马来西亚等9个东南亚国家42名专家学者以及北京大学等北京地区高校67名专家学者参加研讨。与会专家围绕东南亚地区汉语国际教育师资队伍建设、东南亚各国汉语教学模式与课程教材体系、北京市与东南亚地区汉语国际教育互动交流平台建设等问题进行深入研讨和交流。研讨会由市教委主办，北京市汉语国际推广中心承办。

（张明）

【开展专题调研】　至年底，市教委针对首都教育外事工作重点领域开展5项专题调研。分别是“中小学国际合作与交流评价指标体系建构研究”“关于国际各类教育展功能和特点的研究”“关于北京市教师境外培训渠道构建情况的研究”“北京市留学归国人员子女就学需求调研”和“中小学对台交流的现状及存在的问题调研”，均形成调研报告。

（刘斯）

国际交流与合作

中外合作办学

【批准10个高中中外合作办学项目】　至年底，市教委批准10个高中中外合作办学项目。10个项目分别是北京市第一零一中学与美国诺福克学校合作举办AP课程项目、北京市第三十五中学与美国凯莎通高中合作举办AP课程项目、首都师范大学附属中学与美国捷门堂学校合作举办中美高中实验课程项目（续办）、中国人民大学附属中学与美国波利国民学校合作举办中美课程高中项目（续办）、北京市十一学校与英国拉夫堡学校合作举办中英高中实验课程项目（续办）、北京市十一学校与美国万山赤中学合作举办中美高中实验课程项目（续办）、北京潞河国际教育学园与英国柴郡姆中学合作举办中英高中实验课程项目（续办）、北京师范大学第二附属中学与美国华盛顿爱尔格英迪中学合作举办PGA课程高中项目（续办）、北京师范大学附属实验中学与美国都柏林高中合作举办中美高中课程项目（续办）、北京大学附属中学与美国昊济思学校合作举办中美高中课程项目（续办）。

（许株桦）

【批准6个高职教育中外合作办学项目】　至年底，市教委新批准6个高职教育中外合作办学项目。6个项目分别是北京财贸职业学院与英国北安普顿大学合作举办会计专业高职教育项目、北京财贸职业学院与英国北安普顿大学合作举办金融专业高职教育项目、北京培黎职业学院与新西兰基督城理工学院合作举办旅游管理专业高职教育项目、北京农业职业学院与加拿大圣力嘉学院合作举办会计专业高职教育项目（续办）、北京农业职业学院与加拿大圣力嘉学院合作举办国际经济与贸易专业高职教育项目（续办）、北京政法职业学院与澳大利亚新南威尔士州TAFE北悉尼学院合作举办法律事务专业（国际商务法律方向）高等专科教育项目（续办）。

（许株桦）

【25个中外合作办学事项获教育部批准】　至年底，北京25个中外合作办学事项获教育部批准。包括长江商学院注册地址由广东省变更为北京市、北京工业大学与爱尔兰都柏林国立大学合作举办北京工业大学北京都柏林国际学院等。至此，北京市中外合作办学机构和项目分别达到23个和120个。其中，硕士教育机构2个、本科和硕士教育机构1个、本科教育机构1个、专科教育机构3个、中等学历教育机构5个、学前教育机构4个、培训机构7个；博士项目1个、硕士项目32个、本科项目21个、高职项目32个、中等学历项目23个、培训项目11个。

（许株桦）

【开展高中中外合作办学调研】　至年底，市教委开展普通高中中外合作办学调查研究。为加强中外合作办学工作决策科学性和有效性，全面促进北京市高中中外合作办学规范、有序和健康发展，市教委委托北京教科院发展研究中心和北京教科院信息中心开展“北京高中中外合作办学情况调查研究”以及相关联“发达国家高中教育的课程模式与升学机制研究”，并形成调研报告。

（许株桦）

友好往来

【举办中日青少年书法交流会】 3月29日，北京学生活动管理中心举办中日青少年书法交流会。该中心书法组学员与日本北海道中小学学生交流书法作品。两国青少年分别创作书法作品，由教师评出一、二、三等奖。该交流活动自2010年起每年举办一次。

（宋薇）

【举办首都学生外语展示系列比赛】

3至12月，北京市国际教育交流中心举办首都外语展示系列比赛。比赛分小学组、初中组、高中组和高校组4个组别，其中，小学组、初中组和高中组共有来自16个区县2500名师生参加，高校组共有来自71所高校550名学生参加。比赛形式包括英语戏剧、英语配音、英语演讲和英语才艺等。经过预赛和决赛，小学组和初中组各评出一等奖10个、二等奖15个、三等奖15个；高中组评出一等奖5个、二等奖11个、三等奖10个；高校组评出特等奖1个、一等奖3个、二等奖6个。

（邱瑀璐）

【市少年宫赴越南河内儿童宫交流】 7月24至29日，北京市少年宫合唱团赴越南河内儿童宫交流。活动以合唱团表演为主要交流方式，并在越南河内儿童宫礼堂内举行“友谊曲调”主题交流晚会，合唱团演唱中文和英文曲目，与越南河内儿童宫合唱团合唱英文曲目《Feel Good》等。市少年宫教师6人、学生31人参加交流，学生年龄在10至18岁之间，均有4年以上合唱学习经历。

（宋薇）

【举办北京—首尔青少年体育友好交流大会】 7月26至30日，第13届北京—首尔青少年体育友好交流大会在北京举办。活动包括两场篮球比赛和两场排球比赛，来自首尔景福高中、文一高中，北京市第五中学、北京景山学校约70名师生参加活动。活动由市教委和首尔特别市教育厅主办，北京市国际教育交流中心等单位承办。

（刘斯）

【组织中学生赴首尔科技交流活动】 8月6至11日，市教委组织北京市18名中学生赴韩国首尔进行科技交流活动。两国学生在首尔青少年修炼馆举行鼓乐演奏等互动交流活动，在首尔青少年多媒体中心体验制作电视节目，并参观韩国科技馆、国立博物馆、首尔大学、韩国总统府等地。

（刘斯）

【开展第二期“梦想与团队”项目】 9月21日，中英校际连线第二期“梦想与团队”项目在北京市云岗中学启动。来自市教委、英国大使馆文化教育处官员及北京市第十中学、丰台区长辛店第一中学和丰台区卢沟桥第一小学等十余所中小学校师生参加启动会。该项目自2011年实施，旨在通过组织和参与体育、文艺交流活动等方式，提高学生自主能力、社交能力、领导能力和跨文化交际能力及创造力。项目由市教委和英国大使馆文化教育处主办，丰台区教委承办。

（刘斯）

【接待42个代表团885人次来访】 至年底，市教委共接待来自18个国家和地区42个代表团885人次来访。其中，协助国家和北京市各有关单位接待东南亚教育部长组织访问团、澳大利亚维多利亚州职业教育代表团等友好访问团组，协助安排俄罗斯天然气集团有限公司附属教育中心代表团、比利时欧盟第二国际学校校长等团组到有关学校访问；接待法国国民教育总督学代表团、澳大利亚国际教育交流协会等国（境）外友好单位来访。

（刘斯）

外国学生教育与管理

【举办高校留学生中国文化节】 5月18日和19日，市教委举办北京高校外国留学生中国文化节。文化节包括陶艺创作体验赛和中国菜烹饪比赛两部分。陶艺创作体验赛于18日在顺义神农笛陶艺村举行，来自30余所高校300余名留学生参加比赛，最终评出一等奖6人。中国菜烹饪比赛于19日在中国国际青年交流中心北京国际青年研修学院举行，来自北京外国语大学、中国农业大学等10余所高校30名外国留学生参赛。比赛分为包饺子比赛和炒菜比赛两部分。最终，来自北京国际青年研修学院、北京交通大学和北京语言大学留学生获得包饺子比赛冠军，北京外国语大学留学生获得炒菜比赛冠军。文化节由北京市国际教育交流中心、市高教学会外国留学生管理研究会承办。

（张明）

【举办留学生汉语之星大赛】 6月10日，第四届北京外国留学生汉语之星

举办留学生汉语之星大赛

大赛决赛在北京师范大学举行。决赛分为“我的北京留学生活”主题演讲及汉语才艺大比拼两个环节。经过角逐，来自北京语言大学的大卫、北京师范大学的雷蕾、中央民族大学的拉福山等10名选手获得2012年度“汉语之星”称号，另有8名选手获得最佳表现奖。大赛于3月启动，近60所高校的来自94个国家近700名在京留学生参赛，经过两轮海选与初赛、复赛，共20名选手进入决赛。大赛围绕留学生活和中国文化两大主题，着重考查选手的听、说、读、写能力，以及对中国文化了解程度。大赛由市教委主办，市汉语国际推广中心承办，北京汉语网和北京高教学会外国留学生工作研究会协办。

（张明 邱瑀璐）

【举办国际学生北京夏令营】 7月22

至31日，2012国际学生北京夏令营在新清华学堂开营。洪峰宣布开营并为夏令营授营旗。夏令营期间，国际学生学习汉语及中国文化课程，参观清华大学、国家博物馆和城市规划馆，游览故宫、长城等历史文化古迹。夏令营还组织“中国民间艺术之夜”“中华体育之夜”和“国际友谊之夜”三场主题活动，让国际学生体验做中国结、捏面人、画脸谱等中国民间艺术，学习踢毽子、抖空竹等具有中国特色体育活动。来自29个国家1100余名国际师生参加活动。活动由市教委举办，北京市国际教育交流中心承办。

（刘斯 邱瑀璐）

【举办高校留学生中国文化大课堂活动】 10至12月，市教委举办北京高校外国留学生中国文化大课堂活动。该活动在北京中医药大学和中国戏曲学院开设中医养生和京剧系列讲座，并为北京高校留学生提供佤族舞蹈、太极拳、东北秧歌、中国菜烹饪等4项可亲身参与的体验学习课程，使留学生能够进一步了解和认识中国文化。活动由北京市国际教育交流中心承办。

（张明 邱瑀璐）

【举办高校留学生汉语辩论赛】 11月25日，2012第四届北京高校外国留学生汉语辩论邀请赛在北京语言大学落幕。大赛于10月20日在对外经济贸易大学拉开帷幕，来自北京语言大学、北京师范大学等17所高校的27个国家留学生辩论队参赛。大赛辩题围绕留学生在中国学习和生活相关问题展开，注重辩手在比赛过程中汉语表达、思辨性以及现场表现等。比赛采取淘汰和复活相结合赛制，经过预赛、初赛、复赛和半决赛四轮比赛，最终北京语言大学留学生辩论队获得冠军，北京师范大学辩论队获得亚军。比赛由市教委主办，北京市汉语国际推广中心承办。

（张明 邱瑀璐）

【举办中小学外国学生汉语节】 12月12日，第六届北京市中小学外国学生汉语节汇报演出和颁奖活动在北京市第四中学举行。来自17所学校590名外国学生用歌舞、小品和杂技等演出形式展示学习汉语的热情。汉语节自4月开始，主题为“相聚北京”，包括外国学生陶艺比赛、学生作品评比（书法、绘画、摄影、手工艺品等）、汉语短剧和中华才艺比赛等活动，共有来自28所学校1302名学生参加活动。活动由市教委主办，北京市国际教育交流中心承办。

（张明 邱瑀璐）

【认定5所学校接收外国学生】 至年底，市教委新认定5所学校接收外国学生。其中，认定1所高等教育机构接收来华留学生，即，认定北京美国英语语言学院接收外国留学生资质。认定北京市第八中学、北京市第三十五中学、北京市丰台区职业教育中心学校和北京市昌平区第一中学4所中小学招收境外外国学生。

（张明）

【完成中国政府奖学金学生推荐工作】 至年底，市教委完成2012～2013学年度“中国政府奖学金—支持地方奖学金项目”学生推荐工作。根据高校申请，经市教委推荐，国家留学基金管理委员会审核同意，来自35个国家78名学生（其中，硕士51人、博士27人）获得中国政府奖学金—支持地方奖学金，分别到北京22所高校55个专业学习。

（张明）

【加强来华留学课程体系建设】 至年底，市教委加强对外国学生教育课程指导和调研。北京市27所院校（其中，部委院校21所、市属院校6所）开设386个英文授课项目，涉及159个专业。其中，博士项目86个、硕士项目166个、本科项目30个、非学历项目104个。

（张明）

【加强外籍人员子女学校管理】 至年底，市教委加强外籍人员子女学校管理。结合教育部修订《外籍人员子女学校管理办法》工作，开展调研，

举办中小学外国学生汉语节

研究起草《北京市外籍人员子女学校审批和管理实施办法》。对加强学校日常管理、严格招生条件、确保校园安全和师生财产安全等事项进行专项培训。对北京哈罗英国国际学校和蒙特梭利国际学校等3所国际学校选择新校址工作予以指导，引导学校规范办学，有序发展。全年有17所外籍人员子女学校和4所驻华使馆学校通过审核，北京协力国际学校因未开展教学活动没有通过审核，北京大韩学校因学校管理混乱未通过审核。

（任军）

汉语国际推广

【开展高校小语种专业学生培训】 6

月8日，市教委开展高校小语种专业学生培训。对首都师范大学、北京第二外国语学院等高校法语、德语、西班牙语、俄语等小语种专业185名学生进行对外汉语专业基础理论、汉语教学法、中国文化传播等方面培训，提高学生语言水平，增强学生运用小语种语言进行汉语教学的能力，以培养和储备小语种对外汉语教学师资。培训由北京市汉语国际推广中心承办。

（张明　邱瑀璐）

【组织高校汉语国际教育专业学生赴国外实习】 7月1至28日，市教委组织北京市高校汉语国际教育专业学生赴国外开展教学实习活动。组织中国传媒大学、首都师范大学、北京第二外国语学院和北京工业大学耿丹学院共66名对外汉语专业学生分别到马来西亚4所独立中学和10余所国民中学、新加坡10余所学校开展对外汉语教学实践活动。通过实习，使学生深入认识两国华文教育体系、校园特色和课程设置，使学生能将所学理论知识与亲身实践相结合，锻炼其在非母语环境下的对外汉语教学能力。培训由北京市汉语国际推广中心承办。

（张明　邱瑀璐）

【组织专家赴国外培训汉语教师】 7至8月，市教委组织专家赴国外培训汉语教师。市教委组织北京一线汉语教学专家及中小学优秀教师代表分别赴印度尼西亚、马来西亚两国五地，对1100名当地汉语教师进行短期集中培训，课程主要包括汉语教学法、诗词曲教学与欣赏、口语能力评估、命题技巧、文言文及现代文教学等。培训由北京市汉语国际推广中心承办。

（张明　邱瑀璐）

【举办境外汉语教师培训班】 7至8月，市教委举办境外汉语教师培训班。市教委聘请首都高校一线汉语教学专家担任授课教师，讲授汉语教学理论课、实践课、“中国文化深度体验活动”等课程，以提高境外汉语教师教学水平。来自越南、新加坡、韩国、马来西亚、日本、印尼等国家311名汉语教师参加培训。培训为期20天。培训由北京市汉语国际推广中心承办。

（张明　邱瑀璐）

【开展境内中小学对外汉语教师培训】 至12月，市教委开展境内中小学对外汉语教师培训。市教委制定包含五大模块的中小学对外汉语教师继续教育培训大纲，针对不同教学水平教师群体需求进行分级培训，以满足不同水平教师的进修提高和学习需求。全年共开展15次汉语教学专题培训、3次汉语国际教育大讲堂讲座和4次对外汉语教学观摩课。共800人次教师参加培训。此外，还举办2012北京中小学国际汉语教学优质论文评选活动，共77篇论文参评，评选出34篇优质论文。培训由北京市汉语国际推广中心承办。

（张明　邱瑀璐）

【举办国际学生北京家庭寄宿文化体验营】 至12月，市教委举办国际学生北京家庭寄宿文化体验营活动。组织来自10余所学校的7个国家300名外国师生到北京家庭体验生活，使外国学生亲身体验北京市民家庭生活，加深中外学生交流，增进彼此友谊，提升中外学生的国际理解力和跨文化沟通能力。活动由北京市汉语国际推广中心承办。

（张明　邱瑀璐）

【新增10所孔子学院13个孔子课堂】 至年底，北京市新增10所孔子学院和13个孔子课堂。新增10所孔子学院分别为中国音乐学院承办的丹麦皇家音乐学院孔子学院，北京中医药大学承办的日本兵库医科大学孔子学院，中国地质大学（北京）承办的纳米比亚大学孔子学院，中央民族大学承办的美国欧道明大学孔子学院，中国政法大学承办的英国班戈大学孔子学院等。新增13个孔子课堂分别为北京语言大学承办的英国谢菲尔德大学孔子学院下设埃金顿学校孔子课堂、伯克戴尔学校孔子课堂，北京联合大学承办的东京早稻田大学孔子学院下设早稻田大学附属高中孔子课堂、伦敦大学教育学院孔子学院下设伦敦贝斯文法学校孔子课堂，清华大学承办的伦敦商务孔子学院下设达利奇学院孔子课堂等。至此，北京共有29所高校和11所中小学在44个国家和地区举办200个孔子学院和孔子课堂，其中，孔子学院106个、孔子课堂94个。

（张明）

【招收孔子学院奖学金学生】 至年底，市教委通过孔子学院奖学金项目推动汉语国际推广。市教委指导北京工业大学等5所高校开展孔子学院奖学金宣传、招生和材料审核上报工作，共招收孔子学院奖学金学生92人，其中，汉语国际教育硕士12人，一学年研修生40人，一学期研修生40人。

（张明）

【完善“北京汉语网”建设】 至年底，北京市国际教育交流中心完善“北京汉语网”建设。该网站通过汉语推广重要信息、市教委主办相关活动、对北京各高校和中小学系列报道、汉语推广基地校专访等内容发布2507篇新闻图文报道；发布汉语教师培训资源559件、对外汉语教学资源221件。国内外汉语信息资源建设共搜集到国内优秀师资398人、境内外汉语教师资源247人、境内外汉语教学机构621个、汉语国际教学学科信息资源447篇、中华文化教学视频400个。网站与中国国际广播电台合作制作《留学北京》宣传节目，并在9个国家广播；

开发“留学北京一站式服务平台”，连接“留学北京”专题，平台发布内容涉及留学北京公共信息、留学北京择校功能、留学动态信息发布、在线报名和交流等。网络工作实现覆盖面积大、有效受众多的海外推广模式，进一步扩大北京招收留学生规模和汉语国际推广工作成效。

（张明　邱瑀璐）

【加强汉语国际推广基地校建设】 至年底，北京市加强汉语国际推广基地校建设。全年17所基地校邀请来自14个国家612名外国师生来京学习汉语言文化并参加国际学生北京夏令营活动；派出17名汉语教师赴英国、法国、美国和意大利等国家的友好学校开展汉语教学工作；接收首都师范大学等4所高校115名对外汉语专业学生进行教学实习。市教委支持基地校对外汉语教材编写项目，组织专家针对中小学外籍学生汉语教材存在的不足现象进行分析，解决传统教材存在问题。年内新增1所国家汉办汉语国际推广中小学基地，即北京师范大学附属中学。

（张明）

引智培训及因公派出

【开展公派出国留学人员培训】 3至11月，市教委开展公派出国留学人员培训。培训旨在加强公派出国留学人员的汉语及中国文化宣传推广传播能力，培训课程包括汉语教学法和中国文化概论两方面，着重讲述汉语教学知识要点。培训为期6周，50学时，全年共有844人参加。该培训自2007年开始，累计培训3000余人。培训由北京市汉语国际推广中心承办。

（张明　邱瑀璐）

【10个引智基地入选学科创新引智计划立项单位】 9月27日，教育部和国家外国专家局公布高等学校学科创新引智计划（简称“111计划”）2013年度建设项目立项单位，北京10所高校引智基地入选。分别是清华大学“先进燃烧能源科学与技术创新引智基地”、北京交通大学“风敏感基础设施抗风减灾创新引智基地”、北京航空航天大学“生物力学与力生物学创新引智基地”、北京科技大学“工业节能与能效经济创新引智基地”、北京化工大学“微生物绿色制造技术创新引智基地”、中国农业大学“作物病害控制理论与技术创新引智基地”、北京林业大学“树木发育及逆境适应性的分子机制创新引智基地”、北京师范大学“生物多样性的形成与维持机制创新引智基地”、华北电力大学“智能化分布式能源系统创新引智基地”和中国石油大学（北京）“油气地球物理探测创新引智基地”。全国共45个引智基地入选。

（胡雨）

【规范因公出访归口管理】 至年底，市教委进一步规范因公出访归口管理。因公出访紧密围绕两委中心工作安排出访和培训，严格计划管理，规范团组人数、出访时间地点、出访任务。全年实际派出63个出国任务团组806人次。出访内容以参加培训、国际会议、执行汉语国际推广和合作交流任务为主。

（刘斯）

【规范因公出国境管理】 至年底，市教委进一步规范因公出国境管理。市教委将治理公款出入境旅游工作纳入机制化、常态化管理；完善因公出国（境）管理制度，切实把好计划核定、任务审批、人员选派、证照保管、经费审核、纪律监督和绩效评价等关键环节；加强教育，认真执行专办员制度和召开因公出访工作业务培训会制度；加强对全市因公出国（境）工作调研。年内多次就市属高校和直管单位因公出国（境）工作情况召开专题会议，研究制定进一步规范工作、加强分类管理意见。全年市教委自行组团团组数、人数和出访经费均按有关规定严格控制在规定额度内，完成中央和北京市关于2012年党政干部出访人数压缩的量化管理任务。

（刘斯）

【选拔国家公派留学人员1.60万人】 至年底，北京市选拔各类国家公派留学人员1.60万人。包括公派高级研究学者、访问学者（含博士后研究）项目2274人，国家建设高水平大学公派研究生项目6000人，优秀本科生国际交流项目1000人。2012年北京地区教育系统国家留学基金申请人数706人，其中，国家公派访问学者项目（含博士后）679人，高水平大学公派研究生27人。13人被高水平大学公派研究生项目录取，256人被公派访问学者项目录取。

（任军）

【聘请外国文教专家4732人次】 至年底，北京市教育机构共聘请外国文教专家4732人次。按照“请进来，走出去”工作要求，北京市460个教育机构共聘请外国文教专家4732人次，派出出国（境）培训团组6个，涉及双语教学能力、中学教育管理以及各专业骨干教学培训等项目，共计1277人赴境外参加教育管理和教学专业培训。

（董晓梅）

港澳台侨交流与合作

【实施寰宇暑期实习计划】 5月28日至6月22日，市教委实施“寰宇暑期实习计划”项目。26名香港中文大学学生到首都医科大学附属医院进行临床参观见习活动。项目由市教委和香港中文大学主办，首都医科大学承办。

（刘斯）

【举办京港澳学生交流夏令营】 7月13日，2012青春港澳行——京港澳学生交流夏令营在香港开营。来自北京248名师生、香港地区46名师生及澳门地区55名师生在香港观看金紫荆广场升旗仪式，参观香港回归祖国纪念碑、古建筑群等，并赴澳门参观大三巴牌坊、金莲花广场、龙环葡韵等澳门城区重要建筑和遗迹。夏令营于18日晚在澳门举行闭营仪式，三地学生各展所长，演出北京特色表演《打花棍》、澳门特色土风舞、粤语歌曲联唱等文艺节目。夏令营由市教委、香港特别行政区政府教育局、澳门特别行政区教育暨青年局主办，北京市国际教育交流中心承办。

（刘斯　邱瑀璐）

【举办两岸学生北京长城夏令营】 7

月24至30日，市教委举办2012海峡两岸学生北京长城夏令营。市教委组织北京45名师生和台湾55名师生一起游览长城、天安门、故宫、颐和园，参观抗日战争纪念馆、首都博物馆、奥运场馆“鸟巢”“水立方”等名胜，并到北京学校交流，与北京学生进行多种形式的文化、体育和科技互动活动。该活动是京台教育交流传统项目，自1997年开始，京台两地共同举办11届“海峡两岸学生北京长城和台湾阿里山夏令营”，两地共有102所学校约900名师生参加活动。夏令营由市港澳台教育交流中心承办。

（刘斯　邱瑀璐）

【举办北京—澳门中学生互联网上交流计划】 8月6至10日，第四届北京—澳门中学生互联网上交流计划在澳门举办。活动以食品安全为主题，进行演示、答辩、交流等系列活动，最终，北京景山学校及澳门教业中校联队囊括最具吸引力奖、最佳网页制作奖及最佳知识演示奖。两地10所学校共70名师生参加活动。活动由市教委、澳门教育暨青年局、澳门科学馆主办，北京学生活动管理中心承办，北京教育网络和信息中心提供技术支持。

（刘斯）

【举办北京高校港澳台侨学生迎新联欢会】 9月28日，“‘月印荷塘·情

动北京’2012北京高校港澳台侨学生迎新暨中秋联欢会”在清华大学举办。北京高校港澳台侨学生代表、北京舞蹈学院、中央民族大学、清华大学等高校学生表演精彩纷呈的节目，来自北京市32所高校近千名港澳台侨学生参加联欢。教育部港澳台事务办公室、市教委、市政府台湾事务办公室、市政府侨务办公室、清华大学等单位领导参加活动。活动由市教委和市港澳台侨学生教育管理研究会主办，清华大学承办。

（张明）

【评选北京市涉台教育基地校】 11月7至16日，市台办和市教委评选北京市涉台教育基地校。为了更好开展涉台教育，两部门对各区县教委推荐的区县青少年涉台教育基地进行实地考察和评审。12月27日，两部门共同举办北京市青少年涉台教育基地授牌仪式，授予北京市景山学校等15所学校“北京市青少年涉台教育基地”铭牌。

（刘斯）

【举办2012年海峡两岸教育论坛】 12月6日，北京教育学院与市台办、北京联合大学共同举办2012年海峡两岸教育论坛。论坛围绕“提升专业品质，促进学校发展”主题展开讨论和交流。台湾东华大学特殊教育学系教授、台湾屏东教育大学教育学系主任、北京联合大学校长、北京教育学院党委书记参加论坛并致辞。来自海峡两岸11所大学100余名教育专家围绕“校长专业发展与教师专业发展”“海峡两岸特殊教育——提升品质、追求卓越”两个分论坛题目展开交流。

（刘琳）

【78名港澳台侨学生获教育部奖学金】 至年底，北京市属高校78名港澳台侨学生获得教育部奖学金。经学校评审推荐，市教委审核，共有来自北京服装学院等9所市属高校78名港澳台侨学生获得教育部奖学金，其中，博士奖学金4人、硕士奖学金9人、本科奖学金65人。

（张明）

区域交流与合作

【举办天津滨海新区教坛能手培养项目】 4月16日，2012年天津滨海新区教坛能手培养项目在北京教育学院开班。培训对象为天津市滨海新区小学数学、小学语文等8个学科99名骨干教师。培训遵循“以学科为基础，以问题为中心，以案例为载体，扎根教学实践”培训原则，以“基于学科本质的有效教学”为主题，旨在使学员深入理解新课程理念，强化新课程执行力，提高教学设计及教学实施能力，提升学科教学研究意识和能力。培训共168课时，其中，4月15至29日在北京集中学习，9至11月分两次到天津滨海新区进行追踪，7月和12月在天津滨海新区分别举办两次专题论坛。培训分阶段、分模块设置培训课程，灵活运用集中学习、名校教学观摩、研讨与交流、课题研究和参观考察等方式，充分利用首都

优质教育资源，聘请高校专家、优秀特级教师、市级骨干教师、区县教研员等作专题讲座。

（刘琳）

【举办京苏粤中小学校长研修班】 5

月9日，京苏粤中小学优秀中青年校长高级研修班在江苏南京开学。该研修班是北京、江苏和广东三地首次从省级层面联手开展校长培训行动，旨在为中小学校长搭建一个高端宽广交流平台，帮助校长开阔视野，改进思维方式，提高理论水平，提升思维能力和领导学校优质发展能力，促进经验型校长、优秀校长向智慧型校长、名校长、教育家型校长转变。来自三地120名中小学优秀中青年校长参加研修活动。9月14至26日，研修班在北京开展第二阶段研修活动。研修班至12月3日结束，并在广州举办结业典礼。

（刘琳　杜蕊）

【京津沪全国交通职业教育集团化办学联席会开展交流活动】 6至9月，京津沪全国交通职业教育集团化办学联席会组织成员院校开展交流活动。6月26至29日，该联席会组织成员院校优秀学生在北京举行为期三天"携手共进"夏令营主题联谊活动，内容包括举办职业生涯规划主题讲座，参观祥龙博瑞集团进行专业体验，参观故宫、爬长城体验北京历史特色文化，观看天津人艺话剧等。该活动由北京、天津、上海三地职业教育集团合作举办，北京交通运输职业学院承办，共有该校及上海交通职业技术学院、天津交通职业学院三所职业院校物流、汽车及轨道专业40名优秀学生参加。9月22日，该联席会在上海举办首届"远恒杯"京津沪交通物流职教集团《国际货运代理》教学设计比赛，比赛分为《国际货运代理》课程教学设计、一堂课教学设计和专业答题三个环节，上述三所职业院校各选派3名教师组成代表队参加比赛，最终上海、北京、天津分获一、二、三等奖。该活动由上海交通物流职业教育集团承办，共有来自企业和30余所兄弟院校专家、专业教师80余人参加活动。京津沪全国交通职业教育集团化办学联席会为北京、天津、上海三个直辖市交通职业教育集团于2011年10月28日自愿组成、共创共进、合作发展的非营利、非社会团体法人的合作同盟。

（苑媛）

【首届华北东北西北地区装备研讨会召开】 7月18至20日，北京市教育技术设备中心承办首届华北、东北、西北地区教育技术装备研讨会。会议以"平等、合作、交流、促进"为要旨，以"教育技术装备围绕教育教学运行"为主题，通过报告、互动交流、介绍新产品新技术及参观特色学校等形式交流研讨。教育部、中国教育装备行业协会、市教委等相关领导发言，提出要从提高教育教学质量和经费绩效的角度深入研究，并对教育技术装备工作提出具体要求。同时，15个单位交流近年来教育技术装备工作基本思路、改革举措并研究探讨如何破解教育技术装备改革和发展难题。同时，会议就办好"三北"地区教育技术装备研讨会达成以下共识：明确会议主题，创新会议形式；确定轮值承办组合方式；确定设立秘书处。来自华北、东北、西北地区13个省（直辖市、自治区）、新疆生产建设兵团，沈阳、哈尔滨、长春、大连市教育技术装备部门领导及北京市区两级教育技术装备部门领导90人参加会议。2011年，华北、东北地区教育技术装备协作会征求西北地区部分受邀省市意见，决定自2012年起"两北"会增加西北地区5个省区及兵团为"三北"会。

（王玉清）

【召开京津沪渝法制工作研讨会】 9月27日，市教委在北京会议中心召开2012年京津沪渝教育政策研究与法制工作研讨会。会议围绕"贯彻落实教育部《高等学校章程制定暂行办法》，推进公立大学章程制定实施的思路与措施"以及"落实国务院办公厅转发教育部等部门《关于做好进城务工人员随迁子女接受义务教育后在当地参加升学考试工作意见的通知》的思路和措施"两个议题展开讨论。京津沪渝四地教委结合各自实际，介绍有关情况。教育部、京津沪渝教工委和教委主管政策研究与法制工作领导、处室负责人及工作人员代表20人参加会议。

（黄灵燕）

【京津沪渝德育研讨会召开】 11月26至30日，东城区教委承办第21届京津沪渝四市区德育研讨会。研讨会主题为"固本铸魂、文化育人"，内容包括四市区主旨报告、专家讲座、分论坛等活动。来自天津市南开区、上海市长宁区、重庆市沙坪坝区教育局有关领导、代表和黑龙江省鹤岗市、安徽省安庆市代表团以及北京市东城区各中小学书记、校长、德育干部等共计400人参加活动。北京景山学校、北京市第二十四中学、北京市东城区和平里第一小学、北京第一师范学校附属小学、天津市南开大学附属中学、上海市长宁区愚园路第一小学、重庆市沙坪坝区育英小学、安庆市第七中学、安庆市开发区中兴小学、黑龙江省鹤岗市南山小学代表分别作论坛发言。

（王梦娜　李芳　李银娅）

【举办首届京津沪渝学校均衡发展论坛】 12月21日，首届京津沪渝促进义务教育学校均衡发展论坛在北京师范大学举行。论坛以"聚焦教育内涵发展，办好百姓身边学校"为主题，与会人员从直辖市、区县、学校三个层面作交流发言，共同探讨直辖市推进义务教育均衡发展过程中面临的问题和有效经验。教育部基础教育司，天津市、上海市、重庆市教委代表，北京市教委、部分区县教委负责人以及中小学校长代表共150余人参加论坛。京津沪渝促进义务教育学校均衡发展论坛由市教委基教一处主办，北京师范大学首都基础教育研究院和首都师范大学首都基础教育发展研究院共同承办，围绕教育内涵发展，定位于探索政府和学校两个层面体制机制创新。论坛每年举办一届。

（向婷婷）

对口支援

【慰问援疆干部教师】　1月，海淀区教委慰问援疆干部教师。慰问团一行赴新疆和田地区，看望、慰问援疆干部和教师。其间，慰问团逐一走访7名教师，参观部分教师办公室和宿舍，了解受援学校基本情况及援疆干部教师工作和生活情况。海淀区教育系统共有7名干部教师参与教育援疆工作，来自北京农业大学附属中学、北京市第十九中学、北京市翠微中学等学校，分别任教于和田北京中学、和田县第二中学、洛浦县第二中学、墨玉县第二中学。

（宋亚甫）

【实施首轮京蒙对口帮扶计划】　3月

8日，内蒙古自治区赤峰市高中骨干教师培训项目在北京教育学院开班。这标志教育学院首轮京蒙对口帮扶计划启动。根据该计划，学院在未来五年内对内蒙古开展教师培训，送培到省，探讨新课标与学科教学改革，进行课堂教学经验交流。2012年项目共两期，每期4天，其中，赴赤峰市培训学员120人、赴乌兰察布市培训学员150人，涉及高中语文、数学、英语和物理4个学科。乌兰察布市培训于3月28至31日举办。

（刘琳　张艾）

【召开教育对口支援工作座谈会】　3月19至20日，市教委召开2012年北京市教育对口支援工作座谈会。会议总结交流2011年教育对口支援工作情况，安排部署2012年教育对口支援工作任务。会议分别就新疆和田未就业大学生培养、新疆少数民族“双语”骨干教师培养培训标准、教育教学管理，以及新疆和田、青海内地高中班工作进行主题研讨；首都师范大学、北京教育学院、北京政法职业学院、密云县教委分别作交流发言。来自市委组织部、市支援合作办、市教委及有关直属直管单位，有关区县教委、市属高校及举办新疆和田、青海内地高中班学校代表共70余人参加座谈会。

（胡雨）

召开新疆干部教师培训汇报座谈会

【对口帮扶滇西边境山区中职学校】　4月20日，北京交通运输职业学院代表北京交通职业教育集团赴云南昆明参加“东部地区职业教育集团对口帮扶滇西边境山区中等职业学校”合作签约仪式。该项目由教育部遴选10个东部地区职业教育集团以“一对一”方式对口帮扶滇西边境山区中等职业教育学校，北京交通职教集团对口帮扶云南省丽江市玉龙县职业高级中学，合作内容为：交通运输职院与云南省丽江市玉龙县职业高中合作，开展联合招生、促进合作办学，开展师资培训、提高教学能力，加强专业建设、增强实训能力，加强校企合作、促进学生就业，以结对子方式建立工作平台，定期互访交流，推动东西部合作办学，共创双赢。

（苑媛）

【举办青海省中小学骨干教师培训】

5月8日，2012年青海省小学语文骨干教师培训在北京教育学院开班。这是学院继2010年首批100名高中数学和英语骨干教师培训之后第二期培训。培训旨在提高青海省民族地区小学骨干教师队伍专业素质和水平，遵循政治与业务相结合、理论与实践相结合、尊重体贴与人文管理相结合原则，分为理论学习、教学实践、研讨总结、展示交流四个阶段。至11月3日，共有青海省小学语文、小学数学、初中数学、初中语文4个学科共200名学员分批到教育学院参加培训。

（刘琳　张艾）

【召开新疆干部教师培训汇报座谈会】　5月30日，2011～2012年新疆少数民族双语骨干教师培训、新疆和田地区干部教师培训汇报座谈会在北京教育学院召开。来自全国人大常委会，教育部，教育部教师工作司、民族教育司，新疆教育厅，北京市委、市委教育工委、市对口支援和经济合作工作领导小组，北京教育学院等单位领导，以及50余名新疆干部、教师代表和上海、天津相关院校负责人参加座谈会。会议听取教育学院2011年新疆少数民族双语骨干教师培训、新疆和田地区干部教师培训工作总结，以及近年来北京在对口支援新疆特别是教育支援方面政策和实施情况介绍。与会代表观看学员代表以诗歌朗诵、演讲、微格教学、互动交流等方式展示一年来参加培训成果和感受，并与学员进行座谈。北京教育学院自2004年开始承担新疆双语教师培训任务，是国家开展新疆双语教师培训4个基地之一，共621名新疆双语教师完成学业。2012年新疆双语骨干教师培训于9月25日开班，来自乌鲁木齐、阿克苏、阿勒泰、巴州、博州、哈密、和田、喀什、克州、塔城、吐鲁番、伊犁12个地区共107名各族学员参加培训。培训以新疆少数民族双语骨干教师汉语语言和汉语教学技能提升为主题，涉及小学语文、中学数学、中学物理3个学科，为期一年。新疆和田地区双语骨干教师培训于10月11日开班，来自新疆和田地区“一市三县”（和田市、和田县、洛浦县、墨玉县）共60名维吾尔族高中语文、高中数学、高中物理教师参加培训。

（刘琳　丁柏明）

【培训内蒙古希望工程教师】　6月17至21日，昌平区教师进修学校为内蒙古希望工程第四期“黄如论爱心基金”教师培训班举办培训。其间，举办《深入解读课标，把握教改方向，打造适合学生发展课堂》等4个专题讲座，组织参观城北中心六街小学等4所学校，组织课堂现场教学观摩，交流班主任工作经验和校本教研工作经验。内蒙古培训班学员100人参加学习。

（高春杰）

【举办和田、拉萨中小学生北京夏令营】　7月15日，2012年“热爱祖国，感受北京”新疆和田、西藏拉萨中小学生北京主题夏令营开营仪式在北京市盲人学校举行。司马义·铁力瓦尔地讲话并宣布开营，赵凤桐为夏令营授旗。来自中央新疆工作协调小

组办公室、市委教育工委、市支援合作办、市教委、市民委、新疆和田指挥部、新疆和田地委等单位领导，以及来自新疆和田地区、西藏拉萨市300名中小学师生和新闻媒体记者参加开营仪式。夏令营持续至7月21日，参加人员是来自新疆和田地区和田市、和田县、墨玉县、洛浦县、新疆生产建设兵团农十四师的250名中小学师生和西藏拉萨市40名中小学师生。活动围绕相聚北京、古都魅力、爱我中华、皇城探秘等八个主题营日活动，组织营员观看升旗仪式，参观游览国家博物馆、中国科技馆、动物园、长城和北京大学等，并组织两地师生互动、开展营地趣味活动和民族一家亲等教育活动。

（胡雨）

【举办红十字会交流营活动】　7月21至26日，北京市红十字会举办“人道携手、共铸爱心”2012北京—内蒙古自治区呼和浩特市两地红十字青少年交流营活动。活动听取首都医科大学红十字会、北京工商大学红十字会和呼和浩特市第二中学红十字会工作经验交流；在达希拉穆仁草原体验牧民文化，品尝牧民自制美食，搭建蒙古包，举行红十字知识、自救互救知识竞赛和技能展示等活动；赴武川特教学校慰问，两地红十字会带去书本、文具、面、油等物品，红十字青少年与特教学校学生互动，并观看残障学生及教师精心准备的节目；在恩格贝生态园，参与治沙固土、保护环境活动。活动还参观博物馆、举办游戏活动、交流体会。两地红十字青少年100人参加活动。

（李胜华）

【和田中小学校长到京挂职锻炼】　9月13日，第二批新疆和田地区中小学校长到大兴区挂职锻炼。来自新疆和田地区3名校长分别被安排在大兴区第五中学、北京小学翡翠城分校和大兴区第五小学挂职，挂职时间从9月到12月底。挂职期间，他们深入学校担任校长助理，进行岗位实践锻炼；走访区内外名校、参加全区干部培训等活动。

（周英姿）

【大学生艺术团赴和田地区慰问演出】　9月22至27日，市教委组织北京大学生艺术团赴新疆和田地区慰问演出。艺术团成员由清华大学、北京舞蹈学院、中国戏曲学院、中国音乐学院等7所高校学生组成，围绕“万方乐奏有于阗”主题演出，分别在新疆生产建设兵团农十四师四十七团和洛浦县影剧院演出两场，节目形式有舞蹈、声乐、戏曲、器乐等。活动由北京学生活动管理中心组织实施。

（陈思）

【北京和田学校对口支援与合作项目启动签字】　9月25日，北京—和田学校对口支援与合作项目启动签字仪式举行。姜沛民率北京市教育代表团一行38人赴新疆和田，进一步对接和落实教育援疆任务，看望慰问教育系统援疆干部教师，学习考察和田教育工作。项目启动签字仪式上，北京市东城区、西城区、朝阳区、海淀区、丰台区共21所中小学校（幼儿园）分别与新疆和田地区和田市、和田县、墨玉县、洛浦县、农十四师21所中小学校（幼儿园）签订对口支援与合作框架协议；北京教育技术设备中心、北京教学仪器设备协会向和田地区教育局、农十四师教育局捐赠价值73万元教学仪器设备。此次活动是市教委深入推动北京教育援疆工作重要举措，标志北京、和田教育对口支援工作进入新发展阶段。通过开展两地学校“手拉手”结对帮扶，积极探索北京与和田之间“点对点、校与校、心连心”对口支援模式，将教育援疆工作推向深入、落到实处。

（付浩奎　胡雨）

【北京地区3所高校入选教育部对口支援西部高校】　9月27日，北京地区3所高校入选教育部对口支援西部高校。教育部共选出6所高校对口支援西部地区高校，其中，北京地区3所，分别为中国人民大学对口支援延

安大学、中央民族大学对口支援呼和浩特民族学院、中国矿业大学（北京）对口支援毕节学院。

（张驰）

【向和田地区捐赠教学仪器】 9月，北京市教育技术设备中心组织企业向新疆和田地区捐赠教学仪器。该中心代表北京市向和田地区教育局和新疆生产建设兵团农十四师教育局移交仪器设备。仪器由北京中庆现代技术有限公司、北京友高教育科技有限公司、北京乾邦科技发展有限公司、北京新星教学装备有限公司捐赠，包括移动录播系统、数字化实验系统、数码及光电显微镜和图形计算器，总价值共72.20万元，同时派人专程赴和田进行使用技能培训。

（王玉清）

【实施对口支援玉树教育人才培训项目】 11月5日，2012年北京对口支援玉树教育人才培训项目启动仪式暨小学语文骨干教师培训项目开班典礼在北京教育学院举行。来自青海省教育厅、青海省玉树州及州教育局领导，北京市支援合作办、市教委和教育学院领导及相关代表参加开班典礼。培训以提升学员课堂教学能力及学科教学素养水平为目的，在新课程师资培训理念指导下，共分为理论学习、教学实践、研讨总结、展示交流四个阶段。培训采取教育理论和小学语文学科教育教学相结合、专家互动交流及自主学习相结合、实践中学习与提高的原则，通过集中培训使参训教师在教育教学实施能力、教学评价、反思能力及综合素质方面得到显著提高。培训为期20天，共40名小学语文学科教师参加培训。

（刘琳）

【培训新疆、西藏和青海中小学校长】 11月29日，2012年北京市教育对口支援项目新疆阿勒泰、西藏拉萨、青海玉树中小学校长培训项目在北京教育学院同期开班。培训围绕新课程改革背景下学校管理者的岗位职责和关键能力来设计，内容包括入学教育与班级建设、集中培训讲座、分组下校实习、集中总结与提升。培训采取专题讲座、案例分析、学校考察、主题沙龙等方式，按照学习与实践相结合、知识与经验本土化、研究与培训相结合原则，通过25天集中培训，使94名中小学校长达到三个目标：一是理论知识目标，即学习前沿教育理念和管理理论，完善知识结构；二是实践能力目标，即学习北京先进学校的办学经验，提升专业发展能力；三是问题解决目标，即研讨当前学校面临的核心问题，提高解决实际问题能力。

（刘琳）

【扩展教育对口支援工作广度和深度】 至年底，市教委不断扩展教育对口支援工作广度和深度。按照首善标准和全面援助、科学援助、真情援助要求，完成对新疆和田、西藏拉萨、青海玉树等地30余个援助项目，为受援地区培训校长和骨干教师3343人。举办北京—和田中小学“手拉手”、民族中小学夏令营，290名当地中小学生来京感受首都文化。教育部将北京教育援疆工作称为“北京模式”，要求把北京经验在全国推广。年内，市教委被国务院三峡委授予“全国对口支援三峡工程移民工作先进集体”称号，被市委、市政府授予“对口支援工作组织奖”。

（付浩奎）

（本栏责任编校　胡雨）

区县教育

东　城　区

总　类

【召开公共卫生安全约见会】 2月16日，东城区教委在回民小学召开春季学校公共卫生安全约见会。会议传达市教委、市卫生局相关会议精神，对进一步加强学校公共卫生安全管理工作提出建议，布置新学期学校卫生监督和管理相关工作。会议提出：层层约见，落实精神；梳理情况，认真上报；全面自查，排除隐患；强化管理，争创食品安全示范校。会议强调要高度重视学校公共卫生安全工作，严防学校公共卫生突发事件发生，有效保障师生身体健康和生命安全。区教委、区卫生局、区卫生监督所相关领导，全区中小学主管领导和校医200人参加会议。

（单聪　李银姬）

【举办第15届学生艺术节展演】 3月

12至22日，北京市第15届学生艺术节（东城赛区）展演活动在东城区少年宫天地剧场和史家胡同小学举行。艺术节参与总人数8500人次，参与率98%。节目总数258个，共评出一等奖63个、二等奖76个、三等奖107个。全区6所学校和8个金帆团参加北京市调演，获得4个一等奖、2个二等奖、8个“最佳”奖项和2个“优秀”奖项。

（周末　李银姬　周良）

【召开五四表彰会】 5月4日，东城区

教委召开“传承90年辉煌历程、弘扬践行北京精神”中学五四表彰会。会议表彰东城区“三好学生”“优秀学生干部、团干部”“特优生”“社会实践之星”“阳光少年”“文明之星”6000人。会议向全区青年朋友致以节日的问候，希望全区中学生以受表彰同学为榜样，自觉服务祖国，无私奉献社会，在奋斗征程中争做有作为的优秀中学生。东城区委领导和受表彰学生代表700人参加会议。

（杨学银　李银姬　周良）

【举办国际儿童节庆祝活动】 5月31

日，东城区“我们共同成长”国际儿童节庆祝活动在史家胡同小学举行。庆祝活动由表彰、文艺演出和游园活动组成。全区少年儿童代表参加“运动嘉年华”“青苹果之家”“奇妙梦工坊”“童韵传精神”四个板块游园活动。表彰会上，表彰东城区“三好学生”“十佳少先队员”“礼仪小标兵”等12类奖项16400名学生，发布东城区少年儿童公益形象——健康娃娃。教育部、全国少工委、团中央和北京市领导，以及全区少年儿童代表参加活动。

（王军　李银姬　李雪）

【3人入围“感动东城”道德模范】 6月12日，“践行北京精神德润文明东城——2012·感动东城”道德模范颁奖，东城区教育系统3名师生获得表彰。其中，广渠门中学教师魏发团、中央工艺美术学院附中学生邵帅分别获得“助人为乐道德模范”和“孝老爱亲道德模范”称号，北京市第五幼儿园教师石利颖获得“敬业奉献道德模范”提名奖。

（蔡约翰　李银姬）

【召开庆祝教师节表彰大会】 9月6

日，东城区庆祝教师节表彰大会举行。会议表彰东城区教育系统“杰出校长”“杰出教师”“优秀校长”“人民教师”“优秀教师”“先进教育工作者”共741人。会议肯定东城区教育事业取得的成绩，要求不断加强教育工作者队伍建设，进一步营造全区上下关心、支持教育的氛围。教育部、市教委和市、区有关领导，教育系统各单位负责人及教师代表、先进个人代表900人参加会议。

（郭淑华　李银姬　周良）

【召开教育工作会】 10月11至12日，东城区政府召开2012至2013学年度教育工作会。会议主题为“精品特色，校校精彩”。会议举办新增学区启动仪式，听取《决定东城教育改革发展方向的重要观念》报告。报告指出：要通过深度分析，统一认识，继续推进“精品、特色”发展战略，实现“校校都精彩”的目标。会上，教育研修部门分析初三、高三教学质量，报告国家学生体质健康标准抽样测试结果。会议还举办学前、小学、

中学、校外、职教5个主题分论坛。区政府、区教委领导，教育系统各单位领导和教师代表400人参加会议。

（李银娅）

【开展教育品牌保护工作】　12月19日，东城区教委与市工商局东城分局签署实施商标战略加强教育品牌保护合作备忘录，双方联合开展教育品牌保护工作。签署仪式上，双方宣布联合成立教育品牌保护办公室，并对教育品牌保护工作提出要求。该项工作将对东城区学校校名、校徽等进行全方位、多类别保护，为全区教育部门举办的中小学及其他教育机构整体注册教育服务商标。主要工作一是利用半年到一年时间，完成《商标法》等相关知识产权法律法规的宣传培训，完成校名、校徽等商标注册申请。二是积极开展对学校及其他教育机构的商标培育和品牌运营指导，利用一到五年的时间推进教育品牌培育和运营，使具有东城特色的教育品牌逐步成为东城区知名商标、北京市著名商标、中国驰名商标。

（吴艳秋　李银娅）

学前教育

【概　况】　2012年，东城区托幼园所50所（教育部门办园22所、街道园9所、社会办园15所、民办园4所），教学班401个。离园幼儿3125人，入园幼儿3793人，在园幼儿12061人。教职工2114人，其中，专任教师1231人。全区北京市示范幼儿园14所，市级早期教育示范基地24个。

（关英）

【召开学前教育领导小组工作会】　3月19日，东城区学前教育领导小组召开工作会。会议通报“东城区学前教育三年行动计划”推进情况及近期重要工作，下发《关于成立东城区学前教育工作领导小组的通知》等文件。会议指出，要进一步提高对发展学前教育重要意义的认识；要进一步强化责任，加强统筹，实现工作目标；要采取有效措施，推进重点难点问题的解决。区政府16个委办局、17个街道办事处领导以及单位园主办方代表共40人参加会议。

（张静玲　李银娅）

【召开学前教育会议】　4月13日，东

城区政府召开学前教育会议。会议听取区教委《紧抓机遇、开拓创新、谱写东城学前教育新篇章》主报告，分析东城区学前教育发展基础，总结一年来推进“东城区学前教育三年行动计划”所取得的阶段成效，进一步明确下一阶段工作重心和各项任务，并汇报2011年落实三年行动计划相关工作。会议向部分园所颁发专项经费奖励与补助。会议提出，发展好学前教育，既是东城区经济社会发展的必然要求，社区百姓的迫切期望，同时也是建设国际化、现代化新东城的重要任务。要加大对学前教育的财政保障力度，多渠道扩大学位供给，加强师资队伍建设，加强学前教育管理力度。东城区相关委办局、街道办事处、单位办园主管部门领导，全区幼儿园、小学、中学、职业学校代表500人参加会议。

（张静玲　李银娅　周良）

【举办学前教育名家讲坛】　6月15日，东城区教委在六十五中举办学前教育名家讲坛。儿童文学作家金波以《幼儿文学的欣赏和教学》为题作报告。全区幼儿教师300人听讲。

（张静玲　李银娅）

【新增3所早期教育示范基地】　8月21日，市教委公布第8批北京市社区儿童早期教育示范基地名单，东城区3所幼儿园入选。3所幼儿园是大方家回民幼儿园、崇文幼儿园和崇文回民幼儿园。至此，东城区社区儿童早期教育示范基地由21所增至24所。

（张静玲　李银娅）

【举办首届男教师风采展示】　11月27日和30日，东城区教委举办首届男

教师风采展示活动。全区14所幼儿园24名男教师参加活动，展示内容分为专业知识答题、专业技能和才艺展示三部分，旨在为男教师搭建多样化的交流平台，创设有利于男教师成长的宽松与包容、鼓励与欣赏的区域良好氛围。活动中，男教师得到全方位的历练与提高，表现出良好的素质，充分彰显青春活力和阳刚之美。

（张静玲　李银娅　周良）

【“半日评优”活动获佳绩】　12月27日，东城区教师在北京市幼儿教师“半日评优”活动中获得好成绩。东城区5名参赛教师中，2人获特等奖、2人获一等奖、1人获二等奖，在全市表彰总结会上，光明幼儿园教师代表全体参赛教师交流经验。

（张静玲　李银娅）

基础教育

【概　况】　2012年，东城区小学63所，1433个教学班，毕业7962人，招生8162人，在校生46721人。教职工4280人，其中，专任教师3455人。小学入学率100%，巩固率100%，毕业及格率100%。中学43所（初中7所、高中4所、完中30所、九年一贯制学校2所）。教学班1265个（初中686个、高中579个），毕业13536人（初中7880人、高中5656人），招生14465人（初中8386人、高中6079人），在校生43139人（初中24622人、高中18517人）。教职工6324人，其中，专任教师4536人。初中入学率100%，巩固率100%。工读学校1所，在校生95人，教学班5个，招生47人，毕业48人。特教学校2所，在校生303

人。校外教育单位8所，教职工306人。中小学教师学历合格率100%，高级专业技术职务教师1131人（小学41人、中学1090人）。全区中小学校舍总占地面积137.95万平方米，总建筑面积132.06万平方米，图书馆藏书543.88万册，固定资产总值284970.6万元。全年教育经费投入42.94亿元，其中，国家拨款37.51亿元，自筹经费5.43亿元。

（关英）

【举办教学干部培训】 1月11日，东城区小学教学干部大讲堂在史家胡同小学举办教材开发专题讲座。讲座由北京教科院教研员讲解国内外先进理念与案例，分析学校课程建设中的十大问题，引发广大教学干部对于课程建设的再认识与深入思考。讲座提出，教育是一种特殊的精神服务，课程是一种“精神产品”，课程文化是校园文化核心组成部分；课程应该是开放的、民主的、科学的，课程的价值追求应该为学生的发展和终身学习服务。全区小学干部教师代表200人参加活动。东城区小学教学干部大讲堂系列活动始自2007年，年内共举办讲座2次。

（王军 李银娅）

【召开少年科技学院基地校工作会】 1月11至12日，东城区教委召开金鹏科技团工作会暨2012年少年科技学院基地校工作会。会议总结2011年金鹏科技团东城分团工作并部署2012年工作。会议为金鹏团校颁旗，并指出，东城区科技教育具备“基础好、项目好、联动好”三大优势。会议提出，少年科技学院的发展方向，小学采取以分院为主体的独立分院制，初中采取递进管理，延续分院制，高中实行总院制。在学生培养方面形成双学籍制管理，其中，小学注重普及层面，中学进行人才选拔，高中重在提高拔尖创新人才培养。在教师方面，要形成有专兼职教师的团队，有专家的干预、引领，并与高端项目实验室接轨。全区金鹏科技团承办校和少年科技学院基地校主管领导和科技教师60人参加会议。

（周末 李银娅）

【召开教学计划解读会】 2月17日，东城区教委在回民小学召开2011至2012学年度第二学期教学计划解读会。会议分别讲解学期教学工作计划和教研工作计划。会议提出，教学工作计划以彰显特色、提升教学质量为工作目标，抓常态课视导，减负增效，提高课堂教学效益；抓队伍建设，不断深化学区建设及联盟校建设，促进干部教师队伍专业化发展；抓工作重点，通过评选区级课程建设先进单位，参评北京市课程建设先进单位，推进小学三级课程整体建设。教研工作计划重点是继续加强教师队伍建设，提升教师基本功素养，提高教学干部业务指导水平。要加强对学校的视导与指导，重点加强对教学力量薄弱校的帮扶；继续加强“区级教研、学区教研、校本教研”三级教研，整体推进三级课程教研有效实施；探索三级课程内容与三级教研模式相互融通的组织管理策略。全区小学教学干部200人参加会议。

（王军 李银娅）

【举办“我爱地球妈妈”演讲比赛】 3月12至20日，东城区第16届小学生“我爱地球妈妈”演讲比赛举行。全区共有77名学生参加，12人获一等奖，27人获二等奖，38人获三等奖。参赛学生结合所学知识和参与环境保护、节能减排、绿色生活实践，谈认识、谈感想，呼吁从我做起，从小事做起，积极参与节约资源行动、自觉选择绿色环保的生活方式，为共建幸福家园做出贡献。

（王军 李银娅）

【新增4家社会大课堂资源单位】 3月13日，国家博物馆、中国邮政邮票博物馆、中国妇女儿童博物馆、中国铁道博物馆作为东城区第3批新报资源单位通过市级专家组专项考察。4家博物馆向专家组介绍场馆资源，汇报面向青少年开展的特色活动，并介绍场馆收费及优惠情况等。专家组通过实地考察场馆环境、学生活动场所、活动设施器材、安全设施设置对资源单位进行评审。经过考核，4家博物馆入选北京市中小学生社会大课堂资源单位名单。

（伊传锦 李银娅）

【总结高中学生综合素质评价工作】 3月31日，东城区教委召开“发挥评价教育功能，促进师生共同发展”高中学生综合素质评价工作总结表彰会。会议总结推广东城区高中综合素质评价工作中先进经验，表彰先进单位和个人。会上，12名市级先进个人、3个市级先进集体，56名区级先进个人、6个区级先进单位、10个区级先进集体受到表彰。区教委领导和全区中学代表参加会议。

（肖菲 李银娅）

【展示中青年班主任基本功】 4月11日，东城区教委在六十五中举行“专业、智慧、魅力”第四届班主任基本功大赛展示交流活动。该活动旨在总结班主任基本功大赛，为优秀班主任搭建展示交流平台，推动中学班主任队伍整体建设。活动中，10名教师分别展示情景问答、命题演讲、魅力展示等项目基本功。市教委、班主任杂志社和东城区教委代表，以及全区中小学德育干部、班主任代表400人观摩展演活动。东城区第四届班主任基本功大赛2011年11月举办，全区38名中青年班主任参加，评出一等奖18人、二等奖20人。

（王梦娜 李银娅）

【专题研讨课堂教学有效性】 5月29日，东城区教委在六十五中召开中学提高课堂教学有效性专题研讨会。会议交流构建适合学校特色、学科特点、关注学生发展有效课堂模式的改革历程，总结实践中的成绩和问题。六十五中通过观摩课展示“小组合作”学习、“导学案”自主学习、根据“四环节”教学策略组织教学的实践经验。全区中学代表参加会议。

（肖菲 李银娅）

【评选课外活动之星】 5月，东城区教委评选“蓝天工程”课外活动之星。活动面向东城区所有小学，在校级评选基础上，产生区级课外活动之星推荐学生名单。评选活动主要表彰在“蓝天工程”课外活动方面表现突出，积极参与各级各类活动及课外兴趣小组，在东城区青少年课外活动网站评价系统中积分较高，并具有艺术、科技、体育等方面特长的学生。最终，1352名学生获得“蓝天工程”课外活动之星称号。

（伊传锦 李银娅 周良）

【开展“阳光假期”实践活动】 7月14日至8月31日，东城区教委开展

“蓝天工程——阳光假期”实践活动。该活动以弘扬和落实“北京精神”为核心，为东城区中小学生推出“社会实践，传颂爱国情怀”“科技世界，弘扬创新精神”“艺术佳苑，体味包容文化”“蓝天怀抱，彰显厚德风尚”4大主题36项实践活动。活动通过学校组织引导、学生自主选择、小组合作参与、家庭亲子互动方式进行。全区中小学学生参与活动。

（伊传锦　李银姬　周良）

【中日韩三国交流历史教学经验】　8月7至10日，东城区14名历史教师参加第七届中日韩教师历史教学经验交流活动。中日韩三国教师围绕“如何教授近现代东亚史——和平教育实践交流及争取实现和谐社会”主题进行研讨。活动中，北京市第五中学和北京汇文中学分别作《走进抗日战争中的民众——史料中的全民族抗战》和《中国中学历史教育状况简介》主题发言。来自中日韩三国历史教师共计40人参加活动。

（崔蕾　李银姬）

【首次举办班主任心理培训班】　9月14日，东城区教师研修学院举办首届班主任心理培训班。培训班是东城区教委委托中科院心理所设计开发的学校心理健康项目内容之一，旨在帮助班主任理解和引领学生，运用心理学知识和技能提高班级管理效率，提升班主任职业幸福感，推进中学心理健康教育工作。培训共30周120课时，包括共情、信念、觉察等9个模块教学内容，每个模块包含理论、实训、问题研讨三个部分。东城区中小学教师200人参加培训。

（王梦娜　李银姬）

【举办校园小主持人和小歌手展示】　10月14日，东城区教委举办“校园金话筒”第三届中小学生主持人大赛及“阳光快乐小歌手”首届卡拉OK大赛颁奖仪式。会议为获奖学生代表颁发奖杯及证书，举办卡拉OK演唱、主持人才艺表演。全区校外活动教师和中小学学生代表700人观摩展示活动。两项活动由东城区教委青少年课外活动指导服务中心、东城区少年宫共同举办，是东城区“蓝天工程”品牌活动之一，全区百余所中小学1600人参与活动，415人获奖。

（伊传锦　李银姬）

【成立法制教育基地】　10月24日，“青春船长法治启航”东城区中小学法制教育现场观摩课暨法制教育基地签约仪式在北京现代职业学校举行。活动观看“青春船长法治启航”主题宣传片和观摩课，东城区10所中小学校“青春船长”青少年法制教育实践基地校分别与北京师范大学法学院青少年普法志愿者团队签订“青春船长进校园协议书”。依据协议，北师大优秀学生将进入学校定期为中小学生开展普法宣传活动。东城区教委领导以及各中学、职教学校和部分小学代表150人参加签约仪式。

（吴艳秋　李银姬　张一梅）

【成立红领巾通讯社东城分社】　11月

2日，北京市红领巾通讯社东城分社在府学胡同小学成立。会议回顾部分优秀记者站开展活动的情况，表彰9个优秀校园记者站及13名优秀小记者。会议宣读分社章程，聘请顾问，为红通社分社揭牌。随后，北京少年报编辑人员为小记者举办摄影培训，带领小记者在校园内现场采风。全区各小学大队辅导员、指导教师及小记者代表100人参加活动。

（张鸥　李银姬）

【实施德育干部素质提升工程】　11月9日，东城区教委在广渠门中学举行中学德育干部素质提升工程启动仪式。会上，宣读《2012年东城区中学德育干部素质提升工程工作方案》及首批团队核心成员名单，聘请10名德育校长为核心成员，聘请德育特级教师、东城区杰出校长、广渠门中学吴甡校长为提升工程工作室导师。中学德育干部素质提升工程旨在通过交流、研讨、探究、实践，发挥团队合力，完善区域德育课程体系的建设。工程计划利用1年时间，完善区域德育课程体系建设的目标、实施战略及细则，建设学校特色德育课程体系及校本德育教材。

（王梦娜　李银姬）

【建立钮小桦校长工作室】　11月16日，东城区教委在二中举行钮小桦校长教学管理研究工作室启动仪式。工作室工作目标是发挥杰出校长的示范、辐射和引领作用，建立优秀校长快速成长培养机制，全面提高副校长队伍的人文素养、教学管理能力和教科研水平，努力成就一批有良好道德修养、先进教育理念、开阔国际视野、厚实职业素养、较强管理能力与创新精神的副校长。工作室将以一年为周期，培养10至15名具有高度事业心、较强管理能力的中青年校级干部（含校长助理）。

（肖菲　李银姬）

【举办课改培训月】　11月29日至12月26日，东城区教委举办第八届小学课改培训月走进学校系列展示活动。活动借学区化管理覆盖全区的契机，先后走进8个学区开展交流学习，主题涉及课程建设、三级教研、课堂实效等课改关键问题。活动推出“一年级学生多元评价试验”“共享学区本土化特色地方课程资源”“探索课程资源中心运行模式”等典型案例与经验，表彰2012年课改工作市级获奖单位及个人。课改培训月活动覆盖全区所有小学，共作研究课50余节，交流发言40余次，交流学习1000人次。

（王军　李银姬）

【举办中学生模拟联合国会议】　12月15日，东城区教委举办第四届中学生模拟联合国会议。会议主题为“放眼世界，超越自我，追梦青春”。全区30所中学派出学生代表280人，代表36个国家分别模拟联合国裁军与国际安全委员会等4个机构，围绕核废料处理、贸易保护主义、人民自决权利和结束加沙封锁及地区重建4个议题进行会议磋商。会议实行跨校双代表组合制，每个国家代表由来自两所学校的代表组成。

（王梦娜　李银娅）

【9校入选北工大优秀生源基地】 12月19日，北京工业大学优秀生源基地签约仪式在北工大建国饭店举行，东城区9所学校入选北工大优秀生源基地校。9所学校分别是：五中、十一中学、五十中、一零九中、一六六中、一七一中、东直门中学、广渠门中学、汇文中学。

（肖菲　李银娅）

【总结责任意识培养项目阶段工作】 12月26日，东城区教委召开“责任开启精彩人生”学生责任意识培养途径与方法探究项目阶段总结会。项目实验校课题负责人和学校德育干部、班主任代表150人参加会议。会上，5所实验学校分别从志愿服务体系构建、生涯教育、公民教育、学生志愿服务队伍建设阐述学校在学生责任意识培养课题上的研究成果。东城区1月开始实施“学生责任意识培养方法和途径探究”课题项目，目的是通过理论研究、实践探索，探寻提高学生责任意识、增强学生自我调控能力，以及完善培养学生责任意识、良好行为习惯的机制和有效途径。

（王梦娜　李银娅）

职业与成人教育

【概　况】 2012年，东城区职业高中5所，开设专业38个，教学班214个。毕业1825人，招生1312人，在校生4820人（另有北京市崇文门中学双学籍教学班14个，招生134人，毕业59人，在校生410人）。教职工799人，其中，专任教师423人。专任教师学历合格率100%，高级专业技术职务教师145人。成人高等教育学校4所，开设专业57个，教学班167个，在校生6003人。教职工215人，其中，专任教师123人。

（关英）

【交流德育工作经验】 2月24日，东城区教委召开职业学校德育工作交流会。会议布置2012年职教德育工作要点，就加强德育领导、健全机制、活动育人、资源共享、加强信息交流对学校德育工作提出具体要求。各校德育校长分别交流德育工作计划。与会者还参观昌平职业教育学校。区教委领导和全区职业学校代表40人参加会议。

（覃玉玲　李银娅）

【召开市民学习基地工作会】 3月1日，东城区教委召开市民学习基地工作会。会上，8所市民学习基地校总结社区教育工作中的特色和亮点。会议肯定市民学习基地成立以来工作成绩，并部署2012年工作计划。会议提出，在市民学习基地中培育学习品牌，加强特色课程和实验项目建设。区教委有关领导和东城区8所市民学习基地校代表参加会议。

（陈红　李银娅）

【召开社区教育工作会】 3月13日，东城区教委召开社区教育工作会。会议总结2011年社区教育工作成绩并部署2012年工作，强调要继续加强数字化实验基地建设、积极培育学习品牌、做好特色课程和实验项目建设。会议要求各单位充分认识社区教育对全区整体建设的促进作用，加强领导；增强大局意识，把每一项工作落到实处，让市民真正得到实惠；注意总结经验，创新工作方法，为争创北京市学习型城市示范区做出贡献。区委教育工委、区教委、区教育督导室，以及各街道、社区学院和市民中心负责人25人参加会议。2011年东城区社区教育取得显著成绩，东花市街道、朝阳门街道被评为“全国社区教育示范街道”，“幸福运动讲习所”和“智慧家长俱乐部”被评为新首都市民学习品牌，6名市民被评为2011年“首都市民学习之星”，4个社区教育实验项目和9个特色课程获得全国优秀奖，全民终身学习活动周获得全国优秀组织奖。

（陈红　李银娅）

【召开职普融通工作会】 3月20日，东城区职业学校与普通初中校融通工作会议分别在一七九中和国际职业教育学校和平里校区召开。会上，国际职业教育学校、现代职业学校、一七九中、国际美术学校、古城职业高中分别介绍学校办学、招生及学生就业等情况。与会人员参观一七九中、国际职业教育学校计算机、烹饪、服装等实训基地。区教委领导和全区初中校代表60人参加会议。

（覃玉玲　李银娅）

【举办骨干教师培训班】 6月2日，东城区教委举办职业学校骨干教师培训班。培训委托北京教育学院实施，采用集中培训与实践追踪培训相结合、教学与考察观摩研讨相结合的培训方式，为期1年，共计140课时。东城区职业教育学校骨干教师62人参加学习。

（覃玉玲　李银娅）

【参加全国社区教育展获佳绩】 6月26至29日，东城区教委参加在天津举办的全国职业院校技能作品展洽会社区教育展。东城区展团通过社区教育展板、市民作品展示、现场展示，全方面展示东城区社区教育在组织架构、宣传教育、队伍建设、终身学习服务体系、品牌建设、数字化学习方面取得的成果。东城区展团脸谱、风筝、京绣等作品获得全国社区教育技能作品一等奖1个、三等奖5个、优秀奖1个。

（陈红　李银娅）

【举办全民终身学习活动周】 10月

27日至11月2日，东城区教委举办第八届全民终身学习活动周。活动周以“知识点亮智慧人生，学习创造美好生活”为主题，评选表彰13名区级市民学习之星、10个区级学习品牌、46名优秀市民学习指导教师。活动期间，全区范围内开展“第三届清风墨韵市民书画展”“第八届市民棋类比赛”“第三届中老年市民计算机应用能力竞赛”等学习宣传活动。市民 37590 人次参加活动。

（陈红　李银娅　周良）

【评选学习型学校先进单位】　11 月 27 日至 12 月 4 日，东城区评选创建学习型学校先进单位。评估在前期学习型组织理论培训、学校自愿申报、专家一对一指导、参评单位进一步深化创建的基础上，采取多个学校集中评选的方式进行。专家组成员在听取各校工作汇报和查阅工作档案后，就相关问题与学校进行交流和沟通。建议学校要进一步加强理论学习，将创建工作与学校日常工作紧密结合。全区 22 个幼儿园、小学、中学和校外单位参加评选，最终，全部通过评审入选创建学习型学校先进单位。

（陈红　李银娅）

【视导德育课教学】　12 月 18 至 25 日，东城区教委视导职业学校德育课教学。视导组先后检查国际职业教育学校（安定门校区、北京站校区）、一七九中、古城职高、国际美术学校，通过深入课堂听课、听取德育工作汇报、召开师生座谈会、查看档案资料的方式，全面了解各校德育课及德育活动开展情况。视导结果表明，各校基本能够按照教育部的要求，开足开齐德育课程，积极贯彻新课改理念，同时加强校本德育课程的研究，学校的各项德育工作能够落到实处，成效显著。

（覃玉玲　李银娅）

教育督导

【概　况】　2012 年，东城区教育督导室有专职督学 6 人，见习督学 3 人，兼职督学 20 人。年内，东城区教育督导室以教育改革与创新为动力，坚持依法督导，突出教育督导的针对性与实效性，积极围绕区委、区政府“实施精品特色战略，建设国际化、现代化教育首善区”的总体工作思路，认真履行“监督、检查、评估、指导”的教育督导职能，努力促进办学水平和教育质量的进一步提升，圆满完成全年各项工作任务。

（李菊　李银娅）

【召开督政工作会】　1 月 11 日，东城区政府召开 2012 年督政工作会。会议通报东城区教育改革和发展形势及成绩，全面总结 2011 年督政工作，并对 2012 年相关工作进行部署。龙潭街道、朝阳门街道和区体育局分别交流落实教育执法职责和实施素质教育职责情况。会议强调，教育督导室要充分发挥教育督导部门的监督职能，根据整体部署和职能分工，加大督查力度，推动全区各单位、各部门共同推进教育的改革与发展，切实提高教育服务经济社会发展的能力。区政府、区教委、区教育督导室领导，以及相关委办局、街道办事处主管领导，区教育督导室专兼职督学 80 人参加会议。

（李菊　李银娅）

【改进综合评价方法】　3 月 1 日至 4 月 30 日，东城区教育督导室改进教育系统综合评价工作。改进工作的主旨是减轻基层负担，提高评价效率。区教育督导室通过调研、召开座谈会、听取部分参评单位意见等方式，反复研究，本着基本框架不变的原则调整部分综合评价的指标内容，完善综合评价指标体系，加大日常评价分数，减少集中下校评价分数。同时依据新的指标体系，重新量化评价指标、制定自评量表。新的综合评价方法明确，综合评价工作按照分学段评价、三年一轮的原则进行。2012 年集中下校评价 62 所小学。

（李菊　李银娅）

【接受学前教育专项督导】　5 月 24 至

25 日，市委教育工委、市教育督导室专项督导东城区学前教育工作。督导组听取东城区委、区政府学前教育工作专项督导自评报告。督导组认为，东城区以“广覆盖、保基本、促优质、可持续”为原则，形成以政府为主导，公办园为基础，公办民办并举，各类型园所协调发展的格局。督导组强调，落实区县督导职责重点是处理好三个关系，即：需求与供给的关系，政府主导与社会广泛参与的关系，提高保教质量与孩子幸福成长的关系。汇报会后，督导组查阅相关资料，并到街道社区和各级各类幼儿园实地检查学前教育三年行动计划实施情况。

（李菊　张静玲　李银娅）

【接受义务教育均衡发展督导评估】　9 月 19 至 20 日，市委教育工委、市教育督导室督导评估东城区义务教育均衡发展工作，同时督导验收东城区小学规范化建设工程。督导评估组听取东城区政府义务教育均衡发展工作督导自评报告，查阅相关资料，分别召开相关委办局、人大代表政协委员、区教委相关科室和学校校长座谈会，实地考察二中分校、十一中、工美附中等 6 所学校，通过听取校长汇报，开展干部、教师、家长座谈和观摩教育活动，了解东城区义务教育均衡发展工作基本情况。东城区委教育工委、区教委、区教育督导室领导和相关委办局、街道办事处、区教委相关科室、部分学校负责人参加督导评估工作。

（李菊　李银娅　周良）

【专项调研学前教育工作】　10 月 29 日至 11 月 1 日，东城区教育督导室专项调研学前教育工作。区教育督导室专兼职督学一行 20 人先后实地调研东四五条幼儿园、大方家回民幼儿园、东城区第二幼儿园、东城区回民实验幼儿园。调研督导组听取园长办园工作汇报，查阅相关档案资料，实地考察教育教学环境，与干部、教师座谈并观看幼儿一日生活的相关活动。调研结果表明，东城区学前教育三年行动计划在幼儿园得到稳步推进和具体落实。各幼儿园克服困难，想办法扩大招生，为政府分忧，全力解决“入园难”问题。

（李菊　李银娅）

【检查教育职责履职情况】　11 月 19 至 27 日，东城区教育督导室督导检查东城区城管大队、区审计局、区交通支队等 12 个行政单位落实教育法律法规和实施素质教育职责情况。督导检查组本着学习、了解、交流、督导相结合的原则，先期审议各单位

2011 年度自查报告，检查当日通过集中听取工作汇报、观看宣传片、召开座谈会、查阅资料方式检查各单位履行教育法律法规职责情况。督导检查结果表明，各单位领导高度重视教育法律法规和实施素质教育职责的落实，各单位在落实教育法律法规和实施素质教育职责方面取得显著成绩。

（李菊　李银娅）

【接受教育执法检查】 12月5至6日，

市教育督导室督导检查东城区 2011 年至 2012 年教育法律法规执行情况。东城区委、区政府以《实施精品特色发展战略，建设国际化、现代化教育首善之区》为题，从“加强法律法规学习，深化依法行政、依法治教工作意识”“关注学生身心健康，探索具有东城特色育人模式”“高度重视职业教育，全面提升整体实力”三方面向督导检查组汇报东城区落实教育法律法规情况。督导检查组还通过查阅相关资料，召开义务教育和职业教育座谈会，了解东城区教育执法情况、中小学生社会大课堂、职业教育保障机制和发展状况等情况。督导检查组对东城区教育法律法规执行情况给予肯定。

（李菊　李银娅）

【调研学校文化建设】 12 月 17 至 20 日，东城区教育督导室专题调研学校文化建设情况。调研组一行 20 人走访雍和宫小学、和平里一小、花市小学、北京第一师范学校附属小学 4 所小学，通过听取校长汇报、听课、访谈校长、书记，召开干部、教师和学生座谈会，巡视校园等方式，了解 4 所小学学校文化建设情况。调研结果表明，4 所小学善于挖掘自身的资源优势，从精神文化、物质文化、制度文化、行为文化、课程文化方面积极探索学校文化建设有效途径，对学校文化建设工作有研究、有思路、有措施、有创新。调研组认为，学校越来越重视学校文化建设，各学校已经初步形成各具特色的学校文化，为提升东城区学校文化建设整体水平奠定良好的基础。

（李菊　李银娅）

中共东城区委教育工委

书　　记　蔡福全（1 月免）
　　　　　张京明（1 月任）

东城区教育委员会

主　　任　冯洪荣

东城区政府教育督导室

主　　任　张京明（3 月免）
　　　　　刘顺利（3 月任）

西　城　区

总　类

【召开艺术教育工作会】 2 月 29 日，

西城区教委召开艺术教育工作会。会议总结 2011 年西城区艺术教育工作成绩，分析不足，并布置 2012 年艺术教育工作。会议指出，学校领导要进一步加强对艺术教育功能、特点、作用的认识，提高工作领导和指导力度。要充分利用各种资源平台，展示学校艺术教育成果，突显学校教育特色。要加强教师队伍建设，提高教师综合素质。区教委领导和全区教育单位代表参加会议。

（王笑菲）

【召开社会大课堂工作会】 3 月 13 日，西城区教委召开社会大课堂教育计划书工作会议。会议交流资源单位教育计划书编纂工作经验，8 家资源单位就北京市第二批教育计划书编撰工作达成合作意向。梅兰芳故居、首都博物馆、宋庆龄故居等 10 家资源单位领导参加会议。社会大课堂教育计划书是市教委上年年底启动的一项实现社会大课堂常规化管理的重点工作，旨在为学生与资源单位搭建桥梁，将资源单位的内容以课本形式展现给学校，方便学校开展课程学习。第一批教育计划书编写单位全市共 5 家，西城区 2 家，已完成编撰工作。

（王笑菲）

【举办艺术节合唱比赛】 3 月 15 至 18 日，西城区教委举办北京市第 15 届学生艺术节（西城赛区）合唱项目比赛。比赛是西城区和宣武区合并后的首次合唱项目比赛。全区 37 所中学、71 所小学的 152 个节目参加比赛。比赛组织工作在以往工作基础上进行调整。一是比赛全程学生和教师可以自愿观摩；二是评委现场点评；三是首次将初中和高中按照同声和混声分组。此外，西城区教委在 3 月 29 日和 30 日举行戏剧比赛，7 所小学、5 所中学 23 个节目参加京剧比赛，5 所小学 6 个节目参加儿童歌舞剧比赛，15 所小学、14 所中学 43 个节目参加校园剧比赛。

（周海利）

【青少年科技创新赛金牌第一】 3月 25 日，第 32 届北京青少年科技创新大赛在育才学校落幕。大赛由西城区科协、区教委、区科委、北京市育才学校承办。西城区 45 个中学生项目参加决赛。在中学生科技创新成果竞

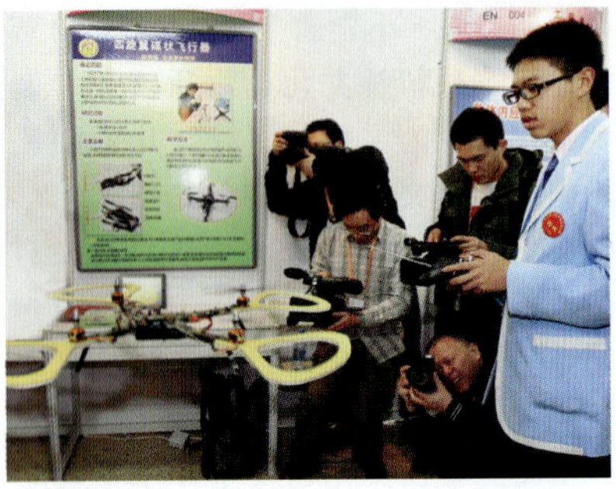

赛中获得一等奖29项、二等奖16项，金牌数再次居于全市首位。北师大实验中学姜将获得“北京青少年科技创新市长奖”，八中董美麟获得“市长奖提名奖”。此外，西城区代表队还获得“北大先锋辅导教师奖”“安捷伦英才奖”等多个专项奖。在前期评审的小学组创新项目中，西城区获得5项一等奖、9项二等奖。

（马志洪）

【举办“七彩梦想”学生艺术节】 10月20日，西城区首届“七彩梦想”学生艺术节在西城区青少年美术馆开幕。艺术节为期1个月，活动项目分表演、作品两大类，包括器乐、声乐、舞蹈、戏剧、曲艺、朗诵、书法、绘画、工艺美术、摄影共10项。全区小学、中学、职业学校、特教学校共122所学校参与活动。各校在校级展示的基础上，推选7000名学生参加区级展示。艺术节是西城区教委“三个一”行动计划具体内容之一。“三个一”行动计划即“让每个学生在全面发展的基础上，掌握一项艺术技能、参与一项科技活动、熟悉喜爱一项体育运动”。

（芦炳杉）

【召开高校招生工作座谈会】 12月7日，西城区教委召开高校“走进西城”招生工作座谈会。会议由区教育考试中心和金融街商会承办。会议报告西城区基础教育资源、特点及优势，有关高校和中学代表分别交流发言。全市60余所高校招办主任和西城区高中校校长参加会议。

（常忱）

【举办校外教育科研周】 12月13日，西城区教委召开校外教育科研周暨市级“十二五”立项课题联合开题会。会议总结校外教育“十二五”市级立项课题研究整体工作情况，区教委领导对推进课题研究推广科研成果提出具体实施意见。会上，西城区校外教育科研专家课题评审组点评联合开题的16项课题开题报告。区教委领导和骨干教师、学科带头人及各区县校外教研室负责人参加会议。校外教育科研周共举办科技课题联合开题、艺术课题联合开题、“课题引领促进教师专业发展”项目中期结题三项活动。

（傅晓月）

【表彰优秀班主任】 12月17日，西城区教委举办“讲述教育故事分享育人理念”2012年西城区班主任大讲堂暨中学系统优秀班主任表彰会。会议表彰区级优秀班主任，通过录像观摩“紫禁杯”获奖者工作成绩，听取4名市、区级优秀班主任经验。年内，西城区中学共有105名班主任被评为区级优秀班主任，其中19名班主任获得北京市第25届“紫禁杯”优秀班主任表彰。区教委领导和全区中小学代表170人参加会议。

（詹小雪）

学前教育

【概　况】 2012年，西城区托幼园所67所，其中，教育部门办园25所，集体办园11所，其他部门办园14所，地方企业办园2所，部队办园3所，民办园12所。离园幼儿3687人，入园幼儿5655人，在园幼儿16522人。教职工2764人，其中，专任教师1491人。全区北京市一级一类园39所，市级示范幼儿园14所，北京市社区早教基地32所。年内，市、区财政投资13350万元改善幼儿园的办园条件，新增教育部门办园3所，新审批小规模民办园4所，改扩建幼儿园2所，共扩班12个，增加1068个学位。

（杨海蓉）

【交流阳光体育活动新经验】 3月28日，西城区教委、教育学院宣武分院在三义里第一幼儿园举办阳光体育活动新举措交流会暨三义里一幼“小场地、大运动”户外活动展示。会议交流各园开展阳光体育方面的新措施、新活动和新经验，主要有变换新活动吸引幼儿参与、关注幼儿运动中的安全管理、利用社区资源开展多样化体育活动等。会议观摩三义里一幼的循环式体育运动模式，即通过精心编排活动内容和组合变化活动形式，有效利用活动场地。全区各类型幼儿园业务园长、骨干教师共100人参加活动。

（张娟）

【开展园本教研展示活动】 4至5月，西城区教委、北京教育学院宣武分院举办“园本教研展示交流活动”。活动中，全区13所市立幼儿园分别举办展示观摩会，展示各园所根据不同活动主题开展的园本教研活动，宣武分院教研员根据活动情况现场点评。全区各类型幼儿园业务园长及骨干教师60余人观摩展示活动。

（张娟）

【以考核促进特色发展】 4月和10月，西城区教委考核验收33所幼儿园工作。考核小组依据《北京市分级分类考核验收细则》和《西城区考核验收工作指导手册》具体指标要求，通过观摩幼儿园实践活动、听取园长汇报、查阅材料、座谈，全面检查分析幼儿园整体建设情况。在全面了解情况基础上，考核小组帮助幼儿园总结成绩和经验，查找问题和不足，提出改进意见。特别是在规范计划管理、加强教学研究、改进队伍培训等方面，提出具体意见。

（王丽萍）

【开展乡镇幼儿园“手拉手”活动】 6月7日，西城区教委落实与怀柔区教育共建工作要求，开展乡镇幼儿园“手拉手”活动。西城区实验幼儿园、马连道幼儿园、三义里第一幼儿园、长安幼儿园、北京市第六幼儿园分别与怀柔一幼、怀柔三幼、怀北镇中心幼儿园签署教育全面战略合作协议书，开展与乡镇幼儿园“手拉手”活动。同时，市教委在怀柔区建立李建丽园长工作室，实现教育资源的融通与共享。李建丽，西城区棉花胡同幼儿园园长。

（王丽萍　张娟）

【两园通过一级一类验收】 6月19日、11月21日，市教委委托西城区学前教育验收小组，分别对广电银河艺术幼儿园（民办园）、国务院机关事务管理局花园村幼儿园广源分园进行一级一类验收。经验收合格，12月11日，市教委向两园颁发一级一类证书和铜牌。至此，西城区一级一类幼儿园39所。

（王丽萍　张娟）

【撤销1所幼儿园】 7月8日，西城区教委撤销月坛街道下属月坛第四幼儿园。该园因金融街西扩的拆迁问题正式撤销，教职员工划入月坛第一幼儿园。月坛第四幼儿园建于1975年，办园地址西城区南礼士路46号。

（王丽萍）

【3所幼儿园投入使用】 8至10月，西城区两所新建幼儿园和1所改建园投入使用。8月30日、9月6日，西城区红山幼儿园、虎坊路幼儿园信和分园分别开园。两园地处人口密集的广外地区，共计招收210名幼儿。10月，改扩建后的宣武回民幼儿园投入使用。改扩建后的幼儿园比上年度扩招2个小班，多招收60名幼儿。

（张娟）

【加强街道幼儿园管理】 9月，西城区政府制定两部街道幼儿园管理文件。两部文件分别是《西城区人民政府关于加强街道幼儿园管理工作的意见》，西城区财政局、西城区教委共同颁布的《关于建立健全街道幼儿园经费保障机制有关事项的通知》。两部文件按照"尊重历史、立足现实、统筹管理、理顺机制、部门联动、保障到位"原则，加强街道幼儿园管理工作，保障经费补助，提升整体办园水平。

（张娟）

【举办管理信息系统培训】 11月20日，西城区教委召开学前教育管理信息系统培训会。会议传达《关于做好全国学前教育管理信息系统建设运行和维护工作的通知》，讲解系统运行的环境准备、数据采集、数据录入、数据审核、系统应用和运行管理有关技术问题。会议强调信息系统建设的重要性，要求各单位要高度重视信息

系统建设工作，严格系统管理，完成好信息采集上报和信息系统运行维护等方面工作。该系统建成后，将覆盖各级教育行政部门和学前教育机构，实现学前教育业务管理信息化。区教委领导、全区幼儿园正副园长和负责信息管理的教师200人参加培训。

（王丽萍）

【召开李建丽办园思想研讨会】 12月

5日，西城区教委在棉花胡同幼儿园举办李建丽办园思想研讨会。会议参观幼儿园环境建设，观摩"感受爱，懂得爱，学会爱"园本课程实践活动，观看《李建丽园长的心路历程》录像片，听取李建丽《爱在品性，健在发展》主报告。报告从5个方面诠释对爱的理解。即："爱"，重责任，确立"管理即服务"的理念；"爱"，出品位，建设一支"爱业奉献、勤奋进取、严谨求实、诚恳相待"的教师团队；"爱"，蕴思考，确立"乐研究、善合作、重支持、求实效"的教研价值观；"爱"，生品质，构建"感受爱、懂得爱、学会爱"园本课程；"爱"，促发展，文化建设成就园所未来。会议高度评价李建丽"以爱促发展"办园思想，希望各单位学习李建丽办园思想、办园经验和"永不停步、追求卓越"进取精神，重视内涵发展和质量提升，办更加优质的教育。教育部、市教委、北师大等单位代表，各区县教委和示范园代表240人参加会议。李建丽1981年毕业于北京幼儿师范学校，先后在后海幼儿园、西城区教研中心、西四北七条幼儿园、北京市第六幼儿园任教，2002年任棉花胡同幼儿园园长和书记。

（王丽萍）

【评选表彰学前教育论文】 12月19

日，西城区教委召开第13届学前教育论文评选表彰大会。会议总结学前教育论文评选工作，宣读获奖名单，向获奖者颁发证书和奖品。论文评选共征集论文130篇，评选出一等奖10篇、二等奖20篇、三等奖33篇。北师大、区教委和38所幼儿园干部教师代表100人参加会议。

（王丽萍）

【新增5所幼儿园】 至年底，西城区审批新设立5所幼儿园。其中，小规模民办幼儿园4所（普林斯顿幼儿园、韦斯顿幼儿园、圣天阁幼儿园、瑞斯玛特幼儿园），区教委与北师大合作办园1所（北京师范大学实验幼儿园展览路分园）。5所幼儿园开设教学班16个，招收幼儿294人。

（王丽萍　张娟）

基础教育

【概　况】 2012年，西城区小学72所，其中，教育部门办71所（不含一贯制学校小学部），民办1所。开设班级1730个，毕业8680人，招生11083人，在校生55636人，在校生中北京市户籍学生39112人，借读生16524人。教职工4514人，其中，专任教师3823人。小学入学率100%，巩固率100%，毕业率100%。中学51所（初中8所、高中43所），毕业17624人（初中9496人、高中8128人），招生17886人（初中9941人、高中7945人），在校生52794人（初

中 28488 人、高中 24306 人）；初中入学率 100%，巩固率 100%，毕业及格率 100%，应届毕业生高考本科上线率 88.69%；教职工 8162 人，其中，专任教师 5909 人。特殊教育学校 3 所，结业 102 人，招生 76 人，在校生 603 人，开设教学班 62 个；教职工 240 人，其中，专任教师 194 人。校外教育单位 12 个，教职工 302 人，其中，专任教师 187 人。全区中小学教师学历合格率 97.9%。中小学特级教师 49 人（小学 14 人、中学 35 人），高级专业技术职务教师 1896 人（小学 85 人、中学 1811 人）。中小学占地面积 2055612 平方米、建筑面积 1988539 平方米，图书馆（室）藏书 6084206 册，固定资产总值 281136 万元。全年教育经费投入 598614 万元，其中，国家拨款 580474 万元、自筹经费 18140 万元。

（杨海蓉）

【启动中高考心理服务工作】 3月28日，西城区教委在十五中举行 2012 年中高考心理服务工作启动暨心理咨询卡发放仪式。为做好心理服务工作，西城区教委为全区初中高中毕业年级万余名学生发放心理咨询卡及家长信，面向全区初三、高三学生和教师、家长提供为期 3 个月的电话咨询、网络咨询等多种形式心理服务，帮助考生、家长及教师以良好心态面对中考、高考带来的压力。中高考热线咨询工作共有 11 名教师参加，每晚 6 至 8 点开展电话咨询，周六、周日白天开展当面咨询，先后接听电话 40 余个，面谈十余人。

（王冉冉）

【表彰高中新课程基本功培训先进】 3 月 31 日，西城区教委召开表彰会，表彰北京市高中教师新课程基本功培训和展示活动获奖教师。西城区 59 名教师参加北京市展示，获一等奖 33 人，二等奖 22 人，三等奖 4 人，一等奖获奖人数与获奖比例列全市第一。四中 7 人获一等奖，一等奖获奖人数在全市各校中居首位。

（史东辉）

【调研校本课程现状】 3 至 4 月，西城区教委调研南区 17 所中学校本课程开发与建设现状。调研采取文本分析和问卷调查相结合方式进行。其中，文本分析重点研究校本课程开发方案，调查问卷按照学校教学干部、校本课程授课教师和选修学生三个群体设计，面向南区所有中学实施。调研发现，各校校本课程开发数量较多，门类较为齐全，形成一定规模。任课教师多为年轻教师，活力强，热情高。校本教材开发与建设工作初见成效，其重要性得到学校、教师和学生的一致认可。存在问题是校本课程定位模糊，与国家及地方课程、综合实践活动课程、研究性学习关系没有完全理顺。调研报告建议，依据学校教育资源，相关部门重点帮扶有开发潜力的校本课程；在区教育行政部门和教研部门协调下，实现区域优质课程资源共享；充分发挥优质校本课程示范作用，鼓励推广优质校本课程，努力实现“一校一特色”。

（王贞荼）

【研讨普通学校教师成长经验】 4 月 28 日，西城区教委在五十六中召开“普通校教师成长之探索”研讨交流会。会议播放视频《沃土——我们在这里成长》，介绍五十六中教师队伍建设整体情况。五十六中校长作《加强队伍建设促进教师专业成长》主题报告，从四个方面阐述干部教师队伍建设具体策略和实践。会上，该校 3 名优秀教师分别报告教学工作经验，并提出实施教学的每一个环节都是基于学生的需求，教师要立足学生实际完成教学任务。区教委领导和全区中学代表、五十六中全体教师 200 多人参加会议。

（史东辉）

【启动中小学综合素质提升工程】 6 月 14 日，西城区教委召开中小学综合素质提升工程启动会。会议解读中小学综合素质提升工程方案，交流社会大课堂活动经验，并观摩“走进什刹海”学生教育教学活动。活动中，鸦儿小学、回民中学、徐悲鸿初中部等 5 所学校近 200 名中小学生利用什刹海地区教育资源，完成品德与社会、什刹海写生等校本课程。北京教科院、西城区教委领导和全区 130 所中小学主管领导参加会议。西城区中小学生综合素质提升工程是中小学生社会大课堂的进一步实施，她利用社会资源单位推进文化育人、课程育人和实践育人，全面推进素质教育。

（王笑菲）

【展示音乐学科基本功】 6 月 20 日，西城区教育研修学院举办音乐教师专业基本功展示，全区中学教师 49 人参加活动。展示活动分声乐、钢琴、器乐、舞蹈和视唱 5 个项目，邀请中央音乐学院、解放军歌剧团、北京教科院等专家担任评委。活动评出全能综合奖和各单项奖。

（周海利）

【完成中考中招工作】 6 月 24 至 26 日，西城区完成北京市高级中等学校招生统一升学考试。全区报考学生 8657 人，设考点 24 个，考场 307 个。录取 7179 人，升学率 90.1%。其中，提前录取 747 人（示范高中 398 人、一般高中 85 人、中专 107 人、技校 24 人、职高 122 人、五年制高职 11 人），统一招生录取 6432 人（示范高中 3021 人、一般高中 2970 人、中专 99 人、技校 24 人、职高 122 人、高职 196 人）。

（曹玉华）

【开设高中地方课程《走进西城》】 6 月 28 日，西城区教委召开《走进西城》课程实验启动会，发布地方教材《走进西城》。《走进西城》历经六年编写，全方位展示新西城的地理环境、历史发展、商贸金融、文化艺术、城市建设，有利于学生学习掌握西城区历史文化。9 月起，西城区所有高中一年级开设地方课程《走进西城》。教材共有 16 课，各校根据自身情况在高一阶段完成其中 12 课的教学任务，并至少参加两项“走西城”实践探究活动。这是北京市首次在高中阶段开设地方课程。

（皮拥军）

【初中录取新生 10234 人】 截至 8 月底，西城区初中录取学生 10234 人，比上年增加 724 人。新生中，

3759名学生参加划片派位入学，约占西城区升学人数的37%。本年西城区义务教育阶段招生工作继续坚持“义务教育阶段入学免试就近，区域教育均衡、和谐和可持续发展，公正、公平、公开”的原则。采取多种招生方式与计算机派位相结合，分文艺体育科技特长生、住宿生、小语种、特色学校录取，推荐派位双向选择入学录取，共建班、双拥班、子弟班录取，划片派位入学四个批次录取。

（刘卫东）

【召开学生综合素质评价工作培训会】 9月12日，西城区教委召开初中学生综合素质评价工作培训会。会议就初中学生综合素质评价工作进行具体部署。北京教科院解读北京市初中学生综合素质评价新方案，解释评价电子平台及平台内容填写有关要求。北控软件有限公司演示电子平台的具体操作。全区中学德育主任、信息平台技术支持人员40人参加会议。

（李蕾）

【完成高考组考工作】 9月，西城区教委完成高校招生考试组考工作。普通高考报名9877人，本科上线7069人，上线率74.40%。录取8641人，录取率90.95%。高职班单独招生考试报名456人，实考212人，录取150人，录取率70.75%。另有218名考生被自主招生的14所高职专科院校提前录取。本年新的西城区教育考试中心成立后，西城区在高考中首次采取统一领导、统一管理组考模式。高考报名工作有三点变化。第一，首次在采集高考报名信息同时，采集招生录取照顾政策确定的照顾考生信息；第二，系统增加学校和班级集体网上支付功能；第三，报名确认工作首次在高招综合业务管理平台上进行。

（马华）

【评选青春健康教育优秀课例】 10月11至12日，西城区教委举办中学（南区）青春健康教育优秀课例评选活动。活动采取集中说课的方式分初中、高中两组进行。在前期学校评选、培训的基础上，15名教师参加区级评选。评选当天，参赛教师围绕青春期异性交往、科学认识艾滋病等青春健康教育问题进行15分钟说课，并接受专家评委点评。全部说课结束后，专家们还与参赛选手就如何开展青春健康教育进行交流，提出意见和建议。活动共评出一等奖4人，二等奖5人，三等奖6人。

（王冉冉）

【举办初中教师基本功培训和展示】 10月19日，西城区教委召开初中教师基本功培训和展示活动启动会。会上，区教委讲解义务教育新课标出台背景、变化的内容等问题，育才学校、五十六中代表交流全市高中教师基本功培训和展示活动收获体会，八中语文教师交流参加全市初中教师基本功大赛经验。全区中学教学校长、主任和教师代表200人参加会议。

（王贞荼）

【举办课程改革实践校长论坛】 11月21日，西城区教委在北师大二附中举办“基于学生差异的课程改革实践”校长论坛。会上，北师大二附中、三十五中、十四中校长分别发表主题演讲。与会人员还观摩北师大二附中“项目式学习”实验班和舞蹈课教学，对北师大二附中“项目式学习”及艺术学科教学改革给予高度评价。区教委领导和全区中学代表300人参加会议。

（皮拥军）

【举办中学生论坛】 11月26日，2012年西城区中学生论坛在宣武少年宫举办。论坛以“传承北京精神争做责任小公民”为主题，历时半年。前期以学校为主体，鼓励学校结合自身特色开展内容丰富、形式灵活的学生公民道德教育。在此基础上，区教委收集汇总各校公民教育成果130份，内容涉及助老爱老、关注弱势群体、用科学探究解决身边问题等诸多方面，最终选取4项成果在区级论坛上作主题汇报，并接受专家点评。全区各中学德育干部、学生代表400人参加论坛活动。

（王冉冉）

【交流华夏女中办学经验】 12月19日，西城区教委举办“走进华夏女中办学联合体”活动。活动中，华夏女中校长介绍华夏女中联合体工作，重点报告十四中、一六一中、北师大实验中学三校为华夏女中进行的课堂教学指导工作，以及华夏女中与三校联合教研情况。之后，与会人员观摩4所学校的9节课堂教学。全区中学教学干部、相关学科教师近百人参加活动。2011年，华夏女子中学与十四中、一六一中、北师大实验中学签约组建办学联合体，三所示范校骨干教师负责指导华夏女中教学工作，并承担部分教学任务。

（王贞荼）

职业与成人教育

【概　况】 2012年，西城区职业高中4所，毕业1350人，招生2009人，在校生5638人。教职工1062人，其中，专任教师706人。专任教师中，高级专业技术职务541人，市级学科带头人3人，市级骨干教师4人。学校占地面积12.62万平方米、建筑面积14.12万平方米。图书馆藏书384239册，固定资产总值18719.19万元。全年教育经费投入36791万元，其中，国家拨款35368万元，自筹经费1423万元。全区成人教育学校3所，开设专业78个，在校生10787人，其中，专科5896人、本科4891人。成人学校占地面积8.39万平方米，建筑面积8.70万平方米。图书室藏书184500册，固定资产总值2807.65万元，全年教育经费投入5664万元，其中，国家拨款3005万元，自筹经费2669万元。年内，西城区社区教育和学习型城区建设工作围绕创建北京市学习型城市示范区，重点实施市民终身学习成果认证制度、社区教育学校体系建设、数字化社区教育网络建设、学习型组织系统推进、职业教育社会化、市民终身学习服务体系建设六大示范项目，市民参与社区教育培训活动116万人次。12月，西城区经北京市建设学习型城市领导小组评估认定，入选北京市学习型城市建设工作示范区。

（王娜娜　王珍）

【成立广内社区教育学校】 3月12日，西城区广内地区社区教育学校在宣武青少年科技馆挂牌成立。社区教育学校实行双重管理，由西城区教委和广内街道共同领导，实行校长负责制。主要开展面向社区市民的培训教育活动。至年底，广内地区社区教育学校先后举办声乐、舞蹈等培训。

（王珍）

【举办新任骨干教师培训】 3月21日至12月19日，西城区职成教中心举办中职学校新任骨干教师第一期继续教育培训班。培训班为期10个月，采用集中面授、教研组常规研修及学员自修相结合方式进行。其间，职成教中心组织10次集中面授课，学员参与实践课、讲座42节，听评课400节，上交论文、教育教学案例、教学设计、读书体会和培训总结200篇。全区中职学校新任骨干教师40人参加学习。

（安小冬）

【陶然亭社区教育学校成立】 3月28日，西城区教委在宣武少年宫成立陶然亭地区社区教育学校。区政府领导宣读《西城区成立社区教育学校的决定》，为社区教育学校正、副校长颁发聘书。陶然亭地区社区教育学校依托宣武少年宫，是西城区实施“服务立区、金融强区、文化兴区”战略，争创北京市学习型城市示范区工作目标的具体举措，将广泛开展社区教育活动，提高社区居民的综合素质和生活质量。

（王珍）

【召开职业教育座谈会】 4月27日，西城区教委在外事学校召开职业教育座谈会。会议听取各校工作汇报，布置下一阶段职业教育重点工作。会议就职业教育专业发展和招生问题提出具体要求。区教委领导和全区职业学校校长、职成中心主任参加会议。

（王娜娜）

【评估学习型居委会】 4月28日，西城区建设学习型城区工作领导小组办公室在西长安街街道太仆寺社区召开创建学习型社区先进居委会评估现场观摩会。会议总结创建学习型社区工作经验，启动第四批创建学习型社区先进居委会评估工作，并就创建学习型社区提出工作要求。全区各街道社区教育主管领导及第四批申报先进居委会代表共70人参加会议。

（王珍）

【举办社区教育学校展示月】 5至6月，西城区职成教中心举办社区教育学校展示月。展示活动以一校一特色形式，展示各校教育教学成果，促进校际之间、教师之间、社区居民之间交流。西城区6所社区教育学校参加展示活动，参观市民累计1500人次。

（王金友）

【实施职业教育社会化示范项目】 6月21日，西城区教委在北京市外事学校召开职业教育社会化示范项目推进会。会议宣读西城区职业教育社会化项目实施方案，为西城区职业教育进社区基地单位颁牌。市教委、北京教科院和区委区政府代表，以及全区职业学校代表120人参加会议。职业教育社会化项目旨在进一步发挥职业教育辐射社会的功能，强化“以服务为宗旨，以就业为导向”的办学方针，利用中等职业学校的办学条件和师资，为社区居民开展各种职业技能培训。

（王珍）

【举办中职学校文明风采竞赛】 10

至11月，西城区教委举办中等职业学校文明风采竞赛。竞赛历时两个月，设征文类、规划设计类、摄影类、动漫设计类、展演类五大类十个项目。共征集作品563件，经专家评选，104件作品获得一至三等奖。

（王娜娜）

【举办第十届市民学习周】 11月27

日，西城区政府在首都博物馆举办“智慧人生，学润西城”第十届市民学习周活动。活动开幕式表彰西城区2011年度市民学习之星和优秀学员，以及各类先进集体和先进个人，社区居民表演音乐、舞蹈、曲艺等节目。学习周期间举办市民书画摄影手工制作展、公共英语标识推进会、高雅艺术进社区系列活动等活动。

（王珍）

【举办中职学生技能比赛】 11月，西城区职成教中心举办中职学校学生技能比赛。比赛设财经专业、计算机网页设计与制作和办公软件技能竞赛。全区中职学校学生81人参加比赛，63人获奖。获奖学生中15人参加北京市职业院校“求实杯”财会综合技能比赛，获得一等奖11人次、二等奖20人次、三等奖27人次。

（王彦云）

【举办科研月职教专场】 12月6日，西城区教委在财会学校（广外校区）举办科研月职教专场活动。活动设立金融、会计、计算机三个分会场，举办如何适应岗位变化、会计人才市场需求变化对课程的影响、计算机专业课程综合考核评价体系研究等研讨活动，并举办财会学校学生技能展示。全区职业教育教研员、学校代表共60人参加活动。

（王娜娜）

【完成年度征兵任务】 12月14日，西城区教委完成冬季征兵任务。征兵工作历时两个月时间，经过宣传动员、健康体检、政治审查等环节，共向军营输送兵员12人。本年西城区教委兵源由职业学校负责提供。

（王娜娜）

【入选北京市建设学习型城市示范区】 12月20日，北京市建设学习型城市工作领导小组印发《关于认定西城区为北京市建设学习型城市工作示范区的通知》《关于对西城区建设学习型城市工作示范区评估的回复意见》。市建设学习型城市工作领导小组专家组认为，西城区坚持把建设学习型城区作为提升区域综合竞争力的战略举措，推进各项创建工作。创建工作成效显著，在全市产生较大反响，发挥着引领和示范作用，同意认定西城区为北京市建设学习型城市工作示范区。西城区创建工作主要经验和具体做法，一是领导重视创建，二是持续推进创建，三是项目引领创建。

（王珍）

【45407人次参加自学考试】 至年底，西城区高等教育自学考试笔试课程报考总人数45407人次，比上年54353人次减少8946人次。新生注册5323人，比上年5730人减少407人。报考114049科次，比上年减少22634科次。共组织考试3629场次。查处违纪考生31人。

（欧阳丽）

教育督导

【概　况】 2012年，西城区教育督导室代表区政府开展区内教育督导工作。主要工作对象是区政府的有关委办局、街道办事处，各级各类学校和校外教育单位等。职能是依法对区内教育工作进行监督、检查、评估、指导。年内，区教育督导室完成14个单位全面实施素质教育综合督导，专项督导5所小学的规范化建设工程实施情况，完成4个街道办事处履行素质教育目标责任随访督导，综合督导评价3所非学历民办教育机构，随访2个区教委直属单位和2个校外教育单位。

（赵宇）

【召开督政工作会】 1月6日，西城区教育督导室召开督政工作会。会议总结2011年西城区执行教育法律法规、全面实施素质教育工作情况，并提出2012年工作思路。2012年西城区督政工作主要内容是修改完善《西城区进一步推进全面实施素质教育评价工作方案》，对相关委办局、街道办事处执行法律法规情况开展随访督导和自查自评工作。区教育督导室领导和区属52个相关单位分管教育领导参加会议。

（赵宇）

【启动“十二五”教育督导课题研究】 3月13日，西城区教育督导室召开“十二五”教育评价与督导科研课题研究启动会。会议介绍北京市教育学会教育评价与督导研究分会“十二五”课题评审立项情况。全市“十二五”教育评价与督导科研课题立项361个，其中西城区立项32个。会议还举办“如何设计课题研究方案”科研辅导讲座，从正确认识课题研究、设计研究方案的基本方法、研究过程中应注意问题等进行详细讲解。教育督导室领导和立项课题负责人、有关学校代表35人参加会议。

（赵宇）

【开展督学专业化培训】 4月，西城区教育督导室举办系列讲座开展督学专业化培训。讲座共四讲，内容分别是中学德育工作、中学教学工作、普通高中多样化建设思考与实践、学前教育工作。讲座分别由区教委、教育学院宣武分院有关人员主讲。区教育督导室全体专兼职督学参加学习。

（赵宇）

【完成综合督导回复工作】 6月，西城区教育督导室召开全面实施素质教育综合评价反馈会，分别对2012年上半年综合督导的7所学校（含中小学、幼儿园）进行督导意见回复。会上，责任督学代表督导室宣读督导评价意见，肯定学校近三年工作中取得的主要成绩，同时指出学校工作中存在的主要问题，提出改进具体建议。区教育督导室领导和相关学校代表参加会议。

（赵宇）

【接受全市义务教育均衡发展检查】 0月10至20日，市教育督导室评估组督导评估西城区义务教育均衡发展情况。督导评估组听取区政府《加强基础建设注重内涵发展办好优质均衡的义务教育》工作汇报，观看教育发展现状专题片，并通过分组座谈、查阅资料、下校实地检查方式全面了解西城区推进义务教育均衡发展情况。市教育督导室领导和专家20人参加督导评估。全区7个委办局主管领导，部分区人大代表、政协委员、中小学校长以及区教委相关科（部）室负责人参加迎检工作。

（赵宇）

【接受市教育法律法规督导检查】 10月29至30日，市教育督导室督导检查组督导检查西城区教育法律法规执行情况。督导检查组听取区政府2012年教育法律法规执行情况工作汇报，并通过查阅档案、分组座谈、实

地考察等方式全面检查西城区落实各项教育法规情况。区政府领导和相关委办局主管领导、6个实地考察单位领导参加迎检工作。

（赵宇）

【创新年度评价工作模式】 至年底，西城区教育督导室完成全面实施素质教育自评工作。自评工作涉及全区44所中学、58所小学、19所幼儿园和3所职业高中共计124个单位。评价工作本着减轻学校工作负担、提高自评工作实效的原则，有侧重地调整自评内容，突出评价重点。其中，小学重点评估五年规划实施、养成教育、课堂教学研究、硬件达标和使用，中学重点评估年度目标落实情况、学生个性发展、学生核心价值观教育、学生体质健康，幼儿园重点评估特色发展、幼儿行为习惯、园本培训和卫生保健等内容。

（赵宇）

【完成小学规范化建设专项督导】 至年底，西城区教育督导室会同区教委、区教育装备中心完成小学规范化建设工程专项督导。督导涉及5所小学，分别是天宁寺小学、琉璃厂小学、北京小学、北京小学走读部、右安门第二小学。至此，完成全区所有小学规范化建设工程实施情况专项督导工作。

（赵宇）

中共西城区委教育工委

书　　记 张军

西城区教育委员会

主　　任 田京生

西城区政府教育督导室

主　　任 牟东棋

朝　阳　区

总　类

【推进“一校一策”工作】　2月22日，朝阳区教委召开“一校一策”专题工作会。会议布置“一校一策”具体工作。“十二五”期间，朝阳区力图实现“建一所学校就要办好一所学校”的总体目标。为此，朝阳教委提出“一校一策”的管理机制，即“一校一方案、一校一政策”。其重要意义在于按照每所新建校的办学定位和三年整体规划，形成有针对性配套支持方案，促进学校呈现“百花齐放”的办学特色。至年底，朝阳区有20所学校实行“一校一策”。

（石淳）

【签署合作办学协议】　2月和4月，

朝阳区教委分别与两单位签署合作办学协议。2月，朝阳区教委与新教育研究院举行合作办学签约仪式。朝阳区教委委托新教育研究院在常营地区承办北京市新教育实验学校，学校性质为九年一贯制公办学校。该校9月建成并投入使用。4月，朝阳区教委与北京师范大学、北京市三帆中学签署合作办学，三方合作创办三帆中学朝阳学校。该校为大西洋新城小区配套的九年制学校，学校性质为全额拨款事业单位。9月，三帆中学朝阳学校开学，学校占地面积20769平方米，建筑面积20271平方米，招收小学一年级和初中一年级共7个班。三帆中学隶属于北京师范大学，是北京市优质初中校。

（赵光）

【启动中小学城乡一体化建设】　3月

16日，朝阳区教委举办中小学城乡一体化建设启动会暨“发展共同体”签约仪式。会上，7所市级示范校中学与14所农村中学、7所区级示范校小学与7所农村小学校长签署城乡学校发展共同体合作协议。这些学校将从管理模式、资源共享、师资培训、教师交流、学生管理方面开展深入交流。城乡学校发展共同体以“平等、互动、共赢”为价值取向，以提升办学质量为核心，以队伍建设为引领，以课堂改革为突破，以学生素质提升为重点，以促进学校共同发展为工作目标。

（陈宇　赵光）

【与加拿大开展交流合作】　3月23日，

朝阳区教委与加拿大不列颠哥伦比亚省素里教育局签订合作意向书。合作内容涉及高层教育行政管理人员、校长互访交流及培训项目，学校间师生交流、交换生项目，英语教师培训及其他教师互访交流，在素里地区建立孔子课堂，联合加方学校在朝阳区开设中外合作办学项目，以及其他学术研讨交流。素里教育局是不列颠哥伦比亚省最大教育局，管辖中小学校120所，学生超过7万人，教职工4000人，另设有职业教育培训机构及直属的素里学院。自2010年，朝阳区与加拿大、美国、澳大利亚等国家的6个地区教育行政部门建立交流合作关系。

（高峰）

【实施中小学生职业能力培养工程】　3月23日，朝阳区教委印发《关于实施朝阳区中小学生职业能力培养工程的意见（2011～2015年）》。意见规定，小学和初中阶段将逐步开设职业认知课程或体验活动，学生每年认知和体验1种职业，制作2种以上手工作品，完成1份职业认知体会；普通高中将逐步开设职业规划课程和社会实践活动，学生每年完成1份职业生涯规划书，参加2周社会实践、完成1个调研报告；职业高中开设职业规划和职业技能课程，学生每年完成1份职业生涯规划书，参加2次企业实践，毕业前考取1种以上职业资格证书。年内，该工程明确试点学校，其中，小学25所，中学15所，职业学校5所。

（王清　赵光）

【召开“十二五”立项课题发布会】　4月6日，朝阳区教委召开“十二五”规划立项课题发布会。会议通报朝阳区“十二五”教育科研规划立项情况。经区教委审议通过，首批100个单位的240项课题获得立项。课题研究涉及学校管理、教育教学、德育心理等13个领域，立项单位包括中学、小学、幼儿园、职业高中和区教委直属单位。课题全部为经费资助课题，朝阳教委资助经费450万元。

（赵艳玲）

【承办全国义务教育均衡发展论坛】　4月8至9日，“全国推进义务教育均衡发展论坛”暨“义务教育均衡发展下的学区化管理、学校创新机制及特色学校观摩活动”在朝阳区举行。活动由教育部小学校长培训中心、《辅导员》（教学研究）编辑部主办，垂杨柳学区、劲松三小承办。会议交流有关省市义务教育均衡发展特色和经验。劲松三小以《学区管理创新视野下义务教育均衡发展的实践探索》为题，报告朝阳区义务教育三级管理体制（区教委—学区—学校），以及凭借小学规范化建设凝聚学校特色的探索与实践。来自全国各地300名中小学校长参加会议。

（黄阳艳）

【启动教师健康体检项目】 4月18日，朝阳区委教育工委、区教委在朝阳区第二医院举行教师健康体检启动仪式。此前，朝阳区委教育工委、区教委印发《关于在教育系统实施“园丁幸福工程”的意见》。文件从教职工的身体、心理、工作、生活方面制定具体关爱措施。根据文件精神，教育工会牵头组织全区教职工统一体检工作。体检涉及教职工17000多人，总投入960万元。

（王明洁）

【成立首届家长委员会】 6月21日，朝阳区首届家长委员会成立。家长委员会委员由不同类型学校选聘的21名家长代表组成，其中，中学7人、小学9人、职高2人、幼儿园3人。家长委员会下设办公室，设在区家庭教育指导中心，负责家长委员会日常管理工作。委员会主要职能一是参与管理，对教育工作计划和重大决策，尤其是就学生和家长切身利益相关事项提出意见和建议；二是参与教育，引导家长发挥专业优势，为教育活动提供支持，带动更多的家长关心和支持朝阳教育；三是积极宣传教育改革措施，了解家长需求，促进良好家校合作关系。

（韩斌）

【民办学校试点在线支付学费】 6月，朝阳区教委印发《朝阳区加强民办学校财务监管办法》，决定结合腾讯公司专项开发的“教育在线支付平台”，开展在线支付学费试点。纳入此平台的民办学校，将依照相应文件要求制订“收退费协议”并与学员进行网上签约；“教育在线支付平台”预收学费后，按相应政策规定，分阶段提示学校向学员发出学费确认申请。7月1日，朝阳区倍康宝贝教育小规模幼儿园和顺天府学培训机构作为首批试点，开通平台及管理系统。

（周滢）

【召开教师节庆祝大会】 9月9日，朝阳区政府召开“迎着朝阳歌唱——2012年教师节庆祝大会”。庆祝大会由庆典仪式、表彰、新入职教师集体宣誓等五个篇章组成。在庆典仪式上，有关领导为首次评选的朝阳区教育特殊贡献奖、朝阳区人民教师奖和朝阳区教育突出贡献奖颁奖，42人获得奖励。其中，2人获得朝阳区教育特殊贡献奖，10人获得朝阳区人民教师奖，10人获得朝阳区教育突出贡献奖，10人获得朝阳区人民教师提名奖，10人获得朝阳区教育突出贡献提名奖。刘利民、姜沛民等领导，朝阳区教师、学生及家长代表8000人参加会议。

（邓芳）

【举办高级职业能力培训班】 10月11日，朝阳区第一期高级职业能力指导师岗位能力培训班开班。培训班为培养高水平、高素质的职业能力发展指导教师开设。该培训班是朝阳区教委八大工程之一，由朝阳分院主办，区教委职成科、中教科、小教科共同完成。培训时间为期两个月，课程包括职业演变与职业能力、职业能力指导师的基本任务与角色要求、国外职业能力开发与生涯教育的先进经验等，共计98学时。25所小学、15所中学、5所职业学校120名教师参加培训。培训结束取得人社部颁发的高级职业能力指导师岗位能力证书后，受训教师将开展职业能力培养的教学和研究工作。

（李欣）

【举办中国未来教育家成长论坛】 11月24至25日，“首届中国未来教育家成长论坛暨中国教育学会第25次全国学术年会”在朝阳区举行。会议由中国教育学会主办，朝阳区教委、教育科学出版社等单位承办。会议以“时代呼唤教育家办学”为主题，倡导和推进教育家办学。会议听取《时代呼唤教育家办学》《教育家成长的环境建设与政策推动》《教育变革中的教师发展》主旨报告，并设置6个分论坛和现场对话环节，围绕“教育家成长的政策和社会环境”“教育家的群体特质和个性化成长途径”“校长的职业化发展”等话题展开研讨。会议发表《首届中国未来教育家成长论坛倡议》。教育部和中国教育学会负责人，以及来自全国中小学、幼儿园的校（园）长、教师和教育理论工作者600人参加会议。

（廉欣）

【改革教师职称制度】 12月25日，朝阳区教委、区人力社保局联合召开深化中小学教师职称制度改革启动大会。会议重点报告职称深化改革的主要内容。一是健全制度体系。在职称体系上，将原来相互独立的中学、小学系列统一并入新设置的中小学教师职称（职务）系列。职称（职务）等级上，设置从正高级到员级5个等级，依次为：正高级教师、高级教师、一级教师、二级教师、三级教师。二是完善中小学教师水平评价标准，从教书育人、课程教学、教育教学研究、影响力、学历经历五个方面，研究制定评审量化评价标准。三是明确评聘程序，评聘工作按职称（职务）等级分别进行。二级教师、三级教师职称（职务）由用人单位按条件考核合格后直接聘任；一级教师、高级教师和正高级教师职称（职务）按照个人申报、考核推荐、专家评审、结果验收、学校聘用的基本程序评聘。四是做好人员过渡。朝阳区现有在编在岗中小学教师，直接过渡到统一后的职称（职务）体系，统一办理过渡手续。全区教育系统基层单位代表200人参加会议。

（赵光）

学前教育

【概　况】 2012年，朝阳区幼儿园183所，离园幼儿11109人，入园幼儿18704人，在园幼儿56171人，入园率93%。教职工10448人，其中，专任教师5573人。年内，市、区财政投资33863万元改善幼儿园办园条件，共扩班56个，增加625个学位。全区0至3岁幼儿受教育率不断提高，区内北京市示范性幼儿园10所，北京市一级一类园88所，二级一类园1所，一级二类园20所、二级二类园19所。北京市社区早期教育基地70个。

（叶蕾）

【人民大学朝阳幼儿园成立】 2月28日，中国人民大学朝阳幼儿园成立。该园隶属于朝阳区教委，属于全额拨款事业单位。幼儿园两址办学，其中芍药居东区园占地面积4501平方米，建筑面积3607平方米，设15个教学班；芍药居北里园占地面积8938平方米，建筑面积6678.09平方米，设15个教学班。

（叶蕾）

【联合实施办园质量评估项目】 3月22日，朝阳区教委与北师大脑与认知科学研究院合作实施学前教育质量评估和促进项目。该项目以提高幼儿发展水平为核心，对朝阳区学前教育质量评估进行检测。项目通过建立教师专业能力促进体系，提升教师专业化水平，全面提高区域内学前教育工作质量。

（叶蕾）

【3～6岁儿童家长手册首发】 3月23日，朝阳区《3～6岁儿童家长手册》首发式在朝阳社区学院举行。会议向来自街乡、社区、幼儿园代表赠送家长手册。市教委、朝阳区部分领导和各街乡、社区、幼儿园、家长代表参加会议。该手册是朝阳区家庭教育指导内容体系建设重要组成部分，力求帮助家长全面了解3～6岁儿童身心发展特点和规律，指导家长科学养育。手册共166页，由中国人民大学出版社出版。

（杨帆）

【八项措施加强家庭教育指导】 4月，朝阳区教委召开《关于进一步加强家庭教育工作的意见》研讨会。会议决定采取八项措施加强家庭教育工作。一是成立朝阳区教委家庭教育指导工作小组，将家庭教育纳入社区教育公共服务体系，列入教育发展规划，建立和完善家庭教育管理体系。二是针对中小学校长、德育主管、家长学校教师定期培训，建设家庭教育骨干队伍，构建覆盖全区未成年人的家庭教育指导体系和指导服务网络。三是组织编写系列家庭教育指导手册，构建适合朝阳区儿童特点的家庭教育内容体系。四是整合优质家庭教育资源，建设朝阳区家庭教育指导专家资源库，为学校家庭教育工作开展提供智力支持。五是利用信息技术优势，试点使用家庭教育指导短信息"即时通"，为家长提供即时指导。六是建设家庭教育网络学习平台，各学校普遍建立家长学校，建立和完善区、校两级家长委员会。七是加强家庭教育的宣传，建立家庭教育表彰奖励机制，树立家庭教育先进典型，弘扬家庭道德教育主旋律。八是加强对特殊儿童、特殊家庭的教育指导，满足家长个性化指导需求。区教委和全区幼儿园代表参加会议。

（杨帆）

【开设街乡家长课堂】 5月26日，朝阳区首个街乡"家长课堂"在平房地区启动。"家长课堂"针对儿童家长共同关心的问题，面向地区内0至6岁儿童的家长，设置"科学的家庭教育观念及父母的角色定位"等21个课程，定期免费为家长开展实用性的家庭教育指导。

（韩斌）

【做好幼儿园招生工作】 6月，朝阳区教委采取五项措施做好2012年幼儿园招生工作，解决"入园难"问题。一是坚持就近入园原则，不得采取任何形式的测试方式录取幼儿，确保符合规定的适龄幼儿按时入园。二是坚持满班额入园原则，利用现有资源增加承载量，扩大园所服务范围，小班班额扩增至30人。三是继续利用"朝阳区网上登记系统"平台进行登记报名，确保招生工作平稳有序。由家长在各幼儿园的平台上按时限登记报名，各幼儿园对幼儿信息数据与家长进行核实后确定招生名单。四是建立"幼儿园质量考核管理系统平台"，要求各幼儿园按时限上报招生工作计划、阶段小结、数据统计分析等情况，加强幼儿园招生工作监管。五是落实公告制度，各幼儿园在规定时间将"幼儿园招生公告"张贴在幼儿园门口及相应位置，方便家长了解相关政策。

（叶蕾）

【启动社区早期教育服务】 9月23日，

"北京市0至6岁儿童社区早期教育服务和指导项目"朝阳试点区启动仪式暨新闻发布会在朝阳区润丰学校举行。市教委、市教育学会、朝阳区街乡和社区领导，幼儿园代表、家长代表共500人参加会议。该项目由朝阳区社区学院组织实施，其主要内容概括为"一封信、两本书、三堂课"以及12期早期教育宣传海报和早期教育宣传单。"一封信"是指在出生到6岁上学前的312周里，每周为家长发送一条短信或彩信。内容包括生长发育指标、合理饮食、日常护理保健、促进心智和体能发展。"两本书"即分别编写"0至3岁"和"3至6岁"早期教育指导手册，针对相应年龄段家长经常遇到的问题给予权威解答。"三堂课"是指项目组针对早期教育为教师提供培训课程，为家长提供系列专家讲座，为孩子提供亲子课程。宣传海报和宣传单页即在项目覆盖的社区，每月张贴项目宣传海报、免费发放宣传页，方便社区适龄家庭了解项目进展和活动情况。

（赵光）

基础教育

【概　况】　2012年，朝阳区小学128所（不包括25所一贯制学校），其中，教育部门办学124所。教学班3348个，毕业13181人，招生21444人，在校生98530人，在校生中北京市户籍学生41416人；教职工7241人，其中，专任教师6553人。小学入学率100%，巩固率100%，毕业率99.76%。区内打工子弟学校（未批自办校）18所，教学班2269个，在校生11811人。中学80所，教学班1847个（初中1293个、高中554个），毕业14028人（初中9508人、高中4520人），招生20631人（初中15230人、高中5401人），在校生54890人（初中38670人、高中16229人），在校生中北京市户籍学生32122人；初中入学率100%，巩固率100%，毕业及格率99.91%，应届毕业生高考本科上线率82.68%；教职工9074人，其中，专任教师7244人。特教学校、小学附设特教班7所，在校学生268人，教职工79人（全部为专任教师），残疾儿童入学率100%，巩固率100%。校外教育单位7所，教职工158人，其中，专任教师115人。全区中小学特级教师（含引进未认定）78人（小学8人、中学70人），高级专业技术职务教师1602人（小学75人、中学1527人）。全区中小学占地面积3668174.3平方米，建筑面积2083865.9平方米，图书馆（室）藏书773.58万册，固定资产总值598488万元。全年教育经费投入554716万元，其中，国家拨款498153万元、自筹经费56563万元。

（赵光　叶蕾）

【用行动续写雷锋日记】　3月2日，"用行动续写雷锋日记，践行北京精神"主题教育活动在朝师附小太阳星城校区举行。活动由市教委主办，朝阳区教委、朝师附小承办。活动展示朝师附小弘扬雷锋精神、开展学生教

育活动的探索与实践，市教委领导对学校开展的"依托志愿服务弘扬雷锋精神"教育工作给予充分肯定，并就北京市中小学开展学雷锋活动提出工作要求。市教委、北京教科院领导和来自朝师附小三个校区代表400人参加会议。

（梁赛　熊洪帅）

【二中朝阳学校成立】　3月6日，北京第二中学朝阳学校成立。该校隶属于朝阳区教委，属于全额拨款事业单位。学校占地面积34863平方米，建筑面积21700平方米，办学规模36个教学班。

（赵光）

【实验二小朝阳学校成立】　3月6日，北京第二实验小学朝阳学校成立。该校隶属于朝阳区教委，属于全额拨款事业单位。学校占地面积13400平方米，建筑面积10070.7平方米，办学规模24个教学班。

（吴懿）

【启动素质教育重点工程】　3月12日，朝阳区教委召开"北京市朝阳区素质教育重点工程启动会暨2012年小学校长工作会"。会议宣布启动素质教育重点工程，即小学生学习习惯培养工程、未成年人思想道德建设工程、中小学生心理健康关爱工程，并就工程实施方案进行重点解读。会议还通报2012年小学教育教学重点工作。区教委领导和全区小学校长近200人参加会议。

（张丽娟）

【实施农村学校教师培训项目】　3月29日，"十二五"朝阳区农村学校教师专项培训助力项目启动。该项目通过构建支持农村学校校本培训的各项管理机制，开发校本培训管理工具和支持性课程，建设区域校本培训网络平台和培训资源库，促进农村学校校本培训能力的提升，解决农村学校干部教师可持续发展的动力、策略等问题。项目目标一是提升农村学校的校本培训管理能力，二是发展农村学校教师教育教学能力，三是形成区域对校本培训的支持机制。工作内容包括对校本培训支持性内容和引领性内容两大类。

（耿健）

【举办第五届中国儿童阅读日】　4月

6日，朝阳区教委在南湖中园小学举办第五届中国儿童阅读日活动。活动主题为"儿童阅读：从积累到表达"，力求让学校和教师感受阅读、积累与表达三者相辅相成的关系，即通过阅读带来启发，发挥其人文养成等方面的作用。活动中，儿童文学作家发表主题演讲，部分学校展示特色学生阅读活动，中国少年儿童新闻出版总社向全区小学校捐赠图书。南湖中园小学、酒仙桥中心小学、北皋小学等学校400人参加活动。

（张丽娟）

【启动心理健康关爱行动】　5月25日，

朝阳区教委在十七中百子湾校区举办中小学生心理健康关爱工程启动仪式。该活动旨在全面提高学生的社会

适应能力、应对挫折能力和情绪调节能力，推动素质教育的不断深化。工程总体目标是：三年内建立以发展性评价为核心的区域性心理健康促进教育体系，实现心理健康促进工作专业化、系统化，促进中小学生心理健康教育决策和管理现代化；建设心理健康教师专业化队伍，全面提升中小学教师的心理健康促进能力；建立中小学生和教师心理健康状况与教育能力检测体系；搭建面向学校、教师、家长的心理健康教育观念和方法传播平台；形成有特色的心理健康支持体系，全面提升中小学教师和学生心理健康水平，增强健康教育社会认可度和师生生活满意度。当日，朝阳区中小学生心理健康教育网面向全区中小学生开通，学生可以通过该网站学习人际交往、应对压力等方法。

（黄阳艳）

【3所学校更名】 5月和8月，朝阳区3所学校更名。5月2日，区教委决定中国旅游学院附属中学晨光家园校区更名为中国旅游学院附属中学晨光家园小学。学校占地面积7486.43平方米，建筑面积5454.9平方米，18个教学班，属全额拨款事业单位。5月13日，区政府批复，北京市朝阳区罗马嘉园小学更名为北京市朝阳区实验小学罗马嘉园分校。学校占地面积7500平方米，建筑面积6380平方米，属全额拨款事业单位。8月31日，区政府批复，北京市温榆河双语实验学校更名为北京市第八十中学实验学校温榆河分校，属全额拨款事业单位。

（吴蕊）

【规范管理未批自办学校】 6月6日，朝阳区教委、区农委召开未批自办学校2012年度规范管理工作会。会议提出从三个方面规范管理自办学校。一是各乡政府要研究制定自办学校关停方案，于6月13日前将区域内自办学校情况及解决方案报领导小组办公室；二是做好过渡期间自办学校规范管理工作，加强监管，确保师生安全和区域稳定；三是在关停过程中，细化工作方案，做好应急预案，关注媒体舆论，加强沟通和信息报送。区教委、区农委领导和相关学校代表500人参加会议。

（周滢）

【六项举措化解小学入学难】 6月20日，朝阳区教委采取六项举措化解小学入学难题。一是增加招生计划，九年一贯制学校小学部扩大招生规模，可增加学位1848个。二是加大新建校接收力度，9月前开学6所，开设28个班，可增加学位980个。三是腾退出租房屋用于教学，合同期满不再出租出借，全年可腾退2977平方米，可增加学位1050个。四是在有条件的学校加建平房教室，全年可加建2135平方米，可增加学位700个。五是调整区域内资源，将分布比较密集或生源不足的中学部分教学场地用于小学。六是提高新教师待遇，通过组织专门招聘会、制定吸引优秀毕业生的专项政策、委托示范校招聘等多种方式解决师资紧缺问题。

（张丽娟）

【管庄中心小学更名】 7月6日，朝阳区管庄中心小学更名为朝阳区第二实验小学。该校是朝阳区教委直属小学，属全额拨款事业单位。学校一校三址，包括中建院校区、建东苑校区、北辰福第校区，在校生1546人。

（赵光）

【举办生存教育培训项目】 9月28日，朝阳区教委在一一九中启动中小学生"青少年第一人"生存教育培训项目。该项目由中国社会福利基金会、北师大、朝阳区教委、北京京师惠通教育科技有限公司、三夫户外公司共同发起。该项目通过寓教于乐形式传授灾害应急、紧急救护、户外生存知识，希望参加培训青少年提高应对灾害能力，在灾害及突发事件发生后，掌握正确生存知识完成自救的人，第一时间站出来组织互救。此前，朝阳区教委利用暑假，面向400名中小学体育教师、8000名新生进行灾害应急和急救课程培训。

（王清）

【四项机制治理奥数培训】 9月，朝阳区教委与工商管理局朝阳分局研究建立四个机制，治理奥数成绩与升学挂钩。一是建立队伍，由专人负责对辖区内社会办学单位进行检查；二是开展定期专项执法活动，执法检查相关培训；三是建立信息共享机制，及时反馈社会办学单位情况；四是建立社会办学单位管理长效机制，确保依法管理各项工作有效推进，进一步规范社会办学单位办学行为。9月3日，朝阳区教委联合工商管理局朝阳分局对朝阳区举办奥数培训的社会办学单位进行检查，依法对以奥数竞赛和培训为名进行虚假宣传、误导家长、扰乱学校正常招生入学的行为进行治理和查处。

（成林）

【举办班主任工作特色展示】 10月12日，朝阳区教委举办2012年"名师工程"班主任工作特色展示活动。活动听取八十中优秀班主任王学东《唤醒生命潜能守望精彩明天——我的班主任专业成长之路》专题报告。王学东将德育渗透于语文教学之中，探索出"提出问题、展开讨论、规范认识、行为实践"16字德育新模式，以及"尊重人的天性、唤醒生命潜能，养护个性品质、激发主动成长，促进自主发展、成就独特明天"班级管理理念。会议点评认为，王学东在班主任工作中体现"四全"，即"全程设计、全体关注、全员参与、全面收获"。教育部、市教委、区教委领导和全区中小学代表300人参加会议。王学东是朝阳区"名师工程"推出的首位特色班主任，至年底，朝阳区还推出劲松职高盛永霞等特色班主任3人。

（赵光）

【启动数字化校园建设工作】 10月

16日，朝阳区现代教育技术信息网络中心召开2012年朝阳区数字化校园建设项目工作启动会。会议宣布，采用创新的"云"服务模式建设23所数字化校园，实现教学、教务、办公的数字化、自动化和网络化，为校园各级领导、教师、学生的管理与决策活动提供信息支持。2007年，朝阳区开始数字化校园建设工作，已完成41

所学校的数字化校园建设。与以往不同的是，采用“云”服务模式的数字化校园，所有服务器硬件设备都将集中在信息中心，所有设备系统维护工作也将由信息中心统一进行，学校只需要负责使用工作。通过利用“云”服务平台，朝阳区将提前两年完成“十二五”规划中建设100座数字化校园的目标，节省资金近500万元。

（黄阳艳　王爽）

【建设非物质文化遗产传承基地】 11月15日，朝阳区教委与朝阳区非物质文化遗产保护中心召开非物质文化遗产传承基地工作洽谈会。会议决定在芳草地国际学校教辅中心建设非物质文化遗产传承基地。该基地主要用于宣传和展示朝阳区非遗保护成果，同时组织非遗项目传承人开展课程教学，依据学生喜好和非遗项目推广可行性，选取出一批非遗项目落户基地，形成常态教学项目。

（王广月）

【应对小学入学高峰】 11月21至22日，朝阳区教委召开第九届小学教学工作会。会议推出三项措施应对小学入学高峰。一是深刻分析朝阳区未来三年入学高峰可能面临的问题，针对问题系统设计应对措施，积极迎接新的挑战。二是在小学入学高峰到来后，各学校要确保教育公平，高效解决问题，高质量实施教育教学。三是要以校长管理团队和队伍建设为核心，扎实推进各项工作，在新形势下取得新的成就。区教委领导和各小学校长、书记、教学主管干部等460人参加会议。

（张丽娟）

【首批地震安全示范学校挂牌】 12

月18日，朝阳区首批地震安全示范学校颁牌仪式在朝阳师范学校附属小学太阳星城校区举行。为增强学校师生防震减灾意识，提高地震安全知识水平，提升地震灾害预防和应急避险能力，区教委、区地震局联合开展地震安全示范学校创建和评比工作。经过一年创建工作，有30所学校达到示范学校标准，被授予首批朝阳区地震安全示范学校称号，其中，中学7所，小学23所。颁牌仪式后，北京民众安全应急救援研究院教师举办校园抗震自救技能培训讲座，讲解地震后应急自救要点、“SOS”信号系统、应急求生用品与工作等知识。区教委、区地震局等单位领导和有关学校师生300人参加会议。

（王朝晖）

【召开“双名工程”总结会】 12月28日，朝阳区教委召开2009至2011年“双名工程”总结暨2012至2015年“双名工程”启动大会。会议表彰2009至2011年“双名工程”先进。其中，46个单位获得人才工作先进单位称号，10名教师被评为2012年朝阳区教育年度人物，19名教师获得第八届朝阳区年度教育教学成果奖，65名干部被评为“关心教职工的好领导”。会议宣布启动2012至2015年“双名工程”。全区教育单位代表400人参加会议。

（邓芳）

职业与成人教育

【概　况】 2012年，朝阳区职业高中5所，其中，国家级重点学校3所，即北京市劲松职业高中、北京市电气工程学校、北京市求实职业学校。毕业3203人，招生3305人，在校生9682人，社会培训2万人。教职工1062人，其中，专任教师768人。专任教师中，高级专业技术职务教师220人，市级学科带头人5人，市级骨干教师18人。学校占地面积46.99万平方米，建筑面积27.8万平方米。全区成人教育中等专业学校1所，开设专业1个，在校生94人，开设短期培训班62个，培训5046人。固定资产总值34173万元。全年教育经费投入78960万元，其中，国家拨款76222万元，自筹经费2738万元。成人学校（职工大学）占地面积3.4万平方米，总建筑面积2.7万平方米，使用面积2.03万平方米。图书室藏书7.6万册。固定资产总值4904.17万元。全年教育经费总投入4652.14万元，其中，国家拨款3053.45万元，自筹经费1598.69万元。

（李联启）

【召开首届社区老年教育座谈会】 3月26日，北京市首届社区老年教育座谈会在朝阳区召开。会议由市教委主办，朝阳区教委承办。北京市16个区县的社区学院、社区教育中心、成教中心领导参加会议。市教委领导、各区县代表首先参观奥运村地区龙祥社区老年教育活动，并召开老年教育座谈会。在座谈会上，奥运村地区街道办事处介绍龙祥社区老年教育开展情况；朝阳社区学院阐述“三对接一融合”老年教育模式；北京东方妇女老年大学介绍老年大学在朝阳区工作进展情况。与会的各区县代表交流各自社区老年教育工作。会议为全市社区学院提供交流学习的机会，全面展示朝阳区老年教育的成果。

（杨帆）

【设立市民终身教育服务中心】 5月9日，朝阳区教委召开首批市民终身教育服务中心研讨会。会议确定求实职高、劲松职高、东方职业学校、垂杨柳教辅中心、酒仙桥教辅中心、香河园少年之家、区农村人才培训中心7家单位为首批市民终身教育服务中心。各服务中心将整合社区教育资源，针对朝阳区六大功能区开展丰富多彩的社区教育活动。一是为街乡提供公益性“菜单＋订单”课程服务，满足街乡居民不断增长的学习需求。二是发挥各中心教育资源优势，为街乡社区教育教材建设、品牌建设以及学习型社区创建工作提供支持与服务。三是研究、探索建立居民学习成果认证制度，激发居民进一步学习的兴趣，并树立终身学习的理念。

（韩斌）

【免费派送社区教育课程】 9月5日，朝阳区教委实施“千课下基层进社区”活动。该活动是朝阳区教委推进社区教育工作的重要举措，目的是整合教育资源满足朝阳区居民多样化的教育文化需求，提升居民整体素质。活动中，朝阳社区学院和首批7所市民终

身教育服务中心与43个街乡对接，9月起面向社区居民免费派送心理健康、和谐家庭、保健养生等社区教育培训课程。

（韩斌）

【召开职业教育改革发展工作会】10月13日，朝阳区教委召开2012年朝阳区职业教育改革发展工作会。会议全面分析朝阳区职业教育发展的现状和问题，充分肯定职业教育为区域经济社会发展做出贡献。会议指出，区域经济社会发展、人才多元化需求及现代职业教育发展对职业教育提出更高要求。要实现朝阳区教育发展的“十二五”规划目标，必须大力推进职教改革创新，构建开放多元、充满生机的现代职业教育体系，实现职业教育内涵式发展。区教委领导以及各职业学校代表100人参加会议。

（黄阳艳）

【新增一所国家中职改革示范校】10月，北京市求实职业学校被教育部、人力资源社会保障部、财政部立项为国家中等职业教育改革发展示范学校建设单位。至此，朝阳区的北京市求实职业学校、北京市劲松职业高中和北京市电气工程学校共3所学校被列为国家中等职业教育改革发展示范学校建设单位。

（李连启）

教育督导

【概　况】　2012年，朝阳区教育督导室专职督学7人，兼职督学134人，督政兼职督学25人。主要负责对区内幼儿园、中小学、职业高中、成人教育等各类学校的办学方向、管理水平和教育质量进行监督、检查、评估和指导；对区有关委办局、街道办事处和镇政府落实教育法律法规职责和实施素质教育目标责任制落实情况进行监督检查；对区有关行政部门领导和管理教育工作情况实施督导；对教育工作中重大问题进行调查研究，提出意见和建议。年内，区教育督导室以科学发展观为指导，依据《朝阳区“十二五”时期教育事业发展规划》要求，围绕全面推进素质教育、促进区域教育均衡发展，进一步加强和改进教育督导工作，努力实现以督促建、以督促改、以督促发展的工作目标，为提高教育质量，办人民满意教育，发挥监督与保障作用。

（赵玉芳）

【获评全国教育督导先进集体】　2月，教育部教育督导团办公室召开全国教育督导工作研讨会。会议对全国教育督导战线的先进集体和先进个人进行表彰，朝阳区教育督导室获得“全国教育督导先进集体”称号。会上，北京市教育督导室和朝阳区教育督导室分别交流经验。

（赵玉芳）

【完成小学规范化建设工程督导验收】3月12至16日，朝阳区教育督导室联合朝阳区教委综合督导验收17所学校小学规范化建设工程。至此，区教育督导室历时4年完成全区所有小学的规范化建设工程督导验收工作，全区141所小学全部达到合格标准。通过督导验收，进一步推进全区小学规范化建设，达到以督促建、以督促改、以督促发展目的，促进朝阳区小学教育均衡发展。

（乔玉红）

【督导专用教室使用情况】　3至5月，朝阳区教育督导室开展中小学专用教室设施设备管理和使用情况专项督导。专项督导工作抽测中学物理、化学、生物和小学科学课程学生实验情况，完成专用教室设施设备管理和使用情况专项报告。全区抽测137所小学，评为“优”的127所，占92.7%；评为“良”的10所，占7.3%。抽测60所中学，评为“优”的56所，占93.33%；评为“良”的4所，占6.67%。

（乔玉红）

【督导城乡学前教育发展一体化工作】5月9日，朝阳区教育督导室组织兼职督学专项督导劲松二幼和北京工业大学幼儿园两所结对园。检查围绕“管理工作、实施过程、实施效果”三个方面，采取听汇报、问卷、访谈、查看档案材料、察看幼儿园环境等方式进行。通过专项督导，促进拉手园所优势互补、资源共享、双方共赢、共同发展，进一步促进学前教育均衡发展，提升学前教育的整体水平。2010年底，朝阳区启动“城乡学前教育发展一体化”实验课题，全区52所城乡幼儿园结为对子。

（乔玉红）

【专项督导校外教育机构】　5至6月，

朝阳区教育督导室首次督导检查校外教育机构。督导检查涉及5个校外教育机构，通过听取工作汇报、查阅相关资料、问卷调查等方式，了解校外教育机构工作情况。其间，问卷调查140名教师，听课和看活动21节次，访谈37名教师、45名学生和11名家长。经过综合分析，5个校外教育机构全部达到合格以上等级。

（乔玉红）

【召开科研工作开题论证会】　6月20至21日，朝阳区教育督导室召开“十二五”教育督导科研工作暨开题论证会。会议部署朝阳区“十二五”教育督导科研课题管理工作，明确“十二五”督导课题管理的目标、对象和管理措施。会上，两个课题完成现场开题论证。教育督导室专兼职督学、有关课题负责人等100人参加会议。“十二五”时期，朝阳区教委立项63项教育督导课题。

（乔玉红）

【专项督导职业学校教科研工作】10月12日，朝阳区教育督导室召开职业学校教科研工作专项督导视频会。会议总结职业学校教科研专项督导调研工作，肯定学校在教科研管理、投入力度、团队科研能力、课程教学改革及质量监控等方面成绩，并针对课程教学改革指导引领、校本教研针对性和实效性、教科研管理精细化水平等方面存在的问题提出工作建议。全区各职业学校校长、教科研工作主管领导、教师代表以及职成教研室教研员、督导室专兼职督学，全区219所中小学相关人员听取专题报告。

（赵玉芳）

【开展普通高中德育督导试评工作】 10月，朝阳区教育督导室依据《朝阳区普通高中德育工作督导试评工作方案》，开展普通高中德育督导试评工作。试评工作督导评估东方德才学校、三里屯一中、清华附中朝阳学校3所学校，完成《关于开展普通高中德育工作督导评价指标和督导工具的调研报告》。督导结果表明，德育工作得到学校的高度重视，各校认真落实上级工作要求，从实际出发，将常规管理与工作创新紧密结合，工作态势良好，育人效果突出，促进学校办学质量不断提升。

（乔玉红）

【督导区级素质教育示范校】 10月，朝阳区教育督导室召开普通中学素质教育示范校建设专家评估会。评估会在研读各校自评报告基础上，听取10所学校素质教育示范校建设方案实施情况、目标达成情况和下一步工作思路，并提出质询问题。评估会总结每个学校主要成绩，找出学校问题，提出建设性意见。会后，区教育督导室检查组实地考查验收10所学校，并为每所学校撰写评价意见。

（乔玉红）

【专项督导体育艺术科技工作】 10至11月，朝阳区教育督导室就全区中小学体育、艺术、科技教育及学生肥胖、近视防控工作进行专项督导。在被验收的188所学校中，167所评为“优秀”等级，占90.3%；18所评为“良好”等级，占9.7%。此次专项督导引进卫生专业教师参与，使督导工作更加专业化和科学化，促进学校体育、艺术、科技教育工作水平提升。

（乔玉红）

【调研特殊教育工作】 11月7日，朝阳区教育督导室开展特殊教育工作调研。调研涉及全区中学、小学、幼儿园。通过下校听课、座谈、访谈、查阅资料、参观资源教室，区教育督导室全面了解朝阳区特教学校、普通小学附设特教班、随班就读学校的数量、分布、专兼职教师数等基本情况。通过调研，区教育督导室了解全区特殊教育成绩，对存在的问题提出意见和建议，为下一步特殊教育督导工作提供依据。

（乔玉红）

【考核地区办事处素质教育目标责任】 12月26至28日，朝阳区教育督导室开展地区办事处（乡）落实素质教育目标责任督导考核。考核工作依据《朝阳区地区（乡）、街道落实素质教育目标责任，推进社区教育督导考核评价指标体系（试行）》《朝阳区关于2012年对各地区（乡）落实素质教育目标责任情况进行督导考核评价的通知》进行。区督政兼职督学、教育督导室专职督学以及区农委、社区学院等单位人员组成督评组，检查19个地区办事处（乡）落实素质教育目标责任，推进社区教育情况。评选出先进单位14个，达标单位5个。

（赵玉芳）

中共朝阳区委教育工委

书　　记　周炜

朝阳区教育委员会

主　　任　孙其军

朝阳区政府教育督导室

主　　任　滕国清

丰　台　区

总　　类

【启动“银龄计划”项目】 1月4日，丰台区教委召开“银龄计划”项目启动会。会议宣布整合社会优秀教育资源，实施“银龄计划”项目。该项目通过双向选择方式，在区内外聘请一批名优退休教师，以组建“名师会诊团”形式，重点帮扶薄弱学校和优秀青年骨干教师，从而提升校本研训质量，提高教师专业水平。区教委和中小学代表32人参加会议。

（金传富）

【启动北京精神主题实践活动】 3月17日，丰台区委教育工委、区教委在十八中举办“创首都文明区做文明丰台人”丰台区教育系统践行北京精神主题实践活动启动仪式。启动仪式发布主题实践活动方案，号召全区14万师生争做文明丰台人。主题实践活动方案包括五项工作：一是弘扬践行“北京精神”活动，二是学习雷锋志愿服务活动，三是“道德榜样进校园”活动，四是“岗位建功立业”活动，五是宣传榜样典型活动。仪式上，来自方庄地区教育集群500名中小学生参与主题教育活动展演。团中央、市教委、团市委以及丰台区委、区政府、区教委领导和十八中师生参加活动。

（李晓季）

【交流法制宣传教育经验】 4月11日，丰台区教委召开“夏日扬帆，法治领航”青少年法制宣传教育工作专题调研和经验交流会。会议总结全区“五五”普法成效，部署青少年法制宣传教育年度重点任务。年内，青少年法制宣传教育工作重点任务是创新活动形式，扩展法制教育途径，开展符合青少年心理和年龄特点活动，如旁听庭审、模拟法庭展示、法治文艺大赛，以及“法治启航”活动等。会上，有关学校交流青少年法制宣传教育工作经验，以及工作中的问题和困惑。区教委、区司法局领导，以及5所学校干部教师15人参加会议。

（樊凌）

【签订警校共建协议】 4月18日，丰台区教委与区公安分局、区交通支队签订“关爱警营，守护校园”共建协议。根据协议，双方将建立共建领导小组，并设立联络员，保证共建工作经常化、制度化。共建双方把“关爱警营守护校园”工作纳入本单位工作重要日程中。共建具体内容包括加强依法治校、建立和谐警民关系、共同创建良好环境、开展法制教育和交通安全教育、监督校车安全六个方面。区委、区政府、区公安分局、区教委领导和学校代表参加签约仪式。

（李晓季）

【设立丰台青联助学金】 4月19日，丰台区教委与共青团丰台区委、区青年联合会设立丰台青联助学金。根据协议，自2012年起，区青联每年负责筹集10万元资金和物资，资助在丰台区小学就读的家庭困难、品学兼优来京务工人员随迁子女。

（李晓季）

【举办“带你畅游新丰台”实践活动】 5月13至15日，丰台区少工委联合区教委举办“我是国际小导游，带你畅游新丰台”少先队员风采展示活动。活动在芳草地学校丽泽分校举行，特别邀请教育学院丰台分院教研员、外籍教师、英语教师代表等作为评委和现场指导。展示活动分为中文、英文两个场次，全区300名优秀少先队员参加展示活动。

（李晓季）

【召开第五次少代会】 6月12日，中国少年先锋队北京市丰台区第五次代表大会在丰台西仓库礼堂召开。大会全面总结第四次少代会以来的工作，明确工作目标任务。会议选举产生新一届丰台区少先队工作领导机构，成立丰台区少先队专家顾问团，表彰一批优秀辅导员、关心支持少先队工作的好领导、优秀校外（志愿）辅导员。会议宣布启动以“红领巾心向党、少先队员喜迎十八大”为主题的“三个一”教育活动。全区320名少先队员、少先队辅导员和少先队工作者代表参加会议。

（李晓季）

【完成随迁子女入学安置工作】 6月13日至9月7日，丰台区教委完成年度随迁子女入学安置工作。入学安置工作共分为两个阶段：6月13日至8月25日为登记协调阶段，共向45所学校安排7批次718人，实际报到420人，占安排人数的58.5%。其中，民办小学共安排学生55人。8月25日至9月7日为集中安排阶段，共安置八批次随迁子女969人到45所公办小学入学，实际报到621人，占安排总人数的64%。本年丰台区小学一年级计划招收适龄儿童10250人，实际招生11324人。其中，随迁子女6943人，占全区招生总数的61.31%。

（刘铮）

【专项资金支持学校文化建设】 6月，丰台区教委评选学校文化建设与提升优秀项目。全区100所中小学提交申报材料。评选依据申报方案划分为大规模组和中小规模组评审。经区级专家初审、市级专家复审，确定一等奖项目学校11所、二等奖项目学校22所、三等奖项目学校35所。年内，区教委下拨资金5620万元支持获奖学校文化建设。

（吉战胜）

【召开师德先进表彰会】 7月11日，丰台区教委召开师德先进表彰会。会议表彰9个师德先进集体、10名师德标兵、40名师德先进个人。会议总结全区师德建设情况，并要求全区教师以受表彰的师德先进集体、师德标兵和师德先进个人为榜样，努力工作。会后，举行“五月的献花”慰问教师专场演出。区教委领导和全区教育系统代表627人参加会议。

（胡博）

【设立防震减灾科普教育基地】 7月19日，丰台区国家防震减灾科普教育基地新址落成仪式在东高地青少年科技馆举行。仪式上，有关领导为国家防震减灾科普教育基地揭牌，为社区地震应急志愿者代表颁发证书，为志愿者服务队授旗。仪式结束后，与会的领导及群众、学生代表参观国家防震减灾科普教育基地展厅。展厅面积共300平方米，设有“认识地震”“感受地震”“地震设防”等互动展示项目。丰台区地震局、区教委、东高地街道办事处等单位领导，东高地街道社区居民代表、航天中学学生代表和丰台区6个安全示范社区创建单位的社区地震应急志愿者代表200人参加活动。丰台区国家防震减灾科普教育基地原设在丰台区科技馆。

（胡博）

【迎接内地新疆班学生】 8月29日凌晨，十中内地新疆班166名学生和8名教师抵达十中新疆班校区，受到

区委教育工委书记和区教委主任迎接。区教委相关科室和十中校领导参加欢迎仪式。区委教育工委、区教委对返校学生和新生表示热烈欢迎，对专程前往迎接学生教师表示慰问，祝福全体学生在十中学习顺利、生活幸福。十中2011年起开办内地新疆班，首批学生80人，包括维吾尔族、哈萨克族、塔吉克族3个民族。本年新生86人，包括维吾尔、哈萨克、东乡、柯尔克孜、达斡尔、蒙古、汉族、回族8个民族。至此，新疆班学员共166人，涉及9个民族。

（吉战胜）

【召开教师节表彰大会】 9月7日，丰台区庆祝第28届教师节表彰大会在丰台区青少年剧场举行。会议授予10人“丰台区人民教师”称号，授予20人“丰台区优秀青年教师”称号，授予439人“丰台区优秀教育工作者”称号。会议交流先进教师工作经验。区委领导和全区21个街道、乡镇的领导，教育系统干部教师700人参加表彰会。

（王沁艳）

【完成首批“千优带队”争创工作】

10月13日，丰台区少工委完成首批“千优带队”争创工作。丰台一小、丰师附小、实验小学、翠林小学4所学校通过市区两级专家评审，被认定为北京市少先队工作标兵校；丰台五小、芳星园小学、丰台二小等10所学校被评为北京市少先队工作优秀校。2011年5月，北京市启动首都少先队“千优带队”争创工程。该项目以千名少先队大队辅导员为基础，计划用三年左右时间，把全市少先队组织建设成为“思想教育强、组织建设强、骨干队伍强、工作阵地强、活动建设强”的“五强”组织。

（李晓季）

【继续实施城乡教育一体化发展实验】 至年底，丰台区教委继续实施“探索城乡教育一体化发展的有效途径”项目。5月16日和12月19日，区教委两次召开“探索城乡教育一体化发展的有效途径”阶段总结会，总结、交流区域教研共同体、教师发展共同体经验。“探索城乡教育一体化发展的有效途径”是丰台区承担的国家级重点课题，2011年启动。该项实验通过校长沙龙、教研共同体、教师发展共同体等形式，逐步形成全方位多层次的城乡教育一体化发展协作体系。

（乔力）

【实施基础教育创新人才培养项目】 至年底，丰台区12所中小学校参与基础教育创新人才培养项目。该项目由北京教科院、北京市青少年科技创新学院承办。项目以“翱翔计划”“雏鹰计划”和“青少年创新能力建设工程”等为依托，系统、持续、深入地推动基础教育阶段创新人才培养。市教委共为丰台区创新人才培养项目拨款340万元，其中4所学校获得市级专项资金15万元以上，8所学校获得15万元以下资金支持。11月，丰台区12名学生通过“翱翔计划”第六届学员面试考试。

（唐汝育）

学前教育

【概　况】 2012年，丰台区托幼园所123所，其中教育部门办园22所，集体办园32所，民办46所，其他部门办园23所。离园幼儿8711人，入园幼儿12344人，在园幼儿40252人。教职工5859人，其中，专任教师3133人。学前三年教育普及率100%。全区北京市一级一类幼儿园46所。

（刘洪霞）

【名师工作室举办阅读指导活动】 4

月22日，刘洪霞工作室举办“融入童心托举成长”游戏活动暨专著出版现场活动。活动中，刘洪霞介绍名师工作室成员和工作成果，介绍《答新手幼儿教师120问》《解读童心——幼儿园“教育叙事”故事与解析》两部新书内容。当场解答家长关于“如何为孩子选择图书”等疑问。刘洪霞还与在场幼儿互动游戏，指导方庄二幼教师与幼儿举办阅读活动。刘洪霞，教育学院丰台分院学前教育研究室主任，中学高级教师，其工作室是北京市幼儿园名师培养工作室。

（刘洪霞　熊洪帅）

【增加1所市级早教基地】 7月4日，经过市教委认定，丰台区大红门东楼幼儿园被认定为北京市社区儿童早期教育示范基地。至此，丰台区共有北京市早期教育示范基地31所。

（陈霞）

【新增3所一级一类园】 9月11至13日，丰台区南苑教工幼儿园、方庄第六幼儿园、意馨艺术幼儿园接受北京市级类幼儿园验收组验收。3所幼儿园在园所管理、教育质量、卫生保健工作方面达到一级一类标准，被评为北京市一级一类幼儿园。至此，丰台区北京市一级一类幼儿园46所。

（陈霞）

【新增3所区级示范园】 10月10至12日，丰台区大红门东楼幼儿园、群英幼儿园、花城幼儿园接受级类幼儿园验收组验收。3所幼儿园在保教工作、社区早教、人才培养、教科研各项工作方面起到示范与辐射作用，被认定为丰台区示范幼儿园。至此，丰台区示范园增至19所。

（陈霞）

【举办中德交流项目研讨活动】 10月29日，教育学院丰台分院和群英幼儿园德国留学生开展教育互动交流。活动中，教育学院丰台分院刘洪霞名师工作室向德国留学生赠送自编教育书籍，幼儿园报告幼儿园传统文化特色和中德交流项目开展情况。两名德国留学生展示一节教育活动“万圣节”。双方教师就活动的组织形式和材料展开研讨，并希望通过网络持续开展交流。9月27日，群英幼儿园与德国幼儿教育工作联盟签署长期合作意向书。依据协议，幼儿园成立“中德幼师培训项目实验基地”，德国教育儿童联盟选送德方留学生来园实习，双方开展文化交流和考察活动。

（刘洪霞）

【“半日评优”活动获奖】 12月27日，在北京市幼儿园“半日评优”总结表彰会上，丰台区12名教师代表受到表彰。其中，1人获得特等奖，1人获得一等奖，5人获得二等奖，5人获得三等奖。

（陈霞）

【解决入托难见实效】 至年底，丰台区教委采取措施缓解入托难，完成新增5所园扩充500个学位任务。全区各级托幼园所挖潜增建，全年共新增园所12所，新增学位1557个，超额完成计划任务。

（陈霞）

基础教育

【概　况】 2012年，丰台区小学87所，教学班1958个，毕业10277人，招生12186人，在校生65935人，在校生中，北京市户籍学生22889人；教职工4583人，其中，专任教师3902人；小学入学率100%，巩固率100%，毕业及格率100%。中学44所（初中16所、高中4所、完中12所、一贯制学校12所），教学班939个（初中630个、高中309个），毕业8930人（初中6211人、高中2719人），招生9722人（初中6800人、高中2922人），在校生28611人（初中19344人、高中9267人）；在校生中，北京市户籍学生19170人（初中10675人、高中8495人）；初中入学率100%，巩固率100%，毕业合格率99.13%，高中入学率85.7%；教职工5166人，其中，专任教师3166人（初中2094人、高中1072人）。特殊学校1所，10个教学班，毕业6人，招生6人，在校生96人，教职工40人，其中，专任教师33人。特殊教育残疾儿童入学率100%，巩固率100%，毕业率100%。校外教育单位4个，教职工266人，其中，专任教师185人。全区中小学教师学历合格率99.96%，特级教师27人（小学3人、中学24人），高级专业技术职务教师773人（小学15人、初中367人、高中391人）。中小学校舍占地面积1890211平方米，建筑面积1074245平方米，图书馆藏书3475654册，电子图书22968.6GB，固定资产总值162109.9万元。全年教育投入270648万元（含职业教育经费19481万元、成人教育经费1847万元），其中，国家拨款260168万元，自筹经费10480万元。

（宋海燕）

【交流社会大课堂资源单位建设经验】 1月5日，丰台区教委召开中小学生社会大课堂建设资源单位交流研讨会。会议以《注重沟通，合作共赢，积极推进丰台区中小学生社会大课堂建设》为题，总结全区中小学生社会大课堂资源单位建设工作经验，并部署相关工作。中国人民抗日战争纪念馆、卢沟桥文化旅游区、丰台区劳技中心等5家单位交流相关工作。会议表彰中小学生社会大课堂建设先进集体和先进个人、优秀资源单位。区教委领导、市级社会大课堂资源单位代表30人参加会议。

（刘建）

【举办课程建设与校园文化论坛】 1月10至11日，丰台区教委举办小学校长“课程建设与校园文化”论坛。活动中，5名校长从不同角度交流课程建设经验与思考，并邀请有关学者完成点评。论坛分三组围绕“课程建设与校园文化”主题开展交流。同时，丰台区教委召开新学期工作要点布置会，部署工作重点。区教委领导和全区小学校长110人参加会议。

（崔德跃）

【实施随迁子女教育管理研究项目】 3月2日，丰台区教委在纪家庙小学召开“丰台区随迁子女教育管理的实践研究”项目启动会。会议解读项目研究背景、研究目标、研究思路、组织机构、进度与计划安排，区教委提出高度重视、认真组织、按时完成、加强创新四点要求。26所项目实验校主管领导参加会议。该项目是市教委委托研究项目，丰台区教委统筹实施，丰台区教研、科研部门和26所项目实验学校共同参与完成。项目周期2年，研究内容涉及完善区域教育管理机制，总结实验学校随迁子女教育成功经验，健全家校合作教育体系，建立随迁子女实验校校本课程资助体系，完善学校管理制度和评价制度，促进区域随迁子女健康发展。

（刘铮）

【总结“导师带教”工作】 3月10日，

丰台区教委召开“导师带教”工作总结暨启动会。会议总结2011年“导师带教”工作，启动2012年“导师带教”工作。会议指出，2004年起丰台区开展“导师带教”工作。该工作以骨干教师工作室为平台，通过骨干教师群体的带动，青年教师在教育理念、专业素养和专业技能等方面都得到较大提升。会议同时为新一期带教导师150人颁发聘书，他们将指导青年教师378人提升教学能力。丰台区教委等领导，140名导师和240名学员及其单位负责人参加会议。

（周萍）

【举办青年教师风采大赛】 3月，丰台区团教工委举办丰台区教育系统“魅力北京活力青春”青年教师风采大赛。活动为期一个月，设朗诵、小合唱、表演、集体舞四个组别。全系统80家单位1600名青年教师参加活动。3月24日、25日，活动举办四个组别决赛，80家单位分获一、二、三等奖和优秀奖。

（孙建蕊）

【举办首届“语文论坛”】 4月15日，

丰台区首届语文论坛活动在丰台二中举行。会议由教育学院丰台分院主办、丰台二中协办。会议以“关注核心能力，提升语文素养”为主题，分为选手说课和教师研讨两个部分。北京教科院、区教委领导、全市语文教研员和丰台区语文学科级骨干教师400人参加会议。

（杨德林）

【展示国学经典诵读成果】 4月26日，丰台区教委举办“魅力国学，我学、我秀”小学国学经典诵读活动阶段成果展示活动。活动表彰先进学校26所，听取3所先进小学诵读活动经验。活动还举办国学才艺展示汇报演出，全区600名师生展示《古诗新唱》《千年梦中华魂》和《千载中国风》等诵读节目。2008年7月，丰台区小学启动国学经典诵读活动。

（崔德跃）

【表彰高中教师基本功培训先进】 4月27日，丰台区教委召开首届高中教师基本功培训与展示活动总结表彰暨教师培训实践基地颁牌大会。会议全面总结首届高中教师基本功培训与展示活动，宣读表彰通报，其中37名教师获得一等奖、64名教师获得二等奖。会议宣读建立“十二五”教师培训实践基地决定，并为39所基地学校颁牌。这些基地将承担培训全区中小学、幼儿园和中等职业学校教师培训任务。区教委领导，教育学院丰台分院教研员，中小学教师代表400人参加会议。

（柳志英）

【召开中小学德育试验项目研讨会】 5月16日，丰台区教委在西罗园六小召开“推进中小学德育内容、方法和机制改革试验项目”研讨会。会议通过参观校园、听课、观摩班会及学生社团活动等方式交流西罗园六小“开展责任教育，为学生幸福人生奠基”工作经验。北京教科院、丰台区教委领导以及全区小学德育干部98人参加会议。丰台区推进中小学德育内容、方法和机制改革试验项目2011年5月启动。项目重点研究学校德育体系的建构、班主任队伍培训与机制建设、课程化开发与利用社会大课堂资源等。

（刘建）

【教科院丰台实验小学落成】 10月12

日，北京教育科学研究院丰台实验小学落成。该校是区教委与北京教科院合作建立的优质资源校。学校为公办全日制学校，位于东铁匠营顺八条，占地面积11000平方米，建筑面积6870平方米。学校首批招收一年级三个班，共有学生63人，教师13人，其中，市、区骨干教师6人。为支持学校发展，北京教科院成立丰台实验小学发展指导委员会，对学校发展提供决策建议和咨询指导，还将选派优秀教科研人员在学校开展教育教学和管理等方面研究，并以项目资助方式对学校工作予以支持。

（袁富文）

【举办中学校长论坛】 10月19日，丰台区教委举办第四届校长论坛。会议主题是加强学校文化建设，促进学校内涵发展。会议采用主题报告、现场辩论、网络互动、现场提问、播放宣传视频形式进行，3名校长作主报告。会议邀请首师大教授就校长报告进行点评。丰台区中学校长论坛从2010年开始举办，每年一届。

（余琴）

【高中首次实行期中考试联考】 10月，丰台区高中学校期中考试首次实施联考。联考面向全区公立学校，主要工作思路是在教育学院丰台分院指导下各层次学校自主命题、联合考试、交流教学经验。其中，十二中单独自主命题；十中等3所学校选择联考A卷；丰台一中等6所学校选择联考B卷（两所学校暂不参加联考）。民办高中校自主选择参加联考。联考A卷命题侧重能力立意、兼顾基础；B卷命题侧重基础立意、兼顾基本能力和方法。分层联考提高考试命题质量、加强教学过程监控，为全区开展教学质量评价和交流奠定基础。

（曾拥军）

【评选区级素质教育优质校】 10月，丰台区教委完成第二批区级素质教育优质校和示范性普通高中评选。评选工作通过专家书面评审、现场答辩、下校评估等环节，经区委教育工委扩大会议研究决定，评选14所中学为丰台区全面实施素质教育优质校，4所中学为丰台区全面实施素质教育进步校，4所学校为区级示范性普通高中，1所学校为丰台区特色办学示范性普通高中。

（吉战胜）

【首次举办小学校园心理剧大赛】 11月3日，丰台区首届小学校园心理剧大赛决赛及颁奖仪式在丰台影剧院举行。大赛以“演绎童年故事，感悟心灵成长”为主题，要求参赛队利用身边故事，编成“小剧本”生动活泼地开展心理健康教育。全区45所小学参加比赛，经过初赛、半决赛、决赛，评出一等奖4名、二等奖9名、三等奖9名。

（程忠智）

【举办课堂教学展示交流活动】 11月14至15日，教育学院丰台分院举办“深化联片教研促进能力发展”课堂教学展示与交流活动。会议以太平桥中学、丰台八中、和义学校等9所学校为基地，展示初高中各学科240节（初中70节、高中170节）研讨课，参与听课初中教师3000人。其间，每个学科研讨课后，区教研员组织听课教师开展研讨，并邀请外区县教研员进行点评。

（杨德林）

【表彰优秀班主任】 11月30日，丰台区委教育工委、区教委召开优秀班

主任表彰会。会议表彰25名北京市“紫禁杯”优秀班主任和197名丰台区优秀班主任。获奖优秀班主任是丰台区2893名班主任中选拔出来的典型代表。表彰会上，3名获奖班主任交流工作经验。全区300名班主任和德育干部参加表彰会。

（胡博）

【设立“京剧进校园”实验基地】12月4日，丰台区教委在东高地教育集群创建“京剧进校园、进课堂”实验基地。该基地将在东高地教育集群的5所小学和1所中学全面建立教学班。在普及基础上，对有兴趣或在京剧方面有特长的学生学校开设提高班，并组成少儿京剧团、少儿京剧乐队。京剧著名演员孙毓敏、杜鹏、王蓉蓉等受学校聘请，为实验基地学校学生免费教授戏曲艺术。

（胡博）

【举办优质课展示活动】12月6日，丰台区教委在丰台二中举办首届中学“育心杯”大赛优质课展示暨颁奖仪式。活动中，获得一、二等奖部分教师在9个班作优质课展示，北京教育学院、北京教科院，以及东城、西城、石景山等区心理专家，为每节课进行点评。会上，教育学院丰台分院作《我规划，我发展——丰台区中小学心理健康教育工作经验交流》主题发言。来自东城、西城、石景山等区县心理学科教学骨干，丰台区中小学心理教师、丰台二中家长代表共200人参加活动。“育心杯”大赛是丰台区心理课教学竞赛之一。比赛分为初赛、半决赛、决赛，历时近一年。全区35名心理课教师参加初赛，22名教师进入半决赛，12名教师进入决赛，最终5人获得一等奖、7人获得二等奖、10人获得三等奖。

（程忠智）

【召开特教工作会】12月20至21日，丰台区教委召开2012年特殊教育工作会。会议听取有关专家讲座，围绕资源教室建设和随班就读工作开展分组讨论和交流。各中小学和培智中心校领导和教师120人参加会议。

（黎雪）

【评选教育研究资助项目年度成果】12月，丰台区教委评选年度教育资助项目优秀成果。全区34所中学上报各类研究成果1100个，评出优秀成果661个，一等奖114个。研究成果包括学校项目总结、研究报告、活动设计、德育案例、教学设计和教学案例。2008年，丰台区教委启动中学教育研究资助项目。2012年，区教委下拨资金379万元用于全区中学和直属部门开展教育项目研究。

（吉战胜）

职业与成人教育

【概　况】2012年，丰台区职业高中5所，开设专业30个，教学班198个。毕业1332人，招生1642人，完成招生计划100%，在校生4378人。教职工650人，其中，专任教师383人。专任教师学历合格率91.38%，高级专业技术职务教师122人。学校占地面积116874平方米，建筑面积79387平方米，图书馆藏书140596册，电子图书184GB，固定资产总值9059.94万元。全区各级各类成人学校130所。其中，成人高校（社区学院）1所，开设15个专业，毕业480人，招生504人，在校生2354人。教职工85人，其中，专任教师53人。乡办成人学校5所，村办成人学校66所。社会力量办学单位187所，全年培训113890人，教职工7056人，其中，专任教师3043人。

（宋海燕）

【举办外语游园会】6月16日，“2012年北京外语游园会丰台分会场活动”在丰台社区学院举行。游园会通过表演、游戏、图片展等形式展示丰台区市民外语学习成果。为了提高趣味性，游园会特别增设英语有奖猜谜和外教教你学等环节。丰台区外语爱好

者500人参加活动。

（武卫华）

【举办职业教育教师研修班】7月9至13日，丰台区教委举办中等职业教育教师研修班。研修班邀请9名专家举办讲座，报告学生能力培养、提高课堂教学有效性等问题。全区专业教育教师300人参加学习。

（刘小强）

【GAC—ACT考试中心落成】9月3日，美国GAC—ACT考试中心暨美国高考北京市丰台区考试中心落成仪式在丰台区职工大学（丰台社区学院）举行。会上，ACT驻中国总部代表和丰台区职工大学代表共同签署落户文本合同，并介绍美国GAC—ACT考试中心相关课程项目。该考试中心是美国高考在丰台区所设唯一考点，经美国教育协会（ACE）认证，保证该考试的真实性及权威性。考试中心落成后，中国学生可在丰台区职工大学直接参加美国大学入学考试。GAC全称为Global Assessment Certificate，即全球评估认证，她是由美国大学考试委员会开设的涵盖美国大学入学考试（American College Test，简称ACT）的国际预科课程。GAC的课程采用全英文、全外教、全西式的教学管理方式，全真模拟国外一流大学教学方式。ACT是对申请读本科的学生进行的入学考试，成绩普遍被美国大学接受为本科入学标准。

（冯军）

【职教研室与成教研室合并】11月19日，教育学院丰台分院召开职教研中心与成教研室合并工作会。会议宣布职业教育教学研究中心与丰台分院成人教育教学研究室合并，合并后，成立职业教育成人教育教学研究室。新的职成教研室人员7人，工作职能是对职业教育、成人教育、学习型组

织的建设进行研究与指导。

（焦德禄）

【举办职业教育教师基本功竞赛】 12 月 22 日，丰台区职业教育教师第五届“师慧杯”教学基本功比赛总决赛在区职教中心学校举行。14 名教师参加决赛，其中，文化课教师 6 人、专业课教师 8 人，涵盖语文、数学、英语、德育、历史、计算机、服装设计、动漫设计、幼儿教育、音乐赏析、财会学科。参赛教师通过阐述教学设计、展示教学实践片段，展现具有职教特色的教学理念和教学基本功底。最终，评出一等奖 2 人、二等奖 5 人、三等奖 7 人。比赛包括初赛、复赛、决赛三个阶段，全区职业教育系统任课教师全员参加初赛，71 人参加复赛，14 人参加决赛。

（焦德禄　刘小强）

教育督导

【概　况】 2012 年，丰台区教育督导室专职督学 8 人，兼职督学 13 人，特约教育督导员 18 人。聘请督学顾问 1 人，督政顾问 2 人。年内，区教育督导室形成“一室三组四支队伍”基本架构，即在督导室内部分设督政组、督学组、综合组三个组，分别开展对政府部门教育法律法规执行情况督导检查，对学校全面实施素质教育督导评价，督导宣传、专项调研以及综合服务工作，对应管理专职督学、特约教育督导员、兼职督学和督导通讯员四支队伍。督导室立足工作实际，以“完善机制、科学督导”为目标，不断加强科室建设，全面提高教育督导的质量和水平，促进丰台教育事业不断发展。

（钟小军）

【启动幼儿园素质教育督导评价】 1 月 6 日，丰台区教委召开幼儿园全面实施素质教育督导评价启动大会。会议聘请督学顾问，布置年度具体工作。全区各级各类幼儿园园长及相关负责人 300 人参加会议。此前，丰台区开展丰台三幼、丰台五幼督导评价试点。督导评价依据《北京市丰台区幼儿园全面实施素质教育评价指标体

系》进行，包括幼儿园自评和督导室检查评价两部分。至年底，区教育督导室督导评价 16 所幼儿园。

（钟小军）

【首次编印督政资料汇编】 3 月 15 日，丰台区教育督导室编印《丰台区 2011 年教育法律法规执行情况督导检查资料汇编》，这是丰台区教育督导室第一次编印督政资料文集。文集包括 2011 年督政工作中相关文件、督导报告、自查报告等内容。文集印送相关单位，反响良好。

（钟小军）

【开展督导回访工作】 4月11日，丰

台区教育督导室召开 2012 年全面实施素质教育督导评价回访工作布置会。督导评价回访工作计划用三年时间分三批回访通过初中建设工程和小学规范化建设工程督导验收的学校。回访通过听取汇报、研讨交流、个别访谈等手段，为学校的进一步提高和新一轮督导打好基础。参与本年度回访的 31 所中小学校长参加会议。至年底，区教育督导室回访 34 所学校，其中，小学 26 所，中学 8 所。

（钟小军）

【开展义务教育均衡发展督导自评】 4 月 11 日，丰台区教育督导室印发《关于推进义务教育均衡发展督导自评工作的通知》，开展丰台区义务教育均衡发展督导自评工作。自评工作依据北京市义务教育均衡发展状况督导评价方案和丰台区推进义务教育均衡发展实施方案，要求相关单位在建立统筹机制、规划教育布局、加大教育投入、加强队伍建设、促进内涵发展、加强教育管理六个方面自查自评。通过自评，努力实现区政府《推进义务教育均衡发展责任书》目标和丰台区“十二五”教育规划目标任务，推动义务教育优质均衡发展。

（钟小军）

【聘请督政顾问】 4 月 16 日，丰台区教育督导室召开“教育法律法规执行情况督导检查工作会”。会议布置全年督政工作，为新一届特约教育督导员颁发聘书，并首次聘请两名督政顾问。督政顾问职责主要是协助督导室组织落实年度教育法律法规执行情况督导检查工作，对新任特约教育督导员履行相关职责进行指导和帮助，发挥专业优势和权威作用，参与实施相关专项督导。区教育督导室全体专兼职督学参加会议。

（钟小军）

【发布中小学满意度调查数据】 10 月 29 日，丰台区教育督导室召开会议，发布 2012 年丰台区中小学满意度调查数据。本年中小学满意度调查工作沿用 2011 年问卷内容，分 6 个一级指标，32 个二级指标，分别从学校管理、师资队伍、德育工作、教学工作、学校环境、教育效果六个方面调查全区小学、初中、普通高中三个学段 10084 名家长对丰台区学校教育工作的满意情况。从数据总体上看，6 个一级指标均达到比较满意水平，32 个二级指标中有 31 个达到比较满意水平，一项指标达到一般满意。说明在圆满完成“十一五”计划基础上，丰台区教育“十二五”规划落实有力，成效显著，基础教育趋于均衡发展和优质发展，基本满足人民群众不断提高的教育需求。丰台区中小学满意度调查工作始自 2011 年，每年一次。

（钟小军）

【接受学前教育工作专项督导】 10 月，市教育督导室督导检查组专项督导丰台区学前教育工作。督导组听取丰台区落实“三年行动计划”推动学前教育科学发展专题汇报。并利用两天时间查阅相关档案资料，召开 15 个委办局、12 个教委科室部门、10 所

幼儿园负责人座谈会，实地考察4所幼儿园、1个街道、1个居民小区。督导组全面检查《丰台区学前教育三年行动计划》落实情况，认为丰台区学前教育工作得到区政府的高度重视，在加强组织领导认真履行政府职责、加强园所建设扩大学前教育资源、加大经费投入建立财政保障机制、加强队伍建设促进师资专业化发展、加强规范管理努力提升保教质量五大方面成效显著。

（陈霞）

【完成教育法律法规执行情况督导检查】　至11月，丰台区教育督导室完成教育法律法规执行情况督导检查。该项工作实地考察8家单位，收取委办局自查报告18份、街乡镇督导工作手册21份。督导检查结果表明：全区各单位均形成自查自评工作

机制，能按要求落实督导检查工作，相关单位和领导法治意识、服务教育意识不断增强。在检查基础上，区教育督导室完成《丰台区2012年教育法律法规执行情况自查报告》和《丰台区2012年教育法律法规执行情况整改方案》，上报市教育督导室。

（钟小军）

【召开督导通讯员培训会】　12月14日，丰台区教育督导室召开丰台区第二届教育督导通讯员培训会。会议邀请北京教育督导与评价研究协会举办督导通讯写作专题辅导，市教育督导室作《教育督导条例的学习与理解》专题讲座。全区164名督导通讯员参加培训。

（钟小军）

中共丰台区委教育工委

书　　记　宋金忠

丰台区教育委员会

主　　任　冯晓光（3月免）
　　　　　张立新（3月任）

丰台区政府教育督导室

主　　任　孔令斌（2月免）
　　　　　张婕（2月任）

石　景　山　区

总　类

【推进区域可持续发展教育国家实验】　3月22日，石景山区教委召开可持续发展教育国家实验区2012年推进会。会议总结可持续发展教育实验区2011年工作，8个子项目负责人汇报项目工作情况。推进会决定：把推进可持续发展教育作为素质教育的重要内容，通过课堂着力培养具有可持续学习能力的人；充分发挥社会大课堂的作用，整合教育资源；学校设施与文化建设相结合，创建节约型学校；培养一支具有可持续发展价值观的教师队伍。区教委领导、项目实验校代表参加会议。2011年，经教育部批准，石景山区可持续发展教育理念融入地区教育发展规划和学校办学思想的实践研究，可持续发展教育师资能力建设的研究，在可持续教学模式实验中培养学生可持续学习能力的研究，构建可持续发展教育特色——地方、校本课程实验研究，培养学生可持续发展生活方式与价值观念的实验研究，构建可持续发展教育学校、社会合作网络实验研究，家园合作、开展可持续发展教育的实验研究，节能减排特色校园建设及其育人成效实验研究8个项目列为可持续发展教育国家实验区项目。

（王贤鑫）

【举办首届校园法治文化节】　3月26

日，石景山区法制宣传教育和依法治区领导小组、区司法局、区教委在苹果园中学举办“青春船长，法治启航”法制宣传教育活动暨石景山区首届校园法治文化节启动仪式。“青春船长”队伍主要由法制宣传志愿者、各街道司法助理、中小学法制副校长及其他热心于青少年普法工作且有一定专业能力的社会人士组成，通过在中小学开展“青春船长，法治起航”活动，落实《中小学法制教育指导纲要》，利用校内校外相结合的方式，开展形式多样的专题教育和课外活动，进一步推进青少年法制宣传教育。市司法局、石景山区政府等领导和全区学校代表参加会议。

（李红艳、彭中群）

【举办“绿满石景山”主题教育实践】

4月17日，石景山区少工委举办“绿满石景山”系列主题教育实践活动。活动通过开展种绿护绿、种花养花体验活动，增进学生对植物生长规律、习性的了解，培养青少年环保意识，

生态意识，为绿化首都、美化环境做贡献。活动分为“种绿护绿知识我知道活动”“鲜花开在手心绿色铺满园地活动”“我是小小园艺家活动”和“我是环保护绿宣传员活动”四部分。该活动面向全区小学少先队员，为期6个月。开幕式上，区少工委发放20000颗花种和2000盆绿苗，少先队员用亲手种植出的鲜花摆放出5座以队徽为主题的红领巾花坛。

（张蕾）

【成立教育咨询委员会】 4月21日，石景山区成立北京市首个区域教育咨询委员会。该委员会承担石景山区“十二五”期间及未来教育发展和改革创新项目的规划、咨询、督查、评估任务。名誉主任由中国教育科学研究院院长担任，主任由石景山区区长担任。委员会设常务副主任、秘书长、副秘书长，委员由13名业内专家组成。

（魏莉）

【启动“三大球进校园”活动】 4月25日，石景山区教委和区体育局举行“三大球进校园”活动启动仪式。市体育局、市教委、石景山区政府领导参加启动仪式，为参与“三大球进校园”活动的15所学校代表授旗。仪式上，3所学校分别进行篮球、足球、排球展示，首钢金隅男篮明星队与学生代表队进行一场友谊比赛。全区中小学生代表400人参加启动仪式。该活动将投入专项经费和人力、物力，促使辖区内每所学校至少开展足球、篮球、排球项目中的一项，并将该项目列入各年级课程表。各所学校将定期开展校内“三大球”班级、年级联赛。全区每年也将开展中小学“三大球”联赛。此外，还将定期组织球星进校园、夏令营、冬令营等活动。

（孙志国）

【与国际广播电台共建】 4月30日，石景山区教委与中国国际广播电台签署共建协议。该协议主要包括，区教委支持记者编辑的特色采访、对外传播工作和党团工会组织活动，九中、京源学校、景山学校远洋分校等学校将电台作为教育资源单位；电台协助建立区域特色小语种课程体系，培养优秀语言教师队伍，开展中小学社会大课堂实践活动。区政府、区教委领导和中国国际广播电台领导参加共建协议签字仪式。

（曹艳玲）

【启动第二期名师培养工程】 5月31日，石景山区教委召开名师培养工程第二期培养工作启动会。会议总结第一期培养工作成果。第一期名师培养工作室培养周期两年，33名优秀骨干教师入站学习。其中，2名教师成长为北京市特级教师，13名教师成长为北京市学科教学带头人。第二期培养工作将实施双导师制，培养周期两年，依托“名师工作坊”“名师成长工作室”“特级教师工作室”三个项目引领学科教学发展与教师专业水平的整体提升。

（魏莉）

【举办小学规范化建设展示】 6月13日，“北京市小学规范化建设工程系列展示——走进石景山”活动在石景山区六一小学举行。活动主题为“坚持育人为本，提升课程内涵，六年奠基一生”。活动中，市教育督导室领导肯定石景山区在小学规范化建设成果，并指出小学规范化建设工程自2007年启动以来，在市、区两级和全市小学干部教师的共同努力下，取得可喜的成绩。2012年是小学规范化建设工程的收官之年，市教委对总结验收工作详细部署，要求各区县和学校要全面深入总结，系统梳理经验，在总结经验的基础上，提前谋划小学教育未来发展。来自全市各区县代表200人参加活动。

（魏莉）

【首都文化艺术学院落户】 7月12日，石景山区政府与北京城市学院签署合作共建首都文化艺术学院协议。石景山区政府将为首都文化艺术学院办学给予支持，在协议期内提供石景山区业余大学西校区部分教学设施作为北京城市学院办学场所，同时为其在校学生提供社会实践和校外实习基地。北京城市学院将优先为石景山区培养所需的相关人才，为区内文化发展发挥自身作用，引进优秀人才、专家组织文化活动策划，促进首都文化创新与发展。

（魏莉）

【百名校长学消防】 8月29日，石景山区教委举办北京市2012年校园消防安全新闻发布会暨石景山区“百名校长学消防”活动。新华社、北京日报、北京电视台等20余家新闻媒体参加会议。新闻发布会上，区教委向媒体通报石景山区中小学消防安全教育活动工作开展情况。该活动邀请市消防局专家为全区各学校、直属单位主管校长讲解消防管理相关知识，并安排现场观摩演练。全区中小学校百名校长参加学习。

（魏莉）

【召开德育工作大会】 12月18日，石景山区教委召开学校德育工作大会暨石景山区社会大课堂服务评价网络平台启动仪式。会议总结三年来全区中小学德育工作，并对2013年德育工作任务进行部署。会议表彰11所“德育主题特色学校”、10所“心理健康教育先进学校”、10名“十佳班主

任”、84 名“德育先进工作者”，为 13 所学校颁发“德育创新成果奖”，为“石景山区班主任工作室”授牌。会议启动社会大课堂服务评价网络平台，会后举办“德育大会走进京源学校”专场观摩与展示活动，集中展示京源学校德育工作成绩。全区中小学代表 260 人参加会议。

（魏莉）

学前教育

【概　况】　2012 年，石景山区各级各类幼儿园 44 所。离园幼儿 2104 人，入园幼儿 4183 人，在园（班）幼儿 12393 人。教职工 1933 人，其中，专任教师 1059 人。幼儿园占地面积 204749 平方米，建筑面积 107279 平方米。学前教育总投入 19959.3 万元。全区市级示范园 5 所，一级一类幼儿园 17 所，市级早期教育示范基地 16 所，市级特殊儿童教育示范基地 2 所。年内，石景山区教委按照“管理促发展、研究促提高、师资兴教育”工作思路，以“绿色教育”项目研究为引领，关注队伍建设，着力提高精细、科学、规范化的保教管理质量；关注区域学前教育的内涵发展，着力解决入园难问题，克服小学化倾向，办好人民满意的学前教育；继续推进《石景山区学前教育三年行动计划》，通过市教育督导室对石景山区“学前教育三年行动计划”实施情况专项督导。

（黎铮）

【召开园长工作经验分享会】　2 月 22 至 23 日，石景山区教委召开 2012 年园长精细化管理工作经验分享会。5 名园长、4 名副园长以“捕捉工作细节，分享管理智慧”为主题，分享目标管理、档案管理及制度建设等方面经验。同时部署 2012 年学前教育工作重点和具体措施。全区幼儿园园长参加会议。

（黎铮）

【召开绿色学前教育项目联席会】　3 月 14 日，石景山区教委联合北京师范大学学前教育研究所召开石景山区绿色学前教育项目新学期联席工作会议。会议部署绿色学前教育项目研究工作计划，介绍五大领域课程（即：健康、语言、社会、科学、艺术）建构的进程，展示领域课程方案雏形。区教委、北师大学前教育研究所代表和全区幼儿园教师 30 人参加会议。绿色学前教育项目自 2010 年开始实施，以建构区域课程、实施“双名工程”，打造品牌园为基本内容。

（黎铮）

【举办教师系列培训项目】　5 至 11 月，石景山区举办“实施教师培养，提升教育品质”幼儿教师系列培训项目。5 月，区教委召开推进会，邀请特级教师、教研员、业务园长等 8 人举办 16 次集中培训，内容涉及《幼儿园教育指导纲要》解读，幼儿一日生活的组织和指导，幼儿园游戏活动的组织，幼儿园环境创设，各领域活动的组织与开展。并组织 100 名未经注册幼儿园教师参加幼儿半日活动教学与研讨活动。11 月，召开总结表彰会。重点总结为期 4 个月的未经注册幼儿园教师基础培训工作。该项培训活动中，183 名教师结业，其中 22 名非师范专业教师受到奖励。

（黎铮）

【接受市财政局绩效评价】　6 月 21 日，石景山区教委接受市财政局 2011 年学前教育项目绩效评估。审查人员听取石景山区幼儿园建设情况汇报，查看 8 所幼儿园教育项目专项资料，考察古城街道民族幼儿园、北京军区联勤部幼儿园和北辛安小学附属幼儿园。经检查，石景山区通过绩效考核评价。

（黎铮）

【举办第十期暑期园长培训研讨班】　7 月 15 至 17 日，石景山区教委举办第十期暑期园长培训研讨班。培训班以“落实三年行动计划，实施教师培养工程，提升学前教育质量”为主题。培训活动中，北师大教授举办《质量——幼儿园生命之本》讲座，区教研员以专题讲座形式研讨如何通过教研活动引领幼儿教师专业化发展。全区 120 名正副园长参加学习。

（黎铮）

【婴幼儿早期教育项目启动】　8 月 28 日，石景山区政府与东方爱婴集团联合举办婴幼儿早期教育项目启动仪式。启动仪式向家长代表赠送早教产品包，区政府代表与东方爱婴咨询有限公司签订政企合作项目协议。协议内容包括为 0 至 3 岁石景山区籍幼儿提供早教产品，开通早教咨询热线，举办育儿专家讲座等。该项目将服务全区近万名 0 至 3 岁儿童家庭。

（黎铮）

【第二期学前教育工作室启动】　11 月 7 日，石景山区第二期学前教育教师培养工作室启动。启动会总结第一期 22 名培养对象成长情况，肯定工作室依托“高校——行政——幼儿园”模式开展教研的活动实效。第二期教师培养工作室培养对象 31 人，将开展为期三年的五大领域课程建构与实践研究活动。区教委领导、两期工作室培养对象、有关幼儿园代表 100 人参加会议。

（黎铮）

【“半日评优”获表彰】　12 月 27 日，石景山区学前教师获得市教委幼儿教师“半日评优”活动表彰。全区 84 名教师参加评比，其中 2 人获得一等奖、1 人获得二等奖。获奖教学活动被收入《北京市幼儿园优秀半日活动集萃》书籍和光盘。

（范璐丹）

基础教育

【概　况】　2012 年，石景山区小学 31 所，教学班 670 个，毕业 3516 人，招生 4240 人，在校生 21386 人，在校生中，北京市户籍学生 9246 人；教职工 1600 人，其中，专任教师 1386 人；小学入学率 100%，巩固率 100%，毕业及格率 100%。中学 25 所（初中 12 所、高中 4 所、完中 2

所、一贯制学校 7 所)；教学班 462 个（初中 307 个、高中 155 个)，毕业生 4344 人（初中 2964 人、高中 1380 人)，招生 5253 人（初中 3410 人、高中 1843 人)，在校生 14686 人（初中 9619 人、高中 5067 人)，在校生中，北京市户籍学生 9365 人；初中入学率 100%，普通高中入学率 59.9%，高考上线率 97.8%，高考录取率 88.14%，应届高考录取率 90.63%；教职工 2390 人，其中，专任教师 1796 人。特殊教育学校 1 所，10 个教学班，招生 8 人，结业 16 人，在校生 101 人；教职工 33 人，其中专任教师 29 人；残疾儿童入学率 100%，巩固率 100%，结业率 100%。校外教育单位 1 个，教职工 62 人，其中专任教师 33 人。全区小学教师学历合格率 98.5%，初中教师合格率 99%，高中教师合格率 99.3%。全区中小学高级技术职务教师 488 人。中小学图书馆藏书 1705489 册，固定资产总值 83632.15 万元。全年教育经费投入 133606.3 万元，其中，国家拨款 126357.4 万元，自筹经费 7248.9 万元。

（胡光熠）

【联合视导两所学校】 2 月 14 日至 9 月 4 日，石景山区教委、区教育督导室 60 人分组联合视导石景山中学、外语实验小学。视导人员听取学校教育教学工作汇报，观摩学生早操锻炼、眼保健操、课间操活动，检查专用教室、实验室、图书馆等教育教学设备设施，查阅相关档案材料，向干部教师询问常规工作开展情况，并进入课堂听课。视导反馈意见提出，有关学校要把握发展机遇，提高站位、先行发展，凝练学校特色，加强文化建设。

（林臻）

【召开绿色课堂改进项目研讨会】 2 月 22 日，石景山区教委召开“深化绿色课堂研究，实现减负增效，提升教育质量”2012 年绿色课堂改进项目工作研讨会。12 所基地校和语文、数学、英语学科教研员共 40 人参加会议。会上，绿色课堂改进项目基地校汇报开展绿色课堂改进项目的经验，基教研中心报告项目整体推进情况。会议总结绿色课堂改进项目阶段性成果，要求各校深化绿色课堂研究，扎实开展课堂教学改革实践，做好“五个一”：选准一个研究方向、组织一支骨干队伍、制定一套工作方案、积累一套数据资料、开展一次跟踪调研。2010 年 1 月，石景山区教委与北师大共建绿色教育发展实验区，启动绿色课堂改进项目。

（王贤鑫）

【举办教育教学研讨月】 3 月 29 日，

石景山区教委举办 2012 年中小学第六届教育教学研讨月启动仪式暨高井中学三级课程建设现场会。会上，高井中学汇报“五导机制促三级课程有效实施”课程建设经验，提出从导体、导心、导行、导学、导长五个方面促进三级课程有效实施。研讨月期间，石景山区教委推出各级各类活动 111 项，其中区、校组织活动 45 项，科研带题授课 33 项，学科教研活动 33 项，覆盖所有中小学校，涉及思想道德教育、课程体系建设、学科课堂教学、心理健康教育领域。

（林臻）

【举办模拟联合国大会】 4 月 7 至 8

日，石景山区教委、中学生模拟联合国协会在古城中学联合召开石景山区第四届中学生模拟联合国大会。会议分为开幕式、正式会议、闭幕式和换届选举大会 4 个单元，共有 146 名学生参加，分设联合国环境规划署、安全理事会、经济和社会理事会 3 个委员会。8 个小时的正式会议围绕中心议题，通过两份会议决议。会议还选举产生新一届石景山区中学生模拟联合国协会秘书长。

（魏莉）

【举办推进教育信息化应用现场会】 4 月 11 日，石景山区教委与北京师范大学“信息化深层次应用推进”课题组举办教育信息化深层次应用推进现场会。会上，杨庄中学推出网络班语文、英语、政治和生物展示课。会议提出，利用学习平台开展个性化校本教研和培训，进一步加强区内外观摩交流和研讨，提升课题实验研究的质量。各校试验教师和区教研员 40 人参加会议。9 月 13 日，课题组再次召开会议交流海特花园小学等 5 所实验学校推进情况。2011 年，石景山区教委和北师大联合实施“信息化深层次应用推进”课题项目，课题重点是研究教育信息化与学科教学深层次整合的理论与实践。项目旨在将信息技术与学科教学进行深层次整合，实现基础教育根本变革。

（王贤鑫）

【古城中学成立西班牙语实验班】 4 月 26 日，古城高级中学“西班牙语实验班”通过市教委审批。该班配备外语、心理、体育 3 名班主任，开设基础课程、选修课程、研究性学习课程和综合实践课程。古城高级中学分别与北京语言大学、首都师范大学、中国国际广播电台签订教育交流合作协议，为实验班学生的教育实践提供支持和帮助。这是该校首次开设西班牙语实验班。

（魏莉）

【承办全市课程建设现场会】 5 月 10 日，北京市课程建设现场会“依托奥尔夫教育理念，展现爱乐生本课堂”在石景山爱乐小学举行。会上，石景山区 3 名教师进行课堂教学展示，有关专家现场进行点评。会议希望各区县形成完备的课程体系，促学校特色形成，促学校与教师和谐健康发展。来自朝阳、大兴、房山等区县代表 80 人参加会议。

（王贤鑫）

【举办中小学武林大会】 5 月 18 日，石景山区中小学第三届武林大会暨

2012年武术进校园项目展示活动在高井中学举行。武林大会设集体项目和个人项目，涉及长拳、棍术、刀术等。全区22所中小学509人参加比赛。比赛评出最佳表演奖、最佳创意奖、最佳精神风貌奖、最佳组织奖。

（王贤鑫）

【承办全市职业生涯规划课程现场会】 5月22日，石景山区教委承办北京市高中职业生涯规划课程建设现场会。会上，苹果园中学、京源学校、古城高级中学展示主题班会、心理教育课、综合实践活动课等8节课堂教学。教育学院石景山分院汇报职业生涯规划课程区域推进经验，苹果园中学、古城高级中学交流课程体系建构经验。全市各区县教委和相关学校代表200人参加会议。高中职业生涯规划课程建设是国家基础教育课程教材改革试验项目“高中学生职业指导课程的开发、应用与推广”内容之一。

（张树升）

【承办中学生全国手球锦标赛】 7月

24日至8月2日，国家体育总局手曲棒垒球运动管理中心主办，北师大励耘实验学校承办的“励耘实验杯”全国中学生、业余体校手球锦标赛于分别在北京军区体工队和励耘实验学校举行。来自全国各地47所中学和业余体校的66支代表队参加比赛，参赛人员1157人，其中运动员993人，裁判员20人。比赛分为男女初、高中和业余体校共6个组别，赛事规模208场。比赛中，励耘实验学校获得男子甲组第八名及体育道德风尚奖。

（张月琴）

【举办经典诵读活动展示】 10月26至29日，石景山区教委举办“诵中华美文，抒爱国情怀”中小学生经典诵读评比展示活动。活动分别在五里坨、金顶街、苹果园、古城八角、永乐5个协作区进行。全区50所中小学参加评比展示活动，通过读经典、唱经典、演经典等方式，全面展示中华经典诵读活动取得的成果。

（胡光熠）

【召开特教工作联席会】 11月6日，石景山区教委召开特教工作联席会。会议讲解送教上门、康教结合、扶残助学等特殊教育理论，交流全区中小学无障碍调查情况。区培智中心学校汇报学生学籍注册、为2名新增残疾儿童送教上门、通过康教结合和学前特教基地解决13名残疾儿童学前教育等工作。石景山区教委、区残联、区财政局等单位代表参加会议。

（周冬）

【举办中学教师教学基本功培训】 11月7日，石景山区教委召开高中教师教学基本功总结表彰暨初中教师教学基本功培训启动会。会上，区教委表彰2012年参加全市高中教师基本功大赛获奖人员，其中，一等奖6人、二等奖8人、三等奖4人。会议宣读《石景山区第二届初中教师基本功培训方案》，启动新一轮初中教师教学基本功培训。依据方案，石景山区将坚持“全员参与、分层实施”原则，在全区统一部署下，实施区校两级管理和培训。培训分为通识培训和学科培训两部分。通识培训包括教育教学相关的法律及政策、教育教学相关理论、通识性知识和现代教育技术；学科培训按思想品德、语文、数学等15个学科分别组织。全区中学校长、学科教研员和获奖教师100人参加会议。

（周冬）

【举办第十届教育教学竞赛】 11月10至18日，石景山区教委举办第十届“强化教师基本功，促进教师专业发展”教育教学设计与微格课竞赛。竞赛覆盖中小学全部学科，分中、小学两组，中学375人次、小学463人次共838人次参加竞赛。比赛设一至三等奖和团体奖。在微格课展示部分，小学15个学科中96人次获得一等奖，中学18个学科85人次获一等奖；教学设计部分，小学96人次获一等奖，中学85人次获一等奖。团体奖项中，15所中小学获教育教学五星奖，15所中小学获教育教学四星奖，11所中小学获教育教学三星奖。

（施爽）

【召开课程建设研讨现场会】 12月4日，石景山区教委在电厂路小学召开课程建设研讨现场会。会议听取电厂路小学《开发民族特色课程，促进三级课程整合的研究》工作汇报，观摩该校语文课《长城》、综合实践课《抚古追今看文脉——走进法海寺》、美术课《法海寺印象》等7节展示课，共同观看学生社团表演，有关专家现场完成点评。会议肯定电厂路小学以人为本的办学理念，认为该校在以“多科联动、多育互动、多能共生”为核心的三级课程整合过程中，充分体现“立得住、站得稳、长得高”的课程建设目标，满足教师和学生共同发展的需要，同时也为其他学校课程建设提供经验。北京教科院、区教委、区教育分院，以及石景山区、门头沟区、海淀区和东城区教研室教研员和部分学校代表参加会议。

（王贤鑫）

【总结基础教育课程改革工作】 12月25至26日，石景山区教委召开2011至2012学年度基础教育课程改革总结会。会议首先就校本研修促进教师专业发展、减负增效、校本课程评价、综合素质评价、学科组建设5个课改专题进行分组讨论，与会领导和专家就学校汇报总结进行点评和答疑解惑。在全体会议上，5所学校代表5个分论坛作典型发言，教育学院石景山区分院报告全区2012年教育教学设计和微格课竞赛情况。会议全面总结2011至2012学年基础教育课程改革整体情况。会议还表彰26个市、区基础教育课程改革建设先进单位和综合素质评价先进单位，41个2012年区教育教学竞赛群星奖获奖单位。市教委、北师大、北京教科院代表，丰台区中小学校校长、教学副校长130人参加会议。

（王贤鑫）

职业与成人教育

【概　况】 2012年，石景山区职业高中3所，毕业511人，招生882人，在校生 3888 人。毕业生就业率 99%，职业资格证书取证率 91%。教职工 264 人，其中，专任教师 217 人。专任教师中，高级专业技术职务 66 人。学校占地面积 9.06 万平方米，建筑面积 7.88 万平方米，图书馆藏书 42.8 万册，其中，纸质图书 12.8 万册、电子图书 30 万册。固定资产总值 13836.63 万元。全年教育经费投入 9885 万元，其中，国家拨款 9524 万元，自筹经费 361 万元。年内，区属成人高校 2 所。其中，石景山区业余大学开设 10 个专业，招生 650 人，毕业 290 人，在校生 879 人。北京电大石景山分校开设 7 个专科专业和 11 个本科专业。毕业 942 人，春季招生 496 人，秋季招生 515 人，在校生 3269 人。区业余大学和北京电大石景山分校合署办学、统一管理。教职工 126 人，其中，专任教师 35 人。学校设 3 个教学区，占地面积 10636.3 平方米，建筑面积 24529.41 平方米。图书馆藏书 135643 册，固定资产总值 12555 万元。全年共开设短期培训班 2038 个，培训学生 30893 人，开展社区教育培训项目 11 项，培训人数 6817 人。

（姜葵葵）

【成人高考新开专业】 4 月，石景山区业余大学（北京电大石景山分校）经市教委批准，“表演艺术（音乐舞蹈方向）”和“人力资源管理”两个专业列入成人高考。其中“人力资源管理”专业首次招生 67 人。

（向左霞）

【国家及北京市技能大赛获奖】 4 至

8 月，石景山区学生参加北京市和全国职业技能大赛获奖。4 月 14 日至 5 月 6 日，黄庄职高 6 个专业 40 名学生参加 2012 年北京市中等职业学校技能大赛，35 人获奖。其中一等奖 12 人，二等奖 15 人，三等奖 8 人，金融商贸、动漫、美容美发与形象设计 3 个专业获北京市大赛团体总成绩第一名。6 至 8 月，参加全国中等职业学校技能大赛，获一、二等奖各 5 人，三等奖 2 人。其中，美容美发与形象设计专业 6 人获得 5 个一等奖和 1 个二等奖，一等奖数量连续四年名列全国第一。

（姜葵葵　熊洪帅）

【召开与企业互动发展座谈会】 11 月 1 日，石景山区教委在黄庄职业高中召开职业教育与企业互动发展座谈会。会议围绕探索共建新型的职业教育与企业互动发展平台，增强职业教育服务经济社会能力进行交流。会上，北京工业职业技术学院等 4 所职业院校报告学校发展情况，黄庄职业高中与相关企业初步达成校企合作意向。石景山区文委、区科委、区教委等领导，区内 4 所中职、高职院校代表，以及 18 家企业代表参加座谈会。

（姜葵葵）

【三维数字化创新设计四连冠】 12 月，在第五届全国三维数字化创新设计大赛北京赛区比赛中，石景山区业余大学 2010 级电脑艺术设计专业 3 名学生创作的“时尚混搭风格家装”获得一等奖。这是学校连续三年、第四次摘得桂冠。三维数字化创新设计大赛（简称 3D 大赛）由科技部、教育部、中国科协、工业与信息化部指导，国家制造业信息化培训中心等主办，以“三维数字化”与“创新设计”为特色。

（向左霞）

【会计专业获市教学成果奖】 12 月，石景山区业余大学（北京电大石景山分校）财会教研室“会计专业实训教学体系”获得北京市高等教育教学成果二等奖。该体系从成人教育的特点出发，将教育教学与实际工作紧密联系，有助于提高学生动手能力，培养应用型人才。

（向左霞）

【学历教育招生 1800 人】 至年底，石景山区业余大学（北京电大石景山分校）学历教育招生 1800 人。其中，成人高考录取 638 人，录取人数连续 3 年保持在 600 人以上，连续 12 年完成市教委招生计划指标；电大春秋两季招生 1011 人，同比增长 15%，招生人数位居城区第一；奥鹏远程教育招生 151 人，同比增长 14.6%。学历教育在校生 4628 人，持续保持在 4000 人以上。

（向左霞）

教育督导

【概　况】 2012 年，石景山区教育督导室依据《北京市幼儿园全面实施素质教育评价指标体系》和“学前三年行动计划”，制定“全面实施素质教育评价指标体系实施细则”，完成学前教育分布情况调研报告、学前教育发展状况监测统计。完成 6 所小学规范化建设工程督导验收和 13 所小学的回访复查。随访 5 所中学义务教育均衡发展情况和区残联残疾儿童入学、随班就读等工作；完成“2012 年北京市义务教育均衡发展情况监测统计”。随访调研黄庄职业高中关于提升职业教育质量和 5 所高中校关于普通高中多样化发展特色背景下的教师队伍建设情况。综合督导 1 所民办学校、督导随访 6 所文化教育类民办机构。开展教育法律法规执行情况自查工作，完成《2012 年石景山区教育执法自查报告》；结合义务教育均衡发展、学前三年行动计划修订《石景山区教育执法和实施素质教育目标责任分解》；完成相关委办局 34 个责任单位、71 名党政一把手和主管教育副职年度自查及领导干部考核工作。完成市教育督导室关于义务教育均衡发展、学前教育发展情况督导评估和高中教师队伍督导调研的迎检工作。会同区教委完成人民满意学校测评工作，命名 42 所学校“石景山区人民满意学校”。年内，区教育督导室专职督学 6 人，兼职督学 14 人，特约督学 15 人，挂职督学 2 人。

（王桂洋）

【督导验收小学规范化建设工程】 3 至 9 月，石景山区教育督导室督导验收小学规范化建设工程。督导检查组由专兼职督学、特约督学，以及教育行政部门、教育科研部门代表组成，从学校规划与干部队伍，教学与教师队伍，德育、体育、心理、校园文化，硬件建设四个方面，听取校长汇报、巡视校园环境、观看两操、查看档案资料，召开学生座谈会，完成古城第二小学等6所学校规范化建设工程督导验收，并逐校回复意见。至此，全区小学规范化建设督导验收工作结束，31所小学全部合格。在小学规范化建设督导验收基础上，区教育督导室完成13所小学规范化建设督导复查。

（于文芳　顾奇）

【随访学校义务教育均衡发展状况】 4月和9月，石景山区教育督导室专题随访5所学校义务教育均衡发展状况。4月11至25日，督导组依据《北京市区县人民政府落实义务教育均衡发展责任情况督导评估办法（暂行）》《北京市区县政府推进义务教育均衡发展工作督导指标体系》，实地检查高井中学、北京佳汇中学、北师大励耘实验学校，调研学校义教均衡发展建设的总体情况和工作。9月18日、20日，督导组随访蓝天第一学校、天泰中学，听取校长工作汇报、巡视校园建设情况、查阅资料、访谈领导师生、参加教育教学活动。督导组肯定5所学校在义务教育均衡发展方面取得成绩，就学校加强教师队伍建设等方面提出建议。

（王桂洋　张寿山）

【综合督导民办校】 6月2日和6日，石景山区教育督导室综合督导民办校巨人文化艺术培训学校。督导依据《北京市石景山区民办学校办学水平综合评价方案》进行。其间，听取办学汇报、查阅档案资料、课堂听课、问卷调查学生和家长、召开座谈会，巡视三个办学点的教育教学设施和环境。督导组认为：巨人学校采取总部集中管理运营模式，在学校布局、项目设计、课程开发设置、教师选聘与管理、招生宣传、规模发展方面显示优势，取得良好效益。在领导体系建设、学校制度建设、科学规范精细化管理、改善办学条件方面还需要进一步加强与提升。年内，区教育督导室还完成5所民办培训类学校督导随访。

（厉丽　刘国峰）

【完成人民满意学校问卷调查】 6至8月，石景山区教育督导室会同区教委在全区范围内开展人民满意学校问卷调查。调查应用五套调查问卷并委托北师大进行技术分析。调查发放家长问卷28537份，回收有效问卷28239份；发放学生问卷12895份，回收有效问卷12832份；发放街道、社区、派出所问卷249份，回收有效问卷249份。回收总有效率99.13%。调查结果显示，全区总体教育满意率94.41%。12月6日，区教育督导室、区教委召开“2012年石景山区人民满意学校测评工作总结会”，42所学校（幼儿园）获得“石景山区人民满意学校”称号。

（王桂洋）

【接受义务教育均衡发展督导评估】

9月26至27日，市教育督导室督导评估石景山区义务教育均衡发展情况。督评组由20名专家组成，听取石景山区工作汇报，观看石景山区义务教育均衡发展专题片。会后，督评组先后实地考察景山学校远洋分校、同文中学、天泰中学、红旗小学软硬件建设，与教师、学生家长座谈。经检查，督评组对石景山区义务教育均衡发展工作给予肯定，并提出具体要求。石景山区政府领导和相关部门负责人，中小学校长代表参加迎检工作。

（王桂洋）

【接受学前教育发展情况督导评估】 10月24至25日，石景山区迎接北京市学前教育发展情况督导评估。石景山区政府向督评组作《落实三年行动计划，促进学前教育全面发展》专题汇报，全面汇报学前教育发展成绩。

督评组还观看工作专题片、分组座谈、查阅档案、下园所检查。12月28日，市教育督导室对石景山区学前教育专项督导评估进行意见回复。该回复意见认为石景山区学前教育取得六个方面成绩：加强组织领导，认真履行政府职责；统筹资源，科学规划，加快园所建设；加大经费投入，建立保障机制；重视师资队伍建设，促进教师专业发展；加强规范管理，努力提升学前教育质量；发挥主导作用，促进学前教育发展。回复意见还从加强幼儿园教师队伍建设、扩大学前教育资源等方面提出改进建议。

（王桂洋）

【随访调研5所高中校】 10至11月，石景山区教育督导室就普通高中多样化发展和特色建设背景下教师队伍建设情况开展调研随访。调研组分为5个小组，访谈5所高中校的科研主任和教研组长等干部教师，完成教师队伍建设情况数据统计分析和教师问卷调查。调研组召开高中师资队伍建设工作研讨会，听取5所高中校领导关于制度机制、教改成效、梯队建设、师德文化方面的问题和建议。11月5日和9日，区教育督导室与区教委召开两次座谈会，研讨高中教师队伍建设情况，在此基础上完成专题调研报告。

（王桂洋　张寿山）

中共石景山区委教育工委

书　记　邢俊毅

石景山区教育委员会

主　任　叶向红

石景山区政府教育督导室

主　任　刘志成

海　　淀　　区

总　类

【加强校园安全工作】　2月13日，海淀区教委采取三项措施加强校园安全工作。一是提前部署，落实责任。开学前，召开安全保障工作会，部署新学年学校及周边安全工作，要求保卫等各职能部门和学校做到“看好自己的门、管好自己的人、做好自己的事”。二是拉网检查，督促整改。区教育系统机关全体干部组成15个检查小组，分赴所有中小学及幼儿园，专项排查校内外安全隐患，发现问题，及时整改，听取学校意见和建议，在校门口道路上安装减速带、校门口画黄色网格禁停线等，并联合城管、交通、食品监督等部门做到确保校园周边安全、交通安全、食品安全。三是完善制度，强化管理。根据检查情况，进一步完善校园及周边安全管理长效机制和学校突发事件应急处置流程。

（宋亚甫）

【与北师大合作举办工商管理硕士班】

3月23日，海淀区委教育工委与北京师范大学合作举办教育运营与管理（MBA）班。海淀区中小学、幼儿园和直属单位副校级以上干部39人，通过2011年10月全国统一工商管理硕士入学联考入学。培训班学制3年，开设公共必修课、学位必修课、方向必修课、公共选修课共34门课程，48学分。学员在规定学习年限内在职（非全日制）学习，完成规定学习内容，符合学位授予条件，授予北京师范大学教育运营管理（MBA）专业学位证书。

（宋亚甫）

【改革教育经费预算管理模式】　4月，海淀区教委改革教育经费预算管理模式。本年起，预算编制权下放到学校，由学校根据自身发展规划和工作任务，自主确定预算项目和投入额度。按照小学、培智学校年生均300元，初中、工读、聋人学校年生均350元标准，新增学校特色建设经费项目，由学校按需编制计划，自主确定特色发展计划。同时，制定《海淀区教育委员会事业单位预算管理办法（试行）》和《海淀区教育委员会预算资金绩效评价管理暂行办法》等系列监督管理类文件，并组织相关人员分层培训，提高学校自主理财能力，防止出现教育经费管理“一放就乱”局面。区教委将实施定期跟踪和绩效评估，及时指导提高经费使用效益，促进学校特色发展和优质发展。

（宋亚甫）

【召开学校卫生工作会】　5月10日，海淀区教委联合区疾控部门召开2012年海淀区学校卫生防病工作暨疫情报告员培训会。培训内容包括北京市中小学校传染病早期预警监测工作规范、网络直报操作常见问题和传染病相关知识，通报2011年海淀区学生健康监测情况及2011年海淀区学校教学环境监测结果，并邀请专家举办肥胖与营养知识培训。海淀区105所小学、77所中学校医和卫生教师223人参加会议。

（宋亚甫）

【成立校外教育协会】　6月29日，海淀区校外教育协会成立。协会由海淀区校外教育工作者及单位自愿联合发起成立，是经海淀区社会团体登记管理机关核准登记的非营利性社会团体法人。协会定名北京海淀校外教育协会。英文译名“Beijing Haitian Extra-curricular Education Association”，英文译名缩写BHEEA。协会业务范围包括宣传国家相关的法律、法规、政策，制定并实施校外教育机构及活动场所的行业规范；开发、利用、整合海淀区校外教育资源，开展青少年学生校外活动；总结、推广青少年学生校外教育活动场所管理、建设和活动的经验，组织开展学术研究与学术交流活动；开展青少年学生校外教育工作者的专业培训、信息咨询、技术支持和其他有利于青少年学生校外教育发展的服务工作；表彰、奖励在开展青少年学生校外活动、校外教育教学活动研究、服务、本会活动及其他有关工作中取得成绩的会员单位和个人；组织开展国际、国内交流与合作；承担政府有关部门委托的公共事务和服务性任务。

（宋亚甫）

【加强中小学食品安全工作】　6月，海淀区教委采取措施加强中小学食品安全工作。一是完善组织机制，明确食品安全责任。所有中小学成立食品安全管理领导小组，明确部门和岗位职责；规范制度，实施精细化管理。二是联合卫生监督部门修订《海淀区中小学食品安全管理制度（试行）》和《海淀区中小学集体食用配送学生营养餐管理办法（试行）》，规范15项制度，细化13种食品安全记录。三是开展秋季食品安全拉网式检查，重点检查学校落实食品安全15项制度和各项登记记录情况，共检查学校205校次。四是树立典型，推广经验，继创建首批3所食品安全示范校后，启动10所食品安全工作先进校创建工作。

（宋亚甫）

【教师进修学校建校 40 周年】　12 月 8 日，海淀区教师进修学校举办 40 周年校庆暨“教育变革背景下教师教育”学术论坛。庆祝大会听取学校校长工作报告，回顾总结学校 40 年历史，分析各项工作进展与收获。与会领导肯定学校对区域基础教育发展做出的贡献。学术论坛以大会主旨报告、分论坛、现场嘉宾访谈等形式进行，探讨新时期教研员队伍建设和教研模式创新等问题。教育部、市教委、北京教科院等代表，兄弟省市教育专家，该校教职工 200 人参加活动。海淀区教师进修学校成立于 1972 年，承担着海淀区普通教育和成人教育师资培训等方面教育教学、教育科学研究工作。年内，学校教职员工 136 人，其中，专职教师 109 人；中学高级教师 66 人，在职特级教师 6 人，市级学科带头人 10 人，市级骨干教师有 41 人。

（宋亚甫）

【信息化建设投入 4.6 亿元】　至年底，海淀区中小学信息化建设投入 4.6 亿元。全区中小学校园网光纤网络完成升级改造，铺设具有自主产权的万兆光纤，升级更换 3000 间教室多媒体设备，推广海淀区教育教学互动平台。本年度，89 所学校试用学生卡应用系统，20 所学校试用中小学学情分析平台，93 所学校开展互动教学平台应用试验，制作互动教学课程。

（宋亚甫）

【推进海淀北部教育建设】　至年底，

海淀区教委继续推进海淀北部教育建设。一是加快学校和幼儿园建设，继续推进名校承办、名校办分址等工作，提升北部办学水平。二是建立城乡一体化义务教育发展机制，在资金投入、学校建设、人员编制和教师待遇等方面向北部倾斜。三是扶持北部学校办出特色，推广北部新区实验中学、红英小学特色发展经验，引导两所学校固化特色发展成果，形成规模，为北部学校树立典型。四是缩小校际师资差距。选择优质校和薄弱校结对，开展副校级和中层干部、教师双向交流挂职，引导干部教师区域合理流动；加大农村校和薄弱校教师培训力度，保证农村学校、纯初中校和九年一贯制学校教师年人均培训费比城区高 700 元，为农村教师制订专项培训计划；加强海淀教师研修网和优秀课程资源库建设，促进课程资源共享；组建名师教学指导团，深入北部农村学校和城区相对薄弱校，开展课堂教学视导工作；完善义务教育教师绩效工资制度，重点向农村校、薄弱校、特殊教育学校、工读学校倾斜，向高端人才、班主任等重点岗位倾斜，保证农村教师收入水平高于城区学校平均水平 7 个百分点。

（宋亚甫）

学前教育

【概　况】　2012 年，海淀区托幼园所 153 所，其中，教育部门办园 12 所，地方企业办园 2 所，事业单位办园 26 所，部队办园 37 所，集体办园 27 所，民办幼儿园 31 所，其他部门办园 18 所。离园幼儿 10439 人，入园幼儿 18120 人，在园幼儿 55070 人；教职工 8497 人，其中，专任教师 4237 人。年内，海淀区落实学前教育三年行动计划，新建 10 所、改扩建 15 所幼儿园，支持四季青镇、西北旺镇新建 3 所幼儿园，全年新增 5206 个入园名额，有效缓解“入园难”压力。投入 4000 万元，支持非教育行政部门办园改善条件。投入 1.74 亿元补助其他单位办园和民办园公用经费，规范幼儿园招生。以“全面育人，办有特色”为主题，推进幼儿园特色发展和文化建设，加强保教质量管理。成立幼儿园社区儿童早期教育示范基地教师工作坊，完善社区早期教育专兼职教师培训模式。新增 4 所北京市一级一类园。

（宋亚甫）

【推进学前教育三年行动计划】　2 月，海淀区教委采取措施推进学前教育三年行动计划。一是启动小区配套幼儿园接管工作，推进幼儿园改扩建实事项目，专题研究改扩建方案及经费预算；二是落实《教育部关于规范幼儿园保育教育工作和纠正“小学化”现象的通知》，深入幼儿园、小学调研，指导幼儿园的教育教学实践，杜绝小学入学考试，纠正幼儿园教育“小学化”现象；三是指导各幼儿园继续落实 3 岁优先、独生优先等招生政策，研究社会需求，科学制定招生方案；四是落实《幼儿园收费管理暂行办法》，取缔收费兴趣班等行为；五是坚持课题引领，推进“十二五”市级重点课题研究工作。

（宋亚甫）

【评选素质教育征文】　2 至 9 月，海淀区教委举办“童心杯”幼儿素质教育征文评选活动。活动面向各幼儿园管理者、一线教师，分为五大专题，即推进实施三年行动计划的实践创新、幼儿园特色建设的实践与探索、五大领域的教育教学实践、走进童心世界的点滴实录、早期教育工作的实践与创新。全区 111 所幼儿园 2064 篇征文参评。经评审小组评审，67 名教师获一等奖，269 名教师获二等奖，433 名教师三等奖，56 所幼儿园获“创建学习型团队”奖。

（宋亚甫）

【召开学前教育科室联席会】　4 月 1 日，海淀区教委召开学前教育科室联席会议。会议就《海淀区“十二五”时期幼儿园教师培训工作指导意见（讨论稿）》中“学前教育干部教师培训基地实施方案”和“幼儿园教师培训课程管理办法”等内容进行研讨，听取该文件制定过程与思路汇报。会议提出，把学前教育干部教师基地培训纳入全区整体培训体系，提高培训实效性；开好“十二五”幼儿园教师培训工作启动会；加强沟通，共同抓好幼儿园干部教师队伍建设等意见。区委教育工委、区教委、区教育督导室、区进修学校领导和有关教研员 20 人参加会议。

（宋亚甫）

【成立明天儿童教育发展促进会】　6

月8日，海淀区明天儿童教育发展促进会成立。促进会是由学前教育领域知名幼教机构和幼教从业人员自愿联合发起成立，经海淀区社会团体登记管理机关核准登记的非营利性社会团体法人。社团的宗旨是以儿童发展为目的，以教育科研为先导，以师资培训为基础，以交流合作为推手。社团主要业务范围是开展学前教育相关研究；建设学前教育交流平台，定期召开学前教育学术交流会议和科研实践成果评选工作；举办学前教育师资培训：为会员单位及会员提供各类学前教育专业培训；为会员单位及相关学前教育机构提供管理咨询和办园指导；为社会和家长开展学前教育知识宣传和咨询作。明天幼稚集团郑佳珍总院长任促进会理事长。

（宋亚甫）

【启动“十二五”幼儿园教师培训】　6月12日，海淀区教委召开“十二五”时期幼儿园教师培训工作启动会。会议总结“十一五”教师培训成果，提出“十二五”时期教师培训工作总体思路，即：“继承与发展，改进与提高”，从“尚德重能、全面提升”“整体提高、兼顾重点”“整合资源、改革创新”三个方面开展工作。会议强调完善培训工作机制，实施全覆盖、多层次、分阶段培训；制定教师发展梯队，强化幼儿园师资培训；多搭建成长平台，培育骨干教师；加大政策支持力度，提高对学前教师培训工作经费占总经费的比例等举措。会议解读《海淀区“十二五”时期幼儿园教师培训课程管理办法》《海淀区“十二五”时期幼儿园园本培训知道意见》《海淀区“十二五”时期幼儿园新任教师培训意见》等9个文件。首师大、区委教育工委、区教委、区教育督导室领导，160所幼儿园业务园长及部分教师200人参加会议。

（宋亚甫）

【举办社区早教宣传月】　11月，海淀区举办社区早教宣传月活动。活动由区教委、区妇联共同开展，主题为“快乐生活，健康成长”“让科学的早期教育走进千家万户”。活动利用园刊、社区宣传栏、网站等资源，走进社区宣传学前教育发展新政策，指导家庭教育。全区70个幼儿园社区早教基地参加活动。海淀区早教基地坚持做好常规早教工作，通过社区游戏小组、家教讲堂、网络宣教、编辑园刊、园报，多形式开展社区0至3岁婴幼儿及其家庭早教服务工作，提高社区早教普及率。

（宋亚甫）

【完成三年行动计划年度任务】　至年底，海淀区教委完成学前教育三年行动计划年度目标任务。一是完成区政府实事工作任务15所幼儿园改扩建，增加学额1166个。二是做好新建园管理工作。区教委与北师大签署新建北京师范大学实验幼儿园明光村校区办园办学协议；完成10所小区配套幼儿园接收、管理工作，至年底，海淀新区恩济幼儿园、上庄科技园区幼儿园、长河湾幼儿园等幼儿园开园；新建列入市教委重点工程的3所农村园，即四季青双新幼儿园、西北旺镇冷泉村幼儿园、屯佃村幼儿园。三是做好市区专项经费申报的组织工作，制定工作方案争取市级财政经费7915万元，区级支持奖励经费比原计划增加投入47%。四是完成北京市对海淀区2011年学前教育项目绩效评估调研。

（宋亚甫）

基础教育

【概　况】　2012年，海淀区小学107所，教学班3693个，毕业20942人，招生25110人，在校生131547人，在校生中，北京市户籍学生82450人；教职工7199人，其中，专任教师6644人；小学入学率100%，巩固率100%，毕业率100%。中学75所（初中11所、高中3所、完中49所、九年一贯制学校2所、十二年一贯制学校10所），教学班2872个（初中1668个、高中1204个），毕业30292人（初中18149人、高中12143人），招生36624人（初中22183人、高中14441人），在校生103465人（初中61262人、高中42203人）。初中入学率100%，巩固率100%，毕业率100%；初中毕业升学率98%，应届高考录取率91.53%；教职工12126人，其中，专任教师9216人。特殊教育学校3所，开设教学班63个，结业91人，招生86人，特殊教育在校学生1305人（特殊教育学校667人、随班就读学生638人）；教职工296人，其中，专任教师220人。工读教育学校1所，开设教学班17个，离校115人，入校105人，在校生325人；教职工79人，其中，专任教师67人。校外教育单位505个，教职工390人，其中，专任辅导员（教师）218人，另有兼职辅导员708人。各类民办培训机构450家，年度招生1136360人，结业836333人，教职工28029人，其中，专任教师6408人。中小学教师学历合格率99.7%，其中，小学教师合格率99.4%，初中教师合格率99.9%，高中教师合格率99.9%。中小学市级特级教师125人（在职），其中，小学特级教师7人、中学特级教师117人，职高特级教师1人。高级专业技术职务教师2644人，其中，小学91人、初中1056人、高中1497人。全区中小学图书馆藏书987.3万册。学校总占地面积6239719平方米，总建筑面积4035245平方米，固定资产总值67.19亿元。全年教育经费投入87.42亿元，其中，国家拨款63.07亿元，自筹经费24.35亿元。

（宋亚甫）

【举办新任教师国际化培训】　1月14至15日，海淀区教委举办中小学新任教师国际化培训。培训由海淀区教师进修学校组织，邀请澳大利亚教育专家介绍澳大利亚教育政策、教育教学理念以及有效课堂教学方式方法。培训采用任务驱动方式，即时完成书面作业，确保教师用心倾听、及时消化。海淀区新任教师400人参加培训。

（宋亚甫）

【召开课程教材改革实验研讨会】　1月15至16日，海淀区教委召开国家级基础教育课程教材改革实验项目工作研讨会。研讨会介绍该实验项目研究目标、工作原则、研究思路和方法以及项目进展情况，听取“具有海淀特色的基础教育课程及实施方案研究”等专题发言，以及4所实验基地校成果汇报。与会学校分组围绕“海淀特色基础教育课程及实施方案”“深化教学方式改革”“深化教育评价改革”3个专题研讨交流，专家给予指导和点评。有关专家及海淀区教委领导、实验校校长等60人参加会议。2010年12月，海淀区基础教育课程教材改革实验工作启动，实验基地校21所。

（宋亚甫）

【加大名师培养力度】　3月23日，

海淀区教委启动名师工作站第三期导师制工作。名师工作站第三期导师制培养活动为期3年，聘请市级学科带头人和特级教师为学员开展课题研究、论文评比等提供理论指导和实践帮助。海淀区名师工作站拥有1个顾问组、20个学科组、154名导师、343名学员。

（宋亚甫）

【缓解小学入学压力】　3月，海淀区教委采取4项措施缓解小学入学压力。一是公办小学寄宿部停止招生，腾出空间和师资。二是挖掘公办校潜力，在学位紧张区域，暂停小班化教学实验，按规定班额招生。三是加快小区配套学校接收和新建学校建设，扩大收容能力。上庄镇1所小区配套学校9月招生，东升教辅中心改为普通小学，同时，加紧建设翠微小学温泉校区。四是将部分专用教室改为普通教室，扩大办学空间。

（宋亚甫）

【学校科技教育成绩显著】　3至5月，海淀区学校科技教育取得显著成绩。3月3至4日，海淀区选派20支队伍参加第25届头脑奥林匹克创新大赛暨第33届世界头脑奥林匹克中国区决赛，3支参赛队获得一等奖并取得全球赛资格。3月22至25日，参加第32届安捷伦北京青少年科技创新大赛，4名学生获市长奖，2名学生获“市长奖提名奖”，28个中学项目获一等奖，7个小学项目获一等奖，另外获37个专项奖，1个科技教育方案一等奖，1人获“十佳优秀教师”称号，2项获“十佳科技实践活动”，8个科幻画获得一等奖。5月26日，海淀区学生参加创新思维（DI）全球总决赛，小学组取得“挑战A‘需要组装’”项目冠军，为中国队首次获得全球最大规模青少年创意大赛最高奖。

（宋亚甫）

【召开艺术教育工作会】　4月20日，海淀区教委召开艺术教育工作会。会议明确海淀区中小学艺术教育主要任务和工作目标，涉及开发立美教育课程、开展艺术启蒙教育、推进非物质文化遗产传承、完善活动课程管理、实行“课内外一体化”艺术教育、整合艺术与科学思维、建设校园文化课程、建立学生艺术发展常规模式、实施艺术教师成长计划和推动校际联动互助十方面举措。会议展示全区艺术教育成果。区教委领导和全区中小学代表参加会议。海淀区有北京市艺术教育特色学校30所，金帆艺术团承办校21所，金帆书画院承办校12所，区级艺术特色校39所。

（宋亚甫）

【举办李晓风教育教学思想研讨会】

4月27日，海淀区举办人大附中历史教师李晓风教育教学思想研讨会。研讨会由区委教育工委、区教委主办，人大附中承办，是海淀区首个中学教师教育教学思想研讨会。会上，李晓风以《学问和素质——30年的教学反思》为题，介绍从教30年教育思想与心得；人大附中校长、首师大教授、北京教科院教研员以及李晓风同事、学生，分别从不同侧面介绍李晓风教育教学实践。李晓风，人大附中历史特级教师，中国人民大学教授，北京师范大学兼职教授，北京教育学院兼职教授，中国教育学会历史专业委员会理事，北京教育学会学术委员会委员，北京市历史教学学会常务理事。李晓风1982年毕业于北京师范大学历史系，同年到人大附中任教，他以做学者型历史教师为准则，将历史学科的特点与中学历史教学结合起来，在教学实践和理论研究方面取得创新性成果，被誉为“中学的专家级教师”“中学历史教学的权威”。教育部、海淀区政府领导，中学历史教师和中学校长，有关专家等800人参加会议。

（宋亚甫）

【评选“学生喜欢的班主任”】　5至9月，海淀区教委开展小学“学生喜欢的班主任”评选活动。评选设学生喜欢、家长满意、同行佩服3个维度，采取下校考察方式，由北师大专家按多个维度设计家长和学生问卷，并对问卷结果进行分析，最终评选30名“学生喜欢的班主任”。10月，区教委组织总结表彰活动，并向全区推广“学生喜欢的班主任”优秀班级管理经验。

（宋亚甫）

【高考再获佳绩】　6月，海淀区高考再获佳绩。海淀区共有13407名考生参加高考，其中，人大附中学生韩牧岑以总分670分获高考文科第一名，学生李泽以总分712分获高考理科第一名；全区600分以上学生共1772人，2名文科考生获数学单科成绩满分；文科一本、二本、三本上线人数分别为1289人、1922人、2354人，上线率分别为32.31%、48.17%、59.00%。理科一本、二本、三本上线人数分别为5411人、6628人、7304人，上线率分别为59.50%、72.88%、80.32%。

（宋亚甫）

【举办中小学书法教师培训】 7月15日，海淀区教委举办中小学书法教师培训。培训班由海淀区教师进修学校与首师大初等教育学院联合主办，首师大中小学书法教育研究中心承办。培训分为中小学书法骨干教师及书法教师全员培训两种，共12个培训班。其中书法骨干教师培训2个班，书法教师全员培训10个班，由首师大博士生导师等专家授课。课程内容包括书法文化、书写实践、书法教学等，共120学时。全区中小学教师223人参加学习并全部结业。9月27日，区教师进修学校举办北京市海淀区中小学书法教师作品展，展出学员优秀作品，并出版《北京市海淀区书法教师作品集》。

（宋亚甫）

【治理奥数与升学挂钩】 8月29日，海淀区教委召开中小学课外辅导培训机构工作会，布置治理奥数与升学挂钩工作。会议播放中央电视台播出的治理奥数与升学挂钩视频，传达市、区教委坚决治理奥数成绩与升学挂钩措施及会议精神。会议要求，各培训机构招生工作不得涉及奥数，授课过程不讲奥数；不聘任现任公办学校教师授课，不联合公办学校举办奥数竞赛等以选拔生源为目的的培训班，不以举办各种奥数竞赛和培训为名进行虚假宣传。会议强调要做好宣传布置，制定工作方案和预案，把相关精神传达到位。9月1日至10月31日，暂停与升学挂钩的所有奥数班课程，做好停课后的课程调整与退费问题，维护海淀民办教育安定局面。100所中小学课外辅导培训机构负责人参加会议。

（宋亚甫）

【实施小学课程自主排课实验】 9月

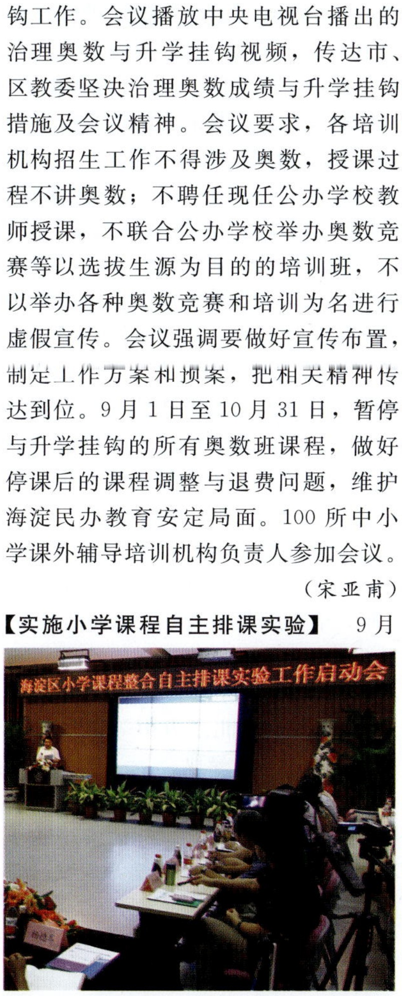

1日，海淀区14所学校实施小学课程整合自主排课实验。自主排课实验以“整合”为重点，在确保国家课程开齐、开足、开好基础上，整合重复性、低效性课程内容。实验学校在执行国家课程标准基本要求，确保语文、数学、英语等核心课程课时总量不变的前提下，对国家课程进行校本化实施。

（宋亚甫）

【34校入选基础教育国际化试点校】

10月12日，海淀区政府召开中国教育学会“十二五”教育改革实验区——海淀区基础教育国际化试点研究项目启动会。会议宣布十一学校等34所学校被列为教育国际化试点项目研究首批实验学校。基础教育国际化试点研究项目实验主题为“海淀区基础教育国际化试点研究”。该项目计划5年内搭建海淀教育国际化的研究平台、信息平台、协作平台和资源平台；引进优质境外教育资源，支持学校举办中外合作办学项目，加大对教育国际化相对薄弱学校的扶持力度，通过引进人才和在职培训相结合方式，培养满足教育国际化发展的教师队伍。

（宋亚甫）

【举办走进大学活动】 10月16日，

海淀区教委举办“探索拔尖创新人才培养模式”之走进大学、科研院所活动。该活动是拔尖创新项目“双走进”（走进中学基地校，走进大学、科研院所）系列活动之一，由清华大学、海淀区教委主办，清华附中承办。活动中，清华附中、清华大学物理系介绍拔尖创新人才培养方面经验，与会人员参观清华大学与附中联合人才培养基地，体验联合培养课程，并就“清华附中与清华大学联合培养拔尖创新人才的工作现状、计划和预期成果”等问题进行交流和研讨。清华大学、海淀区委教育工委、区教委领导及项目协作体师生60人参加活动。海淀区教委2010年联合区内4所市级示范性高中、6所重点高校和3家知名科研院所共同组建海淀区“拔尖创新人才培养”改革实验协作体。

（宋亚甫）

【示范资源教室接受市级检查】 11月7至8日，海淀区教委接受市教委、市特教中心资源教室评估检查。该区共推荐6所中小学资源教室参加评估检查，分别为人大附小、学院路小学、首师大附小、农大附中、中关村中学和永定路中学。评估团由市特殊教育专家、特级教师6人组成。评估团听取6所学校随班就读工作汇报，分别观摩每所学校资源教师1节汇报课，查阅资源教室工作档案，与资源教师面对面访谈。评估团肯定6所学校特殊教育资源教室建设先进教育理念和技术，认为符合市资源教室评估要求。

（盛利华）

【召开教材改革实验中期交流会】 11月8日，海淀区教委召开基础教育课程教材改革实验项目中期交流会。会议介绍海淀区基础教育课程教材改革实验项目背景，听取3个研究专题报告。与会专家现场点评认为，海淀区课程教材改革实验工作“真”，即项目研究工作与实践真实、丰富、多样；“针”，即研究开展扎实有效，针对性强；“臻”，即要关注学校实验方案与区域实验方案互动，处理好二者之间的关系，项目研究工作日臻完善。与会专家从课程建设核心、课堂教学难点、教师发展评价、机制创新方面提出意见和建议。会议最后全面总结实验项目研究工作，提出反思，明确后期任务。北京教科院、首师大专家，全区21所实验项目学校校长、项目负责人等80人参加会议。

（宋亚甫）

【召开王春易教育教学思想研讨会】

11 月 26 日，海淀区召开王春易教育教学思想研讨会。研讨会由海淀区委教育工委、区教委主办。会议观看专题片《王春易和她的生物课》，听取王春易《从学科教学走向学科教育》教育改革实践报告，现场举办教师和学生代表访谈。区委教育工委和区教委相关领导，海淀区各中学教学副校长、特级教师、名师工作站成员和生物教师共 500 人参加会议。王春易，女，十一学校中学生物特级教师，1988 年 7 月毕业于天津师范大学生物系，2003 年调入十一学校任高中生物教师，2010 年入选中国教师报首批“教育家成长工程”培养教师，全国模范教师、省部级劳动模范。她被人誉为“生物课上的教改先锋”。

（宋亚甫）

【召开随班就读工作会】 12 月 7 日，海淀区教委召开中小学随班就读工作会。会议总结 2012 年特教管理中心工作，表彰年度随班就读工作获奖学校和个人，为 6 所示范资源教室和 11 所优秀资源教室授牌，为 53 名首批资源教师颁发上岗资格证书。市特教中心、区残联及海淀区中小学干部教师、教研员 100 人参加会议。

（盛利华）

【评选最具特色学校】 12月19至20

日，海淀区教委召开小学工作总结暨“四个十工程”表彰会。会议表彰最具特色学校 40 所。该评选依据海淀区教委《小学特色建设“四个十工程”工作方案》实施。该工程旨在促进小学特色办学，促进教育优质均衡发展。评选内容涉及办学理念、课程设置、校园环境建设和校本项目 4 个领域，分为申报、申述、下校考察 3 个阶段。全区共有 69 所学校申报评选，经 9 个评审小组、30 名专家考察，最终，翠微小学、首师大附小、定慧里小学等 40 所学校入选。2011 年 1 月，海淀区教委颁布“绽放计划”实施方案，小学特色建设是该计划内容之一。

（宋亚甫）

职业与成人教育

【概　况】 2012 年，海淀区职业高中 4 所，其他学校附设中职班 6 所（不计校数）；毕业 1710 人，招生 3940 人，在校生 9938 人；教职工 654 人，其中，专任教师 446 人。学校占地面积 124961 平方米，建筑面积 111803 平方米，固定资产总值 27911.34 万元。社区学院 1 所，区级社区教育中心 2 个，街道（镇）社区学校 29 个，居委会教学点 600 多家。此外，另有 60 个区内教育机构向社区开放。年内，累计开展各级各类社区教育培训 62 万人次，其中，农民实用技术培训 4 万人次，外来务工人员培训 26 万人次，下岗失业人员培训 3 万人次，老年教育培训 17 万人次，短期文化生活培训及岗位技术培训 2000 人次。

（宋亚甫）

【召开职业学校教学干部会】 2 月 22 日，海淀区教委召开职业学校教学干部会。会议部署全年职业教育重点工作，落实“十二五”继续教育培训方案和区级学科带头人专业能力提高培训活动，确定区级公共基础课录像课安排、学生专业技能比赛项目等工作；强调职业教育课程改革为工作重点，要加强课程中师生互动研究，加强优秀教师选拔、培养和师德建设。区属职业高中和区域内中专学校教学主管干部 20 人参加会议。

（宋亚甫）

【调研街道社区教育发展情况】 3 月 2 日至 5 月 16 日，海淀区教委调研社区教育发展情况。调研组分别走访北太平庄街道、青龙桥街道、八里庄街道等 10 个街道，与街道、乡镇领导及工作人员就社区教育发展方向、社区教育中心建设、经费划拨与使用等座谈，并为基层工作人员举办“教育进社区”培训。调研情况表明，10 个街道设 6 所社区教育学校，开设 40 多门社区教育课程，覆盖 94 个社区，年培训上万人次。

（宋亚甫）

【培训学习型城区建设工作信息员】 6 月 19 日，海淀区教委培训学习型城区建设工作信息员。培训由海淀区建设学习型城区工作领导小组办公室主办，中关村学院社区教育体验学习中心承办。主讲人围绕新闻写作和宣传主题，结合典型新闻案例，讲解宣传报道的科学策划、科学选题、突出重点等内容。海淀区 29 个街道（乡镇）社区教育信息员及中关村学院信息员 50 人参加培训。

（宋亚甫）

【试点“3+2”中高职衔接办学】 6 月，海淀区试点“3+2”中高职衔接办学。北京市信息管理学校被市教委确定为首批开展中高职衔接办学试点校。按照优势互补、分工协作原则，该校与北京北大方正软件技术学院合办“3+2”中高职衔接计算机网络技术专业试点班。该班学生前 3 年在北京信息管理学校计算机网络专业就读，获得中职毕业证书后，通过相应考试进入北大方正软件技术学院学习 2 年，毕业后获得高职大专毕业证书及相关等级资格证书。试点班计划招收 2012 年应届初三毕业生 35 人（北京生源），通过北京市中等职业学校招生统一考试后录取。

（宋亚甫）

【评估青龙桥创建学习型街道工作】 8 月 30 日，北京市建设学习型城市专家组评估青龙桥街道“创建北京市学习型社区先进街道”工作。专家组观看街道开展创建工作宣传片，听取《创建精品学习型社区打造和谐宜居青龙桥》自评报告，分别参加街道干部座谈会、社区居民座谈会，查阅相关文书档案，实地考察西苑医院社区和水墨成府社区。专家组认为青龙桥街道创建工作有4个特点，即逐步加强学习宣传，对创建意义有共识；认清分析街道情况，不断明确创建思路；抓好社区教育，努力建立终身教育服务体系；重视创建过程，逐步完善创建工作。专家组提出运用学习型组织理论引领创建工作，把握创建基本要素，更好推进创建工作等建议。

（宋亚甫）

【建设职校重点特色专业】 9月12日，海淀区启动中等职业学校重点特色专业建设。该项工作由区教委、海淀职教中心组织实施，按照海淀区“十二五”时期教育发展规划要求，2015年10月前分批次、有步骤地建设10个重点特色专业。年内，海淀区教委制定“关于中等职业学校重点特色专业建设的意见”，以及重点特色专业评估指标体系，设定4个一级指标、16个二级指标、44个三级指标及特色与创新指标。

（宋亚甫）

【首届中职骨干班主任培训结业】 9月28日，海淀区中等职业学校首届骨干班主任培训班结业。该培训班由区教委和区职教中心组织，旨在提高班主任组织能力、引导能力、政策执行能力，培训内容包括教育政策法规、专业发展理论与实践、班主任工作科学研究三方面。培训班2011年11月开班，首批学员40人，通过专业培训、异地交流、课题研究等方式，提高学员对班主任工作的认识，推动班主任工作科学发展，形成独特的德育工作特色。

（宋亚甫）

【评选市民学习品牌和海淀学习之星】 10月10日，海淀区评选“市民学习品牌”“海淀学习之星”。该评选由海淀区建设学习型城区工作领导小组办公室组织。全区各单位经过调查筛选，共推荐27个培训项目和107名个人参加评选。其中，“市民学习品牌”涉及社区生活、健康教育、企业服务等领域；“海淀学习之星”涵盖普通居民、企业家、科研人员、教师、医生、公务员。经评审，最终评选19个“海淀区市民学习品牌”、88名“海淀学习之星”。同时，推荐3个项目和8名个人参加北京市评选。

（宋亚甫）

【举办全民终身学习周】 10月24日，

海淀区教委举办全民终身学习周暨教育进社区活动。活动主题为“知识点亮智慧人生，学习创造美好生活”。活动开幕式为获得“海淀区市民学习品牌”和“海淀学习之星”单位和个人代表颁发奖状，举办《做智慧型父母》专题报告会，以及书法、葡萄酒及茶艺学堂等学习体验活动。有关领导专家以及社区居民150人参加活动开幕式。

（宋亚甫）

【举办“口语交际”方案设计比赛】 10月，海淀区教委举办职业学校语文学科口语交际方案设计比赛。比赛由海淀职教中心组织，旨在提升教师对“口语交际”课的设计能力，加深对新大纲和新教材的认识，展示海淀区中等职业学校语文教学成果。经过各学校初赛，信息管理学校、商务管理学校、海淀艺术职业学校、经济管理学校4所学校18份作品参加区级评比。经专家评审，2名教师获一等奖、4名教师获二等奖。

（宋亚甫）

教育督导

【概　况】 2012年，海淀区教育督导室坚持督政督学并重，不断提高教育督导工作水平。立足实际需求增聘兼职督学，充实督学队伍。依托中英督导人员能力建设合作项目，通过请英国专家面授培训、现场观摩、出国学习和交流，开展督学和学校教育评价员培训，提升督评队伍专业水平。在小学学区制管理基础上，试行中学督学责任区制度。完成国家基础教育质量监测和年度教育执法督导检查。完成14所普通中学第三轮全面实施素质教育督导评价工作，总结、推广小学综合督导和规范化建设工程经验。推进24个市级科研课题，完成义务教育阶段学生课业负担状况、特殊教育、高中特色发展等专项督导调研。举办全国教育督导研究协作第18届年会。2012年，海淀区被评为全国教育督导先进集体。

（宋亚甫）

【召开教育督导工作会】 2月21日，海淀区教育督导室召开教育督导工作会。会议听取2011年教育督导工作总结报告，部署2012年重点工作。会议提出，教育督导年度工作包括完善教育督导制度和工作机制，切实加强督学工作、提高督导的实效性；围绕教育热点难点问题开展专项督导、拓展督导领域，加强督政工作、提升依法治教水平；加强督导信息化工作，扎实推进督导科研。强调督学要增强责任意识和法律意识，加强学习，注重教育督导形式的创新，牢固树立督导就是服务的思想。教育督导工作要增强计划性和针对性，逐步实现全覆盖、系统化、标准化。与会督学结合海淀区情和教育督导队伍现状，就海淀督学责任区建设配套制度、要求、措施等方面提出建议。区政府、区教委、区教育督导室领导，区教育督导室督学顾问、专兼职督学100人参加会议。

（宋亚甫）

【表彰教育督导工作先进】 2月28日，海淀区教育督导室表彰教育督导工作先进学校及个人。会议围绕“落实督导评价，促进自主发展”主题，表彰“优秀督学”10人、“优秀学校”20所、“优秀学校评价员”20人，为培训结业上岗评价员颁发结业证和聘书。会议听取民族小学、首师大附属育新学校落实督导评价，促进学校自主发展经验。区教委、区教育督导室领导，区教育督导室专兼职督学和中小学代表200人参加会议。

（宋亚甫）

【完成第三轮学校督导评价】 3月28日至4月27日，海淀区教育督导室完成第六批第三轮学校督导评价。

督导评价涉及6所中学，分别为清河中学、上地中学、上庄二中、卫国中学、六一中学、北部新区实验中学。督导采取联合督导和随访督导形式，通过听取汇报、实地考察、课堂观察、查阅资料、随机访谈、召开干部和教师代表座谈会，从发展规划、队伍建设、各项工作管理、发展绩效四方面对6所学校近三年全面实施素质教育工作进行评价。督评组对学校近年来取得成绩给予肯定，希望学校充分发挥自身优势，正确面对机遇与挑战，积极改革创新，使学校各方面工作再上新台阶。海淀区教育督导室专兼职督学、教育督导评价员200人次参加评价活动。

（宋亚甫）

【调查学生课业负担状况】 5月8日，海淀区教育督导室调查义务教育阶段学生课业负担状况。该调研由教育部教育督导团办公室主持，委托中国教育科学研究院教育督导评估研究中心承办，面向全国中小学义务教育阶段学生，了解学生课业负担状况。调查采取问卷和实地调查相结合方式，问卷调查为网络填报，内容包括学生作息时间、学生课内外学习情况、学生作业和考试情况、学生学习心理状况；影响学生课业负担的因素；学生、教师、家长、校长和教育行政部门负责人对学生课业负担的看法；各地减负工作的主要做法和成效。调查对象包括学生、家长、教师、校长、县级教育行政部门负责人五类群体。海淀区按照要求抽取9所学校参与调研。

（宋亚甫）

【举办小学课堂教学评价培训】 6月14日，海淀区教育督导室举办小学课堂教学评价专题培训。该培训与区教师进修学校联合举办，活动分为听课和分学科评价讲座两部分。培训结合中小学新课程改革基本理念、课程标准，从小学教研角度就课堂教学评价实践中所遇问题进行剖析，说明如何把握评价要点，并提出实效性建议。该区专职督学和小学兼职督学、部分综合类督学和小学教育评价员100人参加培训。

（宋亚甫）

【接受义教均衡发展督导评估】 9月19至20日，海淀区接受北京市义务教育均衡发展督导评估。市教育督导评估组一行20人，观看专题片《努力让每一个孩子享受优质均衡的义务教育》，听取海淀区义务教育均衡发展督导评估汇报，从保障适龄儿童受教育权利、扩大优质教育资源规模、全面提高义务教育阶段办学质量和水平，以及加强领导机制保障等方面听取义务教育发展思路、举措及成果汇报。督导评估组在北部新区实地检查实验中学、上庄中心学区、育鸿学校、万泉小学、理工大学附中、中关村二小百旺校区，重点考察义务教育入学机会、保障机制、教师队伍、质量与管理，召开学校教师、学生家长座谈会。海淀区政府领导、人大代表和政协委员、部分学校校长100人参与活动。此前，海淀区制定《关于做好2012年北京市义务教育均衡发展达标区县督导评估工作的通知》，有关委办局成立自评领导小组，制定实施方案和自评工作计划。海淀区1987年普及九年义务教育，1988年普及高中阶段教育，2001年实现高等教育普及化。义务教育阶段在校生18.65万人，占北京市在校生总数的19%。

（宋亚甫）

【承办全国教育督导年会】 9月24日，海淀区承办全国教育督导研究协作会理事会第18届年会。会议听取“我国教育督导的改革与发展”专题报告，分析中国教育督导改革与发展趋势，介绍国务院教育督导委员会建立背景，提出建立督学责任区必要性。分两组走进十一学校、一零一中学、五一小学和中关村二小百旺校区，听取学校办学理念、历史与发展介绍，与学校领导、教师分享交流。国家教育督导办公室、教育部督导办、北京市教育督导室、北京市有关区县，以及来自江苏、山东、辽宁等地区理事单位和全国各地教育督导人员180人参加会议。

（宋亚甫）

【召开小学教育督导工作研讨会】 11月15至16日，海淀区教育督导室召开小学教育督导工作研讨会。会议以“学习落实《教育督导条例》、总结谋划小学教育督导工作”为主题，以交流研讨、总结汇报、经验分享等方式，回顾第三轮综合督导和小学规范化建设专项督导工作成绩、经验和亮点，反思不足。会议听取小学责任督学汇报，要求教育督导责任区应坚持常态化，加强督学队伍建设，在保障和引领学校发展中更好发挥作用。有关人员30人参加会议。

（宋亚甫）

【召开中学教育督导工作研讨会】 11月21至22日，海淀区教育督导室召开中学教育督导工作研讨会。会议以“学习贯彻《教育督导条例》、推进中学督学责任区制度建设”为主题，围绕贯彻教育部、北京市推进督学责任区工作精神，就推进中学督学责任区工作实操问题、督导进课堂与教研观课的共性与区别进行分组研讨。要求全体督学深入学习《教育督导条例》，结合海淀实际，深入推进海淀教育督导工作；认识新形势对教育督导提出的新要求，支持和保障督学责任区工作。区教育督导室领导，中学、职教、综合类专兼职督学30人参加会议。

（宋亚甫）

【召开评价与督导科研工作会】 11月28至29日，海淀区教育督导室召开2012年教育评价与督导科研工作会。会议围绕市教育督导评价学会“十二五”教育科研课题主题，听取教育督导评价学会课题研究工作总结，交流课题研究进展、课题阶段性成果，有关专家对课题点评并提出建议。会议提出要根据专家建议对课题进行研究；通过课题解决学校存在的现实问题；通过课题研究提升个人的研究能力；通过个人研究和专业能力提升带出一支队伍，带动更多教师参与；各课题组要及时完成课题任务，将研究固化为成果。区教育督导室领导，北师大专家以及海淀区课题负责人30人参加会议。

（宋亚甫）

中共海淀区委教育工委

书　记　张卫光

海淀区教育委员会

主　任　孙鹏

海淀区政府教育督导室

主　任　尹丽君

门 头 沟 区

总 类

【完成2011年财政决算】 1月，门头沟区教委完成2011年财政决算和市教委全国教育经费报表工作。2011年门头沟区财政教育经费总拨款84836.5万元，比上年70143.7万元增加14692.8万元，增长20.95%。教育经费总支出71200.94万元，比上年59703.3万元，增加11497.64万元，增长19.26%，教育费附加支出4236.74万元。

（鲁燕明）

【建立城乡干部教师帮扶联动机制】

2月16日，门头沟区教委制定《进一步建立城乡干部、教师帮扶联动机制的实施意见》。文件明确，城镇中小学与农村中小学一对一结成帮扶联动体，共涉及18对37所学校。文件提出八项工作制度：坚持学校管理工作联席会制度，坚持班子成员、中层管理机构、教学教研机构对口联系制度，坚持干部交流制度，坚持城镇骨干教师赴山区学校工作制度，坚持山区学校教师到城镇学校学习制度，坚持干部导师帮扶制度，坚持骨干教师带徒制度和坚持教师研修站工作制度。

（陈文）

【进一步推进义务教育均衡发展】 2月23日，门头沟区政府召开进一步推进义务教育均衡发展大会。会上，区教委作《门头沟区进一步推进义务教育均衡发展的实施意见》报告，明确“政府主导、统筹规划、分步实施、提高质量”原则，以及推进义务教育均衡发展目标。即：力争经过5年时间全面实现全区义务教育阶段适龄儿童、少年入学机会均等，义务教育阶段学校之间办学条件、办学水平相对均衡，全区义务教育整体水平和均衡发展水平明显提高，学校内涵发展、特色发展成果逐步显现，实现区域教育现代化。全区相关委办局、乡镇办事处主管领导和义务教育学校代表参加会议。

（张进凯）

【开展春季教育收费检查】 3月18日，门头沟区教委召开春季教育收费检查工作会议。会议部署春季教育收费检查工作，并印发《门头沟区关于开展2012年春季教育收费检查的通知》。全区中小学校长参加会议。在基层单位全面自查基础上，4月17至18日，区局际联席会各成员单位和政府特邀监察员共23人，分3个检查组重点抽查13所中小学、1所职高和2所民办机构收费情况，并向被抽检单位负责人反馈检查结果，由单位负责人签字盖章后交由区治理办存档。

（邓建民）

【举办“文明有礼北京人”主题教育】 3月23日，门头沟区教委召开“争做文明有礼北京人”主题教育实践活动启动会。会议解读《门头沟区中小学开展争做文明有礼北京人主题教育实践活动实施方案》。会议指出，以争做文明有礼北京人主题教育实践活动为载体，落实用行动续写雷锋日记，培育和弘扬“北京精神”，进而推进社会主义核心价值体系教育，是新时期开展养成教育的总体思路。会议要求，各学校要加强规范学生行为习惯力度，既要全方位指导学生加强自身修养，又要注重小手拉大手的社会带动作用，推动全区社会文明素质的提升，彰显教育推动社会进步的作用。区教委领导和全区德育干部45人参加会议。

（张进凯）

【举办第15届学生艺术节】 3月24

至25日，门头沟教委举办门头沟区第15届学生艺术节。全区41所中小学校2600名学生参加艺术节活动。活动内容包括校级合唱、班级合唱、校园剧、儿童歌舞剧、京剧共5个项目比赛。

（关含笑）

【举办首届学生社团文化节】 3月30日，门头沟区教委在大峪中学举办首届学生社团文化节。社团文化节包括现场观摩、工作汇报、集中汇演三个部分，来自大峪中学、育园中学和中等职业学校的20多个学生社团参与活动。

（孙颖）

【常态化开展雷锋精神志愿行动】 3月，门头沟区团教工委印发《关于共青团、少先队组织学雷锋活动常态化的通知》，开展“弘扬雷锋精神，师生志愿行动”。该活动以践行北京精神为统领，通过宣传“雷锋精神”加强对青年教师和青少年思想引领。号召教育系统广大青年志愿者行动起来，服务区域经济社会发展，为创建国家环保模范城区营造良好的社会氛围，贡献团员青年的力量。活动分为志愿服务月、宣传咨询展会、青年文明志愿岗三大类活动。

（孙颖）

【加强行政效能建设】 5月2日，门头沟区教委召开“解放思想，转变作风，加强行政效能建设”工作会。会议解读《门头沟区关于加强机关作风和效能建设的若干规定（试行）》和《门头沟区损害发展环境行政问责办法（试行）》两个文件。会议要求教委机关要着眼于教育系统全局，成为服务型机关，主动增强为民服务意识，努力提高依法履行公职的能力和效率，为一线教师、学校干部职工和学生家长做好服务。区教委机关全体干部职工参加会议。

（张文生）

【41校入选健康促进学校】 5月18日，市教委、市卫生局、市红十字会印发《关于公布2011年度北京市健康促进学校验收结果的通知》，门头沟区2011年申请验收新创建的14所健康促进学校全部获得“北京市健康促进学校”荣誉称号。至此，门头沟区41所中小学校全部入选北京市健康促进学校。

（张娅）

【举办高海英校长办学实践研讨会】 5月24日，门头沟区教委举办“以人为本，全面可持续发展——高海英校长办学实践研讨会”。与会人员首先参观大峪二小校园环境，现场观摩语文、数学、体育等课程。听课结束后，与会人员参加研讨会。研讨会上，区教委介绍高海英校长30多年来潜心教育工作，不断研究和探索教育规律所取得的成绩。高海英报告关于办学思想、办学理念方面的思考以及办学实践的体会。会议提出，只有把教育理念落到实处，才能办儿童喜欢的学校、人民满意的学校。有关领导、专家，来自兄弟区县代表、门头沟区校级干部共200人参加会议。

（陈文）

【制定绩效工资统筹方案】 6月13日，门头沟区教委制定义务教育月人均600元绩效工资统筹方案。在多劳多得、优绩优酬原则下，方案提高山区补贴、骨干津贴、干部津贴、班主任津贴，增加住宿学校补贴，设立教育教学成果奖。绩效工资其余部分，学校自主发放。

（王海泉）

【召开校外教育联席会议】 7月18日，门头沟区政府召开校外教育联席会。会议全面总结2011年校外教育工作，部署2012年重点工作。会议决定建立表彰机制，表彰2011年度青少年学生校外教育先进集体和先进个人。会议交流城子街道办事处、永定河文化博物馆、灵溪生态教育基地先进工作经验。区政府、区教委和校外教育联席会成员单位领导和中小学代表参加会议。

（张娅）

【召开治理教育乱收费研讨会】 8月30日，门头沟区治理教育乱收费局际联席会召开研讨会。研讨会上，区教委汇报近年来教育收费治理工作情况。会议提出，要继续落实好局际联席会议制度，在规范教育收费工作中，进一步加强沟通协调与配合，确保治理教育乱收费工作取得新成效。根据工作需要，会议调整治理教育乱收费工作领导小组成员名单，重新修订局际联席会议成员单位工作职责。门头沟区治理教育乱收费局际联席会成员单位负责人共15人参加会议。

（邓建民）

【召开教师节表彰会】 9月10日，门

头沟区委、区政府召开庆祝教师节表彰会。会议宣读关于表彰2012年优秀教师、优秀教育工作者的决定，主管教育副区长作教育工作报告。会议向全区广大教师和教育工作者致以节日的问候和崇高的敬意。会议就教育工作和教师队伍建设提出要求：一要统一思想，坚定推动全区教育事业跨越式发展的信心和决心，加快推动教育改革发展。二要改革创新。要加快调整优化教育布局，形成多元化办学的教育格局。要建立教育教学评价监督制度，强化教育管理，建立严格的督学考核评价机制，更新教育理念，大力推进教学教法改革。三要积极稳妥地推进人事制度改革，加强教委机关、校长队伍和教师队伍建设。四要尊师重教，凝聚合力，加强对教育工作的领导，在制定发展规划、保障教育基础设施建设等方面加大支持力度，营造支持教育发展的良好氛围。门头沟区领导、教育系统干部教师300人参加会议。

（刘云）

【按编制下拨学年奖】 9月12日，门头沟区教委按编制审核并下拨2011至2012学年度学年奖。学年奖人均9500元，全区教育单位教职工3591人，共发放3375.45万元。其中，7个超编单位减少8人的学年奖，17个缺编的单位增加21个人的学年奖。按编制下拨学年奖后，学校根据奖金总额自主分配，方案须经教代会或全体教职工会讨论通过并公示。方案向教学一线和做出突出贡献人员倾斜，依据考核分等发放，等次间体现多劳多得，优劳优酬原则。

（王海泉）

【与北师大签署教育合作协议】 9月25日，门头沟区教委与北京师范大学教育学部签署教育合作协议。合作初步期限为三年，合作内容分四部分。一是教育咨询。北师大依托其教育资源，为门头沟区在高端人才引进、教育政策及标准咨询、教育发展规划的实施、教育改革政策风险估算、区域重大教育政策论证方面提供全面支持与服务。二是合作办学。门头沟教委确定一所小学、一所幼儿园作为双方合作办学的机构，北师大教育学部进行实质性管理，为每所合作学校选派5至7名专兼职专家和管理人员。三是教育科研合作。双方合作申报教育部和北京市两级科研项目。四是培养培训。北师大以多种形式为门头沟干部教师的学历提升和专业发展提供服务。另外，双方在建立管理机制、信息沟通机制、领导互访机制等方面达成协议。

（王海泉）

【中层干部异地挂职】 9至12月，门头沟区委教育工委、区教委开展中层干部异地挂职。10名小学优秀中青年中层干部和6名中学副校级干部分两批赴北京市优秀小学和中学挂职锻炼，挂职期限两个月。挂职锻炼为门头沟干部提供深度学习先进学校办学理念和管理经验，丰富岗位阅历，提高工作能力和管理水平的机会。

（陈文）

【开展校长离任经济责任审计】 10月17日，门头沟区教委完成西辛房中学、军庄中学、教育技术装备站等5个单位校长离任经济责任审计，审计金额共计5129.95万元。本年校长离任审计工作

实行审计公示制度，公布审计时间、地点、审计人员等内容，使审计工作做到公开、透明。截至12月31日，全部完成审计材料复核工作。

（邓建民）

【处理来信来电来访75件次】 至年底，门头沟区教委共收到群众信访75件次。其中来信42件，来访8批次，来电25个。属于政策法规类47件，占信访件总数的62%，学校管理类25件，占信访件总数的33%，其余为领导干部类，共3件，占信访件总数的5%。办结信访件75件次，办结率100%。

（张文生）

学前教育

【概　况】 2012年，门头沟区托幼园所16所，开设教学班189个。离园幼儿2817人，入园幼儿3510人，在园幼儿5470人。教职工488人，其中专任教师344人。学前三年教育普及率85.9%。区内北京市一级一类幼儿园4所，市级示范园1所，北京市早教基地6所，北京市特殊教育基地2所。

（何苗）

【举办幼儿园专题开放活动】 4月13日，门头沟区2012年幼儿园专题开放活动在门头沟区幼儿园举行。活动主题为交互式电子白板在集体教学中的应用。活动共展示社会、语言、科学三个领域集体教学，面向全区公立、私立及附属幼儿园开放。区幼儿园作为门头沟区信息技术示范基地，探索和尝试运用信息技术辅助教学方法。幼儿园通过组织教师进行多种形式的培训，如外请专家、外出观摩学习、园本培训等，提高教师的教学技能。该园经验表明，利用交互式电子白板辅助教学，可以增强集体教学的丰富性、直观性、互动性，使幼儿获得良好的认知体验。全区幼儿园园长和教师、教研员50人参加活动。

（张进凯）

【召开园长工作会】 7月5日，门头沟区教委召开幼儿园园长工作会。会上，全区16所幼儿园园长分别汇报学期末、暑假中以及开学前工作。会议根据汇报就各幼儿园工作提出建议。一是在常规的假期教师培训活动中创新，体现个性化、主题化。二是对家长的培训工作要“早入手”，提高针对性。三是保证领导班子稳定，制定好新的园所三年发展规划。四是园长要把握好绩效工资中的自主权，把绩效与人事变动相结合。五是把园本教研与教科研相结合，引导教师自主学习，注重师德建设，促进办学水平的提高。六是加强幼儿体检及晨午检制度，保护好幼儿生命安全。七是抓好开学两件事：开学典礼和教师节活动，做好自身及对外形象塑造。八是要做好招生工作，写清招生时间、招生条件，公示咨询电话。会议还就招生工作、教师培训工作、家长工作和园所规划工作提出要求。区教委领导和全区16所幼儿园园长参加会议。

（张进凯）

【两园实行政府委托办园】 8月3日，

门头沟区政府委托办园签字仪式在门头沟区教委举行。门头沟区政府与珠海市大地教育咨询有限公司、北京市朝阳区金色摇篮潜能开发婴幼园签署委托办园协议。依据协议，石门营第一幼儿园委托承办方为金色摇篮潜能开发婴幼园，龙泉第一幼儿园委托承办方为珠海市大地教育咨询服务有限公司。年内，门头沟区政府实行幼儿园委托办园，通过公开公平公正的方式，面向社会遴选优秀的办园机构。经过申办者评审答辩、综合考评，确定承办机构。

（张进凯）

【智慧摇篮幼儿园入选早教示范基地】 8月21日，市教委公布第八批北京市社区儿童早期教育示范基地，门头沟区智慧摇篮幼儿园通过验收，入选早期教育示范基地。至此，门头沟区北京市早期教育基地6所。智慧摇篮幼儿园位于永定镇石龙工业区内，占地面积2125平方米，建筑面积1383平方米。

（张进凯）

【召开幼儿园规范收费管理工作会】 10月16日，门头沟区召开幼儿园规范收费管理工作会，全区各类型幼儿园负责人参加会议。会议下发《门头沟区幼儿园收费管理实施意见》，规定城区公办幼儿园执行北京市收费指导价，山区公办幼儿园下浮50%。各幼儿园不得收取与入园挂钩的赞助费、捐资助学费，不得以开办实验班、特色班、兴趣班、课后培训班和亲子班为名向家长另行收取费用，不得收取教材费。

（刘云）

【评比优秀教育活动】 10至12月，门头沟区教委举办幼儿园教师“优秀教育活动”“优秀教育故事”双优评比活动。活动通过教育活动光盘评比和现场教学评比两阶段，最终评出优秀教育活动32个，优秀教育故事一、二、三等奖共68个。评优活动增设幼儿园教学干部评课活动，进一步提升干部教学指导力。

（刘云）

【龙泉雾小学附属幼儿园开园】 11月12日，门头沟区龙泉雾小学附属幼儿园开园。龙泉雾地区地处门头沟浅山区，人口密集，外来务工人员多，该地区仅有一所硬件设施、师资条件非常差的未注册园所。龙泉雾小学附属幼儿园拥有一流硬件设施、专业师资队伍，每月收费只有125元。年内，门头沟区教委为取缔城乡结合部的非法园，解决适龄幼儿入园问题，申请市级财政支持，在龙泉雾地区、琉璃渠地区、三家店地区和梨园地区分别建设一所村办园，保证幼儿园硬件设施及师资配备都符合北京市办园标准。其他三所村办园将在2013年内陆续建成并投入使用。

（刘云）

基础教育

【概　况】 2012年，门头沟区小学35所，开设教学班386个，毕业生

2033人，招生1946人，在校生11106人。教职工1506人，其中，专任教师1203人。中学17所，开设教学班228个（初中163个、高中65个）。教职工1285人，其中，专任教师893人。毕业2421人（初中1809人、高中612人），招生2509人（初中1695人、高中814人），在校生7330人（初中4745人、高中2585人），在校生中北京市户籍学生6295人。初中入学率100%，巩固率100%，毕业及格率100%，升学率98.7%，高中应届毕业生高考录取率91.85%。特殊教育学校1所，毕业生16人，招生8人，在校生37人，教职工13人，其中，专任教师11人。校外教育单位5个，教职工125人，其中，专任教师96人。工读学校1所，毕业16人，招生15人，在校生47人，教职工47人，其中，专任教师26人。全区中小学教师学历合格率100%，高级专业技术职务教师903人（小学685人、中学218人）。中小学占地面积609795平方米，建筑面积275569平方米，图书馆藏书99.25万册，固定资产总值48588.46万元。全年教育经费投入114140.3万元，其中，国家拨款111342.3万元，自筹经费2798万元。

（周文涛）

【评选课程建设优秀成果】 2月22至24日，门头沟教委举办2011年课程建设优秀成果评比。70项课程建设成果参加评选，48项成果获奖，其中，一等奖17个，二等奖12个，三等奖19个。

（张进凯）

【举办学生体质健康测试赛】 4月14日，门头沟区第四届国家学生体质健康测试赛在区体育馆举行。全区43所中小学1500名学生参加测试。学生体质健康测试项目以《国家学生体质健康标准》为标准，包括身高体重、肺活量、台阶试验、立定跳远、坐位体前屈、正常视力检出率、标准体重检出率。测试对象统一从学生学籍档案管理库中随机抽签选取。大峪中学、潭柘寺中学、三家店铁路中学小学部分别获得高中、初中、小学组总成绩第一名。

（王曦）

【完成初中毕业升学现场体育考试】

5月5至6日，门头沟区初中毕业升学现场体育考试分别在大峪中学、斋堂中学考点进行。全区16所中学共1400名学生参加考试。按照北京教育考试院规定，中考体育分为现场考试和过程性考试两部分，满分为40分。其中，现场考试30分，男、女生各3个项目。门头沟区考试领导小组采取考评员脱产封闭培训、收缴通讯工具、签写责任书、起终点录像、二次检录粘贴遮盖考生信息、送考进山多种方式确保初中毕业升学现场体育考试安全有序进行。

（王曦）

【召开教材改革试验项目年度工作会】 5月14日，门头沟区教委在区教师进修学校召开基础教育课程教材改革试验项目年度工作会。会议宣讲项目研究背景，部署填写2012年度实验任务确认书、开展优秀课改论文评选活动等工作。结合课改，会议对项目推进工作提出三点要求：一是要重视科研、教研工作，促进教师多思考、多动笔、多研究。二是要把握住课改项目研究契机，整合行政、教研、科研、学校力量共同研究。三是在项目研究中，行动是根本，研究是支持，要通过扎实的行动形成学校特色，让学生最终受益。区教委、区教师进修学校领导和全区中小学代表50人参加会议。

（王艳）

【建设区域六大类研究共同体】 5月，门头沟区教委采取区域研究共同体模式推进高效课堂建设。区教委以“深化教学方式改革构建高效课堂的实践研究”为全区研究总项目，组织各中小学采取年度实验任务确认书形式参与实验研究。根据中小学以及教育基地承担的试验研究项目，依据

“同质同组、兼顾数量”的原则进行分类，形成区域“教育模式”“优化教学管理”“自主学习”“教育技术”“教学策略”“地方与校本课程”六大类研究共同体。在各成员独立研究的基础上，研究共同体负责人组织协调，就共同关注的项目问题共同学习、合作探究、相互启发，实现研究资源共享。

（王艳）

【设立农村中小学教师研修工作站】 6月27日，门头沟区教委在新桥路中学设立农村中小学教师研修工作站。工作站面向全区开展农村教师培训工作。年内，工作站聘请两名市级骨干教师担任指导教师，两名来自坡头中学和潭柘寺中学教师进站研修。

（王海泉）

【召开地方课程建设研讨会】 7月5日，门头沟区教委在灵溪生态教育基地召开地方课程研讨会。会议交流灵溪中小学生态教育基地、斋堂中小学革命传统教育基地、琉璃渠中小学劳动艺术基地、雁翅中小学素质教育基地4个基地地方课程建设情况，讨论《门头沟区义务教育阶段地方课程建设规划（草稿）》，对规划草稿的完善与改进提出建议。会议明确地方课程建设方向：具有地域资源优势，体现综合实践特征，走精品化之路。开发工作要坚持“贴近基地功能定位、贴近学生身心发展需要、贴近教育和时代发展需要”。区教委、校外教育基地、有关学校代表共20人参加会议。

（王艳）

【举办初中阶段新课程标准培训】 7月15日，门头沟区教委在区教师进修学校举办义务教育初中阶段（学科）新课程标准培训。会上，区教研员分学科解读新课程标准，观看新课标修订说明视频。全区语文、数学、

地理等13个学科教师600人参加培训。门头沟区义务教育初中阶段新课标培训活动分两个阶段进行。第一阶段，利用假期对各学科教师进行新课标理论培训，教研员组织市、区骨干教师编写教学设计的背景分析和教学目标“读本材料”。第二阶段，学科教师结合学校实际，修订教学目标，完成教学过程及板书等设计。

（王艳）

【试点教师全员竞聘】 7月19日，门头沟区教委以大峪中学分校为试点，开展教师全员竞聘。竞聘共设69个教师岗，实际参与竞聘教师92人，其中本校71人，外校21人。大峪中学分校本校58人竞聘成功，13人未成功。外校11人竞聘成功。

（王海泉）

【举办校外教师基本功测试】 7月28日，门头沟区教委在区少年宫举办校外教师基本功测试。测试内容包括专业技能展示、活动展示、活动设计共3项内容。全区10名校外教育教师参加测试活动，评选出5名教师参加市级校外教师基本功测试。

（张娅）

【成立校外教育研究室】 9月17日，门头沟区教委成立门头沟区校外教育研究室。校外教育研究室设在门头沟区教师进修学校。职责是在区教委领导下，负责全区校外教育教学研究工作。校外教育研究室工作接受区教委体美科和市校外教研室的业务指导。

（张娅）

【举办综合素质评价工作培训】 9月

19日，门头沟区教委召开初中学生综合素质评价工作培训会。会议解读《北京市初中学生综合素质评价方案（修订）》，举办初中学生综合素质评价电子平台操作培训，介绍初中学生综合素质评价工目的、原则、评价指标体系等内容。会议就建立工作机构、完善工作机制、规范工作流程等问题提出具体要求。区教委领导和全区初中学校代表参加会议。此前，市教委修订2006年的《北京市初中学生综合素质评价方案（试行）》，9月1日开学在全市初一年级试行。

（王艳）

【举办第30届学生科技节】 10月12日，门头沟区教委在北京第二实验小学永定分校举行第30届学生科技节开幕式。科技节以“科技与文化融合，成长与快乐同行”为主题，坚持面向全体学生及公益性原则，坚持课内与课外相结合，普及与提高相结合原则，鼓励学生通过参与、体验、动手制作等方式参加科技节活动。科技节为期7个月，其间开设模型构建、航空模型、科技创新等19项活动。全区中小学生2万人参加活动。

（关含笑）

【成立吴正宪教师工作站门头沟分站】 10月15日，门头沟教委举行“吴正宪小学数学教师工作站门头沟分站”启动仪式。门头沟分站成立后，将利用吴正宪小学数学教师工作站专家资源，搭建小学数学教师成长平台。工作站设在门头沟区教师进修学校，将实行“1＋5＋N＝317”的运行机制。即任命1人担任总站执行站长，设置5个联盟（由区级教研员和区级名师担任负责人），每个联盟由5所学校组成（各校主抓教学干部作为联系人，负责组织研修活动）；优选核心团员，全区5个基地校联盟中，分别设5名有较高奉献精神、较强的教研意识和教学能力的小学数学教师作为联盟中心成员，中心成员带动全区所有数学教师携手发展，使全区317名数学教师都得到成长。

（张进凯）

【举办中学教师基本功培训】 10月19日，门头沟区教委召开中学教师基本功培训和展示活动启动会。会议从指导思想、培训原则、阶段安排等方面解读中学教师基本功培训与展示活动方案。会议还邀请北京教科院举办“促进教师专业发展，提高教育教学实践能力”培训讲座。区教委领导、区教师进修学校领导，各中学校长、教学领导及骨干教师代表共230人参加会议。会后，各中学陆续展开学科知识、通识知识、微格展示等培训。

（王艳）

【新成立两个名师工作室】 10月，门头沟区教委在区教师进修学校挂牌成立高中地理、中学技术两个名师工作室。两个工作室主持人及成员共计14人。至此，门头沟区共设9个名师工作室，主持人及成员57人。

（王海泉）

【开展教师远程培训】 10月，门头沟区教委依托全国继续教育网资源优势，开展九年义务教育在职在岗全员教师远程培训。培训以专题课程学习与研修活动相结合，涉及基础理论与教学实践、深层次的反思与研修等。培训注册学员2050人。

（王海泉）

【交流小学规范化建设专项成果】 11月6日，门头沟区教委举办“小学规范化建设专项成果展示交流——走进军庄中心小学”活动。活动中，军庄中心小学11名教师展示国家、地方、校本三级课程教学活动，学校领导以《加强课程建设促进学校可持续发展》为题进行专题汇报。军庄小学从满足学生个性发展的角度开发人文素养、体艺素养、科技素养、综合素养四类校本课程，并且开发6门德育校本课程。活动要求各学校深入思考新背景下课程建设意义，结合区域发展优势，转变观念，不断满足孩子多样化发展需求，努力推出精品课程。区教委领导和全区小学代表90人参加会议。

（张秀明）

【表彰课程建设成果】 11月6日，门

头沟区教委在三家店铁路中学召开课程建设成果表彰会暨校本课程现场会。会议表彰中小学26项集体成果和22项个人成果，同时布置2012至

2013 学年度课程建设优秀成果评选工作。会议还举办特色校本课程展示交流，观摩三家店铁路中学 4 名教师校本课程展示课，参观学生大课间“四小体育”和纸艺才艺展示，听取校长《加强校本课程建设，促进学校特色发展》主题报告。会议要求全体干部教师深入思考新的背景下课程建设的意义，明确下一阶段课程建设任务，努力推出精品课程。北京教科院、区教委、区教育督导室领导，全区中小学代表 80 人参加会议。

（王艳）

【研讨数字化教研方式】　12 月 25 日，门头沟区教师进修学校召开数字化教研方式研讨会。研讨会利用北京市数字化平台远程观摩信息技术常规教研活动。会上，区教委领导报告常规教研、远程教研的调研反馈结果。会议指出，门头沟区山区面积广，学校分布散，各种教研活动形式要相互补充、互动沟通。区教委相关领导、区教师进修学校全体教研员，以及全区各中小学教学干部参加会议。

（张进凯）

【成立京师实验小学】　12月25日，门

头沟区坡头小学正式更名为“北京市门头沟区京师实验小学”。更名后，学校性质不变。该校是门头沟区教委与北师大教育学部合作办学学校。11 月，区教委与北师大教育学部通过竞聘选拔北师大教授任学校校长，教育学部同时为学校选派 5 至 7 名专兼职专家和管理人员，对学校进行实质性管理。

（王海泉）

职业与成人教育

【概　况】　2012 年，门头沟区中等职业学校是该区唯一一所职业学校，是北京市示范性中等职业学校，北京市职业教育先进单位。毕业 548 人，招生 137 人，在校生 1078 人，46 个教学班。占地面积 5.5 万平方米，建筑面积 3.2 万平方米。固定资产总值 5630.69 万元。开设学前教育、中餐烹饪、汽车运用与维修、酒店服务与管理、旅游服务与管理、计算机网络技术、计算机应用、美术设计与制作、动漫游戏、金融事务 10 个专业。教职工 160 人，其中，专任教师 116 人。全年经费投入 4352.27 万元。高等成人教育学校 1 所（北京广播电视大学门头沟分校），开设专业 11 个，学历教育在校生 2200 人。教职工 28 人，其中，专任教师 14 人。外聘教师 74 人。教育经费投入 640 万元，其中，国家拨款 341 万元、自筹经费 299 万元。12 月，社区教育中心重新组建为社区学院。学院教职工 43 人，其中，专任教师 26 人。全年教育经费投入 591.73 万元。区内民办学校 29 所，全年培训 12500 人。

（赵盈春）

【加强依法行政工作】　3 月 2 日，门头沟区教委印发《关于进一步加强我区民办学校行政许可工作的通知》。文件明确民办学校行政审批、核准与备案等涉及规定事项变更的，要及时向区教委提交相关材料，经区教委审批、核准、备案后方可实施。所有行政审批、核准与备案工作均实行网上办公。至年底，区教委应用网上审批监察系统完成民办学校筹备设立、变更举办者等行政许可事项的许可、核准与备案工作 44 次。

（祝子敬）

【开展市民心理调适教育】　3月6日，

门头沟区教委在大峪办事处举行“2012 年门头沟区市民心理调适教育活动启动仪式”。心理调适教育配合全区开展的“六型社区”建设和“十二类人群”服务管理，在全区范围内开设“享受幸福生活，做智慧老人”，“增强记忆力”，“美丽女人，魅力主妇”等课程。至年底，区教委开展心理调适教育活动 27 场，市民 1121 人参加学习。

（祝子敬）

【开设农民艺术中专班】　3 月，门头沟区教委举办“艺术教育下乡进社区”工程启动仪式暨首届农民文艺中专班开班典礼。农民文艺中专班由门头沟社区学院举办，学制 2 年，开设课程 16 门。年内，文艺中专班设 24 个班，学员 865 人，覆盖全区大部分镇、街。

（祝子敬）

【召开建设学习型城市领导小组会】

4 月 24 日，门头沟区政府召开建设学习型城市工作领导小组会。会议总结回顾 2011 年工作，部署 2012 年重点工作，调整门头沟区建设学习型城市工作领导机构，进一步明确领导小组成员单位职责及任务。会议表彰 9 个建设学习型城市工作先进单位、40 个学习型组织创建工作先进单位、2 个区级学习品牌、10 名区级学习之星。门头沟区建设学习型城市工作领导小组成员单位代表参加会议。

（祝子敬）

【完成民办学校年检】　4 月，门头沟区教委完成 2011 年度民办学校年检工作。通过召开动员会，审阅年检材料，到民办学校实地检查等形式，区教委认定 28 所民办学校年检合格。同期，区教委还完成民办学校春季、秋季收费检查，规范民办学校收费公示工作。

（祝子敬）

【实施农村劳动力转移培训阳光工程】　5 月 23 日，门头沟区 2011 年度农村劳动力转移培训阳光工程通过市教委验收组验收。该工程由农业部、教育

部等部门推动实施，按照“政府推动、基地主办、部门监管、农民受益”的原则，以市场需求和农民意愿为导向，以农村劳动力转移就业前的短期职业技能培训为重点，对农民有针对性地开展行业技能培训。2011年，区教委在7个镇开设林果和畜牧养殖两个专业培训，培训4235人次。

（祝子敬）

【3人入选市级“首都市民学习之星”】 5月，门头沟区3名市民被评为市级“首都市民学习之星”。此前，区教委从2011年评选的10名区级“首都市民学习之星”中选拔4人参加市级评选。下半年，区教委开展2012年区级“首都市民学习之星”和“首都市民学习品牌”评选工作，共评出10个区级“首都市民学习之星”和4个区级“首都市民学习品牌”。

（祝子敬）

【组建门头沟区社区学院】 12月10

日，门头沟区教委组建社区学院。社区学院整合区教委所属社区教育中心和区商务委所属区财贸干校，在两校机构编制、人员和职责基础上，组建“北京市门头沟区社区学院”，加挂“北京市门头沟区市民学校”“北京市门头沟区农民科技教育培训中心”牌子。同时，撤销原社区教育中心、区财贸干校。社区学院为区教委所属事业单位，机构规格相当于副处级，全额拨款，核定事业编制48人，领导职数1正3副。社区学院成立后，原区财贸干校承担的成人大专学历教育职责调整到北京广播电视大学门头沟分校。

（王海泉）

【与企业合作培训员工】 12月，门头沟区教委委派门头沟区中等职业学校赴中坤集团开展企业培训。该校旅游专业骨干教师为企业举办旅游业相关培训，内容包括酒店英语、企业文化、企业经营、餐厅服务和解说词，培训中层管理人员及员工740人次。

（祝子敬）

教育督导

【概　况】 2012年，门头沟区教育督导室围绕全区教育改革和发展的中心任务，履行监督、检查、指导、评估职能，开展督政、督学工作，推进素质教育，促进教育均衡、科学、协调发展。一是完成教育法律法规执法检查自评和镇、街、委办局的年终考核工作。二是完成4个专项督导工作并获得市教育督导室好评，即北京市义务教育均衡发展督导、校外教育专项督导、职高德育专项督导和学前教育专项督导自评工作。三是结束全区25所小学的规范化建设工程督导验收工作。四是协助市教育督导室代表北京市完成全国义务教育阶段学生课业负担状况调查工作和特殊教育工作专项督导调研。五是做好语言文字工作。完成市语言文字规范化示范乡镇、规范化示范学校的评估检查；开展第15届全国推广普通话宣传周活动，参加全市语言示范校语言文化智力竞赛决赛。在完成上述工作的同时，加强督导队伍建设，聘任30名兼职督学。并制定《门头沟区兼职督学聘任管理办法（暂行）》，进一步明确督学工作职责。

（陈菊新）

【完成小学规范化建设验收工作】 3月6至24日，门头沟区教育督导室督导验收门头沟区琉璃渠小学、龙泉雾小学、西辛房小学等7所学校小学规范化建设工程情况。经检查，7所学校全部通过验收。至此，全区完成小学规范化建设验收，共验收学校25所，验收合格率100%。

（陈菊新）

【完成特殊教育专项督导调研】 3月20日至4月20日，门头沟区教育督导室配合市教育督导室完成特殊教育工作专项督导调研。调研内容包括：特殊教育发展状况（基本情况、组织领导、经费保障、改善办学条件、加强教师队伍建设和工作管理）、特殊教育发展存在的困难以及需要市级层面推动解决的问题等；对北京市开展特殊教育专项督导工作的意见和建议；对《北京市区县特殊教育工作督导评价指标体系》和《北京市区县特殊教育发展状况监测统计表》的修改意见和建议。区教育督导室认真组织相关人员研究讨论，布置各科室收集相关材料，经过汇总，完成调研报告、监测统计表等上报市教育督导室。

（陈菊新）

【调查义务教育阶段课业负担】 5月5至14日，门头沟区教育督导室完成义务教育阶段学生课业负担现状调研工作。该项工作是教育部面向全国开展的调研。门头沟区作为“样板区”，组织全区9所中小学填报调查问卷，填报率100%。

（陈菊新）

【聘任兼职督学】 5月31日，门头沟

区教育督导室召开兼职督学聘任大会。聘任27人为兼职督学，其中教育系统在职人员18人，退休人员9人。会议还聘任3名区委、区人大、区政协老同志为特约督学。6月28至29日，区教育督导室召开新任兼职督学培训会，新任兼职督学、特约督学参加培训。

（陈菊新）

【召开督政大会】 6月27至28日，门头沟区教育督导室召开督政大会。会议就义务教育均衡发展专项督导、校外教育专项督导、教育职责年度督导考核、教育法律法规执行情况检查举办专项培训，并进行责任目标分解。会议就教育督导工作提出三点意见：一是要不断提高教育督导重要地位和作用的认识；二是要继续完善教育督导体系和工作机制；三是高质量完成全市教育工作督导检查的迎检工作。区教育督导室领导、专兼职督学和相关单位负责人52人参加会议。

（陈菊新）

【接受义务教育均衡发展督导评估】

10月10至11日，市教育督导室督导评估门头沟区义务教育均衡发展情况。督导评估组通过听取汇报、分组座谈、查阅档案等方式全面了解门头沟区推进义务教育均衡发展情况，并实地检查育新学校、新桥路中学、王平中学等6所学校。经全面评估检查，督导评估组回复意见认为，2012年，门头沟区政府提出向农村倾斜、向基础薄弱校倾斜、向弱势群体倾斜的“三个倾斜”工作策略，并实施“七大工程”。按照北京市新颁中小学办学条件标准，门头沟区校容校貌发生显著变化。希望门头沟区在实施新的布局调整规划时，抓住棚户区改造机遇，坚持新颁办学标准，高标准高水平新建、改建一批学校，为义务教育均衡发展创造更好的条件。

（陈菊新）

【开展教育法律法规执法检查】 10月12至30日，门头沟区教育督导室开展教育法律法规执法检查自评工作。该工作采取相关单位内部自查与区教育督导室实地抽查相结合的方式进行。区教育督导室成立督导检查组，各相关单位按照督导检查重点内容，组织相关部门开展自查，形成自查报告并报送区教育督导室。检查重点内容包括校外课外教育活动和落实体育一小时情况、统筹领导职业教育工作情况、职业教育纳入区县“十二五”经济社会发展规划和教育发展规划的情况、职业院校教师培养培训工作和教师职业能力提升情况、教育费附加用于职业教育情况。依据各单位自查报告和抽查结果，区教育督导室完成《关于门头沟区2012年教育法律法规执行情况督导检查自查报告》报送市教育督导室。

（陈菊新）

【接受校外教育督导评价】 11月14至15日，市教育督导室督导评价门头沟区校外教育工作。市教育督导室、市教委领导和专家20人参加督导评价工作。督导评价听取区政府校外教育发展状况汇报，考察少年宫、灵溪教育基地、科技馆等6个单位。通过查看档案资料、观看校外教育活动、调查问卷等方式全面了解门头沟区校外教育的情况。区委教育工委、区教委、区教育督导室和全区25个委办局及镇街主管领导，以及部分中小学校长参加迎检工作。

（陈菊新）

【专项督导职业学校德育工作】 12月10日，市教育督导室和门头沟区教育督导室联合对门头沟区中等职业学校进行德育专项督导。督导组听取门头沟区委教育工委关于门头沟职业教育的工作汇报，听取中等职业学校《突出职教特色探索育人途径，努力培养德才兼备的实用型人才》工作汇

报，观看《全面培养德才兼备的实用型人才》专题片。通过观看课间操，观摩教师的德育课、专业课和德育活动课，巡视校园育人环境，查阅相关档案资料，分头召开教师、学生、家长及社区、企业代表4个座谈会，进行问卷调查，督导组全面了解门头沟职业高中德育工作情况。督导组认为，门头沟区中等职业学校领导重视学校德育工作，德育工作有基础，体系完善；德育科研有特色，效果好；档案资料内容充实。市教育督导室和门头沟区教育督导室22人参加督导检查。

（陈菊新）

中共门头沟区委教育工委

书　　记　张爱宗（2011年10月免）
　　　　　　何渊（2011年10月任）

门头沟区教育委员会

主　　任　何渊（7月免）
　　　　　　李永生（7月任）

门头沟区政府教育督导室

主　　任　杨玉柱（2月任）

房　山　区

总　类

【与中华女子学院合作办学】 3月16日，房山区教委与中华女子学院高等职业教育学院签订合作办学协议。根据协议，双方合作举办高等职业教育全日制音乐表演（幼儿教育）专业（专科）。招生范围以房山区户籍学生为主，采取单考单招方式录取。房山区教委委托房山职业学校承担具体业

务，中华女子学院高等职业教育学院负责教学组织与管理。

（郭海涛）

【召开老干部工作会】 3月31日，房山区教委召开2012年老干部工作会。

会议总结两年来老干部工作，部署下一阶段重点工作，表彰老干部工作中涌现出的先进集体和个人。会议要求：一是要把学校文化作为系统工程纳入学校整体发展规划之中。二是要深入探索文化建设与学校管理相结合的模式，以文化建设推动教育教学质量和学校整体办学水平提升。三是要挖掘和展示校训、校旗、校徽、校歌中的文化内涵。四是要充分调动师生参与校园文化建设的积极性、主动性、创造性。五是要科学督导评估各学校校园文化建设方案，确保全面落实到位。区老教协理事、关工委委员、各单位正职和主管领导、受表彰单位和个人代表共200人参加会议。

（郭海涛）

【完成春季教师资格认定工作】 5月19日，房山区教委开展2012年春季教师资格认定教育教学能力测试工作。测试工作涉及申请认定幼儿园教师资格、小学教师资格、初级中学教师资格、中等职业学校教师资格、中等职业学校实习指导教师资格人员。参加教育教学能力测试120人，其中，初级中学35人，通过33人；小学35人，通过34人；幼儿园50人，通过48人，2人未参加测试。本年受理教师资格认定申请275人，认定270人，其中，直接认定155人。

（郭海涛）

【综合治理校园周边环境】 5月23日，

房山区教委召开校园及周边环境综合治理工作会。会议通报治安形势，传达市、区校园周边环境集中治理会议精神，对校园周边环境集中治理工作进行部署。会议就综合治理校园周边环境提出五项要求。一是各学校要集中一段时间，联合相关部门，集中力量，排查隐患，及时解决威胁校园安全的突出问题。二是建立排查隐患台账，发现问题及时整改。三是及时与各相关部门取得联系，确保各项整治工作落实到位。四是积极配合做好内部治理工作。五是加强信息报送制度，建立长效机制。区教委和全区教育单位负责人参加会议。

（郭海涛）

【召开规范教育收费工作会】 6月1日，房山区教委召开规范教育收费工作会。会议传达房山区治理教育乱收费局际联席会议办公室关于进一步规范中小学教育收费工作意见，各单位党政正职签订房山区中小学教育收费治理工作责任书。会议要求：一是按规定项目收费，禁止另立项目。二是按规定标准收费，禁止擅自调整标准。三是按规定范围收费，禁止随意自行调整范围。会议强调，教育收费一定要与招生、补课及学校硬件建设脱钩。各单位党政正职和各乡镇教育助理200人参加会议。

（郭海涛）

【“四到位”确保高考顺利进行】 6月，房山区教委“四到位”确保高考顺利进行。一是领导机构到位。区高考工作委员会由区长任组长，相关委办局任组员，办公室设在房山区教委，协调各单位工作。二是组织保障工作到位。区政府办、区委宣传部、房山区教委等15个考试工作委员会成员单位，分别制定高考工作预案，全面协调处理各项工作。三是各项工作落实到位。对直接服务高考近1000名工作人员分别进行培训，保证各岗位人员明确职责，实现专业化服务。全区5个考点106个考场全部更新校园广播系统，维修考点桌椅，做到考试环境和谐、有序。四是监察机制到位，全程监察高考工作，公布举报电话，设立专门监察人员，防止舞弊事件发生。本年，房山区考生2782人参加统一高考。

（郭海涛）

【召开防汛防灾紧急工作会】 7月27日，房山区教委召开教育系统防汛防灾紧急工作会。会上，通报7·21特大暴雨区教育系统受灾情况，对近期防汛和灾后重建工作提出要求，并就暑期学校安全工作进行详细部署。会议要求，教育系统各单位启动战时体制，做好受灾情况排查处理、安全稳定和信息宣传工作，做好近期防汛防灾、防次生灾害工作。7月21至22日，北京遭遇特大暴雨，房山区受灾严重。其中，13所学校1070米围墙倒塌，9所学校操场地基下沉或胶面损坏，12所学校教室、地下室和车库不同程度进水，造成大量教学设备、器材、桌椅和车辆浸泡，此外，30余所学校10000平方米屋顶受损。8月，房山区教育系统全力投入灾后恢复工作，确保9月1日按时开学。

（郭海涛）

【多举措强化夏季防溺水工作】 7月，房山区教委印发通知，要求学校采取多种措施强化夏季防溺水工作。一是召开专题工作会，加强领导，严格落实防溺水安全工作“一把手”负责制和目标责任制。二是各校利用国旗下讲话、黑板报、宣传栏等形式宣传防溺水的安全知识，教育学生珍爱生命。三是建立学校、家庭、社会三位一体的安全防范体系，通过召开家长会、教师家访、发放《严防学生溺水致家长的一封信》等措施，使家长和社会认识到预防学生溺水的必要性。三是把各项防范措施落到实处。排查各类水域游泳安全隐患情况及学生情况，积极与相关部门取得联系，设立安全警示牌、安全防护栏。四是严格实行溺水安全工作督查通报制和责任追究制，成立督查组定期对学校防溺水安全工作情况进行督查，并把督查情况纳入对学校、教师个人年度考核。

（郭海涛）

【第七批援疆教师支教】 8月17日，房山区教委欢送第七批援疆教师。经过个人报名、单位推荐、组织考核等程序，房山区选派2名教师赴新疆和田地区进行为期一年的支教工作。

（郭海涛）

【召开灾后恢复暨开学准备工作新闻发布会】 8月29日，房山区教委召开灾后恢复暨开学准备工作新闻发布会。媒体一行先后到房山区四零一学校、北师大良乡附中实地采访灾后恢复暨开学准备情况，听取学校负责人情况汇报，就关心的问题进行现场采访。发布会上，通报房山区教育系统灾后恢复暨开学准备工作情况，房山区教委领导就相关问题回答记者提问并接受采访。中央电视台、新华社、北京电视台等30余家媒体参加会议。

（郭海涛）

【庆祝教师节】 9月7日，房山区委、

区政府召开第28个教师节庆祝会议。会议慰问教育一线广大教师，特别是在抗击"7·21"特大自然灾害中做出突出贡献的广大教职员工，感谢关心和支持房山教育事业发展的社会各界朋友。会议宣读区委、区政府关于表彰房山教育之星、十佳校长、十佳教师、十佳德育工作者和捐资助学先进集体、先进个人的决定，并为受表彰集体和个人颁奖。会上，先进集体和先进个人交流工作经验。房山区有关领导和教育系统各单位代表参加会议。会后，房山区有关领导慰问优秀校长和教师代表。

（郭海涛）

【与固安县签署教育合作协议】 9月

20日，房山区教委与固安县教育局签订教育合作协议。协议明确房山区教委与固安县教育局交流合作实施方案，明确双方各选派16所学校组建一对一结对帮扶关系。签约仪式上，房山区教委介绍房山教育发展情况。房山区教委与固安县教育局相关领导和有关学校代表参加会议。

（郭海涛）

学前教育

【概　况】 2012年，房山区幼儿园102所。离园幼儿7639人，入园幼儿9364人，在园幼儿25953人。教职工3421人，其中，专任教师2176人。学前三年儿童入园率96.72%。全区幼儿园中，市级示范幼儿园2所，一级一类幼儿园10所，北京市社区儿童早期教育示范基地22所。

（郭海涛）

【完成新教师培训工作】 8至12月，房山区教委举办2012届新任学前教师培训。培训由区教师进修学校组织，为期1个月。培训以讲授、讨论、见习等方式进行。培训内容包括职业认知、专业技能等。全区新任学前教育教师177人参加学习，全部通过考试合格结业。

（郭海涛）

【完成民办园年度考核】 12月5至17日，房山区教委完成民办幼儿园年度考核工作。考核工作联合区教师进修学校、区妇幼保健院相关人员，从依法办园、幼儿园管理、办园条件等方面，全面检查民办园工作。全区18所民办幼儿园参加年度考核，其中，17所合格，1所不合格。

（郭海涛）

【多项举措支持幼儿园科研活动】 至年底，房山区教委多项举措支持幼儿园科研活动。一是通过课题研究提升队伍理论水平。全区获得批准立项的市级课题共21项，其中市学前教育研究会重点课题8项、一般课题12项；市陈鹤琴教育思想研究会课题1项；区级学会课题5项。二是大力支持课题活动。举办立项课题开题报告撰写专题讲座2次，举办开题论证会4次，组织参与课题幼儿园举办开题和研究过程指导与交流活动1次。三是加强合作。与宁谊幼教研究中心制定教研计划，在青龙湖、西潞、房山幼儿园等分别组织专题培训4次，并深入试验园所具体指导教育实践活动。7月，房山区被批准参加中国学前教育学会"十二五"课题"基于图画书类型分析的早期阅读指导研究"。

（郭海涛）

【学前教育实力持续增强】 至年底，房山区学前教育稳步发展。一是以提高学前三年儿童覆盖率为重点，加强乡镇中心园和分园建设。23个乡镇办事处100%建有中心园，全区共有中心园27所，分园35所。为解决入园难的问题，全区18所公办园实际扩班49个，原西潞园幼儿园成功变更为公办幼儿园，即良乡第二幼儿园，共多接收幼儿1406人。扎实推进分园建设。周口店、河北、韩村河、长沟和大石窝5个乡镇新建瓦井、东庄子、曹章、中院、南甘池、后石门6所分园，改造育新、立教2所分园，共多接收幼儿324人，学前三年入园率96.72%。二是以晋升级类为重点，提高办园水平。年内交道幼儿园晋升为一级二类园，长沟中心园晋升为一级一类园。12所幼儿园通过北京市社区儿童早期教育示范基地验收。三是以提高管理水平为重点，加强队伍建设。园长工作室按计划开展系列培训5次。在市教委组织的第二批学前教育教师培训工作室中，房山区9名骨干教师分别跟随5名导师进行不同领域的研究与学习。完成第五期80名转岗教师培训工作。

（郭海涛）

基础教育

【概　况】 2012年，房山区小学101所，1278个班；毕业6188人，招生7735人，在校生38889人，在校生中，北京市户籍学生23849人；教职工3327人，其中，专任教师2658人；小学入学率100%，巩固率100%，毕业及格率100%。中学42所（初中28所、高中4所、完中6所、一贯制学校4所），教学班809个（初中560个、高中249个），招生8431人（初中5700人、高中2731人），毕业8116人（初中5979人、高中2137人），在校生25490人（初中16862人、高中8628人），在校生

中，北京市户籍学生 21604 人（初中 13086 人、高中 8518 人）。初中毕业合格率 100%，普通高考升学率 94.21%。教职工 4215 人，其中，专任教师 3023 人。特殊教育班 2 个，招生 2 人，毕业 1 人，在校生 36 人。校外教育单位 1 个，教职工 67 人，其中，专任教师 44 人。小学教师学历合格率 92.91%，初中教师学历合格率 97.27%，高中教师学历合格率 99.67%。中小学高级专业技术职务教师 409 人，其中，小学 26 人，初、高中 383 人。全年教育经费投入 19.7 亿元，其中，国家拨款 19.1 亿元，自筹经费 0.6 亿元。

（郭海涛）

【寒假实施“五个一”教育】 2 月，房山区教委组织中小学生寒假“五个一”活动，提高学生社会实践能力。一是读一本好书，在假期中积极开展“读好书”活动，陶冶情操，提高自身鉴赏力和文学素养，培养“爱祖国、爱家乡、爱科学”品格。二是学会做一件家务，在假期中学学会做一件家务劳动，通过实践，突出自主体验、感受父母生活艰辛，提高生活自理能力。三是进行一次志愿者服务或社会公益活动，以小组为单位到敬老院、社区服务，进行社会公益活动，提高参与社会活动的能力。四是坚持一小时体育锻炼活动，不断提高身体素质。五是培养一个好习惯，形成良好的规则意识，提升个人基本素质。

（郭海涛）

【总结扶残助学送教上门工作】 3 月 16 日，房山区教委召开扶残助学送教上门工作会。会议总结三年来送教上门工作，表彰先进单位和个人，交流先进单位、个人和学生家长代表典型经验。会议提出做好四项重点工作。一是要继续高度重视，加大送教工作的管理力度。二是要着力在送教内容上进行拓展，进一步探索教学方法，提高送教的质量，扩大残障儿童受教育面。三是要不断完善送教的政策体系，进一步整合资源，加大投入，强化检查指导力度。四是要扩大宣传，争取社会各界的支持，赢得社会认可和理解，营造良好的助残助教社会风气。房山区教委、区妇联、区关工委、区特教中心及各相关部门负责人参加会议。2009 年起，房山区教委坚持把送教上门作为特殊教育重点工作，围绕让每一个重残儿童都能享受公平教育权利这一主题，制定科学有效实施举措。三年间，全区共有 20 所小学，39 名教师对不能到学校上学的 50 名适龄重度残疾儿童、少年提供 1897 课时的教育训练和心理辅导课程。

（郭海涛）

【名校长吴姓工作室成立】 5月30日，

房山区教委举行名校长吴姓工作室成立仪式。仪式上为房山区名校长工作室揭牌，为吴姓校长颁发聘书。工作室将面向全区中学校长，针对区域和学校开展专项研究，改进学校工作，提升校长管理能力，培养一批具有优良师德修养、先进教育理念、扎实专业基础、开阔国际视野、在市内有一定影响的中青年校长。工作室采用实地调研指导、讲座、考察交流等形式开展活动。

（郭海涛）

【举办平安校园宣传活动】 6月10日，

北京市中小学应急疏散演练启动仪式暨房山区 2012 年创建平安校园主题宣传活动在良乡四中举行。会议由区政府主办，区应急办、区教委、西潞街道办事处承办。会上，以“防灾避险，从我做起”为主题举办防震疏散演练，良乡四中师生和良乡消防中队、999 救护中心参与救灾演练。会议为安全课堂揭牌，向学校赠送应急箱、应急电话和应急手册等物品。会议要求，全区各相关单位要加强应急救援力量，完善责任制度，并向公众广泛宣传防灾减灾知识，提高全民防灾自救能力，为加快“一区一城”新房山建设营造和谐安定社会环境。市教委、市红十字会应急办，以及房山区有关单位代表，各乡镇、学校主管领导参加会议。

（郭海涛）

【表彰十佳中学生】 7月10日，房山

区教委举办第十届“十佳中学生”表彰暨事迹报告会。会议宣读关于表彰第十届“十佳中学生”的决定，为“十佳中学生”和“优秀中学生”颁奖。会上，3 名“十佳中学生”报告成长经历和学习体会，房山中学表演舞台剧、歌曲、诗朗诵等文艺节目。房山区教委领导和全区中小学代表 300 人参加会议。房山区“十佳中学生”评选活动每年一届，包括学校推荐、教委审核、专家评审等环节。

（郭海涛）

【举办义务教育课程一体化培训】 7 至 8 月，房山区教委举办义务教育课程一体化培训。培训全员参与、全科覆盖，全区中小学 21 个学科教师 6000 人，采用集中与分散结合的方式在 24 个培训点参加针对性培训。培训注重实效，内容涉及理论和实践两个层面，通过研讨、合作研究等多种形式提高针对性和时效性。为保证培训质量，区教委成立领导小组，明确培训主题，统筹培训实施。同时严格管理，建立教师培训档案，严格考勤制度，通报教师考核结果，加强教学实践检查。

（郭海涛）

【国际英语教师培训班结业】 8 月 8 日，房山区“十二五”首期国际英语教师培训班结业。该培训是房山区教委与加拿大皇家大学合作开展的“十

二五”重点教师培训项目，由区教师进修学校、第二职业高中负责组织管理。培训邀请皇家大学在职教师授课，教授内容涉及英语口语、课堂组织、教学方法和技巧。培训班 2011 年 2 月开班，历时寒、暑两个假期，共 56 课时。房山区 113 名中小学英语教师参加学习。

（郭海涛）

【首次举办新疆内地高中班】 8月31日，房山区首届新疆内地高中班举行开班典礼。首届新疆班学生 80 人，北师大良乡附属中学承担四年制新疆班教育教学任务。到 2015 年，房山区新疆内地高中班计划招生 350 人。

（郭海涛）

【宏志班招生 40 人】 8 月，房山区宏志班招生 40 人。招生对象是有特殊生活困难、确无继续升读高中的经济来源，具有房山区户口的初三应届毕业生，要求品学兼优，有成才愿望和发展潜力。宏志班学生在享受全市“四免一补”（即免学费、教材费、校服费、住宿费，补助伙食费）的基础上，还将享受房山区特有的免社会实践费、区校骨干教师任教、专家定期讲座等待遇，每名学生每年待遇价值超过 6000 元。房山区 2005 年在房山中学创办房山区首届高中“宏志班”，至 2012 年在校宏志生 120 人。

（郭海涛）

【高考成绩再创历史新高】 8 月，房山区考生 2621 人被各高校录取，高考成绩再创历史新高。全区 2782 人参加全国普通高等学校招生统一考试，升学率 94.21%，与上年相比稳中有升，连续 9 年超全市平均水平，稳居郊区前列。其中，本科录取 1511 人，本科录取率 54.31%，比上年提高 4.09 个百分点。此外，606 人参加单考高职和自主招生考试（166 人参加单考高职考试、440 人参加自主招生考试），升学 588 人，升学率 97.03%。

（郭海涛）

【成立吴正宪工作站房山分站】 9 月 27 日，吴正宪小学数学教师工作站房山分站启动仪式在区教师进修学校举行。会议宣读工作站实施方案，为分站揭牌，并为特聘专家、基地校、指导教师、分站成员颁发证书。启动仪式后，中央民族大学教授举办专题讲座《做国际视野下的小学数学教师》。房山分站将依托“吴正宪小学数学教师工作站”专家资源，搭建小学数学教师成长平台，全面研究、推广吴正宪数学教育思想和教学经验。房山分站采用网络培训为主，网上与实践相结合、分站与教研室相结合、专家与基地校相结合的培训方式，开展数学教师研修工作。

（郭海涛）

【首都特级教师房山送教】 11 月 28 日，“首都特级教师京郊行动计划”走进房山活动启动。该活动由市教委和北京教育学院组织实施，房山区教委和区教师进修学校承办。首次活动中，史家胡同小学语文特级教师万平、清华附中初中数学特级教师孙晓佳、汇文中学高中物理特级教师张国、二十中高中英语特级教师蔡清月，分别到良乡中学、房山中学等 11 所中小学开展为期 3 天的送教活动。其间，举办专题讲座 4 个、示范课 9 节，听评课 21 节。

（郭海涛）

【召开中高考总结表彰会】 11 月 29 日，房山区教委召开中、高考总结表彰会。会议分析 2012 年中、高考情况，宣读表彰 2012 年中、高考工作先进集体和先进个人的决定，为先进集体和个人代表颁奖。会上，北师大良乡附中、交道中学、行宫园学校交流工作经验。区教委领导和各中学校长、受表彰代表 150 人参加会议。

（郭海涛）

【启动环保知识进校园活动】 12 月 3 日，房山区教委、区环保局在良乡五小联合举行“小手拉大手，共建绿色家园”环保知识进校园活动启动仪式。会上，区环保局向全区小学四年级学生赠送环保书籍《展望绿色未来托起明天希望》5000 册，并向全区小学生发出“争做环保卫士共建绿色家园”倡议。良乡五小学生代表全区小学生作出承诺，积极响应环保倡议，把学习到的好点子、好方法带到家庭和社会中，创设“低碳生活”氛围，争做“绿色生活”小小宣传员。会议宣布“环保知识进校园”活动正式启动，会议还举办环保时装秀、环保皮筋秀、环保三字歌诵读等展示活动。区教委、区环保局有关领导，全区小学德育副校长、良乡五小全体师生参加活动。

（郭海涛）

【举行跳绳踢毽子比赛】 12 月，房山区中小学生跳绳、踢毽子比赛在窦店中心校第二小学举行。跳绳比赛中，小学参赛单位 31 个，中学参赛单位 17 个。最终，窦店中心校、周口店中心校、南召中心校分获小学组前三名，窦店中学、房山五中、岳各庄中学分获中学组前三名。踢毽子比赛中，小学参赛单位 19 个，中学参赛单位 7 个。最终，窦店中心校、长阳中心校、水泥厂学校分获小学组前三名，窦店中学、石窝中学、北洛中学分获中学组前三名。本年两项比赛参赛单位和参赛人数明显增加，成绩比上年有所提高。

（郭海涛）

职业与成人教育

【概　况】 2012 年，房山区职业高中 4 所。开设专业 19 个，教学班 81 个。毕业 997 人，招生 897 人，在校学生 2765 人。教职工 430 人，其中，专任教师 281 人，专任教师学历合格率 100%，高级专业技术职务教师 36 人。职业学校占地面积 100940 平方米，建筑面积 54709 平方米，固定资产总值84633万元。成人高校（社区学院）1所，开设74个专业，招生1026人，毕业1512人，在校生3996人；教职工112人，其中，专任教师64人。成人中等学校2所，开设16个专业，招生14228人，毕业9947人，在校生22420人；教职工232人，其中，专任教师186人，全年培训19983人次。市民学校87所，全年培训19969人次。乡村办成人学校（站）430所。成人学校教师学历合格率98％，高级专业技术职务44人。全区成人学校占地面积249029平方米，固定资产总值46430.5万元。

（郭海涛）

【房山二职签订校企合作协议】 2月28日，房山区第二职业高中与京西重工有限公司签订校企合作协议。根据协议，学校按照企业订单为企业定向培养新员工、培训在职员工；企业组织专家指导学校专业建设、专业课程设置、制定教学计划，选派有实践经验的工程技术人员担任兼职教师，安排学校师生进厂学习实践。

（郭海涛）

【文化硅谷人才培养基地揭牌】 7月

11日，北京文化硅谷人才培养基地揭牌暨校企合作签约仪式在房山职业学校培训基地举行。仪式上，房山职业学校与北京文化硅谷签订校企合作协议，并为人才培养基地揭牌。根据协议，房山职业学校设立文化硅谷人才培养基地，承担北京文化硅谷内部高管和员工3至5年长期培训项目。至年底，房山职业学校先后举办5期培训，培训北京文化硅谷中层干部94人。位于房山区长沟镇的北京文化硅谷是大型文化智能主题园，包括智能青少年培训基地、智能绿色网络游戏实景互动体验园等7个功能区，2013年8月运营。

（郭海涛）

【举办第八届全民终身学习活动周】 10月15日，房山区教育系统第八届全民终身学习活动周启动。会议总结两年来学习型学校创建工作，部署教育系统第八届全民终身学习活动周工作，宣读《学习型房山建设工作领导小组办公室关于表彰创建学习型学校先进单位的决定》，为获奖单位颁奖。良乡中心校、良乡二中、阎村镇成人学校作典型发言。房山区教委各科室负责人，各乡镇（街道）教育助理，各学校校长、园长150人参加会议。活动周期间，房山区教育系统举办讲座、小宣传员进社区、发放宣传品等多项活动。

（郭海涛）

【开展五项实用人才培训工程】 至年底，房山区教委积极开展农村五项实用人才培训工程。一是以满足农民实用技术需求和提高农民文化素质为目标，积极开展“技能＋基础”农民中专学历教育。二是以农民教育培训优秀项目为载体，大力开展实用技术培训。三是以提高乡村干部的管理水平和营销能力为重点，开展农村管理人员培训。全年开展中高等学历教育、新农村建设系列培训、村干部岗位培训等8238人次，市场营销培训5000人次。四是提高农村富余劳动力向二、三产业转移的能力，开展专项技术培训。五是针对二、三产业的企业职工，综合企业职工岗前培训、岗位培训、转岗培训三种培训需要，实施企业职工培训工程。

（郭海涛）

教育督导

【概　况】 2012年，房山区教育督导工作围绕房山区教委“攻坚、深化和形象建设”三个方面内容要求，通过完善并落实综合评价指导意见，切实发挥教育督导的职能作用。全年工作以综合评价工作为中心，教育督导与评价工作扎实深入开展，综合评价各个工作环节得到加强。与区人大教科文卫委员会、区财政局等有关部门协作，把年度教育执法检查与年度教育工作考核紧密结合，有力促进各乡镇辖区内各类教育发展。完成“十一五”教育评价与督导市级研究课题的结题工作。落实责任片内的校园周边安全检查工作。协助市教育督导室进行“高中教育多样化办学与现代督导制度的建设研究”，提供样本校和实践支撑，并完成各项报表和阶段性调研报告。按照全市年度教育执法督导检查要求，完成政府自查报告和数据上报工作，完成义务教育均衡发展情况数据统计上报工作。年内，督导室督学8人，兼职督学19人。

（郭海涛）

【督导乡镇社区成人职业学校】 4至5月，房山区教育督导室督导评价23所乡镇社区成人职业学校。一是研究制定评价标准和实施办法。二是各乡校对照评价标准进行程序较完整的自我评价。三是全面进行督导评价、科室他评和服务对象评价。全面肯定学校办学成绩，查找学校发展中的问题和不足。

（郭海涛）

【完成小学规范化建设达标验收】 4

至6月，房山区教育督导室完成53所小学规范化建设工程验收。督导组听取各学校推进小学规范化建设工程工作汇报，查看工程建设档案，进课堂随机听课，组织师生座谈，按照房山区小学规范化建设工程督导评价指标体系进行汇总评价。督导组高度评价各学校规范化建设成绩，认为规范化建设使素质教育的实施更加有效，特色建设推动内涵发展，学校办学品质不断提升。经督导，53所小学全部通过验收。同时，督导组还综合督导评价其中35所学校。

（郭海涛）

【召开义务教育均衡发展评估培训会】 7月4日，房山区教育督导室、区教委召开义务教育均衡发展评估工作培训会。会议传达2012年北京市义务教育均衡发展督导评估培训会精神，就评估考核指标进行具体解释说明。会议要求：一是各单位要高度重视，明确责任，校长作为第一责任人，要亲自抓。二是依据标准找差距，未达标的单位，要及早明确任务并加快解决。三是统一口径，统一协调，高质量完成统计工作，确保数据能够真实反映义务教育均衡发展取得的实效。房山区教委领导，各中小学校代表300人参加会议。年内，北京市11个区县接受教育部义务教育均衡发展督导检查和评估认定，根据评估结果，教育部将对义务教育发展基本均衡区县进行认定，并予以公布并授牌。评估认定主要内容包括区县政府推进义务教育均衡发展工作情况，区域内义务教育阶段中小学达到北京市办学条件基本标准情况，中小学教育资源均衡配置情况以及公众对本区县义务教育均衡发展满意度情况。

（郭海涛）

【完成综合评价任务】 至年底，房山区教育督导室完成全年教育督导综合评价任务。一是各类学校、幼儿园和乡镇共196个单位完成自我评价任务。二是综合督导评价197个单位，其中，8所民办学校、19所民办幼儿园、30所公办幼儿园、23所乡镇成人学校、78所公办中小学、10个直属单位、6个区直职成学校、23个乡镇政府。此外完成31所小学规范化建设工程达标督导验收任务。全年督导评估总计228个单位。三是社会评价问卷抽测学校138所，抽测班级435个，抽测总人数13035人，公办与民办各类教育总满意度为98.45%（上年98.44%），各类教育总满意度分别是：公办中学99.48%，小学99.73%，职成学校99%，幼儿园99.81%；民办中小学95.05%，民办幼儿园98.18%。

（郭海涛）

中共房山区委教育工委

书　记　杜成喜

房山区教育委员会

主　任　郭志族

房山区政府教育督导室

主　任　徐维珍

通　州　区

总　类

【举办内审人员培训班】 2月23至24日，通州区教委举办基础教育内审人员业务培训班。培训班邀请市审计局投资审计处负责人讲解内部控制、制度完善、财务管理规范等内容，还采取座谈形式相互交流心得体会。全区中小学31名内审人员参加学习。

（刘玉红）

【发放节能灯16.4万支】 3月15至31日，通州区教委设备中心完成节能灯具配发工作。共为全区中小学、职业学校8.2万名学生每人配发2只，计16.4万只。该活动是国家节能减排工作具体措施之一。

（邵学良）

【召开党风廉政建设工作会议】 3月21日，通州区委教育工委、区教委召开教育系统党风廉政建设工作会议。会议作教育系统党风廉政建设工作报告，部署全区教育系统深入开展廉洁

教育工作。市教育纪工委代表参加会议，肯定通州区教育系统党风廉政建设工作，并提出加强党风廉政建设，提高拒腐防变和服务改革发展的能力，着力规范教育收费工作，解决群众关注的热点难点要求。会上，全区教育单位与区委教育工委、区教委签订《党风廉政建设责任书》。区委教育工委、区教委领导，乡镇教委办主任，各中小学、幼儿园、职业学校、成人学校、区直属单位负责人130人参加会议。

（沈德忠）

【与高校交流教师培训工作】 5月29日，通州区教委与北京师范大学在区教师研修中心召开座谈会，交流研讨“十二五”通州区中小学干部教师培训工作。会议观看“十一五”教师继续教育培训专题片，参观研修中心多媒体演播厅、计算机核心机房，研讨通州区教师培训规划和学历达标等工作。北师大代表表示，“十二五”期间将为通州区干部教师培训提供理论、技术、人力支持与帮助。通州区教委与北师大1986年起合作办学。

（勾庆祥）

【庆祝教师节】 9月10日，通州区委、区政府召开教师节庆祝大会。会议表彰10名“通州区优秀教育工作者”和50名“通州区优秀教师”，认定336名区青年骨干教师，并为2个名校长工作室、10个特级教师工作室和1个博士工作室主持人颁发聘书。区属各委办局和各乡镇、街道有关领导，教育系统基层单位干部及教师代表共600人参加会议。9月7日，区委、区政府组织教育系统65名干部教师代表参加庆祝教师节座谈会。

（勾庆祥）

【举办可持续发展教育国家讲习班】 9月19至21日，中国可持续发展教育（ESD）项目第11次国家讲习班在通州区举行。讲习班由中国联合国教科文组织全国委员会、中国可持续发展教育全国工作委员会、市教委、通州区政府、北京教科院联合主办。讲习班围绕“可持续发展教育：优质教

育之道”主题，交流贯彻国家教育发展规划纲要“重视可持续发展教育”最新经验，传达可持续发展教育最新结论，展示中国可持续发展教育成功案例，研究确定未来推进可持续发展教育机制与重点工作。会上，通州区介绍通州区教育可持续发展经验。会议还考察潞河中学和通州第一实验小学可持续发展教育创新实践情况。来自加拿大、泰国、印度尼西亚等国家的联合国教科文组织官员，以及上海、广东等10个省市和地区的500名代表参加讲习班活动。

（勾庆祥）

【座谈名校办分校工作】　9月27日，通州区教委召开“名校办分校”工作座谈会。会议主题是“加强区域教育合作，促进名校办分校发展”。东城区、西城区教委领导，史家胡同小学、育才学校、北京小学、北京第二实验小学、北京市第二中学校长，以及相应的通州分校校长参加会议。会议听取通州区学校分布情况和名校办分校规划，交流“名校办分校”工作经验以及合作交流计划。东城区、西城区教委领导表示，将与通州区在学校活动、特色教育融合等方面加强合作，扩宽名校办分校合作领域。通州区领导要求，加强“名校办分校”工作研究，创新实践，制定奖励措施，在实践中取得更多的实效。

（勾庆祥）

【接待美国客人来访】　10月21日，美国迈阿密戴德郡学区一行7人到通州区教委友好访问。座谈会上，通州区介绍全区教育发展成绩，特别是教育国际交流与合作基本情况。迈阿密教育公署总助理海伦·布兰奇女士介绍迈阿密教育基本情况，表达在教育教学、教师和校长培训、学生短期文化交流等方面实施国际交流合作意向。双方希望在联合办学、学术交流、教师互派培训以及学生文化交流方面开展更多、更深层次合作。美国客人还参观潞河中学。

（王海龙）

【开展新任校级干部廉洁教育】　11月14日，通州区教育纪工委召开教育系统新任校级领导干部集体廉政谈话会。会议观看反腐倡廉警示教育片《一位农民区长的人生轨迹》，学习通州区纪委工作要点，3名校级干部作廉洁履职发言。会上，新任校级领导干部填写廉洁履职承诺书和从政警言，区教育纪工委进行廉政谈话，提出要顾全大局、恪尽职守、严格要求、率先垂范4点要求。39名新任校级领导干部参加会议。

（沈德忠）

【落实教育资助政策】　至12月，通州区教委梳理各项教育奖补机制，完善并落实“奖、贷、补、免”家庭经济困难学生资助政策。全年为16.21万人次免教科书费、住宿费、杂费共计1175.9万元（含民办校），为1800人次发放伙食等补助80.1万元，为483人次发放助学金、奖学金59.9万元，为218人次核发“爱心成就未来”助学金32.7万元，为5名大学生发放生源地信用助学贷款2.8万元。其中，按照市、区两级财政专项资金各负担50%政策落实民办学校两免政策工作。免教科书费涉及13个民办校22120人次，计875万元。免杂费涉及16个民办校22808人次，计194.8万元。

（张莹）

【完成校安工程年度建设任务】　至12月，通州区教委完成校安工程建设年度任务。任务涉及10所中学，1所中等职业学校（职业高中），7所小学。工程全部为整体楼房加固，共计69900平方米。市、区财政专项投入建设资金1.48亿元，其中市级财政每平方米支持1000元。

（勾庆祥）

学前教育

【概　况】　2012年，通州区幼儿园79所，在园幼儿16505人。其中，教育部门办园17所，在园幼儿5031人；民办幼儿园28所，在园幼儿8749人；其他部门办园（含村办）34所，在园幼儿2725人。全区幼教职工1987人。其中，园长93人，专任教师1076人，保健员（含保健医）67人，其他751人。专任教师中，本科学历128人，专科663人。小学高级职务教师61人。

（勾庆祥）

【培训农村幼儿教师】　2月18日，通州区教师研修中心与北京市幼教师资培训中心合作举办“农村幼儿园教师继续教育项目”。来自通州区11所乡镇中心幼儿园和8所市立园的新教师、骨干教师和转岗教师118人参加学习。培训班为期4个月，采取集中授课、参观学习、研讨交流形式，提升学员学科素质、教学能力、理论能力和实践经验。

（白秋红）

【召开年度考核表彰会】　2月28日，通州区教委召开2011年度幼儿园考核总结表彰会。全区各幼儿园园长、业务园长参加会议。会议表彰7所考核优秀幼儿园、12所成绩良好幼儿园。考核于上年11月22日至12月28日进行。区教委会同区教师研修中心、区妇幼保健院通过听取汇报、查阅资料、座谈、视察环境，全面检查与指导幼儿园工作。全区43所幼儿园参加考核。

（勾庆祥）

【教工幼儿园新园落成】　3月5日，通州区教工幼儿园举行建园35周年园庆暨新园落成典礼。教工幼儿园新址位于运河湾小区东侧，占地面积3000平方米，设计规模8个班，可以提供近300个学位。幼儿园建有多功能教室、塑胶操场等配套设施，每间教室都配备液晶书写屏、多媒体教学设备等。

（王小宇）

【一配套幼儿园交付教委管理】　4月12日，通州区教委与君合百年房地产开发公司签署华业东方玫瑰家园项目配套学前教育设施交付管理协议。依据协议，君合百年房地产开发公司将华业东方玫瑰家园配套幼儿园移交区教委管理。该园规模12个教学班，占地面积4200平方米，建筑面积2800平方米。

（姜宁）

【召开学前教育工作会】　4月28日，通州区教委召开学前教育工作会。会议作《以三年行动计划为指南，加快推进新城学前教育发展》工作报告，明确提出，到2013年，市、区、乡镇三级投入建设资金累计6.8亿元，在新城区内新建5所幼儿园，接收居住区配套幼儿园20所，新建、改扩

建 13 所乡镇中心园，新建 20 所乡镇中心园分园。通州区政府、区教委等单位领导，以及全区幼儿园代表 160 人参加会议。

（姚士莲）

【组织集体教学活动】 5 月 16 日，通州区教师研修中心在通州区幼儿园举办小班音乐游戏《小兔和狼》集体教学活动。活动由通州区幼儿园宋艳雪为指导教师，采取个人说课、小组集体备课、组内试讲、组内评课、再次调整、全组观摩、集体研讨、研修员评价方式进行。全区青年教师 40 人参加学习。

（王艳娟）

【马驹桥镇举办民办园园长培训】 7

月 1 至 21 日，通州区马驹桥镇教委举办镇属民办幼儿园园长培训班。该班以提高民办幼儿园园长管理水平为宗旨，采取聘请市、区学前教育专家和知名园长集中授课、总结工作互学、外出参观感知、交流研讨的方式进行。30 名园长参加学习。

（田爱芳）

【举办教师基本功展示】 10 月 18 日，通州区教师研修中心举办幼儿园教师基本功展评表彰暨转岗培训班成果展示。有关领导和 35 所幼儿园代表 500 人参加会议。会议为获奖选手和单位颁发荣誉证书，举办获奖教师基本功展演，展示转岗教师绘画、泥工、折纸等作品。3 月，通州区教委举办转岗教师培训班，41 名具有教师资格证的非幼教专业新教师参加培训。经培训全部获得幼儿教育专业教师任职资格。5 月，通州区教委举办幼儿园教师基本功展评活动，内容涉及跳舞、唱歌、讲故事、手工制作、绘画、钢琴 6 项教师基本功，全区 600 名教师参与活动。

（白秋红）

基础教育

【概　况】 2012 年，通州区小学 81 所（公办校 73 所、厂办校 1 所、民办校 7 所），教学班 1485 个。毕业 7131 人，招生 11889 人，在校生 54212 人。教职工 3584 人，其中，专任教师 3081 人。中学 40 所（完中 11 所、高中 1 所、初中 16 所、九年一贯制学校 11 所、十二年一贯制学校 1 所）。教学班 834 个（初中 517 个、高中 317 个），毕业 8065 人（初中 5346 人、高中 2719 人），招生 9917 人（初中 6231 人、高中 3686 人），在校生 28751 人（初中 17187 人、高中 11564 人）。教职工 4788 人，其中，专任教师 3387 人。特殊教育学校 1 所，在校生 145 人。校外教育单位 1 个，教职工 87 人。教育部门办中小学专任教师学历合格率 100%。专任教师中，高级专业技术职务教师 332 人。全区中小学总占地面积 3180636 平方米，总建筑面积 1256165 平方米，信息化数字资源量 24102.47GB（其中电子图书 7085.61GB），固定资产总值 162926.86 万元。全年教育经费投入 183126.7 万元，其中，国拨 169449 万元，自筹 13677.7 万元。

（勾庆祥）

【台湖中心小学西校区启用】 2 月 20 日，通州区台湖镇中心小学举行西校区启用仪式。该校区位于次渠家园社区，是台湖环渤海高端总部基地配套教育设施，可满足 15 个拆迁村学生就读需求。西校区总建筑面积 1.1 万平方米，拥有各类教室 44 间，学生体育活动面积 4000 平方米，可容纳 1000 名学生入学。西校区启用后，原中心小学为东校区，两校区一套班子管理。北神树小学、东石小学、麦庄小学 3 校学生教师并入西校区。

（勾庆祥）

【表彰德育干部和班主任】 3月13日，

通州区教委在育才学校通州分校召开第五届优秀德育工作管理干部、第三届十佳班主任表彰会。会议表彰区级优秀德育工作管理干部和十佳班主任各 10 人，并邀请北京教育学院教授举办《有效德育问题及其思考》专题讲座。全区中小学德育工作管理干部、骨干班主任代表、区青年班主任培训班学员 300 人参加会议。

（勾庆祥）

【按课程体系培训青年班主任】 3 月 13 日至 6 月 6 日，通州区教委举办任教 3 年以下中小学班主任培训。培训依托课程体系建设以专题讲座形式进行，先后举办“有效德育问题及思考”“教育是人文”等 11 个专题讲座。培训班重点讲解调节情绪与压力、与学生有效沟通、设计主题活动等班主任工作技巧。培训每周一次。全区 75 名教师参加学习。

（勾庆祥）

【举办民族学校传统体育运动会】 4

月 20 日，通州区第六届民族学校传统体育运动会在于家务中学召开。运动会设蓌球、角球、花毽等 8 个比赛项目，全区民族幼儿园、民族中小学、

潞河中学内高班共8支代表队300名运动员参加比赛。开幕式上，于家务中学、张湾镇民族小学、通州区民族小学、张湾村民族小学、于家务乡民族小学分别表演民族特色节目。

（刘德杰）

【举办国学赛课活动】 4月23日、24日，5月8日、10日、15日、17日，通州区教委举办国学课堂教学交流赛课活动。赛课活动分别在临河里、中山街、东方小学和通州四中四个赛点举行，全区31所实验校各推荐1名教师以异校授课方式参赛。授课要求运用“三步六正”国学教学模式，即正音正读、正字正义、正心正行，以及相对应的六步：识字、朗读、直译理解、文化感悟、联系实际、知识积累。按照《国学启蒙教育课堂教学评价标准》，赛课当堂打分，最终中山街小学、东方小学和张家湾中心小学3名教师被推荐为通州区国学启蒙教育课堂教学品牌选手。

（勾庆祥）

【展示小学办学特色】 4至5月，通

州区教委以开放日形式举办19所学校办学特色展示。活动邀请区教育行政部门领导、小学负责人、学生家长、宣传媒体参加。活动包括校长汇报，国家、地方、校本课程课堂教学展示，校园文化展示，自定主题的师生活动展示，查阅档案资料，召开教师、学生座谈会，校长答辩。该活动是通州区全面推动区域教育均衡发展，全面提升全区小学整体办学水平具体举措之一。参与展示学校涉及城镇小学、农村中心校、九年一贯制学校（小学部）三类。

（勾庆祥）

【展示社会大课堂教育成果】 5月11日，通州区永顺镇中心小学在中国民兵武器陈列馆举办国防教育成果展示活动。活动分3个阶段进行。一是依托陈列馆内资源，推出6节活动课，学习民兵不同时期所发挥的历史作用、民兵武器演变、民兵英烈事迹等。二是展示师生自编国防教育校本教材，现场表演军体操、长棍术、旗语操。三是以“挖掘社会资源，培育运河新人”为题，全面总结学校通过社会大课堂开展国防教育经验。北京教科院、区教委领导，以及全区中小学代表150人观摩活动。自2009年，永顺中心小学依托中国民兵武器陈列馆组织社会大课堂系列活动。

（勾庆祥）

【研讨课堂有效教学模式】 6月5日，通州区教委在次渠中学举办初中课堂教学有效教学模式研讨活动。活动主题为“焕发生命活力、师生共同发展”，推广次渠中学的“自学、自练、自教、精讲”自主课堂教学模式。活动中，次渠中学语文、数学、英语、物理、地理、生物、历史任课教师作公开课，全面展示自主教学模式。课后，听取授课教师教学理念讲解，组织研讨自主教学模式经验和不足。全区初中教学副校长和学科教师300人参加活动。

（冯辉）

【举办秋实杯课堂教学评优】 6月13日，通州区教委举办小学第七届秋实杯课堂教学评优总结表彰会。会议表彰秋实杯获得者10人、优秀奖15人、表扬奖48人、先进集体19个，组织观摩获奖教师课堂教学片段展示。评优活动3月中旬启动，全区34所小学1099名35岁以上教师报名参赛，涉及小学全部学科。

（勾庆祥）

【召开教科研实效性研讨会】 6月13日，通州区教师研修中心召开“通州区提高学校教科研工作实效性研讨会”。会议首先设小学、初中、高中和职成教育（学前教育、特殊教育）四个分会场，采取3至4人交流形式研讨提高学科教学实效性有关策略。研讨后，与会人员集中交流，各组推选代表交流研讨心得。最后，会议听取北京教科院研究员《追求理性之光》辅导报告。全区基层学校教科研管理干部100人参加会议。

（勾庆祥）

【承办全国国学优质课大赛】 6月27

至29日，通州区教师研修中心承办第二届全国国学优质课大赛。该活动由“十一五”教育部规划课题“教育信息资源有效应用对策研究”总课题组和中国国学文化艺术中心举办。中国教科院、人民教育出版社、中国国学文化艺术中心等单位教育专家和全国9个省市代表230人参加开幕式。开幕式上，张家湾镇中心小学表演舞蹈《群童戏鼓迎嘉宾》，梨园镇中心小学表演话剧《舌战群儒》，语文特级教师陈琴作《让经典快乐回归到课堂——经典素读教学法例谈》讲座。全国基础教育阶段开展国学课程的实验区、实验校选报数百节录像课参加国学优质课大赛。来自北京、河北、山东等省市16名教师参加现场展示。最后大赛颁发录像课奖、现场课奖、优秀指导奖、优秀组织奖。

（勾庆祥）

【视导民办学校办学行为】 8月21至28日和11月7至15日，通州区教委视导民办学校办学行为。视导采取听学校负责人情况汇报、查看校园安全情况、学生教师个别访谈、征求办学需求的程序进行。视导组由区教委法制安全科、财务基建科、体美科等相关科室人员组成，分两批次共视导25所民办学校。

（姜宁）

【实验二小通州分校落成开学】 9月3日，北京第二实验小学通州分校举行落成暨开学典礼。该校位于通州新城东南部，规划占地面积18100平方米、规划建筑面积14480平方米，设计规模36个班，可容纳1440名学生。北京第二实验小学通州分校是利用金隅花石匠项目教育配套设施合作共建的公办性质学校，隶属通州区教委管理。北京第二实验小学与分校在

干部教师培训、教育教学上开展合作。分校每学期选派一定数量干部教师，参与总校管理和教育教学工作。上年9月，通州区教委与北京第二实验小学签署通州分校共建协议。

（勾庆祥）

【召开初三毕业班工作总结表彰会】 9月6日，通州区教委召开2012届初三毕业班工作总结表彰会。会议表彰15所初三毕业班工作优秀学校、17名初三毕业班工作优秀管理干部、81名优秀教师、38名优秀班主任，并为获奖单位、个人颁发奖状和荣誉证书。会上，区教师研修中心总结本届初三毕业班工作，认为：城乡中学差距进一步缩小，发挥素质教育课堂教育主渠道作用明显，教育科研指导教学引领得到重视，名校、名师辐射带动力度加大，初三毕业班注重中下等学生学业质量提升。全区中学校长、教学副校长、初三毕业班管理干部150人参加会议。

（张晓航）

【芙蓉小学落成投入使用】 9月8日，通州区芙蓉小学举行落成典礼。芙蓉小学位于通胡大街70号，地处通州新城核心发展区，紧邻京杭大运河，总建筑面积1.7万平方米，设计规模36个班，总投资9451.5万元。学校建有科学实验室、形体教室、音乐教室等8个专业教室，一座容纳500人的体育馆，一间演播室。

（王晓宇）

【举办第一届阳光体育节】 9月25日，通州区第一届阳光体育中小学生体育节开幕式暨2012年通州区阳光体育展示大会举行。会上，全区20所学校2000名学生参加展示。展示活动分传统体育、新兴体育、民族体育三个部分，包括广播操、轮滑、武术等16个体育项目。2011至2012学年，通州区共举办22项阳光体育专项竞赛，中小学生近8万人次参与活动，青少年国家学生体质健康标准测试合格率由2008年81.65%提升到92.62%。参加北京市各类体育竞赛，29所学校获得61项市级名次，其中7所学校获得11项一等奖，在北京市阳光体育联赛评估中获第五名。

（王晓宇）

【表彰小学办学特色建设优秀】 10月30日，通州区教委在史家小学通州分校召开区级小学办学特色建设示范校、优秀学校、优秀特色项目学校表彰会。会议表彰11所办学特色建设示范校、8所办学特色建设优秀学校、9所优秀特色项目学校。会议提出，不断探索、提升学校品质，加强特色建设的实践，深化学校内涵，不断提升全区小学整体办学水平。区教委领导和全区小学代表参加会议。

（勾庆祥）

职业与成人教育

【概　况】 2012年，通州区职业高中3所，其中，教育部门办1所、民办2所，开设专业7个。毕业1587人，招生773人，在校生2009人。教职工204人，其中，专任教师135人。职业高中总占地面积191953平方米，总建筑面积80016平方米，图书室藏书115772册，固定资产总值3980.5万元。区教委辖属职业教育经费投入9133.1万元，其中，国家拨款7573.8万元，自筹经费1559.3万元。成人教育单位57个，其中，成人教育中心1个、乡镇成人学校11个、其他培训机构45个，开设外语、计算机、农业技术等培训科目。教职工1005人（不含外聘教师），其中专任教师739人。区教委辖属乡镇成校总占地面积80954平方米，总建筑面积14492平方米，图书馆藏书42600册，多媒体教室座位771个，计算机464台，固定资产总值821.67万元。全年教育经费投入2648.2万元，其中，国拨2035.3万元，自筹612.9万元。

（勾庆祥）

【举办水产养殖技术培训】 3月31日，通州区马驹桥成人文化技术学校在大松垡水产专业村举办水产养殖技术培训，16名水产养殖户参加学习。培训聘请区农业局水产专家讲解鱼塘新品种、新工艺，并在水产养殖户鱼塘，就鱼塘的水质改善、鱼苗鱼种培育、鱼病的防治等举办实地讲解。培训共计6课时。

（田爱芳）

【自编教材与课件获奖】 3月，通州区6项自编教材与课件在2011年“北京市农村成人培训优秀自编教材（讲义）和多媒体课件评选活动”中获奖。其中，通州区永顺成人文化技术学校自编的《编制珠工艺品》获得优秀自编教材（讲义）二等奖，新城职业学校自编的《优质西红柿实用技术培训》、漷县成人文化技术学校自编的《双孢菇高效栽培技术》和于家务成人文化技术学校自编的《芹菜种植实用技术》分获三等奖。漷县成人文化技术学校的《双孢菇高效栽培技术》，永顺成人文化技术学校《编制珠工艺品》分获优秀多媒体课件二、三等奖。

（刘学萍）

【组织农民阳光工程培训】 3至6月，通州区成人教育中心以农广校分校为依托举办农村产业服务人员技术培训。培训围绕北京都市型现代农业发展需求和新农村建设的需要，以“发展农业、服务农村、造福农民”为宗旨，以“构建特色鲜明的都市型现代农业体系”为目标，聘请北京农业职业学院和区种植中心专家10人组建专家教师队伍。张家湾、马驹桥、台湖、潞城、西集、永顺、于家务、漷县8个乡镇22个行政村的571人参加蔬菜园艺工、植保员、家禽繁殖员等培训，并全部取得阳光工程结业证书和初级职业技能鉴定合格证书。6月11日，通州区农民阳光培训工程通过市农委、市农广校和通州区农业局的检查验收。

（郭秀智）

【成立区职成教育研究会】 4月20日，通州区教育学会在北京新城职业学校召开职业教育和成人教育研究会成立大会。会议通过研究会章程，选举产生理事、理事长、秘书长及学术委员会。其中，理事会由25人组成，学术委员会由13人组成。全区职业教育、成人教育学校会员代表113人参加会议。9至11月，研究会举办“我的教育教学故事”征文活动，收到征文91篇，占会员总数的80.2%。

（刘学萍）

【评选学习品牌和学习之星】　4月25日，通州区学习型办公室评选认定9个市民学习品牌为第四批“通州区市民学习品牌”，评选认定22人为第三批“通州区市民学习之星”。评选认定从3月开始，按照社会举荐、组织推荐，通过通州区学习型领导小组办公室评审小组专家评定并公示后认定。首批区级学习品牌2009年认定，区级学习之星2010年认定。

（姜梦笔）

【组织骨干教师赴华东师大学习】　5月16至23日，通州区教委组织区级职成教骨干教师研修班赴华东师范大学学习。研修班共50学时，培训内容包括教师职业生涯规划、学生评价与创新能力培养、职成教课程改革与精品课程建设、学习型组织的创建等。华东师范大学职成教育研究所、上海市教育评估院、上海市卢湾区教育学院的教育专家分别为研修班讲课。来自全区12所职业学校、成人学校35名干部教师参加学习。

（杨海涛）

【举办首届手工烫画班】　6月13日，

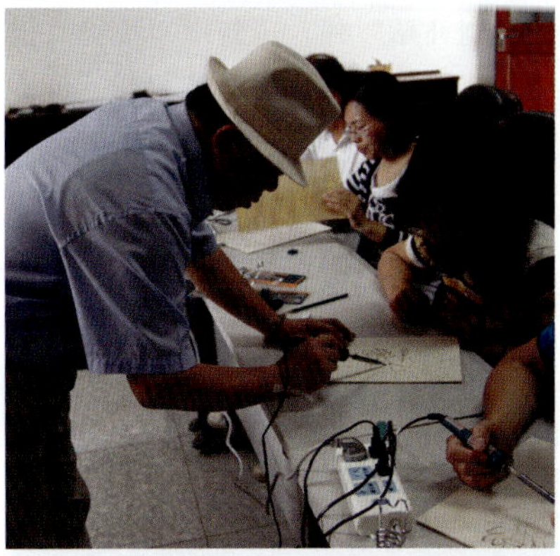

通州区台湖成人文化技术学校举办首届手工烫画班。培训班聘请中国高级工艺美术师张太岭为主讲教师，为期6天48学时。来自台湖镇社区居民36人参加学习。经过培训，全部学员掌握基本的烫画技术顺利结业。

（刘学萍）

【开办农民文艺中专班】　10月10日，通州区张家湾镇宣传部和张家湾成人

文化技术学校联合举办首期“张家湾农民文艺中专班”。首期中专班学员35人，学制两年，包括应用文写作、数学、计算机基础等19门课程，通过考核的学员将获得国家认可中专学历证。中专班是张家湾镇为提高农民文化艺术素养专门开设的免费成人再教育课程。

（刘学萍）

教育督导

【概　况】　2012年，通州区教育督导室设1室（办公室）2科（督政科、督学科），由8人组成（另聘4名兼职督学）。年内，组织开展17所中小学校素质教育综合督导评价，进行学前教育专项督导。完成全区中小学、幼儿园、职业学校、区直属单位年度绩效考核工作，协助市教育督导室完成义务教育优质均衡发展督导评估。进行学习型社区建设工作随访和校外教育督导，完成乡镇政府、街道办事处、有关委办局落实素质教育责任目标年度考核工作。召开通州区“十二五”教育评价与督导课题发布会，立项83项课题，2项市级课题进行示范开题论证。

（董迎春）

【召开教科研立项课题发布会】　3月7日，北京市教育评价与督导研究会“十二五”立项课题（通州区）发布会在区教师研修中心召开。通州区共择优上报85项，被市教育评价与督导研究会批复立项83项，其中9项为市级重点课题。

（董迎春）

【开展乡镇督导随访工作】　3月20至23日，通州区教育督导室全体督学到张湾镇、台湖镇、漷县镇督导随访学习型组织建设和校外教育工作。随访过程中，听取主管教育工作副镇长工作汇报，实地考察乡镇学校、校外教育基地和学生校外活动场所建设情况，并与镇政府相关领导交流。督导随访提出要进一步加强教育基地建设和校外活动场所建设，要注意规范档案管理注重过程性材料积累等4点希望。

（董迎春）

【督导随访6所幼儿园】　3月28至30日，通州区教育督导室督导随访6所幼儿园。督导随访根据《北京市幼儿园全面实施素质教育评价指标体系》，按照听取园长汇报、与班子成员交流、观看幼儿活动、察看园内设施、查阅档案资料流程进行。督导组提出照顾全体幼儿、教育活动多样化、提高保教人员素质的改进建议。

（董迎春）

【接受北京市校外教育督导】　5月16

至17日，市教育督导室校外教育工作督导评价组对通州区校外教育工作开展情况进行为期两天的督导评价工作。督导组听取通州区政府校外教育工作汇报，查阅校外教育工作相关档案材料，召开相关委办局、区教委相关科室、校外教育机构及活动场所及部分中小学校长4个座谈会，实地考察潞河中学、东方小学、青少年活动中心等校外教育基地。区校外教育联席会议各成员单位、相关委办局、部分乡镇街道主管领导等，以及校外教育机构负责人及部分中小学校长90人接受督导。

（董迎春）

【接受义务教育均衡发展督导】　10月10至11日，北京市义务教育均衡发展督导评估组督导评估通州区义务教育均衡发展工作。督导组由17名领导和专家组成。督导组观看通州区

义务教育均衡发展专题片，听取区政府《积极行动、扎实推进，实现义务教育优质均衡发展》工作情况汇报，还进行现场答疑、分组座谈。督导组实地检查张家湾镇中心小学、北京市育才学校通州分校、玉桥小学等，听取相关学校义务教育均衡发展工作汇报，并与家长代表、教师代表座谈，全面了解学校在推进义务教育均衡发展方面具体工作和典型经验。依规定，该督导评估不做即时反馈。

（董迎春）

【综合督导评价素质教育】 10月16日至11月7日，通州区教育督导室组织全体专兼职督学组成督导评价组，综合督导评价11所中学全面实施素质教育情况。督导评价组在阅读学校自评报告基础上，按评价指标体系分成5个督导评价小组，通过听取校长汇报、课堂听课、与干部教师座谈、查阅档案资料、察看学校设施形式收集信息。在学校自查自评基础上，督导评价组根据评价指标体系作出最终评价意见，包括文字描述、量化得分、改进意见，并以书面形式反馈给学校。

（董迎春）

【举办教育法律法规培训】 11月2日，通州区教育督导室召开乡镇教委办主任、街道办事处主管教育工作领导教育法律法规培训会。会议结合《关于对各乡镇、街道、有关委办局及其领导干部落实素质教育责任目标情况进行考核的意见》，就乡镇政府、街道办事处在落实素质教育责任目标工作中的具体职责进行详细讲解。会议还总结2012年督政工作并就2013年工作思路进行说明，从考核对象、考核依据、考核内容、考核时限、考核办法方面，讲解乡镇政府落实素质教育责任目标制考核工作。区教育督导室全体专兼职督学，以及各乡镇政府、街道办事处代表参加会议。

（董迎春）

【赴湖南学习考察】 11月9至13日，通州区教育督导室全体专兼职督学及各乡镇教委办主任、街道办事处主管教育工作的领导赴湖南长沙教育考察。其间，参观长沙市雨花区教育局第一幼儿园、东塘街道办事处社区教育学校等，听取相关领导学前教育、社区教育工作情况介绍；与长沙市教育督导室座谈，听取长沙市教育督导工作及督学责任区试点工作经验。通州专兼职督学和相关领导30人参加学习。

（董迎春）

中共通州区委教育工委

书　记　宋京璋（2月免）
　　　　　张绍武（2月任）

通州区教育委员会

主　任　宋京璋（2月免）
　　　　　张绍武（2月任）

通州区政府教育督导室

主　任　李少杰

顺　义　区

总　类

【语言文字工作再创佳绩】 1月，在第二届全国百佳语文教师评选活动中，顺义区教师获得佳绩。其中，1人获得“语文教改贡献奖”，4人被评为“全国百佳语文教师”，6人被评为“全国优秀语文教师”，区语委办获优秀组织奖。该评选由教育部语言文字应用管理司指导、教育部语言文字报刊社举办。顺义区积极推进语言文字工作，全区有国家级语言文字规范化示范校3所，北京市语言文字规范化示范校10所，北京市语言文字规范化达标单位8个，北京市语言文字规范化示范乡镇2个。

（徐振阳　闻淑君）

【加强教育系统合同管理】 3月22日，顺义区教委印发《关于进一步加强合同审核备案工作的意见》，加强教育系统合同管理。文件规定，各单位根据合同标的金额大小分三级审核管理。第一级为单位内部审核，合同标的金额不超过2万元，要经行政办公会、教代会等集体讨论决定。第二级为区教委审核，合同标的金额2万元至50万元，由区教委法律顾问和纪检监察审计科、计财科、组织科组成的合同审核备案办公室审核。第三级为区政府审核，合同标的金额超过50万元，由区政府法制办负责审核。截至年底，区教委共受理合同158份，审核完成133份，其中重大合同17份。

（杨守丰）

【规范教育系统离退休费】 4月，顺义区教委所属各单位完成离退休教师离退休费规范调整工作。离休人员将现行“生活补贴”“节日补助”“1996年以来的机制补贴”“2010年增加的离休补贴”“公有住房提租补贴”统一归并调整为“离休补贴”；退休人员除将退休费中“职务补贴计入退休费部分”与“机制补贴”归并为“增长机制补贴”外，还新增“按提高退休费比例计发的退休补贴”和“按工作年限计发的退休补贴”两个项目。据统计，区教委所属各单位共有86名离休教师和3406名退休教师在离退休费规范调整之列，离休费人均增加667元，退休费人均增加376元。

（雒宝林）

【召开规范教育收费工作会】 5月18

日，顺义区委教育工委、区教委召开

2012年规范教育收费工作会。会议总结部署规范教育收费工作，3所学校代表交流工作经验。会上，区教委和4家基层单位现场签订顺义区教育收费治理工作责任书。会议要求，各相关部门要不断增强做好规范教育收费工作责任感和自觉性，把规范教育收费作为重要惠民工程，放在更加突出的位置，下大决心、花大力气抓好、抓实。教育主管部门要加强监督检查，进一步加强校务公开、群众监督、责任追究等制度建设，以完善的制度规范教育收费行为。要发挥联席会议作用，按照职责分工要求，把治理教育乱收费工作纳入重要日程，确保工作落到实处。区纪委、区发展改革委和区教委有关领导，全区教育单位代表，各镇、街道教育助理300人参加会议。

（杨守丰）

【举办中小学应急疏散演练】 5月31

日，顺义区教委、区红十字会、区应急办、区民防局、区地震局在顺义八中举行“中小学生应急疏散演练启动”暨“999安全课堂”揭牌仪式。活动包括模拟学校上课期间突发地震灾情，全体学生按照应急预案快速有序地疏散到操场；模拟四种常见外伤现场止血包扎、自救互救；学校红十字辅助救援队员徒手心肺复苏术演示。演练结束后，有关领导为顺义八中“999安全课堂”揭牌，并为学校红十字辅助救援队授旗、发放急救包和宣传材料。顺义八中校长向全区中小学校发出共同开展应急疏散演练和红十字急救培训倡议。市红十字会、区政府等领导和全区教育系统基层单位代表、顺义八中师生1000人参加活动。

（张立新）

【食堂原材料集中采购】 8月8日，顺义区教委举办学生食堂食品原材料

集中采购展示洽谈会。集中采购招标工作包括发布公告、报名、资质审核、发放标书、评标、实地考察、价格议定、公示中标结果，采购展示洽谈会是集中采购招标工作最后一个流程。会上，顺鑫农业股份有限公司等12个中标厂家通过各种形式，展示粮油、肉、鸡蛋、调料、蔬菜、果品六大类食品原材料，66所学校、幼儿园主管食品安全工作领导、食堂管理员，通过参观、询问、洽谈，与中标企业签订采购协议。区教委和区食品办等部门领导、中标企业和全区中小学代表200人参加会议。

（单继荣）

【入选全国“两基”工作先进地区】 9月7日，全国教师工作暨“两基”工作总结表彰大会在京召开，顺义区入选全国“两基”工作先进地区。顺义区长王刚受到温家宝接见，并作为先进地区代表同温家宝座谈。全国共评选出80个“两基”工作先进地区，北京市仅顺义区一家。这是顺义区继1997年、2001年两次获得全国“两基”工作先进地区，第三次获奖。

（陈惠明）

【召开师德经验交流大会】 9月28

日，顺义区委教育工委、区教委召开教育系统师德经验交流大会。会议表彰60个优秀师德群体、157名师德标兵。会上，两名学生代表分别作《我心目中的好教师》演讲，4名教师代表交流典型经验。会议要求，全区教师要不断超越，追求更高的师德境界；要严格自律，做为人师表的实践者；要积极融入团队，在互助合作中获得发展。区总工会、区妇联、区教育工会等领导，全区教育系统基层单位代表400人参加会议。

（黄　杰）

【八项举措推进区域教育均衡发展】 至年底，顺义区教委采取八项举措推进区域教育均衡发展。一是实施“城乡联动”改革，开展城乡教育一体化发展等七大项目实验。二是采取上门登记、严控收费等系列措施，有效缓解入园排队的难题。三是在城区周边和重点镇建设3所寄宿制中学和3所半宿制小学，优化农村学校规模。四是与北师大进行全方位教育改革实验合作；与高校和科研机构合作开展优质校建设项目；建立农村中学数学、物理教师研修工作站；开展农村小学语文、数学骨干教师“一带三”培训，增强农村教师骨干力量。五是成立中小学生社会大课堂活动管理中心，提升农村学生视野。六是在顺义电视台开设《师说日》和《国学动漫城》节目，开通顺义学习网，优化社会教育资源。七是教育投入向农村倾斜，高标准拨付生均公用经费，提高教师待遇。八是全面升级城乡学校教育设施，均衡城乡办学条件。

（徐振阳）

学前教育

【概　况】 2012年，顺义区幼儿园59所，其中教育部门办园42所、集体办园4所、民办园12所、部队办园1所。离园幼儿3469人，入园幼儿5915人，在园幼儿15199人；教职工1652人，其中，专任教师1030人。教育部门办园专任教师学历合格率100%，市级学科带头人1人，市级骨干教师4人，区级学科带头人5人，区级骨干教师112人，区级园丁新星15人，高级专业技术职务教师3人。全区一级一类幼儿园33所，北京市示范园5所，市级早教基地34

所。学前三年教育普及率100%，0至3岁幼儿受教育率90%以上。幼儿园园舍占地面积275369平方米，建筑面积127712平方米。教育部门办园固定资产总值12765.15万元，全年教育经费投入2326.9万元，全部为国家拨款。

（周君姝）

【举办幼儿教师舞蹈培训】　2月21至22日，顺义区幼教培训中心举办全区幼儿教师舞蹈培训班。培训讲解舞蹈历史、幼儿舞蹈特点、幼儿舞蹈学习原则等理论，结合《小闹钟》《小星星》《剪子、石头、布》等舞蹈节目，演示动作规范。学习结束，学员分成两组举行汇报表演。全区幼儿教师150人参加学习。

（史利成）

【召开新教师培训现场会】　5月3日，顺义区幼儿园新教师培训实践活动现场会在尹家府中心幼儿园召开。活动分为四部分：一是观看幼儿园教育环境；二是专家引领新教师观摩该园新教师的社会领域教学活动；三是新教师开展研讨交流；四是专家结合新教师教学进行点评引领。市幼教社会领域教研员和顺义区各幼儿园近30名新教师参加会议。

（李艳）

【举办新教师听评课活动】　5月4日，

顺义区教委在怡馨幼儿园举办新教师听评课展示活动。活动中，该园大班教师作示范课，展示健康领域活动。全区30名新教师观摩示范课，重点就活动设计及活动材料使用进行评课研讨。研讨后，3名教研员进行点评指导。

（周静）

【多举措加强夏季卫生工作】　5月，顺义区幼儿园多举措加强夏季卫生工作。一是龋齿预防工作。如北石槽幼儿园配合顺义区妇幼保健院免费为小班幼儿进行口腔检查和氟化泡沫预防龋齿。二是安全知识讲座。如北务幼儿园举办家长饮食卫生安全知识讲座。三是严格执行卫生制度。如北小营幼儿园、义宾幼儿园严格晨检、消毒制度，加强传染病预防工作。四是加强户外锻炼。如滨河幼儿园开展“阳光体育”幼儿户外锻炼活动。

（李士文　陈惠明）

【两园建成开园】　9月1日，顺义区澜西园四区幼儿园和顺义区马坡第二幼儿园开园。澜西园四区幼儿园（简称澜西园四幼）位于旺泉街道梅沟营村（澜西园小区）。该园属于小区配套公办幼儿园，占地面积5100平方米，建筑面积3100平方米，开设5个教学班，在园幼儿110人。顺义区马坡第二幼儿园（简称马坡二幼）原为马坡中心幼儿园分园，始建于1985年。该园位于北京市顺义区马坡镇马卷村西侧，为小区公办配套幼儿园，占地面积4300平方米，建筑面积2100平方米。幼儿园开设6个教学班，在园幼儿园174人，教职工23人，其中专任教师22人。

（周君姝）

【名师工作室指导工作】　11月27日，

北京市科学领域名师工作室在李桥幼儿园指导工作。工作室成员观摩该园中班科学活动课“摩擦起电”，并组织教师进行“关于儿童发展和科学领域教育价值”现场教研活动。名师工作室主持人赵兰香为教师提出四点建议：追随孩子成长的足迹，让科学自主的发现成为一种学习的方式，把深奥的道理变成孩子自主的发现，建立发现的信心享受发现的乐趣。全市5个区县20名幼儿园工作室成员，以及区教委领导和顺义区教师代表40人参加活动。此前，11月22日，名师工作室走进港馨幼儿园指导工作。

（果燕君　魏海东）

【加强级类管理】　至年底，顺义区教委加强级类管理提高学前教育质量。一是制定《关于做好托幼园所分级分类验收、示范园评选及年度考核工作意见》，奖励幼儿园升级上类。二是区内30所幼儿园之间建立共建关系，20所幼儿园与市、区名园建立“手拉手”关系。三是加大投入，实施幼儿园改扩建工程，完善各项设施，配备幼儿班车，建设0至3岁早教基地。截至年底，全区共有一级一类幼儿园31所，其中农村地区14所；市级示范园5所，其中农村地区1所；市级早教示范基地34个。

（陈惠明）

【多项措施高质量发展学前教育】　至年底，顺义区教委采取多项措施高质量发展学前教育。一是实施幼儿园新建、改扩建和扩班工程。新建3所公办幼儿园并投入使用，共新增15个班，400个学位。9所幼儿园扩班，共扩班14个，新增552个学位。二是加大教师选拔培养力度。新招聘教师230人，并为新教师举办职业道德、教育教学理论、教学教法、基本技能培训。三是统筹安排幼儿园招生。相邻园所通力合作，互相帮助。四是加强对幼儿园办园质量的监控和管理。通过年度考核、日常检查、指导和评估等多种途径，保障幼儿园办园质量。

（周君姝）

基础教育

【概　况】　2012年，顺义区小学39所（另外有7所一贯制学校小学部），教学班1014个，毕业5224人，招生6890人，在校生35858人，在校生中北京市户籍学生20033人；教职工2763人，其中，专任教师2262人；小学入学率100%，巩固率100%，毕业率100%，及格率100%。中学38所，教学班795个（初中472个、高中323个），毕业9310人（初中5232人、高中4078人），招生9715人（初中5721人、高中3994人），在校生29065人（初中16571人、高中12494人)，在校生中北京市户籍学生23993人(初中12553人、高中11380人)；初中入学率100%，巩固率100%，毕业率100%，及格率100%；高中入学率86.7%，毕业合格率77.86%，应届毕业生高考录取率93.4%；教职工4397人，其中，专任教师3312人。特殊教育学校2所(公办1所)，开设教学班25个，结业18人、招生72人，在校生261人，教职工132人，其中，专任教师79人；另有随班就读生164人(小学96人、初中68人)；残疾儿童入学率100%、巩固率100%。校外教育单位及其他教育单位10个，教职工339人，其中，专任教师322人。公办中小学专任教师学历合格率100%，北京市特级教师15人(小学1人、中学14人)，高级专业技术职务教师1094人(小学21人、中学1073人)。中小学校舍占地面积3294539平方米，建筑面积1060552平方米。公办中小学图书馆藏书272.47万册，电子图书2433片(光盘)，固定资产总值150242万元。全年教育经费投入14.52亿元，其中，国家拨款14.39亿元，自筹经费0.13亿元。

(周君姝)

【召开新学期课程工作会】 2月，顺义区教研考试中心召开新学期课程工作会。会议全面解读年度课程建设工作计划，举办“学校课程管理的任务”专题培训。会议要求，一是在开齐开足开好国家课程的基础上，拓宽拓深国家课程，并对国家课程进行校本化实施；二是灵活统筹上好地方课程，特色化开发实施校本课程；三是在科技、人文、信息、艺术、体育5个领域中，选择一个或多个领域开发校本课程，在联盟和组团内开发12年一体化的区域课程，力争用5年的时间实现每所学校5个领域的课程全覆盖；四是以提高课堂教学质量为核心，以优势学科组、教研组或备课组为引领，深入推进国家课程改革实验。区教委领导，各中小学和职业学校教学主管领导和骨干教师代表共200人参加会议。

(王沛慧　王晓芳)

【全市高中教师基本功培训获好成绩】 3月16日，在首届北京市高中教师基

本功培训与展示表彰会上，顺义区教师获得好成绩。顺义区32人参赛，15人获得一等奖，13人获得二等奖，一等奖获奖率居全市第二。顺义区教委高度重视高中教师基本功培训工作，制定《高中教师基本功展示评比工作方案》，整合行政、教研、科研、信息、师训和干训多部门资源，构建“以赛促训，赛训合一”培训机制。先后聘请市教研员和高校学科专家40人次举办分学科集中培训。

(刘之海　陈惠明)

【举办小学美术学科名师大课堂】 3月22日，顺义区教委在马坡中心小学举办小学美术学科名师大课堂活动。活动邀请东城区史家胡同小学全国美术现场教学一等奖获得者张跃东讲授五年级美术课《深远的空间》。课后，与会教师针对课堂教学环节、教师教法、学生学习效果进行评课，并听取《在“欣赏评述”课教学中体现新课程理念》专题讲座。全区80名美术教师参加活动。

(张春菊)

【网络直播教研活动】 3月22日，顺义区教研考试中心利用网络举行全区语文教研活动。该活动在后沙峪中心小学设立主会场，教研员、授课教师及部分骨干教师参与主会场活动，全区所有高年级段教师在各校分会场通过网络直播参与互动研讨。在主会场，后沙峪中心小学教师执教语文课《母爱》，课后，马坡中心小学、东风小学两名教师和区语文教研员进行现场评析，并解答分会场参与教师提出的问题。这是顺义区首次通过网络直播形式举办全区教研活动。

(闫兴河　曲丽华)

【成立首个名校长工作室】 4月25日，顺义区刘金广校长工作室在东风小学成立。启动仪式上举办第一次师徒学

习活动。该工作室是顺义区首个“名校长工作室”。工作室任务是以新任校长工作中困惑为切入点，以胜任力提升为重点，以专业精神培育为拓展点，利用三年时间对小学新任校长培养，帮助新任校长快速成长。首批6名新任小学校长进站研修。

(王程森　任志梅)

【走进养成教育示范校】 4月27日，顺义区教委在北小营中心小学举办“走进养成教育示范校”活动。活动通过观摩班会、主题教育活动介绍、课间游戏展示、参观校园文化、校长汇报，全面交流学校养成教育成果。会议认为该校养成教育具有鲜明特点：一是立足农村学生特点实效性强；二是注重学生基本行为习惯及自主教育意识培养奠基性强。全区小学德育干部60人参加活动。

(张晓宪)

【制定初中义务教育新课标培训方案】 4月，顺义区教委制定并实施初中义务教育新课标培训工作方案。该方案遵循“全员参与、区校联动”“注重过程、突出实效”“三级联动、部门整合”原则，坚持市、区、校三级培训有机整合，教研、师训、科研、信息多部门统筹合作，围绕教师基本功提升开展培训。培训分两大阶段：一是市级、区级、校本培训阶段；二是教学实践、学科研讨、校本教研阶段。培训建立新课标学习评价考核机制，严格考勤制度，定期对教师新课标学习进行考核评价，评价合格者颁发合格证书，成绩纳入教师继续教育学分。不合格者进行补考。最终，根据综合考评情况确定新课标培训优秀个人和优秀集体。

(刘晓英)

【吴正宪数学教育思想研究基地启动】 6月15日，顺义区教委召开吴正宪儿

童数学教育思想推广研究基地项目启动会议。会议报告顺义区吴正宪儿童数学教育思想推广研究基地项目工作方案，有关领导为基地揭牌，为东风小学等9所项目基地校授牌，为研修团队教师代表颁发聘书和书籍。该项目由顺义区教委与北京教科院吴正宪小学数学教师工作站联合开发、共同管理。顺义区小学数学教师近900人，该项目将借助顺义区“城乡联动”教育改革，创建顺义基地“1＋3＋9＋N”的运行机制。“1”是首席专家（吴正宪），“3”是顺义区“城乡联动”教育改革三个联盟（牛栏山一中联盟、顺义一中联盟、杨镇一中联盟），“9”是9所推广研究基地校，“N”是全区各小学教师。项目依托9所基地校成立的研究小组，通过首席专家指导、基地校实施、团团联动、校校互动，对100名名师团队成员进行持续跟进式指导，进而带动全区所有小学数学教师共同发展。

（杨树华　李士文）

【验收第二期名师工作室】　7月，顺义区教研考试中心验收第二期“名师工作室”。验收采取看材料、听汇报、问卷座谈和成果统计方式进行，验收成果表明，工作室共取得各级各类成果2600项，293名教师培训结业，名师工作室起到带动和辐射作用。顺义区第二期“名师工作室”共23个，2009年8月启动，2012年6月期满结束。

（方树东）

【举办英语夏令营】　7至8月，顺义区教委举办暑期英语夏令营。夏令营为期一个月，通过中国教育国际交流协会聘请79名英国教师授课。全区96名中小学教师、1300名中学生参加活动。其间，面向学生开展英语口语、读写能力培训，面向教师开展英语教学方法、西方文化等培训。

（赵科　刘琦）

【召开社会大课堂工作会】　9月14日，

顺义区教委召开中小学生社会大课堂暨学生综合素质提升工程工作会议。会议全面总结2011至2012学年度顺义区社会大课堂工作，并对学期工作提出要求，着重强调安全管理、车队服务、学生守纪等工作。会上，顺义八中和龙湾屯中小交流大课堂工作典型经验。全区中小学校主管领导80人参加会议。年内，顺义区共组织77所中小学校，103643人次中小学生，走进七彩蝶园、抗日战争纪念馆、植物园等22家资源单位开展社会实践活动。

（苏建鹏）

【东风小学与仓上小学合并】　9月，顺义区东风小学与仓上小学合并。两校合并后，原仓上小学师生并入东风小学，成为东风南校，与东风东校、东风西校、东风本校形成一校四址的办学格局。仓上小学仍使用顺义区仓上小学公章。仓上小学位于顺义区五里仓小区，始建于1994年，隶属于顺义区教委。因生源所限学校一部分校区曾先后划归幼儿园、特殊教育学校。2012年，仓上小学占地面积1.50万平方米、建筑面积5581平方米，开设19个班级，学生591人，教职工62人。东风小学始建于1960年。2004年东风小学重组，建新小学和裕龙小学合并到东风小学，形成一校三址格局，统一使用东风小学公章。2011年9月，东风西校和东风东校分别启用北京市顺义区建新小学、北京市顺义区裕龙小学公章，全校三址三个公章。

（刘长荣）

【举办第30届学生科技节】　10月17日，第30届顺义区学生科技节在牛

栏山一中开幕。科技节由区教委、区科协、区科委、区妇联、区环保局、团区委联合主办，顺义区少年宫承办，牛栏山一中、中国电影博物馆、北京天文馆协办。会议总结2011至2012学年度顺义区科技教育工作，肯定科技教育所取得的成绩。开幕式后，与会师生听取《电影中的化学》主题科普讲座，观看科普电影《海洋》，参加现场科学实验与天文互动体验活动。顺义区57所中小学校领导和科技教师，以及牛栏山一中师生1000人参加活动。顺义区学生科技节前身为中小学生“爱科学月”，1992年改为科技节，每年一届。2012年科技节举办活动22项。

（任立春）

【举办第五届随班就读评优课】　10月29日至11月1日，顺义区第五届随班就读评优课决赛在区特殊教育学校举行。决赛聘请特教研究专家、顺义区相关学科教研员、学校随班就读骨干教师担任评委。说课教师通过课件展示、答辩等方式，阐述教学背景、教学目标、教学过程，重点解释随班就读学生学情以及相对应的教学策略。最终，评出一等奖21人、二等奖27人、三等奖17人。

（王向辉　武红静）

【与史家胡同小学合作举办教师培训】

11月2日，顺义区教委、史家胡同小

学合作培训项目启动。培训由史家胡同小学组织，采取全脱产、在史家胡同小学挂职的方式进行。培训为期7个月，培训内容包括全面工作、业务管理和学科教学三个方面。顺义区10名干部教师参加学习。

（杨亚民）

【举办中小学生建筑模型竞赛】　11月10日，顺义区教委举办"展开想象，构建家园"顺义区中小学生建筑模型竞赛。竞赛分个人赛和团体赛，设有缤纷童年、梦想家园、水调江南、绿野春天、烽火春秋、城市梦想6个参赛项目。参赛选手综合应用创新能力和动手能力，用作品展示顺义新城的变化与发展。全区24所中小学校480名学生参加比赛。

（刘美坤　武巍巍）

【展示优质学校建设项目成果】　12月11日和14日，顺义区教委在顺义五中和杨镇二中召开UDS项目校成果展示现场会。11日，顺义五中、李桥中学专场展示会在顺义五中召开。会议听取首师大教授项目情况汇报，听取顺义五中、李桥中学项目经验交流，观摩两所学校"骨干教师沙龙""课改教学数学课""语文主题教研活动"等6个教研活动。14日，杨镇二中、俸伯中学、南彩学校专场展示会在杨镇二中举行。首师大、区教委、区教育考试研究中心领导、专家以及顺义区中学代表100人参加活动。2009年5月，首师大、顺义区教委合作实施"UDS优质校建设项目"，"U"是指大学（University），"D"指地区，特指地方行政部门（District），S指学校（School）。UDS代表三方构成合作共同体。参与该项目12所学校中，50%为农村校。项目参与学校通过专家带动引领，干部、教师、学生发生明显变化，有效促进学校教学建设。

（陈艳清　崔建芳）

【四项措施加强中小学生艺术教育】至年底，顺义区教委四项措施加强中小学生艺术教育。一是请进来，走出去。聘请市教研员为全区音乐教师举办计算机打谱、续写歌曲等基本功培训；聘请中央美院教授为全区美术、科技、计算机教师举办动漫动画培训；组织100名中小学骨干美术教师赴黄山、门头沟等地写生，提升技能水平。二是加强艺术课程建设。在小学一至四年级滚动实施舞蹈地方课程，开发实施以沙岭学校曾庄大鼓为代表的艺术类校本课程。三是开展多项艺术活动。以艺术节为抓手，开展书画类、表演类竞赛和展演等活动，为学生搭建艺术素养发展平台。四是打造绿港小天使艺术团、绿港小天使书画院、东风小学民乐团等艺术社团品牌，促进艺术拔尖人才成长。

（陈惠明）

【扎实推进三名工程】　至年底，顺义区教研部门扎实推进"三名"工程。一是名师培养。名师工作室作用得到发挥，积极开展行动研究、展示交流、示范引领、拓展视野等研修活动，促进主持人和成员的共同成长。年内，23个名师工作室进入总结、验收阶段。二是名校培育。优质校建设项目取得可喜成果，项目以学校整体改进为抓手，以学校工作计划的制定与落实为主线，以教师专业发展、教育教学管理制度完善为重点，以教研组建设与职能发挥为新的生长点，有效提升学校的整体水平。在促进项目学校干部管理水平提升、教师教育教学能力提高、特色学校发展等方面起到推动作用，参与学校由原来的5所扩大到11所。三是名校长培养。注重长远发展，干部培训采取大单元设计方式，本着遵从校长专业发展规律，立足实践改进提升，着眼于长远发展需要原则，为干部成长提供专业理论知识，形成个体素质提高、管理文化转型、研学气氛浓厚的干部成长氛围。年内，区教委为培养名校长，特别增设一个名校长工作室。

（许冬梅）

职业与成人教育

【概　况】　2012年，顺义区中等职业学校7所（公办3所），其中，职业高中5所（公办2所），附设中职班2所（公办1所），毕业731人，招生746人，在校生2307人。教职工304人，其中，专任教师171人。职业高中占地面积1028552平方米，建筑面积47096平方米，固定资产总值7377万元。公办职业高中全年教育经费投入9842.9万元，其中，国家拨款9533.3万元，自筹经费309.6万元。各级各类成人学校485所。其中，成人学历教育学校3所，各层次学历教育累计招生4000人，在校生12300人，教职工92人，其中，专任教师76人；社区学校6所（无专职教师）；农村成人教育学校（乡校及村校）445所（无专职教师）；民办成人培训学校31所（无专职教师）。

（李建生　王振宇）

【召开学习型社会工作会】　3月9日，

顺义区2012年学习型社会工作会在区会议中心召开。会议总结2011年学习型社会工作，部署2012年学习型社会工作，并开通顺义学习网。会议就2012年学习型社会工作提出五个具体目标：一是搭建市民网络学习新平台；二是学习品牌建设取得新进展，开展"绿港书香"全民读书和全民终身学习周活动，开展区级学习品牌评选活动，争创北京市学习品牌；三是社区教育实现新突破，充实镇、村学习资源，加强社区教育工作者队伍建设，强化社区教育管理；四是学习型组织建设实现新跨越，评选第一批创建学习型党组织先进单位；五是理论研究取得新成果，开展学习型顺义模式研究，针对工作中遇到的实际问题开展课题研究，汇编具有区域特色的社区教育课程。市教育督导室和顺义区委、区政府领导，全区相关委办局、乡镇代表等300人参加会议。

（闻淑君）

【仁和镇举办外来务工人员家教培训】3月22日，顺义区仁和镇在河南村中小举办"积极有效的倾听——怎么听孩子才肯说"外来务工人员家教培训。培训从热身活动"听话画画"游

戏开始，让家长认识到沟通不是简单的“听”和“说”。重点介绍7种常规父母角色和开放式倾听的方法步骤。培训下发4份培训资料，培训结束后与会家长作现场演练，学习用同理心去理解接纳孩子，用开放式倾听方法跟孩子沟通。最后给家长布置“作业”，即一周内练习以积极倾听的方式和孩子沟通，并写下心得。该活动是仁和镇针对外来务工人员需要举办的参与式、系列性活动，外来务工人员120人参加学习。

（王艳芳）

【顺义一职中职技能赛成绩显著】 3至4月，顺义一职学生参加中职技能大赛成绩显著。3月20日，顺义一职学生参加北京市物流专业“国商杯”技能大赛，7名学生参赛，其中1人获得单证比赛三等奖，1人获得叉车比赛三等奖，5人取得物流员证书。4月28至29日，6名学生参加2012年北京市中等职业学校现代制造专业技能比赛，1人获得装配钳工一等奖，2人获得二等奖，1人获得维修电工二等奖，2人获得三等奖。在北京市第三届职业技能竞赛中，101名学生参加钳工竞赛，43名学生参加维修电工竞赛，最终1人取得技师证书，6人取得高级工证书，22人取得中级工证书，其余学生通过技能鉴定取得相应工种中级职业资格证书。

（李晓红）

【举办全民读书宣传日活动】 4月23日，顺义区2012年“绿港书香”全民读书宣传日活动在西辛小学举行。活动表彰2012年“绿港书香”全民读书月有突出表现的先进集体和先进个人，举办全民读书活动先进个人读书报告会、西辛社区成人学校社区居民读书交流会，观摩西辛小学读书分享、百人唱诗团唱诗、作品展等读书展示活动。全区各单位负责人，中小学校长、西辛小学师生及家长代表2000人参加活动。顺义区“绿港书香”全民读书活动由顺义区学习办主办，包括“读书与创新”“读书与素质提升”“彩虹读书”“读书益智”四项行动计划，以及“读书改变生活”征文、精品图书展销、“好书交换真情互动”换书活动等。

（杨炳彦 范腾艳）

【举办创意设计大讲堂】 7月10日，

顺义区“创意设计大讲堂”启动仪式在顺义区社区中心报告厅举行。大讲堂由区经济信息委、区社区教育中心、区文化创意产业促进办公室、区工业设计促进中心联合主办，顺义区广告设计联盟、北京市广播电视中等专业学校顺义区分校承办。第一讲邀请区工业设计促进中心举办《工业设计企业发展探讨——产业对接、融合发展》讲座，200名广告设计领域、文化创意产业从业人员听讲。大讲堂采用“政、校、企”三方联合办学模式，本着“整合资源、对接产业、创意顺义”宗旨，以打造专业设计、文化创意和信息化人才为根本目标，为顺义广告设计领域和文化创意产业储备、输送创新型人才。

（李建生 赵娇）

【电大顺义分校启动创业实训项目】 10月至11月16日，北京电大顺义分校、北京正保育才教育科技有限公司联合实施首届创业实训项目。该校选拔30名优秀学员代表，外派到昌平区回龙观北京青年创业示范园参与创业实训。实训中，学员参与商业计划书制定、沙盘模拟分组演练、团队建设及小组对抗等训练，全方面学习并模拟创业全过程。培训结束后，通过考核学员获得北京电大顺义分校和正保集团颁发的“全球模拟公司联合体中国中心”结业证书，持此证书在部分城市创业将得到政府政策扶持。

（张静 秦蓁）

【启动阳光培训工程】 12月13日，顺义区劳动力培训阳光工程启动仪式在杨镇镇政府举行。劳动力培训阳光工程由顺义区农广校实施，目标是在全区范围内开展农业职业技能培训和农业专项技术培训。该项目开设30个培训班，计划培训学员1300人。其中农业职业技能培训300人，培训专业包括村级动物防疫员、蔬菜园艺工、畜禽繁殖员等5个工种；农业专项技术培训1000人，培训内容包括蔬菜栽培技术、病虫害防治、农村网络技术等5个方面。培训班集中培训和跟踪服务相结合，集中培训时间7天，跟踪服务1年。

（陈更硕）

教育督导

【概　况】 2012年，顺义区教育督导室完成全区教育系统99个单位督导工作，其中，中学24所，小学36所，幼儿园38所，职业学校1所。完成全区30个单位督政检查，其中镇街道25个、委办局5个。立项开展督导调研与科研项目（课题）包括“中小学督导评价网络平台建设与应用的研究”“构建校外教育督导机制促进青少年健康成长的研究”“城区小学关于学生习惯养成评价的实践研究”等15个。年内，顺义区教育督导呈现“五化”特点。即督导队伍专业化，学习型团队基本形成；督学工作规范化，实效性不断增强；督政工作制度化，有效提高依法履职能力和水平；督导工作科研化，提高工作针对性；宣传工作信息化，增强督导工作影响力。

（张亚丽）

【接受北京市学习型组织建设调研】 1月6日，市教育督导室调研顺义区学习型组织建设工作。调研组听取顺义区《深入创建学习型组织，打造现代文明和谐空港城》工作汇报，查看相关档案资料；实地考察北京空港物流基地、杨镇成人文化技术学校及安乐庄村成人文化技术学校。调研组肯定顺义区创建学习型组织的有效做法，对空港物流基地创建学习型企业、杨镇政府创建学习型乡镇高度赞赏，希望顺义区进一步总结提炼，拿出创建学习型组织工作的成功经验。

（王跃文）

【入选全国教育督导先进集体】 2月18至19日，全国教育督导工作研讨会在北京召开。会上，教育部表彰2011年全国教育督导战线先进集体和先进个人，顺义区教育督导室获得“全国教育督导先进集体”称号。顺义区教育督导室实施“走五步、重五字”的督学模式，即：学校自评突出“助”字、随访督导突出“导”字、督导评估突出“督”字、督导复查突出“实”字、交流总结突出“飨”字。朝阳区、顺义区、海淀区教育督导室，北京市教育督导室同时获得“全国教育督导先进集体”称号。

（王跃文）

【完成小学规范化建设工程督导复查】 4月12至26日，顺义区教育督导室完成小学规范化建设工程督导复查工作。该项工作组成6个督导组，验收复查东风小学等36所小学规范化建设工程。督导组听取校长工作汇报，重点总结评估验收后的整改措施、效果，以及均衡发展、减负增效、特色建设等工作。督导组针对验收回复内容，实地抽查专用教室建设、管理与设备使用情况，通过查看档案资料、访谈师生考查学校三类残疾儿童入学、就读情况及保障措施，三级课程建设及实施的计划、现状和效果，近三年学生体质健康情况及干预措施效果等。教育督导室汇总分析复查结果，形成督导报告上报区政府，并依据复查和评估验收的结果，评选表彰“小学规范化建设示范校”。

（王跃文）

【开展体育卫生工作专项督导】 5月10至24日，顺义区教育督导室对仁和中学等24所学校进行义务教育均衡发展及体育卫生工作专项督导。督导内容包括：接受三类残疾儿童入学及保障措施，三级课程建设、实施的计划、现状、效果，减轻学生过重课业负担的措施及效果等。督导检查通过听汇报、查阅档案资料、开展师生座谈等方式进行，促进学校体育卫生工作开展。

（王跃文）

【完成幼儿园素质教育综合督导】 6月18至21日，顺义区教育督导室对全区37所公办园进行全面实施素质教育情况综合督导。督导依据《顺义区2012年幼儿园全面实施素质教育综合督导评价指标体系》进行。督导组全方位、多角度了解幼儿园贯彻落实国家和北京市教育发展规划纲要，以及顺义区学前教育三年发展规划落实情况。督导检查组下发1100份教师问卷、召开37个座谈会，通过电话和走进家庭访谈1000名家长。督评人员汇总分析各园督导情况，完成《顺义区2012年幼儿园全面实施素质教育综合督导回复意见书》。

（王跃文）

【接受义务教育均衡发展督导评估】 9月26至27日，市教育督导室督导评估顺义区义务教育均衡发展情况。督导评估组听取顺义区工作汇报，观看义务教育均衡发展成效专题片，通过座谈、查阅资料、实地考察，全面了解顺义区推进义务教育均衡发展的情况。督导评估组对顺义区推进义务教育均衡发展工作给予肯定。近年来，顺义区以坚持科学发展观为指导，以办人民满意教育为己任，围绕“打造教育强区，实现全区教育发展一体化、均衡化和现代化”总体目标，采取城乡学校“手拉手”共建、城乡学校间联片教研等多种形式，推进城乡教育一体化、义务教育均衡化深入发展。1997年、2001年、2012年，顺义区先后三次被评为全国“两基”工作先进地区。此外，还先后获得全国教育综合改革实验区、全国特殊教育工作先进区、全国教育督导先进集体、北京市教育工作先进区等百余项荣誉称号。

（王跃文）

【全面启动督学责任区工作】 10月1日，顺义区教育督导室印发《顺义区督学责任区工作方案》。该方案明确督学责任区划分、责任区督学职责和督导方式、责任区督学管理等内容。依据《顺义区城乡联动教育改革实验方案》的组团划分，全区中小学校、幼儿园和职业学校划分成9个督学责任区，每个责任区安排3名责任督学。责任督学具体职责是：了解本责任区内学校依法办学履行教育职责情况、挖掘学校特色经验并给予宣传推广、调研学校普遍问题并向上级提出整改意见和建议、维护学校及师生安全、对督导后整改情况的跟踪督查等。督导方式以专项督导、协商式督导和调研式督导为主，坚持周四督导日活动。该方案从调研、讨论、制定、正式发布历经半年时间，10月1日起正式执行。

（张亚丽）

【实施开放式学前教育督导】 11月14

至23日，顺义区教育督导室对港馨、怡馨、天竺3所幼儿园进行开放式效能性督导。开放是指督导对象开放、督导人员开放、督导现场开放、督导标准开放、督导过程开放。督导工作聘请市、区专家通过听取园长汇报、召开座谈会、看环境等形式，了解幼儿园现状，并根据现状答疑解惑，引导帮助幼儿园找准特色，提升办园水平。督导过程中，各特色相近幼儿园园长、业务园长相互观摩，督评会场、检查过程、评估交流、反馈意见过程及备检材料均现场开放，取得良好督导效果。区内近20所幼儿园代表参与活动。

（王跃文）

【调研高中教师队伍建设】 11月26

至27日，市教育督导室专项督导调研顺义区高中教师队伍建设。调研组听取区教委工作汇报，查阅相关档案资料，实地考察牛栏山一中、顺义二中，就全面加强教师队伍建设促进高中教师专业发展、提高普通高中教育教学质量、促进普通高中多样化发展和特色建设等问题与区教委相关科室负责人、各高中校长座谈。区教委、区教育督导室领导和相关学校负责人参与调研。

（王跃文）

【增设学前教育专职督学】 11月，顺义区教育督导室增设两名学前教育专职督学。两名督学均担任过园长职务，有丰富的教学和管理经验。学前教育专职督学负责学前教育领域督导评价工作，确保幼儿园各项督导工作顺利开展。

（张亚丽）

中共顺义区委教育工委

书　　记　冯义国

顺义区教育委员会

主　　任　冯义国

顺义区政府教育督导室

主　　任　姜华阳

昌　平　区

总　类

【举办骨干教师高级研修班】 1月13

日，昌平区教委举办“十二五”时期骨干教师高级研修班。研修班由昌平区教委和昌平教师进修学校组织实施，为期18个月，共320课时。研修班聘请北京教科院、北京教育学院、北京五中等单位特级教师18人为导师，通过理论学习、观摩、异地交流等方式教学。昌平区骨干教师33人参加学习。

（张丽芳）

【召开教育系统领导干部会】 2月9日，昌平区教委召开教育系统领导干部会。会议就安全稳定、教学质量、队伍建设、难点调研、品牌打造、教育资源建设六方面工作进行部署。要求各单位进一步完善联合驱动、共同参与的教育机制，营造良好的教育环境；把工作重点放到教育教学上，抓课堂、抓课程，确实提高教育教学质量；继续健全和完善教育制度，进一步扩大竞争性选拔干部的工作力度；进一步加强调研工作力度，开展系列专题调研，有效解决教育难点及热点问题，提高执政水平和能力；不断加强特色品牌校园建设，争取做到“一校一品”，全力打造教育优质品牌。重点支持城乡新区学校、农村学校建设，加大市级教育经费转移支付力度，提高教育经费保障水平，进一步推进教育资源建设。会后，与会人员围绕“十二五”教育规划，结合市、区相关要求就如何促进教育发展等议题分7组进行讨论。教育系统各中小学、幼儿园、直属单位及机关副科级以上干部150人参加会议。

（樊勇）

【召开干部教师培训工作会】 3月14日，昌平区教委召开“十二五”干部教师培训工作会。会议作昌平区教育干部培训工作报告和中小学、幼儿园教师培训工作报告。会议表彰“十一五”期间教育系统干部培训优秀学员106人、“十一五”期间教师继续教育工作先进单位25个、先进个人24人，为获奖代表颁奖。会上，回龙观中学校长、昌平第二实验小学校长汇报学校干部教师培训经验。北京教育学院、区委教育工委、区教委等领导，昌平区中小学、幼儿园主管继续教育工作领导351人参加会议。

（张磊）

【研讨高校中小学对接工作】 4月11日，昌平区教委召开高校与中小学对接研讨会。武警警种指挥学院、华北电力大学、北京航空航天大学等6所高校领导和昌平区8所中小学校代表参加会议。会上，高校领导表示重视与地方的合作与衔接，愿意为昌平区内中小学提供实验室、图书馆等资源，无偿为中小学提供法律、心理、科普等知识讲座，也欢迎中小学生到大学参观。中小学校领导表示中小学对高校资源，特别是师资培训资源需求迫切，希望共商长效合作机制，同时期待在大学生志愿者服务等方面联手开展互惠互利活动。

（樊勇）

【全面完成校舍安全工程】 6月5日至10月30日，昌平区中小学校抗震加固工程完成昌平实验小学、沙河中心小学、崔村中学等22所学校翻建任务，总建筑面积35171平方米，投入资金11918.2万元。至此，昌平区中小学校舍抗震加固工程全部竣工。该工程历时四年，采取整体加固方式完成平房和楼房翻建共351个项目，总建筑面积349439.85平方米。其中，楼房整体加固项目93个，改造面积280828.85平方米；平房翻建项目258个，改造面积68611平方米。工程总投资86601万元。

（辛颖）

【昌平第三实验小学设立】 8月28日，昌平区机构编制委员会审核同意，昌平区教委设立北京市昌平区第三实验小学。该校为区教委直属小学，全额拨款事业单位，暂核定区财政全额拨款事业编制45人，科级领导一正二副，开办资金50万元。办学地址位于昌平区小汤山镇土沟新村小区36号，占地面积10000平方米，建筑面积8881.3平方米，体育场（馆）面积4000平方米。图书馆（室）藏书0.81万册。固定资产总值137.86万元。学校设20个普通教室，18个专用教室。教职工17人，其中，专任教师11人，包括高级职务1人，区学科带头人1人。该校前身是大东流中心土沟小学。

（张学明）

【举办新任教师培训班】 9至12月，昌平区教委举办2012年新任教师培训班。培训班利用周末安排8天集体培训，学习内容涉及师德法规、教材教法、班级管理、教育科研、信息技术、名师风采。全区中小学、幼儿园新任教师406人参加学习。至年底，培训班完成年度所有培训任务，全部结业。

（孙长力）

【召开史志工作现场会】 11月21日，

昌平区教委在昌平职业学校召开学校史志工作现场会。与会人员观看昌平职业学校专题片，了解昌平职业学校基本情况和发展状况；昌平一中、昌平五中、昌平职业学校领导向参会学校赠送各校2012卷年鉴，并分别介绍学校史志工作情况和学校年鉴编辑经验。会议以《记录历史、传承文化、服务大局》为题总结全区教育史志工作，指出史志工作是宣传学校、提高学校知名度的一个载体，学校年鉴是一个学校发展到一定阶段的必然产物，做好史志工作是学校凝聚人心、促进工作的手段。会议要求学校高度重视史志工作，选择责任心强、兴趣浓的同志做好此项工作，并根据学校情况编辑出版学校年鉴。区教委、区教育志办公室、昌平职业学校领导，全区中学史志工作负责人70人参加会议。

（韩玉霞　景序）

【召开民办教育总结表彰会】 12月20日，昌平区教委召开2012年度昌平区民办教育总结表彰会。会议围绕2012年度行政审批工作、行政管理工作、民办教育系统取得的成绩和存在的问题、2013年民办教育发展规划作总结报告。会议表彰2012年度民办教育先进工作者48人、优秀教师62人、优秀协调办主任16人、优秀管理干部24人，交流先进工作者、优秀教师、优秀协调办主任典型经验。会议还布置2012年度民办教育机构年度检查工作。昌平区民办教育系统主要领导、教师代表和全体协调办主任167人参加会议。

（李跃龙）

【召开教育史志工作会】 12月26日，昌平区教委召开教育史志工作会。会议总结全区教育史志工作，认为年内昌平区史志工作加大示范引领的力度，成功举办“故学巡礼”专题片昌平区首发式和昌平职业学校史志工作现场会。会议指出全区工作发展还不平衡，10%单位领先，6所学校出版年鉴；大部分单位完成区教育志办公室布置的上报年鉴条目工作，学校大事记编写规范。会议要求各单位领导和撰稿人重视史志工作，组织一支好的编写队伍，发挥认真、心细、手勤工作特点，做好教育史志工作。会议表彰史志工作先进单位25个、先进个人41人、优秀条目（照片）100个。昌平区中小学幼儿园、直属单位、部分民办单位主管领导和组稿人200人参加会议。

（韩玉霞）

学前教育

【概　况】 2012年，昌平区幼儿园93所，教学班742个，离园幼儿4172人，入园幼儿6616人，在园幼儿19885人，教职工28356人，其中，专任教师1501人，专科以上学历935人。年内，北京市示范幼儿园3所，北京市一级一类幼儿园16所，一级二类幼儿园1所，二级二类幼儿园7所，市级早教基地10所。改扩建延寿镇中心幼儿园、昌平实验幼儿园、95820部队幼儿园、农学院幼儿园、山峡小区配套幼儿园、金隅万科小区配套幼儿园、上苑中心小学附属幼儿园、下庄学校附属幼儿园，新建白浮村等7所村办幼儿园，新增学位2000个。

（谷长志）

【农学院幼儿园新园开园】 1月9日，

北京农学院幼儿园新园开园。农学院幼儿园建于1983年。新园占地面积2638.6平方米，建筑面积1888平方米。该园按照北京市一级一类幼儿园标准设计建造，办园规模6个班，可容纳近200名幼儿。

（董双鸿）

【马池口镇中心园招收民乐兴趣班】 2月28日，昌平区马池口镇中心幼儿园民乐兴趣班招生。该园共设4个民乐兴趣班，分别是琵琶班、古筝班、笛子班和二胡班。各班分别招生5人、15人、12人、8人。根据年龄特点和接受能力实际，兴趣班采用小班授课，每期3个月。兴趣班聘请马池口中心小学的古筝、笛子和二胡专业教师授课，琵琶班教师由该园教师担任。授课内容为音乐常识、乐理知识、指法和技巧以及考级曲目。

（宋瑾）

【市级早教基地送教进社区】 4月20

日，昌平区教委组织市级早教基地到

崔村镇开展送教进社区活动。该活动通过发放育儿宣传材料、育儿知识咨询、婴幼儿基础测量及早教亲子活动，普及科学育儿知识，提高镇域内0至3岁儿童早期受教育率。教工幼儿园、机关幼儿园、工业幼儿园、财贸幼儿园、崔村镇中心幼儿园5所幼儿园教师和崔村镇散居幼儿、家长共80人参加活动。

（董双鸿）

【工业幼儿园开展亲子实践活动】 4

和11月，昌平区工业幼儿园在“童真元土”教育实践基地分别组织春季、秋季亲子实践活动。春季种植活动中，教师和家长带领幼儿分小组挖坑、撒种、掩埋、浇水。在秋季收获季节，幼儿在教师和家长引导下观赏温室花卉，和家长拔萝卜，开展亲子游戏“萝卜知识竞赛”“萝卜找朋友”“萝卜蹲”等。同时，开展“快乐水培”亲子活动，听取职业学校水培植物种植介绍，体验水培植物栽培。该园教师、幼儿、家长共325人次参加活动。“童真元土”教育实践基地由昌平工业幼儿园、昌平职业学校联合设立，利用昌平职业学校园艺设施，为幼儿园提供种植实践场所。

（李迎春　袁媛）

【滨河幼儿园开辟种植养殖园】 5月27日，昌平区滨河幼儿园在幼儿园东侧开辟种植养殖园。种植养殖园占地面积200平方米，其中，种植园里种植草莓、西红柿、圣女果、柿子椒、黄瓜、葡萄、红薯、玉米、葵花，养殖园饲养兔子。种植园由班级认领管理，养殖园每周由各班级幼儿轮换喂养。种植园、养殖园为幼儿观察大自然提供空间。

（杨光）

【回龙观镇中心园举办科技节】 6月1日，昌平区回龙观镇中心幼儿园举办第一届科技节。科技节以“小手拉大手，我们共同游”科学游园会形式呈现。科学游园分为体验区、挑战区、游戏区，共展示20个组27个科学实验展示项目，内容包括瓶子吞鸡蛋、蜡烛燃烧、甘蓝汁变色等。活动中，幼儿和家长自主选择活动项目，共同参与。全园师生、家长602人参加活动。

（佟红攀）

【两园通过一级一类园验收】 6月26日，马池口镇中心幼儿园、长陵镇中心幼儿园接受北京市一级一类园验收。验收组由市教委、北京教科院、市妇幼保健院等单位专家组成，通过听取园长汇报、观看半日活动、查阅档案材料全面检查两所幼儿园管理工作、办园方向、保教工作以及卫生保健工作。最终，两所幼儿园通过验收。至此，昌平区北京市一级一类幼儿园达到16所。

（董双鸿）

【召开学前教育研讨会】 8月23至24日，昌平区教委召开暑期学前教育研讨会。会议围绕如何打造园所特色、加强教师队伍建设、提高学前教育整体质量、创新学前教育管理体制改革的新方法、新途径开展讨论，并就昌平区幼儿园园长工作评价、区级示范幼儿园评选征求园长意见。会上，区教委部署幼儿园收费及秋季入园等热点工作。区教委领导和直属园园长20人参加研讨会。

（董双鸿）

基础教育

【概　况】 2012年，昌平区小学99所，毕业5616人，招生10356人，在校生50670人；教职工3388人，其中，专任教师2844人；小学入学率100%，巩固率100%，毕业率100%。中学44所，开设教学班820个，毕业6423人（初中4395人、高中2028人），招生9009人（初中5945人、高中3064人），在校生24599人（初中15795人、高中8804人），在校生中北京市户籍学生15064人；初中入学率100%，巩固率100%，毕业及格率100%；教职工3701人，其中，专任教师2814人。特殊教育学校2所（公办1所、民办1所），结业20人，招生17人，在校生98人，开设教学班15个；教职工53人，其中，专任教师28人。校外教育单位1个，教职工43人，其中，专任教师27人。全区中小学教师学历合格率100%，特级教师11人（小学3人、中学8人），高级专业技术职务教师881人（小学35人、中学846人）。中小学占地总面积270.34万平方米，校舍面积101.12万平方米，绿化用地面积40.29万平方米，运动场地面积110.21万平方米。图书馆藏书230.68万册，固定资产总值113859.65万元。全年教育经费投入185540万元，其中，国家拨款181424万元，自筹经费4116万元。

（樊勇）

【举办初中骨干班主任培训班】 1月12日，昌平区教委举办初中骨干班主任培训班。培训采取专家讲座、研讨交流、考察学习等方式进行，培训以专家引领、自主研修、合作创新、综合发展为工作思路，以学员全程体验管理为基本途径，探索“引领、自主、创新、发展”研训一体培训模式。培训内容包括班级管理、技能辅导、案例分析、教育法规，共240学时。培训班为期一年，全区初中骨干班主任43人参加培训。

（张捷）

【召开通用技术学科教学现场会】 3

月23日，昌平区教委召开高中通用技术——学生技术实践活动有效开展教学现场会。参会人员参观第二届通用技术学科设计与制作大赛成果展，观摩前锋学校、昌平小汤山中学展示课《简单结构设计》《欣赏和评价典型结构设计》。会议点评认为，两节课体现新课程理念，教学目标制定规范，教学载体的选择与运用恰当，学科特点突出，学生学习专注，教学效果突出。会上，有关专家提出，通用技术学科特点决定教师在学生技术实践活动方面存在困难，如实践项目内容的选择、耗材的选择与准备、课前准备和课后整理，教师备课量至少是其他学科三倍。北京教科院、昌平区教委领导，昌平区教研员和全区高中校主管教学领导、通用技术学科教师26人参加活动。

（庞淑芳　赵爽）

【召开多媒体课件大赛总结表彰会】 4月25日，昌平区教委召开首届中小学教师多媒体课件大赛总结表彰会。会议总结首届中小学教师多媒体课件大赛，分析昌平区教育信息化发展现状，对提高中小学教师教育教学与教育技术应用能力提出要求。中小学、幼儿园主管信息化的领导、工会主席和获奖选手300人参加会议。首届中小学教师多媒体课件大赛共征集作品143件，包括中学组79件、小学组64件，作品涉及全区37所学校。经过评审，中学组评出一等奖6个、二等奖16个、三等奖27个，小学组评出一等奖5个、二等奖12个、三等奖19个。并推荐10个一等奖作品（中小学各5件）参加市级比赛。

（张庚）

【举办中小学生航模比赛】 5月3日，

昌平区教委举办中小学生航模比赛。在各学校初赛基础上，42所中小学校1059名学生参加决赛。比赛采用分组别、分项目比赛的方式进行。设有海豹号直升机航模、全球鹰滑翔机航模、天驰橡筋航模、赛斯那仿真飞机航模、海鸥电动飞机航模5个项目，以及甲组（小学一至三年级）、乙组（小学四至六年级）、丙组（初中一至三年级）、丁组（高中一至三年级）4个组别。经比赛，分别评出一至三等奖。昌平区中小学生航模比赛始自1995年，一年一届。

（黄鑫　黄超）

【表彰高中教师基本功培训活动优秀】

5月3日，昌平区教委召开高中教师基本功培训与展示活动表彰大会。会议以《细节决定成败，过程决定成果》为题总结高中教师基本功培训与展示活动，观摩昌平二中和昌平一中说课展示，表彰在市级培训与展示活动中取得突出成绩的23名教师，以及在区级培训和展示活动中取得优异成绩的137名教师。区教委领导和全区高中校代表120人参加会议。

（彭博　景序）

【举办暑期小学教学论坛】 8月23至24日，昌平区教委举办小学教学工作论坛。论坛分四个阶段。第一阶段是教学质量分析，教研员分别针对监控学科进行试卷分析；第二阶段是习惯养成专题研讨，教研员和典型学校代表就如何培养学生良好学习习惯作主题发言；第三阶段是教学研讨，交流研讨加强课程建设、深化课堂教学改革、加强学生习惯培养三个专题；第四阶段是会议总结和新学期工作部署。区教委领导和相关学校校长、教学干部270人参加会议。

（赵彩霞）

【召开课程建设现场会】 9月26日，昌平区教委在昌平实验二小召开“构筑理想课程体系，提升学校文化品质”课程建设现场会。会议共分三大板块。一是参观实验二小的校园文化，查阅课程建设成果资料，观摩该校民乐、乒乓球操、轮滑等校本课程成果展示。二是课堂听课，观摩10节课堂教学展示课。三是大会报告，听取实验二小校长《以课程建设为路

径，做润泽生命的教育》主题发言，交流课程建设经验。会议点评认为，实验二小的做法培养学生良好习惯，激发学生兴趣；做到学生喜欢、家长满意、领导认可。区教委领导、全区中小学校长等200人参加会议。

（赵彩霞　樊勇　景序）

【前锋学校建校50年】 9月28日，前锋学校举办50周年校庆活动。其间，前锋学校校史馆揭牌。区领导和有关单位代表、学校校友、师生代表等3500人参加校庆活动。为纪念建校50年，学校编辑出版《前锋学校50年发展历程》《我的前锋、我的家》资料集。《前锋学校50年发展历程》记载学校从1962年建校起到2012年8月学校的大事记，图文并茂；《我的前锋、我的家》收集学校老校友、老教师、历届家长代表对学校的回忆。前锋学校始建于1962年，初名工程兵先锋小学，是一所寄宿制小学。1964年12月，学校移交地方管理，改为先锋小学。1967年9月，改名为前锋学校，成立初中部。1982年9月，增设高中部，1983年1月，校址迁至现昌平区水库路20号。2001年秋，开办英语实验班，以英语、计算机为突破口，办出学校特色。2009年创办昌平区第一家公办寄宿制小学。建校以来，前锋学校共培养小学毕业生4424人，初中毕业生4289人，高中毕业生2981人。

（宋秀捷）

【南邵小学编写《魅力东区》】 9月，南邵中心小学《魅力东区》校本课程排入课表投入使用。课程安排一至六年级11个学期，每学期4课时，共44课时，由综合实践课教师任教。课程分为九个部分：古镇南邵今与昔、南邵历史文化、新城东区交通、魅力新城农村、南邵物产资源、南邵现代

教育、回民文化——筛海坟与护林碑、南邵新貌、展望新城未来。该课程2010年2月开始编研，投入资金2万元。课程教材以电子文本形式展现，图文并茂，各占50%，免费发送给全校师生。

（张淑凤）

【举办新任班主任培训】　11月9至27日，昌平区教委举办新任班主任培训。培训邀请有关专家举办《班主任的角色与行为定位》《今日如何做教师》《科研引领班级建设》等讲座，内容涉及师德建设、和谐班集体建设、班主任工作诊断、班主任个案研究和家庭教育指导5个专题。全区中小学、民办校和随迁子女学校新任班主任308人参加培训。

（安凯杰　邱立君）

【召开通用技术课程现场研讨会】　11

月20日，昌平区教委在前锋学校召开普通高中课程整体建设中通用技术课程推进现场研讨会。会议从“规划实施方案、规范课程管理”“加强有效落实、完善课程建设”“注重研究探索、形成课程特色”三方面总结昌平区通用技术课程实施情况。会议交流前锋学校、昌平二中、昌平三中通用技术课程开设经验，推出必修课程、选修课程、校本课程三类6节公开课。会议还举办通用技术课程“设计与制作”作品展，展出师生木工、电子、服装等作品200件。北京教科院、各区县教委领导，昌平区全体学科教师等120人参加会议。

（庞淑芳）

【举办美术教师专业基本功比赛】　11月21日，昌平区教委在前锋学校举办首届中小学美术教师专业基本功比赛。全区62所学校120名40岁以下的中小学美术教师参加比赛。比赛内容是人物速写和中国画创作，采取现场作画的方式进行。经构图、线条、笔墨、画面、情境要素评比，评出小学组一等奖14人、二等奖27人、三等奖38人，中学组一等奖6人、二等奖10人、三等奖15人。

（刘坤）

【举办语文教师朗诵比赛】　11月22日，昌平区教委举办中学语文教师诗文朗诵比赛。比赛内容以国学经典、古典诗词为主。在各学校初赛的基础上，全区23人参加区级比赛。根据朗诵内容、朗诵技巧、举止仪表、现场效果评比标准，评出一等奖5人、二等奖8人、三等奖10人。

（高秀敏）

【举办音乐教师专业基本技能比赛】　12月6至7日，昌平区教委举办第三届中小学音乐教师基本技能比赛。全区146名40岁以下中小学音乐教师参加比赛。比赛分中学组和小学组。中央音乐学院和北京教育学院4名专业教师担任评委。经声乐演唱技巧、艺术表现、精神风貌三方面评比，评出小学组、中学组一至三等奖。

（刘坤）

【承办校际联盟现场会】　12月7日，

市教委、市教育学会初中教育研究分会在百善学校联合举办“发挥校际联盟优势，促进学校共同发展——走进昌平”现场会。会议观摩百善学校研究课，听取昌平区教委主题报告，以及昌平区“四校联盟”（百善学校、长陵学校、阳坊中学和亭子庄中学）综合发言。会议介绍联盟学校8年发展历程，总结联盟学校发展经验。来自市教委、各区县教委、初中教育研究会代表400人参加活动。会议指出，昌平区“四校联盟”是实现区域教育均衡发展的成功案例之一，集中体现对教育规律的尊重，体现对人性发展的尊重，体现学校全方位的文化浸润和共同发展。“四校联盟”始自2005年，最初是昌平区长陵学校、亭子庄中学、阳坊中学三所学校自发成立，2008年百善学校加入。

（张立亭　景序）

【完成学生健康体检工作】　至年底，昌平区中小学卫生保健站完成全区中小学生体检。全区34629人参加体检。其中，小学生22522人，中学生12107人。统计数据表明，2011至2012学年度，昌平区学生贫血患病率、营养不良低体重率、沙眼患病率、龋齿患病率、肠道蠕虫感染率达到国家规定控制指标；但学生视力不良率上升，尤其小学生视力不良率上升较快（小学49.18%、初中75.84%、高中84.29%）。学生肥胖问题得到控制（小学16.4%、初中15.64%、高中12.03%）。

（憨盛楠）

职业与成人教育

【概　况】　2012年，昌平区职业高中3所，开设16个专业，41个专门化方向。毕业1467人，毕业就业率98.6%，招生2151人，在校生5274人，开设教学班97个。教职工373人，其中，专任教师282人。专任教师中高级专业技术职务39人，市级学科带头人1人，市级骨干教师2人。学校占地面积13.32万平方米、建筑面积7.15万平方米，图书馆藏书79649册，订阅杂志233种，报纸42种，固定资产总值8628.12万元。全年教育经费投入5189万元，其中，国家拨款4163万元，自筹经费1026万元。昌平区成人教育中心学历教育毕业1697人，招生1569人，在校生5024人；举办各种短期培训13539人，组织各级各类社会化考试达10000人次，完成“农民教育大讲堂”培训11000人。教职工72人，其中，高级专业技术职务15人。学校占地面积7212平方米，建筑面积6377.89平方米，图书室藏书7900册，订阅报刊杂志共30种210份，固定资产总值836万元。多媒体教室30个、各种专用教室9个。全年教育经费投入 1620 万元，其中，国家拨款 682 万元，自筹经费 938 万元。

（樊勇）

【调研市民学习需求】 3 月，昌平区社区学院开展市民学习需求调研。调研采取社区访谈、发放调查表、问卷调查等方式，了解社区师资、管理者、志愿者队伍情况，社区教育场地及设备资源拥有情况，市民学习需求情况等，最终完成调研报告 10 篇。经过对调查资料加工整理，课题组印制《昌平区社区市民学习需求情况调研报告集》。

（韩继英）

【支持民俗旅游村建设】 4 月 28 日，

十三陵镇上口村美食文化节暨民俗旅游接待村开村仪式在上口村文化广场举行。民俗接待村由十三陵镇上口村主办、昌平职业学校协办，以“览十三陵美景、感上口村民俗、品驴打滚美食”为特色。2011 年，昌平职业学校确定与十三陵镇上口村建立新农村共建关系。经过学校与镇、村领导的多次研讨，校村共同确定以发展民俗旅游业为龙头，以民间小吃为特色，以发展旅游产业链、富裕全村百姓为宗旨，以挖掘历史文化内涵为方向的发展思路。经过一年的共建，学校专业教师为该村设计特色饮食品种，先后为村民开展民俗饭菜制作、经营常识、民间手工艺制作、果树种植等培训，为 18 家民俗接待户配备餐具、桌椅，并对村庄的广告、宣传进行策划、设计和制作。

（张利成）

【举办丝网花插花培训】 4 至 11 月，昌平区社区学院举办丝网花插花培训。该课程由昌平区劳技教师团队承担。课上，教师针对学员实际情况，联系生活经验及丝网花制作基本技能技巧指导学员学习。学员在教师的指导下学会梅花、百合花、郁金香等 10 种花卉的制作，并掌握丝网花制作程序与技巧。培训班共培训 1750 人。

（闵霞）

【举办社会工作师培训班】 5 月 3 日，昌平区社区学院与昌平区社工委联合举办昌平区社会工作师培训班。培训为期四天，培训内容包括社会工作综合能力、社会工作实务两门课程。培训聘请北京工业大学教授讲课。昌平区各社区居委会推荐的基层社区工作骨干成员 51 人参加培训。

（韩继英）

【农广校“阳光工程”通过验收】 5 月 28 日，由市农业局、市农广校等组成的“阳光工程”验收组验收昌平农广校 2011 年培训工作。验收组通过听汇报、咨询提问、审阅培训项目资料，对昌平农广校“阳光工程”培训工作给予肯定。验收组认为，昌平农广校 2011 年“阳光工程”培训工作质量高、效果好，在培训过程中有创新。最终，验收评分 98.2 分。

（石凤旋）

【《昌成学苑》出刊】 6 月 18 日，昌平区成人学校校刊《昌成学苑》出刊。校刊由学生会主办，面向全校学生征稿，由学生会宣传部排版。创刊号包括学校特色专业、资讯快报就业直通车等版块。校刊旨在展现学校实际情况，反映学生校园生活，增进学生和学校的感情。

（王金英）

【民俗村创建模式课题结题】 9 月 15 日，昌平区教委承担的“新农村建设背景下民俗特色村创建模式的研究”课题结题。该课题是北京教科院委托的乡镇成人学校特色课程建设和教学资源建设实验试点工作课题。课题通过实验研究法和个案研究法对十三陵乡康陵村“正德春饼宴”民俗特色项目的研发及康陵村民俗特色村的创建过程进行全程研究，探索新农村建设背景下民俗特色村创建的基本模式。经北京教科院鉴定，课题按协议要求完成，同意结题。专家认为，课题研究内容及研究结果对新农村建设背景下农民就业增收、创业致富起到促进作用，对新农村建设和村域经济产业链的形成起到借鉴和引领作用，对教育培训部门和乡镇成人学校开展农村、农民教育培训起到指导、辐射作用。该课题 2011 年 12 月正式立项，共投入课题经费 61400 元。课题研究成果《新农村建设背景下，民俗特色村的创建》一书 2012 年 3 月由高教出版社出版，面向全国发行。

（尚国荣）

【举办全民终身学习征文评比】 9 月 20 日，昌平区社区学院开展全民终身学习活动周征文评比活动。征文以“终身学习，让生活更美好”为主题，宣传终身教育思想，树立终身学习理念，弘扬北京精神，抒发“知识改变命运，学习成就未来”情怀。征文面向全区居民举行，评出一等奖 4 人，二等奖 9 人，三等奖 16 人。

（司建军）

【建成昌平学习网】 10 月，昌平区社区学院建成昌平学习网。昌平学习网是为市民学习提供的快捷平台。包括资讯中心、课程中心、图书中心等栏目。其中，课程中心提供 200 个视屏资料。远程教育中心提供 4 类课程，系统介绍旅游文化、茶文化，课程内容生动活泼，易于学习与掌握。资源中心提供昌平区学习资源信息。图书中心提供图书 1000 册，供在线阅读。昌平学习网还将不断补充新的学习内容，满足学习者需要。

（闵霞）

【农广校开展农业专项技术培训】 11

月 5 日至 12 月 13 日，昌平农广校开展“阳光工程”农业专项技术培训。其中，北京农学院枣树专家举办枣树冬季田间管理和测土配方施肥技术培训，昌平区农业局专家举办冬季果树病虫害防治技术培训，北京市果林研究所专家举办核桃栽培、病虫害防治、剪枝培训，北京市农林科学院林业果树研究所专家举办大樱桃栽培管理培训。全区各乡镇技术人员 500 人参加培训。

（张玉娥　吴洋）

教育督导

【概　况】　2012 年，昌平区教育督导室坚持以中国特色社会主义理论为指导，加强督政与督学相结合，完善各项教育督导检查工作，全面贯彻党的教育方针，全面推进区政府各相关委办局、镇政府、街道办事处以及中小学全面实施素质教育督导评价工作，促进和保障中小学提高教育质量，推进昌平区率先基本实现教育现代化进程。全年督导工作在平稳中逐步推进，继续做好小学规范化建设工程学校督导检查验收工作，完成第三轮实施全区中小学及幼儿园素质教育综合督导。加强对镇街及相关委办局关心支持教育、优先发展教育工作的督导力度，建立督政工作信息月报制度，及时了解镇街教育工作动态。本年度教育督导室主任 1 人，副主任 2 人，专职督学 3 人。

（苏凤兰）

【召开教育工作通报会】　1 月 13 日，昌平区教委、区教育督导室联合召开昌平区镇政府（街道办事处）教育工作通报会。会议要求全区下力量扶助薄弱学校，促进义务教育均衡发展；关注流动人口学校，取缔非法校车；关注学生健康和安全问题；加大德育工作建设力度，把“北京精神”渗透到学校工作的每个环节。要求镇街领导要增强责任心和使命感，及时把握教育动态，关注教育难点、热点问题。会议通报 2011 年昌平教育工作情况、教育工作评价方案实施情况、区域内学校基本建设需要关注的问题，明确民办教育管理职责与任务。区教委、区教育督导室领导，各镇街教育工作负责人 40 人参加会议。

（苏凤兰）

【座谈教育督导工作】　2 月 23 日，昌平区教育督导室召开 2011 年度教育督导工作座谈会。会议总结回顾 2011 年教育督导工作，对 2012 年督导工作进行具体安排。会议交流专兼职督评人员工作体会，认为区政府对教育督导工作更加重视，区委教育工委、区教委对教育督导工作保障支持更加突出，教育督导工作开展严谨细致、求实创新，在促进学校依法规范办学、推动教育教学改革、提高教育质量等方面发挥促进作用。会议还就督评工作时间、人员配备、听课安排以及督导结果使用方面提出意见和建议。区政府兼职督学、昌平区教委机关和相关直属单位督评人员 40 人参加座谈会。

（陈敏）

【督导检查小学规范化建设工程】　5 月 22 至 31 日，昌平区教育督导室与区教委组成联合督导组，督导检查 11 所学校素质教育暨小学规范化建设工程。督导检查既包括对学校软件建设情况检查，也包括小学规范化建设工程硬件建设情况检查。督导组通过听取汇报、察看课间操和档案资料、听课、座谈 5 种方式检查学校规划计划、教师队伍、教学等 11 个方面工作。正式督导前，部分兼职督学对 5 所完小的硬件和校园文化进行前期督导，并对 11 所学校 820 名学生、330 名家长和 510 名教师进行分类问卷调查，为正式督导提供有效统计数据。督导首次使用“督导工作简报单”，即由区教育督导室为学校指定 2 名责任督学，将当日督导情况以“督导工作简报单”形式，呈报昌平区教委主管领导参阅，以进一步加大督导结果的使用。经过汇总成绩，11 所学校全部取得 93 分以上的成绩，督导结果均为成效显著。

（陈敏）

【督导检查中学素质教育实施情况】

10 月 10 至 12 日，昌平区教育督导室会同区教委组成督导检查组，综合督导检查十三陵中学等 6 所学校全面实施素质教育工作情况。督导检查组通过研究学校年度自评报告、听取学校工作汇报、查阅相关档案资料、召开干部座谈会、课堂听课、观察课间活动和实地检查、问卷调查的方式进行。在集中反馈环节，督评小组在肯定学校办学成绩、提炼办学特色的同时，就存在的问题提出可行性建议。6 所中学督导结果均为成效显著。

（陈敏）

【接受北京市学前教育督导检查】

10 月 31 日至 11 月 1 日，市教育督导室专项督导检查昌平区发展学前教育工作情况。督导组重点检查昌平区发展学前教育工作的组织领导、园所建设、经费投入、队伍建设、规范管理、发展水平。督导组听取昌平区《实施三年行动计划，办人民满意的学前教育》工作报告，分三组召开专题座谈会，实地检查 6 所幼儿园。督导组对昌平区学前教育工作开展情况给予肯定。

（苏凤兰）

【督导检查 3 所幼儿园】　11 月 7 至 9 日，昌平区教育督导室、区教委组成联合督导组，综合督导南口镇中心幼儿园、中国政法大学幼儿园、国防大学第三幼儿园全面实施素质教育工作情况。督导组通过听取汇报、察看幼儿半日活动、查阅档案资料、干部座谈、教师问卷，对 3 所幼儿园的规划计划、两支队伍建设、行政管理、保教、卫生保健、后勤管理以及安全工作进行全面督导评价。经过汇总成绩，1 所幼儿园的督导结果为成效显著，另外 2 所幼儿园为成效较好。

（陈敏）

【探索督导工作新机制】　至年底，昌平区教育督导室探索尝试新的工作机制，从四个方面实现突破。一是重新调整科室职责分工，完善督导工作管理体制。区教育督导室、区语言文字工作委员会内设督导一科、督导二科和区语委办三个职能机构。督导一科负责督政工作，督导二科负责督学工作和教育督导课题研究，区语委办临时挂靠督导一科。二是尝试建立问题发现、问题解决督导工作机制。在正式督评当天，由责任督学填写“督导工作简报单”，总结提炼学校办学成绩，分析学校现存问题，并报请昌平区教委相关领导参阅。三是从队伍建设角度，探索建立督学责任区。实行兼职督学包校制，负责经常性、随机性的督查，对重点问题进行专题调研。四是统筹落实好三项工作，语言文字规范化检查、贯彻教育收费政策执行情况督查，与素质教育督评、小学规范化建设工程专项督导工作统一部署、统一实施、统一验收。

（陈敏）

中共昌平区委教育工委

书　记　隋彦玲

昌平区教育委员会

主　任　李成旺

昌平区政府教育督导室

主　任　刘淑华

大　兴　区

总　类

【举办第十届教育教学思想论坛】　1月14至15日，大兴区教委和区教师进修学校共同举办第十届教师教育教学思想论坛。论坛主题是“构建自主高效课堂、提高教育教学质量、促进教师专业发展”，分为师德、职成、幼儿园等8个分论坛。各分论坛活动分为两个阶段，第一阶段为优秀论文获奖者主题发言。本届论坛共收到征文2470篇，经过组委会评审，578篇论文分别获得一至三等奖。在8场分论坛活动中，一等奖教师代表41人发表主题发言。第二阶段分为专家点评和现场互动答疑。中央教科院、首师大、北京教育学院等单位教授、教研员、特级教师24人对主题发言发表点评。区委教育工委、区教委领导和全区各教育单位代表1200人参加活动。

（贾富华）

【编纂大兴教育年鉴】　2月14日，大兴区教委召开《大兴教育年鉴》编纂工作启动及培训会。会议宣读区教委关于《大兴教育年鉴》编纂工作指导意见，区教委领导以《编纂教育年鉴服务大兴教育》为题，从年鉴作用、编纂目的等方面，对编写工作提出要求。一是加强领导，提高认识；二是要加强队伍建设，各单位要有一名领导干部负责，并责成专人具体参加年

鉴编写工作；三是加强年鉴编写工作责任意识和质量意识；四是年鉴要重点反映教育教学工作。会后，对年鉴撰写的要求、原则、写法、选材相关知识举办培训，并布置下阶段年鉴工作。区委教育工委、区教委、区教育督导室领导以及全区教育系统各单位主管年鉴工作领导和组稿人300人参加会议。《大兴教育年鉴》是区委教育工委、区教委编纂的教育资料工具书，全面反映大兴区各级各类教育年度工作情况，2012年起逐年编纂。

（益建春）

【公开选拔副校级干部】　3至6月，大兴区教育系统公开选拔20名副校级干部。公开选拔工作包括报名、笔试面试、综合考察等阶段。共有129人报名参加公开选拔，经笔试、面试，来自全区25个单位33人进入综合考察。7月，经区委教育工委、区教委书记主任办公会研究批准，聘任20人为副校级干部，试用期一年。

（周稳）

【联合召开校车安全工作会】　4月17日，大兴区教委与区公安分局联合召开校车安全工作会议。会议要求各学校加强校车内部管理工作，规范管理确保安全。有校车的单位要以校车安全档案管理升级为载体，规范校车日常管理工作流程、提升校车管理工作标准，逐项落实《校车安全管理条例》要求。会议提出，各校车单位要做到四个“必须”：必须慎重选择驾驶员，必须高度重视日常管理，必须严格措施，必须严格履职，主动接受公安交通和教委等部门监督检查。区公安分局和区教委领导，各校车单位安全责任人参加会议。

（王建春）

【召开新区教育工作会议】　5月24日，大兴新区教育工作会议召开。会议主要任务是动员全社会力量全面实施大兴区“十二五”时期教育改革和发展规划，推动全区教育事业科学发展，优先发展，加快建设教育强区，推进教育现代化，为加快建设首都南部高技术制造业和战略性新兴产业聚集区提供更加有力的人才保证和人力资源支撑。会议印发《北京市大兴区“十二五”时期教育改革和发展规划（2011～2015）》。规划明确，到2015年，新区教育发展要实现的目标是：教育现代化水平全面提高，基本形成优质均衡、结构合理、类型多样、特色鲜明、充满活力的教育体系，努力把大兴建设成为理念先进、管理科学、支撑发展、特色鲜明的素质教育品牌区、优质教育试验区、基础教育城乡一体化先导区、学前教育改革发展窗口区、职业教育和成人教育特色区、学习型城区建设示范区，为新区经济社会发展提供丰富的人力资源，营造文明和谐的环境。为保障规划有序实施，区委、区政府制定《关于加

快教育改革和发展的意见》和《关于进一步明确镇、街道和区直有关单位教育工作职责的通知》。会上，区教委、开发区社会发展局、区发展改革委、区财政局、采育镇党委主要领导分别就贯彻落实新区“十二五”教育规划、推进全区教育事业科学发展表态。市教委领导，区委、开发区工委领导，驻区院校负责人，以及全区教育系统干部教师等650人参加会议。

（陈钟楠）

【进一步明确镇街教育工作职责】 5月24日，大兴新区教育工作会议印发《区政府关于进一步明确镇、街道和区直有关单位教育工作职责的通知》，明确镇街和区直有关部门教育工作职责。文件明确：镇、街道要加强对教育工作的领导，把教育工作纳入党委、工委及政府、办事处的重要议事议程，促进辖区内各级各类教育事业协调发展。教育工作主管领导和履行教育职责的责任部门负责日常工作。镇、街道要认真履行属地监管责任，规范区域内流动人员办学办园行为，做好流动人员自办学校、未登记注册幼儿园的管理，依法清理整顿、撤并取缔非法办学办园，消除安全隐患。文件要求，建立镇、街道教育工作目标责任制和领导联系学校制度，努力营造尊师重教的良好氛围。建立有效机制，稳定教师队伍，不断改善教师的工作和生活条件，建立健全镇政府、街道办事处对学校和教师的表彰和奖励制度。把教育基础设施建设纳入镇域发展总体规划，统筹安排。积极发展区域学前教育，在农村每个镇建设1至2所较高标准的镇中心幼儿园；同时根据区域发展规划，合理布局中心园分园，实现学前教育资源全覆盖。大力开展社区成人教育，建立健全镇、街道、村、社区成人教育网络。会上，区长与黄村镇及清源街道办事处等签署镇、街道履行教育职责责任书。

（陈钟楠）

【加大人才引进力度】 5月，大兴区教委印发《2012年面向社会公开招聘中小幼教师工作实施方案》。至年底，区教委通过两次不同形式公开招聘，招聘新教师314人，其中，本地生源244人，外地生源70人；博士2人，硕士69人，本科126人，本科及以上学历教师占62.7%。引进高层次人才12人，其中，特级教师6人。

（桂宗连）

【启动全国家长学校教育实验区项目】 10月18日，大兴区“全国家长学校教育实验区”启动仪式在北师大大兴附小举行。会议宣布启动“全国家长学校教育实验区”项目，聘请专家组总顾问，为39所实验学校颁发校牌。全国家长学校教育实验区领导小组代表和区关工委、区教委领导，首批39所实验校领导参加活动。家长学校教育实验区项目由教育部关工委2010年6月启动实施，项目旨在充分发挥家庭教育在儿童少年成长过程中的重要作用，以家长学校为阵地，以课题与教材实验为载体，帮助家长树立正确的教育观念，掌握科学教育方法，尊重子女健康情操，培养子女良好习惯，加强与学校沟通配合，共同减轻学生课业负担，促进学生全面发展。2012年，教育部关工委审议决定，增加大兴区等37个市（县、区）为全国家长学校教育实验区，至此，全国共有157个实验区。

（侯卫英）

【评选先进纪检监察集体和个人】 12月25日，大兴教育纪工委评选表彰先进纪检监察集体和个人。评选通过工作总结、查阅档案资料、检查有无违规违纪现象等方式进行。评选小组考察143个单位纪检监察负责人和干部共282人。最终，评选出先进集体15个，优秀纪检监察负责人和干部各21人。

（高懿蕾）

【完成校长经济责任审计】 至年底，大兴区教委完成校长经济责任审计年度工作。全年完成9名中小学校长任期内经济责任审计和26名中小学校长离任经济责任审计。重点审计学校内部控制制度建设及执行情况、财政财务收支情况、国有资产管理及使用情况等。审计结果，35名校长在任职期间较好贯彻执行各种经济、财务制度，无违反学校管理、财务制度情况发生。

（李国喜）

【加强师资培训】 至年底，大兴区教委积极推进市、区、校三级教师培训模式，加强师资队伍培训。依托北师大、首师大、北京教育学院等项目平台，以及区内优质培训资源，举办“专业素养与高考研究”“幼儿园转岗教师培训”“音乐美术教师专业提升工程”等54个培训班，共培训教师2646人次。

（桂宗连）

学前教育

【概　况】 2012年，大兴区各级各类幼儿园60所，开设教学班710个，离园幼儿6172人，入园幼儿8181人，在园幼儿21661人；教职工2187人，其中，专任教师1250人；小（中）学附设幼儿班23所，收托幼儿2104人；学前教育普及率91.7%。全区北京市示范幼儿园3所，北京市一级一类幼儿园15所、一级二类幼儿园10所、二级二类幼儿园13所，北京市社区早期教育基地7所。全年市级学前教育专项资金投入1.4亿元，新建和接收小区配套园10所，规划建设镇中心园分园11所，审批小规模幼儿园2所，建设村办幼儿园18所，对49所现存公办园（含分园）实施办园条件标准化建设。完成3所幼儿园的一级园验收工作；在西红门镇理想城住宅小区联合举办首师大学前教育学院附属幼儿园和北京军区空军育翔蓝天幼儿园大兴理想城分园。

（益建春）

【召开石利颖先进事迹报告会】 3月2日，大兴区教委召开学前教育系统师德建设启动大会暨全国教书育人楷模石利颖先进事迹报告会。报告会观看专题片《营造童话世界的天使》，听取石利颖《在启蒙路上幸福前行》专题报告，宣读《关于在学前教育系统开展学习全国教书育人楷模石利颖先进事迹活动的通知》，对学习活动提出具体要求。全区各类型幼儿园园长（书记）、业务园长、学科带头人、骨干教师及部分优秀教师代表430人参加会议。北京市第五幼儿园教师石利颖是2011年度“全国教书育人楷模”中北京市唯一一名获奖者。

（徐敏）

【学科带头人和骨干教师培训启动】 6月14日，大兴区教委召开幼儿园学科带头人和骨干教师培训暨幼儿教师基本功培训启动会。会议宣读2012年大兴区幼儿园教师基本功达标活动方案和学科带头人、骨干教师培训方案。教师基本功达标活动分为编写细则、启动活动、集中培训、笔试和答辩、工作总结5个阶段进行。其中，笔试包括理论知识与教学活动设计，答辩包括说课与随机回答问题共4项考核。学科带头人及骨干教师培训内容包括理论培训和实践研修两部分，考核一年一次，采取综合评定方式进行，分设优秀、良好、合格、不合格四个等级。全区各类型幼儿园园长、业务园长、学科带头人、骨干教师200人参加会议。

（徐敏）

【承办北京市新任教师培训班】 8月

20日，大兴区教师进修学校举办2012年北京市第二期幼儿园新任教师、转岗教师、非师范类教师培训班。培训班由市教委主办，西城区教育研修学院承办，大兴、房山、燕山三地联合办班。培训班集中培训5天，大兴区181名幼儿园新任教师参加学习。

（贾富华　房国俊）

【北臧村镇中心幼儿园搬迁新址】 8月23日，北臧村镇中心幼儿园搬迁。该园由与诸葛营小学同址办公，搬迁到新立村。新址改扩建和搬迁工作共投入市级扩班经费180万元、区级改善办园条件经费260万元。新园占地面积5034平方米，建筑面积963平方米。室外绿化用地面积511平方米，运动场地712平方米。设有6个教学班，以及食堂、保健室、办公室等配套设施。新园可容纳200名幼儿，缓解附近村民子女入园难问题。

（李金艳）

【亦庄第三幼儿园开园】 9月3日，大兴区亦庄第三幼儿园开园。该园占地面积4196.31平方米，建筑面积3348.13平方米，图书馆藏书1161册。教职工21人。每班教室均配有多媒体教学设备、空调、消毒柜等设施；户外拥有塑胶软底操场、大型游乐玩具，并设有多功能厅等。新园招收幼儿80人。

（李金艳）

【理想城住宅小区配套园合作办学】

9月5日，大兴区教委举行理想城住宅小区配套幼儿园联合办学协议签订仪式。依据协议，区教委、首师大学前教育学院、西红门镇政府和北京鸿坤伟业房地产开发有限公司联合举办首都师范大学学前教育学院附属幼儿园。该园为公办性质幼儿园，为区教委所属全额拨款事业单位。幼儿园位于大兴新城北区理想城住宅小区0801—0305地块，用地面积4728.58平方米，建筑面积3170平方米，建设规模12个班。依据协议，区教委、北京军区空军蓝天育翔幼儿园、西红门镇政府和北京鸿坤伟业房地产开发有限公司联合举办北京军区空军育翔蓝天幼儿园大兴理想城分园。该园为政府委托普惠性民办幼儿园。幼儿园位于大兴新城北区理想城住宅小区0801—0805地块，用地面积7593.79平方米，建筑面积3092.50平方米，建设规模12个教学班。

（徐敏　赵文君）

【实施镇中心园分园达标工作】 11月22日，大兴区教委召开镇中心园分园达标工作启动现场会。现场会参观黄村一幼刘村分园园所环境，听取黄村一幼工作汇报，报告分园达标建设进展。全区各镇中心园分园和小学附属园代表50人参加现场会。镇中心园分园达标包括行政管理、教育教学、卫生保健三方面指标，全区镇中心园分园计划在2至3年内全部完成达标任务。

（徐敏）

【完成民办幼儿园年度考核】 12月3至10日，大兴区教委完成民办幼儿园年度考核。考核方式包括听取园长汇报、查看室内外环境及活动、查看档案资料、评议并反馈意见。22所民办园（含两所新审批园）参加年度考核，20所达到合格标准（新审批园当年不确定考核等次）。

（徐敏）

【三所幼儿园晋升一级园】 12月12至19日，大兴区安定镇中心幼儿园、长子营镇中心幼儿园、十一建华实验幼儿园接受北京市一级幼儿园验收。验收通过实地查看场地，查阅档案资料，听取园长办园条件、科学管理、办园质量汇报进行。最终，安定镇中心幼儿园、长子营镇中心幼儿园晋升为一级二类幼儿园，十一建华实验幼儿园晋升为一级幼儿园。

（徐敏）

【召开园本课程建设现场会】 12月27

日，大兴区教委在十一建华幼儿园召开幼儿园园本课程建设现场会。会议听取十一建华幼儿园园本课程构建情况，观摩幼儿园国际文化节活动，交流各园所园本课程建设经验，区教研员进行现场点评。会议就园本课程建设提出建议：一要明确构建园本课程目的；二要重视园本课程建设工作；三要勤于思考、跟进培训、行动研究，切实促进幼儿园园本课程建设。全区一级以上幼儿园园长、业务园长50人参加会议。

（徐敏　赵文君）

基础教育

【概　况】　2012年，大兴区小学88所，其中，民办校2所；教学班1305个，毕业6404人，招生8294人，在校生42418人，在校生中北京市户籍学生22347人；教职工3529人，其中，专任教师3012人；小学入学率100%，巩固率100%，毕业及格率100%。小学教师学历合格率94.6%。中学41所，教学班861个（初中558个、高中303个），毕业7700人（初中5377人、高中2323人），招生8704人（初中5354人、高中3350人），在校生27462人（初中16990人、高中10472人），在校生中北京市户籍学生21219人；初中入学率100%，巩固率99.89%，毕业及格率100%；高中入学率55.06%，毕业及格率91.02%，应届毕业生高考录取率97.13%；教职工4792人，其中，专任教师3744人。特殊教育学校1所，教学班10个，毕业生6人，招生7人，在校生59人，教职工29人，其中，专任教师21人；残疾儿童入学率99%，巩固率100%。校外教育单位1个，教职工84人，其中，专任教师39人。全区中小学教师学历合格率91.71%（小学94.6%、初中89.18%、高中97.6%），市级特级教师13人（小学4人、中学9人），高级专业技术职务教师1177人（小学37人、中学1140人）。中小学图书馆藏书256.80万册，校舍占地面积264.43万平方米，建筑面积107.02万平方米。全年教育经费投入13.15亿元，其中，国家拨款13.03亿元，自筹经费0.12亿元。

（益建春）

【举办同课异构数学教研活动】　3月7日，大兴区教师进修学校在采育镇第一中心小学举办同课异构数学教研活动。活动听取教师进修学校关于“近名师，自教研”数学教研新模式报告，特级教师吴正宪和大兴区数学学科带头人刘平举办两节同课异构数学研究课《重叠问题》。课后，会议就两节课组织研讨。北京教科院，顺义、通州、房山、门头沟区教研员，大兴区数学学科带头人及数学骨干教师200人参加活动。“近名师，自教研”数学教研模式是大兴区教师进修学校小教研数学组2009年总结出的，具体是指骨干教师在与名师同台上课或看名师录像课之后，对自身教学进行反思、二次设计和再次实施的研修过程。

（董翠娟）

【全市中小学生长跑比赛获佳绩】　3月10日，大兴区7支代表队65名运动员在青龙湖公园举行的“2012年北京市中小学生长跑比赛”中获好成绩。其中，大兴一中获得高中组团体总分第一名、初中组团体总分第二名，庞各庄第二中心小学、安定中心小学、榆垡第二中心小学分获小学组团体总分第一名、第四名和第六名。比赛由市教委、市体育局主办，北京市学生活动管理中心承办。来自全市16个区县800名学生参加比赛。

（李晶）

【举办首届小学班主任工作论坛】　3月23日，大兴区教委、区教师进修学校举办大兴区小学首届班主任工作论坛。论坛设两个分论坛，来自一线的16名班主任分别就班级管理理念、方法、策略等发表演讲，北京教科院、北京教育学院等有关专家就班主任发言作点评。活动中，区教委表彰大兴区小学“专业、智慧、魅力”工作案例评选获奖班主任，为获奖教师颁发获奖证书。北京教科院、北京教育学院、全国班主任工作学术委员会等专家，全区小学德育干部和班主任代表200人参加活动。

（韩景贵）

【开展体育教师专业技能培训】　3至5月，大兴区教师进修学校开展小学体育教师专项系列培训工作。培训旨在全面提高小学体育教师专业技能，更新教师学科知识结构，拓宽专业知识领域，夯实学科专业技能，提高实施新课程的能力，促进课堂教学质量提升。培训内容涉及体操、田径、球类等项目专业技能，共60学时。

（李晶）

【承办市级骨干教师高研班交流课】　4月9日，北京市中学数学市级骨干教师高研班在北京二中亦庄学校开展教学交流研讨。活动以“课标引领、同伴交流、专家点拨”为主题，听取2名市级学科带头人和1名市级骨干教师交流课，首师大教授就三节课进行点评，特别就课堂教学中的开放与聚焦、新课标理念如何在教学中有效渗透等问题提出意见与建议。来自通州区、房山区、平谷区、大兴区的市级骨干教师，大兴区数学骨干教师研修班学员共40人参加活动。

（侯萱）

【启动名师工作室建设】　4月20日，大兴区教委召开名师工作室启动会。会议宣读成立名师工作室的决定，并为工作室颁牌，为外聘专家和导师代表颁发聘书。大兴区名师工作室共21个，其中，中学名师工作室14个、小学名师工作室5个、名班主任工作室2个。区教委为每个工作室聘请北师大、首师大、北京教科院等专家作为工作室顾问，同时，由特级教师及部分市级学科带头人和骨干教师组成指导团队。名师工作室实行导师负责制，导师负责确定活动计划，组织入室培养教师开展课例研讨、专题学习、教科研活动等。首批共有244名教师入选工作室学习。北师大、首师大、北京教科院等单位专家，区教委领导和名师工作室导师、指导教师、工作室成员，以及中小学教学干部300人参加启动会。

（李金艳）

【成立学习困难研究会】　5月16日，

北京市中小学生学习困难研究会大兴分会成立。研究会是有关学生学习困难研究的群众性学术团体。其主要任务是：开展学习困难问题及其对策专题研究与个案研究；负责课题研究成果的宣传与推广等。分会的办事机构设在大兴区教师进修学校德育研究室，成员有名誉会长2人，会长、副会长各1人，秘书长、副秘书长各1

人，常务理事 10 人，理事 14 人。大兴区教师进修学校德育研究室 2010 年 5 月开始参与北京市中小学生学习困难研究会的课题研究，经过学习实践，取得实际效果，在此基础上发起成立学习困难研究会大兴分会。

（韩景贵）

【举办新教师岗前集中培训】 8 月 22 至 26 日，大兴区教委在区教师进修学校举办中小学新教师岗前集中培训。新教师集中培训 40 学时，学习教师继续教育政策、大兴区区情和教情，讲解教师职业道德、教育法规、课程改革等教师必备知识。全区中小学即将上岗的 192 名新教师全部参加培训。根据区教委统一安排，新教师在为期一年的见习期内还需完成 60 学时所在学校组织的分散培训。

（贾富华）

【与首师大附中联合办学】 8 月 27 日，大兴区教委与首都师范大学附属中学举行联合办学签约仪式。区教委委托首师大附中承办首师大附中大兴南校区和首师大附中大兴北校区。学校的性质为九年一贯制公办学校和公办完全中学，与海淀校区实行一体化管理。首师大附中将本着“资源共享、合作共赢”原则，将先进办学理念、优秀管理团队和骨干教师输送到大兴南、北校区，打造优质品牌学校。市教委、首师大、北京教育学院，以及大兴区委、区教委等领导参加签约仪式。

（陈钟楠）

【采育三小撤并学校】 9 月 1 日，大兴区采育镇东半壁店小学并入大兴区采育镇第三中心小学。东半壁店小学在校生 35 人，不利于教育教学活动的开展，经区教委、采育镇政府批准，学生家长同意，东半壁店小学撤并。至此，采育镇第三中心小学无下属学校。

（魏建山）

【成立少先队辅导员名师讲学团】 10 月 12 日，大兴区少工委成立少先队名师讲学团。讲学团聘请区级导师为导师，市、区级培养对象和区级骨干辅导员为成员，采取菜单式双向选择教学方式，由讲学团成员根据特长报课，学校选课。教学活动由少工委统一协调，分配授课内容、授课学校

和授课范围，实现区内资源共享。

（李伟）

【举办第 30 届学生科技节】 10 月 30 日，大兴区教委、区科委、区科协联合举办大兴区第 30 届学生科技节。开幕式上，区校外办总结大兴区中小学科技教育工作，区科委公布各项表彰、奖励名单。大兴区共有 20 所中小学在全市 12 项重点科技竞赛中获得 72 个第一名或一等奖，区教委、区科委、区科协共筹措资金 25.2 万元对获得优异成绩学校进行表彰奖励。科技节开幕式还举办 10 余项科普互动展示体验活动。大兴区第 30 届学生科技节为期 90 天，共举办中小学生单片机、青少年科技创新、金鹏科技论坛等 8 类 9 项活动，全区中小学生 5000 人参与活动，共评出一等奖 200 人，二等奖 420 人，三等奖 660 人。

（刘秀梅）

【十一学校落户大兴】 11 月 1 日，大兴区教委与海淀区教委、北京十一学校签署联合办学协议。根据协议，北京十一学校将在北京经济技术开发区新扩建区域开办中学和小学。两校实行理事会领导下的校长负责制，北京十一学校校长担任理事长和两校的法人代表。两校与十一学校融通共享优质资源，同步开展课程改革试验项目，实行统一的管理机制。市教委、海淀区教委、经济技术开发区管委会、大兴区政府、瀛海镇政府、北京十一学校相关领导参加签约仪式。

（陈钟楠）

【举办小学规范化建设展示交流周】 11 月 23 日，北京市小学规范化建设工程展示交流周——走进大兴活动在北京小学翡翠城分校举行。活动由市教委主办，大兴区教委承办，活动主题是“以师为本能力为重建设高水平

专业化教师队伍”。会上，大兴区教委介绍坚持“强师为先、尚德重能、统筹协调、专业引领、突出实效”原则，通过建立教师保障机制、创新培养策略、优化教师成长环境提高区域教师专业水平的经验。会议还观摩语文、数学、综合实践等 10 节课堂教学和现场说教材展示。会议就加强小学教师队伍建设提出三点意见：一是明确目标，充分认识到教师队伍建设重要意义；二是明确重点，着力加强教师队伍专业素质建设；三是明确责任，建立健全教师队伍建设长效机制，促进小学教育内涵发展、科学发展。来自全市各区县教委代表，大兴区教研员、部分小学校长 230 人参加展示交流活动。

（李志勇　熊洪帅）

【举办“文化领导与学校改进”高峰论坛】 12 月 9 至 10 日，全国中小学

校长（园长）“文化领导与学校改进”高峰论坛暨北京市大兴区第 11 届校长教育思想论坛在国家教育行政学院举行。会议由大兴区教委与中小学管理杂志社联合举办。会议主论坛活动听取浙江省杭州二中《关于文化的叙事》报告。在分论坛活动中，8 名校长就课程开发、教学管理、文化建设等理念、做法和经验分别演讲。活动还组织考察大兴区 6 所学校。北京教育学院、中小学管理杂志社、大兴区

教委领导，以及来自广东、江苏、浙江等全国 15 个省教育管理者、校长（园长）代表 180 人和大兴区教育管理干部、校长（园长）代表 220 人参加活动。

（周英姿　赵文君）

【举办第五届校外教育思想论坛】 12

月 21 日，大兴区教委举办第五届校外教育思想论坛。会议主题是“创新校外教育活动提升校外教育品质”。会议表彰校外教育优秀论文，听取 4 名获奖教师典型经验，邀请北京教科院研究员举办“如何创新教育活动”主题讲座。全区中小学校教师代表 200 人参加会议。

（刘秀梅　白建超）

职业与成人教育

【概　况】 2012 年，大兴区职业高中 6 所，毕业 2062 人，招生 1793 人，在校生 5392 人，教职工 696 人，其中，专任教师 456 人。各级各类成人学校 531 所。其中成人综合院校（社区学院）1 所，开设专业 11 个，在校生 4732 人，招生 732 人，毕业 910 人，教职工 102 人，其中，专任教师 68 人，高级专业职务教师 13 人。镇成人学校 14 所，村成人学校 516 所，成人学历教育招生 1884 人，毕业 1470 人，在校生 4695 人；全年开展社会培训 12794 人，引导性培训 20130 人，职业技能培训 8341 人；企业安全生产培训 48068 人。社区教育培训 13.6 万人次。

（益建春）

【举办农产品经纪人培训班】 1 月 4 日，大兴区青云店镇成人学校举办农产品经纪人中级培训班。培训与区供

销合作社职工学校合作开展，为期五天。培训内容为农产品经纪人专业知识、职业道德、市场营销基础、法律法规、农产品商品基础知识。培训采取讲授式，由供销学校派教师授课。青云店镇和周边乡镇农产品合作社负责人 50 人参加培训，经考核，全部取得农产品经纪人证书。

（赵舰）

【礼贤镇入选学习型先进乡镇】 5 月

9 日，市教委评估大兴区礼贤镇创建“北京市学习型先进乡镇”工作。评估组听取礼贤镇党委和政府介绍创建学习型乡镇工作情况和经济发展远景规划，查看档案材料，实地考察“全国文明村”礼贤镇黎明村。评估组认为礼贤镇党委和政府在创建工作中不断提高对学习型乡镇的认识，转变观念；不断重视和加强机制建设，努力营造学习氛围；不断加大经费投入，打造农民和居民终身学习服务体系；不断地加强文化建设，推进社会文明建设。11 月，北京市建设学习型城市工作领导小组办公室公布 2012 年北京市创建学习型社区先进街道（乡镇）评估结果，礼贤镇被评为“北京市学习型先进乡镇”。

（宋薇）

【亦庄镇举办青年职工计算机技能赛】 8 月 3 日，大兴区亦庄镇社区办与成人学校联合举办亦庄镇企业青年职工计算机技能大赛。比赛旨在鼓励和引导青年职工掌握现代科学技术知识，不断提高青年职工的劳动技能、岗位技能。比赛内容包括汉字录入、图文混排操作、表格处理及数据统计、演示文稿（幻灯片）制作、普通地图学及地质制图、基础知识答卷、现场计算机数字制图。亦庄镇域内 120 名选手参加比赛。

（李倩）

【旧宫镇成人学校明确办学理念】 9 月 24 日，大兴区旧宫镇成人学校确定校徽、办学理念和办学宗旨，自编教材《新城旧宫》定稿。学校成立以来，学校文化建设欠缺。暑假期间，学校多次组织校园文化建设研讨。经全员讨论，学校明确办学理念为“为生存者提供尊严，为生活者提高修养，为学习者编织未来”，办学宗旨为“服务人民，终身学习”，审定自编教材《新城旧宫》，定稿 8 万字。一系列工作丰富校园文化，树立学校新形象。

（顿聚山）

【大兴一职与印刷学院合作办学】 9 月，大兴区教委与北京印刷学院签订“印刷学院与大兴一职中高职教育协调发展合作办学框架协议”。协议明确自 2012 年秋季起，印刷学院与大兴一职联合举办中高职衔接班。9 月，两校联合招生 237 人。

（宋薇）

【自编回迁农民素质提升手册】 10 月 8 日，大兴区瀛海镇成人学校编写完成校本教材《城镇化——小康社会的幸福之路》宣传手册。手册为镇域内近两万名拆迁农民提升素质、更新观念、和谐回迁，促进镇域社会和谐经济发展而编写。全书分为五部分：城镇化概念、形势观念篇、幸福生活篇、社区文明篇、展望未来篇。

（刘贵贤）

【督导检查社区教育协会】 10 月 18 日，大兴区委社工委、区民政局、区教委督导检查区社区教育协会工作。督导检查重点是加强社会组织服务管理，全力推进社会组织服务管理专项行动有序开展。检查组听取协会参与社会建设和服务群众工作汇报，肯定“十八大”安保社会组织服务管理专项行动等工作，对协会发挥“枢纽型”社会组织作用，加强对本领域社会组织引导、联系、服务职能提出建

议。大兴区社区教育协会 2004 年成立，主要任务是实现教育资源共享，发展社区教育，创建学习型大兴，完善全区终身教育体系。

（陈慧）

【举办全民终身学习活动周】 10 月 22 至 28 日，大兴区创建学习型城区领导小组办公室举办第八届全民终身学习活动周。活动内容包括农民观念提升培训、职业技能培训、市民生活知识讲座和各项文化活动。大兴社区学院、14 个镇成人学校、5 个街道办事处参与活动，共设置展板 200 多块，电子显示宣传屏 21 处，发放手册 5 万本。学习周期间，参与活动市民 8 万人次。

（宋薇）

【启动农村劳动力培训阳光工程】 11 月 9 日，大兴社区学院结合农村人才实际需求，启动“农村劳动力转移培训阳光工程”。工程围绕北京市都市型现代农业发展需求和新农村建设需要，为农村从业人员开展短期技能培训，加快建立专业化的现代农业产业劳动者队伍，拓展农民增收就业渠道，普遍提升大兴区农业者队伍的整体素质。工程由政府公共财政支持，开展农村劳动力转移到非农业领域就业前的职业技能培训，包括村级全科农技员、动物防疫员、农产品经纪人等 11 个工种，每期培训 7 天。

（陈慧）

【北臧村建立职业技能实训基地】 12

月 25 日，大兴区职业技能实训基地北臧村分基地揭牌仪式暨北臧村镇劳动力委托培养职业大专班开班典礼在北臧村镇政府举行。会上，北臧村镇与同仁堂继续教育学院签订劳动力委托培养协议，确定“基地（学校）＋企业”的人才培养模式。会上，劳动力委托培养职业大专班举行开班典礼。该大专班由北臧村成人学校与北京同仁堂制药集团联合举办，为同仁堂制药集团定向培养毕业生。培训班招生 62 人。区人力社保局、区教委、北臧村镇政府、同仁堂制药集团的有关领导，北臧村镇成人学校师生代表参加会议。

（宋薇　巴文扬）

教育督导

【概　况】 2012 年，大兴区教育督导室坚持依法督导，积极推进义务教育均衡发展，完善教育督导评价制度，创新教育督导工作机制，推进教育督导队伍和教育督导工作的专业化建设，促进大兴区教育事业的改革与发展。完成 14 个镇政府和 5 个街道办事处 2012 年履行教育职责情况督导考核；组织 2012 年教育执法检查区内自查工作，完成区政府落实 2011 年市教育执法检查督导意见的整改措施；完成义务教育均衡发展督导评估和学前教育专项督导评价的区内自评。完成 9 所小学规范化建设工程验收和两所完小复验工作；开展 11 所初中校全面实施素质教育综合督导评价工作；开展“中小学校在提高家长对学校工作满意度方面所采取的措施及效果”调研；完成义务教育实施情况与均衡发展情况监测统计工作。

（杨伟民）

【督导考核教育职责履行情况】 1 月 1 日至 2 月 20 日，大兴区教育督导室完成 2011 年镇政府和街道办事处履行教育职责督导考核工作。其中，镇政府重点检查教育投入、校园周边环境治理、控制义务教育阶段学生辍学等方面情况，街道办事处重点检查校园周边环境治理、校外教育活动以及未注册幼儿园管理等方面情况。最终，印发《关于 2011 年各镇政府教育投入情况的通报》，并上报区政府。2011 年，大兴区 14 个镇政府教育投入 4447.6 万元，与上年基本持平。

（杨伟民）

【督导“家长满意度”调研整改情况】 3 月 5 日至 7 月 30 日，大兴区教育督导室开展“中小学校在提高家长对学校工作满意度方面所采取的措施及效果”专题调研。调研选择 34 所中小学作为样本，涵盖区直属校、农村边远校及位于城乡结合部的学校，其中小学 12 所，中学 22 所，访谈校长、书记、中层领导、班主任、教师共计 339 人。调研结果表明，绝大部分学校重视家长意见，对家长提出的合理问题积极制定整改措施，并初步落实到位，得到家长的肯定。对不重视家长问卷调查结果的学校，提出批评，要求认真研究家长的意见和建议，改进和完善工作。同时，建议学校在家长会上反馈家长提出的意见和要求，让家长了解学校采纳情况，对一时难以做到满意的，做好解释，取得家长理解。

（杨伟民）

【完成小学规范化建设工程验收】 3

月 20 日至 4 月 30 日，大兴区教育督导室完成 9 所小学规范化建设工程督导验收，同时完成 2010 年督导验收中未合格的两所完小复验工作。督导组通过问卷调查、查阅档案、实地检查等，全面了解学校规范化建设工程实施情况。经综合评议，11 所学校全部达到合格标准。

（杨伟民　赵文君）

【督导评价全面实施素质教育情况】 9 月 17 日至 12 月 25 日，大兴区教育督导室完成全面实施素质教育综合督导评价工作。督导工作特点一是在督导评价内容、方法中，增加家长对学校工作的评价；二是做好试点工作；三是教育督导室下校指导学校自评；四是以学生能力发展情况为评价教学质量的重要内容，加大对学生实验操作能力检测；五是注重与区教委沟通，依据教委工作重点确定督导检查指导重点。综合督导评价涉及学校11所，督导结束后反馈学校“回复意见”，肯定成绩，指出问题，并限期进行整改。回访结果表明，11所学校全部按照“回复意见”完成整改，初步取得良好效果。

（杨伟民）

【接受学前教育专项督导】 11月7至8日，市教育督导室专项督导评估小组督导大兴区学前教育工作。督导评估小组听取区教委汇报，分组召开3个座谈会，查看档案资料，实地考察5所幼儿园，以及理想城住宅小区、采育镇政府。督导评估小组肯定大兴区在发展学前教育方面所做的工作和

取得的成绩，认为大兴教育在新区跨越式发展中更新观念，走出一条适合自己的道路；在园所建设、队伍建设等方面创新体制机制，解决发展中的实际问题；教育部门整合各方面资源，为教育发展赢得关注和支持。为迎接市学前教育专项督导，大兴区教育督导室完成区内自评工作，汇总8张区县学前教育发展状况监测统计表，核实1000个数据，整理25盒档案216份。

（陈钟楠　杨伟民　李慧君）

中共大兴区委教育工委

书　　记　李达

大兴区教育委员会

主　　任　李达

大兴区政府教育督导室

主　　任　李广成

怀　柔　区

总　类

【建立校警机制】 1月11日，怀柔区建立校警机制。该机制要求选派15名55岁以上，工作经验丰富且责任心强的民警与城区15所中小学和幼儿园“一对一”对接，协助学校开展“三管理、三进、三查、三形象建设”工作。“三管理”，即保安管理、学校周边环境管理、违法违纪青少年教育管理；“三进”，即进校园、进课堂、进宿舍；“三查”，即查制度规范、查安全隐患、查人防物防技防；“三形象建设”，即校警办公室建设、校警自身建设和校警工作机制建设。2月15日，市教委在怀柔区召开北京市校警工作座谈会，交流怀柔区校警工作经验。

（杜书霞）

【启动中小学校长发展工作室】 2月，怀柔区教委启动中小学校长发展工作室。工作室旨在利用三年时间提高校长教育教学管理理论水平和实践能力，促进学校内涵发展，初步形成办学特色，形成“一校一品”发展格局，提升全区中小学整体办学水平。工作室由38名中小学校长组成，聘请四中原校长邱济隆和广渠门中学校长吴甡、北京光明小学原校长刘永胜担任导师，通过举办专题讲座、专题论坛和学校诊断、教育考察，提高怀柔区校长特色发展、指导课改、开展课题研究、科学管理，以及打造高素质干部队伍的能力。同时，工作室编写《校长发展工作室优秀成果集锦》，举办“精品特色建设先进学校”“课堂教学改革先进学校”“校园文化建设先进学校”挂牌、奖励活动。

（杜书霞）

【举办“学雷锋”志愿活动】 3月5日，怀柔区教委在怀柔一中体育馆举办“学雷锋、讲文明、树新风，践行北京精神”主题志愿服务活动启动仪式。会议回顾雷锋事迹，观看教育系统学雷锋志愿服务活动纪实短片《永远的雷锋、永恒的精神》。会上，志愿者代表宣读倡议书：学习雷锋事迹、感悟雷锋精神；投入志愿行动、践行志愿精神。会议为雷锋中队、雷锋志愿者服务队授旗。怀柔区有关领导、相关街道办事处代表、中小学青年志愿者代表1600人参加活动。

（缐金秋）

【举办桂贤娣报告会】 3月30日，怀

柔区委教育工委、区教委举办桂贤娣报告会。会议邀请全国教书育人楷模、湖北省特级教师桂贤娣作《做一个快乐的班主任》专题报告。桂贤娣指出，做一个快乐的班主任要给孩子说真话，让孩子说真话；让孩子轻松愉快地学习，在玩中学，学中玩；和孩子游戏，成为孩子的朋友；孩子的问题用孩子的方式解决。会议要求各单位组织教师学习桂贤娣先进事迹，特别是党员干部要充分发挥在教书育人、管理育人、服务育人中的先锋模范作用，弘扬高尚师德。区教委领导、教育系统副校级以上干部、德育主任及部分班主任600人参加会议。

（杜书霞）

【召开规范教育收费工作会】 6月11日，怀柔区教委召开规范教育收费工作会。会上，区教委与学校签订教育收费治理工作责任书，同时要求教

育系统校长、园长为治理教育收费第一责任人，把规范教育收费工作落到行动中，对违规教育收费问题将严肃查处。会议明确2012年规范教育收费工作具体要求，强调将义务教育阶段择校乱收费、公办学校教职工有偿补课、教辅材料管理及幼儿园收费行为作为教育收费治理工作重点。区治理教育乱收费局际联席会议成员单位负责人，教育系统中小学、幼儿园领导共60人参加会议。

（杜书霞）

【召开暑期教育工作会】 8月22日，怀柔区召开2012年暑期教育工作会。会议回顾总结上学年工作，研究部署新学年重点任务。会议下发三个行动计划，即“中小学品德养成三年行动计划”“中小学教学质量提升三年行动计划”“中小学体育、艺术2+1项目特色绽放三年行动计划”，分别从中小学德育工作、提高教学质量和发展体育艺术特长三个方面作出规划。怀柔区委、区政府领导，教育系统各学校领导、党风廉政建设监督员、各镇乡主管领导、专兼职督学等180人参加会议。

（缐金秋）

【潘维松获“北京市人民教师”称号】 9月6日，在北京市第28个教师节庆祝表彰会上，怀柔区喇叭沟门满族乡中学教师潘维松被授予“北京市人民教师”称号。潘维松始终把“教书育人、为人师表”作为己任，把成为“学者型”教师作为奋斗目标。他在平凡工作岗位上忠于职守、勤于奉献、开拓创新。潘维松曾先后被评为“全国模范教师”“全国中小学优秀班主任” “全国优秀中小学中青年教师”。2008年9月9日，他受温家宝邀请参加在中南海召开的教师座谈会。北京市人民教师奖是北京市教师的最高荣誉奖，每四年评选一次，2012年全市教师10人获得表彰。

（缐金秋）

【召开教师节表彰大会】 9月7日，怀柔区召开教育系统2011～2012学年度表彰暨庆祝教师节大会。大会表彰素质教育安全奖、稳定奖、健康奖、环境奖、质量奖、特色奖、创新奖、开放奖和全优奖先进集体260个，“百名优秀班主任”“百名师德先

进工作者”“十佳优秀班主任”“十佳师德先进工作者”先进个人220人。会上，市教委领导肯定怀柔区教育工作取得的成绩，并对怀柔区教育发展提出五点要求：要突出教育优先，实施科教兴国战略；要推进素质教育，办好人民满意的怀柔特色教育；要促进素质教育均衡发展，创造公平教育环境；要坚持创新开放，引入多种教育资源，促进教育改革与发展；要营造尊师重教浓郁氛围，激发教师工作动力。市教委和怀柔区领导，以及获奖教师代表，全区各镇乡、学校代表300人参加会议。

（缐金秋）

【签约共建一零一中怀柔分校】 10月

17日，怀柔区教委与海淀区教委签约共建北京市第一零一中学怀柔分校。一零一中怀柔分校是北京市重点支持的城乡一体化学校，也是怀柔文化科技高端产业新区建设的配套工程。怀柔分校建成后，将采取“一个法人、一体化管理”的教育管理模式，由一零一中校长担任怀柔分校法人代表和校长，并向怀柔分校委派执行校长、主任及相应管理人员。一零一中每年选派优秀教师指导课堂教学和教研组活动，怀柔区教委每年选派重点培养干部到一零一中挂职培训，并和一零一中定期举办校长论坛、业务讲座和示范观摩活动。分校位于北京雁栖经济开发区，占地面积65000平方米，拟新建总面积35771平方米，加上保留建筑面积12674平方米，总建筑面积48445平方米，计划总投资23590万元。分校为九年一贯制寄宿学校，设计规模54个教学班，其中小学30个教学班，初中24个教学班，可供学位2160个。12月27日，分校正式开工建设。

（缐金秋）

【举办教师基本功大赛表彰会】 12月7日，怀柔区教委举办第19届教师教学基本功竞赛成果展示暨总结表彰会。会议展示幼儿园、小学、初中、高中以及艺术教育、职业教育、团队辅导课教师基本功，表彰基本功竞赛优秀选手。区总工会、区妇联、区教委等领导，以及获奖教师300人参加会议。竞赛历时7个月，经校级初赛，383名选手进入区级复赛，最终50人获一等奖，70人获二等奖，80人获三等奖，9个学校获“优秀组织奖”，20人获“最佳选手奖”。

（缐金秋）

【与西城区举办教育交流年会】 12月19日，怀柔区教委与西城区教委举办首届教育合作与交流年会。会议回顾两区教育合作历程，总结两区教育合作成果。会议强调，两区要拓宽交流渠道，实现教育全面合作；深化交流层次，加强重点领域合作；实现优势互补，共促合作新成果；长期保持教育合作交流关系，积极推进名校办分校、学区化管理、学校联盟等办学模式和管理机制，共谋发展，实现优势互补。两区教委领导班子成员、两区合作签约校代表70人参加年会。2011年9月，怀柔区教委与西城区教委签订教育全面战略合作框架协议。至2012年12月底，怀柔区28所学校和西城名校签约对接，与西城区签约学校比重占怀柔区所有合作办学总数的66.7%。

（缐金秋）

学前教育

【概　况】 2012年，怀柔区幼儿园70所，开设教学班315个；离园幼儿33814人，入园幼儿3572人，在园幼

儿 9534 人。教职工 886 人，其中专任教师 562 人。全区学前三年教育普及率 100%，北京市示范性幼儿园 2 所，北京市一级一类园 6 所，北京市社区儿童早期教育示范基地 5 个。

（缐金秋）

【召开学前教育工作会】　2 月 22 日，怀柔区教委召开学前教育工作会。会议分析幼儿园保教工作质量，部署 2012 年学前教育工作，明确具体任务、目标和工作措施。会议强调，加强园所环境、队伍、制度建设及合作交流，改善办园条件，提高教师专业素养，提高保教质量，培养幼儿园品牌特色。区教委领导和全区幼儿园代表 30 人参加会议。

（缐金秋）

【启动赵兰香教师培养工作室】　3 月 6 日，怀柔区教委举办赵兰香教师培养工作室启动仪式。会议为赵兰香工作室授牌，工作室主持人赵兰香报告工作室工作方案，阐述工作室指导思想、培养方向、培养内容和具体措施、结果预期。工作室将通过研修培训、实践观摩、教师论坛、网络博客，构建开放、民主、平等、创新的学习研究共同体，打造师德高尚、业务精良的教师团队。工作室每期研修 3 年，首批成员 18 人。市教委、怀柔区教委领导，工作室成员和部分幼儿园园长 30 人参加会议。

（缐金秋）

【举办录像课评优活动】　9 月 26 日，怀柔区教委举办“让幼儿成为主动的学习者”集体教学活动精彩片段（录像）总结交流会。会议为获奖教师代表颁发证书，5 名获得一等奖教师代表分别进行社会、语言、艺术、健康、科学领域十分钟精彩片段（录像）展示和解读，业务园长进行现场点评。区教委领导及全区各级各类幼儿园业务园长、五大领域研究核心小组成员及获奖教师 60 人参加活动。集体教学活动精彩片段（录像）评选活动历时 3 个月，由区教科研中心主办，全区教师报送 77 节片段（录像）参加评比。依据学习领域、核心价值、教学内容选择等评优标准，最终评出一等奖 11 人，二等奖 22 人，三等奖 44 人。

（缐金秋）

【举办课堂展示交流】　12 月 6 至 7 日，怀柔区教委举办民办园教师课堂展示交流活动。活动分别在装备部指挥技术学院幼儿园、中科院幼儿园进行。活动中，民办园教师走进园所每个班级，观看班级环境及活动区，观摩教学活动，围绕主题“让幼儿成为主动的学习者”进行研讨交流。活动要求关注幼儿学习状态，通过幼儿在活动中的表现有意识分析教师行为。14 所民办园教师 60 人参加活动。

（缐金秋）

【全市“半日评优”获特等奖】　12 月，怀柔区两名教师参加北京市幼儿教师“半日评优”活动，取得优异成绩。根据市教委关于开展 2011 年幼儿教师半日工作评优活动的通知精神，怀柔区教委高度重视，以行政引领、教研指导跟进为原则，经全区幼儿园全员参与初赛，选拔选手参加市级评审。最终，怀柔二幼一名教师获得市级特等奖，怀柔一幼一名教师获得市级二等奖。

（缐金秋）

【扩大学前教育资源】　至年底，怀柔区教委多项措施扩大学前教育资源。第一，区教委先后分三批向区发展改革委申请立项改扩建幼儿园 15 所，覆盖全区所有镇乡及城区。到 2013 年项目全部建成后将有效缓解城区幼儿入园难问题，并改变山区镇乡只在中心小学设学前班的模式。第二，加强小区配套幼儿园建设，做好新建小区配套幼儿园项目移交协议签订工作。第三，落实幼儿园办园条件达标工程，投资 3533 万元，完成 18 所公办园及 3 所部门办园的房屋、设施、设备达标改造。

（缐金秋）

基础教育

【概　况】　2012 年，怀柔区小学 25 所，教学班 458 个，毕业 2555 人，招生 3015 人，在校生 15483 人，在校生中北京市户籍学生 10164 人；小学入学率 100%，巩固率 100%，毕业及格率 100%；教职工 1775 人，其中，专任教师 1195 人。中学 22 所，其中初中 18 所，高中 4 所（含民办 1 所），九年一贯制学校 4 所；教学班 380 个（初中 255 个、高中 125 个），毕业 4098 人（初中 2757 人、高中 1341 人），招生 4066 人（初中 2455 人、高中 1611 人），在校生 12205 人（初中 7162 人、高中 5043 人），在校生中北京市户籍学生 10457 人；教职工 2529 人，其中，专任教师 1689 人；初中入学率 100%，巩固率 100%，毕业及格率 100%；高中入学率 57.5%，毕业及格率 83%，应届毕业生高考录取率 88.1%。特殊教育学校 1 所，开设教学班 5 个，毕业 2 人，招生 6 人，在校生 45 人；教职工 34 人（专任教师 17 人）。残疾儿童入学率 98%，巩固率 100%，结业率 100%。校外教育单位 1 个，教职工 50 人（专任教师 38 人）。中小学专任教师学历合格率小学 100%、初中 99.8%、高中 98.6%，高级专业技术职务 308 人（小学 22 人、初中 128 人、高中 158 人），特级教师 4 人（小学 2 人、中学 2 人）。全区中小学藏书 1197076 册，校舍占地面积 1176137 平方米，建筑面积 495015 平方米，固定资产总值 76755.57 万元。全年教育经费投入 75245.5 万元，均为国家拨款。

（缐金秋）

【加强教育教学管理】　2 月 8 日，怀柔区委教育工委、区教委、区教育督导室加强教育教学管理，印发 8 份教育教学相关文件。其中包括《中共怀柔区委教育工作委员会 2012 年工作计划》《怀柔区教育委员会 2012 年教育工作要点》《关于中小学课堂教学改革实验工作意见（试行）》《怀柔区中小学素质教育行动大纲（试行）》《关于开展“体育艺术 2+1 项目”工作的意见》《关于“十二五”时期干部培训工作的意见》《关于搭建五个服务平台提升教育自我实现力的实施方案》《关于做好 2011 至 2012 学年度教育系统素质教育考核评价工作的通知》。8 份文件明确教育系统党政工作要点及其完成各项工作的指导思想、目标和措施，为教育系统开展工作提供指导性依据。

（杜书霞）

【举办第 15 届学生艺术节】　3 月 22 日，怀柔区第 15 届学生艺术节开幕。

艺术节以“阳光下成长”为主题，活动项目包括合唱、儿童歌舞剧、校园剧等类别，并设个人、集体奖项。艺术节为期9个月，参与学生3000人次，评出优秀演员1427人。怀柔区学生艺术节始自2003年，每年一届。

（缐金秋）

【骨干教师美国培训】 3月26日至4月15日，怀柔区第三批骨干教师代表团赴美国进行为期三周的培训交流活动。代表团与卡士其大学师生进行课堂教学交流，并参观当地不同类型的幼儿园、小学、中学、职业技术学校，观摩课堂教学、感受师生风貌、了解美国的教育。代表团由英语、物理等13名不同学科骨干教师组成。此前，2004年和2006年，怀柔区分别组织两批骨干教师代表团共20人赴美培训。

（缐金秋）

【召开英语教学特色现场会】 4月1日，怀柔区教委在渤海中学召开中学课堂教学改革暨渤海中学英语教学特色现场会。会议按照听课、电影配音展示、交流三个环节进行。会上，渤海中学作“探索英语教学创新之路，打造渤海中学特色品牌”主题汇报，7名英语教师作推门课、1名教师作英语电影配音表演展示课，西城教育研修学院教研员分别就8节英语课和配音表演进行点评。会议提出三点要求：要明确目标，提高课堂效率；要把握标准，优化过程，探索模式，创新方法；要典型引路，全面推进。西城区有关教研员，怀柔区教委领导，有关初中校英语骨干教师80人参加现场会。

（缐金秋）

【承办基础教育改革发展研讨会】 4月20至22日，“钱学森大成智慧教育研究与实验”开题会暨中国基础

教育改革发展战略研讨会在怀柔区召开。会议由钱学森大成智慧教育专业委员会、“钱学森大成智慧教育研究与实验”总课题组主办，怀柔区教委承办。会上，陶西平作《回答大师之问——大成智慧学与基础教育改革》专题报告，顾明远作《学习和实践钱学森的教育理想》专题报告，赵泽宗作课题“十二五”项目开题报告。会议研讨钱学森大成智慧教育体系，论述钱学森教育思想对中国基础教育改革发展的战略意义。会议指出，钱学森倡导的大成智慧学的教育内涵是进行新的通才教育，掌握人类知识体系，充分利用计算机实现人机结合优势互补，培养高尚的道德情操。来自全国各地教育工作者以及市教委、区教委领导140人参加会议。

（缐金秋）

【召开“学习优势教育”研讨会】 4月27至28日，怀柔区教委召开“学习优势教育”2012全国教学观摩研讨会暨“高效合作学习的行动研究方法”专题研讨会。会议由怀柔区教委主办，怀柔实验小学和怀柔区第三小学承办。会议交流“学习优势教育”项目学校经验，展示各项目学校学科学案，举办“高效合作学习行动研究方法”专题培训。与会人员现场观摩怀柔三小、怀柔实验小学3节课并进行现场点评。北京市23所项目学校、外省市7所项目学校校长和课题负责人，怀柔区教科研中心教研员、教师代表共260人参加会议。“学习优势教育”课题全称是“在远郊区县义务教育阶段开展学习优势教育的实验研究”，由市教委、中国教育学会、北师大心理学院立项。怀柔区2008年参加课题研究。

（缐金秋）

【召开中学课堂教学改革现场会】 4月28日，怀柔区教委在北房中学召开中学课堂教学改革现场会。会议以“让学生动起来，课堂活起来，效果好起来，构建优质高效课堂”为主题，推出语文、数学、物理、历史、地理5个学科6节观摩课。课后，与会人员围绕会议主题按学科分组讨论，3名作课教师分别交流课堂教学改革经验。会议要求：各初中校要坚定不移推进课改工作，认真研究制定课改政策，鼓励支持教师课改；要分析教学现状，重视教师培训，选准课改切入点，创造高效课堂。怀柔区教委、区教科研中心领导，各初中校副校长及学科教师120人参加会议。

（缐金秋）

【成立七彩摄影俱乐部】 5月24日，

怀柔区七彩摄影俱乐部成立。俱乐部是以喜爱摄影的学生为基础创建的社团组织，接受怀柔区教委直接领导和统一管理，依托学生活动管理中心开展工作。七彩摄影俱乐部是怀柔区教委落实“体育艺术2＋1项目”工作的重要举措，通过聘请专家辅导、组织外出采风、作品交流等多种形式，引领全区学生开展摄影活动。11月，在“我心中的创新城市——北京”北京市中小学生摄影大赛中，怀柔区七彩摄影俱乐部获得奖项24个。

（缐金秋）

【完成国家基础教育质量监测工作】 5月30日，怀柔区教委完成2012年国家基础教育质量监测工作。通过抽样，全区有12所小学、6所初中参加此次国家基础教育质量监测。监测对象为2011～2012学年度四年级和八年级学生，以及该年级段的数学教师、科学教师、班主任和学校校长，初中二年级数学、物理、地理、生物教师和班主任、学校校长。监测采用测试卷和问卷方式进行，内容包括义务教育阶段数学和科学两科学习质

量、影响两科学习的主要因素。为做好质量监测工作，区教委成立工作领导小组，制定质量监测实施工作方案、组考方案、测试工具安保方案，并分阶段组织召开样本校动员说明会、监测工作协调部署会、考务人员培训会。监测工作得到国家视导员和北京市巡视员肯定。

（杜书霞）

【举办“体育艺术2＋1”展示】 6月

13日，怀柔区精神文明办、区教委、区体育局在九渡河镇中心小学联合举办“体育艺术2＋1”系列展示活动。与会人员观摩九渡河镇中心小学的太极扇、花铂、武术、空竹、腰鼓和渤海镇中心小学的武术操、竹马、高跷、绑腿跑，学生现场制作石头画、灯笼、剪纸等工艺美术作品，展示大课间和22个学生社团活动。市文明办、市教委、怀柔区文明办、区教委、区体育局及九渡河镇、渤海镇政府领导，怀柔区各小学校长、主管校长、体育艺术教师代表100人参加活动。“体育艺术2＋1项目”是教育部推动学校体育和美育教育的一项重要举措，即通过学校组织的课内外体育、艺术教育的教学和活动，让每个学生至少掌握两项体育运动技能和一项艺术特长。

（缐金秋）

【举办首届中学生冰壶对抗赛】 6月

16至17日，怀柔区教委举办首届中学生冰壶对抗赛。来自怀柔一中、红螺寺中学等6所学校12支代表队70多名学生参加男、女两个组别的比赛，怀柔二中、怀柔五中代表队分获男、女组别第一名。4月9日，怀柔区教委启动中小学冰壶运动项目。冰壶运动是怀柔区教委确定的体育特色项目之一，是落实“体育艺术2＋1项目”的重要举措，在全区中小学生中推广普及。

（缐金秋）

【举办天文活动夏令营】 8月，怀柔

区学生活动管理中心（北京天文馆怀柔科普基地）与北京八一中学联合举办第三届“流星之夜——草原观星夏令营”。夏令营以“望远镜”为主题，开展“制作我的望远镜”“给我的望远镜设计LOGO”“使用我的望远镜”三项活动。活动中，营员学习天文望远镜和天文观测的相关知识，观测英仙座流星雨。怀柔区中小学天文爱好者和八一中学学生代表30人参加活动。天文夏令营每年8月在河北坝上草原举行，已连续举办三年。

（缐金秋）

【首师大附属红螺寺中学揭牌】 9月

1日，首都师范大学附属红螺寺中学举行揭牌仪式暨开学典礼，红螺寺中学正式更名为首都师范大学附属红螺寺中学。此前，首师大与怀柔区教委签约共建红螺寺中学。学校更名后，首师大指导附属红螺寺中学制定发展规划，更新办学理念和教育观念，在教师队伍建设方面给予学术支持、专业培训支持、科研支持和管理理念支持，协助学校完成教育部首批“高中特色发展试验项目学校”研究与实践，在学校建立音乐、美术生源基地，促进学校特色发展。

（缐金秋）

【出版地方教材《美丽的怀柔》】 9月12日，怀柔区教委举行小学地方教材《美丽的怀柔》首发仪式。《美丽的怀柔》由北京出版社出版，怀柔区教科研中心编写，首次发行9000册。全书分为3分册，即：怀柔人文与历史、地理与环境、工业与农业。教材适用于小学4至6年级地方课程教学。文字19万字，配怀柔区地形图、景观图、实物图、示意图240余幅。10月，《美丽的怀柔》获得北京市优秀课程资源成果一等奖。

（缐金秋）

【举办“放飞梦想”航模竞赛】 10月12日，怀柔区教委举办“放飞梦想”航模竞赛。比赛分为室内竞距和室外竞时两大类9个分项，来自9所小学74名队员参赛，评出区级单项竞赛一等奖9个、二等奖18个、三等奖26个。庙城学校小学部、怀柔镇小学分获团体总分第一、第二名，并晋级市级决赛。11月，在2012年北京市小学生“放飞梦想”航模比赛活动中，16个区县300名队员参赛，怀柔区学生获得一等奖1人，二等奖2人，三等奖8人。庙城学校获得团体优胜奖。

（缐金秋）

【举办中小学生图书交易活动】 10月19日，怀柔区团教工委联合区学生管理中心举办“低碳生活我能行”第二届中小学生图书交易活动。活动引导全区学生养成“节约资源，共享阅读”良好习惯，引导学生多读书、读好书。来自怀柔一小、怀柔区实验小学、怀柔六小、怀柔三中的320名中小学生，利用摆地摊的方式，将看过的图书换回喜爱的、没有买到的图书。

组委会根据学生交易过程中的表现评出 32 名“交易之星”，并现场表彰。

（缐金秋）

【举办研修员现场教研培训】 10 月 19 日，怀柔区教委、区教科研中心在怀柔三小举办小学数学研修员翟凤香现场教学研究培训活动。活动中，围绕翟凤香一节数学现场观摩课和讲座进行现场点评。怀柔区教委、区教科研中心领导和全区骨干教师 100 人参加活动。该活动是研修员“开天目、接地气、做首席”三段式培训之一，至年底，全区 7 名研修员参加三段式培训模式研究，涉及中小学语文、数学、英语等科目。2010 年怀柔区教科研中心实施“开天目、接地气、做首席”三段一体式培训，利用每周一下午，邀请首师大专家举办专题式系列培训活动。2012 年，怀柔区实施教研员到基层学校举办示范课活动，将研究示范、培训合为一体。

（缐金秋）

【举办“阳光教育”汇报展示】 11 月

16 日，怀柔区教委举办“怀柔阳光”教育汇报展示活动。该活动以演示文稿、播放视频配合演讲的形式，展示怀柔区教育系统“阳光教育”阶段成果。会上，区教委依据学校实施“阳光教育”情况、汇报展示等因素，评选“怀柔阳光”团体和个人一、二、三等奖。此前，怀柔区暑期教育工作会提出打造“阳光教育”品牌，其内容包括“品德养成”“教学质量提升”“体育、艺术 2＋1 项目”。“阳光教育”强调让学生享受“成功”而非迅速“成才”，强调提高学生学业“成就”而非学习“成绩”，其核心是全面推进素质教育，实现学生全面发展、终身发展，创办优质、特色、均衡、人民满意的怀柔教育。

（缐金秋）

【打造乒乓球特色项目】 至年底，怀柔区教委实施多项措施打造乒乓球特色项目。一是定期举行全区中小学生乒乓球比赛，将比赛成绩纳入学校体育竞赛成绩的综合评估。二是聘请专业教练为学生作技术指导，提高竞赛水平；三是组织学生参加市级、国家级乒乓球比赛，不断提高成绩。1 月，怀柔区 17 名小学生参加第 28 届北京市中小学生乒乓球比赛，获得 4 项第二名。11 月，参加北京市中小学生乒乓球联赛，实验小学夺得小学女子乙组团体比赛银牌。

（缐金秋）

【开展红领巾读书活动】 至年底，怀柔区团教工委开展红领巾读书活动。活动期间开展“我眼中的北京精神”红领巾讲故事比赛、青少年科普剧比赛、“阅读丰富我的生活”征文比赛、“我眼中的北京精神”摄像大赛、第 13 届“读书小状元”评比活动、“爱心快递图书捐赠总动员”活动、纪念“红领巾读书”活动 30 周年系列活动和红领巾讲坛 8 项主题活动。全区中小学累计参与 7 万人次，其中，在红领巾讲故事比赛中获得个人市级一、二等奖，科普剧《森林与沙漠》获得市级三等奖。

（缐金秋）

职业与成人教育

【概　况】 2012 年，怀柔区职业高中 2 所，设置专业 16 个，开设教学班 86 个；毕业 907 人，招生 550 人，在校生 2553 人；教职工 452 人，其中，专任教师 253 人。职业学校占地面积 242867 平方米，建筑面积 48134 平方米，藏书 61616 册，固定资产总值 7563.3 万元。各级各类成人教育学校 352 所，其中，镇乡成人文化技术培训学校 14 所，教职工 50 人，其中，专任教师 35 人；村级成人文化技术培训学校 284 所，教职工 310 人，其中，专任教师 275 人；社会力量办学 54 所，教职工 1071 人，其中，专任教师 421 人。农村成人文化技术培训学校占地面积 31700 平方米，建筑面积 30450 平方米，固定资产总值 1650 万元；社会力量办学单位占地面积 34650 平方米，建筑面积 29800 平方米，固定资产总值 380 万元。怀柔区社区教育中心是怀柔区教育系统成人教育管理与培训机构，教职工 23 人，兼职教师 30 人，占地面积 11300 平方米，建筑面积 8210 平方米。

（缐金秋）

【举办劳动力转移培训示范课】 4 月

9 日，怀柔区社区教育中心在雁栖镇莲花池村举办劳动力转移培训示范课。该活动由北京京北职业技术学院聘请专业教师作引导性公开课，内容包括务工指南、接待礼仪、法律法规、烹饪理论知识和技能技法。示范课体现怀柔区社区教育中心农民培训模式：引导到位，激发兴趣；了解基础，找准“最近发展区”；持续发展，进行培训工种的“继续教育”。怀柔区各乡镇社保所长及相关培训机构、本地农民 150 人参加观摩培训活动。

（杜书霞）

【接受市级学习型乡镇评估】 4 月 27 日，怀柔区怀北镇创建市级学习型乡镇工作接受北京市学习办专家组评估。专家组通过观看创建工作视频，听取怀北镇自评报告，查看档案资料，召开座谈会，走访学习型新农村和乡镇成人学校，全面了解怀北镇创建工作情况。专家组就怀北镇创建工作给出反馈意见：创建工作注重创建机制、体制建设，宣传工作到位；创建工作有动力，全镇上下认识到位；创建思路清晰，紧密结合实际到位；创建工作全面，把握创建工作核心要素到位。11 月 7 日，北京市建设学习型城市工作领导小组办公室认定怀北镇为北京市学习型乡镇。

（杜书霞）

【召开农村成人教育队伍建设研讨会】 9 月 27 日，怀柔区教委召开农村成人教育队伍建设研讨会。会议分析怀柔区成教队伍现状，讨论成人学校干部、教师队伍配备问题。会议要求，认识成人学校及其师资队伍建设的重要性和必要性；落实区委、区政府关于成人学校配备专兼职教师5～7人的工作要求；琉璃庙镇作为成教队伍建设试点单位，结合市级示范成人学校评估标准，率先制定镇乡成人学校、教师队伍建设方案。各镇乡教育助理等20人参加研讨会。

（缐金秋）

【召开创建学习型怀柔推进会】 10月24日，创建学习型怀柔办公室召开2012年全民终身学习活动月开幕式暨创建学习型怀柔推进会。会议总结近两年创建工作，部署2013年创建工作重点。表彰2011年全区评选出的15个区级学习型组织先进单位、20个学习型家庭、22名首都学习之星、4个"首都市民优秀学习品牌"。会议对深化学习型怀柔建设提出具体要求。区有关委办局，各镇乡、街道、学校、企业领导共180人参加会议。

（缐金秋）

【成人教育特色教材获奖】 11月，在2012年北京市农村成人教育特色教材评选活动中，怀柔区成人教育特色教材获奖。其中，职业学校编写的《依山傍水话美食》获得市级二等奖，社区教育中心编写的《特殊人群心理调适简明教程》《果树实用技术问答丛书》及怀柔镇成人学校编写的《葫芦种植与工艺》获得市级三等奖。

（缐金秋）

教育督导

【概　况】 2012年，怀柔区创新教育督导工作机制，强化督学责任区落实，发挥督政、督学、监测三大督导功能，强化目标引领和队伍建设，扎实开展工作。紧密结合区教委中心工作继续推行督学责任区和随访制度。组织区内教育执法检查，促进教育法律法规贯彻落实。制定《怀柔区2012年镇乡政府教育工作考核评价细则（试行）》，完成14个镇乡教育工作督导检查工作。把校外教育督导纳入"十二五"教育督导工作规划和2012年教育督导工作计划，建立校外教育督导评价工作机制，完成校外教育工作督导检查和校外教育迎检准备工作。完成9所乡镇中心幼儿园督导和4所小学规范化建设验收工作。完成国家基础教育质量监测工作。完成义务教育实施情况及义务教育均衡发展监测工作，全区36所学校达到北京市中小学办学条件标准，达标率85.7%。督导评价与区教委行政考核评价相结合，完成全区49个单位素质教育综合考评。加强队伍建设，抓好督学培训，做好督导科研工作。

（缐金秋）

【建立督学责任区和随访制度】 2月，怀柔区教育督导室建立督学责任区和督学随访制度。根据学校布局及学校性质，区教育督导室将全区中小学、幼儿园、职业学校、区直属单位58个单位划分为10个督学责任区。每个责任区设组长1人，责任督学2至3人，并制定相关文件就工作内容和工作方法作出详尽规定。内容涉及指导思想、责任区的划分、责任督学的组织与管理、责任督学工作职责，以及随访督导的工作程序、工作形式、工作要求、责任督学考核。

（缐金秋）

【召开教育督导工作会】 3月9日，怀柔区教育督导室召开教育督导工作会。会议总结2011年教育督导工作，通报2011年小学规范化建设工程督导验收情况；表彰27所2011年体育专项督导成绩优秀校，交流获奖学校典型经验；部署2012年教育督导工作，对各单位2012年素质教育考核自评工作进行培训。会议要求，做好北京市各项督导检查和区人大义务教育法执行情况检查的准备工作，加强学前教育三年行动规划落实情况督导。区教育督导室、区教委领导以及教育系统各单位负责人、乡镇教育助理、专兼职督学190人参加会议。

（缐金秋）

【首次开展随访督导】 3月26日至4月6日，怀柔区教育督导室开展首次随访督导。随访督导主要内容是10个督学责任区的组织实施。检查内容包括学校规划落实情况、2010年督评整改落实情况、2011年体育专项督导整改方案纳入本学期工作计划情况等。随访结束后，责任督学根据随访信息形成督导随访报告。4月12日，督导室召开汇报会，10个督学责任区组长分别汇报首次随访督导情况，提出有关工作建议。怀柔区教育督导室专职督学20余人参加会议。

（缐金秋）

【督导评估义务教育均衡发展】 5月16日，怀柔区教育督导室与区教委联合召开义务教育均衡发展督导评估工作部署会。会议指定义务教育均衡发展督导自评总报告、分报告及监测统计表责任人，划分区教委相关科室责任，提出修订完善《怀柔区人民政府关于进一步推进义务教育均衡发展的意见》的建议，明确教育督导室负责落实义务教育均衡发展督导评估的组织工作和监测数据分析工作，将义务教育均衡发展列入督政工作。区教育督导室、区教委领导及区教委相关科室负责人、专职督学20人参加会议。

（缐金秋）

【召开镇乡政府教育法律法规培训会】 9月25日，怀柔区教育督导室召开镇乡政府落实教育法律法规培训会。会上，市教育督导室结合义务教育法的贯彻落实和多年督政工作经验，作《履行教育法律法规职责，促进怀柔教育科学发展》报告。区教育督导室为新聘任兼职督学颁发聘书，对教育督导工作提出具体工作要求。培训会明确镇乡政府落实相关教育法律法规的职责，明确专兼职督学督导工作的内涵、目标、任务。市教育督导室、区教育督导室、区教委领导，各镇乡分管教育的镇乡长、教育助理，以及区教育督导室专兼职督学50人参加培训。

（缐金秋）

【督导校外教育工作】 10月10至11

日，怀柔区教育督导室督导评价校外教育机构站点。督导组通过听汇报、阅材料、观活动、看设施、转场地，了解校外教育发展情况。督导结果显示，区教委和校外教育机构领导高度重视校外教育工作，健全制度，强化管理；创造物质条件，为开展活动搭建平台；加强专业教师队伍建设；依托地域条件，开展特色活动，并取得显著成绩。区教育督导室针对督导中发现的问题提出建议：整合区域内校外教育资源，形成布局合理、类型多样、规模适宜、功能配套的校外教育活动场所网络；完善各种规章制度和激励机制，促进校外教育持续、健康、和谐发展；加大培养、引进艺术体育教师力度，满足校外教育需要；加大资金投入，拓展筹资渠道，改善校外教育机构、活动中心和活动站的办学条件。此次督导评价共涉及市级校外教育机构 1 家、市级乡镇校外活动站 6 所。

（缐金秋）

【完成镇乡督导检查】 10 月 19 日至 11 月 14 日，怀柔区教育督导室督导检查怀柔镇、杨宋镇、北房镇等 14 个镇乡教育工作。督导重点涉及教育地位、履行教育职责、校园周边环境治理、教育管理和发展四个方面。督导检查采取“听、看、查、访、议”方式进行，分别召开镇乡政府相关人员及中小学校长参加的两个座谈会，针对镇乡教育管理工作中存在的主要问题进行重点指导和沟通。检查结束后，督查组对各镇乡教育管理工作进行集体综合评议，撰写《怀柔区 2012 年镇乡教育工作督导检查报告》，并编印《怀柔区 2012 年镇乡教育工作督导检查文件汇编》，向有关镇乡反馈评价意见。

（缐金秋）

【签订义务教育均衡发展责任书】 11 月 14 日，怀柔区教育督导室与 33 所中小学校长签订推进义务教育均衡发展责任书。责任书主要内容包括：依法保障适龄儿童受教育机会、实现义务教育学校标准化、均衡配备干部教师资源、保证义务教育质量、帮扶弱势群体和薄弱学校、创新优质教育资源共享、规范义务教育学校办学行为。该责任书是区教委和中小学校长落实义务教育均衡发展责任机制内容之一。

（缐金秋）

中共怀柔区委教育工委

书　　记　刘生勃

怀柔区教育委员会

主　　任　夏占利

怀柔区政府教育督导室

主　　任　夏占利

平　谷　区

总　类

【举办骨干教师教育科研专题培训】

2 月 27 日，平谷区教委举办骨干教师教育科研专题培训会。会议邀请原光明小学校长刘永胜为全区小学、幼儿园领导干部和骨干教师举办教育科研专题讲座。刘永胜从“教育科研的意义”“教育科研、课题研究的过程”“教育科研课题的结题与成果推广”三方面，结合科研案例，讲解教育科研课题的选题、课题设计、开题论证等内容。区教委领导、区教研员，各学区（直属小学）、幼儿园代表、骨干教师 650 人参加活动。

（张东安　吴玉仙）

【交流华东师范大学学习体会】 3 月 7 日，平谷区教委召开赴华东师范大学培训研讨交流会。会上，参训人员结合赴华东师大学习内容及各自学校实际，汇报教学管理、教师培训、校本教研、课堂教学方面学习体会。会议提出，加强学习是干部成长的不变主题，要把学习和培训作为一种常态。教育教学副校长工作责任重大，要把工作重点放在教师发展和教学研究上，做一名智慧型的管理者。区教委领导，赴华东师大学习的有关小学、幼儿园、特教中心教育教学副校（园）长 50 余人参加交流会。2011 年 12 月，区教委组织部分小学、幼儿园教育教学副校（园）长赴华东师范大学培训。

（张东安　吴玉仙）

【举办环保主题演讲比赛】 3 月 24 日，平谷区教委、区环保局联合举办 2012 年度平谷区中小学生环保主题演讲比赛。全区 47 所中小学的 60 名学生经过校内初赛参加区级比赛。比赛设中学组和小学组，分别以“我的绿色时尚——倡导可持续消费”“我爱地球妈妈”为演讲主题，通过实物展示、现状讲解、行动解读等多种形式，选择节水、禁烟、环境卫生等不同内容演讲。其中，中学组采用中英双语演讲。比赛共评出一等奖 10 人、二等奖 23 人、三等奖 20 人。

（张东安　吴玉仙）

【老教协举办乒乓球比赛】 4月17日，

平谷区老教师协会第一届乒乓球比赛在青少年活动中心举行。全系统 43 个单位的 92 人报名参赛，其中年龄最大的参赛选手 82 岁。经过角逐，男女 16 名选手分获两个组别前八名。

（张东安　吴玉仙）

【举办幸福教育宣讲比赛】　5 月 10 至 11 日，平谷区委教育工委举办“讲述幸福故事，做幸福教育人”宣讲比赛。全系统 60 名教师参加比赛。参赛选手以幸福平谷、幸福教育为主题，宣讲亲历、亲为、亲闻的真实故事，以独特视角诠释新时期幸福教师特质内涵。比赛选出优秀选手 8 人、家庭宣讲团 1 个组建平谷区教育系统“讲述幸福故事，做幸福教育人”宣讲团，走进学校开展宣讲活动。

（张东安　吴玉仙）

【公开招聘学科教研员】　6 月 18 日，平谷区教委发布公告，面向全区公开招聘学科教研员。招聘岗位涵盖各个学段，其中，学前教研员 4 人，小学教研员 16 人，初中教研员 18 人，高中教研员 16 人，职成教研员 2 人，共 56 个岗位。申报人员报名通过审核后，参加说课、答辩和综合业务能力评价面试，成绩前 3 名者为考察人选，由招聘考核小组全面考察，择优确定岗位拟录用人员。至 8 月，经相关程序确认，聘任教研员 56 人，试用期一年。

（张东安　吴玉仙）

【成立平谷区研修中心】　7 月 4 日，平谷区教委撤销平谷区教育科研中心（平谷区教育学会）和平谷区教育培训中心（平谷区教育党校），成立平谷区教育研修中心，新的中心加挂平谷区教育学会和平谷区教育党校牌子。研修中心主要负责全区教育系统教育科学研究工作；调查研究中小学、职成教育、幼儿园教学状况；承担市级以上重点课题及区内重大、有影响课题的研究、传播和推广工作；评估和指导中小学、职成教育、幼儿园的教学、教研活动；开展教职员工业务和理论培训；开展学校党建、思想政治教育管理工作研究。研修中心设学前教研室、小学教研室、初中教研室、高中教研室、职成教研室、教育科研室、继续教育部、学历信息部、党校干训部、区本培训校本培训部、党政办公事、总务处共 12 个科室。教育科研中心和教育培训中心原隶属于教师进修学校，2002 年 1 月 24 日，教师进修学校的教研、科研工作和学历教育、培训工作分离，分别成立平谷区教育科研中心和平谷区教育培训中心。

（张东安　吴玉仙）

学前教育

【概　况】　2012 年，平谷区幼儿园 54 个，其中，教育部门办园 6 个，集体办园 29 个，民办园 19 个。园所占地面积 123518 平方米，建筑面积 56557 平方米。离园幼儿 2396 人，入园幼儿 2762 人，在园幼儿 7760 人。教职工 714 人，其中，专任教师 344 人。学前三年教育普及率 98.5%。全区北京市示范幼儿园 2 所，一级一类幼儿园 5 所。

（张东安　吴玉仙）

【启动骨干教师帮教活动】　3 月 6 日，平谷区教委召开第三届幼儿园骨干教师帮教启动会。会上，60 名区级骨干教师分别与年轻教师签订帮教协议。会议提出，要加强骨干教师的履职管理，切实提高其人格修养和学识魅力；骨干教师要做到崇德、勤学、善写、能说、会做，同时充分发挥示范作用，帮助乡镇中心园及教师积累经验、提炼成果、解决问题、改进提高。2006 年起，平谷区实施骨干教师帮教活动，每届 3 年。

（张东安　吴玉仙）

【举办开放教研周】　5 月 3 日，平谷区教委举办一级一类幼儿园开放教研周活动。其间，6 所幼儿园面向全区幼儿园教师进行为期一周的开放展示。各幼儿园结合教师培养计划，安排区级骨干、园级骨干和青年教师进行活动展示。同时，区教科研中心分别开展幼儿园语言、健康、科学、社会、艺术五大领域教研活动。区教委领导和全区幼儿园代表参加活动。

（张东安　吴玉仙）

【验收民办幼儿园】　5 月和 11 月，平谷区教委验收在园幼儿 150 人以上的民办幼儿园。验收分两批进行，5 月份验收 8 所，11 月份验收 10 所。验收组实地查看幼儿园的管理工作、室内外环境创设与利用、班级区域活动、集体教学活动、幼儿户外活动、卫生保健工作，并通过查阅档案材料、听取园长工作汇报、与教师交谈等形式全面掌握园所发展情况。验收结果显示：18 所民办园全部取得级类，其中二级二类园 1 所，二级三类园 2 所，三级三类园 5 所，三级四类园 7 所，四级四类园 3 所。

（张东安　吴玉仙）

【交流幼儿园特色建设方案】　6月21日，平谷区教委开展“幼儿园特色建设方案交流与专家指导”活动。活动中，10 所幼儿园交流园所特色建设方案，原北京光明小学校长、平谷区特聘教育专家刘永胜等专家在听取方案的基础上，逐一给予现场指导与点评，并就园所特色创建工作提出意见和建议。区教委领导和各幼儿园园长、乡镇幼教主任、业务园长 50 人参加活动。

（张东安　吴玉仙）

【举办“新秀杯”基本功大赛】　8 月 30 日，平谷区教委举办幼儿教师“新秀杯”基本功大赛。大赛内容分为线条画、手工制作（使用材料以纸盒为主）、撰写故事三项。要求参赛教师围绕“创建未来环保城市”主题分别进行线条画、手工制作及故事创作，锻炼并展现教师专业技巧。2009年7月至2012年7月新聘在岗幼儿教师57人参加比赛。

（张东安　吴玉仙）

【开展新入职教师培训】　9月，平谷区教委开展幼儿园新入职教师培训活动。一是以幼儿园为单位制定新入职人员培训计划，针对新入职人员毕业院校及所学专业，进行分层次、分阶段培训，引领教师成长。二是加强培训学习，组织为期一周的新入职教师培训，奠定入职基础。三是强化师德素养，以园为单位开展“名师伴我成长”专题演讲活动。四是增强交流互动，组织园际观摩、研讨活动。五是搭建展示平台，开展新入职教师优秀案例反思评选及手工制作、绘画、故事撰写技能基本功评比活动。

（张东安　吴玉仙）

基础教育

【概　况】　2012年，平谷区小学44所，教学班525个，毕业2555人，招生3015人，在校生15483人，在校生中北京市户籍学生12650人；教职工2501人，其中，专任教师1735人；小学入学率100%，巩固率100%，毕业及格率100%。中学20所（初中14所、高中3所、完中3所），教学班404个（初中256个、高中148个），毕业5606人（初中3417人、高中2189人），招生4278人（初中2464人、高中1814人），在校学生13986人（初中7858人、高中6128人），在校生中北京市户籍学生13454人；初中入学率100%，巩固率99.8%，毕业及格率100%，高中入学率59.59%，应届毕业生高考录取率89%；教职工3572人，其中，专任教师1798人。特殊教育学校1所，开设教学班13个，在校生133人，招生36人，毕业64人。教职工65人，其中，专任教师42人。残疾儿童入学率100%，巩固率100%，结业率100%。全区小学教师学历合格率100%，中学教师学历合格率99.7%，特级教师4人（小学1人、中学3人），高级专业技术职务教师600人（小学9人、中学591人）。中小学校舍占地面积14.59万平方米，建筑面积47.74万平方米，固定资产总值7.36亿元，图书馆藏书235万册。全年教育经费投入15.82亿元，其中，国家拨款15.75亿元，自筹经费0.07亿元。

（张东安　吴玉仙）

【召开班主任培训会】　2月11日，平

谷区教委召开中小学班主任培训会。会议邀请全国优秀教育工作者、浙江省衢州二中校长徐建平作“太极功夫与班级管理”专题报告，讲述班主任工作理念、班级管理艺术、后进生教育等工作经验。区教委领导和各单位相关负责人、中小学班主任1000人听取报告。

（张东安　吴玉仙）

【召开青年教师培养与评价培训会】　3月22日，平谷区教委召开“青年教师培养与教师评价工作的思考”专题培训会。原光明小学校长刘永胜从“教师发展的途径”“教师自主发展的环境建设”及“促进教师发展的评价”等方面，结合具体案例，对如何开展教师培训、做好教师学校评价和自我评价等内容进行具体讲解。区教委领导和各中小学、幼儿园校（园）长等200人参加培训。

（张东安　吴玉仙）

【举办第15届中小学生艺术节】　4月1日，平谷区第15届中小学生艺术节结束。艺术节以“阳光下成长”为主题，设合唱、戏剧、行进管乐三大表演项目及小学、初中、高中三个组别。来自全区49所中小学、职业学校3000名学生参加比赛。各组别分别评出一、二、三等奖。

（张东安　吴玉仙）

【召开课程教材改革试验项目培训会】　4月10日，平谷区教委召开“北京市国家级基础教育课程教材改革试验项目”和“提高北京市群体干预解决学习困难学生预警跟踪及提升学习质量的行动实践”培训会。会议传达“北京市国家级基础教育课程教材改革试验项目”总项目组工作要求，发布《平谷区基础教育课程教材改革试验实施方案》，并就如何撰写“提高平谷区群体干预解决学习困难学生预警跟踪及提升学习质量的行动实践研究方案”和平谷区学校2012年度实验任务确认书进行培训。全区18所中学的教育教学副校长、教务主任43人参加培训。

（张东安　吴玉仙）

【举办学科骨干教师培训班】　4月12日，平谷区教委举办物理、化学、生物三学科骨干教师培训班。该培训是平谷区教委与首师大“区域教育合作”项目之一，旨在以新课程改革为导向，以骨干教师专业发展需求为依据，以学员为主体，以互动为特征，在专家引领下自主体验、自主反思、自主改进，促进骨干教师专业发展。培训班为期10天，平谷区骨干教师100人参加培训。

（张东安　吴玉仙）

【举办第十届风筝节】　4月13日，平谷区第十届中小学生风筝节在平谷七小操场举行。比赛设幼儿组、小学低年级组、小学高年级组，43所学校146名选手参加比赛。经比赛，各组别分别评出一、二、三等奖，并选拔8所学校代表平谷区参加北京市风筝节比赛。

（张东安　吴玉仙）

【举办国学经典诵读十年庆典】　4月

20日，平谷区教委举办小学第三届读书节开幕式暨国学经典诵读十年庆典。会议表彰10所先进学校以及国学经典诵读比赛获奖学生，播放《诵

读国学经典弘扬传统文化》专题片，回顾国学经典诵读工程十年历程。会议还交流先进单位和先进个人经验，举办精美诗文诵读节目汇演。区教委领导、各学区（直属小学）代表和平谷六小学生500人参加典礼。

（张东安　吴玉仙）

【举办课堂教学评优活动】　5月7日，平谷区教委举办小学“新秀杯”课堂教学评优活动。评优活动分为语文、数学、英语等8个大组进行。参评范围是2008年9月以来参加工作的234名新任小学教师，其中有118名教师报名参赛，占新任教师总数的50.43%。活动分为学校初赛、区级复赛等环节，要求参赛教师以“幸福教育”理念为指导，在设计教学过程中注重围绕“发挥学生主体作用，优化课堂教学过程”主题开展教学活动，在课堂教学中体现“动脑想、动口说、动手做、动笔写”的教学理念。最终，评出一等奖25人，二等奖53人，三等奖39人。

（张东安　吴玉仙）

【举办高效英语课堂展示活动】　5月22日，平谷区教委邀请北京外国语大学专家为全区初中英语骨干教师作高效英语课堂展示课。展示课以“快乐英链”英语教学法为模式，以快速点燃学生学习兴趣、激活学生学习潜能、培养学生自主创新学习能力为一体的英语学习方法为指导，通过语言学中发音、语义学中词义记忆、语用学中词法句法展示，重点对28个辅音及18个元音进行全面认读，突破以往教学中学生记不住单词发音的问题。全区英语教研员、初中英语骨干教师80人参加活动。

（张东安　吴玉仙）

【召开课堂教学改革报告会】　8月16日，平谷区教委在北师大平谷附中召开“和谐互动，高效课堂”课程改革专题报告会。报告邀请山东青岛即墨第二十八中学校长李志刚主讲。报告中，李志刚阐述“和谐互助”高效课堂的影响、原因、过程、展示、措施和管理机制六个方面问题。全区教育系统中层以上领导干部和全体教研员630人参加报告会。报告会是平谷区推进课堂教学改革准备工作之一。

（张东安　吴玉仙）

【成立东高村学校】　8月，平谷区东高村第一学区与平谷九中合并，成立东高村学校。合并后的学校实施九年一贯制教育。东高村第一学区下属东高村小学、赵家务小学、大旺务小学3所小学，其中，东高村小学、赵家务小学师生迁入平谷九中校址办学，大旺务小学校址保留不变。合并后的东高村学校，小学部17个班，学生440人；中学部10个班，学生298人。至此，平谷区建立2所九年一贯制学校。

（张东安　吴玉仙）

【启动课堂教学改革】　8月，平谷区教委召开会议启动课堂教学改革。课堂教学改革坚持“区域构建、重点突破、强力推进、全面提升”的工作思路，积极构建“同伴互助、合作学习、自主发展”的课堂教学模式。课堂教学改革包括四项重点工作，即：树立学生为主体的课堂教学观念，构建自主、合作、探究、高效的课堂教学模式，完善课堂教学评价机制，加强教学质量监控的研究。同时，实施10项保障措施，即：成立课堂教学改革领导小组和指导小组，实施课改“一把手”工程，加强师德师风建设，强化教研部门的指导作用，建立片区联动机制，加强课堂教学改革队伍建设，建立健全课堂教学改革监督评价机制，建立区级优质教育资源库，加强课程建设。

（张东安　吴玉仙）

【东交民巷小学马坊分校开学】　9月3日，东交民巷小学马坊分校开学。该校是平谷区教委与东交民巷小学合作办学成果。该项合作改变只挂牌的合作方式，学校日常管理、教师选用全部由东交民巷小学负责。东交民巷小学马坊分校是一所寄宿制小学，校址位于镇政府北侧，学校占地面积17758平方米，地上建筑面积17068平方米，规模24个教学班，总投资1.3亿元。

（张东安　吴玉仙）

【召开高考质量评价分析会】　9月22日，平谷区教委召开2012年平谷区高考质量评价分析会。会议邀请北京教育考试院9名学科专家评价分析平谷区高考成绩。专家在各区县、各类学校对比分析基础上，提出复习工作建议。区教委领导和高中各学科教研员、高中各学科任课教师等500人参加会议。本年，平谷区高考考生2415人，其中，统考考生2359人，高职单考单招考生56人。本科录取率38.48%。

（张东安　吴玉仙）

【研讨课堂教学改革实验校工作】　10月9日，平谷区教委召开小学教研基地及课堂教学改革实验校专题研讨会。会上，5个区级教研基地校汇报“教研基地如何围绕专题开展基地活动”，10所课改实验校汇报课堂教学改革思路和举措。会议要求课改实验校要明确职责和任务，实实在在搞研究，强化指导与培训。会议强调，各校要重点解决教师教学方式和学生学习方式的转变问题，突出学生主体地位。要以即墨二十八中为范例，结合学校实际和已有教学成果，创新教学方式方法。区教委领导，教研基地及课堂教学改革实验校代表28人参加会议。年初，平谷区小学在2007年建立区级教研基地的基础上，重新组建5个区级教研基地，任务是建立和完善一种自下而上的学科教学研究制度，推进课程改革，营造同伴互助、成果共享的教研文化。建立课堂教学改革实验校10所，任务是实践“同伴互助，合作学习，自主发展”课堂教学模式，提高学生自主学习能力和课堂教学质量，为全区小学课堂教学改革作出示范。

（张东安　吴玉仙）

【强化教研员职责】　10月12日，平谷区教育研修中心召开“学习即墨二十八中经验，深化课堂教学改革，强化教研员岗位职责”启动大会。会议学习《平谷区进一步深化课堂教学改革的实施意见》，结合赴即墨二十八中学习交流教研思路和感悟。会议重点强调教研员岗位职责，明确要求教研员每学年至少完成1篇有价值的课堂教学情况调查报告，组织、指导各校的教研工作，每学期至少撰写一篇论文或教学案例，每学期听课不少于60节。会议提出，教研员应以教学质量的提高为己任，积极探索教研工作的新角度、新方法、新途径，真正把教研队伍打造成课堂教学改革的第一集团军。区教委领导和全体教研员56人参加会议。

（张东安　吴玉仙）

【聘请专家指导高中课堂教学】　11月19日，平谷区教委邀请中央教科院韩立福教授指导高中课堂教学改革工作。韩立福分别到平谷中学和北师大平谷附中听课点评，与两所学校领导及教师座谈。韩立福肯定平谷区高中课堂教学改革成果，指出高中课堂教学改革应在提高小组合作学习效果、提高预习质量、规范小组合作学习、提高学生学习兴趣、实现问题教学、规范教学设计六个方面加强研究，努力实现由教本课堂向学本课堂的转变。

（张东安　吴玉仙）

【举办小学课堂教学改革观摩活动】　11月22日，平谷区教委在平谷五小举办“小学课堂教学改革阶段性观摩研讨活动”。会上，与会人员分别进行听课、说课、评课，10所课改实验校报告教学改革阶段性成果，相关学科教研员交流学科推进课堂教学改革措施。区教委针对课堂教学改革要求各校做到“四动、四会、四度”：通过动脑想、动笔写、动手做、动口说，达成“四度”（思维的深度、参与的广度、练习的效度、目标的达成度），实现“四会”（会自学和预习、会提问和质疑、会合作和交流、会表达和表现）。区教委领导、10所课改实验校代表及全体小学教研员35人参加活动。

（张东安　吴玉仙）

【观摩“和谐互助高效课堂”】　11月24至25日，平谷区教委组织“和谐互助高效课堂”观摩研讨活动。活动邀请即墨二十八中教师分别在平谷二中、平谷三中、平谷四中、北师大平谷附中4所学校分学科举办“和谐互助教学策略”专题培训，现场为师生解疑释惑。其间，即墨二十八中教师分别在4所学校举行9个学科观摩课，与此相对应，平谷区9名教师作同课异构研究课，课后各学科教研员组织教师与即墨教师交流研讨。平谷区教委领导，初中全体任课教师、教研员2100人参加活动。

（张东安　吴玉仙）

职业与成人教育

【概　况】　2012年，平谷区职业教育学校1所，设置专业7个，开设教学班20个；毕业216人，招生149人，在校生454人；教职工208人，其中，专任教师73人；学校占地面积7.5万平方米，建筑面积4.1万平方米，固定资产总值5805.85万元。各类成人学校276所，开设专业23个。毕业761人，招生1766人，在校生4087人。教职工747人，其中，专任教师369人。成人学校占地面积57万平方米，建筑面积8.7万平方米，固定资产总值9700.4万元。

（张东安　吴玉仙）

【举办动物防疫员培训】　2月29日，平谷区教委在五里庙村举办动物防疫员培训。培训为期7天，培训内容为畜禽常用免疫技术、消毒技术、动物疫病防治、疫情报告及病死动物处理。平谷区动物防疫员120人参加培训。该培训是平谷区农村劳动力“阳光培训工程”内容之一。

（张东安　吴玉仙）

【完成成人教育培训统计】　4月15日，平谷区教委完成2011年成人教育培训统计工作。2011年，该区共开展成人教育培训（非学历）355768人次。其中，干部教育40174人次，工人教育6662人次，农民教育235873人次，社会力量办学24073人次，社区市民教育47098人次，中职学校培训1888人次。培训总量与上年持平。

（张东安　吴玉仙）

【首批文艺中专班招生751人】　6月20日，平谷区首批文艺中专班招生工作结束。文艺中专班是北京市“文化驻乡”工程重点项目之一，其全称是社会文化艺术专业中专，所有学费、书费均由政府支付，各项工作由区教委农广校组织实施。为方便学员上课，授课地点设在各社区、村庄，采取集中授课与分散自学的形式开展教学。文艺中专班开设声乐、器乐、民间舞等课程，并结合各地、各村的主导产业开设拓展课程。平谷区首批在13个乡镇招收14个中专班，共751人，学制2至5年。

（张东安　吴玉仙）

【举办特色教材课件培训】　7月4日，

平谷区教委举办农村成人教育特色教材课件培训。培训邀请北京教科院专家交流全市自编教材课件评比情况，指出存在问题与不足，讲解多媒体课件制作应注意的问题。培训还邀请2010年北京市农村成人培训优秀自编教材一等奖获得者平谷一职教师交流自编教材经验。各乡镇社区教育办公室、平谷一职和平谷电大150名干部教师参加培训。

（张东安　吴玉仙）

【创建六型社区】　9月20日，平谷区教委召开创建六型社区暨学习型社区工作会。会议传达《平谷区政府关于创建六型社区建设幸福平谷的意见》，部署创建六型社区暨学习型社区工作任务和工作重点，就“创建学习型社区先进单位评估指标体系（试行）”征集意见。区教委领导和社区工作负责人参加会议。平谷区创建六型社区是指建设干净社区、规范社区、服务社区、安全社区、健康社区、文化社区。区教委的主要职责是：加强未成年人思想道德建设，为未成年人提供良好的社区教育环境；社区积极倡导终身学习理念，居民对学习型社区、学习型组织的知晓率和参与率达到90%以上；建设专兼结合的社区教育工作队伍；学习服务阵地健全规范，社区内中小学、市民学校做到机构健全、管理规范、内容丰富、成效显著；建立区域性“学习超市”和网络学习平台，培养有特色和影响的学习品牌，构建覆盖各类人群的终身学习服务体系；开展学习型社区、学习型楼院、学习型家庭创建活动，学习型组织创建率在50%以上，并逐年提高。

（张东安　吴玉仙）

【1836人参加成人高考】　10月14日，平谷区教委完成成人高考组考工作。全区1836名考生参加考试，比上年减少113人。其中，高中起点专科考生677人，高中起点本科考生107人，专科起点本科考生1052人。

（张东安　吴玉仙）

【举办全民终身学习活动周】　10月

26日，平谷区2012年全民终身学习活动周启动仪式在世纪广场举行。会议宣读全民终身学习倡议书，向建设学习型平谷领导小组成员单位赠送学习型组织理论书籍，展示烹饪、服装、书法、葫芦烫画及编织作品，发放宣传材料。区建设学习型领导小组成员单位主管领导，有关学校代表和居民代表180人参加活动。活动周期间，开展主题宣传18次，发放宣传资料42000份，开展读书征文活动7次，举办专题讲座22次，开展学习型组织创建研讨会12次，开展各种培训6000人次。

（张东安　吴玉仙）

【109名考生参加自学考试】　10月28日，2012年下半年全国高等教育自学考试结束。考试于10月20日、21日、27日、28日举行，平谷区109名考生参加294科次的考试。为规范考试管理，净化考试环境，考试全程启用手机屏蔽器。考试期间，北京教育考试院和区教委领导到各考点巡视。

（张东安　吴玉仙）

【提升成人教育培训总量】　至年底，平谷区教委完成年度成人教育培训任务。各乡镇、街道共开展成人教育培训（非学历）183913人次，其中乡镇、村干部培训18212人次，农民实用技术培训134607人次，民俗旅游培训2204人次，计算机、法制、计生、健康、文化生活培训28890人次。此外，稳步推进“中等学历提升计划”，共招收会计、物业管理、文化艺术3个专业的中专班882人。

（张东安　吴玉仙）

教育督导

【概　况】　2012年，平谷区教育督导室主任1人，专职督学3人，特邀督学1人，兼职督学16人。年内，区教育督导室发挥教育督导职能作用，全面完成各项教育督导工作任务。接受市教育督导室校外教育工作和普通高中教师队伍督导调研。完成对16个乡镇政府、2个街道办事处落实2011年教育职责情况的督导检查，先后召开“普通高中教师队伍建设区县（教委）评价指标体系”研讨会，“直属单位履行职责督导评价实施办法”征求意见会，实地督导检查评价9个教委直属单位。继续开展各级各类学校实施素质教育综合督导评价和专项督导，完成小学规范化验收督导检查工作。委托北京市统计信息咨询中心开展学校及校长满意度评价调查，为学校改进工作提供数据参考。

（张东安　吴玉仙）

【召开专兼职督学工作会议】　3月5日，平谷区教育督导室召开专兼职督学工作会议。会议传达区教育督导室2012年工作计划，部署近期督政督学工作。专兼职督学结合督导工作目标，研讨教育督导工作具体步骤，明确工作职责。会议要求专兼职督学提高对教育督导工作重要性的认识，加强教育督导理论研究学习，努力提升专业化水平。区教育督导室领导和21名专兼职督学参加会议。

（张东安　吴玉仙）

【市教育督导室评价校外教育工作】　3月16日，市教育督导室到平谷区回复校外教育督导评价意见。市教育督导室回复意见认为，平谷区加强领导、明确责任，积极构建校外教育工作机制，确保校外教育发展；有效整合教育资源，构建校外教育活动场所网络；注重两支队伍建设，提升干部教师整体素质；以课程改革为契机，推进校外教育与学校教育有效衔接；发挥区域优势，重视特色项目建设等方面校外教育工作给予充分肯定。平谷区有关领导参加会议，听取并交流回复意见。

（张东安　吴玉仙）

【检查乡镇街道落实教育职责情况】　5月10日，平谷区教育督导室完成乡镇政府、街道办事处落实教育职责情况督导检查。督导组共检查16个乡镇和2个街道办事处，全面了解2011年落实教育职责、加强教育管理情况。检查发现，各乡镇政府、街道认真落实教育职责，加大教育投入，重视加强校园周边安全环境的治理，取得明显效果。

（张东安　吴玉仙）

【研讨高中教师队伍建设评价体系】　9月11日，平谷区教育督导室召开《普通高中教师队伍建设区县（教委）评价指标体系》研讨会。指标体系包括保障措施、管理制度、成绩及效果共3项内容。会议要求各科室根据工作职责，讨论修改评价指标体系具体内容，建立较为科学的评价指标体系，促进普通高中教师队伍建设工作。区教委有关科室及研修中心领导10人参加会议。

（张东安　吴玉仙）

【督导区教委直属单位】　10至11月，平谷区教育督导室实地督导9个区教委直属单位。督导检查通过听取主管领导汇报、审阅各单位自评报告等方式检查各单位履行教育职责情况。同时，完成中小学校长、幼儿园园长、乡镇政府主管教育的乡镇长、主任对9个教委直属单位落实教育职责的问卷调查，征求基层学校对教委直属单位工作意见和建议。经综合考评，9个单位中，平谷农广校、平谷电大、教育研修中心3个单位被评为优秀。督导考评结果作为各单位绩效工资发放和单位评优依据。

（张东安　吴玉仙）

【调研普通高中教师队伍建设】　11月15至16日，市教育督导室调研平谷区普通高中教师队伍建设。调研组通过分组座谈、查阅档案，实地考察平谷中学和平谷六中，全面了解平谷高中教师队伍建设工作情况。调研组对平谷区高中教师队伍建设工作给予充分肯定。

（张东安　吴玉仙）

【督导验收小学规范化建设工程】　12月10至14日，平谷区教育督导室督导验收小学规范化建设工程。督导组依据“小学规范化建设工程督导评价细则”和相关工作要求，检查9所第五批小学规范化建设学校，通过听取校长汇报、深入课堂听课、与相关

人员座谈、发放调查问卷、查阅档案资料、实地察看，全面了解学校教育教学管理、校园文化建设、教学设备改善方面情况。从验收情况看，各校在落实规范化建设要求、提高整体办学水平、改善办学条件等方面取得明显成效，各具特色，亮点突出。验收结果，9所学校小学规范化建设全部合格。

（张东安　吴玉仙）

中共平谷区委教育工委

书　记　屈志奇（2月免）
　　　　李正（2月任）

平谷区教育委员会

主　任　徐素芝

平谷区政府教育督导室

主　任　赵志刚

密　云　县

总　类

【召开机关工作研讨会】　1月8日，密云县教委召开机关科室、直属单位工作研讨会。县教委领导班子成员听取各科室、直属单位负责人2011年工作汇报，明确2012年工作思路和重点任务。会议要求，在2012年工作中首先要加强教师职业道德建设和学生德育工作，以良好品德激发师生工作、学习内动力，树立良好教育形象。其次，要高度关注课堂，以科学、有效的方法提升课堂教学质量。第三，要推进“三名工程”建设，加大人才培养力度，提高骨干教师、名师的理论水平和创新意识，在实际教育教学工作中提升学科素养。县教委和直属单位85人参加会议。

（雒小波）

【总结继续教育工作】　2月8日，密云县教委召开“十一五”继续教育工作总结暨“十二五”干部教师培训工作启动会议。会议表彰“十一五”时期教师培训工作先进单位和个人，听取先进单位和个人典型发言。“十一五”期间，密云县以强化管理能力、提高师德水平、提升综合素质、提高学历水平、完善学科结构、面向全员、倾斜山区为导向，完成5850名教师、378名干部继续教育任务。“十二五”期间，密云县以“与北京市同步实现教育现代化，形成城乡教育一体化发展新格局，全面推进学习型密云建设，提升教师实施素质教育能力”为目标，实施“阳光使者”“强基固本”“名师塑造”“校本筑基”“绿色发展”五项重点工程，努力建设一支师德高尚、业务精湛、结构合理、充满活力的高素质专业化干部教师队伍。市教委、北京教育学院、密云县教委领导，以及密云县教育工作者400人参加会议。

（雒小波）

【分析教育满意度调查结果】　4月24日，密云县教委召开专门会议，分析研究市教育督导室、北京教科院联合开展的2011年教育满意度调查结果。会上，县教委有关人员分别解读各类教育满意度调查结果，并结合实际，剖析调查结果反映出的主要问题，共同研究探讨改进措施。县教委领导要求，各科室要认真研究调查结果，深层次挖掘各项数据所反映出的问题；全系统上下统一思想，树立正确的教育观，尤其要加强对教育发展性问题的思考，找准进一步提升密云县教育声誉的切入点、关键点和突破点。县教委领导班子成员及机关副科级以上干部参加会议。

（雒小波）

【建立学校安全工作“十个一”机制】　6月，密云县教委制定政策，建立学校安全工作“十个一”机制。一是签订一份安全责任书，逐级签订安全责任书，明确责任，落实到人。二是建立一套安全管理制度，明确安全工作的具体要求和管理职责，使学校安全工作制度化、规范化。三是编印一本安全手册，全面宣传安全常识，记录学校安全教育活动开展情况。四是召开一个特色会，结合季节特点和学生实际，每周安排安全教育国旗下讲话，并形成长效机制。五是印发一个安全通知，每年寒暑假放假和开学，向家长发放安全管理通知，家校合力，共同做好学生教育监管工作。六是制作一块安全宣传牌，在学校内外设置安全宣传栏、提示标牌等，广泛宣传安全知识。七是举办一次安全主题班队会，采取符合学生身心特点、切实有效的形式，强化学生安全教育，普及安全知识，增强学生安全意识。八是上好一节安全教育课，全面、系统向学生讲授安全知识，提高

授课质量，增强实效性。九是组织好一次安全演练活动，提高师生预警、避险、报警、自救互救能力，增强学生防恐怖、防暴力、防破坏等安全意识。十是开展一次家长安全教育培训活动，宣传学生安全教育重要性，共同做好学生安全管理工作。

（雒小波）

【总结表彰教师岗位交流工作】 7月3日，密云县教委召开人事工作暨教师岗位交流工作总结表彰会。会议表彰2009至2012学年度教师岗位交流工作先进集体8个、先进个人44人，以及在2011至2012学年度担任山区学校学科指导教师的6名教师。县教委领导、镇街教委代表、基层单位党政一把手，以及全体交流教师273人参加会议。自2006年，密云县先后选派四批1050名中小学任课教师参与每轮为期三年的岗位交流，占全县中小学专任教师总数的30%，涉及58所学校，涵盖中小学所有学科。2011年，选派6名县级以上骨干教师到农村学校进行学科指导，安排68名山区青年教师进城学习锻炼，城乡师资配置得到进一步优化。

（雒小波）

【成立少年军校总校】 11月6日，密云县少年军校总校成立会议在高岭中心小学举行。会议宣布少年军校总校成立及组成人员名单，有关领导为少年军校总校揭牌，为20所少年军校分校代表授旗。仪式上，高岭中心小学军校学员代表进行队列和军体拳汇报表演。县精神文明建设委员会办公室、县教委有关领导和各中小学代表500人参加活动。密云县第一所少年军校1991年在密云二小成立，至2012年发展到20所，先后有10万名中小学生参加军训，8所少年军校获得首都军（警）民共建先进校称号。

（雒小波）

【举办教育管理知识竞赛】 12月28日，密云县教委举办中层干部和优秀教师教育管理知识竞赛。试卷满分100分，侧重考查中层干部、优秀教师的知识广度、岗位认知、政策领悟、沟通协调能力。县教委和中小学优秀教师413人参加竞赛，其中，最高分91.5分。竞赛前，县教委结合干部教师队伍实际情况，精选师德修养、教育管理、教育政策法规、人文科学素养方面1000道习题，作为学习资料供参试人员复习准备。

（李娜）

【五项举措谋求教育新发展】 至年底，密云县教委五项举措谋求教育新发展。一是以内涵发展为主线，注重加强师资培养、规范管理等软件建设，全面提升学校办学层次和办学效益。二是以专业发展为抓手，积极为干部教师搭建成长平台，培养优质师资团队，整体提高师资素养。三是以特色发展为载体，营造深厚的校园文化底蕴，促进良好校风、教风、学风的形成，提升校园文化层次。四是以优质发展为目标，深化改革，增强科研创新能力，提高教育教学质量。五是以合作发展为助力，积极加强与首都高校、市区名校的联系，聘请专家、教授深入学校指导工作，全面提升办学水平。

（雒小波）

【三项工程加大干部培训力度】 至年底，密云县教委实施三项工程加大干部培训力度。一是校级干部领军工程。遴选15名骨干校长，实施“领航计划”，组建“名校长工作室”，举办校长论坛，提高优秀校长知名度。针对其他校长和副校长实施“远航计划”，选派30人分批赴国内教育发达地区跟岗培训。针对党支部书记、副书记、乡镇教委副主任30人实施“护航计划”，开展党建主题研修、书记风采展示、履职能力提升等培训项目。选派中小学校长10人参加“境外研修计划”。二是中层干部腾跃工程。通过实施教育资源平台使用培训、中小学教学干部业务指导能力提升培训、德育干部管理能力提升培训等计划，培养200名中层干部。三是后备干部翱翔工程。针对学校后备干部实施“英才计划”，建立合理化干部梯队。

（雒小波）

【进一步提升义务教育均衡发展水平】 至年底，密云县教委采取措施进一步提升义务教育均衡发展水平。一是加大教育经费投入力度，扎实推进中小学校标准化建设工程、教育信息化工程，为义务教育优质均衡发展奠定物质基础。二是大力实施“名校长、名师、名校”建设工程，启动15个名师工作室，促进教师专业化发展，整体提升师资水平。三是以“农村基础教育现代化实验区”项目为抓手，深化教育教学改革，全面提高义务教育阶段教学质量。四是严格落实“两免一补”政策，加大扶贫助困工作力度，切实保证经济困难家庭学生受教育权利，确保所有中小学生不因家庭经济困难而辍学。五是按照“公办学校接收、就近入学”的原则，安排外来务工人员随迁子女到公办学校就读，家长对教育的满意度逐年提升。

（雒小波）

学前教育

【概　况】 2012年，密云县幼儿园62所（其中教育部门办园46所，民办园16所），幼儿班364个。离园幼儿3431人，入园幼儿3388人，在园幼儿10433人（其中北京市户籍幼儿8797人）。全县幼儿园教职工1554人，其中，专任教师840人。幼儿园占地面积216368平方米，建筑面积106714平方米。

（夏早顺）

【承办全市学前教育工作总结会】 1月12至13日，市教委2011年度学前教育工作总结布置会在密云县召开。会议全面总结2011年北京市学前教育工作、部署2012年重点工作，并举行石利颖工作报告会。与会人员参观密云县10所幼儿园，县教委报告密云县学前教育典型经验。市教委领导、各区县教委学前教育负责人、部分幼儿园代表200人参加会议。

（雒小波）

【召开学前教育工作会】 2月9日，密云县教委召开2011至2012学年度第二学期学前教育工作会。会议总结上学期重点工作，全面部署新学期幼儿园管理、学生用餐、招生、收费工作。要求学前教育管理人员以“内涵发展、强化师资、改革创新、提升质量”为工作核心，统一思想、达成共识，凝心聚力、共谋发展，努力实现学有优教，办人民满意的学前教育。县教委领导和教研中心相关负责人，各幼儿园园长参加会议。

（雒小波）

【县人大调研学前教育】 2月，密云县人大调研全县学前教育发展情况。县人大听取县教委学前教育发展报告，实地走访文硕幼儿园，并就幼儿园规划、建设、招生、师资、收费、管理问题与县教委、穆家峪镇政府及幼儿园干部教师代表座谈。县人大对全县学前教育工作给予充分肯定，认为县政府、县教委高度重视学前教育工作，能够结合县、镇实际，积极采取有效措施，加快推动学前教育改革与发展，满足广大人民群众子女接受学前教育的需求。

（雒小波）

【制定检查指导工作记录细则】 3月9日，密云县教委制定《密云县幼儿园干部检查指导工作记录评价细则》。该细则包括指导目的、情况分析、内容实录等内容，共6条。细则作为园长、业务园长指导工作，县教委和教研室评价工作的依据，进一步规范幼儿园管理。

（雒小波）

【县镇中心园与优质教育资源共建】 3月和5月，密云县两所幼儿园与优质教育资源合作共建。3月13日，密云县第六幼儿园与太师屯镇中心幼儿园建立“手拉手”合作关系，两所幼儿园将定期开展研讨、交流等活动，共同提升办园水平。5月11日，密云县第八幼儿园与北京市第五幼儿园签订“手拉手”活动协议，双方将全面、深入开展“手拉手”合作共建活动。至此，全县共有14所幼儿园与市、县优质幼儿园建立“手拉手”合作关系。2006年起，为促进农村幼儿园发展，缩小城乡学前教育水平差距，推动县镇中心园级类验收工作，县教委启动县镇中心园与市、县优质教育资源“手拉手”活动。

（雒小波）

【两所幼儿园通过市级早教基地验收】 5月11日，太师屯镇中心园、密云县第八幼儿园通过北京市早期教育示范基地验收。至此，全县市级早教基地共20家。近两年，密云县以幼儿园级类验收为抓手，不断加大保教工作指导力度，促进办园水平不断提高。全县共有级类园25所，其中，一级一类15所、一级二类1所、二级二类6所、二级三类2所、三级二类1所。2012至2013学年，密云八幼、小博士幼儿园、新城子镇中心园等8家幼儿园分别参加级类园或早教基地验收。

（雒小波）

【举办园长读书实践交流现场会】 7月3日，密云县教委在溪翁庄镇中心幼儿园举办园长读书实践交流现场会。会上，溪翁庄镇中心园园长、保教主任及3名教师向全县园长展示读书实践成果。县教委就读书实践活动提出三点要求：一是借鉴成功做法，整体提高园所管理水平；二是点面结合，多维度推动园所发展；三是持之以恒，使读书成为终身习惯。全县幼儿园代表40人参加现场会。2011年起，为提高幼儿园干部综合素质和管理水平，县教委在全县园长中开展读书实践活动。

（雒小波）

【巨各庄镇两所改扩建幼儿园开园】 9月24日，巨各庄镇中心幼儿园、八家庄幼儿园经改扩建开园。两园改扩建投资1961万元，建筑面积4585万平方米。改扩建完成后，可招收180名幼儿入学。

（雒小波）

【展评园本教研优秀半日活动】 11月16日，密云县教委开展“园本教研走进第四幼儿园——优秀半日活动展评”活动。活动现场观摩如何通过园本教研解决实际保教问题，为全县幼儿园业务干部和骨干教师提供优秀半日活动范例，促进园所、教师、幼儿全面发展。活动中，北京教科院教研员希望幼儿教师以深入分析幼儿年龄特点和思维特点为切入点，不断提高半日活动质量。县教研中心教研员和全县幼儿园业务干部、骨干教师100人参加活动。

（雒小波）

【积极引领学前教育发展】 至年底，密云县教委采取措施积极引领学前教育发展。一是邀请市教委园长培训团为全县幼儿园园长举办培训，明确幼儿园管理思路、规范办园行为、提高管理水平。二是组织幼儿园干部到北京市名优幼儿园参观学习。三是加强对幼儿园管理、保教工作、园所文化具体指导，扎实推进级类园创建和早教基地验收工作。四是建立县镇中心园与优质教育资源合作共建机制，整体提升全县学前教育发展水平。五是成立园志编写指导组，提炼园所文化，积淀教育内涵，提升办园品位。

（雒小波）

基础教育

【概　况】 2012年，密云县小学40所（少数民族学校4所），开设教学班594个，毕业3640人，招生3739人，在校生19705人（北京市户籍学生15644人），在校生中少数民族学生2459人；全县小学共有寄宿制学校16所，寄宿生2648人（北京市户籍学生2604人）。教职工2092人，其中，专任教师1510人。中学23所，教学班476个（初中317个、高中159个），毕业5954人（初中4056人、高中1898人），招生5396人（初中3416人、高中1980人），在校生17212人（初中10407人、高中6805人），在校生中北京市户籍学生16415人。教职工2653人，其中专任教师1876人。全县中小学高级职务教师457人（小学5人、初中228人、高中224人）。中小学占地面积1492415平方米，建筑面积466511平方米。全年教育经费投入137904.4万元，全部为国家拨款。

（黄维国）

【召开教育教学工作会】 2月9日，密云县教委召开中小学教育教学和德育工作布置会。会议总结2011至2012学年度第一学期教育教学工作，对第二学期重点工作任务进行部署。会议就中学教育教学工作提出三点要求：一是进一步加强学校德育工作管理，深入开展“培育和弘扬北京精神”主题教育活动。二是科学有序开展教学管理工作，优质高效做好中高考备考、总结工作。进一步提高干部教师素质，引领课程改革工作走向深入。三是创建学校特色，丰富学校内涵，深化校际合作，完善学籍管理。各中小学教学副校长、德育主任参加会议。

（雒小波）

【召开听评课和学生作业质量分析会】 2月16日，密云县教委召开中小学校长听评课情况及学生作业质量分析会。会议通报校长听评课情况和学生作业的数量、书写、教师批改等情况，并针对主要问题提出整改意见。会议提出，校长听评课要有计划、有针对性，要与调动教师工作积极性相结合。作业质量体现学生对知识的接受程度和把握能力，体现学校的教育水平，必须进一步提高认识、提高对学生作业质量的重视程度。会议要求业务科室和职能部门要进一步落实责任，全面掌握学校教育教学工作各个环节真实情况，加强管理机制和相关制度建设，加大监督、指导、抽测力度，规范管理、深化改革、提高质量。县教委领导和中小学代表60人参加会议。

（雒小波）

【召开德育主任工作交流会】 2月16日，密云县教委在北师大密云实验中学首次召开德育主任工作交流会。会上，4所学校教师代表县级行为习惯培养先进班集体交流经验，各中学德育主任围绕寒假期间特殊学生管理和学期德育重点工作汇报工作措施。县教委就进一步推进班级文化建设和加强学校德育工作管理提出具体要求。密云县教委领导和全县中学德育主任参加会议。为进一步加强德育队伍建设，新学期开始，县教委建立每月一次德育主任学习交流机制。

（雒小波）

【加强小学常规工作视导】 2月21至23日，密云县教委视导巨各庄、大城子、北庄等10所小学常规工作。视导重点了解新任校级干部工作情况、学生作业情况和宿舍管理情况，就发现的问题及时反馈整改意见，并具体指导如何落实本学期重点工作。视导结果表明，各校教学秩序良好，教学常规管理规范，学生卫生礼仪等行为习惯良好。新选拔的校级干部工作热情高，较快进入工作角色。

（雒小波）

【召开文明礼仪校本教材培训会】 3月6日，密云县教委召开小学文明礼仪教育校本教材研发培训会。培训会上，县教委总结交流学校文明礼仪教育校本教材研发情况，教研中心讲解教材研发的目的、内容、形式、原则。文明礼仪教育校本教材研发是落实教育部《中小学生文明礼仪教育指导纲要》、深入开展文明礼仪教育的重要举措，是本学期小学德育重点工作之一。教材研发旨在引导学校结合学生实际，将个人礼仪、交往礼仪的常规知识与行为指导工作课程化、常规化、系统化。县教委、教研中心领导和全县小学代表参加会议。

（雒小波）

【加强学生课外阅读工作视导】 3月13至15日，密云县教委视导河南寨、提辖庄、十里堡等9所小学学生课外阅读工作。视导工作依据县教委《关于加强小学生课外阅读的指导意见》，全面检查学校课外阅读工作规划、指定书目配置、学生课外阅读开展等情况，重点指导完小落实学生课外阅读工作。检查发现，各校能够认真落实相关文件要求，积极组织开展学生课外阅读活动。其中，密云六小在组织好阅读活动的基础上，深入开展校本课程课本剧创作表演，为学生综合素质提升搭建展示平台；季庄小学在楼道内开辟学生自由阅读空间，并由学生图书管理员利用课余时间举办“读书沙龙”，利用网络平台丰富学生阅读素材，受到学生欢迎。

（雒小波）

【召开导学案使用研讨会】 3月18日，密云县教委召开中学导学案编制与使用研讨会。会上，县教研中心中高考科目教研员和4所中学教学干部进行研讨交流，并分别结合工作实际，制定下一阶段推进导学案使用的具体工作思路。一是推广使用导学案；二是导学案的编制要根据学生实际，关注学生个体差异，并正确处理好教案和导学案的关系；三是将观摩、研讨导学案的设计与使用作为本学期走进校园活动的重要任务。县教委领导、教研中心教研员和中学代表30人参加会议。

（雒小波）

【举办青年体育教师基本功培训班】 3月29日，密云县教委举办第一期青年体育教师基本功培训班启动仪式暨教学设计讲座。启动仪式上，北京教科院教研员作“体育课堂教学设计”专题讲座。全县88名35岁以下青年体育教师参加学习。青年体育教师基本功培训班3月启动12月结束，采取集中专题讲座、专业技能培训、学员自修、考核形式，提高青年体育教师的专业技能水平。

（雒小波）

【指导学生社团课程建设】 4月26日、28日，密云县教委赴古北口中心小学、石城中心小学指导学生社团课程建设工作。古北口中心小学发挥寄宿制学校管理优势，建立文学活动社、民众艺术活动社、音乐活动社、体育活动社、新闻发布中心5个社团，开设小作家、朗诵、英语等17个校本课程。石城中心小学以打造艺术特色、构建和谐校园为目标，加大艺术课程改革力度，成立艺术教研组，面向全体学生开设合唱、美术、舞蹈、书法等学生社团课程。学校以“校园集体舞”为切入点，在不同班级开展不同舞种的学习，逐步形成班级舞蹈特色。

（雒小波）

【传唱北京精神新童谣】 5月15日，

密云县教委、县文明办在石城镇白乙化烈士纪念馆联合举办“学雷锋践行北京精神——做文明有礼的密云人”优秀新童谣传唱活动。活动中，县教委宣读《关于开展“学雷锋践行北京精神——做文明有礼的密云人”新童谣征集推广活动方案》，密云一小等8所小学100名学生通过跳皮筋、踢毽子、快板等形式，进行童谣传唱表演。密云县有关领导和中小学生106人参加活动。新童谣征集推广活动以弘扬北京精神、推进社会主义核心价值体系建设为根本，以“学雷锋践行北京精神”为主题，以新童谣的征集推广传唱为载体，展现密云学生良好精神风貌。

（雒小波）

【举办新教师教学基本功测试展示】 5月27日，密云县教委在教师培训中心举办新教师教学基本功测试展示活动。93名2011年参加工作的新教师进行钢笔字、粉笔字测试，展示10至15分钟现场教学片断，小学及幼儿园教师还参加简笔画测试。活动聘请38名教研员及一线骨干教师担任评委。最终评出一、二、三等奖。

（雒小波）

【综合整治校园周边环境】 6月1日，密云县教委联合县公安局、县城管大队综合整治密云三小、密云二中校园周边环境。整治工作重点是机动车乱停乱放、商户占道经营、店外经营等。共检查车辆30余辆次，处罚交通违法行为1人，清理乱停乱放车辆100余辆次，纠正占道经营、店外经营和违法广告牌匾等行为6起，没收非法广告牌1个。

（雒小波）

【召开跟岗培训效果追踪会】 6月5

日，密云县教委召开“赴江苏跟岗培训效果追踪会”。会上，赴江苏跟岗培训的中小学校长结合培训收获和本校实际，分别介绍各校在课堂教学改革、校本课程研究、校园文化特色、队伍建设方面的初步整改措施和下一步工作计划。县教委领导和中小学校长35人参加会议。2011年上半年起，密云县教委分三批组织中小学22名校长赴扬州美琪学校、南通市海门东洲中学、镇江丹阳实验小学、扬州美琪学校、溧阳实验小学、新苏师范附属小学6所学校进行为期15天的异地跟岗培训。培训结束后，又分别组织校长论坛活动等。

（郭立增）

【召开教学能手代表座谈会】 9月12日，密云县教委召开教学能手代表座谈会。会上，13名被评为教学能手的教师报告立足本职工作、教书育人、发挥示范引领作用情况，并就如何提高教师工作积极性、深化课堂教学改革、做好各学段衔接等问题进行研讨交流。密云县教委领导和中小学代表28人参加会议。此前，县教委评选表彰教学能手13人。

（雒小波）

【启动中学“城乡手拉手”活动】 10月10日，密云县教委举行中学“城乡手拉手”活动启动仪式。结对学校按照“优势互补、紧密合作、资源共享”的原则，通过校领导结对、教师结对、学生结对等多种形式，加强校际间的业务联系，解决学校发展过程中实际问题。县教委领导要求，做好学生间交流活动的管理和引导，建立档案，形成长效机制，保证活动持续、深入开展。密云县领导、15所首批参与“手拉手”活动中学校长及教研中心有关负责人参加启动仪式。

（雒小波）

【小学教学能手送课下乡】 11月6日，密云县小学教学能手展示暨送课下乡活动在古北口中心小学启动。活动中，密云三小语文市级骨干教师、密云一小数学市级骨干教师、季庄小学英语县级学科带头人分别作课堂教学展示、交流教学成长经验，教研中心教研员完成点评。小学教学能手送课下乡由密云县教研中心组织，旨在展示小学教学能手教学风采，发挥教学能手引领、示范作用，提升小学学科教学水平，促进优质资源共享。活动将20名小学教学能手合理分组，分别安排7次送课活动。

（雒小波）

【檀营小学通过民族团结教育示范校评估】 11月9日，北京市民族团结教育示范校评估团评估验收檀营满族蒙古族小学民族团结教育示范校创建工作。检查评估小组听取县教委民族团结教育工作汇报和檀营小学促进学校健康发展汇报，分别与学校领导及教师代表座谈，问卷调查部分学生，并查阅学校相关档案资料，现场观摩学生民族礼仪、民族艺术、民族体育方面才艺展示。检查评估小组对檀营满族蒙古族小学民族团结教育工作给予充分肯定，认为学校推进民族团结教育工作的各项机制健全有效，各项活动能够按计划扎实有序开展，办学理念和办学经验值得向全市推广。受市教委、市民委的委托，2012年北京市民族团结教育示范学校检查评估工作由北京市民族教育学会主持。

（雒小波）

【召开校本培训管理工作现场会】 11月16日，密云县教委在密云四小召开“十二五”校本培训管理工作现场会。会上，密云四小报告学校校本培训常规管理及工作开展情况，并开放校本培训档案供同行学习交流。该县中小学、幼儿园、职业学校领导和有关教师180人参加会议。

（雒小波）

【国家体质健康标准测试赛六连冠】

12月3至4日，北京市第六届国家学生体质健康标准测试赛在首都体育学院体育馆举行。密云四小等8所学校180名学生代表密云县参加小学组、初中组、高中组测试。经测试，共获得小学组、初中组、高中组3项第一名，同时获得团体总分第一。至此，密云县连续6年获得国家学生体质健康标准测试赛团体总分第一。年内，密云县全面实施《国家学生体质健康标准》，加大学生体质监测力度。投入400万元为所有中小学购买体质测试器材，确保每一所学校都能够使用专业设备进行测试练习。

（雒小波　熊洪帅）

职业与成人教育

【概　况】 2012年，密云县职业高中1所，毕业997人，招生756人，在校生2201人。教职工276人，其中，专任教师199人。专任教师中，高级技术职务48人。学校占地面积

14.8万平方米，建筑面积7.2万平方米，固定资产总值11398万元。各类成人学校371所，开设专业21个。毕业1174人，招生724人，在校生2852人。教职工137人，其中，专任教师71人。成人学校占地面积16.72万平方米，建筑面积2.46万平方米，固定资产总值3465万元。

（夏早顺）

【获全民终身学习活动周组织奖】 1月，全民终身学习活动周领导小组、中国成人教育学会表彰"2011年全民终身学习活动周"先进城市，密云县获得2011年度全民终身学习活动周成功组织奖。2011年10月14日至21日，密云县举办第七届全民终身学习活动周。主题为"共享社会各类教育资源，为公民提供终身学习的条件"。学习周期间，密云县居民围绕全民终身教育、全民终身学习，开展多种形式教育、学习活动。其中，展出展板105块，举办宣传活动21场，举办书画展15次，送书下乡1.9万册，举办各类学习讲座和培训510班次，约2.3万人次参加学习。

（雒小波）

【召开职成教工作会】 2月16日，密云县教委召开2012年职业教育、成人教育工作会。会议表彰2011年成人教育工作先进单位，溪翁庄镇成人学校、穆家峪镇成人学校负责人分别就农民学历教育、镇成人学校建设和学习型乡镇建设交流典型经验。县职业学校校长、社区教育中心主任、镇街教委副主任、行业职工学校校长30人参加会议。

（雒小波）

【启动"阳光工程"培训】 3月，密

云县首个农村劳动力转移培训"阳光工程"培训班在十里堡镇成人学校开班，32名从事养殖业的农民参加培训。培训班为期一周。学员经过理论学习和亲身实践，经市农广校考核合格，可以取得职业资格证书和"阳光工程"培训结业证书。至年底，密云县农广校在7个乡镇举办"阳光工程"培训班，培训学员300人。"阳光工程"是市农广校在郊区县实施的一项免学费、免教材费、免考核费的公益性培训活动。

（雒小波）

【举办农民文艺中专班】 3月和6月，溪翁庄镇和穆家峪镇分别举办农民文艺中专班。3月6日，密云县首个农民文艺中专班在溪翁庄镇成人学校开学。农民文艺中专班学员将利用两年时间，参加市农广校关于文艺理论和实践的业余学习，经考核合格取得中专毕业证书。文艺中专班招收学员69人。市农广校、县教委、镇党委有关领导以及全体学员参加开学典礼。6月19日，穆家峪镇举办农民文艺中专班，48名学员参加学习。

（雒小波）

【县教委入选创建学习型机关先进】 9月28日，在2012年密云县创建学习型机关先进单位总结表彰会上，县教委被评选为先进单位。县教委采取有效措施推进学习型机关创建工作，将创建与常规工作、人才培养相结合，形成常态学习机制，并以此为契机，转变机关作风，落实服务职能，取得明显成效。2012年，密云县表彰创建学习型机关先进单位9个。

（雒小波）

【举办第八届市民终身学习周】 10月22日，密云县学习办在果园街道举行2012年全民终身学习周启动式暨县级学习品牌和学习之星表彰会。会议表彰果园街道办事处、县职业学校、县社区教育中心3个学习品牌，以及10名学习之星，并举行市民心理健康知识讲座。县委宣传部、县学习办、县社会办、鼓楼街道领导和市民代表100人参加启动仪式。10月20至26日，密云县举办第八届全民终身学习活动周。

（雒小波）

【召开乡镇成人学校建设现场会】 10月25日，密云县教委在溪翁庄镇召开镇成人学校建设现场会。会上，溪翁庄镇成人学校介绍学校管理和办学经验，与会人员观看学校建设专题宣传片，现场观摩农民学历教育和短期培训活动。县教委领导和各镇（街）成人学校专职副校长参加会议。

（雒小波）

【总结农民教育自编教材工作】 12月5日，密云县教委召开农民教育自编教材总结表彰会。会议总结教材编写工作成果并向先进个人颁奖。2010年，密云县教委启动农民教育自编教材工作，至2012年编写30册教材并制作相配套的讲义及课件。2011年，密云县参加北京教科院组织的农民教育自编教材讲义课件评选活动，获得二等奖2个、三等奖4个。

（雒小波）

教育督导

【概　况】 2012年，密云县教育督导室编制5人，在岗5人，兼职督学10人。一年来，教育督导室全体人员认真学习贯彻《国家教育督导条例》，根据教育改革和教育督导工作发展的形势、任务和要求，结合密云县教育督导工作的实际，认真开展各项教育督导工作。开展社区教育督导检查工作，接受北京市特殊教育督导评价试点的督导检查，配合县教委完成北京市义务教育均衡发展达标区县督导评估工作。

（张凤存）

【接受社区教育工作专项督导】 6月29日，市教育督导室督导组随访督导密云县社区教育工作。督导组听取密云县社区教育工作自评报告，查阅社区教育档案材料，实地视察县社区教育中心和东邵渠镇成人学校，在东邵渠镇召开部分村民代表座谈会。督导组对密云县社区教育做法和经验给予肯定。希望密云县进一步加大社区教育工作投入，做好市民需求调研，使社区教育工作更具有针对性，为构建全民学习、终身学习服务体系、建设学习型密云做出贡献。密云县共有各级各类社区教育机构364所，专兼职教职工166人，社区教育志愿工作者600人。近三年，共组织各类社区教育培训活动近15万人次。

（张凤存）

【开展社会满意度问卷调查】　6月，密云县教育督导室开展密云县中小学、幼儿园、职业学校学生家长社会各界满意度问卷调查工作。调查采取实地走访乡镇、学校，现场答卷的方式进行。各乡镇分别召集25名社会人士现场答卷，全县共填写答卷2200份。至9月，社会满意度问卷数据统计、分析完成。数据统计表明，教育工作社会满意度逐步提高。

（张凤存）

【接受义务教育均衡发展督导评估】　9月26至27日，市教育督导室评估验收密云县义务教育均衡发展情况。督导评估验收组观看密云县义务教育均衡发展情况专题片，听取县政府《落实“以县为主”教育管理体制，统筹推进区域义务教育优质均衡发展》工作汇报，就有关问题进行交流。督导评估验收组分为四个小组，分别同相关委办局主管领导、部分县人大代表政协委员、中小学校长代表、县教委有关科室负责人座谈。验收组实地检查6所中小学，听取学校工作汇报。督导评估验收组认为，密云县政府高度重视义务教育均衡发展问题，通过加大教育经费投入、整体提升师资队伍水平、优化资源配置等有效措施，有力推进区域内学校布局、师资配置、办学条件等方面均衡发展，成绩突出，效果明显。

（张凤存）

【接受特殊教育督导评价验收】　12月12至13日，密云县作为北京市特殊教育督导评价工作第一个试点区县，接受督导评价。市教育督导室督评组查阅相关档案资料，听取县政府《政府主导、多措并举，努力办好人民满意的特殊教育》工作汇报，就有关问题进行交流。督评组分三组同相关委办局主管领导、县教委相关科室负责人、特教学校及随班就读学校校长座谈。督导评价组专家还深入特教学校及两所随班就读学校实地检查，听取学校工作汇报，与教师代表座谈交流，全面了解密云县推进特殊教育发展具体情况。督导评价结果，将向各区县政府反馈，向市政府有关部门通报，并适时向社会公布。

（张凤存）

中共密云县委教育工委

书　　记　张文亮

密云县教育委员会

主　　任　杨华利

密云县政府教育督导室

主　　任　李钟勤（8月免）
　　　　　　王树生（8月任）

延　庆　县

总　类

【帮扶新农村建设】　5月3日，延庆县教委、永宁镇罗家台村召开新农村建设结对帮扶座谈会。会议总结新农村建设结对帮扶工作，讨论下阶段主要工作内容。2010年，按照延庆县委、县政府和永宁镇结对帮扶的工作要求，县教委负责永宁镇罗家台村的帮扶工作。县教委先后为村内绿化投资5.5万元，并通过林业部门的验收；投资3万元兴建小桥一座，投资9万元为村内修堤坝260米，使防洪通道达到泄洪标准；结合县文委相关政策，投资100万元为村内兴建农民专业技术培训和文艺活动为一体的培训基地，该基地成为罗家台村最重要的农民培训和文化集会场所。县教委连续三年被延庆县政府评为“结对帮扶先进单位”。

（李晶华）

【评选“延庆名师”】　5至7月，延庆县教委评选“延庆名师”。任教满15年、中级以上职称的北京市特级教师、市级学科带头人、市级骨干教师或获得市级以上荣誉称号的一线教师可参加评选。经过个人申报，公开投票，报请县政府批准等程序，评选13人为2012年“延庆名师”。“延庆名师”是延庆县知名教师的简称，是以师德的楷模、教育的专家、育人的模范为基本标准和含义，评选在教育改革和发展中做出突出贡献并被业内公认和具有影响力的顶尖层面的优秀教师。“延庆名师”评选工作始于2007年，2008年以后每两年评选一次，共评选延庆名师39人。

（李晶华）

【5名骨干校长赴加拿大脱产学习】　6月22日至12月15日，延庆县5名骨干校长赴加拿大皇家学院脱产学习半年，攻读教育管理硕士学位。5名校长根据北京市中小学干部培训市级项目招生计划的要求，经过初审和推荐等程序选拔。2011年10月至2012年4月，5名校长在北京教育学院参加为期半年的半脱产业务培训和英语基础培训，并通过语言测试。

（李晶华）

【组建高级职称评审专家库】　7月20日，延庆县教委组建高级职称评审专家库。专家库按高级职称评审专家应具备的条件要求，从市、县骨干教师、学科带头人、特级教师、延庆名师中选取，涉及15个学科，共152人。本年，延庆县155人参加教师职称评定（中学高级54人、中学一级38人、小学高级63人），经评审，148人评定或晋升教师职称，其中，中学高级53人，中学一级35人，小学高级60人。

（李晶华）

【完成基础教育资源整合】　7月，延庆县完成基础教育资源整合工作，共撤销小学9所、中学2所。其中，撤销延庆县永宁小学、延庆县左所屯中心小学、延庆县清泉铺中心小学、延庆县新华民族中学，这4所学校合并到延庆县永宁中学，成立义务教育九年一贯制学校——延庆县永宁学校；撤销延庆县张山营中心小学（包括其分校张山营小学），将延庆县张山营中心小学合并到延庆县张山营中学，成立义务教育九年一贯制学校——延庆县张山营学校；撤销延庆县花盆中心小学、延庆县沙梁子中心小学，两所学校合并到延庆县千家店学校；撤销延庆县靳家堡中学、延庆县靳家堡中心小学分校中羊坊小学、延庆县太平庄中心小学分校西红寺小学。

（李晶华）

【入选全国“两基”工作先进单位】 9月7日，国务院召开全国“两基”（基本普及九年义务教育、基本扫除青壮年文盲）工作先进单位和先进个人表彰大会，共表彰300个单位和500名个人。北京市有4个单位和6名个人受到表彰，其中延庆县教委获得全国“两基”工作先进单位称号。延庆县教委主任马铁铃作为北京市参加表彰会3名代表之一，参加颁奖仪式并受到温家宝接见。延庆县1993年10月通过国家教委和北京市关于“两基”工作评估验收以来，不断巩固和提高“两基”成果。全县义务教育入学率多年保持100%，完成率达到99.8%以上，6岁以上人口平均受教育年限达到10.5年，新增劳动力平均受教育年限12年以上。延庆县教委曾获得北京市山区中小学建设达标区县、北京市规范教育收费示范县、北京市继续教育工作组织管理奖等荣誉。

（李晶华）

【教委门户网站改版】 9月，延庆县教委门户网站改版。新版改变原有网站政务办公邮箱存储空间不足问题，并调整栏目设置，设立重要新闻、工作动态、政务公开等16个栏目。网站通过中国联通、北京教育网主干网络连接，服务器容量2TB，主网速率1000MB，由延庆县教育信息中心维护。网址：www.yqedu.com.cn。

（李晶华）

【接受教育收费专项督查】 10月15日，北京市规范教育收费工作专项督查组检查指导延庆县教育收费工作。在延庆二中、延庆一小和延庆一幼，督查组听取校长汇报，发放学生调查问卷，查看相关账目、档案资料、收费公示栏，检查学校收费工作。督查组还召开座谈会，听取县教委规范教育收费工作汇报。督查组对延庆县教育收费工作取得成绩给予肯定，并对今后工作提出建议。

（李晶华）

【暴雪灾害后及时复课】 11月12日，

延庆县因暴雪灾害而停课的中小学、幼儿园全部复课。3日，延庆县遭遇50年未遇暴雪灾害，县教委紧急启动应急机制，全县中小学、幼儿园全部停课。县城地区学校和直属单位教职工全部上街铲冰扫雪，具备交通条件的川、山区学校由校长安排教师到校上班铲雪；因交通条件限制不能到校的川、山区学校教职工，统一安排在家备课。县教委领导多次到学校及周边实地调研，指导学校铲冰扫雪工作。在县委、县政府的协调下，供电局、园林绿化局、公安局等单位为复课提供大量帮助。9日，31所学校复课；11日，35所学校复课；12日，全县中小学幼儿园全部复课。暴雪给延庆教育系统造成经济损失1208万元，得到市教委的全额补助。

（李晶华）

【召开师德表彰会】 11月29日，延庆县教委召开“践行北京精神做人民满意教师”师德主题教育活动总结表彰会。会上，10名“师德标兵”、111名“师德先进个人”、100名“雷锋式教师”、10个“雷锋式团队”受到表彰。获得“师德标兵”的教师代表和“雷锋式团队”代表报告先进事迹和师德感悟体会。县总工会、县教委、县教育工会领导和教师代表200人参加会议。

（高天学）

【成立教育宣传中心】 12月5日，延庆县教育宣传中心成立。教育宣传中心在整合延庆县教委史志办和记者站两个临时机构基础上成立，负责全县教育宣传工作，是延庆县教委所属正科级全额拨款事业单位，定编18人。其职责和任务是负责全县教育事业发展的宣传和教育信息发布，重大教育

活动的拍摄、录制和资料收集存储，教育史志、年鉴的编纂工作等12项具体工作。

（李晶华）

【召开教育年鉴工作会】 12月27日，延庆县教委召开教育年鉴工作会。会议总结2012卷教育年鉴工作，表彰6名教育年鉴先进工作者，举办年鉴编纂工作培训，讲解年鉴的类型、年鉴的选材原则、条目类型及其释文要点等年鉴相关知识。延庆县教育系统各直属单位和准备录入2013卷《北京教育年鉴》的12所中小学、幼儿园年鉴撰稿人共26人参加会议。2012年，延庆一中、延庆十一学校、延庆三幼等10所中小学、幼儿园被收录到《北京教育年鉴》（2012卷）。

（李晶华）

【教育经费继续增长】 至12月，延庆县教育经费继续增长。预算内教育拨款82830.2万元，比上年的76926万元增加5904.2万元，增长7.68%。其中义务教育预算内教育拨款49910.5万元，比上年的47567.1万元增加2343.4万元，增长4.93%。同时，全县各类生均预算内教育事业费和生均预算内公用经费继续增长。2012年延庆县国民生产总值833000万元，财政性教育经费支出109298.9万元，占国民生产总值的13.12%，高于2011年0.81个百分点。预算内教育经费（含城市教育附加费）101506万元，占财政支出597221万元的17.00%，低于上年所占比例0.93个百分点。

（李晶华）

【完成中小学校修缮工程】 至12月，延庆县教委投资8692万元完成中小学校园基础设施修缮工程。其中，投资1682万元，完成51所中小学校园文化建设及绿化、美化工作；

投资 2209 万元，完成 20 所学校抗震加固后操场恢复及土操场改造工作；投资 4801 万元，完成部分学校校园校舍修缮工作。此外，投资 203.8 万元，对 48 所学校进行照明灯改造工作；投资 802 万元，完成第二幼儿园改扩建工程；投资 1046 万元，完成延庆县第一职业学校校舍改造及育新宾馆改造工程。

（李晶华）

【择优招聘 127 人补充师资队伍】 至 12 月，延庆县教委择优招聘 127 人补充师资队伍。针对高中教师需求较大、补充困难的现状，积极争取非京生源指标，招聘工作提前动手，2011 年底专程在首都师范大学和哈尔滨师范大学召开专场招聘会，选聘本市生源 22 人、京外优秀毕业生 25 人。为确保幼教师资急需，补充幼儿教师 59 人，为历年来最多。小学、初中补充紧缺学科教师 21 人。

（李晶华）

【完成 6 所学校改扩建工程】 至 12 月，延庆县教委完成 6 所中小学、幼儿园改扩建工程，基建总投资 24958.6 万元。其中，新建延庆二小教学综合楼，地上 4 层，地下 1 层，框架结构，总建筑面积 17880 平方米，基建总投资 7168 万元。永宁学校扩建工程，包括多功能报告厅、高中教学及图书馆综合楼、师生食堂等 7 项工程，总建筑面积 24322 平方米，基建总投资 7557.6 万元。千家店学校整体改造工程，总建筑面积 10237 平方米，建设总投资 3689 万元。重建延庆县第一幼儿园教学综合楼，地上 3 层（局部 4 层）地下 1 层，总建筑面积 4302 平方米，基建总投资 2213 万元。扩建延庆县第三幼儿园教学综合楼，地上 3 层（局部 4、5 层），总建筑面积 5188.33 平方米，基建总投资 2028 万元。延庆第六幼儿园教学楼工程，教学楼地上 3 层，总建筑面积 2990 平方米，基建总投资 2303 万元。

（李晶华）

【投资 6123 万元完成设备购置】 至 12 月，延庆县教委投资 6123 万元完成中小学校设备购置。包括 20 所中小学校图书更新项目，总资金 201 万元；20 所中小学食堂设备购置项目，总资金 327 万元；中小学家具更新项目，包括办公桌椅、计算机桌椅、课桌椅等，涉及 51 所学校，总资金 717 万元；16 所学校心理咨询室建设，总资金 231 万元；教学仪器设备购置项目，总资金 475 万元；中小学计算机更新项目，更新 2005 年（含）以前的台式计算机 2587 台、便携式计算机 663 台，总资金 1600 万元；多媒体教室设备更新项目，为 34 所中小学多媒体教室更新触摸屏电视 435 套，总资金 1658 万元；完成其他电教类设备购置项目，包括照相机、摄像机、编辑机等，共涉及 42 所学校，总资金 914 万元。

（李晶华）

【60 名城乡教师岗位交流】 至年底，延庆县继续实行义务教育中小学、幼儿园城乡教师双向交流。要求城区中小学、幼儿园选派 3 至 5 名骨干教师到对口的川山区中小学、中心园全职交流，保证义务教育阶段的每所学校（包括乡分校）至少有 1 名县级以上骨干教师。紧缺学科和拔尖人才采用弹性交流方式，即城区紧缺学科教师和拔尖人才每周固定时间到交流学校任课或指导教学，累计课时折合交流时间。同时，川山区学校选派 1 至 2 名教师到城区对口学校挂职培训。全年共选派 39 名城区教师到川山区岗位交流，包括全职交流教师 35 人、弹性交流教师 4 人，其中市级、县级骨干教师 14 人，川山区学校共选派 21 名教师到城区挂职培训。

（李晶华）

学前教育

【概　况】 2012 年，延庆县托幼园所 47 所，其中市立园 6 所，中心园和校级园 21 所，民办园 20 所；7 所小学附设学前班。教学班 217 个，离园幼儿 2057 人，入园幼儿 3066 人，在园幼儿 6655 人。教职工 690 人，其中，专任教师 522 人。年内，新建 3 所幼儿园，新增 1 所北京市一级一类幼儿园，2 所北京市社区儿童早期教育示范基地。至年底，全县北京市示范园 2 所、一级一类幼儿园 7 所、一级二类园 3 所，北京市社区儿童早期教育示范基地 12 所。

（高天学）

【召开捆绑发展交流会】 3 月 1 日，

延庆县教委在延庆二幼组织召开幼儿园“1＋X”捆绑发展和早期教育工作思路交流会。会上，4 所市立园园长汇报“1＋X”捆绑发展工作思路。会议还交流年度早教工作思路，明确提出，从本学期起，幼儿园不再招收亲子班，将利用社区资源开展灵活多样的早期教育活动。市立园和捆绑园相关人员 15 人参加会议。2009 年，延庆县学前教育实施“1＋X”捆绑式发展模式，其具体做法是一所城区市立园与几所川山区幼儿园捆绑发展，实现教育资源共享。

（高天学）

【召开幼儿园特色创建现场会】 4 月 18 至 19 日，延庆县教委在延庆一幼举办“实践活动促发展，体验育人创特色”走进延庆一幼开放现场会。与会人员观摩 12 节具有园所特点的体验式教育活动，参观延庆一幼师生共同构建的“宝贝当家”体验馆，观看园所特色创建专题片，听取园长汇报和教师、家长、幼儿代表发言，了解“体验育人”特色创建历程及创新举措。县教育督导室、县教委领导和全县小学校长、幼儿园园长及教师 200 人参加活动。

（高天学）

【举办美术教学评优活动】 6 月 28 日，延庆县教委召开幼教教师美术教学活动评优总结会，表彰获奖教师 39 人。评优活动分幼儿园初评和县级评比两阶段。全县 23 所幼儿园在初评的基础上，推荐 55 人参加县级评优，其中市立园 23 人，中心园、校办园和学前班共 32 人。依据《幼儿园美术教育活动评优标准》，最终，39 人分获一、二、三等奖。

（高天学）

【展示非学前专业教师培训成果】　7月7日，延庆县教委举行非学前专业教师培训成果展示活动。活动中，幼教系统非学前专业教师和部分青年教师表演快板、舞蹈、童话剧等12个节目。全县小学校长、幼儿园领导和部分教师90人参加活动。此前，2011年9月，县教委为在岗的115名非学前专业教师和91名青年教师举办为期3个月培训，在此基础上，又于2012年3月实施延庆县非学前专业教师技能技巧达标培训。

（高天学）

【启动骨干教师培训】　7月13日，延庆县教委举办学前教育骨干教师暨业务干部培训启动仪式。仪式上，县教委宣读培训方案，全国优秀教师卢姗姗以《幼儿音乐素质的培养》为题举办讲座。培训为期7天，邀请首师大等专家从理论与教育策略、活动设计与案例解读、环境创设与教师工作标准等方面举办讲座，并组织观摩市级示范幼儿园。县教委领导及学前教学干部和骨干教师140人参加活动。

（高天学）

【两所直属幼儿园开园】　8月30日，延庆县农村地区第一所独立直属幼儿园永宁幼儿园开园。该园是在永宁地区教育资源整合中，由永宁中心小学附属幼儿园改建而成。园址位于具有百年历史的缙山书院，原为永宁小学校址。幼儿园建筑面积11000平方米，可接收近300名幼儿入园。同日，延庆县第六幼儿园开园。该园位于延庆镇西屯村，建筑面积4313平方米，可接收270名幼儿入园。

（高天学）

【举办健康领域工作室展示活动】　10

月30日，延庆县学前教育健康领域工作室展示活动在延庆四幼举行。活动中，与会人员观摩该园小中大班3节体育教学活动。健康领域工作室主持人从三个方面总结工作室阶段性工作。一是明确工作室定位，找准方向；二是规范工作室管理，确保活动开展；三是开展工作室活动，提高研究质量。北京教科院教研员对工作室工作给予充分肯定，并提出建设性的意见和建议。县教委领导和全县学前教育工作者85人参加活动。2010年12月，延庆县分别成立健康、语言、科学、社会、艺术五个领域工作室，各工作室每月开展一次研究活动。

（高天学）

【启动学前教育管理信息系统】　11月27日，延庆县教委召开学前教育管理信息系统启动培训会。会议宣读《延庆县学前教育管理信息系统数据采集工作方案》，说明数据采集项目、指标口径和填报方法，就系统安装和实际操作举办培训。会议强调，学前教育管理信息系统是学前教育信息化的重要组成部分，是推进学前教育科学发展的基础性工程，是学前教育三年行动计划监测评估平台，各单位必须及时完成相关工作。全县小学校长、幼儿园园长、业务干部、会计、网管员120人参加会议。

（高天学）

【公办幼儿园实行新收费标准】　11月29日，延庆县教委召开幼儿园收费工作部署会。会议宣读由县发展改革委、县教委、县财政局联合制定的《延庆县幼儿园收费管理实施方案》。方案明确规定，幼儿园只设立保教费、住宿费和代办服务性收费三种收费项目，除此之外，不得向幼儿家长收取其他任何费用。其中代办服务性收费项目有：伙食费、幼儿生活必需品费、幼儿外出活动费、学生儿童大病医疗保险费和延时服务费。新的公办幼儿园保教费收费标准，县城地区每生每月一级园600元，其中市级示范园上浮20%，二级园480元，三级园360元，无级类园200元；川区乡镇幼儿园每生每月一级园375元，二级园300元，三级园225元，无级类园125元；山区乡镇幼儿园每生每月一级园180元，二级园150元，三级园110元，无级类园60元。民办幼儿园保育教育费、住宿费实行市场调节价，由幼儿园依法根据保育教育和住宿成本自行制定。

（高天学）

基础教育

【概　况】　2012年，延庆县小学34所（中心校26所、完小8所），教学班469个，毕业2373人，招生2032人，在校生11927人，在校生中北京市户籍学生9863人；教职工1697人，其中，专任教师1439人。小学入学率100%，巩固率100%，毕业及格率100%。中学20所（初中10所、完中3所、高中2所、一贯制学校4所、体育运动学校1所），教学班340个（初中227个、高中113个）；毕业4170人（初中2693人、高中1477人），招生3950人（初中2577人、高中1373人），在校生11873人（初中7492人、高中4381人），在校生中北京市户籍学生11254人；初中入学率100%，巩固率99.61%，毕业合格率100%；高中入学率（初中升学率）98.05%，毕业合格率84.04%，普通高考专科以上录取率91.74%；教职工2388人，其中，专任教师1556人。特殊教育单位1个，教学班6个（小学3个、初中3个），在校生61人（小学31人、初中30人），教职工30人（其中专任教师19人），残疾儿童入学率97.9%。校外教育单位2个，教职工53人（其中专任教师29人）。中小学教师学历合格率99.57%，北京市特级教师6人，高级专业技术职务教师279人（小学1人、初中129人、高中149人）。全县中小学图书馆藏书120.79万册，校舍占地面积1486363平方米，建筑面积497229平方米，固定资产总值86648.86万元。全年教育经费投入111869.1万元，其中，国家拨款109298.9万元，自筹经费2570.2万元。

（邰占华　李晶华　高天学）

【评选优秀自制教具】　1月5日，延庆县开展自制教具评选活动。全县25所中小学教师及学生120人（其中学生11人）参加活动，共收到作品101件，经过初选，60件作品参加县级评比。共评出一等奖10个，二等奖15个，三等奖20个，先进单位3个。

（李晶华）

【表彰优秀班主任】 1月15日，延庆县教委召开“长城杯”优秀班主任表彰会。会上，观看以延庆二中优秀班主任田成清为主题的专题片《用赏识为学生插上腾飞的翅膀》，表彰市级紫禁杯优秀班主任14人、县级“长城杯”优秀班主任134人。县教委领导以及受表彰的优秀班主任等290人参加会议。1991年以来，八达岭特区办事处与县教委合作，20年来共评选表彰奖励2570名中小学优秀班主任。

（高天学）

【实施卫生防病工作五年规划】 2月17日，延庆县教委召开中小学校卫生防病工作2011年至2015年规划启动会。会议解读《北京市中小学校卫生防病工作规划》《延庆县中小学校视力低下综合防治方案》《延庆县中小学校肥胖综合防治方案》。会议要求各校要依据规划、结合本校具体情况，制定学校卫生防病规划，继续做好预防学校传染病和学生常见病防治，以及食堂食品安全等卫生工作。会后，北京市疾控中心举办学校传染病症状监测预警信息系统操作培训。县教委、县卫生局领导，全县中小学校120人参加会议。

（吴铁华）

【举办中学教师课程标准测试】 2月25日，延庆县教委、县教科研中心在延庆四中举办中学教师“学科课程标准”测试。测试抽选初中和高中语文、数学、英语、物理、化学、历史、地理、政治和生物共18科次336名教师参加。其中，初中教师250人，占初中专任教师的28%；高中教师86人，占高中专任教师的21%。测试结果：高中测试平均分72.52分，初中测试平均分85.35分。该测试主要考查学校教师基本功培训工作成效，促进中学学科教师全面把握“学科课程标准”各项规定要求。

（李晶华）

【实行义务教育阶段学区化管理】 2月，延庆县教委启动义务教育阶段学区化管理。学区化管理旨在推进校际间合作，通过建立校际间合作，实现全县义务教育质量整体提升。学区划分基本原则是综合学校区域分布、教师、生源数量、城乡学校差异多种因素，分学段选择城区学校和相关区域的川山区学校分别组成协作区，通过行政手段将具有独立法人资格的城区学校和山区、川区薄弱学校组合在一起，建立学校“捆绑式发展”模式。全县义务教育阶段中学共分成3个协作区，小学分成5个协作区，并分别指定牵头学校，明确牵头学校和成员学校各自工作职责。

（李晶华）

【完成小学规范化建设工程】 3月22日，延庆县教委召开第四批小学规范化建设总结表彰会，为10所通过小学规范化建设工程验收学校颁牌。至此，延庆县2008年3月启动的“延庆县小学规范化建设工程”，除即将撤并的学校和完小外，全县29所直属小学、中心小学全部完成规范化建设工程验收。

（高天学）

【举办走进延庆三小展示活动】 3月22日，延庆县教委举办“走进延庆三小”展示活动。活动通过观摩课堂教学与教研活动，参观校园文化，观看学校课改工作展示，听取校长汇报，全面展示延庆三小“灵动教育”办学理念，全面实施素质教育的具体做法。会上，县教委领导就学校建设提出具体要求：第一，加强思想和理念引领，进一步提高课程领导力；第二，聚焦课堂、加强研究，增强教学的有效性；第三，进一步加强教研队伍建设，提高教研队伍综合素质；第四，优化校长执行力，打造发展的教师团队。县教委领导，全县小学干部、教师120人参加活动。

（高天学）

【班主任工作研究室成立】 3月28日，延庆县教委召开中小学班主任工作研究室成立大会。会议宣布从全县“北京市紫禁杯”优秀班主任中选拔出20人组成班主任工作研究室。班主任工作研究室设在县教育科学研究中心，主持人辛计伏、李冬梅，研修期限一年调整一次。工作室承担全县德育教师培训、指导、作课、带徒工作，开展班主任队伍建设、班集体建设、德育活动课实践的培训和研究工作。工作室每月开展一次教研活动。

（高天学）

【启动“十二五”时期干部培训】 3月30日，延庆县教委召开“十二五”时期干部教育培训会。会议分析教育系统人才培训的现状、计划、成绩，阐述“十二五”时期干部教师培训指导思想、培训目标以及主要任务和具体措施。会议下发“十二五”时期干部教育培训相关文件。其中，“干部培训实施方案”涉及干部培训指导思想和工作目标、培训任务和主要项目、组织实施和过程管理等相关内容；“干部培训工作管理办法”和“干部培训管理细则”，对“十二五”期间干部继续教育的培训对象、培训内容、培训类别等作出具体要求。

（李晶华）

【科技馆对外开放】 3月，延庆县科学技术馆正式运行对外开放。馆内设两个展厅，所有展品面向全县中小学生开放。延庆县科学技术馆2011年3月成立，由县教委和县科协共同筹建和管理。内设展览教育部、综合活动部、办公室3个机构。科技馆将深入学校、社区、村镇，开展青少年和成人的各类科技教育活动。

（吴铁华）

【首次举办青少年科技创新赛】 3至12月，延庆县教委、县科协共同举办第一届青少年科技创新大赛。该活动由县科技馆承办，设两大类共8项竞赛。经县级评选，向第33届北京市青少年科技创新大赛组委会申报中学生作品50个，小学生科技创新成果10个，少年儿童科幻画40幅，教师科技方案4篇，科技论文、发明类作品5个。

（吴铁华）

【交流寄宿制学校管理经验】 4月13

日，延庆县教委在延庆六中召开“规范寄宿制学校管理”观摩交流会。会

议分两部分，第一部分大会交流。县教委宣讲《延庆县寄宿制学校管理评价细则》，中小学5名校长交流寄宿制管理典型经验。第二部分展示观摩，与会者实地观摩延庆六中住宿区，查看宿管工作档案，观看《延庆六中寄宿生一日常规》专题片，听取延庆六中交流汇报。会上，县教委领导对寄宿制工作提出具体要求：所有校长要高度重视寄宿制工作，做到准确定位，不同岗位教师要做好本职工作；建立长效机制，及时总结反馈寄宿制工作情况，让寄宿制工作更加规范；结合实际开展展示交流活动，积累寄宿管理中的感人故事、案例。县教委领导，全县19所寄宿制学校代表140人参加现场会。

（高天学）

【举办首届地面粉笔画比赛】 4月20

日，延庆县青少年活动中心举办首届地面粉笔画比赛。比赛以“弘扬北京精神，描绘美好蓝图”为绘画主题，在活动中心室外地面上举行。全县22所学校44支代表队参加比赛。每支代表队由4名队员组成，共同完成一幅绘画作品。经评选，延庆二小、延庆四小、延庆四中等13支代表队获得一等奖。

（吴铁华）

【举办“书香燕京”征文】 4至10月，延庆县开展中小学第二届“书香燕京”图书征文评比活动。征文包括文章和演示文稿等形式，共征集作品1394篇。评出教师征文一等奖28篇、演示文稿作品一等奖1名，学生征文一等奖26篇、演示文稿作品一等奖2名。同时，一、二等奖作品上报市教委参加评选。

（李晶华）

【中学开展走进学校系列活动】 4至12月，延庆县教委以“三课一特”（课程、课堂、课改和特色建设）和“走进百姓身边学校”为主题，分别在延庆十一学校等9所学校开展“走进学校”系列教学现场展示活动。展示活动包括校长专题汇报、观摩课堂教学（实验课、阅读课、校本课程等）、参观校园建设、召开研讨交流会。下半年，围绕“走进百姓身边学校”主题，邀请县内相关委办局、乡镇政府、人大代表等关心教育发展的社会人士，学校干部、教师、部分家长以及社区居民走进学校。每次活动，县教委均组织全县中学干部、教师和相关社会人士100人参加。

（李晶华）

【签署城乡一体化合作协议】 6月29

日，永宁中学与人大附中签署推进城乡一体化合作协议。该项目是市政府15所城乡一体化学校建设项目之一。2005年，永宁中学与人大附中结为“手拉手”学校。2007年3月，人大附中与永宁中学把办学模式上升为名校办分校，成立人大附中延庆分校（一校挂两牌）。此次城乡一体化合作协议为期5年，合作项目包括资源共享、教师培训、常规教研和工作指导。每学期人大附中延庆分校向人大附中派出5名教师参加为期一学期的教师研修站培训，力争5年内使分校初中所有专任教师完成一轮培训。每学期人大附中派出5名干部和学科教师，到分校开展课堂教学改革培训，并参与课堂教学。人大附中延庆分校将积极参加人大附中本校学科教研活动，在教学工作中力争实现同步教学、同步检测、同步分析。

（李晶华）

【举办初中教师基本功培训】 7月13日，延庆县教委在延庆一中举办第二届初中教师基本功培训与展示活动启动仪式。全县各初中学校校长、语数英三科教师以及教研员500人参加启动仪式。会议宣读基本功培训与展示活动方案，就教师基本功培训提出具体要求。一是统一思想，转变教育观念；二是从为学生发展的高度出发，积极主动参加培训，切实提高自身教学基本功水平。三是做到学习与工作相结合，在实践中学习，在实践中提高。会后，县教委分学科进行为期4天集中培训。

（李晶华）

【举办初中校长高级研修培训】 7月20至26日，延庆县教委与华南师大联合举办“加强现代学校管理制度建设，提升校长领导力”高级研修培训。培训内容涉及用技术引领教师专业发展、中美基础教育比较、学校特色打造与校长领导力培养等。培训通过专题讲座、案例研讨、名校访谈、分享体验方式进行。全县初中学校校长40人参加培训。

（李晶华）

【举办县级骨干教师培训】 7月22日至8月2日，延庆县教委组织县级骨干教师赴华东师范大学进行高端化培训。培训分两期进行，每期培训6天，共48学时。培训采取理论学习、实践考察和专题研究相结合，集中学习与分散学习相结合的方法进行，注重强调学员自我教育、自我管理、自我学习、自我研究、自我实践。高中全体骨干教师及所有中学语文骨干教师共193人参加培训。

（李晶华）

【英语骨干教师赴境外培训】 7至9月，延庆县选派英语骨干教师赴加拿大培训。培训在加拿大卑诗省理工学院进行，通过理论与实践结合课程，开展英语语法、发音、写作和教学方法培训，同时安排现场观摩和教学实践。培训期间，学员入住当地居民家庭。培训所需经费由县教委、个人及所在单位共同承担。延庆县中小学英语骨干教师20人参加培训。

（李晶华）

【测试教师专业能力】 8月28日，延庆县教委、县教科研中心举办全县高中学科教师专业能力考试和初中教师基本功测试。其中，高中9个学科教师354人参加学科专业能力测试，7个学科测试教师全部及格，数学5人

不及格，语文25人不及格。初中12个学科870名专任教师参加学科新课程标准测试，平均分92.21分。

（李晶华）

【高考成绩稳步提升】 8月，延庆县高考成绩实现稳步提升。全县参加普通高考考生1756人，比上年增加116人。本科上线922人，上线率63.06%，与上年基本持平（上年64.71%）；600分以上23人，比上年增加2人，650分以上高分段由1人增加到4人。高考本科录取774人，录取率52.94%，比上年提高3.23个百分点。全县本科录取率与全市相比差距进一步缩小，从上年的6.16个百分点缩小到2.03个百分点。专科录取837人，专科录取1611人，本专科录取率91.74%，比上年提高4.48个百分点，比全市计划录取率高出11.64个百分点。

（李晶华）

【开展体育“三个一”综合评价工作】 10月10至31日，延庆县教委开展全县中小学体育“三个一”综合评价工作。工作听取学校汇报学生在校一小时体育活动情况，测试一个班级全体学生的体质健康状况，观看一项能够代表学校体育特色的项目展示。共督导评价中小学校47所，测试55个班级1400名学生。从横向相互对比、学校自身纵向变化两个维度，县教委评选出延庆县测试赛先进集体33个，北京市测试赛先进集体9个，延庆县体育特色活动展示先进学校16个。

（吴铁华）

【“136计划”骨干研训员结业】 10月25日，延庆县教科研中心举办首师大“136计划”项目延庆县骨干教研员高级研修班结业典礼，延庆县16名参加项目研训的教研员全部获得结业证书。“136计划”是首师大支持延庆骨干教研员研修项目，2011年1月启动。“136计划”即1个研修目标，3个研修模块和6个实践专题。首师大17名教授作为导师与延庆县各学科教研员16人建立一对一帮扶关系。在近两年的时间里，学员在导师引领下开展教研、科研方法等方面的学习、研究，撰写总计61.7万字的体会、调研报告、案例等，并进行1033课时的交流研讨活动，有10篇论文发表在市级、国家级刊物上，13篇获得国家级、市级一等奖。项目涉及中小学语文、数学、物理等学科。

（李晶华）

【少年合唱团举行首次专场演出】 11月16日，延庆县少年合唱团参加2012年首都学生演出季合唱专场，这是延庆县少年合唱团首次参加专场演出。延庆县少年合唱团1月在县青少年活动中心成立，10月14日举行揭牌仪式。合唱团由延庆县中小学生组成，团员40人。

（吴铁华）

【举办小学教师基本功培训】 11月，延庆县小学教师基本功培训与展示活动历经半年结束。活动以“掌握新课标理念，规范教学设计环节，提升教师综合素养”为主题，分别进行2011版新课程标准测试、青年教师教学设计、骨干教师说课、英语教师口语技能四项基本功竞赛。其中，919名教师参加2011版新课标测试，152人参加青年教师教学设计评比，284人参加骨干教师说课评比，133人参加英语口语技能比赛。

（高天学）

【康庄中学建校60周年】 12月22日，

延庆县康庄中学举行建校60周年座谈会。会议回顾学校60年的发展史，观看《心系康中》专题片，校友分组座谈交流。康庄中学是延庆县建校最早的一所中学，创办于1952年，始称河北延庆初级中学。校址在延庆县城火神庙。1953年，学校迁址康庄镇，并于1954年4月开始施工建设新校舍，9月落成。1957年7月，学校更名为河北延庆第一初级中学。1958年10月，延庆县划归北京市，学校更名为北京市延庆第一中学。1961年，更名为北京市延庆县康庄中学。2012年，学校占地面积63237平方米，建筑面积11084平方米，专用教室24个，在校生338人，教职工80人，其中高级教师12人，中级教师36人，初级教师26人。

（李晶华）

职业与成人教育

【概　况】 2012年，延庆县职业高中1所，开设专业20个，教学班83个，毕业836人，招生926人，在校生2753人；教职工273人，其中，专任教师114人。学校占地面积12.8万平方米，建筑面积4.26万平方米。固定资产总值10133.7万元，全年教育经费投入9502.03万元，其中，国家拨款8952.20万元，自筹经费549.83万元。县级成人学校3所，开设专业29个，招生1887人，在校生2796人，教职工156人，其中，专任教师89人，全年学历教育毕业1352人，各类培训结业4万人次。乡镇、街道成人学校18所，市级示范性乡镇成人学校6所，市级示范村成人学校35所，全年开展各类培训活动10万人次。县级成人学校占地总面积26109.4平方米，建筑总面积23585平方米，固定资产总值4184.81万元。全年教育经费投入3298.18万元，其中，国家拨款2822.61万元，自筹经费475.57万元。

（吴铁华）

【确定乡镇街道教育重点工作】 2月10日，延庆县教委召开全县乡镇街道教育工作通报会，明确提出本年延庆乡镇街道教育七项重点工作。一是做好没有通过县级学习型验收的乡镇、街道创建工作；二是张山营镇接受市级学习型乡镇验收；三是5个市级示范乡镇成人学校复评；四是香营乡迎接市级示范校验收；五是开办中专班和田间学校，总结社会文化艺术中专班办学特色和经验；六是开展市、县优秀农民培训项目评选；七是创新性开展农民、居民教育培训工作。县教委、县教育督导室领导和全县 15 个乡镇、3 个街道主管教育领导共 40 人参加会议。

（吴铁华）

【启动社区教育大讲堂】 2 月 27 日，延庆县社区教育中心举办“文化润心灵、知识惠终身”社会教育大讲堂活动。首场专题讲座邀请北京市纺织鉴定专家举办纺织商品知识讲座。县城社区 240 名居民参加学习。年内，社教中心本着以人为本、贴近实际、贴近群众、贴近生活的原则，邀请专家教授举办专题讲座 25 场。

（吴铁华）

【两支志愿者队伍成立】 3 月 17 日，延庆县社区教育志愿者和外语协会志愿者队伍成立。成立仪式上，县社教中心宣布志愿者主要工作任务，分别为两支志愿者队伍授旗、为志愿者代表颁发聘书。全体志愿者共同宣誓，要为延庆今后的社会经济发展和爱心公益事业做出贡献。两支志愿者队伍共有 83 人，全部为各行各业的业务骨干，他们将发挥自己的特长，为举办各种大型活动进行志愿服务活动。

（吴铁华）

【举办文艺中专班】 3 月 31 日，延庆县群众文化组织员文艺中专班开班。文艺中专班学员 370 人，以乡镇为单位组班培训，职教中心负责具体教学组织实施。中专班学制三年，通过系统、科学的培训，毕业颁发中等专业毕业证书。

（吴铁华）

【举办校本教材开发培训】 4 月 19 日，延庆县职教中心召开职成教校本教材开发及课件制作培训会。会上，延庆一职交流《农家院自制花草茶》校本教材编写体会，从选题、调研、定题、定结构、定内容五个方面讲解校本教材开发流程；县职教中心交流课件制作经验，介绍参加北京市课件评比过程并进行课件演示。会议听取“农民教育校本教材开发”专题报告，从理论上阐述校本教材编写应遵循的原则、提高教材质量的建议等内容。延庆电大、乡镇成人学校和职教中心等教师 230 人参加会议。

（吴铁华）

【举办大学生村官研修班】 9月21日，延庆县职教中心与千家店镇联合举办第一期“大学生村官”研修班。研修班由县职教中心和外聘教师任课，教授内容包括理论知识、社会实践、座谈交流三方面内容，每周三上午授课学习，共计 80 课时，2013 年 6 月结业。千家店镇 38 名大学生村官参加学习。

（吴铁华）

【幸福养老大课堂开课】 9 月 21 日，延庆县“幸福养老大课堂”老年远程教育培训站开课。培训站共 20 个，由延庆县社区教育中心依托全县各社区和乡镇建设。“幸福养老大课堂”是以幸福养老为主线，以养身、养心、养神为 3 大支点，以健康、艺术、国学、生活、时政 5 项教育为主体，包括幸福导航、养生宝典、兴趣天地、疾病防治、生活百科、老年维权、和谐家庭、奉献社会、时事纵横 9 个系列内容。

（吴铁华）

【通过市级示范乡校验收】 11 月 7 日，市教委专家组验收香营乡成人学校市级示范乡镇成人学校建设工作。专家组通过观看香营乡成人学校培训专题片、听取乡政府自评报告、查看档案、召开座谈会、查看成人学校校园环境，全面检查学校工作。专家组肯定香营乡成人学校办学成绩，认为学校能够紧紧围绕乡域经济社会发展开展多种形式培训，取得良好效果。

（吴铁华）

【评选学习型先进】 至年底，创建学习型延庆领导小组办公室（县学习办）评选学习型先进。共评出 21 名县级学习之星，5 个县级学习品牌，12 所学习型学校，75 户农村学习型家庭，26 户城区学习型家庭，1 个学习型医院和 3 个学习型社区，7 个创建学习型先进机关。至此，全县 30 个学习型机关、事业单位被评为县级学习型组织先进单位，先进率 38%。完成全县 14 个乡镇 32 个村评估，其中 2 个乡镇通过学习型先进乡镇评估验收，32 个村全部通过创建学习型新村先进村评估验收。

（吴铁华）

教育督导

【概　况】 2012 年，延庆县教育督导工作坚持以科学发展观为指导，围绕延庆教育发展“主题主线”，积极开展综合督导、专项督导和经常性督导。完成 15 个乡镇、3 个街道、26 个委办局、59 所中小学校（幼儿园、职业学校）素质教育和教育执法自查工作；素质教育综合督导 14 所中小学校；小学规范化专项督导 8 所完小，接受市教育督导室小学规范化建设督导检查；总结、分析、通报北京市和延庆县教育工作群众满意度调查结果；随访 35 所中小学校及相关乡镇、委办局等的义务教育均衡发展工作；完成学前教育、特殊教育专项督导自评工作和监测统计工作；开展全县社区教育专项督导自查，接受市教育督导室社区教育工作随访督导检查；开展义务教育均衡发展状况督导检查，完成义务教育实施与均衡发展状况监测统计；针对社会热点难点问题开展入园难、学生体质下降等课题研究。年内，延庆县教育督导室工作人员 6 人，兼职督学 17 人。

（李晶华　李树敏）

【王书忠入选全国教育督导先进】 2 月 18 至 19 日，全国教育督导工作研

讨会在云南昆明召开。延庆县教育督导室主任王书忠被评为全国教育督导先进个人。王书忠，1958 年 1 月出生，1980 年延庆师范学校毕业，1982 年至 1985 年北京师范学院学习，中学高级教师。王书忠自担任延庆县教育督导室主任以来，不断探索和思考在新形势下做好督导工作的途径和方法，建立健全五项制度：建立健全素质教育综合督导评价机制、建立督学责任区制度、完善督政制度、建立督导合作制度、建立督学聘任管理制度。他注重业务培训，把办人民满意的教育宗旨灌输到每一位督导人员，使延庆县在北京市教育工作群众满意度调查中连续三年排名第一。

（李晶华）

【交流教育督导史志编修工作】 2 月 28 日，延庆县教育督导室召开教育督导史志编修工作座谈会。会议邀请退休的老督学，就《延庆县教育志》（1991～2010）第 14 章教育督导部分座谈。会议邀请老督学协助督导室回忆并整理历史资料，还原延庆教育督导工作历史原貌。教育督导室领导和老督学 12 人参加会议。

（李晶华）

【通报教育工作满意度调查情况】 3

月 30 日，延庆县教育督导室召开教育工作满意度调查情况通报会。会议通报教育工作满意度调查背景、调查的基本情况、调查结果，重点分析三年来教育工作满意度在全市高位稳定的项目，以及连续提高、连续降低和增减较大的项目。延庆县 2009 至 2011 年教育工作满意度连续三年在北京市排名第一。其中，在全市高位稳定的项目是学校组织的班团教育活动、师生关系、教师的工作态度、入学办法、统筹规划教育布局、对本区教育工作的总体评价、教师的教育教学水平；连续提高的项目是学校的安全状况、学校组织的体育锻炼、教师与家长的沟通、学校的校风、学校心理健康教育。县教委、县教育督导室领导，各乡镇、教育单位代表等 210 人参加会议。

（李晶华　李树敏）

【聘任14名专兼职督学】 8月26日，

在延庆县教育系统领导干部大会上，延庆县教育督导室宣布 2012 年专兼职督学聘任决定，聘任专兼职督学 14 人。其工作职责是：认真履职，责任到人；按要求完成督导随访、调研等工作任务，对学校管理以及教育教学等方面进行客观分析，提出发展建议；在教育督导工作中做到依法办事、勤奋好学，深入基层、科学督导。专兼职督学聘期 3 年。

（李晶华　李树敏）

【落实教育法律法规自查工作】 9 月 14 日，延庆县政府召开履行素质教育职责落实教育法律法规自查工作会。会议总结全县 2011 年履行素质教育职责、落实教育法律法规自查工作开展情况，针对自查工作中存在的问题提出改进建议。会议部署 2012 年履行素质教育职责自查工作，要求各单位以自查为契机，总结经验，查找不足，切实将此项工作落实到单位年度工作计划。县政府领导，全县 3 个街道、15 个乡镇以及 26 个委办局主管领导参加会议。

（李晶华　李树敏）

【通过义务教育均衡发展督导验收】 10 月 10 至 11 日，市教育督导室督导评估延庆县义务教育均衡发展工作。评估组观看延庆义务教育均衡发展专题片，听取县政府工作汇报，分组与延庆县相关委办局领导、县人大代表

政协委员、中小学校长座谈，从不同层面了解延庆义务教育均衡发展情况。评估组专家分成两组实地察看 6 所学校。评估组对延庆教育工作给予肯定。经过评议，延庆县通过义务教育均衡发展验收。

（李晶华　李树敏）

【完成两项专题调研】 10 至 11 月，延庆县教育督导室完成学前教育发展现状调研和学生体质健康调研工作。其中，学前教育发展现状调研涉及 53 个园所（包含民办园），最终完成《延庆县学前教育发展现状调查报告》。学生体质健康调研工作联合县教委、县体育局共同进行，完成 46 所中小学体育工作和学生体质状况重点督导，并撰写《2012 年学校体育督导工作报告》。

（李晶华　李树敏）

【督导评估素质教育工作】 11 月 12 至 29 日，延庆县教育督导室组建素质教育综合督导评估小组，综合督导评估 14 所中小学素质教育工作。督导评估小组依据《延庆县中小学全面实施素质教育评价细则》，检查学校全面实施素质教育工作，并形成综合督导评价意见。督导评价意见回复学校，帮助学校发现工作中的成绩，查找工作中的不足，做到以评促改，以评促发展。

（李晶华　李树敏）

中共延庆县委教育工委

书　　记　马铁铃

延庆县教育委员会

主　　任　马铁铃

延庆县政府教育督导室

主　　任　王书忠

燕山地区

【概　况】　2012年，燕山地区托幼园所7所（全部为市立园），收托幼儿1636人。教职工175人，其中，专任教师90人。小学7所，93个班，毕业612人，招生643人，在校生3090人。小学入学率100%，巩固率100%，毕业及格率100%。教职工317人，其中，专任教师267人。中学5所（初中4所、高中1所），教学班99个（初中71个、高中28个），毕业858人（初中549人、高中309人），招生958人（初中625人、高中333人），在校生3448人（初中2436人、高中1012人）；初中入学率100%，巩固率100%，毕业合格率100%。高中入学率100%，毕业及格率100%，应届毕业生高考录取率99.62%；教职工463人，其中，专任教师378人。特教班3个，在校生24人；残疾儿童入学率100%，巩固率100%，毕业率100%。校外教育单位1个，教职工27人，其中，专任教师24人。中小学教师学历合格率100%，高级专业技术职务教师89人（小学2人、中学87人）。中小学图书馆藏书301584册，校舍占地面积199975平方米，建筑面积100020平方米，固定资产总值24613.58万元。全年教育经费投入25727万元，全部为国家拨款。

（白聪）

【召开青少年校外教育工作会】　1月10日，燕山办事处召开燕山地区青少年校外教育工作会。会议听取《2012年燕山地区校外教育联席会议工作报告》，表彰15家青少年校外教育先进集体、42名青少年校外教育先进工作者、43名青少年校外教育优秀活动获奖辅导员，燕山妇联、燕山敬老院、前进中学和向阳小学交流典型经验。会议布置寒假校外教育工作和燕山地区优秀校外教育活动评选工作。燕山校外教育联席会议25家成员单位代表、校外教育工作者及各中小学校长100人参加会议。

（刘海霞）

【召开档案和宣传工作会】　2月20日，燕山教委召开2011年档案和宣传工作总结表彰暨2012年工作部署会。会议总结2011年档案和宣传工作，对2012年工作进行部署，表彰先进集体12个，先进个人12人。会议指出各单位领导要高度重视档案、信息工作，给予必要的经费支持，各单位要加大对重点工作的宣传报道力度，扩大燕山教育的影响；各单位必须要有专人负责档案、信息工作。燕山教委领导和各单位代表86人参加会议。

（白聪）

【举办第15届学生艺术节】　2至4月，燕山教委举办第15届学生艺术节。艺术节由燕山少年宫承办，设合唱和校园剧2个集体项目。燕山中小学全部参与活动，选拔20个节目参加展演，300人观看演出。

（刘海霞）

【开展校园植被认养活动】　3月19日至4月10日，燕山教委举办“践行北京精神——呵护绿色、感受春天”校园植被认养活动。该活动在全地区学校开展认养一棵树、一盆花活动，并积极开展养护绿和环保教育、生态科普宣传。燕山地区中小学全部参加活动。各中小学团委、少先队围绕活动主题，通过板报、宣传栏、倡议书广泛宣传，开展校园绿地认养、草坪维护、校园周边绿地卫生清理，以及班级、家庭绿植认养等活动。活动培养学生爱护环境、保护植被、热爱自然的生态意识。

（黎雪）

【通报教育工作满意度调查结果】　3月29日，燕山教育督导室召开北京市教育工作满意度调查情况通报会。会议通报2011年北京市教育工作满意度调查燕山地区情况。燕山地区教育工作满意度综合得分80.4分，处于比较满意到满意之间，偏于比较满意。其中，幼儿园家长满意度最高（83.0分），在北京市排名第四。与2010年相比，2011年燕山地区家长对教育工作总体满意度提高2.2分，其中，小学家长满意度得分提升幅度最大，提升3.8分。会议就今后工作提出建议：一是要充分认识评价结果，认真分析总结成功经验及存在问题的原因；二是要充分利用统计数据，制定改进措施。各中小学校长、幼儿园园长参加会议。

（李增林）

【举办青年教师优课大赛】　4月12至13日，燕山教委、教研中心举办“燕翔杯”青年教师优课大赛。中小学共推荐44名青年教师参加比赛，参赛教师年龄全部在35岁以下。经过现场作课评比，评出一等奖10人，二等奖14人，三等奖20人，优秀组织奖2人。10月31日，燕山教委召开表彰大会，表彰获奖教师。“燕翔杯”教学评优活动是燕山教委实施“燕翔行动”方案，造就高素质教师队伍的重要举措。

（王虹）

【北师大燕化附中开设石化科技实验班】　4月18日，市教委批准北师大燕化附中开设石化科技实验班。实验班列入《2011年北京市高级中等学校招生简章》，学生可根据兴趣爱好自愿报名，参加北京市高级中等学校统一招生考试，按成绩录取。实验班实验期限3年。7月，实验班面向全市招生30人。

（李蓓）

【召开优秀中学生事迹报告会】 5月4日，燕山教委在东风中学召开2012年燕山地区优秀中学生事迹报告会。会议宣读表彰决定，授予10名学生燕山地区“十佳中学生”称号，授予50名学生“校园道德之星”称号。会议为“十佳中学生”“校园道德之星”颁发证书、授予勋章，并赠送图书。会议听取优秀中学生代表事迹报告。燕山教委领导和中学生代表100人参加会议。

（毕玉）

【试点阳光体育健身气功】 5月14至15日，阳光体育健身气功试点工作及培训班启动仪式在北师大燕化附中举行。培训班由国家体育总局健身气功管理中心、全国亿万阳光体育领导小组办公室主办。来自燕山地区和其他区县体育教师60人作为首批学员参加培训。健身气功试点首选五禽戏和八段锦两种功法。五禽戏为东汉名医华佗根据虎、鹿、熊、猿、鸟活动特点编创的仿生类健身功法。八段锦由八式动作组成，功法动作柔和缓慢，圆活连贯，松紧结合，动静相兼。这两种健身气功适宜各种体质的学生锻炼，健身效果明显。年内，燕山教委在中小学中推广健身气功五禽戏和八段锦。8月19日，东风小学健身气功队参加全国青少年“未来之星”阳光体育节活动，在闭幕式上进行阳光体育健身气功展示。

（孙景泉）

【“十二五”教科研立项课题86个】 5月17日，燕山教委召开“十二五”立项课题发布暨培训会。会议总结燕山地区“十二五”教育科研课题申报和评审工作，宣布《燕山地区“十二五”教育科学研究课题立项决定》，86项课题获得立项。立项课题着眼于提高教师科研能力；聚焦课程教学，加强教与学的策略研究；关注项目研究的时效性，加强对课题组研究工作的过程监控；力求以科研的方式引领教师的专业发展、助推学校的文化品质特色发展。86项课题涉及地区所有中小学、幼儿园。

（白聪）

【举办中小学生悠悠球比赛】 5月19日，燕山教委举办“火力少年炫动青春风采”燕山地区中小学生悠悠球大赛。比赛由燕山少年宫承办，设小学一二年级组、三四年级组及初中年级组3个组别，中小学校40名学生参加比赛。最终，各组别分别评出一至三等奖。燕山教委领导和各校师生代表300人观摩比赛。

（刘殿先）

【成立燕山老年大学】 5月24日，燕

山老年大学成立暨开学典礼在燕山成人教育中心举行。会议为燕山老年大学揭牌。燕山老年大学以“增长知识，丰富生活，陶冶情操，促进健康，余热生辉，服务社会”为办学宗旨，依托燕山成人教育中心设立。燕山工委、燕山办事处、燕山教委的领导参加开学典礼。年内，燕山老年大学开设计算机、书法、舞蹈三个专业，招收学员144人。

（白聪）

【赵凤桐到燕山教委指导工作】 5月26日，赵凤桐到燕山教委调研指导工作。赵凤桐实地调研北师大燕化附中和向阳幼儿园，详细了解两所学校硬件设施建设、软件能力提升情况。赵凤桐指出，要大力支持燕山教育事业的发展，推进城乡一体化建设；要加强燕山学前教育的发展，在提高硬件条件的同时，着力提升软件建设。市教委、房山区委、燕山工委、燕山办事处等领导陪同调研。

（白聪）

【成立小学班主任工作研究会】 6月7日，燕山地区小学班主任工作研究会成立大会在燕山教委会议室召开。燕山教委领导和各小学德育干部参加会议。会议通过《燕山地区小学班主

任工作研究会章程》，选举研究会理事长、副理事长、常务理事，以及秘书长、副秘书长。燕山地区小学班主任工作研究会是地区专门的小学班主任工作学术团体，研究会成员13人。年内，小学班主任工作研究会遵循“夯实基础、突出重点、专业引领、注重实效”原则，根据工作职能及一线班主任工作实际需求，配合市教育学会班主任工作研究会及燕山教委工作，开展“完善组织建设”“加强制度建设”及“开展研讨交流活动”三大项九小项研究工作。

（武建芳）

【督导检查学前教育工作】 6月12至19日，燕山教育督导室联合燕山教委专项督导检查7所幼儿园学前教育工作。督导检查内容涉及发展规划、队伍建设、规范管理、发展绩效四个方面。检查听取园长自查工作汇报、深入班级听课、实地查看各项教育教学设施、幼儿区域活动、档案资料。督导组在全面了解的基础上形成地区学前教育督导报告，充分肯定学前教育所取得的成绩，指出存在的问题并提出改进建议。同时，督导组分别对7所幼儿园进行督导意见反馈。

（李增林）

【举办教育单位门户网站评比】 7月，燕山教委评比教育单位门户网站。综合各单位网站设计、网站内容、网站技术和应用情况，北师大燕化附中获得一等奖，前进中学、前进二小获得二等奖，向阳中学、燕山幼儿园、向阳小学获得三等奖。

（白聪）

【前进二小新教学楼落成】 8月31日，前进二小举办新教学楼落成剪彩仪式暨开学典礼活动。燕山工委、燕山办事处及燕山教委等单位的领导参加活动。前进二小新教学楼建筑面积3600平方米，集风雨操场、多功能厅等设

施于一体，设施先进，办学条件在燕山达到一流水平，总投资 1800 万元。该项目是 2012 年抗震加固改造工程和为民办实事之一。2012 年，燕山工委、燕山办事处投入 5300 万元实施前进二小、星城中学、星城小学校舍抗震加固改造工程。

（白聪）

【举办学生科技节】　9 月 26 日，第 30 届燕山地区学生科技节在燕化公司展厅开幕。科技节以“爱国、创新、包容、厚德”的“北京精神”为指导，以“科学与文化融合，知识与智慧共生，提升科学素养，促进学生全面发展”为主题，突出三大特点：注重全员性、体现多样性、强调实践性。科技节期间举办科学大讲堂、金点子征集、优秀科技主题活动展评和科学创意实践活动。

（刘海霞）

【举办模型构建创意比赛】　10 月 31 日，燕山教委在前进中学风雨操场举办“我们让城市更美好”模型构建创意比赛。燕山地区各中小学 12 支代表队 70 名师生参加活动。比赛以“科技与环境”为主题，要求结构与功能设计上体现低碳、科技、绿色、环保的理念。经过模型展示、作品答辩、竞技模型搭建和竞技模型评比，东风中学和向阳小学分别获得中学组、小学组团体总分第一名。

（刘海霞）

【接受北京市教育法律法规督导检查】　11 月 1 至 2 日，北京市教育督导检查组督导检查燕山地区教育法律法规执行情况。督导检查组听取燕山办事处 2012 年教育法律法规执行情况工作汇报，查阅相关资料，召开发展改革委、财政分局、人力社保分局等参加的义务教育、职业教育座谈会，分 3 组实地考察 4 所学校和 2 家社会资源单位。督导检查组认为，燕山地区全面贯彻落实义务教育法律法规，推动地区教育的科学健康发展。

（李增林）

【总结吴正宪数学工作站工作】　11 月

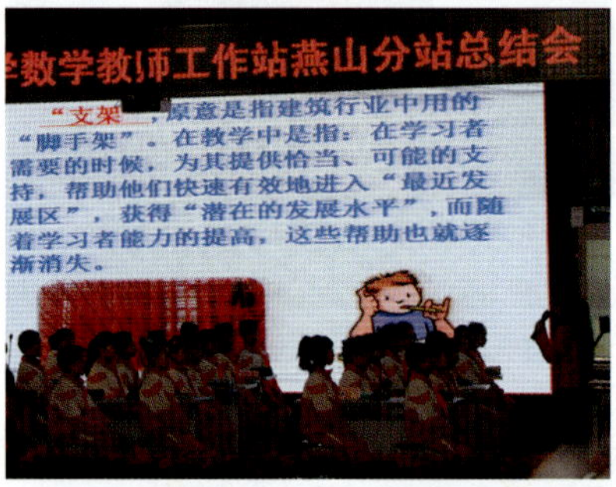

19 日，燕山教委在向阳小学召开吴正宪小学数学教师工作站燕山分站总结会。会议总结吴正宪小学数学教师工作站燕山分站工作，为进站研修教师 10 人颁发结业证书，聘请吴正宪为燕山地区研修文化顾问。北京教科院、市教委、燕山办事处等领导，各中小学干部教师以及家长代表 200 人参加活动。吴正宪小学数学教师工作站燕山分站 2009 年 4 月成立。

（白聪）

【召开教育工作座谈会】　12月19日，

燕山教委召开教育工作座谈会，地区部分人大代表、政协委员、家长代表、燕山教委领导 30 人参加会议。会议汇报 2012 年地区教育事业成绩和经验，交流 2013 年教育工作思路，听取各方面关于教育工作的意见。人大代表、政协委员及家长代表对燕山教育事业快速发展给予充分肯定，并从推动家庭、学校、社区三位一体教育，加强德育教育，推进社会大课堂建设等方面提出建设性建议。

（白聪）

房山区燕山教育委员会

书　记　郝伟莉（2 月免）
　　　　　李守业（2 月任）

主　任　曾辉

房山区燕山办事处教育督导室

主　任　李守业（2 月免）
　　　　　张凤玲（2 月任）

（本栏责任编校　林业）

社会团体

学　术　团　体

北京市教育学会

【概　况】　2012年，北京市教育学会设办公室、学术委员会、会刊编辑部。有常务理事21人、理事137人，学术委员43人，下设17个区县教育学会（含燕山）和64个学科专业研究会，共有会员6.9万人。本年新增学校文化研究会1个。市教育学会承担“北京市义务教育阶段名师同步课程资源暨北京市数字学校建设”“基于云和数据终端技术的新教学模式实验”和“北京市0～6岁流动儿童社区早期教育和服务项目”等9个项目。完成市教育学会“十二五”教育科研立项课题开题鉴定918件；主办“立足课堂教学凸显学科特色”小学教学展示活动和“吴正宪教育思想研讨会”；开通市学会网站；完成对四川、广东教师的培训工作。

（李文骞）

【增设学校文化研究会】　1月4日，经市民政局审查批准，市教育学会增设学校文化研究会。该研究会面向学校开展教育理论研究、学术交流、信息交流、咨询服务、科普宣传，开展学校文化研究，普及学校文化理念，推广学校文化建设，宣扬学校文化精神，组织文化交流活动。研究会共有工作人员3人。

（李文骞）

【召开第八届理事会第三次常务理事会】　1月12日，市教育学会在北京广播电视大学召开第八届理事会第三次常务理事会议。会议总结上年工作，讨论2012年工作要点。会议肯定学会服务到位，与北京市教育发展紧密结合，工作具有基础性、前瞻性、发展性和创新性，对促进北京教育资源均衡发展发挥重要作用。会议提出对推进基础教育优质均衡高效发展发挥作用；要关注弱势群体，向农村教育和弱势群体教育“倾斜”的工作建议和意见。

（黄和平　李文骞）

【举办春季校长研修实践班】　3月1至30日，市教育学会举办春季校长研修实践班。研修实践班由专业理论学习和挂职跟岗实践活动两部分组成。专业理论学习重点听取《国家中长期教育改革和发展规划纲要》政策讲解；挂职跟岗实践要求学员参与学校教育教学管理活动，了解学校办学理念、教育教学情况、学校特色办学及管理流程等。学员列席学校行政例会、班主任例会、年级组教研组工作会、教学质量分析会，通过听课交流访谈，考察学校全方位管理流程，学习先进经验。活动受四川省教育学会委托，共有40名校长到东城、西城11所学校挂职学习。

（李文骞）

【举办促进区域共发展教研活动】　4月20日，市教育学会在芳草地国际学校世纪小学召开“立足课堂教学，凸显学科特色”大型教学研讨活动。活动观摩朝阳区7所学校特色学科课堂教学35节，听取7所学校介绍学校学科特色整体建设情况。活动由芳草地国际学校承办，来自朝阳区的城乡学校共同体管庄小学、星河实验小学、白家庄小学、朝阳实验小学、花家地小学、朝阳师范学校附属小学、北京师范大学奥林匹克花园实验小学7所学校教师200人参加活动。

（张宏　李文骞）

【召开义务教育课程标准培训会】　5月8日，市教育学会召开北京市义务教育各学科课程标准（2011版）培训会。会议邀请国家基础教育课程教材专家工作委员会领导作《义务教育课程十年回顾及义务课标（2011版）总体情况介绍》主报告；听取各学科课程标准研制组负责人分学科对参会人员进行培训。来自市委教育工委、市教委、北京教科院、北京考试院等部门及各区县教育工委、教委和中小学校长、教师代表参加培训。

（李文骞）

【网站开通】　7月12日，市教育学会网站正式开通。网站设立新闻中心、机构概况、课题研究、学术动态、分会风采等13个栏目。网页内容以教育、社科类研究动态与成果为主，信息选择以有利于推动教育科研成果宣传、提供服务为原则。网址：www.edubj.org。

（李文骞）

【组队参加华罗庚金杯数学邀请赛】　8月13至16日，市教育学会组队参加第四届两岸四地“华罗庚金杯”少年数学精英邀请赛。北京共有6支代表队98名选手报名参加比赛，获得小学中高年级组金、银、铜牌各1枚，一等奖27个；获初中一年级组金牌、铜牌各1枚，一等奖4个；并获得团体前三名。比赛在澳门和杭州两个赛区同步举行，来自两岸四地及美国、新加坡等28个城市、地区和国家共67支代表队388名选手参加比赛。“华罗庚金杯”少年数学精英邀请赛是1986年创办的全国大型少年数学竞赛。

（欧阳红　李文骞）

【召开“十二五”教育科研课题中期总结会】　11月22日，市教育学会召开“十二五”教育科研立项课题中期总结会。会议听取昌平区教育学会主题总结报告，听取6个课题组代表分别作《开发主题活动，培养幼儿良好习惯的实践研究》《农村学校幸福校园建设的实践研究》和《玉文化进校园》等课题研究中期情况汇报。会议肯定课题组研究成果，提出课题研究要与教育新动态、新形势结合；学前教育研究要和已有研究成果结合；教学方面研究要符合义务教育阶段新课标要求，要和北京数字学校、名师课堂、优质资源结合，要把新理念、新精神、新研究成果丰富到课题研究中。来自市教育学会、昌平区教育工委、区教委领导，专家及36项课题负责人、课题组骨干成员共120人参加会议。

（李文骞）

【召开“虚拟课堂”项目推进会】 12月6日，市教育学会召开“虚拟课堂”项目推进会。会议简述“虚拟课堂”项目启动和进展情况，听取技术组工程师展示网络平台使用情况，并解答各学科核心组专家就两个平台使用情况疑问。来自各学科核心组专家、平台设计、运维技术人员等共36人参加会议。3月，受市教委委托，由市教育学会牵头，恢复“虚拟课堂”项目研究工作。“虚拟课堂”项目是将原有的网上教育资源整合起来，全方位开放，形成基础教育公共服务供给新形式，成为学校、家庭、社会三大领域信息化教育融合平台，能够创新网络教学模式，将学校的现实课堂与网上的虚拟课堂对接起来，最大限度扩大学生自主学习、探究学习和合作学习，将静态课程资源与动态生成课程资源有效结合，突破传统“班级授课”模式局限，更好地达成新课程所要求的知识与技能、过程与方法、情感态度价值观三维目标，实现学生全面发展。

（李文离）

北京市高等教育学会

【概　况】 2012年，北京市高等教育学会有团体会员单位99个，其中，普通高等院校69所、高职院校14所、民办高职院校12所、教育管理科研院所4所；所属研究会62个。全年举办各类学术年会、研讨会、成果表彰40场次；举办学术报告会、学术论坛7场次；完成中国高教学会“十一五”教育科学研究规划重点课题1项；协助市教委完成2005～2008年教改立项789项课题结题工作；完成北京社会科学界联合会决策咨询重点资助项目1项；完成竞赛活动3项及北京教育装备展示会展示工作。学会网址：www.bjgjxh.org.cn。

（牛惠兰）

【召开年度秘书长工作会】 1月10日，市高教学会召开2012年所属研究会秘书长工作会议。会议听取市教委作题为《推动新时期北京高等教育科学发展》专题报告，介绍“十一五”期

间北京高等教育教学改革主要成果与思考和“十二五”期间北京高等教育建设重点两个方面内容；听取计算机教育研究会、机械原理研究会、技术物资研究会工作经验交流。来自高教学会所属研究会秘书长和部分理事长50人参加会议。

（牛惠兰）

【举办高校心理咨询教师培训班】 2月25日至12月4日，市高教学会举办“心理咨询骨干教师培训班”共9期。培训班邀请加拿大、瑞典等中外专家，开设北京高校萨提亚国际认证专业中级班培训、北京高校心理教师沟通分析培训、萨提亚舞动转化治疗工作坊、萨提亚培训初级班、萨提亚中级班深化培训、完形疗法培训等学习班。来自北京40所高校的心理咨询教师340人次参加学习。

（牛惠兰）

【完成中国高等教育学会重点课题】 3月14日，经中国高等教育学会学术委员会审定，由市高教学会主持完成的“影响高等院校本科教学质量要素的现状调查及对策研究”准予结题。该课题采用问卷调查形式，分3次调查，涉及高校分别为7所、24所、55所，调查样本分别为1万人、1.7万人、3.2万人。课题组对调查数据进行分析研究，提出有关对策及建议。该课题是中国高等教育学会“十一五”教育科学研究规划重点课题，于2006年12月立项。

（牛惠兰）

【召开高等艺术教育学科建设学术论坛】 4月10日，市高教学会在北京电影学院召开高等艺术教育学科建设学术论坛。论坛主题为“贯彻党的十七届六中全会精神及艺术门类升级形势下的学科建设和人才培养”，分别听取北京电影学院、中国音乐学院、中央音乐学院、中国戏曲学院、北京舞蹈学院题为《略论新时期创建世界一流电影教育的八个关系》《关于中国音乐学院的内涵发展》《艺术教育及感性文明》《文化传承，大学使命》《坚持高层次的文化追求，全面推进艺术院校文化建设》交流发言。会议认为处理好世界一流与中国特色的关系是新时期艺术类大学发展的关键。来自北京市高等教育学会、中国音乐学院、北京电影学院、中央音乐学院、中国戏曲学院、北京舞蹈学院等单位共20人参加会议。

（牛惠兰）

【举办计算机教学短片交流比赛】 4月22日，市高教学会在中央民族大学举办北京高校青年教师计算机精彩教学短片比赛。来自30所北京高等院校的30项计算机教学短片参加比赛。共评出优秀作品25项，其中，获得一等奖的5项、二等奖8项、三等奖12项。

（牛惠兰）

【举办研究生英语教学基本功比赛】 5月27日，市高教学会举办第三届北京高校研究生英语青年教师教学基本功比赛。比赛采用淘汰方式，设立初赛和决赛两个部分。来自18所高校的18名青年教师参加决赛，评出特等奖2人、一等奖4人、二等奖6人，3个单位获优秀组织奖。

（牛惠兰）

【网站加入北京社科联网站群】 7月2日，市高教学会网站正式加入北京市社会科学界联合会网站群。学会网站于2007年开通，开设学会概况、分支机构、学会活动、信息动态、网站公告、学术成果等9个栏目。加入市社科联网站群后，便于网站指导和管理，增加信息宣传力度，更好服务于北京市高等教育改革和研究。

（牛惠兰）

【举办年度图学学术年会】 9月8日，

市高教学会在北京建筑工程学院举办“2012年图学学术年会”。会议邀请中国农业大学、北京理工大学、北京航空航天大学、北京建筑工程学院、机械科学研究院标准化研究所和北京邮电大学六所高校和单位专家学者分别作题为《教师的角色定位与教学改革的思考——赴美进修学习体会》《2012年第十五届国际几何与图形学会议简介》《关联设计技术简介》《参加高教杯全国大学生先进成图技术与产品信息建模创新大赛经验和体会》《机械产品MBDS探讨》和《立体视技术的进展》主题报告。会议认为学术年会既交流教学经验，又介绍有关学术前沿的动态，明确学术研究方向。来自清华大学、北京航空航天大学、北京科技大学、北京理工大学等33所高校和职业院校教师共90人参加会议。

（牛惠兰）

【举办第八次优秀高教科研成果评选】 10月10日，市高教学会举办第八次优秀高教科研成果评选活动。活动共收到申报材料275项，其中，论文248项、著作23部、教材4部，来自32所各级各类高等院校申报参评作品161项，21个研究会申报114项。经评选，198项成果获奖，其中，一等奖19项，二等奖36项，三等奖143项。

（牛惠兰）

【出版北京市普通高校招生报考指南】 11月20日，市高教学会招生考试研究会编辑《2013年北京市普通高等学校招生报考指南》正式出版。该书共计27万字，共印制8万册。设立报名规定及考生须知、保送生招生、普通高等学校自主选拔录取、高等职业教育自主招生、艺术特长生招生、艺术类专业招生、高水平运动员招生、体育类专业招生、非通用语专业招生和飞行员招生10个篇目，介绍74所高等学校对九种类型招生报名条件、主要流程、考试要求、录取规则、近三年录取分数等内容。该书向考生、高中教师、招生院校免费发送。

（牛惠兰）

【完成社科联决策咨询课题】 11月30日，市高教学会提交北京市社科联学会“新形势下社会组织促进首都文化产业国际化的作用与对策研究”决策咨询课题结题报告。报告提出随着文化经济全球化，政府、文化企业以及社会组织职能面临新调整和完善，转变政府职能，创新社会管理，不断发挥社会组织的功能和作用，对推进文化体制改革以及文化产业国际化具有重大意义。该课题是北京市社科联重点资助决策咨询课题研究项目，由市高教学会组织申报并完成研究。

（牛惠兰）

【举办外国留学生游泳比赛】 12月2日，市高教学会在北京外国语大学举办外国留学生“来华杯”游泳比赛。比赛采用留学生自愿报名方式，来自30个国家200名留学生报名参加比赛。有96名留学生获奖，其中，团体奖40人，个人一等奖4人、二等奖4人、三等奖4人。“来华杯”比赛每年举办一次。

（牛惠兰）

【4个研究会换届选举】 至12月，市高教学会所属4个研究（分）会完成换届选举。4个研究会分别是：金属工艺学研究会、引进国外智力研究会、保卫学研究会、纪检监察工作研究会。研究会按照各自章程规定，通过召开理事大会形式进行换届选举。

（牛惠兰）

北京市职业技术教育学会

【概　况】 2012年，北京市职业技术教育学会有团体会员109个，其中，高职院校19个、中专校19个、职高校35个、技工学校18个，市、区县科研与服务机构18个。有常务理事49人、理事161人，下设31个研究会和专业委员会。共有个人会员400余人。

（胡以伦）

【组织中职生参加全国职业院校技能大赛】 5月26日至6月29日，市职教学会组织北京市中等职业学校学生参加全国职业院校技能竞赛。经学会培训和选拔，137名中职学生组成代表队，参加14个专业大类48个项目的比赛，获得一等奖20个、二等奖25个、三等奖31个。

（胡以伦）

【召开校际课改交流研讨会】 7月26至28日，市职教学会召开暑期金融事务专业课改校际交流研讨会。会议听取学会金融事务专业委员会本年工作以及课改工作情况汇报。北京商贸学校、北京市财会学校、北京市现代职业学校和北京市外事学校4所课程改革实验学校的金融专业教师，分别就课程改革中校企合作、专业核心课程排序、个人理财课程改革的教学实践、课改感悟等内容作主题发言，并开展交流研讨。来自学会领导、专家以及实验校专业教师共20人参加会议。

（胡以伦）

【举办中职生演讲比赛】 10月12至15日，市职教学会举办“我是90后，我爱阅读”北京职业学校学生演讲比赛。12所中职学校的36名选手参加首次举办的读书演讲活动。9名选手分获一、二、三等奖，其中，北京商贸学校1名学生获一等奖；北京供销学校、北京商务科技学校、北京卫生学校3名学生分获二等奖。北京商贸学校、北京供销学校、北京卫生学校获得团体一、二、三等奖。

（胡以伦）

【召开财经类专业建设与教学手段改革研讨会】 10月19至20日，市职教学会召开中职学校财经类专业建设与教学手段改革研讨会。会议介绍本年以工作过程为导向课改项目、教材建设、信息化建设等情况，安排“北京市中等职业学校财经类专业教师技能课说课比赛”工作，结合各学校专业建设与教学手段改革开展交流。研讨会还邀请职业院校专家讲解商业银行沙盘教学的使用，金蝶软件公司介绍会计从业资格无纸化考试软件和云之家社交化工作空间与教学信息化的关系。9所中职学校系（部）主任、教研室主任和专业骨干教师代表20人参加会议。

（胡以伦）

群　众　团　体

北京民办教育协会

【概　况】　2012年，北京民办教育协会有团体会员单位610个，设立基础教育分会和农民工子女教育分会2个分支机构。全年共编辑印发《北京民办教育信息》27期，其中，普刊18期、专刊9期。发至会员单位、相关民办教育机构及其他省市民办教育行业组织等500家，并有通讯员队伍100人。组织专家完成40所民办高等教育机构办学状况评估；完成71所民办学校招生简章和广告备案，占应备案院校的100%；组织各类活动22次；内部举办专题讲座20场次。

（左文智）

【开展帮扶特困生就业安置工作】　3月，民教协会开展帮扶特困生就业安置工作。活动面向全市20所民办院校印发《关于开展帮助特困生就业工作的通知》，了解各院校所报特困生情况。来自北京工业大学耿丹学院、北京经贸职业学院、北京培黎职业学院等18所院校的161名特困生报名参加援助计划。中国癌症基金会（非会员）、华图教育集团、北京中公未来教育、海天教育集团、学大教育共5家单位为特困生提供就业岗位200个。经过面试培训、企业双选、定向推荐等环节，共有20名特困生成功实现就业。

（左文智）

【完成民办园幼教评估前期工作】　3月，民教协会完成民办幼儿园幼教评估前期工作。评估小组由北京教育评估院专家组成，依据幼儿园设置与分级分类管理各种标准，制订民办幼儿园评估指标体系。与公安、卫生部门协作完成消防安全、卫生、食品安全专项评估检查，并建立工作机制。

（左文智）

【举办创业培训系列讲座】　3至4月，

民教协会共举办公益性就业创业系列培训10场。培训邀请中公教育、华图教育等单位优秀青年企业家，讲解当前就业形势、大学生如何规划职业生涯等方面内容，介绍大学生创业等方面经验。北京吉利大学、北京邮电大学世纪学院等民办高校学生8000人参加学习。

（左文智）

【举办创业设计大赛】　3至5月，民教协会举办北京民办高校大学生创业设计大赛。比赛采用初赛、复赛和决赛形式，设立教师培训、创业宣传、项目设计、校内预赛、复赛等比赛环节。来自36所学校245支创业项目设计团队、1500名民办高校大学生、100名指导教师参加比赛。经专家评审，汇佳职业学院的“乐活绘坊文化传播公司”项目获得大赛一等奖，北京城市学院的“海瑞斯派健身中介公司”、首都师范大学科德学院的“婚庆微电影”、中国信息大学的“厚德兼职网”三个项目获得大赛二等奖，北京现代音乐研修学院的“倾听四叶草的声音”等六个项目获得设计大赛三等奖。

（左文智）

【提供民办学校查证服务】　3至6月，民教协会为考生提供北京民办学校查证服务。协会通过学校招生宣传形式，在河北、辽宁等13个生源密集地区“报考指南”上刊载“北京民办教育公告”，公示评估合格、本年度具有招生资格学校办学信息，公布学校资质查证电话和网址。编印《求学北京——北京民办高校认证推荐手册》，客观发布学校办学理念、特色专业、育人成果、就业方向、校园文化、联系方式、网址等信息。手册邮寄至全国各省市教育厅（教委）主管民办教育处室，各省、市、县级高招办，部分生源大省，发送有意向到北京求学的学生近万册。

（左文智）

【初审招生简章和广告备案】　3至12月，民教协会初审民办高等教育机构招生简章和广告备案。初审工作包括网络初审备案材料、材料报送、材料公示、样刊搜集、招生宣传检查和院校整改检查等内容，应备案院校71所全部完成。本年，学校招生宣传活动监测由3次集中监测增加到5次，监测时间由4月延续至8月；监测内容增加对学校招生宣传整改情况监测和校外综合性网站招生宣传内容监测。监测结果显示，具有招生资格且有违规宣传院校共69所。

（左文智）

【举办民办教育园丁奖评选活动】　5

至9月，民教协会与北京教育评估院、新京报社联合举办2012第六届北京民办教育园丁奖评选表彰活动。评选经过单位推荐、专家评选、媒体公示三个阶段，共有200所学校，600名教师参加评选，评出优秀校长30人、优秀教师50人、优秀教育工作者50人，优秀教研团队10支。该活动2007年启动，每年举办一次。

（左文智）

【11个政府采购监督项目通过验收】　6月7日，民教协会负责监督的11个

政府采购服务项目通过督查验收。督查小组由市社会建设工作领导小组办公室专家组组成，检查2011年获市社会建设专项资金支持的扶贫助困服务、支教助学服务、就业创业帮扶服务以及特殊人群服务等政府采购服务项目绩效完成情况，11个项目全部通过验收。其中，由民教协会实施的"北京民办高校大学生创业设计大赛"获2011年度政府购买社会组织服务项目优秀项目。民教协会作为责任单位，负责对北京市民办教育领域2011年获得市社会建设专项资金支持的11个项目的实施过程进行监督。

（左文智）

【召开全国职业核心能力认证项目引进座谈会】　7月11日，民教协会召开全国职业核心能力认证项目（CVCC）引进座谈会。会议邀请国家职业核心能力专家委员会、全国职业核心能力认证培训北京办公室等单位专家，介绍全国职业核心能力认证项目师资培训、学生认证考核、学校测评站点建设等项目核心内容。来自北京吉利大学、北京经贸职业学院、北京培黎职业学院、北京美国英语语言学院等11家单位共19人参加会议。该项目面向全国各类大中专院校、职业类院校师生，以帮助学生提高职业核心能力为宗旨，通过专业、系统的实训和测试，帮助学生掌握就业和职场升迁所必备的沟通、团队合作、解决问题、自我管理、信息处理以及创新等终身可持续发展能力。

（左文智）

【批准16个政府购买服务项目】　10月29日，北京市社会建设工作领导小组正式发布2012年社会建设专项资金项目批复情况，民教协会申报的16个政府购买服务项目获得批复。获得批复的项目包括民教协会申报的"促进培训机构社会责任意识，推行教育服务合同化"、北京城市学院申报的"失地农民就业服务计划"和北京中公未来教育集团申报的"市民人文素质与心理健康关爱行动"等16个项目。民教协会承担北京民办教育领域政府购买服务项目的申报、汇总、审核等工作，并负责对项目落实和资金使用情况进行监督管理。本年，北京民办教育行业共有帮助大学生创业就业、关爱弱势群体、文化艺术宣传、维护安全稳定、普及法律常识、提高首都人民幸福指数等68个服务项目通过审核。

（左文智）

【举办大学生赴美社会实践活动】　至

12月，民教协会与美国国际教育交流协会合作暑期大学生赴美社会实践活动。活动推出前期宣传、英语能力测试和培训、与雇主见面定岗、办理签证等环节，组织进校讲座54场次，提供各类语言文化培训总计时长80课时。初试报名400人，其中，90人获得赴美实习资格，被分配到美国26个州、41家知名企业开展12周学习活动。该活动连续成功举办五届，已发展成为有社会影响力品牌项目。

（左文智）

北京市学前儿童保教工作者协会

【概　况】　2012年，北京市学前儿童保教工作者协会有单位会员269个，其中，从业保教工作者10668人；个人会员161人。理事65人。全年组织开展幼儿园教师、保健人员专业培训；传承张雪门先生幼儿园行为课程研究系列活动；探索推广为外来务工人员子女提供早教服务的非正规学前教育模式；组织学前教育交流考察活动，共有2200人次参加学习。

（简尔贤）

【举办卫生保健法规报告会】　3月28日，保教协会举办幼儿园卫生保健法规报告会。会议邀请中国妇幼卫生保健中心专家，讲解新卫生保健管理办法及幼儿园卫生保健工作要求，加深幼教工作者对新办法与新要求的理解。来自全市幼教工作者400人参加会议。

（简尔贤）

【举办幼儿园营养膳食管理培训】　3至4月，保教协会举办两期幼儿园营养膳食管理培训班。培训重点讲解儿童营养与幼儿园营养膳食管理、儿童营养膳食计算方法与分析评价，听取幼儿园保健医介绍保健工作经验。幼儿园保健医务人员384人参加学习。

（简尔贤）

【开展幼儿园行为课程实验研究】　4至12月，保教协会共组织举办9次张雪门幼儿园行为课程实验研究成果展示与交流活动。活动分别展示西城区洁民幼儿园的源于生活自然教育活动、海淀区立新幼儿园的生活情境化区域游戏活动、东城区安乐幼儿园的生活中数学活动、解放军兵种部机关第一幼儿园的科学探究活动、延庆县第一幼儿园的体验育人实践活动、丰台区西罗园幼儿园的户外区域体育游戏活动、延庆县第三幼儿园的"春之乐、夏之趣、秋之声、冬之韵四季做中玩"主题活动、大兴区第三幼儿园的生活中的科学主题活动等。10月，召开"张雪门幼儿园行为课程教育案例交流研讨会"，听取五名幼儿教师作教学案例介绍，保教协会领导和专家进行点评。幼教工作者共300人参加活动。

（简尔贤）

【举办特级教师教育活动展示】　5月5至6日，保教协会举办特级幼儿教师教育活动展示活动。活动举办题为《幼儿园数学教学活动的核心经验与指导策略》专题讲座，邀请南京和上海特级幼儿教师展示幼儿数学和棋类游戏活动课，并完成现场点评。幼儿园园长及教师共400人参加活动。

（简尔贤）

【探索推广非正规学前教育模式】　10月28日，保教协会举办非正规学前教育模式成果展示活动。活动推出"四环游戏小组"非正规学前教育模式，观摩大学生志愿者组织的幼儿教育游戏活动。该活动与北京师范大学流动儿童教育问题研究中心共同举办，来自全市幼教工作者200人参加活动。非正规学前教育模式源于近年来非京户籍学前儿童数量不断增长，部分地区超过户籍儿童数量，使得北京市幼儿“入园难”问题突显。3月，保教协会与北京师范大学流动儿童教育问题研究中心，共同承担市教委委托课题“北京市城乡结合部学前儿童游戏小组种子计划师资培训项目”。该项目重点培训从事流动学前儿童教育的教师逐步掌握非正规学前教育的重点与特点，从教师需求出发，运用启发与唤醒参与式培训理念，组成学习共同体，利用周末休息时间开展培训活动。至年底，共举办活动16次，共有600人次参加活动。

（简尔贤）

北京老教育工作者总会

【概　况】　2012年，北京老教育工作者总会有团体会员单位41个，有会员10.79万人，比上年增加350人。召开学习践行北京精神研讨会，举办迎接中国共产党第十八次代表大会文艺演出7场，召开贯彻十七届六中全会精神现场会2场，表彰“三型社团”建设先进单位20个，北京老教育工作者总会被评为“北京市社团系统先进集体”。

（李守德）

【获市级先进集体称号】　2月24日，市民政局、市人力社保局发布关于表彰北京市社团系统先进集体和先进个人的决定，老教总会被授予“北京市社团系统先进集体”称号。老教总会落实科学发展观，围绕首都改革发展稳定，发挥自身优势，积极参与，努力工作，为推动首都社会主义经济、政治、文化、社会建设做出贡献。

（李守德）

【召开学习践行北京精神研讨会】　3月21日和23日，老教总会召开会长学习践行北京精神研讨会。会议研讨北京精神表述语涵义，对照北京精神老教育工作者应具备的品格和精神，北京精神与老教协建设“三型社团”的关系、怎样把践行北京精神与建设“三型社团”工作紧密结合等问题，交流各协会学习践行北京精神的工作经验。来自北京高校和区县老教协会会长39人参加会议。

（李守德）

【召开两个现场会】　6月2日和10月27日，老教总会分别召开学习贯彻十七届六中全会精神现场会。6月在呼家楼学区召开“践行北京精神，建设三型社团”“四服务”现场会，会议展示呼家楼学区开展文化社团工作，为会员、为学校、为孩子、为社会“四服务”工作情况。各区县、高校老教协负责人及代表160人参加会议。10月在北京市第十八中学召开“北京老教总会丰台区老教协会文化活动社团展示现场会”，参观丰台区乐龄金帆文化社团活动展板；观看介绍七支艺术团队走基层开展“四服务”活动视频片《舞动七色云彩，绽放满天晚霞》和艺术团各队现场表演。各区县、高校老教协会会长、分管文化社团负责人、优秀文化社团代表410人参加会议。

（李守德）

【举办迎接党的十八大文艺演出】　6月、9月和10月，老教总会共举办7场迎接党的十八大文艺演出。演出以“北京精神我践行，喜迎党的十八大”为主题，由市委教育工委、市教委离退休干部处、北京教育老干部活动中心、老教育工作者总会主办，分别在东城区少年宫天地剧场、海淀区少年宫、顺义区杨镇一中、北京工业大学礼堂、北京工商大学东区礼堂、北京航空航天大学音乐厅、中国地质大学国际交流中心7个地点，表演合唱、舞蹈、民乐合奏、诗朗诵、时装表演等105个节目。来自15个区县和60所高校5600人参加活动。

（李守德）

【召开“三型社团”表彰会】　12月24日，老教总会召开“三型社团”建设总结表彰大会。会议表彰东城、东城（南区）、西城、朝阳、海淀、丰台、门头沟、房山、大兴、通州、顺义、怀柔、昌平、北航、首经贸、北工大、联大、工商大学、育新协会等20个“三型社团”建设先进单位，听取5名代表作交流发言。“三型优秀社团”是学习型、服务型、创新型，可持续发展优秀社团的简称，优秀社团评选采取各协会总结、自评、申报，老教总会评选方式确定，获表彰协会数占通知规定范围总数47.6%。

（李守德）

北京校外教育协会

【概　况】　2012年，北京校外教育协会有会员单位211个，常务理事单位35个，理事单位81个。全年组织开展第七届北京阳光少年活动、组织第四届北京校外教育理论与实践研究征文暨研讨活动、组织会员单位专项培训活动和交流活动等。协会共有93个会员单位组织活动1316项，112万人次参加活动。

（崔向红　王媛媛）

【开展校外教育理论与实践研究活动】　3月22日至11月30日，校外教育协会、北京市青少年学生校外教育工作联席会议办公室联合开展第四届北京校外教育理论与实践研究论文（案例）评选与研讨活动。共有43家校外教育机构、15家校外教育场馆、31所学校提交论文288篇、活动案例242篇。经专家评审，145篇论文和119篇活动案例获奖，占提交总作品的49.8%。

（王媛媛　谢薇）

【创编《北京校外教育报》】　3月30日，校外教育协会创编《北京校外教育报》。该报刊每年出刊4期，每期共有4个专版，分别设立校外教育新闻、阳光少年活动、校外协会信息和校外场所展示等栏目，综合报道和展示全市校外教育工作情况。

（王媛媛　唐伟）

【举办主题竞赛活动】　3至10月，

校外教育协会举办第七届（2012）北京阳光少年活动——“我心中的北京”北京市中小学生书法、绘画、摄影比赛。北京市近万名学生参与比赛，共报送绘画作品5213件，书法作品4260件，摄影作品363件。经评委评选，共有 1983 名学生获奖，其中，一等奖 193 人、二等奖 694 人、三等奖 1096 人。活动还评选出优秀组织奖 15 家单位，优秀辅导教师 34 人。协会为获奖学生发放奖状，并制作优秀作品集。

（阴少萌　谢薇）

【举办会员单位摄影培训】 5 月 22 日，校外教育协会举办会员单位摄影培训活动。活动邀请摄影教师讲解摄影曝光、构图、影像资料片拍摄等方面内容，并对现场拍摄作品进行交流和点评。来自北京气象科普馆、中国航空博物馆、首都图书馆、北京天文馆、北京自然博物馆等单位的 21 人参加学习。

（王媛媛）

【举办教育理论研究专题培训】 6 月 26 日，校外教育协会举办“北京校外教育理论研究专题培训活动”。培训邀请首都师范大学教授结合历年北京校外教育理论与实践研究论文征集活动具体案例，讲解校外教育科研方法、选题、研究、论文撰写等方面内容。来自 55 家会员单位 90 名教师参加学习。

（王媛媛）

【开展阳光科普进校园活动】 9至11

月，校外教育协会、北京天文馆天文科普宣传车、中国电影博物馆社教部联合举办第七届（2012）北京阳光少年——科普进校园活动。该活动将电影课堂、模拟星空等多项有趣的科普活动带到顺义一中、牛栏山一中、北石槽中学等中小学校，丰富学生们的学习生活。“阳光科普进校园”活动是校外教育协会于 2010 年发起的一项服务郊区县中小学生的活动，旨在为农村学生提供参与科普活动的机会，激发孩子们崇尚科学的精神，丰富课余文化生活。

（王媛媛　阴少萌　谢薇）

北京高校国防教育协会

【概　况】 2012 年，北京高校国防教育协会有高校会员单位 62 个，退会 4 个；相关企业会员单位 19 个，新增 5 个。有理事单位 81 个。全年举办国防教育活动 11 次，参加人数 2.3 万人次。协会秘书处办公地点由北京大学艺园 405 移至清华大学维学馆 101。网址：timeichu. ichzh. com/guofang/。

（王德峰）

【召开国防教育协会年会】 4 月 6 日，国防教育协会召开北京高校国防教育协会年会暨换届大会。会议审议通过第四届协会理事会工作报告、监事会工作报告；审议通过对第四届协会章程修改草案；选举产生第五届常务理事会成员。该年会依据协会章程应到理事 73 人，实到 68 人。

（王德峰）

【举办军事定向越野比赛】 4月14

日、5 月 12 日、9 月 8 日、10 月 28 日和 12 月 8 日，国防教育协会举办 5 次学生军事定向越野比赛。来自北京高校学生 3179 人次参加比赛，其中，首都师范大学分别获得高校男女精英组团体第一名和高校精英总团体第一名；北京科技大学分别获得高校甲组第一名和高校男女普通组团体第一名；北京信息科技大学获得高校乙组总团体第一名，北京工业职业技术学院获得高职组总团体第一名。

（王德峰）

【举办国防教育日活动】 5 至 6 月，国防教育协会举办北京高校校长、武装部部长国防教育日活动。该活动在天津杨村观看空军歼十战机飞行表演；在八达岭学生军训基地参观基地规范化建设，体验 95 式自动步枪射击，举办狙击步枪实弹射击比赛；赴哈尔滨理工大学、哈尔滨工程大学考察学校国防教育工作并参观侵华日军七三一部队遗址和中国黑瞎子岛。来自 20 所北京高校校长、专武干部、军事教师 819 人次参加活动。

（王德峰）

北京教学仪器设备协会

【概　况】 2012 年，北京教学仪器设备协会有会员单位 155 个，其中，新增 20 个，减少 7 个。全年举办活动 5 次，举办北京地区教育装备展示会暨第三届北京教育装备论坛，召开第四届第八次、第九次理事会，组团参加第 63 届教学仪器设备展示会，组团参加第七届国际发明展览会暨国际教学新仪器新设备展览会。

（王玉清）

【举办北京教育装备展示会】 3月20

至 21 日，教学仪器设备协会和北京高教学会技术物资研究会联合举办 2012 北京教育装备展示会暨第三届北京教育装备论坛。展示会设置展位 430 个，参展企业 200 家，展厅面积 1.1 万平方米。展会涵盖高等教育、职业教育、基础教育和学前教育 4 个领域，展示多媒体教学设备、通用实验室设备、分析测试仪器、学校体育器械、办公家具、学前玩教具、学校后勤绿色环保设备七大类产品，学前教育装备是展会新增项目。展会期间，举办学前教育分论坛——“技术装备助力学前教育”、基础教育分论坛——“聚焦北京市基础教育技术装备的改革与发展”、高教分论坛——“分析测试分论坛”、职教分论坛——餐厨垃圾资源化处理进校园专题论坛会及企业技术专场报告。来自北京各区县大、中、小学校，职业院校和幼儿园教师、校长（园长）及全国部分省市教育技术装备、生产和研发等部门相关人员1万人参加活动。

（王玉清）

【组团参加全国教学仪器设备展示会】 5月，教学仪器设备协会组团参加第63届长春全国教学仪器设备展示会。北京有76家企业参展，设立展位287个，其中，特展展位111个。展品涵盖各级各类教育所需仪器、设备、教具、标本、模型、计算机及软件、信息化设备、教学用图书、挂图等产品100种。展会由中国教育装备行业协会举办。

（王玉清）

【召开四届八次理事会】 6月1日，教学仪器设备协会召开第四届第八次理事会。会议审议通过《2011年协会工作总结》《2012年协会工作要点》两项工作报告；讨论如何做好协会工作，发挥理事会作用。会议提出协会应采取措施加强协会在组织建设、拓宽服务会员思路等方面工作。会议认为，协会工作应面向全市教学仪器设备行业，全面加强规划计划、服务会员、行业自律及内部制度建设，提升协会服务能力和服务质量。16名理事、监事参加会议。

（王玉清）

【组团参加国际发明展览会】 11月9至12日，教学仪器设备协会组团参加第七届国际发明展览会暨国际教学新仪器新设备展览会。北京共有32家企业参展，设立展位138个。参展展品涵盖各级各类学校教学仪器新设备、教育教学资源、信息技术、后勤保障等方面创新产品100种。展会由中国教育装备行业协会和中国发明协会联合举办。

（王玉清）

【15种产品获国际发明金奖】 11月12日，在中国教育装备行业协会和中国发明协会联合举办的第七届国际发明展览会暨国际教学新仪器新设备展览会上，北京中庆现代技术有限公司、北京鑫三芙教学设备制造有限公司等12家公司的15种产品获国际发明金奖。获奖产品分别是课程自动录播系统、五线谱智能音乐电教板、交互式电子白板、数字化实验室、电荷间作用力演示器、电子起电机、多媒体采播服务器、汽车驾驶模拟器、电钢琴（电子琴）管理控制系统、小学数学磁性教具、初中化学实验箱、金属曲面黑板、机械调节升降课桌椅、音乐电子示教板等。全国教育装备行业有100种产品获国际发明金奖。

（王玉清）

北京市红十字会

【概　况】 2012年，北京市红十字会学校红十字会基层组织有2352个，其中，高校89所、中等专业学校27所，中小学校2236所。红十字青少年会员81.91万人，其中，教工会员1.1万人，12个区县建会率100%。全年共完成初级急救员培训15.21万人，应急救护知识普及培训93.04万人，完成师资继续教育300人。举办首届“北京市人道应急救护大赛”，完成“第二届全国红十字应急救护大赛”承办任务。首都红十字系统全年共募集款物1.33亿元。市红十字基金会全年筹集款物4175.06万元，“两节”送温暖和常态救助共发放救助款物3349.72万元，与市教委联合印发《关于在全市中小学开展应急疏散演练活动的通知》，应急救援实现“五统一”。16个区县1000所中小学开展应急演练，20万名学生接受避险逃生教育。全市注册志愿团体184个，成立志愿服务队伍106支，建立志愿服务基地61个，开展志愿服务项目184个。完成造血干细胞志愿者血样入库4989人份，人类白细胞抗原（HLA）数据分型4600人份，实现捐献14人。

（李胜华）

【育才学校举办学雷锋日活动】 3月5日，北京市育才学校举办学雷锋日活动。活动参观中国盲人博物馆，观看盲人文化发展历程；通过观看盲人生活体验馆、学习盲文特殊构造、体验盲文图书馆内图书借阅、欣赏盲人艺术品等活动形式，感受盲人世界，体验盲人生活。来自育才学校根与芽小组、学校红十字青少年会员和学校志愿者团队组员及教师共19人参加活动。

（李胜华）

【举办“战争与人道”交流活动】 4月8日，市红十字会举办京港两地红十字青少年“战争与人道”交流活动。两地红十字青少年以积极向上的精神状态，开展系列探索人道的互动游戏、分享体验、交流心得，并以“战争与人道”为主题进行模拟战犯体验。活动中，市红十字会预防艾滋病核心小组和造血干细胞之家介绍“人道关爱志愿服务”。两地青少年分别互赠送纪念品。活动在海淀区外国语学校举办，该校31名学生代表市红十字青少年参加活动，香港学生30人参加活动。该活动是香港红十字会“踏国土、思战祸”交流团北京站的活动内容，主要向青少年推行探索人道的教育工作，从抗日战争的历史事件探索人道精神，从而增强青少年对红十字运动的认同。

（苏颖）

【中央财大举办世界红十字日宣传活动】 5月1至8日，中央财经大学举办世界红十字日宣传活动。活动以“聆听爱·凝聚爱”为主题，推出“爱在五月天”大型手语培训、“祈愿风铃”打工子弟小学圆梦活动、奥体森林公园外展活动、“红会我们家”总结活动等。中央财大红十字会员66人次参加活动。

（侯凯轩）

【石景山举办防灾减灾活动】 5月4

日，石景山区教委与区红十字会、区民防局、区消防支队在石景山远洋分校组织“防灾避险，从我做起”石景山区2012年防灾减灾日主题宣传活动暨北京市中小学应急疏散演练启动仪式及灾害应急救援演练活动。通过演练使学生掌握自救互救、逃生避险的正确方法，减少不必要的伤害。培养学生听从指挥，团结互助的品德，提高突发公共事件下的应急反应能力。观看中学生进行救护包扎，心脏复苏演示。市教委、市红十字会相关领导，石景山区政府等领导出席活动，来自全区中小学50名学校领导参加演练观摩活动。

（向鸿）

【北大举办红十字运动历史图片展】 5月5日，北京大学红十字会举办红十字运动历史图片展。展览以“记忆·视觉·红十字”为主题，设立一战战俘、日内瓦公约、救助非洲、缘起与诞生、南京大屠杀、防治“非典”、赈灾救援、红丝带飘扬、扶危济困、服务校园和无偿献血11个图片展示区，介绍红十字运动发展历程及开展人道救助所取得的成绩。

（李胜华）

【供销学校举办防灾减灾活动】 5月11日，北京市供销学校举办防灾减灾主题活动。活动以“弘扬防灾减灾文化，提高防灾减灾意识”为主题，推出地震时逃生避险、自救互救、紧急呼救等实战演练，宣传自救互救、逃生避险知识，提高师生应急反应能力和自救互救能力。活动由中国红十字会、北京市红十字会主办，北京市供销学校承办，大兴区红十字会协办。市供销学校师生800人参加活动。

（薛飞）

【举办首届首都高校红十字知识竞赛】 5月19日，市红十字会举办首届首都高校红十字会知识竞赛。比赛由北京航空航天大学红十字会承办，分预赛和决赛两部分，设立知识竞答、模拟现场急救等比赛项目。北京40所高校参加比赛，其中，北航代表队获得冠军、北京电子科技大学获亚军、华北电力大学获季军。

（罗丹图文）

【召开首都高校红十字先进集体座谈会】 6月14日，市红十字会召开首都高校红十字会先进集体工作座谈会。会议听取清华大学、北京交通大学、首都医科大学等6所高校分别介绍学校开展红十字工作情况，红十字工作特色做法；交流从事高校红十字工作心得体会。会议充分肯定首都高校红十字会工作和成绩，并对高校红十字工作遇到新情况、新问题，提出意见和建议。来自首都高校红十字先进集体秘书长20人参加会议。

（李胜华）

【电力大学举办黄金三分钟系列活动】 10月24日，华北电力大学红十字会学生分会举办“黄金三分钟”大型拯救生命系列活动。该活动利用大学生接受知识能力强、精力充沛、传播知识可信度高等特点，由大学生发起并进行自主培训，提高自救互救能力。活动采取“急救进班级”“急救大比拼”等形式，开展心肺复苏、气道异物阻塞急救方法、创伤现场救护四项技术、特殊现场救护技术、灾难避险与自救等系统活动。全校师生500人参加活动。

（杨杰）

【协和医学院举办瓷娃娃关爱活动】 11月15日，北京协和医学院学生红十字会首次举办瓷娃娃——罕见病关爱系列活动。活动在北京瓷娃娃关爱中心举办，志愿者参与病例资料的录入和整理工作，活动每周一次。该项志愿服务项目除常规办公室服务外，还参加由瓷娃娃罕见病组织联系的首届中国黏多糖罕见病北京论坛暨北京正宇黏多糖关爱中心成立大会的现场志愿者工作等。瓷娃娃病即成骨不全，又称脆骨症，原发性骨脆症及骨膜发育不良等。其特征为骨质脆弱、蓝巩膜、耳聋、关节松弛，是一种由于间充质组织发育不全，胶原形成障碍而造成的先天性遗传性疼痛，是一种先天性骨骼病。

（李涛　黄栩芾）

【举办防艾主题明信片设计大赛】 12月1日，市红十字会、市教委、北大红十字会联合举办“因为爱，无畏‘艾’”——2012世界艾滋病日首都高校防艾主题明信片设计大赛决赛暨颁奖典礼。比赛历时52天，共有来自首都35所高校的297支代表队参赛，收到作品301份。其中，15份作品进入决赛，最终评出一等奖1名，获奖作品是北大学生设计的《一个人的拥抱》，二等奖1名，三等奖2名，获奖作品收录到由北京协和医学院学生设计的《别再谈艾色变》和由北大学生设计的《因为爱，我们存在》。

（李胜华　王菊）

【12所高校联合举办防艾活动】 12月2日，市红十字会、中央财经大学红十字会联合举办“艾·拼才会赢”预防艾滋病宣传活动。12所高校红十字会参与活动。活动分为两部分，一部分负责在展台区展开预防艾滋病的宣传，另一部分则在“定向越野”活动中展开宣传。参加定向越野的学生则分成若干小组，每个小组在完成寻找红丝带、纸张、艾滋病知识小问卷的任务后，邀请路人佩戴红丝带、为艾滋病人写祝福、填写艾滋病知识小问卷。此外，12所高校事先各制作一份表达对艾滋病人关心的照片拼图，活动开始后，12份拼图粘在同一张白板上，中间留出丝带状空白，以粘贴写有路人祝福的红纸爱心。该活动将预防艾滋病的宣传范围从校内拓展到校外，使更多的人增加对艾滋病的了解、增加对艾滋病人的关心。

（李胜华　凯轩）

北京市民族教育学会

【概　况】 2012年，北京市民族教育学会共有单位会员133个，包括小学61所，中学45所，特教、幼儿园、校外单位14个；个人会员166人；常务理事82人。全年开展各种活动20次，参加人数4500人次。北京市民族教育学会是经市民政局批准，2009年4月8日成立的群众性少数民族教育学术团体，是北京市一级学会。网址：bj. mzjyxh. cn。

（王振清）

【成立两个分会】 2月20日，经市民政局批准，市民族教育学会成立两个分会。两个分会分别是内地民族班研究分会和民族团结教育研究分会。内地民族班研究分会主要负责加强和改进内地民族班民族团结教育工作、提高教学质量，开展内地民族班调查研究、教育科研和学术交流活动，推广各办班学校的办学优秀成果和民族团结教育工作先进经验，组织民族教育的国内外交流研讨，介绍国内外多元文化发展。有单位会员17个。民族团结教育研究分会着重开展民族团结教育工作研究、交流与咨询。有个人会员32人。

（王振清）

【召开一届三次常务理事会】 3月2日，市民族教育学会召开一届三次常务理事会。会议审议通过2011年工作总结、2012年工作计划和《北京市民族教育学会分支机构管理办法》，听取题为《关于成立“北京市民族教育学会民族团结教育研究分会”的情况报告》。学会常务理事、特邀理事共48人参加会议。

（王振清）

【组织小学教师学科培训】 4月5日和5月12日，市民族教育学会组织两次小学教师学科培训。培训班听取西城区民族团结小学、东城区回民小学两节英语观摩课；听取育才学校四年级语文《纪昌学箭》、五年级语文《国学：论语》两节观摩课。来自30所会员校70名英语教师和40名语文教师参加学习。

（王振清）

【赴广西少数民族地区交流考察】 5月2至8日，市民族教育学会组织教师赴广西少数民族地区交流考察。考察小组由20名“巨人杯”获奖教师组成，在广西来宾市祥和小学、兴宾区第三小学、金秀瑶族自治县民族小学3所学校，展示北京市宣武回民小学等5名教师的语文、数学、英语教学观摩课，参观瑶族博物馆，考察壮族、瑶族民族文化。考察期间，西城区白纸坊小学与金秀瑶族自治县民族小学结为“手拉手”友好学校。

（王振清）

【开通网站】 5月18日，市民族教育学会网站开通运行。网站采用动态网页技术，网站出口总带宽100Mbps。网站设立新闻公告、政策法规和民族团结等8个栏目。至年底，上传学会和会员校新闻192篇，图片483幅。

（王振清　陆小红）

【召开历史教师座谈会】 5月30至31日，市民族教育学会召开北京市部分中学历史教师座谈会。会议以“加强和改进民族团结教育工作”为主题，就教学中如何“在历史认知上建立认同”和编写《学校民族团结教育读本》等方面问题展开讨论，会议就编写读本提出指导性建议。来自北京西藏中学等学校历史教师共19人参加会议。

（王振清）

【完成民族团结教育示范校评估】 10

月16日至11月9日，市民族教育学会完成民族团结教育示范学校检查评估工作。检查评估小组由市政府督学、民族教育工作专家学者和学会领导、工作人员组成，对通过民族团结示范校初评的22所中小学进行实地检查。检查评估小组集中听取区县和学校民族团结教育工作开展情况汇报，分4个小组完成学校领导和教师访谈、学生问卷调查、听民族团结教育示范课、观摩民族团结教育展示活动、检查校园民族文化环境、查阅档案资料等方面工作。检查评估结果显示，各区县对民族团结教育工作非常重视，民族团结教育重心已由民族学校向非民族学校转移。

（王振清）

（本栏责任编校　董素宅）

市教委直属单位

北京教育科学研究院

【概　况】　2012年，北京教育科学研究院设有研究机构16个，行政处室10个，挂靠单位4个。在职职工340人，包括高级专业技术职务149人、中级109人；具有本科以上学历308人，包括博士34人、硕士129人；享受政府特殊津贴专家3人、全国模范教师2人、全国优秀教师3人、北京市人民教师1人、北京市优秀青年知识分子1人、首都劳动奖章获得者1人、北京市“五四”奖章获得者1人、入选北京中青年社科理论人才“百人工程”1人、北京市特级教师9人、北京市优秀教师6人、北京市中小学中青年学科教学带头人14人、北京市中小学骨干教师10人。该院主要开展教育宏观决策研究、教育教学研究、教育理论研究；加强对教育科学、教学研究的领导和管理；为政府教育行政部门宏观决策以及学校管理提供服务，为提高学校的教育教学质量提供服务。全年全国教育规划课题立项6项；北京市哲学社会科学规划课题立项1项，结题3项；北京市教育科学规划课题立项11项，结题9项；承担市委教育工委、市教委及相关单位委托课题14项。网址：www.bjesr.cn。

（刘新刚）

【举办特级教师工作站评测专题活动】2月1日，北京教科院在海淀区五一小学举办特级教师工作站评测专题研究组活动。活动主要研究测评的资料、整理工作中的问题，并针对文稿的编制情况等问题进行研究讨论。来自研究组的成员19人参加活动。

（沈俊楠）

【召开青少年道德赋能项目研讨会】2月8至10日，北京教科院召开“北京市青少年道德赋能教育实验项目”寒假培训研讨会。会议分组进行集中学习和培训，并联系学习内容与《青少年道德赋能行动研究框架》的关系等问题进行研究讨论。会议由教科院与全球文明研究中心共同主办，来自项目实验学校教师40余人参加培训。

（赵澜波）

【召开21世纪中英基础教育教学研讨会】　4月5日，北京教科院中英基础教育合作学习实验与课程资源建设项目组召开21世纪中英基础教育教学研讨会。会议听取英国曼彻斯特地区的教师介绍英方学校与中方对口学校开展的交流活动，研讨两国的教学基本情况及相关问题。共有来自中英双方项目相关人员100人参加会议。

（卢笛）

【召开学术年会】　5月9至11日，北京教科院召开2012年学术年会。会议分为开幕式、分会场研讨、大会场研讨、闭幕式四个环节。会议听取联合国教科文组织统计研究所教育指标与数据分析部负责人和澳大利亚教育研究委员会国际调查研究部主任作专题学术报告。会议期间，按照学科领域和论文类型设立7个分会场，共提交论文110篇、参与大会交流论文13篇。该院250人参加会议。

（绳世亚）

【组织高中生物学联赛北京赛区复赛】5月13日，北京教科院在北京市十一学校举办2012年全国高中生物学联赛北京赛区的复赛。按照全国竞赛委员会的要求完成联赛考试任务，来自全市600名初赛入选的选手完成联赛复赛。试卷、答题卡均按要求进入全国竞赛委员会组织的阅卷流程。

（沈俊楠）

【召开高中和高校衔接培养拔尖创新人才研究课题结题汇报会】　5月22日，北京教科院召开委托课题“探索高中与高校有机衔接，培养拔尖创新人才的实践研究”结题汇报会。会议汇报课题研究过程与研究结果，并回答与会领导、专家的质询。会议认为课题准予结题。该课题为市委教育工委、市教委委托课题，于2011年6月立项，在开展对国内外高中与高校、科研院所衔接培养创新人才的政策和方法调研的基础上，主要结合北京市教育系统开展的拔尖创新人才培养实践探索，发现高中与高校、科研院所有机衔接推动拔尖创新人才培养的有效途径，为建立拔尖创新人才培养的“绿色通道”提出政策建议。

（张强）

【组织学业质量监测网上阅卷工作】6月26至30日，北京教科院在北京师范大学附属实验中学和北京市八十中学组织北京市2012年义务教育教学质量分析与评价反馈系统测试的网上阅卷工作。共评阅39865份五年级语文试卷、8422份八年级语文试卷、6253份五年级音乐试卷和表演测试、6193份八年级音乐试卷和表演测试、3840份八年级物理试卷。同时，均对各学科进行一评、二评和仲裁评分，对相应试卷进行作答标记说明。16个区县的教研员和教师300人参加阅卷工作。

（沈俊楠）

【获得一项全国规划课题立项】　9月，北京教科院组织申报全国教育科学“十二五”规划2012年度课题。通过召开课题申报预审会，聘请相关领域专家辅导课题申报，指导和修改材料后，该院共有13项课题申报，其中1项获得立项。

（绳世亚）

【召开独生子女教育问题座谈会】11月13日，北京教科院召开“北京市独生子女教育问题研究”项目实验校负责人座谈会。会议介绍课题委托背景、委托研究内容和研究进程，安排实验校的具体工作和实验进度。经过研讨，提出伙伴共育、社团活动、家校共育的教育策略。来自4个实验校的课题负责人共6人参加会议。

（赵澜波）

【出版发行《教育快报》】　至年底，北京教科院编辑出版《教育快报》（研究版）。全年共编发21期，其中，教育专题调研报告5篇，占23.81%；政策咨询研究报告11篇，占52.38%；国内外专题研究报告5篇，占23.81%。从稿件所属教育领域看，综合教育6篇，占28.57%；基础教育8篇，占38.10%；高等教育2篇，占9.52%；民办教育4篇，占19.05%；早期教育1篇，占4.76%。编辑出版《教育快报》（动态版）38期，专刊19期，共采用教育动态信息363条，其中，采用编译的国外教育信息199条（占54.82%），摘编的中文教育信息164条（占45.18%）。

（李震英）

【教育科研综合信息服务系统投入使用】　至年底，北京教科院“北京教育科研综合信息服务系统”投入使用。

该系统通过信息技术手段，实现新版教育科研网、院邮件系统、院资源库、自动化办公系统、短信平台、院科研管理系统、中国知网、数字图书馆及义务教育质量评价系统的整合。

（李震英）

【完善教育发展和政策研究资源库】 至年底，北京教科院完善北京教育发展和政策研究资源库建设工作。资源库新增2011～2012年度北京市教育统计资料、2012北京统计年鉴、2011年全国教育事业发展统计公报、北京市2011年国民经济和社会发展统计公报、2030年中国发展战略的课题报告资料汇编等。该库共计新增233个文件、2000个条目。资料库自2007年建库，连续5年完善北京教育发展和政策研究资源库的建设。

（李震英）

北京教育科学研究院 院长、副院长 党委书记、副书记

院　　长　时龙

副 院 长　刘登宽　方中雄　吴晓川　吴岩（4月免）

党委书记　唐亦勤

党委副书记　甘北林

北京教育考试院

【概　况】 2012年，北京教育考试院占地面积1.43万平方米、建筑面积3.25万平方米。设有20个部门，其中，综合处室5个、综合业务处室5个、业务处室6个以及直属单位4个，包括北京市教育考试指导中心、北京高等学校教育科技发展中心、北京考试报社。共有干部职工167人，其中，专业技术人员74人，包括高级专业技术职务21人、中级46人。全年完成对中考、会考和高考23个学科的全样本分析，形成数据分析报告407册，完成各学科试题评价研究报告、考生水平评价报告共49篇；加快推进北京市标准化考点和评卷点建设，5个标准化评卷点建成并投入使用。全年共组织各级各类考试585次，涉及考生195.6万人；共命制试题1143套，印制试卷387万份；为各级各类招生单位录取新生35.9万人；通过考试发放各种证书28万余份。全年考试报累计发行总量达650万份。制作中考、高考、成考、自考特刊共20期。考试院网站点击率达5.08亿次。各处室通过网站发布信息5033条，通过考试院网站意见箱回答考生问题1.3万条，完成网上报名30次，通过网上咨询回答问题3.1万个，为考生提供近150万科次的成绩查询。

（蒋来）

【承担自主选拔学业能力测试答题卡制卡等服务工作】 2月，北京考试院受北京大学、中国人民大学、北京理工大学的委托，承担三所高校联盟自主选拔学业能力测试答题卡制卡、数据扫描和网上评卷工作。共监制答题卡1046940张、扫描答题卡957785张、评阅试卷508952份。

（胡海）

【编印中考参考资料】 3月19至30日，北京考试院完成中考参考资料的编印工作。参考资料包括《招生简章》《报考指南》和《部分学校情况介绍》。其中，《招生简章》刊载全市116所提前招生学校和358所统一招生学校的招生计划，《部分学校情况介绍》收录227所学校情况介绍，占招生学校总数的63.40%。

（郭振铎）

【举办高招网上咨询活动】 4月15至19日、6月30日，北京考试院分别组织在京招生的本科、专科院校开展高考网上咨询活动。咨询通过北京教育考试院网站（www.bjeea.edu.cn和www.bjeea.cn）举办，考生登录网站提出问题，各学校招生人员给予回答。咨询期间，网站点击数240万余次，提出问题11175个，解答问题10808个，问题回复率96.72%。共有101所本、专科招生院校参加咨询活动。

（卢杰）

【承担中考网上评卷技术服务工作】 4至7月，北京考试院组织实施2012年北京市中考网上评卷技术服务工作。共完成答题卡数据扫描106.8万张，打印考生条形码62.19万枚，有25名技术员为16个区县的网上评卷工作提供技术支持与服务。

（胡海）

【举办中招网络及电话咨询活动】 5月5日，北京考试院举办2012年北京市高级中等学校招生网络及电话咨询活动。活动主会场设在北京考试院，分会场设在各区县中招办和274所咨询学校。咨询系统点击数为136万次，注册人数2609人。提出问题7447个，回答率93.26%。市教委、市人力社保局，市体检中心和各区县中招办以及咨询学校工作人员900人参加活动。

（郭振铎）

【举办招生网上咨询】 8月19至20日，北京考试院举办成人高校招生网上咨询活动。活动以北京考试院为主会场，各高校为分会场，共有83所在京招生成人高校参加，考生共提出问题13750个，访问人次9424人。咨询平台页面浏览量超过130万次。

（陈进生）

【召开考试评价培训研讨会】 11月27至30日，北京考试院组织召开北京教育考试评价培训研讨会。会议以“深入研究需求，推进考试评价再上新台阶”为主题，着重对结构分析的再认识、学科能力的划分进行培训和研讨。来自市教委、考试院相关领导，高中会考、中考和高考评价课题组等相关负责人参加会议。

（周欣）

【举办多种英语考试培训班】 至12月，北京考试院举办多种英语考试培训班。培训包括中英合作英语口语等级考试（GESE）考前培训、英国剑桥少儿英语教师培训、英国剑桥英语教学能力（TKT）考前培训、北京地区成人学士学位英语考试考前培训共15期，824人参加培训。

（庞博）

【完成中、高、会考考试评价研究】 至年底，北京考试院完成2012年北京市中考、高考、高中会考各学科命题质量与考生水平评价研究工作。该评价共涉及3类考试的23门课程，完成3类考试全样本考试数据统计分析报告49份、评价研究报告49篇，共计110万字。完成16个区县和2所

学校的高考全样本数据统计分析，形成统计报告234份，并组织各学科有关专家结合统计数据对各区县进行分学科的讲解分析与教育教学指导；首次开展中考区县评价服务，为朝阳、大兴、门头沟3个区县进行中考全样本的数据分析，提供中考数据分析报告116份。

（周欣）

北京教育考试院
院长、副院长
党委书记、副书记

院　　长　王健

副 院 长　臧铁军　李鸿江　徐宝力　高福勤

党委书记　王健

党委副书记　张泉利

北京教育音像报刊总社

【概　况】　2012年，北京教育音像报刊总社下辖《现代教育报》《健康咨询报》和《学前教育》杂志、《北京教育》杂志、《中小学信息技术教育》杂志以及北京高教电子音像出版社有限责任公司。所属独立法人单位3个，内设部门9个，《中国教育报》北京记者站挂靠音像报刊总社。共有在岗职工181人，具有高级专业技术职务37人。总社全年共发行报刊770万份（册），包括《教师周刊》20万份、《学在北京》周刊6万份；出版发行音像出版物120种176万盘（碟），电子出版物120余种。与中国移动北京分公司合作推出《北京教育手机报》，与腾讯网、新浪网合作开展“首都教育微博圈”。全年举办多项教育讲座、论坛及研讨会，承办多项培训。

（吴小红）

【举办4次培训和展示活动】　3至9月，音像报刊总社学前教育杂志社举办4次培训和教学展示活动。3月20至22日，举办幼儿园管理高级研修班，通过讲座和参观的形式进行学习，共有来自全国的幼儿园园长、骨干教师70余人参加学习。3月29日至4月1日，举办项目教学法培训，邀请相关专家解析和论述美国《开启孩子的心灵世界——项目教学法》，开展“项目教学”初级班讲座，并于《学前教育·幼教版》6期刊登项目教学法的文章，将活动与内容整合。共有60名幼儿园园长及教师参加学习。“项目教学”是在没有文化背景的制约下，培养教师与学生在自身文化背景下共同开发项目，从而共同发展的教学方法。4月20至21日，与上海市儿童艺术教育研究中心、中华女子学院和北京教育学院联合主办全国南北地区评优获奖精品示范课汇展，邀请来自北京、上海、江苏的8名一线青年优秀教师进行现场示范教学，共有300名幼儿园园长、教师及中华女子学院的师生参与活动。9月21日，举办“奥尔夫音乐培训班”，德籍奥尔夫音乐教授从音乐、舞蹈和语言的共通点——节奏入手，把音乐和幼儿的天性相结合，用“奥尔夫音乐教育体系”对幼儿音乐启蒙进行阐释。各省市幼儿园音乐教师50人参加学习。

（姚远）

【启动北京高校宣传部长沙龙】　5月3日，音像报刊总社北京教育杂志社举办北京高校宣传部长沙龙启动会。来自北京师范大学、中国农业大学和北京理工大学等20所高校的宣传部长参加活动。沙龙就刊物定位、栏目建设、作者队伍建设等方面提出意见和建议，希望加强策划，增加评论等内容，用读者喜闻乐见的方式将北京高等教育改革、发展的成果宣传到位。北京高校宣传部长沙龙是一种聚会的形式，在聚会中讨论问题，推进工作的开展，不定期地举行。

（李艺英）

【举办儿童房设计公益大赛】　6月2日，音像报刊总社现代教育报联合腾讯网、搜狐网、居然之家乐屋家装公司举办首届北京“居然之家乐屋家装”杯——2012年“庆六一·我的房间我做主”儿童房设计公益大赛颁奖典礼。典礼表彰一等奖6人、二等奖27人、三等奖40人、优秀奖180人。市教委、音像报刊总社、相关企业领导、师生及家长300人参加活动。活动始于5月11日，面向全国1000所学校师生，共收到200余所学校上交的作品7000件。经过专家评审，确定获奖名单。

（薛峰）

【《现代教育报·学在北京》面世】　6月7日，《现代教育报·学在北京》周刊正式面世。该周刊是音像报刊总社承担的政府专项任务，面向北京市各委办局、企事业单位及街道办事处免费发放，为北京市学习型城市建设提供工作平台。周刊采用对开方式，共有四版。

（薛峰）

【制定并实施工资改革方案】　8月20日，《北京教育音像报刊总社工资改革实施方案（征求意见稿）》经过总社第三届六次职代会表决通过。该实施方案分配原则是“强化岗位，淡化身份；同岗同酬，多劳多得，优劳优酬”。根据实施方案有关规定，总社开展各级各类职工的岗位定级测评工作，并对岗位定级测评结果进行公示。至年底，该社完成岗位定级及全员绩效考核工作。

（王爽）

【出版《北京数字学校校报》】　9月1

Beijing Digital School
www.bdschool.cn
北京数字学校 校报
2012年9月1日　星期六　第1期　主办：中共北京市委教育工作委员会　北京市教育委员会
北京数字学校：把更好的课堂送给学生
无缝“对接” 从“点”开始
让北京数字学校陪你上学
领导关注北京数字学校成长

日，音像报刊总社受市教委委托正式出版《北京数字学校校报》。该报主要刊载北京数字学校预报课程信息、宣传使用经验、扩大课程资源的使用效益等内容，全方位提高北京数字学校社会知名度，树立数字化教育品牌。该报免费向北京市义务教育阶段的中小学师生发放，首期发放100份。北京数字学校为市政府实事工程

之一，为义务教育阶段中小学校学生和家长提供全科（21 个学科 9500 节）数字化名师授课资源。

（孟科军）

【举办项目教学与儿童艺术教育国际论坛】　10 月 9 至 10 日，音像报刊总社举办项目教学与儿童艺术教育国际论坛。论坛邀请“项目教学法”创始人、加拿大阿尔伯塔大学初等教育系系主任、澳大利亚新英格兰大学儿童艺术教育高级讲师等专家作主题发言，并就项目教学的国际视角、项目教学的本土实践、儿童艺术教育的理论与实践等主题交流讨论。论坛参观海军机关幼儿园和中国科学院第三幼儿园的项目教学活动。论坛与首都师范大学联合主办，来自全国 8 个省市的学前教育研究者、幼儿园园长、骨干教师及学前教育学院的部分师生 200 人参加会议。

（安颖）

【推出走进区县大型公益报道】　10 至 12 月，音像报刊总社《教师周刊》连续推出走进区县大型公益报道活动。活动走进 17 个区县（燕山地区），报道各区县教育的特色，每个区县一期，每期 8 版，版面内容包括对话一把手、区县重磅新闻、区县亮点、未来规划、特色学校、杰出教师、教育智慧等。至年底，共出版东城、西城、石景山、丰台、平谷、怀柔、延庆、密云 8 个区县的报道。

（薛峰）

【召开长三角地区中小学电子书包创新教学研讨会】　11 月 26 至 27 日，音像报刊总社所辖《中小学信息技术教育》杂志在上海举办“2012 长三角地区中小学电子书包教学研讨会”。会议以《教育信息化十年发展规划（2011～2020 年）》为根据，主要关注信息技术与教育教学的融合以及中小学课堂教学信息化应用水平的提升。会议邀请中国教育技术协会、上海师范大学及上海市教科院等相关领导和专家围绕电子书包项目推进、学习方式变革、教育变革等角度作专题报告。共有来自江苏、浙江和上海地区的中小学校长及信息主管 200 人参加会议。电子书包教学为借助平板电脑等便携式智能终端设备，开展授课、实验、作业、考试、游戏等教学活动的新型教学方式，2010 年上海市率先开展电子书包教学实验。

（牟艳娜）

【出版4期《法治与校园》杂志】　11

月，音像报刊总社出版 4 期《法治与校园》杂志。《法治与校园》由市教委主办，于 2012 年 3 月改版，由原来 40 页改为 48 页，尺寸由 210mm×280mm，改为 210mm×285mm。

（解淑平）

【承办 3 项市教委大型活动】　至 12 月，音像报刊总社承办 3 项市教委大型活动。分别于 9 月 8 至 9 日承办北京市庆祝教师节大会；5 至 12 月，承办北京市中小学模拟法庭展示活动；12 月 4 日，承办北京市中小学模拟法庭成果展示暨颁奖典礼。

（吴小红）

北京教育音像报刊总社
党委书记、社长

党委书记　狄涛
社　　长　狄涛

北京市教工休养院

【概　况】　2012 年，北京市教工休养院占地面积 17.21 万平方米、建筑面积 4 万平方米，绿化面积 10 万平方米，覆盖率 70%，树种 200 余种。设有客房 241 间、525 张床位，分为三人间、标准间、单人间、家庭套间、豪华套间、残疾人房间；有大中小餐厅 15 个，能容纳 1000 人就餐；有康乐项目 12 种，包括大中小歌厅 14 个、会议室 11 个、计算机教室 7 个；有员工 309 人，包括在职 80 人。全年接待总人数 10.5 万人次，包括接待教师休养 4.2 万人次。全年完成经营收入 3913 万元，比年初计划 3500 万元增加 413 万元，比上年同期增加 52 万元。全年开展执行力、企业文化、团队建设、服务技能、消防安全等各类培训 35 次，受训人员 4000 人次；通过兴源认证中心 ISO9000 质量管理体系再认证、ISO14000 环境体系监督审核。

（郭秋菊）

【调整项目价格】　2 至 8 月，教工休养院调整部分项目价格。2 月，调整四合院的房价由 560 元／间调至 780 元／间；3 月，调整婚宴包桌标准由原 998 元/桌调至 1288 元/桌起；康乐部游泳计次卡年票价格由原 1500 元 50 次调整为 800 元 20 次（有效期限 1 年）和 2000 元 50 次（有效期限 2 年）两种；7 月，调整大中型客车外租价格，同时康乐部游泳馆套票价格由 80 元/人调至 128 元/人，年票价格由 40 元/人调至 80 元/人；8 月，调整就餐标准，南北餐厅 1000 元/桌起、雅间 1500 元/桌起。

（郭秋菊）

【出版《企业文化手册》】　8月，教工

休养院出版《企业文化手册》。手册作为企业员工培训资料，分为企业文化建设目的、意义，市场定位，未来发展战略，企业文化建设的基本理念，企业标志设计理念，企业行为规范，企业文化建设实施纲要 7 个章节，共 28 页，5900 字。

（郭秋菊）

【调整运行管理机制】　至 12 月，教工休养院调整整体运行管理机制。主要内容包括调整内部机构、创新管理

体制、改进用人机制及加大公关销售力度。内部机构调整：休养院成立由1名经理、2名采购员组成的采购部；撤销物资部，将其职能划分到财务部；暂撤销医务室，将原有药品放在购物中心销售；成立培训质检部。创新管理体制：院内“绿化美化”工作实行物业管理，由水木园林有限公司承包；樱桃园由个人承包，同时打造有机蔬菜观赏采摘园。创新用人机制：营销部前台岗位采取对外公开竞聘形式招聘；与郑州同心圆旅游专科学校建立合作关系，招用专科实习生40人开展为期6个月的实习。加大公关销售力度：通过市场调研，及时调整房价；根据客人用餐需求调整餐标；拓宽营销渠道，加强市场营销；制定销售奖励机制等方式加大公关销售力度。

（郭秋菊）

【采用多种形式培训】　至12月，教工休养院采取多种形式培训。开展执行力、企业文化、团队建设、服务技能、消防安全等各类培训35次，受训人员4000人次。培训做到“三多”即：多层次、多渠道、多形式。如多层次：采取员工、领班、中层以上分别培训；多渠道：如向星级宾馆学习交流，走出去交流等；多形式，有半脱产、脱产学习等。“五结合”即：注重培养业务骨干与员工整体水平提高相结合、业务培训与日常服务相结合、业务培训与外部专业技术比赛相结合、内部培训和外派培训相结合、工作布置与督查检查相结合。各部室围绕“五心”服务抓培训，即热心、贴心、细心、耐心、爱心，提高对客服务质量和水平。对中层管理人员进行《员工守则》、企业文化主题培训，每天利用晨会对部门经理进行《员工守则》《企业文化手册》相关知识的考核。

（郭秋菊）

【改造硬件设施】　至年底，教工休养院改造硬件设施。改造工程包括投资29.9万元完成3号楼装修改造；投资60万元完成康乐部游泳馆室内装修改造和室外温泉工程；投资28.5万元更新5号楼客用场所50台空调，并更新加宽房间床垫；投资389.4万元完成人工湖防渗改造工程；投资29万

元完成大堂卫生间装修改造，并对大堂门窗进行更新；投资158.6万元完成会议中心装修改造；投资18万元完成四合院东跨院的绿化美化；投资151万元完成锅炉房脱硫除尘设备的更新改造。

（郭秋菊）

【实行四级督查和四级例会制度】
至年底，教工休养院实行四级督查和四级例会制度。通过成立质量管理小组，对各部门的服务质量进行定期检查和不定期抽查；各部门经理每月对本部门工作进行质量控制，每月完成一次部门之间的交叉质检；各岗位领班每天巡查；每天召开部门经理晨例会，对接待服务中需协调的问题及时沟通并解决；每周召开一次院长办公会，研究解决院内重大事项；每周召开一次部门经理办公会，汇报本周工作，对下一周工作进行安排；每月各部门召开一次员工大会，通报工作。每月实行中层以上管理人员一次入住客房，指出问题并解决。

（郭秋菊）

北京市校办产业管理中心

【概　况】　2012年，北京市校办产业管理中心设办公室、国资企管部、学装管理部、科技成果推广部4个部门。有职工16人，全部在编。至年底，北京地区共有高校82所，参加普通高校校办产业统计的高校44所，其中，教育部直属高校22所、其他中央部委属高校5所、市属市管高校17所。北京地区高校投资企业共487家，其中，一级企业166家、二级企业321家；学校控股企业334家；科技开发和文化智力型企业247家。资产总额1798.49亿元，净资产额687.19亿元，高校所占权益总额263.10亿元。收入总额1217.93亿元，主营业务收入1172.22亿元，包括出口创汇总收入65.11亿元，高新技术产品销售总收入334.74亿元；利润总额45.45亿元，净利润35.34亿元，分配回学校的红利3.32亿元；纳税总额34.08亿元，捐赠社会1.05亿元，包括捐赠学校和资助学生8666.21万元。高校校办企业获授权的专利564项，登记的计算机软件及集成电路版权176项，获省市部委、国家级的奖项316项。高校校办企业年末职工总人数89058人，包括学校事业编制2593人，研究开发人员10597人；全年累计在培硕士研究生380人、博士研究生70人；接纳学生实习累计913721工时。

（宋慧宇）

【制定公务采购管理办法】　4月20日，校产中心制定《北京市校办产业管理中心公务采购管理办法（暂行）》。该办法根据《中华人民共和国招标投标法》等国家法律和有关规定，结合中心实际制定。办法分7个部分，主要内容包括：总则，采购方式，招标范围，招标管理机构，招标工作的准备，开标、评标与定标，招标项目的管理与监督。

（宋慧宇）

【召开学生装工作会】　4月27至28日，校产中心召开2012年北京市学生装工作会议。会议部署学生装工作，要求加强学生装质量管理，生产企业在学生装进校前，须经过质量检测；学校接收学生装须接收检测报告。会议修订《学生装生产企业管理规定》中规定的学生装企业须“通过有关服装生产和售后服务的质量管理体系认证，正常通过年检并按该质量体系运行现场管理”，针对企业在征订学生装工作中存在的问题增加“警告”“不予推荐”等处罚内容。

（宋慧宇）

【推荐学生装生产定点企业】　4月，校产中心完成北京市学生装生产定点企业推荐工作。经各区县提名本区县学生装生产企业、该中心初审核实、专家审核生产企业资质和实地考察等程序，确定北京铜牛股份有限公司、

北京华强伟业服装服饰有限责任公司、北京嘉仕福龙服装服饰有限公司等33家企业被推荐为2012年学生装生产定点企业，北京铜牛股份有限公司被推荐为学生装面料生产定点企业。至年底，全市学生装征订数量增加，共征订学生装589290套，其中，体育装523661套、制式装55064套、其他款式10565套，减免特困生费用1748人。制式装征订数量较上年增加1万套、体育装和其他款式的征订数量基本与上年持平；特困生学生装减免人数比上年增加921人。

（宋慧宇）

【组织两次校企发展情况调研】 5月29日和6月5日，校产中心分别组织两次入校校企发展情况调研。5月到北京财贸职业学院调研，主要内容包括高校校企发展的状况、校企发展中存在的不足，参观校园建设以及大学生实训基地；6月到北京建筑工程学院调研，听取学校企业工作汇报、交流研讨企业发展中的问题。调研组由校产中心和高校企业负责人组成。

（宋慧宇）

【检查学生装征订和质量工作】 10至11月，校产中心对北京市部分学校的学生装征订和质量工作的规范性进行检查。检查依据国家和北京市有关学生装标准以及北京市学生装工作管理规定，通过抽样检验的方式对学生装成品的释放甲醛含量、成品PH值、色牢度、纤维含量、接缝强力（梭织）、弹子顶破强力（针织）、成品外观等项目进行检测。同时，对学校征订和验收学生装工作的流程进行检查。此次检查覆盖西城区、海淀区、朝阳区、丰台区、昌平区、石景山区、门头沟区、大兴区等12个区县的30余所中小学校和职业学校征订的63个学生装产品。检查结果显示：合格产品57个，产品抽样合格率为90.48%；不合格的6个，产品抽样不合格率为9.52%。

（宋慧宇）

【运维网络信息平台】 至12月，校产中心加强对网络信息平台的运行维护工作。全年网站点击率100万余次，网站每日更新工作动态，发布头条新闻86条；改纸质版简报为每月5日和20日在网站“工作简报”专栏发布，共发布简报25期；通过办公系统对职工开展考勤、发布工作动态及日志等，累计发布工作动态与日志千余条。该平台是集北京教育科技产业信息网与科技成果、国资、风险、后勤、视频会议、信息投稿7个管理系统集成的网络信息平台。网址是：www.best-info.cn。

（宋慧宇）

【加强两个服务平台建设试点工作】 至年底，校产中心加强教育风险管理服务平台及中小学后勤保障服务平台建设试点工作。其中，教育风险管理服务平台的建设试点工作主要开展4项业务：一是为全市公办126万中小学生及幼儿、民办30.5万名学生及幼儿、中等专业学校8.4万名学生，合计共164.9万名学生办理校方责任险投保，公办校连续9年投保率100%，民办学校投保率连续4年增长，全年受理报案629起；二是办理教职员工责任保险，业务规模比上年增长24.5%，全年受理报案190起；三是办理实习责任保险，有33所中专及区县职业学校投保，11所技术学校投保；四是办理学生意外险及短期意外险，为全市24.6万名学生提供风险保障服务。中小学后勤保障服务平台建设试点工作，与丰台、大兴、房山、延庆等区县确立合作关系，合计签约学校88所；组织召开区县中小学后勤保障平台建设方案实施运行情况通报会，编印《立足科学发展，服务现代教育——北京市中小学后勤保障服务工作经验选编》，共收录各区县有关部门中小学后勤保障服务工作等文章50篇。

（宋慧宇）

【开展高校校企内部控制审计评价试点工作】 至年底，校产中心完成北京高校校办企业内部控制审计评价试点工作。该评价工作委托社会中介机构开展专业审计评价，依据《北京市高校校办企业内部控制审计评价标准》，通过现场评审和实地测试的方式，分资产公司、科技园、出版社和服务业企业4个组，采取穿行测试、个人访谈、抽样检查、比较分析等方法开展工作。43所高校的63家企业作为试点企业参加测评，综合评价85分以上的20家，包括清华控股有限公司、外语教学与研究出版社有限责任公司、人大世纪科技发展有限公司等企业建立良好的内部控制体系；综合评价在75～85分的企业36家，企业内控制度基础较好，存在的缺陷经受托事务所建议后，得到改进；综合评价在75分以下的7家，其企业内控制度建设不健全，经受托事务所建议后，做一定的完善，并表示将进一步采取措施加强企业内控建设工作。

（宋慧宇）

北京教育网络和信息中心

【概　况】 2012年，北京教育网络和信息中心设资源运营部、学生卡管理部、远程教育部等9个部门，有职工112人，其中，在职50人，包括高级专业技术职务14人、中级19人。全年为市教委各处室共进行各类服务1081次，包括会议支持84次、桌面支持805次、电子政务69次；通过北京教育信息网文件传输系统共享信息（教育专报）113条，印发各类应急、重要通知211个；通过视频会议系统，组织北京市教育系统各级单位召开网络视频会议17次；通过市政府应急视频会议系统，组织教育相关部门参加市政府应急视频会议35次；整理归纳全市中小学、高校等学校基础数据，包括地理位置、联系方式、学校简介等信息43条；全年中心完成市教委机关电子政务绩效考核自评工作及信息安全检查；完成北京教育管理信息化顶层设计工作，并撰写《北京教育网络和信息中心信息化顶层设计》；完成市教育系统信息安全等安保工作；完成“十八大”期间电子政务保障工作；完成市教委网站运维保障及考评工作。

（李正宇）

【承办3项市级信息类比赛活动】 3至12月，信息中心承办3项北京市信息类比赛活动。3月和6月，举办北京市第13届师生电脑作品评选；3至9月，举办2012年北京市优秀教学课件、优质录像课、优秀论文“三优评选”活动；12月27日，召开2012北京市中小幼教育教学视频评优活动颁奖暨视频摄制技术研讨会。

（潘东庭）

【组织参加全国信息类比赛】 7月，信息中心分别组织北京中小学生参加第13届全国中小学电脑制作活动和第十届全国中小学信息技术创新与实践活动。共获得一等奖7个、二等奖15个、三等奖24个，机器人三等奖（第五名）2个，信息中心获得最佳组织奖。在信息技术创新与实践活动中，学生项目获得恩欧希教育信息化发明创新奖5个、一等奖45个、二等奖90个、三等奖35个；教师项目获得恩欧希教育信息化发明创新奖20个、一等奖85个、二等奖130个、三等奖39个，信息中心获得组织工作示范奖。该中心还组织学生参加全国中小学生国际小行星搜寻远程天文培训与观测活动。

（潘东庭）

【发布课堂教学新模式研究课题成果】 8月，信息中心承担的“基于‘互联课堂’的培养学生创新能力的课堂教学新模式研究”课题成果通过网络发布。该项目为北京教育网络和信息中心的研究课题，由北京远程教育专业委员会于2010年立项，共征集论文162篇，包括一等奖30篇、二等奖20篇、三等奖54篇，课例106个，包括一等奖1个、二等奖3个、三等奖5个。精选研究成果出版《基于互联课堂的创造性教学探索》论文集，共50万字，由吉林人民出版社出版。该项研究成果通过“互联课堂”手段，研究课堂教学新模式，参与项目的16所课题校形成各具特色的“互联课堂”教学模式，并取得创新研究成果。该项研究成果在线浏览网址：http：//211.153.16.183。

（覃祖军）

【完成市教委机关电子政务信息安全检查】 8月，信息中心完成市教委机关电子政务信息安全检查。完成办公网络、办公计算机、重要业务系统安全检查，共抽查系统服务器21台、安全设备8台、网络设备18台、重要电子政务系统4个，并抽查部分终端计算机，共发现含有安全隐患的终端计算机6台，主要为系统带有恶意插件。同时，中心配合市教委完成2012年电子政务信息安全检查。完成北京市教育系统信息安全等保障工作，在特殊时期完成网站页面监控服务，确保及时发现网站页面异常，并联系公安机关为首都部分高校提供网站监测服务。

（于军）

【完成“名师课堂”项目网络规划配置】 10至12月，信息中心网络部完成“名师课堂”项目网络规划配置和设备部署相关工作。内容包括部署安装区县端点播、直播系统；完成设备进入机房和安装调试工作；对16台骨干节点新交换机导入系统进行配置；完成多个区县节点CDN服务器上架调试及汇聚交换机升级调试；完成16个区县的主干设备及中心机房相关基础设备设施按时升级和改造。

（冯慷）

【开展网上呼叫服务中心试点工作】 12月，信息中心联合同方科技有限公司共同开展网上呼叫服务中心（call center）试点工作。该项工作在大兴区进行，主要解决计算机网络设备硬件之外的与信息化相关的技术服务，并为大兴区1万名教师提供信息化方面的技术支持。

（季茂生）

【开展多项培训工作】 至年底，信息中心组织开展多项培训。培训包括2011至2012年度新任网管教师培训，有网管教师237人参加；2012至2013年度新任网管教师培训，有网管教师246人参加；开展骨干教师培训项目8期，共培训骨干教师1600人次；与谷歌公司联合举办新技术促进信息技术教师专业发展培训，有40人参加；开展校园网综合服务平台建设和网管教师能力提升7门课程培训，有3000人参加；开展3次机器人培训，200名教师参加学习；开展教师说课培训，幼儿园和中小学教师200人参加学习。完成教育部——微软（中国）“携手助学”项目二期和三期创新教师培训项目，西城区、东城区、朝阳区、房山区的骨干教师60人参加培训；完成2012年戴尔“互联创未来”项目，并对教师进行专业化指导和培训工作。

（季茂生）

【完成学生卡账户管理】 至年底，信息中心完成学生卡账户管理。学生卡账户管理系统形成市、区、校三级管理系统，有如CMIS基础数据平台等支撑平台。该中心日常管理包括证件卡制作和发放；学籍卡的初始化和发放；三级信息安全体系维护；账户信息的建立和维护；账户数据传输、存贮和备份；特服电话支持、培训等。至年底，完成学生卡发放和补发工作，共累计发放和补发证件卡433506张、学籍卡313750张。全年完成电子学籍管理，实现小升初、普通高中入学等学生入学资格的认定以及电子学籍管理，跨校资源共享（中小学社会大课堂）以及校内一卡通、市政交通一卡通和平安短信等。

（刘杨玉倩）

【完成市教委网站运维保障工作】 至年底，信息中心完成市教委门户网站（www.bjedu.gov.cn）运维保障工作。全年网站可利用率99.98%，网站页面响应时间平均小于25毫秒，点击量1.53亿次，浏览量2930.89万次。该中心根据意见和建议，完善网站内容和建设工作，将各级各类学校的列表与教育电子地图的学校介绍页面交互链接，通过点击列表中的学校名单即可访问学校的概览情况；完成4000所学校的信息更新工作。同时，完成网站改版的全部技术支持工作，包括服务器部署、迁移，数据迁移，日志同步，页面同步等。

（陈昊）

【维护教育信息网主干网络及骨干光纤】 至年底，信息中心对北京教育信息网（BJENET）主干网络及骨干光纤进行维护。主干网络维护主要包括BJENET出口网络、骨干网络和区县主干节点网络设备的运维及日常管理；和平门网络机房和厂桥IDC机房基础设施设备的维护管理；两地机房相应服务系统的管理维护；接入用户的技术支持及协助；与网络运行维护紧密相关的项目建设及规划协助。维护骨干光纤总长度为698公里（5125芯公里），对不具备入地的架空线采取合缆并线方式进行规范，整治两个城区的两个路段的教育信息网光缆链路。全年，该中心主管的网络设备有：核心电信级大型路由设备25台，汇聚层网络设备55台，各类接入层网络设备120台，各类网络安全设备系统49台（套），网络上线运行的万兆、千兆等通信端口千余个；服务器：直接维护的各类机架式和刀片式服务器700余台、各类存储系统4套。基础设备：大型精密空调8组、大型UPS3台、机房专业消防系统1套、新风系统1套、机房整体配电系统2套。基础应用系统：DNS系统2套，电子邮件系统1套。

（冯慷）

北京教育综合服务中心

【概　况】 2012年，北京教育综合服务中心设有机构4个，共有职工28人，包括在编27人。全年完成教育系统专业技术人员职称评审的组织工作；完成高等院校及科研院所学位证书的发放工作、高等院校及科研院所学位信息年报统计工作；完成市教委政府信息公开和行政许可事务性工作、首都教育咨询服务热线（96391）工作。全年承担北京市人民教育基金会常务理事会办公室日常管理工作。该中心对2012年度学位授予信息报送工作成绩突出的30个集体、24名个人进行表彰。

（罗芳）

【编印《北京市教育系统职称工作文件选编》】 5月，综合服务中心编印

《北京市教育系统职称工作文件选编》。主要为满足区县教委和学校人事干部工作的需求，为北京教育系统人才队伍建设提供政策支持。《选编》共分综合类、计算机考试类、英语考试类、继续教育类，共有442页，字数180336。

（罗芳）

【承担专业技术人员职称评审工作】 至12月，综合服务中心受市教委委托承担教育系统专业技术人员职称评审工作。评审范围涉及中等专业学校高、中、初级专业技术职称，中小学教师高级专业技术职务，高等学校教师高级专业技术职务、教育系统政工系列职称评审，共有440人通过评审。全年，该中心为教育系统17个单位的2011年职称评审结果进行职称备案，备案人数共计118人。

（罗芳）

【承担市教委教育热线和政务公开工作】 至12月，综合服务中心受市教委委托承担政府信息公开和行政许可事务性工作、首都教育咨询服务热线（96391）工作。其中，教育服务热线解答工作咨询共59847件；网上在线问答回复问题共6501件；编印教育热线月报共12期；政风行风热线处理转来信件共计58件；政务公开工作整理、收集市教委印发文件共计1075件；编印信息公开月报共12期；行政许可受理及监察网上报数据共7913件。

（罗芳）

【完成学位信息报送工作】 至年底，综合服务中心完成学位信息报送工作。该工作基本实现上报数据按时、准确、无疏漏，形成动态化、信息化、规范化和制度化管理模式。全年北京市共有学位授予单位145家，其中，高校64家、科研单位81家。2011至2012学年度第二学期北京地区授予学位总人数219022人，其中，博士学位13684人、硕士学位64875人、学士学位140463人。同时，向北京市138家单位，发放学位证书344000本。

（罗芳）

北京市教育系统人才交流服务中心

【概　况】 2012年，北京市教育系统人才交流服务中心（北京高校毕业生就业指导中心）在职职工共有69人，包括编制内19人。中心设有办公室、学籍与就业事务部、人事代理部、市场发展部、宣传推广部、培训交流部、研究室、创业服务部、咨询指导部9个部门。全年服务存档单位数达1113家，档案转入3844份，转出654份，管理教师档案数达2.7万余份；完成4A级人才服务机构创建；完成毕业生就业信息网与北京地区88所高校的校园网深度嵌入。全年共举办各类毕业生就业双选会92场，参会用人单位7394家次，提供需求岗位数量3.3万个，招聘需求人数20.6万个次，服务参会毕业生12.7万人次；举办就业人员各类培训活动11次，共有来自70余所高校的就业工作人员640人次参加培训；举办家庭经济困难及就业困难大学生就业帮扶讲座150场；举办30期101场大学生创业培训；组织北京高校大学生参与第二届全国大学生职业生涯规划大赛；举办首届北京高校大学生PPT技能大赛；组织市教委直属单位、市属高校和区县教委的人事干部共160人参加培训交流活动；该中心启用北京市教育系统公开招聘服务平台，共完成市教委直属单位及各区县教育系统1989人的公开招聘服务；共举办公益性教育综合专场、区县专场招聘会14场。全年发布《2012届北京高校毕业生就业状况调查报告》；编印《北京地区2013届高校毕业生生源信息专刊》。北京高校毕业生就业信息网：www.bjbys.net.cn；北京教育人才网：www.jyrc.com.cn。

（侯文磊）

【开展免费师范生就业招聘工作】 3月21至26日，人才交流中心协助市教委开展免费师范生就业和招聘工作。该工作组织各区县教委人事科赴陕西师范大学、西南大学开展2012年免费师范生就业招聘工作。共有来自北京生源的免费师范生23人落实就业意向。

（侯文磊）

【完成直属单位公开招聘工作】 3至7月，人才交流中心协助市教委完成直属事业单位公开招聘工作。中心启用北京市教育系统公招服务平台，对报考人员的信息统一进行网上管理。服务包括考生报名、资格审核、生成准考证、成绩查询、面试查询等环节。共有16家市教委直属事业单位提供71个岗位，最终有15家单位38个岗位完成招聘41人。

（侯文磊）

【开展人事干部培训】 6至11月，人才交流中心开展市教委直属单位、市属高校和区县教委人事干部培训。培训内容包括劳动合同法、单位招聘和面试组织、人事调配管理、事业单位工资管理、教育系统人事制度改革等。并组织教育系统人事干部赴广东广西两地交流考察。共有来自市教委直属单位、市属高校和区县教委人事干部160人参加培训。

（侯文磊）

【改变《成功就业》宣传形式】 7月，

就业指导中心改变《成功就业》宣传形式。该中心将原纸质版的《成功就业》专刊转换成移动客户端的“成功就业”彩信。通过信息化手段，每月发送2期，向大学生提供就业指导服务。全年共发送“成功就业”彩信12期，发送数量12万余人次。

（侯文磊）

【开展服务满意度调查】 12月，人才交流中心（就业指导中心）开展服务满意度调查。该中心向北京地区53所高校、156个用人单位、10个直属单位和市委教育工委、市教委5个业务处室发放满意度调查表，对中心9个业务部门进行满意度调查。满意度评价满分10分，平均分9.6分。调查结果显示，服务对象对该中心的26项服务项目满意度达到96%。

（侯文磊）

【调研高校毕业生就业工作】 至12月，就业指导中心调研北京高校毕业生就业状况工作。调研面向北京地区89所高校的2.2万名应届毕业生和2400家用人单位，采取问卷调查形式，形成《2012届北京高校毕业生就业状况调查报告》和《2012年北京地区高校毕业生用人单位调查报告》。通过连续2年数据调查和分析对比，为市教委政策决策及高校人才培养提供数据支持和决策参考。

（侯文磊）

【完成毕业生学籍审核工作】 至年底，就业指导中心完成毕业生就业手续集中办理、学籍审核工作。该中心共为170所学校和研究生培养单位的毕业生22万人办理就业手续以及打印报到证18.8万张。同时，该中心完成各学历层次新生学籍注册数据61.3万条，学年注册数据199.5万条，毕业生注册数据64.2万条，各类学籍变动数据11.5万条。

（侯文磊）

【投入使用教育部系统网】 至年底，就业指导中心投入使用教育部“三合一”系统。系统实现教育部网络、中心网络和高校网络“三合一”的链接。该中心制作的16期大学生就业指导与服务网络专题节目均同步推送到系统上，使师生及时获得就业指导信息。共有来自北京地区部属和市属的88所院校嵌入该系统。

（侯文磊）

【开展就业困难毕业生帮扶工作】 至年底，就业指导中心开展就业困难毕业生就业帮扶工作。该工作整合中公教育、英孚教育和V播堂等社会培训机构的资源，通过实施就业帮扶项目开展家庭经济困难及就业困难大学生就业帮扶讲座，实现扶贫帮困、优化就业环境的目的。讲座内容包括就业力训练、沟通能力训练、职业英语训练、计算机技术应用训练4个部分。该培训在36所高校和科研院所内开展讲座150场，共有学生1.4万人次参加培训。

（侯文磊）

【开展大学生自主创业培训】 至年底，就业指导中心开展大学生自主创业培训。培训在中国人民大学、北京工业大学、中央民族大学等北京地区20余所高校开展，共举办30期101场次的创业培训和3场创业讲座，累计培训4500人；开展6场创业项目展示活动，参展创业团队和项目160个，共有学生1200人参加。

（侯文磊）

【协助开展培训和挂职相关工作】 至年底，就业指导中心协助市委教育工委开展辅导员专业化培训和博士生挂职锻炼的组织管理工作。通过为期3期的培训，辅导员受到专业化的训练，同时增加相互了解和交流的机会。该中心为挂职锻炼的博士生购买人身意外险。此次共有辅导员606人和博士生254人参加培训和挂职。

（侯文磊）

【完成教育系统人才招聘服务保障工作】 至年底，就业指导中心完成各区县教育系统人才招聘服务保障工作。举办教育综合专场双选会6场，为东城、西城、海淀、朝阳等区县举办公办中小学幼儿园专场招聘会8场，累计服务教育系统单位1092家次，招聘需求人数1.5万人次，参会求职毕业生累计超过1.9万人次。同时，中心完成朝阳区教委5个批次的公招考务工作，共计1569人参加；完成丰台区教委新教师105人的公招综合知识测试及职业素质测试等考试组织、阅卷及成绩汇总录入等工作；进行8个批次的西城区教委新教师274人的职业素质测试考务工作。

（侯文磊）

【开展培训交流工作】 至年底，人才交流中心（就业指导中心）开展多项培训交流工作，加强就业队伍培养。全年共组织各类培训班和交流考察11期，培训70余所高校和科研单位就业工作人员640人次，包括举办就业指导人员专业化培训、职业指导师培训、了解企业（KAB）项目师资培训等；首次举办针对专项就业工作的北京高校研究生就业工作人员培训班和北京高校就业指导课程教学骨干教师培训班。

（侯文磊）

北京市国际教育交流中心
北京市汉语国际推广中心

【概　况】 2012年，北京市国际教育交流中心（北京市汉语国际推广中心、北京市港澳台教育交流中心）有教职工22人，全部在编。全年组织市委教育工委、市教委及直属单位因公出国（境）共计74个团组，出访国家和地区37个，共服务807人次；接待来访团组和机构11个，累计接待120人次；接待来自境外10个国家和地区的13次来访，共149人；

接待来自 24 个国家的驻华使馆官员 184 人参加驻华使馆官员汉语学习课堂项目；开展为期 6 周 50 学时的国家公派出国留学人员汉语及中国文化宣传推广能力培训，有 844 人参加；邀请 7 个国家 10 余所学校的外国师生 300 人参加国际学生北京家庭寄宿文化体验营活动。全年受理国家公派出国留学申请 706 人，录取 269 人；开展境内外交流活动 10 次，来自全球 29 个国家和地区的中外师生 1500 余人参加活动；组织高校留学生和中小学外国学生活动共计 59 次，来自百余个国家的 3000 余人次参加，覆盖全市 60 余所高校及 30 余所中小学；组织各类北京学生涉外活动共计 12 次，涉及全市 270 余所中小学校共计 4300 余人次参加；开展高校小语种及对外汉语专业学生培训，共有学生 185 人参加；组织 248 名学生赴港澳台交流；组织 17 项对外汉语教学推广工作。该中心全年制定《中小学国际汉语教师资格证书项目管理办法（试行）》，修订《留学北京指南》2008 版，组织编写《零起点口语教材》和《游学北京——外国学生语言实践活动手册》。

（邱瑀璐）

【举办4项高校外国留学生比赛】 3至

11 月，国际教育交流中心举办 4 项北京高校外国留学生比赛。3 至 6 月举办第四届北京外国留学生汉语之星大赛，60 余所高校 94 个国家 700 名在京留学生参加比赛，评出“汉语之星”10 人。5 月 18 日举办第六届北京高校外国留学生陶艺比赛，来自北京大学、对外经济贸易大学和北京理工大学等高校 1000 名留学生参加比赛。5 月 19 日，举办北京高校外国留学生中国菜烹饪比赛，来自北京外国语大学、北京语言大学和中国政法大学等高校 47 个国家 600 名留学生参加，内容包括包饺子和炒中国菜两项。10 至 11 月举办第四届北京高校外国留学生汉语辩论赛，20 余所高校 27 个国家的留学生参加比赛。至年底，该中心还组织多项高校留学生交流活动，其中，11 月 26 日至 12 月 1 日组织 15 所高校的 100 名留学生赴江苏体验中国江南文化；组织开展北京高校外国留学生中华文化大课堂活动，100 余个国家的外国留学生 1000 人次参加活动。

（邱瑀璐）

【举办 3 个夏令营】 7 月 13 至 19 日、7 月 22 至 29 日、7 月 24 至 30 日，国际教育交流中心分别举办京港澳学生交流夏令营、2012 国际学生北京夏令营及北京长城夏令营。京港澳学生交流夏令营共有来自北京 11 所中学的师生 248 人、香港师生 46 人及澳门师生 55 人参加。2012 国际学生北京夏令营组织各国学生学习汉语和中国文化课程，参加“中国民间艺术之夜”“中华体育之夜”和“国际友谊之夜”等主题活动，观看功夫表演，参观清华大学、国家博物馆、故宫等景点的文化活动，共有来自 29 个国家的国际师生 1100 余人参加。北京长城夏令营共有来自北京 3 所高中的 45 名师生、台湾地区 35 所学校的 55 名师生参加。

（邱瑀璐）

【组织学生赴境外交流实习】 8至10

月，国际教育交流中心分别组织大学生和高中生赴境外学习和实习。8 月选拔北京高校 102 名学生赴美国开展为期 8～12 周的暑期带薪实习，涉及行政助理、文秘和编辑等 11 个岗位，参与美国实际的工作环节。9 月选拔 29 名北京市优秀中学生到美国当地公立高中开展为期一年的学习，按照美国当地学生生活方式，参加各类文体活动，学习美国高中课程知识和美国文化。

（邱瑀璐）

【出版对外汉语教材】 10 月，国际教育交流中心出版《零起点口语教材》和《游学北京——外国学生语言实践活动手册》。两书由现代教育出版社和华语教学出版社出版，分别为 50 万字和 30 万字。两书由中心组织汉语国际教育专家和中小学基地校的优秀对外汉语教师编纂完成，主要针对北京市中小学外籍学生，以任务型教学为指导理念，结合具体的语言环境，激发外籍学生学习汉语的兴趣，同时注重语言本土知识和语言应用技能的结合，提高学生对汉语运用的综合能力和水平。

（邱瑀璐）

【修订《留学北京指南》】 10 月，国际教育交流中心修订《留学北京指南》（2008 版）。新版本以学校为单位对学校情况进行介绍，着重体现最能代表学校水平和教学特色的优势专业和汉语专业，并宣传北京优质教育。

（邱瑀璐）

【举办5项外国留学生活动】 至年底，

国际教育交流中心举办 5 项北京市外国留学生活动。活动分别是 3 至 6 月举办第四届北京外国留学生汉语之星大赛；5 月举办北京高校外国留学生中国菜烹饪比赛及第六届北京高校外国留学生陶艺比赛；10 至 11 月举办第四届北京高校外国留学生汉语辩论赛；全年开展北京高校外国留学生中华文化大课堂活动。共有来自百余个国家的外国留学生千余人次参加活动。同时，该中心于 11 月 26 日至 12 月 1 日举办“中国文化之旅”活动，共有来自北京 15 所高校的百余名留学生参加。

（邱瑀璐）

【组织境外人员汉语培训】 至年底，国际教育交流中心组织境外人员汉语培训。其中，邀请东南亚汉语教师来京学习汉语教学课程，来自越南、新加坡和韩国等国家的311名教师参加学习；举办驻华使馆官员汉语学习课堂，来自24个国家的184人学习汉语课程、中国烹饪和中医文化体验等内容；组织北京高校汉语教学专家及中小学优秀对外汉语教师分别赴印尼、马来西亚两国五地开展汉语培训，1100名当地汉语教师进行诗词曲教学与欣赏、口语能力评估和文言文现代文教学等内容。该中心还外派9所北京市汉语国际推广基地学校的17名汉语教师赴英国、法国、美国、意大利、加拿大、瑞典、澳大利亚开展汉语教学工作。

（邱瑀璐）

【举办对外汉语教师培训】 至年底，国际交流中心举办12次对外汉语教师培训。其中，举办中小学对外汉语教师继续教育培训，针对不同教学水平教师分级培训；举办汉语教学专题培训15场，800人次参加学习；举办高校小语种专业学生对外汉语培训，200人学习对外汉语专业基础理论、中国文化传播和汉语教学法；举办国家公派出国留学人员培训，844人参加6周50学时的培训，学习汉语教学法和中国文化概论等内容。该中心还组织高校汉语国际教育专业学生赴马来西亚、新加坡开展为期14天的教学实习，开展课题教学、教案设计等实际教学体验，锻炼非母语环境下的对外汉语教学能力。

（邱瑀璐）

【组织北京学生赴境外交流】 至年底，国际教育交流中心组织8批次北京学生赴境外交流活动。活动包括中华文化小使者和国际理解教育赴美国、俄罗斯、加拿大及韩国夏令营；出访师生共计265人，涉及西城、密云、房山、顺义、大兴、延庆6个区县，累计在外天数119天。

（邱瑀璐）

北京学生活动管理中心 北京市少年宫

【概　况】 2012年，北京学生活动管理中心（北京市少年宫、北京市青少年科技馆）占地面积5万平方米、建筑面积1.5万平方米。教职工142人，包括特级教师1人、高级教师23人。聘请兼职教师80人。设有文艺、科技、体育、学科类等培训项目60个，兴趣小组500个，学员8000人。组织北京市青少年儿童进行参观、报告、讲座、演讲、座谈、夏令营及各类型的会演、比赛、国际交流及娱乐活动，年参加人数达300万人次。全年参加各类型国际、国内比赛，获国际奖、全国金奖、银奖、铜奖和北京市第一名的学员400人次。全年接待境外来宾10批300人。

（宋薇）

【举办热带自然科学考察活动】 2月2至7日，学生活动中心举办综合自然考察科学活动。科技兴趣小组师生14人赴云南西双版纳，考察热带生物及热带自然环境，主要包括热带雨林和热带生态环境。活动聘请野外活动专家北京大学附属中学生物高级教师、国家天文台昆明站天文科普专家、中国科学院西双版纳热带植物园人员进行专业指导。

（朱江）

【获7项市青少年科技创新大赛一等奖】 3月25日，在第32届安捷伦北京青少年科技创新大赛中，学生活动中心教师辅导的项目获得7项一等奖。其中，“辅助超声探测机械臂”“落地生根胎生育机制的探索”等6个项目获得中学组一等奖，“用彩色LED模拟环境颜色技术研究”项目获得小学组一等奖。另有3个项目获得二等奖，1名教师获得北京市十佳优秀科技辅导员称号。

（刘星汉）

【举办清明节红色祭奠主题教育活动】 4月1日，学生活动中心举办“感恩革命先烈，践行北京精神”清明节红色祭奠主题教育活动。活动组织学生在市少年宫刘胡兰亭进行宣誓和呼号、听烈士子女讲述父辈们的事迹；随后学生分为两队，一队前往天安门城楼，感受先烈的革命事业，一队前往国家博物馆参观复兴之路。周恩来侄女周秉德、谢觉哉的夫人和儿子谢飘、老红军百岁老人王定国等出席活动。400名来自抗战时期平西抗日根据地中心——门头沟区斋堂小学以及抗日战争时期冀东军区18分军区军械修理所所在地——平谷区山东庄学校的小学生参加活动。

（翟敬群）

【组队参加全国中学生天文奥林匹克竞赛】 4月28日至5月3日，学生活动中心组队参加全国中学生天文奥林匹克竞赛。6名天文小组成员参加决赛，获得高年级组二等奖1个，低年级组二等奖3个、三等奖1个。该比赛由全国天文奥林匹克竞赛组委会主办，全国2170名中小学生参加初赛，其中140人进入决赛，评出高年级组一等奖9个、二等奖13个、三等奖23个，评出低年级组一等奖3个、二等奖14个、三等奖9个。

（刘星汉）

【举办六一主题游园活动】 6月1日，

学生活动中心举办庆祝“六一”国际儿童节主题游园活动。活动以“共忆童年时光，争做四好少年”为主题，举办大型充气玩具、电子游艺、亲子游戏等娱乐活动，同时少年宫新老组员同台演出声乐、器乐、舞蹈等节目。教育部、团中央、全国妇联、市教委、首都精神文明办、团市委、市妇联相关领导以及社会各界道德模范和少年宫新老组员2000人参加游园活动。

（翟敬群）

【举办中俄青少年绘画交流展览】 6

月21至28日，学生活动中心联合莫斯科青少年创造力活动中心共同举办

的中俄青少年绘画交流展览在莫斯科开展。共展出90余幅出自学生活动中心和莫斯科创造力活动中心学生的绘画作品，作品多采用传统题材，中方学生的作品以北京胡同、春节、京剧、逛庙会、皮影戏、捏面人等为题材，俄方学生的作品多以教堂、套娃、克里姆林宫建筑等为题材。

（张萍）

【获华北五省区市舞蹈大赛双项金奖】 7月8至15日，在“精彩华北·炫舞北京”——第六届华北五省区市舞蹈大赛上，市少年宫舞蹈组创作表演的舞蹈《鼠你快乐》获得创作及表演双项金奖。比赛由北京、天津、河北、山西、内蒙古五省区市文联和舞蹈家协会联合主办，北京市承办，中央在京舞蹈院团和高校、五省区市专业和业余舞蹈选手共5000人报名参赛，359个舞蹈作品参与评比，评出一等奖8个。

（孙晓哲）

【开展校外教师教育教学活动基本功测试】 8月20至21日，学生活动中心举办校外教师教育教学活动基本功测试。该中心45岁以下的青年教师46人参加测试，通过说课、测评等方式比赛，由市校外教育督学、北京教育科学研究院专业人员、中国儿童中心教研负责人等组成的评委评定，23人通过测试，获得参加市级比赛资格。

（王宝林）

【庆祝交响管乐团成立15周年】 9月23日，学生活动中心举办交响管乐团成立15周年团庆活动。活动回顾乐团的发展历程，总结乐团的工作成绩。乐团演奏10首具有代表意义的经典曲目。曾与乐团合作过和给予过乐团帮助的指挥家、作曲家及管乐团新老团员200人参加活动。

（徐家辉）

【举办秋季观测实践活动】 10月13日，学生活动中心在怀柔区长哨营满族乡中心小学举办天文观测实践活动。天文组初、中、高级班共10名组员参与活动。初级班开展认星活动；中级班使用望远镜搜寻天体；高级班自己制定计划进行天体摄影尝试，拍摄星座、银河和木星，并拍摄10余个梅西耶天体。活动从20点持续到次日凌晨4点。

（刘星汉）

【举办机器人系列专题讲座】 10月26日，学生活动中心举办机器人系列讲座。讲座听取中国科学院自动化研究所中法合作项目负责人作专题讲座，讲述机器人的发展历史及发展趋势。来自11个区县60名机器人一线教师参加学习讲座。讲座由北京市十一学校举办，是机器人系列讲座的第6讲。该系列讲座共分为五大部分30次讲座，包括机器人基础知识、机器人运动学与动力学、机器人运动控制与自动控制基础、机器人感知与传感器、仿生学与人工智能、机器人最新研究进展情况等。

（张铮）

【承办6项市级艺术类活动】 至12月，学生活动中心共承办6项市级艺术类活动。活动内容包括承办由市委宣传部、市文化局、市教委共同主办的2012年民族艺术进校园活动，活动邀请30家艺术团体，演出400场，其中，中小学318场、大学61场、专场21场，覆盖全市16个区县400所学校。该中心连续8年承办该项活动；承办由市教委主办的庆祝北京市学生金帆艺术团成立25周年系列纪念活动，共有来自全市94所金帆艺术团的10万余人参加活动；承办由市教委主办的2012高雅艺术进校园活动，共组织演出26场；承办由市教委组织的北京大学生艺术团赴新疆和田地区慰问演出活动，有来自清华大学、北京舞蹈学院、中国戏曲学院、中国音乐学院等7所高校的师生参加活动；承办由市委教育工委、市教委共同主办的“青春向上”——2012北京艺术院校成果展示暨新年文艺晚会，共有来自10所艺术院校及普通高校艺术院系的学生300人参加演出；承办首都学生演出季，共组织演出4场，参演人数1200余人。

（林清　陈思　张君　谢丹　曹璐）

【承办22项市级体育比赛】 至12月，学生活动中心共承办由市教委和市体育总局主办的市级体育比赛22项。比赛包括2012年“金帆杯”北京市中学生足球比赛、篮球比赛和排球比赛；2012年“阳光体育”北京市中小学生长跑比赛、轮滑比赛、体育舞蹈比赛、街舞比赛、毽球比赛、乒乓球比赛、跳绳比赛、踢毽比赛、健美操比赛、勇敢小伙伴绑腿跑比赛及少年儿童跳皮筋比赛；2012年北京市中小学生篮球联赛、足球联赛、排球联赛、羽毛球比赛、网球比赛及中学生棒球比赛；第50届北京市中学生田径运动会；北京市第六届“和谐杯”乒乓球比赛；北京市中小学生第六届国家学生体质健康标准测试赛。

（董默轩　傅玥　池飞龙　郭跃）

【承办9项市级校外教育类活动】 至12月，学生活动中心共承办9项市级校外教育类活动。活动包括承办2012年北京市中小学生低碳环保知识竞赛；承办“仰望星空，关注未来”北京金鹏科技教育论坛；承办第四届北京市中小学生科学建议奖评选表彰活动；与海淀区教委共同举办首届北京学生机器人智能大赛；与北京青少年基金会、波音公司共同主办“放飞梦想”——波音航空科普系列活动；承办第三届北京市高中生通用技术设计创意大赛；与索尼探梦科学馆联合主办“爱心助学——科普下乡”互动科学实验活动；承办北京学生科技文化节暨第30届北京学生科技节；承办第四届北京——澳门中学生科技合作交流活动。

（蒋小建　张峥　赵茜）

北京市教育技术设备中心

【概　况】 2012年，北京市教育技术设备中心建筑面积3144.6平方米，包括教学仪器标准展示厅300平方米、库房700平方米。在职职工37人。设有发展规划科、采购科、技术科、管理科。中心主要负责北京市中小学校实验室（专用教室）和教学仪器设备的建设、配备、管理、质量检测及技术咨询服务。全年调研、听课195人次，召开研讨会74次，撰写业务工作文稿38篇，计20万字；公开发表专业论文6篇。

（王玉清）

【召开基础教育技术装备工作会】 1月10日，设备中心召开北京市基础教育技术装备工作会。会议总结交流上年基础教育技术装备工作情况，征求对《北京市基础教育技术装备改革与发展研究报告》和《2012年北京市教育技术设备中心业务工作要点》意见，研究部署本年基础教育技术装备工作任务。市教委领导、各区县教委主管装备主任和市区两级教育装备部门负责人60人参加会议。

（王玉清）

【举办督导监测方法说明培训会】 3月16日，设备中心举办义务教育均衡发展督导监测方法说明培训会。会议邀请北京教育督导与教育质量评价研究中心专家作题为《义务教育均衡发展督导监测方法的说明》报告，解读“一个门槛”（办学条件标准达标）、“两项评估内容”（校际均衡、政府工作）、“一个重要参考”（均衡舆情调查）的含义，说明北京市义务教育均衡发展督导评价指标体系，阐述统计数据的注意事项等。培训旨在明确中小学办学条件达标的评价标准，确保数据的真实可靠，加强办学条件数据统计工作。共有来自各区县装备部门领导和负责办学条件管理系统工作的人员40人参加培训会。

（王玉清）

【召开学校教育装备需求研讨会】 5月30日，设备中心组织召开“走班制”学校教育装备需求研讨会。会议围绕如何在学校推动高中多样化发展过程中研究、分析和解决“走班制”的教育装备需求，如何提高实验室、专用教室、仪器设备使用效益，如何解决传统办学体制下装备使用效益低的困局以及教育技术装备部门如何提前研究“走班制”的办学条件变化和需求等问题进行研讨。共有来自教育部教学仪器研究所、首都师范大学专家及北京市十一学校、北京大学附属中学、北京市古城中学3所实行走班制学校的负责人10人参加会议。

（王玉清）

【召开自制教具工作交流会】 6月14日，设备中心召开北京市自制教具工作交流会。会议总结北京市自制教具评选工作；宣布北京市参加第八届全国优秀自制教具评选活动推荐的作品名单和自制教具的能手名单；邀请自制教具专家点评参评作品；东城区、大兴区的代表交流自制教具的工作经验和做法。来自各区县教育技术装备部门的代表50人参加会议。

（王玉清）

【举办高中学生电源产品检验培训】 6月19日，设备中心举办高中学生电源产品检验培训。培训邀请北京市电子产品质量检测中心的专家结合教学仪器设备行业实际，解读产品性能、安全等国家标准和规范要求，同时现场解答企业代表的提问。共有教学仪器设备生产企业技术人员10人参加培训。

（王玉清）

【召开自制教具评选活动表彰会】 10

月18日，设备中心召开北京市基础教育系统自制教具评选活动总结表彰会。会议总结北京市自制教具评选活动，表彰全国、北京市自制教具评选活动中获奖的先进单位和个人，其中，在第八届全国优秀自制教具评选活动中，获一等奖11个、二等奖4个、三等奖5个，5名教师获“全国自制教具能手”称号。北京市获团体总分第一名。在北京市自制教具评选活动中，丰台区获团体第一名、东城区和西城区并列获团体第二名、石景山区获团体第三名，先进个人2人。共有来自各区县教委、装备、教研部门的负责人、获奖师生代表200人参加表彰会。

（王玉清）

【召开“书香燕京”活动总结表彰会】 12月27日，设备中心组织召开第二届“书香燕京——北京市中小学阅读指导活动”总结表彰会。会议为获奖师生颁奖。教育部相关部门、市教委、北京教育学院以及16个区县的装备部门、学校图书馆代表110人参加会议。该活动开展时间为4至12月，以“我爱北京”为主题，围绕学习和践行北京精神，借助图书、图片、视频等资料，撰写读后感、观后感、论文等形式的作品，并进行征集。活动共收集16个区县569所中小学校师生的征文33970篇，经评审小组评审，共评出教师组征文一等奖55个、二等奖132个、三等奖208个；学生组征文一等奖343个、二等奖943个、三等奖1613个。区县组织先进单位16个，学校组织先进单位145个，先进组织工作者291人，优秀辅导教师679人。同时，该中心配合活动的开展在北京教育装备网开设《知北京、爱北京——第二届“书香燕京”北京市中小学阅读指导活动赏析》专栏，免费提供5GB的数字资源供在线阅览和下载。

（王玉清）

【修订《高中办学条件标准细则》】 12月，设备中心修订完成《高中办学条件标准细则》。修订工作按照新课程改革的要求，满足“逐步扩大学校办学自主权”“高中多样化特色化”的需求，聘请专家研究高中各学科课程标准和教材，按三种模式（1个班需求模式、旧标准模式、新模式）制订物理、化学、生物3个学科的标准细则草稿，基本完成物理、化学、生物、体育、美术学科的修订工作。

（王玉清）

【开展培训工作】 至年底，设备中心组织完成北京市实验室管理人员和图书管理人员培训工作。共培训物理、化学、生物、美术学科专兼职实验室管理人员360人次，图书管理人员400人次。

（王玉清）

北京教育老干部活动中心

【概　况】 2012年，北京教育老干部活动中心有正式教职工17人。设有办公室、活动部、生活服务部、宣传教育科4个部门。拥有活动场地5000平方米（包括景山公园内设的活动分站），设有保健咨询、图书阅览、康复健身、棋牌、沙狐球、台球、乒乓球、卡拉OK、书画、舞美、茶艺等活动厅室，日均接待人次300人。同时，面向教育系统离退休人员组建时装、舞蹈、合唱等兴趣队26个，队员800人。北京教育老干部大学共开设书法、国画和英语口语等8个专业非学历教育课程，共有28个教学班，在校学员1000人。全年组织各类活动近百次，参加活动人次3万人，参与服务教育系统涉老部门举办的各类会议及活动20余次。

（范安娜）

【协办离退休干部春节团拜会】 1月19日，老干部活动中心协助市委教育工委、市教委举办机关离退休干部春节团拜会。团拜会向到场的80岁以上人员赠送吉祥寿礼，向属龙的人员赠送吉祥物，各支部人员表演唱歌、舞蹈等文艺节目。市委教育工委、市教委相关领导及两委机关离退休人员200人参加团拜会。

（张浩）

【举办老教育工作者门球赛】 4月24

至25日，老干部活动中心举办2012年北京老教育工作者门球赛。比赛围绕“北京精神我践行，创先争优乐晚年”主题，采取单循环淘汰。各高校、区县的24支代表队230名运动员参加比赛，东城区教委、房山区教委、怀柔区教委分别获得前三名。

（范安娜）

【开展主题党日活动】 5月3日，老干

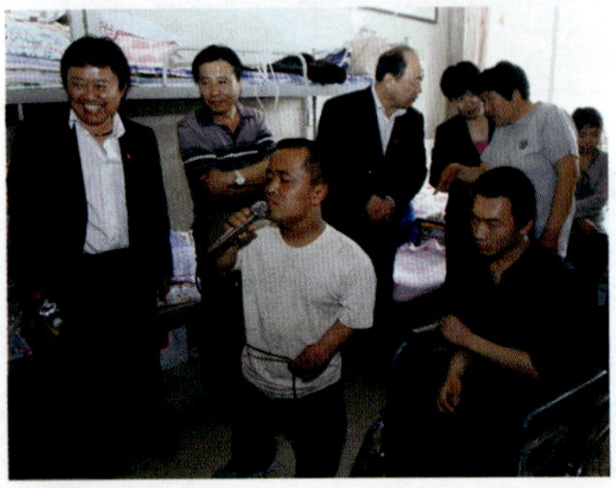

部活动中心到河北省唐山市滦南县“爱心小院”开展主题党日活动。活动以“奉献爱心学雷锋，创先争优展风采”为主题，学习“高淑珍事迹”，向“爱心小院”捐赠慰问金、图书、音像制品等物品，并到残疾儿童课堂看望学生。此次主题党日活动共有党员15人参加。

（张浩）

【承办两委机关离退休干部运动会】 5月8日，老干部活动中心在景山公园举办第六届市委教育工委、市教委机关离退休干部运动会。运动会以“北京精神我践行，创先争优乐晚年”为活动精神，共设置猜谜、沙包掷准、高尔夫球和金球登顶等14个项目。同时，邀请心血管、骨伤科、营养保健等方面的医学专家提供健康咨询、免费理发、茶歇等服务；邀请北京市盲人学校按摩中心的技师提供按摩保健服务。共有200人参加活动。

（张浩）

【举办保健咨询义诊活动】 5月15日

和11月13日，老干部活动中心分别在朝阳区武圣东里社区和通州区教委举办“喜迎十八大，真情送健康”北京教育系统老同志健康咨询义诊活动。活动邀请天坛医院、阜外医院、同仁医院等8名专家义诊，500人进行眼科、心内科、心血管科、中医科、骨科、内分泌科等多个项目的诊疗及健康指导服务。此次义诊活动利用街道、学校和社区资源，通过开展诊疗及保健指导，举办健康常识图片展、发放防病手册等，帮助老同志解决看病就医的实际困难。该活动是活动中心创新服务模式，实现“走出家门、走进基层”，推进老同志“四就近”工作的具体举措之一。

（张浩）

【承办高校离退休人员健身风采展】 5月22日，老干部活动中心举办“北京精神我践行，科学健身乐晚年”北京高校老同志健身项目展示活动。活动包括筷子舞、太极扇、健身操等项目，并有来自19所高校的离退休人员进行第九套广播体操展示表演。市

委教育工委、市教委、市老干部局等单位相关领导出席开幕式，来自清华大学、北京工业大学等30所高校的1000人参加活动。

（张浩）

北京教学植物园

【概　况】 2012年，北京教学植物园有教职工47人，其中，具有生物、园艺、生态、林学、自然资源等专业特长的教师及其他专业技术人员29人。全园规划用地11.65万平方米、房屋面积及构筑物面积11276.54平方米，含温室面积4408.63平方米。拥有树木分类区、水生植物区与人工模拟湿地、草本植物区、农作物区、木化石区、阴生植物区、五谷园、盆景园、热带亚热带植物展览温室、沙生植物展示温室共10个专类园区，科普知识展览室、开放实验室、多功能教室、多媒体报告厅、植物组织培养室、实验材料繁育室等教学设施。园区内，根据中小学教学需要选择和配置植物，共收集引种露地栽培木本、水生、草本植物，热带亚热带等活体标本植物1400余种（含品种）；设有每种植物说明牌、特殊植物和类群植物说明牌、各专类园区简介牌和科普橱窗、太阳能利用、雨水收集、黑光杀虫灯、人工和自动气象站、城市生态环境监测站等科普设施。全年开展植物大课堂，举办教师业务培训，参与青少年科普、竞赛活动，辅导学生科技项目和开展科技实践活动等，服务师生和社区居民16.5万人次；指导学校开展绿化美化、建校园植物小径，为大中小学提供生物实验、劳动技术课实习材料，服务师生约11.47万人次。完成中小学生植物

栽培实践、绿色北京青少年体验活动、教学办公设备购置等5个专项工作。教师及指导的学生科技项目、撰写的论文获全国竞赛一等奖2项、二等奖4项、三等奖1项；获市级竞赛一等奖16项、二等奖26项、三等奖19项、专项奖3项。

（段洁）

【承办“中外教师与学生论坛”】　3月24日，教学植物园承办第32届安捷伦北京市青少年科技创新大赛“中外教师与学生论坛”。论坛以“科学求真与爱国创新”为主题，分为主题发言和互动讨论两个环节。来自中外的科技教育专家与学生300人参加活动。大赛组委会授予该园第32届北京青少年科技创新大赛“特别贡献奖”。本论坛由北京市科学技术协会主办，北京青少年科技活动中心、北京科技教育促进会与教学植物园共同承办。

（段洁）

【多项科技项目获奖】　3至8月，教学植物园教师及指导的学生的多项科技项目获奖。其中，在第27届全国青少年科技创新大赛中，该园教师指导的“香烟浸出液对春羽介壳虫的防治实验”项目获科技创新成果一等奖；“农杆菌介导的转录因子CBF1基因转化中华结缕草及抗冷性研究”等3个项目获二等奖；“中生代始祖鸟、孔子鸟和甘肃鸟的栖息行为初探”获三等奖。在第32届北京市青少年科技创新大赛中，该园教师指导、选送的8名学生科技项目参赛，其中，4项获创新成果一等奖、3项获二等奖、1项获三等奖；获“自然与生命探索”一等奖和“未来技术精英”称号1项、“博益创新奖”1项、“理光可持续发展奖”1项；选送的20幅科学幻想画作品获一等奖1项、二等奖10项、三等奖9项。该园教师的2项科技创新成果竞赛项目获科教制作类一等奖，4项获科教方案类二等奖、3项获三等奖。在第12届北京市中小学生金鹏科技论坛活动中，报送的25个参赛项目获一等奖9项、二等奖10项、三等奖6项。

（段洁）

【开展教师业务培训交流活动】　3至10月，教学植物园开展多项教师业务培训交流活动。活动以专题讲座、课堂讲授、观摩实践、研讨座谈等形式，为中小学相关学科的教师开展各类业务培训30次，举办业务研讨、座谈会4次，共有469所学校的教师1800人参加。3至4月，该园为城六区305所中小学、教师教育研修院举办《中小学生植物栽培实践活动》培训14场，605名中小学劳技、生物、科学课教师参加。3至5月，与城六区部分劳技、生物、科学课教研员分别针对中小学生植物栽培实践活动、市花进校园活动进行研讨交流；接待朝阳区垂杨柳校区科技教师参观学习，就科技创新教育实践途径与方法进行座谈；与崇文教育研修学院开展教研活动，交流、展示教学植物园特色活动方案。5至6月，为参加北京市中小学生科学建议奖活动的东城、通州、大兴、顺义区教师培训6次，共700人参加。5至10月，为海淀、西城、平谷、大兴、延庆等区县青少年活动中心、科技馆、学校科技教师作题为《如何辅导学生开展科技教育活动》《如何辅导学生开展社会实践学习》《如何辅导学生申报金鹏科技小论文》等专题培训7次，共有340人次参加。6至9月，为参加市花进校园活动的学校、东城职工大学、大兴区部分小学科学课教师举办《月季文化及栽培技术》《植物识别》培训和现场教学，共150人参加。

（段洁）

【开展社会科普活动】　3至10月，教学

植物园开展多项社会科普活动。该园通过举办科普展览、为电视台录制科教宣传片、开展种植技术咨询等形式的活动6次，服务市民万余人。3月18日，参与中国科学技术协会主办的“走进科普春天”活动，展出《十大名花巧治病》《珍稀濒危植物》等4项专题科普展板80块，接待中小学生和社会公众2000人；4月9日，为云南卫视“养生汇”栏目录制《阳台种菜》节目；5月14至21日，参加鄂尔多斯市“科技与生活”科技活动周活动，举办《植物与生态环境》《蔬菜的营养》《有机农业认证》等8项主题展览，共接待中小学生和社会公众6000人；6月30日，为北京电视台“生活面对面”栏目录制《把你的家变成菜园》节目；9月25日，开展科普进社区活动，开设4个专题展览，向丰台区宋家庄红狮家园居民介绍阳台种花、养菜知识，发放绿色环保宣传材料；10月25日，与东城区漪园社区共同举办文化节活动，为社区居民开展家庭养花、种菜技术咨询服务等科普活动。

（段洁）

【参与组织多项市级竞赛科普活动】　3至12月，教学植物园参与组织多项市级竞赛、科普活动。活动服务中小学师生5万人。其中，3月24日，承办第32届北京市青少年创新大赛“中外教师与学生论坛”；4月24日，协办“第七届（2012）北京阳光少年活动交流展示会”；6至12月，协办第18届北京市中小学生自然科学知识竞赛，负责生物竞赛题出题、接待学生参观学习；8月，参与由环球健康与教育基金会和北京市科学技术研究院主办的首届环球自然日——青少年自然科学知识挑战赛学生展览部分评选工作。

（段洁）

【举办科普讲座进校园活动】　4至12月，教学植物园举办科普讲座进校园活动。该园教师走进中小学校园，共开展专题科普讲座6场，有师生850人参加学习。其中，在清华大学附属中学朝阳学校分别作题为《奇趣植物》和《植物数学》科普知识讲座，600人参加学习；在北京市第二中学分校、西城区福州馆小学作《盆栽植物栽培技术》专题讲座，共有150人参加学习；在平谷镇罗营学区作《识别植物的方法》专题讲座，50人参加学习；在朝阳区新升小学作《秋天的植物》科普讲座，50人参加学习。

（段洁）

【举办主题科技周活动】　5月21至27

日，教学植物园举办“植物与绿色生态环境”主题科技周活动。活动内容包括观察和探究“神奇的带刺植物”“树的名片——叶”和“形态各异的茎”等趣味活动；“中学生与科学家面对面——植物与生态环境主题沙龙”；参观城市生态系统观测站，邀请中国科学院生态环境研究中心的专家介绍相关设施、常识，并与学生现场交流。来自北京工业大学附属中学、东城区史家胡同小学、中华女子学院师生230人参加活动。

（段洁）

【承办绿色北京青少年体验活动】　5月、6月、10月，教学植物园分别在“五一”劳动节、“六一”儿童节和“十一”国庆节期间，举办“我的自然之旅”——绿色北京青少年体验活动。活动内容包括雨林求生模拟、百草园吉尼斯、叶片拓画等20项集教育、娱乐和实践为一体的活动。同时，设有科普讲座，独角剧“麋鹿传奇与动物联合国大会”表演，绿色电影院“龙猫”“天空之城”等4部环保影片循环放映，《生命的起源》和《地球上的狂骑》球幕电影放映，《植物的启示》《奇妙的生物技术》和《数字博物馆》等10项主题科普展览及科普教具互动展示等科教宣传活动，免费接待来自各区县及部分外省市中小学生及社会公众7万人次。

（段洁）

【开展市花进校园活动】　6月6日，教学植物园开展市花月季进校园活动。该园与北京花卉协会在北京第一师范学校附属小学联合举办“市花进校园”活动启动仪式。活动为城六区16所中小学赠送栽植工具及月季花苗1800余株，讲解和示范月季栽植要领，指导学生参与栽种实践，为参加

活动的中小学自然、生物课教师开展《月季文化及栽培技术》专题培训；为共建单位白纸坊小学提供100盆月季花木和盆、土、肥料，组织党员与该校师生共同在校园内种植。

（段洁）

【入选首批环境教育基地】　6月7日，教学植物园入选首批北京市环境教育基地。该园经自愿申报、专家评审、现场评定、社会公示等环节，入选北京市环境教育基地。该评选由市教委、市环保局和团市委共同命名，首批8家入选环境教育基地。

（段洁）

【举办两项科普展览进校园活动】　6至12月，教学植物园举办两项科普展览进校园活动。其中，在平谷镇罗营学区举办《植物——人类生存环境的忠诚卫士》《植物知识问答》《扮靓你的家居》等主题展览，300人观展；设计制作的《植物与城市生态环境知识》展板2套4块，先后在北京育英中学、北京市八一中学等20所中小学校进行校际传递展出。两项活动共服务师生2.73万人。

（段洁）

【五谷园建成投入使用】　7月30日至9月26日，教学植物园投资20.31万元完成五谷园（农具展示实验区）建设工程。其中，建木质展示屋42平方米、木质平台59.29平方米、木栈道196.26米、木篱笆110.5米、木质影背和木门亭各1座。

（段洁）

【开展职工学习大讲堂活动】　9至12月，教学植物园开展教职工学习大讲堂活动。该活动以专题讲座形式开展，邀请专家、同行举办7场讲座，内容涉及《义务教育生物学科课程标准修订与生物科学教育》《发展中的四国校外教育——北京国际少年宫发展交流活动介绍》《开展自然科普教育的思路和方法》《教师基本功测试》《自然公园生态文化教育体系建设与运营》《北京城市生态系统长期研究——学习十八大精神生态知识专题讲座》和《科学发展观是社会主义现代化的根本指导思想》等。该园教职工39人参加活动。

（段洁）

【获全国科普日活动特色活动奖】
10月，教学植物园举办的“保护绿色植物，共建生态城市”活动，获“2012年北京市全国科普日活动特色活动奖”。活动包括植物与城市环境科普知识展览、植物与环境科学的学生体验、探究活动、植物与生态环境科普讲座等，有学生1000人参加。

（段洁）

【开展植物大课堂活动】　至12月，教学植物园开展植物大课堂活动。该园在清华大学附属中学朝阳学校、北京小学、中华女子学院等7所大中小学开展《植物的变化》《植物给人的灵感》《居民区常用绿化植物》等7个专题科普讲座9场，1070人参加学习；为北京市文汇中学、北京市新英才学校等7所中小学以及东城区青少年科技馆开展“认识我们身边的动植物”“探索植物的奥秘”和“乡土植物”等现场教学活动19次，1100人次参加学习；为北京市第八中学、北京市通州区芙蓉小学等7所中小学指导栽培实践及家庭养花种植技术咨询服务，共接待学生430人；为东城培智中心学校、成长联盟、北京工业大学附属中学等单位开展“多彩的植物世界”“生态环境与身边的植物”“新迎花展”“玉米文化节”等主题活动、共举办夏令营11次有900人参加；为北京农学院、北京工业大学、国家林业干部学院等5所高校学生开展植物识别、实操培训等教学活动11次，668人次参加；开展中小学生植物栽培实践活动，来自东城、西城、朝阳等6个城区的中小学生3万人参加活动；以参观讲解、观看科普展览和科教片、动手动脑体验等形式，接待全市大中小学和幼儿园师生、社会公众7.1万人次。全市共有10.5万余人次参加植物大课堂活动。

（段洁）

【举办6次中小学生绿色科技培训】至12月，教学植物园举办6次中小学生绿色科技培训。共服务会员校学生近240人。其中，举办金鹏科技论坛预备会，为入围中小学生金鹏科技论坛的俱乐部会员做赛前准备和答辩辅导，20余人参加；举办“科学讨论会”冬令营活动，请专家为参加青少年科技创新大赛的学生进行科技项目选题、设计、实施、数据整理、论文撰写、赛前准备和模拟答辩等培训，有来自东城、西城、海淀、丰台等区县学校学生40人参加；举办“第32届北京市青少年科技创新大赛”俱乐部会员封闭答辩和操作技能测试训练，入围队员及家长20人参加；举办中小学科技项目发展趋势与选题指导培训，来自会员校师生100余人参加；举办“小课题成果汇报会”，教师通过学生演示自己的研究成果，对其课题研究中的日志、照片、论文撰写等方面进行辅导，有来自东城区史家胡同小学、北京育才学校等俱乐部会员校学生35人参加；举办“第33届北京市青少年创新大赛”申报培训，有来自中国人民大学附属中学、北京市第一零一中学等会员校学生20余人参加培训。

（段洁）

【提供教学实验实习材料】至12月，教学植物园配合课改需要为大中小学提供教学实验实习材料。共服务师生114771人，其中，为150所中学的生物实验课提供实验材料2600份，服务师生78000人；为27所小学的劳技课提供实习材料36771套，服务师生36771人。

（段洁）

北京高校房地产开发总公司

【概　况】2012年，北京高校房地产开发总公司总部有正式员工37人，包括高级职称员工5人、中级职称12人。公司内部机构设有办公室、财务部、工程部、合同预算部、资产经营部、市场开发部、贯标办、房改办，有下属北京育新物业管理公司等3家全资子公司、高房（北京）工程项目管理公司等3家控股子公司以及吉林怡恒伟业等4家参股公司。公司具有GB/T19001—2008新版质量管理体系认证资格，为国家一级资质房地产开发企业，下属北京育新物业管理公司为国家一级资质物业服务企业。

（程西台　谭栩）

【通过物业服务企业资质现场审核】8月22日，高校房地产总公司下属北京育新物业管理公司通过北京市住房和城乡建设委员会物业服务企业资质现场审核。审核依照《物业管理企业资质管理办法》的相关规定，对育新物业管理公司进行首次年检。经过核查，市住建委同意该公司的企业管理、项目管理和三标一体化管理等方面通过审核。

（程西台　谭栩）

【签署《北京市新少年宫建设项目委托代管服务协议》】8月28日，高校房地产总公司下属北京育新物业管理公司与北京学生活动管理中心签署《北京市新少年宫建设项目委托代管服务协议》。协议规定育新物业管理公司正式对北京市新少年宫物业服务项目进行接管并开展相关服务工作。

（程西台　谭栩）

【通过华夏认证中心认证审核】9月6至7日，高校房地产总公司接受华夏认证中心的外部审核。审核过程中未出现不合格项，华夏认证中心同意保持公司质量管理体系认证注册资格。10月，公司获得华夏认证中心的保持认证注册资格的通知书。该监督审核每年一次。

（程西台　谭栩）

【签署物业临时代管服务协议】12月24日，高校房地产总公司下属育新物业公司与北京教学植物园签署物业临时代管服务协议。协议规定自2013年1月1日至5月31日为服务期。期间为北京教学植物园提供秩序维护、保洁等服务项目。

（程西台　谭栩）

【中标物业服务定点政府采购项目】12月26日，高校房地产总公司下属育新物业公司中标北京市市级行政事业单位2013年度物业服务定点政府采购项目。中标者为北京市1732家市级行政事业单位提供物业服务。共有122家一级资质物业公司参加投标，34家企业中标。此次政采是北京市组织的首次物业服务政府采购招投标活动。

（程西台　谭栩）

【签订物业管理委托服务协议】12月26日，高校房地产总公司下属北京育新物业管理公司与通州区台湖镇中心小学西校区签署《物业管理委托服务协议》。协议规定自2013年1月1日起，育新物业管理公司开始为台湖镇中心小学西校区提供物业服务。此协议是物业管理项目延伸到中小学校园区和小城镇建设项目方面的一种企业管理业态形式。

（程西台　谭栩）

北京市学生资助事务管理中心

【概　况】2012年，北京市学生资助事务管理中心设有2个部门，有工作人员7人，全部在编。完成各类学校学生资助有关信息汇集、统计和分析工作；监管、指导、检查区县和市属高校、市属中等职业学校学生资助工作。进一步建立健全“奖、助、贷、勤、补、免”为一体的学生资助政策体系，实现学前教育到高等教育的全部覆盖、学龄前儿童到研究生的全部纳入。

（罗芳）

【举办新资助政策实施五周年宣传活动】3月14至28日，市学生资助管理中心举办庆祝新资助政策实施五周年宣传活动。该宣传活动通过中心制作宣传片、宣传画册、事迹文集、理论文集，以及编印《北京市学生资助新政策实施五周年工作回顾》《北京学生资助工作探索与实践》《圆梦——北京市学生资助新政策实施五周年学生风采》《资助育才 成就梦想》等展现北京市学生资助工作的发展情况。同时，该中心通过《现代教育报》连续20期对受助学生事迹进行报道。该宣传活动始于1998年，至今连续举办5年。

（罗芳）

【加强学生资助工作考核】5月，市学生资助管理中心加强学生资助工作考核。为提升北京市学生资助工作管理规范化和科学化，制订《北京市区（县）学生资助工作绩效评价方案》《北京市中等职业学校学生资助工作绩效评价方案》《北京市普通高校学生资助工作绩效评价方案》。各方案要求各区县、市属高校、中职学校对照评价标准进行自评，旨在打造一批学生资助工作标杆单位，同时对工作质量较差的单位，采取个别约谈的方式，提出具体要求和改进方向。

（罗芳）

【协助学生食堂价格平抑资金落实】 12月，市学生资助管理中心协助市教委落实学生食堂价格平抑资金。随着学生食堂价格平抑资金的启动，北京市首次建立学生食堂价格平抑资金制度，共涉及8550名在京部委属院校和5400名市属院校大学生的11834.54万元平抑资金拨付到位，政策惠及所有在京高校。

（罗芳）

【实现资助资金运行高度信息化】 至年底，市学生资助管理中心实现资助资金运行高度信息化。该中心借鉴财政预算资金监控模式，实现市、校双向互动，通过信息系统，各校每月助学金应发数、实发数实现共享，为追加助学资金的准确拨付提供依据，规范资金管理。

（罗芳）

北京教育志编纂委员会办公室

【概　况】 2012年，北京教育志编纂委员会办公室设有编辑一室、编辑二室和综合办公室，有教职工17人，其中，在编11人，包括高级专业技术职务3人、中级专业技术职务3人。全年基本完成北京教育志第二轮修志全市资料首轮收集工作；编辑出版《北京教育年鉴》（2012），收录文字160万字，图片980幅；编辑出版《北京教育委员会文件选编》（2011），收录文件200份，文字61万字；编印《北京市教育委员会政报》6期；编印《北京教育史志丛刊》4期，收录文字60万字；完成北京教育资料数据中心硬件建设；"百年学校"挂牌、校志研究编写工作和北京教育博物馆筹建工作被列入"人文北京"行动计划折子工程；办公室被评为"北京市地方志系统先进集体"。

（李晓秋）

【入选市地方志系统先进集体】 2月，教志办被北京市地方志编纂委员会办公室和市人力社保局评为北京市地方志系统先进集体。该评选5年评选一次，本年共有20个单位入选，另有169人获得先进工作者称号，其中教育系统3人。教志办成立于1996年，在修志工作中坚持正确的政治方向，求真务实，以史志、年鉴为本，实现"志、鉴、刊、库、馆、网"六业并举目标，体现"存史、资政、教化"的职能。

（王永刚）

【两项工作被列入2012年度折子工程】 6月，市委办公厅和市政府办公厅联合印发《关于印发〈"人文北京"行动计划2012年度折子工程〉的通知》，教志办承担的"百年学校"挂牌、校志研究编写工作和北京教育博物馆筹建工作分别列为第15项工程和第73项工程。教志办设立"北京市中小学校园历史文化传承研究"项目，举办"百年学校"遴选挂牌活动，发掘整理中小学校园史料，推动校史研究、整理工作；研讨北京教育博物馆功能与定位、建筑与设计、筹建步骤等，初步形成筹建方案，获得市教委主任办公会原则通过，并于年内向相关部门提交成立博物馆筹建机构申请，举办"百年学校"专题展。

（王永刚）

【年鉴获全国编校质量一等奖】 8月3

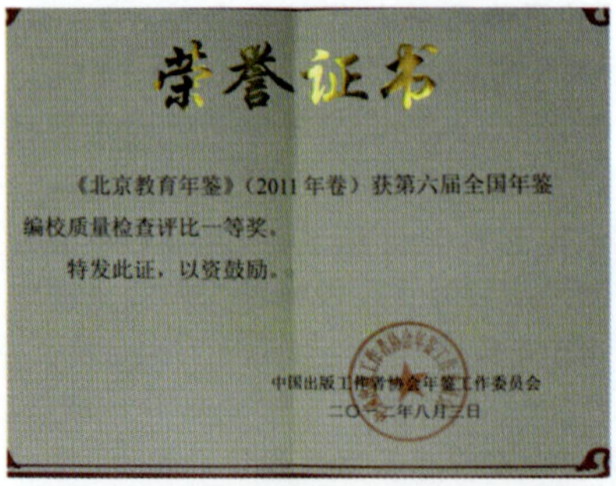
荣誉证书

《北京教育年鉴》（2011年卷）获第六届全国年鉴编校质量检查评比一等奖。

特发此证，以资鼓励。

中国出版工作者协会年鉴工作委员会

二〇一二年八月三日

日，《北京教育年鉴》（2011）获得中国出版工作者协会年鉴工作委员会评选的第六届全国年鉴编校质量检查评比一等奖。该评选每年举办一次，依据国家新闻出版总署《图书质量管理规定》及其附件《图书编校质量差错率计算方法》等相关规定评选，评出特等奖55种、一等奖76种、二等奖73种、三等奖47种。其中，全国教育年鉴中，除《北京教育年鉴》外，《湖北教育年鉴》《沈阳教育年鉴》和《中国教育年鉴》获得二等奖。北京的年鉴中，《北京年鉴》和《北京石景山年鉴》获得特等奖，《北京教育年鉴》《北京科技大学年鉴》和《北京林业大学年鉴》获一等奖，《北京安全生产年鉴》《北京海淀年鉴》和《北京交通年鉴》获得二等奖，《北京朝阳年鉴》获得三等奖。《北京教育年鉴》（2011）是教志办连续出版的第15卷年鉴。

（华蕾）

【举办《香山小学》首发式】 9月25

日，教志办举办的《香山小学》首发式在香山小学举行。《香山小学》由教志办和海淀区香山小学主编，华艺出版社出版发行，全书共计13万字，图片240幅，采用志书体例，分成历史沿革、学校管理、教职工队伍、学生、教育和教学、环境保护与文化建设、体育卫生、总务后勤、学校业绩、大事记10章，系统总结、梳理自1750年香山健锐营正黄旗北小营"小学房"创建至2010年的香山小学近260年的历史资料。

（王永刚）

【获得首届市年鉴编校质量评比一等奖】 10月19日，在北京市地方志编纂委员会办公室和北京市地方志学会联合举办的第一届北京市年鉴编校质量评比颁奖会上，《北京教育年鉴》（2011）获得一等奖。该评选参评范围为北京市各级各类党政机关、企事业单位、社会团体等组织编纂的年鉴，不论公开出版还是内部出版均可参加。经参评单位自查、评委初查、专家复审委员会复审和专家复审委员会审核批准，评出一等奖 19 项、二等奖 22 项、三等奖 18 项、参与奖 13 项。其中，北京教育系统获奖年鉴包括《北京教育年鉴》和《北京外国语大学年鉴》获得一等奖，《中国农业大学年鉴》《北京工业大学年鉴》和《北京理工大学年鉴》获得二等奖，《北京林业大学年鉴》《首都经济贸易大学年鉴》和《顺义教育年鉴》获得三等奖。

（华蕾）

【洪峰调研教育博物馆筹建工作】 10 月 29 日，洪峰至教志办调研北京教育博物馆建设工作。洪峰听取博物馆筹建工作汇报，观看现藏教育文物，指出要尽快向相关部门申请成立博物馆筹建机构，多渠道收集文物，以北京教育发展史为主线，将之办成全国性的教育博物馆。

（王永刚）

【举办《故学巡礼》专题片昌平区首发式】 11月8至9日，教志办召开《故学巡礼》专题片昌平区首发式暨“百年学校”历史文化传承研究交流会。会议总结《故学巡礼》昌平区拍摄工作，观看项目宣传片《采撷星光炫亮使命》和西贯市回民小学校史专题片《星月璀璨映回小》，向昌平区学校代表赠送《星月璀璨映回小》（西贯市回民小学）、《武庙文韵贯古今》（昌平一中）、《古柏书香继大成》（昌平二中）3 部专题片。“百年学校”历史文化传承研究交流会以教志办“北京市中小学校园历史文化传承研究”项目为核心，交流学校史志工作经验，邀请北京教育科学研究院专家辅导校志编写工作，海淀区教科所、香山小学交流校志编写经验。16 个区县史志年鉴工作负责人，首批 33 所“百年学校”代表和昌平区中小学代表 60 人参加交流会。

（林业）

【《北京教育年鉴》（2012）出版】 12 月 15 日，《北京教育年鉴》（2012）出版。该书为 889mm×1194mm 大 16 开本，全书四色铜版纸印刷，文前配 32 页彩色插页，随文图片 980 余幅。全书共计 160 万字，条目 4500 条，全面记录 2011 年北京教育改革发展情况，电子版光盘配套发行。2012 卷年鉴有四个变化，其中，新增“文献”栏目，全文收录 2011 年北京教育的 3 个重要的文献资料：《北京市中长期教育改革和发展规划纲要（2010～2020）》《北京市学前教育三年行动计划（2011～2013）》和《首都中长期教育人才发展纲要（2010～2020）》；增设“特载”栏目，收录清华大学百年校庆的重要讲话等内容；增设“勘误”栏目，对 2007 卷至 2011 卷年鉴中的已知错误进行勘校，采取错（错字）、脱（漏字）、衍（多字）三种形式对已知错误加以更正；随文图片首次尝试使用跨栏设计，在双栏编排的栏目中，尝试调整随文图片的尺寸，采取跨栏、通栏编排的形式设计随文图片，增强整体设计感。视频年鉴《2011 北京教育纪事》配套发行，总时长近两个小时，分上集综述篇和资讯篇、下集事业篇和学校篇，集中反映北京教育事业的重点工作和全局性工作。

（华蕾）

【完成资料数据中心硬件建设】 12 月，教志办完成北京教育资料数据中心硬件建设。该数据中心为北京教育资料库建设的重要组成部分，位于东玖大厦 A 座 407 室，占地面积 300 平方米，分为办公查询服务区和资料库区，配备专用书柜、资料柜存放教育史志资料，为资料整理工作人员和管理员配备专用工作台、计算机和其他操作设备，为前来查询资料人士提供查询计算机和阅览桌等；同时开展室藏纸质资料的数字化工作和电子资料的编目工作，以方便用户使用计算机和网络进行查询、阅读，拓宽教育史志资料利用途径。

（胡雨）

【基本完成第二轮修志资料收集工作】 至 12 月，教志办基本完成第二轮修志资料收集工作。第二轮资料收集工作共涉及两委一室各处室、直属直管单位、区县教委、高校等单位共 179 个，共上报首轮资料单位 118 个，占资料收集单位总数的 70%，资料内容涉及 1991～2010 年大事记、概述、照片等相关资料。5 月 25 日，北京教育志编纂委员会印发《北京教育系统第二轮修志工作规划（修订）》《〈北京志·教育志〉〈北京教育志〉编纂工作实施方案》以及《关于〈北京志·教育志〉〈北京教育志〉主编、副主编的说明》，进一步明确北京教育系统第二轮修志工作指导思想和工作原则、主要目标和任务，明确教育志书编纂的具体要求以及主编、副主编的职责分工。6 月 19 日，市委教育工委、市教委联合印发《关于开展北京教育系统第二轮修志资料收集工作的通知》，教育系统修志工作正式进入资料收集阶段。6 月 28 日和 7 月 3 日，教志办分别召开北京教育系统第二轮修志工作会议和第二轮修志资料收集工作信息员培训会议，布置首轮资料收集工作。

（张驰）

北京教育新闻中心

【概　况】 2012 年，北京教育新闻中心设有办公室、策划部、网络视频部，有职工 8 人，全部在编。主要职责包括教育舆情监测与分析、教育新闻宣传平台开发与建设、策划实施教育系统重大新闻宣传活动、承担与中央及市属媒体联络沟通协调工作以及教育新闻宣传资源库建设及宣传品制作等。全年中心重点做好首都义务教育均衡发展、首都教育十年成就、庆祝第 28 个教师节等专题宣传；与媒体合作开办宣传首都教育典型和先进理念的专版专栏；组织“网络媒体进校园——探访身边特色校”“现代教育大讲堂”等专题系列宣传；与北京电视台合作推出百名特级教师寄语开学公益宣传片；组织“平凡的感动”——首都十大教育新闻人物评选活动。

（赵园园）

【举办走进区县首都义务教育均衡发展成果宣传活动】 3月，新闻中心举办首都义务教育均衡发展成果宣传活

动。活动以“走进京郊学校——首都农村义务教育面面观”和“努力办好每一所学校，实现城区义务教育高水平均衡发展”为主题，组织媒体赴相关区县开展集体采访报道，先后采访报道昌平区课业减负、延庆县“开放式办学”与师德建设、西城区教学联合体以及顺义区、密云县等区县的义务教育均衡发展的经验和成果。共有来自新华社、《人民日报》、人民网等中央及市属主要的新闻单位参与报道活动。

（赵园园）

【与媒体合作开办首都教育宣传专版专栏】　4月，新闻中心与中央及市属媒体合作推出宣传首都教育优秀典型和先进理念的专版专栏。其中，与《中国青年报》合作推出“寻找青春榜样”专栏，宣传首都高校优秀大学生典型事迹；与《京华时报》合作推出“我们身边的好老师”专栏，宣传首都基础教育优秀教师典型事迹；与《北京晚报》合作推出“走进特色校”专栏，宣传办学特色鲜明的基础教育优质校；与《北京晨报》和北京电视台合作举办“我和我的老师——首都高校大学生眼中的辅导员”征文活动，并录制征文颁奖暨首都高校辅导员风采展示晚会。

（赵园园）

【开展网络媒体进校园专题系列宣传活动】　5月，新闻中心开展“网络媒体进校园——探访身边的特色校”专题系列宣传活动。活动联合相关媒体网站推出专题网页，重点宣传城区的优质特色中小学，总结和宣传北京市推进城区义务教育均衡发展的工作思路和举措，展示义务教育均衡发展成果。共有新浪网、搜狐网、网易网、千龙网、人民网、新华网等主流网络媒体参加此次专题系列宣传活动的报道。

（赵园园）

【开展庆祝教师节宣传活动】　9月，新闻中心开展庆祝第28个教师节宣传活动。活动以北京市人民教师先进事迹为宣传主题，联合《北京日报》、北京电视台，推出“园丁风采录”专题报道；联合人民网、新浪网、千龙网推出教师节网络宣传专题，介绍首都教师队伍建设工作思路、措施及成效；联合市教委官方微博开展“教师节寄语”网络互动活动。

（赵园园）

【与电视台合作推出特级教师寄语开学公益宣传片】　9月，新闻中心与北京电视台合作推出开学励志公益宣传片。宣传片以“百名特级教师寄语开学”为主题，邀请北京市100名特级教师从不同角度，用朴实凝练的语言向全市中小学生送上开学寄语。寄语内容既有教师最想对学生说的话，又有提醒学生开学注意事项以及新学期新学科该做哪些准备等各方面实用信息。该宣传片在北京电视台科教频道播出。

（赵园园）

【开展“首都教育十年成就”专题宣传活动】　10月，新闻中心开展“首都教育十年成就”专题宣传活动。活动以“义务教育均衡发展”“山区寄宿制学校营养餐工程”“中小学校安工程”“高校科技创新工程”等为主题，组织中央及市属主要媒体赴实地采访，并以专题报道、专版宣传等形式宣传报道。该项宣传活动是在迎接党的十八大胜利召开期间进行，向社会展示首都教育改革发展事业十年来取得的成果，树立首都教育事业“以服务首都经济社会发展，满足人民群众教育需求为己任”的工作形象。

（赵园园）

【组织首都十大教育新闻人物评选活动】　11月，新闻中心联合北京电视台、《北京日报》、人民网等多家媒体联合开展“平凡的感动”——2012首都十大教育新闻人物评选活动。活动面向首都教育系统的师生及关心首都教育发展的各界人士，发掘首都教育的感人事迹并宣传其故事。活动通过媒体宣传评选活动及候选人事迹，引导首都市民正面关注首都教育事业，弘扬尊师重教的良好风尚。来自朝阳区劲松第四小学、北京师范大学、北京育才学校等10名教师获得“平凡的感动——2012首都十大教育新闻人物”称号；“7·21”特大暴雨救人的中国青年政治学院的“十二勇士”获得“平凡的感动——2012首都十大教育新闻人物”集体称号。

（赵园园）

（本栏责任编校　张晓白）

统计表

2012～2013学年度北京教育事业统计资料

一、综合

1—1　各级各类学校校数、教职工、专任教师情况

单位：人

	学校数（所）	教职工数		专任教师	
		计	其中：女	计	其中：女
总　计	**3314**	**346555**	**219899**	**204812**	**142099**
一、高等教育	**179**	**146801**	**71499**	**64052**	**30302**
（一）研究生培养机构	(135)			(45052)	(12875)
1. 高等学校	(56)			(36539)	(11179)
2. 科研机构	(79)			(8513)	(1696)
（二）普通高等学校	91	137277	66494	60004	28131
1. 中央部委属高校	37	96993	44897	38536	15742
2. 市属高校	54	40284	21597	21468	12389
其中：公办高校	39	33377		17979	
民办高校	15	6907		3489	
（三）成人高等学校	19	3407	1937	1527	989
（四）民办的其他高等教育机构	69	6117	3068	2521	1182
二、中等教育	**760**	**94433**	**61674**	**66537**	**48290**
高中阶段教育	419	94433	61674	66537	48290
其中：普通高中	289	78730	52768	57379	42333
中等职业教育	130	15703	8906	9158	5957
其中：普通中专	31	3738	1942	1984	1269
成人中专	11	592	324	342	187
职业高中	54	7834	4915	4928	3524
技工学校	34	3539	1725	1904	977
初中阶段教育	341				
三、小学教育	**1081**	**55710**	**41644**	**46783**	**36953**
四、工读学校	**6**	**300**	**93**	**212**	**70**
五、特殊教育	**22**	**1231**	**859**	**898**	**699**
六、学前教育	**1266**	**48080**	**44130**	**26330**	**25785**

注：1. “（）”内数据未包含在总计中。

2. 自2011年起，教育部实行主体校统计原则，教职工数和专任教师数均统计在最高层次学校内。普通高中教职工数包含普通初中。

1—2　各级各类学历教育学生情况

单位：人

	毕（结）业生数	招生数	在校生数
一、高等教育	**466202**	**595309**	**1777024**
（一）普通本科、专科生	152980	162042	581844

续表

	毕（结）业生数	招生数	在校生数
专科	41448	38792	108313
本科	111532	123250	473531
（二）成人本科、专科生	94728	107082	265049
专科	44939	47845	108283
本科	49789	59237	156766
（三）网络本科、专科生	148003	220001	607880
专科	86721	130256	328273
本科	61282	89745	279607
（四）研究生	70491	87044	252175
硕士	57020	69581	183463
博士	13471	17463	68712
（五）在职人员攻读硕士学位		19140	70076
二、中等教育	**224938**	**254790**	**732224**
（一）高中阶段教育	129156	146657	426714
1. 普通高中	55657	63381	193505
其中：北京市户籍	52208	55728	174089
2. 中等职业教育	73499	83276	233209
普通中专	16111	14753	59895
成人中专	23523	27398	64858
职业高中	19281	21925	64987
技工学校	14584	19200	43469
（二）初中阶段教育	95782	108133	305510
其中：北京市户籍	79250	71109	212437
三、小学教育	**109492**	**141738**	**718655**
其中：北京市户籍	71313	74550	394472
四、工读学校	**294**	**299**	**728**
五、特殊教育	**1747**	**1190**	**8118**
六、学前教育	**79131**	**115248**	**331524**

补充资料：外国留学生在校学生数为40549人。

1—3　各级各类非学历教育学生情况

单位：人/人次

	毕（结）业生数	在校生数
总计	**3290415**	**2588277**
一、高等教育	**590496**	**8018**
（一）自考助学班	4401	2534
（二）普通预科班		18013
（三）研究生课程进修班	12782	381838
（四）进修及培训	573313	33889
其中：资格证书培训	50205	45389
岗位证书培训	118837	90398

续表

	毕（结）业生数	在校生数
二、中等教育	**2699919**	**2580259**
其中：资格证书培训	450958	389865
岗位证书培训	369291	323816
中等职业教育	59864	36752
其中：资格证书培训	24756	20051
岗位证书培训	16799	7389
职业技术培训机构	2640055	2543507
其中：资格证书培训	426202	369814
岗位证书培训	352492	316427

1—4　各级民办教育基本情况

单位：人

	学校数（所）	毕业生数	招生数	在校生数	教职工数		兼任教师
					计	其中：专任教师	
总计	**669**	**62338**	**82577**	**276753**	**42921**	**22563**	**4874**
一、高等教育	**84**	**22418**	**20526**	**67679**	**13024**	**6010**	**4403**
民办普通高校	15	22418	20526	67679	6907	3489	2158
本科		8348	10903	38802			
专科		14070	9623	28877			
民办其他高等教育机构	69				6117	2521	2245
二、中等教育	**94**	**12125**	**18405**	**52127**	**8996**	**5636**	**285**
高中阶段教育	77	5081	9402	26410	8996	5636	285
民办普通高中	55	3543	7315	19675	7808	5017	53
民办中等职业教育	22	1538	2087	6735	1188	619	232
初中阶段教育	17	7044	9003	25717			
三、民办小学	**40**	**5350**	**10899**	**51426**	**1852**	**1302**	**9**
四、民办幼儿园	**451**	**22445**	**32747**	**105521**	**19049**	**9613**	**177**
另有：民办职业技术培训机构	1242	1036214		1077599	34965	13391	9698

注：民办培训机构毕业生数为结业人次数，在校生数为注册学生数。

二、高等教育

2—1　普通高等学校基本情况

单位：人

	学校数（所）		本专科学生数			教职工数								
	计	其中：中央部委属	毕业生	招生	在校生	合计	校本部教职工					科研机构人员	校办企业职工	其他附设机构人
							计	专任教师	行政人员	教辅人员	工勤人员			
总计	**91**	**37**	**152980**	**162042**	**581844**	**137277**	**112664**	**60004**	**22159**	**16783**	**13718**	**13437**	**1745**	**9431**
按类型分														
本科院校	65	37	122554	133517	502301	125311	100920	53843	19223	15510	12344	13401	1680	9310
其中：独立学院	5		5454	6528	24247	2081	2081	1267	301	125	388			
专科院校	26		28783	27006	75046	11331	11109	5761	2834	1182	1332	36	65	121
其中：高等职业学校	25		27539	25731	71243	10986	10776	5518	2790	1149	1319	25	65	120

续表

	学校数（所）		本专科学生数			教职工数								
	计	其中：中央部委属	毕业生	招生	在校生	合计	校本部教职工					科研机构人员	校办企业职工	其他附设机构人
							计	专任教师	行政人员	教辅人员	工勤人员			
其他机构（不计校数）	4	1	1643	1519	4497	635	635	400	102	91	42			
按性质类别分														
综合大学	5	3	20314	21013	73353	26560	17638	7450	3962	2907	3319	7504	299	1119
理工院校	31	12	62061	67287	241560	49873	44158	25660	8063	5080	5355	3353	933	1429
农业院校	3	1	6741	6333	23686	4498	4081	2401	919	551	210	18	91	308
林业院校	1	1	3160	3352	13218	1750	1656	1147	248	184	77		57	37
医药院校	4	2	3022	3527	12765	17048	9056	2999	1328	3964	765	2238	25	5729
师范院校	2	1	4436	4966	19236	5806	5628	3388	939	837	464	34	144	
语文院校	9	5	11171	11797	42484	7317	6694	4002	1447	663	582	182	41	400
财经院校	16	2	23167	23537	83904	10879	10721	6108	2287	1108	1218		116	42
政法院校	8	5	10081	10789	35611	6365	6228	2835	1336	766	1291	2	2	133
体育院校	3	1	2588	3001	10958	1696	1607	980	371	95	161	20	9	60
艺术院校	8	3	3502	3628	13808	3599	3455	1951	843	485	176	50	28	66
民族院校	1	1	2737	2812	11261	1886	1742	1083	416	143	100	36		108
按举办者分														
1. 中央部门	37	37	71152	77825	299717	96993	73547	38536	13603	12450	8958	13239	1382	8825
教育部	25	25	53189	57164	223312	62263	53798	29520	10204	7609	6465	4537	1152	2776
其他部门	12	12	17963	20661	76405	34730	19749	9016	3399	4841	2493	8702	230	6049
2. 地方	39		59410	63691	214448	33377	32210	17979	6988	3863	3380	198	363	606
教育部门	24		46045	48521	174480	26097	25101	14057	5351	3053	2640	152	296	548
其他部门	15		13365	15170	39968	7280	7109	3922	1637	810	740	46	67	58
3. 民办	15		22418	20526	67679	6907	6907	3489	1568	470	1380			

2—2 全市分学科研究生数

单位：人

	毕业生数			招生数			在校生数		
	合计	硕士	博士	合计	硕士	博士	合计	硕士	博士
总计	**70491**	**57020**	**13471**	**87044**	**69581**	**17463**	**252175**	**183463**	**68712**
其中：女	34245	29092	5153	42258	35651	6607	118165	93303	24862
按学科分									
哲学	631	416	215	703	463	240	2256	1349	907
经济学	4185	3467	718	5869	4939	930	14398	10940	3458
法学	7201	6246	955	7561	6378	1183	21881	17378	4503
教育学	2512	2203	309	3139	2742	397	8568	7166	1402
文学	4260	3694	566	4894	4173	721	13389	10612	2777
历史学	597	428	169	694	507	187	2077	1360	717
理学	6437	3807	2630	9106	5373	3733	27917	14784	13133
工学	26377	21799	4578	32642	26295	6347	99198	71915	27283
农学	2541	1972	569	2930	2195	735	8124	5560	2564
医学	4195	2647	1548	4710	3291	1419	14336	9280	5056
军事学	29	17	12	43	32	11	125	78	47
管理学	9433	8483	950	11915	10660	1255	31663	25912	5751
艺术学	2093	1841	252	2838	2533	305	8243	7129	1114

续表

	毕业生数			招生数			在校生数		
	合计	硕士	博士	合计	硕士	博士	合计	硕士	博士
总计中：学术型学位	56361	43411	12950	60950	43851	17099	193344	126252	67092
专业学位	14130	13609	521	26094	25730	364	58831	57211	1620

三、中等职业教育

3—1　中等职业学校基本情况

单位：人

	学校数	学生数			教职工数		聘请校外教师
		毕业生	招生	在校生	计	其中：专任教师	
总计	**96**	**58915**	**64076**	**189740**	**12164**	**7254**	**1451**
其中：女		30008	37077	102876	7181	4980	775
按办学类型分							
普通中专学校	31	11849	9836	40326	3738	1984	563
成人中专学校	11	21912	25405	54469	592	342	412
职业高中学校	54	19512	22396	69018	7834	4928	476
附设中职班（不计校数）	25	5642	6439	25927			
按举办者分							
中央部门（机构）	7	789	568	2441	216	151	206
地方	67	56588	61421	180564	10760	6484	1013
教育部门	42	35400	37772	116974	7509	4838	513
其他部门	20	19644	23088	58567	2624	1343	476
地方企业	5	1544	561	5023	627	303	24
民办	22	1538	2087	6735	1188	619	232

四、普通中学

4—1　普通中学分区县基本情况

单位：人

	学校数(所)		班数		毕业生数		招生数		在校学生数		教职工数	
	合计	其中：高中及完中	初中	高中	初中	高中	初中	高中	初中	高中	合计	其中：专任教师
总计	**630**	**289**	**9354**	**5764**	**95782**	**55657**	**108133**	**63381**	**305510**	**193505**	**78730**	**57379**
首都功能核心区												
东城区	43	34	686	579	7880	5656	8386	6079	24622	18517	6324	4536
西城区	51	43	841	846	9460	8128	9941	7945	28488	24306	8162	5909
城市功能拓展区												
朝阳区	80	34	1293	554	9508	4520	15230	5401	38670	16229	9074	7244
丰台区	44	19	630	309	6211	2719	6800	2922	19344	9267	5166	3606
石景山区	25	9	307	155	2964	1380	3410	1843	9619	5067	2390	1796
海淀区	75	62	1668	1204	18149	12143	22183	14441	61262	42203	12126	9216
城市发展新区												
房山区	47	15	631	277	6528	2446	6325	3064	19298	9640	4678	3401
通州区	40	14	517	317	5346	2719	6231	3686	17187	11564	4788	3387
顺义区	38	9	472	323	5232	4078	5721	3994	16571	12494	4397	3312
昌平区	44	16	533	287	4395	2028	5945	3064	15795	8804	4606	3416
大兴区	41	13	558	303	5377	2323	5354	3350	16990	10472	4792	3744

续表

	学校数(所)		班数		毕业生数		招生数		在校学生数		教职工数	
	合计	其中：高中及完中	初中	高中	初中	高中	初中	高中	初中	高中	合计	其中：专任教师
生态涵养发展区												
门头沟区	17	4	163	65	1809	612	1695	814	4745	2585	1285	893
怀柔区	22	4	255	125	2757	1341	2455	1611	7162	5043	2529	1689
平谷区	20	4	256	148	3417	2189	2464	1814	7858	6128	3372	1798
密云县	23	5	317	159	4056	1898	3416	1980	10407	6805	2653	1876
延庆县	20	4	227	113	2693	1477	2577	1373	7492	4381	2388	1556

五、小　　学

5—1 小学分区县基本情况

单位：人

	学校数	班数	毕业生数	招生数	在校生数	教职工数	
						合计	其中：专任教师
总计	**1081**	**21989**	**109492**	**141738**	**718655**	**55710**	**46783**
首都功能核心区							
东城区	63	1433	7962	8162	46721	4280	3455
西城区	72	1730	8680	11083	55636	4514	3823
城市功能拓展区							
朝阳区	128	3358	13181	21444	98530	7241	6553
丰台区	87	1958	10277	12186	65935	4583	3902
石景山区	31	670	3516	4240	21386	1600	1386
海淀区	107	3693	20942	25110	131547	7199	6644
城市发展新区							
房山区	108	1371	6800	8378	41979	3644	2925
通州区	81	1485	7131	11889	54212	3584	3081
顺义区	39	1014	5224	6890	35858	2763	2262
昌平区	99	1540	5616	10356	50670	3388	2844
大兴区	88	1305	6404	8294	42418	3529	3012
生态涵养发展区							
门头沟区	35	386	2033	1946	11106	1506	1203
怀柔区	25	458	2555	3015	15483	1775	1195
平谷区	44	525	2925	2974	15542	2501	1735
密云县	40	594	3640	3739	19705	2092	1510
延庆县	34	469	2606	2032	11927	1511	1253

六、工读学校

6—1 工读学校基本情况

单位：人

	学校数（所）	班　数（个）	离校人数	入校人数	在校生数	教　职　工　数	
						计	其中：专任教师
总　计	**6**	**43**	**294**	**299**	**728**	**300**	**212**
其中：女			44	31	85	93	70

七、特殊教育

7—1 特殊教育学校基本情况

单位：人

	学校数	班数（个）	毕业生数	招生数	在校生数				教职工数	
					计	小学	初中	高中	计	专任教师
合计	**22**		**1747**	**1190**	**8118**	**4894**	**2892**	**232**	**1231**	**898**
其中：女			633	414	2899	1739	1026	134	859	699
按残疾类别分										
视力残疾		17	59	62	286	184	85	17		
听力残疾		64	152	126	894	469	294	131		
智力残疾		246	1414	899	6309	3828	2297	184		
其他残疾		5	122	103	629	413	216			
按学校类别分										
特殊教育学校		306	394	485	2923	1812	779	332		
小学附设特教班		26	14	10	164	163	1			
小学随班就读			678	148	2919	2919				
普通初中附设特教班										
普通初中随班就读			661	547	2112		2112			

注：小学附设特教班中有初中阶段学生。

八、幼儿园

8－1 幼儿教育基本情况

单位：人

	园数（所）		班数	在园幼儿	教职工数					
	合计	其中：独立设置少数民族幼儿园			计	其中				
						园长	专任教师	保健医	保育员	其他
合计	**1266**	**9**	**11882**	**331524**	**48080**	**1892**	**26330**	**1748**	**8194**	**9916**
城区	922	8	9821		42041	1557	22669	1566	7492	8757
镇区	179	1	1272		4321	202	2540	134	530	915
乡村	165		789		1718	133	1121	48	172	244

九、职业技术培训机构

9—1 职业技术培训机构基本情况

单位：人

	学校数（所）	教学班（点）（个）	结业生数（人次）	注册学生数	教职工数		聘请校外教师
					计	其中：专任教师	
总计	**3711**	**40644**	**2640055**	**2543507**	**58613**	**19306**	**19934**
一、职工技术培训学校（机构）	86	2127	83290	38332	1025	705	496
教育部门和集体办	1	1	12759	4740	83	73	55
其他部门办	8	176	11331	8572	123	70	61
民办	77	1950	59200	25020	819	562	380
二、农村成人文化技术培训学校（机构）	2107	8519	804835	451245	1640	815	2868
教育部门和集体办	2102	8497	801936	451245	1631	809	2851
其中：县办	29	2879	189071	188382	180	36	701

续表

	学校数（所）	教学班（点）（个）	结业生数（人次）	注册学生数	教职工数		聘请校外教师
					计	其中：专任教师	
乡办	641	3443	388745	184305	595	394	731
村办	1432	2175	224120	78558	856	379	1419
其他部门办	5	22	2899		9	6	17
民办							
三、其他培训机构（含社会培训机构）	1518	29998	1751930	2053930	55948	17786	16570
教育部门和集体办	84	41	87527	106478	3566	1007	1463
其他部门办	192	180	628189	869853	17417	3388	5409
民办	1242	29777	1036214	1077599	34965	13391	9698

十、校外教育

10—1 校外教育基本情况

单位：人

	单位数（所）	教职工数		兼职辅导员	本学年初		上学年度	
		合计	兼职其中：专职辅导员		活动小组数（个）	参加小组学生数	参加小组学生数	参加群众活动人数
总计	**555**	**2285**	**1370**	**1833**	**8208**	**376521**	**720049**	**5318871**
少年宫	21	1380	834	748	5829	210767	352445	4354443
少年科技馆	7	204	153	45	480	27430	72729	473970
少年之家	29	349	228	420	1067	111383	257243	436115
少年活动站	498	352	155	620	832	26941	37632	54343

（本栏责任编校　林业）

附　录

学　前　教　育

北京市幼儿教师“半日评优”活动获奖名单

特等奖（10人）

昌平区机关幼儿园　徐颖
海淀区恩济里幼儿园　郑涛
北京市第一幼儿园　蔡涛
北京市第五幼儿园　石利颖
朝阳区劲松第一幼儿园　陈超
北京市宣武回民幼儿园　张慧姿
怀柔区第二幼儿园　陈素娟
丰台区蒲黄榆第一幼儿园　张悦
北京市北海幼儿园　褚潇
延庆县第二幼儿园　安辛

一等奖（21人）

东城区光明幼儿园　任晓燕
北京市第一幼儿园附属实验园　邓蕊
西城区三教寺幼儿园　齐彤
朝阳区劲松第一幼儿园　杨倩
朝阳区亚运村第一幼儿园　李敬懿
朝阳区三里屯幼儿园　李慧芹
朝阳区团结湖第一幼儿园　牛红霞
朝阳区安华里第二幼儿园　赵丛笑
北京大学幼教中心　赵娜
北京科技大学幼儿教育中心　杨金玲
空军直属机关蓝天幼儿园　冯琢
北京师范大学实验幼儿园　李嘉
中国科学院第二幼儿园　仲彬斌
丰台区丰台第二幼儿园　杨颖
石景山区幼儿园　赵雪飞
石景山区实验幼儿园　左振红
通州区新城东里幼儿园　张岩
平谷区第二幼儿园　陈冬艳
顺义区天竺中心幼儿园　冯东芳
密云县第四幼儿园　王春梅
昌平区机关幼儿园　王会玲

二等奖（29人）

西城区棉花胡同幼儿园　胡素华
北京市第七幼儿园　王曼
西城区名苑幼儿园　李明月
北京市公安局幼儿园　张小倩
朝阳区新源里第二幼儿园　张佳
朝阳区光华路幼儿园　张雅静
朝阳区三里屯幼儿园　丁振鹏
朝阳区亚运村第二幼儿园　宿瑞华
朝阳区惠新里幼儿园　崔莹
北京市立新学校幼儿园　王雪珩
军事医学科学院幼儿园　黄萍
武警部队总部机关幼儿园　孟帆
北京市六一幼儿院　朱金岭
丰台区丰台第一幼儿园　陈彩霞
丰台区蓝天华凯幼儿园　王峥
解放军总后勤部六一幼儿园　赵萍
丰台区人民政府机关幼儿园　王晴
丰台区方庄第二幼儿园　印萍
首钢大地老山东里幼儿园　范宏钰
密云县第六幼儿园　郎雪婷
房山区房山幼儿园　张文苹
房山区良乡幼儿园　王志嫒
房山区房山幼儿园　张秋媛
房山区房山幼儿园　陆晓燕
大兴区黄村第一幼儿园　郑亮
大兴区第七幼儿园　丁琪
大兴区第一幼儿园　杨丽
怀柔区第一幼儿园　何春霞
昌平区教工幼儿园　刘新茹

三等奖（41人）

朝阳区劲松第一幼儿园　谷金双
朝阳区团结湖第一幼儿园　张燃
朝阳区光华路幼儿园　刘晓兰
朝阳区劲松第二幼儿园　孙义杰
朝阳区松榆里幼儿园　庞亚军
朝阳区亚运村第一幼儿园　陈蕾
朝阳区亚运村第二幼儿园　赵薇薇
朝阳区安华里第二幼儿园　王莉丽
朝阳区安华里幼儿园　郎梦露
海淀区人民政府机关幼儿园　李婧
北京明天幼稚集团　马欣
总参谋部军训和兵种部机关第一幼儿园　刘海燕
海淀区四季青镇常青幼儿园　王瑾
解放军总参谋部军训和兵种部机关第二幼儿园　赵洁
北京师范大学实验幼儿园　韩丹
北京市清华洁华幼儿园　王桂红
丰台区嘉园第一幼儿园　胡亚丽
丰台区榆树庄园艺术幼儿园　李玥
丰台区花城幼儿园　申慧
丰台区青塔第二幼儿园　王源
装甲兵工程学院幼儿园　阎静
门头沟区幼儿园　冯艳飞
房山区房山幼儿园　张丽娟
房山区良乡第二幼儿园　朱艳红
房山区青龙湖镇中心幼儿园　张艳冬
房山区韩村河镇中心幼儿园　项杰
密云县穆家峪镇中心园　李楠
密云县大城子镇中心园　朱大芳

大兴区第三幼儿园　周娜
大兴区第二幼儿园　孙静
燕山区小天使幼儿园　高艳
平谷区第一幼儿园　刘凤苹
通州区新城东里幼儿园　薛红梅
北京市运乔蓝天幼儿园　靳芳
延庆县第三幼儿园　晏怀英
昌平区工业幼儿园　何维
昌平区财贸幼儿园　白如
顺义区南法信中心幼儿园　王如意
顺义区建南幼儿园　杨亚文
顺义区宏城幼儿园　王红超
顺义区石园北区幼儿园　郑燕斌

（华蕾）

基　础　教　育

基础教育课程教材改革实验项目学校

东城区（10所）
北京市第十一中学
北京市第二十七中学
北京市第五十中学
北京市东直门中学
东城区和平里第一小学
东城区和平里第四小学
东城区革新里小学
东城区板厂小学
东城区西中街小学
东城区黑芝麻小学

西城区（12所）
北京市第四中学
北京市第三十五中学
北京市育才学校
北京市华夏女子中学
北京师范大学附属实验中学
北京小学
北京市宣武回民小学
西城区黄城根小学
西城区北礼士路第一小学
北京市宣武师范学校第一附属小学
北京第二实验小学
北京师范大学亚太实验学校（小学部）

朝阳区（20所）
北京市第八十中学
北京市第九十四中学
北京市和平街第一中学
北京市日坛中学
北京市三里屯一中
北京师范大学朝阳附属中学
北京第二外国语学院附属中学
朝阳区白家庄小学
朝阳区定福庄第二小学
朝阳区定福庄第四小学
朝阳区双桥第一小学
朝阳区左家庄第二小学
朝阳区京通小学
朝阳区三里屯小学
朝阳区黄胄艺术实验小学
朝阳区新源里小学
朝阳区新源里第四小学
朝阳区八里桥小学
朝阳区劲松第四小学
朝阳区管庄学区

海淀区（21所）
北京市第五十七中学
北京市八一中学
北京市育英中学
北京市太平路中学
北京市立新学校
北京航空航天大学附属中学
北京交通大学附属中学
北京理工大学附属中学
北京钢铁学院附属中学
海淀区中关村第一小学
海淀区中关村第三小学
海淀区翠微小学
海淀区五一小学
海淀区玉泉小学
北京市育英学校（小学部）
海淀区民族小学
北京大学附属小学
北京师范大学附属实验小学
中国人民大学附属小学
北京石油学院附属小学
清华大学附属小学

丰台区（12所）
北京市第十二中学
丰台区第二中学
北京市赵登禹中学
北京市云岗中学
丰台区丰台第一小学
丰台区丰台第五小学
丰台区芳城园小学
丰台区东高地第三小学

丰台区实验小学
丰台区纪家庙小学
北京市洋桥学校
丰台区翠林小学
石景山区（5所）
北京市苹果园中学
北京市高井中学
石景山区古城第二小学
石景山区实验小学
石景山区六一小学
门头沟区（9所）
门头沟区斋堂中学
北京市大峪中学
门头沟区军庄中学
北京第二实验小学永定分校
门头沟区三家店小学
门头沟区育园小学
门头沟区城子小学
门头沟区军庄中心小学
门头沟区妙峰山民族学校
燕山地区（3所）
北京市燕山前进中学
北京师范大学燕化附属中学
房山区燕山星城第二小学
昌平区（11所）
昌平区第二中学
昌平区第三中学
昌平区第四中学
昌平区回龙观中学
昌平区马池口中心小学
昌平区巩华中心小学
昌平区二毛学校
昌平区回龙观中心小学
昌平区第二实验小学
昌平区昌盛园小学
昌平区南口铁道北小学
大兴区（11所）
大兴区第一中学
大兴区魏善庄中学
首都师范大学大兴附属中学
大兴区第二小学
大兴区第三小学
大兴区团河小学
大兴区枣园学校
大兴区黄村镇第三中心小学
北京小学大兴分校
大兴区旧宫镇第一中心小学
北京师范大学大兴附属小学
房山区（13所）
房山区良乡第二中学
房山区电业中学
房山区周口店中学
北京师范大学良乡附属中学
房山区城关小学
房山区城关第二小学
房山区城关第三小学
房山区良乡中心小学
房山区良乡第二小学
房山区良乡第三小学
房山区窦店中心小学
房山区韩村河镇五侯中心小学
房山区周口店地区周口店中心小学
通州区（11所）
通州区郎府中学
通州区潞河中学
通州区漷县中学
通州区运河中学
通州区张家湾镇中心小学
通州区官园小学
通州区玉桥小学
通州区漷县镇中心小学
通州区中山街小学
北京市史家小学通州分校
北京教育科学研究院通州区第一实验小学
顺义区（8所）
顺义牛栏山第一中学
顺义区第一中学
顺义区第五中学
顺义区第八中学
顺义区杨镇第　中学
顺义区马坡小学
顺义区东风小学
顺义区天竺中心小学校
怀柔区（4所）
怀柔区第一中学
怀柔区第三中学
怀柔区长哨营满族乡中心小学
怀柔区怀北学校
密云县（7所）
首都师范大学附属密云中学
密云县西田各庄中学
密云县第五中学
密云县南菜园小学
密云县第六小学
密云县新城子中心小学
密云县东邵渠镇中心小学
平谷区（7所）
平谷区第四中学

平谷区夏各庄中学
北京师范大学附属平谷中学
平谷区第二小学
平谷区金海湖第二小学
平谷区山东庄学区
平谷区大兴庄学区
延庆县（6所）
延庆县第一中学
延庆县十一学校
延庆县永宁中学
延庆县第二小学
延庆县第四小学
延庆县康庄中心小学

（张晓兰）

开展高中特色发展试验项目学校

东城区（11所）
北京市第二十五中学
北京市第六十五中学
北京市第一零九中学
北京市第一六五中学
北京市第一六六中学
北京市第一七一中学
北京市广渠门中学
北京市宏志中学
北京市崇文门中学
中央工艺美术学院附属中学
北京市第五十五中学
西城区（9所）
北京市第四中学
北京市回民学校
西城区徐悲鸿中学
西城区鲁迅中学
西城外国语实验学校
北京师范大学附属中学
北京师范大学第二附属中学
西城区月坛中学
北京师范大学附属实验中学
朝阳区（3所）
北京市第一一九中学
清华大学附属中学朝阳学校
北京市第十七中学
海淀区（9所）
北京市第一零一中学
海淀区中关村中学
海淀区教师进修学校附属中学
中国人民大学附属中学
北京大学附属中学
中央民族大学附属中学
北京市海淀外国语实验学校
北京外国语大学附属外国语学校
北京市第十九中学
丰台区（2所）
丰台区大成中学
首都师范大学附属丽泽中学
石景山区（1所）
北京市京源学校
门头沟区（1所）
北京市育园中学
房山区（1所）
北京师范大学良乡附属中学
大兴区（1所）
大兴区第一中学
通州区（1所）
通州区潞河中学
顺义区（1所）
顺义区第九中学
昌平区（1所）
北京市昌平实验中学
平谷区（1所）
北京师范大学附属平谷中学
密云县（1所）
密云县第二中学
怀柔区（1所）
怀柔区红螺寺中学
延庆县（1所）
延庆县第一中学

（张晓兰）

探索拔尖创新人才培养模式试验项目基地

早期培养试验基地学校
北京市第八中学
中国人民大学附属中学
“翱翔计划”基地学校
北京市第二中学
北京市第五中学
北京市第二十二中学
北京市第一六六中学
北京市第一七一中学
北京景山学校
北京市东直门中学
北京汇文中学
北京市广渠门中学
北京市第四中学
北京市第八中学
北京市第十四中学
北京市第十五中学
北京市第三十五中学
北京市育才学校
北京师范大学附属实验中学

北京师范大学附属中学
北京师范大学第二附属中学
北京市第八十中学
北京市陈经纶中学
北京市第二十中学
北京市第一零一中学
北京市十一学校
清华大学附属中学
中国人民大学附属中学
北京理工大学附属中学
北京市第十二中学
北京市京源学校
通州区潞河中学

（张晓兰）

深化基础教育学校办学体制改革试验项目学校

朝阳区
北京市朝阳外国语学校
海淀区
北京市十一学校
石景山区
北京佳汇中学
顺义区
北京市牛栏山一中实验学校

（张晓兰）

高 等 教 育

2012 年北京市优秀博士学位论文（北京高校）

北京大学

顾雪楠　镁基材料的体液降解与生物相容性研究
丁力　基于碳纳米管的无掺杂高性能 CMOS 器件和集成电路
孙长亮　新型碳氢键与碳氧键的转化反应
游富平　抗病毒天然免疫信号通路调控机制研究
何欢欢　《中观心论》及其古注《思择炎》对外道思想批判的研究
陈儒丹　WTO 争端解决机制不对称性研究——系统与结果如何向原告倾斜
程苏东　从六艺到十三经——以经目演变为中心
史阳　菲律宾阿拉安芒扬人的神话、巫术和仪式研究
方哲宇　表面等离激元纳米结构制备与近场光学表征
周绪杰　系统性红斑狼疮遗传背景研究
蒋尚达　稀土单离子磁体的设计、合成与磁性
王涵　分子动力学模拟的高效算法及其应用

中国人民大学

鞠岩　唐代中书舍人与文学研究
陶然　普查涵盖误差及其事后抽查的理论与应用研究

清华大学

马静　多相磁电复合材料的研究及原型器件探索
闫兴鹏　端泵高重频 MOPA 激光器模式特性及非线性频率变换
戴凌龙　新一代中国地面数字电视演进标准的关键技术研究
鲁斐然　大肠杆菌膜蛋白 UraA 和 AdiC 的结构和转运机制
王朝　超两亲分子的可控自组装与解组装
宋灿立　石墨烯基底上量子材料的制备和扫描隧道显微镜研究

北京交通大学

张田田　微通道内气体流动换热的理论与实验研究

北京工业大学

韩红桂　神经网络结构动态优化设计方法及应用
徐文武　纳米热力学模型及在纳米晶合金相稳定性研究中的应用
冯胜飞　波导耦合金属和介电材料光子晶体光谱学特性研究

北京航空航天大学

刘婷婷　多载波系统的联合收发算法设计研究
铁林　离散双线性系统可控性与临近可控性研究——一种隐函数方法
李珩　胶体光子晶体对光的调控与应用研究

北京理工大学

张金会　离散时间网络化控制系统的分析与综合

北京科技大学

胡澎浩　钛酸铅铋基钙钛矿陶瓷材料的铁电、铁磁和热膨胀性
杨亚　准一维氧化锌纳米材料的力电性能与器件基础
董颖博　含铜尾矿微生物浸矿菌种的选育和浸出规律研究

北京化工大学

周继升　炭/过渡金属氧化物复合纳米结构的设计及其储锂性能研究
韩景宾　层状结构无机一有机复合薄膜材料的组装及性能研究

北京邮电大学

吴永乐　基于传输线理论的广义史密斯圆图、扩展型阻抗匹配器及多性能功率分配器研究
张丽佳　基于光正交频分复用的接入网若干关键问题研究

中国农业大学

孙怡朋　H9 亚型流感病毒的遗传进化规律及其重排病

毒的生物学特性研究

程凌云 白羽扇豆甘油磷脂酶基因参与低磷胁迫的应答与排根形成机制

北京协和医学院

吴晨 遗传变异与食管癌和小细胞肺癌易感性及临床疗效的全基因组关联研究

温雅然 Marie Unna型遗传性少毛症致病基因的识别及功能研究；三例肢端畸形患者 GLI5 基因致病突变的鉴定；两种遗传性皮肤病的致病突变研究

首都医科大学

季宪飞 复苏后心功能障碍的机制研究及参附注射液的保护作用

张洋 P14ARF、P53和P73基因遗传多态性与头颈部鳞状细胞癌患者二次原发肿瘤易感性的相关性研究

北京师范大学

崔孟超 脑内 Aβ 斑块分子探针的设计与评价

孟琢 《说文解字》经学渊源考论

王占魁 价值选择与教育政治——阿普尔批判教育研究的实践逻辑

胡延庆 复杂网络的空间结构、社团结构和渗流理论

陈爱国 短时中等强度有氧运动对儿童执行功能的影响及其脑机制研究

首都师范大学

牛艳艳 流形上的微分 Harnack 估计

中央音乐学院

张有川 里盖蒂音乐创作中和声语言的技法特征与发展轨迹

中央美术学院

曹天成 郎世宁在华境遇及其所画瘦马研究

中国政法大学

尚华 论质证

华北电力大学

王江江 楼宇级冷热电联供系统优化及多属性综合评价方法研究

中国矿业大学（北京）

程宏飞 高岭石插层、剥片及其在橡胶复合材料中应用

中国石油大学（北京）

廉培庆 异常高压碳酸盐岩油藏裂缝成因及渗流机理研究

唐旭 石油产业波及效应理论与模型研究

袁三一 基于地震资料部分谱的稀疏反射系数全息反演方法研究及应用

中国地质大学（北京）

李森 电化学法去除地下水硝酸盐技术研究

蒋小伟 盆地含水系统与地下水流动系统特征

（华蕾）

北京地区高校国家级实验教学示范中心（建设单位）立项名单

北京大学

基础物理实验教学中心
2005 物理类

化学基础实验教学中心
2005 化学、化工类

生物基础实验教学中心
2006 生物类

计算机实验教学中心
2007 计算机类

经济管理实验教学中心
2007 经济管理类

地球科学实验教学中心
2008 地学类

生物医学实验教学中心
2008 医学基础类

考古实验实践教学中心
2009 考古类

中国人民大学

经济管理实验教学中心
2008 经济管理类

新闻传播实验中心
2008 传媒类

清华大学

现代生命科学实验教学中心
2005 生物类

基础工业训练中心
2006 综合性工程训练中心

实验物理教学中心
2006 物理类

力学实验教学中心
2007 力学类

计算机实验教学中心
2007 计算机类

电气工程实验教学中心
2008 电子、电气信息类

机械工程实验教学中心
2008 机械类

环境科学与工程实验实践教学中心
2009 环境类

艺术与设计实验教学中心
2009 艺术类

北京交通大学

物理实验中心
2005 物理类

电工电子实验教学中心
2006 电子、电气信息类

土木工程实验中心

2008 土建类
交通运输实验中心
2009 交通运输类
北京科技大学
材料科学与工程学院实验中心
2007 材料类
北京化工大学
化学化工教学实验中心
2008 化学、化工类
北京邮电大学
电子信息实验教学中心
2007 电子、电气信息类
中国农业大学
生命科学实验教学中心
2007 生物类
食品科学与工程实验教学中心
2009 轻工纺织食品类
北京中医药大学
中医学实验教学中心
2009 中医类
北京师范大学
化学实验教学中心
2007 化学、化工类
生命科学与技术实验教学中心
2008 生物类
中国传媒大学
广播电视与新媒体实验教学中心
2007 传媒类
中国政法大学
法学实验教学中心
2009 法学类
华北电力大学
热能与动力工程实验教学中心
2009 能源动力类
中央音乐学院
乐队实验教学中心
2008 艺术类
北京航空航天大学
计算机学院教学实验中心
2006 计算机类
工程训练中心
2007 综合性工程训练中心
航空航天实验教学中心
2009 航空航天类
北京理工大学
电工电子教学实验中心
2005 电子、电气信息类
工程训练中心
2007 综合性工程训练中心
中国人民公安大学
公安执法实验教学中心
2008 法学类
北京协和医学院
基础医学实验教学中心
2007 医学基础类
北京体育大学
运动人体科学实验中心
2009 其它类
北京工业大学
工程力学实验中心
2006 力学类
土木工程实验教学中心
2009 土建类
北京工商大学
经济管理实验中心
2007 经济管理类
首都医科大学
基础医学实验教学中心
2008 医学基础类
临床技能中心
2009 临床技能类
地理科学与技术实验教学中心
2007 地学类
首都经济贸易大学
经济与管理实验教学中心
2008 经济管理类
北京信息科技大学
电子信息与控制实验教学中心
2008 电子、电气信息类
北京联合大学
应用文科综合实验教学中心
2009 文科综合类

（华蕾）

2012年北京高等学校市级校外人才培养基地立项单位

清华大学
同方威视技术股份有限公司
中国人民大学
外语教学与研究出版社有限责任公司
北京师范大学
中国科学院国家天文台
中国农业大学
淄博市农业技术推广中心
北京化工大学
北京市朝阳区人民法院
中国政法大学
北京市西城区人民检察院
中央财经大学

尤尼泰（北京）税务师事务所有限公司
北京外国语大学
普华永道中天会计师事务所有限公司北京分所
中国传媒大学
北京电视台
对外经济贸易大学
雀巢（中国）有限公司
中央美术学院
中国美术馆
北京科技大学
北京二七轨道交通装备有限责任公司
北京理工大学
方正国际软件有限公司
中国电子科技集团公司第十一研究所
北京语言大学
中国文字博物馆
中国青年政治学院
北京市海淀区人民检察院
中国劳动关系学院
北方凌云工业集团有限公司
中央戏剧学院
中国国家话剧院
北京航空航天大学
北京星航机电设备厂
北京航空航天大学　首都医科大学
北京纳通科技集团有限公司
中国矿业大学（北京）
冀中能源峰峰集团有限公司梧桐庄矿
中国石油大学（北京）
南阳二机石油装备（集团）有限公司
中国地质大学（北京）　北京建筑工程学院
中国新兴建设开发总公司
北京体育大学　北京第二外国语学院
北京青年报社
华北电力大学
北京金风科创风电设备有限公司
国际关系学院
国信招标集团股份有限公司
北京工业大学
北京金隅股份有限公司
首都师范大学
中国科学院过程工程研究所
首都经济贸易大学
德勤华永会计师事务所有限公司北京分所
首都医科大学
北京市卫生监督所
北京工商大学
北京物美商业集团股份有限公司
北方工业大学
石景山区人民法院　石景山区人民检察院
北京农学院
北京首都农业集团有限公司
北京物资学院
一德期货有限公司
北京印刷学院
中国科技出版传媒股份有限公司
北京服装学院
江苏盛虹科技股份有限公司
北京联合大学
北京市档案局（馆）
北京联合大学　北京信息科技大学
北京京城机电控股有限责任公司
北京信息科技大学
北京研华兴业电子科技有限公司
北京建筑工程学院
中国建筑设计研究院
北京石油化工学院
北京中关村软件园发展有限责任公司
北京石油化工学院　北京工业大学
北京第二机床厂有限公司
北京城市学院
北京同仁堂健康药业股份有限公司
北京邮电大学世纪学院
北京邮区中心局
北京工业大学耿丹学院
北京升华电梯有限公司
北京第二外国语学院中瑞酒店管理学院
中国国际贸易中心有限公司中国大饭店

（华蕾）

2011年度认定北京市重点实验室（北京高校）

首都医科大学附属北京同仁医院
鼻病研究北京市重点实验室
北京大学第一医院
泌尿生殖系疾病（男）分子诊治北京市重点实验室
首都医科大学宣武医院
磁共振成像脑信息学北京市重点实验室
北京大学人民医院
风湿病机制及免疫诊断北京市重点实验室
首都医科大学附属北京安定医院
精神疾病诊断与治疗北京市重点实验室
北京大学第三医院
心血管受体研究北京市重点实验室
首都医科大学附属北京地坛医院
新发突发传染病研究北京市重点实验室
首都医科大学附属北京儿童医院
儿童血液病与肿瘤分子分型北京市重点实验室
首都医科大学附属北京同仁医院
糖尿病防治研究北京市重点实验室

北京大学
　肿瘤系统生物学北京市重点实验室
清华大学
　网络多媒体北京市重点实验室
中国石油大学（北京）
　石油数据挖掘北京市重点实验室
北京科技大学
　材料领域知识工程北京市重点实验室
北京理工大学
　毫米波与太赫兹技术北京市重点实验室
北京信息科技大学
　光电测试技术北京市重点实验室
北京理工大学
　化学电源与绿色催化北京市重点实验室
北京师范大学
　能量转换与存储材料北京市重点实验室
中国地质大学（北京）
　非常规天然气能源地质评价与开发工程北京市重点实验室
中国石油大学（北京）
　油气污染防治北京市重点实验室
北京林业大学
　林木生物质化学北京市重点实验室
中国石油大学（北京）
　温室气体封存与石油开采利用北京市重点实验室
北方工业大学
　城市道路交通智能控制技术北京市重点实验室
北京理工大学
　纳米光子学与超精密光电系统北京市重点实验室
北京化工大学
　材料电化学过程与技术北京市重点实验室
北京工业大学
　固体微结构与性能北京市重点实验室
北京科技大学
　功能分子与晶态材料科学与应用北京市重点实验室
清华大学
　精密超精密制造装备及控制北京市重点实验室
北京航空航天大学
　城市运行应急保障模拟技术北京市重点实验室
北京化工大学
　环境有害化学物质分析北京市重点实验室
中国农业大学
　设施蔬菜生长发育调控北京市重点实验室
北京林业大学
　森林资源生态系统过程北京市重点实验室
中国农业大学
　植物源功能食品北京市重点实验室
北京林业大学
　林业食品加工与安全北京市重点实验室
北京工业大学
　博物馆展陈设计与空间实现北京市重点实验室

（华蕾）

2011年度认定北京市工程技术研究中心（北京高校）

北京科技大学
　北京市弱磁检测及应用工程技术研究中心
首都医科大学附属北京天坛医院
　北京市免疫试剂临床工程技术研究中心
首都医科大学附属北京儿童医院
　北京市儿童外科矫形器具工程技术研究中心
清华大学
　北京市多模态医学影像工程技术研究中心
首都医科大学附属北京安贞医院
　北京市大血管外科植入式人工材料工程技术研究中心
北京大学
　北京市新型污水深度处理工程技术研究中心
北京工业大学
　北京市城市交通运行保障工程技术研究中心
北京交通大学
　北京市城市交通信息智能感知与服务工程技术研究中心
北京建筑工程学院
　北京市城市交通基础设施建设工程技术研究中心
北京化工大学
　北京市水性聚合物合成与应用工程技术研究中心
北京理工大学
　北京市纤维素及其衍生材料工程技术研究中心
北京工业大学
　北京市精密测控技术与仪器工程技术研究中心
北方工业大学
　北京市变截面辊弯成形工程技术研究中心

（华蕾）

北京市重点学科、北京市重点学科（培育）名单

北京大学
　应用经济学　一级学科
　心理学　一级学科
中国人民大学
　中国语言文学　一级学科
　中国史　一级学科
　图书情报与档案管理　一级学科
清华大学
　应用经济学　一级学科
　世界史　一级学科
　环境科学与工程　一级学科
　美术学　一级学科

设计学　一级学科
北京交通大学
应用经济学　一级学科
系统科学　一级学科
北京工业大学
光学　二级学科
机械工程　一级学科
计算机科学与技术　一级学科（培育）
土木工程　一级学科
交通运输工程　一级学科（培育）
环境科学与工程　一级学科
北京航空航天大学
动力工程及工程热物理　一级学科
软件工程　一级学科
北京理工大学
力学　一级学科
电子科学与技术　一级学科
北京科技大学
动力工程及工程热物理　一级学科
通信与信息系统　二级学科
环境工程　二级学科
北京化工大学
化学　一级学科
动力工程及工程热物理　一级学科
中国农业大学
生物学　一级学科
生态学　一级学科
园艺学　一级学科
北京林业大学
生物学　一级学科（培育）
农林经济管理　一级学科
北京协和医学院
生物医学工程　一级学科
临床医学　一级学科
护理学　一级学科
首都医科大学
生物学　一级学科
免疫学　二级学科
病理学与病理生理学　二级学科
临床医学　一级学科
药物化学　二级学科
药理学　二级学科
社会医学与卫生事业管理　二级学科
北京中医药大学
中西医结合　一级学科
护理学　一级学科
北京师范大学
体育人文社会学　二级学科
中国史　一级学科
天体物理　二级学科
艺术学理论　一级学科
戏剧与影视学　一级学科
首都师范大学
哲学　一级学科（培育）
教育学　一级学科
心理学　一级学科（培育）
中国语言文学　一级学科
中国史　一级学科
世界史　一级学科
地理学　一级学科（培育）
生物学　一级学科
统计学　一级学科
音乐与舞蹈学　一级学科（培育）
美术学　一级学科
北京外国语大学
法语语言文学　二级学科
北京语言大学
日语语言文学　二级学科
中国传媒大学
电磁场与微波技术　二级学科
艺术学理论　一级学科
中央财经大学
世界经济　二级学科
马克思主义中国化研究　二级学科
统计学　一级学科
对外经济贸易大学
法学　一级学科
会计学　二级学科
首都经济贸易大学
应用经济学　一级学科
统计学　一级学科
会计学　二级学科
外交学院
政治学　一级学科
中国人民公安大学
公安学　一级学科
公安技术　一级学科
中央音乐学院
音乐与舞蹈学　一级学科
中央美术学院
美术学　一级学科
北京电影学院
戏剧与影视学　一级学科
中央民族大学
中国语言文学　一级学科
中国近现代史　二级学科
中国政法大学
政治学　一级学科

马克思主义基本原理 二级学科
华北电力大学
动力工程及工程热物理 一级学科
控制科学与工程 一级学科
中国矿业大学（北京）
力学 一级学科
地质资源与地质工程 一级学科
中国石油大学（北京）
材料学 二级学科
化学工程与技术 一级学科
管理科学与工程 一级学科
中国地质大学（北京）
固体地球物理学 二级学科
材料学 二级学科

（华蕾）

北京市哲学社会科学研究基地建设项目验收结果（北京高校）

验收结果为优秀的研究基地
北京交通大学
北京交通发展研究基地
北京工商大学
首都流通业研究基地
首都医科大学
首都卫生管理与政策研究基地
北京语言大学
首都国际文化研究基地
外交学院
北京对外交流与外事管理研究基地
中国政法大学
法治政府研究基地
验收结果为合格的研究基地
中国人民大学
北京社会建设研究基地
北京航空航天大学
首都高等教育发展研究基地
北京印刷学院
北京出版产业与文化研究基地

（华蕾）

2012年北京市具有招生资格的民办非学历高等教育机构名单

全日制民办非学历高等教育机构（43所）
北京工商管理专修学院
中国信息大学
北京演艺专修学院
北京金融学院
北京人文大学
北京华嘉专修学院
北京现代音乐研修学院
北京北大资源研修学院
北京高等秘书研修学院
北京黄埔大学
北京民族大学
北京计算机专修学院
北京中新企业管理学院
现代管理大学
北京华夏管理学院
北京八维研修学院
北京美国英语语言学院
北京应用技术大学
北京旅游专修学院
北京东方大学
北京文理研修学院
北京财经专修学院
中国管理软件学院
东方文化艺术学院
北京建设大学
北京东方研修学院
北京涉外经济专修学院
北京国际商务学院
北京国际标准舞研修学院
北京珠宝首饰研修学院
北京经济技术研修学院
北京明园大学
北京国际经贸研修学院
北京翻译研修学院
北京经济研修学院
北京瀚林职业研修学院
北京兴华大学
北京卓达经济管理研修学院
北京华大研修学院
北京中国驻颜美容学院
北京影视研修学院
北京新亚研修学院
北京企业管理研修学院
非全日制民办非学历高等教育机构（24所）
北京军地专修学院
中国逻辑与语言函授大学
中国农民大学
北京彼得·德鲁克管理研修学院
北京国际汉语学院
北京京海研修学院
北京东方妇女老年大学
北京心理学函授学院
北京摄影函授学院
北京汉语国际推广中心
北京国际青年研修学院
北京机械工程师进修学院

蒙代尔国际企业家大学
北京社会函授大学
中国教育国际交流研修学院
北京长城研修学院
中关村创新研修学院
北京盛唐研修学院
北京礼仪专修学院
北京职业资格专修学院
北京当代艺术研修学院
中国现代教育研修中心
北京经济管理函授学院
北京高等珠宝研修学院

（华蕾）

北京地区高校就业特色工作项目立项名单

就业队伍建设（1项）

北京科技大学

建设一支高水平、专业化的大学生就业工作队伍

就业调查研究（4项）

中国人民大学

以调研为抓手，科学开展就业工作，健全高校毕业生就业服务体系

北京航空航天大学

服务于拔尖创新人才培养的就业调研反馈机制构建

中国地质大学（北京）

深化就业调研，健全完善招生、培养、就业一体化联动体系

首都经济贸易大学

毕业生就业情况、就业质量与求职状况调研体系建设

就业课程建设（2项）

北京工业大学

基于校院两级管理模式的就业课程体系建设

首都师范大学

职业发展与就业指导精品课程体系建设项目

就业咨询指导（6项）

北京大学

探索建立适合当代中国国情和大学生实际需求的就业指导体系

北京外国语大学

精细化生涯咨询辅导立体体系

中央财经大学

构建全程化、立体式课外就业指导活动体系

北京工商大学

就业咨询指导服务体系化

北京建筑工程学院

“建桥工程”助力学子和谐就业

北京信息职业技术学院

基于大学生职业倾向测评基础上的个性化就业指导

就业引导（4项）

清华大学

构建就业引导工作体系，促进毕业生紧密结合自身发展和国家需要，实现职业生涯持续科学发展

中国农业大学

引导和鼓励毕业生到基层建功立业

北京师范大学

育才宏基——促进毕业生面向教育系统就业

北京农学院

着力构建“四个体系”促进毕业生到基层就业

就业市场建设（4项）

北京化工大学

依托行业特色，拓展毕业生到基层和中小企业就业渠道

北京中医药大学

搭建实践型就业基地，建设共享型就业市场

华北电力大学

电力人才基地建设

中国石油大学（北京）

以服务国家能源战略需求为使命，构建企业—学校—学生三方联动就业市场建设机制，为学生就业和实习实践搭建广阔平台

信息化建设（4项）

北京交通大学

全方位、立体化、一站式就业服务信息化平台建设

北京邮电大学

面向就业全过程的立体化信息服务平台

中国传媒大学

信息化建设

北京信息科技大学

依托行业，打造信息化的高校就业联盟品牌

创业教育（3项）

北京理工大学

“易创计划”大学生创业人培养工程

北京印刷学院

学生创业激励机制建设

北京联合大学

学生创业教育全程解决系统

就业帮扶（1项）

北京体育大学

我国优秀运动员退役后就业安置培训工程

其他（3项）

北京林业大学

从开展分专业就业指导入手，构建就业“精细化”工作体系

对外经济贸易大学

大学生就业创业实验室

中国政法大学

毕业生就业权益保护

（张海涛）

全国高等教育学籍学历管理工作先进集体（北京）

市教委学生处
北京大学教务部
中国人民大学招生就业处
清华大学研究生院
北京交通大学教务处
北方工业大学教务处
中国农业大学教务处
首都医科大学教务处
首都师范大学教务处
对外经济贸易大学研究生院
北京联合大学教务处
北京信息职业技术学院教务处
中国农业科学院研究生院
国家法官学院学历教育部

（张宪国）

全国高等教育学籍学历管理工作先进个人（北京）

李秉桦 北京高校毕业生就业指导中心
贾延政 北京高校毕业生就业指导中心
王卫 北京大学
高宏鹏 北京大学
顾佩 清华大学
魏旺强 北京交通大学
高翔 北京航空航天大学
陈玲 北京理工大学
罗炳玲 北京化工大学
梁凯 北京建筑工程学院
刘淑君 中国农业大学
陆家兰 北京农学院
林萍 北京协和医学院
李珍晖 中国传媒大学
张凤茹 对外经济贸易大学
裴军 中国人民公安大学
王晓琳 中央美术学院
陈亚梅 华北电力大学
边树棣 北京电子科技职业学院
李东雁 北京信息科技大学
段丰娟 中国地质大学（北京）
刑榆羚 北京汇佳职业学院
田园 北京工商大学嘉华学院
张远征 北京化工研究院
石福鹤 东城区职工大学

（张宪国）

职业与成人教育

2011 年北京市中等职业学校示范专业名单

北京铁路电气化学校
电气运行与控制 加工制造类
城市轨道交通车辆运用与检修 交通运输类
北京卫生学校
药剂 医药卫生类
北京市外事学校
酒店服务与管理 旅游服务类
北京市电气工程学校
制冷和空调设备运行与维修 加工制造类
北京市信息管理学校
计算机网络技术 信息技术类
北京卫生学校
护理 医药卫生类
北京市园林学校
园林 农林牧渔类
北京市延庆县第一职业学校
中餐烹饪 旅游服务类
北京市商业学校
会计 财经商贸类
北京市昌平职业学校
园林绿化 农林牧渔类
北京市信息管理学校
动漫游戏 文化艺术类
北京市电气工程学校
楼宇智能化设备安装与运行 土木水利类
密云县职业学校
数控技术应用 信息技术类
北京市昌平职业学校
汽车运用与维修 交通运输类
北京市商业学校
珠宝玉石加工与营销 文化艺术类
密云县职业学校
客户信息服务 信息技术类
北京国际职业教育学校
计算机网络技术 信息技术类
北京商贸学校
金融事务 财经商贸类
北京市供销学校
会计 财经商贸类

（华蕾）

2012 年高等学校在京举办函授教育教学辅导站、校外学历教育教学点检查备案单位

中国石油大学（北京）成人教育学院东城校外教学点
中国石油大学（北京）成人教育学院朝阳校外教学点

中国石油大学（北京）北京市大兴区第二职业学校校外教学点
中国石油大学（北京）北京丰台区校外教学点
中国石油大学（北京）北京东城区文汇培训学校校外教学点
中国人民公安大学北京警察学院校外教学点
中国人民大学海淀区教育考试培训中心校外教学点
中国农业大学南城校外教学点
中国农业大学北京水利水电学校校外教学点
中国农业大学北京市顺义区社区教育中心校外教学点
中国农业大学北京市海淀区达德职业技能培训学校校外教学点
中国农业大学北京市房山区农业机械化学校校外教学点
中国农业大学北京农业职业学院校外教学点
中国地质大学崇文区财贸学校校外教学点
中国地质大学北京商业学校校外教学点
中国地质大学北京翻译研修学院校外教学点
中国传媒大学北京西城经济科学大学校外教学点
中国传媒大学北京金航新媒体技术培训中心校外教学点
北京师范大学通州区教师研修中心校外教学点
北京师范大学首都联合职工大学校外教学点
北京师范大学北京宣武红旗业余大学校外教学点
北京师范大学北京新东方烹饪技能培训学校校外教学点
北京师范大学北京市昌平区成人教育学校函授教育函授站
北京师范大学北京东城区现代远程教育培训中心校外教学点
华北电力大学北京文理研修学院校外教学点
华北电力大学北京市海淀区达德职业技能培训学校校外教学点
华北电力大学北京供电培训学校校外教学点
华北电力大学北京翻译研修学院校外教学点
对外经济贸易大学首都联合职工大学校外教学点
对外经济贸易大学北京市昌平区成人教育学校校外教学点
北京交通大学京煤集团校党校外教学点
北京交通大学东城职工大学校外教学点
北京交通大学北京宣武红旗业余大学校外教学点
北京交通大学北京市顺义区社区教育中心校外教学点
北京汽车工业控股有限责任公司干部学校校外教学点
北京化工大学燕化石化校外教学点
北京化工大学北京工业技师学院校外教学点
北京化工大学北京市昌平区成人教育学校函授教育辅导站
北京林业大学北京市海淀区向导学校校外教学点
北京林业大学北京广播电视大学房山分校校外教学点
北京林业大学北京市海淀区思德培训学校校外教学点
北京语言大学北京市财会学校校外教学点
北京理工大学北京宣武红旗业余大学校外教学点
北京航空航天大学北京市海淀区金航教育培训学校校外教学点
北京科技大学北京市顺义区社区教育中心校外教学点
北京体育大学国家总局训练局职工体育运动技术学校校外教学点
北京体育大学国家体育总局冬季运动管理中心校外教学点
中央民族大学北京新亚研修学院校外教学点
中央民族大学北京西城经济科学大学校外教学点
中央民族大学北京市西城实用信息培训学校校外教学点
中央民族大学北京市海淀区职工大学校外教学点
中央民族大学北京旅游专修学院校外教学点
中央民族大学北京广播电视大学房山分校校外教学点
中央民族大学北京房山名师职业技能培训学校校外教学点
中国政法大学北京吉利大学校外教学点
中国青年政治学院西城教育考试中心校外教学点
中国青年政治学院北京市海淀区向导学校校外教学点
中国劳动关系学院北京市西城区实用信息培训学校校外教学点
中华女子学院北京市房山职业学校校外教学点
首都经济贸易大学北京市纺织党（干）校校外教学点
北方工业大学石景山区委党校校外教学点
北方工业大学门头沟区财贸干校校外教学点
北方工业大学北京市房山职业学校校外教学点
北方工业大学北京广播电视大学昌平分校校外教学点
北京工业大学西城财贸管理培训学校校外教学点
北京工业大学北京劳动保障职业学院校外教学点
北京工业大学北京建工集团党校校外教学点
北京信息科技大学北京应用技术大学校外教学点
北京信息科技大学北京信息职业技术学院校外教学点
北京信息科技大学北京工贸技师学院校外教学点
北京物资学院住总集团党校校外教学点
北京物资学院北京市顺义区社区教育中心校外教学点
北京印刷学院北京新媒体技师学院校外教学点
北京联合大学应用文理学院通州校外教学点
北京联合大学北京应用技术大学校外教学点
北京联合大学北京人文大学校外教学点
北京石油化工学院中芯国际集成电路制造有限公司校外教学点
北京石油化工学院北京市西城实用信息培训学校校外教学点
北京农业职业学院北京市昌平区成人教育学校校外教学点
北京农业职业学院北京平谷建筑职业技术培训学校校外教学点
北京劳动保障职业学院北京新媒体技师学院校外教学点
北京劳动保障职业学院北京理工大学房山分校校外教学点
北京经济管理职业学院北京广播电视大学房山分校校外教学点
北京经济管理职业学院北京纺织控股集团公司党校校外教学点
北京信息职业技术学院北京市应用高级技术校外教学点
北京信息职业技术学院北京市顺义区社区教育中心校外教学点

北京电子科技职业学院北京密云职业学校校外教学点
北京西城经济科学大学北京市实美职业学校校外教学点
北京市总工会职工大学中国石化集团北京燕山石油化工有限公司教育培训中心校外教学点
北京市总工会职工大学燃气集团校外教学点
北京市总工会职工大学北汽福田汽车股份有限公司校外教学点
北京市总工会职工大学北京现代汽车有限公司校外教学点
北京教育学院延庆教育科学研究中心校外教学点
北京教育学院通州区教师研修中心校外教学点
北京教育学院昌平教师进修学校校外教学点
北京教育学院北京市密云县教师培训中心校外教学点
北京教育学院北京平谷教育培训中心校外教学点
北京广播电视大学首都图书馆校外教学点
北京广播电视大学房山分校校外教学点
北京广播电视大学北京一商干校校外教学点
北京广播电视大学北京市供销学校校外教学点
北京广播电视大学北京金融学院校外教学点
北京广播电视大学北京东城区现代远程教育培训中心校外教学点
武汉大学北京市测绘设计研究院函授教育辅导站
华东交通大学北京铁路电气化学校函授教育函授站
重庆大学中建一局北京技术培训中心函授教育辅导站
中国民航大学北京飞机维修工程有限公司函授教育辅导站

（华蕾）

2012年高等学校在京举办函授教育教学辅导站、校外学历教育教学点检查暂缓备案单位

北京航空航天大学现代人职业技能培训学校校外教学点
北京林业大学北京市昌平区农业机械化学校教学点
北京体育大学北京爱德斯培训学校校外教学点
中央民族大学北京市通州区东大文化培训学校校外教学点
中华女子学院北京民族大学校外教学点
中华女子学院北京市西城实用信息培训学校教学点
北京工业大学北京信息职业技术学院校外教学点
北京联合大学北京东方大学校外教学点
北京石油化工学院北京市通州区东大文化培训学校校外教学点
北京石油化工学院北京新媒体技师学院校外教学点
北京石油化工学院丰台区电子商务培训学校校外教学点
北京物资学院北京翻译研修学院校外教学点
北京农业职业学院北京市通州区东大文化培训学校校外教学点
北京信息科技大学北京快达通讯设备有限公司校外教学点
首钢工学院首钢矿业公司校外教学点
北京信息职业技术学院北京新媒体技师学院校外教学点
北京经济管理职业学院北京市机械工业管理局党校校外教学点
北京市经济管理职业学院北京密云职业学校校外教学点
北京市总工会职工大学北京金隅科技学校校外教学点
长江大学北京市西城区实用信息培训学校函授教育辅导站

（华蕾）

2012年教育部现代远程教育试点高校在京校外学习中心等检查评估合格单位

合格

北京大学现代远程教育中央国家机关工委培训中心校外学习中心
北京交通大学现代远程教育北京船舶工业管理干部学院校外学习中心
北京理工大学北京船舶工业管理干部学院校外学习中心
北京理工大学现代远程教育北京广播电视大学校外学习中心
北京理工大学现代远程教育北京宣武红旗业余大学校外学习中心
北京理工大学现代远程教育中央广播电视大学八一学院校外学习中心
北京航空航天大学现代远程教育北京市科学技术进修学院校外学习中心
北京航空航天大学现代远程教育北京市清华同方教育培训学校校外学习中心
北京航空航天大学现代远程教育北京市海淀区金航教育培训学校校外学习中心
北京航空航天大学现代远程教育奥鹏北京校外学习中心
对外经济贸易大学现代远程教育北京教育科学研究院培训中心校外学习中心
对外经济贸易大学现代远程教育北京老教协校外学习中心
对外经济贸易大学现代远程教育核工业研究院研究生部校外学习中心
对外经济贸易大学现代远程教育北京市西城区奥鹏培训中心校外学习中心
北京科技大学现代远程教育首都联合职工大学校外学习中心
北京科技大学现代远程教育首钢工学院校外学习中心
北京科技大学现代远程教育首都经济贸易大学密云分校校外学习中心
北京师范大学现代远程教育北京广播电视大学房山分校校外学习中心
北京师范大学现代远程教育北京政法职业学院校外学习中心
北京师范大学现代远程教育学院北京联合大学校外学习中心
北京邮电大学现代远程教育北京电子科技职业学院校外学习中心
中国农业大学现代远程教育北京市农林科学院校外学习中心
中国农业大学现代远程教育北京广播电视大学校外学习中心
中国石油大学（北京）现代远程教育北京石油化工学

院校外学习中心
中国地质大学现代远程教育北京市崇文区财贸干部学校校外学习中心
哈尔滨工业大学现代远程教育北京联合大学校外学习中心
哈尔滨工业大学现代远程教育中国航天科工集团第二研究院教育培训中心校外学习中心
东北农业大学网络教育学院北京市供销学校校外学习中心
西南财经大学现代远程教育北京校外学习中心
重庆大学现代远程教育北京东城区职工大学校外学习中心
中国石油大学（华东）现代远程教育石油教育与人才研究所校外学习中心
中国石油大学（华东）现代远程教育北京经济管理职业学院校外学习中心
西安电子科技大学现代远程教育北京信息工程专修学院校外学习中心
武汉理工大学现代远程教育北京市建筑材料工业学校校外学习中心
东北师范大学现代远程教育奥鹏平谷电大校外学习中心
大连理工大学现代远程教育奥鹏北京校外学习中心
东北财经大学现代远程教育奥鹏北京校外学习中心
浙江大学现代远程教育奥鹏北京校外学习中心
西南交通大学现代远程教育北京铁路人才交流培训中心校外学习中心
华东师范大学现代远程教育北京教育网络和信息中心校外学习中心
知金教育咨询有限公司北京数字化学习示范中心中国石油大学（北京）、北京大学、中国地质大学（北京）、北京理工大学
弘成科技发展有限公司北京数字化学习示范中心北京交通大学、东北财经大学、华南师范大学、厦门大学、吉林大学、北京语言大学

（华蕾）

第三批“首都市民学习之星”

王洪学　市卫生局
卢士林　市老干部局党校
秦铭键　市规划委
单志忠　市广电局机关党委
马东春　市水利科学研究院水利发展战略发展中心
韩哲　北京商报总编室
唐晓辉　中国人民抗日战争纪念馆
李晴　市正阳门管理处
彭冬梅　市发改委
叶萍　朝阳区人民检察院
张翠松　市人民检察院二分院
刘晶　西城区人民检察院
王胜民　北京市万泉寺出租汽车公司
王建生　北京北方出租汽车公司
于昕洋　市青少年法律与心理咨询服务中心
徐坤　首都经济贸易大学
路飞　首钢迁钢公司
吕孟嘉　北京移动朝阳分公司
王同祯　市文物保护协会
潘家农　北京楹联协会
孟广祥　北京现代职业技术学院
韩雪　丰台区人民检察院
郭桂英　密云县人民检察院
门美子　石景山区人民检察院
林春艳　顺义区人民检察院
刘贞　大学生杂志社
游小琴　市人民检察院一分院
周玉杰　北京安贞医院
田梓蓉　北京同仁医院
贾立群　北京儿童医院
王建东　北京妇产医院
李龙　首都儿科研究所
高东英　市红十字会血液中心
蒋海越　中国医学科学院整形外科医院
王沛　北京中医药大学东方医院
徐伟　北京建工集团第三建筑工程有限公司
袁春国　首发集团京开路分公司
笪艳　门头沟区新闻中心
叶惠方　解放军总医院
许学芳　延庆县延庆镇
刘秀平　燕京啤酒股份有限公司一分公司
张改荣　朝阳区三里屯街道办事处
周明霞　大兴区黄村镇第一中心小学
郭玉全　北京琉璃河水泥有限公司
滕亚杰　东城区史家胡同小学分校
高红燕　北京教学植物园
刘俊鹏　东城区景山街道办事处
马仲春　东城区体育馆路街道办事处
王志东　西城区红十字会
刘如棣　西城区金融街社区教育学校
朱建民　北京市第三十五中学
阎峥　西城区图书馆
戴治泉　朝阳区望京街道办事处
鞠浩荃　朝阳区劲松街道办事处
安洋　朝阳区平房地区
叶如陵　朝阳区香和园街道办事处
俞敏洪　新东方教育科技集团
柳进军　北京中海投资公司
王德勇　海淀区中关村学院
曹建峰　石景山区档案局
陈静　市规划委石景山分局
李凯　石景山区人民检察院

佟明新 石景山区疾控中心
王宝录 石景山区自来水公司
佟金力 石景山区鲁谷社区
张学敏 石景山区金顶街街道办事处
马小兰 北京市博源包装制品有限公司
杨永怀 北京金足地养殖场
刘德新 房山区窦店镇河口村
谢永强 门头沟医院
刘苏忠 门头沟斋堂镇
段福生 北京市昌平职业学校
杨春起 昌平区园林绿化局
张长友 北京聚龙科技发展有限公司
刘富 通州区科技站
刘卫国 通州区西集镇
毕宁宁 顺义区园林绿化局
范国兵 北京信得威特科技有限公司
张林成 顺义区三农研究会
张海涛 顺义区作家协会
李振茹 大兴区园林绿化局
李敏 北京捷运兴荣手工艺专业合作社
刘国栋 大兴区种植业服务公司
张秀娟 平谷区地税局局长
见国繁 平谷中医医院
秦玉成 平谷区动物卫生监督所
薄家景 密云县教委
冯保芹 北京诚凯成柴鸡养殖专业合作社
高玲 密云县人民法院
时东兰 延庆县永宁镇
金英华 北京师范大学燕化附属中学
谢红娟 市公安局燕山分局
李健 北京林业大学
闫光 北京交通大学
李燕杰 首都师范大学
杨琼 北京工商大学
王福成 北京工商大学
刘璐 北京农学院
迟育杰 北京信息科技大学
侯引绪 北京农业职业学院

（华蕾）

第四批“首都市民学习品牌”

首图讲坛
市委宣传部（推荐单位）
首都图书馆（主〈承〉办单位）
民族精神大讲堂
市直机关工委（推荐单位）
中国人民抗日战争纪念馆（主〈承〉办单位）
大众文化讲座
市委宣传部（推荐单位）
北京出版集团（主〈承〉办单位）
农民就业学习超市
建设学习型密云工作领导小组办公室（推荐单位）
密云县职业学校（主〈承〉办单位）
首都女职工流动课堂
市总工会（推荐单位）
市总工会女职工委员会（主〈承〉办单位）
海淀区创新人才培训公共服务平台
海淀区建设学习型城区工作领导小组办公室（推荐单位）
中关村创新研修学院（主〈承〉办单位）
运河讲堂
通州区建设学习型新城区工作领导小组办公室(推荐单位)
通州成人教育中心（主〈承〉办单位）
爱脑学苑
首都医科大学（推荐单位）
北京天坛医院（主〈承〉办单位）
书海听涛
东城区教委（推荐单位）
东城区图书馆（主〈承〉办单位）
学助三农
顺义区构建学习型社会领导小组办公室（推荐单位）
顺义区三农研究会（主〈承〉办单位）
新市民大课堂
东城区教委（推荐单位）
东城区永外街道（主〈承〉办单位）
社教资源服务港
朝阳区教委（推荐单位）
朝阳社区学院（主〈承〉办单位）
月坛文化悦生活
西城区学习型城区建设领导小组办公室（推荐单位）
西城区月坛街道（主〈承〉办单位）
书香怀柔
创建学习型怀柔工作领导小组办公室（推荐单位）
怀柔区文委（主〈承〉办单位）
燕山讲坛
燕山工委宣传部（推荐单位）
东风街道工委（主〈承〉办单位）
“三无”农民学而行
学习型房山建设领导小组办公室（推荐单位）
房山区农委 房山区教委（主〈承〉办单位）
延庆县学习型组织理论普及推广项目
延庆县创建学习型延庆领导小组办公室（推荐单位）
延庆县社区教育中心（主〈承〉办单位）
学舞空竹
西城区学习型城区建设领导小组办公室（推荐单位）
西城区广安门内街道（主〈承〉办单位）
抗癌学苑
市民政局（推荐单位）
北京抗癌乐园（主〈承〉办单位）
友善用脑
市民政局（推荐单位）
学习科学学会（主〈承〉办单位）

（华蕾）

德育体育美育

第26届北京市中小学生银帆奖获得者

北京市第二中学　陈曼媛　刘旺予　房庚雨
北京市第二中学分校　于宛禾　毕明宇　陈鑫晟
北京市第一七一中学　曾睿
北京市东直门中学　邹润津　贾蘅琳
北京景山学校　周荐玮　何朦　陈英栋　宋毅晨
北京经济技术开发区实验学校　普婷　刘鑫　王良栋　刘振杰　胡淼　曹天宇
北京市第四中学　张尚嘉　曾维预
北京市第八中学　董美麟
北京师范大学附属实验中学　姜江　郭萱　张若及　陈子昱　刘昀松　李啸晨　张牧新　苏宇　李天浩
北京市实美职业学校　刘璐
北京第二实验小学　侯淞耀　张驰　牛岳珩　郑丹琳
北京市西城区黄城根小学　贾云杰
北京市西城区进步小学　胡子晗　石继臣　王桐岳　孙一洋
北京市第八十中学　尚鲁垚　孟诗函
北京市陈经纶中学　董珮璠　刘绿筱
北京市日坛中学　边梦扬　张楷婕
北京市朝阳区定福庄第二小学　侯屹　谭镇枢
北京市朝阳区白家庄小学　刘仁杰　闫京煦　周雪彤
北京市朝阳区师范学校附属小学　迟天宇　高贺然　徐子彤　李洁涵
北京市第十九中学　范逸譞
北京市第二十中学　杨泽　郭佳鑫　谢奕　陈智斌
北京市第五十七中学　苏子健　冯博　栗堃　那桐
北京市第一零一中学　陈星烁　王月麟　林子轩
北京市中关村中学　王仲祺
北京市八一中学　叶骏骐　汤子毅
北京市育英学校　张子裕　禚翰宸　赵珊珊　马宇轩　杨依仙　潘思琦　肖磊　梁霄　潘晓童
北京十一学校　白瑞涵
清华大学附属中学　唐岱维　赵浩霖　白宗战　郭健
中国人民大学附属中学　张弛　俞涛　马津卓　王天祎
中国农业大学附属中学　郭宇辰
北京理工大学附属中学　吴中灏　冯雪琪　叶天予　郭子朔
北方交通大学附属中学　刘宇峰
北京外国语大学附属外国语学校　阚赵叶子　李纳琪
北京市海淀区中关村第一小学　黄佳伟　卢文博
北京市海淀区中关村第二小学　肖雨涵
北京市海淀区中关村第三小学　陈浩然　李璎潼　王艺霖　杨幸允　平皓元　彭琳涵　张灏　丁子诚　田林潞　林子颐
北京市海淀区羊坊店中心小学　王嘉硕　李赫轩　叶一丰　王岳珩
北京大学附属小学　赵宇洋　孙爱迪　张世卓
北京市第十八中学　崔兴娜
北京市通州区潞河中学　关超　江季洋　田原
北京市大兴区第一中学　姜松　杜阔
北京市顺义区第一中学　闫佳琪
北京市顺义区杨镇第一中学　王佳慧　张帅
北京市顺义区杨镇第二中学　岳雪松
北京市牛栏山一中实验学校　张旭
中国戏曲学院附属中学　陆翔　陶萍
北京金隅科技学校　商凯

（华蕾）

2012年北京市体育传统项目高中学校和运动项目

东城区

国家级

※北京景山学校
排球　游泳

※北京市东直门中学
田径　篮球

北京市第二十二中学
篮球　乒乓球　武术　定向运动

北京市第一七一中学
田径　篮球　排球　游泳

※北京汇文中学
田径　游泳

市级

北京市第十一中学
田径　篮球

北京市第一四二中学
田径

北京市第一六六中学
田径　篮球　手球

北京市第二十五中学
篮球　乒乓球

北京市第二十七中学
排球

北京市第五十中学
田径　篮球

北京市第五十四中学
足球

北京市第五十五中学
田径　健美操

北京市第五中学
田径　篮球　乒乓球
北京市第六十五中学
田径　足球　排球
北京市第二中学
田径　篮球　乒乓球　健美操
北京市东城区崇文门中学
田径
北京市第一中学
田径
北京市广渠门中学
篮球　排球　乒乓球
北京市龙潭中学
篮球
区级
北京市第二十四中学
篮球　乒乓球　武术　定向越野
北京市第一零九中学
田径　乒乓球

西城区

国家级
※北京市第八中学
田径　游泳
※北京师范大学附属实验中学
排球　田径　游泳
※北京市第四中学
田径　篮球　游泳
市级
北京市第三中学
排球
北京市第七中学
足球
北京市第三十一中学
排球
北京市第三十五中学
篮球
北京市铁路第二中学
排球　篮球　乒乓球
北京师范大学第二附属中学
田径　排球
※北京市第六十六中学
田径　乒乓球
北京市回民学校
田径　足球　排球
北京市第十五中学
田径　篮球
北京师范大学附属中学
田径　篮球
※北京市育才学校
篮球　棒球　垒球　手球　定向越野
区级
北京市第十四中学
田径
北京市第一五九中学
田径　游泳
北京市第四十四中学
篮球　乒乓球
北京市鲁迅中学
棒球　垒球
北京市第五十六中学
篮球
北京市第一五六中学
田径
北京市第一六一中学
田径
北京市师范大学亚太实验学校
田径　游泳
北京市西城区实验学校
田径
北京市第六十二中学
篮球
北京市第一四零中学
手球
北京市第六十三中学
手球

朝阳区

国家级
※北京市第八十中学
田径
市级
北京中医学院附属中学
篮球　射箭
首都师范大学附属实验学校
篮球
北京第二外国语学院附属中学
田径
北京市第九十四中学
田径
北京市陈经纶中学
田径　篮球　游泳　健美操　跆拳道
北京工业大学附属中学
田径　篮球　排球　乒乓球　武术　健美操
北京市和平街第一中学
篮球
区级
北京教育科学研究院附属实验中学
田径　健美操　跆拳道
清华大学附属中学朝阳学校

排球
北京市第十七中学
足球　射箭
北京化工大学附属中学（朝来校区）
篮球

海淀区

国家级
※北京市第一零一中学
田径　排球　健美操
※清华大学附属中学
田径　篮球　射击
※中国人民大学附属中学
足球　田径　健美操　篮球　游泳　乒乓球　武术
※北京市育英学校
游泳　篮球
北京理工大学附属中学
田径　排球　棒球　垒球

市级
北京市第二十中学
田径　健美操
首都师范大学附属中学
篮球
北京市中关村中学
田径　篮球　武术
北京农业大学附属中学
田径
※北京市八一中学
田径　足球　武术　健美操　定向运动　游泳
北方交通大学附属中学
田径　篮球　棒球　垒球　定向运动
北京市六一中学
武术
首都师范大学附属育新学校
棒球　网球
北京市第十九中学
垒球　手球　定向运动　健美操

区级
北京大学附属中学
田径　乒乓球　棒球
北京市立新学校
游泳　跆拳道
北京师范大学第三附属中学
棒球　定向运动
北京市玉渊潭中学
田径　篮球
北京市温泉第二中学
射箭
北京市海淀实验中学
篮球　游泳　乒乓球
北京航空航天大学附属中学
排球　乒乓球　艺术体操
北京市十一学校
田径
北京市第五十七中学
射箭　跆拳道　定向运动
北京市上庄中学
跆拳道
北京市知春里中学
垒球
北京市海淀外国语实验学校
游泳　棒球
北京钢铁学院附属中学
定向运动
北京医科大学附属中学
棒球　健美操　定向运动
北京市海淀区第四十七中学
田径　足球
北京市海淀区太平路中学
定向运动
首都师范大学第二附属中学
健美操

丰台区

国家级
※北京市第十二中学
田径　排球　棒球

市级
北京市第十八中学
田径　篮球　乒乓球
北京市第十中学
田径　足球
北京市大成学校
田径　棒球
北京市丰台区实验学校
田径　棒球　垒球
首都师范大学附属丽泽中学
田径　篮球　跆拳道
北京市丰台区东铁营第一中学
篮球　排球　跆拳道

区级
北京市丰台区第一中学
田径
北京市航天中学
田径
首都医科大学附属中学
田径
北京市云岗中学
田径　乒乓球

石景山区

国家级

※北京市第九中学

田径 篮球 艺术体操

市级

北京市苹果园中学

田径 排球

北京市京源学校

田径 足球

北京师范大学励耘实验学校

排球

门头沟区

市级

北京市大峪中学

田径

首都师范大学附属中学永定分校

田径

房山区

市级

北京师范大学良乡附属中学

田径 篮球 乒乓球 跆拳道 健美操

北京市房山区周口店中学

田径

区级

北京市房山区房山中学

田径 篮球

北京市房山区良乡中学

田径 篮球

通州区

国家级

※北京市通州区潞河中学

田径 篮球 游泳

市级

北京市通州区运河中学

田径 篮球

顺义区

国家级

※北京市顺义区第一中学

田径 篮球

市级

※北京市顺义牛栏山第一中学

田径 篮球

北京市顺义区第二中学

田径 篮球

※北京市顺义区杨镇第一中学

田径 篮球 乒乓球

北京市顺义区第九中学

田径 篮球

北京市牛栏山一中实验学校

田径 篮球

昌平区

国家级

※北京市昌平区第二中学

田径

市级

北京市昌平区前锋学校

田径

北京市昌平区第一中学

足球 篮球

北京市少林武术学校

武术 跆拳道

区级

北京市昌平区第三中学

乒乓球

北京市昌平区南口学校

田径

大兴区

市级

北京市第二中学亦庄学校

田径 足球 篮球 乒乓球 跆拳道

北京师范大学大兴附属中学

田径

※北京市大兴区第一中学

田径 游泳

北京市大兴区兴华中学

田径

区级

北京市大兴区第八中学

田径 篮球

北京市大兴区第三中学

田径

北京市大兴区榆垡中学

田径 垒球

北京市大兴区魏善庄中学

田径

北京大兴区第五中学

篮球

首都师范大学大兴附属中学

田径 篮球

怀柔区

市级

※北京市怀柔区第一中学

田径 篮球

北京市怀柔区第二中学

田径

北京市怀柔区第四中学

田径

区级

北京市怀柔区第三中学

田径 足球 篮球 乒乓球

北京市怀柔区第五中学

田径 篮球 乒乓球

平谷区

市级

北京市平谷中学

田径 篮球 健美操

北京市平谷区第六中学

田径

区级

北京师范大学附属平谷中学

田径

密云县

国家级

※北京市密云县第二中学

田径 篮球

县级

北京师范大学密云实验中学

田径 足球 篮球 乒乓球

延庆县

市级

北京市延庆县第五中学

田径

北京市延庆县第一中学

田径

注：凡注有“※”符号的学校为“北京2010学校奥林匹克教育体育人才培养基地”。

（华蕾）

北京金鹏科技团

北京市第一六六中学
北京市第五中学
北京景山学校
北京市第二中学
北京市第六十五中学
北京汇文中学
北京市广渠门中学
北京市第四中学
北京市第一六一中学
北京市第八中学
北京师范大学附属实验中学
北京师范大学第二附属中学
北京市第十五中学
北京市育才学校
北京市第八十中学
北京市陈经纶中学
北京工业大学附属中学
北京市中关村中学
中国人民大学附属中学
北京市第一零一中学
北方交通大学附属中学
北京市八一中学
北京市第十八中学
北京市第十二中学
北京市京源学校
北京市顺义牛栏山第一中学
北京市怀柔区第一中学
北京市平谷区黄松峪中学
北京师范大学大兴附属中学

（华蕾）

北京市中小学科技教育示范学校

北京市第二十二中学
北京市第五十五中学
北京市第一七一中学
北京市东直门中学
北京市第十一中学
北京师范大学附属中学
北京市第十三中学
北京市第三十五中学
北京市西城外国语学校
北京市铁路第二中学
北京市第六十三中学
北京市第六十六中学
北京市第十四中学
北京市和平街第一中学
清华大学附属中学朝阳学校
北京市日坛中学
北京市第十九中学
北京市第二十中学
北京市第五十七中学
北京市十一学校
清华大学附属中学
北京农业大学附属中学
北京大学附属中学
北京钢铁学院附属中学
北京师范大学第三附属中学
北京航空航天大学附属中学
北京理工大学附属中学
北京市丰台区丰台第二中学
北京市通州区潞河中学
北京市顺义区杨镇第一中学
北京市顺义区第一中学
首都师范大学附属密云中学
北京市密云县第二中学
北京市怀柔区庙城学校
北京市延庆县第一中学
北京市延庆县第二中学
北京市昌平区第二中学

北京市昌平区前锋学校
北京市昌平区百善学校
北京市昌平区南口学校
北京市大兴区第三中学
北京市大兴区第七中学
北京市大兴区采育中学
北京师范大学良乡附属中学
北京市房山区电业中学
北京市大峪中学
北京市平谷中学

（华蕾）

北京市中小学生金帆艺术团

北京市第一七一中学
北京市第二中学
北京市第六十五中学
北京市第五中学
北京市第二十七中学
北京市第一六六中学
北京市第二十二中学
北京市东直门中学
北京汇文中学
北京景山学校
北京市广渠门中学
北京市第一零九中学
北京市第四中学
北京市第三十五中学
北京市第八中学
北京市回民学校
北京市育才学校
北京市第十五中学
北京市第六十六中学
北京师范大学附属实验中学
北京师范大学亚太实验学校
北京师范大学附属中学
北京市第八十中学
北京市日坛中学
北京市陈经纶中学
清华大学附属中学
北方交通大学附属中学
北京市十一学校
北京市第十九中学
北京市八一中学
北京市中关村中学
北京市育英学校
北京理工大学附属中学
北京市第一零一中学
中国人民大学附属中学
海淀区教师进修学校附属实验学校
北京市育英中学
北京市第五十七中学
北京市第十二中学
北京市丰台区丰台第二中学
北京市第九中学
北京市昌平区第二中学
北京市通州区潞河中学

（华蕾）

北京市中小学艺术教育特色学校

北京市第五十五中学
北京市第五十中学
北京师范大学第二附属中学
北京市第一五九中学
北京市第三中学
北京市第四十三中学
北京市华夏女子中学
首都师范大学附属实验学校
北京信息工程学院附属中学
首都师范大学第二附属中学
北京市第二十中学
首都师范大学附属中学
北京师范大学第三附属中学
北京市立新学校
北京大学附属中学
北京市赵登禹学校
北京市大成学校
首都师范大学附属丽泽中学
北京市八大处中学
北京市房山区良乡行宫园中学
北京师范大学良乡附属中学
北京市通州区台湖学校
北京市通州区第二中学
北京市大兴区第一中学
北京市顺义区杨镇第一中学
北京市顺义区第一中学
北京市昌平区沙河中学
北京市昌平实验中学
北京市怀柔区红螺寺中学
北京市平谷中学
北京市密云县第二中学
北京市延庆县第一中学

（华蕾）

北京市乡镇校外活动站

北京市门头沟区王平村中心小学
北京市门头沟区斋堂中小学革命传统教育基地
北京市门头沟区大台中心小学
北京市房山区房山第五中学
北京市房山区良乡第二中学
北京市房山区良乡第五中学

北京市房山区良乡第二小学
北京市房山区昊天学校
北京市房山区良乡行宫园学校
北京市房山区河北镇河北中心校
北京市房山区琉璃河镇琉璃河中心小学
北京市育才学校通州分校
北京市通州区梨园镇中心小学
北京市通州区台湖学校
北京市通州区于家务中心小学
北京市大兴区安定镇中心小学
北京市大兴区旧宫第一中心小学
北京市大兴区庞各庄镇第二中心小学
北京市顺义区第一中学
北京市顺义区牛栏山第一中学
北京市第四中学顺义分校
北京市顺义区李桥中学
北京市顺义区北石槽中学
北京市顺义区沙岭学校
北京市顺义区马坡第二小学
北京市昌平区百善学校
北京市昌平区回龙观中心小学
北京市怀柔区汤河口中学
北京市怀柔区实验小学
北京市怀柔区杨宋镇中心小学
北京市怀柔区渤海镇中心小学
北京市怀柔区九渡河镇中心小学
北京市怀柔区长哨营满族乡中心小学
北京市平谷区大兴庄学区
北京市平谷区大华山学区
北京市平谷区马昌营学区
北京市平谷区第九小学
北京市密云县果园小学
北京市密云县穆家峪镇中心小学
北京市密云县太师屯中心小学
北京市密云县檀营满族蒙古族乡中心小学
北京市密云县东邵渠镇中心小学
北京市密云县高岭镇中心小学
北京市延庆县康庄中心小学
北京市延庆县香营学校
北京市延庆县小丰营中心小学
北京市延庆县大柏老中心小学

（华蕾）

师 资 管 理

2012年经市教委同意重新认定特级教师名单

刘树才　中央民族大学附属中学（数学）
郝润生　北京市昌平区第二中学（语文）
董广海　北京市昌平区第二中学（化学）
刘国富　北京市第十二中学（语文）
何文轶　北京市第十二中学（化学）
高慧明　北京市第十二中学（数学）
刘国雄　北京市陈经纶中学（数学）
李鹏举　北京市第十二中学（化学）
陈维贤　北京市丰台区丰台第二中学（语文）
杨平　北京市日坛中学（数学）
李书明　北京市和平街第一中学（化学）
李锦超　北京市第十八中学（语文）
郎晓鸿　北京市第十七中学（政治）
徐良云　中国人民大学附属中学（物理）
王秀华　北京市第十二中学（生物）
王怀利　北京市中关村中学（历史）
齐艳　海淀教师进修学校附属实验学校（语文）
张林靖　北京市第十八中学（生物）
田子刚　北京市第十二中学（历史）
孙衍明　北京市第十八中学（语文）
马广明　北京市第十二中学（物理）
张宏　北京市朝阳区芳草地国际学校（语文）
公衍录　北京市丰台区丰台第二中学（物理）
高畅　北京市东方德才学校（生物）
孙香芹　北京市第十七中学（生物）
兰祖军　北京市大兴区第二小学（品社）
韩东　中国人民大学附属中学朝阳学校（物理）

（华蕾）

北京市职业院校教师素质提高工程教师培训基地及专业

北京信息职业技术学院
　计算机网络技术
　软件技术
　多媒体技术
　电子信息工程技术与通信技术
　信息管理
北京电子科技职业技术学院
　生物技术应用
　汽车工程技术
　模具设计与制造
　机电及自动化技术
　智能楼宇
北京财贸职业学院
　工商管理
　会计
　金融与证券
　商贸

北京工业职业技术学院

建筑工程技术

工程测量技术

建筑装饰工程

北京农业职业学院

园林园艺

绿色食品生产与检验

畜牧兽医

北京交通运输职业学院

汽车运用与维修

城市轨道交通

北京市商业学校

酒店管理

德育

北京市劲松职业高中

烹饪

美容美发与形象设计

北京金隅科技学校

数控技术应用

北京市昌平职业学校

汽车运用与维修

北京市求实职业学校

文秘

北京市商务科技学校

物流服务与管理

北京市工业技师学院

数控应用技术

北京市工贸技师学院

烹饪专业

北京市铁路电气学校

电气运行与控制

（张晓兰）

2012 年北京市师德标兵

高等教育系统

马克　首都体育学院

王向明　中国人民大学

王惠文　北京航空航天大学

李克正　首都师范大学

李英姿　北京建筑工程学院

李俊峰　清华大学

吴嗣亮　北京理工大学

张健　北京师范大学

韩加明　北京大学

赫捷　北京协和医学院

基础教育系统

王颖　北京市顺义区特殊教育学校

许剑　清华大学附属小学

李文凤　北京市房山区蒲洼中心校

李颖　首都师范大学附属丽泽中学

张龙　北京市朝阳区芳草地国际学校

张悦　北京市广渠门中学

陈金华　北京市延庆县第一中学

欧阳立英　北京市怀柔区第一中学

赵静　北京市密云县檀营小学

宿慧　北京第二实验小学

（华蕾）

2012 年北京市师德先进个人

高等教育系统

北京大学　陈大岳　莫多闻　朱孝远　陈晓林

北京大学（医学部）　段丽萍　王夔　吴立玲　徐智　刘新民

清华大学　朱文一　崔建远　庄鹏飞　彭凌

中国人民大学　杨伟国　韩东晖　王轶

北京师范大学　庞丽娟　李景林　赵烨

北京协和医学院　沈铿　曾学军　郭顺星　金奇

北京航空航天大学　樊瑜波　杨超　吴纪桃

北京理工大学　闫清东　陈晋南　王成

北京科技大学　赵海雷　李长洪　吕昭平

中国农业大学　郭鑫　刘国琴　李保云　王建平

北京工业大学　赵京　左国玉　赵航　杨昌鸣

首都师范大学　叶小兵　林培英

首都医科大学　吴瑛　陈安宇　贾建平

北京中医药大学　郭霞珍　付国兵

中国地质大学（北京）　徐德斌　余晓艳

中国矿业大学（北京）　刘海滨

中国石油大学（北京）　张宝生　宇波

北京交通大学　汪越胜　张星　付俐　黄辉

中央民族大学　王建民　张津海

北京邮电大学　刘宝玲　王飞　兰慧

北京化工大学　励杭泉　郑丹星　朱群雄

首都经济贸易大学　杨眉　刘颖

对外经济贸易大学　蒋先玲　乐平

北京服装学院　卓小苏

北京林业大学　史宝辉　于志明

北京语言大学　韩玉国　贾烈英

北京外国语大学　金莉　邱苏伦

北京第二外国语学院　常耀华

中国传媒大学　陈京生　赵雪

北京体育大学　樊铭

中国政法大学　凌岩　徐新燕

北方工业大学　张静

外交学院　张翠珍

国际关系学院　霍海涛

中央财经大学　冯秀军　王文素

中国人民公安大学　高岩　李玫瑾

北京工商大学　曹显兵　王立红

北京农学院　何忠伟　刘凤华

华北电力大学　乌云娜　赵红涛

北京信息科技大学 祝连庆 苏中
中国青年政治学院 吴鲁平
中央音乐学院 赵瑞林
中国音乐学院 谢嘉幸
中央戏剧学院 刘红梅
中国戏曲学院 吴新苗
北京电影学院 黄勇
中央美术学院 吕胜中
北京舞蹈学院 徐颃
北京物资学院 鞠红梅
北京印刷学院 金杨
北京石油化工学院 任晓光 戴静君
北京教育学院 陈莉
北京广播电视大学 白静
北京青年政治学院 叶承芳
北京联合大学 王海智 杨靖筠 李享 张子义
北京市工会干部学院 郭庆
北京政法职业学院 徐红霞
北京经济管理职业学院 魏彩慧
中华女子学院 张丽琍
北京教育科学研究院 徐明
北京教育考试院 周欣
北京工业职业技术学院 何方
北京财贸职业学院 滑锡林
北京电子科技职业学院 景妮琴 张晖
北京城市学院 赵新 许天舒

基础教育系统

北京市第二中学 张政莲
北京市第二十二中学 柴荣
北京现代职业学校 王淑芹
北京市东城区和平里第四小学 黄颖
北京市东城区史家胡同小学 张跃东
北京光明小学 赵雪
北京市第一幼儿园 邓蕊
北京市东城区崇文少年宫 李利
北京市第一五六中学 张燕
北京市第一六一中学 王正钢
北京市西城外国语学校 黄健
北京市育才学校 董学文
北京第一实验小学 马静
北京小学走读部 陈铁英
北京市宣武师范学校附属第一小学 罗兰
北京市西城区奋斗小学 见培炎
北京市西城区黄城根小学 刘冬
北京市西城区育民小学 王朝晖
北京市陈经纶中学 张辉
北京市日坛中学 辛力红
北京市三里屯一中 蒋晓东
北京市第十七中学 孙燕梅
北京市润丰学校 刘煜
北京市求实职业学校 何琳
北京市朝阳区星河实验小学 石雷
北京市朝阳区新源西里小学 甄丽波
北京市朝阳区呼家楼中心小学 秦翠华
北京市朝阳区劲松三小 魏宇
北京市朝阳区平房小学 尹亚丽
北京市朝阳区安华里二幼 马歆乐
北京市朝阳区三里屯幼儿园 李慧芹
北京市朝阳区青少年活动中心 吴蔚
北京市海淀区艺术师范附属小学 唐凤萍
北京理工大学附属中学 陆旻
北京市海淀区中关村第二小学 赵轶慧
北京市海淀区翠微小学 穆崇华
北京市海淀区恩济里幼儿园 郑涛
北京市海淀工读学校 陈祥斌
北京市海淀区教师进修学校 张鹤
北京石油学院附属小学 马洁
北京石油学院附属中学 索玉华
北京市上地实验学校 程征
北京市海淀区五一小学 陈霜霞
北京市海淀区西北旺学区 金丽春
首都师范大学附属小学 杨敏
北京农业大学附属中学 杨晓粉
北京市第十二中学 杨国锋
北京市丰台区西罗园第五小学 于颖
北京市丰台分院附属中学 张焕
北京市丰台区西罗园第六小学 吕乐彬
北京市丰台区云岗第一小学 金婕
北京市丰台区第二幼儿园 杨颖
北京市第十八中学 李文银
北京市京源学校 葛金胜
北京市石景山第二小学 胡海祥
北京市石景山区实验幼儿园 左振红
北京市通州区永乐店中学 何伟
北京市通州区运河中学 张秀梅
北京市通州区于家务乡中心小学 赵亚茹
北京市通州区玉桥小学 李福荣
北京市通州区大方居幼儿园 徐淑松
北京市房山区良乡幼儿园 王志嫒
北京市房山区窦店中心校 郭长娜
北京市房山区城关第二小学 陆大成
北京师范大学良乡附中 丁淑艳
北京市房山区窦店中学 史广静
北京市房山区岳各庄中学 杨冬梅
北京市房山区良乡二中 王冬梅
北京市门头沟区斋堂中学 刘伟
北京市大峪中学 王云霞
北京第二实验小学永定分校 刘淑兰

北京市大兴区第三中学　吴瑞霞
北京市大兴区第七中学　李雪梅
北京市大兴区采育中学　付桂清
北京市大兴区第五小学　张京娴
北京市大兴区第三小学　景凤萍
北京市大兴区旧宫镇第二中心小学　季玉环
北京市大兴区第二幼儿园　连雪梅
北京市大兴区第一职业学校　王英
北京市顺义牛栏山第一中学　王春晶
北京市顺义区第一中学　马玉梅
北京市顺义区杨镇第一中学　王坤圣
北京市顺义区石园小学　陈春芳
北京市顺义区东风小学　龚文凤
北京市顺义区宏城幼儿园　祁静
北京市昌平区城南中心小学　张丽娟
北京市昌平职业学校　左欣
北京市昌平区南口学校　姜连娇
北京市昌平区马池口中心小学　焦振洲
北京市昌平区教工幼儿园　刘洪梅
北京市平谷中学　田玉凤
北京市平谷区黄松峪中学　梁小晶
北京市平谷区第三小学　王冬梅
北京市平谷区马坊第一学区　付京芳
北京市平谷区第四幼儿园　李健
北京市怀柔区第三小学　魏金伶
北京市怀柔区北房中学　谭景红
北京市怀柔区第一幼儿园　何春霞
北京市延庆县第二中学　韩建清
北京市延庆县第二小学　吴晓伶
北京市延庆县第三幼儿园　王雪芳
北京市密云县第二中学　尹会元
北京市密云县太师庄中学　冯岩
北京市密云县第二幼儿园　杨卫东
北京市燕山星城第二小学　崔月超
北京大学附属中学　秦占全
中国人民大学附属中学　李晓凤
北京师范大学第二附属实验中学　相红英
北京航空航天大学附属中学　李海军
首都师范大学附属育新学校　王强
北京外国语大学附属学校　王艾霞
北京舞蹈学院附属中学　林洋
中央民族大学附属中学　袁昌顺
北京林业大学附属小学　冀雍芳

（华蕾）

入选第一批北京市中小学名师发展工程培养对象人选名单

王文丽　北京市东城区教育研修学院
周群　北京景山学校
柴荣　北京市第二十二中学
王彦伟　北京市东城区教师研修中心
陈凤伟　北京市东城区史家胡同小学
王芝平　北京宏志中学
陈俊　北京市东城区教育研修学院
赵盈　北京市第一六六中学
岳波　北京汇文中学
张悦　北京市广渠门中学
海汶　北京市东城区教师研修中心
李洁玲　北京小学
何杰　北京师范大学第二附属中学
周京昱　北京教育学院宣武分院
王春辉　北京市第八中学
闻岩　北京市西城区教育研修学院
汪艳　北京市第八中学
毕勤　北京市西城区教育研修学院
王运淼　北京市西城区教育研修学院
赵利剑　北京市第四中学
刘继忠　北京市育才学校
顾咏梅　北京师范大学附属中学
陈洪　北京市第十七中学
陈立华　北京市朝阳区实验小学
白雪峰　北京教育学院朝阳分院
黎宁　北京市朝阳区陈经纶中学
张洁　北京市陈经纶中学
车朝晖　北京市朝阳区教研中心
李磊　北京教育学院朝阳分院
周曼云　北京市第一零一中学
闫存林　北京市十一学校
孙京红　北京市海淀区教师进修学校
李兰瑛　北京市海淀区中关村第二小学
李秋生　中国人民大学附属中学
程岚　中国人民大学附属中学
刘桂章　北京市第二十中学
方习鹏　北京市十一学校
任宝华　北京市海淀区教师进修学校
安军　北京市第一零一中学
秦治军　中国人民大学附属小学
吕志新　北京教育学院丰台分院
郑新春　北京市丰台区第二中学
宋红靖　北京市第十八中学
蒋炎富　北京市第十二中学
张璇　北京市第十中学
杨俐嘉　北京教育学院丰台分院
贾光辉　北京教育学院石景山分院
王岳　北京市第九中学
安丽萍　北京市京源学校
裴艳萍　北京市门头沟区新桥路中学
邵正亮　北京市大峪中学
赵震　北京市昌平区昌盛园小学

董武　北京市昌平区第一中学
孙贵合　北京小学大兴分校
杨凤娟　北京师范大学大兴附属中学
张海滨　北京市房山区良乡行宫园学校
武维民　北京市房山区教师进修学校
马九林　北京市通州区潞河中学
李永亮　北京市通州区教师研修中心
聂满欣　北京市通州区第一实验小学
王健　北京市牛栏山一中实验学校
马晓波　北京市顺义牛栏山第一中学
胡美茹　北京市怀柔区第二小学
文伟　北京市怀柔区第五中学
张德广　北京市密云县太师庄中学
王仕新　北京市密云县第二中学
胡金城　北京师范大学附属平谷中学
赵方红　北京市延庆县教研中心
赵春青　北京市延庆县第一中学
金英华　北京师范大学燕化附属中学
张立军　北京教育科学研究院
蒋京丽　北京教育科学研究院
刘明　首都师范大学附属中学

（华蕾）

其　　他

部分党政机关全称简称对照表

由于篇幅有限，年鉴中党政机关及有关社会团体的名称，原则上使用规范简称。以下为部分单位全称简称对照表。

中共北京市委员会　市委
北京市人民政府　市政府
中共北京市委教育工作委员会　市委教育工委
北京市教育委员会　市教委
北京市人民政府教育督导室　市教育督导室
中共北京市委教育工作委员会、北京市教育委员会和北京市人民政府教育督导室　两委一室
北京市发展和改革委员会　市发展改革委
北京市科学技术委员会　市科委
北京市经济和信息化委员会　市经济信息化委
北京市民族事务委员会　市民委
北京市公安局　市公安局
北京市监察局　市监察局
北京市民政局　市民政局
北京市司法局　市司法局
北京市财政局　市财政局
北京市人力资源和社会保障局　市人力社保局
北京市国土资源局　市国土局
北京市环境保护局　市环保局
北京市规划委员会　市规划委
北京市住房和城乡建设委员会　市住房城乡建设委
北京市市政市容管理委员会　市市政市容委
北京市交通委员会　市交通委
北京市农村工作委员会　市农委
北京市水务局　市水务局
北京市商务委员会　市商务委
北京市旅游发展委员会　市旅游委
北京市文化局　市文化局
北京市卫生局　市卫生局
北京市人口和计划生育委员会　市人口计生委
北京市审计局　市审计局
北京市人民政府外事办公室　市政府外办
北京市社会建设工作办公室　市社会办
北京市人民政府国有资产监督管理委员会　市国资委
北京市地方税务局　市地税局
北京市工商行政管理局　市工商局
北京市质量技术监督局　市质监局
北京市安全生产监督管理局　市安全监管局
北京市广播电影电视局　市广电局
北京市新闻出版局　市新闻出版局
北京市文物局　市文物局
北京市体育局　市体育局
北京市统计局　市统计局
北京市园林绿化局　市园林绿化局
北京市金融工作局　市金融局
北京市知识产权局　市知识产权局
北京市民防局　市民防局
中国教育工会北京市委员会　市教育工会

（华蕾）

（本栏责任编校　华蕾）

索　　引

说　明：

一、本索引由主题词、单位名称和人名三部分组成。

二、索引词条均以汉语拼音顺序排列，第一字相同的，按第二字顺序排列，余类推。

三、主题词索引按类分为一、二级标题，如办学改革为一级标题，下设211工程、合作办学、教学管理改革等9个二级标题。

四、本索引数码标记依次为：页码、栏序、本栏自上而下条目所处位置（自然段），三部分均用“/”隔开。如：211工程　241/右/2，则表示在241页右栏第2个条目拥有涉及“211工程”的内容。

五、本索引检索具有统计意义的数字均以2012年1月1日至12月31日时间为限，超出时间界限的不在检索范围。

六、本索引检索范围包括各级各类教育的主体部分，即本年鉴三栏编排的部分，其中，概况、表格、名单及一览表均不在检索范围。

七、主题词索引以教育教学为中心，并按照当年出版年鉴实际内容编制。

八、单位名称索引检索到单位名称标题栏以及除本栏以外的全书各处条目。

九、人名索引不含外国人（外籍华人除外）。

主题词索引

课程改革

师资建设

推进教育平等及义务教育均衡发展

学科建设与专业建设

学习型城市建设

招生与就业

职业学校技能培养

单位名称索引

B

人名索引

图书在版编目（CIP）数据

北京教育年鉴．2013/北京市教委著．—北京：
华艺出版社，2013.11
ISBN 978-7-80252-451-4

Ⅰ.①北… Ⅱ.①北… Ⅲ.①教育事业—北京市—
2013—年鉴 Ⅳ.①G527.1—54

中国版本图书馆CIP数据核字（2013）第265709号

北京教育年鉴（2013）

责任编辑：梅雨　　**封面装帧设计**：张慈中
彩图设计：任彧　汪玥　**英文翻译**：吴抒阳　张晓兰

华艺出版社出版发行
（北京市海淀区北四环中路229号海泰大厦10层）
邮　编　100083
印　刷　北京强华印刷厂

开　本	889×1194　1/大16		2013年11月第1版
印　张	51.5		2013年11月第1次印刷
印　数	1—3，000册	**字　数**：	1500千字

ISBN 978-7-80252-451-4
国内定价　200元

版　权　声　明

编辑部地址：北京市东城区夕照寺街
东玖大厦B座802室
邮政编码：100061
电　　话：87194371
传　　真：87194370
电子信箱：szb@bjedu.gov.cn